| 개정판 |

미디어 효과의 기초
: 이론과 연구

이 도서의 국립중앙도서관 출판예정도서목록(CIP)은 서지정보유통지원시스템 홈페이지(http://seoji.nl.go.kr)와 국가자료공동목록시스템(http://www.nl.go.kr/kolisnet)에서 이용하실 수 있습니다. CIP제어번호 : CIP2016019402(양장), CIP2016019403(반양장)

FUNDAMENTALS OF MEDIA EFFECTS

| 개정판 | **미디어 효과의 기초**

: 이론과 연구

제닝스 브라이언트 · 수전 톰슨 · 브루스 핀클리어 지음

배현석 옮김

한울
아카데미

Fundamentals of Media Effects, Second Edition
by Jennnings Bryant, Susan Thompson, and Bruce W. Finklea

차례

옮긴이의 말 ● 9
머리말 ● 12

1부 개관 및 역사

1장 미디어 효과의 이해   19
1. 커뮤니케이션 과정 ● 21 ㅣ 2. 커뮤니케이션 모델 ● 24 ㅣ 3. 미디어 효과 측정 ●
34 ㅣ 4. 기타 미디어 효과 조사방법론 ● 40 ㅣ 5. 미디어 효과 연구의 중요성 ● 43
ㅣ 6. 요약 ● 44

2장 미디어 효과: 역사적 개관   46
1. 미디어 효과에 대한 역사적 우려 ● 49 ㅣ 2. 매스 미디어로 인한 행동 및 의견 변
화에 대한 역사적 증거 ● 55 ㅣ 3. 요약 ● 67

3장 과학적인 미디어 효과 연구의 역사   68
1. 19세기의 시작 ● 69 ㅣ 2. 강효과의 개념 ● 73 ㅣ 3. 제한효과의 개념 ● 76 ㅣ 4.
각기 다른 수준의 효과 ● 78 ㅣ 5. 미디어 효과 연구의 개척자들 ● 80 ㅣ 6. 효과 연
구의 미래 ● 95 ㅣ 7. 요약 ● 99

2부 이론 및 개념

4장 사회인지이론   105

1. 인간의 독특한 특성 ● 107 ┊ 2. 관찰 학습과 모델링 ● 110 ┊ 3. 모델링의 효과 ●
114 ┊ 4. 미디어 내용을 통한 학습과 모델링 ● 121 ┊ 5. 사회적 촉진 또는 설득 ●
127 ┊ 6. 상징적 모델링을 통한 확산 ● 129 ┊ 7. 최근 연구 ● 130 ┊ 8. 요약 ● 131

5장 기폭효과   133

1. 기폭의 활성화 ● 135 ┊ 2. 개념적 뿌리 ● 136 ┊ 3. 기폭효과를 높이는 변인들 ●
141 ┊ 4. 연구 전통 ● 145 ┊ 5. 최근 연구 ● 146 ┊ 6. 요약 ● 153

6장 의제설정   155

1. 개념적 뿌리 ● 158 ┊ 2. 연구 전통 ● 161 ┊ 3. 최근 연구 ● 166 ┊ 4. 요약 ● 173

7장 프레이밍   175

1. 프레이밍 이론 ● 176 ┊ 2. 프레이밍의 효과 ● 177 ┊ 3. 프레임 형성 및 프레임
설정 ● 179 ┊ 4. 프레임 유형 ● 182 ┊ 5. 최근 연구 ● 183 ┊ 6. 요약 ● 186

8장 배양효과   188

1. 문화지표 프로젝트 ● 189 ┊ 2. 개념적 뿌리와 비판 ● 193 ┊ 3. 배양효과의 이론
적 기초 ● 196 ┊ 4. 최근 연구 ● 200 ┊ 5. 요약 ● 208

9장 이용과 충족   210

1. 매스 미디어의 사회적 기능 ● 212 ┊ 2. 이용 및 효과를 설명하는 모델 ● 213 ┊
3. 이용과 충족의 가정 ● 216 ┊ 4. 이용과 충족 연구: 간추린 역사 ● 219 ┊ 5. 이용
과 충족에 대한 비판 ● 221 ┊ 6. 최근 연구 ● 223 ┊ 7. 요약 ● 229

10장 설득   231

1. 연구 전통 ● 232 ┊ 2. 태도, 정서, 행동, 그리고 설득 ● 235 ┊ 3. 설득 모델 ●
237 ┊ 4. 태도와 행동을 연결시키는 모델 ● 248 ┊ 5. 최근 연구 ● 253 ┊ 6. 요약 ●
255

3부 주요 연구 영역

11장 미디어 폭력의 효과   261

1. 미디어 폭력 연구와 공공정책: 역사와 미래 ● 262 ｜ 2. 미디어 폭력 연구방법 ●
268 ｜ 3. 폭력적 내용의 측정 ● 274 ｜ 4. 미디어 폭력의 심리학적 영향 ● 278 ｜
5. 미디어 폭력 연구자를 위한 새로운 방향 ● 290 ｜ 6. 요약 ● 295

12장 성적 내용의 미디어 효과   297

1. 성적 내용의 속성 ● 299 ｜ 2. 미디어의 성적 내용의 정도 ● 302 ｜ 3. 매우 노골
적으로 성적인 내용에 대한 노출 ● 308 ｜ 4. 지배적 톤의 중요성 ● 318 ｜ 5. 성폭
력물에 대한 노출의 영향 ● 319 ｜ 6. 포르노그래피의 행동적 효과에 관한 그 이상
의 것: 성범죄자 연구 ● 323 ｜ 7. 요약 ● 326

13장 불안감이나 공포감을 주는 미디어 내용에 대한 반응   329

1. 공포에 대한 연구 ● 331 ｜ 2. 공포의 매력에 대한 설명 ● 337 ｜ 3. 공포감 측정
● 341 ｜ 4. 미디어 내용에 대한 공포 반응의 이유 ● 342 ｜ 5. 연령 및 젠더 차이 ●
347 ｜ 6. 공포 대처 전략 ● 351 ｜ 7. 요약 ● 353

14장 정치 커뮤니케이션의 효과   355

1. 정치 커뮤니케이션에 대한 영향 ● 357 ｜ 2. 미시적 수준의 정치 커뮤니케이션 효
과 ● 361 ｜ 3. 거시적 수준의 정치 커뮤니케이션 효과 ● 372 ｜ 4. 미디어 효과에
영향을 미치는 요인 ● 374 ｜ 5. 요약 ● 375

15장 건강에 관한 미디어 효과   377

1. 연구 결과 ● 379 ｜ 2. 건강과 인터넷 ● 390 ｜ 3. 건강 커뮤니케이션 캠페인 효
과 ● 393 ｜ 4. 요약 ● 397

16장 고정관념화의 효과   399

1. 오락물의 소수집단 묘사: 되돌아보기 ● 401 ｜ 2. 사회적 정보의 전달자로서의 미
디어: 현 상황 ● 411 ｜ 3. 수용자의 특성 ● 415 ｜ 4. 젠더 고정관념화 ● 421 ｜ 5.
미디어의 인종, 민족 및 젠더 고정관념화 효과 ● 426 ｜ 6. 요약 ● 430

17장 어린이 교육 텔레비전 및 영유아 에듀테인먼트의 효과   434

1. 교육 텔레비전 • 435 | 2. 영유아 에듀테인먼트 • 450 | 3. 요약 • 456

18장 컴퓨터 게임 및 비디오 게임의 효과   458

1. 폭력적인 비디오 게임의 부정적 효과 • 459 | 2. 비디오 게임 중독 • 469 | 3. 비디오 게임의 긍정적 효과 • 471 | 4. 비디오 게임의 이용과 충족 • 477 | 5. 앞으로의 연구 • 479 | 6. 요약 • 480

19장 인터넷의 효과   482

1. 인터넷의 진화와 월드 와이드 웹의 등장 • 483 | 2. 우리는 인터넷에 접속해서 무엇을 하는가? • 484 | 3. 인터넷 사용의 효과 • 485 | 4. 요약 • 505

20장 모바일 커뮤니케이션의 효과   507

1. '벽돌폰'의 탄생 • 509 | 2. 사회적 조정에 미치는 효과 • 510 | 3. 관계 커뮤니케이션에 미치는 효과 • 513 | 4. 청소년 문화에 미치는 효과 • 515 | 5. 문자 보내기의 효과 • 517 | 6. 공적 공간에서의 사적 사용 • 518 | 7. 요약 • 524

참고문헌 • 527
찾아보기 • 624

옮긴이의 말

미디어 효과에 관한 서적들은 국내외적으로 그동안 많이 출간되었다. 그럼에도 역자가 이 책을 번역한 이유는 많은 미디어 효과 저·역서들이 오래되었거나 미디어 효과의 다양한 분야를 종합적으로 다루고 있지 못하다는 느낌을 항상 가지고 있었기 때문이다. 국내에도 훌륭한 미디어 효과 관련 서적들이 많이 소개되어 있다. 그러나 많은 선배 학자분들께는 다소 외람되게 들릴지 모르나, 이 서적들을 통해 좀 더 최근의 균형 잡힌 이론적 업적을 언론학자와 학생 그리고 많은 언론 실무자에게 소개하기에는 부족한 감이 없지 않다. 따라서 오랫동안 사용되어왔던 과거의 접근 방법과 비교적 오래된 연구 자료들을 이제 한 번쯤 업그레이드할 때가 되었다고 본다. 그래서 역자는 브라이언트와 질만이 쓴 『미디어 효과: 이론 및 연구의 진전』(*Media Effects: Advances in Theory and Research*)이란 책을 공부하다가 이보다 쉽게 미디어 효과를 설명한 책이 있으면 좋겠다는 생각을 가지게 되었다. 그런 책을 찾던 끝에 2003년 미국 교환교수 시절 브라이언트와 톰슨이 쓴 이 책의 첫 번째 판을 발견하고 번역하기로 결심했고, 이어 2015년 이 책의 두 번째 판도 번역하게 되었다.

저자들은 두 번째 판에서 어떤 이론은 제외하고 어떤 이론은 추가하고 또 어떤 이론은 더 강조함으로써 미디어 효과 '이론'의 새로운 경향을 반영하고자 노력했음을 알 수 있다. 1부에서는 미디어 효과 이론의 새로운 추이를 반영하여, 초판에 포함되었던 혁신의 확산 이론은 제외하고 프레이밍 이론을 추가했으며, 의제 설정이론 및 기폭 이론과의 차이점과 유사점에 대한 설명을 추가했다. 물론 1부에 소개된 이론을 토대로 이루어진 최근 연구들을 업데이트했음은 당연하다.

2부에서는 미디어 연구 '분야'에서 새롭게 이루어지고 있거나 더 많이 연구되고 있는 토픽을 소개함으로써 미디어 효과 연구 분야의 새로운 추이를 반영하고자 하는 저자들의 노력은 계속된다. 2부에서는 1부에서보다 더 큰 변화가 있다. 저자들은 초판에 포함되었던 미디어 폭력(11장), 성적 내용(12장), 불안감이나 공포감을 주는 미디어 내용(13장), 정치적 커뮤니케이션 효과(14장), 건강에 대한 미디어 효과(15장)를 다룬 장의 내용은 대부분 살리고, 최근 연구만 업데이트했다(일부 장은 다소 많이 편집되기도 했음). 그러나 나머지 장에서는 '고정관념의 효과'(16장), '어린이 교육 텔레비전 프로그램의 효과'(17장), '컴퓨터와 비디오 게임의 효과'(18장), '인터넷의 효과'(19장), '모바일 커뮤니케이션의 효과'(20장)를 새롭게 소개함으로써 미디어 효과 연구 분야의 새로운 연구 추이를 반영하려 노력했다.

최선을 다했다고 믿지만 사람이 하는 일이라 지나고 나면 늘 오류가 발견되는 것이 인간사인 것 같다. 역서 두 번째 판에서는 원서 두 번째 판의 업데이트된 내용을 추가했을 뿐만 아니라 역서 초판에서 발견된 오류와 실수도 바로잡았다. 앞으로도 역자는 오류나 실수에 대한 독자 여러분의 지적과 번역 내용에 대한 문의를 열린 마음으로 기다리고 있으니, baehyuhn@ynu.ac.kr로 주저 없이 연락주시길 당부 드린다.

이 책의 초판 번역은 애초에 방송문화진흥회의 안목과 지원이 없었더라면 세상에 나올 수 없었거나 세상에 나왔다 하더라도 더 힘든 과정을 거쳤을 것이다. 이 자리를 빌려 다시 한 번 방송문화진흥회 측에 진정으로 감사한 마음을 전하고 싶다. 그리고 초판에 이어 개정판 출판도 맡아준 한울엠플러스(주)와 그 가족 여러분께도 고마움을 전한다. 끝으로 이 책이 완성되기까지 늘 곁에서 격려하고 염려해주는 사랑하는 아내 수정 씨 그리고 각자 목표를 향해 열심히 달려가고 있는 딸 은결 양과 한결 군에게도 같이 있어주어서 고맙다는 말과 함께 그 꿈이 반드시 이루어지길 기원한다.

2016년 8월
영남대학교 제2인문관 현암 카페에서
배 현 석

머리말

『매스 커뮤니케이션의 인지심리학』(*A Cognitive Psychology of Mass Communication*) 세 번째 판에서 리처드 해리스(Richard J. Harris, 1999: 17)는 다음과 같이 적었다: "미디어 연구에서 가장 흔히 볼 수 있는 일반적 관점은 매스 커뮤니케이션에 대한 노출의 '효과'를 조사하는 것이다. 미디어에 대한 일반 공중의 주요 관심사는 미디어 효과에 맞추어져 있다." 학자와 공중의 미디어 효과에 대한 이 같은 관심을 감안하면, 미디어 효과에 관한 기본 교재가 많을 것이라고 예상해볼 수도 있다. 그러나 사실은 그렇지 않다. 특정 효과에 초점을 맞추는 많은 서적을 포함하여 미디어 효과를 분석하는 학술 저서들이 전통적으로 매스 커뮤니케이션학에서 중요한 자리를 차지해왔는데도, 미디어 효과에 관한 기본 교재는 꽤 부족하다.

◈ 정보사회 도래에 따른 주요 이슈

이러한 미디어 효과 교재의 부족은 특히 현대 정보시대에서 문제가 된다.

물의 존재를 깨닫지 못하는 물고기처럼, 대학생들은 미디어가 그들의 삶 속에 두루 침투해 있고 편재(遍在)되어 있어 본질적으로 미디어가 눈에 띄지 않는 환경에 맞게 사회화된다. 더욱이 요즈음 학부생들은 대중문화 작품의 미디어 효과에 관한 부정확한 과장에 일상적으로 노출되어 있어서, 미디어 효과에 대한 기록을 바로잡는 것이 점차 대학 교양 교육의 중요한 부분으로 되어버렸다. 이러한 현상은 종종 '미디어 교양'(media literacy) 또는 '미디어 교육'(media education)이라 불린다.

◈ 우리의 목표와 도전

이 책의 기본 목표는 미디어 효과에 대한 방대한 양의 문헌을 기술해 보여줌으로써 학부생들이 정말 중요한 토픽을 이해하고 다룰 수 있으며 평가할 수 있게 하는 것이다. 몹시 기술적인 용어나 모호한 개념을 우리가 제시할 때마다 열심히 손을 들어준(또는 마음에 썩 들지는 않았지만 책상에 엎드린) 수천 명의 학생 덕분에 우리는 이러한 목표를 달성할 수 있었다. 그들과 학생 역할을 기꺼이 대신 해준 분들, 그리고 동료 자문가 노릇을 기꺼이 해준 훌륭한 평가자들에게 정말 깊은 감사를 드린다.

◈ 감사의 글

우리 가운데 한 사람(제닝스 브라이언트)이 공동 편집한 『미디어 효과: 이론 및 연구의 진전』(*Media Effects: Advances in Theory and Research*)을 사용한 수많은 강사들과 학생들이 우리가 이 책을 쓰도록 오랫동안 독려했다(때로 그들의 다급한 요청은 과장되어 있었다). 또한 그들은 이 책이 어떻게 구성되어야 하며 무엇을 포함하고 무엇을 제외해야 할지에 대해 매우 구체적인 제안을 해주었다. 그들에게 정말 감사를 드린다.

이 책 초판 평가자들은 정말 훌륭했다. 그들이 아니었더라면 지금처럼 훨씬 더 나은 책으로 탄생하지 못했을 것이다. 그들에게 충심으로 감사드린다:

- 오스카 패터슨 III(Oscar Patterson III), 노쓰 플로리다 대학교(North Florida University)
- 조지 콤스톡(George Comstock), 시러큐스 대학교(Syracuse University)
- 대니얼 라이프(Daniel Riffe), 오하이오 대학교(Ohio University)
- 엘리자베쓰 퍼스(Elizabeth Perse), 델라웨어 대학교(University of Delaware)
- 제임스 위버(James Weaver), 에모리 대학교(Emory University)
- 메리 커사터(Mary Cassata), 뉴욕 주립대학교-버펄로(SUNY-Buffalo)
- 데이비드 애트킨(David J. Atkin), 클리블랜드 주립대학교(Cleveland State University)
- 마이클 메퍼트(Michael Meffert), 메릴랜드 대학교(University of Maryland)
- 마이크 베이절(Mike Basil), 레쓰브리지 대학교(University of Lethbridge)
- 존 채핀(John Chapin), 펜실베이니아 주립대학교(Pennsylvania State University)
- 랜딜 요더(Randyll Yoder), 오하이오 대학교
- 도널드 싱글턴(Donald Singleton), 솔즈베리 주립대학교(Salisbury State University)
- 다이앤 퍼노 러메이드(Diane Furno Lumade), 뉴 멕시코 대학교(University of New Mexico)
- 수재나 프리스트(Susanna Priest), 네바다 대학교(University of Nevada, Las Vegas)

두 번째 판 개정 작업을 하는 동안, 우리는 다음의 초판 사용자들로부터도 유용한 피드백을 받았다:

- 윌리엄 크라이스트(William Christ), 트리니티 대학교(Trinity University)

- 에이셀 모린(Aysel Morin), 이스트 캘리포니아 대학교(East California University)
- 스리람 칼리아나라만(Sriram Kalyanaraman), 노쓰 캐롤라이나 대학교 (University of North Carolina)

　그리고 이 책의 출판사이자 편집자인 웨이브랜드 프레스(Waveland Press) 도 최고였다. 닐 로우(Neil Rowe)와 로리 프로스니츠(Laurie Prossnitz)에게 고마움을 전한다.

　끝으로 우리는 이 책의 독자들이 우리 편집팀의 일원이 되어주길 바란다. 구체적인 제안과 함께 어떻게 하면 여러분이 우리 사회에서 미디어의 역할과 효과에 대해 더 잘 이해할 수 있을지를 알려주기 바란다.

제닝스 브라이언트(Jennings Bryant)

수전 톰슨(Susan Thompson)

브루스 핀클리어(Bruce W. Finklea)

1부

개관 및 역사

1장 미디어 효과의 이해

2장 미디어 효과: 역사적 개관

3장 과학적인 미디어 효과 연구의 역사

미 디 어 효 과 의 이 해

그 누가 미디어를 통제하든, 그는 사람의 마음을 통제한다.
— 짐 모리슨(Jim Morrisone), 미국 음악가, 1943~1971

  1995년, 루이지애나(Louisiana) 주에 사는 열여덟 살 벤저민 다라스(Benjamin Daras)와 열아홉 살 세라 에드먼슨(Sarah Edmonson) 커플은 환각제를 복용한 후 무차별 살인을 일삼는 젊은 2인조 살인범을 다룬 폭력 영화 〈내추럴 본 킬러〉(Natural Born Killers)에 푹 빠져들었다. 그들은 하루에 많게는 여섯 번까지 그 비디오를 시청했으며 그 영화의 주연인 미키(Mickey)와 맬로리(Mallory)처럼 되기를 원했다. 영화에서 미키와 맬로리는 단지 전율을 맛보기 위해 무고한 사람을 죽이고 양심의 가책도 느끼지 않으며, 그들의 흉악한 행위에 대한 처벌조차 모면한다.

  3월 초 어느 날, 다라스와 에드먼슨은 대마초를 피우고 환각제를 복용한 다음, 몇 개의 총에 총알을 넣고 그레이트펄 데드(Grateful Dead)[1]의 콘서트를 찾아 즐겁게 차를 몰았다. 영화에 나오는 그들의 영웅처럼, 그들 역시 희생자를 물색했다. 그들은 콘서트는 찾지 못했지만, 미시시피(Mississippi) 주

---

1) 미국의 록 그룹(옮긴이 주).

의 한 시골에서 첫 번째 희생자를 찾았다. 그곳에서 다라스는 빌 새비지(Bill Savage)라는 조면기(繰綿機)[2] 관리자를 향해 방아쇠를 당겼다. 그다음 날 루이지애나로 이동한 에드먼슨은 식품점 점원이자 세 아이의 엄마인 팻시 바이어스(Patsy Byers)의 목에 총을 쏘고 그녀를 죽게 내버려둔 채 떠났다. 삶이 '예술'을 모방한 것이다.[3]

　매스 미디어를 모방하는 사례가 드문데도, 보통 이러한 사례는 그것이 가지는 센세이셔널(sensational)한 특성 때문에 언론의 엄청난 주목을 받는다. 이 책을 통해서 알게 되겠지만, 사람들이 매개 커뮤니케이션(mediated communication)을 통해 학습한다는 사실은 엄청난 양의 연구를 통해 밝혀졌으며(Bandura, 1977, 1986, 1994, 2009), 많은 연구자가 미디어 폭력물 시청과 공격적인 행동 증가 간의 인과적 관계를 발견했다(Bandura, 1978, 1979, 1982, 1986; Centerwall, 1989; Libert & Schwartzberg, 1977; Williams, 1986). 흥미롭게도 대다수 사람은 폭력적인 영화를 보고 외관상 전혀 나쁜 효과를 나타내지 않는데, 왜 소수의 사람들은 영화에서 본 행위가 아무리 소름끼친다 하더라도 그것을 실제로 모방하는지를 적절하게 설명해준 연구가 없다. 그러나 미디어 폭력과 공격성의 관계에 대해 계속해서 더 많은 것이 밝혀지고 있으며, 미디어 폭력이 실제 세계의 폭력으로 이어지는 이유를 설명하는 몇몇 이론도 제안되어 검정(檢定)된 바 있다.

　미디어 폭력물 시청의 효과를 측정하는 것이 미디어 효과 연구의 중요한 측면이기는 하지만, 미디어 효과 연구는 여러 가지 다른 유형의 연구도 망라한다. 사회과학자들은 대량 매개(mass-mediated) 메시지(광고, 선전, 커뮤니케이션 캠페인 등)의 설득력, 새로운 커뮤니케이션 기술의 영향, 노골적인 성적 표현물 시청의 효과, 공포감이나 불안감을 주는 미디어 내용물에 대한 반응,

---

2)　면화에서 면섬유를 분리하는 기계(옮긴이 주).

3)　예술은 현실의 '미메시스'(mimesis, 모방)라는 서구 고대 예술론의 중심 생각을 빗대어 한 표현(옮긴이 주).

정치 커뮤니케이션의 효과, 그리고 그 밖의 많은 것에 대해서도 관심을 가지고 있다.

　이 장은 이 책에서 다루게 될 개념, 이론, 조사 연구에 대한 기초를 제공한다. 이 책은 세 부분으로 나누어져 있다. 1부에서는 역사적 관점에서 미디어 효과의 중요성을 살펴본다. 매스 커뮤니케이션 시대가 도래한 이후에 나타난 미디어 효과(및 미디어 효과에 대한 사회적 관심)에 대한 역사적 증거를 제공하며 필자들 나름대로 정리한 미디어 효과 연구의 역사를 제시한다. 2부에서는 각기 다른 유형의 미디어 효과 연구를 소개하면서 몇몇 기초 개념과 이론을 다룬다. 사회인지이론(social cognitive theory), 기폭(priming), 의제설정(agenda setting), 프레이밍(framing), 배양(cultivation), 이용과 충족(uses and gratifications), 그리고 여러 설득이론이 각 분야의 관련 연구와 함께 다루어진다. 3부에서는 미디어 폭력, 성적(性的)인 내용물의 효과, 불안감이나 공포감을 주는 미디어 내용물에 대한 반작용, 뉴스 효과, 커뮤니케이션 캠페인 효과, 정치 커뮤니케이션 효과, 건강에 대한 효과, 고정관념의 효과, 교육적 효과, 비디오게임의 효과, 인터넷의 효과(즉, 소셜 네트워킹 사이트의 영향), 모바일 커뮤니케이션의 효과를 포함한 미디어 효과 연구의 주요 분야를 다룬다.

　이 장에서는 커뮤니케이션 과정에 대한 검토에 이어, 각기 다른 유형의 커뮤니케이션 모델에 대해 논의하기로 한다. 그런 다음 사회과학자들이 미디어 효과를 측정하기 위해 사용하는 수단(양적인 방법론과 질적인 방법론)을 살펴보기로 한다. 끝으로 오늘날 정보사회에서 미디어 효과를 연구하는 것이 얼마나 중요한지 이야기해보기로 한다.

1. 커뮤니케이션 과정

커뮤니케이션은 다음의 어떤 것 또는 다음의 모든 것이 될 수 있다: 다른 사람에 대한 '행동'(action), 다른 사람과의 '상호작용'(interaction), 다른 사람에 대한 '반응'(reaction)(McQuail & Windahl, 1993: 5).

커뮤니케이션은 몇 가지 서로 다른 형태를 띨 수 있다. 커뮤니케이션은 속성상 대인적일 수도 있고, 사적인 커뮤니케이션 미디어 사용을 포함할 수도 있으며, 매스 커뮤니케이션으로 묘사될 수도 있다. 두 사람이 대화를 나누고 있다면, 그들은 '대인 커뮤니케이션'(interpersonal communication)에 참여하고 있다. 두 사람이 전화나 이메일(email)을 통해 이야기를 나눌 때는 '미디어'(또는 '매개') 커뮤니케이션(media or mediated communication)이 발생한다. 뉴스 앵커가 카메라를 보며 말을 하고, 그의 이미지와 목소리가 전국에 산재해 있는 많은 시청자 가정으로 전송될 때는 '매스 커뮤니케이션'(mass communication)이 발생한다.

대인적으로 이루어지거나 미디어를 통해 이루어지거나 매스 미디어 채널을 통해 이루어지는 커뮤니케이션 행위는 '과정'을 포함한다. 아무리 단순한 형태의 커뮤니케이션이라 할지라도, 역사적으로 커뮤니케이션은 송신자가 채널을 통해 메시지를 수신자에게 전달하는 것으로, '대개' 어떤 종류의 효과가 발생하는 것으로 인식되어왔다. 우리는 재미있는 농담을 들으며 웃고, 슬픈 영화를 보며 운다. 우리는 강의를 듣고 배우거나 혼란을 일으키기도 한다. 이러한 예는 커뮤니케이션이 어떤 종류의 '효과'를 초래하는 원인으로 간주될 수 있음을 보여준다. 커뮤니케이션에 대한 또 하나의 견해는 상징적 상호작용(symbolic interaction)인데, 이 견해에 따르면 의미(문자일 수도 있고 이미지일 수도 있음)는 상징의 사용을 통해 공유된다.

모든 커뮤니케이션이 반드시 효과를 불러일으키는 것은 아니기 때문에 앞 단락에서 '대개'라는 단어를 강조했다. 어떤 커뮤니케이션 효과는 커뮤니케이션이 일어나는 조건, 즉 여러 가지 요인뿐만 아니라 듣거나 읽거나 보는 이들의 상호관계에 좌우된다. 어떤 요인은 메시지에 주의를 기울여야 함에도 메시지에 주의를 기울이지 못하게 만듦으로써 효과를 경감시키거나 완전히 차단해버릴 수도 있다. 어떤 사람은 작은 소리로 말해서 농담의 핵심을 놓치게 만들 수도 있다. 또 영화보다 데이트에 더 관심이 있어서, 영화 장면에 전혀 주의를 기울이지 못할 수도 있다. 수업 시간 내내 곧 있을 시험에 마음을 뺏겨 방금 들었던 수업에 대해 전혀 감을 잡지 못한 채 강의실을 나갈 수도 있다.

아무리 단순한 형태의 커뮤니케이션이라 할지라도, 심지어 두 사람 간의 커뮤니케이션이라도 좀처럼 단순하지 않으며 보통 '상호작용적'(interactional)이거나 '상호교류적'(transactional) 차원에서 이루어진다. 대인적인 대화에서는 먼저 말을 한 사람에게 청자(聽者)가 즉각적인 피드백(feedback)을 할 수도 있다. 대화나 토론 과정에서 직접적이거나 전자적으로 매개되는 송신자와 수신자는 그들 각각의 역할을 반복해서 바꿀 수 있기 때문에, 그들 모두는 커뮤니케이터(communicator)에 해당된다.

이에 반해 매스 커뮤니케이션은 단일 정보원(보통 텔레비전 네트워크와 같은 복합 조직)이 규격화된 동일 메시지를 수천 또는 수백만 명의 사람들에게 전달하는 과정을 포함한다. 수용자 구성원은 보통 이질적이거나 인구통계학적으로 다양하며, 통상 메시지 정보원에게 알려져 있지 않다. 비록 프로그램 웹사이트와 새로운 미디어 기술[특히 상호작용적 텔레비전(interactive television)]이 매스 커뮤니케이션에 새로운 대인적 차원을 제공하기 시작했지만, 보통 네트워크(또는 방송국)와 수용자 사이에 대인적 관계는 발생하지 않는다. 또한 지난 20년 동안 인터넷, 휴대폰, 스마트폰의 광범위한 보급으로 매스 커뮤니케이션은 혁명적으로 변했다. 이러한 미디어는 매스 커뮤니케이션에 대한 이전의 생각을 산산조각 내버렸다. 오늘날 소비자들은 텔레비전과 영화 스튜디오에서 제작된 미디어를 소비만 하는 것이 아니라 매스 미디어 생산자이기도 하다. 예를 들면, 찰리의 어머니가 '찰리가 날 물었어'(Charlie Bit Me)⁴⁾라는 동

---

4) 이 동영상은 영국 버킹엄셔에 살고 있는 데이비스-카 부부가 2007년 촬영한 것으로, 미국

영상을 유튜브(YouTube)에 올린 후 이 동영상은 입소문을 타고 엄청난 조회 수를 기록했다. 누구든 블로그(blog)에 전업주부의 일상사 기록에서부터 인기 있는 영화와 텔레비전 프로그램 평하기와 애완 앵무새를 돌보는 방법 논의하기까지 그들이 선택하는 토픽에 대한 게시글을 올릴 수 있다. 더욱이 스마트폰으로 인해 우리는 우리를 둘러싸고 있는 세상과 항상 접촉하면서 이동 중인 미디어 제작자/소비자가 될 수 있다. 여러분은 운동기구 위에서 걸으면서 스마트폰을 통해 어머니에게 문자를 보낼 수도 있고, 베이거스 스트립(Vegas Strip)[5]을 걸으면서 동영상을 찍어 페이스북(facebook)에 올릴 수도 있으며, 버스를 타고 가면서 〈30 록〉(30 Rock)의 최근 에피소드를 볼 수도 있다.

2. 커뮤니케이션 모델

커뮤니케이션 과정과 커뮤니케이션 효과를 이해하기 위해, 일부 학자는 그들의 이론과 커뮤니케이션 행동에 관한 추상적인 개념을 그림으로 설명하기 위한 도식적 모델을 개발했다. 이러한 모델은 여러 커뮤니케이션 유형의 유사점과 차이점을 좀 더 쉽게 식별할 수 있게 해준다. 또한 모델은 각기 다른 커뮤니케이션 과정이 속성상 선형적인지 상호작용적인지 또는 상호교류적인지를 보여주는 데 도움을 준다.

에릭(ERIC) 같은 학술 데이터베이스에서 '커뮤니케이션 모델'이라는 문구를 검색하면 검색 결과물을 수백 개나 찾을 수 있다. 이러한 문구는 워낙 여

에 살고 있는 대부에게 아이들의 모습을 보여주기 위해 만들어진 것이라고 한다(옮긴이 주).

5) 라스 베이거스(Las Vegas) 대로 남부의 대략 6.1km로 이어진 구간으로, 스트립은 패러다이스와 윈체스터에 걸쳐 있으며, 라스 베이거스에 속하지 않는다. 최대 규모의 호텔, 카지노와 세계의 리조트 대부분은 세계에서 유명한 라스 베이거스 스트립에 위치해 있다(옮긴이 주).

러 곳에서 사용되기 때문에 학계에서는 다소 진부한 문구가 되어버렸다. 커뮤니케이션 모델은 정신의학(psychiatry)에서부터 초심리학(parapsychology)에 이르기까지 모든 분야에서 사용되고 있다.

커뮤니케이션 분야에서조차 '커뮤니케이션 모델'이라는 문구는 몇 가지 다른 방식으로 사용될 수도 있다. 이 장에서는 모델을 커뮤니케이션과 같은 추상적인 과정을 해석하고 이러한 과정에 대한 이해를 촉진해주는 도식적 수단으로 정의한다(3장에서 '모델'은 다른 의미로 사용되는데, 강효과 모델, 제한효과 모델 등과 같은 지배적인 패러다임이나 전반적인 학문적 사상 경향을 기술하기 위해 사용됨).

이 장에서 소개되는 성공적인 도식적 모델은 세 가지 중요한 이점을 제공한다. 즉, 개념을 '조직화'하고(organize) 과정을 '설명'하며(explain) 결과를 '예측'해준다(predict)(Deutsch, 1966). 이러한 모델은 매우 간단한 것부터 매우 복잡한 것까지 다양한데, 모든 모델은 난해한 개념을 쉽게 이해할 수 있게 하기 위해 만들어졌다. 이러한 모델을 숙지해두면 이 책에서 미디어 효과에 대한 여러 사례가 기술될 때 도움이 될 수 있을 것이다.

여기에서는 도식적 모델의 두 가지 일반적인 범주, 즉 여러 커뮤니케이션 과정을 기술하는 모델과 특정 종류의 미디어 효과를 분석하는 모델을 살펴볼 것이다. 우리가 제시하는 이러한 예는 학자들이 개발한 많은 커뮤니케이션 모델 가운데 단지 일부에 지나지 않는다. 좀 더 포괄적인 커뮤니케이션 모델을 보려면 맥퀘일 및 윈달(McQuail & Windahl)의 『매스 커뮤니케이션 연구를 위한 커뮤니케이션 모델』(*Communication Models for the Study of Mass Communication*)(1993)을 참조하기 바란다.

1) 커뮤니케이션 과정 모델

많은 도식적 모델이 커뮤니케이션의 여러 과정을 잘 보여주고 있다. 여기서는 커뮤니케이션 과정을 살펴보는 세 가지 다른 방식의 모델, 즉 선형적, 상호작용적, 상호교류적인 도식적 모델에 대해 논의하고 이것들을 그대로 재현해보기로 한다.

(1) 선형적 모델

선형적 모델은 자극-반응 심리학(stimulus-response psychology)의 원리에 기초하는데, 수신자는 커뮤니케이션 정보원(source)에서 비롯되는 메시지(자극)에 영향을 받는다(반응). 이러한 모델은 커뮤니케이션 과정을 한 사람에게서 다른 사람에게 아이디어가 전달되는 일련의 연속적인 선형적 단계로 묘사한다.

셔넌-위버 모델로 불리는 첫 번째 선형적 커뮤니케이션 모델은 텔레커뮤니케이션 과정을 기술하고 있다. 1940년대 벨 전화 연구소(Bell Telephone Laboratory) 연구원이었던 클로드 셔넌(Claude Shannon)과 워런 위버(Warren Weaver)는 정보원에서 비롯된 메시지가 송신기를 통과하면서 시그널이 되는 과정을 보여주는 모델을 개발했다(그림 1-1 참조). 잡음(noise), 즉 간섭의 크기에 따라 그 시그널은 수신기를 거쳐 메시지로 복호화된다(decode).

1950년대에 브루스 웨슬리(Bruce Westley)와 맬컴 맥클린 주니어(Malcolm S. MacLean, Jr.)는 셔넌과 위버의 모델을 더욱 발전시키려고 했다. 그들은 텔레커

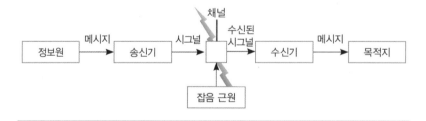

그림 1-1.　셔넌과 위버의 모델은 커뮤니케이션을 선형적이고 일방향적인 과정으로 기술한다.
자료: Shannon & Weaver(1949).

뮤니케이션이 아닌 대인 및 대량 매개 커뮤니케이션과 같은 유형의 커뮤니케이션을 설명하기 위해 송신자-수신자 모델을 개발했다. 여러 버전(version)의 웨슬리-맥클린 모델(그림 1-2a 및 그림 1-2b 참조)은 '피드백'(feedback: 수신자에서 원래 정보원으로의 되 흐름)과 게이트키핑[gatekeeping: 정보를 통제하고 심지어 정보가 목적지에 도달하는 것을 막는 힘을 가진 기제(보통 사람)]을 모델에 포함시켰다는 점에서 셰넌과 위버의 모델과 다르다. 예를 들면, 게이트키퍼는 궁극적으로 신문 독자나 뉴스 프로그램의 시청자에게 도달되는 메시지를 통제하고 선택

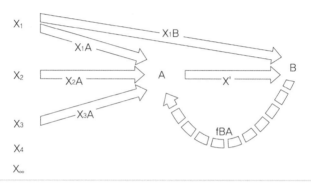

그림 1-2a. 웨슬리와 맥클린의 모델: A가 B와 커뮤니케이션을 하기 위해 잠재적인 X(대상 또는 사건)를 선택한다.　　　　　　　　　　자료: Westley & MacLean(1957).

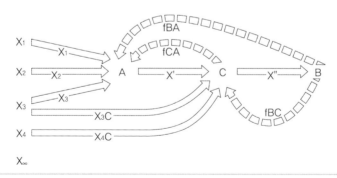

그림 1-2b. 웨슬리와 맥클린의 매스 커뮤니케이션 개념 모델: 여기에는 두 번째 종류의 커뮤니케이터인 C(채널 역할)가 소개된다.　　　　　　자료: Westley & MacLean(1957).

하는 편집인에 해당하는 역할을 하기 때문에, 매스 커뮤니케이션 분야의 많은 사람은 그것을 커뮤니케이션 모델의 중요하고 새로운 차원 가운데 하나로 받아들였다.

(2) 상호작용적 모델

커뮤니케이션을 '상호작용적'(interactive) 과정으로 가장 잘 정의한 곳은 미국 기술평가국(OTA: Office of Technology Assessment)이다. 지금은 없어진 OTA가 1990년 발행한 한 보고서는 커뮤니케이션을 "메시지가 형성되고 교환되며 해석되는 과정"으로 정의했다(U. S. Congress, 1990).

웨슬리와 맥클린의 선형적 모델과 마찬가지로, 커뮤니케이션을 상호작용적 과정으로 기술하는 이 모델 역시 1950년대에 개발되었다. 슈람의 **상호작용적 모델**(Schramm interactive model)은 정보를 상호작용적으로 주고받는 커뮤니케이터 간의 정보 공유를 강조한다. 커뮤니케이션 이론가인 윌버 슈람(Wilbur Schramm, 1954)이 개발한 이 순환적 모델은 커뮤니케이터들이 메시지를 거의 동시에 송신하고 수신하는 상호작용적이며 해석적인 과정으로 커뮤니케이션을 설명한다. 각각의 사람은 공유되는 메시지의 암호자(encoder), 해석자(interpreter), 복호자(decoder) 역할을 번갈아가면서 한다(그림 1-3 참조).

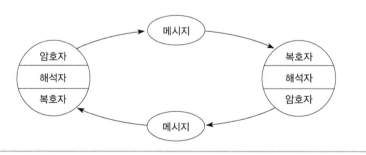

그림 1-3. 슈람의 모델에서는 대화의 양 당사자가 동일한 기능을 수행한다.

자료: Schramm(1954).

(3) 상호교류적 모델

커뮤니케이션을 상호작용적인 과정으로 정의한 앞의 OTA 보고서는 커뮤니케이션의 '상호교류적'(transactional) 속성을 보여주는 몇 안 되는 모델 가운데 하나를 제시했다. 상업적 거래에서와 마찬가지로 커뮤니케이션을 기술할 때 '상호교류적'이라는 용어는 무언가(이 경우, 정보)를 주고받음을 의미한다. 이 모델은 미디어 효과의 힘에 영향을 주는 요인으로 메시지의 특성과 수용자 구성원의 심리적 정향성(orientation)을 고려한다. 벨, 포드 및 오즐리(Bell, Ford, & Ozley)에 따르면, 상호교류적 커뮤니케이션은 우리의 언어적 선택과 비언어적 선택 모두에 초점을 맞춘다. 기본적으로 우리는 수신하는 메시지로부터 의미를 어떻게 생성해내야 할지를 선택할 수 있는 능력뿐만 아니라 무엇을 어떻게 말할지를 선택할 수 있는 능력을 지니고 있다.

여기에 제시하는 모델은 미시분석적 수준과 거시분석적 수준에서 커뮤니케이션을 상호교류적 과정으로 보는 다른 견해를 제시한다. OTA 상호교류적

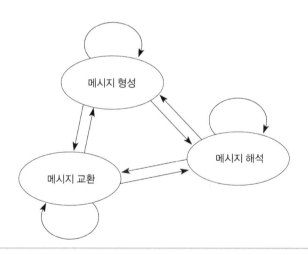

그림 1-4. OTA 모델은 커뮤니케이션 이론의 상호교류적 특성을 보여줌. 메시지의 형성, 교환, 해석과 이러한 과정의 상호의존성이 이 모델의 핵심적 특성이다.

자료: Office of Technology Assessment(1990, January).

모델(OTA transactional model)은 커뮤니케이션을 3개의 과정(메시지 형성, 메시지 해석, 메시지 교환)으로 구분하며 이러한 과정의 상호의존성을 강조한다(그림 1-4 참조). 이 모델은 커뮤니케이션의 상호교류적이고도 다차원적인 속성에 대한 미시분석적 견해를 제시한다.

2) 미디어 효과 모델

학자들은 커뮤니케이션의 전반적인 과정을 기술하는 모델 외에 미디어 커뮤니케이션이 일어날 때 발생할 수 있는 효과를 보여주는 모델도 개발했다. 순수하게 개인적인 효과에서부터 집단이나 심지어 사회 전반에 미치는 영향에 이르기까지 각기 다른 유형과 수준의 미디어 효과를 기술하기 위해 미시분석적 모델과 거시분석적 모델이 모두 사용되었다.

(1) 개인적 효과

대량 매개 커뮤니케이션이 개인에게 미치는 직접적인 효과를 설명하는 유용한 모델 가운데 하나는 **콤스톡의 심리학적 모델**(Comstock psychological model)이다(그림 1-5 참조). 콤스톡과 동료들(Comstock et al., 1978)은 텔레비전을 시청하고 있을 때 발생하는 특정한 정신적 과정을 기술하기 위해 이 모델을 개발했다. 이 모델은 개별 시청자의 행동이 텔레비전에서 묘사되는 행동에 영향을 받을 수 있음을 보여준다. 사람들은 텔레비전에서 묘사되는 어떤 행동을 시청하면서 그것을 학습하며, 그러한 행동을 함으로써 얻는 현저성(salience: 심리적 중요성)과 개인적 흥분이나 동기화(이 모델에서는 '각성'이라 불림)에 따라 학습된 행동을 채택할 수도 있다. 매개되는 행동의 지각된 현실감이 효과를 경감시키는 중요한 변인 가운데 하나이다(즉, 미디어의 묘사가 더 현실감이 있을수록, 그것이 시청자에게 미치는 심리적 효과와 시청자의 행동에 대한 잠재적 영향력은 더 커진다).

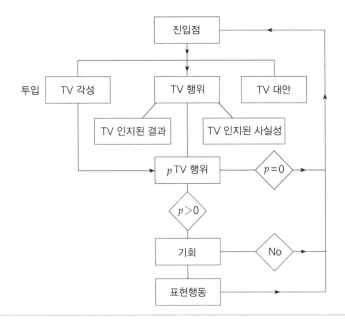

진입점

투입 | TV 각성 | TV 행위 | TV 대안

TV 인지된 결과 | TV 인지된 사실성

p TV 행위 | $p=0$

$p>0$

기회 | No

표현행동

그림 1-5. 텔레비전이 개인의 행동에 미치는 효과에 관한 콤스톡의 심리학적 모델을 단
순화한 버전. 이 모델은 미디어 묘사에 대한 노출에서 시작하여 시간 경과에
따른 개인의 '여정'을 보여주는 형태로 제시된다.

자료: Comstock, Chaffee, Katzman, McCombs, & Roberts(1978).

미디어 커뮤니케이션이 개인에게 미치는 심리적 효과를 보여주는 모델의
또 다른 좋은 예는 쏘슨의 인지적 처리 모델(Thorson cognitive processing
model)이다(그림 1-6 참조). 인지적(정신적) 차원이 고려될 때 모델은 때때로
꽤 복잡해진다. 그러나 이 같은 복잡성은 매개되는 정보를 처리하는 데 포함
되는 많은 요인과 단계를 정확하게 표현하기 위해 반드시 필요하다. 쏘슨의
모델은 텔레비전 광고를 처리하는 단계에 초점을 맞추고 있다. 이 모델은 메
시지의 잠재적 효과를 결정하는 데 있어 광고 메시지에 대한 개별 시청자의
개인적 관심과 주목, 기억력, 심지어 언어 능력도 고려하고 있다. 예를 들면,
아직 영어 구사 능력을 완전히 갖추지 못한 외국 학생은 영어를 모국어로 사

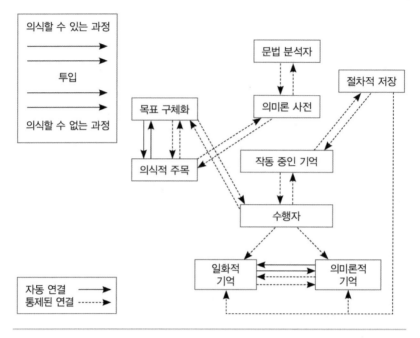

그림 1-6. 쏘슨의 인지적 처리 모델

자료: Derwin, Grossberg, O'Keefe, & Wartells(1989: 397~410).

용하는 사람에 비해 광고를 처리하는 데 어려움을 겪을 뿐만 아니라 광고 메
시지를 기억하지 못할 것이다.

(2) 사회적 효과

사회적 차원의 미디어 효과 모델의 예로 볼-로키치와 드플러(Ball-Rokeach
& DeFleur, 1976)가 제시한 미디어 체계 의존 이론(media system dependence
model)을 선택했다. 이 모델은 매스 미디어 체계(정보 체계)와 사회 자체(사회
체계)의 관계에 초점을 맞추고 있다(그림 1-7 참조).

이 모델은 현대사회의 개인들이 뉴스 및 정보의 근원으로서 매스 미디어에
점차 의존하고 있다고 가정한다. 의존 관계의 수준과 미디어 효과의 강도는

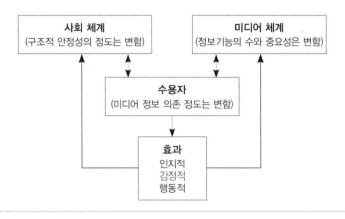

```
┌─────────────────────┐        ┌─────────────────────┐
│     사회 체계         │        │     미디어 체계        │
│ (구조적 안정성의 정도는 변함) │  │ (정보기능의 수와 중요성은 변함) │
└─────────────────────┘        └─────────────────────┘
            ↑                              ↑
            │      ┌─────────────────┐     │
            └──────│     수용자        │─────┘
                   │ (미디어 정보 의존 정도는 변함) │
                   └─────────────────┘
                            │
                   ┌─────────────────┐
                   │     효과          │
                   │    인지적          │
                   │    감정적          │
                   │    행동적          │
                   └─────────────────┘
```

그림 1-7. 의존 상태   자료: DeFleur & Ball-Rokeach(1982).

사회의 안정성 또는 불안정성과 정보원으로서의 매스 미디어의 사회적 중요
도로 결정된다. 미디어, 사회, 수용자 사이의 관계와 상호작용이 미디어 효과
와 함께 제시된다. 위기 시의 뉴스는 의존 이론이 실제로 작용하는 좋은 예이
다. 위기가 발생할 때마다(예, 2001년 9·11 테러나 2011년 초에 알라배마 주 터스
컬루사와 미주리 주 조플린을 휩쓸고 지나간 토네이도) 사람들은 정보원으로서 그
리고 심지어 안식처로서 뉴스 미디어에 의지한다. 사람들의 미디어 의존은
위기 기간에 증가한다.

이러한 예들은 커뮤니케이션 과정과 매스 커뮤니케이션 효과를 보여주는
데 사용되는 많은 (그리고 점차 증가하는) 도식적 모델 가운데 극히 일부에 지
나지 않는다. 이러한 기본 지식을 토대로 우리는 이제 미디어 효과라는 주제
로 방향을 돌리기로 한다. 이 장의 마지막 부분에서는 미디어 효과를 측정하
거나 평가하는 여러 가지 수단에 대해 논의하고 미디어 효과 연구의 사회적
중요성에 대해 생각해보기로 한다.

3. 미디어 효과 측정

미디어 효과 연구는 보통 기본적으로 인과관계를 가정한다. 그렇다고 일어나고 있는 사건에 우연이라는 요인이 작용하는 것을 완전히 무시하지는 않는다. 사회과학자는 인과성이라는 개념을 받아들이는 한편, 우연을 설명하기 위해 통계적 도구를 사용한다. 실제로 현대의 커뮤니케이션 학자들은 대부분 원인과 결과가 정확하게 결정되지 못하고 단지 확률적으로 결정될 수 있을 뿐이라는 인과관계에 대한 견해를 받아들인다. 페리(Perry, 1996)에 따르면,

> 미디어 효과에 대한 논의라면 그 어떤 것도 인과성에 대한 관심을 필요로 한다. 연구자는 하나의 개념이 다른 하나의 개념의 원인이라는 결론을 내리기 전에 반드시 세 가지 사실을 입증해야 한다. 첫째, 추정된 원인과 추정된 결과가 공변(共變)해야, 즉 함께 변해야 한다. 예를 들면, 매개되는 폭력에 많이 노출되는 사람은 덜 노출되는 사람보다 평균적으로 더 또는 덜 공격적인 경향이 있어야 한다. …… 둘째, 추정된 원인은 반드시 추정된 결과에 선행(先行)해야 한다. 끝으로 연구자는 추정된 원인과 결과의 관찰된 공변량(covariation)에 대한 (그럴듯한) 대립설명(즉, 제3의 변인)을 반드시 제거해야 한다(1996: 25~26).

이 책을 통해서 여러분은 미디어 효과의 증거를 검정하기 위해 수행된 많은 연구 결과를 읽게 될 것이다. 효과 연구는 대부분 양적 연구방법을 사용하지만, 질적인 방법을 사용한 연구와 두 가지 방법을 함께 사용한 연구도 있다. 여기서는 미디어 효과를 연구하기 위해 사용되어온 네 가지 조사방법론, 즉 실험실 실험, 설문조사, 현장 실험, 패널 연구를 살펴보기로 한다. 또한 미디어 효과의 존재를 평가할 때 통계적 방법이 지니는 중요성에 대해서도 언급한다. 표 1-1은 미디어 효과 논의에서 사용되는 용어들을 제시한다.

표 1-1. 사회과학자들이 사용하는 용어

미디어 효과와 관련된 개념과 이론에 대한 논의에서 여러 가지 용어가 사용될 것이다. 다음의
용어 설명은 매우 유용하다.

이론	현상에 대한 체계적 설명과 예측. 좀 더 공식적으로 말하면, 이론은 내적으로 일관된 체계적인 원칙을 통해 구성개념(construct)과 변인을 연결함으로써 어느 정도 관찰 가능한 현상을 설명하는 일단의 체계적이고도 그럴듯한 일반화이다.
개념	많은 구체적이고 세부적인 사항들에서 이끌어낸 일반적인 아이디어. 예를 들면, 사회계층은 소득, 교육, 지위, 직업, 존중 같은 세부적인 사항들에서 일반화된 하나의 개념이다.
가설	수집된 실증적 증거로 검정할 수 있는 구체적인 진술이나 제안.
질적 연구방법	조사자가 숫자에 크게 의존하지 않고 어떤 현상을 설명할 수 있게 해주는 연구방법. 질적 연구방법은 연구자가 어떤 현상을 숫자보다는 말을 사용하여 더 종합적으로 해석할 수 있게 해준다.
양적 연구방법	숫자를 사용하여 어떤 것의 상대적인 양을 설명하는 연구방법.
삼각 측정	미디어 효과에 관한 문제를 해결하기 위해 다양한 유형의 연구방법을 사용하는 것.
연역적 추론	일반적인 것에서 구체적인 것으로 이론이 검정되는 과정. 연구자는 일반적인 아이디어나 이론으로 시작해서 구체적인 진술, 즉 가설을 제기한 다음, 데이터 수집을 통해 가설을 검정한다.
귀납적 추론	구체적인 것에서 일반적인 것으로 이론이 생성되는 과정. 연구자는 단순한 연구문제로 시작하여 어떤 구체적인 사례를 기술해주는 데이터를 수집한 다음, 조사결과를 토대로 이론을 개발한다.
변인	값(value)이 하나 이상 부여될 수 있는 어떤 것. 예를 들면, 머리카락 색은 검은색, 갈색, 은색, 붉은색 등에 값을 부여할 수 있는 하나의 변인이다.

1) 실험실 실험

실험실 실험은 가장 간단한 형식으로 미디어 효과를 측정하는 방법으로서 지금까지 가장 널리 사용되어오고 있다. 실험을 위해서는 특정 유형의 미디어 내용(폭력적이거나 노골적으로 성적이거나 공포감을 주는 것 등)을 보거나 듣거나 읽을 사람 몇 명과 무해한 내용을 보거나 듣거나 읽을 사람이 필요하며,

그런 다음 두 집단의 개별 구성원이 보여주는 어떤 측정 가능한 변화를 비교한다. 질문지에 쓴 참여자의 자술(自述) 보고(self-report)나 자동화된 측정 도구(예, 선호도 분석 도구), 참여자의 행동 관찰, 개인이 수행하는 여러 가지 활동 평가, 또는 실험 참여자가 그러한 내용을 보고 있는 동안 이루어지는 어떤 종류의 생리적 측정(예, 혈압, 심장박동 수, 체온)이나 인지적 평가(예, α 및 β 뇌파)가 측정 도구가 될 수 있다.

더욱 복잡한 형태의 실험에는 흔히 통제집단(예, 어떤 미디어 메시지를 읽지 않거나 듣지 않거나 보지 않은 사람들)이 포함된다. 또한 연구자는 복잡한 연구 설계를 이용하여 몇몇 변인의 효과를 동시에 살펴볼 수 있다. 예를 들면, ① 공포감을 주는 내용과 그렇지 않은 내용이 ② 각기 다른 나이의(예, 3세, 6세, 9세) ③ 남자 어린이와 여자 어린이에게 미치는 영향을 한꺼번에 살펴볼 수 있다.

위머 및 도미닉(Wimmer & Dominick, 1994: 85)은 미디어 연구에서 실험실 실험이 가지는 네 가지 주요 장점과 두 가지 단점을 지적한 바 있다. 긍정적인 측면에서 실험은 "인과성을 입증하기 위해 사용되는 최고의 사회과학적 조사방법"이다. 특히 결과에 앞서 원인이 보일 수 있도록 변인을 적절한 시간 순서에 따라 제시하고 조작할 수 있다는 점에서 실험은 연구자에게 높은 통제력을 제공한다. 경제적인 면에서도 실험은 다른 대부분의 조사방법에 비해 비용이 적게 든다. 끝으로 실험은 단계별 기법을 사용하기 때문에, 후속 연구자가 다른 조사방법보다 더 쉽게 반복해서 연구할 수 있도록 해준다. 단점으로는 실험실의 인위적인 환경이 연구자가 관찰하고 측정하려는 변인을 포함해 실험 참여자의 행동에 영향을 미칠 수 있다는 점을 들 수 있다. 의도적이건 의도적이지 않건 연구자가 실험 결과에 영향을 줄 때, 실험상의 편향이 발생한다는 점도 또 다른 문제로 지적된다. 많은 연구자는 이중 맹검(double-blind) 실험을 실시하여 이러한 문제를 피하는데, 이중 맹검 실험이란 통제집단에는 어떤 참여자가 속해 있는지 그리고 실험집단에는 어떤 참여자가 속해 있는지를 실험 참여자와 연구자가 모르게 하는 것을 말한다.

2) 설문조사

설문조사(survey) 역시 미디어 내용의 효과를 측정하기 위해 자주 사용되는 조사방법이다. 설문조사는 ① 개인의 미디어 노출 유형과 정도(예, 매주 폭력적인 텔레비전 프로그램을 시청하는 시간이나 매주 방문하는 포르노 사이트 수)와 ② 응답자가 자술 보고하는 친사회적 또는 반사회적 행동에 대한 태도와 이러한 행동에 대한 경향을 측정하기 위한 서면 설문지, 전화 인터뷰, 대면(對面) 인터뷰, 또는 웹(Web) 설문조사의 사용을 특징으로 한다. 위의 두 번째 것을 측정하기 위해 연구자는 오랜 시간을 거치면서 정교화되어온 몇 가지 척도나 목록을 이용할 수 있다. 설문조사는 흔히 모집단(population)을 대표하는 표본(sample)을 대상으로 이루어지기 때문에, 이러한 연구는 종종 변인 간의 관계에 영향을 미칠지도 모르는 인구통계학적 또는 사회통계학적 요인을 구체적으로 조사한다.

미디어 효과를 측정하기 위해 설문조사를 사용할 때 한 가지 주의사항이 있다. 만약 페리(Perry, 1996)의 인과관계를 위한 세 가지 기준을 기억하고 있다면, 첫 번째 기준(추정된 원인과 추정된 결과가 반드시 공변해야 함)이 설문조사를 통해 쉽게 수용될 수 있음은 금방 알 수 있을 것이다. 세 번째 기준(대립원인의 제거)도 설문조사로 어느 정도 해결할 수 있다. 실제로 잘 설계된 설문조사를 사용함으로써 어떤 특정한 미디어 효과의 원인이 되는 서로 다른 여러 기여 인자를 동일한 설문조사에서 평가할 수 있다. 이러한 이유에서 실험을 실시하는 연구자도 실험 참여자를 상대로 자주 설문조사를 한다. 그럼으로써 이들은 일반적으로 실험 조사방법이 제공하는 엄격한 연구 설계를 통해 인과관계를 단정할 수 있기 때문에, 여러 가지 통계적 통제를 사용할 수 있을 뿐만 아니라 대립원인을 부분적으로 설명해낼 수도 있다. 그러나 페리가 제시한 두 번째 기준(추정된 원인이 추정된 결과에 반드시 선행해야 함)은 미디어 효과를 측정하기 위해 설문조사를 사용할 때 문제가 발생할 가능성이 있는 부분이다. 설문지나 인터뷰를 통해 추정된 원인(예, 폭력적 프로그램을 시청한 시간)과 추정된 결과(예, 신변 안전에 대한 공포감)를 동시에 측정한다면 시간 연속성, 즉 시간 순서 문제를 해결할 수 없다. 시간 순서 문제를 고려하기 위해서 연구자는 흔히 동일한 설문조사(또는 유사한 설문조사)를 여러 차례 실시하거나 측정 도구의 다른 부분을 다른 시기에 측정한다. 그러나 이 같은 통제는 일반적으로 엄격한 연구 설계와 적절하게 수행된 실험에 의한 통제만큼 확실하거나 효과적인 것으로 간주되지 않기 때문에, 만약 설문조사가 유일한 미디어 효과 평가 수단이라면 그러한 절차를 통해 인과관계를 단정하는 것은 문제가 된다. 바꾸어 말하면, 설문조사는 변인 간의 연관이나 관계를 단정하는 데는 매우 좋은 방법이지만, 원인과 결과를 단정하는 데는 그리 강력한 방법이 되지 못한다.

3) 현장 실험

'현장에서', 즉 실제 상황에서 수행되는 실험은 실험실 실험이나 설문조사 연구방법만큼 미디어 효과 연구에서 많이 사용되지는 않았지만, 몇몇 주요 연구는 이 방법을 사용했다(예, Williams, 1986; Parke, Berkowitz, & Leyens, 1977). 현장 실험은 실험실에서 이루어지는 실험만큼 높은 물리적 통제가 가능하지는 않지만, 현장에서 통계적 통제를 사용함으로써 연구자는 가외변인(extraneous variable)[6] 또는 중개변인(intervening variable)[7]을 더 잘 통제할 수

---

6) 제3의 변인이 다른 두 변인 모두와 각각 관련되어 있을 때 실제로 그 두 변인은 서로 관계가 없더라도 상관관계가 있는 것으로 나타나는데, 이러한 제3의 변인을 가외변인(extraneous variable)이라고 한다(옮긴이 주).

7) 변인 A가 변인 B에 영향을 미치고 변인 B가 변인 C에 영향을 미칠 뿐만 아니라 변인 A가

있다. 현장 실험은 '외적 타당도'(external validity), 즉 어떤 특정 연구의 일반화 가능성 정도가 높다. 조사 참여자의 태도와 행동이 흔히 메마른 실험실 상황이 아닌 실제 상황에서 측정된다. 따라서 조사 참여자의 행동은 좀 더 자연스러운 것으로 간주된다. 어떤 경우, 현장에서 조사를 당하는 사람이 조사를 받고 있다는 사실을 깨닫지 못할 수도 있으며 따라서 더 자연스럽게 행동할 수도 있는데, 이 같은 방법은 윤리적 문제를 야기한다. 현장 실험의 또 다른 장점은 처음 텔레비전을 수신하는 지역에 미치는 텔레비전의 영향과 같은 꽤 복잡한 사회적 상황을 연구하는 방편이 될 수 있다는 것이다.

4) 패널 연구

패널 연구를 하기 위해서 연구자는 각기 다른 시기에 동일한 응답자를 인터뷰하거나 그들에게 설문지를 보내야 한다. 이 방법은 다른 조사방법처럼 미디어 효과 연구에 자주 사용되지는 않지만, 미디어 효과 연구 역사에서 주요한 연구 가운데 하나(Lazarsfeld, Berelson, & Gaudet, 1944)가 이 방법을 사용했다. 패널 연구는 본래 속성상 종단적인(longitudinal) 연구로, 동일한 응답자가 한 차례 이상 정보를 제공한다. 이는 응답자들이 반드시 오랜 기간에 걸쳐 확보·유지되어야 함을 의미하며, 이러한 상황은 연구자에게 많은 시간을 요구하고 많은 비용이 필요할 수도 있다. 그러나 패널 연구의 이점은 종종 이러한 인적·재정적 비용을 능가한다.

변인 C에 미치는 직접적 영향이 통계적으로 여전히 유의미할 때 변인 B는 '매개적' 역할을 한다고 간주하는 반면, 변인 A가 변인 C에 미치는 직접적 영향이 통계적으로 유의미하지 않고 오직 변인 B를 통해서만 간접적으로 영향을 미칠 때 변인 B는 변인 A와 C 사이에서 '중개적' 역할을 한다고 간주한다. 통계학자 가운데는 매개변인(mediating variable)을 상위 개념으로 보고 이러한 매개변인을 중개변인, 차단변인(masking variable), 허위변인(spurious variable)으로 나누기도 한다(옮긴이 주).

5) 삼각 측정

　미디어 효과를 측정하기 위한 이러한 주요 조사방법은 제각기 한계점을 가지고 있기 때문에, 연구자는 흔히 미디어 효과 문제나 이슈를 해결하기 위해 몇몇 다른 방법을 활용하려 노력한다. 예를 들면, 관대하고 이타적인 주인공이 등장하는 텔레비전 드라마를 많이 시청하는 것이 시청자의 자선 기부 행위를 증가시키는지 아닌지를 알아보기 위해 실험실 실험, 현장 실험, 또는 설문조사를 이용할 수 있다. 그러나 이 세 가지 방법을 모두 이용하는 것, 즉 삼각 측정(triangulation)을 이용하는 것이 훨씬 더 효과적일 것이다. 만약 세 가지 방법을 각각 사용한 개별 연구들의 결과가 유사하다면, 독립적인 조사 결과보다 누적된 조사결과가 훨씬 더 강력할 것이다. 보완적인 조사방법들을 사용하여 미디어 효과 문제에 접근하는(즉, 유사한 연구문제에 대한 해답을 찾아내기 위해 몇 가지 다른 실험이나 설문조사를 함께 사용하는) 학자를 일컬어 종종 '계획된'(programmatic) 미디어 효과 연구를 수행한다고 한다. 이러한 방법은 동료들 사이에서뿐만 아니라 기자와 정책 수립가들 사이에서도 그들의 연구 결과물의 신뢰도를 엄청나게 높여준다.

4. 기타 미디어 효과 조사방법론

　다른 많은 조사방법도 미디어 효과를 이해하고 예측하는 데 유용하다. 그중에서도 다음 두 가지, 즉 내용분석과 메타분석은 미디어 효과 연구에서 널리 사용되기 때문에 이것들에 대해 간략하게 살펴보기로 한다.

1) 내용분석

내용분석(content analysis)은 이른바 특정 유형의 미디어 효과를 발생시키는 데 기여하는 특정한 미디어 메시지 속성이 존재하는지 존재하지 않는지 또는 그 양은 어느 정도인지를 조사하는 데 흔히 사용된다. 예를 들면, "건강 문제에 대한 사람의 자각을 형성하는 데 있어 오락물 미디어의 중요성"(Kaiser Family, 1999: 2)을 강조하기 위해 설계된 프로그램의 일부로서, 카이저 가족 재단(Kaiser Family Foundation)은 텔레비전상의 성에 관해 몇몇 내용분석을 의뢰했다. 여기에는 성적 메시지가 만연해 있는 정도, 성에 대한 이야기의 유형, 제시되거나 논의되는 성적 행동의 유형, 성적 위험 또는 책임에 대한 메시지가 언급되는 정도를 평가하는 것이 포함된다(Kunkel et al., 1999). 이 같은 메시지의 특성이 존재 또는 부재하는 것 자체가 미디어 효과의 어떠한 직접적인 증거를 제공하지는 않는다는 점에 유의해야 한다. 그 대신 내용분석은 친사회적이거나 반사회적인 미디어 효과를 초래할지도 모르는 내용 유형에 대한 유용한 개요를 제공할 수 있다. 효과 자체에 대한 증거를 제공하기 위해서는 내용분석과 함께 다른 조사방법이 반드시 사용되어야 한다.

2) 메타분석

이 책을 통해서 여러분은 미디어 효과에 대한 여러 메타분석의 결과를 보게 될 것이다. 메타분석은 미디어 효과 연구에서 비교적 새로운 방법이며, 미디어 효과에 대한 어떠한 새로운 '1차적인' 증거도 제공하지 않는다는 점에서 색다르다. 그 대신 메타분석(meta-analysis)은 어떤 주어진 주제에 관한 수많은 경험적 연구를 통해 이미 존재하는 결과들을 체계적으로 통합하는 하나의 수단이다. 메타분석은 특정한 연구 영역(예, 고정관념, 포르노그래피, 비디오 게임)에서 미디어로 인해 발생하는 효과의 방향뿐만 아니라 효과에 대한 '큰 그림'

을 그리기 위해 통계적 방법을 사용한다. 메타분석에 사용되는 통계 절차는
비교적 객관적이고 꽤 포괄적이게끔 설계되기 때문에, 잘 수행된 메타분석은
일단의 미디어 효과 문헌에 대한 분석적인 해석을 제공한다. 따라서 이러한
정보는 전통적인 서술적 문헌 고찰과 결합되어 우리 사회의 미디어 효과에
대한 더 깊은 통찰력을 제공할 수 있다.

3) 통계적 방법

효과 연구는 대부분 '통계학'(statistics), 즉 "데이터를 수집하고 체계화하고
요약하며 분석하기 위해 수학적 모델을 사용하는 과학"(Wimmer & Dominick,
1994: 205)을 이용한다. 통계적 방법은 다음 가설의 예와 같이 '기술적'(記述的)
일 수도 있다: "한 달에 미스터리 소설책을 6편 이상 읽는 독자는 미스터리 소
설을 읽지 않는 동료보다 문제 해결 과업을 3배 정도 잘 수행했다." 그러나 아
마 커뮤니케이션 연구에서는 '추리' 통계(inferential statistics)가 가장 널리 사
용될 것이다. 모집단에서 무작위로 추출한 표본은 모집단과 동일한 분포 속
성을 띠는 것으로 통계학은 가정한다. 따라서 무작위 표본을 통해 수행된 검
정은 명확한 한계 내에서 모집단에 일반화될 수 있다. 통계적 방법은 확률
의 법칙(law of probability)에 기초를 둔다. 통계적 방법은 표집오차(sampling
error)(예, 어떤 모집단을 대표하지 않는 표본이 우연히 선택되거나 할당되는 것)를
고려한다. 통계적 방법은 확률의 법칙을 토대로 우연에 대비(對備)한다. 그것
이 표집오차이건 아니면 다른 어떤 오차이건, 우연에 인한 오차는 전체 오차
의 일부가 된다. 연구자는 연구 설계를 통해 미디어 효과의 특정한 원인을 분
리해낼 수 있으며, 통계적 방법을 통해 그러한 원인의 강도에 값을 부여할 수
있다.

5. 미디어 효과 연구의 중요성

우리는 매개되는 수많은 메시지를 매일 수신하는 세계에 살고 있다. 다음 장에서 배우게 되겠지만, 미디어 커뮤니케이션의 효과에 대한 증거뿐만 아니라 효과에 대한 관심은 매스 커뮤니케이션 자체만큼이나 오래되었다. 사람들은 미디어 메시지가 자신과 특히 어린이에게 어떤 영향을 미치는지 항상 알고 싶어 한다. 사람들은 늘 특정한 메시지나 메시지 시스템의 부정적인 효과를 염려하며, 다른 메시지나 메시지 시스템의 잠재적인 친사회적 효과에 대해서도 알고 싶어 한다.

21세기에 접어들면서 매개 커뮤니케이션의 효과에 대한 지식은 더욱 중요해지고 있다. 우리가 매우 정보 지향적이고 정보 의존적이 되는 바람에 어떤 사람은 우리 사회를 '정보사회'라 불렀다. 컴퓨터와 매스 미디어는 우리 사회의 하부구조에서 매우 중요한 부분이다. 오늘날 세계에서 잘못된 것으로 인식되는 것은 상당 부분이 이러저러한 종류의 매스 커뮤니케이션 탓으로 돌려지고 있어, 매스 미디어의 효과는 엄청난 사회적 중요성을 지니게 되었다. 매개되는 폭력, 포르노그래피(pornography), 광고, 비디오 게임, 또는 뉴스의 효과는 이러한 흥미진진하고 중요한 연구 영역의 가장 눈에 띄는 겉면일 뿐이다. 매개 커뮤니케이션의 힘에 대해 아는 것이 우리 모두에게 중요하다는 것을 이 책을 읽어가면서 알게 되기를 바란다. 흔히 우리는 스스로를 정보 시대의 '주권을 가진 소비자'(sovereign consumer)라고 부른다. 그러나 우리의 소비가 유익한 결과를 가져오기를 원한다면, 우리 생활 속에서 미디어 효과에 대해 잘 알고 있어야 한다.

6. 요약

스크린상의 폭력물 시청 효과를 측정하는 것이 미디어 효과 연구의 중요한 측면이기는 하지만, 미디어 효과 연구는 다른 많은 유형의 연구도 망라한다. 사회과학자는 대량으로 매개되는 메시지(예, 광고, 선전, 커뮤니케이션 캠페인)의 설득력, 새로운 커뮤니케이션 기술의 영향, 노골적인 성적 표현물 시청의 효과, 공포감이나 불안감을 주는 미디어 내용물에 대한 반응, 정치 커뮤니케이션의 효과 등 그 밖의 많은 것에 대해서도 관심을 가지고 있다.

커뮤니케이션은 몇 가지 다른 형태를 띨 수도 있다. 커뮤니케이션은 속성상 대인적일 수도 있고, 개인적 커뮤니케이션 미디어의 사용을 포함할 수도 있으며, 매스 커뮤니케이션으로 기술될 수도 있다. 대인적 채널이나 미디어 채널 또는 매스 미디어 채널을 통해 이루어지는 커뮤니케이션 행위는 과정, 즉 일련의 단계를 포함한다. 아무리 단순한 형태의 커뮤니케이션이라 할지라도, 정보원과 수신자 간의 커뮤니케이션은 상호작용적이거나 상호교류적 형태를 띤다. 대인적 대화의 경우, 수신자는 정보원에게 즉각적인 피드백을 제공한다. 대화나 논의의 과정에서 송신자와 수신자는 그들 각각의 역할을 반복해서 번갈아 맡게 된다. 매스 커뮤니케이션은 동일한 일시적 메시지를 수천 또는 수백만 명의 사람들에게 전달하는 기관 정보원(보통 텔레비전 네트워크와 제작 시설을 함께 가지고 있는 복합 조직)을 하나 이상 포함한다. 수용자 구성원은 이질적이거나 인구통계학적으로 다양하며 메시지원에게 알려져 있지 않다.

학자들은 그들의 이론을 설명하고 커뮤니케이션 과정과 행동에 관한 추상적인 아이디어를 보여주기 위해 모델을 개발해왔다. 또한 모델은 미디어 효과를 설명하는 데도 사용될 수 있다. 모델은 속성상 선형적이건 상호작용적이건 또는 상호교류적이건 커뮤니케이션의 각기 다른 과정을 보여주는 데 도움이 된다. 성공적인 도식적 모델은 세 가지 중요한 장점을 제공한다. 그것은 개념을 체계화하고, 과정을 설명하며, 결과를 예측한다.

미디어 효과 연구는 기본적으로 인과적 시나리오, 즉 원인과 결과가 있는 시나리오를 가정한다. 사회과학자는 인과성이라는 개념의 중요 구성요소로서 우연을 설명하기 위해 통계적 방법을 사용한다.

연구자는 흔히 실험실 상황에서 실험 방법을 사용하여 미디어 효과를 측정한다. 다른 조사방법으로는 설문조사, 현장 실험, 패널 연구가 있다. 삼각 측정은 미디어 효과 문제를 해결하기 위해 몇 가지 조사방법을 사용하는 것을 말한다. 내용분석은 특정한 미디어 효과의 원인이라고 주장하는 미디어 메시지의 특정 속성의 존재, 부재, 또는 크기를 살펴보기 위해 사용된다. 메타 분석은 어떠한 주제에 관한 수많은 경험적인 연구를 통해 밝혀진 기존의 결과들을 체계적으로 통합하는 데 유용하다. 미디어 효과 연구는 대부분 통계적 방법을 사용한다.

오늘날 세계에서 잘못된 것으로 인식되는 것은 상당 부분이 매스 커뮤니케이션 탓으로 돌려지고 있어, 매스 미디어의 효과는 엄청난 사회적 중요성을 지니게 되었다. 미디어 효과 이슈는 무엇보다도 큰 사회적 중요성을 지니는 이슈가 되었다. 미디어 효과에 대한 기본적인 지식은 정보시대에 남보다 앞서 나가는지를 판단하는 데 필요한 기준이다.

2장

미 디 어 효 과 : 역 사 적 개 관

우리 시대와 우리 사회에서 가장 사람을 놀라게 하는 악(惡) 가운데 하나는
인쇄기에서 매일 흘러나오는 출판물의 유해한 경향이다.
― 《유에스 가톨릭 매거진》(*U. S. Catholic Magazine*), 1847

　　1450년, 인쇄기가 발명된 이래로 사람들은 매스 미디어가 수용자에게 중
요한 영향을 미친다고 생각해왔다. 때로는 특정한 미디어 내용에 광범위하게
노출된 후 나타나는 여론이나 행위의 뚜렷한 변화를 역사적 증거들을 이용하
여 연대순으로 기록했다. 또 어떤 때는 미디어 효과가 덜 명백하게 드러나긴
하지만, 사람들에게 미치는 미디어 효과를 '우려'하는 비평가들의 목소리가
매스 미디어에 대한 여러 가지 반대 운동을 촉발시키기도 했다. 자기 자신이
아닌 일반화된 '타자'(generalized others)에 대한 우려는 '제3자 효과'(third-
person effects)로 체계적으로 설명되는데, 개인들이 자신보다 다른 수용자 구
성원이 설득적이거나 폭력적이거나 불유쾌한 미디어 내용에 더 영향을 받기
쉽다고 생각할 때 제3자 효과가 발생한다고 한다(Davison, 1983).
　　이 장은 역사적인 미디어 효과에 대한 우려와 인쇄기가 발명된 이래로 미
디어가 의견과 행위에 미친 실제적 영향에 대한 역사적 증거를 살펴보기로
한다. 또한 미디어 효과가 과학적으로 측정되기 이전과 미디어 효과에 대한
과학적인 측정이 학문적 연구 분야가 되고 난 이후의 미디어 효과에 대한 대

중의 우려를 보여주는 사례도 선별하여 살펴보기로 한다.

미디어 효과의 존재는 궁극적으로 인과적 관점을 필요로 하는데, 커뮤니케이션 미디어를 통해 전달되는 어떤 종류의 메시지가 가장 흔한 '원인'이다. 사회과학자와 행동과학자는 실험을 시작할 때 외부 영향을 최소화하고 개인에게 미치는 영향을 정확하게 측정하기 위해 일반적으로 엄격한 통제를 실시한다. 이렇게 함으로써 그들은 개인에게 미치는 실제적인 미디어 효과를 여러 가지 방법으로 평가할 수 있다. 이에 반해 역사학자는 대개 기록된 의견과 행동에 나타난 효과가 명백하고 강력할 때만 미디어를 포함하는 인과관계를 평가하는 것으로 제한되어 있다.

더욱이 사회과학자와 행동과학자는 개인을 흔히 한 번에 한 사람씩 실험 처치하거나 조사함으로써 미디어 효과에 대한 증거를 축적하는 데 반해, 역사학자는 때때로 공적 기록과 같은 데이터를 취합하여 살펴봄으로써 사회적인 수준의 효과에 초점을 맞춘다. 여기서 인용할 여러 역사적인 사례들은 '사람이 개를 무는 것'과 같은 개별적이고 유리된 사례라기보다는 수많은 사람 사이에 일어나는 효과에 대한 증거를 제공한다는 점에서 주목할 필요가 있다. 우리는 사람들의 흥밋거리가 된다는 이유 때문에 뉴스 가치를 지닐 수도 있는 특이한 미디어 사건보다는 미디어 영향의 주요 경향을 강조할 것이다.

많은 학자들은 역사적 사례가 인과관계에 대한 적절하고 과학적인 증거를 제공해주지 않는다고 주장할지도 모른다. 시카고 대학(University of Chicago)의 한 사회과학자는 다음과 같이 주장했다:

사례 연구와 일화 수집은 일반화에 대한 증거를 제공하지 않는다. 오히려 그것들은 예시를 제공하는데, 만약 저자나 다른 사람이 결과적으로 이러한 예시를 증거로 받아들이게 된다면 이것 때문에 판단을 그르칠 수 있다(Stouffer, 1942: 144).

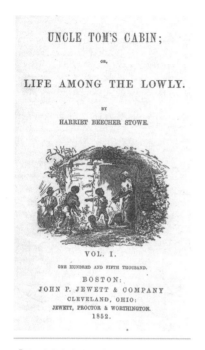

UNCLE TOM'S CABIN;

OR,

LIFE AMONG THE LOWLY.

BY

HARRIET BEECHER STOWE.

VOL. I.

ONE HUNDRED AND FIFTH THOUSAND.

BOSTON:
JOHN P. JEWETT & COMPANY
CLEVELAND, OHIO:
JEWETT, PROCTOR & WORTHINGTON.
1852.

『톰 아저씨의 오두막』은 여론이 노예해방운동을 찬성하는 쪽으로 움직이게 하는데 큰 영향을 준 것으로 알려져 있다.

이러한 주장에 대한 대답으로 우리는 역사적 방법이 다른 조사방법과 다르다는 점을 강조한다. 역사학자는 우세한 증거, 보통 인과관계를 암시하는 동시에 발행하는 영향의 징후들을 찾는다. 예를 들면, 해리엇 비처 스토우(Harriet Beecher Stowe)의 『톰 아저씨의 오두막』(*Uncle Tom's Cabin*)(1852) 같은 책은 많은 판매 부수와 당시 그 책의 영향을 논의한 작가와 연설가들 덕분에 영향력이 있는 책으로 알려져 있다. 미디어의 효과가 없거나 매우 적다는 많은 사례가 역사학자의 레이더 스크린에 결코 걸려들지 않을 수도 있음을 기억해야 한다.

나중에 소개되겠지만, 특히 공포감이나 불안감을 주는 미디어 내용물과 설득 메시지에 사람들이 반응을 보였을 때처럼, 미디어가 의견과 행동에 분명히 영향을 미치는 것처럼 보이는 두드러진 사례를 우리는 현대 역사를 통해 꽤 많이 찾아볼 수 있다. 미디어 효과에 대한 대중의 높은 관심을 보여주는 역사적 증거 또한 풍부할 뿐만 아니라 다양하다. 대중, 특히 어린이에게 미치는 해로운 영향을 우려해서 사람들이 폭력적이거나 노골적으로 성적인 내용물을 반대하는 것처럼, 권력가들의 언론 탄압 사례도 대중에게 미치는 미디어의 강력한 효과를 그들이 얼마나 우려하는가를 보여주는 증거라고 할 수 있다.

1. 미디어 효과에 대한 역사적 우려

오늘날 미디어 효과 연구는 양적인 실험 측정을 강조함으로써, 미디어 역사에 대한 연구와 미디어 효과에 대한 연구 간에 존재하는 명백한 유대가 모호해졌다. 과학적 효과 연구자들처럼 많은 미디어 사학자들도 미디어 효과의 증거를 찾고 있다. 그러나 사학자의 실험실은 과거, 즉 인간이 맨 처음 서로 커뮤니케이션하기 위해 미디어를 사용한 이후의 수천 년이라는 시간이다. 따라서 사학자의 연구 주제는 지금까지 존속하는 기록을 통해서만 이야기될 수 있다.

처음에는 오직 사회의 엘리트만 인쇄된 글이 미치는 잠재적인 사회적 영향을 인지했음을 역사적 증거는 보여준다. 많은 지도자가 문자 해독력과 독서가 대중에게 미치는 영향을 두려워한 나머지 출판물을 통제하려 했으며, 따라서 반대 목소리를 침묵시켰다. 미디어의 영향에 대한 두려움은 오늘날도 많은 전체주의 사회에 아직 남아 있는데, 이러한 사회의 지도자들은 그들의 권력을 유지하기 위해 미디어를 억압하고 통제한다.

19세기에는 새로운 기술과 문자 해독력의 확산이 주목할 만한 새로운 형태의 커뮤니케이션, 즉 매스 커뮤니케이션의 발전을 가능하게 해주었다. 그 시기 이후 강력한 미디어 효과에 대한 우려는 사회의 교육받은 엘리트들에게서뿐만 아니라, 대통령에서부터 부모에 이르는, 지식 계급에서부터 이제 막 배우기 시작한 학생에 이르는, 모든 계층의 개인과 집단에게도 표출되었다. 이처럼 미디어 메시지의 해로운 사회적 영향에 대한 우려를 보여주는 역사적 사례는 입법가와 공공정책의 결정에 영향을 미치며 수많은 학자들의 관심을 이끌어낼 만큼 대단했다.

언론의 메시지가 수용자에게 미치는 힘 때문에 언론 통제를 시도한 많은 사례를 서양의 역사를 통해 찾아볼 수 있다. 언론 통제는 정보 유포 금지나 검열, 선전의 사용, 편집인 또는 기자에 대한 물리적 폭력 등 여러 가지 형태를 띠었다. 정부 관료와 성직자 등이 언론을 통제했다. 여기에서는 미디어 효과에 대한 우려 때문에 신문 또는 다른 미디어에 대한 저항운동이 야기되었던 사례 중 역사적으로 좀 더 기억에 남는 몇 가지를 간략하게 살펴보기로 한다.

1) 미디어 효과에 대한 우려로 인한 억압

권력자들이 매스 미디어 메시지를 억압하기 위해 필요 이상으로 조치를 취했던 사건은 대중에게 미치는 강력한 미디어 효과에 대한 우려를 보여주는 가장 강력한 사례이다. 인쇄기가 등장한 직후, 종교 엘리트와 정부 엘리트들은 인쇄된 글의 위력을 우려했다. 그들은 자신의 목적을 위해 신문을 이용했으며 반대 견해의 글이 출판되는 것을 막기 위해 검열 조치를 취했다. 예를 들면, 16세기 중반 천주교회는 프로테스탄트의 자료 유포를 금지시키려 했다. 금서 목록에는 프로테스탄트의 책 외에 포르노그래피, 점성술 서적, 저항적인 정치적 작품도 포함되었다. 마르틴 루터(Martin Luther) 같은 프로테스탄트 지도자들은 교황을 무시했으며 인쇄기를 사용하여 종교개혁(Reformation) 서적을 대중에게 유포했다. 이러한 종교개혁 서적이 유럽 전역의 인쇄소에 유포됨에 따라, 허가 없이 미디어를 사용한 반역자에게 엄청난 반격이 가해졌다. 이러한 선전을 유포한 인쇄업자는 종종 감옥에 갇히거나 화형에 처해졌다.

16세기 초 영국의 헨리 8세는 인쇄된 글에 대한 우려가 지나친 나머지 성실법원(星室法院, Court of the Star Chamber)을 만들어 왕권을 모욕하는 자료를 발행하는 사람을 박해했다. 또한 헨리 8세는 영국 언론을 엄격한 통제하에 묶어두는 허가제를 강력히 요구했다.

1700년대 말 미국에서는 벤저민 프랭클린 배시(Benjamin Franklin Bache)의 《필라델피아 오로라》(*Philadelphia Aurora*)가 공화주의(Republicanism) 운동을 주도했다. 그의 선동적인 글은 여론을 자극했으며 여러 가지 주목할 만한 반응을 불러일으켰다:

재무부 장관인 올리버 월코트(Oliver Wolcott)는 어떤 경우든 반역 혐의로 《오로라》를 조사하겠다고 위협했으며, 연방주의자(Federalist)인 하원 대변인 조너썬 데이턴(Jonathan Dayton)은 배시의 하원 발언권을 금지했다. 연방주의자 편집인과 정치인들은 글과 말로 그를 공격했고, 연방주의자 상인들은 《오로라》에 대해 광고 거부운동을 했으며, 그들의 상점에 그 신문이 들어오지 못하도록 금지시켰다. 또 정부는 배시를 선동 혐의로 재판에 회부했으며 사람들과 폭도들은 그에게 물리적 공격을 가했다(Solan, 1998: 130~131).

배시 같은 반대파의 목소리를 통제하기 위해 연방주의자들은 미국 역사상 가장 압제적인 법인 1798년 선동법(Sedition Act of 1798)을 통과시켰다. 프랑스 혁명 시기에 신문이 친(親)프랑스적인 발언을 하는 것을 막기 위해 그 법이 통과되었다. 알렉산더 애디슨(Alexander Addison) 판사는 1799년 1월 1일자 《컬럼비안 센티넬》(Columbian Centinel)에 "사람들에게 신문 지휘권을 주는 것은 그들에게 국가 지휘권을 주는 것이다. 왜냐하면 모든 것을 지휘하는 여론 지휘권을 그들에게 주기 때문이다"라고 쓴 바 있다(Sloan, 1998: 119).

1799년, 연방주의자들은 1600년대 초 최초의 식민주의자들이 미국 해안에 첫발을 들여놓은 이래로 미국 공중의 삶의 기본적인 요소가 된 한 가지 사실을 깨닫게 되었다. 여론은 공공정책의 기초였으며 신문은 공공정책에 필요한 토론장을 제공하는 수단이었다(Sloan, 1998: 119).

1830년대부터 남북전쟁(Civil War) 때까지 많은 사람이 노예 폐지론자가 전하는 메시지의 강력한 효과를 우려했다. 미국 남부 사람들은 그 같은 자료가 노예 폭동을 촉진할 것으로 믿었기 때문에, 그것이 출판·배포되는 것을 격렬하게 반대했다. 앤드루 잭슨(Andrew Jackson) 대통령은 노예해방에 관한 선동적인 자료가 우편을 통해 배포되는 것을 금지하는 법을 의회가 통과시키도록 촉구했다.

제1차 세계대전 동안 의회는 1917년 첩보활동법(Espionage Act of 1917)과 1918년 선동법(Sedition Act of 1918)을 통과시켰다. 이 법들은 미국 정부를 비판하거나 적국(敵國)을 지지하는 정보를 출판하는 것을 불법으로 규정했다. 미국 정부는 전쟁에 반대하는 발언이 미칠 효과를 우려했다.

2) 미디어 효과로서 폭도의 폭력

미디어의 효과에 대한 우려로 인한 탄압을 보여주는 또 하나의 역사적인 지표는 선동적인 자료를 싣거나 보여줄 때 나타나는 반응으로, 매스 미디어 사무실이나 편집인에 대한 폭도의 폭력 사태를 들 수 있다. 역사는 언론을 향한 이 같은 폭력으로 가득 차 있다(Nerone, 1994). 역사상 가장 악의적인 폭도 가운데 하나는 1812년 전쟁(War of 1812)에 미국이 개입하는 것을 반대한 급진적인 연방주의자 신문인 볼티모어 《페더럴 리퍼블리컨》(*Federal Republican*) 편집인을 공격했다. 몇 사람이 죽었고 편집인 1명은 평생 불구자가 되었다.

인종 관련 메시지 표현에 대한 폭도의 행동을 보여주는 사례는 많다(Grimsted, 1998). 노예해방운동 기간, 한 폭도는 일리노이(Illinois) 주에서 일라이저 러브조이(Elijah Lovejoy)를 공격해 죽였다. 《더 노쓰 스타》(*The North Star*)의 흑인 편집인인 프레더릭 더글러스(Frederick Douglass)는 지속적으로 괴롭힘을 당했으며, 심지어 그의 견해에 반대하는 사람들이 그의 집을 불태우기도 했다. 1950년대와 1960년대 인권운동 기간, 미시시피 주의 편집인인 헤이즐 브래넌 스미쓰(Hazel Brannon Smith)는 흑인에 대한 부당한 인종 대우에 반대하는 의견을 피력한 결과, 지역 주민과 지역 정부 관료들로부터 엄청난 반대에 직면했다. 한 백인 시민 협의회는 지역 업계가 그녀의 신문에 광고를 싣는 것을 중단할 것을 촉구했고 독자들은 구독을 취소했으며 한 백인 관리는 그녀를 상대로 명예훼손 소송을 제기했는데, 이 모든 것이 흑인에 대한 부당한 처우에 반대하는 그녀의 입장에 대한 반발이었다(Davies, 1998).

인종 문제와 관련된 모든 폭도 사건이 신문과 관련된 것은 아니었다. 영화에 대한 반응으로 폭도 행위가 발생한 사례도 있었다. 20세기 초, 영화 〈국가의 탄생〉(The Birth of a Nation) 개봉은 정서와 논쟁을 자극함으로써 인종 폭동과 흑인에 대한 폭도 행위를 불러일으켰다. 미국 영화의 아버지 D. W. 그리피쓰(D. W. Griffith)가 제작한 이 영화는 남북전쟁, 남부 연맹 여러 주의 미합중국으로의 재편입, 백인 지상주의적 관점을 지닌 백인 우월주의 단체 KKK(Ku Klux Klan)의 등장을 다루었다.

3) '저속한' 내용물에 대한 공중의 우려

미디어 폭력과 노골적인 성적 표현물의 나쁜 영향에 대한 공중의 우려는 20세기에만 한정된 것이 아니다. 19세기 초 영국에서는 새로운 유형의 저널리즘이 출현했는데, 미국의 페니페이퍼(penny paper)는 곧 이것을 모방하는 데 성공했다. 영국에서는 체포된 도둑, 주정꾼, 매춘부, 기타 범법자들의 행동과 사회 하층민 생활에 대한 신문의 해학적인 기사가 독자들 사이에서 엄청난 인기를 끌었지만, 사회 비평가들에게는 따가운 비판을 받았다. 1833년, 미국 뉴욕에서 《더 선》(The Sun)이 등장해 뉴욕 시(New York City) 즉결 재판소에서 일어나는 일을 기사로 다루자 영국에서와 같은 반응이 일어났다. 이러한 기사는 열성 독자에게는 매우 인기가 있었지만, 많은 사람은 폭력, 성, 부당한 행동을 강조한 이 신문을 비판했고, 그러한 내용이 (증가하는) 무고한 독자 대중에게 미치는 영향을 우려했다.

성공한 두 번째 페니페이퍼인 제임스 고든 베닛(James Gordon Bennett)의 《더 뉴욕 헤럴드》(The New York Herald)도 인기는 대단했지만, 활자를 통해 경쟁자를 조롱하는 그의 버릇과 (19세기의 기준으로 보았을 때 결코 존경받을 수 없는) 언어 때문에 그리고 스캔들이나 불법적인 성 또는 살인 사건 같은 세상을 깜짝 놀라게 하는 재판 사실을 광범위하게 보도했기 때문에, 거의 시작부터 논란을 불러일으켰다. 경쟁자와 반대자들은 활자를 통해 그리고 실제로 그를 쓰레기 취급했다. 몇몇 경우 화가 난 독자들이 뉴욕 거리에서 그에게 물리적인 공격을 가하기도 했다. 베닛에 대한 '도덕 전쟁'(moral war)은 사회가 저속한 것으로 간주하는 인쇄물에 대한 사회의 우려를 보여주는 19세기의 좋은 사례이다. 저명인사들은 이 신문과 이 신문에 광고를 게재하는 회사에 대한 불매운동을 요구했다.

《더 선》, 《더 뉴욕 헤럴드》, 기타 페니페이퍼들의 선정적이고 때로는 자극적인 뉴스뿐만 아니라 읽기 쉬운 스타일은 그들에게 인기와 이윤을 가져다주었다. 특히 《더 뉴욕 헤럴드》의 기법을 다른 신문도 모방하기 시작하였다. 새로운 유형의 저널리즘이 등장하자, 비평가들은 사회에 미치는 부정적인 효과에 대해 계속해서 불만을 제기했다. 1847년, 한 논평가는 부도덕성의 전달자가 된 정기간행 신문의 한심한 작태에 대해 불만을 토로했다. '사악한 저작물'(Pernicious Literature)이란 제목의 기사는 신문 개혁을 통해 이 같은 '오염'의 심각한 영향을 피하자고 촉구했다.

우리 시대와 우리 사회에서 사람을 가장 놀라게 하는 악(惡) 가운데 하나는 인쇄기에서 매일 흘러나오는 출판물의 유해한 경향이다. 연보(年報), 소책자, 가족 신문의 형태로 전국 방방곡곡에 널리 뿌려지는 부도덕하고 반사회적인 글은, 만약 나라 전체를 오염시키고 국가의 자유로운 관습을 파멸로 몰아갈 감각적이고 이기적인 마음의 기반을 무너뜨리지 않는다면, 수천 명의 사람들에게 수치심과 비참한 심정을 느끼게 해줄 타락의 씨앗을 심을 것이다. …… 이러한 상황에서 세속적인 신문은 반드시 스스로 개혁해야 한다. …… 개혁이 이루어지지 않는다면 신문의 이러한 정신과 대중의 저속한 욕망은 순환적인 영향을 미쳐, 하나가 다른 하나를 자극하고 결국 둘이 힘을 합쳐 선한 사람들의 불안함을 자극할 부도덕함의 소나기를 뿌릴 것이다(*U. S. Catholic Magazine*, 1847: 46, 48).

20세기 초 영화가 인기를 끌기 시작하면서, 폭력적이고 노골적으로 성적인 영화가 청소년들에게 미치는 부정적인 영향에 대한 공중의 우려는 페인 재단(Payne Fund) 연구를 촉발시켰다. 이 연구는 영화가 청소년의 비행, 태도, 기타 요인에 미치는 영향을 살펴보았다.

1950년대에 프레드릭 워덤(Fredric Wertham)의『순진한 사람들에 대한 유혹』(*The Seduction of the Innocent*)(1954)은 반(反)만화 정서를 표현했으며, 이로 인해 청소년 비행 조사를 위한 상원 소위원회(Senate Subcommittee to Investigate Juvenile Delinquency) 회의에 만화책 내용이 포함되었다. 만화 산업은 정부의 개입을 피하기 위해 자율 규제 조치를 취했다. 미국 만화잡지협회(Comics Magazine Association of America)가 설립되었으며 만화윤리규정위원회(Comic Code Authority)가 만들어져 생생한 폭력 묘사와 호색적 묘사를 금지했다.

최근『호밀밭의 파수꾼』(*The Catcher in the Rye*) 같은 소설, 〈내추럴 본 킬러〉 같은 영화, 음악 녹음물, 심지어 비디오 게임도 수용자들이 잔인한 폭력 행위를 저지르도록 영향을 미치거나 '모방 범죄'를 야기한다는 비난을 받고 있다. 텔레비전과 영화의 폭력적이고 성적인 내용이 미치는 나쁜 영향에 대한 우려 때문에 헤아릴 수 없이 많은 연구와 정부가 후원하는 조사가 이루어졌다. 이 같은 내용물의 효과에 대한 논의는 오늘날까지 격렬하게 이어지고 있다.

2. 매스 미디어로 인한 행동 및 의견 변화에 대한 역사적 증거

다른 한계점들 가운데서도 특히 대립 원인을 통제하거나 제거하는 데 따르는 어려움 때문에, 역사적인 맥락에서 실제 미디어 효과를 실증적으로 증명하는 것이 불가능하다. 그러나 서방의 역사를 보면 미디어 효과에 대한 좀 더 일반적이고 일화적인 조사[1]는 풍부하다. 이 같은 효과에는 새로운 커뮤니케이션 기술의 도입 이후 일어난 사회 변화, 개인과 집단이 특정한 목적을 달성하기 위해 매개되는 메시지를 사용하는 많은 사례, 수용자에게 다소 바람직하지 않은 영향을 주는 미디어 메시지의 힘에 대한 두려움 때문에 시민들이 취한 행동 사례가 포함된다. 미디어 효과가 과학적으로 연구되고 분석적으로 측정되기 오래전부터 이미 미디어 효과는 가정되었고 느껴졌고 목격되었으며 기록되었다.

1) 인쇄 신문의 효과

새로운 미디어 기술이 개발되고 사회적·문화적 수준에서 꽤 강력한 효과에 대한 증거가 나타남에 따라, 사학자들은 오랜 기간에 걸쳐 그것을 살펴왔다. 많은 연구가 인쇄기 출현과 그것이 불러일으킨 많은 사회적 변화를 조사했다(Eisenstein, 1979, 1983; Febvre & Martin, 1984). 인쇄기, 신문, 활자의 도입으로 더 많은 책이 등장했고 가격은 떨어졌으며 글을 읽고 쓸 수 있는 사람이 많아졌다. 사회적 충격은 엄청났다. 독자층이 약 100년 만에 소수의 선택된 엘리트에서 대중 다수로 폭발적으로 확대되었다. 1500년에는 서유럽 전체에 250개 이상의 출판사가 설립되어 약 3만 5000종의 출판물 1500~2000만 부 정도가 출판되었다(Fabvre & Martin, 1984). 혁신의 확산에 관한 역사적 연구들은 전신과 축음기 같은 새로운 미디어 기술의 확산을 살펴보았으며 새로운 기술 사용의 사회적 효과에 대해서도 연구했다(Hyde, 1994). 다른 역사적 연구들은 새로운 미디어 기술이 불러일으킨 사회적 과정의 역동성과 변화를 살펴보았다(Pool, 1977; Marvin, 1988).

---

1) 'anecdotal examination'이란 개인의 경험을 직간접적으로 조사하는 것을 말한다(옮긴이 주).

2) 여론에 대한 미디어 효과

남북전쟁이 일어나기 전 수년 동안, 노예해방을 지지하는 신문의 영향은 신문(이 경우, 대안 신문)이 여론을 바꾸는 힘을 지니고 있음을 보여준다. 《프리덤스 저널》(*Freedom's Journal*), 《더 컬러드 아메리칸》(*The Colored American*), 《노쓰 스타》 같은 흑인계 신문은 흑인들의 대의명분을 알렸고 노예제도를 공격했으며 북부 지역에 노예해방 정서가 고조되는 데 기여했다. 결국 이 같은 신문의 내용은 흑인들을 교육했고 동원했고 동기화했으며, 미국 북부 지역 사람들에게 인간 노예제도에 대해 훨씬 덜 관용적이고 흑인의 권리에 대해 더 동정적인 태도를 배양시켰다.

군나르 뮈르달(Gunnar Myrdal)[2]은 『미국의 딜레마』(*An American Dilemma*) 에서 흑인계 신문을 흑인을 위한 가장 중요한 교육 기관이라 불렀다. 정치적·경제적·문화적 전투가 벌어질 수 있는 가장 유력한 장소 가운데 하나인 흑인계 신문은 흑인의 경험, 즉 흑인의 삶과 관심사, 그리고 업적을 말할 수 있는 하나의 수단을 제공했다. 그것은 흑인이 그들의 견해를 말하고 흑인에 관한 이슈를 논의하는 토론장이었다. 더욱이 흑인의 업적을 다루는 것은 자부심과 진보감, 정체성 및 미래에 대한 희망을 심어주었다. 또한 정규 교육이 흑인에게 금지되었던 시기에 지적 발전을 위한 교육자이자 도우미였으며, 중요한 정치적 기능을 수행했다. 즉, 흑인계 신문은 흑인이 그들의 정치적 잠재력을 이해하고, 그런 다음 그러한 잠재력을 발견할 수 있도록 도와주었다. 흑인 편집인은 정보에 따라 어떻게 행동할지 독자들을 지도하면서, 그들에게 정보를 제공했고 그들을 고무시켰으며 통합시켰고 동원했다(Dicken-Garcia, 1998: 154).

---

2) 1898년 스웨덴에서 태어난 경제학자로 1974년 노벨상을 수상하였다(옮긴이 주).

역사는 여론에 영향을 미치기에 충분할 만큼 강력함을 지닌 미디어 메시지에 대한 수많은 사례를 제공한다. 새롭게 형성된 미합중국에서 "연방주의자 논고"(The Federalist Papers)라는 제하의 일련의 기사가 《뉴욕 인디펜던트 저널》(*New York Independent Journal*)에 게재되었고 광범위하게 재인쇄되었다. 알렉산더 해밀턴(Alexander Hamilton), 제임스 매디슨(James Madison), 존 제이(John Jay)가 쓴 이 논고들은 새로운 형태의 입헌 정부 채택에 지지를 이끌어 낸 공로를 인정받았다(Bent, 1969).

남북전쟁 기간 전의 또 다른 사례로는 『톰 아저씨의 오두막』이 있는데, 이 것에 대해서는 앞에서 언급한 바 있다. 역사가들은 일반적으로 스토우의 고전적인 소설이 남북전쟁 이전 미국에서 노예해방운동의 불을 지피는 데 도움을 주었으며 남부 지역의 여론이 노예제도 존속에 반대하는 쪽으로 돌아서도록 도움을 주었다는 데 동의한다.

스토우의 소설 『톰 아저씨의 오두막』은 원래 노예해방주의 신문인 《내셔널 에라》(*National Era*)에 1852년부터 1853년까지 연재되었다. 이 소설은 당시 가장 널리 읽힌 작품이었다. 책으로 출판된 지 몇 달 만에 30만 부가 팔렸다. 이 소설은 노예제도가 없어져야 한다는 요구를 증대시킨 가장 중요한 글이자 단 하나밖에 없는 글이었다(Dicken-Garcia, 1998: 155).

거의 같은 시기에 출판된 몇몇 다른 작품도 궁극적으로 19세기와 20세기의 사상과 행동에 중요한 영향을 미쳤다. 이러한 책 가운데는 1848년 출간된 칼 맑스(Karl Marx)와 프리드리히 엥겔스(Friedrich Engels)의 『공산주의자 선언문』(*Communist Manifesto*), 찰스 다윈(Charles Darwin)의 『종의 기원』(*Origin of Species*), 1859년에 출판된 존 스튜어트 밀(John Stuart Mill)의 『자유론』(*On Liberty*)이 있다(Cowley & Smith, 1939).

남북전쟁 이후 윌리엄 트위드(William Tweed)와 그의 정치 조직인 태머니파(Tammany Ring)3)는 뉴욕 시 정부를 통제했으며 결국 시 금고에서 수억 달러를 훔쳤다. 《뉴욕 타임스》(New York Times)의 삽화가인 토머스 내스트(Thomas Nast)의 날카로운 풍자만화는 궁극적으로 태머니파의 수장이 자리에서 물러나도록 여론을 모으는 데 강력한 힘을 발휘했다. 트위드파(Tweed Ring)와 시 정부의 부패에 맞서 《뉴욕 타임스》가 행한 성공적인 개혁 운동은 곧이어 나타난 미국의 폭로 저널리즘 시대의 발판을 마련해주었다(Bent, 1969).

1800년대 말, 선정적인 옐로우 저널리즘(yellow journalism)으로 조셉 풀리처(Joseph Pulitzer)와 윌리엄 랜돌프 허스트(William Randolph Hearst)가 소유한 두 신문의 발행부수(100만 부 이상)가 엄청나게 증가했다. 이는 효과 그 자체는 아니라 할지라도, 미디어의 강력한 효과성(effectiveness)4)을 보여주는 증거이다. 특히 미국 전투함 메인(Maine)호가 아바나(Havana) 근처에서 원인 모를 폭발 사고로 침몰한 후, 쿠바에서 스페인 사람들의 잔악 행위에 대한 허스트의 비난이 여론의 방향을 바꾸어 스페인-미국 전쟁(Spanish-American War)을 야기했다고 일부 역사가는 주장했다.

> 허스트는 "온 나라가 전쟁의 열기로 진동하다!"와 같은 맹목적이고 애국주의적인 헤드라인으로 여론을 자극하고 궁극적으로 전쟁을 시작하게 한 것으로 평가받고 있다. 허스트가 이 같은 모호한 평가를 받을 만하건 하지 않건, 그는 분명 그의 신문이 미국의 개입에 도움을 주었다고 믿었으며 실제로 발행인란(masthead)5) 옆의 박스 안에 "당신은 이 신문의 전쟁(the journal's war)을 어떻게 생각하십니까?"라는 질문을 이틀 동안 실었다(Hoff, 1998: 247).

---

3) 뉴욕 시의 태머니 홀(Tammany Hall)을 본거지로 하는 민주당 단체로, 종종 뉴욕 시 행정의 부패와 보스 정치의 비유로 쓰인다(옮긴이 주, 네이버 영한사전에서 인용·수정).

4) '효과성'이란 '효과를 불러일으킬 수 있는 능력 또는 힘'(capacity or power to bring about an effect)을 말한다(옮긴이 주).

5) 신문·잡지의 명칭, 발행 장소, 발행인, 날짜 따위를 인쇄하는 난(옮긴이 주).

20세기에 들어 여론에 미치는 강력한 미디어 효과를 보여주는 흥미로운 두 사례는 스탠더드 정유회사(Standard Oil Company)의 거두인 존 록펠러(John D. Rockfeller)에 대한 공중의 인식이 변화되는 데 커다란 영향을 미쳤다. 이러한 변화는 20세기로 전환될 무렵 잡지 저널리스트들이 많은 사회악을 폭로하고 통렬한 기사를 연속적으로 썼던 '폭로(muckraking)'[6] 시기, 즉 진보 시대(Progressive era) 동안의 글이 남긴 결과였다. 폭로 저널리스트 아이다 타벨(Ida Tarbell)은 경쟁자를 능가하기 위해, 록펠러를 몰인정하고 떳떳하지 못한 방법을 사용한 자본주의자로 묘사했다. 그 당시 록펠러를 헐뜯는 뉴스 만화와 기사를 통해 입증되듯이, 《맥클루어스 매거진》(McClure's Magazine)에 게재된 타벨의 기사는 이윽고 엄청난 부자가 된 록펠러를 미국 사람들이 가장 혐오하는 사람 가운데 한 사람으로 만들었다. 아이러니하게도 몇 년 후 록펠러는 자신의 공적 이미지를 개선하기 위해 PR(public relations) 전문가인 아이비 리(Ivy Lee)를 고용했다. 리는 록펠러의 자선 활동이 신문과 공중의 눈에 좀 더 잘 띄게 만들었고, 할아버지 같고 유쾌하고 사랑스러우며 친절한 노인으로 보이게 했으며, 약탈적인 재계인으로 간주했던 그전의 여론을 호의적으로 바꾸는 데 공헌했다. 미디어가 준 것을 미디어가 가져간 격이다!

  진보 시대에 폭로 저널리스트가 쓴 글은 여론을 자극하고 사회 변화를 촉진했다는 평가를 받았다. 링컨 스테펀스(Lincoln Steffens)의 기사는 지역 부패에 초점을 맞추었고 좀 더 나은 시 정부를 요구했다. 귀에 거슬리는 논설을 게재했던 《레이디스 홈 저널》(Ladies' Home Journal)과 1905년 "위대한 미국인의 사기(詐欺)"라는 제목으로 일련의 기사를 게재했던 《콜리어스 위클리》(Collier's Weekly)가 특허 약품 광고주를 비판하는 캠페인을 선두에서 이끌었

---

6) 씨어도어 루즈벨트(Theodore Roosevelt) 대통령은 이러한 저널리스트를 '폭로자'(muck-raker)라고 불렀는데, 그는 이러한 저널리스트를 존 버니언(John Bunyan)의 소설 『천로역정』(天路歷程, Pilgrim's Progress)의 등장인물인, 퇴비나 오물을 긁어모으면서 일을 하는 동안 고개를 들지 않는 한 남자에 비유했다.

다. 이 기사들은 '진실한 광고' 캠페인이 벌어지는 데 기여했고, 이는 결국 연방거래위원회(FTC: Federal Trade Commission)와 상거래 개선 협회(BBB: Better Business Bureau)의 설립으로 이어졌다. 시카고 정육 산업의 끔찍한 위생 상태에 대한 업턴 신클레어(Upton Sinclair)의 폭로는 1907년 청결식약법(Pure Food and Drug Act of 1907)의 통과로 이어진 정부의 조사를 불러왔고, 이 법에 따라 식약청(Food and Drug Administration)이 설립되었다. 그 밖에도 결집된 미디어의 노력은 노사 관계 향상, 아동 노동법, 근로자 보상법, 일반적인 사회 개혁 조치를 촉진시켰다.

3) 강력한 효과: 미디어 내용에 대한 광범위한 공포 반응

현대적 의미에서 공포 반응이란 (특히 어린이에게) 공포를 유발하는 괴물이나 초자연적인 존재 또는 실제 사건에 대한 미디어의 표현에 의해서 일어나는 것을 말한다. 공포감이나 불안감을 주는 미디어 내용의 효과는 13장에서 소개되는데, 조앤 캔터(Joanne Cantor)의 연구는 현대적 연구의 전형이다. 그녀의 연구와 몇몇 유명한 그녀 제자들의 연구는 무서운 영화나 텔레비전 프로그램 또는 불안감을 주는 뉴스 보도에 대한 어린이의 공포 반응 측정에 초점을 맞추었다. 이러한 실험은 각기 다른 연령대의 어린이에게 공포감을 주는 프로그램 내용의 종류와 부모가 자녀에게 공포감을 주는 프로그램 내용의 효과를 경감시킬 수 있는 방법에 대한 많은 지식을 이끌어냈다.

미디어 역사는 공포감이나 불안감을 주는 미디어 내용이 사회에 미치는 강력한 효과에 대한 수많은 선례를 제공한다. ≪더 뉴욕 헤럴드≫는 1874년 11월 9일 공포감을 주는 장난 기사를 게재했고, 이것은 독자들의 히스테리적인 반응을 유발했다. 코너리(T. B. Connery) 기자는 센트럴 파크(Central Park) 동물원의 동물들이 안전하게 관리되어야 하는데도 그렇지 못하다고 생각했고, 그래서 그는 동물들이 우리를 탈출했다고 기사를 꾸며냈다. 그는 "팔다리가 잘

1835년의 달에 관한 엄청난 장난

최초의 페니페이퍼인 뉴욕의 《더 선》은 1835년 하나의 장난을 꾸몄는데, 이 장난이 독자들을 매우 불안하게 하면서도 즐겁게 해준 덕분에 발행 부수가 그 당시로서는 세계 최대인 1만 9000부로 늘어났다. 리처드 애덤스 록(Richard Adams Locke)은 영국의 한 천문학자가 거대한 망원경을 통해 달에서 생명체를 발견했다고 썼다. 독자들은 그 기사의 재판(再版)을 요청했고 전 세계의 다른 신문도 그 기사를 재발행했다. 기독교 단체의 여성들은 달의 생명체를 기독교로 개종하기 위한 달나라 여행에 대해 이야기했다. 에드거 앨런 포우(Edgar Allan Poe, 1902: 134)는 그러한 장난이 "전반적으로 미국이나 유럽에서 만들어진 어떤 유사한 허구가 불러일으킨 센세이션(단지 대중적인 센세이션)보다 더 엄청난 센세이션을 불러일으켰다는 점에서 대히트였다"라고 말했다.

리고 짓밟히고 다친 사람의 수가 모든 연령대에 걸쳐 200여 명에 이르는데, 알려진 바에 의하면 그중 60여 명은 중태라고 하며 이들 가운데 3명은 오늘 밤을 넘기기 어려울 것이라고 한다. 야생 육식 동물 12마리가 아직 잡히지 않았으며 그들이 숨어 있는 장소도 아직 확실하게 밝혀지지 않고 있다 ······"라고 썼다(Hoff, 1998: 239). 이 기사의 마지막 문단은 이 기사가 '순전히 꾸며낸 이야기'이며 '심한 장난'이라는 것을 분명히 했지만, 기사 전체를 읽은 사람은 아무도 없었다. 많은 사람이 사람을 죽인 동물을 사냥하기 위해 총을 가지고 거리로 나왔다.

미디어 내용에 대한 공포 반응을 보여주는 가장 널리 알려진 역사적 사례는 〈우주 전쟁〉(War of the Worlds)의 방송 사례이다. 1938년 할로윈(Halloween) 날, 오슨 웰스(Orson Welles)와 CBS 라디오 네트워크의 머큐리 극장(Mercury Theatre)은 웰스(H. G. Wells)의 공상과학 공포물인 『우주 전쟁』을 각색한 프로그램을 방송했는데, 이 공포물은 화성인이 지구에 침입하여 독가스로 수백만 명을 죽였다는 내용으로 구성되어 있다. 많은 청취자는 이 프로그램이 시작될 때 다른 프로그램을 즐기고 있다가, 방송 내용이 허구라는 사실을 알리는 발표가 있은 후에 라디오 다이얼을 머큐리 극장 방송으로 돌렸다. CBS는

〈우주 전쟁〉이 라디오
로 방송되면서 광범위하
게 확산된 공황은 강력한
미디어 효과에 대한 초기
모델에 기여했다.

이 방송이 진행되는 동안 다음과 같이 네 차례에 걸쳐 그러한 사실을 알렸지
만, 일은 벌어지고 말았다.

① 방송이 시작될 때(이때는 대부분의 사람들이 청취하고 있지 않았음), ② 8시
35분경, 스테이션 브레이크(station break) 전(이때는 정신적 공황 상태에 빠진
사람들이 대부분 더 이상 방송을 듣지 않고 도망을 가고 있었음), ③ 스테이션
브레이크 직후, ④ 방송이 끝날 때. 더욱이 이 방송의 가장 무서운 부분은 스테
이션 브레이크 전이었다는 점을 기억할 필요가 있다. 따라서 방송 내용이 허구
라는 사실 발표를 듣지 못한 청취자들이 공포감에 휩싸일 기회는 충분했다

(Lowery & DeFleur, 1995: 51).

이 방송을 들은 수백만 명 가운데 약 100만 명이 공포감을 느낀 것으로 추정되었으며, 그들 가운데 일부는 실제로 공황 상태에 빠져 사악한 침입자들에게서 탈출하기 위해 집을 떠났다(Cantril, Gaudet, & Herzog, 1940).

4) 설득 메시지의 효과에 대한 증거

역사를 통해 사람들은 다른 사람을 설득하는 미디어 메시지의 위력을 확신하게 되었다. 광고는 미디어 효과에 대한 가정을 근거로 하기 때문에, 이러한 유례없는 인식은 미국 미디어 체계의 발전에 큰 영향을 미쳤다. 신문이 대량으로 발행되기 오래전부터 광고는 주요 수익 기반이었다. 해가 거듭될수록 광고 수익은 신문, 잡지, 나중에는 상업 라디오와 텔레비전의 생명줄이 되었다.

다른 유형의 설득 메시지도 역사를 통해 중요하고 효과적인 것으로 입증되었다. 17세기 유럽에서는 인쇄에 관해 당국의 엄격한 제한이 있었음에도, 새로운 아이디어와 배교적(背敎的) 견해가 인쇄되었다. 계몽운동(Enlightenment)과 같은 지적(知的) 운동은 18세기 유럽에서 사상 혁명을 야기했다. 인쇄물에 대한 제한도 다소 완화되었다. 글을 읽고 쓸 수 있는 중산층이 등장했으며, 볼테르(Voltaire), 장-자크 루소(Jean-Jacques Rousseau) 등의 작품은 사람들이 좀 더 개인적인 자유를 추구하고 전제정치에 도전하게끔 마음을 움직일 수 있는 설득력을 가지고 있었다.

16세기와 17세기 초, 귀족과 투자자들은 인쇄물의 영향력을 인식하기 시작했다. 미국의 식민화를 촉진하는 많은 책과 팸플릿, 그리고 소책자가 이 당시와 식민 기간 내내 유포되었다. 『다양한 항해』(*Divers Voyages*)(Hakluyt, 1582, 1850), 『새로 발견된 땅 버지니아에 대한 간략하고 진실한 보고서』(*A Brief and True Report of the Newfound Land of Virginia*)(Hariot, 1590, 1972), 『신성 브리타니아』(*Nova Britannia*)(Johnson, 1609), 『뉴잉글랜드에 대한 기술』
(*The Description of New England*)(Smith, 1616), 『메릴랜드에 대한 언급』(*A Relation of Maryland*)(1635, Hall & Jameson, 1910), 『펜실베이니아 지방에 대한 일설』(*Some Account of the Province of Pennsylvania*)(Penn, 1681) 같은 초기 인쇄 책자들은 식민화의 장점을 약술하고 있으며, 미국에서의 삶을 호의적으로 설명하고 있다. 만약 신세계의 인구 증가가 어떤 증거 자료가 된다면, 이러한 식민지를 촉진하기 위한 작품과 광고 문구들은 강력한 미디어 효과를 발휘했다고 할 수 있다(Thompson, 1998).

아메리카 개척지에서 편집인들은 신문을 이용해서 그들 지역의 성장을 촉진하고 정착민을 끌어들였다. 19세기 내내 개척자들이 서부로 이동함에 따라, 새롭게 형성되는 크고 작은 도시에 신문이 등장했다. 개척지 편집인들은 인구를 늘리고 경제 성장을 도모하기 위해 그들이 행한 촉진 활동 때문에 '도시 촉진자'(town booster)라고 불렸다. 그들의 노력은 효과가 있음이 증명되었다. 한 역사가는 캘리포니아의 골드 러시(gold rush)를 "역사상 가장 효과적인 촉진 캠페인 가운데 하나"라 불렀다(Huntzicker, 1998: 198에서 재인용). 19세기 후반, 미시시피 강 서부에서 발행된 신문 수는 50종 미만에서 650종 이상으로 늘어났다.

19세기 중반 미국에서는 바넘(P. T. Barnum)과 프로모션(promotion)이 동의어처럼 사용되었다. PR의 '아버지'인 아이비 리와 에드워드 버네이스(Edward Bernays)의 시대 훨씬 이전에 바넘은 성공적인 홍보 캠페인 기술에 통달했다. 스웨덴 가수 제니 린드(Jenny Lind)는 유럽에서는 유명했지만, 남북전쟁 기간 내내 미국에는 알려져 있지 않았다. 바넘은 보도 자료를 만들고 편집인에게 편지를 보냈으며 팸플릿을 만들었고 심지어 작곡 경연 대회를 후원하기도 했다. 그래서 1850년 린드가 뉴욕에 도착했을 때는 열광적인 팬이 4만 명 이상 모여 부두에서 그녀를 환영했다(Hume, 1977; Applegate, 1998). 또 다른 예로, 바넘은 자신의 점보 코끼리(Jumbo the Elephant) 구입을 성공적으로 홍보함으로써, 정보를 전시한 첫 주에 이미 런던에서 미국으로 그 코끼리를 사서 운반하는 데 든 비용 3만 달러를 만회했다(James, 1982; Applegate, 1998).

20세기에 일어난 두 차례의 세계대전 기간, 미국 정부는 참전을 지지하는 선전을 널리 전파하기 위한 조치를 취했다. 제1차 세계대전 때 우드로 윌슨(Woodrow Wilson) 대통령은 공공정보위원회(CPI: Committee on Public Information)를 구성했는데, 이 위원회는 선전과 후원 활동에 관여했다. 폭로 저널리스트 조지 크릴(George Creel)의 지휘하에 CPI는 기사, 광고, 보도 자료, 영화를 만들고 참전 노력을 전국에 널리 알리기 위해 연사를 고용했다. 제2차 세계대전 기간 '공공 정보' 작업에 참여한 많은 학자는 현대 미디어 효과 연구의 창시자가 되었다.

1930년대 말, 많은 신문이 교통안전을 촉진하기 위한 캠페인을 대대적으로 시작했으며, 그 결과 교통사고 사망자 수가 엄청나게 줄었다. 초창기 신문의 한 캠페인은 '안전하고 건전한' 독립기념일을 조성하는 데 성공했다. 신문 편집인인 제임스 킬리(James Keeley)는 이러한 개혁 운동을 주도한 사람으로 평가되고 있다(Bent, 1969).

1899년 7월 4일 저녁 그가 심하게 아픈 한 어린 여자아이 옆에 있었을 때, 바깥에서 들려오는 우레 같은 거대한 폭죽 소리에 그 아이가 불안해하자, 그는 그의 사무실에 전화를 걸어 30개 도시에서 발생한 희생자와 사고에 대한 수치를 수집했다. 그 결과 국경일 축하 행사 때 스페인-미국 전쟁 때보다 더 많은 사람이 고통을 받고 죽는 것으로 나타났다. 그다음 해 《트리뷴》(*Tribune*)은 건전한 독립기념일을 요구하면서 통계표를 제시했고, 그 후 사망률과 사고율이 10분의 9 이상 줄 때까지 다른 신문도 뒤를 따르기로 했다(Bent, 1969: 220).

3. 요약

    1450년, 인쇄기가 등장한 이래 사람들은 매스 미디어 커뮤니케이션이 수용자에게 미치는 잠재적 영향력을 인정해왔다. 사회의 엘리트뿐만 아니라 모든 계층의 사람이 강력한 미디어 효과를 우려했다. 이러한 우려는 입법가에게 영향을 주었고 공공정책을 결정했으며 학자들의 관심을 끌었다.

    역사는 미디어 효과에 대한 사례로 가득 차 있다. 이러한 사례에는 새로운 미디어 기술의 확산으로 인한 변화, 권위자들에 의한 신문 탄압, 폭력적이거나 노골적인 성적 표현물에 대한 공중의 반응, 선동적인 자료 제작자들에 대한 반응, 공포감을 주는 미디어 내용에 대한 반응이 포함되어 있다. 역사를 통해 많은 성공적인 홍보 및 광고 캠페인이 수용자를 설득시키는 미디어 커뮤니케이션의 위력을 증명해주고 있다.

3장

과 학 적 인 미 디 어 효 과 연 구 의 역 사

잡힐 듯 잡히지 않는 매혹이 매스 미디어 효과를 연구하려는 모든 노력을 에워싸고 있다.
— 폴 라자스펠드(Paul F. Lazarsfeld), 1949

앞 장의 내용을 기준으로 판단한다면, 미디어 커뮤니케이션의 효과는 꽤 강력한 것 같다. 그 이유는 명백한데, 역사는 매개 커뮤니케이션이 행동을 유발하는 것처럼 보이는 사례를 기록하는 쪽으로 편향되어 있기 때문이다. 매개 커뮤니케이션이 원인이 되는 주요 반응은 찾아내기가 훨씬 더 수월하다. 개인의 매우 상세한 일기나 일부 신빙성 있는 사담(私談)을 제외하고, 역사가들이 제한된 미디어 효과의 사례를 확인하는 것은 쉽지 않다.[1]

19세기 말에 이루어진 몇몇 심리학 및 사회학 연구는 매스 미디어에 관한

---

1) 어렵지만 불가능한 것은 아니다. F. L. 모트(F. L. Mott, 1944: 356)는 자신이 수행한 연구에서 "캠페인 기간 대다수 신문의 지지와 선거 승리 간에 정적이든 부적이든 아무런 상관관계를" 발견하지 못했다. 제한된 효과를 주장하는 또 다른 사례로 아이제이어 토머스(Isaiah Thomas)의 『인쇄의 역사』(History of Printing)가 있는데, 이 책은 미국 헌법의 승인에 찬성하거나 반대하는 신문 수를 주(州)별로 합산하여 제공했다. 일부 경우에서 신문은 투표 결과에 거의 또는 전혀 효과를 미치지 못한 듯했다. 예를 들면, 델라웨어(Delaware)에서 헌법의 채택에 찬성한 신문은 하나도 없었고 두 신문은 반대를 했지만, 델라웨어는 헌법을 받아들인 최초의 주였으며 그것도 투표에서 만장일치로 채택했다.

연구를 포함하고 있었고 더 정교해진 많은 후속 연구의 이론적 기초를 예시해주긴 했지만, 미디어 효과 연구는 단언컨대 20세기에 등장했다. 1960년 이후 미국 전역의 주요 연구 중심 대학교에 매스 커뮤니케이션 대학원 프로그램이 생겨났으며, 미디어 효과 연구는 급속도로 성숙되고 다양화되었다. 연구자들은 이제 설득, 미디어 폭력, 성적 표현물, 공포 반응, 의제설정, 새로운 커뮤니케이션 기술, 이용과 충족, 배양효과 연구 등 여러 하부 연구 분야에서 미디어 효과의 증거를 찾고 있다.

몇몇 커뮤니케이션 학자는 매우 훌륭한 커뮤니케이션에 대한 역사적 연구를 수행했다(Dennis & Wartella, 1996; Rogers, 1994; Heath & Bryant, 2000). 카츠(Katz, 1980, 1983)는 개념적 관점에서 미디어 효과 연구의 전통을 살펴보았고, 미디어 효과 연구의 이슈들에 대한 흥미로운 분석을 제공했으며, 여러 효과 이론 사이의 주요 연결점을 제안했다.

이 장은 미디어 효과 연구의 역사에 관한 장이다. 우리는 미디어 효과에 대한 우리의 지식을 상당히 늘려준 몇몇 개척자와 더 최근의 미디어 효과 학자들에 대해서도 이야기한다. 강효과, 제한효과, 그리고 각기 다른 효과 수준의 개념에 대해서도 논의한다. 마지막으로 앞으로 미디어 효과에 대한 지식을 향상하기 위한 몇 가지 제안을 한다.

1. 19세기의 시작

심리학, 사회학, 사회심리학 분야에서 19세기와 20세기 초에 이루어진 몇몇 연구는 특정한 매스 미디어의 효과를 살펴보았다. 일부 연구는 속성상 철학적이며, 매스 미디어 수용자에 대한 사회적 효과를 통제된 설계나 실험실 상황에 격리시키기보다는 매개 커뮤니케이션이 수용자와 여론에 미치는 영향에 대한 논평을 제시했다. 소수의 실험 연구는 보통 미디어 노출 때문에 발생한 육체적 또는 심리적 효과를 매우 구체적으로 측정하는 데 초점을 맞추었다.

우리는 두 가지 이유에서 이러한 연구들을 인용한다. 매스 미디어를 강조했으며 후일 미디어 효과 연구의 이론적 토대가 된 아이디어를 소개했기 때문에, 이러한 연구들은 20세기에 들어 시작된 매스 미디어 효과 연구의 선구자로 간주되어야 한다. 그뿐 아니라 선구적 연구들 가운데 두 선구적 연구는 미심쩍은 매스 미디어 커뮤니케이션의 강효과 모델과 제한효과 모델이 거의 동시에 개발되었음을 보여준다.

19세기 말《미국 사회학 저널》(*American Journal of Sociology*)에 게재된 2편의 논문은 수용자에게 미치는 매개 커뮤니케이션의 힘에 대한 초기의 견해가 서로 달랐음을 보여준다. 이 논문들은 다음 세기에는 사회과학자들이 이론 형성과 통제된 실험 분야에 더욱 전념하게 될 것이라는 아이디어를 제시했다. 이 두 논문에서 '제한효과' 입장이 '강효과' 입장보다 먼저 나왔다는 점은 흥미롭다. 젠크스(Jenks, 1895)는 여론 형성에 미치는 신문의 영향력에 대해 의문을 제기했으며, 수용자 구성원의 개인적인 차이가 커뮤니케이션의 영향력을 완화시킨다는 의견을 제시했다:

> 아마도 신문의 영향이 비교적 적은 주된 이유 중 한 가지는 신문이 사적 이익 동기에서 운영되며 신문의 의견이 신문 판매와 광고에 어느 정도 영향을 미치느냐에 따라 신문의 정책이 주로 결정된다는 사실을 사람들이 알고 있다는 것이다. …… 우리 모두는 이전의 편견에서 형성된 자신의 의견을 가지고 있고, 이러한 이전의 편견과 일치하는 사실과 주장을 무의식적으로 선택하며, 따라서 우리 자신의 신념에 순응하는 경향이 있다. …… 25%도 안 되는 성인 투표자들이 공적으로 문제가 되는 사실에 대해 공정한 검토를 충분히 거친 후 이러한 문제에 대한 의견을 신중하게 결정한다고 말하는 것이 아마 지나친 것은 아닐 것이다. 따라서 여론은 센스와 난센스, 감성, 편견, 그리고 시민에게 작용하는 여러 종류의 영향에서 형성된 분명한 감성의 혼합물인데, 이러한 영향은 아마도 판단력에 영

향을 미치기보다는 주로 감성에 영향을 미친다(1895: 160).

야로스는 여론 기관 역할을 하는 신문의 위력을 강조함으로써 반대 견해를 취했지만, 그 당시 신문들 대부분의 특징이었던 "부정직한 행위, 선정주의, 비정함"을 개탄했다(Yarros, 1899: 374). 또한 많은 편집인이 너무 무능함에도 불구하고 그들이 (아무런 의심이 없는) 공중에게 너무 큰 힘을 행사하는 것을 유감으로 여겼다:

編集人은 권위자의 도움을 받는 것을 기쁘게 생각하지만, 자신의 지위에 대해 적대적인 생각을 가지는 권위자가 있다는 것을 알고도 두려워하거나 당황하지 않는다. 편집인은 학자와 전문가의 성숙된 의견을 최소한의 책임감도 찾아볼 수 없을 정도로 무례하게 다루고 멸시한다. 편집인은 무책임하다. 신중하고 능력 있는 소수의 사람들은 편집인의 무지와 뻔뻔함을 비웃을 수도 있지만, 약삭빠름을 재능으로, 그리고 목청 돋운 주장을 지식으로 잘못 생각하는 많은 사람의 값싼 갈채는 풍성한 보상을 가져다준다. 편집인과 논쟁하는 것은 큰 실수다. 마지막으로 말을 하는 사람은 항상 편집인이며 그가 말할 수 있는 공간은 무한하다. 편집인은 남의 눈을 속이고 논점을 교묘히 피하며 이슈를 혼란스럽게 하는 데 능숙하다. 사생활에서는 편집인이 지적으로나 도덕적으로 대수롭지 않을 수도 있다. 그러나 그는 그가 모든 일을 과실 없이 다루는 태도와 그의 생각에 동의하지 않는 용감한 사람을 공격하는 무기인 확신을 그의 독자들에게 강요한다. 일반 신문 독자들은 반복과 과장에 쉽게 무너진다. 독자들은 논설의 '우리'라는 표현 뒤에 숨어 있는 신비스러운 힘 때문에 매일 신문에 인쇄되어 있는 것을 믿는다. 독자들의 감성과 관념은 이러한 힘 때문에 생겨나게 되는데, 그들은 이러한 사실을 의식조차 하지 못한다(Yarros, 1899: 375).

여론을 이끌거나 반영하는 신문의 힘에 대한 논쟁(이것은 의제설정 가설에 대한 오늘날 찬반 논쟁의 전신일 뿐만 아니라 1950년대 대중문화에 대한 논쟁에서 등장한 거울과 램프 비유[2]의 선구자 격임)은 오늘날도 계속되고 있다. 20세기에 들어 《미국 사회학 저널》과 기타 학술지에 게재된 논문들은 이러한 논쟁을 계속했다(Angell, 1941; Orton, 1927; Park, 1941; Shepard, 1909).

초기의 몇몇 실험 연구도 (특히 오락물 분야의) 현대 미디어 효과 연구의 선구자로 불릴 만한 가치를 지니는데, 이러한 연구들로는 음악이 주목(注目)에 미치는 효과에 대한 연구(Titchener, 1898), 음악이 흉부 호흡에 미치는 효과에 대한 연구(Foster & Gamble, 1906), 혈액 순환 및 호흡의 변화 기록으로 측정한 음악 즐김에 대한 연구(Weld, 1912)가 있다. 정신적 과정으로서 유머(humor)의 성격과 근원 그리고 유머의 기능을 실험적이기보다는 이론적으로 살펴본 또 다른 초기 연구도 있다(Kline, 1907).

프랜시스 펜턴(Frances Fenton)의 박사 학위논문은 미디어 폭력물 소비가 행위에 미치는 효과에 대한 연구 가운데 가장 초창기 (아마도 최초) 연구에 속한다. 이 연구의 결과를 요약한 글이 《미국 사회학 저널》 1910년 11월호와 1911년 1월호에 소개되었다. 반사회적 활동에 대한 신문 기사가 독자에게 암시적인 힘을 지니고 있다는 대중의 생각은 그녀의 논문이 발표되기 전에 이미 확고하게 정착되어 있었다고 펜턴은 지적했다(논문 목록을 보려면 Fenton, 1910: 345, 350 참조). 그녀는 '암시'(suggestion)를 다음과 같이 정의했다:

아이디어, 이미지, 충동적인 경향, 또는 어떠한 종류의 자극이 외부에서 신경구조나 성향의 구성 조직 안으로 들어가며, 때로는 어느 정도 의식이 집중된 채 또 어떤 때는 전혀 집중되지 않은 채, 이미지나 신경 세트(neural set)와 유효하지만 인식되지 않는 관계나 유사성을 가지는 자극의 중개에 의해 행동으로 바뀌는

---

2) 에이브럼스(Abrams)는 자신의 저서 『거울과 램프: 낭만주의적 이론과 비판적 전통』(*The Mirror and the Lamp: Romantic Theory and the Critical Tradition*)(1953)에서 예술을 모방적 '거울'로서의 예술과 표현이 풍부한 '램프'로서의 예술로 구분한 바 있다(옮긴이 주).

과정으로, 그러한 과정 속에서는 암시된 행위의 결과를 대부분 또는 전적으로 예상하지 못한다(Fenton, 1910: 364~365).

펜턴은 '암시의 심리학을 토대로' 범죄 및 반사회적인 활동에 관한 신문 기사를 읽는 것과 뒤이어 일어나는 범죄적이거나 반사회적인 행동 간에 직접적인 인과관계를 가정할 수 있을 것이라고 주장했다. 펜턴은 사람들이 신문 기사에서 아이디어를 얻은 후 모방 범죄나 반사회적인 행동을 저지른 여러 경우를 확인했다고 자신의 논문에서 얘기했다. 이용 가능한 지면의 부족으로 그 학술지는 사례들의 성격을 기술한 요약 표제만을 실었는데, 이러한 제목에는 다음과 같은 것이 기술되어 있다고 한다:

광범위한 지역과 많은 다른 소스에서 수집된, 신문이 반사회적인 활동에 미치는 암시적인 영향에 대한 많은 직·간접적인 증거들(Fenton, 1911: 557~558).

펜턴은 비록 다음과 같은 점을 강조했지만 발행부수가 많은 몇몇 '옐로우' 페이퍼에 나타난 그 같은 (반사회적 활동에 관한) 자료의 양도 측정했다:

이러한 측정을 한 것은 신문에 게재된 반사회적인 문제에 관한 실제 기사의 양이 범죄 증가와 직접적인 관계가 있다고 알려져 있기 때문이거나 우리가 이 둘의 변화가 서로 일정한 관계를 가지고 있음을 보여주는 어떠한 증거를 가지고 있기 때문은 아니다(Fenton, 1911: 539).

2. 강효과의 개념

강력한 미디어 효과에 대한 역사적 편견과 미디어의 영향에 대한 우려 때문에, 20세기에 이루어진 초창기 과학적 효과 연구에서 많은 사람이 강력한 효과를 가정했다는 사실은 놀라운 일이 아니다. 사회과학자들은 제1차 세계대전 기간에는 군대의 선전을 그리고 전후에는 회사의 선전(광고 및 PR의 형태)을 우려했다.

(대부분의 사회과학자를 포함한) 미국 사람들은 대부분 매스 미디어, 특히 영화나 라디오 같은 전자 미디어가 수용자에게 믿을 수 없을 정도로 강력한 영향력을 가지고 있다고 믿었다. (아무런 의심이 없는) 수용자에게 미치는 미디어 메시지의 거대한 힘은 다음과 같이 다채로운 방식으로 표현되었다: 매스 미디어는 위험한 총알처럼 메시지를 발사하거나 강한 약이 피하주사기를 통해 흘러들어가듯 메시지를 주사했다. 이러한 표현은 강력한 미디어 효과에 대한 '탄환' 또는 '피하주사'이론의 근원이 되었다.

캐리(Carey, 1996)는 탄환이론을 다음과 같이 잘 요약했다:

'재즈 시대'가 대공황(Depression)으로 바뀌자, 그 시대의 상징이었던 정치와 문화의 대중운동과 오슨 웰스의 라디오 방송 〈우주 전쟁〉의 예에서 볼 수 있는 특별하고도 놀랄 만한 일련의 사건이 선전과 미디어에 대한 두려움을 확인시켜 주었다. 표준 역사에서는 이러한 두려움, 놀람, 비탄, 정치적 선언, 그리고 소수의 경험적 연구들이 '피하주사 모델'(hypodermic-needle model)이나 '탄환이론'(bullet theory) 또는 '무제한 효과'(unlimited effects)로 간단히 정리되고 말았는데, 왜냐하면 이것들은 다음과 같은 하나의 공통된 결론으로 수렴되었기 때문이다: 미디어, 특히 라디오와 영화처럼 읽고 쓸 줄 몰라도 이용 가능한 새로운 미디어는, 집합적으로 평범한 사람들의 신념과 행동을 결정하는 비상한 힘을 지니고 있다(1996: 22).

초기 이론가들은 19세기에서 20세기 초에 이르는 동안 사회의 놀라운 변화와 그것이 대중에게 미치는 영향에 초점을 맞추었다. 블루머(Blumer, 1951)

는 대중 행위의 중요성에 주목하면서 다음과 같이 적었다:

(20세기 초 도시화와 산업화 때문에) 대중 행위의 강도와 중요성은 증가했다. 사람들을 그들의 지역 문화와 지역 집단 환경에서 떼어놓는 요인이 작용했기 때문이다. 이주, 거주지의 변화, 신문, 영화, 라디오, 교육, 이 모든 것이 개인들을 관습적인 정신적 지주에서 분리시켜 더 넓은 세상으로 떠다민다. 이러한 세상에 직면한 개인들은 대체로 남의 도움을 받지 않는 선택을 토대로 적응하지 않을 수 없었다. 그들의 선택이 한 곳에 모여, 대중은 강력한 세력이 되었다. 때때로 대중의 행동은, 특히 흥분된 상황에서는, 군중 행동에 가깝다. 이러한 때에는 자극적인 소구에 영향을 받을 가능성이 있다. 즉, 원초적인 충동, 혐오감, 증오심을 자극하는 소구가 신문이나 라디오에 등장할 때, 이러한 소구에 영향을 받기 쉽다(1951: 187~188).[3]

초창기 책들은 매스 커뮤니케이션 메시지가 수용자에게 엄청난 위력을 발휘한다는 탄환 또는 피하주사이론[4]을 받아들였다. 그러한 책의 예로는 월터 리프만(Walter Lippmann)의 『여론』(*Public Opinion*)(1922), 해럴드 라스웰(Harold Lasswell)의 『세계대전에서의 선전 기법』(*Propaganda Technique in the World War*)(1927), G. G. 브런츠(G. G. Bruntz)의 『연합 선전과 1918년 독일 제국의 붕괴』(*Allied Propaganda and the Collapse of the German Empire in 1918*)(1938)가 있다. 탄환이론은 1920년대 페인 재단(Payne Fund)이 후원한 연구의

---

3) 원래 1939년에 블루머가 쓴 표현을 두고 데니스 맥퀘일(Denis McQuail)은 "집단 행위 사회학의 관점에서 대중의 개념을 바라본 유일한 표현으로서, 대중에 대한 가장 유력한 표현"이라고 불렀다(McQuail, 1972: 100).

4) 그러나 아무도 이러한 용어를 사용하지 않았다. 많은 사람들은 라스웰이 '피하주사'라는 문구를 썼다고 말하지만, 라스웰의 글을 다시 읽어보면 그가 이 같은 문구를 전혀 사용하지 않았음을 알 수 있다(Chaffee & Hochheimer, 1985).

기초 역할을 했다. 이러한 연구들은 영화가 어린이에게 미치는 영향을 측정했고 다음과 같은 사실을 발견했다:

하나의 교육 수단으로서 영화는 정보를 전하고, 사회적 가치를 지닌 대상물에 대한 태도에 영향을 미치고, 적든 크든 정서에 영향을 미치며, 수면 방해를 불러 일으켜 건강에 다소 영향을 미치고, 어린이의 행동 패턴에도 심각한 영향을 미치는 비상한 힘을 지니고 있다(Charters, 1950: 406).

한 미디어 사학자는 저널리스트 리프만의 『여론』을 "근대적인 커뮤니케이션 연구 역사의 시발점이 되는 책"이라 불렀다[5](Carey, 1996: 28). 또 다른 저명한 미디어 학자는 이 책을 선구적인 의제설정 연구 저서로 보았다(Rogers, 1994). 이 고전적인 저서에서 리프만은 제1차 세계대전 동안 행해진 선전에 대한 그의 경험을 회상했다. 이 책은 "공중이 민주 사회에서 선전의 역할을 이해하는 데 중요한 지적(知的) 영향"을 미쳤다(Rogers, 1994: 236). 리프만은 수용자의 주요 이슈 인식에 영향을 미치는 뉴스 미디어의 역할을 강조했다.

3. 제한효과의 개념

대공황이 끝난 후(경험적인 연구를 통해 매스 미디어의 효과가 처음에 생각했던 것만큼 강력하지 않음이 밝혀지기 시작한 때)에도 피하주사이론이 여전히 지배적이었다. 사회를 바라보는 견해도 사회가 매스 미디어의 전지전능한 메시지를

---

5) 캐리는 다음과 같이 적었다. "리프만은 미디어 문제를 도덕·정치·자유의 문제에서 심리학과 현상학의 문제로 재정의했다. 그는 선전 분석의 전통을 확립한 동시에 이러한 문제를 규범적인 정치 이론이 아닌 인간 심리학의 틀에서 바라봄으로써 『여론』이 출판된 후 약 20년 동안 이 분야를 지배한 효과 연구의 전통을 새롭게 열었다"(Carey, 1996: 30).

수신하는 조각화된(fragmented) 개인으로 구성되어 있다는 입장에서 그룹 내에서 상호작용을 하는 개인들로 구성되어 있어 미디어 메시지의 효과를 제한한다는 입장으로 바뀌었다. 컬럼비아 대학교(Columbia University) 응용사회연구소(Bureau of Applied Social Research)의 폴 라자스펠드(Paul Lazarsfeld)와 미 전쟁부(U. S. War Department)에서 일한 칼 호브랜드(Carl Hovland) 같은 사회과학자들은 매스 미디어가 수용자 개인에게 단지 제한된 효과만을 미칠 뿐이라고 지적했다.

> 수용자 구성원인 개인이 선유성향적(predispositional) 요인이나 매개 요인 덕분에 매스 미디어에 내재된 (발생할 수 있는) 악영향에서 보호되고 있다는 사실도 발견되었다. …… (소수의) 어떤 개인은 어떤 (드문) 상황에서 매스 미디어의 직접적인 영향을 받았다. 그렇지 않을 경우, 미디어 선전과 대중문화는 일반적인 저항 심리와 사회집단 네트워크가 만든 보이지 않는 차폐물에 갇혀 있었다(Carey, 1996: 23).

제한효과 모델(limited effects model)은 1960년 조셉 클래퍼(Joseph Klapper)의 저서인 『매스 커뮤니케이션의 효과』(*The Effects of Mass Communication*)의 출판으로 확고히 자리 잡게 되었다. 컬럼비아 대학교 박사 논문을 토대로 한 이 고전적인 저서는 1920년대부터 1950년대까지 이루어진 미디어 효과 연구 수백 편을 자세하게 살펴보았으며 매스 미디어 효과에 대한 포괄적인 일반화를 시도했다. 클래퍼는 이 분야의 연구들이 새로운 접근 방법, 즉 개인에게 미치는 매스 미디어 메시지의 효과를 제한하는 특정 요인을 강조하는 '현상론적 접근 방법'(phenomenistic approach)을 취할 것을 요구했다.

> 널리 알려진 문구를 빌려 표현하자면, 미디어가 사람들에게 무엇을 했느냐 하는 쪽에서 사람들이 미디어를 가지고 무엇을 했느냐 하는 쪽으로 관심사가 바뀌었

다. 그래서 정보원에서 수신자로 관심과 주목이 바뀌었고, 커뮤니케이션 과정에서 힘의 중심이 재배치되었다. 즉, 수용자가 제작자를 통제한다는 것이다. 특별한 문제점(폭력과 포르노가 가장 잘 알려진 예임)과 일부 특별한 집단(주로 어린이)에 대한 관심을 제외하고는 직접적인 효과와 선전에 대한 관심은 시들어버렸다(Carey, 1996: 23~24).

4. 각기 다른 수준의 효과

연구자들은 동일한 미디어 표현물에 대한 개인들의 서로 다른 반응에 관한 실험에 초점을 맞추기 시작했다. 학자들은 머지않아 수용자가 매스 미디어 메시지에 의해 조작되는 수동적인 피해자라기보다는 개인적 차이와 환경적 요인이 매스 미디어 효과 과정에 중요한 매개 요인으로 작용한다는 사실을 깨달았다.

연구자들은 행동주의, 동기화, 설득, 조건화에 관한 실험을 통해 습관 형성 과정과 학습 과정을 조사할 수 있었다. 개인의 인성 특성과 심리적인 구조의 차이는 사람들이 자라난 사회적 환경에 영향을 받는 것으로 드러났다. 더욱이 인간의 지각에 대한 연구들은 개인의 가치, 욕구, 신념, 태도가 환경에서 자극이 선택되는 방식과 어떤 개인의 준거 틀(frame of reference) 내에서 그러한 자극에 의미가 부여되는 방식을 결정하는 데 도움을 주는 수단이라는 것을 보여주었다(Heath & Bryant, 2000: 347).

심리학과 사회학에 이론적 기반을 둔 연구들은 수용자들이 그들의 선유성향, 관심, 태도, 사회적 범주, 그리고 다른 많은 요인에 따라 미디어 메시지에 선택적인 주의(selective attention)를 기울인다는 사실을 확인했다. 미디어 메시지에 대한 개인의 지각과 그 메시지를 기억하는 것에 영향을 미치는 유사한 변인도 발견하였다. 이러한 개념들은 후에 선택적 노출(selective exposure), 선택적 지각(selective perception), 선택적 파지(selective retention), 사회적 범주 관점(social category perspective)으로 정의되었는데, 사회적 범주 관점은 유사한 인구통계학적 특성을 가지고 있는 사람들이 미디어 메시지에 비슷하게 반응한다고 가정한다.

1960년대 이후 수십 년 동안, 매스 커뮤니케이션학으로 성장해온 매스 미디어 연구는 미국 전역의 연구 중심 대학에서 확고히 자리를 잡게 되었다. 특정한 새로운 이론과 연구 결과물은 제한효과 패러다임에 딱 들어맞지 않았다. 따라서 역사는 수정되어 중효과와 강효과가 실제로 가능함을 보여주는 새로운 연구들을 받아들이게 되었다(Ball-Rokeach, Rokeach, & Grube, 1984a, 1984b; Blumer & McLeod, 1974; Maccoby & Farquhar, 1975; Mendelsohn, 1973; Noelle-Neumann, 1973).

오랫동안 많은 연구가 각기 다른 수준의 미디어 효과를 보여주었다. 처음부터 미디어 커뮤니케이션이 수용자들에게 미치는 '상당한' 효과를 보여주는 강력한 증거들이 대부분 과학적 방법과 전통적인 통계 모델을 토대로 쌓였다. 이러한 역사를 상세하게 기술하기 위해서는 매스 미디어 효과 분야에서 명료화 작업, 표준화 작업, 그리고 추가적 연구가 분명하고도 시급하게 필요하다(Thompson & Bryant, 2000).

미디어 효과 연구자들은 경계의 기준선도 없이 종종 효과의 위력에 대해 질적 판단을 내려왔다. 이러한 질적 판단을 토대로, 여러 종류의 미디어 효과가 발생하지만 그 영향은 제한적인 것에서부터 매우 강력한 것에 이르기까지 다양하다고 주장하는 연구의 역사가 시작되었다. 더욱이 연구자들은 처음부터 이것을 인정했고 대부분은 이것을 주장했다.

미디어 효과의 위력이나 한계에 대한 격렬한 토론은 오늘날까지 여전히 이어지고 있지만, 이 분야의 지식은 계속해서 향상되고 있다. 예를 들면, 미디어의 효과는 인지적(생각이나 학습에 영향을 미치는)이거나 행동적(행동에 영향을 미치는)이거나 감정적(태도와 정서에 영향을 미치는)일 수도 있음을 발견했다. 효과는 직접적일 수도 있고 간접적일 수도 있으며, 단기적이거나 장기적이거나 지연될 수도 있다. 또한 효과는 독립적(self-contained)이거나 누적적일 수도 있다. 개인적 차이, 심리적 요인, 환경적 요인, 사회집단의 특성에 따라 수용자가 미디어 메시지를 특정한 방식으로 인지하고 이러한 메시지에 특정한 방식으로 반응한다는 것도 알아냈다. 그럼에도 앞으로 찾아내야 할 것은 여전히 많다.

5. 미디어 효과 연구의 개척자들

제1차 세계대전이 끝나자, 몇몇 연구소에 있던 다양한 학문 분야의 혁신적인 학자들은 새롭게 등장한 매스 커뮤니케이션의 효과에 관한 과학적 연구 분야를 조사하기 위해 선구적인 연구를 수행했다. 저널리즘이나 매스 커뮤니케이션 전공이 아닌 이들은 주로 시카고 대학교(University of Chicago), 컬럼비아 대학교, 예일 대학교(Yale University) 출신이었다. 그들 가운데는 다음과 같은 사람들이 포함되어 있다: 예일 대학교의 실험 심리학자 칼 호브랜드, 컬럼비아 대학교의 사회학자 폴 라자스펠드, 시카고 대학교에서 예일 대학교로 옮긴 정치학자 해럴드 라스웰, 아이오와 대학교(University of Iowa)에서 MIT로 옮긴 사회심리학자 커트 레윈(Kurt Lewin), 시카고 대학교의 사회학자 새뮤얼 스타우퍼(Samuel A. Stouffer), 시카고 대학교의 "독서 연구 교수"(Waples, 1942: xi)인 더글러스 와플스(Douglas Waples).[6] 앞의 네 학자의 중요성은

---

6) 로저스(Rogers, 1994)는 매스 미디어 효과 연구를 포함하는 커뮤니케이션 연구에 중요한 기여를 한 학자들에 대한 정보를 제공했다. 학생들이 그의 책을 참조하기를 권한다.

1987년 슈람이 입증한 바 있고(Rogers & Chaffe, 1997), 그 후 로저스(Rogers, 1994)도 되풀이해서 언급한 바 있기 때문에, 여기서는 그들에 대한 논의를 매우 압축해서 정리했다. 우리는 미디어 효과 연구 전통에 중요한 기여를 했지만 표준 커뮤니케이션 역사나 다른 수정된 역사에서 크게 인정받지 못한 뒤의 두 학자를 좀 더 집중적으로 다루려 한다.

1) 칼 호브랜드

칼 호브랜드(Carl Hovland)는 제2차 세계대전 기간 훈련용 영화가 미국 병사들에게 미치는 효과에 대해 연구했으며(Hovland, Lumsdaine, & Sheffield, 1965), 나중에는 태도 변화에 대한 미디어 효과를 살펴보는 실험연구를 지휘했다.[7] 호브랜드의 엄격한 실험 연구 설계는 후대의 많은 미디어 효과 연구의 모델이 되었다. 미국의 '유력한' 매스 커뮤니케이션 연구자였던 윌버 슈람은 호브랜드의 연구단이 1945년부터 1961년까지 "단일 기관으로서는 그 누구보다도 이 분야에 …… 큰 기여"를 했다고 말했다(Schramm, 1997: 104).

2) 폴 라자스펠드

폴 라자스펠드(Paul F. Lazarsfeld)는 수학 분야에서 박사 학위를 취득했지만, 사회심리학, 심리학, 사회학, 그리고 매스 커뮤니케이션에도 관심을 가졌고 그의 연구 관심 분야는 다양했다. 라자스펠드와 (컬럼비아 대학교에 있는) 그의 연구소는 라디오 효과 연구 분야에서 개척자 역할을 했으며 대인 커뮤

---

7) 호브랜드의 미국 육군 연구가 제한된 미디어 효과를 보여주었다는 표준 역사를 상기할 필요가 있다. 그러나 제한적인 효과는 단지 태도 변화에 해당되는 것으로, 군인들에게 보여준 영화는 학습에 훨씬 더 강력한 효과가 있는 것으로 증명되었다. 즉, 군인들은 영화를 통해 많은 것을 배웠다.

폴 라자스펠드   *Miremahe*

니케이션이 매스 미디어 효과의 주요 매개 요인이라는 생각을 처음으로 내놓았다. 1940년대에 라자스펠드와 동료들은 대통령 선거 캠페인 동안 매스 미디어가 여론에 미치는 영향을 조사했다. 그들은 매스 미디어가 원래 그리고 저절로 어느 정도 영향을 미치는 것으로 드러나긴 했지만, 사람들은 대부분 신문이나 잡지에서 읽거나 라디오에서 들은 것보다는 대인 접촉을 통해 주로 영향을 받는다는 사실을 발견했다.[8] 매스 미디어를 매우 많이 이용하는 특정한 개인, 즉 연구자들이 '의견주도자'(opinion leader)라고 부른 사람들은 지역사회에서 (자신들을 이끌어주기를 바라는) 다른 사람들에게 정보를 전달하는 것으로 드러났다. 이러한 연구 결과는 매스 커뮤니케이션의 2단계 유통 모델(two-step flow model) 확립으로 이어졌는데, 2단계 유통 모델은 미디어 효과가 대인 커뮤니케이션에 의해 수정되는 것으로 보았다. 후속 연구들은 2단계 유통 모델을 다단계 유통 모델로 확장했다:

> 후속 연구들은 정보를 적게 가진 수용자를 위해 뉴스 사건을 해석해줄 때처럼 의견주도자의 영향이 항상 '하향적'이지는 않다는 결론을 내렸다. 의견주도자는 다른 의견주도자와 '수평적'으로 정보를 공유하며, 미디어 게이트키퍼(즉, 신문 편집인과 라디오 프로그램 제작자)에게 '상향적'으로 커뮤니케이션하는 것으로 밝혀졌다. 대인 커뮤니케이션에 대한 후속 연구들은 어떤 조직, 종교, 또는 사회

---

[8] 좀 더 최근의 연구 결과들(Blumer & McLeod, 1974; McLeod & McDonald, 1985; Ranney, 1983)은 정치 커뮤니케이션 과정에서 매스 미디어의 영향이 『사람들의 선택』의 연구 결과가 제시하는 것보다 더 크다는 의견을 제시했다.

집단과의 개인적 동일시(identification)가 개인이 선택하는 미디어 내용의 유형에 강한 영향을 미친다는 것을 보여주었다. …… 집단 규범은 분명 유사하고 공유되는 신념, 태도, 의견, 관심사를 토대로 하는 일종의 '사회적 현실' 점검(social reality check)을 제공하는데, 이러한 신념, 태도, 의견, 관심사는 그 집단의 관점과 반대되는 매개 메시지에 대해 방어벽을 구축하려는 경향이 있다. 마찬가지로 집단과 일치되거나 집단이 제공하는 매개 메시지는 보통 현상 유지의 강화를 수반하거나 현상 유지를 강화하는 데 이용된다(Heath & Bryant, 2000: 349~350).

3) 해럴드 라스웰

해럴드 라스웰(Harold Lasswell)은 미디어 효과 연구에 많은 기여를 했는데, 그 가운데 가장 주목할 만한 것은 그의 다섯 질문 모델 [five-question model: "누가 어떤 채널을 통해 누구에게 무엇을 말해서 무슨 효과를 가져왔나?" (Who says what in which channel to whom with what effects?)](Laswell, 1948)과 선전에 대한 연구, 그리고 매스 커뮤니케이션이 사회에 봉사하는 세 가지 중요한 기능(환경 감시, 환경 속에서 일어나는 사건에 대한 사회의 반

해럴드 라스웰   *Martap95*

응들의 상관관계, 문화유산 전승)을 밝힌 것이다.[9] 로저스(Rogers, 1994: 232~233)는 라스웰이 커뮤니케이션 연구에 기여했다고 생각하는 다섯 가지 중요한 이유를 다음과 같이 나열했다:

---

9) 라이트(Wright, 1960)는 매스 미디어의 또 하나의 중요한 기능으로 '오락'을 추가했다.

① 다섯 질문 모델은 커뮤니케이션 연구에서 효과 측정이 강조되는 결과를 초래 했다. 라스웰과 동시대 학자인 라자스펠드는 커뮤니케이션 효과에 대한 이러 한 초점을 구체화하기 위해 매우 많은 일을 했다.

② 그는 내용분석 방법을 개척했으며 실질적으로 커뮤니케이션 메시지(예, 선 전 메시지와 신문의 논설)에 대한 질적·양적인 측정 방법을 처음으로 찾아 냈다.

③ 정치 선전과 전시(戰時) 선전에 대한 그의 연구는 초기 커뮤니케이션 연구의 대표적 유형을 보여주었다. 선전이라는 용어는 후에 부정적인 어감을 가지게 되며, 오늘날에는 훨씬 더 많은 정치 선전이 존재하는데도 그다지 많이 사용 되지 않는다. 선전 분석은 전반적인 커뮤니케이션 연구에 흡수되었다.

④ 그는 프로이트(Freud)의 정신분석 이론을 미국의 사회과학에 도입했다. 라 스웰은 정치 지도자에 대한 그의 정신분석 연구처럼 프로이트의 이론을 정치 적 분석과 통합했다. 그는 내용분석을 통해 프로이트의 이드(id)-자아(ego)- 초자아(superego)를 정치학 문제에 적용했다. 본질적으로 그는 '개인 내적 (intraindividual) 프로이트 이론'을 사회적 수준에 이용했다.

⑤ 그는 사회과학의 지식과 공적 조치를 통합하려는 학문 간 연계 움직임의 결 과인 정책학이 수립되는 데도 도움을 주었다. 그러나 사회과학은 일반적으로 사회과학을 공공정책 문제와 통합하여 공공정책 문제에 응용하려는 시도에 반대한다.

4) 커트 레윈

사회심리학자인 커트 레윈(Kurt Lewin)은 집단 커뮤니케이션의 역동성에 관해 선구적인 연구를 수행했다. 아이오와 대학교에 재직하는 동안, 처해 있 는 집단의 조건이 다름에 따라 수용자에게 미치는 설득력이 얼마나 차이가 나는지를 살펴보기 위해 커뮤니케이션 실험을 실시했다. 실험 가운데 가장 널리 알려진 '췌장(膵臟) 연구'에서 분비선 부위의 고기로 요리한 음식을 가족에게 주는 것을 꺼려한 주부 집단들은 강연이나 토론 그룹에 참여함으로써 소의 심장, 췌장, 간, 콩팥의 장점을 알게 되었다. 토론 그룹에 참여하는 것이 주부의 태도를 바꾸는 데 (분비선 부위의 고기로 요리한 음식을 가족에게 주게 하는 데) 훨씬 더 효과적인 것으로 입증되었다.

커트 레윈
Kurt Lewin's photgrapher

로저스에 따르면, 레윈의 "가장 훌륭한 학문적 영향은 그에게 가르침을 받은 뛰어난 제자들을 통해서" 나타났다(Rogers, 1994: 354). 그의 제자들 가운데 한 사람인 리언 페스틴저(Leon Festinger)는 한 아파트 단지에 살고 있는 기혼학생들의 커뮤니케이션 네트워크를 밝히기 위한 연구를 수행했다(Festinger, Schachter, & Bach, 1950). 그 후 페스틴저는 그의 유명한 인지 부조화 이론(cognitive dissonance)을 발전시켰는데, 이 이론에 따르면 태도와 행동이 갈등을 일으킬 때마다 사람들은 그러한 갈등을 해소하기 위해 인지를 조절한다고 한다.[10]

5) 새뮤얼 스타우퍼

폴 라자스펠드는 그의 컬럼비아 대학교 투표 연구 보고서가 새뮤얼 스타우퍼(Samuel A. Stouffer)의 "뛰어난 설문조사 분석 절차에서 많은 도움을 받았

---

10) 로저스(Rogers, 1994: 352)는 다음과 같은 인지부조화의 사례를 제공했다. "부조화의 한 가지 효과는, 어떤 개인이 갈등을 일으키게 하는 메시지에 대해 노출을 피하려고 한다는 것이다. 예를 들면, 어떤 사람이 일단 새로 차를 산 이상, 그 사람은 경쟁 차의 광고를 피하는 경향이 있다."

기" 때문에 그에게 그 보고서를 헌정했다(Lazarsfeld, 1962: xxi). 또한 그는 제2차 세계대전 후 예일 대학교에서 실시된 태도와 커뮤니케이션에 관한 칼 호브랜드의 연구에 미친 스타우퍼의 영향에 대해서도 치하했다. 스타우퍼는 사회적 연구에 경험적 연구, 특히 설문조사 연구와 정확한 통계 방법 사용을 개척했다. 그는 제2차 세계대전 동안 미 육군 정보 및 교육 분과를 위한 연구를 이끌었다.

전쟁 후 스타우퍼는 커뮤니케이션 미디어에 관한 연구를 실시했지만, 이러한 연구는 미디어의 효과성을 더 많이 다루었기 때문에 흔히 효과 연구라 불리지는 않는다.[11] 미디어 효과 연구의 역사에서 그의 중요성은 경험적 연구에 대한 전문성, 호브랜드 및 라자스펠드와 같은 초기 커뮤니케이션 연구자들에게 미친 영향, 그리고 커뮤니케이션 연구는 엄격한 경험적 기준에 충실해야 한다는 그의 고집에 있다. 1942년에 쓴 "한 사회학자가 커뮤니케이션 연구에 주목하다"라는 제목의 글에서 스타우퍼는 영화가 어린이에게 미치는 효과를 조사한 (유명한 페인 재단 연구 가운데 하나인) 피터슨 및 써스톤(Peterson & Thurstone, 1933)의 철저한 조사방법에 대해 다음과 같이 칭찬을 아끼지 않았다:

> 특정한 영화가 사회적 태도에 미치는 효과를 다룬 써스톤과 피터슨의 연구는 커뮤니케이션 연구 분야에서 이루어진 실험 연구의 한 고전적인 사례이다. …… 그 후로 써스톤과 피터슨의 연구와 어느 정도 유사한 연구가 몇 편 있었지만, 이정도의 연구가 더 이상 없었다는 것은 놀라운 일이다. …… 영화 1편이 측정 가능할 뿐만 아니라 지속적인 효과를 어린이에게 미친다는 사실을 이 실험 연구가

---

11) 한 연구는 뉴스원으로서의 라디오와 신문의 장점을 각각 살펴보았으며 여러 계층과 집단에서 존재하는 신문 또는 라디오에 대한 선호도를 밝혔다. 또 다른 연구는 라디오가 신문의 발행 부수에 미치는 효과에 대해 조사했다. 이 두 연구는 모두 라자스펠드의 『라디오와 인쇄지면』(*Radio and the Printed Page*)(1940)에 소개되어 있다.

입증했는데도, 누군가가 이를 의심하지 않았던가? (영화가 어린이에게 영향을 미친다는) 사실을 명백히 입증하기 위해 왜 많은 돈과 시간을 낭비할까? 여기에는 두 가지 이유가 있다. 첫 번째 이유는 써스톤이 효과의 방향(기존의 가치와 맞는지 아니면 맞지 않는지)은 상식을 토대로 항상 예측 가능하지는 않음을 보여주었기 때문이다. 도박꾼을 미화하는 영화는 어린이들에게 도박이 나쁜 짓이라는 것 이상을 생각하게 만드는 예측하지 못한 효과를 지니고 있었다. 두 번째 이유는 영화 1편의 효과는 오랜 기간 지속된다는 점과 영화들이 조합(調合)되었을 때는 상호 보강 효과를 지니고 있음을 써스톤과 피터슨이 증명할 수 있었기 때문이다. 그들은 흥미로운 수백 가지 질문에 모두 답하지는 않았다. 어떤 어린이다 가장 많이 영향을 받았는가? 영화에 등장하는 장면 중 어떤 종류의 장면이 가장 큰 영향을 미쳤는가? 단일 차원의 태도에 영향을 미치는 효과와 다차원의 태도에 영향을 미치는 효과에 차이가 있는가? 이 같은 질문에 답하기 위해서는 추가 연구가 필요하며 써스톤과 피터슨의 방법은 이러한 질문에 답할 수 있는 방법을 보여주고 있다(Stouffer, 1942: 138~141).

스타우퍼는 조사 대상 집단 간 차이를 설명해줄 수 있는 교육 정도, 나이, 또는 수용자들의 차이 같은 변인, 즉 미디어 효과를 매개할 수도 있는 변인의 통제가 중요하다고 강조했다. 연구자가 교란변인(confounding variable)[12]을 통제하지 않는 것은 통제집단과 실험집단을 "구별하는 모든 요인이 통제되기를 단지 희망하고 기도하는 것과 같다"고 그는 경고했다(Stouffer, 1942: 139).

끝으로 1942년 스타우퍼는 자신의 경험적 연구에 대한 전문성과 통찰력 덕분에, 21세기에도 계속해서 커뮤니케이션 연구자들을 괴롭히는 문제(즉, 매스미디어 커뮤니케이션의 누적 효과를 정확히 측정하는 것)를 확인할 수 있었다.

---

12) 가외변인 가운데에는 독립변인과 종속변인을 모두 설명하는 허위변인과 두 변인 모두에 영향을 미치나 이들 간의 공변을 설명하지 못하는 교란변인이 있다. '혼란' 또는 '혼동'변인으로 불리기도 한다(옮긴이 주).

누적 효과, 즉 특정 커뮤니케이션 미디어에 1년 동안 노출되는 것을 측정하는 실험 연구를 설계하는 것은 어려운 문제이다. …… 커뮤니케이션 분야에서 여러 작은 자극의 누적 효과를 평가하는 것은 그만큼 더 중요하다. 왜냐하면 바로 그렇게 함으로써 커뮤니케이션 미디어가 그들의 주요한 효과를 발휘한다는 믿음에는 충분한 근거가 있기 때문이다. 청량음료 광고는 기분을 상쾌하게 해주는 짧은 휴식을 제공할 수도 있지만, 수백 개 심지어 수천 개 광고는 분명 그에 상응하는 수만큼 많은 다른 사회적 상황에 처해 있는 소비자들을 상대로 제품을 팔 수 있도록 도와준다(Stouffer, 1942: 141~142).

6) 더글러스 와플스

더글러스 와플스(Douglas Waples)는 시카고 대학교의 도서관학 대학원 (Graduate Library School) 교수였다. 1940년, 라자스펠드가 컬럼비아 대학교에서 라디오 연구를 수행할 때와 같은 시기에 와플스, 버나드 베럴슨(Bernard Berelson), 프랭클린 브래드쇼(Franklin Bradshaw)는 인쇄 미디어의 효과에 관한 그들의 저서 『읽기가 사람들에게 행하는 것』(*What Reading Does to People*)을 출판했다. 이 저서는 태도 변화에 미치는 인쇄 미디어의 효과에 대해 많은 것을 밝혀냈다:

연구는 읽기가 태도를 변화시킬 수 있음을 반복해서 보여주었다. 또한 읽는 이들의 특성과 특정한 내용 요소가 읽기의 효과를 변화시킬 것이라는 점을 보여주었다. 예를 들면, 효과는 독자들이 이미 주제에 대해 알고 있는지 그렇지 않은지에 따라 다르게 나타난다. 독자들이 본문에서 논의된 이슈의 복잡성과 그 이슈의 반대 의견에 대해 아는 게 적을수록, 그들의 태도 변화는 더 많이 일어날 것이다(Waples, Berelson, & Bradshaw, 1940: 108~109).

더욱 중요한 것은 와플스가 효과 연구 역사상 가상 유명한 커뮤니케이션 과정에 관한 표현의 최초 버전을 발표했으며, 후속 버전들이 등한시한 중요한 문구를 추가했다는 점이다. "누가 어떤 채널을 통해 누구에게 무엇을 말해서 무슨 효과를 가져왔나?"(Lasswell, 1948: 37)라는 표현은 항상 라스웰이 한 것으로 받아들여지고 있다. 조셉 클래퍼(Klapper, 1960)는 1946년 라스웰 (Smith, Lasswell, & Casey, 1946)이 그 표현을 썼다고 밝혔지만, 1942년 《미국 사회학 저널》에 게재된 와플스의 논문은 다음과 같은 인용문으로 시작된다: "'누가' '어떤 미디어'로 '어떤 조건'하에서 '무엇'을 '누구'에게 커뮤니케이션해서 '어떤 효과'가 발생했나?"(Who communicates what to whom by what medium, under what conditions, and with what effects?)(Waples, 1942: 907). 로저스 (Rogers, 1994) 역시 와플스도 참석한 1940년 록펠러 커뮤니케이션 세미나 (Rockefeller Communication Seminar)에서 라스웰이 "누가 무엇을 말해서"라는 표현을 사용했다고 인정했지만, 그러한 인용은 꽤 상세한 학회 발표 논문 어디에도 기록되어 있지 않다.13) 러너 및 넬슨은 라스웰이 『세계대전에서의 선전 기법』에서 언급한 다섯 질문 문구가 "지배적인 패러다임의 출발점"(Lerner & Nelson, 1977: 1)이라고 말했지만, 그 책 어디에도 다섯 질문 문구와 비슷한 표현은 보이지 않는다. 와플스의 인용문에 관해서도 그가 라스웰을 인용했는지, 자신의 말을 인용했는지, 아니면 다른 누군가의 말을 인용했는지 분명하지 않다. 두 학자 가운데 누구도 1942년의 글이나 1948년의 글에서 그 문구의 출처를 밝히지 않았다.

그 문구를 누가 먼저 말했는지 밝히는 것보다 와플스의 인용문 내용, 즉

---

13) 이 학회의 회보는 미 의회 도서관(Library of Congress)에 있는 라이먼 브라이슨(Lyman Bryson)의 논문집에 포함되어 있다(Rockefeller Foundation, "Needed Research on Communications Conference", "Public Opinion and the Emergency", and "Memorandum on Communications Conferences", U. S. Library of Congress: Papers of Lyman Bryson, Box 18, October 17, 1940, November 1, 1940, and January 18, 1941).

"어떤 조건하에서"라는 문구가 포함된 점이 더 중요하다. 라스웰의 글 어디에도 없는 이 문구는 다양한 수준에서 미디어 효과를 분류하는 데 필수적인 커뮤니케이션 과정을 더 정교하게 해준다. 와플스는 그 인용문에 이어 다음과 같이 적고 있다:

> 일정한 시간적 간격을 두고 제기되는 이러한 복잡한 질문에 대해 믿을 만한 대답을 해줄 수 있다면, 그것은 커뮤니케이션을 통한 사회 변화의 과정을 매우 분명하게 설명할 수 있을 것이며 곧 닥쳐올 변화들도 간단하게 예측할 수 있을 것이다(Waples, 1942: 907).

7) 윌버 슈람

윌버 슈람(Wilbur Schramm)은 미디어 효과만을 전문적으로 다루지는 않았지만(그의 주요 관심 영역 가운데 하나는 국제 커뮤니케이션과 제3세계 개발도상국에서의 매스 커뮤니케이션의 역할이었음), 미디어 효과를 포함한 매스 커뮤니케이션 연구를 정리하고 커뮤니케이션 연구의 정당성을 부여했다는 점에서 그의 중요성은 결코 간과될 수 없다.

> 슈람은 소위 최초의 커뮤니케이션학 교수였다. 그의 연구소는 최초의 커뮤니케이션 연구소였고 그가 개설한 박사 학위 과정에서 처음으로 박사 학위가 수여되었다. 또한 슈람은 세계에서 처음으로 커뮤니케이션이라는 학문집단('분과')의 의장을 맡았다(Rogers & Chaffee, 1997: 7).

슈람은 아이오와 대학교 저널리즘 스쿨의 학장을 맡았던 1943년에 최초로 매스 커뮤니케이션 박사 학위 과정을 개설했다. 그로부터 3년 뒤, 그는 1940년대와 1950년대에 탄생한 몇 개의 커뮤니케이션 연구소 가운데 하나인 아이오와 대학교 수용자 연구소(Bureau of Audience Research)를 설립했다. 이 연구소는 라자스펠드의 컬럼비아 대학교 응용 사회 연구소를 본떠서 만들어졌다.

8) 버나드 베럴슨

또 다른 미디어 효과 연구의 개척자인 버나드 베럴슨(Bernard Berelson)은 와플스의 시카고 대학교 동료로, 도서관 대학 학장으로 재직한 바 있으며 나중에는 컬럼비아 대학교와 그곳의 응용사회연구소에서 라자스펠드의 동료가 되었다. 그는 라자스펠드와 함께 고전적인 투표 연구인 『사람들의 선택』을 썼다.

베럴슨은 연구의 계통적 조직화를 제안함으로써, 아마도 매스 커뮤니케이션 효과에 대한 포괄적인 일반화를 시도한 최초의 연구자일 것이다. 그의 관심사는 전반적인 미디어 효과라기보다는 커뮤니케이션 효과가 여론에 미치는 영향이지만, 그의 계통적 조직화는 다른 미디어 효과 연구에도 적용될 수 있을 것이다:

> 어떤 종류의 '조건'하에서 어떤 종류의 사람들의 주의를 끄는 어떤 종류의 '이슈'에 관한 어떤 종류의 '커뮤니케이션'은 어떤 종류의 '효과'를 갖는다. 이러한 공식화는 이러한 과정에 포함되는 다섯 가지 주요 요인(또는 요인군)을 밝히며, 이 분야의 이론 주제는 바로 이러한 변인들의 상호관계다. 현재 연구자들은 단지 전체 그림의 일부(작은 부분)만을 채울 수 있지만 주요 변인의 개발과 이러한 변인들에 대한 가설 및 일반화의 계통적 조직화는 올바른 방향으로 가는 단계이다(Berelson, 1948: 172).

몇 년 뒤 베럴슨은 매스 커뮤니케이션 효과에 대한 중요하고도 포괄적인 이

론 개발이라는 점에서 고려되어야 할 연구들을 통해 드러난 많은 복잡한 결과들에 주목했다:

> 커뮤니케이션의 효과는 다양하다. 그것은 단기적이거나 장기적일 수도 있다. 그것은 현재적(顯在的)이거나 잠재적일 수도 있다. 그것은 강하거나 약할 수도 있다. 그것은 커뮤니케이션 내용의 어떠한 측면에서도 비롯될 수 있다. 그것은 심리적, 정치적, 경제적, 또는 사회적인 것으로 간주될 수 있다. 그것은 의견, 가치, 정보 수준, 기술, 취향, 행동에 영향을 미칠 수도 있다. …… 커뮤니케이션 효과의 다양성과 복잡성 때문에 이러한 토픽은 아마 커뮤니케이션 연구에서 가장 무시된 대표적인 영역이다(Berelson & Janowitz, 1950: 395).

9) 조셉 클래퍼

10년 뒤 라자스펠드의 제자인 조셉 클래퍼(Joseph Klapper)는 여전히 가치 있는 그의 고전적인 저서 『매스 커뮤니케이션의 효과』(1960)를 출간했다. 이 책에서 클래퍼는 매스 미디어 메시지의 효과에 대한 "요점만을 추려"(Klapper, 1960: 7) 몇 가지 포괄적인 일반화를 제시했다. 클래퍼가 "매스 커뮤니케이션의 효과와 잠재력을 맹목적으로 경시하는 극단적 경향"을 보이는 중대한 위험에 대해 반복해서 경고했음에도(1960: 252), 클래퍼의 책에 있는 아이디어들은 불행하게도 시간이 흐르면서 효과에 관여하는 매개요인을 밝혀줄 '현상론적 접근'을 촉진한 '제한효과' 개념으로 크게 축소되었다.

클래퍼의 일반화는 대개 간과되거나 부분적으로만 인용되었다. 대부분의 경우, 클래퍼의 첫 번째와 두 번째 일반화만이 인용되는데, 이것들이 미디어 커뮤니케이션의 제한적이거나 간접적인 효과(indirect effect)를 보여주는 많은 연구에서 두드러지게 인용되는 것은 놀라운 일이 아니다. 미디어 커뮤니케이션의 직접적인 효과가 실제로 가능하다고 강조하는 일반화 ③, ④, ⑤는 표준

클래퍼의 일반화

① 매스 커뮤니케이션은 보통 수용자 효과의 필요하고도 충분한 원인으로 기능하는 것이 아니라 매개 요인과 영향들 사이에서 그리고 그것들의 결합을 통해서 기능한다.

② 매개 요인은 대단한 힘을 가지고 있어서 기존의 조건을 보강하는 과정에서 통상 매스 커뮤니케이션을 유일한 원인이 아닌 기여 인자로 만들어버린다. 문제의 조건(그것이 수용자 구성원의 투표 의향이든지, 비행을 저지르려 하거나 비행을 멀리하려는 경향이든지 아니면 삶과 삶의 문제를 바라보는 일반적인 정향성이든지)과 무관하게, 그리고 그러한 문제의 효과가 사회적인 것인지 개인적인 것인지에 관계없이, 미디어는 변화시키기보다는 강화하는 경향이 있다.

③ 매스 커뮤니케이션이 변화의 기능을 수행하는 경우, 다음과 같은 두 가지 조건이 존재하는 경향이 있다:

　a. 매개 요인이 작동하지 않은 것으로 드러나거나 미디어의 효과가 직접적인 것으로 드러나는 경우

　b. 일반적으로 강화를 지지하는 매개 요인이 변화를 지지하지 않을 수 없는 것으로 드러나는 경우

④ 매스 커뮤니케이션이 직접적인 효과를 불러일으키는, 즉 직접적으로 그리고 저절로 특정한 정신물리학적인 기능을 수행하는 듯 보이는 특정한 기타 상황도 존재한다.

⑤ 기여 인자로서 또는 직접적인 효과를 발생하는 인자로서 매스 커뮤니케이션의 효능(efficacy)은 미디어와 커뮤니케이션 자체의 여러 측면 또는 [텍스트(text)의 구조, 정보원 및 미디어의 속성, 기존 여론의 동향 등을 포함하는] 커뮤니케이션 상황의 여러 측면의 영향을 받는다.

역사에서 무시되었다. 이러한 이유에서 우리는 그의 일반화 5개 모두를 포함시켰다.

10) 앨버트 밴두라

클래퍼의 책(1960)이 출판된 다음 연대인 1970년대에는 매스 미디어 효과의

앨버트 밴두라
bandura@stanford.edu

이해에 상당한 함축성을 지닌 심리학 이론들이 나타났다. 앨버트 밴두라(Albert Bandura, 1973, 1991)의 이론[사회학습이론(social learning theory)과 그 후의 사회인지이론(social cognitive theory)]은 커뮤니케이션 연구자들을 위한 대안적인 연구 방향을 열어주었다. [14] 1970년대 이후의 학자들은 태도 변화에 미치는 매스 커뮤니케이션의 효과에 주로 초점을 맞추기보다는 더 복잡한 행동적 반응, 인지 패턴의 변화, 학습 및 지식에 대한 미디어의 효과를 연구하기 시작했다(Becker, McCombs, & McLeod, 1975; Chaffee, 1977; Clarke & Kline, 1974). 이러한 연구결과들 가운데 가장 중요한 것들에 대해 이후의 장들에서 논의하기로 한다.

사회학습이론은 시청자들이 그들의 환경적·인지적 선유성향을 바탕으로 매스 미디어에서 본 행위를 어떻게 배우고 본뜨는지 설명한다. 이 이론은 폭력 영화 관람과 지배적인 미디어로 빠르게 부상하는 텔레비전의 폭력물 시청이 특히 어린이에게 미치는 영향을 조사하는 연구의 근거를 제공하였다.

11) 개척자들의 유산

1960년대 이후 매스 커뮤니케이션 연구가 꽃을 피우고 미디어 효과에 관심이 있는 학자들을 많이 끌어들이기 시작함에 따라, 다양한 미디어 효과 연구 분야가 새롭게 탄생하거나 성숙해졌다. 여기에는 매스 커뮤니케이션

---

14) 밴두라는 1960년대에 어린이와 10대를 대상으로 영화나 텔레비전에 등장한 모델의 행동 관찰에 의한 반사회적 행동 학습에 대한 연구를 시작했다(Bandura, 1965; Bandura, Ross, & Ross, 1963; Bandura & Walters, 1963 참조).

의 누적 효과를 측정하려는 배양효과 분석과 다른 사회학적 조사방법들, 매스 미디어가 특정 이슈에 대한 공중의 자각을 불러일으키는 원인이 된다는 의제설정 가설을 검정하기 위한 연구, 수용자들이 특정 매스 미디어를 사용하는 이유를 살펴보기 위한 연구, 그리고 다른 많은 미디어 효과 영역이 포함된다.

6. 효과 연구의 미래

21세기의 미디어 효과 연구자들이 해결해야 할 과제는 많지만, 만약 연구자들이 계속해서 이러한 문제를 해결하는 데 "잡힐 듯 잡히지 않는 매혹"을 느낀다면 그것은 결국 해결될 것이다(Lazarsfeld, 1949: 1). 무엇보다도, 계속해서 미디어 효과를 강효과, 중효과, 또는 제한효과로 기술하려면, 이러한 효과의 크기를 구분하는 실증적인 경계 기준선을 마련해야 한다. 맥과이어(McGuire, 1986)는 자신의 논문인 「미디어의 엄청난 영향에 대한 신화」("The Myth of Massive Media Impact")에서 소효과의 크기를 몇몇 효과 종속변인으로 설명되는 변량(variance)의 비율을 토대로 정의했는데, 통계적 효과의 크기는 그러한 기준을 설정하는 하나의 근거가 될 수 있을 것이다. 맥과이어는 다양한 영역에서 이루어진 몇몇 중요한 연구를 검토해볼 때 강력한 미디어 효과는 과장된 것이라고 주장했다.

놀라운 것은 발표된 연구들(그리고 이보다 훨씬 더 높은 비율을 차지할 미발표 연구들) 가운데 상당수가 관례적으로 허용되는 통계적 유의도 수준 0.05에 도달할 수 있는 전반적인 효과의 크기를 보여주지 못했다는 점이다. 검토한 효과 영역 10여 개 가운데 몇몇 영역에서 일부 훌륭한 연구들이 …… 0.05 수준에서 유의한 효과를 보여주었으나 이러한 연구들조차도 종속변인의 변량 가운데

2~3%만을 설명해줄 정도로 매우 작은 효과의 크기를 가지는 경우가 많았다
(1986: 177).

맥과이어의 설득력 있는 주장을 존중하긴 하지만, 많은 연구가 0.05 수준
뿐만 아니라 0.01 수준과 0.001 수준, 그리고 그 이상의 수준에서도 미디어
효과는 유의적이었으며, 상당한 정도의 변량을 설명해주는 효과의 크기를 가
지고 있음도 보여주었다는 점을 지적하지 않을 수 없다(Bryant & Zillmann,
1994). 더욱이 미디어 효과에 대한 메타분석(여러 완결된 연구들의 결과물을 조
사·비교함으로써 효과에 대한 일반화를 제시하는 통계적 연구)은 전체 미디어 효
과 연구 장르 내에서는 비교적 강한 효과의 크기를 그리고 다른 장르와 연관
해서는 좀 더 적정한 효과의 크기를 보여준다(Preiss et al., 2007). 비록 그 효과
의 크기가 작은 정도에서 중간 정도까지이지만, 엄청난 규모의 미디어 수용
자를 고려할 때 다른 연구들도 중요성을 지닌다(Andison, 1977; Wood, Wong,
& Cachere, 1991). 이러한 연구들도 그리고 그것들의 강한 효과도 '사실무근'
은 아니지만, 그것들을 '강력한' 효과로 분류하기 위해서는 정확한 분류 체계
가 먼저 확립되어야 한다.

또 다른 예에서 호브랜드는 '영향 받은 것으로 드러난 사람의 비율'이라는
단순한 용어를 통해 매스 커뮤니케이션 노출에 따른 태도 변화에 관한 상관
관계 연구와 실험 연구 결과의 차이점을 설명했다. 이것은 특정한 유형의 연
구를 여러 수준으로 분류하는 데 사용될 수 있는 방법이기도 하다.

라자스펠드, 베럴슨, 고뎃(Gaudet)은 응답자 중 단지 5%만이 선거 캠페인에 의
해 정치적 입장이 변했다고 평가했으며, 그들은 이러한 적은 양의 변화조차도
그것을 매스 미디어보다는 개인적 영향 탓으로 돌리고 싶어 했다. …… 반대로
실험 방법을 사용한 연구들은 커뮤니케이션에 노출됨으로 인한 상당한 태도 변
화 가능성을 시사했다. 클래퍼의 설문조사(1949)와 『핸드북 오브 소셜 사이콜

로지』(*Handbook of Social Psychology*)의 내가 쓴 장(Hovland, 1954)은 수용자의 3분의 1에서 절반 혹은 그 이상이 의견 변화를 보여준 실험 연구들에 대해 논의하고 있다(Hovland, 1959: 440).

미디어 효과 연구자들이 해결해야 할 또 하나의 과제는 여러 수준과 여러 유형의 미디어 효과를 설명하는 상황, 조건, 또는 변인을 밝혀내고 매스 미디어 효과의 복잡한 현상을 설명해줄 일반화(아마 매우 복잡한 일반화, 심지어 효과의 유형 분류조차도)를 제안하는 일일 것이다. 이러한 일반화는 미디어 효과 분야의 이해를 향상해줄 이론적 일반화일 것이다. 이 같은 이론을 발전시키기 위해 커뮤니케이션 학자들은 (구축될 스키마나 다른 이론적 기준을 토대로) 효과의 수준을 기준으로 연구들을 분류하면서, (이용 가능할 경우) 양적인 메타 분석 기법을 사용하거나 (클래퍼가 사용한 것과 같은) 서로 다른 효과 조사 영역의 연구들에 대해 좀 더 철저한 질적 조사를 실시할 필요가 있을 것이다.

1960년, 클래퍼는 미디어 효과를 일반화할 수 있는 시기가 도래했다고 주장했다. 클래퍼의 주장이 있은 지 50년이 더 지난 지금, 우리는 미디어 커뮤니케이션의 효과에 대해 더 많이 알고 있기는 하지만 주제의 복잡성 때문에 여전히 정확한 포괄적 일반화를 하기 힘들다고 말할 수 있다. 분명 지금까지의 효과 연구 문헌에는 누가 보아도 알 수 있듯이 '무효과 모델'(no-effects model)이 빠져 있다. 학술지들은 통계적으로 유의미한 미디어 효과의 발생을 보여주는 연구를 게재하는 쪽으로 심하게 편향되어 있다. 유의미한 효과를 발견하지 못한 연구는 통상 받아들여지지 않는데, 1944년 모트(F. L. Mott)의 연구는 눈에 띄는 예외였다. 연구들은 대부분 여러 요인이나 변인을 조사하는데, 일부에서는 통계적으로 유의적인 관계가 일반적으로 발견되지만 일부에서는 그렇지 못하다. 눈에 띨 만한 효과가 발생하지 않았을 때 그러한 특정한 변인이나 사례(많은 연구에 보고된)를 확인하기 위해 효과 연구 수천 편을 조사한 학자는 아직 아무도 없다. 가장 주목을 끄는 결과들은 통계적으로 유의미한 결과들이지만, 커뮤니케이션 학자들은 효과가 발생하는 사례에 대해 가졌던 관심만큼 미디어 효과가 발생하지 않는 사례에 대해서도 관심을 가져야 한다. 무효과 시나리오는 지금까지 효과 퍼즐에서 잃어버린 조각 가운데 하나로 남아 있다.[15)

최근 들어 메타분석이라고 알려진 연구 기법이 각기 다른 장르의 미디어 효과에 대한 일반화를 도출하는 데 유용하게 사용되고 있다. 예를 들면, 파이크 및 콤스톡(Paik & Comstock, 1994)은 텔레비전 폭력의 효과에 대한 연구들을 검토한 후, 연구 설계에 포함된 변인들(예, 시청자 속성과 반사회적 행동의 유형)을 분할함으로써 유용한 메타분석 결과를 도출했다. 메타분석은 수많은 동일 장르 연구들의 공통된 통계적 기반을 찾아내서, 모든 이용 가능한 증거를 토대로 개괄적 조사 결과를 제시한다. 이 책을 통해 여러 효과 연구 유형에 대한 최근의 메타분석 결과를 소개할 것이다.

메타분석은 클래퍼가 제안한 것과 유사한 포괄적인 일반화를 도출할 수 있는 최고의 희망일지도 모른다. 만약 그와 같은 일반화가 정말 가능하다면, 그것은 매스 미디어 커뮤니케이션의 강력하거나 제한적인, 직접적이거나 간접적인, 단기적이거나 장기적이고 누적적인, 인지적이거나 정서적이거나 행동적인 효과에 필수적인 상황과 조건, 그리고 (가능하다면) 무효과 시나리오에 등장하는 요인을 충분히 설명해야만 할 것이다. 미디어 효과 연구 역사상 전반적인 미디어 효과에 관해 이 같은 포괄적인 일반화를 시도한 유일한 학자가 클래퍼(Klapper, 1960)라는 사실을 알고 있다면, 그러한 임무가 얼마나 막중한지 분명히 알게 될 것이다. 오랜 기간에 걸쳐 이루어진 미디어 효과 연구 수천 편을 분류하고 연구하는 일에 달려들 정도로 용감한 21세기 학자들에게 클래퍼는 좋은 출발점을 제시했다.

---

15) 캔터와 동료들의 최근 연구들 가운데 일부(Cantor, Sparks, & Hoffner, 1988; Cantor & Wilson, 1984)는 효과가 어떻게 줄어들 수 있는지에 대해서는 살펴보았지만, '무효과' 모델이 제시된 적은 한 번도 없다.

클래퍼는 자신이 "일반화의 엄격한 형식은 말할 것도 없고 이러한 특정한 일반화를 위해 결코 전념하지 않았다"고 강조했다(Klapper, 1960: 9). 그는 미디어 효과에 대한 추가 연구들이 "이러한 도식을 수정하고 아마도 무효화시켜 줄 것"을 희망했으며, "이러한 일반화의 생존 가능성을 보증하는 것보다는 일반화의 시기가 임박했음을 가리키는 것에 더 관심이 있다"는 점을 지적했다(1960: 9). "왜냐하면 이러한 특정한 일반화가 새로운 세기까지 이어질 수는 없기 때문이다. 그것은 불완전하고 덜 발전되었으며, 범위도 불충분할 뿐만 아니라 어떤 의미에서는 위험하기 때문이다"(1960: 251). 클래퍼의 견해와는 반대로, 그의 일반화는 우리를 새로운 세기까지 '인도한' 것 같다. 클래퍼가 일반화의 필요성을 주장한 지 50년이 지났지만, 이러한 과제는 여전히 해결되지 않은 채 남아 있다. 이 책이 미래의 미디어 효과 연구자들을 자극해서, 오랫동안 기다려왔던 미디어 효과에 대한 중요하고도 포괄적인 이론 개발이라는 과제가 해결되기를 희망한다.

7. 요약

19세기 말에 이루어진 몇몇 심리학 및 사회학 연구들은 매스 미디어에 관한 연구를 포함하어 있었고 더 정교해진 많은 후속 연구의 이론적 기초를 예시해주긴 했지만, 미디어 효과 연구는 단언컨대 20세기에 등장했다.

프랜시스 펜턴(Frances Fenton)의 박사 학위논문은 미디어 폭력물 소비가 행위에 미치는 효과에 대한 연구 가운데 가장 초창기 (아마도 최초) 연구에 속한다. 이 연구의 결과를 요약한 글이 《미국 사회학 저널》 1910년 11월호와 1911년 1월호에 소개되었다. 반사회적 활동에 대한 신문 기사가 독자에게 암시적인 힘을 지니고 있다는 대중의 생각은 그녀의 논문이 발표되기 전에 이미 확고하게 정착되어 있었다고 펜턴은 지적했다

20세기에 이루어진 초창기 과학적 효과 연구에서 많은 사람이 강력한 효과를 가정했다. 수용자에게 미치는 미디어 메시지의 강력한 효과는 총알이 발사되거나 약을 주사하는 것에 비유되었는데, 이러한 비유는 강력한 미디어 효과에 대한 '탄환' 또는 '피하주사'이론의 근원이 되었다.

대공황이 끝난 후(경험적인 연구를 통해 매스 미디어의 효과가 처음에 생각했던 것만큼 강력하지 않음이 밝혀지기 시작한 때)에도 피하주사이론이 여전히 지배적이었다. 사회를 바라보는 견해도 사회가 매스 미디어의 전지전능한 메시지를 수신하는 조각화된 개인으로 구성되어 있다는 입장에서 그룹 내에서 상호작용을 하는 개인들로 구성되어 있어 미디어 메시지의 효과를 제한한다는 입장으로 바뀌었다. 컬럼비아 대학교 응용사회연구소의 폴 라자스펠드와 미 전쟁부에서 일한 칼 호브랜드 같은 다른 사회과학자들의 연구는 매스 미디어가 수용자 개인에게 단지 제한된 효과만을 미칠 뿐이라고 지적했다.

제한효과 모델은 1960년 조셉 클래퍼의 저서인 『매스 커뮤니케이션의 효과』의 출판으로 확고히 자리 잡게 되었다. 클래퍼는 미디어 효과에 대한 포괄적인 일반화를 시도했는데, 흥미롭게도 5개의 일반화 가운데 2개만이 간접적인 효과를 언급했다.

연구자들은 동일한 미디어 표현물에 대한 개인들의 서로 다른 반응에 관한 실험에 초점을 맞추기 시작했다. 학자들은 머지않아 수용자가 매스 미디어 메시지에 의해 조작되는 수동적인 피해자라기보다는 개인적 차이와 환경적 요인이 매스 미디어 효과 과정에 중요한 매개 요인으로 작용한다는 사실을 깨달았다.

특정한 새로운 이론과 연구 결과물은 제한효과 패러다임에 딱 들어맞지 않았다. 따라서 역사는 수정되어 중효과와 강효과가 실제로 가능함을 보여주는 새로운 연구들을 받아들이게 되었다. 처음부터 미디어 커뮤니케이션이 수용자들에게 미치는 '상당한' 효과를 보여주는 강력한 증거들이 대부분 과학적 방법과 전통적인 통계 모델을 토대로 쌓였다.

미디어 효과 연구자들은 경계의 기준선도 없이 종종 효과의 위력에 대해 질적 판단을 내려왔다. 미디어 효과의 위력이나 한계에 대한 격렬한 토론은 오늘날까지 여전히 이어지고 있지만, 이 분야의 지식은 계속해서 향상되고 있다.

미디어 효과 분야의 주요 학자로는 칼 호브랜드, 폴 라자스펠드, 해럴드 라스웰, 커트 레윈, 새뮤얼 스타우퍼, 더글러스 와플스, 윌버 슈람, 버나드 베럴슨, 조셉 클래퍼, 앨버트 밴두라가 있다.

만약 우리가 계속해서 미디어 효과를 강효과, 중효과, 또는 제한효과로 기술하려면, 이러한 효과의 크기를 구분하는 실증적인 경계 기준선을 마련해야 한다. 이것은 몇몇 종속변인으로 설명되는 변량의 비율, 영향 받은 것으로 드러난 사람의 비율, 혹은 어떤 다른 척도를 토대로 할 수 있을 것이다.

2부

이론 및 개념

4장 사회인지이론

5장 기폭효과

6장 의제설정

7장 프레이밍

8장 배양효과

9장 이용과 충족

10장 설득

사 회 인 지 이 론

사회인지이론은 환경적 사건, 개인적 요인, 행동, 이 모든 것이
서로 상호작용적인 결정 요인으로 작용하는 상호작용적 인과 모델을 받아들인다.
— 앨버트 밴두라(Albert Bandura), 1986

오랜 기간 심리학자들(특히, 사회심리학자)은 사람들이 왜 특정한 방식으로 행동하는지에 대해 여러 가지 이론을 내놓았다. 어떤 학자는 행동이 사람의 동기화에 입각해 있다고 말하는 한편, 어떤 학자는 행동가 외적인 자극과 차후의 강화에 대한 반응이라고 말한다. 한편 사람들이 처한 상황마다 각기 다르게 반응한다고 보는 학자도 있는데, 이들은 사람과 상황 간의 상호작용이 어떤 특정한 행동을 불러일으킨다고 생각한다.

사회심리학과 행동심리학의 이 같은 이슈들이 미디어 효과 교재에 등장하는 것이 이상하게 보일 수도 있다. 그러나 이후의 장들에서 보겠지만, 매개 커뮤니케이션의 효과에 대한 연구는 커뮤니케이션, 심리학, 인류학, 사회학 같은 사회과학 연구 분야의 전문화된 영역이다.

한 이론이 많은 미디어 효과 문헌을 탄탄하게 뒷받침하고 있다. 이 이론은 비판적 시각에서 아주 면밀한 조사가 이루어진 미디어 폭력 분야의 이론을 포함해 몇몇 다른 미디어 효과 이론들의 이론적 토대 역할을 적어도 부분적으로 하고 있다. 이런 이유에서 '사회인지이론'이라 불리는 이 중요한 이론에

대해 잘 아는 것은 미디어 효과의 기본적 이해에 필수적이다.

사회인지이론(social cognitive theory)은 특정한 행동을 불러일으키는 인간의 인지(즉, 정신적 기능)에 대한 분석을 가능하게 해주는 기본 틀을 제공한다. 사회인지이론은 인간의 사고와 행동을 '삼원 상호 인과'(triadic reciprocal causation) 과정으로 설명한다(Bandura, 1994). 이것은 사고와 행동이 동시에 또는 다른 시간에 일정하지 않은 강도로 상호작용하고 상호 영향을 주는 세 가지 요인에 의해 결정됨을 의미하는데, 세 가지 요인은 ① 행동, ② 인지적·생물학적 속성(예, IQ, 성별, 키, 혹은 인종)과 같은 개인적 특성, ③ 환경적 요인이나 사건을 말한다.

앨버트 밴두라의 매스 커뮤니케이션의 사회인지이론과 이보다 광범위한 사회학습이론(social learning theory)은 모든 미디어 효과 연구(미디어 폭력 및 노골적인 성적 표현물의 효과, 미디어의 친사회적 또는 긍정적인 효과, 배양효과, 설득 등)의 기초 역할을 한다. 이러한 개념들은 많은 다른 미디어 효과 이론 및 가설의 공통분모로 이용되기 때문에, 미디어 효과 연구자들이 밴두라의 이론을 이해하는 것은 필수적이다.

이 장에서는 인간 특유의 인지적 특성, 관찰 학습의 역동성, 모델링 효과, 미디어 내용을 통한 학습을 포함해 사회인지이론의 여러 차원을 살펴본다. 이 이론은 매스 미디어의 친사회적 효과, 사회적 촉진이나 설득, 상징적 모델링(symbolic modeling)을 통한 아이디어나 메시지 또는 신념의 확산을 설명하는 기본 틀을 제공한다. 이 장의 전반적인 목적은 사회인지이론에 대한 설명을 제공하는 것이지만, 이 이론에 상당히 의존하는 주요 연구들에 대해서도 논의한다.

1. 인간의 독특한 특성

많은 동물이 학습 능력을 지니고 있지만, 인간은 다른 동물과 구분되는 몇몇 독특한 인지적 특성을 가지고 있다. 사회인지이론은 '상징화', '자기 조절', '자기 성찰', '대리' 능력이라고 알려진 인간 특성의 중요성을 강조한다 (Bandura, 1994).

1) 상징화 능력

인간 커뮤니케이션은 여러 가지 상징으로 구성되어 있는 언어라는 공유된 의미 체계에 기초를 두고 있다. 이러한 상징은 하나의 개념적 수준 이상에서 나타나는데, 예를 들면 알파벳 글자는 단어를 구성하는 데 사용되는 상징이며, 단어는 특정한 대상물, 생각, 또는 아이디어를 나타내기 위한 상징으로 이용된다. 이러한 상징을 이해하고 사용하는 상징화 능력(symbolizing capacity) 덕분에 사람들은 관찰한 경험을 저장·처리해서 미래의 행동과 결정을 이끌어주는 인지 모델(cognitive model)로 바꿀 수 있다.

2) 자기 조절 능력

자기 조절 능력(self-regulatory capacity)은 동기화(motiivation)와 평가(evaluation)라는 개념을 포함한다. 사람은 특정한 목적을 달성하도록 스스로를 동기화하는 능력을 가지고 있다. 사람은 자신의 행동을 평가하고 그에 따라 반응하는 경향이 있다. 이렇게 해서 행동은 자율 관리적이고 자기 조절적이 된다.

예를 들어, 한 젊은 부부가 아기의 정서적 욕구와 물질적 욕구 모두를 충족시켜주려는 목표를 달성하려는 동기를 가지고 있다고 해보자. 만약 그들이 그러한 목표를 달성하는 데 필요한 돈을 충분히 벌지 못할 것이라는 것을 알게 된다면, 그들은 그 상황을 평가해서 더 많은 돈을 벌 수 있는 일자리를 찾으려 할 수도 있다. 그런 다음 그들은 자신들이 집에 없기 때문에 아기의 정서적 욕구가 충족되지 않을 것이라는 점을 깨달을 수도 있다. 이 경우 두 사람 가운데 한 사람은 자녀와 더 많은 시간을 보내기 위해 집에서 할 수 있는 사업을 시작하려 할 수도 있다. 두 경우 가운데 어떤 경우든, 이 부부는 하나의 공통된 동기화, 즉 목표에 대한 반응으로 그들의 행동을 평가, 조절, 관리한다.

3) 자기 성찰 능력

자기 성찰 능력(self-reflective capacity)은 사고(思考) 검증(thought verification) 과정을 수반한다. 이것은 자신의 생각이 올바른지를 확실히 하기 위해 자기 점검을 수행할 수 있는 사람의 능력이다. 밴두라(Bandura, 1986, 1994, 2009)는 사고 검증에 사용되는 네 가지 자기 성찰 '양식'(즉, 행동적, 대리적, 설득적, 논리적 양식)을 확인했다.

'행동적'(enactive) 양식을 통해 사람들은 사고와 행동 결과 간의 일치를 평가한다. 예를 들어, 한 어린 소녀는 자신이 올림픽 체조선수가 될 잠재력을 지니고 있다고 생각할 수도 있지만, 첫 체조 수업에서 자신은 재주가 없어 희망이 없다는 것을 알게 된다. 체육 선생님은 학교 공부에 집중하고 운동은 잊어버리라고 격려한다. 이 경우 그녀의 행동은 그녀의 생각이 옳다고 확인해주지 않으며 그녀는 자신의 생각을 재평가해야만 한다. 그러나 만약 그 소녀가 체조에 타고난 재능을 보여준다면, 그 강사는 열심히 노력하면 언젠가 올림픽 출전이 가능할지도 모른다고 말해줄 수도 있다. 이 시나리오에서는 그 소녀의 행동이 자신의 생각을 확증해주며, 따라서 옳음을 확인해준다.

'대리적'(vicarious) 양식을 통해서는 다른 사람의 경험과 그러한 경험의 결과에 대한 관찰이 사고의 정확함을 확인해주거나 반박한다. 아마도 위의 예에서 체조선수가 되려고 한 그 소녀는 체육관에 들어설 때 올림픽 경기에 출전하기 위해 평소 훈련을 소화 중인 한 세계적 수준의 체조선수를 보게 된다. 체육관에 등록을 하고 수개월 혹은 수년 동안 매일 노력하고 있는 올림픽 출전 체조선수를 본 후, 그 소녀는 재능과 노력이 결합되면 그녀의 큰 꿈이 실현 가능하다는 것을 알게 된다.

'사회적'(social) 양식을 사용하여 사람들은 자신의 신념을 다른 사람이 믿는 것과 비교하며, 그러한 비교를 통해 자신의 생각이 옳은지 판단한다. 예를 들면, 한 소녀가 대학에 진학하여 새로운 사고방식과 관습을 경험하게 되면 전에는 생각할 수 없었던 것을 할 수도 있다. 그 소녀가 술을 마시지 않는 침례교 가정에서 대학에 진학하기 전까지는 학교에 다니지 않고 집에서 공부했다고 생각해보자. 그녀는 대학교에서 그녀의 신념을 바꾸라고 부추기는 다른 많은 친구를 만나게 된다.

자기 성찰 능력 중 마지막 사고 검증 양식인 '논리적'(logical) 양식은 이전에 습득된 추론 법칙을 사용하여 검증하는 것을 의미한다. 아마 그 소녀는 엄격한 종교적 가정교육 속에서 세워진 규칙들이 학교에서의 인기보다 그녀에게 더 중요하다고 결심할 수도 있다. 그녀는 그러한 규칙을 어기고는 나중에 후회했던 때를 기억하면서, 술을 마시지 않기로 하고 그녀와 비슷한 관점을 가진 친구를 찾기로 한다.

4) 대리 능력

직접적인 경험 없이도 학습할 수 있는 능력인 대리 능력(vicarious capacity)은 매스 미디어 메시지의 잠재적인 사회적 영향(좋든 나쁘든)을 강조한다. 긍정적인 사회적 영향의 한 예로, 대리 능력은 어떤 사람에게 친사회적인 행동을 보여주는 텔레비전 프로그램을 시청함으로써 모든 종류의 이로운 것들을 배울 수 있게 해준다. 대리 능력의 부정적 측면은 사람들이 (텔레비전을 보지 않았으면) 노출되지 않았을지도 모르는 어떤 반사회적인 행동을 목격함으로써 그러한 행동을 배울 수도 있다는 것이다.

사회적 학습은 대부분 사람들이 당면해 있는 환경 속의 본보기들로부터 의도적으로 혹은 비의도적으로 이루어진다. 그러나 인간의 가치, 사고 양식, 행동 패턴에 대한 엄청난 양의 정보가 매스 미디어의 상징적 환경 속에 있는 광범위한 모델링으로부터 얻어진다(Bandura, 2009: 98).

2. 관찰 학습과 모델링

사회학습이론과 사회인지이론은 '관찰 학습'(observational learning) 개념을 매우 강조한다. 사람은 다른 사람의 행동과 그러한 행동의 결과를 관찰하며 배운다. 그런 다음 학습된 행동은 관찰자에 의해 재연될(reenact) 수 있다.

1) 모델링

행동가 재연되는 현상을 일컫는 모델링(modeling)은 네 가지 구성 과정을 포함하는데, 주목, 파지, 운동 재현, 동기화가 그것이다(Bandura, 1986, 1994). 골프 스윙을 배우는 것과 같은 관찰 학습의 간단한 예를 사용하여 이러한 과정을 설명할 수 있다.

(1) 주목
사람이 어떠한 행동을 성공적으로 본뜨기(model) 위해서는 반드시 그러한 행동에 주목하고 그것을 정확하게 지각해야 한다. 골프를 처음 시작하는 사람은 반드시 강사의 행동에 주목하고 가르침에 귀를 기울여야 한다. 한마디로 말해 본뜰 행동에 면밀한 주의를 기울여야 하는 것이다.

(2) 파지(把持)

본뜬 행동이 다시 사용될 수 있기 위해서는 반드시 기억되거나 파지되어야 (retention) 한다. 영구 기억(permanent memory)은 나중에 행동으로 전환될 수 있는 상징적 표상(symbolic representation)을 통해 그러한 정보를 저장한다. 초보 골퍼는 강사의 시범 및 교정과 더불어 강사의 지적 사항은 물론 TV에서나 실제로 본 다른 골퍼의 동작도 반드시 이해하고 기억해야 한다.

(3) 운동 재현

초보자는 성공적인 스윙을 하는 것과 관련된 모든 단계를 '죄다 생각해 내야' 하기 때문에, 처음에는 운동 재현(motor reproduction)이 어렵고 심지어 그릇될 수도 있다. 그러나 본뜬 스윙을 연습함에 따라 이러한 인지 과정은 덜 지루해진다. 만약 초보자가 필요한 구성 기술을 모두 갖추고 있다면, 관찰 학습은 훨씬 더 빠른 속도로 일어난다. 바꾸어 말하면 그 초보자의 타고난 운동 능력이나 뛰어난 운동 기억(motor memory)은 본뜬 스윙 동작을 완전히 숙지하는 데 걸리는 시간을 대부분 결정한다.

(4) 동기화

여러 가지 이유에서 사람은 자신이 배우는 행동을 항상 본뜨려고 동기화되는 것은 아니다. 앞에 나온 골퍼의 예를 다시 들어보면, 그 초보 골퍼는 자신의 강사가 필 미컬슨(Phil Mickelson)만큼 공을 멀리 치지 못한다는 것을 알지도 모른다. 또한 그 두 사람이 공을 칠 때 서는 자세도 다르고, 골프채를 쥐는 법도 다르며, 몸 움직임도 다르다는 것을 알 수도 있다. 이 경우 그 초보자는 골프를 더 잘 치는 미컬슨의 스윙을 본뜨려 할 수도 있다. 또는 골프장 이용료와 카트(cart) 사용료가 너무 비싸고 미컬슨의 스윙과 같은 스윙을 터득하는 데 너무 많은 시간과 비용이 필요하다는 점을 깨달은 후, 자신이 새롭게 배운 것을 활용하지 않을 수도 있다. 동기화는 본뜬 행동의 사용을 결정하는 데 주요한 요인이다.

어떤 모델링 사례는 (아무런 해를 주지 않는) 골프 스윙보다 훨씬 더 중대한 결과를 초래하는 행동으로 이어진다. 각기 다른 학습 상황이 이 네 가지 구성 부분의 중요성을 결정한다. 예를 들어, 젊은 인턴이 수술하는 법을 배우고 있거나 물을 두려워하는 어린이가 수영을 배우고 있다고 생각해보자. 각각의 경우 본뜬 행동의 '운동 재현'은 매우 큰 중요성을 지닌다. 학습 과정에서 '동기화'의 중요성은 외국어 회화를 배우는 두 사람을 통해 살펴볼 수 있다. 즉, 학위 필수과목으로 러시아어를 배우는 미국 학생의 동기화는 미국에서 살아남기 위해 갑자기 영어를 배우게 되는 러시아 이민자의 동기화와 같지 않을 것이다.

다음의 세 가지 유형의 상황은 사람이 학습된 행동을 본뜨도록 동기화하는 유인(incentive)을 제공한다: ① 학습된 행동의 직접적인 수행을 통한 긍정적인 결과, ② 다른 사람의 행동과 그러한 행동으로 인한 결과 관찰, ③ 개인적인 가치 또는 행동의 기준을 토대로 한 평가(Bandura, 1989, 1994). 예를 들면, 〈블루스 클루스〉(Blue's Clues)에서 노래를 배운 후 부모 앞에서 그 노래를 불러 많은 칭찬과 격려를 받은 어린이는 앞으로도 그러한 학습된 행동을 본뜨도록 동기화된다. 이 경우 어린이는 학습된 행동을 수행했으며 결과를 직접 경험했다.

니켈로디온(Nickelodeon)[1]의 인기 프로그램인 〈블루스 클루스〉는 좀 더 대리적인 두 번째 유형의 동기화 상황의 좋은 예이다. 이 프로그램에는 실제 사람 등장인물인 스티브(Steve)가 만화 등장인물인 블루(Blue)의 미스터리 메

---

1) 미국의 어린이 전문 케이블 텔레비전 채널(옮긴이 주).

시지를 풀기 위해 노력한다. 그들이 노래를 부르고 게임을 해나가면서 세 가지 실마리는 발견되는데, 그런 다음 스티브는 의자에 앉아 그 문제를 곰곰이 생각하고 미스터리를 해결한다. 따라서 스티브의 방식이 항상 성공적임을 본 어린 시청자는 자기 자신의 문제를 풀어야 하는 상황에 처할 때마다 스티브처럼 '생각하는 의자'(thinking chair)에 앉아서 생각하는 행동을 본뜨려 할 것이다.

세 번째 동기화 상황의 예를 살펴보기 위해, 한 어린 소년이 재방송되는 〈파워 레인저〉(Power Rangers)에서 본 폭력을 흉내 내려 한다고 생각해보자. 아마 그 소년은 어느 누구에게도 육체적인 해를 끼치는 것을 원하지 않는 감수성 있는 어린이이며 폭력은 나쁘다는 이야기를 듣고 자랐다. 그러나 레드 레인저(Red Ranger)를 흉내 냈던 그는 다른 어린이들에게 깊은 인상을 주고 보육원에서 인기가 매우 높아진다. 어느 날 그가 점프를 해서 친구를 조금 세게 차자 그 친구는 길바닥에 쓰러지면서 팔이 심하게 부러진다. 그 장면은 끔찍해서 피가 묻은 뼈는 살갗을 뚫고 나오고 팔은 부러진 채 흔들거린다. 친구를 찬 그 소년은 망연자실한다. 1주일 동안 울고 난 다음 그는 다시는 파워 레인저를 흉내 내지 않는다. 이 경우 그 소년은 끔찍한 결과를 목격했기 때문에, 그러한 폭력적인 행동에 대한 모델링을 피하도록 동기화된다. 그의 내면화된 행동 기준은 더욱 엄격해진다.

2) 추상적 모델링

과거에 학습된 행동 규칙은 삶의 새로운 상황을 위한 '안내자' 역할을 한다 (Bandura, 1994). 이러한 규칙은 흔히 새로운 상황에서 의사결정을 위한 추상적인 기본 틀을 제공한다. 바꾸어 말하면 기존의 행동 기준은 각각의 새로운 상황에 완벽하지도 불변적이지도 않다. 사람은 자신의 과거 경험이나 다른 사람의 관찰된 경험의 결과에 이끌릴 뿐이다.

추상적 모델링(abstract modeling)을 통해 학습은 관찰된 행동의 단순한 흉내보다 더 높은 수준에 이르게 된다. 새로운 상황은 과거에 학습된 행동의 규칙을 토대로 새로운 행동을 만들어낸다. 이러한 행동은 앞으로 다른 상황에서의 적응(adaptation)을 위해 스스로 학습되고 기억 속에 저장된다.

추상적 모델링의 사용은 많은 실용적인 이점을 제공한다(Bandura, 1986, 1994; Rosenthal & Zimmerman, 1978). 사람들은 자기 자신의 동기화와 행동 그리고 다른 사람의 동기화와 행동을 판단하기 위한 개인적인 기준을 습득한다. 또한 추상적인 모델링은 비판적인 사고와 커뮤니케이션 기술을 증대시킨다.

비틀즈(Beatles)나 다른 예술가의 창의성을 예로 들어보자. 폴 매카트니(Paul McCartney)는 종종 그와 존 레논(John Lennon)은 다른 음악 그룹이나 가수의 작품을 흉내 내려고 노력하는 동시에 그들의 개인적 지식, 경험, 기호에서도 얻어냈다고 말했는데, 그 결과 그들은 그들의 대중음악에 그들 자신만의 색깔을 입혔다. 그들은 '추상적인 모델링'을 수행하고 있었던 것이다.

3. 모델링의 효과

때때로 사람은 자신의 기존 행동 패턴과 어떤 점에서 상충하는 행동을 관찰하거나 상충하는 정보를 수신한다. 이 같은 상황은 두 가지 결과, 즉 억제효과 및 탈억제 효과와 연관된다(Anderson et al., 2003; Bandura, 1973, 2009; Berkowitz, 1984; Malamuth & Donnerstein, 1984; Zillmann & Bryant, 1984). 내적인 갈등은 기존의 행동을 수행하려는 동기를 재검토하게 만든다.

1) 억제효과

억제효과(inhibitory effect)와 탈억제 효과(disinhibitory effect)에 대한 연구는

대부분 위반 행동, 공격적 행동, 또는 성적 행동을 살펴보았다(Berkowitz, 1984; Liebert, Sprafkin, & Davidson, 1982; Malamuth & Donnerstein, 1984; Zillmann & Bryant, 1984). 각각의 경우 사람들이 사회의 공식적인 벌이나 자신의 양심의 질책과 같은 결과에 대한 두려움으로 비난받을 만한 행동을 억제할 때 억제효과가 발생한다.

억제효과는 새로운 정보나 새로운 행동의 관찰이 사람들에게 이전에 배운 대로 행동하는 것을 '억제' 또는 '구속할' 때 일어난다. 탈억제 효과는 이전에 학습된 어떤 행동에 대한 내적 구속력을 '억제하지 않거나' 없애버린다. 어떤 흡연자는 그가 좋아하는 (평생 동안 담배를 피운) 아저씨가 폐기종(肺氣腫)[2]으로 몹시 고통 받으면서 죽어가는 것을 본다면 자신의 행동을 바꾸려 할지도 모른다. 그는 억제 행동을 경험한다. 반면에 술과 담배를 정말 금기시하는 엄격한 집안에서 자란 한 10대 소녀가 있다고 생각해보자. 그 후 그녀는 대학에 가고 술 마시고 담배를 피우는 다른 친구를 사귀게 된다. 그녀의 기존 도덕관은 더 약화되어간다. 그녀가 처음 맥주를 마시겠다고 결심할 때, 그녀는 탈억제 효과를 경험한다.

억제효과에 대한 또 다른 예로, 대학교 신입생 2명이 첫 학기에 커뮤니케이션 개론 과목을 수강한다고 상상해보자. 이 두 학생은 친구다. 한 학생은 공부를 하는 동안 텔레비전을 보는데, 이것은 그녀가 고등학교를 다닐 때 생긴 습관이다. 그녀는 광고가 방송되는 동안 책을 읽는다. 다른 학생은 혼자 방에 틀어박혀, 집중해서 책을 읽으며 공부한다. 조용히 혼자서 공부하는 이 학생은 첫 번째 시험에서 'A'학점을 받은 반면 다른 학생은 'F'학점을 받는다. 처음의 충격을 벗어난 F학점을 맞은 학생은 자신의 평상시 행동을 억제하고, 책을 읽고 공부하는 동안은 친구의 행동을 모델로 삼기로 한다.

---

[2] 호흡 시 폐포의 개폐를 조절하는 섬유가 파괴되어 폐포가 과잉으로 늘어난 만성 폐질환(옮긴이 주).

2) 탈억제 효과

밴두라와 동료들의 1963년 연구는 탈억제 효과의 아주 좋은 사례를 제공한다. 연구자들은 유아원 어린이들에게 한 어른이 (공기가 든 비닐 펀치 백을 치는 것과 같은) 공격적인 행동을 하는 장면이 들어 있는 영화를 보여주었다. 이 영화를 본 어린이들은 나중에 그러한 공격적인 행동을 모방했다. 더욱이 연구자들은 폭력적인 영화를 본 어린이들이 과거에 배운 '다른' 공격적인 행동, 즉 영화에서 보여주지 않은 폭력적인 행동을 하는 것에 대해 덜 억제된다는 것을 확인했다(Bandura, Ross, & Ross, 1963a). 따라서 그 영화는 그것을 본 어린이들에게 '탈억제' 효과를 미쳤다.

(1) 탈억제 기법

많은 종류의 행동이 사회적으로 용인되지 않는다. 살인, 강간, 타인에 대한 물리적 폭력, 기타 범죄행위는 억제되어야 할 극단적인 충동의 예들이다. 이보다 덜 센세이셔널한 행동들 역시 그러하다.

비난받을 만한 행동을 하는 사람은 흔히 그들의 행동을 스스로 정당화하기 위해 인지적 기법을 사용한다는 것을 연구들은 보여주었다. 바꾸어 말하면 설사 그들의 행동이 그들의 내적인 도덕 기준과 상충한다 할지라도, 그들은 어떤 특정한 방식으로 행동하는 것을 억제하는 힘을 상실한다(즉, 탈억제적이 된다). 연구자들은 다음의 여덟 가지 인지적 기법을 확인했는데, 도덕적 정당화, 면책용 비교, 완곡한 이름 붙이기, 책임 전치(轉置), 책임 분산, 행동의 결과 왜곡, 비인간화, 책임 돌리기가 그것이다(Bandura, 2009).

앞의 세 가지 기법(도덕적 정당화, 면책용 비교, 완곡한 이름 붙이기)은 인지적·도덕적 재구성이라는 점에서 여덟 가지 기법 가운데 가장 강력한 것이다. 이는 바람직하지 않은 행동을 바라보는 방식을 실제로 바꾸거나 재구성할 수도 있음을 의미한다. 비난받을 만한 행동이 탈억제 기법 사용을 통해 '용인될' 수 있을 뿐만 아니라 실제로 '바람직한' 것으로 보일 수도 있다. 이 같은 재구성의 예로 앞서 언급한 사례(엄격한 부모 밑에서 자란 여대생이 친구와 맥주를 마시기로 결정한 일)를 생각해보자. 분명 이 여학생은 맥주를 마시는 것이 바람직한 행동으로 보이게 만든 인지적·도덕적 재구성을 어느 정도 경험했을 수도 있다.

도덕적 정당화(moral justification)는 비난받을 만한 행동이 도덕적이거나 고상하거나 더 고귀한 목적에 도움이 되며, 따라서 정당화될 수 있다고 믿을 때 일어난다. 이 같은 경우 행동에 대한 구속력이 사라지거나 완화된다. 위반 행위를 하는 사람의 머릿속은 공익을 위해 더 값진 일을 한다는 생각으로 채워진다. 전쟁 동안 자유 보호라는 '더 값진 일'을 위해 공격 행위를 정당화하는 군인들은 도덕적 정당화가 좋은 예이다. 더 흔한 예는 행실이 나쁜 아이를 때리는 어머니의 도덕적 정당화이다.

면책용 비교(exonerative comparison)란 자신의 나쁜 행동을 사회의 더 큰 공익을 위한 행동과 비교하는 것을 말한다. 현대판 로빈 후드(Robin Hood)형 도둑은 도둑질한 것을 가난한 사람에게 나누어준 로빈 후드에게 자신을 비교하면서 자신의 도둑질에 면죄부를 줄 것이다.

완곡한 이름 붙이기(euphemistic labeling)는 비난받을 만한 행동을 위장할 수 있는 수단을 제공할 뿐만 아니라 심지어 이러한 행동을 훌륭하거나 적어도 용인될 수 있는 것으로 만들 수도 있다. 예를 들면, 공부를 하는 동안 텔레비전을 보는 여학생은 텔레비전 시청을 '오락적'(또는 분별없는) 경험이라기보다는 완곡하게 '교육적' 경험으로 간주할 수도 있다. 그녀는 텔레비전을 보는 것이 시사 사건을 놓치지 않도록 해주기 때문에 교재를 읽어야 하는 과제만큼 중요하다고 확신한다. 그리고 담배를 피우기 시작한 10대 소녀는 그러한 행동을 건강을 해치는 위험한 행동이자 나쁜 습관으로 보기보다는 마음속으로 완곡하게 '멋있는' 행동이라거나 '섹시한' 행동이라 부른다.

다음 두 가지 탈억제 기법은 잘못된 행동의 책임을 위반 행위를 하는 사람이 아닌 다른 사람이 지게 한다. **책임 전치**(displacement of responsibility)는 권한을 갖고 있는 사람이 다른 사람에게 비난받을 만한 행동을 하도록 지시하고 자신이 그러한 행동에 대한 책임을 질 때 발생한다. **책임 분산**(diffusion of responsibility)이란 위반 행위를 하는 사람이 집단 내에서 행동하기 때문에 차후의 위반 행위에 대해 개인적인 책임감을 느끼지 않는 것을 말한다. 앞에서 든 참전 군인들의 사례는 위와 같은 두 기법이 사용되는 매우 좋은 사례이다.

또 다른 기법인 **행동의 결과 무시 또는 왜곡**(disregard or distortion of the consequence of action)이란 자신의 행동이 불러일으킬 수 있는 해로움을 전혀 생각하지 않거나 그러한 행동이 단지 아주 작은 해를 미칠 뿐이라는 생각을 가지고 행동하는 상황을 말한다(Brock & Buss, 1962, 1964). 친구의 무모한 제의를 받아들여 가게 창에 벽돌을 던지는 10대 소년은 그 순간의 짜릿한 기분(나쁜 짓을 '벌을 받지 않고 해내기' 위해 무모한 도전에 응한다는 생각)만을 신경 쓴다. 그는 깨진 창문을 갈아야 하는 딱한 가게 주인은 생각하지 않는다.

마지막 기법인 **비인간화**(dehumanization)와 **책임 돌리기**(attribution of blame)는 피해자에 대한 위반 행위자의 태도에 초점을 맞춘다. 비인간화는 어떤 사람이 사람다움을 잃고 짐승과 다를 바 없는 것으로 간주될 때 발생한다. 나치군은 제2차 세계대전 동안 유대인을 비인간화했고, 그 결과 그들은 아무런 양심의 가책 없이 입에 담지 못할 잔악 행동을 저지를 수 있었다. 노예해방 운동 이전의 미국에서는 많은 백인이 흑인을 비인간화했고 투표를 하지 못하게 했으며 백인은 알고 있는 혜택을 흑인은 누리지 못하게 했다. 호전적인 백인은 평화적인 노예해방 시위대를 공격했으며 책임을 자기 자신이 아닌 시위대나 그러한 상황에 돌림으로써 그들의 적대 행위를 정당화했다. 즉, 그들은 시위대가 혼란을 불러일으켜서 그들이 적대 행위를 하게끔 '자극'했다고 비난했다.

영화에 의해 매개되는 폭력적인 모델의 모방

Albert Bandura, Dorothea Ross, and Sheila A. Ross(1963)
Journal of Abnormal and Social Psychology, 66(1), 3~11.

1963년에 발표된 이 고전적인 연구에서 밴두라와 동료들은 영화의 공격적인 행동을 시청하는 것이 어린이들로 하여금 영화에 묘사된 그러한 행동을 모방하게 만드는지를 알아보기 위해 어린이들을 조사했다.

피험자

이 연구는 스탠퍼드 대학교(Stanford University) 부설 유아원에 다니는 3~5세(평균 연령 4년 4개월)의 어린이 96명(남자 어린이 48명, 여자 어린이 48명)을 대상으로 이루어졌다.

연구절차

실험 참여자들을 세 실험집단과 하나의 통제집단으로 나누었다(각 24명). 첫 번째 실험집단은 실제의 공격적인 모델을 보았다. 두 번째 집단은 앞의 모델이 영화에서 공격적인 행동을 하는 것을 보았다. 세 번째 집단은 공격적인 만화 캐릭터가 등장하는 영화를 보았다. 통제집단은 공격적인 모델에 노출되지 않았다.

두 성인(남자 1명, 여자 1명)이 실제 공격적인 행동을 하는 모델이자 영화에서 공격적인 행동을 하는 모델 역할을 했다. 동일한 성의 모델이나 반대 성의 모델에 노출되도록 하기 위해 어린이들을 성별로 다시 나누었다.

실험자와 유아원 교사들이 어린이들의 공격적인 행동을 평가했다. 그들은 이 실험 전에 어린이들이 신체적 공격성, 언어적 공격성, 무생물에 대한 공격성, 공격성 억제를 얼마나 보여주었는지를 측정하는 척도를 사용했다.

실제 사람의 공격적인 행동을 보게 될 어린이들을 개별적으로 방으로 안내한 후 한쪽 구석에 있는 작은 테이블에 앉혔다. 그 테이블에는 감자 무늬 프린트, 여러 색깔의 사진 스티커, 색종이가 놓여 있었다. 실험자는 어린이들에게 그 재료를 사용하여 그림을 만드는 법을 보여주었다. 실험자는 그 모델을 방으로 안내해 조립식 장난감 세트와 나무망치 그리고 공기가 주입된 5피트 높이의 보보(Bobo) 인형이 있는 또 다른 테이블로 데려갔다. 실험자는 어린이들에게 여기가 그 모델의 놀이구역이라고 말했다. 그 모델이 앉은 후, 실험자는 그 방을 떠났다.

그 모델은 조립식 장난감 조립을 시작함으로써 실험 세션을 시작했지만 곧 보보 인형으로 주의를 돌려, 인형에게 주먹을 날리고, 인형 위에 앉아 때리고, 나무망치로 인형 머리 부분을 계속 때리고, 인형을 공중으로 내던지고 발로 차며 방 여기저기를 돌아다니기 시작했다. 그러한 연속적인 공격 행동은 세 차례 반복되었다. 인형을 공격하면서 그 모델은 "코를 내려쳐", "때려 눕혀", "발로 차", 혹은 "펑"과 같은 언어적으로 공격적인 말을 했다.

사람이 등장하는 영화를 통해 공격적인 행동을 보게 될 어린이들 역시 개별적으로 실험실로 데려간 후 그림을 만들 수 있는 재료가 놓여 있는 테이블에 앉게 했고, 그들이 그림 만들기 작업을 하는 동안 테이블에서 6피트 정도 떨어져 있는 스크린을 통해 영화를 보게 될 것이라고 말해주었다. 아이들은 방에서 혼자 10분 분량의 영화를 보았다. 첫 번째 실험조건에 등장한 모델이 이 영화에도 등장했다. 영화에서도 위의 실험조건에서 인형에게 보여준 것과 똑같은 공격적인 행동을 했다.

만화 캐릭터의 폭력적인 행동을 보게 될 어린이들도 개별적으로 방으로 데려간 후 그림 만들기 작업을 할 재료가 준비되어 있는 테이블에 앉게 했다. 그런 다음 실험자는 테이블에서 약 3피트 떨어져 있는 텔레비전에 다가가 "내가 컬러 TV를 틀어줄 거야"라고 말하고는 만화 프로그램을 틀어주었다. 검은 고양이 복장을 한 여성 캐릭터들 가운데 1명이 보보 인형에게 공격적인 행동을 했고, 높고 날카로운 목소리의 언어적 공격도 반복해서 이루어졌다.

두 영화 조건에서 실험자는 영화가 끝날 때쯤 방으로 들어가 참여자를 실제 실험실이 아닌 방으로 데려갔다. 그 방에는 장난감들이 놓여 있었다. 잠시 장난감들과 놀게 한 뒤, 이 장난감들은 최고의 장난감이기 때문에 다른 어린이들을 위해 남겨두어야 한다고 설명해주면서 그만 가지고 놀게 했다. 그런 다음 참여자에게 옆방(실제 실험실)으로 가서 거기서 장난감을 가지고 놀라고 말했다. 실험실에 있는 장난감들은 3피트 크기의 보보 인형, 나무망치와 나무못 꽂는 판, 2개의 다트 총(dart gun), 천정에 매달려 있는 색깔이 칠해져 있는 테더 볼(tether ball), 그리고 찻장 세트, 크레용과 색종이, 공, 여자 인형 2개, 곰 인형 3개, 자동차와 트럭, 플라스틱으로 만든 농장 동물을 포함한 비공격성 장난감으로 구성되어 있었다.

각 참여자가 20분 동안 실험실에 머무는 동안 심사원들이 옆방에서 한쪽 면에서만 보이는 거울을 통해 관찰했다. 공격적인 행동이 코딩되었다.

실험결과
실험 결과, 실제 사람 모델을 본 참여자와 영화에 등장한 모델을 본 참여자들의 총공격성에는 차이가 없는 것으로 나타났다. 세 실험집단 모두 통제집단보다 훨씬 더 공격적이었다. 세 실험집단은 통제집단보다 훨씬 더 모방적인 신체적·언어적 공격 행동을 보여주었다. 사람이 등장하는 영화의 공격적 행동에 노출되는 것이 더 공격적인 행동을 이끌어내고 공격적인 행동을 하게 하는 데 가장 영향력이 큰 것으로 나타났으며, 사람의 공격 행동을 실제로 보는 것보다 훨씬 더 강했다.

연구자들은 남자아이가 여자아이보다 더 큰 총 공격성, 모방 공격성, 더 공격적인 권총 놀이, 더 비모방적인 공격 행동을 보였음에 주목했다. 모델의 성별이 모델의 행동의 성적합성(sex appropriateness)에 의해 사회적 학습을 촉진하는 데 어느 정도 영향을 미치는 것으로 보인다.

사람 모델과 캐릭터 모델에 노출된 참여자들은 그러한 영화에 노출되지 않은 통제집단 참여자보다 거의 2배에 가까운 공격성을 보여주었다.

4. 미디어 내용을 통한 학습과 모델링

영화 〈ET〉(E. T.: The Extra-Terrestrial)에서 외계인이 죽자 주인공 소년이 슬픈 독백을 하는 장면을 기억하는가? 그 장면은 관객의 '목을 메이게' 한 장면 가운데 하나이다. 그 뒤 ET가 다시 살아나 그 소년이 정말 기뻐할 때, 관객도 기쁨의 눈물을 흘리지 않을 수 없었다.

1970년대에 공포 영화 〈조스〉(Jaws)가 극장에서 상영되었을 때, 전국(미국)의 관객은 보안관이 마침내 괴물 상어를 명중시켜 죽이자 실제로 갈채를 보냈다. 많은 사람이 이 영화를 보고 상어의 습격이 두려워 여름 해변 휴양지에서 바다에 발을 담그기를 망설였다고 뉴스는 보도했다.

이러한 사례들이 보여주듯이, 영화 속 등장인물이 어떤 강한 감정을 표출하거나 어떤 강력한 행동을 하는 것을 볼 때 사람들은 영향을 받거나 '각성된다'. 그것은 본 사람들은 유사한 경험과 감정을 기억하며, 사고와 이미지는 자기 각성(self-arousal)을 촉발시키는 단서(cue) 역할을 한다(Bandura, 1992; Wilson & Cantor, 1985).

이 같은 각성 경험은 속성상 항상 순식간에 스쳐 지나가는 것은 아니다. 몇몇 연구는 수용자가 그들을 각성시키는 (감정을 자극하는) 내용을 본 후 때때로 지속적인 정서적 반응, 태도, 행동을 개발한다는 것을 보여준 바 있다. 〈조스〉의 거대한 식인 백상어에 대한 생생한 기억 때문에, 많은 사람이 수년 동안 바다에 몸을 담그지 못했으며 용감하게 파도를 즐기는 사람도 조심스럽고 불안해했다. 그보다 10년 전, 앨프레드 히치콕(Alfred Hitchcock)의 〈사이코〉(Psycho)에 나오는 샤워 장면은 많은 사람이 샤워 커튼을 걷어 젖히고 목욕을 하는 것이 훨씬 더 안전하다고 생각하도록 만들었다.

이 같은 공포 반응의 사례는 많이 있으며 사람들은 미디어 내용에서 다른 반응도 배우며 그들 가운데 일부는 지속적이라는 것을 연구들은 보여주었다. 영화에서 표현되는 대처 기술은 사람들의 두려움과 공포증을 줄여주고 참을 수 있게 해줌으로써 그들이 그러한 두려움과 공포증에 대처할 수 있도록 도와준다(Bandura, 1982). 수용자들은 영화의 등장인물이 싫어하는 것은 싫어하고 등장인물을 즐겁게 해주거나 만족스럽게 해주는 것은 좋아하게 된다(Bandura, 1986; Duncker, 1938).

1) 탈억제 기법의 시청

미디어 효과 연구자들은 폭력적으로 행동하고 (앞부분에서 논의했던) 탈억제 기법을 사용하는 텔레비전과 영화의 등장인물을 수용자들이 볼 때 일어나는 일에도 관심이 있다. 수용자들은 어떠한 반응을 보일까? 그들은 어떤 영향을 받을까?

피해자를 해치고 탈억제 기법 하나 이상을 사용하는 텔레비전이나 영화의 등장인물을 볼 때, 수용자들이 타인에게 고통을 주거나 타인을 처벌할 가능성이 더 높다는 것을 연구들은 보여준다. 남에게 해를 주는 수용자의 행동은 스크린에서 묘사되는 제재받는 사회적 행동과 연관되어 있다(Bandura, Underwood, & Fromson, 1975).

2) 현실의 사회적 구성 및 배양

일부 연구는 텔레비전 프로그램에서 묘사되는 '현실'이 항상 실제 세계의 상황을 반영하는 것은 아니라는 것을 보여준다. 텔레비전 다시청(heavy viewing)이 시청자의 지각과 신념을 형성, 즉 배양하는(cultivate) 경향이 있어서 텔레비전 다시청자는 실제 세계보다 텔레비전에서 묘사되는 세계에 더 동조한다고 일부 학자는 믿고 있다. 미디어 학자들은 이러한 미디어 효과 현상을 현실의 **사회적 구성**(social construction of reality)이라 부른다. 8장에서 보게 되겠지만, 이 같은 효과와 연관된 연구 전통을 배양효과 연구라 한다.

텔레비전 시청자에게 추락할 비행기에 타거나 폭력 범죄의 희생자가 될 확률을 물어볼 때, 시청자의 지각을 바꾸는 텔레비전의 힘을 보여주는 몇몇 좋은 사례들을 볼 수 있다. '실제 세계'에서 이 같은 사건이 일어나는 경우는 극히 드물지만, '텔레비전 세계'에서는 그러한 사건이 빈번히 발생한다. 대부분의 사람들, 특히 특정한 유형의 텔레비전 프로그램을 많이 시청하는 사람은 추락하는 비행기에 타거나 어떤 범죄의 희생자가 될 가능성을 대체로 과대평가한다.

일부 연구는 텔레비전에서 고정관념화된(stereotyped) 묘사 때문에 시청자가 오개념(misconception)[3]을 가지는 경향이 있음을 보여주었다(Buerkel-Rothfuss & Mayes, 1981; McGhee & Frueh, 1980; Tan, 1979). 1981년, 버컬-로쓰퍼스 및 메이스(Buerkel-Rothfuss & Mayes)는 주간(畫間) 연속 드라마, 즉 '소프(soap)'의 에피소드를 매주 평균 7편 시청하는 대학생 290명을 조사했다. 이 학생들은 특정 직업(예, 의사, 변호사, 사업가, 노동자, 주부), 건강 관심사(예, 신경 쇠약, 대수술, 낙태), 기타 세상의 이슈 및 위기(예, 정사, 행복한 결혼, 이혼)의

---

3) 학습자가 학습 전에 스스로의 경험을 가지고 형성한 개념을 '선개념(preconception)'이라 하며, 이러한 선개념이 학습 후에 올바른 개념으로 형성되지 못하고 학습 후에도 자신의 인지 구조 속에 잘못된 개념으로 형성되어 변치 않는 것을 '오개념'이라 한다(옮긴이 주).

존재나 발생에 대해 평가하도록 요청받았다. 학생들은 남녀 각각 10명 가운데 몇 명이 그러한 범주에 포함될 수 있을지를 평가했다. 연구자들은 지능, 성, 나이, 자아 개념(self-concept) 같은 요인을 '통제'했다. 즉, 어떠한 과장된 평가도 시청 이외의 다른 요인에서 비롯되지 않았다는 것을 확신할 수 있도록 연구를 설계했다. 연구자들이 예상한 대로, 주간 연속 드라마를 시청한 학생 대부분은 적게 시청하거나 전혀 시청하지 않은 학생보다 실제 세계와 텔레비전 세계가 유사한 것으로 지각하는 경향이 있었다. 학생들은 의사와 변호사의 수, 혼외정사와 이혼의 수, 사생아 출산과 낙태의 수, 실제 세계보다 드라마 속에서 훨씬 더 빈번히 일어나는 다른 사건의 발생 빈도를 실제보다 과대평가했다.

3) 텔레비전 또는 영화 폭력물 시청의 효과

대부분의 미디어 효과 연구는 오랜 기간에 걸쳐 텔레비전이나 영화의 폭력 장면을 시청함으로써 공격적인 행동을 학습하는 것과 같은 대리 능력에서 비롯되는 부정적인 효과를 조사했다. 비평가들은 폭력적인 프로그램을 시청하는 수백만 명의 시청자들은 그 같은 폭력적인 행동을 모방하고 싶은 마음이 생기지 '않음'을 지적한다. 이는 어떤 사람의 성향(또는 폭력적 행동에 대한 선유 성향), 정신 상태, 정서적 안정성, 개인적 상황 같은 개인적인 요인이 그 사람이 폭력적인 내용을 본 후 폭력을 휘두를지 여부를 결정하는 데 중요한 역할을 함을 시사한다.

사회과학자들은 좀 더 미묘한 미디어 효과, 즉 누구에게도 해나 상처를 수반하지 않는 엄격하게 통제된 실험을 통해 측정할 수 있는 미디어 효과에 관심을 가진다. 연구들 대부분은 '인지적', '감정적', 혹은 '행동적' 미디어 폭력의 효과를 확인하는 데 집중했다. 이러한 각각의 효과에 대해서는 미디어 폭력에 관한 11장에서 논의하기로 한다.

4) 매스 미디어로부터의 선행(善行) 학습

최근, 어린이 텔레비전 프로그램을 조사하는 많은 연구가 희망적인 연구 결과를 내놓고 있다(교육적 효과에 관한 17장 참조). 이 연구들은 많은 어린이 텔레비전 프로그램이 '친사회적'이거나 긍정적인 학습 효과를 지니고 있음을 보여주었다. 일반적으로 연구들은 〈세서미 스트리트〉(Sesame Street) 같은 교육적이고 비폭력적인 프로그램 시청을 통해(Fisch, 2001; Fisch & Trugellio, 2001) 어린이들이 읽고 쓰기 능력, 과학, 수학 능력을 향상시키고, 긍정적인 사회적 행동을 배우며, 상상력을 높이고 문제 해결 기술을 개발한다는 것을 보여주었다.

미국(Wright & Huston, 1995; Wright, Huston, Scantlin, & Kotler, 2001)과 다른 나라(UNICEF, 1996; Brederode-Santos, 1993; Ulitsa Sezam Department of Research and Content, 1998)에서 이루어진 〈세서미 스트리트〉에 대한 연구들은 비시청자에 비해 시청자가 인지적 기술 및 다른 친사회적 효과라는 측면에서 긍정적인 이득을 얻었음을 보여준다. 종단적 연구들은 취학 이전에 〈세서미 스트리트〉를 시청함으로써 특히 학업 성적과 읽기 능력 면에서 얻은 긍정적인 효과가 초등학교 취학 이후(Zill, 2001; Zill, Davies, & Daly, 1994)뿐만 아니라 심지어 고등학교까지(Anderson, Huston, Wright, & Collins, 1998) 지속함을 보여주었다.

또한 연구들은 〈바니와 친구들〉(Barney & Friends)(Singer & Singer, 1994, 1995, 1998), 〈걸라 걸라 섬〉(Gullah Gullah Island)과 〈알레그라의 창〉(Allegra's Window)(Bryant et al., 1997; Mulliken & J. A. Bryant, 1999), 〈블루스 클루스〉(Anderson et al., 2000; Bryant et al., 1999), 〈미스터 로저스의 이웃 사람들〉(Mister Rogers' Neighborhood)과 〈디 일렉트릭 컴퍼니〉(The Electric Company)(Rice, 1984; Rice & Haight, 1986; Ball & Bogatz, 1973; Ball, Bogatz, Karazow, & Rubin, 1974), 〈사자들 사이에서〉(Between the Lions)(Linebarger, 2000), 〈무

연구들은 어린이들이 교육적인 텔레비전 프로그램에서 많은 것을 배운다는 것을 보여준다.

지개 읽기〉(Reading Rainbow) (Leitner, 1991), 〈스퀘어 원 TV〉(Square One TV) (Hall, Esty, & Fisch, 1990; Hall & Fisch et al., 1990), 〈3-2-1 콘택트〉(3-2-1 Contact)(Cambre & Fernie, 1985; Johnston, 1980; Johnston & Luker, 1983; Wagner, 1985) 같은 프로그램의 유익한 효과도 발견했다. 어린이를 위한 교육 프로그램의 긍정적 이득은 부모나 보호자가 어린이와 함께 프로그램을 보고 프로그램의 메시지를 보강해줄 때 커진다(Singer & Singer, 1983).

니켈로디온 프로그램인 〈걸라 걸라 섬〉과 〈알레그라의 창〉에 대한 2년간의 평가에서 이들 프로그램을 규칙적으로 시청한 어린이는 시청하지 않은 어린이보다 훨씬 쉽게 문제를 풀고 더 유연한 사고를 할 수 있는 것으로 드러났다. 그 밖에도 규칙적으로 시청한 어린이는 비시청 어린이보다 적절한 사회적 행동을 더 많이 배웠으며(Bryant et al., 1997), 세 가지 유형의 문제 해결 과제를 더 잘 수행했다(Mulliken & J. A. Bryant, 1999).

닉 주니어(Nick, Jr: 미취학 어린이들을 위한 니켈로디온의 네트워크)의 교육 프로그램인 〈블루스 클루스〉를 2년 동안 평가한 연구에서도 비시청자와 비교했을 때 시청자에게서 유익한 효과를 발견했다(Anderson et al., 2000; Bryant et al., 1999). 표준화된 코프먼(Kaufman) 테스트의 비언어적 문제 해결 영역과 재미없는 수수께끼 해결 영역에서 〈블루스 클루스〉 시청자의 점수가 더 높았는데, 이러한 차이는 통계적으로 유의미했다.

언어 발달, 읽고 쓰기 능력, 수학 및 문제 해결, 과학 및 기술, 공민(公民), 사회과목 분야에서도 교육 프로그램 시청자에게서 긍정적인 효과가 나타났다(Fisch, 2002).

5. 사회적 촉진 또는 설득

광고 캠페인이나 다른 설득 노력은 본뜨는 행동의 또 다른 예인 사회적 촉진을 보여주는 탁월한 사례들이다. 사회적 촉진은 새로운 행동 학습을 수반하지 않으며, 따라서 관찰 학습 및 탈억제와는 다르다. 사회적 촉진(social prompting)은 이미 학습된 어떤 특정한 방식으로 행동하도록 사람들에게 '유인'(誘因)을 제공하는 것을 의미한다.

사람들은 대부분 새로운 제품이 엄청난 이득, 즉 유인을 제공하는 것을 보여주지 않는다면 당연히 그 새로운 제품을 써보고 싶은 마음이 생기지 않을 것이다. 치약을 예로 들면, 새롭게 출시된 치약이 치아를 희게 만들어준다며 (광고 모델의 행동에서 암시되듯이) 아름다운 미소와 사랑과 행복을 약속한다면 시청자들은 사용하던 치약을 그 브랜드로 바꾸고 싶어 할지도 모른다.

1) 설득을 야기하는 많은 영향

사회인지이론에 따르면, 인간 행동을 결정하는 많은 영향은 그 강도가 서로 다르다고 한다. 어떤 새로운 행동의 설득이나 모델링 또는 채택의 모든 사례들을 설명해주는 단 하나의 패턴이 존재하지는 않는다. 사람들은 때로는 그들이 텔레비전에서 본 것에 영향을 받고, 때로는 대인 커뮤니케이션에 설득되며, 때로는 둘 모두에 조금씩 영향을 받거나 설득당한다. 행동이 영향을 받는 모든 경우, 외부 요인과 개인적 특성의 결합이 작용한다. 그러한 결합의 역동성은 사람마다 다르다.

효과 연구 전통을 특징지었던 3장의 간접적 영향 가설을 기억할 것이다. 제한효과 가설은 지역사회에서 의견주도자라 불리는 영향력 있는 사람이 매스 미디어에 영향을 받는다고 보았다. 그런 다음 의견주도자는 개인적 접촉을 통해 대다수 다른 사람에게 영향을 미친다.

상당수의 증거가 미디어가 행동의 변화를 일으키기보다는 행동의 변화를 단지 강화할 '뿐'이라는 것을 그대로 보여주고 있다. 또한 어떤 경우에는 미디어가 변화를 '일으키며'(Bandura, 1986; Libert et al, 1982), 시청자에게 직접적인 효과를 미친다는 것(Watt & van den Berg, 1978)도 연구들은 보여주었다. 궁극적으로 개인의 행동을 결정하는 다른 소스의 영향이 그런 것과 마찬가지로, 미디어의 영향도 강도에서 차이가 있다(Bandura, 1994).

뉴 미디어 기술이 확산함에 따라, 커뮤니케이션 미디어가 행동에 미치는 영향이 훨씬 더 중요해졌다. 밴두라(Bandura, 2009: 113)는 그러한 연구결과들을 다음과 같이 요약했다:

투입(input) 측면에서 커뮤니케이션 수단은 관심의 대상이 되는 행동과 인과적으로 관련되어 있는 요인들에 맞게 개인적으로 맞춤화된다. 맞춤화된 커뮤니케이션 수단은 일반적인 메시지보다 더 관련 있으며, 더 믿을 만하고, 더 잘 기억되며, 행동에 더 효과적으로 영향을 미치는 것으로 여겨진다(Kreuter, Strecher, Glassman, 1999). 행동 지도 측면에서 상호작용적인 기술은 바람직한 변화를 일으켜 결실을 보게 하는 데 필요한 행동 지도 유형과 수준을 개인에 맞게 맞춤화하는 편리한 수단을 제공한다. 인구 기반(polulation-based) 접근방법에서 커뮤니케이션 수단은 개인적 변화와 사회적 변화를 일으키기 위해 사람들에게 정보를 제공하고, 권능을 부여하고, 동기화하며, 지도할 수 있도록 설계된다. 사회적 연결 기능을 수행함에 있어 커뮤니케이션 미디어는 사람들이 원할 경우 그들의 집으로 고도로 개인화된 지도(指導)를 제공하는 상호작용적인 온라인 자기관리 프로그램에 사람들을 연결시켜줄 수 있다(Bandura, 2004, 2006; Taylor, Winzelberg, & Celio, 2001; Munoz et al., 2006).

6. 상징적 모델링을 통한 확산

미디어 효과 연구의 중요한 영역 가운데 하나로 사회나 대규모 집단의 사람들을 통한 혁신(새로운 기술, 도구, 행동, 농업 기술)의 확산에 대한 연구가 있다. 커뮤니케이션 학자인 에버릿 로저스(Everett Rogers, 1963)는 **혁신의 확산**(diffusion of innovation)이라 불리는 분야에서의 학문적 업적으로 유명하다.

이 분야의 연구에 따르면, 혁신의 성공적인 확산은 매번 유사한 패턴, 즉 S형 분포 곡선을 나타낸다고 한다. 이것은 일정 기간에 걸쳐 나타나는 정규 종형 곡선이다.

사회인지이론은 혁신의 확산을 상징적 모델링, 설득, 사회적 촉진, 동기화라는 각도에서 고찰하고 있다. 다음과 같은 세 가지 주요 사건이 확산 과정을 규정한다:

① 사람들이 어떤 혁신(새로운 행동, 도구, 제품 등)에 대해 알게 될 때
② 사람들이 혁신을 채택하거나 새로운 행동을 할 때
③ 사람들이 사회적 네트워크 내 다른 사람과 상호작용하면서 그들이 그러한 새로운 행동을 채택하도록 권하거나 그러한 행동을 채택하기로 한 그들 자신의 결정을 확인할 때

혁신의 확산 연구는 새로운 행동 채택 과정에서 미디어의 영향과 대인적 영향의 각기 다른 강도를 살펴본다. 텔레비전의 상징적 세계는 시청자 대중에게 동시에 방송된다. 위성 텔레커뮤니케이션은 텔레비전 프로그램을 전 세계 다른 나라에 있는 시청자 수백만 명에게 전송한다. 사회 변화는 (여러 가지 행동, 스타일, 아이디어를 본뜨는 시청자들이 살고 있는) 사회 전반에 미치는 텔레비전의 영향으로 일어난다(Bandura, 1986; Singhal & Rogers, 1989; Winett et al., 1985).

7. 최근 연구

앞에서 언급한 대로 사회인지이론은 (미디어 폭력 연구와 미디어 내용에 대한 공포적 반응에서부터 노골적인 성적 표현물의 효과와 설득적 미디어 메시지의 효과에 이르기까지) 이 책에서 다루어지는 많은 유형의 미디어 효과 연구의 이론적 토대 역할을 한다.

최근, 매스 커뮤니케이션의 사회인지이론은 커뮤니케이션 캠페인 및 캠페인 설계를 위한 이론적 기초로서 특별히 유용함이 입증되었다(Lapinski & Witte, 1998). 건강 행동을 변화시키기 위한 매스 미디어 캠페인(Marcus et al., 1998; Clark & Gong, 1997; Maibach et al., 1996)은 사회인지이론에 상당히 의존하고 있다.

또한 이 이론은 여러 다른 영역의 미디어 효과 연구를 위한 기초 역할을 하기도 했다. 여기에는 선거 캠페인 보도 기간 뉴스 프레임(news frame)의 효과 연구(Rhee, 1997), 미디어 폭력이 기억의 공격적 구성개념에 미치는 기폭효과(Bushman, 1998), 텔레비전 드라마에서 발생한 사고(事故)에 노출된 후 어린이들의 안전 규칙 수용에 대한 연구(Cantor & Omdahl, 1999), 잡지의 모유 수유 메시지에 대한 역사적 내용분석 연구(Potter & Sheeshka, 2000) 등이 포함된다.

8. 요약

앨버트 밴두라의 사회인지이론은 하나의 주요한 독자적인 미디어 효과 이론일 뿐만 아니라, 많은 다른 미디어 효과 이론의 구성요소 역할을 한다. 사회인지이론은 특정한 행동을 야기하는 인간의 인지를 분석하고 어떤 사람이 학습을 할 때 작동되는 정신적 과정을 설명하기 위한 기본 틀을 제공한다. 사회인지이론은 삼원 상호 인과 과정, 즉 인지적·행동적·환경적 요인 간의 상호작용을 살펴봄으로써 행동을 설명한다.

사회인지이론은 인간을 다른 동물과 구분해주는 몇몇 독특한 인지적 특성의 중요성을 강조한다. 이러한 특성으로 상징화 능력, 자기 조절 능력, 자기 성찰 능력, 대리 능력을 들 수 있다. 자기 성찰 능력은 사고 검증에 사용되는 각기 다른 네 가지 양식, 즉 행동적·대리적·설득적·논리적 양식을 포함한다.

관찰 학습과 모델링은 사회인지이론의 핵심 요소이다. 다른 사람의 행동과 그러한 행동의 결과를 관찰할 때, 사람들은 자신이 관찰한 것을 통해 배울 수도 있다. 모델링은 학습된 행동을 재연하는 것으로 4개의 구성 과정, 즉 주목, 파지, 운동 재현, 동기화를 포함한다.

삶의 새로운 상황은 사람들에게 과거에 학습된 행동의 규칙을 새로운 상황에 적용할 것을 요구한다. 추상적 모델링은 학습을 학습된 행동의 단순한 모방 이상의 더 높은 수준으로 끌어올려주며, 따라서 많은 실용적인 이점을 제공한다.

사람들이 기존의 행동 패턴이나 행동 원칙과 상충하는 행동을 관찰하거나 상충하는 정보를 수신할 때, 내적인 갈등은 기존의 행동을 수행하기 위한 동기화를 재검토하게 만든다. 사람들이 결과에 대한 두려움 때문에 비난받을 만한 행동을 자제할 때, 억제효과가 발생한다. 탈억제 효과는 이전에 학습된 특정 행동에 대한 내적 억제력을 없애준다.

비난받을 만한 행동을 하는 사람은 흔히 그들의 행동을 정당화하기 위해 인지적 기법을 사용한다. 탈억제 기법으로는 여덟 가지가 있는데 도덕적 정당화, 면책용 비교, 완곡한 이름 붙이기, 책임 전치, 책임 분산, 행동의 결과 왜곡, 비인간화, 책임 돌리기가 그것이다.

시청자들은 스크린에서 본 많은 것에 영향을 받거나 각성된다. 일부 각성 경험은 속성상 일시적이지 않다. 공포 반응, 대처 기법, 호불호(好不好)는 미디어 등장인물에게서 학습되며 그 결과는 오래 지속할 수 있다.

사회인지이론은 인지, 관찰 학습, 모델링을 통해서 배양효과, 기폭효과, 친사회적 효과를 설명하는 데 도움을 준다. 매스 미디어에서 비롯되는 많은 설득효과나 사회적 촉진의 기초는 사회인지이론에서 발견될 수 있는데, 사회인지이론은 새로운 행동을 본뜨거나 새로운 아이디어를 채택하게 하는 동기화나 영향이 역동적이며 대개 외적 요인과 개인의 인지 및 특성이 결합된 것이라고 본다.

혁신의 확산 연구 역시 그것의 개념적 기초를 사회인지이론에서 찾는다. 사회나 대규모 집단을 통한 혁신의 확산은 상징적 모델링, 설득 또는 사회적 촉진, 동기화를 통해서 설명된다. 성공적인 혁신의 확산은 다음의 세 단계를 필요로 하는데, 혁신에 대해 알기, 혁신의 채택, 초기 채택 후 사회적 네트워크의 발전이 그것이다.

5장

기 폭 효 과

서로 관련이 있는 개념들은 정신적인 네트워크로 연결되어 있어서
한 개념이 활성화되면 그것과 관련된 개념들도 활성화된다고 가정한다.
— '기폭'에 관한 사전(事典) 기재 내용, 앨버타 대학교(University of Alberta),
『인지과학사전』(*Cognitive Science Dictionary*), 1998

여러분 가족 가운데 누군가가 한때 암 투병을 하다가 전통적인 치료를 통해 암을 극복했다고 가정해보자. 몇 년 후, 한 텔레비전 뉴스와 타블로이드(tabloid) 신문에서 할리우드(Hollywood) 스타가 여러분의 가족이 걸렸던 것과 같은 암으로 고통을 겪고 있다고 보도한다. 아마 여러분은 치료에 대해 궁금해하는 등 그 스타가 암으로 고통 받고 있다는 기사를 읽는 데 더 관심이 있을 것이다. 그 질병과 싸운 누군가에 대한 개인적 경험 때문에 여러분은 이미 그 특정한 종류의 암에 대한 어떤 정보를 기억 속에 저장해놓고 있다. 여러분의 기억은 그 새로운 정보에 의해 활성화되었을 것이다.

기폭(priming) 연구는 미디어 소비자의 마음속에 저장되어 있는 관련된 개념들의 활성화에 대한 연구다. 기폭 연구는 대개 미디어 메시지로부터 정보를 받아들임으로써 발생하는 기폭 활성화를 조사한다.

예를 들면, 많은 기폭효과 연구는 정치적 이슈와 관련된 미디어 내용을 살펴보았으며 그러한 내용에 노출되는 것이 대통령직 수행 평가나 다른 여론 척도에 어떻게 영향을 미치는지를 조사했다. 이러한 연구의 경우 미디어는

수용자의 마음속에 있는 어떤 정보를 '기폭한다고' 하는데, 이로 인해 수용자는 어떤 이슈에 더 큰 중요성을 부여하거나(즉 의제설정, 6장 참조) 심지어 중요한 문제에 대한 그들의 판단에 영향을 받을 수 있다(즉 설득, 10장 참조).

위의 미디어 내용 시청 사례를 생각해보라. 그 같은 내용이 시청자의 마음속에 어떤 정신적 연상(mental association)을 촉발한다고 생각하는가? 미디어 폭력이 시청자들에게 그들의 기억에 저장되어 있는 화가 나는 생각이나 비판적인 생각을 연상시키는가? 더욱 중요한 것으로, 매개되는 폭력의 시청과 그것이 유발하는 정신적 연상이 시청자들에게 스스로 범죄 행동을 저지를 가능성을 더 높여주는가?

미디어 효과가 실제로 발생할 때 나타나는 심리적 과정과 관련된 질문뿐만 아니라 이러한 종류의 질문도 미디어 효과에 대한 많은 사회과학 연구의 핵심을 이룬다. 인지 연구는 통상 (때때로 장기적 함의를 지니는) '단기적' 미디어 효과를 살펴본다. 역사적으로 인지 연구는 '실제 세계'의 미디어 폭력 이슈에 대한 일반화를 희생시킨 채, 탄탄한 실험 설계와 엄격한 통제를 사용하여 엄격성과 구체성을 기한다.

인지 연구는 미디어 효과 현상을 설명하기 위해 사회인지이론과 (이 장의 주제인) 기폭을 포함한 사회심리학과 심리학 이론을 적용할 것을 강조한다. **기폭효과**(priming effect)는 미디어 효과 연구에서 인기 있는 분야 가운데 하나로, 인지 구성 요소에 의한 정보 처리의 심리학적 원리를 토대로 한다. 기폭이론은 흔히, 의제설정과 다른 정치 커뮤니케이션 이슈를 포함한, 다른 미디어 효과 연구 영역의 특정 연구들을 위한 이론적 토대 역할을 한다. 미디어 효과 연구 분야의 다른 주요 이론의 경우처럼, 아주 많은 연구가 기폭과 관련된 모든 미디어 효과 문헌에서 현재 찾아볼 수 있는 기폭기제 자체에 초점을 맞추었다.

이 장에서는 기폭효과의 이론적 기초를 살펴보고 매개 커뮤니케이션에서 초래되는 기폭효과를 측정한 일부 주요 연구를 다시 살펴본다. 기폭기제와 기폭의 활성화를 결정할 수 있는 요인에 대한 기술에 이어, 이 이론의 개념적 기초를 일별한다. 또한 인지 심리학(cognitive psychology)의 원리에 뿌리를 두고 있는 연구 전통을 살펴보며, 기폭효과를 높여주는 변인에 대해서 알아본다. 기폭이론의 이론적 기초는 인지 심리학의 원리에서 빌려왔다는 사실도 언급한다. 끝으로 기폭기제를 포함하는 가장 최근 연구와 앞으로의 기폭효과 연구 방향도 살펴본다.

1. 기폭의 활성화

기폭은 매개 커뮤니케이션 노출이 수용자의 마음속에 '저장되어' 있는 관련된 사고(思考)를 활성화할 때 발생한다. 미디어 메시지 내용은 메시지 내용과 관련된 개념, 사고, 학습, 또는 과거에 습득된 지식을 자극한다. 이렇게 해서 미디어 내용은 그것이 상기시키는 관련된 사고와 개념들에 의해 연결, 연관, 또는 '강화'된다. 이 같은 내용을 본 후 일정 기간 사람들은 그 내용에 대한 사고나 관련된 사고 또는 기억을 가지고 있을 가능성이 높다. 어떤 경우는 관련된 사고나 기억이 그 미디어 내용, 즉 '자극'과 영구적으로 연관된다(Fiske & Taylor, 1991).

예를 들면, 러시아 경제의 비참한 상황에 관한 특집 기사를 내보낸 한 네트워크 뉴스는 어떤 시청자에게 미국 대공황 시절에 대한 부모의 끔찍한 이야기를 떠올리게 한다. 경제 불황에 대해 그가 이미 가지고 있는 모든 지식이 뉴스에서 들은 새로운 정보와 연관될 것이다. 그 뉴스 기사에 관한 관심과 그 기사에 대한 그 시청자의 반응은 아마 그의 기존 지식과 과거 경험에 영향을 받을 것이다. 예를 들면, 어린 시절 그가 들은 경제 불황에 대한 이야기가 큰 근심을 불러일으켰다면, 러시아 경제 침체에 관한 그 기사는 이 같은 근심을 다시 불러일으킬 수도 있다. 바꾸어 말하면, 그의 기억이 그가 그 기사에 대해 어떤 특정한 방식으로 반응하도록 '기폭했다'.

기폭을 미디어에 적용하면, 그것은 처리된 내용과 관련된 사람들의 이후 행동이나 판단에 미디어 내용이 미치는 효과를 말한다. …… 기폭의 경우 기폭제가 되는 사건의 효과는 시한이 있다는(time bound) 것을 이해하는 것은 중요하다. 예를 들어, 폭력에 초점을 맞춘 미디어 기폭 연구는 흔히 기폭효과가 빨리, 종종 실험실에서 실험을 하는 동안에도, 사라짐을 발견한다(Farrar & Krcmar, 2006; Josephson, 1987; Roskos-Ewoldsen, Klinger, & Roskos-Ewoldsen, 2007). 정치적인 기폭을 연구하는 학자들은 종종 그 효과가 아마도 2개월 동안 지속된다고 주장한다. …… (Roskos-Ewoldsen, Roskos-Ewoldsen, & Carpentier, 2009: 74~75).

또한 기폭의 활성화는 사람들의 행동에도 영향을 미쳐 사람들에게 어떤 방식으로 행동하거나 반응하도록 할 수 있으며, 그래서 때로는 바람직하지 않은 결과를 초래할 수도 있다. 대부분의 사람들에게 기폭효과는 보통 시간이 지나면서 줄어드는 가벼운 반응만을 야기할 뿐이며 심지어 별 주목을 끌지 못하고 지나갈 수도 있다. 그런데도 기폭효과에 대한 전반적인 증거는 상당히 많다. 활성화의 강도, 촉발된 사고의 유형, 활성화의 행동적 결과는 많은 조건적인 요인에 달려 있다.

2. 개념적 뿌리

미디어 폭력 기폭은 두 모델, 즉 '인지적 신연상'(Berkowitz, 1984, 1990, 1994, 1997)과 '일반 감정적 공격성 모델'(Anderson, 1997)을 토대로 하고 있다. 정치적 기폭은 또한 매스 미디어로부터 기폭된 정보의 접근가능성(accessibility)이나 빈도를 그 같은 정보가 시청자의 마음속에서 적용될 가능성(applicability)과 함께 고려하는 네트워크 모델(network model)에 의해서도 설명된다(Price

& Tewksbury, 1997; Scheufele & Tewksbury, 2007).

로스코스-유올슨과 동료들(Roskos-Ewoldsen et al., 2009)은 "네트워크 기억 모델에 의해 개념화된 기폭은 분명 미디어로 인해 발생한다"(2009: 84)고 지적하는 반면, 그들은 또한 네트워크 모델이 다른 기폭 분야를 설명하는 데 단점이 있다는 것에 주목하면서 기폭효과의 기제를 이해하는 대안적 접근방법으로 '정신 모델'(mental model)을 사용할 것을 주장한다.

1) 인지적 신연상

인지적 신연상(cognitive neoassociation)이라는 개념은 기억 현상의 일부를 설명하려는 사회심리학적 관점을 토대로 한다(Anderson & Bower, 1973; Landman & Manis, 1983). 인지적 신연상을 이해하기 위해서는 반드시 연상되는 아이디어, 사고, 느낌, 개념을 연결시키는 복잡한 경로 네트워크인 뇌를 그려볼 수 있어야만 한다. '기억'은 종합적인 네트워크로 볼 수 있다. 사람들이 텔레비전 프로그램을 보거나 신문을 읽을 때, 처리되는 정보는 이러한 네트워크를 통해 특정 경로를 촉발 또는 활성화한다. 과거 경험을 토대로 한 개인적인 사고나 느낌은 '기억'되며 새로운 정보와 연관된다. 이러한 아이디어와 사고는 다른 관련된 아이디어를 자극할 수도 있으며 사람의 행동에 영향을 미칠 수도 있다.

어떤 특정한 의미를 지닌 특정한 자극에 노출될 때, 수용자는 관련된 개념들에 '기폭'된다. 정서(emotion)와 연결된 아이디어는 연관된 느낌(feeling)과 반응을 유발한다. 예를 들면 우울한 '생각을 하는 것'은 실제로 우울한 '느낌'을 야기할 수 있으며(Velten, 1968), 공격적인 아이디어에 노출되는 것은 화나 심지어 어떤 상황에서는 공격적 행동을 불러일으킬 수 있음(Berkowitz & Heimer, 1989)을 연구들은 보여주었다.

수용자는 그들이 보고 있는 것과 유사한 의미가 담긴 생각이나 '의미론적

우울한 생각을 하는 것이 실제로 우울한 느낌을 촉
발할 수 있음을 연구 결과에서 보여준다.

으로' 유사한 생각을 할 가능
성이 있다. 간단히 말하면,
기폭된 아이디어는 의미적으
로 관련된 사고를 활성화한
다(Collins & Loftus, 1975). 예
를 들면, 어떤 영화의 러브 신
(love scene)을 보는 것은 수
용자들에게 그들의 삶에서
유사한 순간을 기억하게 하
고 그러한 사건과 연관된 정
서를 기억해내게 만든다.

　물론 개인의 지각 차이 때
문에 기폭 활성화의 강도는
사람마다 상당한 차이가 있다(Bargh & Chartrand, 2000). 기폭효과는 회상되는
각 개인의 경험의 최근성(recency: 최근에 경험한 정도)과 따라서 기폭기제에
대한 개인의 지각에 의해 경감되는 것 같다. 더 최근의 연구는 관련된 기억에
로의 접근(access)은 전체 그림의 일부만을 보여줄 뿐이어서, 관련된 지식 구
성개념(knowledge construct)의 적용(application)도 일어난다는 점을 보여줌으
로써 기폭효과를 더 깊이 조사했다(Althaus & Kim, 2006).

2) 일반 감정적 공격성 모델

　또 다른 네트워크 모델인 **일반 감정적 공격성 모델**(GAAM: general affective
aggression model)은 기폭을 3단계 과정으로 설명한다. 첫 번째 단계로 매개되
는 폭력에 노출되는 것이 적대적인 사고와 화를 기폭할 때 각성이 높아진다.
두 번째 단계에서 시청자의 마음속에서 1차 평가, 즉 자동적 평가(automatic

appraisal)가 이루어진다. 세 번째 단계에서 2차 평가가 이루어지는데, 2차 평가에서 시청자는 그 기폭에 대한 반응에 대해 더 신중하게 생각한다.

3) 정신 모델

학자들은 네트워크 기억 모델을 넘어서서 더 포괄적인 정신 모델의 일부로서 기폭 경험을 개념화하기 시작했다. "정신 모델(mental model)은 어떤 상황, 사건, 혹은 대상의 역동적인 정신적 표상이다"(van Dijk & Kintsch, 1983). 우리는 ① 들어오는 정보를 처리·구성·이해하거나(Radvansky, Zwann, Federico, & Franklin, 1998; Zwann & Radvansky, 1998), ② 사회적 판단을 내리거나 (Wyer & Radvansky, 1999), ③ 예측과 추론을 하거나(Magliano, Dijkstra, & Swann, 1996), 혹은 ④ 어떤 체계가 어떻게 작동하는지 기술하고 설명하기 (Rickheit & Sichelschmidt, 1999) 위한 방법으로 이러한 정신 모델을 사용할 수도 있다. 정신 모델 접근방법의 핵심 개념은 외적 실체와 그러한 실체에 대한 우리가 구성한 정신적 표상 간에는 어느 정도 유사함이 존재한다는 것이다 (Johnson-Laird, 1983, 1989; Norman, 1983). 정신 모델의 중요한 요소는 정신 모델의 다른 요소들이나 요소들 간의 관계가 어떻게 변할 것인지 알기 위해 정신 모델의 요소들이 바뀔 수 있다는 점에서(Roskos-Ewoldsen et al., 2009: 84~85) 정신 모델은 '실행 가능하다'(runable)[1]는 생각이다(Williams, Hollan, &

---

1) 이 단어는 일반 사전에는 잘 나오지 않는다. 원서에는 'runable'로 나와 있으나 'ruunable'이 'can be run'의 의미로 컴퓨터 프로그래머 사이에서 사용되고 있다. 즉, 'run a computer software'에서처럼 어떤 프로그램이나 모델을 '실행한다'는 뜻이다. 회귀모델이 종속변인을 예측하기 위해 독립변인들을 바꿔가며 분석하다가 마침내 최적의 모델을 찾는 것처럼, 이 모델은 늘 변하지 않는 것이 아니라 확장되거나 개량될 수 있고, 새로운 정보 또는 심지어 기폭 자체에 의해 바뀔 수 있다. 또 포버스와 젠터는 'runnable'의 의미를 "논리적 추론이 아닌 정신적 시뮬레이션을 통해 답을 얻어낸다는 의미"라고 설명하고 있다(자료: Forbus, K. and Gentner, D. 1997. Qualitative mental models: Simulations or memories?

Stevens, 1983).

연구자들은 정신 모델, 상황 모델, 스키마 간의 차이점을 확인했다. **상황 모델**(situation model)[2]은 정신 모델이나 스키마보다 덜 추상적인 정신 모델의 일종이다. 어떤 사람은 매스 미디어에서 본 어떤 특정한 이야기나 에피소드를 표상하는 상황 모델을 기억 속에 만드는 반면, 어떤 사람은 여러 관련된 이야기나 에피소드를 토대로 정신 모델을 만든다. **스키마**(schema)는 "어떤 개념이나 자극의 속성 그리고 그러한 속성들 간의 관계를 포함해 그 개념이나 자극의 종류에 대한 지식을 표상하는 인지적 구조이다"(Fiske & Taylor, 1991: 98). 스키마는 정신 모델과 유사하지만, 더 추상적이고 덜 맥락화되어 있으며(contextualized) 덜 가변적이다(Roskos-Ewoldsen et al., 2009).

정신 모델은 기폭의 활성화처럼 시한적이지만, 기폭의 네트워크 모델보다는 더 오랫동안 존재한다. 정신 모델은 "가변적이고, 역동적이며, 맥락화되어 있다"(Roskos-Ewoldsen et al., 2009: 87). 따라서 정신 모델은 수주 혹은 심지어 수개월 지속하는 정치적 커뮤니케이션의 기폭 효과를 설명할 수 있다. 그러나 어느 시점에는 매스 미디어를 통한 개념의 반복된 기폭은 기폭효과가 아닌 배양효과의 단계로 넘어간다. 현재로서는 이러한 모델들을 구분해주는 정확한 타임 라인(time line)은 여전히 미지수이다.

Proceedings of the Eleventh International Workshop on Qualitative Reasoning, Cortona, Italy.)(옮긴이 주).

2) '상황 모델'이란 시간, 동기화, 주인공, 장소를 사용하여, 실제 상황이나 상상의 상황에서 기술되거나 경험한 상황에 대한 정신적 표상으로 어떤 사건이나 상황을 표현하는 것을 말한다. 선행지식과 글의 이해를 예로 들면, 글 속에 전개되고 있는 상황을 더 정교하게 이해할 목적으로 글 속의 정보와 선행 지식을 조합함으로써 구성되는 것이 바로 상황 모델이다. 상황 모델에서 언어는 문법적으로 그리고 의미적으로 분석해야 할 정보로 취급되지 않고, 묘사된 상황에 대한 정신적 표상을 구성할 수 있도록 해주는 지시문으로 간주된다(옮긴이 주).

3. 기폭효과를 높이는 변인들

일반적으로 말해서 공격적인 사고의 '기폭'과 '실제로 공격성을 보여주는 것' 간의 연관성은 미약하긴 하지만 특정한 변인이 존재할 때는 상당히 강화된다. 연구들을 통해 다음과 같은 중개변인,[3] 즉 그것이 존재할 때 인과 현상을 강화하고 인과 현상의 촉매제 역할을 하는 변인의 존재가 밝혀졌다:

① 커뮤니케이션의 지각된 의미
② 목격된 공격성에 대한 지각된 정당화 가능성
③ 수용자가 등장인물과 동일시하는 정도
④ 지각된 매개 커뮤니케이션의 현실감
⑤ 이전 경험의 자극

1) 지각된 의미

버코위츠 및 앨리오토(Berkowitz & Alioto, 1973)는 남성 실험 참여자들을 화나게 한 다음 그들에게 프로 권투시합이나 프로 미식축구 경기를 보여주었다. 참여자들에게는 이러한 경기를 두 가지 방식(① 운동선수들이 상대방을 해칠 의도를 가지고 있음, ② 아무런 감정 없이 그들의 직업적인 일을 수행할 뿐임) 가운데 하나로 해석할 수 있게 하는 정보를 제공했다. 그 경기를 본 후 참여자들에게 앞서 그들을 화나게 했던 사람에게 전기 충격을 가할 수 있는 기회를 주었다. 운동선수들이 상대방을 해칠 의도를 가지고 있다고 믿는 참여자는 전기 충격을 더 많이 가함으로써 더 공격적인 사고로 '기폭'되었음을 보여주었다.

---

3) 1장 각주 7번 참조.

신체 접촉이 많은 스포츠는 적대감과 공격적 행동에 대한 생각을 기폭할 잠재력을 가지고 있다.

2) 지각된 정당화 가능성

　매개되는 폭력을 시청하는 사람의 행동은 그들이 보는 상황의 '결과'에도 영향을 받는다는 것을 연구들은 보여주었다. 수용자는 그들이 텔레비전이나 영화의 등장인물과 유사하게 행동한다면, 텔레비전이나 영화에서 일어나는 일이 자신에게도 일어날 수 있다고 믿는다는 것을 많은 연구는 보여주었다(Bandura, 1971; Comstock, 1980; Comstock et al., 1978; Huesmann, 1982). 공격자가 그러한 행동의 결과로 고통을 당하는 것을 본다면, 그러한 공격적 행동을 모방할 가능성은 더 낮다(Bandura, 1965, 1971). 또한 수용자가 폭력의 심각하고 불행한 결과를 떠올리게 될 때도 공격성은 억제된다. 고랜슨(Goranson, 1969)은 화가 난 참여자들에게 권투시합에서 한 선수가 심하게 맞는 영화를 보게 한 후, 그들을 화나게 한 동료 실험자들에게 벌을 줄 수 있는 기회를 주었다. 한 참여자 집단에게는 맞은 선수가 상처 때문에 사망했다는 이야기를 해주었고, 다른 한 집단에게는 이러한 정보를 주지 않았다. 그 선수가 죽었다고 생각한 참여자 집단은 다른 집단에 비해 그들을 화나게 한 실험자에게 벌 주는 일을 더 자제했다.

3) 등장인물과의 동일시

연구에 따르면, 미디어 등장인물과의 동일시는 기폭효과를 높여준다고 한다. 한 연구에서 연구자들은 세 집단의 남성 참여자들을 화나게 한 다음 권투 시합 영화를 보여주었다(Turner & Berkowitz, 1972). 첫 번째 집단에게는 그들 스스로를 승자인 것처럼 생각하라고 했고, 두 번째 집단에게는 그들 스스로를 주심으로 생각하라고 말했다. 그리고 마지막 집단에게는 어떠한 지시도 하지 않았다. 각 집단에서 참여자 절반에게는 승자가 상대방 선수를 가격할 때마다 '때리다'라는 단어를 생각하도록 지시했다. 영화를 본 후, 각 참여자에게 자신을 화나게 했던 사람에게 충격을 가할 수 있는 기회를 주었다. 자신을 승자라고 상상하고 펀치를 날릴 때마다 '때리다'라는 단어를 떠올린 집단의 사람들이 가장 심한 충격을 가했다.

연구자들은 기폭효과를 야기하는 데에서 동일시의 강도를 설명하기 위해 다양한 가설을 제기했다. '때리다'라는 단어는 과거의 호전적인 경험을 되살리는 기억에 대한 단서 역할을 했을 수 있다. 이 같은 기억의 자극은 그러한 기억과 연관된 사고 및 느낌과 함께 결국 공격적인 행동을 강화했을 뿐이다. 조 및 버코위츠(Jo & Berkowitz)는 다음과 같이 적었다:

영화의 공격적인 등장인물과 자신을 동일시하는(즉, 스스로를 등장인물이라고 생각하는) 수용자는 폭력적인 사건을 시청할 때 특히 공격과 관련된 사고를 하는 경향이 있을 수 있다. 그들은 영화 속의 공격적인 인물과 함께 영화 속의 피해자를 마음속으로 때리게 되고, 그러면 이러한 공격과 관련된 사고는 공격과 관련된 정신적 네트워크를 비교적 강하게 기폭한다(Jo & Berkowitz, 1994: 54).

4) 지각된 현실감

미디어가 묘사하는 내용의 지각된 현실감도 기폭효과의 강도를 강화한다. 연구에 따르면, 기폭효과는 수용자가 '허구적인' 이벤트보다는 '실제적인' 이벤트를 목격하고 있다고 믿을 때 가장 강하다고 한다. 한 연구에서 연구자들은 화가 난 참여자들에게 전쟁 영화를 보여주고, 그 가운데 절반에게만 그것이 허구적인 영화라고 이야기해주었다(Berkowitz & Alioto, 1973). 나머지 절반에게는 그 영화가 실제 전투 장면이라고 이야기해주었다. 그 후 자신을 화나게 한 참여자에게 전기 충격을 가할 수 있는 기회를 주었을 때, 실제 전투라고 믿은 집단의 참여자들이 더 오랫동안 전기 충격을 가했다. 5학년과 6학년 어린이 집단을 대상으로 한 연구도 유사한 결과를 보여주었다(Atkin, 1983). 첫 번째 집단의 어린이들은 뉴스에서 실감나게 보도되는 싸움 장면을 시청했다. 두 번째 집단의 어린이들은 공상 오락물 속의 싸움 장면을 시청했다. 그리고 통제집단은 평범한 광고물을 시청했다. 그런 다음 조사했을 때, 첫 번째 집단이 다른 두 집단에 비해 공격성 지수가 훨씬 더 높은 점수를 기록했다.

5) 이전 경험의 기억

기폭효과를 높여주는 것으로 확인된 또 하나의 요인은 '사전 학습'(prior learning) 또는 '기억된 경험'(remembered experiences)이다. 수용자들이 폭력 행동을 볼 때, 그들은 의미적으로 유사한 사고나 느낌을 가졌던 다른 경우를 기억한다. 이러한 기억은 신경 네트워크를 재활성화하고 기폭효과를 강화한다.

수용자가 다음과 같은 상황에 있을 때 기폭효과는 매우 높아진다:

• 영화나 커뮤니케이션의 '의미'를 특정한 방식으로 '해석할' 때
• 그들이 보고 있는 폭력적인 행동이 어떤 이유에서 정당화된다고 '믿을' 때
• 그들이 보는 등장인물과 자신을 '동일시할' 때
• 허구보다는 실제 사건을 보고 있다고 '믿을' 때
• 묘사된 폭력을 보고 과거에 경험했던 유사한 느낌과 생각을 '기억할' 때

4. 연구 전통

심리학자들은 수십 년 전부터 사회적 상호작용에 관한 기폭효과를 연구하기 시작했다. 이러한 많은 연구가 비슷한 절차를 사용해 다양한 측면을 살펴보았다. 연구자들은 교묘하게 조사 대상자들이 특정한 생각을 하게 만든 다음 기폭효과의 정도를 측정하기 위해 그들을 조사했다.

많은 초기 기폭 연구가 미디어 효과 차원보다는 심리적 현상 그 자체에 초점을 맞추었지만, 이러한 연구의 결과물은 미디어 효과 연구자에게 매우 유용했다. 와이어 및 스럴(Wyer & Srull, 1981)은 조사 참여자들에게 일단의 단어를 주고 그것으로 문장을 만들도록 지시했다. 조사 대상자들 중 일부에게는 의미론적으로 공격성과 관련된 의미를 가진 단어들을 준 한편, 나머지 조사 대상자들에게는 중립적인 단어들만을 주었다. 그런 다음 어떤 대상자를 평가하게 했을 때, 공격성과 관련된 문장을 작성한 참여자가 훨씬 더 비판적인 평가를 했다.

일부 초기 연구는 기폭이 사람이 의식하지 못한 채 일어날 수도 있음을 보여주었다. 바그 및 피에트로모나코(Bargh & Pietromonaco, 1982)는 조사 참여자들에게 특정 단어들(일부 단어는 의미론적으로 적대감과 관련되어 있었음)에 노

출시킨 뒤 어떤 대상자를 평가하도록 요구했다. 적대감과 관련된 단어로 기폭된 사람은 적대감 기폭을 경험하지 않은 사람보다 평가 대상자에 대해 훨씬 더 부정적인 평가를 했다.

윌슨 및 캐피먼(Wilson & Capiman, 1982)은 남성 참여자들에게 두 가지 이야기(판에 박은 로맨틱한 이야기와 실험 통제용 이야기) 가운데 하나를 읽게 했다. 로맨틱한 이야기를 읽은 참여자가 통제용 이야기를 읽은 참여자에 비해 여성 동료 실험자에게 훨씬 더 세심한 주의를 기울이는 것으로 관찰되었다.

많은 미디어 효과 연구는 기폭, 특히 공격성과 관련된 아이디어의 기폭에 대한 강력한 증거를 보여주었다. 한 연구는 폭력적인 내용의 만화를 읽은 어린이가 중립적인 내용의 만화를 읽은 어린이보다 더 공격적인 사고를 할 가능성이 높다는 것을 확인했다(Berkowitz, 1973). 공격성과 관련된 유머를 들었을 때 나타나는 효과를 조사한 연구도 있다(Berkowitz, 1970). 이 연구는 돈 릭클스(Don Rickles)의 적대적인 유머나 조지 칼린(George Carlin)의 공격적이지 않은 코미디 루틴(routine)[4]을 들은 젊은 여성들에게 구직자를 평가하도록 요구했다. 릭클스의 유머를 들은 여성이 칼린의 코미디를 들은 여성보다 구직자를 더 엄하게 평가한 것으로 나타났다.

5. 최근 연구

미디어 효과 연구자들은 기폭효과, 특히 미디어 폭력물 노출로 인한 기폭효과를 계속해서 연구하지만, 최근에는 그 초점이 텔레비전과 영화에서 비디오 게임의 영향으로 바뀌었다. 정치적 기폭은 영화와 텔레비전 그리고 웹사이트가 정치적 정보를 어떻게 기폭하는지를 조사하는 것으로 바뀌었다. 또한

---

4) 공연의 일부로 전해져 있는 일련의 동작·농담 등(옮긴이 주).

최근 많은 연구가 미디어 내용의 인종 고정관념에 대한 기폭을 살펴보았다(Roskos-Ewoldsen et al., 2009).

연구들은 폭력적인 비디오 게임이 공격성을 기폭하지만 그것은 단기간에 그친다는 것을 보여주었다(Anderson, 2004; Anderson & Dill, 2000; Anderson & Murphy, 2003; Carnagey & Anderson, 2005; Uhlmann & Swanson, 2004). 다른 연구들은 그와 같은 연관성을 확인하지 못했다(Cooper & Mackle, 1986; Graybill, Kirsch, & Esselman, 1985; Scott, 1995). 그 같은 기폭 연구를 메타분석한 3편의 연구는 비디오 게임의 폭력이 공격성과 기억 속의 공격성과 관련된 개념을 기폭한다는 것을 확인했다(Anderson & Bushman, 2001; Roskos- Ewoldsen et al., 2007; Sherry, 2001). 다른 연구자는 2001년에 이루어진 2편의 메타분석이 종단적인 연구를 포함하지 않았음에 주목했다(Dill & Dill, 1998). 사회과학자들이 확인한 그러한 연구의 또 다른 문제는 이용 가능한 게임의 종류가 매우 다르며, 각각의 종류는 잠재적으로 초래하는 효과도 서로 다르다는 것이다.

윌리엄스 및 스코릭(Williams & Skoric, 2005)은 폭력적인 비디오 게임 〈애쉬런즈 콜 2〉(Asheron's Call 2)을 선택했는데, 이 게임은 다가오는 괴물을 반복해서 죽이는 장면을 포함하고 있다. 그들은 시간이 흐르면서 플레이어들이 공격성을 어떤 사회적 상황에서 취하는 대응조치로 인정하게 될 것이라는 가설을 설정했다. 그들은 참여자들이 한 달이 넘는 동안 게임을 한 것이 그 기간 동안 '친구와 다툰' 적이 있느냐는 질문에 대한 참여자의 대답을 예측해주지 않는다는 것을 확인했다. 따라서 "이러한 폭력적인 비디오 게임에 의해 야기되는 공격성과 관련된 강한 효과는 발견되지 않았다"(2005: 228).

가상 상황에서의 아바타(avatar) 사용에 관한 좀 더 최근의 연구는 아바타가 부정적인 태도와 생각을 기폭할 수 있음을 확인했다. 검은 망토를 두른 아바타를 사용하는 사람은 흰 망토를 두른 아바타를 사용하는 사람에 비해 더 부정적인 의도와 태도 그리고 더 낮은 집단 결속력을 보여주었다(Pena, Hancock, & Merola, 2009).

정치 뉴스 보도 분야의 연구들은 대개 미디어가 특정한 판단을 내리도록 기폭하는지 살펴보기 위해 특정 이슈에 대한 미디어 보도와 수용자들의 이후 대통령직 수행 평가에 초점을 맞추었다. 한 유명한 연구에서 연구자들은 1986년 이란-콘트라(Iran-Contra) 스캔들 전과 후 로널드 레이건(Ronald Reagan) 대통령에 대한 사람들의 의견을 살펴보았다. 당시 미국은 이란에 무기를 팔아서 생긴 수익금을 중앙아메리카 콘드라 반군에게 주었다. 이 사건이 있기 전 레이건 대통령에 대한 전반적인 평가는 국내 이슈에 영향을 받았으나, 이 사건 이후 사람들은 외교문제 이슈, 특히 중앙아메리카에서의 외교문제를 토대로 레이건 대통령을 평가했다(Krosnick & Kinder, 1990). 한국에서 좀 더 최근에 이루어진 연구 또한 텔레비전 뉴스 보도가 대통령 평가에 영향을 미친다는 것을 확인해주었다. 그러나 이 연구자들은 기폭이 주로 보도의 빈도가 아닌 최근성(recency)으로 인해 발생한다고 지적했다(Kim, Han, & Scheufele, 2010).

2005년, 홀브룩 및 힐(Holbrook & Hill)은 뉴스 미디어뿐만 아니라 오락 미디어도 정치적 관심에 대한 기폭제 구실을 할 수 있다는 점을 확인했다. 특히 프라임타임 범죄 드라마[〈써드 와치〉(Third Watch), 〈뉴욕경찰 24시〉(NYPD Blue), 〈강력범죄 전담부서〉(Robbery Homicide Division), 〈위다웃 어 트레이스〉(Without a Trace)]는 실제 세계의 범죄에 대한 사람들의 우려를 보여주는 중요한 지표이다. 이러한 기폭제들은 사람들이 범죄문제를 다루는 대통령의 업무수행을 토대로 대통령을 판단하게 한다.

다큐멘터리 영화 〈화씨 9-11〉(Fahrenheit 9-11)에 대한 연구는 이 영화를 보는 것이 조지 부시(George W. Bush) 대통령에 대한 사람들의 평가에 상당한 영향을 주었음을 보여주었다(Holbert & Hansen, 2006). 이 연구는 양면성(긍정적인 평가와 부정적인 평가 모두가 존재하는 것)이 때때로 유권자, 특히 정치적 무당파의 마음속에 존재함을 지지했다. 조사 참여자들에게 그 영화의 강력한 반(反)부시 메시지를 보여주었을 때, 스스로를 공화당 지지자, 민주당 지지자, 무당파라고 밝힌 사람들은 서로 달리 반응했다. 민주당 지지자와 무당파는 양면성이 줄어들었으며, 양면성이 더 증가한 공화당 지지자보다 부시 대통령에 대해 더 부정적인 태도를 보였다.

또 다른 연구는 2008년 대통령 예비선거 이전에 전화 설문조사를 실시했다. 응답자들은 그들의 후보자 선택에 대한 질문을 받기에 앞서 이라크 전쟁과 그 당시 대통령(부시)에 대해 생각하도록 기폭되었다. 그러한 기폭으로 인해 버락 오바마(Barack Obama)에 대한 지지가 2배 이상 증가했으며 공화당 선두주자에 대한 지지는 줄어들게 되었다(Cassino & Erisen, 2010).

영화와 범죄 드라마 외에 심야 토크 쇼도 정치적 기폭의 원인인 것으로 알려졌다(Moy, Xenos, & Hess, 2006; 14장의 연구 스포트라이트 참조). 〈데이비드 레터맨의 심야쇼〉(The Late Show with David Letterman) 시청자는 비시청자보다 조지 부시 대통령이 이 프로그램에 출연했을 때 그의 외모를 토대로 그의 성격적 특성을 평가하는 경향이 강했다.

투표자의 정치적 세련도(political sophistication)[5])도 미디어 기폭에 영향을 미친다. 한 연구는 정치 문제에 대한 지식의 세련도가 중간 정도인 사람이 세련도가 아주 높거나 아주 낮은 사람보다 매스 미디어에 의해 기폭될 가능성이 더 높음을 확인했다(Ha, 2011).

고정관념 기폭은 기폭 연구에서 성장하고 있는 분야로, 젠더(gender)[6]) 및 인종과 관련된 고정관념 기폭에 대한 연구를 포함한다. 한 연구에서 일부 참여자는 아프리카계 미국 여성에 대한 세 가지 서로 다른 고정관념(유모, 부정

---

5) 이슈를 평가하거나 투표 결정을 내릴 때 정치적 정보를 이해하고 적용할 수 있는 능력(옮긴이 주).

6) '성'(sex)은 타고난 생식기에 따라 남녀의 성을 규정짓는 반면, '젠더'(gender)는 인간이 성장하면서 사회·문화·주위 환경에 따라 자신을 나타내는 성, 즉 남녀의 주체성을 의미한다. 예를 들어, 남자가 여장을 하고 여자같이 행동할 때의 젠더는 여성이고, 여자가 남장을 하고 남자같이 행동할 때의 젠더는 남성으로 보아야 마땅하다는 것이다(옮긴이 주).

한 여자, 혹은 웰페어 퀸7))을 포함하고 있는 비디오 세그먼트(segment)를 보았다. 그런 다음 그들에게 모의 취업 면접 중인 단정한 아프리카계 미국 여성을 평가하도록 요청했다. 특정한 고정관념을 포함하고 있는 비디오를 본 사람은 보지 않은 사람보다 그 면접자를 기술하는 데 고정관념과 일치하는 형용사를 사용하는 경향이 더 강했다(Monahan, Shtrulis, & Givens, 2005).

한 연구는 아시아계 미국인에 대한 묘사가 아시아계와 아프리카계 모두에 대한 시청자의 판단에 영향을 미치는지 그리고 시청자들이 소수자 우대조항(affirmative action)을 지지하는 경향이 있는지 알아보기 위해 그러한 묘사를 조사했다. 텔레비전 프로그램들은 대개 아시아계 미국인을 열심히 일하고 사업과 기술에 능한 사람으로 묘사함을 연구들은 보여주었다. 그 연구는 아시아계 미국인에 대한 긍정적인 묘사를 시청하는 것이 그들에 대한 더 긍정적인 지각으로 이어졌고, 아프리카계 미국인에 대해서는 더 부정적인 고정관념적 지각으로 이어졌음을 확인했다. 아시아계 미국인에 대한 긍정적인 묘사는 소수자 우대조항에 대한 더 낮은 지지와 연관되었다(Dalisay & Tan, 2009).

또 다른 연구(Dixon, 2007)는 범죄 뉴스 기사에서 경찰관과 범죄자의 인종이 밝혀지지 않을 때 뉴스 다시청자는 뉴스 소시청자보다 경찰관은 백인으로, 범죄자는 흑인으로 생각하는 경향이 더 강함을 보여주었다.

위의 사례들이 보여준 것처럼, 기폭이론은 여러 다른 유형의 미디어 효과를 설명하는 데 필요한 독자 생존이 가능한 이론적 기초가 되었다. 기폭이론은 미디어 효과 연구의 다양한 분야에 성공적으로 적용되었으며, 연이은 연구결과들은 이 이론의 기본 원리들을 지지하고 있다. 연구자들은 폭력적인 미디어 내용 외에도 정치 커뮤니케이션, 소수집단 묘사, 광고 같은 다른 유형의 미디어 내용이 미디어 수용자를 기폭하는 정도를 측정한다. 많은 연구

---

7) 'welfare queen'이란 어쩔 수 없이 복지 수혜를 받는 것이 아니라 게을러서 스스로 노력하지 않고 복지 수혜만 누리는 여성을 경멸하며 부르는 말이다(옮긴이 주).

연구 스포트라이트

유모, 부정한 여자, 그리고 다른 통제 이미지로 기폭하기: 매개되는 고정관념이
아프리카계 미국 여성에 대한 지각에 미치는 영향에 대한 조사

Sonja M. Brown Givens and Jennifer L. Monahan(2005)

Media Psychology, 7, 87~106.

조사 참여자들은 비디오를 통해 유모, 부정한 여자, 혹은 아프리카계 미국 여성에 대한
비고정관념적 이미지를 본 후, 아프리카계 여성과 백인 여성에 대한 모의 면접을 관찰
했다. 아프리카계 여성 피면접자는 ('진실한'과 같은) 긍정적인 용어보다 ('공격적인'과
같은) 부정적인 용어와 더 쉽게 연관되었다. 부정한 여자라는 고정관념이 담긴 비디오
를 시청한 참여자는 ('어머니 같은'과 같은) 긍정적이거나 부정적인 유모 관련 용어보다
는 ('성적인'과 같은) 부정한 여자 관련 용어로 아프리카계 여성 피면접자를 연관 짓는
경향이 더 강했다.

가설

H1a: 아프리카계 미국 여성을 평가할 때 부정적인 단어에 대한 반응시간은 더 빠르고
긍정적인 단어에 대한 반응시간은 더 느릴 것이다.

H1b: 백인 여성을 평가할 때 긍정적인 단어에 대한 반응시간은 더 빠르고 부정적인 단
어에 대한 반응시간은 더 느릴 것이다.

H2a: 아프리카계 미국 여성에 대한 고정관념적 묘사에 노출되는 것이 다른 아프리카
계 미국 여성에 대한 고정관념과 일치하는 판단을 초래할 것이다.

H2b: 아프리카계 미국 여성에 대한 고정관념적 묘사를 시청한 후 고정관념과 일치하
지 않는 단어보다 일치하는 단어에 대한 반응시간이 더 빠를 것이다.

연구방법

스피치 커뮤니케이션 기초 과목을 수강하는 학부생들이 이 연구에 참여했다. 182명의
학생 가운데 70%가 18~21세였고, 158명이 자신을 백인으로, 13명은 흑인으로, 2명
은 남미계로, 8명은 아시아계로, 1명은 '기타'로 분류했다.

참여자들은 유모(아기를 키우는 흑인 여성), 부정한 여자(성적으로 공격적인 아프리
카계 미국 여성), 혹은 고정관념이 없는 통제 조건(아프리카계 미국 여성이나 그들의 성
적 관심에 대한 언급이 없음) 가운데 하나를 보여주는 3분짜리 영화 비디오 클립을 시
청했다. '유모' 비디오 클립은 1959년 영화 〈슬픔은 그대 가슴에〉(Imitation of Life)에서
가져온 것이었고, '부정한 여자' 비디오 클립은 도로씨 댄드리지(Dorothy Dandbridge)

[할리 베리(Halle Berry) 분]의 일대기를 그린 1999년 영화에서 가져왔다. 통제 조건의 비디오 클립은 영화 〈베터 오프 데드〉(Better off Dead)에서 가져온 것으로, 여기에는 잔디밭에서 조간신문을 집는 데 어려움을 겪는 중년 백인 남성이 등장한다.

비디오테이프들 가운데 하나를 시청한 후, 참여자들은 3분짜리 모의 취업 면접 테이프 2편 가운데 하나를 지켜보았다. 피면접자 1명은 흑인 여성이었고 다른 1명은 백인 여성이었다. 피면접자들이 면접자의 질문에 달리 반응하지 않도록 많은 주의를 기울였다.

모두 40개의 형용사 목록을 만들었는데, 8개는 고정관념적으로 긍정적인 것이었고(진실한, 우호적인, 지적인과 같은), 9개는 고정관념적으로 부정적인 것이었고(공격적인, 적대적인, 게으른), 8개는 유모 고정관념과 관련된 것이었으며(어머니 같은, 충성스런, 헌신적인), 9개는 부정한 여자 고정관념과 관련된 것이었다(성적인, 유혹하는, 에로틱한). 나머지 것은 그냥 채우기 용으로 사용되었다(부끄러워하는, 재미있는, 체계적인 등).

참여자들에게 그러한 성격 특성들이 인터뷰 테이프에서 그들이 관찰한 사람과 맞는지 물었고, 그들이 각 형용사에 반응하는 속도도 측정하여 1000분의 1초 단위로 기록했다. 참여자들은 또한 판매 대리인 직에 아프리카계 여성이나 백인 여성이 적합한지를 묻는 40개 항목에도 대답했다.

연구결과

아프리카계 미국 여성 피면접자를 본 참여자는 긍정적인 단어보다 부정적인 단어에 훨씬 더 빨리 반응했으며, 백인 여성 피면접자를 본 참여자는 부정적인 단어보다 긍정적인 단어에 훨씬 더 빨리 반응했다. 가설 H1a와 1b는 지지되었다.

H2a는 지지되지 않았지만, H2b는 부분적으로 지지되었다. 아프리카계 여성 피면접자를 평가할 때, 부정한 여자로 기폭하는 영상을 본 참여자는 유모와 관련된 용어보다 부정한 여자와 관련된 용어에 훨씬 더 빨리 반응했다. 유모로 기폭하는 영상을 본 참여자는 부정한 여자와 관련된 용어보다 유모와 관련된 용어에 더 빨리 반응했으나, 그 차이는 통계적으로 유의적이지 않았다.

자들이 미디어 기폭과 수용자의 태도 및 행동 간의 연관성을 밝히려 함에 따라, 기폭이론을 기초로 하는 미디어 효과 연구의 수는 계속해서 늘어나고 있다.

6. 요약

　기폭은 미디어 효과 연구에서 인기 있는 분야로 정보 처리의 인지적 구성 요소를 살펴본다. 기폭은 매개 커뮤니케이션 노출이 수용자 마음속의 관련된 사고를 활성화시킬 때 발생한다. 바꾸어 말하면 미디어 내용은 과거에 습득되었고 메시지 내용과 관련된 개념, 사고, 학습, 또는 지식을 자극한다. 어떤 내용을 시청한 사람은 그 내용을 시청하지 않은 사람보다 시청 후 일정 기간 그 내용에 대한 생각, 관련된 생각, 또는 기억을 할 가능성이 더 높다.

　기폭은 사람의 행동에 영향을 미칠 수도 있지만, 그것은 짧은 기간뿐이다. 대부분의 사람들에게 기폭효과는 시간이 흐르면서 줄어들거나 눈에 띄지 않고 지나쳐버릴 수도 있는 가벼운 반응을 불러일으킨다. 미디어 폭력이 일으키는 기폭효과는 종종 매우 빨리 사라지는 반면, 정치적인 기폭효과는 수주 혹은 수개월 동안 지속할 수 있다.

　미디어 폭력의 기폭을 조사하는 연구들은 대부분 두 가지 모델(인지적 신연상 모델과 일반 감정적 공격성 모델) 가운데 하나를 기반으로 했다. 정치적인 기폭은 매스 미디어로부터 기폭된 정보의 접근가능성이나 빈도를 시청자의 마음속에 그러한 정보가 적용될 가능성과 함께 고려하는 네트워크 모델에 의해 추가적으로 설명된다.

　정신 모델은 기폭의 활성화처럼 시한적이지만, 기폭의 네트워크 모델보다는 더 오랫동안 존재한다. 따라서 정신 모델은 수주 혹은 심지어 수개월 동안 지속하는 정치적 커뮤니케이션의 기폭 효과를 설명할 수 있다. 그러나 확실하지는 않지만 어느 시점에는 매스 미디어를 통한 개념의 반복된 기폭은 기폭효과가 아닌 배양효과의 단계로 넘어간다.

　공격적인 사고의 기폭과 실제적인 공격성 표현 간의 연관성은 특정한 변인들이 존재하지 않는다면 특별히 강하지는 않다. 이러한 변인으로는 다음과 같은 것들이 있다: ① 커뮤니케이션의 지각된 의미, ② 목격된 공격성의 지각된 정당화 가능성, ③ 수용자가 등장인물과 동일시하는 정도, ④ 매개 커뮤니케이션의 지각된 현실감, ⑤ 이전 경험의 자극.

심리학자들은 수십 년 전 기폭이 사회적 상호작용에 미치는 효과를 연구하기 시작했다. 이러한 많은 연구는 여러 측면을 살펴보기 위해 비슷한 절차를 사용해왔다. 연구자들은 교묘하게 연구 참여자들이 마음속으로 특정한 생각을 하게 한 다음 기폭효과의 정도를 확인하기 위해 그들을 조사했다.

미디어 효과 연구는 기폭효과, 특히 공격성과 관련된 생각의 기폭에 대한 강력한 증거를 보여주었다. 미디어 효과 연구자들은 계속해서 기폭효과, 특히 미디어 폭력 노출로 인한 기폭효과를 연구하고 있지만, 최근 들어 그 초점은 텔레비전과 영화에서부터 비디오 게임의 영향으로 바뀌었다. 정치적 기폭은 영화와 텔레비전 그리고 웹사이트가 어떻게 정치적 정보를 기폭하는지를 조사하는 것으로 바뀌었다. 또한 최근에는 많은 연구가 미디어 내용의 인종적 고정관념에 대한 기폭을 살펴보고 있다.

6장

의제설정

나는 최소한 미국에서는 언론이 국가를 지배한다는 것을 믿는 사람 가운데 1명이다; 언론은
미국의 정치, 미국의 종교, 미국의 사회적 관행을 지배한다.
— 에드워드 윌리스 스크립스(Edward Willis Scripps), 《빌어먹을 늙은 괴짜》
(*Damned Old Crank*), 1951

뉴스는 우리가 사회 구성원으로서 무엇을 생각해야 할지를(what to think)
우리에게 말해주는가? 아니면 자주 인용되는 한 커뮤니케이션 학자의 말처
럼, 뉴스는 "무엇에 대해서 생각해야 할지"(what to think about) 말해주는 데
"놀랄 만큼 성공적"인가(Cohen, 1964: 13)? 뉴스 미디어가 특정한 이슈에 부여
하는 중요성과 공중이 그 이슈에 부여하는 중요성 간의 강한 연관성은 의제설
정(agenda setting)이라 불리는 일종의 커뮤니케이션 효과를 입증해준다.

뉴스 미디어는 공중의 의제를 설정한다는 것을 많은 연구가 보여주었지만,
미디어 효과 연구자들은 최근에 와서야 의제설정 이슈를 설득력 있게 다루기
어렵게 만든 실증적 문제를 해결할 수 있었다. 수년 동안 의제설정을 비판해
온 사람들은 의제설정 연구자들이 사용한 방법이 미디어 의제와 공중의 의제
간에 존재하는 '관계'를 보여줄 뿐이라고 지적했다. 두 의제 간에는 인과적 방
향이 성립될 수 없다고 그들은 말했다. 그들은 다음과 같은 질문을 제기했다:
미디어는 공중을 위해 항상 의제를 설정해주는가 아니면 때로는 공중이 미디
어 의제를 설정해주기도 하는가? 이러한 문제 제기는 그러면 '누가 의제를 설

정하는가?'라는 질문으로 이어졌고, 이에 답하기 위한 연구가 진행되었다.

정밀한 통계방법을 사용함으로써 인과적 방향은 이제 훨씬 더 분명해졌다. 의제설정 효과는 연구자들이 특정 이슈에 대한 미디어 보도가 있기 전과 있은 후의 여론을 측정할 수 있을 때만 분명히 나타난다. 이러한 이유에서 선거 캠페인은 선거 캠페인의 주기성(週期性)과 의제설정 연구 설계를 적합하게 해주는 특성 때문에 연구자들 사이에서 인기가 있었다.

처음에 의제설정 연구는 여러 이슈와 사건에 대한 사람들의 지각 형성에 뉴스 미디어가 미치는 영향을 꽤 포괄적으로 조사했다. 1968년, 미국 대통령 선거 캠페인 기간의 공공 이슈에 대한 첫 연구(McCombs & Shaw, 1972)가 이루어진 이후 연구들은 뉴스 기사와 공중이 느끼는 이슈의 현저성(salience) 간의 강한 일치도를 확인해주었다.

최근 들어 의제설정 연구는 더욱 확대되어 다음과 같은 질문을 제기한다: '누가 미디어 의제를 설정하는가?' 매일 수백 개의 기사가 전 세계에서, 전국에서, 개별 권역 및 주에서, 지역에서 발생한다. 뉴스 전문가들은 아마 그날의 '모든' 뉴스를 일일이 살펴보고 정리한 후 공중에게 전달할 수는 없을 것이다. 지면과 시간의 제약이 그것을 허락하지 않는다. 그 대신 저널리스트와 뉴스 편집인은 어떤 기사를 취재할 건지, 어떤 기사를 내보낼 건지, 어떤 기사를 무시할 건지 결정해야 한다. 이와 같은 결정을 내리면서 뉴스 전문가는 뉴스 소비자를 위해 예외 없이 '의제를 설정한다.' 그들은 어떤 뉴스가 독자와 시청자에게 얼마나 중요한지에 대한 자신의 지각을 토대로 뉴스 가치를 가늠한다.

미디어 전문가가 뉴스 정보의 흐름을 통제하는 것은 매우 중요한 기능으로 게이트키핑(gatekeeping)이라 불린다. 간단히 말해 저널리스트, 편집인, 방송인은 매일 일정량의 뉴스가 공중에게 건네지는 것을 허용하지만, 시간과 지면의 제약 때문에 정보의 대부분이 뉴스 소비자에게 흘러가는 것을 차단하지 않을 수 없다. 학자들은 오랜 기간 이러한 강력한 게이트키핑 기능을 알고 있었지만, 최근에 와서야 게이트키핑 과정에 영향을 미치는 많은 요인을 조사하기 시작했다.

좀 더 최근의 연구들은 **속성 의제설정**(attribute agenda setting)이라 불리는 두 번째 수준의 의제설정(second level of agenda setting)을 확인했다(McCombs & Reynolds, 2009). 이 연구는 여러 면에서 프레이밍 연구와 매우 닮았다(7장 참조). 연구자들은 미디어 기사와 관련된 서로 다른 요소의 속성, 예를 들면 이슈 보도의 속성, 후보자의 속성, 혹은 후보자 이미지의 속성을 조사한다. 사람들은 언론이 그들에게 탓하라고 말해준 후보자를 탓하는 경향이 있음을 연구들은 보여주었다(Becker & McCombs, 1978; Kim & McCombs, 2007; King, 1997; McCombs, Lopez-Escobar, & Llamas, 2000). 언론이 이슈 속성을 보도하는 방식 또한 투표자들에게 영향을 미치는 것으로 드러났다. 일본에서 이루어진 한 연구에서 미디어는 정치 개혁을 주도하는 데 있어 전통적인 정부 기제 (government mechanism)[1]의 중요성을 강조했는데, 미디어를 많이 사용하는 사람일수록 이것을 중요한 이슈의 예로 드는 경향이 더 높았다(Takeshita & Mikami, 1995).

속성은 성질상 '인지적'일 수 있는데, 이는 미디어 사용자가 그 이슈나 후보자에 대해 생각함을 의미한다. 혹은 속성은 성질상 '감정적'일 수도 있는데, 이는 미디어 사용자가 그러한 속성이 묘사되는 톤(tone)에 주목함을 의미한다. 이것은 만약 미디어가 후보자나 이슈를 부정적이거나 긍정적인 톤으로 묘사하면, 미디어는 단순히 투표자들이 무엇에 대해 생각하는 것(what voters think about)이 아니라 그들이 생각하는 것(what they think)에 실제로 영향을 미칠 수 있음을 보여준다.

이로 인해 뉴스 기사의 **프레이밍**(framing)은 매우 중요해진다. 저널리스트

---

1) 행정 기구(administrative apparatus), 행정 조직(administrative organization), 행정 기관 (administrative agency)와 같은 말(옮긴이 주).

는 기사를 어떤 특정한 관점으로 '틀 짓기' 위해 다양한 정보원의 특정한 관점을 사용하거나 심지어 특정한 단어를 선택할 수도 있다. 프레임은 "사람들이 어떤 이슈에 대해 어떤 특정한 방식으로 생각하게 한다"(Tewksbury & Scheufele, 2009: 19).

이 장에서는 의제설정의 개념적 토대를 알아보고 의제설정 연구의 역사를 간략하게 살펴본다. 그리고 속성 의제설정과 같은 의제설정 연구의 최근 경향과 미디어 간 의제설정을 포함해 누가 미디어 의제를 설정하는지를 조사하는 연구도 살펴본다. 또 서로 관련된 미디어 효과 연구 분야인 의제설정, 프레이밍, 기폭효과 연구의 유사점과 차이점에 주목하면서, 이들을 둘러싼 학자들의 논쟁도 살펴본다.

1. 개념적 뿌리

언론이 공중의 의제를 설정한다는 개념을 설명한 것은 버나드 코헨(Bernard Cohen, 1963)이 처음은 아니었다. 그 개념은 20세기 초 유명한 신문 칼럼니스트이자 사회평론가였던 월터 리프만(Walter Lippmann)에게로 거슬러 올라간다. 리프만의 저서 『여론』(Public Opinion)(1922)은 매스 커뮤니케이션학 역사상 가장 영향력 있는 비학술 저서로 불려왔다(Carey, 1996). 리프만은 뉴스 미디어가 세계에 대한 공중의 지각을 어떻게 형성하는지에 대해 글을 썼다. 그는 뉴스 미디어가 만들어내는 현실상은 실제 현실을 단순히 '반영한 것'에 지나지 않으며, 따라서 때때로 왜곡된다는 점을 강조했다. 뉴스 미디어가 보여주는 세계상은 뉴스 소비자에게 의사환경(pseudo-environment)을 만들어준다고 리프만은 말했다. '실제' 환경 외에 의사환경도 존재하며 사람들은 미디어가 만들어낸 이러한 의사환경에 반응한다. "왜냐하면 실제 환경은 직접 알기에는 너무 크고 복잡하며 순식간에 지나가 버리기 때문이다"

(Lippmann, 1922: 16).

다른 학자들도 1970년대 초 의제설정 개념에 대한 경험적 평가가 있기 전에 그들의 글에서 의제설정 개념을 기술했다. 1958년, 노턴 롱(Norton Long)은 다음과 같이 썼다:

어떤 의미에서 신문은 지역의 의제를 설정하는 주요 발의자다. 신문은 사람들 대부분이 이야기하게 될 것, 사람들 대부분이 사실이라고 생각하게 될 것, 사람들 대부분이 문제처리 방식으로 여기게 될 것을 결정하는 데 중요한 역할을 한다(Long, 1958: 260).

이듬해에 커트 랭과 글래디스 랭(Kurt Lang & Gladys Lang)은 다음과 같이 썼다: "매스 미디어는 특정한 이슈에 대한 주목을 강요한다. 그것은 정치인의 공적 이미지를 형성한다. 그것은 대중이 무엇에 대해 생각해야 하고, 무엇에 대해 알아야 하고, 무엇에 대한 느낌을 가져야 하는지를 시사해주는 대상물을 계속해서 제시하고 있다"(Lang & Lang, 1959: 232).

1) 인지 패러다임

코시키(Kosicki, 1993)에 따르면, 의제설정 연구는 몇 가지 이유에서 현재의 형태로 발전했다. 1960년대와 1970년대에 연구자들은 의제설정 효과를 설명하는 데 설득 패러다임(persuasion paradigm)을 사용하기를 거부하고 새롭게 등장하는 인지 패러다임(cognitive paradigm)에 주목하기 시작했다.

의제설정은 겉으로 보기에 분명히 단순하고 설명하기 쉬우며 직관적으로 매력 있는 가설을 가지고 있어 얼마 동안은 옳은 듯 보였다. '사람들에게 무엇을 생각해야 할지 말해주는 것'에서 '사람들에게 무엇에 대해 생각해야 할지 말해주는 것'으로 기본적인 연구문제를 '재구성하는 것'은 겉으로 보기에 설득 패러다임의 거부이다(Cohen, 1963). 외관상으로는 사소해 보이지만, 영리한 이러한 국면 전환은 주목의 초점을 설득에서 무언가 새로운 것으로 돌려놓았다. 이 모델의 이러한 신선함은 분명한 매력이다. 이것은 설득에서 다른 인지적 요인들로의 이동뿐만 아니라(Becker & Kosicki, 1991) 특정한 종류의 인지적 요인, 즉 이슈 의제로 이동함을 보여준다(Kosicki, 1993: 231).

인지 패러다임에서는 세 가지 기본적인 요인이(사람의 행동, 사람의 인지 능력, 사람들이 노출되는 환경적 사건들)이 양방향으로 서로 영향을 미친다. "상호 간의 인과성은 사람들에게 자기 관리(self-direction)[2]의 한계를 설정할 기회뿐만 아니라 그들 삶 속의 사건들을 어느 정도 통제할 수 있는 기회를 제공한다. 영향의 양방향성 때문에 사람들은 환경의 산물이자 환경의 생산자이다"(Bandura, 1994: 61).

예를 들면, 정향 욕구(need for orientation)는 인지 지도 작성(cognitive mapping)[3]이라는 아이디어를 기초로 하는데, 사람은 자신이 생소한 환경에 놓일 때마다 자기 자신을 적응시키려 한다. 의제설정 연구자들은 높은 정향 욕구를 가지고 있는(선거에 대한 높은 관심과 주요 이슈에 대한 불확실성이 높은) 투표자가 영향을 받을 가능성이 높다는 사실을 발견했다. 맥콤스 및 레이놀즈에 따르면, "정향 욕구 개념은 이슈를 단순히 두드러지는 정도(obtrusiveness)에 따라 분류하는 것보다 의제설정 효과의 변동성에 대한 더 풍부한 심리학적 설명을 제공해준다"(McCombs & Reynolds, 2009: 8).

---

2) '자기 관리'란 학습과 관련된 목표를 설정하고, 그러한 목적을 달성하기 위해 계획을 세우고, 독자적으로 시간과 노력을 관리하며, 독자적으로 학습의 질과 학습 경험을 통해 얻은 어떤 산물을 평가하는 능력을 말한다(옮긴이 주).
3) 모든 공간적 환경에서 현상들의 상대적 위치와 속성에 대한 정보의 획득, 부호화, 저장, 회상, 부호 번역 등에 의한 심리적인 변형의 연속으로 구성되어 있는 절차(옮긴이 주).

2) 기폭

연구자들은 기폭을 의제설정의 결과 가운데 하나로 간주하기 때문에, 기폭은 의제설정 현상에 대한 또 하나의 강력한 개념적 토대이다(McCombs & Reynolds, 2009; 5장 참조). 뉴스 미디어가 특정 이슈의 특정한 속성에 대해 보도하거나 예를 들어 정치 후보자의 특정한 특성을 강조할 때, 뉴스 소비자는 그러한 특성과 그 후보자를 연관 짓거나 특정한 속성과 특정한 이슈를 동일시하도록 '기폭'된다.

"다른 문제는 무시하면서 어떤 문제에 대한 주의를 환기함으로써 (다른 뉴스 미디어뿐만 아니라) 텔레비전 뉴스는 정부, 대통령, 정책, 공직 후보자를 판단하는 기준에 영향을 미친다"(Iyengar & Kinder, 1987: 63).

2. 연구 전통

1972년, 노쓰 캐롤라이나(North Carolina) 대학교의 두 학자, 맥스웰 맥콤스(Maxwell McCombs)와 도널드 쇼(Donald Shaw)는 채플 힐(Chapel Hill) 연구로 알려진 연구에서 의제설정에 관한 리프만의 아이디어를 최초로 실증적으로 검정했다.

1968년, 베트남전을 둘러싼 갈등 고조, 흑인들의 인권 투쟁, 권위에 대한 미국 청소년들의 반항 및 약물 남용이 심각한 문제로 대두되었다. 대통령이 되려는 로버트 케네디(Robert F. Kennedy)의 노력은 그가 캘리포니아에서 한 암살범에 의해 암살됨으로써 비극으로 끝났다. 그를 대신해 휴버트 험프리(Hubert H. Humphrey)가 공화당의 리처드 닉슨(Richard M. Nixon)과 무소속 후보인 조지 월러스(George C. Wallace)를 상대로 민주당 대통령 후보가 되었다.

첫 번째 의제설정 연구는 1968년 요동치는 사회 분위기 속에서 이루어졌다.

이러한 요동치는 사회 분위기 속에서 미국이 새로운 행정부 수반을 선출하려고 준비하고 있을 때, 맥콤스와 쇼는 캠페인 보도가 이슈의 중요성에 대한 공중의 지각에 미치는 영향을 검정하기 위한 연구를 설계했다. 그들은 선거가 있기 전에 투표자들에게 다음과 같은 질문을 했다: "당신이 요즈음 가장 관심을 가지고 있는 것은 무엇입니까? 즉, 정치인들이 말하는 것과는 상관없이 미국 정부가 집중해야 한다고 생각하는 두세 가지 중요한 것은 무엇입니까?"(McCombs & Shaw, 1972: 178). 그들이 밝힌 이슈(외교 정책, 법과 질서, 회계 정책, 인권, 공공복지)는 해당 응답자들의 비율에 따라 순위가 매겨졌다.

채플 힐 연구자들은 지역 뉴스 미디어의 내용을 하나의 측정된 독립변인으로 사용했으며 종속변인, 즉 이슈의 현저성을 토픽 보도와 비교했다. 연구자들은 미디어의 관심을 가장 많이 받는 이슈를 확인하기 위해 캠페인 기간인 3주 동안 지역 신문, 텔레비전 및 라디오 방송국의 내용을 분석했다. 맥콤스와 쇼는 이러한 결과를 공중의 반응과 비교한 결과, 공중과 뉴스 미디어 측의 '의

제'가 거의 동일함을 확인했다. 그들은 미디어에서 공중으로의 이슈 '현저성의 전이'(transfer of salience)를 '매스 커뮤니케이션의 의제설정 영향'이라 명명했다(McCombs & Bell, 1996: 96).

최초의 의제설정 연구가 있은 후 수십 년 동안 수백 편의 연구가 이루어진 것으로 보아 커뮤니케이션 연구자들 사이에 의제설정 연구가 불이 붙었다고 말할 수도 있을 것 같다. 맥콤스 및 쇼(McCombs & Shaw, 1993)는 많은 연구 결과를 검토한 결과, 의제설정 연구의 네 성장 단계를 다음과 같이 확인했는데, ① 1972년에 이루어진 그들의 최초 연구 발표 단계, ② 조건적 상황에 대한 반복 연구 및 조사 단계, ③ 원래 의사 설정 아이디어가 후보자 특성 영역 및 기타 정치적 측면으로 확대되는 단계, ④ 미디어 의제 소스에 초점을 맞춘 단계가 그것이다.

1973년, 레이 펑크하우저(Ray Funkhouser)는 채플 힐 연구를 반복 연구한 결과, 1960년대 여론 동향이 그 기간에 보도된 뉴스 미디어의 이슈 보도와 강하게 일치하였음을 확인했다. 펑크하우저는 미국에서 가장 중요한 문제에 관해 실시한 갤럽(Gallup) 여론조사 결과를 이용하여 여론을 평가했다. 그는 미디어 의제를 측정하기 위해 《타임》(*Time*), 《뉴스위크》(*Newsweek*), 《유에스 뉴스 앤드 월드 리포트》(*U. S. News and World Report*)의 내용을 분석했다. 그런 다음 그는 '실제' 현실과 현실에 대한 공중 및 미디어 측의 '지각' 간의 일치를 가늠하기 위해 이러한 결과를 다른 통계(예, 베트남전에 참전한 미국 군인 수, 캠퍼스에서 벌어진 시위나 인권을 위한 시위 횟수)와 비교했다. 그는 어떤 이슈에 대한 미디어의 보도량과 그 이슈에 대해 공중이 지각한 중요성 간에 높은 상관관계를 확인했다. 또한 그는 미디어 보도가 항상 이슈와 상황의 실제 현실을 나타내 주지 않는다는 것도 확인했다(Funkhouser, 1973).

의제설정 연구의 두 번째 단계는 쇼 및 맥콤스(Shaw & McCombs, 1977)의 두 번째 연구로 시작되었는데, 이 연구에서 그들은 1972년 대통령 선거 캠페인 기간 의제설정 효과와 조건적 상황의 인과 방향을 살펴보았다. 의제설정의 단기 효과를 밝히기 위해 노쓰 캐롤라이나 주 샬럿 지역 투표자를 대상으로 선거 전과 후에 설문조사를 실시했다. 연구자들은 세상에 대한 정향 욕구가 더 강한 투표자와 매스 미디어를 다른 사람보다 더 자주 이용하는 투표자가 뉴스 미디어 의제와 일치하는 의제를 가지고 있을 가능성이 높다는 사실을 확인했다. 인과관계에 관해 연구자들은 언론의 의제설정 영향을 지지하는 증거를 찾았다고 주장했지만, 그러한 증거가 압도적이지는 않았다(Shaw & McCombs, 1977; Westley, 1978).

인과 방향에 대해 더 강력한 증거를 제공하기 위해 실시한 후속 의제설정 연구는 녹화된 네트워크 텔레비전 뉴스를 기사의 위치와 기사에 대한 강조를 조작해서 바꿀 수 있는 실험실 상황에서 수행되었다(Iyengar, Peters, & Kinder, 1982). 1주일 동안 조사 참여자들은 매일 변경된 뉴스를 시청했는데, 조사 참여자들은 그것이 변경되지 않은 실제 뉴스인 줄 알고 있었다. 참여자들은 두 집단으로 나누어졌다. 한 집단에게는 미국 국방력의 취약성을 강조한 뉴스를 보여주었고, 다른 집단에게는 이러한 특정 기사가 포함되지 않은 뉴스를 보여주었다. 연구자들은 참여자를 대상으로 실험이 있기 전과 후에 설문조사를 실시한 결과, 통계적으로 유의미한 의제설정 효과를 발견했다. 실험을 실시한 주 종반에 '취약한 국방력'에 관한 기사를 보았던 집단은 그 기사를 보지 않은 집단보다 국방 이슈를 훨씬 더 높게 평가했다(Iyengar et al., 1982). 후속 실험 연구들도 매스 미디어의 의제설정 효과에 경험적 증거를 추가로 제공했다(Iyengar & Kinder, 1987; Wanta, 1988).

세 번째 단계의 의제설정 연구는 1976년 대통령 선거 캠페인 기간에 시작되었는데, 이 연구에서는 후보자 특성 의제와 정치적 관심이라는 대안 의제를 살펴보았다(Weaver, Graber, McCombs, & Eyal, 1981). 연구자들은 투표자가 후보자의 특성과 미디어에 묘사되는 후보자의 이미지를 어떻게 지각하는가에 대한 동태적 분석을 했다(McCombs, 1992). 6개 지역(미국 북동부 지역 세 곳과 중서부 지역 세 곳)의 투표자들이 의제설정 과정에 작동하는 조건적 요인

의제설정 연구: 네 단계 훑어보기

1단계: 최초 연구

채플 힐 연구: McCombs & Shaw(1972).
결과: 뉴스 미디어가 중요하다고 간주한 이슈는 일반 공중도 중요한 것으로 간주함.

2단계: 반복 연구

샬럿 투표자 연구(Charlotte Voter Study): Shaw & McCombs(1977).
결과: 정향 욕구가 강한 투표자와 매스 미디어를 다른 사람보다 더 자주 이용하는 사람은 미디어 의제와 일치하는 의제(이슈 현저성)를 가지고 있을 가능성이 더 높음.

실험 연구(Laboratory Study): Iyengar, Peters, & Kinder(1982).
결과: 취약한 미국 국방력에 관한 기사를 본 연구 참여자는 그 기사를 보지 않은 사람보다 이러한 이슈를 훨씬 더 높게 평가함.

3단계: 조건적 요인

1976년 후보자 연구(Candidate Study): Weaver, Graber, McCombs, & Eyal(1981).
결과: 후보자에 대한 투표자의 지각의 역동성과 뉴스 미디어가 묘사하는 후보자의 이미지를 조사함. 조건적 요인이 의제설정 과정에 영향을 미치는 것으로 드러남. 투표자의 직업, 교육 수준, 그들의 지리적 위치가 투표자의 이슈 의제가 미디어 의제와 일치하는지 여부를 결정하는 데 역할을 함.

4단계: 누가 의제를 설정하는가?

미디어 의제 소스(Media Agenda Sources): Shoemaker & Reese(1991).
결과: 많은 영향이 매일 미디어 의제를 만들어내는 데 작용함. 여기에는 뉴스 조직 및 외부 조직과 관련된 사회학적 요인, 이념적 요인, 기자와 편집인의 개인차, 일상적인 미디어 작업 등이 포함됨.

(contingent factor)을 평가하기 위한 종단적 연구에 참여했다. 투표자의 직업, 교육 수준, 지리적 위치가 선거 캠페인 기간 동안 미디어가 투표자의 이슈 의제를 설정하는 정도에 영향을 미치는 것으로 드러났다.

　네 번째 단계는 연구자들이 미디어 의제의 소스를 조사하기 시작했던

1980년대에 시작되었다. 매일 미디어 의제를 만들어내는 여러 영향이 확인되었다(Shoemaker & Reese, 1991). 뉴스 조직 및 외부 조직과 관련된 사회학적 요인, 일상적인 미디어 작업, 이념적 관심사, 기자와 편집인 간의 개인차가 그러한 것들이다.

3. 최근 연구

현 의제설정 연구는 네 단계 모두에 걸쳐 이루어지고 있지만, 많은 최근 연구는 속성 의제설정과 누가 미디어 의제를 설정하는가에 맞추어져 있다. 프레이밍은 별개의 미디어 효과 영역으로 간주되어야 한다는 주장과 함께, 최근에는 프레이밍 연구도 폭발적으로 이루어졌는데, 따라서 우리는 프레이밍을 7장에서 별도로 다룬다.

2009년, 맥콤스 및 레이놀즈는 채플 힐 연구 이후 "뉴스 미디어의 의제설정 영향에 관한 425편이 넘는 실증적 연구"가 학자들에 의해 이루어졌다는 데 주목했다(McCombs & Reynolds, 2009: 2). 여기서는 21세기 이후 이루어진 몇몇 연구에 대해 살펴볼 것이다.

의제설정 연구자들이 살펴보기 시작한 한 분야는 인터넷 뉴스 보도의 다양한 효과이다. 왕(Wang, 2000)은 특정 집단에게는 인종 차별에 관한 기사가 포함되어 있는 온라인 신문을 보여주고 다른 집단에게는 인종 차별에 관한 기사가 포함되어 있지 않은 온라인 신문을 보여준 실험을 실시했다. 인종 차별에 관한 기사를 읽은 집단은 나중에 인종 차별을 중요한 공중의 의제라고 밝혔다.

2003년, 구, 케이드 및 파우(Ku, Kaid, & Pfau)는 웹사이트 캠페인이 여론은 물론 전통적인 미디어 의제에 미치는 중요성을 살펴본 연구를 발표했다. 그들은 "이슈에 대한 공중의 주목이 웹사이트로 수렴함을 보여주는 강력한 증거가 존재한다는 것"과 후보자 웹사이트가 "공중에게 직접적인 의제설정 영향"을 미쳤다는 것에 주목했다(Ku, Kaid, & Pfau, 2003: 544).

또 다른 의제설정 연구는 온라인 판 《뉴욕 타임스》 독자들을 조사했다(Althaus & Tewksbury, 2002). 5일 동안 어떤 독자는 인쇄판 《뉴욕 타임스》를 살펴본 반면, 어떤 독자는 온라인 판을 살펴보았다. 두 집단 모두 의제설정 효과를 경험했는데, 인쇄판과 온라인 판이 다룬 중요한 이슈의 차이에 따라 중요한 이슈에 대한 지각에는 차이가 있었다.

1) 속성 의제설정과 프레이밍

헤스터 및 깁슨은 내용분석과 시계열 분석(time-series analysis)[4]을 사용해 경제에 관한 뉴스의 2단계 의제설정 효과와 사람들의 지각과 실제 경제상황에 미치는 영향을 조사했다. 그들은 부정적인 경제 뉴스가 긍정적인 뉴스보다 발생할 가능성이 훨씬 더 높다는 것과 부정적인 뉴스 보도가 '현' 경제상황에 대한 사람들의 평가에 아무런 영향을 미치지 않았음을 확인했다. 그 대신 사람들은 "현 경제상황에 대해 평가할 때 경제와 관련된 일상의 개인적 경험과 실제 경제지표"에 더 의존하는 것 같다(Hester & Gibson, 2003: 85). 이 연구자들은 부정적인 경제 보도가 '미래'의 경제상황에 대한 공중의 의견에 영향을 미치는 강력한 요인임을 확인했다. 이 연구자들의 표현에 따르면, "늘어난 경제에 대한 부정적인 보도는 미래의 경제 성과에 대한 낮아진 평가와 관련이 있었다"(2003: 85). 그들은 시계열 분석을 통해 사람들의 평가가 미디어에 영향을 준 것이 아니라 미디어가 사람들의 평가에 영향을 주었음을 자신 있게 말할 수 있다고 강조했다.

김 및 맥콤스(Kim & McCombs, 2007)의 한 속성 의제설정 연구는 후보자 속

---

4) '시계열'이란 일정 시간 간격으로 배치된 데이터의 수열을 말하며, '시계열 분석'이란 이런 시계열을 해석하고 이해하는 데 쓰이는 여러 가지 방법을 연구하는 것을 말한(옮긴이 주).

뉴스 기사의 기술(記述)과 정치 후보자에 대한 공중의 의견

Kihan Kim and Maxwell McCombs(2007)
Journalism & Mass Communication Quarterly, 84(2), 299~314.

이 연구에서 연구자들은 의제설정 효과를 살펴보기 위해 2002년 텍사스 주지사 및 미 상원의원 선거 동안 텍사스 주 오스틴에서 발행되는 지역 일간지에 대한 내용분석과 오스틴 거주자를 대상으로 한 설문조사를 결합했다. "상관분석 및 회귀분석 결과는 속성 의제설정의 중심 명제를 지지하며, 뉴스에서 긍정적으로나 부정적으로 다루어진 속성은 각 후보자에 대한 의견과 관련이 있음을 보여준다. 대대적인 미디어 주목을 받는 속성은 신문을 적게 읽는 사람보다 신문을 많이 읽는 사람의 태도적 판단에 더 영향을 미치는 경향이 있었다"(Kim & McCombs, 2007: 299).

가설

H1: 정치 후보자에 대한 공중의 속성 의제는 미디어의 속성 의제를 반영할 것이다. 이러한 속성 의제는 두 가지 차원에서, 즉 의제의 실질적 속성(substantive attribute)과 각 실질적 속성의 감정적 톤(affective tone)의 측면에서 정의된다.

H2: 어떤 후보에 대해 공중이 마음속으로 느끼는 그러한 속성의 감정적 톤은 그 후보에 대한 의견을 예측할 것이다.

H3: 미디어가 강조한 속성의 실질적 측면과 감정적 측면은 공중의 태도적 판단에 중요한 요소일 것이다.

내용분석

내용분석은 2002년 9월 4주 동안 네 후보(릭 페리와 토니 산체스 주지사 후보 그리고 존 코닌과 론 커크 미 상원의원 후보)의 여러 가지 속성을 주장한 뉴스 기사, 논설, 의견 기사에 초점을 맞추었다. 그들은 298개의 주장과 그 속에 포함된 83개의 구체적이거나 분리된 속성을 확인했다. 83개의 속성은 다음 여섯 가지 주요 속성 범주에 속한다:

- 일반적인 정치적 기술
- 구체적인 이슈 입장
- 개인적 자질 및 특성
- 신상 정보
- 캠페인 활동
- 지지 및 보증

여섯 가지 가운데 개인적 자질 및 특성 범주가 전체 주장의 42.1%를 차지했다. 이 범주는 다음과 같은 11개 구체적인 속성을 포함했다:

- 경험
- 능숙함
- 공신력
- 도덕성
- 사람에 대한 배려
- 커뮤니케이션 기술
- 가족/배경, 뿌리, 인종/민족성에 대한 자부심
- 비정치인
- 스타일 및 성격
- 후보의 개인적 자질 및 특성에 대한 기타 논평

연구자들은 나아가 속성들의 톤이 긍정적인지, 부정적인지, 혹은 중립적인지도 코딩했다.

설문조사

2002년 9월 26일에서 10월 11일 사이에 오스틴 대도시권에서 무작위로 표집된 417명의 성인을 대상으로 설문조사가 이루어졌다. 훈련 받은 학생들이 전화 설문조사를 진행했으며, 417명 가운데 45%가 설문을 완료했다.

설문을 완료한 사람들 가운데 47%가 남성이었으며, 18~34세가 35%, 35~44세가 27%, 44~54세가 22%, 55세 이상이 16%였다. 백인이 78%, 아프리카계가 7%, 남미계가 15%였다. 표본의 절반 이상이 연수입이 5만 달러 이상이라고 대답했고 60%가 대학 교육을 받아본 적이 있거나 대학을 졸업했다.

주관심 변인은 네 후보 각각에 대한 공중의 속성 의제와 네 후보 각각에 대한 태도였다. 속성 의제를 측정하기 위해 응답자들에게 다음과 같은 질문을 했다: "당신 친구 가운데 1명이 오랫동안 떠나 있어서 텍사스 주지사 및 텍사스 출신 미 상원의원 후보에 대해 아무것도 모른다고 가정해보라. 당신은 당신 친구에게 (코닌, 커크, 페리, 산체스)에 대해 무어라고 말해줄 것인가?"

각 후보에 대한 응답자의 태도를 측정하기 위해 다음과 같은 질문을 했다: "당신은 페리(산체스, 커크, 코닌)에 대해 어떻게 느끼나?" 응답자들에게 '매우 호의적이다'에서부터 '매우 호의적이지 않다'에 이르는 5점 척도를 제공했다.

이 연구자들은 3개의 통제변인, 즉 나이, 정당 일체감(공화당, 민주당, 무소속), 이념 정향성(보수, 중도, 진보)도 측정했다. 그들은 5점 척도('전혀 읽지 않음'에서 '매일 읽음'까지)로 신문 읽는 빈도도 측정했다. 응답자들에게 어떤 신문을 읽는지도 물었다.

연구결과

가장 자주 등장한 후보가 가장 상세하게 기술되었으며, 모든 후보에 대한 기술은 그들의 개인적 자질과 특성에 대한 논평에 초점을 맞추었다. 미디어의 속성 의제와 공중의 속성 의제는 상당히 일치하는 것으로 나타났으며, 따라서 H1은 지지되었다.

H2를 검정하기 위해 회귀분석을 실시했다. 정치적 정체성, 이념, 나이, 신문 읽는 빈도 외에, 긍정적인 속성은 각 후보에 대한 긍정적인 태도를 예측했고 부정적인 속성은 각 후보에 대한 부정적인 태도를 예측했다.

H3을 검정하기 위해 다시 회귀분석을 실시했는데, 이번에는 응답자를 신문을 자주 읽는 집단과 자주 읽지 않는 집단으로 나누었다. 정당 일체감, 이념적 정향성, 나이가 통제변인으로 사용되었다. 분석 결과, 신문을 자주 읽는 사람은 미디어가 강조한 톤에 의해 예측된 후보에 대한 태도를 갖는 경향이 강한 반면 신문을 자주 읽지 않는 사람은 그런 경향이 약한 것으로 나타나, H3이 지지되었다.

성 묘사가 2002년 텍사스(Texas) 주지사 및 미 상원의원 선거에서 투표자에게 큰 영향을 미쳤음을 확인했다. 이 연구자들은 텍사스 주 오스틴(Austin)에서 발행되는 한 일간지를 내용분석한 결과, "일반적인 정치적 기술(記述), 구체적인 이슈 입장, 개인적 자질 및 특성, 신상 정보, 캠페인 활동, 지지와 보증"을 포함해 그 신문에서 크게 다루어진 속성들을 확인했다(2007: 303). 그런 다음 그들은 그 지역 거주자들을 대상으로 전화 설문조사를 실시했다. 그 신문을 읽은 사람의 판단이 그 신문에서 후보자 속성에 관해 읽은 내용에 더 많이 영향을 받는 경향이 있는 것으로 나타났다.

우 및 콜먼(Wu & Coleman, 2009)의 2단계 의제설정에 관한 연구는 2004년 미국 대선에 초점을 맞추었다. 이 연구자들은 후보자를 기술하는 속성이 후보자에 대한 투표자의 지각에 큰 영향을 미쳤으며, 실제로 그들의 투표 의도를 예측했음을 확인했다. 이 연구는 또한 후보자 이미지에 대한 부정적인 미디어 보도가 긍정적인 보도보다 공중에게 더 영향을 미친다는 점을 확인해주었다.

하(Ha, 2011), 리(Rhee, 1997), 셴(Shen, 2004)은 사람들의 기존 태도가 뉴스

프레이밍 효과에 영향을 미친다는 것을 확인했다. 하(2011)의 연구는 사람들의 정치적 세련도(political sophistication) 수준이 캠페인 뉴스 보도의 의제설정 효과를 이해하는 데 핵심임을 확인했다. 정치적 세련도가 가장 낮은 사람과 가장 높은 사람은 정치적 세련도가 중간 정도인 사람보다 뉴스 의제를 받아들일 가능성이 더 낮았다. 센(2004)은 연구 참여자들이 두 뉴스 기사(하나는 줄기세포에 관한 뉴스이고 다른 하나는 알래스카에서의 석유 시추에 관한 뉴스)의 경제적 차원과 환경적 차원에 대한 기존의 신념과 태도를 가지고 있는지 알아보기 위해 그들을 조사했다. 두 토픽에 대한 기존의 신념과 태도를 이미 가지고 있는 사람은 선유성향이 없는 사람보다 당면 이슈에 적용된 새로운 생각을 받아들일 가능성이 더 낮았다.

2) 미디어 의제

미디어 의제를 설정할 수도 있는 뉴스원(news source)에 대한 연구는 계속해서 학자들의 관심을 끌고 있다(Wanta, Stephenson, Turk, & McCombs, 1989). 몇몇 연구는 미국 대통령이 뉴스 미디어 의제에 미친 영향에 초점을 맞추었다. 특히 이러한 연구들은 대통령의 연두교서가 미칠 수 있는 영향을 측정하기 위해 연두교서가 발표되기 한 달 전과 발표된 지 한 달 후에 뉴스 미디어가 두드러지게 다룬 이슈를 확인했다.

완타 및 푸트(Wanta & Foote, 1994)는 여러 이슈와 관련된 대통령의 문서들을 조사한 다음, 이러한 이슈에 대한 미국 3대 네트워크의 뉴스 보도를 비교하기 위해 시계열 분석을 사용했다. 연구자들은 16가지 이슈를 확인하고 이들을 4개 집단으로 분류했는데, 국제문제, 경제, 사회문제, 사회적 이슈가 그것이다. 그들은 경제를 제외한 모든 범주에서 그리고 16개 토픽 가운데 7개에서 미디어 보도와 이러한 이슈에 대한 대통령의 강조 간에 유의미한 상관관계를 발견했다.

완타 및 푸트(Wanta & Foote, 1994)의 또 다른 주요 연구결과는 미디어 보도가 대통령의 영향을 매우 자주 받는다는 점이었다. 바꾸어 말하면 대통령의 이슈 의제는 미디어 의제에 강력한 영향을 미친다는 것이다. 뉴스 미디어는 검토된 이슈 16개 가운데 단지 3개에 대해서만 대통령에게 영향을 미친 것 같았는데, 동서 관계, 범죄와 마약, 환경 문제가 그것이다.

의제설정 연구자들은 종종 양파 껍질 벗기기 비유를 사용하여 서로 다른 층이 서로 다른 영향을 나타내는 미디어 의제설정 과정을 설명했다. 이러한 층들은 "지배적인 이념에서부터 개별 저널리스트의 신념과 심리에 이르기까지" 다양하다(McCombs & Reynolds, 2009).

미국 대통령 외에도 다른 공직자와 개인 그리고 심지어 《뉴욕 타임스》와 같은 미디어 자체도 미디어 의제에 영향을 미치는 것으로 드러났다(Mazur, 1987; Ploughman, 1984; Reese & Danielian, 1989). 공중 관계(public relations) 뉴스 보도자료, 정치 광고, 웹사이트 또한 다른 뉴스 매체의 의제를 설정하는 것으로 밝혀졌다(Boyle, 2001).

3) 의제설정, 프레이밍, 그리고 기폭

매스 커뮤니케이션 학자들 사이에 벌어지고 있는 가장 최근의 논쟁은 의제설정, 프레이밍, 기폭 간의 유사점 및 차이점과 관련 있다. 어떤 학자는 프레이밍과 기폭이 의제설정 연구 아래에 포함되어야 한다고 말하는 반면(Ghanem, 1997), 또 어떤 사람은 이 세 가지 연구 분야가 서로 구분되어야 한다고 주장한다(Scheufele, 2000; Scheufele, 2004; Scheufele & Tewksbury, 2007).

프레이밍 연구가 최근 단계적으로 확대되기는 했지만, 프레이밍과 의제설정 간의 차이점을 분명하게 하기 위한 연구가 더 필요하다. 위버(Weaver, 2007)는 의제설정과 프레이밍에 대해 다음과 같이 썼다: "이 둘은 생각의 대상이 아닌 생각하는 방식에 관심이 있다. 그러나 프레이밍은 2단계 의제설정(대상 속성의 현저성)보다 (도덕적 평가, 인과적 추론, 원칙에 대한 소구, 문제 처리에 대한 권고 같은) 더 넓은 인지 과정을 포함하는 것 같다"(2007: 146).

프레이밍 연구는 특정한 이슈나 대상에 대한 미디어의 프레임뿐만 아니라 수용자가 그러한 프레임을 받아들이고 해석하거나 기억에 저장되어 나중에 판단을 내릴 때 활성화될 수 있는 '스키마'를 형성하는 방식에도 초점을 맞추고 있다. 스키마는 그것이 형성되고 활성화되며 저장된다는 점에서 정신 모델(mental model)과 관련 있다(Scheufele, 2004).

학자들이 다루지 않은 문제의 일부는 의미론(semantics)과 관련되어 있을 수도 있다. 기폭과 의제설정은 어떤 것이 다른 어떤 것에 미치는 능동적 영향, 즉 미디어 효과를 나타내는 문구들이다. 단지 '프레이밍'이란 단어는 무언가를 어떤 특정한 시각으로 비추거나 어떤 특정한 방식으로 말하는 활동을 말한다. 그러나 프레이밍 연구는 대부분 뉴스 프레임의 효과를 조사하긴 하지만, '프레이밍' 그 자체는 어떤 종류의 효과도 보여주지 않는다. 바꾸어 말하면 사람들은 '기폭될' 수 있고 그들의 의제는 매스 미디어에 의해 '설정될' 수 있지만, 매스 미디어 소비자는 (범죄를 제외하고는) '프레임될'[5] 수 없다. 프레이밍이라는 이름은 어떤 효과를 나타내는 것이 아니라 예비 활동을 나타낼 뿐이다.

4. 요약

의제설정은 언론이 "무엇을 생각해야 할지를 사람들에게 말해주는 데에는 상당 기간 성공적이지 않을 수도 있지만 무엇에 '대해서' 생각해야 할지를 말해주는 데에는 놀랄 만큼 성공적"이라는 코헨의 인용문을 통해 흔히 설명된

---

5) 'frame someone for a crime'은 '누군가에게 어떤 죄를 뒤집어씌우다'라는 의미(옮긴이 주).

다. 최근 연구는 매스 미디어가 또한 사람들이 무엇을 생각해야 할지를 말해주는 데도 성공적임을 보여주는 '2단계 의제설정 효과'를 확인했다.

의제설정 연구자들이 직면한 한 가지 심각한 문제는 가외변인의 통제이다. 의제설정 효과는 연구자들이 특정 이슈에 대한 보도가 있기 전과 후에 여론을 측정할 수 있을 때만 분명히 나타난다. 강력하고도 신뢰할 수 있는 통계적 도구는 미디어 연구자가 의제설정 영향의 방향을 규명하는 데 도움을 주었다.

의제설정 연구는 처음에 세계에 대한 사람들의 지각을 형성하는 데 미친 뉴스 미디어의 영향을 조사했다. 최근, 의제설정 연구는 발전하여 다음과 같은 질문을 제기한다: 누가 미디어 의제를 설정하는가? 미디어 전문가의 뉴스 정보 흐름 통제는 중요한 기능 가운데 하나로 게이트키핑이라 불린다.

월터 리프만은 그의 저서 『여론』(1922)에 최초로 의제설정 과정에 대해 기술했다. 그는 세계에 대한 공중의 지각을 형성하고 뉴스 소비자에게 의사환경을 만들어주는 뉴스 미디어의 책임에 관해 썼다.

의제설정에 관한 리프만의 아이디어는 맥콤스 및 쇼의 채플 힐 연구(1972)에서 처음으로 실증적으로 검정되었는데, 이 연구는 캠페인 보도가 이슈의 중요성에 대한 공중의 지각에 미치는 영향을 검정했다.

채플 힐 연구에 이어 수백 편의 의제설정 연구들이 이루어졌다. 이러한 연구 전통의 성장 단계는 다음과 같이 네 단계로 나뉜다: ① 채플 힐 연구 발표, ② 반복 연구 및 조건적 상황 검토, ③ 의제설정 아이디어가 후보자의 특성 및 기타 정치적 영역으로 확장, ④ 미디어 의제의 소스에 대한 초점.

학자들은 의제설정, 기폭, 프레이밍이 서로 다른 미디어 효과 연구 영역으로 간주되어야 하는지를 둘러싸고 의견이 서로 엇갈리고 있다.

7장

프레이밍

> 프레임은 해석 패턴으로 여겨지는데, 사람들은 정보를
> 효율적으로 다루기 위해 이러한 패턴을 통해 정보를 분류한다.
> — 디트램 쇼이펠(Dietram Scheufele), 2004: 402

매일 우리는 뉴스 소비자로서 뉴스 미디어(텔레비전, 신문, 잡지, 인터넷, 휴대폰)가 쏟아내는 기사의 홍수 속에 살고 있다. 우리는 부분적으로 우리가 소비하는 정보를 토대로 태도와 의견을 형성하고 판단을 내린다. 의제설정에 관한 앞 장에서 우리는 매스 미디어가 우리의 이슈 의제를 설정해주는, 즉 우리에게 무엇에 대해 생각해야 할지를 알려주는, 힘을 지니고 있다는 것을 배웠다. 또한 매스 미디어는 단어와 이미지로 구성되어 있는 기사를 구성하는 방식을 통해 그러한 정보를 '프레임'(frame)함으로써 실제로 우리가 생각하는 방식에 영향을 줄 수 있는 힘을 가지고 있다는 것도 배웠다.

최근, 미디어 효과 연구자들은 정보가 구성 혹은 프레임되는 방식이 가지고 있는 힘과 그것이 미디어 소비자의 마음에 미치는 영향으로 그들의 주의를 돌렸다. 여러분은 '속성' 의제설정이 미디어가 시청자들에게 무엇에 '대해' 생각해야 할지를 말해줄 뿐만 아니라 무엇을 생각해야 할지도 말해주는 미디어에 초점을 맞추고 있다는 앞 장의 내용을 기억할 것이다. 이러한 유형의 연구는 **프레이밍**(framing)이라 불리는 완전히 새로운 분야로 발전했는데, 일부

미디어 효과 연구자들은 프레이밍 연구가 의제설정 연구 및 기폭효과 연구와 이론적으로나 실험적으로나 구별되어야 한다고 믿고 있다.

이 장에서는 프레이밍 이론, 프레이밍의 효과, 프레임 형성 및 프레임 설정 접근방법, 프레임 유형에 대해 살펴본다.

1. 프레이밍 이론

프레이밍 이론은 심리학과 사회학에 그 뿌리를 두고 있다. 심리학 지향적 인 연구는 통상 개인에 대한 미시적 수준의 연구라는 특징을 보여온 반면, 사회학 지향적인 연구는 사회에 대한 거시적 수준의 연구로 발전해왔다.

툭스버리 및 쇼이펄(Tewksbury & Scheufele, 2009)에 따르면, 프레이밍의 심리학적 관점은 셰리프(Sherif, 1967)의 '준거 프레임'(frames of reference)에 관한 연구와 전망 이론(Kahneman, 2003; Kahneman & Tversky, 1979, 1984)에서 나왔다. 사람들은 특정한 준거 프레임 안에서 판단을 내리고 세상을 지각하며, 이러한 준거 프레임은 개인의 판단과 지각에 영향을 주게끔 구성될 수 있다. '전망 이론'(prospect theory)은 지각은 주어지는 정보의 준거점(point of reference)에 좌우된다는 점을 강조함으로써 이러한 아이디어를 확장한다. 바꾸어 말하면, 어떤 메시지를 다른 방식으로 프레이밍하면 그 메시지에 대한 해석도 달라진다는 것이다.

프레이밍에 대한 사회학적 접근은 귀인 이론(Heider, 1959; Heider & Simmel, 1944)과 프레임 분석(Goffman, 1974)에서 비롯되었다. '귀인 이론'(attribution theory)은 사람들은 다른 사람이 특정한 방식으로 행동하게 만드는 것에 대한 판단을 내림으로써 사회 현실에 대한 지각을 단순화한다고 주장한다. 그들은 그들이 관찰하는 행동을 개인적, 사회적, 혹은 환경적 요인 탓으로 돌린다 (Tewksbury & Scheufele, 2009). '프레임 분석 이론'(frame analysis theory)은 사람은 단순히 행동의 원인을 어떤 탓으로 돌리는 것이 아니라, 정보를 "스키마"(Tewksbury & Scheufele, 2009: 18)나 그들의 마음속에 있는 "주요 프레임워크들"(Goffman, 1974: 24)로 범주화하기 위해 사회적으로 공유되는 의미에 의존한다고 본다.

2. 프레이밍의 효과

프레이밍은 지식, 설득, 혹은 의제설정에 미치는 영향을 포함해 몇 가지 유형의 효과를 초래할 수 있다. "가장 강력한 효과로, 프레임은 사람들이 어떤 이슈에 대해 어떤 특정한 방식으로 생각하게 한다"(Tewksbury & Scheufele, 2009: 19).

예를 들면, 만약 어떤 뉴스 기사가 전에 한 번도 보도된 적이 없는 이슈에 대한 정보를 포함하고 있다면, 사람들은 그러한 뉴스 보도를 통해 그 이슈에 대한 사실을 알게 될 것이다. 만약 사람들이 그 뉴스가 다루는 특정한 이슈에 대한 생각을 이미 가지고 있다면, 기사가 프레임되는 방식이 그 이슈에 대해 사람들이 다시 생각해보게 하거나 제공되고 있는 정보에 어떤 방식으로 반응하게 만들 수도 있다. 어떤 경우, 정보는 수용자가 어떤 특정한 관점을 가지도록 설득되게끔 프레임된다. 앞의 의제설정 장에서 우리는 뉴스 미디어의 특정 이슈 보도가 공중의 의제를 설정한다는 것, 즉 그러한 이슈가 공중이 중요하게 여기게끔 만든다는 것을 배웠다. 프레이밍 이론은 프레이밍은 수용자가 정보나 아이디어를 특정한 방식으로 적용하게(apply) 함으로써 뉴스 속 특정 이슈에로의 단순한 접근가능성(accessibility)을 뛰어넘는 것이라고 지적하면서 프레이밍 효과와 의제설정 효과를 구분한다.

따라서 의제설정과 프레이밍 간의 심리학적 차이의 근거는 접근가능성과 적용

가능성 간의 차이에 있다. 아이러니하게도 아마도 둘 간의 차이를 이해하는 가장 좋은 방법은 모든 정보 처리에서 접근가능성과 적용가능성이 관련되어 있다는 것을 인식하는 것일 것이다(Tewksbury & Scheufele, 2009: 21).

프레이밍 연구자들은 접근가능성과 적용가능성에 대한 증거 모두를 프레이밍 효과의 중요한 과정으로 보았다.

일부 프레이밍 연구는 뉴스 프레임의 기원이나 진화에 초점을 맞추고 있기 때문에 프레이밍 연구자들은 또한 프레이밍 연구와 설득 연구를 구분한다. 설득 연구는 수용자가 대개 설득적 소구가 포함되어 있는 것으로 인식하는 설득 정보의 제시를 포함한다. 대체로 프레이밍 연구는 객관적으로 뉴스를 작성해야 하는 저널리스트가 제공하는 뉴스를 다루며, 수용자는 대개 그러한 정보가 설득적일 수도 있다거나 적어도 그들이 특정 이슈를 지각하는 방식에 영향을 미칠 것이라고 생각하지 않는다.

설득 연구와 프레이밍 연구 간의 또 하나의 중요한 차이는 측정되는 효과다. 설득 연구자는 설득 메시지에 노출됨으로써 일어나는 '태도' 변화를 측정하려 한다. 프레이밍 연구자는 뉴스 정보에 대한 수용자의 '해석'을 발견하고자 한다(Tewksbury et al., 2000).

기폭에 관한 장에서 인용된 한 연구는 프레이밍 효과가 어떻게 작용하는지 잘 보여준다. 사이먼과 제리트의 2007년 연구(Simon & Jerit, 2007)는 새로운 낙태 시술에 대한 뉴스 기사를 접한 사람들이 그 기사가 프레임된 방식에 영향을 받았음을 확인했다. 태아를 '아기'라고 언급한 뉴스 기사를 읽은 사람은 그 새로운 낙태 시술에 대한 규제를 더 지지하는 경향이 있었다. 그 기사에 '태아'와 '아기'라는 단어를 동일하게 사용한 뉴스 기사를 읽은 사람 역시 이러한 프레이밍 효과를 경험했다. 그러나 '태아'라는 단어만을 사용한 기사를 읽은 사람은 그 새로운 시술에 대한 규제를 지지하지 않는 경향이 더 강했다.

3. 프레임 형성 및 프레임 설정

프레이밍 연구는 두 가지 유형이 있다. 첫 번째 유형의 연구는 뉴스 전문가에 의해 프레임이 구성되는 방식을 조사한다. 이러한 연구는 '프레임 형성'(frame-building) 연구라 부른다. 두 번째 유형의 연구는 뉴스 프레임이 수용자에게 미치는 효과를 조사하는데, 이것은 '프레임 설정'(frame-setting) 연구라 부른다.

1) 프레임 형성

프레임 형성을 조사하는 연구는 프레임이 저널리스트, 정치인, 문화에 의해 구성되는 방식에 초점을 맞춘다. 엘리트들이 정보를 제시하는 방식, 즉 미디어가 정보를 사건 및 대중문화와 연관 지어 제시하는 방식으로 인해 이슈들은 특정한 방식으로 프레임된다(Scheufele & Nisbet, 2007).

저널리스트에 의한 프레이밍에 관한 연구는 저널리스트가 그들이 제시하는 정보를 프레임하는 방식에 영향을 줄 수 있는 다섯 가지 요인을 확인했다(Tewksbury & Scheufele, 2009). 저널리스트는 다음 요인에 영향을 받을 수도 있다:

• 사회의 규범과 가치
• 뉴스 조직의 압력과 제약
• 이익집단이나 정책 입안자의 압력
• 직업적 일과(routine)
• 저널리스트 자신의 정치적 정향성이나 이데올로기(Shoemaker & Reese, 1996; Tuchman, 1978)

사회의 엘리트들(이익집단, 정치인, 정부기관)은 일상적으로 미디어가 다루는 이슈를 프레임하려 한다(Scheufele, 1999; Gamson & Modigliani, 1987; Miller, Andsager, & Riechart, 1998; Nisbet, Brossard, & Kroepsch, 2003; Nisbet & Huge, 2006). 엘리트들은 때로는 저널리스트가 이슈를 프레임하는 방식에 성공적으로 영향을 미치기도 하지만(Andsager, 2000) 때로는 그렇지 못하다(Miller et al., 1998).

우리를 둘러싸고 있는 문화 또한 저널리스트가 이슈를 프레임하는 방식에 일정 역할을 한다. 저널리스트는 그들이 일하는 문화의 일부이며, 그들의 기사는 그러한 문화를 반영한다. 이로 인해 프레임은 "종종 눈에 띄지 않고 암시적이며 남모르게 영향을 미친다"(Van Gorp, 2007: 63). 예를 들면, 미국 저널리스트들은 교회와 국가 사안을 분리하려는 문화 운동을 진지하게 받아들여 왔기 때문에 기사를 종교적 관점에서 프레임하지 않는다.

2) 프레임 설정

프레임은 사람들이 마음속에서 네 가지 결과(이슈 정의, 이슈의 원인 규명, 이슈의 함의 주목, 이슈 처리)를 초래할 수 있는 연관 작업을 하는 데 영향을 미칠 수 있다(Entman, 1993; Tewksbury & Scheufele, 2009).

프레임은 (사람들이 어떤 이슈에 대해 생각하는 방식에 영향을 주거나 감정적으로 영향을 미침으로써) 사람들이 어떤 이슈에 대해 느끼는 방식에 인지적으로 영향을 미칠 수 있다. 그것은 전적으로 어떤 기사가 구성되는 방식, 즉 그것이 엘리트 정책 입안자들 사이의 갈등에 초점을 맞추는지, 특정 정책 변화가 사람들에게 미치는 결과에 초점을 맞추는지, 아니면 인간적 흥미에 초점을 맞춤으로써 사람들의 정서를 자극하는지에 좌우된다.

한 연구에서 연구자들은 사람들에게 리드(lead), 즉 시작하는 문장과 제목만 다른 것 외에는 동일한 2개의 기사를 보여주었다. 한 기사의 제목과 리드

문단은 돼지를 사육하는 대규모 농장의 경제적 이득을 지지한 반면, 다른 기사는 그 같은 농장에 대한 심각한 환경적 우려를 지적했다. 그 기사가 프레임되는 방식은 대규모 돼지 농장에 대한 사람들의 의견에 상당한 영향을 미쳤으며, 그 효과는 사람들이 그 기사를 읽은 지 수 주 후까지 유지되었다. 그러한 농장의 경제적 이득에 대해 읽은 사람은 농장을 지지했으며, 그러한 농장과 관련된 환경 문제에 대해 읽은 사람은 농장을 지지하는 정도가 훨씬 낮은 경향을 보여주었다(Tewksbury et al., 2000).

그와 같은 연구는 저널리스트가 오직 이슈의 한 측면에만 초점을 맞추지 말고 이슈의 모든 측면을 제시해야 하는 그들의 의무를 진지하게 받아들일 필요가 있음을 분명하게 보여준다. 또한 그러한 연구는 기자들이 기사를 프레임하는 방식을 통해 공중에게 영향을 미칠 수 있는 힘이 있다는 것을 보여주는 증거이기도 하다.

또 다른 연구는 사람들에게 서로 다른 방식으로 프레임된 기사를 보여줌으로써 KKK(Ku Klux Klan)에 대한 관용도를 테스트했다. 집회를 언론의 자유 측면에서 프레임한 기사를 읽은 사람은 인종 차별의 측면에서 집회를 프레임한 기사를 읽은 사람보다 KKK의 연설과 집회에 대해 훨씬 더 관용적이었다 (Nelson, Clawson, & Oxley, 1997).

또한 연구들은 수용자의 개인 차이가 프레임된 정보의 힘에 영향을 미친다는 것을 보여주었다. 어떤 특정한 이슈에 대해 특정한 신념과 태도 혹은 '스키마'를 가지고 있는 사람은 그 같은 기존의 스키마를 가지고 있지 않은 사람보다 그 토픽에 관한 새로운 정보를 더 잘 받아들이는 경향이 있다(Rhee, 1997; Shen, 2004). 사람들은 그들의 개인적 지식, 경험, 태도에 따라 뉴스 기사에 달리 반응한다. 예를 들면, 수년간 천식을 앓았던 사람은 새로운 천식 치료법에 대한 정보를 받아들일 것이다. 그들은 그들의 기존 스키마를 토대로 그러한 정보에 주의를 기울이고 아마도 그것을 저장할 것이다.

연구들은 프레임이 태도(태도 형성이나 태도 변화)(Nelson & Oxley, 1999;

Brewer, 2002)와 때로는 행동(Valentino, Becjmann, & Buhr, 2001; Boyle et al., 2006)에 영향을 미칠 수 있음을 보여주었다.

프레이밍 효과 연구는 대부분 단기적 평가에 초점을 맞추었으며, 그런 이유에서 그러한 연구는 기폭효과 연구와 닮았다. 프레이밍 이론가들은 사람들이 프레임에서 습득한 정보를 적용하는 것을 보여줄 수 있는 가장 좋은 방법은 종단적 연구를 실시하는 것이라고 지적한다(Price & Tewksbury, 1997; Tewksbury & Scheufele, 2009). 이러한 연구들은 프레임에 노출된 지 수주 혹은 수개월 후에 그 프레임의 적용가능성을 테스트할 것이며, 그런 점에서 기폭효과 연구와 다를 것이다.

4. 프레임 유형

연구자들은 특정 유형의 프레임에 대한 수용자 반응을 조사하는 경향이 있다. "여기에는 획득(gain) 대 손실(loss) 프레임(즉, 획득이 기분을 좋게 해주는 것보다 더 큰 상처를 주는 손실)[1](Kahneman & Tversky, 1979), 일화적(episodic) 대 주제적(thematic) 프레임(즉, 뉴스가 어떤 특정한 사건이나 특정한 사례의 측면에서 보도되는 '일화적' 프레임 대 뉴스가 더 일반적 상황 속에서 보도되는 '주제적' 프레임)(Iyengar, 1991), 전략(strategy) 대 이슈(issue) 프레임(Cappella & Jamieson, 1997), 혹은 인간적 흥미(human interest), 갈등(conflict) 및 경제적 결과(economic consequences) 프레임(Price et al., 1997)과 같은 일단의 프레임들이 있다"(Tewksbury & Scheufele, 2009: 28).

튜스버리 및 쇼이펠(Tewksbury & Scheufele, 2009)은 이러한 관행이 '매스터 프레임'(master frame)(Snow & Benford, 1992), 즉 문화 속에 존재할지도 모르

----

1) 이것을 '손실 회피'(loss aversion)라고 한다(옮긴이 주).

는 여러 이슈에 동시에 적용될 수 있는 프레임의 가능성을 무시한다는 점에서 그것은 프레이밍 연구를 제한한다고 지적했다.

5. 최근 연구

앞에서 언급한 것처럼, 어떤 프레이밍 연구는 뉴스 미디어에 의해 메시지가 프레임되는 방식(프레임 형성)에 관심이 있는 반면 또 어떤 프레이밍 연구는 그러한 프레임이 수용자에게 미치는 효과(프레임 설정)에 더 관심이 있다. 한 프레임 형성 연구에서 연구자들은 미군 병사가 이라크 재소자를 학대한 아부 그라이브(Abu Ghraib) 교도소 사건에 대한 《워싱턴 포스트》(*Washington Post*)의 보도를 조사했다. 이전 연구들(Bennett, Lawrence, & Livingston, 2006, 2007)은 《워싱턴 포스트》가 그 사건을 소수의 나쁜 사람에 의해 자행된 드문 범법행위의 예이며 행정부의 정책은 그 추문과 아무런 관계가 없음을 시사한 부시 행정부의 프레임을 받아들였다고 보았다. 《워싱턴 포스트》를 내용 분석한 포포라, 니콜라에프 및 헤이지먼(Porpora, Nikolaev, & Hagemann, 2010)은 이전 연구와 반대되는 증거를 발견했다. 그들은 이 신문이 역프레이밍(counterframing)을 했다고 말했다.

또 다른 프레임 형성 연구는 《뉴욕 타임스》가 보도한 중동에서의 두 군사적 충돌에 대한 프레이밍에 초점을 맞추었다. 연구자들은 관련된 기자의 경험이 보도의 깊이와 기사의 프레이밍에 영향을 미쳤음을 확인했다. 한 장소에서의 군사적 충돌은 《뉴욕 타임스》의 베테랑 특파원이 보도한 반면, 다른 한 장소에서의 군사적 충돌은 주로 현지 저널리스트들이 보도했다. "따라서 두 경우에서 《뉴욕 타임스》의 프레이밍은 무장단체에 대한 군의 행동을 분명한 도덕적 용어를 사용하여 전자의 경우는 무의미한 파괴로, 후자의 경우는 정당하고 결단력 있는 조치로 묘사했다. 흥미롭게도 두 경우 모두에서 그러

학대, 고문, 프레임, 그리고 《워싱턴 포스트》

Douglas V. Porpora, Alexander Nikolaev, and Julia Hegemann(2010)
Journal of Communication, 60, 254~270.

이 연구에서 연구자들은 다른 연구자들이 아부 그라이브 사건과 관련된 《워싱턴 포스트》의 뉴스 프레임에 관한 학술지 논문과 책에서 발표한 연구결과를 반박하는 증거를 제공했다. 이전 연구는 《워싱턴 포스트》가 재소자 학대를 부시 행정부와 똑같은 방식으로 프레임했다고, 즉 '소수의 암적인 존재'라는 프레임을 사용하면서 더 높은 직위의 당국자나 행정부의 정책에 그 책임을 돌렸다고 주장했다.

연구방법

연구자들은 2004년 4월 1일부터 8월 31일까지 《워싱턴 포스트》에 게재된 아부 그라이브 사건에 관한 스트레이트(straight) 뉴스 기사와 의견 기사를 조사했다. 그들은 스트레이트 기사에 대해서는 다음 두 가지 가운데 어느 쪽으로 기울어져 있는지 코딩했다: ① 학대가 체계적이지도 않았고 만연해 있지도 않았지만 소수('암적인 존재')에 의한 짓이라는 점과 ② 더 높은 수준의 책임. 기사 제목과 첫 세 단락을 조사했다.

의견 기사에 대해서는 '학대'와 '고문'이라는 단어가 포함되어 있는지 포함되어 있지 않는지 코딩했다. 또한 의견 기사가 학대를 소수의 짓으로 옹호하는지(그 사건에 대한 부시 정부의 프레임을 지지하는 것) 아니면 행정부의 책임을 묻고 행정부의 거짓말을 비난하는지도 코딩했다.

연구결과

뉴스 기사의 제목과 첫 세 단락에 가장 자주 등장하는 프레임은 그 사건에 대한 더 높은 수준의 책임 프레임이었다. 이 프레임은 스트레이트 기사의 44%에서 발견되었다. '암적인 존재' 프레임은 12% 미만에서 나타났다. 제목에 한정해서 보면, 전체 제목 가운데 63개(26%)가 그 사건에 대한 더 높은 수준의 책임(행정부의 관점과 반대되는 프레임)을 물은 반면, 12개(5%)는 재소자 학대가 소수의 암적인 존재의 결과라고 보았다.

시간이 지나면서 이 신문의 역프레이밍은 더 강해졌다. 7월에는 그 사건에 대한 보도가 줄었지만, 8월에 다시 늘어나며 암적인 존재 탓임을 시사한 제목은 단 하나였는 데 반해 제목의 절반이 더 높은 수준의 책임을 암시했다.

의견 기사에서는 (전체 56개 가운데) 3개의 기사만이 암적인 존재 방어논리를 지지한 반면, 85%는 행정부를 포함해 높은 지휘부가 책임이 있음을 암시했다. 행정부의 '암적인 존재' 프레임은 조사한 의견 기사의 44%에서 분명하게 거부되었다.

이 연구자들은 '학대'와 '고문'이라는 단어가 포함된 사례를 코딩했던 이전의 연구가 조사 기간 동안 《워싱턴 포스트》의 내용을 충분히 깊이 있게 조사하지 않았다고 결론 내렸다. 행정부의 관점에 대한 역프레임이 풍부하게 존재했다.

2008년 부통령 후보 세라 페일린과 같은 일부 후보자는 이른바 뉴스 미디어에서 부정적으로 프레임된다. *Gage Skidmore/www.flickr.com/photos/gageskidmore/27364417454*

한 평가는 곧 부정확한 것임이 입증되었다"(Evans, 2010: 224).

엔트먼(Entman, 2010)은 2008년 대통령 선거 캠페인 동안 세라 페일린 (Sarah Palin)에 대한 뉴스 프레임을 연구했다. 그는 편향된 프레임의 증거를 찾았으며 프레이밍 이론을 확대해 뉴스 보도의 편향에 대한 체계적인 연구도 프레이밍 연구에 포함시켰다. "편향된 프레이밍은 실제 세계에서 일어나는 새로운 사건, 문화 규범, 그리고 뉴스를 관리하기 위해 경쟁하는 엘리트들의 노력이 어떤 때는 능숙하게 또 어떤 때는 서툴게 적용되는 저널리스트의 판단 규칙에서 비롯된다"(Entman, 2010: 389).

다른 프레임 형성 연구들은 불법 이민자(Kim, Carvalho, Davis, & Mullins, 2011), 2008년 민주당 예비선거에서의 비언어적 행동(Manusov & Harvey, 2011), 미국에서의 에너지 절약과 관련된 뉴스(Bolsen, 2011), BP와 그린피스 (Greenpeace) 간의 해묵은 갈등(Garcia, 2011), 9·11 이후 테러리즘에 대한 미

국 미디어의 보도(Powell, 2011), 의견면(opinion page)과 논설을 쓰는 사람들이 어떻게 인종 차별의 측면에서 비우량 주택 담보 대출 사태를 논의했는지(Squires, 2011)에 대한 미디어의 프레이밍을 연구했다.

프레임 형성과 프레임 설정 효과를 살펴본 슬로투스(Slothuus, 2010)의 연구는 2005년 덴마크 총선 데이터를 사용하여 자연적 실험을 실시했다. 이 연구는 덴마크 사회민주당(Social Democrats)이 갑자기 조기 퇴직 급여에 대한 입장을 바꾸었을 때 사람들이 사민당에 어떻게 반응했는지를 보여주었다. 처음에 사민당은 이 이슈를 노동자를 돕는다는 측면에서 프레임을 짰다. 새로운 당 대표는 그 이슈를 경제적인 프레임, 즉 늘어나는 퇴직자 수는 경제적 이유에서 급여 체계를 개혁할 필요가 있음을 의미한다는 프레임으로 바꾸었다. 설문조사 데이터는 그 이슈에 대한 프레임의 변화가 조기 퇴직 급여 폐지에 대한 공중의 지지를 증가시켰지만, 스스로를 다른 정당 당원이라고 밝힌 사람보다 사민당 당원이라고 밝힌 응답자가 그 정책을 지지하는 쪽으로 더 많이 바뀌었음을 보여주었다(Slothuus, 2010).

다른 프레임 설정 연구들은 터키(Turkey)가 유럽 연합(European Union)에 가입하는 데 대한 공중의 지지(de Vreese, Boomgaarden, & Semetko, 2011), 미디어가 세라 페일린을 부정적으로 프레임한 후 페일린의 부통령 후보 토론 성과에 대한 시청자의 평가(McKinney, Rill, & Watson, 2011), 허리케인 카트리나(Hurricane Katrina)의 결과에 대한 책임 돌리기에 뉴스 이미지와 인종이 미치는 효과(Ben-Porath & Shaker, 2010)에 관해 조사했다.

6. 요약

최근, 미디어 효과 연구자들은 그들의 주목을 정보가 구성되거나 프레임되는 방식이 가지고 있는 힘과 그것이 미디어 소비자의 마음에 미치는 효과로 돌렸다. 프레이밍 연구는 이론적으로나 실험적으로나 의제설정 연구 및 기폭효과 연구와 구별될 수 있다.

프레이밍 이론은 심리학과 사회학에 뿌리를 두고 있다. 연구들은 개인에 대한 미시적 수준의 연구(심리학적 전통)와 사회에 대한 거시적 수준의 연구(사회학적 전통)로 구분된다.

프레이밍은 지식, 설득, 혹은 의제설정을 포함해 몇 가지 유형의 효과를 초래할 수 있다. 프레이밍 연구는 대개 객관성을 유지해야 하는 저널리스트가 만든 뉴스를 다루며, 수용자는 보통 그러한 정보가 그들을 설득할 것이라거나 최소한 그들이 특정 이슈를 지각하는 방식에 영향을 미칠 수도 있을 것이라고 생각하지 않는다.

프레이밍 연구는 두 가지 유형으로 나뉜다. 첫 번째 유형의 연구는 뉴스 전문가가 프레임을 구성하는 방식을 살펴본다. 이러한 연구는 '프레임 형성' 연구라 부른다. 두 번째 유형의 연구는 뉴스 프레임이 수용자에게 미치는 효과를 살펴본다. 이러한 연구는 '프레임 설정' 연구라 부른다.

8장

배 양 효 과

> 우리는 텔레비전에 장기간 노출되는 것이 비교적 비열하고
> 위험한 세상이라는 이미지를 배양하는 경향이 있음을 발견했다.
> — 모건, 섀나한 및 시그노리엘리(Morgan, Shanahan, & Signorielli), 2009

　당신은 텔레비전을 많이 시청하는가? 배양효과 연구는 지난 몇십 년에 걸쳐 만약 당신이 텔레비전을 많이 본다면 미국에서의 범죄 발생률을 실제 세계에서 발생하는 범죄 빈도보다 지나치게 과장해서 추정할 가능성이 높음을 보여주었다. 당신은 아마 텔레비전을 많이 보지 않는 사람보다 범죄의 희생자가 될 것을 더 두려워할 것이다.

　대량 매개 오락물이 등장한 이래로 사람들은 특히 가장 취약한 인구 계층인 어린이들에게 미치는 강력하고도 해로운 미디어 효과를 우려해왔다. 그 결과, 미디어 효과 전통은 가장 성과가 많았고 사회적으로 중요하며 매우 정밀한 조사가 이루어지는 매스 커뮤니케이션 연구 분야 가운데 하나이다.

　텔레비전이 가정용품이 되기 전인 1920년대와 1930년대에는 장편영화가 미국 전역의 영화관에서 수백만 관객들의 가슴을 설레게 했다. 그러나 때때로 폭력적이고 노골적으로 성적인 영화 내용 때문에 공중의 우려를 불러일으켰다. 페인 재단은 사회과학자들을 불러 모아 미국 청소년들에게 미치는 영화의 효과를 연구하게 하였는데, 폭력과 술로 가득 찬 영화가 어린이들에게

부정적인 영향을 미치고 있다는 연구결과에 미국인들은 놀라워했다.

텔레비전이 미국인의 생활 속에 깊이 파고들자, 미디어의 부정적인 효과에 대한 불안감은 공중의 의제와 정치적 의제로 두드러지게 다루어지기 시작했다. 1960년대와 1970년대에 미국의 대통령들은 위원회를 구성하여 텔레비전 폭력을 연구하고 그것이 청소년들에게 미치는 효과를 평가하게 했다.

오랜 기간에 걸쳐 다양한 연구 결과가 도출되었지만, 많은 연구는 텔레비전 폭력물 시청과 (텔레비전에서 묘사되는 것에 더 가깝게) 현실에 대한 왜곡된 이미지를 갖게 되는 것 간의 연관성이 단순한 공중의 우려가 아님을 보여주었다.

1. 문화지표 프로젝트

배양 이론(cultivation theory)은 텔레비전이 시청자에게 미치는 영향을 설명하기 위한 하나의 시도로 등장했다. 배양효과 연구 전통은 문화지표 프로젝트(Cultural Indicators Project)라 불린 미디어 폭력 연구 프로젝트에서 시작되었는데, 이 프로젝트는 1960년대 펜실베이니아 대학교의 커뮤니케이션 학자인 조지 거브너(George Gerbner, 1919~2005)가 이끌었다. 배양효과 분석은 문화지표 프로젝트의 세 구성 요소 가운데 하나이다. 다른 두 가지 연구 활동은 제도적 과정 분석과 메시지 체계 분석이다. **제도적 과정 분석**(institutional process analysis)은 미디어 메시지의 제작, 관리, 배급을 조사하는 것이다. **메시지 체계 분석**(message system analysis)은 성 역할, 소수집단 묘사, 특정 직업이 묘사되는 방식과 같은 미디어 내용의 이미지를 조사하는 것을 말한다.

이 프로젝트가 시작된 이래로, 배양효과 연구는 확대되어 미디어 폭력 이외에도 많은 주제를 다루게 되었다. 연구자들은 이제 장기적인 텔레비전 시청과 그것이 수용자에게 심어주는 지각, 가치, 태도 간의 관계를 조사하고 있다.

텔레비전을 많이 보는 사람은 텔레비전을 적게 보는 사람보다 실제 세계에서 범죄가 발생하는 빈도를 과대평가하고 이 세상을 더 위험한 곳으로 보는 경향이 있다.

간단히 말해 '배양' 이론은 텔레비전 다시청자(heavy viewer)가 오랜 시간에 걸쳐 텔레비전에서 보는 것과 유사한 세계, 일반적으로 폭력과 범죄를 가득한 '비열한' 세계에 대한 관점을 계발, 즉 배양한다고 제안한다. 배양효과 연구자들은 이를 비열한 세계 증후군(mean world syndrome)이라고 부른다.

배양효과 연구는 통상 두 가지 연구방법, 즉 세상에 대한 시청자의 지각을 평가하기 위한 텔레비전 프로그램의 내용분석과 설문조사방법을 사용했다. 연구자들은 폭력과 관련된 배양효과를 측정하면서 세상에 폭력과 위험이 횡행해 있는 정도에 대한 지각을 측정하는 도구로서 비열한 세상 지수(Mean World Index)를 개발했다(Signorielli, 1990). 다양한 인구통계학적 집단들 사이에서 텔레비전 다시청자는 소시청자(light viewer)보다 비열한 세상 지수에서 일관되게 높은 점수를 기록했다.

텔레비전의 '상징적 세계'는 객관적인 현실과 매우 다르며, 이러한 불일치는 배양효과 연구자의 주요 관심사였다. 텔레비전이 표현하는 왜곡된 현실에 대한 사례는 많다. 네트워크 텔레비전 프로그램에 대한 분석은 TV 등장인물들이 대부분 젊고 활력이 넘치며 매력적임을 보여주었다. 노인(65세 이상)이 주연 또는 주요 배역으로 등장하는 프로그램은 거의 없으며, 나이 많은 사람이 등장할 때는 흔히 아프거나 죽어가는 사람으로 묘사된다. 말할 필요도 없이 텔레비전은 오늘날 미국 사회의 노인 인구의 실제 비율, 상황, 또는 건강 상태를 정확하게 반영하지 않는다.

폭력적인 범죄는 텔레비전이 현실을 왜곡한다는 것을 보여준 가장 명백한 사례이다. 프로그램의 대부분에서 표준화되다시피 등장하는 엄청난 양의 총싸움, 주먹 싸움, 가라테 무술 및 빠른 속도의 추격 장면 탓에, 1주 동안 텔레비전 프로그램에 등장하는 주연의 절반 이상이 폭력 행동에 관련되어 있다는 것은 놀라운 일이 아니다. FBI의 범죄 통계를 보면, 실제 상황은 전혀 다르다. 1년에 미국 전체 인구의 1% 미만이 실제 범죄 행위의 피해자가 된다고 한다.

특정 집단의 사람들 가운데서도 다시청자가 그들이 텔레비전에서 보는 현실과 동일하게 실제 현실에 대한 왜곡된 상(像)을 배양하는 경향이 있음을 연구들은 보여주었다. 다시청자는 노인의 건강상태를 보여주는 사례와 범죄 행위의 빈도에 대한 사례들을 이용하여 노인의 건강상태는 물론 미국 인구 가운데 차지하고 있는 노인의 수를 '과소평가할' 뿐만 아니라 실제 세계의 범죄 통계를 일관되게 '과대평가하는' 경향이 있다.

문화지표 프로젝트가 시작된 이후 연구들은 대부분 배양효과에 관한 낮은 수준의 통계적 증거를 보여주었을 뿐이지만, 이 같은 연구결과들의 일관성은 배양 이론을 뒷받침해주었다. 거브너와 동료들은 상관계수가 낮고 효과의 크기가 작음에도, 배양효과가 사회에 대해 상당한 함의를 지니고 있다고 주장했다. 그들은 사회에 미치는 배양효과를 지구 기온 변화가 기후에 미치는 영향에 종종 비유했고 여전히 그렇게 비유하고 있다. 즉, 그들은 아주 작은 온도 변화가 또 다른 빙하시대를 몰고 올 수 있을 것이라고 말했다(Morgan, Shanahan, & Signorielli, 2009).

배양 과정이 어떻게 발생하는지를 설명해주는 실증적 증거가 부족하기 때문에, 배양효과는 보통 공식적인 미디어 효과 이론이라기보다는 '가설'이라고 표현되곤 했다. 특히 초기 연구들은 배양효과의 심리적인 차원, 즉 텔레비전 시청자가 사회적 현실에 대한 그들의 관점 구성을 어떻게 배우는지를 보여주지 못했다.

오랜 기간에 걸쳐 이루어져온 미디어 효과에 대한 설명은 대부분 인지 심리학 이론에 확고하게 근거해왔다. 이러한 전통에 따라 훈련을 받은 미디어 효과 연구자들은 거브너와 동료들의 연구에 인지 과정에 대한 강조가 결여되어 있다고 비판했다(Hawkins & Pingree, 1990; Potter, 1994; Bryant, 1986). 비판의 상당 부분이 건설적인 것들이어서, 거브너와 다른 배양효과 연구자들은 그러한 비판을 토대로 배양 가설에 대한 그들의 설명을 수정하고 향상했다.

좀 더 최근 연구들은 이러한 빈 공간을 채우고 비판에 답하기 시작했다. 최근, 슈럼(Shrum, 1995, 1999, 2007)과 다른 연구자들은 배양효과의 심리적인 측면과 존재하는 매개 요인들을 조사하기 위해 많은 노력을 기울였다.

연구들은 수용자의 어떤 특성이 배양효과를 더 또는 덜 뚜렷하게 하는 경향이 있음을 보여주었다. 예를 들면, 교육 수준은 배양효과를 매개하는 것으로 드러났다. 다시청자 가운데 교육 정도가 높은 사람의 경우, 텔레비전이 그들의 세계관에 영향을 줄 가능성은 더 낮다. 나이 역시 인지 욕구(need for cognition)처럼 또 다른 매개 요인인 것으로 드러났다.

이 장에서는 배양효과 연구 분야를 살펴본다. 배양과 관련된 개념과 비판 외에도 최근 연구가 그러한 비판에 대응하기 위해 어떠한 노력을 기울이고 있는지도 살펴본다. 또한 배양효과에 대한 이론적 기초도 살펴보고, 이 분야의 일부 최근 연구 소개로 배양효과에 대한 논의를 마무리 짓는다.

2. 개념적 뿌리와 비판

배양효과 신봉자들은 텔레비전은 "이미지 도매 배급업자"(wholesale distributor of images)로 다른 매스 미디어와 다르다고 주장한다(Morgan & Signorielli, 1990: 13). 텔레비전은 우리 시대의 '위대한 이야기꾼'이다. 프로그램은 모든 사람에게 어필하기 위해 제작된다. 심지어 매우 어린 시청자들조차도 즐거움을 주는 텔레비전 프로그램에 쉽게 사로잡히게 되는 것을 볼 수 있다.

이 연구자들에 따르면, 미국이라는 국가를 구성하고 있는 다양한 공중[(조지아(Georgia) 주의 집단 주택에 살고 있는 가난한 어린이들, 뉴욕의 고급 주택 지역에 살고 있는 부유한 가족들, 미국 중부에 살고 있는 농장 가족들, 서부 해안 지역에 있는 대학교 캠퍼스의 여학생 클럽에 살고 있는 여대생들]은 텔레비전을 시청할 때, 모두 유사한 메시지를 수신하기 때문에 더 비슷하게 생각하는 경향이 있다. 오락적인 액션 프로그램부터 뉴스 프로그램에 이르기까지 모든 텔레비전 프로그램은 때때로 신화(神話), '사실', 또는 이데올로기라 불리는 유사한 반복 패턴을 가지고 있다. 이러한 패턴은 세상에 대한 시청자들의 지각에 영향을 미치는 것으로 간주된다. 이러한 텔레비전 프로그램의 전반적인 패턴에 장기적으로 노출되는 것은 "시청자 대부분이 꾸준하고 확고하게 주류를 지향할" 가능성을 매우 높여준다(Gerbner et al., 1994: 25).

'주류화'는 배양효과 분석의 기반을 구성하는 주요 개념 가운데 하나이며, 다른 하나의 개념은 '공명'이다. 주류화(mainstreaming) 개념은 지배적인 태도, 신념, 가치, 관행이 문화 속에 존재한다고 가정한다. 또한 패턴(다양한 상황, 젠더 역할, 소수집단 묘사 등의 결과에 관한 패턴)은 다양한 종류의 텔레비전 프로그램을 통해서도 나타난다. 이러한 패턴들은 텔레비전에서 반복적으로 표현되는 태도, 신념, 가치의 '주류'를 초래한다. 다시청자는 유사한 주류 견해를 배양하는 경향이 있다. 배양효과 연구자인 시그노리엘리와 모건(Signorielli & Morgan)은 주류화를 다음과 같이 정의했다:

주류화란 서로 다른 요인 및 영향에서 생겨난 다양한 관점과 행동의 차이점을 다시청이 흡수하거나 압도해버리는 것을 의미한다. 바꾸어 말하면 서로 다른 시청자 집단의 반응에서 발견되는 차이점, 즉 이러한 시청자 집단의 다양한 문화적·사회적·정치적 특성과 연관된 차이점이 이러한 집단 속에 있는 다시청자들의 반응에서는 줄어들거나 심지어 없어져 버린다(Signorielli & Morgan, 1996: 117).

공명(resonance)은 실제 세계의 사건들이 텔레비전에서 묘사되는 왜곡된 현실 이미지를 지지할 때 발생한다. 직접적인 경험이 텔레비전의 메시지와 일치될 때, 그 메시지는 강화되고(즉, '공명'을 일으키고) 배양효과는 증폭된다. 예를 들면, 범죄를 두려워하는 경향이 매우 높은 다시청자는 범죄 발생률이 높은 도심에 사는 사람들임을 한 연구는 보여주었다(Morgan, 1983).

배양의 개념이 텔레비전과 텔레비전을 시청하는 공중이 역동적 과정 속에서 '상호작용'한다고 가정하는 것을 배양효과 연구자들은 강조한다. 사람들이 텔레비전에서 본 메시지를 배양하는 정도는 여러 요인에 좌우된다. 어떤 사람은 성격 특성, 사회적 배경, 문화적 관습, 심지어는 과거 텔레비전 시청 경험 때문에 배양에 더 민감하게 영향을 받는다. 거브너와 동료들은 상호작용 과정을 다음과 같이 설명했다:

> 시청자의 젠더나 나이 또는 계층이 관점의 차이를 만들기는 하지만, 텔레비전 시청 역시 유사하면서도 상호작용하는 차이를 만들 수 있다. 예를 들어, 텔레비전 시청은 어떤 특정 사회 계층의 여성 청소년 구성원이 되는 것이 무엇을 의미하는지 규정하는 것을 도와줄 수도 있다. 이러한 상호작용은 (배양처럼) 유아기부터 시작되어 요람에서 무덤까지 계속되는 연속적인 과정이다(Gerbner et al., 1994: 23).

배양효과 연구자들은 텔레비전 노출을 시간의 관점에서 정의한다. 그들은 텔레비전 메시지가 속성상 비교적 '획일적'이며 텔레비전 시청은 '비선택적'이라고 가정한다. 바꾸어 말하면 여러 유형의 텔레비전 프로그램(만화, 드라마틱한 영화, 범죄 프로그램)의 서사 구조는 캐스팅, 액션, 기타 요인들의 관점에서 서로 닮아 있다. 이런 의미에서 학자들은 메시지가 획일적이라고 말한다. 비선택적인 시청 개념은 '의례화된 시청'(ritualized viewing) 또는 습관적인 시청(정해진 시간에 텔레비전을 시청하고 그 시간에 방송되는 프로그램이 무슨 프로그램이건 그것에 몰두하는 것)이라는 아이디어를 기반으로 하고 있다. "반드시 보아야 할 TV"(Must See TV)라고 불리면서 장기간에 걸쳐 방송된 NBC 프로그램들처럼 일부 네트워크는 습관적 시청을 적극적으로 조장한다(물론 DVR과 hulu.com 같은 스트리밍 웹사이트는 의례화된 시청이라는 개념을 점차 흔치 않은 개념으로 만들고 있다).

앞서 언급한 것처럼, 많은 학자가 복잡한 심리적 과정이 배양효과의 이론적 기초를 형성해야 한다고 주장했다. 그러나 초기 연구는 대부분 텔레비전 시청과 사회적 현실에 대한 신념 간의 연관성을 '단순히 보여주기'보다 배양효과를 '설명하는' 인지 구성 요소를 규명하는 노력을 기울이지 않았기 때문에 비판받았다(Hawkins & Pingree, 1990; Potter, 1993). 또한 비평가들은 배양과 관련되어 있는 인지 기제가 사회학습이론의 기제와 어떻게 비슷한지도 조사되어야 지적했다(Bryant, 1986). 많은 학자가 배양효과 연구결과의 통계적 통제와 해석에 대해 우려를 나타냈다(Hirsch, 1980; Hughes, 1980; Wober, 1978). 다른 학자들 역시 배양효과 연구에서 효과의 인과적 순서에 대해 의문을 제기했으며, 이론 정립의 특정 부분에 대해서도 이의를 제기했다(Doob & Macdonald, 1979; Zillmann, 1980).

3. 배양효과의 이론적 기초

배양 이론은 텔레비전이 미국 국민과 전 세계 사람들이 공유하는 의미와 메시지의 주요 소스가 되었다고 가정한다. 텔레비전은 현대사회에 살고 있는 사람들을 위해 많은 기능을 지닌 미디어로 발전해왔다. 시그노리엘리 및 모건에 따르면,

따라서 텔레비전은 우리 국민의 (그리고 나아가 전 세계인의) 가장 흔하고 변함

없는 학습 환경이 되었다. 그러나 텔레비전은 무엇보다도 우리의 이야기꾼이다. 텔레비전은 대중문화의 주류를 형성하는 이미지의 도매 배급업자가 되었다. 텔레비전 세계는 우리에게 삶(사람, 장소, 노력, 권력, 운명)을 보여주고 말해준다. 텔레비전은 선과 악, 기쁜 일과 슬픈 일, 강자와 약자를 보여주며, 우리에게 누가 또는 무엇이 성공이고 무엇이 실패인지를 알려준다(Signorielli & Morgan, 1996: 114).

모건 및 시그노리엘리의 표현에 따르면, 배양효과 분석은 "(개인의 신념이나 행동의 단기적이고 극적인 변화가 아닌) 세대들이 사회화되는 방식의 점진적이고 장기적인 변화와 변형을 이해하려 한다"(Morgan & Signorielli, 1990: 19).

거브너와 동료들은 배양효과의 이론적 기초가 서로 다른 유형의 미디어 효과 연구의 이론적 기초와 다른 점을 다음과 같이 설명했다:

전통적인 효과 연구는 기본적으로 선택적 노출 및 노출된 사람과 그렇지 않은 사람 간의 측정 가능한 차이를 통해 특정한 정보적·교육적·정치적 노력 또는 마케팅 노력을 평가한다. 그러한 전통에 깊이 빠져 있는 학자들은 배양효과 분석이 선택적 시청보다는 전적인 몰두를 강조하고, 잔존해 있는 문화적 차별화 및 변화의 소스보다는 널리 퍼져 있는 관점의 유사성을 강조하는 것을 받아들이기 어려울 것이다. …… 배양 이론은 엄청나게 다양한 개념적 경향 및 역경향 속에서 텔레비전 주류의 지속적이고 널리 퍼져 있는 견인력을 발견한 연구결과를 기초로 하고 있다. 다양한 배경을 가진 다시청자의 폭넓은 관점의 공유에 초점을 맞추기 위해서는 전통적인 미디어 효과 연구와는 다른 텔레비전의 독특한 역동성에 적합한 이론적·방법론적 접근이 필요하다(Gerbner et al, 1994: 20~21).

다른 연구자들은 심리적 과정이 배양 과정의 근거가 되며, 따라서 '인지 패러다임'이 이론적 기초가 되어야 한다고 주장한다. 호킨스 및 핀그리(Hawkins

& Pingree, 1982)는 배양 과정은 '학습'과 '구성'(construction)을 포함한다는 이론을 제시했다. 시청자는 텔레비전을 보고 텔레비전의 내용을 지각하고 기억함으로써 학습한다. 시청자는 텔레비전 시청을 통해 학습된 바를 토대로 실제 세계에 대한 관점을 구성한다.

밴두라(Bandura, 1986)가 주창한 사회인지이론은 행동은 내적 요인(지적·생물학적 요인)과 외적 요인(주위 환경에서 일어나는 사건) 모두에 의해 결정된다고 본다. 세 가지 구성 요소(행동, 내적 요인, 외적 요인)는 각기 다른 수준에서 각기 다른 정도로 상호작용한다. 매스 커뮤니케이션의 효과 역시 세 가지 구성 요소의 존재와 상호작용에 영향을 받는다(Bandura, 1994).

최근 연구는 배양에 작용하는 인지 과정을 이해하고 일부 비판에 답하고자 노력했다. 슈럼(Shrum, 1995, 1999, 2007)은 사전 준비가 없는 상태에서 질문을 받을 때 수용자들은 그들이 기억하는 텔레비전상의 이미지와 메시지를 쉽게 기억해낸다는 사실을 확인했다. 그의 표현에 따르면, 이러한 기억은 '자기발견적 이용가능성'(availability heuristic)하에서 작동한다. 즉, 그러한 기억은 수용자에게 인지적 지름길(cognitive shortcut)을 제공한다는 것이다. 여러 연구에서 슈럼은 텔레비전 다시청자가 사회적 현실에 대한 질문에 빨리 대답하는 경향이 있음을 확인했는데, 이는 그들이 그러한 인지적 지름길로 인해 답변에 더 쉽게 접근한다는(access) 것을 보여준다.

슈럼(Shrum, 2004)은 텔레비전 메시지는 설득 커뮤니케이션으로 간주되어야 하며, 따라서 태도와 신념에 미치는 배양효과는 설득의 두 경로, 즉 '중심' 경로와 '주변'(혹은 자기발견적) 경로 가운데 하나에서 비롯될 수 있다고 말했다. 중심 경로(central route)는 많은 인지적 노력을 수반한다. 중심 경로를 통해 설득되는 사람은 어떤 판단을 내리기 전에 주의를 기울여 주장을 듣고 상황에 대해 의도적으로 충분히 생각한다. 주변 경로(peripheral route)는 많은 인지적 노력을 수반하지 않는다. 주변 경로를 통해 설득되는 사람은 그들의 태도와 신념의 토대를, 예를 들면 매력적인 대변인이나 전문가가 말하는 것

많은 수사 드라마가 살인과 성범죄 같은 폭력적인 범죄를 중심으로 하고 있다. 〈크리미널 마인드〉(Criminal Minds)의 각 에피소드는 소름끼치는 범죄 장면을 묘사하고 있는데, 이것은 실제 세계의 폭력에 대한 배양효과를 야기한다.   *Dan Huse*

에 둔다.

추가 연구는 범죄 드라마나 다른 TV 장르를 더 많이 보는 사람이 그들의 기억에 그러한 특정한 장르의 장면과 메시지를 저장할 가능성이 더 높으며, 그들을 둘러싸고 있는 실제 세계에 대한 판단을 요구받을 때 그들은 그러한 기억에 접근한다는 것을 보여주었다. 그와 같은 기억은 그들이 실제 세계를 지각하는 방식에 이용된다(Shrum, 2002).

슈럼(Shrum, 2004)의 연구는 배양효과의 1차 척도(first-order measure)와 2차 척도를 확인했는데, 1차 척도는 인구통계적 판단(범죄 피해자가 될 사람의 비율)이고 2차 척도는 가치 판단(예, 물질주의에 대한 초점)이다. 1차 척도에 미치는 효과는 시청자의 기억 속에 있는 TV 메시지의 이용가능성에 의해 설명

된다. 2차 척도는 설득 이론의 범위 내에서 작동한다. 슈럼에 따르면,

> 시청 동기가 강하거나 '시청하는 동안' 정보를 처리하는 능력이 뛰어날 때, 배양
> 효과는 '높아진다'. 따라서 바로 이 두 변인(동기화와 능력)이 1차 판단과 2차 판
> 단 모두에 대한 배양효과를 조절하는(moderate) 것으로 보임에 주목하라. 여기
> 서 핵심은 그러한 변인들이 각기 다른 시기(시청하는 동안 대 회상하는 동안)에
> 그리고 반대 방향(1차 판단에 대한 효과는 줄이고 2차 판단에 대한 효과는 늘
> 림)으로 영향을 미친다는 것이다(2004: 337).

다른 미디어 효과 연구자들은 배양효과를 이해하는 데 '정신 모델'을 사용
할 것을 주장했다(Roskos-Ewoldsen, Davies, & Roskos-Ewoldsen, 2004). 간단히
말하면 정신 모델은 우리가 특정 상황(실제적 상황 혹은 상상의 상황), 대상, 사
건, 친숙한 영역과 친숙하지 않은 영역, 복잡한 체계 등에 대한 생각을 구성하
는 방식의 역동성에 초점을 맞춘다. 정신 모델은 엄격하지 않고 구체적이지
않으며 오히려 가변적이다. 배양에 관한 한, 정신 모델의 개념은 우리의 기
억, 우리의 추리력, 우리의 현실 생활의 경험, 우리의 시청 경험을 고려한다.
텔레비전에서 본 이야기들이 특정한 이야기나 상황을 포함하는 '상황' 모델
(situation model)로 간주될 수도 있다. "기본 아이디어는 사람들이 TV 프로그
램을 시청함에 따라 그러한 프로그램에 대한 상황 모델을 구성한다는 것이
다. 이러한 상황 모델은 기억 속에 저장되며, 만약 활성화되면 이것은 새로운
상황을 해석하는 데 사용될 수 있다"(Roskos-Ewoldsen et al., 2004: 351).

4. 최근 연구

배양효과 연구자들은 계속해서 위와 같은 비판에 대응하며 배양효과에 대

한 증거를 수집하고 있다. 최근, 연구자들은 연구 대상 지역을 확대해 여러 나라를 포함하고 있다. 이러한 연구 가운데 일부는 텔레비전 시청으로 인한 사회적 현실에 대한 '전 세계적' 지각을 측정하려 하지만(Morgan, 1990), 이 같은 시도는 연구자들이 여러 문화에 적용해볼 수 있게 해줄 단순한 계량적 문화지표의 개발과 같은 특정한 실증적 문제점을 다루지 않았다.

그럼에도 배양효과 연구자들은 "실제로 그 같은 연구는 국가 경계를 가로질러 나타나는 체계 전반적인 유사점과 차이점을 확인할 수 있는 최고의 검정수단이며 국가의 문화정책에 실질적으로 중요하다"고 주장한다(Morgan et al., 2009).

연구자들은 미국에서 텔레비전 프로그램을 상당량 수입하는 국가에서의 배양효과를 살펴보았다. 연구 결과는 차이가 있지만, 대부분이 텔레비전 시청과 문화적 맥락 간의 상호작용을 보여주고 있다. 연구들은 대부분 폭력에 대한 태도, 가치, 사회적 고정관념, 다른 관심 영역이 텔레비전이 보여주는 현실에 대한 왜곡된 상과 유사하게 배양된다는 점을 보여준다. 스웨덴(Reimer & Rosengren, 1990), 아르헨티나(Morgan & Shanahan, 1995), 일본(Saito, 1991)은 이 같은 배양 분석의 초점이 되었던 몇몇 국가들이다. 호주에서도 배양효과 연구가 이루어졌는데, 핀그리 및 호킨스(Hawkins & Pingree, 1981)는 미국에서 수입한 텔레비전 프로그램에 대한 노출 정도가 높은 학생이 호주를 살기 위험한 장소로 평가하는 경향이 있음을 확인했다.

한국에서의 한 연구는 미국 텔레비전 프로그램에 대한 노출 수준이 높은 한국 여성은 결혼, 의복, 음악에 대해 진보적인 견해를 가지고 있는 경향이 높았지만, 미국 프로그램을 많이 시청하는 한국 남성은 한국의 전통적인 문화 가치를 지지했으며 미국에 대해 적대감을 표했음을 확인했다(Kang & Morgan, 1988). 한국에서 더 최근에 실시된 한 연구는 특정 텔레비전 드라마 시청의 배양효과와 독신 성인의 수 및 결혼한 가족의 자녀수에 대한 사람들의 지각을 조사했다. 진 및 정(Jin & Jeong, 2010)은 독신자와 자녀수가 적은 가정의 삶을 긍정적으로 묘사한 드라마를 많이 시청하는 사람이 미혼 한국인의 수와 자녀가 없는 기혼 부부의 수를 과대평가하는 쪽으로 배양되는 경향이 있음을 확인했다.

일본에서 사이토(Saito, 2007)는 가장 보수적인 시청자들을 제외하고는 텔레비전 다시청자가 사회 속의 젠더(gender)에 대해 더 전통적인 견해를 가지고 있음을 확인한 반면, 한국에서는 다시청자가 가족 가치와 사회 속의 여성에 대해 더 진보적인 견해를 배양한 것으로 나타났다(Kang & Morgan, 1988).

연구자들은 한국과 인도에 수출된 미국 텔레비전 프로그램을 많이 시청한 양 국가의 사람들이 그렇지 않은 사람들에 비해 박탈감을 더 많이 느낀다는 것을 확인했다(Yang, Ramasubramanian, & Oliver, 2008). 자신의 개인적 삶에 더 큰 불만을 드러낸 인도 다시청자처럼 한국 다시청자도 한국 사회에 대한 불만이 더 심했다.

이스라엘에서 이루어진 연구에서는 미국 프로그램을 많이 시청하는 사람은 미국 사람의 특정 직업에 대한 평가를 그들이 텔레비전에서 본 것에 부합되게 평가하는 경향이 있었던 반면, 이스라엘 프로그램을 시청한 사람은 그렇지 않았다(Hestroni, 2008; Hestroni, Elphariach, Kapuza, & Tsfoni, 2007).

다른 연구들은 좀 더 최근의 텔레비전 프로그램에서 데이터를 수집하여 초기 연구결과들을 업데이트했다. 예를 들면, 한 연구(Shanahan & Morgan, 1999)는 텔레비전 다시청이 사람들에게 실제 세계의 폭력 발생 정도를 과대평가하게 하고 범죄 활동 및 범죄 통계와 관련된 부정확한 믿음을 많이 가지게 만든다는 초기 연구의 증거를 확인해주었다. 시그노리엘리 및 칼렌버그(Signorielli & Kahlenberg, 2001)는 실제 세계에서 여성의 역할이 상당히 변화했는데도 텔레비전에서는 여전히 남성이 60~65% 정도 더 많은 배역을 차지하고 있음을 확인했다. 이는 여성 1명당 남성 3명이 텔레비전 프로그램에 등장했던 1970년대와 1980년대보다는 나아진 상황이다.

또한 연구자들은 텔레비전 다시청이 가족 가치, 환경, 건강 관련 주제에 대

〈그레이 아나토미〉 시청이 의사와 환자의 만족에 대한 지각에 미치는 효과

Brian L. Quick(2009)

Journal of Broadcasting & Electronic Media, 53, 38~55.

이 연구는 〈그레이 아나토미〉(*Grey's Anatomy*) 시청이 실제 의사에 대한 시청자의 태도와 신념에 미칠 수 있는 효과를 조사했다. 배양 이론은 주로 광범위한 상황(즉, 전반적인 텔레비전 시청)에서 사용되어왔다. 그러나 퀵(Quick)은 단일 시리즈물 시청의 배양효과를 조사했다. TV에 등장하는 의사는 종종 위험한 수술을 집도하고 색다른 치료를 시도하는 것으로 묘사되기 때문에, 퀵은 텔레비전상의 의사는 종종 용기 있는 사람으로 비쳐진다는 데 주목했다. 그러나 TV 의사들에 대한 그러한 느낌이 실제 세계의 의사에게도 그대로 옮겨지는가? 수용자가 직접 경험할 기회가 거의 없는 분야(예, 병원 응급실의 일상 활동)를 보여주는 프로그램을 시청한 후의 배양효과가 더 크다는 것을 확인한 연구를 인용하면서, 퀵은 다음과 같은 가설과 연구문제를 제시했다.

가설 및 연구문제

H1: 〈그레이 아나토미〉를 시청하는 것은 이 프로그램에 대한 지각된 공신력과 긍정적으로 연관되어 있을 것이다.

H2: 〈그레이 아나토미〉에 대한 지각된 공신력은 실제 세계의 의사에 대한 지각된 용감함과 긍정적으로 연관되어 있을 것이다.

H3: 〈그레이 아나토미〉 시청은 실제 세계의 의사에 대한 지각된 용감함과 긍정적으로 연관되어 있을 것이다.

RQ1: 〈그레이 아나토미〉에 대한 지각된 공신력은 〈그레이 아나토미〉 시청과 실제 세계의 의사에 대한 지각된 용감함 간의 관계를 매개하는가?

H4: 실제 의사에 대한 지각된 용감함은 실제 세계의 의사에 대한 환자의 만족감과 긍정적으로 연관되어 있을 것이다.

연구방법

269명이 (특히 〈그레이 아나토미〉의 두 번째 시즌과 세 번째 시즌의 첫 5편의 에피소드에 대한) 텔레비전 시청 습관과 의사에 대한 신념을 조사하는 지필 설문연구에 참여했다.

〈그레이 아나토미〉를 선택한 이유는 이 드라마가 인기 있기 때문이었다. 2005~2006 시즌 동안 주당 평균 1990만 명의 시청자가 이 드라마를 시청했는데, 이는 그 시즌 시청률 랭킹 5위에 해당하는 것이었다.

시청 습관을 측정하기 위해 참여자들은 표본에 속해 있는 35편의 에피소드 가운데 몇 편을 시청했는지에 대한 2개의 질문에 대답했다. "〈그레이 아나토미〉와 같은 병원 드라마 속의 이미지와 줄거리는 일반적으로 '현실적이다/공신력 있다/믿을 만하다'"는 문장에 대한 동의 정도를 5점 척도에 표시하게 함으로써 공신력을 측정했다. '영웅적인'(heroic), '용감한'(brave), '용기 있는'(courageous), '멋진'(brilliant)과 같은 다섯 가지 특성을 5점 척도로 평가하게 함으로써 의사의 용감성을 평가하게 했다. 마지막으로 다음 두 질문을 통해 환자 만족도를 측정했다: ① "일반적으로 나는 나의 의사에게 만족한다"와 ② "평균적으로 나의 의사는 나의 건강 요구를 충족시킨다." 환자 만족도 역시 5점 척도로 평가되었다.

연구결과

참여자들은 〈그레이 아나토미〉 두 번째와 세 번째 시즌 동안 평균 13편의 에피소드를 시청했다. 78명의 참여자는 32편 모두를 시청한 반면, 95명은 1편도 보지 않았다.

분석 결과, 〈그레이 아나토미〉를 시청하는 것은 이 프로그램에 대한 지각된 공신력과 긍정적으로 연관되어 있을 것이라는 H1은 지지되었다. H2 역시 지지되었다. 이 드라마가 공신력 있다는 믿음은 현실 실제의 의사가 용감하다는 지각과 긍정적으로 관련되어 있었다. 그러나 H3은 지지되지 않았다. 단순히 〈그레이 아나토미〉를 많이 본다는 것이 실제 세계의 의사의 용감함에 대한 지각과 긍정적으로 관련되어 있지는 않았다. 따라서 RQ1에 대한 대답은 "그렇다"이다. 지각된 공신력은 실제로 의사들이 용감하다는 생각을 배양하는 데 핵심적인 요인인 것 같다. 마지막으로 H4도 지지되었다. 실제 세계의 의사들이 용감하다고 지각하면 할수록, 의사에 대한 그들의 만족도도 더 높았다.

전반적으로 연구결과는 배양 이론을 지지한다. 이 연구는 배양효과를 촉진하는 데 있어 지각된 공신력의 중요성을 강조해서 보여줌으로써 배양효과 연구에 기여하고 있다. 또한 이 연구는 배양효과가 단지 하나의 시리즈물을 시청해도 발생한다는 것을 보여주었다.

한 태도에 미치는 배양효과도 테스트했다. 가족 가치에 대한 한 흥미로운 연구는 1990년대 미국 가족에 대한 텔레비전의 묘사가 현실을 반영하는 것이 아니라 편부모(single-parent) 가정을 과장되게 표현했음을 발견했다(Morgan,

Leggett, & Shanahan, 1999). 더욱이 텔레비전의 편부모는 실제 세계와는 달리 보통 입주 가정부를 두고 있는 남성이었다. 텔레비전 다시청자가 편부모 가정과 미혼모에 대해 더 수용적인 경향이 있는 것으로 보아 아마도 편부모가되는 것을 낭만적인 것으로 생각하는 것 같다고 그 연구는 밝혔다. 다른 연구는 텔레비전 다시청이 물질적 가치와 관련된 견해를 배양해, 사치품과 사치스런 서비스가 실제로 사회에서 존재하는 것보다 더 이용 가능하다고 생각하게 만든다는 것을 보여주었다(Shrum, Burroughs, & Rindfleisch, 2005).

환경 문제에 관해 다시청자는 두려운 나머지 과학적 이슈 전반을 회피하려는 경향이 있었다(Shanahan, Morgan, & Stenbjerre, 1997). 텔레비전 다시청자는 다른 사람보다 환경 이슈에 대해 잘 모를 가능성이 높다. 좀 더 최근의 연구는 텔레비전이 제공하는 다양한 내용물에 노출되는 것과 환경 위험에 대한 우려를 배양하는 것이 서로 연관되어 있음을 확인함으로써 상충하는 결과를 보여주었다(Dahlstrom & Scheufele, 2010; Good, 2007, 2009). 건강 관련 주제와 관련해 텔레비전을 많이 시청하는 어린이는 영양 섭취에 대한 잘못되고 건강하지 못한 견해를 가지고 있었고(Signorielli & Staples, 1997), 더 이른 나이에 흡연을 시작했으며(Gutschoven & Van den Bulk, 2005), 젠더 및 성적 고정관념도 더 잘 수용했다(Ward & Friedman, 2006). 디펜바크 및 웨스트(Diefenbach & West)는 텔레비전은 정신 장애가 있는 사람을 폭력적이고 범죄 행동을 잘 저지르는 경향이 있는 것으로 묘사한다는 사실을 확인했다. 텔레비전 다시청자는 소시청자보다 정신 장애가 있는 사람을 더 부정적으로 지각했다.

몇몇 최근 연구는 배양을 수반하는 인지 과정을 조사한 바 있다. 섀피로 및 랭(M. Shapiro & A. Lang, 1991)은 정확하지 않거나 과장된 신념의 배양은 다시청자가 텔레비전 프로그램이 실제가 아님을 망각하는 경향에서 비롯된다고 말했다. 한 연구는 이러한 가설을 확인했으나(Mares, 1996), 다른 한 연구는 데이터를 달리 해석했다(Shrum, 1999, 1997, 1995). 메어스(Mares)는 픽션 프로그램과 사실을 혼동하는 시청자는 텔레비전이 보여주는 세계와 일치하는 세계관을 배양하는 경향이 있음을 확인했다. 슈럼은 시청자는 자신이 시청하고 있는 것이 사실인지 허구인지를 고려하지 않지만, 사회적 이슈에 대한 인지적 판단을 할 때는 텔레비전 이미지를 사용한다고 주장했다. 다시청자는 다른 사람보다 질문에 더 손쉽게 대답하는데, 이는 그들에게 어떤 종류의 인지적 지름길이 형성되어 있어서 답변에 더 쉽게 도달한다는 것을 의미한다. 슈럼의 설명은 배양 과정이 시청자의 신념을 변화시키기보다는 강화함을 시사한다.

브래들리(Bradley, 2007)의 연구결과는 슈럼의 자기발견적 배양효과 모델을 지지했는데, 그의 연구에서는 정보를 체계적으로 처리할 수 있는 능력이 배양효과를 사라지게 할 수 있는 것으로 드러났다. 예를 들면, TV의 예가 아닌 예로 사람들을 기폭시키고 그들에게 보통 배양효과 연구자들이 제기하는 질문에 답하기 전에 신중하게 생각해보라고 요구한 후, 질문에 정확하게 답해보라고 요구하는 것은 심지어 텔레비전 다시청자의 배양효과도 상당히 감소시킨다. 슈럼(Shrum, 2007)은 사람들이 전화 설문조사보다 우편 설문조사에서 배양효과 연구자들의 질문에 더 신중하게 생각하는 경향이 있음을 확인했다. 그는 배양효과가 전화 설문조사에 응답하는 사람들의 배양효과가 더 강함을 확인했다.

좀 더 최근의 연구는 특정 텔레비전 장르에 많이 노출되는 것에 따른 배양효과를 조사했다. 예를 들면, 텔레비전 뉴스에 많이 노출되는 시청자가 청소년 범죄가 증가하고 있다는 지각을 배양한 것으로 나타났다(Goidel, Freeman, & Procopio, 2006). 리얼러티(reality) 범죄 프로그램을 시청하는 사람들은 범죄가 전반적으로 증가하고 있다는 지각을 보여주었으며 또한 실제 사례보다 더 많은 수의 청소년이 폭력적인 범죄를 저지르고 있는 것으로 지각했다.

범죄 드라마 다시청에 관한 다른 연구는 그것이 사회에서 벌어지는 범죄에 대한 우려로 이어진다는 것을 보여주었다(Holbrook & Hill, 2005; Busselle, 2003). 또 다른 연구는 텔레비전의 범죄 프로그램을 많이 시청하는 것이 사형제도에 대한 지지와 관련되어 있음을 확인했다(Holbert, Shah, & Kwak, 2004). 리들(Riddle, 2010)은 범죄 드라마가 범죄를 생생하게 묘사하는 것이 실제 세계에 범죄가 만연해 있는 정도를 더 높게 평가하는 것과 연관되어 있음을 확인했다. 그레이브 및 드루(Grabe & Drew, 2007)는 텔레비전 장르의 차이를 조사한 결과, 논픽션 프로그램(뉴스 및 리얼리티 경찰 프로그램)에 노출되는 것이 범죄 드라마를 시청하는 것보다 실제 범죄 피해자가 될 가능성에 대한 배양효과를 더 높여주는 것을 확인했다.

어펠(Appel, 2008)은 이 세상이 합리적이고 공정함을 묘사하는 픽션 프로그램을 시청한 독일인과 오스트리아인들은 공정한 세상에 대한 믿음과 관련된 상당한 배양효과를 보여주었음을 확인했다. 이 연구에서 텔레비전 시청 시간은 비열하거나 무서운 세상에 대한 믿음과 관련이 있는 것으로 드러났다.

21세기의 배양효과 연구는 케이블과 위성 네트워크의 인기 증가, 디지털 비디오 레코더(DVR) 및 인터넷의 사용, 그리고 이것들이 전통적인 네트워크 텔레비전 시청자에게 미치는 영향을 고려할 필요가 있을 것이다. 시청자의 선택이 증가했는데도, 다시청자의 시청 습관이나 시청 내용의 엄청난 차이를 측정한 연구는 지금까지 없다(Morgan, Shanahan, & Harris, 1990).

윌리엄스는 "비디오 게임에 대한 종단적인 통제된 실험을 처음으로"(Williams, 2006: 69) 실시한 결과, 〈애쉬런즈 콜 2〉(Asheron's Call 2) 플레이어들이 상당한 배양효과를 경험했음을 확인했다. 실험집단에 속한 플레이어는 통제집단에 속한 플레이어보다 실제 세계에서 무장 강도가 발생하는 정도를 과대평가하는 경향이 있었다.

배양효과 연구자들은 미디어 오락물 선택에 다양성이 있음에도 소유권 집중 때문에 미디어와 채널은 계속해서 서로 유사해질 것이라고 지적한다. 그럼에도 배양효과 연구는 이러한 새로운 수단과 미디어 기술이 제공하는 메시지의 영향에 대한 조사로 그 지평을 넓혀가야 할 것이다(Gerbner et al, 2009).

5. 요약

간단히 말해 '배양' 이론은 텔레비전 다시청자가 오랜 기간에 걸쳐 그들이 텔레비전에서 본 것, 즉 일반적으로 폭력, 범죄, 기타 부정적인 것들로 가득 찬 '비열한' 세상과 유사한 세계에 대한 관점을 계발한다고 제안한다. 배양효과 분석은 문화지표 프로젝트의 세 부분 가운데 하나이다. 다른 두 연구 활동은 제도적 과정 분석과 메시지 체계 분석을 포함한다. 제도적 과정 분석은 미디어 메시지의 제작, 관리, 배급을 조사한다. 메시지 체계 분석은 젠더 역할, 소수집단 묘사, 특정 직업 묘사 방식과 같은 미디어 내용에서의 이미지 조사를 포함하고 있다.

배양효과 연구는 통상 두 가지 연구방법, 즉 텔레비전 프로그램의 내용분석과 세계에 대한 시청자의 지각을 평가하기 위한 설문조사방법을 사용한다. 텔레비전의 '상징적' 세계는 객관적 현실과 매우 다른데, 이러한 차이가 배양효과 연구자들의 주된 관심사였다. 폭력적인 범죄는 텔레비전의 현실 왜곡을 가장 분명하게 보여주는 예이다. 연구는 특정 집단에 속하는 텔레비전 다시청자는 그들이 텔레비전에서 보는 것과 동일한 왜곡된 현실상을 배양하는 경향이 있음을 보여주었다.

문화 지표 프로젝트가 시작된 이후, 연구들은 대부분 단지 낮은 수준의 통계적 증거만을 보여주긴 했지만 그와 같은 일관된 연구결과는 배양 이론을 신뢰할 수 있게 해주었다. '주류화'는 배양효과 분석의 바탕이 되는 주된 개념 가운데 하나이며, 다른 하나는 '공명'이다.

시간이 흐르면서 미디어 효과에 대한 설명은 대부분 인지 심리학 이론에 기반을 두어왔다. 심리학적 전통 속에서 훈련을 받은 미디어 효과 연구자들은 종종 배양효과 연구자들이 작동하고 있는 기본적인 과정을 설명하지 못한다고 비판했지만, 최근 들어 학자들은 인지 심리학과 설득의 측면에서 이러한 과정을 설명하기 시작했다.

배양효과 연구자들은 계속해서 그러한 비판에 대응하면서 배양효과에 대한 증거를 수집하고 있다. 최근, 연구자들은 그들의 영역을 확장하여 세계 여러 나라를 연구에 포함시켰다. 연구들은 미국 텔레비전 프로그램을 상당히 많이 수입하는 국가에서 배양효과를 조사했다. 연구결과들은 서로 차이가 있긴 하지만, 대부분 텔레비전 시청과 문화적 맥락 간의 상호작용이 존재함을 보여주었다.

또한 연구자들은 텔레비전 다시청이 가족 가치, 오락, 건강 관련 토픽에 대한 태도에 미치는 배양효과도 조사했다.

최근 연구는 배양에 관련된 인지적 처리도 조사했다. 브래들리의 연구는 슈럼의 자기발견적 배양효과 모델을 지지했으며, 정보를 체계적으로 처리할 수 있는 능력이 배양효과를 사라지게 할 수 있음을 확인했다. 좀 더 최근의 연구는 특정 텔레비전 프로그램 장르에 많이 노출되는 것에 따른 배양효과를 조사했다.

21세기의 배양효과 연구는 케이블과 위성 네트워크의 인기 증가, DVR 및 인터넷의 사용, 그리고 이것들이 전통적인 네트워크 텔레비전 시청자에게 미치는 영향을 고려할 필요가 있을 것이다.

9장

이 용 과 충 족

텔레비전은 하나의 콜라주(collage)가 되어가고 있다.
채널이 너무 많아서 사람들은 스스로 하나의 콜라주를 만들면서 채널을 바꾼다.
그런 의미에서 모든 사람은 다소 다른 무언가를 본다.
— 데이비드 호크니(David Hockney), 『사진 속의 호크니』(*Hockney on Photography*), 1988

    유행하게 될 새로운 스타일의 비키니에 관심이 있는 한 젊은 여성이 식료 잡화점 가게 계산대에서 《코스모》(*Cosmo*) 최신호를 집어 든다. 나이가 훨씬 더 많고 원예에 매우 관심이 많은 다른 한 여성은 봄에 심을 식물의 배열에 대한 조언을 구하기 위해 《베터 홈스 앤드 가든스》(*Better Homes and Gardens*)의 최신호를 고른다. 그리고 이 여성의 13살 난 손녀는 표지에 저스틴 비버(Justin Bieber)의 사진이 있는 자신이 좋아하는 10대 잡지 최신호를 사달라고 조른다.

    일요일 저녁 텔레비전 앞에서 한 부부와 자녀가 보고 싶은 프로그램을 두고 서로 옥신각신하고 있다. 아버지는 자신과 같은 직업을 가진 어떤 사람에게 영향을 미친 스캔들을 다루는 인기 프로그램 〈60분〉(60 Minutes)을 보고 싶어 한다. 어머니는 남부 식 애플 파이를 만드는 법을 배우기 위해 폴라 딘(Paula Deen)의 요리 프로그램을 보고 싶어 한다. 어린 딸은 니켈로디언(Nickelodeon)에서 방송하는 〈아이칼리〉(iCarly)를 몹시 보고 싶어 하고, 어린 아들은 마법과 모험으로 가득 찬 저녁을 즐기기 위해 최신 해리 포터(Harry

Porter) 영화를 DVD 플레이어로 보고 싶어 안달이 나 있다.

이 예는 사람들이 여러 가지 개인적인 욕구를 충족시키기 위해 특정 종류의 미디어 내용을 추구한다는 것을 잘 보여준다. 사람들의 행동은 미디어 내용물을 선택할 때 종종 목적 지향적이 된다. 그들은 그들이 얻기를 기대하는 정보 또는 만족을 토대로 어떤 프로그램을 보거나 어떤 잡지를 선택한다.

이용과 충족(uses and gratifications) 접근 방법은 수용자의 개인적 차이가 사람들에게 각기 다른 메시지를 추구하게 하고, 메시지를 다르게 이용하게 하며, 메시지에 대해 다르게 반응하게 만든다고 가정한다. 많은 사회적·심리적 요인으로 인해 수용자는 서로 다른 미디어 내용물을 선택할 뿐만 아니라 특유하지는 않다 하더라도 서로 다른 미디어 효과를 경험한다. 이용과 충족 접근 방법은 사람들의 사회적·심리적 구성이 미디어 메시지 자체만큼이나 어떤 특정한 효과를 초래하는 원인이 된다고 가정한다.

이용과 충족 연구는 매스 미디어가 수용자에게 미치는 직접적인 효과에 초점을 맞추기보다는 '시청자의 동기화와 행동', 즉 그들이 '어떻게' 그리고 '왜' 미디어를 이용하는지 조사한다. 이용과 충족 연구는 언제나 시청자가 그들의 개인적인 욕구를 충족시키기 위해 능동적으로 프로그램이나 미디어 내용을 선택한다고 가정한다.

이 장에서는 미디어 효과에 대한 이용과 충족 접근 방법을 살펴본다. 사회에서 매스 미디어의 기능과 이용 및 효과를 설명하는 데 사용되는 커뮤니케이션 모델을 간단히 살펴본 다음, 이용과 충족 관점의 몇몇 기본적인 가정에 대해 논의하기로 한다. 그런 다음 이용과 충족 연구를 역사적으로 훑어보고, 이 접근 방법에 대한 비판을 살펴본 후, 마지막으로 최근 연구에 대해 언급하기로 한다.

1. 매스 미디어의 사회적 기능

사람들이 미디어를 사용하는 이유를 이해하기 위해서는 사회가 왜 미디어를 사용하는지 살펴보는 것이 도움이 될 수 있다. 라스웰(Lasswell, 1948)은 미디어가 사회에서 수행하는 세 가지 주요 기능을 확인했다. 첫째, 미디어는 '환경 감시'(surveying the environment)를 통해 시청자를 둘러싸고 있는 세상에서 어떤 일들이 벌어지고 있는지를 지속적으로 일깨워준다. 둘째, 전반적인 환경의 여러 구성 요소들에 대한 개관을 제공함으로써 미디어는 환경 전체를 이해할 수 있도록 도와준다. 이러한 두 번째 기능, 즉 '환경 요소들의 상관'(correlation of environmental parts) 기능은 수용자에게 주변 세계에 대해 좀 더 정확한 관점을 형성할 수 있게 해준다. 끝으로, 미디어 메시지는 새로운 세대로의 '사회 규범 및 관습 전승'(transmitting social norms and customs) 기능을 수행한다. 사회적 유산의 전승은 강력한 기능이라 할 수 있다. 예를 들면, 미국에서 제작된 프로그램을 수신하여 시청하는 전 세계 여러 국가의 시청자들은 서방의 문화 제국주의, 즉 서방의 사회적 규범을 매우 다른 문화적 규범을 지니고 있는 시민들에게 강요하는 것에 대해 불만을 토로했다.

학자들은 매스 미디어의 몇 가지 다른 기능도 확인했다. 라이트(Wright, 1960)는 미디어가 사회 속에서 수행하는 다른 하나의 기능을 '오락'(entertainment) 기능이라 명명했다. 많은 사람이 개인적인 즐거움을 위해 매스 미디어를 이용하는 것을 중요한 기능으로 인정한 것이다. '의사사회적 상호작용'(parasocial interaction)(Horton & Wohl, 1956)이라 불리는 또 하나의 기능은 시청자가 텔레비전 명사[예, 토크 쇼 진행자 제이 레노(Jay Leno)와 엘런 드제너러스(Ellen DeGeneres)]와 영화 등장인물의 모습과 목소리를 자주 보고 듣기 때문에 그들을 개인적으로 아는 것처럼 느끼는 현상을 설명해준다. 또 다른 기능인 '도피'(escapism)는 텔레비전 오락물이 시청자에게 실제 생활의 문제점에서 도피할 수 있도록 해준다고 가정한다(Pearlin, 1959). 관련된 다른 기능으로는 '불안 감소'(anxiety reduction)(Mendelsohn, 1963)와 '놀이'(play)(Stephenson, 1967)
가 있는데, 이 두 가지 도피 기능은 수용자가 실제 생활의 압박과 긴장을 제쳐
두고 환상적인 내용을 즐기게 함으로써 즐거움을 경험할 수 있게 해준다.

2. 이용 및 효과를 설명하는 모델

커뮤니케이션 학자들은 이용과 충족 연구의 주요 초점인 개인적 수준의 미
디어 이용과 효과를 설명하기 위해 몇 가지 서로 다른 모델을 개발했다. 여기
에는 상호교류적 모델(McLeod & Becker, 1974), 충족 추구 및 수용자의 능동적
활동 모델(A. Rubin & Perse, 1987), 기대치 모델(Palmgreen & Rayburn, 1982),
이용 및 의존 모델(A. Rubin & Windahl, 1986)이 있다.

1) 상호교류적 모델

상호교류적 모델(transactional model)에서는 두 가지 요인, 즉 메시지의 특
성과 수용자의 심리적 정향성이 결합하여 하나의 효과가 발생한다. 이 모델
은 과거의 직접 효과 모델과 개인차(個人差) 모델을 결합했다. 미디어 메시지
에 대한 노출은 수용자의 심리적 정향성이 허락하는 정도만큼 강력한 효과를
가진다(McLeod & Becker, 1974). 예를 들면, 고등교육기관의 심한 예산 삭감
에 관한 뉴스 보도는 고등교육에 관여하고 있지 않는 사람보다 관여하고 있
는 사람에게 효과를 발생시킬 가능성이 더 높을 것이다. 이 같은 보도는 예산
을 삭감하지 않을 수 없는 행정 관리와 임금 인상이 되지 않을 교수들을 매우
불편하게 만들 것이다. 또한 더 비싼 등록금을 내야 할 수도 있는 학생과 부
모들은 이 같은 뉴스에 불안해할 것이다.

2) 충족 추구 및 수용자의 능동적 활동 모델

충족 추구 및 수용자의 능동적 활동 모델(gratification-seeking and audience activity model)[1]에서는 여러 요인과 요소가 이용 및 효과 과정에 영향을 미치게 된다. 시청자의 태도뿐만 아니라 시청자가 추구하는 특정한 종류의 충족이 메시지의 내용에 대한 시청자의 주목을 결정한다. 시청자의 사고, 정서, 또는 행동에 대한 효과는 메시지에 대한 시청자의 관여 정도와 행동적 의도에 좌우된다(Rubin & Perse, 1987). 예를 들면, 천식을 앓고 있는 사람은 그렇지 않은 사람보다 천식 치료제 광고에 더 주목할 것이다.

3) 기대치 모델

기대치 모델(expectancy-value model)에서는 미디어의 이용을 처음에 기대했던 결과 외에도 추구한 충족(gratification sought)과 획득한 충족(gratification obtained)의 관점에서 살펴본다. 팜그린 및 레이번(Palmgreen & Rayburn)은 이 모델이 사람의 행동, 의도, 태도를 2개의 독립된 구성 요소인 기대와 평가의 함수로 설명한다고 말했다. '기대'는 "어떤 태도가 어떤 특정한 속성을 가지고 있을 가능성 또는 어떤 행동이 어떤 특정한 결과를 갖게 될 가능성"으로, '평가'(evaluation)는 "어떤 태도나 행동의 결과에 대한 긍정적이거나 부정적인 정서(affect)의 정도"라고 그들은 정의했다(Palmgreen & Rayburn, 1982: 562~563). 예를 들면, 사람은 자신이 지지하는 후보가 이길 것을 기대하면서 대통령 후보 토론 프로그램에 채널을 맞추지만, 결과적으로는 자신이 반대하는 후보가 훨씬 더 토론을 잘하는 것을 보게 될지도 모른다. 그들은 자신이 지지

---

1) 레비 및 윈달(Levy & Windahl, 1984)은 '수용자의 능동적 활동'(audience activity)을 수용자의 미디어 선택성(selectivity), 미디어에의 관여, 미디어의 효용성(utility)을 포함하는 하나의 구성개념으로 보았다(옮긴이 주).

하는 후보에 대한 태도를 바꿀 수도 있고 바꾸지 않을 수도 있는데, 이러한 결정은 후보자의 토론 성과에 대한 평가를 토대로 할 것이다.

4) 이용 및 의존 모델

연구는 미디어에 대한 의존이 두 가지 주요 요인의 결과물임을 보여주었다. 여기서 두 가지 요인이란 충족을 획득하기 위한 시청자의 동기와 시청 대안의 이용가능성을 말한다. 이들 각 요인은 많은 사회적·심리적 특성에 영향을 받을 수 있다. 예를 들면, 건강이 좋지 못해 이동이 제한된 사람은 여러 종류의 활동을 즐기는 건강한 사람보다 오락과 기분 전환을 위해 텔레비전 같은 미디어에 의존할 가능성이 더 높을 것이다. 더욱이 만약 그 사람이 집에서 개인용 컴퓨터, DVD나 블루-레이(Blue-ray) 플레이어, 컴퓨터 게임 등과 같은 미디어 대안을 이용할 수 없다면, 그 사람이 텔레비전에 의존하게 될 가능성은 더 높아질 것이다.

이용 및 의존 모델(uses and dependency model)(Rubin & Windahl, 1986)은 어떤 미디어 체계의 특정 요소(예, 미디어 체계 그 자체, 사회구조, 매우 개인적인 동기를 초래하는 개인적 차이)가 사람들에게 그 미디어를 사용하고 그것에 의존하게 만든다고 보고 있다. 미디어에 대한 의존은 그것 자체가 효과를 초래할 수도 있다. 예를 들면, 그와 같은 의존으로 태도 변화가 일어나고 일어난 태도 변화가 이 모델의 다른 요소에 영향을 줄 수도 있을 것이다.

미디어에 대한 의존도가 높으면 높을수록, 미디어가 시청자에게 영향을 미칠 가능성은 더욱 높다. 밀러 및 리스(Miller & Reese, 1982)는 정치적 효과에 대해 연구한 결과, 특정 미디어에 의존하지 않는 사람보다 의존하는 사람들 사이에서 효과가 발생할 가능성이 더 높다는 사실을 확인했다.

3. 이용과 충족의 가정

　이용과 충족 관점의 핵심에는 몇 가지 기본적인 가정이 존재한다. 학자들은 1974년 이러한 가정의 대부분을 확인했다. 그 후 다른 학자들(Palmgreen, 1984; A. Rubin, 1986; A. Rubin & Windahl, 1986)이 미디어 수용자에 대해 더 많은 것을 알게 됨에 따라, 이용과 충족 본래의 가정 목록에 다른 가정이 추가되었다. 앨런 루빈(Rubin, 2009)은 이러한 가정들을 간결하게 정리했다.

1) 능동적인 수용자

　이용과 충족 관점은 수용자들이 커뮤니케이션 과정에 능동적으로 참여한다고 가정하지만, 그들이 모두 똑같이 능동적인 것은 아니다. 바꾸어 말하면

이용과 충족 접근방법은 비디오 게임을 하는 사람들에게서 흔히 볼 수 있듯이 적극적으로 관여하는 수용자를 가정한다.

수용자의 능동적 활동은 수용자에 따라 가변적이다. 수용자들의 커뮤니케이션 행동은 목적 지향적이고 의도적이며 동기화되어 있다. 즉, 그들은 개인적인 동기화, 목적, 욕구를 토대로 시청 내용물을 선택하며 이러한 요인은 실제로 보고 듣는 것에 영향을 준다.

추가 연구들은 미디어에 대한 수용자 관여(involvement)를 조사했다(Rubin & Perse, 1987). 연구 결과, 수용자의 능동적 활동(미디어 사용 또는 관여) 수준에는 차이가 있으며, 시점에 따라서도 능동적인 미디어 활동 수준과 시청 이유에 차이가 있음이 밝혀졌다. 한 연구는 시청자들이 기분 전환 동기로 프로그램을 찾을 때는 특별하게 능동적이지 않지만, 뉴스 프로그램을 시청할 때는 적극적으로 정보를 찾는다는 것을 보여주었다(Levy & Windahl, 1984).

2) 충족을 위한 미디어 이용

이용과 충족 관점은 시청자들이 여러 가지 이유에서 미디어를 이용한다는 것을 강조한다. 시청자들은 때때로 그들의 관심을 끌거나 그들을 난처하게 만드는 무언가에 대한 정보를 얻기 위해 미디어를 이용한다. 미디어는 언제나 수용자의 욕구나 필요를 충족시키기 위해 사용되거나 선택된다.

핀(Finn, 1992)에 따르면, 미디어 이용 동기는 두 가지 동기, 즉 적극적 동기(proactive motive)와 수동적 동기(passive motive)로 구분될 수 있다. 관심을 갖고 있는 특정 주제에 대해 더 알기 위해 특정 텔레비전 프로그램을 시청하거나, 특히 즐기기 위한 목적으로 어떤 영화를 보거나, 학교나 직장 프로젝트 수행에 필요한 정보를 찾기 위해 인터넷을 사용하는 것이 적극적인 동기의 예이다. 바꾸어 말하면 미디어 이용자는 자신의 필요, 욕구, 동기를 바탕으로 미디어에서 무언가를 적극적으로 추구한다. 용어 자체가 암시하듯이, 수동적 동기란 내키지 않는 (수동적인) 미디어 사용을 말한다. 예를 들면, 우리는 때때로 단순히 텔레비전이 거기 있기 때문에 텔레비전을 켜서 그냥 '텔레비전에 나오는 것을 본다.' 정보가 되었든 오락물이 되었든 우리가 어떤 특별한 것을 적극적으로 추구하지 않을 때도 있다. 이것이 우리가 즐기지 않는다거나 무언가를 배우지 않는다는 것을 의미하지는 않는다(너무 즐기거나 잘 배울 수도 있다). 그것은 단지 어떤 특정한 적극적 동기를 가지고 시청을 시작하지 않았음을 의미할 따름이다.

미디어 이용 정향성은 의례적이거나 도구적인 것으로 나누어질 수 있다(Rubin, 1984). 의례적 이용(ritualized use)은 시간을 보내거나 세상사에서 주의를 돌리기 위해 습관적으로 미디어를 이용하는 것을 말한다. 도구적 이용(instrumental use)은 능동적이고 목적 지향적인 미디어 이용을 특징으로 한다. 뉴스 및 정보에 대한 욕구 때문에 뉴스 프로그램이나 다큐멘터리 프로그램을 시청하는 것이 도구적 미디어 이용의 한 예이다. 큰 경기를 하기에 앞서 마음을 안정시키기 위해 좋아하는 음악을 듣는 것도 또 하나의 예이다.

3) 사회적 및 심리적 요인

많은 사회적·심리적 요인이 사람들의 커뮤니케이션 행동을 매개한다. 어떤 사람이 뉴스나 드라마를 시청할 때, 그 사람의 반응은 개인의 성격, 사회적 상황, 심리적 성향 등에 따라 달라진다. 예를 들면, 특별하게 활동적이지 않은 사람과 혼자 사는 사람은 미디어에 대한 의존도가 상당히 높다는 사실이 확인되었다(Perse & Rubin, 1990; Rubin & Rubin, 1982).

4) 경쟁과 매개

미디어는 우리의 욕구나 필요를 충족시키려는 목적으로 선택되고 주목되며 사용되기 위해 다른 종류의 커뮤니케이션(즉, 기능적 대안)과 경쟁한다. 시청자가 미디어 메시지에 영향을 받기 위해서는 반드시 그 메시지에 주목해야 한다. 개인의 선택과 개인적 차이는 미디어 효과를 완화시키는 강력한 영향원이다. 사람들의 주도적 결정이 미디어 이용의 패턴과 결과를 매개한다. 예를 들어, 만약 당신이 내년에 〈아메리칸 아이돌〉(American Idol) 오디션에 참가할 계획이라면, 당신은 이번 시즌의 이 프로그램은 물론 관련된 재능 경쟁 프로그램[예, 〈더 보이스〉(The Voice), 〈아메리카스 갓 탤런트(America's Got Talent)]의 모든 에피소드를 시청할 확률이 높다. 반면에 개인의 충분한 주도력 결여는 미디어 메시지의 영향이 더 강해지는 결과를 초래한다.

4. 이용과 충족 연구: 간추린 역사

이용과 충족 분야에서 이루어진 연구는 대부분 미디어 이용의 배후 동기를 살펴보았다. 바꾸어 말하면 이용과 충족 연구자들은 사람들이 왜 텔레비전 프로그램을 시청하는지 또는 사람들이 왜 어떤 광고에는 영향을 받는데 다른 광고에는 영향을 받지 않는지 그 이유를 찾아내려 했다. 이러한 연구들은 미디어가 사람들에게 무엇을 하는지(what the media do to people)에 초점을 맞추지 않고, 사람들이 미디어로 무엇을 하는지(what people do with the media)에 초점을 맞추었다(Klapper, 1963; Rubin, 1994).

1940년대에 이루어진 일련의 연구는 사람들이 특정 라디오 프로그램을 듣는 동기와 신문을 읽는 동기를 밝혀내려고 했다. 일부 학자는 '이용과 충족'이란 문구가 사용되기 전에 그들의 초기 실증적 연구에 '기능주의'(functionalism) 혹은 '기능적 분석'(functional analysis)이라는 명칭을 사용하여 연구를 수행했다(Lazarsfeld, 1940; Herzog, 1940, 1944; Berelson, 1949). 이 연구자들은 미디어 내용의 효과보다 수용자의 동기에 더 관심이 있었으며, 그들의 연구 결과는 숨겨진 사실을 밝혀주었다. 그들은 라디오 퀴즈 프로그램이 청취자에게 어떠한 어필을 하는지 측정하기 위해 ① 라디오 퀴즈 프로그램을 조사했고, ② 여성들이 주간 시리즈물의 청취로 어떠한 충족을 얻었는지 찾아내기 위해 주간 시리즈물을 조사했으며, ③ 독자의 동기를 측정하기 위해 신문 구독을 조사했다. 그 결과, 청취자는 퀴즈 프로그램의 교육적 어필에서부터 주간 시리즈물의 정서적 이완에 이르기까지 여러 가지 이유에서 프로그램을 즐긴다는 사실을 그들은 밝혀냈다.

1970년대에 이르자, 연구자들은 여러 가지 미디어 이용 동기를 분류하기 시작했다(Katz, Gurevitch, & Haas, 1973). 욕구는 사회적·심리적 요인과 관련되어 있는 것으로 밝혀졌다. 카츠와 동료들은 시청자들이 그들 자신, 그들과 친한 사람, 또는 사회 전반을 더 잘 이해하기 위해 미디어를 이용한다는 사실을 밝혀냈다. 또한 미디어는 개인의 지위를 높이고 관계를 강화하기 위해 사용되기도 했다.

다른 연구자도 그들 자신의 수용자 충족 유형을 개발했다. 한 연구는 사람들이 기분을 전환하고, 사적인 관계에 대한 욕구를 충족하고, 개인의 정체성을 강화하며, 그들 주변 세상에서 벌어지고 있는 일들을 계속해서 추적하기 위해 텔레비전을 이용한다는 사실을 확인했다(McQuail, Blumer, & Brown, 1972).

로젠그렌 및 윈달(Rosengren & Windahl, 1972)은 미디어 이용과 효과가 서로 연계되어야 한다는 의견을 가장 먼저 제시한 사람 가운데 하나이다. 따라서 그들은 당연히 특정한 충족이 어떤 효과를 미치는지, 즉 미디어의 특정한 사용이 어떤 효과를 미치는지를 연구했다. 그들은 사람들이 대리 경험과 도피 또는 관여나 상호작용 같은 특정한 욕구를 충족하기 위해 미디어에 의존한다는 사실을 밝혀냈다.

다른 연구자들 역시 두 연구 영역을 통합하는 것이 논리적이며 도움이 될 것이라는 의견을 제시했다. 이 연구 영역들은 각각 개인 또는 사회적 수준에서 매스 커뮤니케이션의 결과들(태도, 지각, 혹은 행동의 변화)을 살펴보았다는 점에서 서로 유사하다.

1970년대 중반 이후, 연구들은 매스 미디어의 이용과 효과에 대해 더 많은 이해를 제공해왔다. 이용과 충족 연구자들은 일관성이 없다는 비판에 대한 응수로 유사한 시청자 동기 척도들을 적절하게 조정했다. 그린버그(Greenberg, 1974)와 루빈(Rubin, 1979)의 연구를 토대로 이제 이용과 충족 연구는 대부분 수용자의 미디어 이용 동기를 학습(learning), 습관(habit), 교제(companionship), 각성(arousal), 휴식(relaxation), 도피(escapism), 또는 시간 보내기(to pass time)로 구분하고 있다(Rubin, 1994). 그린버그의 연구와 루빈의 연구는 유사한 결과를 보여주었다. 예를 들면, 두 연구는 모두 시청 동기가 사람의 나이에 따라 변한다는 것을 확인했다. 습관적인 시청자는 대부분 뉴스보다는 코미디 시청을 좋아했으며, 자극을 추구하는 시청자는 대부분 액션이나 모험(action/adventure) 프로그램을 시청하는 경향이 있었다.

5. 이용과 충족에 대한 비판

루빈(Rubin, 1994)은 이용과 충족에 관한 문헌들을 검토한 결과, 이 접근방법에 대한 몇 가지 비판을 확인했다. 일부 비판은 초기 연구결과들을 겨냥했다. 몇몇 이슈에 관한 비판에 응수하기 위해 추가 연구가 이루어졌다.

1) 지나치게 개인주의적

이용과 충족 연구 결과가 개인의 차이에 초점을 맞추는 것은 그것을 다른 사람이나 사회 전반에 확대 적용하기 어렵게 만든다(Carey & Kreiling, 1974; Elliott, 1974). 그러나 최근에 이루어진 반복 연구들의 일관된 결과는 (시청자 동기 척도의 표준화를 포함해서) 결과의 일반화에 기여했다.

2) 연구 결과의 통합성 결여

수용자의 이용과 충족을 기술하기 위해 개발된 여러 가지 분류 유형들을 통합하기가 어렵다는 비판이 처음에 있었다(Anderson & Meyer, 1975; Swanson, 1979). 1970년대 이후, 분류 유형의 일관성을 꾀하기 위해 노력한 결과, 좀 더 체계적인 범주화가 이루어지긴 했지만 분류 유형의 차이는 여전히 존재한다. 이러한 비판은 앞으로 연구가 좀 더 통합된 수준에서 이루어질 수 있도록 이끌어줄 것이다.

3) 핵심 개념의 명확성 결여

일부 연구자는 욕구, 동기, 행동과 같은 핵심 개념들이 명확하게 설명되지 않았다고 주장했다(Anderson & Meyer, 1975; Blumer, 1979; Elliott, 1974). 1970년대 이후, 이러한 개념들에 대한 연구가 이루어졌고 좀 더 명확하게 설명되긴 했지만, 이러한 비판은 지금도 여전히 어느 정도 타당성을 지니고 있다.

4) 핵심 개념들의 의미의 차이점

다른 비평가들은 이용과 충족 연구자들이 동기, 이용, 충족과 같은 여러 개념에 대해 정의를 각기 다르게 내리고 있다고 지적했다(Elliott, 1974; Swanson, 1977, 1979). 연구자가 어떤 핵심 개념을 서로 달리 정의할 경우, 연구 간 비교가 어려워진다.

5) 능동적인 수용자와 자술 보고의 사용

이러한 서로 관련된 두 개념(능동적인 수용자와 자술 보고)은 정확성과 일관성의 결여라는 이유로 비판을 받았다(Elliott, 1974; Swanson, 1977, 1979). 이러한 비판에 대해 연구들은 대개 타당도를 높일 수 있는 척도를 사용하거나(Rubin, 1979, 1981), 실험 방법을 사용하거나(Bryant & Zillmann, 1984), 다른 방법을 사용함으로써 대응한다. 다른 비평가들은 자술 보고가 개인적인 해석과 지각에 영향을 받을지도 모른다고 지적했는데(Babrow, 1988), 따라서 어느 정도 주의가 필요하다.

6. 최근 연구

많은 최근 연구는 이용과 충족을 다른 영역으로 확대해, 제3자 효과, 배양 효과, 의사사회적 상호작용과 결합했다. 또한 이용과 충족 연구자들은 인터넷 및 소셜 네트워크 사이트를 포함한 소셜 미디어, 리얼러티 텔레비전 프로그램, MP3 플레이어의 이용과 효과로 그들의 연구를 넓혀갔다.

확장된 분야 가운데 하나는 이용과 충족 관점에서 본 제3자 효과와 관련 있다. '제3자 효과'(third-person effect)는 미디어 내용이 그들 자신에게 직접 영향을 미치기보다 다른 사람에게 더 영향을 미친다고 미디어 소비자가 지각할 때 발생한다. (예를 들면, 폭력적인 영화를 보는 것이 당신이 공격적으로 행동하는 데 영향을 미치느냐는 질문을 받을 때, 당신은 아마 "그렇지 않다"고 대답하겠지만, 그러한 영화가 다른 사람이 공격적으로 행동하는 데 영향을 미치느냐는 질문을 받을 때는 아마 "그렇다"고 대답할 가능성이 더 높다.) 배닝(Banning, 2007)은 공익 캠페인에 대한 지속적인 노출이 제3자 효과로 이어진다는 것을 확인하면서, 다른 연구들도 이용과 충족이 제3자 효과를 야기한다는 연관성을 증명할 수 있을 것이라고 밝혔다. 하리다키스 및 루빈(Haridakis & Rubin, 2005) 역시 이용과 충족을 제3자 효과와 연결했다.

다른 연구자는 이용과 충족을 배양효과(Bilandzic & Rossler, 2004), 정보 처

토크 쇼 진행자와 다른 미디어 유명인사는 그들의 수용자와 의사사회적으로 상호작용한다. 사진은 보수파 방송인이자 〈러시 림보 쇼〉 진행자인 러시 림보. *Nicolas Shayko*

리(Eveland, 2004), 적극적인 수용자의 텔레비전 노출에 대한 통합 모델(Cooper & Tang, 2009)과 연결했다.

확장된 또 다른 분야는 의사사회적 상호작용, 즉 미디어 소비자가 미디어 유명인사를 낯설게 느끼기보다는 친구에 더 가깝게 느끼는 것과 관련되어 있다. 한 연구는 토크-라디오 프로그램 청취자들이 프로그램 진행자와 의사사회적으로 상호작용하고 있으며, 이러한 행동은 그들이 프로그램을 청취하는 빈도와 청취할 계획을 세우고 청취하는지 여부를 예측함을 확인했다. 청취자들은 또한 프로그램 진행자를 영향력 있는 의견주도자로 본다는 사실도 드러났다(Rubin & Step, 2000).

인터넷 이용과 충족에 대한 연구에서 고, 조 및 로버츠(Ko, Cho, & Roberts, 2005)는 정보 추구 동기가 강한 사람이 사회적 상호작용 동기가 강한 사람보다 웹사이트를 통해 다른 사람과 상호작용할 가능성이 더 높다는 사실을 확인했다. 또 다른 연구는 인터넷을 사용하고자 동기화되어 있는 사람이 다른 사람보다 인터넷에 더 의존적이라는 사실과 동기화와 인터넷 의존은 그들이 인지적으로 그리고 정서적으로 얼마나 관여되었는지에 의해 매개된다는 사실을 확인했다(Sun, Rubin, & Haridakis, 2008).

한 연구는 페이스북(Facebook)과 인스턴트 메시지 보내기의 이용과 충족을 비교했다(Quan-Haase & Young, 2010). 이 연구자들은 페이스북 사용자는 네트워크상의 친구와 공유하는 것을 즐기는 반면, 인스턴트 메시지 보내기는 관계를 유지하고 발전시키는 데 사용된다는 것을 확인했다. 또 다른 페이스북 연구는 학생들이 소셜 네트워크를 사용하고자 하는 동기를 살펴보았다.

셸던(Sheldon, 2008)은 페이스북을 사용하는 여성의 주요 동기는 관계 유지인 데 반해, 남성은 새로운 관계 개발임을 확인했다. 마이스페이스(MySpace)에 대한 연구(Ancu & Cozma, 2009)는 사람들이 다른 지지자와 상호작용하기 위해 2008년의 주요 대통령 선거 후보자의 마이스페이스 프로파일을 방문했다는 사실을 확인했다.

연구자들은 초점집단을 사용하여 대학생들의 리앨러티 텔레비전 프로그램 이용 및 충족에 대해 조사하기도 했다(Lundy, Ruth, & Park, 2008). 그들은 학생들이 대부분의 경우 리앨러티 프로그램을 보는 데 많은 시간을 소비하는 것에 당황해한다는 것을 알아냈다. 학생들은 그와 같은 프로그램을 시청하는 것이 삶의 압박에서 벗어나 프로그램에 출연하는 사람들의 삶을 통해 그런 삶을 대신 살 수 있는 아주 좋은 기회가 된다고 강조했다. 학생들은 리앨러티 프로그램을 시청할 때는 프로그램에 온갖 주의를 기울일 필요가 없기 때문에 다중작업을 하면서 볼 수 있다는 편리함이 시청을 통해 얻는 중요한 충족이라고 말했다. 학생들은 다른 학생이 있는 가운데 그러한 프로그램을 시청하고 나중에 그 프로그램에 대해 이야기하는 것을 즐긴다고 말했다. 초점집단을 이용한 또 다른 연구(Barton, 2009)는 출연자 간의 경쟁을 다루는 리앨러티 프로그램을 조사한 결과, 사람들은 사회적 수준이 아닌 개인적 수준에서 충족감을 얻기 위해 그러한 프로그램을 시청하는 것으로 나타났다.

또 다른 연구는 MP3 플레이어의 이용과 충족에 대해 조사했다. 젱(Zeng, 2011)은 사람들이 여러 이유에서 MP3 플레이어를 이용하지만, 그것의 사용을 유의적으로 예측해주는 것은 오락을 위한 이용과 집중을 위한 이용임을 확인했다.

온라인 건강관리 페이지의 이용과 충족: 케어링브리지에 관한 연구

Isolde K. Anderson(2011)

Health Communication, 26, 546~559.

CB, 즉 케어링브리지(CaringBridge.org)는 1997년부터 심각한 질병, 출산, 입양, 입원, 군대 배치와 같은 여러 종류의 상황에 대해 소통하기 위해 환자와 가족들에게 무료 온라인 웹페이지를 제공해왔다. 이 웹페이지는 이용자들이 다른 사람의 웹페이지에 답글을 남기는 것 외에도 사진을 올리고 업데이트를 할 수 있는 등 많은 소셜 네트워크 네트워크와 비슷한 기능을 한다. 이 연구에서 앤더슨은 사람들이 CB를 사용하게끔 하는 이용과 충족을 조사했는데, CB 페이지들은 흔히 의료적 위기 상황 동안 만들어진다는 점에서 CB는 '전통적인' 소셜 네트워크 사이트와 다르다. 그뿐 아니라 CB 페이지들은 페이스북이나 트위터와 달리 흔히 환자가 아닌 다른 누군가에 의해 만들어지고 관리된다(예, 한 엄마가 백혈병과 싸우고 있는 자신의 아기에게 바치는 웹페이지를 시작할 수도 있음). 앤더슨은 이러한 페이지를 만들고 관리하는 사람을 '저작자'(author)라 불렀다.

연구문제

케어링브리지와 관련된 이용과 충족을 살펴보기 위해, 앤더슨은 다음과 같은 연구문제를 제시했다:

RQ1: CB 저작자들은 그들의 사이트에서 어떤 충족을 얻는가?

RQ2: 그 사이트를 만든 목적은 CB 저작자들이 그들의 사이트에서 얻는 충족에 어떤 영향을 미치는가?

RQ3: 자기 자신을 위해 사이트를 만들었는지 아니면 다른 사람들을 위해 사이트를 만들었는지가 CB 저작자들이 그들의 사이트에서 얻는 충족에 어떤 영향을 미치는가?

RQ4: 건강관리 제공자가 제공하는 정보의 충분함은 저작자들이 그들의 CB 사이트에서 얻는 충족에 어떤 영향을 미치는가?

RQ5: 질병의 결과는 저작자들이 그들의 CB 사이트에서 얻는 충족에 어떤 영향을 미치는가?

RQ6: 저작자의 나이는 자신의 CB 사이트에서 얻는 충족에 어떤 영향을 미치는가?

RQ7: CB 사이트에서 얻는 충족은 남성과 여성 저작자 사이에 어떤 차이가 있는가?

RQ8: CB 사이트에서 얻는 충족은 저작자의 인터넷 이용 빈도에 따라 어떻게 다른가?

RQ9: CB 사이트에서 얻는 충족은 저작자의 신앙심에 따라 어떻게 다른가?

연구방법: 예비조사

케어링브리지 이용에 대한 연구는 거의 이루어진 바가 없기 때문에, 앤더슨은 CB 저작자들에 대한 예비조사를 수행하기로 했다. CB 관리자의 도움으로 앤더슨은 2006년 1월에서 3월 사이에 웹페이지를 시작한 1646명의 저작자들에게 예비조사 설문지를 보냈다. 그 설문지에는 오락, 시간 보내기, 정보 수집, 사회적 상호작용, 감시를 포함한 14개의 일반적인 이용 및 충족 범주가 포함되어 있었다. 또한 앤더슨은 이전의 CB 연구를 토대로 영성(靈性) 범주를 만들었으며, CB 관리자와의 인터뷰를 토대로 다른 사람 돕기, 편리함, 창조적인 분출구와 같은 다른 이용 및 충족 범주를 추가로 만들었다. 이 설문조사는 또한 CB 저작자들이 추가적인 답을 쓸 수 있도록 개방식 질문도 포함하고 있었다.

1646명에게 이 예비조사 설문지를 이메일로 보냈는데, 이 가운데 378명이 설문조사에 응해 응답률은 22.4%였다. 설문에 응한 사람 가운데 80%가 여성이었으며, 응답자의 평균 나이는 39세였다.

완성된 설문지를 수거한 후, 앤더슨은 어떤 범주가 가장 중요하게 평가되었는지 확인하기 위해 설문지를 분석했다. (5점 척도에서) 4점 혹은 5점으로 평가된 항목은 본조사에 포함시킨 반면, 그보다 낮게 평가된 항목은 제외시켰다. 추가로 개방식 질문에 대한 대답도 코딩했는데, 만약 3명 이상이 비슷한 이점을 기술했다면(예, CB는 내 경험을 기록할 수 있는 장을 제공한다), 그것은 본조사에 포함시켰다.

연구방법: 본조사

예비조사 결과를 토대로 앤더슨은 두 번째 설문지를 만들었는데, 이 설문지는 CB를 이용함으로써 얻은 지각된 충족에 대한 45개의 질문으로 구성되었다(앤더슨은 이 설문조사에서 '충족' 대신 '이점'이라는 단어를 사용했다). 이 설문조사에는 인구통계적 질문과 개방식 질문도 포함되어, 질문 수는 모두 145개였다.

이 연구를 위해 2006년 4월과 11월 사이에 웹페이지를 시작한 새로운 CB 저작자들(n = 4681)에게 이메일을 통해 설문조사 초대장을 보냈다. 이 가운데 1035명이 설문조사에 응해 응답률은 22.1%였다. 응답자들은 대부분 여성(85%)이었으며, 20세에서 39세 사이가 51%였고, 백인이 93%, 그리고 종교가 있는 사람이 90%였다.

연구결과

데이터를 분석한 결과, CB 페이지 대다수는 심각한 질병(67.4%)이나 입원(22.5%)으로 인해 만들어진 것으로 나타났다. 사이트들은 대부분 어린이(50%)나 다른 친척을 위해 만들어졌다. 저작자의 대다수(57%)는 매일 다른 사람의 댓글을 읽는 한편, 그들의 페이지를 1주일에 몇 차례 업데이트했다.

CB는 건강 위기 동안 가장 선호하는 접촉 방법이었으며, 이어서 카드와 이메일 순이었다. (카드와 이메일 역시 높게 평가되었기 때문에) 이러한 결과는 CB가 다른 커뮤니케이션 유형의 대용물이 아님을 시사하는 것이라고 앤더슨은 말했다. CB는 단지 선호하는 접촉 방법일 뿐인데, 이는 CB 이용자가 이 사이트에서 다른 충족을 얻음을 시사하는 것일 수도 있다.

RQ1에 대해 앤더슨은 다른 충족과 함께 상위 4개 충족 유형을 확인했는데, 정보, 다른 사람들이 그들의 페이지에 남긴 게시글을 읽음으로써 얻는 격려, 편리함, (다른 사람이 그러한 상황에 대해 마음을 쓰고 있다는 것을 아는 데서 오는) 심리적 지지 얻기가 그것이다. RQ2에 대해서는 심각한 질병 때문에 사이트를 만든 사람이 다른 이유[예, 입원, 조산(早産)]에서 CB 사이트를 만든 사람보다 다른 사람에게 정보를 제공하는 능력을 더 높게 평가했다.

RQ3에 대해서는 충족과 누구를 위해 CB 사이트를 만들었는지 여부 간에 유의적인 관계가 확인되지 않았다. RQ4의 경우, 건강관리 제공자에게서 더 많은 정보를 제공받는다고 대답한 사람이 건강관리 제공자에게서 충분한 정보를 제공받지 못했다고 대답한 사람보다 다른 사람에게 정보를 제공하는 것, 편리함, 심리적 지지를 더 높게 평가했다.

RQ5는 질병의 결과(즉, 회복 대 사망)와 CB 이용을 통해 얻는 충족 간에 관계가 있는지를 밝히고자 했다. 그러나 네 가지 주요 이점 가운데 다른 사람에게 정보를 제공하는 것이 미미하게 유의적인 것으로 확인되었을 뿐이었다. RQ6에 대해서는 나이가 더 많은 저작자가 나이가 더 적은 저작자보다 편리함을 더 높게 평가했지만, 나이 변인과 관련해서 다른 유의적인 관계는 발견되지 않았다.

RQ7은 젠더 차이에 초점을 맞추었는데, 지각된 충족에 있어 유일하게 유의적인 차이가 나타난 것은 여성이 남성보다 다른 사람의 게시글을 읽음으로써 얻는 격려와 심리적 지지를 더 높게 평가했다는 것이다. RQ8의 경우, 저작자의 인터넷 이용 빈도의 영향에 대해서는 유의적인 관계가 나타나지 않았지만, 심리적인 지지는 거의 유의적인 것에 가까웠다. 마지막으로 RQ9에 대해서는 신앙심이 깊은 저작자가 정보 공유, 게시글을 읽음으로써 얻는 격려, 심리적 지지에 대한 충족감을 더 높이 평가한 것으로 나타났다.

상위 4개 이점이 표본 내 모든 집단에서 동일하게 나타났기 때문에, 이것은 건강과 관련된 상황에 처해 있는 사람은 대부분 동일한 근본적인 욕구를 가지고 있음을 보여주는 것일 수 있다고 앤더슨은 말했다.

7. 요약

이용과 충족 접근방법은 수용자의 개인적 차이가 메시지를 달리 이용하고 메시지에 달리 반응하게 만든다고 가정한다. 이 접근방법은 사람의 사회적 환경과 심리적 구성이 미디어 메시지 자체와 마찬가지로 특정한 효과를 발생시키는 원인이라고 가정한다.

이용과 충족 연구는 시청자들의 동기와 행동, 즉 그들이 왜 그리고 어떻게 미디어를 사용하는지를 살펴본다. 이용과 충족 연구는 시청자들이 그들의 개인적 욕구를 충족시키는 데 사용할 프로그램이나 미디어 내용물을 항상 능동적으로 선택한다고 가정한다.

이용과 충족 관점의 핵심에는 몇몇 기본적인 가정이 자리 잡고 있는데, 능동적인 수용자, 충족을 위한 미디어 이용 추구, 사회적·심리적 요인에 좌우되는 시청자의 반응이 그것이다.

1940년대에 이루어진 일련의 연구는 특정 라디오 프로그램을 듣는 사람과 신문을 읽는 사람의 동기를 밝혀내려 했다. 1970년대에 와서 연구자들은 여러 가지 미디어 이용 동기의 유형을 분류하기 시작했다. 욕구와 사회적·심리적 요인은 서로 관련되어 있는 것으로 밝혀졌다.

많은 연구자는 미디어 효과 연구와 이용 연구가 통합되는 것이 논리상 필연적이며 혜택을 가져다줄 것이라고 믿었다. 이 같은 연구는 특정한 충족이 어떤 효과를 불러일으키는지 또는 특정한 미디어의 이용이 어떤 효과를 불러일으킬 것인지 살펴보게 될 것이다.

1970년대 이후에 이루어진 연구는 매스 미디어 이용과 이러한 이용의 효과를 더 잘 이해할 수 있게 해주었다. 과거에 이루어진 이와 같은 연구에 대한 비판에 대한 대응책으로, 이용과 충족 연구자들은 유사한 시청자 동기 척도들을 조정했다. 대부분의 이용과 충족 연구는 이제 다음과 같은 수용자의 미디어 이용 동기를 인정한다: 학습, 습관, 교제, 각성, 휴식, 도피, 시간 보내기.

커뮤니케이션 학자들은 미디어 이용 및 효과를 설명하는 몇 가지 다른 모델을 개발했는데, 상호교류적 모델, 충족 추구 및 수용자의 능동적 활동 모델, 기대치 모델, 이용 및 의존 모델이 그것이다.

이용과 충족 연구의 몇몇 구성 요소와 특성은 오랜 기간 비판을 받아왔다. 더 많은 비판을 받고 있는 것으로는 지나치게 개인주의적이고 쉽게 일반화될 수 없는 연구 결과, 연구 결과들 간의 통합성 결여, 핵심 개념들 간의 명확성 결여, 핵심 개념들의 의미 차이, 능동적인 수용자 개념 및 자술 보고 척도의 정확성 결여가 있다.

1970년대 이후에 이루어진 많은 이용과 충족 연구는 몇 가지 이슈에 관한 비판에 대응하는 데 도움을 주었다. 그뿐 아니라 이용과 충족 연구자들은 그들의 관점을 확장해 이용과 효과 접근방법을 배양효과, 의사사회적 상호작용, 제3자 효과와 연결시켰다. 최근에는 새로운 커뮤니케이션 기술과 소셜 미디어를 포함하는 연구가 많이 이루어졌다.

> 진정한 설득자는 우리의 식욕, 우리의 두려움, 무엇보다 우리의 허영심이다.
> 솜씨 좋은 선전가는 이러한 우리 내부의 설득자를 자극하고 코치한다.
> — 에릭 호퍼(Eric Hoffer), 『정신의 열정적 상태』(*The Passionate State of Mind*), 1955

매스 커뮤니케이션 설득 연구는 수용자의 태도 형성 및 변화 과정과 태도 변화를 토대로 한 행동의 변화를 조사한다. 설득 연구의 뿌리는 아주 오랜 옛날로 거슬러 올라가며 근대 커뮤니케이션학에서 연구가 가장 많이 이루어지는 분야 가운데 하나이다.

일반 수용자에게 영향을 미치는 데 어느 정도 이해관계가 있는 개인이나 단체라면 누구나 이러한 특정 커뮤니케이션 연구 분야가 제공하는 혜택을 입는다. 광고대행사, 소비자 제품 제조회사, 정치인, 공공 서비스 기관은 그들의 실질적인 이익을 위해 연구 결과를 이용하는 몇 안 되는 집단이다. 설득 영향에 대한 지식은 조작 대상이 되는 것으로부터 자신을 보호하려는 소비자, 투표자, 기타 수용자 구성원에게도 중요하다.

설득 연구는 한 가지 중요한 점에서 다른 미디어 효과 연구 영역과 다르다. 그것은 설득 메시지가 대부분 의도적이라는 점이다. 즉, 설득 메시지는 '의도하는 효과'를 얻기 위해 고안된다. 다른 효과 연구 영역에서 미디어 효과(예, 폭력물 시청 후의 공격적인 행동)은 보통 '의도하지 않은' 것이다. 공포 영화를 본 후의 공포 반응과 미디어 이용을 통해 얻은 특정한 충족 같은 사례들이 의도하지 않은 효과에 대한 예외가 될 수 있을 것이다.

설득은 태도 변화라는 특정한 과정을 수반한다. 심리학자인 페티(Petty)와 캐시오포(Cacioppo)는 수용자들이 설득당할 때 그들이 경험하는 과정을 설명하기 위해 인기 있는 모델을 개발했다. 그들의 **정교화 가능성 모델**(ELM: Elaboration Likelihood Model)은 2개의 분리된 '설득 경로'나 설득이 일어나기 전에 반드시 건너야 하는 2개의 다리 가운데 하나를 보여준다(Petty & Cacioppo, 1981, 1986b; Petty & Wegener, 1999; Petty, Briñol, & Priester, 2009). 이 장에서는 ELM 외에도 계획된 행동 이론(Theory of Planned Behavior)과 숙고된 행동 이론(Theory of Reasoned Action) 같은 설득에 관한 다른 이론에 대해서도 논의할 것이다.

설득 연구와 연관된 연구 전통을 살펴본 후, 설득 과정에서 태도·정서·행동의 중요성에 대해 논의할 것이다. 그런 다음 태도와 행동을 연결하는 모델을 포함한 여러 설득 모델에 대해 살펴본다. 끝으로 우리는 설득 연구의 최근 추이를 살펴본다.

1. 연구 전통

20세기 초에 라디오가 인기를 끌자, 심리학자와 사회학자들은 매스 미디어의 설득력을 조사하기 시작했다. 1920년대와 1930년대에 존경받은 한 사회과학자는 제1차 세계대전 동안 선전 메시지가 수용자에게 '강력한' 효과를 발휘했다는 사실을 확인했다(Laswell, 1927).

제1차 세계대전과 제2차 세계대전 사이에 발생한 몇몇 사건은 대중에게 미치는 미디어의 위력을 보여주는 증거를 추가로 제공했다. 1929년 월 스트리트(Wall Street) 주가 폭락 뉴스는 미국 전역에 공황을 불러일으켰고, 1938년 오슨 웰스의 방송 프로그램 〈우주 전쟁〉은 히스테리 증상을 초래했으며, 끝으로 (아마 가장 중요한 것으로) 독일에서 아돌프 히틀러(Adolf Hitler)의 권력 부상은 매스 커뮤니케이션을 이용한 대중 설득의 가공할 만한 잠재력을 분명히 보여주었다.

제2차 세계대전 동안, 칼 호브랜드는 훈련용 영화를 본 군인을 대상으로 한 연구를 통해 설득 메시지가 태도 변화에 미치는 효과를 계속해서 조사했다. 호브랜드는 군인들이 영화에서 새로운 정보를 습득하긴 하지만, 태도와 행동의 변화에 영향을 미치는 데 영화의 설득력은 상당히 제한적이라는 사실을 확인했다. 호브랜드는 설득이 이러한 효과를 조정하는 많은 변인과 조건적 관계에 있다는 사실을 확인했다(Hovland, Lumsdaine, & Sheffield, 1949).

제2차 세계대전이 끝난 후에도 호브랜드는 예일 대학교(Yale University)에서 설득에 관한 연구를 계속했다. 그의 연구의 우선 관심사는 설득 과정에 작용하는 조절변인(moderating variable)[1]을 밝혀내는 것이었다. 호브랜드는 성공적인 설득은 세 가지 중요한 단계로 이루어지는 과정을 포함한다는 것을 확인했는데, 세 단계는 다음과 같다: 첫째, 청취자는 반드시 메시지에 주목해야 한다; 둘째, 청취자는 반드시 그 메시지를 이해해야 한다; 셋째, 청취자는 반드시 그 메시지를 받아들여야 한다. 그는 메시지의 설득력에 영향을 주는 많은 변인을 밝혀냈다. 이러한 변인 가운데는 메시지원(message source)의 공신력(credibility), 메시지의 어필 유형(예, 공포감을 불러일으키는가 아니면 동기 부여를 하는가), 제시되는 주장의 순서(예, 한쪽 측면만을 제시하는 주장과 양측 측면 모두를 제시하는 주장의 각기 다른 설득력), 수용자와 특정 집단과의 동일시, 수용자의 성격 특성 등이 있다.

초기의 강력하고 직접적인 미디어 영향에 대한 증거의 상당수는 최상의 연

---

1) '조절변인'이란 독립변인 A와 종속변인 C 사이에서 일종의 상호작용 효과를 미치는 제3의 변인 B를 말하는 것으로, 예를 들면 광고물에 대한 소비자 반응은 그들의 연령이나 소득 수준에 의해 조절될 수 있다(옮긴이 주).

구 설계를 기초로 한 것은 아니었다. 예를 들면, 선전 메시지를 수신하기 '전' 사람들의 태도를 측정하려는 노력은 거의 이루어지지 않았는데, 그것은 선전 메시지 때문에 실제로 태도 변화가 일어났음을 입증하는 데 매우 중요한 요인이다.

사회과학자들은 1940년대와 1950년대에 더 엄격한 실증적 방법을 사용하여 설득 메시지의 효과에 대한 연구를 계속했다. 하이먼 및 쉬슬리(Hyman & Sheatsley, 1947)는 태도 변화에 성공하기 위해서 설득 메시지는 반드시 특정한 심리적 장벽을 극복해야만 한다는 사실을 확인했다. 다른 사회과학자들은 미디어의 설득 캠페인 메시지가 1940년 대통령 선거에서 후보자에 대한 투표자의 선호도를 바꾸는 데 거의 영향을 미치지 않았다고 보고했다(Lazarsfeld, Berelson, & Gaudet, 1948).

라자스펠드와 동료들은 미디어 메시지가 주로 사람의 의견을 변화시키기보다는 기존의 태도를 강화하는 데 기여한다는 사실을 확인했다. 미디어 메시지는 시사 문제에 대한 지식 덕분에 존경을 받는 지역사회의 특정 구성원들에게 영향을 미치는 것 같았다. 위 연구자들이 '의견주도자'(opinion leader)라고 부른 이들은 지역사회에 있는 다른 사람의 태도를 변화시키는 데 개인적인 영향을 미쳤다. 따라서 이러한 미디어의 영향을 두고 그들은 '2단계 흐름'(two-step flow) 또는 '간접 효과'(indirect effect)라 불렀다. 즉, 미디어 메시지는 먼저 의견주도자에게 영향을 미쳤고, 그다음 의견주도자가 개인적인 커뮤니케이션을 통해 지역사회 내 다른 사람에게 영향을 미쳤다(Katz & Lazarsfeld, 1955).

커뮤니케이션 학자들은 수용자에 대한 대량 매개되는 메시지의 설득력 정도에 대해 오랜 기간에 걸쳐 논의해왔다. 최근 연구들은 대부분 설득은 단순히 자극-반응(S-R) 유형의 상황이 아니라 수신자의 '수용성'(receptivity), 즉 수신자가 메시지를 기꺼이 수신하려는 마음이 강조되는 더 복잡한 과정임을 보여주었다.

2. 태도, 정서, 행동, 그리고 설득

설득 과정을 이해하기 위해서는 반드시 '태도'라는 개념을 이해해야 한다. 어떤 사람의 태도란 그 사람의 "어떤 대상물에 대한 추상적인 평가"라고 정의할 수 있다(Chaiken, Wood, & Eagly, 1996: 702). 다른 학자들은 태도를 "다른 사람, 대상물, 이슈를 호의적으로 또는 비호의적으로 평가하는 사람들의 일반적인 선유성향"이라고 정의했다(Petty, Briñol, & Priester, 2009: 127).

정의야 어쨌건, 현재의 연구들은 대부분 설득 과정에서 태도의 매우 역할을 중시한다. 태도는 매우 중요한 새로운 설득적인 정보의 획득과 그 이후의 행동 변화 사이에 위치하는 지극히 중요한 매개변인(mediator)으로 간주된다. 만약 새로운 정보가 어떤 사람의 태도를 변화시킨다면, 행동 변화가 일어날 가능성이 더 높다.

실질적으로 무엇이 태도 변화를 야기하는가? 어떠한 내면적 과정이 작용하는가? 사람들은 보상을 얻거나 벌을 피하기 위해 그들의 태도와 행동을 바꾸도록 동기화되는가 아니면 다른 이유에서 그러한 변화를 일으키는가?

이러한 복잡한 과정을 설명해주는 것 가운데 하나가 **인지 부조화 이론**(theory of cognitive dissonance)이다(Festinger, 1957). 이 이론을 이해하는 최상의 방법은 이론의 각 요소를 정의하는 것이다. '인지적'이란 용어가 정신적 과정, 즉 사고(思考)를 기술하는 데 사용된다는 사실은 이미 알고 있을 것이다. 여기서 '부조화'란 '일치되지 않는' 어떤 것을 말한다. 인지 부조화는 태도와 행동이 서로 일치되지 않을 때 일어난다. 예를 들면, 건강상의 이유로 식습관을 바꾸지 않으면 안 되는 사람은, 과거의 식사법이 '건강한' 식사법이라고 생각했을지라도, 자신의 태도를 상당 정도 조정하지 않으면 안 된다. 페스틴저의 인지 부조화 이론에 따르면, 이러한 불일치는 사람들에게 반드시 해소되어야 할 불안감을 야기한다고 한다. 그것을 해소하는 방법은 태도를 행동과 일치시키는 것이다. 곧 새로운 식사법이 과거의 식사법보다 더 건강한 것이

설득에서 사고 자신감의 결정인자로서 행복과 슬픔: 자기 타당화 분석

Pable Briñol, Richard E. Petty, and Jamie Barden(2007)
Journal of Personality and Social Psychology, 93(5), 711~727.

이 연구자들은 자기 타당화(self-validation) 가설을 사용하여 사람들이 어떤 설득 메시지에 대한 그들의 사고의 자신감(thought confidence)에 영향을 미침으로써 정서(행복이나 슬픔)가 평가적 판단에 어떤 역할을 한다고 예측했다. 2007년에 발표된 이 연구는 4개의 실험으로 구성되었다. 우리는 이 실험들 가운데 첫 번째 실험에 대해 논의한다.

자기 타당화 가설

이 가설(Petty et al., 2002)에 따르면, 태도 자신감(attitude confidence)이 어떤 태도가 행동을 예측하는지를 결정하는 것처럼 사고 자신감은 어떤 사고가 태도를 예측하는지를 결정하는 데 중요하다. 이 가설은 마음이 행복한 상태에 있는 사람이 마음이 슬픈 상태에 있는 사람보다 설득적 주장의 질에 더 영향을 받는다고 예측한다.

연구방법

연구자들은 오하이오 주립대학교(Ohio State University) 심리학과 학부 학생 92명을 주장의 질 조건(강함 대 약함), 정서적 조건(행복 대 슬픔), 메시지 초점 조건(주장 초점 대 통제)에 따라 무작위로 할당했다. 연구자들은 대학의 학사 정책 변화, 특히 4학년 때 전공 종합시험 도입 가능성에 대한 학생들의 반응을 조사했다. 모든 학생에게 종합시험을 찬성하는 메시지를 주었지만, 어떤 메시지에는 강한 주장이 담겨 있었고 또 어떤 메시지에는 약한 주장이 담겨 있었다.

연구자들은 이 연구의 두 번째 부분에서 행복하거나 슬픈 개인적 경험에 대해 생각하고 그것을 글로 쓰도록 학생들에게 요청했다. 일부 학생들에게는 주장의 강도를 평가하도록 했고, 어떤 학생들에게는 그렇게 하지 않았다.

연구결과

변량분석(ANOVA)을 사용한 결과, 연구자들은 그들이 정서를 성공적으로 조작했음을 확인했다. 학생들은 슬픈 경험이 아닌 행복한 경험을 글로 쓴 후에 기분이 훨씬 더 좋아졌다고 답변했다. 약한 메시지가 아닌 강한 메시지를 받은 후에 그들의 사고는 그 제안에 대해 더 호의적이었다. 그들의 태도 역시 강한 주장이 담긴 메시지를 받은 후에 그 메시지에 대해 더 호의적이었다. 주장의 질과 정서 간의 이원 상호작용 효과는 유의적이었다. 행복한 참여자의 경우는 강한 메시지가 약한 메시지보다 그 제안에 대해 훨씬 더 호의적인 태도로 이어졌다. 슬픈 참여자의 태도는 강한 메시지와 약한 메시지에 대해 차이가 없었다. 주장의 질, 정서, 메시지 초점 간의 삼원 상호작용 효과는 유의적이지 않았다.

라고 믿게 된다.

예를 들면, 자라면서 동성애는 정말 끔찍한 짓이라고 믿어온 어떤 사람이 있다고 가정해보자. 아마 그 사람은 동성애자에 대해 강한 편견을 지니고 있을 것이며, 심지어 조롱하는 이름을 불러가며 그들을 놀리기까지 했을 것이다. 이 같은 행동이 동료, 고객, 또는 부하 직원이 남성 동성애자거나 여성 동성애자일지도 모르는 그 사람의 일터에서는 용서되지 않는다고 가정해보자. 그 사람은 심지어 서로 다른 성적 취향을 가지고 있는 몇몇 동료를 좋아하고 존경할 수도 있는데, 이는 그 사람의 태도 및 행동 간의 부조화를 더해줄 것이다. 그 사람은 절대로 용서할 수 없다는 태도를 고수하기보다는 동성애자에 대한 태도를 바꿈으로써 인지부조화를 완화시킬지도 모른다.

많은 사회과학자들은 태도와 '정서'(emotion) 혹은 정서적인 요소 간의 연관성을 강조한다. 정서적 소구(appeal)를 담고 있는 설득 메시지는 강력할 수 있다. 연구자들은 정서가 태도 형성과 변화에 매우 중요하다는 사실을 확인했다(Jorgensen, 1998). 사람들의 행복하거나 슬픈 상태는 그들의 태도에 대한 자신감을 결정할 수 있고, 따라서 설득 과정에 영향을 줄 수 있다(Briñol, Petty, & Barden, 2007; DeSteno, Petty, Wegener, & Rucker, 2000; DeSteno et al., 2004).

3. 설득 모델

오랜 기간에 걸쳐 많은 연구자가 설득 과정을 설명하기 위해 여러 가지 모델을 개발했다. 그 가운데서도 특히 정교화 가능성 모델, 즉 ELM을 강조하려고 하는데, ELM은 매개 커뮤니케이션 형식을 통한 설득 과정에 대해 가장 폭넓은 설명을 제공하는 모델 가운데 하나이다. 그러나 ELM은 설득을 이해하는 하나의 방법일 뿐이다. 따라서 우리는 우리가 매개되는 메시지에 어떻게 영향 받는지를 이해할 수 있게 해주는 다른 이론도 살펴볼 것이다.

1) 맥과이어의 커뮤니케이션/설득 행렬 모델

　맥과이어(McGuire, 1985, 1989)는 '입력'(input)과 '출력'(output) 변인을 밝혀냄으로써 설득 효과를 설명하는 모델을 소개했다. 입력, 즉 독립변인에는 메시지원, 메시지, 수신자, 채널, 메시지 제시 상황이 포함된다. 입력변인은 수용자를 설득하거나 수용자에게 영향을 미치려는 사람 또는 집단에 의해 통제되는 변인이다. 출력, 즉 종속변인은 수용자의 통제하에 있는 변인이다. 이러한 변인으로는 정보에 대한 노출, 정보에 대한 주목, 관심과 이해력 및 새로운 지식의 획득, 메시지의 중요성 수용 및 태도 변화, 정보 및 새로운 태도의 기억, 정보 검색, 새로운 태도에 따라 행동하기로 하는 의식적 결정, 이러한 결정을 바탕으로 하는 행동, 새로운 행동의 강화(reinforcement), 새로운 태도의 견고화(consolidation)가 있다.

　맥과이어의 모델은 몇 가지 단점이 있다(Petty & Priester, 1994). 첫째, 실제로 어떤 새로운 태도로 '대체되는' 과정에 관한 세부 설명이 미흡하다. 둘째, 이 모델은 입력과 출력변인이 '연속적'이라고 가정한다. 즉, 변인들이 설득효과를 발휘하기 위해서는 반드시 나열된 순서대로 일어나야 한다는 것이다.

맥과이어의 행렬 모델

커뮤니케이션 메시지의 설득력에 영향을 미치는 변인

입력변인(커뮤니케이터에 의해 통제)

메시지원	메시지	수신자	채널	상황

출력변인(수신자에 의해 통제)

노출	주목	관심	이해력
획득	수용	기억	검색
결정	행동	강화	통합

그러나 이후의 연구는 설득이 이루어지기 위해 이 변인들이 반드시 연속적으로 일어날 필요는 없음을 보여주었다. 새로운 정보의 획득(혹은 학습)과 기억은 서로 독립적이며, 심지어 설득 과정에서 불필요한 단계인 것으로 밝혀졌다(Greenwald, 1968; McGuire, 1985; Petty & Cacioppo, 1981). 예를 들면, 어떤 사람은 새로운 정보를 획득해서 학습하지만 자신의 태도 변화를 거부하고, 또 어떤 사람은 그 정보를 이해하지 못하여 그릇되게 배우지만 자신의 태도를 의도한 대로 바꿀지도 모른다.

2) 인지 반응 이론

앞에 나온 행렬 모델의 단점을 설명하기 위해 몇몇 학자들은 인지 반응 이론(cognitive response theory)을 개발했다(Greenwald, 1968; Petty, Ostrom, & Brock, 1981). 이 이론에 따르면, 수용자는 단순히 새로운 메시지를 학습했다고 해서 새로운 태도를 받아들이지는 않는다. 새로운 태도의 수용은 메시지에 대한 인지적 반응, 즉 자신이 메시지에 대해 생각하는 바에 좌우된다. 어떤 메시지에 대해 생각했던 것에 대한 기억이 그 메시지 자체에 대한 기억보다 훨씬 더 중요하다.

또 다른 이론인 '자기 타당화 이론'(self-validation theory)(Petty, Briñol, & Tormala, 2002)은 설득은 사람들이 설득 메시지에 대한 반응으로 자신의 사고에 대해 가지고 있는 자신감의 크기에 좌우된다고 가정한다. 사람들이 어떤 설득 메시지에 대해 호의적으로 생각할 때, 그 메시지의 타당성을 높이면 설득의 크기는 더 커지는 반면 그 메시지의 타당성에 대한 의심이 더 커지면 설득의 크기는 더 작아진다. 사람들이 어떤 설득 메시지에 대해 호의적으로 생각하지 않을 때, 그 메시지의 타당성을 높이면 설득의 크기는 더 작아지는 반면 그 메시지의 타당성에 대한 의심이 더 커지면 설득의 크기는 더 커진다(Petty et al., 2002; Briñol & Petty, 2004).

그러나 어떤 경우에는 수용자가 메시지의 내용에 대해 생각하지 않는데도 설득이 일어남을 볼 수 있다. 인지 반응 이론은 이 같은 경우를 설명하지 못했다(Petty, Cacioppo, & Goldman, 1981).

3) 정교화 가능성 모델

페티 및 캐시오포(Petty & Cacioppo, 1981, 1986a, 1986b)는 인지 반응 이론을 확장해, 사람들이 설득 메시지를 수용할 때 발생하는 과정을 설명해주는 하나의 이론적 모델을 개발했다. 그들의 정교화 가능성 모델, 즉 ELM은 사람들이 어떤 설득 메시지를 인지적으로 정교화할, 즉 매우 신중히 생각할 가능성을 밝힘으로써 설득 과정을 설명한다.

이 모델은 설득이 일어나기 위해서 거치게 되는 2개의 다른 경로, 즉 중심 경로와 주변 경로를 제시한다. '중심 경로'(central route)를 통한 설득은 옹호되는 입장이나 설득 메시지의 장점을 판단하기 위한 수용자의 인지적 노력을 상당히 요구한다. 메시지 수신자는 이야기를 경청한 다음 그 정보를 과거 경험과 사전 지식에 비추어 평가한다. 이러한 과정 동안 메시지에 대한 의견(찬성 또는 반대하는)을 형성하며 이는 설득 메시지의 성공을 결정하는 데 중요한 역할을 한다. 예를 들면, 국내외 주요 이슈에 관한 논의를 다루는 뉴스 보도는 보통 시청자나 독자에게 엄청난 인지적 처리를 요구한다. 어떤 이슈의 특정한 측면을 지지하는 사람이 독자나 시청자가 특정한 입장을 지지하도록 설득하느냐 하지 못하느냐는 그 정보의 중심 경로 처리에 달려 있다.

앞에서 언급한 것처럼, 중심 경로는 수용자의 상당한 인지적 노력을 필요로 한다. 그 결과, 중심 경로를 통한 태도 변화에는 몇 가지 공통된 특성이 있는데 ① 접근가능성(accessibility), ② 지속성(persistency), ③ 행동의 예측성(predictability), ④ 변화에 대한 저항(resistance)을 포함한다(Petty & Priester, 1994: 100~101).

오늘날 처방약 광고는 텔레비전에서 흔히 볼 수 있게 되었다. 이들의 설득 소구력은 광고되는 약의 인기에서 분명히 알 수 있다. 루네스타(LUNESTA)와 루네스타 나방은 서노비언 제약회사(Sunovion Pharmaceuticals Inc.)의 등록된 트레이드마크이다.

Max Talbot-Minkin /
www.flickr.com

'주변 경로'(peripheral route)를 통한 설득은 여러 방식으로 일어날 수 있는데, 이러한 방식들은 상당한 인지적 노력을 수반하지는 않는다. 메시지의 상황에 포함되어 있는 '단순 단서'(simple cue)가 정보를 처리하고 이해하기 위한 의도적 노력보다 태도 변화의 더 큰 원인일 수 있다. 예를 들면, 텔레비전 광고에 나온 푸른 산에 있는 고요하고 수정같이 맑은 호수처럼 편안한 느낌을 주는 장면이 시청자에게 광고가 팔려고 하는 산처럼 신선한 향을 지닌 세제를 연상시켜 유쾌하고 만족스러운 기분을 경험하게 만들지도 모른다. 광고가 그 세제를 연상시키는 어떤 특정한 정서적 반응(유쾌하고 만족스러운 기분)을 조건화했기 때문에, 시청자는 그 제품을 써보도록 설득된다.

특정한 제품을 판매하기 위해 '전문가를 이용하는 것'은 주변 경로를 통한 설득의 또 다른 예이다. "많은 의사가 이 진통제를 사용한다", "많은 병원이 이 브랜드를 사용한다", "많은 치과 의사가 이 칫솔을 추천한다"와 같은 표현은 모두 설득에 이르는 지름길로 효과적으로 가기 위해 사용되는 단서들이다. 시청자는 전문가가 옳을 것이라고 추론한다. 따라서 그 메시지는 진실한 것으로 판단되고 시청자는 그 제품을 사용하도록 설득된다(Chaiken, 1987).

또 다른 주변 경로의 예인 '편승효과'(bandwagon effect)는 1930년대에 선전 분석연구소(Institute for Propaganda Analysis) 학자들이 밝혀낸 것이다(Lee & Lee, 1939). 수용자는 다른 많은 사람이 이미 어떤 연설가의 입장을 지지한다고 믿게 되었다. 그리고 매우 많은 사람이 동의하고 있기 때문에 그 연설가의 메시지는 사실임에 틀림없다고 추론했다. 이 같은 추론은 연설가의 메시지가 틀림없다는 단서 역할을 했고 편승효과가 발생했다(Axson, Yates, & Chaiken, 1987).

반대로 중심 경로에 의한 설득은 주변 경로에 비해 장기적인 태도 변화에 더 성공적인 것으로 나타났다. 주변 경로 설득은 단기적 태도 변화에 성공적인 것으로 드러났는데, 일정 시간이 지나면 주변 단서의 강도는 약화된다. 예를 들면, 어떤 사람의 기분과 감정은 변하거나, 단서들이 특정 메시지와 더 이상 연관되지 않을 수도 있다. 페티 및 캐시오포(Petty & Cacioppo, 1986a)는 공격에 대한 저항과 지속성(durability)이라는 측면에서 주변 경로를 통해 일어나는 태도 변화는 중심 경로를 통해 발생하는 태도 변화에 비해 훨씬 더 약하다는 점을 확인했다.

요약하면 정신적 정교화(설득 메시지의 신중한 처리) 가능성이 증가할 때는 중심 경로를 통한 설득이 지배적이고, 정신적 정교화 가능성이 감소할 때는 설득 과정에서 주변 경로를 통한 설득이 더 중요해진다.

(1) 동기화 변인

중심 경로를 통한 설득의 힘으로 인해 연구자들은 어떤 메시지에 대해 사람들이 신중하게 생각하도록 동기화시키는 변인을 조사하게 되었다. 가장 중요한 변인 가운데 하나는 메시지와의 개인적 관련성(personal relevance)이다(Brickner, Harkins, & Ostrom, 1986; Leippe & Elkin, 1987; Petty, Cacioppo, & Haugtvedt, 1992).

정보가 수용자와 개인적으로 관련되어 있다고 지각될 때, 그들은 그 정보를 더 신중히 처리할 것이다. 이럴 경우 강한 주장은 설득력이 더 커지는 반면 약한 주장은 설득력이 더 약해진다.

한 연구는 단순히 3인칭 대명사인 '그' 또는 '그녀' 대신에 2인칭 대명사인 '당신'을 사용함으로써 개인적 관련성을 높일 수 있음을 확인했다. '당신'이라는 표현을 포함하고 있는 메시지를 수신한 사람이 메시지를 더 신중하게 듣고 처리하는 것으로 드러났다. 정보를 더 신중하게 처리한 사람은 강한 주장에는 더 설득되는 데 반해 약한 주장에는 덜 설득되었다(Burnkrant & Unnava, 1989).

연구자들은 수용자가 메시지에 대해 신중히 생각하게 하는 데 필요한 동기화를 제공하는 다른 변인도 확인했다. 이러한 변인 가운데는 수용자에게 더 많은 사고 처리(thought processing)를 유발하기 위해 메시지에서 주장하기보다는 질문 형식으로 말하는 것이 포함된다(Howard, 1990; Petty, Cacioppo, & Heesacker, 1981; Swasy & Munch, 1985). 예를 들면, 캠페인 광고 말미에 "아무개에게 투표하라"고 말하는 대신, 주장을 제시한 다음 말미에 "아무개에게 투표해야 하지 않겠습니까?"라고 말하는 것이 더 효과적이다.

메시지의 개인적 관련성을 높이는 또 다른 방법은 메시지를 어떤 사람의 가치나 자기 지각(self-perception)과 일치되게 프레이밍하는 것이다(Petty & Wegener, 1998; 자세히 검토하려면, Petty, Wheeler, & Bizer, 2000 참조). 한 연구에서 연구자들은 학생들이 외향적인 성격인지 내성적인 성격인지 확인하기 위한 조사를 실시했다. 내성적인 학생에게는 "당신은 많은 관객 사이에서 부대끼지 않고도 영화관에서 누릴 수 있는 모든 호사를 누릴 수 있을 것"이라고 약속하는 VCR 광고를 보여주었다. 반면에 외향적인 학생에게는 "당신은 당신 집안에서 열리는 파티건 집밖에서 열리는 파티건 파티의 스타가 될 것"이라고 약속하는 광고를 보여주었다(Wheeler, Petty, & Bizer, 2005: 789). 연구자들은 설득 메시지 내용을 개인의 자기 지각과 일치시킴으로써 메시지의 설득력이 주장의 질에 따라 높아지거나 낮아지는 것을 확인했다.

(2) '주변 단서' 변인

많은 변인이 주변 경로에 의한 설득 과정에 영향을 미치는 것으로 밝혀졌다. 연구자들에 따르면, '주변 단서'(peripheral cue)는 "어떤 대상이나 이슈의 장점에 대해 애써 깊이 생각해보지 않은 상태에서도 호의적이거나 호의적이지 않은 태도가 형성될 수 있게 해주는 설득 상황의 한 특징"으로 정의할 수 있다(Petty, Briñol, & Priester, 2009: 141). 정신적 정교화(어떤 메시지에 대한 신중한 인지적 처리)의 가능성이 줄어듦에 따라, 주변 단서는 더 강력한 효과를 발휘하게 된다. 페티 및 프리스터(Petty & Priester, 1994)는 연구 결과들을 검토한 결과, 다음과 같은 단순 단서(simple cue) 구실을 하는 몇 가지 변인을 확인했다:

① 메시지원의 호감도(likability)나 매력
② 메시지원의 공신력

많은 광고가 제품을 판매하기 위해 전문가 사용, 증언, 매력적인 메시지원과 같은 설득 도구를 사용한다.

③ 메시지에 포함된 주장의 수

④ 주장의 길이

⑤ 얼마나 많은 사람이 그 입장에 동의하는지에 대한 시청자의 지각 정도(편승 효과로도 알려져 있음)

(3) 변인의 역할

설득이 이루어지기 위해서는 세 가지 요인이 존재해야 한다. 즉, '메시지원'이 반드시 '수신자'에게 설득 '메시지'를 전달해야 한다. 설득 과정에 영향을 미치는 변인은 각기 다른 역할을 할 수도 있으며, 이러한 세 가지 요인 가운데 어떤 것에 영향을 미칠 수도 있다.

메시지원 요인 변인 가운데는 메시지원의 매력이나 공신력과 같은 특성이 포함될 수 있다. 한 연구는 이 같은 변인들이 정교화 가능성이 낮을 때는 주변 단서 역할을 하지만, 정교화 가능성이 높을 때는 주장 자체의 질(質)만큼 중요하지는 않다는 점을 보여주었다(Petty, Cacioppo, & Goldman, 1981). 이 같은 변인들은 주장의 강도에 따라 설득 가능성을 높이거나 낮추기도 한다

(Moore, Hausknecht, & Thamodaran, 1986; Heesacker, Petty, & Cacioppo, 1983; Puckett, Petty, Cacioppo, & Fisher, 1983). 매력적인 메시지원이나 전문가 메시지원은 강력한 주장을 더욱 강력하고 설득적으로 만들었지만, 약한 주장은 더욱 약하고 심지어 덜 설득적이게 만들었다.

메시지원 공신력에 대한 한 연구에서 연구자들은 실험 참여자에게 새 진통제에 대한 강하거나 약한 주장을 보여주었다. 그 설득 메시지를 보여준 후 참여자에게 정보원이 ① 그와 같은 제품에 대해 연구하는 연방 기관이거나 ② 14살 된 학생의 수업 리포트라고 말해주었다. 그 메시지가 매우 공신력 있는 정보원으로부터 나온 것으로 믿은 사람은 메시지의 주장이 강할 때 더 호의적인 태도와 함께 설득의 증거를 보여주었다. 그리고 공신력 있는 정보원의 메시지에 담긴 주장이 약할 때는 덜 호의적인 태도와 함께 더 낮은 설득 가능성을 보여주었다(Tormala, Briñol, & Petty, 2006).

메시지 요인으로 간주될 수 있는 변인에는 메시지에 포함되어 있는 모든 정보적 아이템이 포함될 수 있을 것이다. 정교화 가능성이 낮을 때는 메시지 속의 정보적 아이템이 주변 단서 역할을 한다. 정교화 가능성이 높을 때, 아이템은 신중하게 처리되며 단순히 주변 단서가 아니다. 연구들은 낮은 정교화 가능성 조건과 높은 정교화 가능성 조건 각각에 어떤 입장을 지지하는 약한 주장을 첨가할 경우, 각기 다른 결과가 초래됨을 보여주었다. 정보적 아이템이 주변 단서일 때 약한 지지 주장의 첨가는 설득이 이루어질 가능성을 높여주지만, 정보적 아이템이 주장 그 자체로서 설득력이 있는 것으로 평가될 때 약한 주장의 첨가는 설득에 영향을 미칠 가능성이 낮다(Alba & Marmorstein, 1987; Petty & Cacioppo, 1986a).

메시지가 수신되는 시점의 사람의 기분(mood)은 수용자 요인의 한 예가 될 수 있다. 페티, 슈만, 리치먼 및 스트래쓰먼(Petty, Schumann, Richman, & Strathman, 1993)의 한 실험 연구는 수신자의 기분이 설득 과정에 영향을 미치는 몇 가지 방식을 보여주었다. 피험자들은 텔레비전 프로그램 2편(유쾌한 시트콤과 중립적인 다큐멘터리) 가운데 하나를 시청하는 동안 한 제품 광고를 보았다. 높은 관여, 즉 높은 정교화 가능성 조건에 있는 피험자에게는 그들이 나중에 광고 속의 제품 가운데 무료 선물 하나를 선택할 수 있을 것이라고 말해주었다. 낮은 관여, 즉 낮은 정교화 가능성 조건에 있는 피험자에게는 광고 속의 제품이 아닌 다른 제품 가운데 하나를 무료 선물로 선택할 수 있을 것이라고 말해주었다. 실험 결과, 유쾌한 시트콤 시청이 피험자의 기분을 더 긍정적으로 평가하게 만들었을 뿐만 아니라 광고 제품에 대해서도 더 긍정적으로 평가하게 만든 것으로 드러났다. 정교화 가능성이 낮을 때보다는 높을 때 광고 제품에 대해 더 긍정적인 사고를 한다는 점을 반드시 지적하지 않을 수 없지만, 위와 같은 사실은 높은 관여와 낮은 관여 조건 모두에서 그러했다. 일반적으로 말해서 기분은 관여도(정교화 가능성)가 낮을 때 사람들의 태도에 직접적으로 영향을 미치는 경향이 있지만, 관여도가 높을 때 기분이 태도에 미치는 영향은 긍정적인 사고를 한 총횟수에 좌우되었다.

4) 사회적 판단 이론

비록 사회적 판단 이론(social judgment theory)이 "역사적 유물"로 간주되고 있긴 하지만(O'Keefe, 2009: 277), 그것이 설득에 대한 우리의 이해를 높여준 것에 대해서는 여기서 논의할 만한 가치가 있다. 사회적 판단 이론의 주요 요인 가운데 하나는 어떤 특정한 이슈에 대해 가질 수 있는 상이한 견해에 대해 사람들이 다양한 판단을 내린다는 아이디어이다(Sherif, Sherif, & Nebergall, 1965). 낙태 이슈를 예로 들어보자. 비록 어떤 사람이 필시 낙태에 대해 어떤 특정한 신념을 가지고 있긴 하겠지만, 그 사람은 다른 입장들에 대해서도 어떤 것은 받아들일 만한 것으로, 다른 어떤 것은 받아들일 수 없는 것으로, 또 다른 어떤 것은 중립적인 것으로 볼 수도 있다. 이러한 다양한 사고방식(mind-set)은 그 이슈에 대한 "그 사람의 수용, 거절, 입장 유보의 허용범위(latitude)

를 나타낸다"(O'Keefe, 2009: 276). 우리가 다양한 견해에 대해 보이는 허용범위는 어떤 사람의 정체성이 어떤 특정한 이슈에 대한 자신의 관점과 관련되는 정도에 영향을 받는다. 사람들의 어떤 이슈에 대한 신념과 그들의 자기정체성 개념 간의 연관성이 강하면 강할수록, 그들이 상이한 관점을 거절할 가능성은 더 높아진다.

4. 태도와 행동을 연결시키는 모델

많은 연구가 사람의 태도와 행동 또는 행위 간의 연관성을 다루었다. 사람들이 자신의 태도 변화와 일치되게 자신의 행동을 변화시키는지 여부는 많은 요인에 좌우된다. 이러한 요인들은 대부분 특정한 상황이나 사람의 성향과 관련되어 있다(Ajzen, 1988).

학자들은 새로운 태도나 변화된 태도를 적절한 행동이나 행위와 연관시키는 과정을 설명하는 데 사용되는 2개의 다목적 모델을 개발했다. 한 모델은 행동은 신중한 추론의 결과라고 주장하며, 다른 한 모델은 행동은 더 즉각적이며 자동적으로 활성화된다고 제안한다. 이 두 모델은 각각 '숙고된 행동 및 계획된 행동 모델'과 '자동 활성화 모델'이라 불린다.

1) 숙고된 행동 및 계획된 행동 이론

피쉬베인 및 에이젠(Fishbein & Ajzen)은 다음과 같은 가정을 하는 숙고된 행동 이론(TRA: theory of reasoned action)2)을 소개했다: "사람들은 어떤 주어

---

2) 일반적으로 'reasoned action'을 '합리적 행동'이라고 번역하고 있으나, 'reasoned'는 'well thought-out', 'considered'라는 의미도 있고 피쉬베인과 에이젠도 이 이론을 "행동을 결정하기에 앞서 자신의 행동의 함의나 영향을 '고려'한다"고 설명하고 있기 때문에, 'reasoned'

진 행동을 하거나 하지 않는 것을 결정하기에 앞서 그들의 행동의 함의(영향)를 고려한다"(Fishbein & Ajzen, 1975: 5). 이 모델의 가설은 사람들이 두 가지 기준을 토대로 어떤 특정한 방식으로 행동을 하거나 하지 않는 것을 결정한다는 것이다. 한 가지 중요한 기준은 행동 그 자체에 대한 그 사람의 태도이다. 또 다른 기준은 다른 사람이 그러한 행동을 어떻게 볼 것인가에 대한 그 사람의 지각이다. 기본적으로 "TRA는 행동적 의도가 개인적(태도적) 영향과 사회적(규범적) 요인 모두에 잠재적으로 영향을 받아 형성되는 것으로 본다"(O'Keefe, 2009: 272). 이러한 개인적 요인과 사회적 요인의 영향을 아는 설득자는 설득 메시지를 어떤 것(예, 특정 후보에 대한 투표, 특정 브랜드의 차 구매)을 하려는 수용자의 의도에 영향을 주는 요인들에 맞게 더 잘 맞춤화해서 제공할 수 있다(O'Keefe, 2009). 사람들은 어떤 특정한 행동을 하기 전에 그러한 행동의 장점과 단점을 신중하게 평가한다. 만약 어떤 행동을 하는 것이 손해를 끼친다면, 그 손해는 그러한 행동을 하는 것의 지각된 이점과 비교하여 고려되고 신중하게 평가된다.

에이젠(Ajzen, 1991)은 이 모델을 수정하여 **계획된 행동 이론**(TPB: theory of planned behavior)을 소개했다. 이 확장된 모델은 행동의 의도의 기반을 다른 사람의 태도와 행동적 규범에 두는 것 외에도 행동의 의도는 행동에 대한 사람의 지각된 '통제'(perceived control)를 바탕으로 한다는 점을 보여준다. 이 요인은 기본적으로 사람들이 그 행동을 수행하기 쉽다고 생각하는지 혹은 어렵다고 생각하는지 여부를 살펴본다.

를 '숙고된'으로 번역하는 것이 옳다고 생각한다. 실제로 Houghton과 Kerr는 "The theory of reasoned action assumes a great deal of *well thought out* straight-forwardness in structured management decision making and ······"라고 적고 있다[자료: Houghton L. & Kerr D. 2011. Diffusion of innovation theory and the problem of context for inter-organizational information systems: The example of federal information systems. In K. Vaidya(Ed.), *Inter-organizational information systems and business management: Theories for researchers* (pp.209~221). Hershey, PA: IGI Global](옮긴이 주).

다이어트나 운동 같은 건강 관련 행동을 살펴볼 때, 우리는 TRA와 TPB가 어떻게 작동하는지 쉽게 살펴볼 수 있다. 어떤 과체중인 사람은 아마 다이어트를 하는 것이 바람직하다고 생각하고(그러한 행동에 대한 긍정적인 태도) 자신의 친구와 가족도 그것이 좋은 아이디어라고 생각할 것(긍정적인 사회적 규범이 존재함을 의미함)이라고 생각할 것이다. 그러나 그 과체중인 사람은 건강한 식품이 종종 더 비싸고, 조리를 해서 먹는 데도 시간이 많이 걸리며, 브로콜리와 단호박 맛을 좋아하지 않는 등의 이유로 계속해서 다이어트를 할 수 없다고 믿을 수도 있다(이것은 그 과체중인 사람이 그러한 변화가 너무 어려워서 수행할 수 없다고 믿고 있음을 보여줌).

이러한 상황에서 (그 사람은 이미 그 행동에 대해 긍정적인 태도를 가지고 있기 때문에) 설득 메시지를 만드는 사람은 그 사람의 행동이 가져다주는 이점에 초점을 맞추기보다는 자신의 행동적 통제에 대한 그 사람의 지각을 바꾸는 방법을 찾기 위해 노력할 필요가 있다. 어떤 매트리스 회사가 당신이 새로운 매트리스를 사도록 설득하려 하고 있다고 상상해보라. 연구는 수용자들과 사회 전반이 밤에 잠을 잘 자는 것에 대해 긍정적인 태도를 가지고 있지만, 그들은 또한 고급 매트리스가 워낙 비싸기 때문에 그것을 개인적으로 구입하는 것이 불가능하다고 생각하고 있음을 보여주었다. 이 경우 그 매트리스 회사는 수용자들이 실제로 그 매트리스를 살 여력이 있음을 보여줌으로써 설득 메시지의 초점을 비용 요인에 맞추어야 한다.

따라서 설득자는 TRA 및 TPB와 연관된 세 요인(개인적 태도, 사회적 규범, 지각된 행동적 통제)을 사용함으로써 그들의 메시지를 수용자에게 더 큰 영향을 줄 수 있도록 맞출 수 있다.

2) 보호 동기 이론

TRA 및 TPB와 마찬가지로 **보호 동기 이론**(PMT: protection motivation theory)

은 사람들이 안전한 섹스 하기, 피부암을 막기 위한 조치 취하기, 그리고 금연과 같은 보호 행동을 하는 데 영향을 미치는 것을 더 잘 이해하기 위해 개발되었다(Rogers, 1975; Rogers & Prentice-Dunn, 1997). PMT가 제시하는 두 가지 요인은 ① 위협 평가(threat appraisal: 사람들의 위협에 대한 생각)와 ② 대처 평가(coping appraisal: 사람들의 보호 행동에 대한 생각)이다.

위협 평가의 두 하부 요인으로는 위협의 심각한 정도(예, 유방암, 비만 관련 질병)에 대한 지각과 그러한 위협으로 고통 받을 가능성(예, 암이나 비만의 가족력)에 대한 지각이다. 대처 평가 역시 두 하부 요인, 즉 보호 행동의 효과성(예, 화학요법과 방사선, 다이어트와 운동)에 대한 지각과 보호 행동을 하기 위한 자신의 능력(예, 화학 치료 견뎌내기, 체중 감량 능력)에 대한 지각으로 구성되어 있다.

연구는 위협이 더 심각한 것으로 보이거나 보호 행동이 더 효과적인 것으로 보일 때, 사람들은 방어 행동을 할 가능성이 더 높음을 보여주었다(예, Floyd, Prentice-Dunn, & Rogers, 2000; Witte & Allen, 2000).

3) 단계 모델

행동을 바꾸도록 누군가를 설득하는 것은 스위치를 올리는 것처럼 그리 간단하지 않다. 실제로 행동 변화는 종종 사람들이 몇 가지 단계를 거쳐 이루어지는 과정으로 여겨진다. 프로채스카와 동료들(Prochaska, 1994; Prochaska, Redding, & Evers, 2002)이 개발한 범이론적 건강 행동 변화 모델(transtheoretical model of health behavior model)은 사전숙고(precontemplation), 숙고(contemplation), 준비(preparation), 실행(action), 유지(maintenance)와 같은 단계를 확인했다.

이 모델이 제시하는 단계의 진행을 살펴보기 위해 달리기 운동을 예로 들어보자. 척(Chuck)은 더 좋은 몸매를 만들고 싶지만, 사전숙고 단계에서 그는 달리기를 시작하는 것조차 생각하지 않고 있다. 척이 가장 좋은 달리기용 운동화 브랜드를 조사하고 어디에서 달리기를 할지에 대해 생각하면서 달리기에 대해 심각하게 생각하기 시작할 때, 그는 숙고 단계에 접어든다. 그런 다음 척은 실제로 운동화를 사고 그가 달릴 경로를 알아보면서 준비 단계에 들어간다. 운동화를 끈을 매고 집을 나서면서 척은 실행 단계에 들어가고, 실제로 달리기를 한다. 마지막으로 몇 달 동안 매일 계속해서 달리면서 척은 유지 단계에 접어든다.

이 모델이 제시하는 각 단계는 각기 다른 고려사항에 영향을 받는다. 누군가가 사전숙고 단계에서 숙고 단계로 이동하도록 설득하기 위해 설득자는 자신의 수용자가 어떤 행동적 변화에 대해 최소한 '생각'이라도 해보게 할 수 있어야 한다. 반면, 준비 단계에서 실행 단계로 이동하게 할 때는 계획을 실행으로 옮기게 하는 방법에 대한 고려가 필요하다. 슬레이터(Slater, 1999)는 고려사항과 어떤 특정한 단계가 어우러질 때가 어우러지지 않을 때보다 더 성공적임을 확인했다.

4) 자동 활성화

자동 활성화 모델(automatic activation model)에 따르면, 어떤 태도에 대한 생각이 떠오를 때 행동은 자동적으로 뒤따른다. 이러한 과정은 즉각적이고 개인의 어떤 확대된 심사숙고나 추론을 수반하지 않는다. 이 모델의 고안자인 파지오(Fazio, 1990)는 태도가 자동적으로 행동을 이끌어내는 두 가지 조건적인 상황을 제시했다. 첫 번째는 태도의 대상이 존재할 때면 언제나 그 태도에 즉각적인 접근이 일어나는 경우이며, 두 번째는 태도에 일치되게 대상이 지각될 경우(만약 태도가 호의적일 경우 대상은 호의적으로 지각되고, 비호의적일 경우 대상은 비호의적으로 지각된다)이다.

더 최근 연구는 사람들이 그들의 새로운 태도가 예전의 태도를 대체할 때까지 때때로 그러한 새로운 태도에 적응하거나, 그러한 태도를 더 확신하거나 (Rucker & Petty, 2006), 새로운 태도를 새로운 상황에서 시연해보기(rehearse) 위한 시간이 필요함을 보여주었다(Petty, Gleicher, & Jarvis, 1993; Wilson, Lindsey, & Schooler, 2000).

5. 최근 연구

우드(Wood, 2000)는 메시지 기반(message-based) 설득에 관한 최근 연구들을 검토한 결과, 태도 변화나 저항을 유발하는 여러 유형의 동기를 확인했다. 이러한 동기에 관한 연구들은 때때로 인지 부조화 이론을 연구의 토대로 사용하여 태도의 기능을 살펴보았다.

젠더 차이와 정서, 그리고 이것들이 설득 과정에 미치는 영향 역시 연구자들의 관심을 끌었다. 버군 및 클링글(Burgoon & Klingle, 1998)은 설득 커뮤니케이션에서 젠더 차이의 중요성에 관한 연구들을 검토했다. 일반적으로 남성은 설득을 더 잘하고 여성은 설득을 더 잘 당하기 때문에, 그들은 커뮤니케이터의 젠더와 설득 메시지 전략은 중요한 결정 요인이라고 주장했다. 정서와 설득 간의 연계에 관해 조젠슨(Jorgensen, 1998)은 설득 과정에서 태도가 형성되고 변화하는 데 있어서의 정서의 중요성에 대해 논의했다.

태도와 설득 간의 연관성은 최근 들어 주목을 받았다. 페티 및 캐시오포(Petty & Cacioppo, 1996)는 설득과 태도 및 신념의 변화와 관련된 다른 이론들을 조사했다. 로스코스-유올슨(Roskos-Ewoldsen, 1997)은 설득의 한 요인으로서 태도 접근가능성에 관한 연구들을 검토했으며, 일부 태도는 다른 태도에 비해 더 잘 기억된다고 주장했다. 기억을 통해 매우 접근하기 쉬운 태도는 사람들의 여러 메시지 수신에 영향을 미칠 가능성이 높다. 또한 그는 설득과 태도 접근가능성 간의 교류적 관계를 보여주는 하나의 모델을 제안했다.

연구자들은 자동적인 태도(automatic attitude)3)의 이용가능성을 연구하기 위해 새로운 척도를 개발했다(Fazio, Jackson, Dunton, & Williams, 1995; Greenwald et al., 1998; Petty, Fazio, & Briñol, 2008; Wittenbrink & Schwarz, 2007). 처음에 연구자들은 자동적인 태도가 변화에 대한 더 큰 저항을 보여줄 수도 있다고 생각했지만, 연구들은 심지어 오래 가지고 있던 태도도 고전적 조건형성과 새로운 정보에 대한 노출 및 그것의 처리를 통해 변화될 수 있음을 보여주었다(Briñol, Petty, & McCaslin, 2008; Fazio & Olson, 2003).

새로운 정보는 광고, 대량 매개 캠페인, 혹은 다른 구어 커뮤니케이션 수단 형식으로 제시될 수 있다(Briñol et al., 2008; Czyzewska & Ginsburg, 2007; Maio, Haddock, Watt, & Hewstone, 2008; Park, Felix, & Lee, 2007; Gawronski & Bodenhausen, 2006).

예를 들면, 박과 동료들(Park et al., 2007)은 사람들이 아랍-무슬림을 테러리즘과 연계시킨다는 점에서 사람들이 아랍-무슬림에 대해 자동적인 태도를 가지고 있음을 확인하기 위해 암시적 태도 척도(implicit measures of attitude)를 사용했다. 아랍-무슬림에 대한 긍정적인 정보가 제시될 때, 그러한 태도는 조절 혹은 중재되었다(moderate).

앞으로 설득 연구자들은 계속해서 설득 메시지가 수용자에게 도달할 때 작용하는 많은 변인을 밝혀내고 연구할 것이다. 개인의 태도와 정서가 메시지의 설득력에 미치는 영향을 파악하는 것은 설득 과정에 대한 이해를 더욱 높여줄 것이다.

---

3) 최근까지 대부분의 태도에 관한 연구는 태도가 의도성에 초점을 맞추었으나, 이제 많은 연구가 태도는 지각하는 사람의 의도, 자각, 혹은 노력이 없이도 생성된다는 것을 보여주었다[자료: Ferguson, M. J., & Bargh, J. A.(2007). Beyond the attitude object: Automatic attitudes spring from object-centered-contexts. In B. Wittenbrink & N. Schwarz (Eds.), *Implicit measures of attitudes* (pp. 216~246). NY: Guilford].

6. 요약

매스 커뮤니케이션에서 설득 연구는 수용자의 태도 변화 과정과 태도 변화를 바탕으로 한 행동 변화를 살펴본다. 설득은 의도적 과정이다.

매스 미디어의 설득력에 관한 연구는 라디오와 영화가 인기를 끌었던 1920년대와 1930년대에 시작되었다. 라스웰은 제1차 세계대전 동안 선전 메시지가 수용자에게 강력한 효과를 미쳤음을 확인했다. 몇몇 사건은 미디어의 강력한 영향력에 대한 증거를 제공했는데, 1929년 월 스트리트 주가 폭락 뉴스, 1938년 오슨 웰스의 라디오 프로그램 〈우주 전쟁〉 방송, 독일에서 히틀러의 권력 부상 그것이다. 제2차 세계대전 동안, 호브랜드는 설득이 많은 조절 변인과 조건적인 관계에 있음을 확인했다.

호브랜드는 성공적인 설득은 다음의 세 단계를 포함하고 있음을 발견했다: ① 청취자가 반드시 메시지에 주목해야 한다; ② 청취자가 반드시 그 메시지를 이해해야 한다; ③ 청취자가 반드시 그 메시지를 받아들여야 한다. 메시지 원의 공신력, 메시지 소구의 유형 및 제시되는 주장의 순서, 수용자가 특정 집단과 동일시하는 것, 수용자의 성격 특징, 이 모두가 미디어 메시지의 설득력에 영향을 미친다.

1940년대와 1950년대에 학자들은 더 엄격한 경험적 방법을 사용하여 설득을 연구했다. 하이먼 및 쉬슬리는 설득 메시지가 태도 변화를 일으키기 위해서는 심리적 장벽을 극복해야 한다는 것을 확인했다. 카츠 및 라자스펠드는 미디어 메시지가 의견주도자에게 영향을 미치고, 그런 다음 의견주도자가 대인 커뮤니케이션을 통해 지역사회의 다른 사람에게 영향을 미치는 2단계 흐름 또는 간접적 효과 상황으로 미디어의 영향을 설명했다. 최근 연구는 설득이 단순히 자극-반응 유형의 상황이 아니라 수신자의 수용성을 강조하는 더 복잡한 과정이라는 것을 보여주었다. 현재의 연구는 대부분 설득 과정에서 태도의 결정적인 역할에 상당한 중요성을 부여한다. 태도는 "다른 사람, 대상물, 이슈를 호의적으로 또는 비호의적으로 평가하는 사람들의 일반적인 선유성향"으로 정의될 수 있다. 태도는 설득적인 정보의 획득과 행동 변화 간의 매개변인이다.

맥과이어 모델은 입력(설득원에 의해 통제되는 변인)과 출력 변인(수용자에 의해 통제되는 변인)을 밝힘으로써 설득효과를 설명했다. 이 모델은 새로운 태도를 실제로 받아들이는 과정에 관한 상세한 설명이 부족하다는 점, 입력 변인과 출력 변인이 연속적이라는 가정 때문에 비판을 받았다.

인지 반응 이론은 설득 메시지를 받아들이는 것은 그 메시지에 대한 수용자의 인지적 반응에 좌우된다고 주장한다. 메시지에 대해 생각한 것에 대한 기억은 메시지 자체에 대한 기억보다 훨씬 더 중요하다. 그러나 인지 반응 이론은 수용자가 메시지의 내용에 대해 생각하지 않을 때도 설득이 일어나는 사례에 대해서 설명하지 못한다.

페티 및 캐시오포의 정교화 가능성 모델(ELM)은 인지 반응 이론을 확장시켜 사람들이 설득 메시지를 받아들일 때 일어나는 과정을 설명해준다. ELM은 사람들이 인지적으로 정교화할, 즉 설득 메시지에 대해 매우 신중하게 생각할 가능성을 확인해준다.

ELM은 2개의 독특한 경로, 즉 중심 경로와 주변 경로를 제시한다. 중심 경로는 많은 인지적 노력을 필요로 한다. 중심 경로로 인한 태도 변화는 몇 가지 공통된 특성을 보여주는데 접근가능성, 지속성, 행동의 예측 가능성, 태도에 대한 저항이 그것이다. 주변 경로를 통해 설득이 이루어질 때, 메시지 상황 속의 단순 단서, 상품 판매를 위한 전문가 사용, 편승효과가 인지적 노력보다 태도 변화를 일으키는 더 큰 원인으로 작용한다. 정신적 정교화(어떤 설득 메시지의 신중한 처리) 가능성이 증가할 때는 설득에 이르는 중심 경로가 지배적이다. 정신적 정교화 가능성이 감소할 때는 설득에 이르는 주변 경로가 설득 과정에서 더 중요해진다.

숙고된 행동 이론(TRA)은 사람들은 두 가지 기준, 즉 행동 자체에 대한 자신의 태도와 다른 사람이 그 행동을 어떻게 볼 것인지에 대한 지각을 토대로 행동을 할 것인지 하지 않을 것인지를 결정한다는 가설을 제시한다.

계획된 행동 이론(TPB)은 행동하고자 하는 의도는 또한 사람들이 그 행동에 대해 행할 수 있는 지각된 '통제'에도 영향을 받음을 보여준다. 이 요인은 기본적으로 사람들이 그 행동이 수행하기 쉽다고 생각하는지 아니면 어렵다고 생각하는지를 살펴본다.

다이어트나 운동과 같은 건강 관련 행동을 살펴볼 때, TRA와 TPB가 어떻게 작동하는지 쉽게 살펴볼 수 있다. 어떤 과체중인 사람은 아마 다이어트 하는 것이 바람직하다고 생각하고(그러한 행동에 대한 긍정적인 태도) 자신의 친구와 가족도 그것이 좋은 아이디어라고 생각할 것(긍정적인 사회적 규범이 존재함을 의미함)이라고 생각할 것이다. 그러나 그 과체중인 사람은 비용에 대한 우려, 시간, 일부 건강한 식품에 대한 거부감 등으로 인해 계속해서 다이어트를 할 수 없다고 믿을 수도 있다(이것은 그 과체중인 사람이 그러한 변화가 너무 어려워서 수행할 수 없다고 믿고 있음을 보여줌).

TRA 및 TPB와 유사하게 보호 동기 이론(PMT)도 사람들이 안전한 섹스 하기, 피부암을 예방하기 위한 조치 취하기, 금연과 같은 보호 행동을 하는 데 어떤 것이 영향을 미치는지를 더 잘 이해하기 위해 개발되었다.

3부

주요 연구 영역

11장 미디어 폭력의 효과

12장 성적 내용의 미디어 효과

13장 불안감이나 공포감을 주는 미디어 내용에 대한 반응

14장 정치 커뮤니케이션의 효과

15장 건강에 관한 미디어 효과

16장 고정관념화의 효과

17장 어린이 교육 텔레비전 및 영유아 에듀테인먼트의 효과

18장 컴퓨터 게임 및 비디오 게임의 효과

19장 인터넷의 효과

20장 모바일 커뮤니케이션의 효과

11장

미 디 어 폭 력 의 효 과

평균적인 아이는 18세가 될 때까지 1만 6000번의 살인을 보게 될 것이다.
— 우리의 TV 습관에 대한 사실과 수치(Facts and Figures About Our TV Habit), TV 끄기
네트워크(TV Turnoff Network) www.tuneintokids.org/docs2007/rm2.pdf

우리 시대의 가장 중요한 사회적 이슈 가운데 하나는 특히 어린이가 미디
어 폭력물에 노출됨으로써 나타나는 부정적인 효과에 대한 공중의 우려였다.
폭력적인 미디어에 대한 연구는 대부분 뉴스 보도, 폭력적인 비디오 게임 및
웹사이트뿐만 아니라, 영화, 텔레비전 드라마, 만화, 기타 팬터시(fantasy) 프
로그램에 초점이 맞추어져 있다.

오랜 세월에 걸쳐 이루어진 많은 연구는 텔레비전 폭력물 시청이 공격적인
행동을 초래한다는 것을 보여주었다. 많은 실험과 연구가 성인과 어린이를
대상으로 이루어져 왔다. 연구 결과에도 불구하고, 많은 사람이 이러한 연구
와 이들 연구가 사용한 연구방법을 비판한다. 모든 미디어 폭력 이슈는 사회
전반에 미치는 영향으로 인해 오랫동안 공공정책 입안자들의 주요 관심사 가
운데 하나였다. 이 장은 공공정책 관점에서 이 분야의 주요 연구와 비판하는
사람들의 목소리를 살펴볼 것이다. 미디어 폭력을 측정하는 방법을 포함해
매개되는 폭력의 효과를 연구하는 데 사용된 연구방법을 간단히 살펴본 다
음, 행동적·감정적 효과 등과 같은 여러 유형의 폭력 효과에 대해 논의하기

로 한다. 마지막 부분에서는 미디어 폭력 연구자들이 취하고 있는 새로운 방향에 대해 살펴보기로 한다.

1. 미디어 폭력 연구와 공공정책: 역사와 미래

오랜 기간에 걸쳐 이루어진 수많은 미디어 효과 연구는 미디어의 폭력적인 내용을 읽거나 보거나 듣는 등 미디어 폭력물 소비 때문에 나타나는 행동에 대한 부정적인 효과를 살펴보았다. 영화와 텔레비전이 등장한 이래로 미디어 폭력에 대한 우려는 공공정책을 수립하는 데 중요한 힘으로 작용해왔다. 입법자들이 처한 어려움은 자유 사회에서의 미국 헌법 수정조항 제1조(First Amendment)의 권리(즉, 표현의 자유)[1]와 공공복지에 대한 관심 사이의 균형을 반드시 유지해야 한다는 것에 있다.

『텔레비전의 폭력』(Violence on Television)을 쓴 신씨어 쿠퍼(Cynthia A. Cooper, 1996)는 그녀의 책에서 그 당시까지 나타난 공공정책 논의의 세 단계를 확인했다. 첫 번째 단계에서는 청소년 범죄율 증가에 논의의 초점이 맞추어진다. 그다음 단계에서는 논의의 경계가 확대되어 텔레비전 폭력물이 사회적 행동과 사회 전반의 복지에 미치는 효과에 대한 우려를 포함한다. 세 번째 단계에서 정책 입안자의 관심은 시청자에게 미치는 해로운 효과의 식별에서 법적인 제한조치를 통해 텔레비전 폭력물을 줄이는 능동적인 시도로 바뀐다.

사회과학자들은 영화 관람이 미치는 행동적·사회적 영향을 조사하기 위해 1920년대와 1930년대에 이루어진 노력을 통합했다. 페인 재단 연구는 영화를 보러온 성인과 어린이를 대상으로 행해진 일련의 조사였다. 이 연구는 폭력적이고 성적인 내용이 담긴 영화가 전통적인 사회 관습과 일치하지 않음

---

1) 괄호 안은 옮긴이 첨가.

을 발견했지만, 성인영화 관객의 사회적 기준에 미치는 해로운 효과에 대한 공중의 주장을 전적으로 지지해주지는 않았다. 그러나 연구 결과는 청소년 비행을 저지르기 쉬운 특히 '취약한' 어린이들이 스크린에서 본 폭력적이고 범죄적인 행동에 영향을 받음을 시사했다(Blumer & Hauser, 1933; Dysinger & Ruckmick, 1933).

1950년대 중반에는 공중의 주목을 끈 또 다른 주요 연구가 이루어졌다. 이번에는 만화책이 조사 대상이 되었다. 인기 있었던 책인 『순진한 사람들에 대한 유혹』(The Seduction of the Innocent)(Wertham, 1954)은 만화책이 어린이들에게 왜곡된 현실상을 제공하며 읽기 문제를 일으킬 뿐만 아니라 청소년 비행의 원인이 된다고 주장했다. 사회과학자들은 저자의 방법과 해석에 이의를 제기했지만, 일반 공중과 언론은 그러한 결과를 거의 문제 삼지 않았다.

1950년대와 1960년대 초에 텔레비전이 인기 있는 오락 미디어가 되자, 미국과 영국 커뮤니케이션 학자들은 새로운 미디어에 대한 어린 시청자의 노출 효과에 대해 알고 싶어 했다. 미국 학자들(Schramm, Lyle, & Parker, 1961)은 연구를 통해 어린이의 텔레비전 폭력물 시청과 공격적 행동 간의 연관성을 확인한 반면, 영국 연구팀(Himmelweit, Oppenheim, & Vince, 1958)은 이 같은 인과관계의 증거를 발견하지 못했으며 연관성을 증명하기 어렵다고 주장했다.

그 후 사회가 혼란스럽고 폭력적이었던 1960년대에 들어 2편의 중요한 연구는 또다시 서로 상충하는 연구 결과를 내놓았다. 첫 번째, 린든 존슨(Lyndon Johnson) 대통령의 폭력 원인과 예방에 관한 국가위원회(National Commission on the Cause and Prevention of Violence, 1969)는 이러한 이슈에 대해 연구한 결과, 텔레비전이 사회 폭력의 주된 원인이 아닐 수도 있다고 보았다. 뒤이어 공중보건국장(Surgeon General)의 텔레비전 및 사회적 행동에 관한 과학자문위원회(Scientific Advisory Committee on Television and Social Behavior, 1972)는 5권으로 된 보고서를 발행했다. 이 자문위원회에 따르면, 텔레비전 폭력물 시청이 시청자의 공격적 행동 경향을 높인다고 한다.

연방 커뮤니케이션스 위원회(FCC: Federal Communications Commission)는 1980년대 내내 방송사업자들이 '공중의 이익을 위해' 운영하도록 일찍이 부여했던 제약을 완화했다. 규제 완화는 방송사업자들에게는 수정조항 제1조의 권리에 대한 승리를 의미한 반면, 그에 따른 프로그램의 변화는 공중의 상당한 우려를 자아냈다. 예를 들면, 어린이 프로그램은 많이 사라졌으며 남아 있는 어린이 프로그램도 더욱 폭력적이거나 매우 상업적으로 변했다.

의회는 프로그램 기준 완화에 대해 1990년 어린이 텔레비전 법(Children's Television Act of 1990)으로 맞섰는데, 이 법에 따라 방송사업자들은 어린 시청자들에게 적합한 교육적 프로그램을 일정량 방송해야 했다. 또한 이 법은 어린이 프로그램에 방송되는 광고의 양을 제한했다.

그로부터 3년 후 의회는 미디어 폭력과 그것이 어린이에게 미치는 효과를 조사하기 위해 청문회를 시작했다. 이 이슈에 대해 높아진 공중의 자각과 우려 때문에 텔레비전 네트워크들은 폭력적이고 부적절한 내용이 담긴 프로그램에는 (부모에게) 경고하는 표시를 달기로 결정했다. 결국 어떤 프로그램을 시청할지 부모가 통제할 수 있는 장치를 텔레비전에 부착하도록 하자는 제안이 나오는 상황에까지 이르게 되었다.

1996년 텔레커뮤니케이션 법(Telecommunications Act of 1996)은 새로운 텔레비전 모델에 대해 폭력칩(V-chip) 장착을 의무화했다. 부모는 이 장치를 사용하여 시그널을 차단함으로써 폭력, 성, 또는 독설(毒舌)을 포함하고 있는 바람직하지 않은 프로그램이 수신되는 것을 막을 수 있다. 또한 이 법은 텔레비전 산업이 특정 연령 수준에 적합한지 아닌지를 나타내는 프로그램 등급을 표시하도록 요구했다.

많은 사람은 이러한 상황의 진전을 긍정적인 조치로 보는 반면, 어떤 사람은 바람직하지 않은 프로그램에 대한 어린이의 노출을 제한하거나 금지하는 이와 같은 조치에 내재된 문제점을 지적한다(Potter & Warren, 1996). 어떤 사람들은 권고적인 경고문과 시그널 차단 장치는 '금단의 열매'(forbidden fruit)

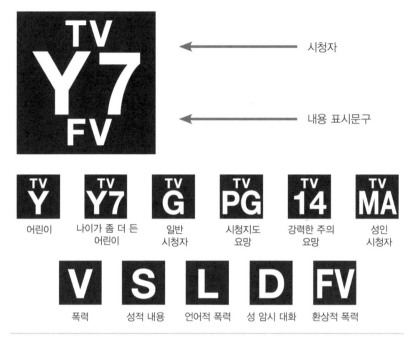

TV Y	TV Y7	TV G	TV PG	TV 14	TV MA
어린이	나이가 좀 더 든 어린이	일반 시청자	시청지도 요망	강력한 주의 요망	성인 시청자

V	S	L	D	FV
폭력	성적 내용	언어적 폭력	성 암시 대화	환상적 폭력

그림 11-1. FCC의 부모 TV 시청지도 지침

효과를 발생시켜, 부모가 차단하고자 하는 바로 그 프로그램에 어린이들이 극도의 관심을 가지도록 만든다고 주장했다(Christenson, 1992).

20세기 말, 학자들이 3년에 걸쳐 실시한 텔레비전 폭력에 관한 연구는 폭력물 시청과 차후의 공격적인 행동 간의 연계를 확인해주었다. 1998년에 출간된 『전국 텔레비전 폭력 연구』(National Television Violence Study)는 1994년 이후 공중파와 케이블 네트워크에서 프라임타임에 방송되는 폭력적인 프로그램 비율이 증가했을 뿐만 아니라 이들 프로그램의 '폭력 묘사 방식'도 어린이에게 행동을 모방하도록 실제적으로 부추기고 있음을 확인했다. 또한 이 연구는 나이에 기반을 둔 프로그램 등급이 프로그램에 포함되어 있는 폭력의 양을 나타내 주지는 않음도 확인했다(Federman, 1998).

1999년 4월, 콜로라도(Colorado)의 리틀턴(Littleton) 소재 콜럼바인 고등학교(Columbine High School)에서 있었던 총격 사건 이후, 미디어 폭력물과 살인 행위 간의 지각된 연계는 다시 한 번 공중의 뇌리에 깊이 새겨지게 되었다. 분별없는 살인에 대한 공포 반응은 결과적으로 의회의 조치와 클린턴 대통령의 지시에 따라 공중보건국장의 폭력에 관한 보고서 제출로 이어졌다. 『청소년 폭력: 공중보건국장 보고서』(Youth Violence: A Report of the Surgeon General)는 미디어 폭력물 소비와 단기적인 공격성 간의 높은 관련성을 발견했지만, 보통 유발되는 공격적 행동은 팔다리를 부러뜨리거나 살인을 저지르는 것에는 훨씬 미치지 못했다.

2000년, 미국 소아학회(American Academy of Pediatrics), 미국 소아청소년 정신의학회(American Academy of Child and Adolescent Psychiatry), 미국 심리학회(American Psychological Association), 미국 의학협회(American Medical Association), 미국 가정의학회(American Academy of Family Physicians), 미국 정신의학회(American Psychiatric Association)는 '오락물의 폭력이 어린이에게 미치는 영향에 관한 공동성명서'(Joint Statement on the Impact of Entertainment Violence on Children, 2000)를 발표했다. 이 성명서는 폭력적인 미디어 내용물을 시청하는 것이 공격성으로 이어질 수 있음을 시사한 지난 30년간의 연구를 지적했지만, 또래 친구의 영향, 가정 상황, 미국에서 무기를 쉽게 이용할 수 있는 상황과 같은 다른 중요한 요인도 청소년 공격성의 원인이라고 지적함으로써 이 이슈에 대한 그들의 입장을 수정했다.

2006년, 《애뉴얼 리뷰 오브 퍼브릭 헬쓰》(Annual Review of Public Health) 창간호에서 후스먼 및 테일러는 다음과 같이 적었다:

미디어 폭력은 실제 세계의 폭력과 공격성을 증가시키는 만큼 공중보건을 위협한다. 연구는 허구적인 텔레비전 프로그램과 영화의 폭력이 어린 시청자의 공격성과 폭력을 장단기적으로 증가시키는 데 기여함을 보여준다. 텔레비전 뉴스의 폭력장면 또한 주로 모방 자살과 공격적인 행동 형태로 폭력을 증가시키는 데 기여한다. 비디오 게임의 장기적인 효과를 보여주는 연구는 아직 이루어지지 않았지만, 비디오 게임은 분명 단기적으로 공격성과 폭력을 증가시킬 수 있다. 미디어 폭력과 실제 세계의 폭력 및 공격성 간의 관계는 미디어 내용의 속성과 그러한 내용에 노출되는 사람의 특성과 사회적 영향에 의해 조절된다(moderate). 그럼에도 그러한 효과의 전체 평균 크기는 그것을 공중보건에 대한 알려진 위협으로 분류하기에 충분할 만큼 크다(Huesmann & Taylor, 2006: 393).

다른 연구도 계속해서 미디어 폭력의 '실재적이고도 강한' 효과를 확인해 주었다(Murray, 2008). 배리 건터(Barrie Gunter, 2008)는 《아메리칸 비헤이벼럴 사이언티스트》(American Behavioral Scientist)에 발표한 연구에서 미디어 폭력에 관한 연구들이 묵살되어서는 안 된다고 결론 내리긴 했지만, "미디어 폭력의 해로운 효과에 대한 일괄적인 결론"을 받아들이는 데는 신중을 기해야 한다고 조언했다(2008: 1061). 그는 또한 폭력적인 미디어 내용물을 보는 어떤 사람은 다른 사람보다 해로운 효과에 더 쉽게 영향을 받을 수도 있으며, 그러한 차이가 생기게 하는데 미디어의 폭력 묘사도 어떤 역할을 한다고 말했다.[2]

수많은 연구가 매개되는 폭력과 공격성 간의 연관성을 보여주었음에도, 이것을 비판하는 사람들은 작거나 중간 정도의 효과 크기(effect size)를 보여주고 있는 연구의 통계적 문제를 지적한다. 연구자들은 보통 수백만 명에 이르는 매스 미디어 수용자 수를 고려할 때 심지어 작은 효과 크기도 치명적일 수 있다고 지적함으로써 대응한다.

---

[2] 예를 들면, 어떤 시청자는 미디어가 새로운 형식으로 폭력 행위를 묘사할 경우, 그렇지 않았으면 주목하지 않았을 폭력장면에 주의를 기울일 수 있고, 따라서 그러한 폭력장면에 영향을 받을 수 있다[자료: Felson, R. B.(1996). Mass Media Effects on Violent Behavior, Annual Review of Sociology, 22, 103~128.](옮긴이 주).

새비지(Savage, 2004)는 미디어 폭력에 관한 연구들이 사용한 방법론을 검토한 결과, 폭력물 시청과 시청 후 뒤이어 발생하는 범죄 행동 간에는 분명한 인과관계가 존재하지 않는다고 결론 내렸다(또한 Savage, 2008과 Grimes & Bergen, 2008 참조). 그러나 이와 같은 보고서들이 폭력물 시청과 범죄 행동을 연결시키는 것은 엄청난 논리 비약이다. 매개되는 폭력에 대한 대다수의 연구는 그와 같은 논리 비약을 하지 않는다. 그들은 단지 매개되는 폭력물 시청 후에 측정되는 공격적 선유성향(predisposition)과 성향(tendency)을 지적할 뿐이다. 공격 성향과 범죄 행동은 다르다. 다른 비평가들은 대개 측정되는 효과의 속성이 단기적이라는 점뿐만 아니라 인공적인 상황에서 이루어지는 실험의 성격과 대학생을 실험대상자로 사용하는 것도 지적한다.

질만 및 위버는 이러한 비판에 대해 다음과 같이 대답했다:

> 미디어 폭력 연구를 비판하는 사람들은 젠더와 다수의 성격(personality) 변인을 고려하면서 무작위 할당이 지켜지고 폭력물에 대한 통제가 엄격하게 이루어지는 종단적 실험연구, 즉 자유로운 사회에서는 결코 수행할 수 없는 연구라야만 만족할 수 있는 것처럼 보인다(Zillmann & Weaver, 1999: 147).

2. 미디어 폭력 연구방법

아마 최악의 극단적인 예는 영상 폭력의 모델링 혹은 모방이 강간이나 살인 같은 폭력적이고 잔인한 '모방' 범죄로 이어진 사례일 것이다. 기폭에 관해 5장에서 논의했듯이, 폭력 모방 범죄는 모방 행동 가운데 가장 불온한 사례이다.

인쇄 및 전자 뉴스 미디어는 모방 범죄의 센세이셔널한 속성에 주목하게되고, 따라서 공중의 기억 속에는 이 같은 범죄가 많이 존재한다. 그러나 실제로 모방 범죄는 매우 드물다. 똑같은 영화나 프로그램을 보는 수백만 명의 다른 수용자들은 이 같은 극단적인 폭력 행동을 모방하도록 고무되지 '않는다'. 이는 사람의 성향(즉, 폭력 행동에 대한 선유성향), 정신 상태, 정서적 안정성, 개인적 상황 같은 개인적인 요인이 폭력물을 시청한 후 폭력에 호소할지 여부를 결정하는 데 중요한 역할을 함을 시사한다.

사회과학자들은 포착하기 어려운 미디어 효과(누군가에게 실제 해로움이나 상처를 수반하지 않는 매우 통제된 실험과 연구를 통해 측정할 수 있는 효과)를 기록하려 한다. 연구자들은 미디어 폭력과 관련된 몇몇 주요 이슈에 그들의 노력을 집중한다. 많은 연구가 여러 미디어에 나타나는 폭력의 '양'을 측정하려 한다. 폭력이 발생하는 맥락이 해로운 효과의 정도를 결정하는 데 매우 중요함을 연구들이 보여줌에 따라, 다른 연구들은 폭력이 발생하는 '맥락'(context)을 조사한다(이 같은 맥락의 사례로는 폭력이 우연히 발생했는지 아니면 사악한 의도를 가지고 행해졌는지 여부, 가해자가 벌을 받았는지 여부, 폭력의 결과가 제시되었는지 여부 등이 있음). 가장 중요한 것은 연구들이 폭력에 대한 시청자의 노출도를 조사하고 다음과 같은 어려운 질문에 대한 대답을 시도한다는 점이다: 미디어 폭력은 그것을 이용하는 사람에게 어떤 효과를 발생하는가?

미디어 폭력물 시청의 효과에 관한 연구는 여러 방법론을 사용했다. 건터(Gunter, 1994)는 엄청난 양의 연구들을 검토한 결과, 그러한 문제를 연구하는 데 사용되어온 여섯 가지 주요 연구방법을 확인했다. 실험실 실험, 현장 실험, 상관관계 설문조사, 종단적 패널 연구, 자연적 실험, 개입 연구가 그것이다. 이들 각각에 대해 차례대로 살펴보기로 한다.

1) 실험실 실험

실험실 상황에서 엄격히 통제된 실험은 미디어 폭력물 시청이 시청자를 더 공격적으로 행동하도록 만든다는 주목할 만한 증거를 제공한다. 이 같은 실험은 TV 폭력물 시청과 공격적인 행동 간의 '인과관계'를 보여주기 위해 구성된다. 이 같은 실험에 대해 비평가들은 자연스럽지 않은 시청 상황을 지적하면서 실험 결과가 실제 세계에서 어떠한 의미를 지닐지 의문스럽다고 말한다.

최근의 한 실험연구는 노래 가사, 비디오 클립, 음악적 톤(musical tone)이 공격 성향에 미치는 영향을 조사했다. 연구자들은 음악에 폭력적 이미지가 포함되어 있는지 여부에 상관없이 폭력적인 가사에 노출된 사람이 가장 높은 공격성을 보였음을 확인했다(Brummert Lennings & Warburton, 2011).

2) 현장 실험

이러한 연구는 대부분 보육원과 같은 기관에 있는 어린이를 대상으로 이루어졌다. 어린이들은 폭력물을 시청하기 전에 무작위로 집단(한 집단은 폭력물을 시청하고 다른 한 집단은 비폭력적인 프로그램을 시청함)에 할당된다. 그들의 원래 공격성과 태도를 측정한 다음, 그것을 폭력물을 시청한 '후'에 이루어진 측정치와 비교한다. 현장 실험은 실험실 실험에서 드러난 부자연스러움의 문제를 피할 수 있게 해준다.

주목할 만한 한 현장 실험연구(Williams, 1986)는 폭력적인 내용 시청과 공격적인 행동 간의 연관성에 대한 강력한 증거를 제공했다. 연구 대상이 된 캐나다의 세 지역 가운데 한 지역에는 텔레비전이 전혀 없었고(notel), 두 번째 지역에는 단지 채널 하나만 시청이 가능했고(unitel), 세 번째 지역에는 채널 몇 개를 이용할 수 있었다(multitel). 텔레비전이 없는 지역 어린이들의 공격적 행동이 TV가 도입된 후 2년에 걸쳐 증가했음을 이 연구는 보여주었다. 같은 기간 다른 두 지역 어린이들의 공격성에는 변화가 없었다.

3) 상관관계 설문조사

이 횡단적(cross-sectional) 연구에서는 시청자들에게 프로그램 목록을 읽고 그들이 규칙적으로 시청하는 프로그램을 선택하도록 요구한다. 연구자들은 프로그램의 폭력의 양을 내용분석하여 시청자당 폭력적인 프로그램 노출 정도에 관한 척도를 만든다. 또한 시청자의 공격성이나 적대감의 정도를 측정하기 위해 그들의 태도와 행동에 관해 질문한다. 그런 다음, 폭력물 시청과 뒤이은 공격적인 행동이나 태도 간의 어떠한 관계를 확인하기 위해 이 두 가지 척도의 상관관계를 알아본다. 이 같은 연구가 안고 있는 중요한 문제는 인과관계를 확실하게 증명할 수 없다는 점이다. 미디어 폭력물 소비와 공격적이거나 적대적인 행동 및 태도 간의 상관관계는 통계적으로 유의미한 것으로 드러났지만, 이러한 상관관계는 대부분 그 정도가 비교적 약했다.

한 최근 연구는 단기적 종단연구 설계에 설문조사방법을 사용했다. 폭력적 미디어 노출이 여러 유형의 공격성을 예측하는지 확인하기 위해 3학년과 4학년 학생, 그들의 또래 친구, 교사를 상대로 같은 해에 두 차례 설문조사를 실시했다. "학년 초기에 미디어 폭력물에 노출된 어린이가 학년 후반에 언어적으로나 관계에 있어서 더 공격적인 행동을 하며 친사회적(prosocial) 행동은 덜 하는 것으로 나타났다"(Gentile, Coyne, & Walsh).

4) 종단적 패널 연구

이 연구는 오랜 기간에 걸쳐 나타날 수 있는 미디어 폭력물 소비와 반사회적인 태도 및 행동 간의 관계를 밝히려고 한다. 건터에 따르면, 이 같은 연구는 "아마도 가장 우수한 종류의 TV 효과 연구의 전형일 것이다. 이러한 연구는 인과적 가설을 검정할 수 있으며 대개 완벽한 표집 방법을 사용한다"(Gunter, 1994: 174). 연구자들은 특정한 시청자들과 접촉을 유지하며 미디어 폭력물 소비가 그들에게 영향을 미치고 있는지를 측정하기 위해 오랜 시간에 걸쳐 다양한 간격으로 그들을 조사한다. 종단적(longitudinal) 패널 연구는 미디어 폭력물 노출이 오랜 기간에 걸쳐 '누적적인' 효과를 미친다고 가정한다.

바꾸어 말하면 미디어 폭력물에 반복 노출되면 시간이 흐름에 따라 공격적인 행동이나 태도에 미치는 효과가 증가한다.

특히 인격 형성에 가장 중요한 시기에 미디어 폭력에 많이 노출된 어린이는 또래보다 청소년기와 성인기에 공격적으로 행동할 가능성이 더 높다. 한 종단적 조사에서 연구자들은 8세에서 10세 사이에 폭력적 미디어에 많이 노출된 어린는 15년 뒤 성인이 되었을 때 훨씬 더 공격적임을 확인했다 (Huesmann, Moise-Titus, Podolski, & Eron, 2003).

5) 자연적 실험

자연적 실험은 텔레비전이 특정 지역에 처음 도입되는 자연적인 상황을 이용한다. '종단적 평가'(오랜 기간에 걸쳐 이루어지는 평가)를 통해 범죄 통계와 같은 자료로 입증되는 범죄 행위가 조사되고 텔레비전이 어떤 나라나 지역에 도입되기 전과 도입된 후를 비교하게 된다.

자연적 실험의 결과는 다양하다. 1949년부터 1952년까지 범죄율을 연구한 헤니건과 동료들(Hennigan et al., 1982)은 미국 중부 지역에 텔레비전이 도입되었지만 살인 또는 다른 폭력적이거나 심각한 범죄는 크게 증가하지 않았음을 확인했다. 센터월(Centerwall, 1989)은 1945년에서 1975년 사이에 세 나라(미국, 캐나다, 남아프리카 공화국)에서 일어난 백인의 살인 범죄율을 조사했다. 미국과 캐나다에서 텔레비전 보유율이 증가하기 시작한 때로부터 약 15년 후 살인 범죄율이 급격히 증가한 반면, TV 보유율이 매우 낮은 남아프리카 공화국에서는 살인 범죄율이 그다지 영향을 받지 않았음을 그는 확인했다.

6) 개입 연구

백신 접종이 사람들에게 위험하거나 치명적인 질병에서 스스로를 보호할 수 있는 예방 조치를 취하게 하는 데 사용되는 것처럼, 개입 연구(intervention study)는 시청자들에게 개입해서 텔레비전 폭력물 시청의 해로운 효과를 예방하려는 연구이다. 이러한 연구는 폭력물 시청의 해로운 효과가 사람들 사이에 널리 퍼져 있다고 가정한다. 따라서 연구자들은 어떻게 해서든(즉, 어떤 개입 전략을 통해) 부정적인 효과를 낮추려고 한다. 일부 개입 연구는 높아진 텔레비전 교양(television literacy: 텔레비전의 내용 및 제작 방법에 대한 비판적인 이해)이 TV 폭력의 부정적인 효과를 줄일 수도 있음을 보여준다(예를 들면, Webb, Martin, Afifi, & Kraus, 2010 참조).

7) 메타분석

미디어 효과 연구자들은 미디어 폭력과 그것의 영향에 관한 많은 연구들을 전반적인 효과 크기를 측정하는 하나의 통계적 연구로 결합하기 위해 메타분석 기법을 사용한다(Sparks, Sparks, & Sparks, 2009). 많은 메타분석이 매개되는 폭력물 시청과 뒤이은 공격성이 실제로 연관되어 있음을 확인해주었다(Christenson & Wood, 2007; Hearold, 1986; Paik & Comstock, 1994; Sherry, 2001; Wood, Wong, & Chachere, 1991).

이러한 연구들은 몇몇 주요 효과 유형에 대한 증거를 보여주었다. 가장 널리 퍼져 있는 효과는 '모방 행동'이었다(Liebert & Schwartzberg, 1977). 어린이는 특히 텔레비전에서 공격적 행동을 시청함으로써 그것을 학습할 가능성이 있다. 그러한 행동을 학습한 뒤에는 바로 모방하게 된다. 또한 어린이는 폭력적이거나 불안감을 주는 내용물을 시청할 때 또 다른 효과인 '공포'(fear)에 노출된다(Cantor, 1994; Gunter & Furnham, 1984). '둔감화'(desensitization)는 문헌에서 확인된 세 번째로 두드러진 효과로서, 폭력물에 반복 노출된 후에 일어날 수도 있고(Greenberg, 1975) 단지 잠깐 동안 노출된 후에 일어날 수도 있다(Drabman & Thomas, 1974; Linz, Donnerstein, & Penrod, 1988).

이러한 효과를 더 잘 이해하기 위해서 우리는 다음 부분에서 이것들에 대해 더욱 깊이 있게 살펴볼 것이다. 여러 수준의 심리적 효과를 설명하고 각 수준에서 흔히 볼 수 있는 다른 종류의 효과에 대해서 상세하게 논의할 것이다.

3. 폭력적 내용의 측정

미디어 폭력을 어떻게 정의하는가? 그것은 해를 끼치는 신체적 접촉을 말하는가? 속성상 언어적인 것도 폭력이 될 수 있는가? 자동차 충돌이나 사고에 의한 죽음은 어떤가? 자살에 관한 뉴스 화면은 어떤가? 폭탄 위협은 어떤가? 이러한 것들은 폭력적인 것으로 간주되어야 하는가?

사회과학자들은 미디어 폭력의 효과 평가는 말할 것도 없고 심지어 매스 미디어에 존재하는 폭력의 양을 측정하기 전에도 반드시 이러한 질문은 물론 매우 구체적인 다른 질문도 제기해야 한다. 폭력적인 내용의 양을 측정하는 데 사용되는 조사방법을 일컬어 내용분석이라 한다. 이 방법을 사용할 때 연구자들은 먼저 폭력적인 내용을 분명하게 정의해야 하며, 그런 다음 각각의 폭력 사례를 그것이 발생하는 대로 코딩하기 위해 여러 프로그램을 신중하게 살펴보아야 한다. 때때로 내용은 프로그램 유형, 등장인물 유형, 무기 유형, 폭력으로 인한 신체적 손상이나 피해의 유형에 따라 분류된다.

프라임타임 텔레비전 프로그램에 대한 최초의 내용분석은 1950년대와 1960년대에 이루어졌다(Schramm et al., 1961; Smythe, 1956). 이러한 연구들은 폭력과 범죄 행위가 인기 있는 프라임타임 프로그램에 자주 등장했음을 확인했다. 그러나 불행하게도 이러한 초기 연구들은 서로 다른 정의와 측정방법을 사용해, 텔레비전 성장기 동안의 비교 및 추이 연구가 불가능했다.

텔레비전 폭력에 대한 체계적인 분석은 거브너와 동료들이 수행한 1960년대의 계획적 연구에서 훌륭한 솜씨와 인기를 인정받았다. 이러한 배양효과 연구자들은 1967년부터 시작하여 매년 미국의 모든 주요 네트워크의 주 시청 시간대와 낮 시간대의 드라마를 분석하고 코딩했다. '메시지 체계 분석'이라고 불리는 그들의 측정 기법은 네트워크 텔레비전의 폭력 측정에 가장 널리 사용되는 기법 가운데 하나가 되었다.

거브너와 동료들은 폭력을 "상해나 살해를 당하지 않거나 실제로 상해나 살해를 가하지 않으려는 본인의 의지에 반하여 자신에게 가해지는 물리적 힘의 공공연한 표현이나 기타 불가항력적인 행동"이라고 정의했다(Gerbner, 1972: 32). 코더는 이 정의를 사용하여 매우 구체적인 코딩 범주를 만들며, 이러한 범주를 통해 그들이 프로그램에서 목격한 폭력적인 행동의 수와 폭력, 피해자, 가해자, 상황의 유형을 평가한다. 그런 다음 코더에게서 얻은 정보는 종합되어 각 프로그램의 **폭력 프로파일**(violence profile)을 제공하게 된다. 이 프로파일은 각 텔레비전 방송 드라마에 포함되어 있는 폭력의 양에 대한 객관적인 평가를 제공한다.

메시지 체계 분석을 시작한 지 첫 10년 동안, 거브너와 동료들은 네트워크 텔레비전 프로그램의 대부분(10개 가운데 8개)이 폭력적인 내용을 포함하고 있으며 등장인물 대다수(10명 가운데 6명)가 폭력적인 행동에 개입했음을 확인했다. 어린이 만화가 성인용 액션-모험 프로그램과 범죄 수사 프로그램보다 더 많은 폭력적인 내용을 포함하고 있었다.

1990년대에 두 핀란드 학자는 TV 폭력의 두드러진 정도(obtrusiveness)를 측정하고 '맥락'(폭력이나 폭력이 전달하는 메시지를 둘러싼 정황)을 분류하기 위한 코딩 스킴(scheme)을 개발했다. 이 연구는 픽션 프로그램과 논픽션 프로그램에 포함되어 있는 폭력을 조사했다(Mustonen & Pulkkinen, 1997).

'리얼리티' 프로그램, 즉 논픽션 프로그램에 관한 다른 연구들은 이 같은 프로그램의 내용은 실제 세계에서 일어나는 폭력을 정확히 묘사하기보다는 텔레비전 드라마와 더 유사함을 보여주었다. 리얼리티 프로그램에는 전국 및 지역 뉴스캐스트, 경찰 뉴스 프로그램, 다큐멘터리, 공공문제 프로그램, 타블

뉴스캐스트, 경찰 뉴스 프로그램, 다큐멘터리 등과 같은 논픽션 프로그램에도 폭력적인 내용이 등장한다.

로이드(tabloid) 뉴스 프로그램 등이 포함된다. 맥락적인 측면에서 보더라도 이 같은 프로그램에 등장하는 폭력 행동은 좀처럼 처벌받지 않았으며 폭력의 부정적인 결과도 좀처럼 보이지 않았다(Federman, 1998; Potter et al., 1997).

내용분석은 단순히 내용을 체계적으로 코딩하고 기술(記述)하는 것이라는 점을 기억해야 한다. 수용자의 지각과 내용의 효과는 전혀 다른 문제이며, 연구자는 이러한 문제에 답하기 위해 다른 연구 전략을 사용해야 한다(Gunter, 1988; Gunter & Wober, 1988).

1) 시청자 지각 측정

텔레비전으로 방송되는 폭력을 분류하는 또 다른 방법은 그것에 대한 시청자의 지각을 측정하는 것이다. 사람마다 독특한 일단의 심리적 특성을 가지고 있기 때문에, 사람들은 텔레비전 프로그램에 각기 다르게 반응한다. 폭력에 대한 그들의 판단은 연구자의 판단과 항상 일치하지는 않는다(Gunter, 1985; Van der Voort, 1986). 사람들(어른 및 어린이)은 대부분 프로그램 장르와 개인적 선호도라는 맥락 속에서 폭력을 지각한다. 예를 들어, 부모가 어떤 프로그램을 즐겨 시청한다면, 그들은 그것이 그들 자신과 자녀에게 해가 없는 것으로 지각한다. 이것은 내용분석가가 어떤 프로그램을 매우 폭력적인 프로그램으로 분류했을지라도 실제로 시청자는 그것을 해가 없는 것으로 지각할 수 있음을 의미한다.

시청자들의 개인차에도 불구하고, 사람들이 특정한 맥락 속에서 묘사된 특정한 유형의 폭력을 시청한 후 종종 해로운 효과를 비슷하게 경험함을 연구들은 보여주었다. 사회과학자들은 사람들이 부정적인 영향을 받기 쉽게 만드는 맥락의 다섯 가지 주요 요소를 확인했다. 특히 어린이는 다음 다섯 가지 요소 모두를 특징으로 하는 표현물에서 공격적 행동을 학습하게 될 위험이 높다:

① 매력적인 역할 모델로 묘사되는 가해자
② 정당화되는 듯한 폭력
③ 처벌되지 않는 폭력(후회나 비판이나 처벌이 없음)
④ 피해자에게 미치는 최소한의 결과
⑤ 시청자에게 현실감 있게 보이는 폭력(Federman, 1998: 33).

최근 많은 텔레비전 프로그램이 이러한 '높은 위험' 맥락을 포함하고 있음을 연구들은 보여주었다. 4년에 걸친 텔레비전 프로그램 연구에서 샌터 바버라 소재 캘리포니아 대학교(University of California at Santa Barbara)의 연구자들은 텔레비전에 나타나는 폭력의 대부분이 역할 모델이 될 가능성이 매우 높은 등장인물, 즉 '좋은 사람'(good guy)에 의해 시작됨을 확인했다. 더욱이 1995년에서 1998년 사이에 방송된 프라임타임 프로그램의 약 15%만이 폭력적 행동이 장기적인 부정적 결과를 초래함을 보여주었다. 대략 폭력적 행동 4

개 가운데 3개가 후회나 처벌이 없이 이루어졌으며, 프로그램 10편 가운데 약 4편에서 '나쁜 사람'(bad guy)이 처벌을 받지 않았다(Federman, 1998).

4. 미디어 폭력의 심리학적 영향

효과 연구의 측면에서 커뮤니케이션 학자들은 폭력적인 미디어가 시청자에게 미치는 세 가지 수준의 심리학적 영향을 확인했다. 이러한 수준들(행동적, 정서적, 인지적)은 단순히 폭력물이 시청자에게 미칠 수 있는 각기 다른 유형의 효과를 말한다. 여기에서는 앞에서 기술한 다양한 방법론을 사용한 연구들을 통해 각 효과의 수준을 살펴보기로 한다.

1) 행동적 효과

네 살 난 어린이가 〈파워 레인저〉의 한 에피소드를 보고 레드 레인저를 흉내 내면서 '악당'(그의 두 살 난 동생)을 발로 차고 때리는 것은 텔레비전 폭력물 시청 때문에 '행동적 효과'가 나타난 것이라 할 수 있다. 구체적으로 말하면 그 어린이는 우리가 여기서 살펴볼 다섯 가지 주요 기제 가운데 하나인 '모방' 기제를 사용하고 있는데, 이것을 통해 행동적 효과가 발생할 수 있다. 다른 네 가지 기제로는 '정화', '각성', '탈억제', '둔감화'가 있다.

(1) 정화

알려진 바에 의하면 정화(catharsis) 기제는 텔레비전 폭력물 시청이나 폭력적 행동에 대한 공상을 통해 시청자가 공격적 충동을 아무런 해 없이 풀 수 있게 해준다. 1950년대와 1960년대에 페시배치(Feshbach, 1955, 1961)는 실험 참여자들을 텔레비전으로 방송되는 폭력 행동을 시청하게 하거나 폭력에 대한 공상에 잠기게 함으로써 공격적 충동을 비폭력적으로 사라지게 할 수 있다는 것을 보고 정화 효과의 존재를 알렸다. 1971년, 페시배치 및 싱어(Singer)는 자연적 상황(주거지역에 있는 학교와 집)에서 10대 소년을 6주 동안 관찰했다. 실험 기간에 연구자들은 소년들의 텔레비전 노출을 통제했다. 그들은 비폭력적인 텔레비전 프로그램을 시청했던 소년이 폭력적인 프로그램을 시청한 소년보다 친구에게 '더 공격적인' 행동을 하는 것을 확인했는데, 따라서 이것은 일종의 정화 효과임을 시사한다.

수백 편의 실험연구 가운데 페시배치의 연구 결과가 그대로 되풀이된 연구가 거의 없다는 것, 즉 정화 기제를 지지해주는 연구가 거의 없다는 점에 주목해야 한다. 이처럼 과학적 증거가 약함에도 일반 공중은 대부분 영화, 텔레비전, 또는 비디오 게임의 폭력을 봄으로써 정화 효과가 발생한다고 믿고 있다. 미디어 업계의 대변인들도 미디어 폭력의 효과에 대한 공적인 조사가 이루어질 때마다 공중과 국회의원에게 정화 효과의 이점을 기꺼이 상기시켜준다.

정화라는 개념의 인기와 정화 또는 의사정화(pseudocathartic) 효과에 대한 경험적 증거의 부족 때문에, 연구자들은 정화 효과가 나타날 수 있는 매우 제

TV 폭력물 노출에 따른 심리학적 효과

. . . .

인지적
　TV 폭력물 시청은 실제 세계에 대한 시청자의 신념에 영향을 미친다.

감정적(정서적)
　TV 폭력물 시청은 즉각적이거나 장기적인 감정적 반응을 야기한다.

행동적
　TV 폭력물 시청은 사람들의 행동에 영향을 미친다. 행동적 효과의 다섯 가지 주요 범주는 다음과 같다:

- 각성　　　　　　• 정화　　　　　　• 둔감화
- 탈억제　　　　　• 모방

한된 조건을 찾으려고 종종 시도했다. 예를 들면, 건터(Gunter, 1980)는 인간의 특정한 인지적 기술이 제한적인 정화 효과의 원인이라는 의견을 제시했다. 강한 모방이나 환상을 즐길 수 있는 기술을 가지고 있는 사람은 폭력적인 영화를 봄으로써 그들의 분노를 완화시킬 수 있는 반면, 상상력이 풍부하지 못한 사람은 이와 같은 정화 효과를 경험할 수 없음을 한 연구는 보여주었다 (Biblow, 1973).

　(2) 각성

　각성(arousal) 기제의 행동적 효과란 자극 효과, 즉 문자 그대로 각성시키는 것을 말한다. 시청자가 어떤 폭력적인 장면(또는 재미있거나 노골적으로 성적인 장면)을 시청할 때 그들은 자극되며, 즉 정서적으로 각성되며 이러한 각성은 생리적으로 측정될 수 있다. 시청자는 보통 자신의 높아진 각성을 자신이 시청하고 있는 것의 탓으로 돌리지는 않는다. 예를 들면, 이미 무언가에 화가 나 있는 어떤 10대 소년이 폭력적인 프로그램을 시청하고 있다면, 그는 부분적으로 텔레비전 프로그램의 자극 때문에 높아진 그의 각성을 강한 분노 때문이라고 생각한다. 따라서 그 10대 소년은 폭력적인 프로그램을 시청하지 않았을 때보다 더 공격적으로 반응할 수 있으며, 특히 시청 직후 공격적으로 될 수 있는 기회가 주어질 경우 더 공격적인 반응을 보일 수도 있다(Doob & Cline, 1972; Tannenbaum & Zillmann, 1975; Zillmann, 1988, 2000).

(3) 탈억제

탈억제(disinhibition) 기제는 시청자가 텔레비전상의 폭력, 특히 상황에 의해 정당화되거나 사회적으로 용인되는 폭력을 시청하는 데 더 익숙해짐에 따라, 폭력적인 행동에 대한 사회적 제재(social sanctions) 조치에 의해 덜 억제된다는 가정을 기반으로 한다. 특히 시청을 시작할 때 시청자들이 화가 나 있는 상태라면, 그들은 용인되는 폭력을 보여주는 프로그램을 시청한 후 더 공격적으로 행동한다는 것을 연구들은 보여주었다(Berkowitz, 1962, 1965, 1974). 그러나 이러한 결과가 탈억제 때문인지를 보여주기 위해서는 좀 더 전문화된 조사가 요구된다.

일련의 실험실 연구에서 한 실험 보조자가 조사 참여자들을 화나게 한 다음 그들에게 폭력적인 영화 장면(대개 사회적으로 용인되는 폭력인 권투 경기 장면)을 보여주었다. 그런 다음 조사 참여자들에게 자신을 화나게 한 사람에게 전기 충격을 가할 수 있는 기회를 주었다. 실험 보조자로 인해 화가 난 다른 조사 참여자 집단에게는 비폭력적인 영화를 보여주었고, 통제집단에 할당된 다른 참여자들에게는 화나게 하지 않았다. 연구자들은 폭력적인 영화 장면을 본 조사 참여자가 폭력 장면을 보지 않은 참여자보다 더 가혹한 충격을 가했으며, 사전에 화가 나 있는 상태에서 사회적으로 용인되는 폭력을 시청한 참여자 집단이 참여자 집단 가운데 가장 공격적이었음을 확인했다. 연구자들은 영화 속의 용인된 폭력을 보는 것이 조사 참여자의 억제 기능의 일부를 제거하는 역할을 하고, 따라서 그들을 더 공격적이게 만든다는 증거를 제공하는 것으로 해석했다(Berkowitz & Alioto, 1973; Berkowitz, Corwin, & Heironimous, 1963; Berkowitz & Geen, 1966; Berkowitz & Rawlings, 1963).

종단적 패널 연구에서도 탈억제 기제에 대한 증거가 확인되었다. 한 연구에서 연구자들은 여덟 살 난 어린이들(800명)에게서 그들의 TV 시청 습관과 공격성 수준에 관한 데이터를 수집했다. 10년 후 그 어린이들이 18세가 되었을 때, 연구자들은 어린이들 가운데 약 절반의 소재를 파악했고 추가 정보를 확보했다. 그들은 어렸을 때의 텔레비전 폭력물 시청과 성인이 된 후의 공격성 측정치 간의 강한 양(+)의 상관관계를 발견했다(Eron, Huesmann, Lefkowitz, & Walder, 1972).

(4) 모방

모방(imitation) 기제는 시청자가 텔레비전에서 시청한 것을 학습하며 때때로 스스로 그러한 행동을 흉내 내려 시도한다고 가정한다. 이것은 텔레비전 등장인물과 자신을 동일시하고 그들을 모방하려고 시도하는 어린 아이에게서 특히 잘 나타난다(4장에서 모방기제의 핵심인 '관찰 학습' 개념에 대해 논의한 바 있다).

앨버트 밴두라(Bandura, 1978, 1979, 1982, 1985)의 실험실 실험에서 어린이들은 그들이 화면에서 목격한 공격적인 행동을 모방한다는 사실이 확인되었다는 4장의 내용을 여러분은 기억할 것이다. 한 어린이 집단에게는 누군가가 공기가 든 플라스틱 보보(Bobo) 인형을 때리고 학대하는 장면이 담긴 영화를 보여주었다. 다른 한 집단에게는 비폭력적인 행동을 담은 영화를 보여주었으며, 나머지 한 집단에게는 어떤 영화도 보여주지 않았다. 그런 다음 연구자들은 어린이들을 많은 장난감과 보보 인형이 있는 놀이방에 데리고 갔다. 보보 인형이 두들겨 맞는 장면이 들어 있는 영화를 본 어린이는 다른 어린이보다 보보 인형에 대해 더 공격적이었을 뿐만 아니라 실제로 그들이 영화에서 본 폭력적인 행동을 모방했다. 밴두라는 이러한 모방 행동을 부분적으로는 탈억제 기제 또 부분적으로는 관찰 학습, 즉 모방 기제 탓으로 돌렸다.

어린이를 상대로 한 몇몇 개입 연구는 모방 효과를 완화하기 위한 시도를 한 바 있다. 이러한 연구들은 어린이들에게 텔레비전 방송이 진행되는 절차를 가르쳐주고, 폭력물 시청이 그들에게 해로운 영향을 미칠 수도 있음을 일깨워주며, 그들에게 비판적인 시청 기술을 가지도록 교육하는 것이 성장하면서 그들의 공격적인 성향을 줄여주는 데 도움이 된다는 것을 보여주었다(Singer & Singer, 1983; Huesmann & Eron, 1986). 최근, 몇몇 주요 연구는 매개되는 폭력물 소비의 부정적인 결과를 줄이는 것에 초점을 맞추었다. 너쌘슨(Nathanson, 1999)은, 프로그램을 제한하는 것이든 자녀와 이야기하는 것이든 또는 비판적인 시청 기술을 가르치는 것이든, 부모의 관여가 공격적인 효과를 줄이는 경향이 있음을 확인했다.

(5) 둔감화

시청자들이 화면에서 폭력적인 행동을 반복적으로 목격함에 따라, 그들은 시간이 지나면서 폭력물 시청에 대한 민감성이 점점 줄어들게 되고 실제 폭력을 용인할 가능성이 높아진다. 이러한 둔감화 기제를 조사한 연구는 소수에 지나지 않지만, 실험실 연구 2편은 이러한 가설을 어느 정도 신뢰하게 해주는 충분한 증거를 제공했다. 한 연구에서 사전에 어떤 폭력적인 프로그램을 시청한 어린이는 놀이방에서 다른 두 어린이가 싸우는 것을 보았을 때 어른의 도움을 구하려는 경향이 적었다(Drabman & Thomas, 1974; Thomas, Horton, Lippincott, & Drabman, 1977). 다른 한 연구는 매주 25시간 이상 텔레비전을 시청한 어린이는 TV 폭력물을 시청할 때 매주 4시간 이하로 시청한 어린이에 비해 심리적 각성이 낮게 나타난다는 사실을 확인했다(Cline, Croft, & Courrier, 1973).

유사한 둔감화 효과가 폭력적인 비디오 게임을 많이 하는 어린이에게서도 관찰되었다. 특히 폭력적인 비디오 게임을 하는 것은 게임을 하는 어린이가 폭력의 피해자에게 느끼는 감정이입의 정도를 확실하게 줄이는 것으로 보인다(예, Bushman & Anderson, 2009; Funk, Baldacci, Pasold, & Baumgardner, 2004).

2) 감정적 혹은 정서적 효과

나이에 상관없이 모든 사람들은 텔레비전과 영화의 폭력 장면을 볼 때 정서적 반응을 경험한다는 것을 연구들은 보여주었다. 연구들은 폭력(신체적 손상이나 신체적 손상에 대한 위협)을 묘사하는 프로그램에 대한 반응을 조사했다. 이 같은 폭력물 시청의 정서적 효과는 즉각적(예, 공포, 불안)일 수도 있고 장기적(예: 폭력의 피해자가 되는 것에 대한 지속적인 우려)일 수도 있다.

파라쫄로 및 로베르토(Palazzolo & Roberto, 2011: 1)는 조사 참여자에게 "가해자와 피해자 모두에 대한 책임 돌리기(귀인)가 강하거나 약한 정보를 포함하고 있는" 친한 파트너 폭력에 대한 미디어 뉴스 메시지를 보여주었다. 시청자들은 많은 정서를 경험했지만, 시청자가 가해자나 피해자가 폭력에 책임이 있는 것으로 보는지 여부와 관련된 특정한 정서만이 촉발되었다.

이러한 분야의 미디어 효과 연구에 관여하는 사회과학자들은 특히 어린이의 반응에 관심을 가졌다. 연구들은 어린이가 특정한 종류의 프로그램을 볼 때 매우 놀란다는 것을 보여주었다. 많은 연구자가 때로는 매우 강렬하게 나타나는 이러한 공포 반응을 관찰했다(Blumer & Hauser, 1933; Himmelweit et al., 1958; Preston, 1941; Schramm et al., 1961 참조). 이러한 반응은 감정에 대한 통제력 상실(Blumer & Hauser, 1933)에서부터 무서운 악몽(Singer, 1975)에 이르기까지 다양하다.

캔터(Cantor, 1998)와 동료들은 어린이와 어린이들의 공포 반응에 대해 가장 광범위한 연구를 실시했다. 그들의 연구는 어린이를 대상으로 각기 다른 유형의 프로그램 내용 시청과 여러 공포 반응 간의 상관관계를 조사했다

영화제작자들은 관객을 즐겁게 하기 위해 공포감을 주는 장면을 이용한다. 어린 시절 겪은 매개된 내용에 대한 공포 반응은 때때로 성인 시절까지 이어질 수 있다.

(Cantor & Hoffner, 1987; Cantor & Reilly, 1982; Cantor & Sparks, 1984; Cantor, Wilson, & Hoffner, 1986; Sparks, 1986; Sparks & Cantor, 1986; Wilson & Cantor, 1985). 또한 이 연구들은 각기 다른 연령과 다른 발달 수준의 어린이에게 나타나는 공포 반응의 차이도 살펴보았다. 예를 들면, 나이가 아주 적은 아이는 '위협적인 등장인물과 상황'에 놀라는 경향이 있는 반면, 나이가 좀 더 많은 어린이는 무서운 이미지만으로 놀라기보다는 '사실적이거나 추상적인 자극의 위협'에 놀라는 경향이 있다.

캔터와 동료들의 실험은 대개 3세에서 11세 사이의 어린이들을 대상으로 했으며, 이들은 여러 집단에 무작위로 할당되었다. 통제집단에 할당된 어린이에게는 단순히 폭력적이거나 무서운 장면을 보여주었고, 다른 집단의 어린이에게는 사전에 그들이 보게 될 내용에 잘 대처하는 데 도움이 될 특정한 전략을 제공했다.

이러한 연구들은 네 가지 서로 다른 방법 가운데 하나 이상의 방법을 사용하여 공포 반응을 측정했다. 시청 직후, 어린이들이 '전혀 무섭지 않았다'에서 '매우 무서웠다'에 이르는 네 가지 반응 가운데 하나를 선택하게 함으로써 그들의 공포 정도를 평가하도록 요구했다. 또한 연구자들은 어린이들이 프로그램을 시청하는 동안 비디오에 녹화된 어린이들의 얼굴 표정을 평가함으로써 공포 반응을 기록하고 코딩했다. 또 하나의 보완적인 측정으로, 소형 센서를 어린이의 손가락에 부착하여 그들의 생리적 데이터를 수집했다. 마지막으로 어떤 연구는 공포에 대한 행동적 측정도 보여주었다. 예를 들면, 윌슨과 캔터 (Wilson & Cantor, 1987)는 어린이들에게 〈레이더스〉(Raiders of the Lost Ark)에서 뱀이 나오는 장면을 시청하게 한 후, 살아 있는 뱀을 보려는 의향을 살펴봄으로써 어린이의 공포를 측정했다.

대처 전략은 속성상 인지적일 수도 있고 비인지적일 수도 있다. 인지적 전략은 무서운 내용에 대한 어린이의 정신적 개념 형성을 바꾸어주는 것이다. 등장인물이나 상황의 허구성을 자세히 설명해주는 것은 인지적 대처 전략의 한 종류이다. 캔터, 스파크스 및 호프너(Cantor, Sparks, & Hoffner, 1988)는 〈두 얼굴의 사나이〉(The Incredible Hulk)에 출연하는 배우들의 분장 준비를 설명하고 보여주는 영화 제작 뒷이야기(behind-the-scenes) 비디오를 본 어린이가 그렇지 않은 어린이에 비해 그 프로그램을 보는 동안 훨씬 덜 무서워한다는 사실을 확인했다. 캔터 및 윌슨(Cantor & Wilson, 1984)은 고전적인 영화인 〈오즈의 마법사〉(Wizard of Oz)의 마녀를 보는 동안 나이가 적은 어린이와 나이가 많은 어린이에게서 나타난 반응을 조사했다. 몇몇 어린이에게는 사전에 마녀는 '단지 마녀 복장을 한 보통 사람'이라는 말을 해주었으며, 그 이야기는 '가공'의 이야기라는 점을 일깨워주었다. 다른 어린이들에게는 이 같은 대처 전략을 제공하지 않았다. 결과는 어린이들 사이에서 다르게 나타났다. 상대적으로 나이가 많은 어린이는 이러한 대처 전략을 그들의 공포를 줄이는 데 사용할 줄 알았다. 그들은 설명을 듣지 않은 다른 나이가 많은 어린이보다 훨씬 덜 놀랐다. 그런데 이러한 대처 전략은 나이가 적은 어린이에게는 잘 먹혀들지 않았다. 나이가 적은 어린이들의 경우는 공포를 줄여주는 전략(설명)을 제공받지 않은 어린이나 제공받은 어린이 모두 똑같이 무시무시한 마녀를 보고 무서워했다. 연구자들은 이러한 결과를 나이에 따른 어린이의 발달 정도 차이 탓으로 돌렸다.

비인지적 전략의 한 예는 **둔감화**인데, 이는 안전하고 위협적이지 않은 환경에서 무서움을 주는 내용물에 대한 반복된 노출과 관련이 있다. 치료법에서는 이를 '홍수요법'(flooding)이라 부른다. 몇몇 연구는 이 같은 둔감화 과정이 어린이의 공포 반응을 줄이는 데 작용한다는 것을 보여주었다(Wilson, 1987; Wilson & Cantor, 1987).

연구는 또한 어린이가 허구적인 드라마뿐만 아니라 텔레비전 뉴스에 대해서도 공포 반응을 경험한다는 것을 보여주고 있다. 캔터 및 너샌슨(Cantor & Nathanson, 1996)이 실시한 설문조사에서 조사 대상이 된 부모의 어린이들 가운데 거의 40%가 뉴스의 어떤 내용을 보고 놀라거나 당황한 경험을 한 것으로 나타났다. 공포를 가장 많이 불러일으키는 기사는 낯선 사람의 폭력, 외국의 전쟁 및 기아(饑餓), 자연재해를 포함한 기사였다. 나이가 적은 어린이는 무기나 죽어가는 사람과 같은 혼란스럽게 하는 이미지에 대해 정서적으로 반응하는 경향이 있는 반면, 나이가 많은 어린이는 추상적인 이슈(핵전쟁, 폭력, 죽음의 현실에 대한 공포)에 대해 더 불안해하는 편이었다(Cantor & Nathanson, 1996).

연구에 따르면, 어린이 시절과 청소년 시절에 일어나는 무서운 영화에 대한 공포 반응은 어른이 될 때까지 종종 잔존한다고 한다(13장 참조). 두 조사 팀은 '회상 또는 회고 보고', 즉 '자전적 기억'(autobiographic memory)이라는 방법을 사용하여 오래 지속하는 공포 반응에 대한 증거를 확인했다(Harrison & Cantor, 1999; Hoekstra, Harris, & Helmich, 1999; Cantor, 1999). 두 연구는 어린 시절 자신을 놀라게 한 매스 미디어의 어떤 내용에 대한 대학생들의 보고서를 내용분석했다. 신기하게도 대학생의 90%에서 100%가 이 같은 경험을 회상했으며, 많은 회상이 매우 강렬했다. 그리고 나이가 더 어렸을 때 텔레비전이나 영화에서 본 것 때문에 놀랄수록 공포 반응은 더욱 강렬했다는 것이

두 연구의 공통된 결과였다. 한 조사에서는 대학생의 25% 이상이 어린 시절 무서웠던 미디어 내용물에 노출되었던 것 때문에 여전히 잔존하는 불안감을 느끼고 있는 것으로 나타났다(Harrison & Cantor, 1999).

3) 인지적 효과

폭력물 시청이 현실 세계에 대한 시청자의 신념에 영향을 미칠 때, 이러한 시청자는 '인지적' 효과를 경험한다. 실제로 방금 논의한 많은 정서적 공포 반응은 시간이 흐르면서 인지적 효과로 바뀔 수도 있다. 인지적 효과에 관해 가장 광범위한 연구를 실시한 연구자는 거브너와 동료들이다.

1970년대에 거브너와 동료들은 텔레비전 시청의 인지적 효과를 측정하기 위해 전국 여론조사 데이터를 분석했다. 이 설문조사는 텔레비전 시청 시간 및 그들이 살고 있는 세계에 대한 지각과 같은 조사 대상자에 대한 유용한 정보를 많이 포함하고 있었다. 이 연구자들은 텔레비전 시청 시간과 세계에 대한 특정한 신념의 우세도(prevalence) 간에 양(+)의 상관관계가 있음을 확인했다. 텔레비전을 가장 많이 시청하는 사람은 적게 시청하는 사람보다 세상을 더 위험한 장소로 지각했다(Gerbner, 1972; Gerbner & Gross, 1976; Gerbner et al., 1977; Gerbner et al., 1978; Gerbner, Gross, Morgan, & Signorielli, 1980). 이것을 '배양 분석'이라 한다.

거브너와 동료들은 네트워크 텔레비전 프로그램 내용분석을 통해 프라임타임의 텔레비전 프로그램이 매우 폭력적인 내용으로 구성되어 있음을 보여주었다. 그들은 매개되는 폭력에 대한 규칙적인 노출 때문에 시청자가 사회의 실제 위험에 대해 과장된 견해를 가진다는 가설을 제시했다.

거브너의 방법과 결과가 비록 널리 받아들여지긴 했지만, 다른 연구자들의 도전도 적지 않았다(Blank, 1977a, 1977b; Coffin & Tuchman, 1973; Hughes, 1980; Hirsh, 1980; Wober & Gunter, 1988). 몇몇 연구자는 동일한 데이

매개되는 폭력은 시청자들
이 더 공격적인 생각을 하
게 만든다.

터베이스를 사용했지만 외생적인 인구통계학적 변인을 통계적으로 통제한
결과, 배양효과에 대한 유의미한 증거를 발견하지 못했다(외생적인 인구통계
학적 변인의 예로는 어떤 사람이 살고 있는 지역의 유형이 될 수도 있다. 즉, 대도시
의 소수민족 거주지와 같은 범죄 발생 빈도가 높은 지역인가 아니면 발생 빈도가 낮
은 부유한 지역인가?).

　워버 및 건터(Wober & Gunter, 1982)는 실제 세계에 대한 사람의 지각은 텔
레비전 시청 시간보다는 특정 유형의 프로그램 시청과 관련이 있음을 확인했
다. 이들의 연구 결과는 사람들이 그들의 개인적 신념과 일치하는, 즉 그들의
개인적 신념을 강화하는 특정 유형의 프로그램을 선택함을 시사한다. 이 같
은 가설은 배양 가설과는 반대되는 입장이다.

　텔레비전이 실제 세계에 대한 시청자의 지각에 미치는 영향의 강도는 많은
요인에 의해 완화될 수 있다. 건터(Gunter, 1987)는 이러한 요인들을 네 가지
주요 범주로 구분하고 이를 **판단의 수준**(level of judgement)이라고 불렀는데,
프로그램 특이성, 시청자의 지각 또는 해석, 범죄에 대한 개인적 판단, 상황
특이성이 그것이다.

　'프로그램 특이성'(program specificity)이란 텔레비전이 실제 세계에 대한

지각에 미치는 영향이 시청 시간보다 프로그램의 유형과 더 관련이 있을 수 있음을 의미한다. 예를 들면, 두 사람이 매주 텔레비전을 시청하는 시간은 같지만, 한 사람은 폭력적인 프로그램만을 볼 수도 있는 반면 다른 한 사람은 비폭력적인 교육적 프로그램을 시청한다. 따라서 TV 시청량이 동일해도, 실제 세계의 범죄에 대한 두 시청자의 지각은 매우 다를지도 모른다(Weaver & Wakshlag, 1986).

텔레비전의 영향은 또한 시청자가 자신이 시청하고 있는 것을 어떻게 지각하는가와 그것을 어떻게 해석하는가에 따라 달라질 수 있다(Collins, 1973; Pingree, 1983; Teevan & Hartnagel, 1976). '시청자의 지각과 해석'이 매우 폭력적인 프로그램을 아무런 해를 주지 않는 프로그램으로 만들 수도 있다.

'범죄에 대한 개인적 판단' 역시 폭력적인 프로그램 시청자에게 미치는 텔레비전의 영향을 바꿀 수도 있다. 사회에 범죄가 만연해 있다고 믿거나 자신이 범죄의 희생자가 될 수도 있다고 믿는 것은 이 같은 판단의 예가 될 수 있을 것이다. 타일러(Tyler, 1980, 1984; Tyler & Cook, 1984)는 이 같은 판단은 흔히 시청 행동과는 전혀 관련이 없지만, 어떤 사람이 범죄와 특별히 직접 마주친 경험과는 관련이 있다는 것을 확인했다.

'상황 특이성'(situation specificity)은 텔레비전이 범죄에 대한 개인적인 지각에 미치는 영향은 사람의 개인적인 상황이나 환경에 의해 완화될 수도 있음을 의미한다. 예를 들면, 도시에 사는 사람은 범죄 발생 빈도가 낮은 시골에 사는 사람보다 범죄를 더 두려워하는 경향이 있다(Tamborini, Zillmann, & Bryant, 1984).

5. 미디어 폭력 연구자를 위한 새로운 방향

스파크스, 스파크스 및 스파크스(Sparks, Sparks & Sparks, 2009)는 미디어

효과 연구자들에게 최근 유망한 분야로 떠오른 다섯 분야를 확인했는데, 개인차, 미디어 폭력 즐기기, 폭력적인 비디오 게임, 공격적 행동 이외의 변인에 미치는 영향, 뇌 연구의 진전이 그것이다.

1) 개인차

몇몇 연구는 매개되는 폭력을 소비하는 사람들의 개인차가 노출 효과와 매우 관련이 있다는 사실을 확인했다. 파괴적 행동 장애(Disruptive Behavior Disorder) 진단을 받은 어린이는 그렇지 않은 어린이보다 매개되는 폭력물 시청에 더 생리적으로 반응했다(Grimes et al., 2004). 감정이입 정도가 낮은 사람은 미디어 폭력물을 더 많이 소비하는 경향이 있다(Sigurdsson et al., 2006).

2) 미디어 폭력 즐기기

미디어 폭력 즐기기에 대한 한 메타분석은 남성이 여성보다 폭력을 더 즐기는 경향이 있으며, 감각 추구(sensation seeking) 정도가 높고 감정이입 정도가 낮은 시청자 역시 폭력을 즐긴다는 사실을 확인했다(Hoffner & Levine, 2005). 그러나 스파크스 및 스파크스(Sparks & Sparks, 2002)는 조사 참여자들이 폭력을 포함하고 있지 않은 프로그램보다 폭력을 포함하고 있는 프로그램을 더 즐긴다는 사실을 지지해주는 데이터를 거의 찾지 못했다. 한 연구에서 스파크스, 셰리 및 럽션(Sparks, Sherry, & Lubsen, 2005)은 일부 참여자에게는 영화 〈도망자〉(The Fugitive)를 편집하지 않은 채 보여주었고 또 다른 참여자에게는 그 영화를 폭력장면을 삭제한 채 보여주었다. 그들은 폭력의 포함이 영화를 즐기는 데 아무런 영향을 미치지 않았음을 확인했다. 즉, 편집된 버전을 본 사람도 폭력장면이 담겨 있는 버전을 본 사람만큼이나 그 영화를 즐겼다.

위버(Weaver, 2011)와 동료들은 애니메이션 소프트웨어를 사용하여 슬랩스틱(slapstick) 만화영화에서 폭력과 액션을 조작했다. 여러 집단의 초등학교 어린이들이 그 만화영화를 보았는데, 폭력은 어린이들이 그 만화영화를 좋아했는지 여부에 직접적인 영향을 미치지 않은 것으로 나타났다.

3) 폭력적인 비디오 게임

폭력적인 비디오 게임의 효과에 관한 몇몇 연구에 대해서는 이미 언급한 바 있다. 이 분야의 연구는 대부분 폭력적인 비디오 게임 노출과 이후의 공격적 행동 간의 연관성에 초점을 맞추고 있지만(Anderson & Dill, 2000; Anderson, Gentile, & Buckley, 2007; Bushman & Anderson, 2009; Dill & Dill, 1998), 일부 연구는 폭력의 즐김(Jansz, 2005)과 둔감화 이슈(Bartholow, Bushman, & Sestir, 2006)를 살펴보았다.

뮐러 및 크라헤(Möller & Krahé, 2009)는 독일 청소년을 대상으로 종단적 연구를 실시한 결과, 폭력적인 비디오 게임을 하는 것과 육체적 공격성 간의 연관성을 확인했다. 앤더슨과 동료들은 폭력적인 비디오 게임이 공격성, 감정이입, 친사회적 행동에 미치는 효과에 대한 메타분석을 실시했다. "증거들은 폭력적인 비디오 게임 노출이 증가된 공격 행동, 공격적인 인지, 공격적인 정서, 감소된 감정이입 및 친사회적 행동의 원인이 되는 위험 요인임을 강력하게 시사한다"(Anderson et al., 2010: 151).

연구자들은 또한 폭력적인 비디오 게임을 하는 사람이 게임에서 자신이 캐릭터나 아바타(avatar)를 만들 수 있게 해주는 기능에 대해 연구했다. 피셔, 카스텐뮐러 및 그라이테마이어(Fisher, Kastenmüller, & Greitemeyer, 2010)는 이러한 추가된 기능이 비디오 게임의 심리적 효과를 더 강하게 만들 것이라고 생각했다. 그들의 연구는 개인화된 캐릭터를 만들어 사용하는 플레이어가 더 높은 공격성을 보인다는 것을 확인했다.

장편영화 1편에 담겨 있는 미디어 폭력의 어필: 실험적 조사

Glenn G. Sparks, John Sherry, and Graig Lubsen(2005)
Communication Reports, 18(1), 21-30.

이 연구에서 연구자들은 삭제된 버전을 본 학생도 편집하지 않은 버전을 본 학생만큼 그 영화를 즐기는지 알아보기 위해 장편영화 1편의 모든 폭력장면을 편집했다.

참가자

중서부 지역의 한 대학교에 재학 중인 총 134명(남학생 41명, 여학생 93명)의 학부 학생이 이 조사에 참여했다. 참여자들은 대부분 백인이었고, 연령대는 18~22세였다.

연구방법

참여자들은 장편 할리우드 영화 〈도망자〉의 두 버전 가운데 하나를 시청했다. 한 버전은 폭력이 제거된 편집 버전이고, 다른 하나는 무삭제 버전이다. 영화를 본 후 참여자들은 전반적인 즐김, 그 영화를 다시 보고 싶은 정도, 오락의 정도, 재미있게 본 정도, 지각된 영화의 질과 지각된 폭력에 대한 기타 척도를 포함한 여러 질문에 응답했다.

참여자들은 무작위로 두 집단 가운데 한 집단에 할당되었다. 무삭제 버전을 본 학생은 남학생 15명 그리고 여학생 51명이었다. 편집 버전을 본 학생은 남학생 26명, 여학생 42명이었다.

원래 영화의 길이는 2시간 11분 5초였으며, 104개의 물리적 폭력 행동이 포함되어 있었다. 폭력장면이 제거된 편집 버전의 길이는 2시간 49초였다. 참여자들은 각기 다른 방에서 같은 시각에 영화를 보았으며 영화를 보는 동안에는 이야기하는 것이 금지되었다.

실험 목적을 감추기 위해 연구자들은 응답자들에게 가설을 짐작해보도록 요구했다. 7명의 참여자가 이 실험이 영화에 대한 지각 차이를 검정하기 위해 편집한 영화를 포함하고 있다고 말했다. 이 7명은 후속 분석에서 제외되었다. 이 연구에 최종적으로 포함된 참여자는 무삭제 영화를 본 64명(남학생 15명, 여학생 49명)과 편집된 영화를 본 63명(남학생 24명, 여학생 39명)이었다.

연구결과

변량분석(ANOVA)을 사용한 결과, 즐김 척도에서는 버전별이나 젠더에 따른 어떠한 유의미한 차이도 발견되지 않았다. 지속적 긴장감(suspense)의 정도에 대해서도 분석한 결과, 편집 조건별로는 유의미한 차이가 나타나지 않았지만 여학생이 남학생보다 훨씬 더 긴장한 것으로 나타났다.

이 연구 결과는 시청자들이 폭력 버전의 영화를 비폭력 버전보다 더 즐기는 것은 아니라는 것을 보여주었다. 영가설을 지지하는 이러한 결과는 바람직한 정도 이상의 다양한 해석의 여지를 남겨놓긴 하지만, 이러한 연구결과는 폭력이 수용자의 즐김에 매우 중요한 요소라는 흔히 볼 수 있는 미디어 산업의 주장에 문제를 제기한다.

4) 공격적 행동 이외의 변인에 미치는 영향

배양효과 연구자들은 폭력적인 범죄 뉴스에 노출되는 것이 실제 피해자가 될 것에 대한 두려움과 관련이 있다고 주장한다. 스몰러지 및 키비부리(Smolej & Kivivouri, 2006)는 핀란드에서 이루어진 연구에서 이것이 사실임을 확인했다. 또 다른 연구에서는 어린이들이 테러리스트의 공격에 대한 뉴스 보도와 관련된 공포와 불안에 취약한 것으로 드러났다(Fremont, Pataki, & Beresin, 2005). 아나스타시오(Anastasio, 2005)는 실험 참여자들에게 수 분짜리 정당화된 폭력장면을 보여주었는데, 그 결과 다른 사람을 평가 절하하는 경향이 높아졌음이 확인되었다.

유럽 연구자들은 공격성 외에 미디어 폭력의 습관적 사용이 감정이입에 미치는 효과도 측정했다. 독일의 7~8학년 학생 1200명 이상을 대상으로 공격성, 미디어 사용, 감정이입을 측정한 결과, 연구자들은 폭력적인 미디어 사용이 더 높은 수준의 물리적 공격성과 더 낮은 감정이입을 야기한다는 것을 확인했다(Krahé & Möller, 2010).

5) 뇌 연구의 진전

폭력물 시청의 효과에 대한 새로운 연구는 자기 공명 영상(MRI: Magnetic Resonance Imaging)을 사용해 폭력적인 프로그램에 노출될 때의 뇌를 살펴보았다. 한 연구는 폭력을 본 어린이와 폭력을 보지 않은 어린이 간의 뇌 활동

차이를 확인했다(Murray et al., 2006). 또 다른 연구에서는 13명의 남성이 폭력적인 비디오 게임을 하는 동안 그들의 뇌를 스캔했다. 그들의 뇌 이미지는 정서와 관련된 영역의 뇌 활성도가 낮음을 보여주었다(Weber, Ritterfield, & Mathiak, 2006).

다른 연구자도 미디어 폭력 연구에서의 이러한 새로운 추이에 주목하고 신경과학의 도구들이 도움을 줄 것이라고 말했다(Carnagey, Anderson, & Bartholow, 2007; 또한 Kalnin et al., 2011).

6. 요약

미디어 폭력물 노출의 부정적인 효과에 대한 공중의 우려는 20세기와 21세기의 가장 중요한 사회적 이슈 가운데 하나였다. 지금까지 이루어진 많은 연구는 미디어 폭력물 시청과 차후의 공격적 행동이나 태도 간의 인과관계를 입증했다.

미디어 폭력에 대한 우려는 늘 공공정책 입안자들의 주요 이슈였다. 엄청나게 많은 연구가 매개되는 폭력 시청과 이후의 공격성 간의 연관성을 보여주었음에도, 비평가들은 그 연구들의 통계적 문제점을 지적한다.

미디어 효과 연구자들은 미디어 폭력과 관련된 몇 가지 이슈에 관심이 있다. 그들은 여러 미디어에서 발생하는 폭력의 양과 그러한 폭력이 발생하는 맥락, 그러한 내용에 대한 시청자의 지각을 측정한다.

연구자들은 미디어 폭력물 노출의 효과를 연구하기 위해 여러 가지 다른 방법을 동원했는데, 실험실 실험, 현장 실험, 상관관계 설문조사, 종단적 패널 연구, 자연적 실험, 개입 연구가 그것이다.

폭력적인 내용을 측정할 때 연구자들은 반드시 미디어 폭력을 정의해야 한다. 폭력의 양을 평가하는 데 사용되는 방법을 내용분석이라 한다. 이러한 방법을 사용하여 각각의 폭력 사례를 분류할 수 있다.

내용분석은 프라임타임 텔레비전 프로그램이 많은 양의 폭력을 포함하고 있으며 이는 논픽션 프로그램도 마찬가지임을 보여주었다. 내용분석은 체계적인 코딩 및 내용 기술(記述)을 제공하긴 하지만 수용자의 지각을 측정하지는 않는다. 맥락적 내용분석(contextual content analysis)은 폭력 묘사를 둘러싼 상황을 조사한다. 폭력이 수용자에게 어떤 효과를 미칠 것인가를 결정하는 데 맥락적 특성이 매우 중요하다는 것을 연구들은 보여주었다.

메타분석은 효과의 전반적인 징후와 일반적인 추이를 발견하기 위해 통계 방법을 사용하여 엄청난 수의 각기 다른 연구들을 결합한다. 미디어 폭력을 조사하는 메타분석은 폭력물 시청과 공격적 행동 간의 인과관계를 일관되게 확인했다. 주요 효과로는 모방 행동, 공포, 둔감화가 있다.

미디어 폭력물은 세 가지 심리적 수준, 즉 행동적, 감정적(정서적), 인지적 수준에서 수용자에게 영향을 미칠 수 있다. 행동적 효과는 다섯 가지 기제(모방, 정화, 각성, 탈억제, 둔감화) 가운데 하나를 통해 드러날 수 있다. 정서적 효과는 즉각적이거나 오랜 기간에 걸쳐 나타나는 장기적 반응일 수 있다. 어린이의 공포 반응은 정서적 효과의 한 예이다. 인지적 효과는 폭력적 내용 시청이 실제 세계에 대한 사람의 신념에 영향을 미칠 때 발생한다. 배양효과 분석 방법은 이와 같은 인지적 효과를 살펴본다.

시청자의 지각에 미치는 텔레비전의 영향은 완화될 수 있다. 판단의 수준이라 불리는 네 가지 주요 요인으로는 프로그램 특이성, 시청자 지각 또는 해석, 폭력에 대한 개인적 판단, 상황 특이성이 있다.

미디어 폭력에 대한 논의는 몇 단계를 거쳐 진전되어왔다. 가장 최근에는 1996년 텔레커뮤니케이션 법(Telecommunication Act of 1996)이 제정되어 새로운 모델의 텔레비전 수상기에 폭력칩이라는 차단장치 장착을 의무화했을 뿐만 아니라 방송사업자들이 특정 연령 수준에 대한 적합성을 토대로 프로그램 등급을 매기도록 했다.

12장

성 적 내 용 의 미 디 어 효 과

들어보라, 나는 사회과학자도 아니고 설문조사를 해보지도 않았다.
나는 일반 시민이 이것에 대해 알고 있는 것을 아는 척하지도 않는다.
그러나 나는 지금까지 오랫동안 교도소에 있었고 나처럼 어떤 동기에 의해 폭력을 저질렀던
많은 사람을 만났다. 그리고 예외 없이 그들은 모두 포르노그래피에 빠져 있었다. 의심할 여지
없이, 예외 없이, 그들은 포르노그래피 중독에 크게 영향을 받았고 그것에 휩싸여 있었다.
거기에는 의문의 여지가 없다. 연쇄 살인에 관한 FBI의 자체 연구는
연쇄 살인자들의 가장 공통된 관심사는 포르노그래피임을 보여주고 있다.
— 테드 번디(Ted Bundy), 연쇄 살인자, 1989년 1월 23일 인터뷰

어떤 미디어이든지(텔레비전, 영화, 레코드, 잡지, 뮤직 비디오, 인터넷) 간에
미디어 사용자에게 성 지향적인 메시지와 이미지가 매일 넘쳐나고 있다. 이
러한 메시지는 조심스럽게 암시적인 것에서부터 여러 수준의 성적으로 노골
적인 것에 이르기까지 다양한데, **성적으로 노골적인**(sexually explicit)이라는
용어는 미디어가 여러 종류의 성활동에 관여하고 있는 개인을 묘사하는 것을
설명하는 용어이다.

11장에서 미디어 폭력물 이슈에 대해 살펴본 결과, 폭력물 시청과 이후의
공격적 행동 간에는 유의미한 관계가 존재한다는 사실을 알았다. 전자 매체
와 인쇄 매체의 성적 내용 역시 10대 임신율 증가나 AIDS 같은 성적 접촉으로
전염되는 질병 감염자 증가와 같은 심각한 사회적 관심사와 연관되어 있어
중요한 함의를 지니고 있다.

1990년대 초, 연구자들은 소녀 10명 가운데 7명이, 그리고 소년 10명 가운
데 8명이 스무 살이 되기 전에 성행위(sexual intercourse)[1]를 했으며, 모든 임
신 여성의 4분의 1이 10대라는 사실을 확인했다(Greenberg, Brown, & Buerkel-

Rothfuss, 1993). 거의 20년이 지난 후, 정부의 한 연구는 섹스를 경험하는 10대의 비율이 (2001년 78%에서 2011년 72%로) 다소 줄었음을 보여주었다. 이 보고서는 또한 10대와 청년(young adult)의 질 성행위(vaginal intercourse)가 1980년대 후반 이후 줄어들었다고 적고 있다(Stobbe & Johnson, 2011). 매우 흥미롭게도 최근의 한 종단적 메타분석 연구는 네트워크 텔레비전의 성적 내용이 1975년부터 2004년 사이에 줄어들었음을 보여주었다(Hestroni, 2007). 이 메타분석 연구는 성적 내용이 감소하는 것에서 동성애는 예외였는데, 동성애 묘사는 1980년대에서 지금까지 '상당히' 늘어났음을 확인했다. 10대의 동성애 활동에 관한 2010년의 한 연구에서 10대의 9.2%(거의 10명 가운데 1명)가 동성과 섹스를 해본 적이 있다고 답변했는데, 이는 2002년 수치의 2배이다(Donaldson-Evans, 2010; 또한 Pathela & Schillinger, 2010 참조).

이러한 연구들을 단순히 열거하는 것은 어떤 인과 관계의 증거를 제시하는 것이 아니기 때문에, 학자와 다른 비평가들의 눈에는 그것이 '일화적' 증거에 지나지 않는다. 그러나 노골적으로 성적인 내용에 관한 많은 연구가 그것의 해로운 영향을 보여주는 인과적 증거를 확인했다.

이 장에서는 성적인 내용의 미디어 효과를 살펴본다. 매스 미디어의 성적인 내용의 속성과 정도를 보여줄 것이다. 그런 다음 노골적으로 성적인 내용에 대한 노출을 살펴본 연구 결과들을 검토할 것이며, 매스 미디어의 성적 내용물에서 나타나는 지배적인 톤(prevailing tone)의 중요성을 지적할 것이다. 끝으로 성폭력물이 성 범죄자에게 미치는 효과의 증거를 살펴볼 것이다.

---

1) '성행위'(sexual intercourse)는 여성 상대 성기와 결합한 상태에서 행하는 모든 성행동을 말하며, '성활동'(sexual activity)은 성행위 자체, 애무 또는 전희, 그리고 자위행위 모두를 말한다. 또 '성적 자극'(sexual stimulation)은 상대와 전희를 하거나 에로틱한 영화 및 그림, 비디오를 보는 성행동을 말한다(옮긴이 주).

1. 성적 내용의 속성

'성적'(sexual)이란 단어는 여러 수준에서 사용되기 때문에, 미디어 내용을 기술하기 위해 이 단어를 사용할 때는 반드시 이것이 의미하는 바를 분명히 정의해야 한다. 가장 넓은 의미에서 이 단어는 유머러스한 상황에서건 드라마틱한 상황에서건 X등급 내용물에서부터 일반 수용자를 대상으로 하는 시트콤에 이르기까지 성적인 행위를 보여주거나 성적인 행위를 의미하는 또는 성적인 언급이나 성적인 풍자를 하는 '모든' 종류의 미디어 생산물을 포함한다. 성적인 내용물은 네트워크 텔레비전의 다소 가벼운 성적 코멘트에서부터 가학피학성 변태성욕(sadomasochism), 감금 상태의 성행위, 혹은 수간(獸姦) 같은 주제를 담고 있는 대담하고도 뻔뻔스런 XXX 비디오에 이르는 내용물을 포함한다.

미디어 내용의 성적 노골성의 정도는 보통 얼마나 많이 상상력에 맡겨지느냐에 좌우된다. X등급[2] 영화나 XXX 비디오 같은 매우 노골적인 성적 표현물은 시청자의 상상력에 맡겨지는 것이 하나도 없다. R등급 영화는 나신(裸身)과 적당한 노골성을 포함하고 있지만, R등급 영화의 성활동(sexual activity)은 X등급의 영화에서 묘사되는 것보다 덜 노골적이다. 미국 지상파 네트워크 텔레비전에서는 전면(前面) 나신 장면은 방송되지 않기 때문에, 네트워크 텔레비전의 성적 노골성은 R등급 및 X등급 영화와 비교했을 때 꽤 약하다고 할 수 있다. 그러나 낮 시간대 드라마나 주 시청 시간대 시리즈물 또는 '리얼리티 프로그램'에서 나타나는 몹시 뜨거운 성적인 장면은 누구든 텔레비전이 상당한 성적 내용을 포함하고 있다는 생각을 하지 않을 수 없게 만든다. 더욱이 페이 케이블 채널의 시리즈물[예, 채널 스타츠(Starz)의 〈스파르타쿠스〉(Spartacus),

---

2) 기술적으로 X등급은 미국영화협회(Motion Picture Association of America)가 덜 센세이셔널한 NC-17 및 NC-18 등급을 새롭게 만든 1990년 이후에는 사용되지 않았다.

HBO의 〈왕좌의 게임〉(Game of Thrones)이나 〈트루 블러드〉(True Blood)]은 종종 생생한 섹스 장면을 포함하는데, 이들 장면은 흔히 남성 및 여성 등장인물 모두의 전면 완전 나신을 보여준다.

설문조사와 연구 결과들은 매스 미디어가 청소년과 10대에게 성(性) 정보원으로 널리 활용되고 있음을 보여준다. 최근 《타임》과 CNN이 공동으로 실시한 여론조사(Stodghill, 1998)에 따르면, 미국 10대의 약 30%가 성에 관한 정보의 대부분을 텔레비전 시청을 통해 얻는다고 한다. 이에 비해 45%는 '친구'가 성 정보원 구실을 했다고 대답했지만 '부모'라고 답한 사람의 비율과 성교육이라고 답한 사람의 비율은 각각 7%와 3%에 지나지 않은 것으로 나타났다. 1992년, 토론토(Toronto)에서 실시된 한 연구(Russell, 1998)에서는 남녀 청소년 가운데 남자는 10명 중 9명이 여자는 10명 중 6명이 적어도 한 번은 포르노 영화를 본 적이 있는 것으로 나타났다. 또 다른 연구에서는 남자 청소년의 약 30%가 포르노그래피를 가장 중요한 성 정보원으로 꼽아, 포르노그래피가 학교, 부모, 친구, 책, 잡지보다 순위가 높은 것으로 나타났다(Check, 1995; Harris & Scott, 2002).

포르노그래피가 만연해 있다는 것에는 논란의 여지가 없다. 한 인터넷 필터 소프트웨어 리뷰(Internet Filter Software Review)에 따르면(Ropelato, 2011; 또한 DeAngelis, 2007 참조), 미국에서는 매 39분마다 1편의 포르노 비디오가 제작된다고 한다. 전체 웹사이트 가운데 약 12%가 포르노 웹사이트이다. 매년 10대 이하 어린이의 약 40%가 의도적으로나 우연히 노골적으로 성적인 웹사이트를 본다. 2006년, 포르노그래피는 전 세계에서 약 970억 달러를 벌어들였는데, 이는 1999년에 올린 수입의 거의 2배이다(Morais, 1999).

텔레비전 프로그램은 이러한 노골적인 성적 표현물보다 더 많은 부분을 상상력에 맡기지만, 그렇다고 텔레비전 프로그램의 부정적 효과에 대한 잠재력이 반드시 줄어드는 것은 아니다. 성적인 내용의 소비 때문에 발생하는 부정적인 사회적 효과와 텔레비전이 모든 연령층에서 이용 가능하다는 점을 고려할 때, 텔레비전은 특별히 위험한 미디어이다.

매스 미디어의 성적 내용에 대한 논의에서는 때때로 특별한 용어가 등장하는데, 이러한 용어는 자세한 설명을 필요로 한다. '포르노그래피'와 '음란성'이 바로 그러한 용어이다.

1) 포르노그래피

극도로 노골적인 성적 표현물을 일컬어 흔히 에로티카(erotica), 즉 성애물 또는 **포르노그래피**라 부르는데, 이는 "성활동에 대한 생생하고도 노골적인 묘사"로 정의된다(Cline, 1994). X등급 영화나 비디오, 섹스 잡지, 노골적으로 성적인 컴퓨터 및 비디오 게임 등이 이러한 부류에 속한다. 이러한 표현물은 오직 성인 수용자에게만 제한되며 성적 내용에 대한 수요에 영합하려는 목적에서 제작된다. 이것은 보통 문학적 가치나 예술적 가치가 없는 것으로 간주된다. 《플레이보이》(*Playboy*) 같은 잡지는 예외로 인정되는데, 이 잡지는 상당히 괜찮은 읽을거리와 섹스 매뉴얼 같은 교육적 자료로도 유명하다.

1986년, 미즈 위원회(Meese Commission)는 포르노그래피를 다음과 같이 다섯 유형으로 분류했다: ① 강간이나 기타 폭력적 성범죄와 같은 성적 폭력을 묘사하는 표현물, ② 모욕적이거나 굴욕감을 주는 행위 사례나 지배와 종속의 장면을 묘사하는 비폭력적인 성적 표현물, ③ 모욕적인 행위가 없는 비폭력적인 성적 표현물(보통 상호 동의하에 비폭력적인 섹스를 하는 남녀 한 쌍을 묘사), ④ 나체를 묘사하는 표현물, ⑤ 어린이 포르노그래피(어린이에 대한 성적 착취)(Final Report, 1986).

'포르노그래피'라는 용어는 표준 방식으로 정의

《플레이보이》는 1950년대에 주류 미국 사회에 포르노그래피를 들여왔다.

하기 어렵기 때문에, 미즈 위원회의 분류는 논란의 여지가 있다. 정의는 각자의 가치에 따라 다를 수 있다. 예를 들면, 어떤 사람은 알몸 노출을 포르노그래피로 간주하지 않는다. 또 어떤 사람은 상호 동의하에 이루어지는 비폭력적인 성행위를 포르노그래피로 간주하지 않을 수도 있다.

2) 음란성

포르노그래피 표현물이 항상 음란물로 간주되는 것은 아니다. 음란성 (obscenity)이란 용어는 미국 대법원이 정의한 법적인 용어이다. 1973년, 밀러 대 캘리포니아(*Miller v. California*) 사건은 법적으로 '음란한' 표현물임을 공식적으로 선언하는 기준을 정했다. 해당 지역사회를 대표하는 배심원들이 다음 세 가지 기준을 토대로 음란성을 판단한다: ① 표현물이 호색적인(상스러운, 불건전한, 병적인, 또는 음탕한) 성적 관심을 끄는 것, ② 표현물이 명백하게 불쾌감을 주거나 성적인 내용이나 성활동 묘사가 현대 지역사회의 기준을 넘어서는 것, ③ 표현물이 전반적으로 "순수한 문학적, 예술적, 정치적, 또는 과학적 가치"가 결여되어 있는 것(Cline, 1994: 230).

2. 미디어의 성적 내용의 정도

최근 들어 연구자들은 매스 미디어의 성적 내용 정도와 노골성에 대해 연구했다. 많은 연구가 인터넷 사이트, R등급 영화, 섹스 잡지, 특히 네트워크 텔레비전 프로그램같이 어린이와 10대가 볼 가능성이 있는 여러 유형의 성적 표현물에 초점을 맞춘 내용분석을 사용했다.

해리스 및 바틀릿(Harris & Bartlett, 2009)은 1990년대 이후 섹스 잡지 발행 부수가 줄어들긴 했지만 다른 미디어가 나서서 우리 사회에 성적인 내용이 훨씬 더 만연하게 만들었음을 확인했다. X등급이나 R등급 비디오 혹은 매우 외설적인 뮤직 비디오 판매와 대여, 케이블 및 페이-퍼-뷰(pay-per-view) 채널 증가, 인터넷 포르노그래피의 폭발적 증가, '섹스팅'(sexting: 휴대폰이나 소셜 미디어를 통해 성적 메시지와 사진을 보내는 것), 이 모든 것이 성으로 가득 찬 미디어 환경이 조성되는 데 기여했다.

> 미디어의 성은 성행위나 나신을 노골적으로 묘사하는 데 그치는 것이 아니라, 성적 행동, 관심, 혹은 동기화를 묘사하거나 암시하는 어떤 표현을 포함할 수도 있다. 섹스는 또한 노골적으로 성적인 표현물 이외의 여러 다른 곳에도 등장할 수 있다. 성범죄, 섹스 스캔들, 유명 여배우에 대한 가십, 혹은 아부 그라이브 (Abu Ghraib) 수용소에서의 학대와 같은 비극적인 월권행위를 포함한 많은 뉴스 기사에도 성적 내용이 포함되어 있다. 섹스는 광고, 특히 향수, 콜노뉴 (cologne), 애프터셰이브 로션과 같은 제품뿐만 아니라 타이어, 자동차, 부엌 싱크대 광고에도 만연해 있다(Harris & Bartlett, 2009: 305).

많은 내용분석 연구는 노골적인 성적 묘사 외에 '섹스에 대한 이야기'도 특히 네트워크 텔레비전 프로그램에서 증가해왔으며, 이것의 효과 역시 마찬가지로 해롭다는 것을 확인해주었다(Kunkel et al., 2003; Hestroni, 2007).

그린버그(Greenberg, 1994)는 다섯 가지 미디어(뮤직 비디오, X등급 비디오, 텔레비전, 잡지, 영화)에서 성적 내용의 추이를 조사했다. 그는 성적 내용의 양과 노골성의 정도가 미디어마다 상당한 차이가 있음을 확인했다.

1) 뮤직 비디오

몇몇 내용분석은 뮤직 비디오에 포함된 성적 내용의 양을 측정했다. 1980년대에 이루어진 두 주요 연구는 1984년에 방송된 MTV와 기타 텔레비전 음악 프로그램을 조사했다. 첫 번째 연구는 분석된 비디오 62편 가운데 절반이 훨씬 넘는 비디오가 성적인 내용을 포함하고 있음을 발견했다. 포옹, 키스, 섹시한 옷 착용과 같은 성적 암시 행위가 자주 일어났다. 연구자들은 "성 지향의 암시적 행위가 뮤직 비디오에서 자주 묘사되고 있다"는 결론을 내렸다 (Baxter et al., 1985: 336).

내용분석을 사용한 또 다른 연구에서 셔먼 및 도미닉(Sherman & Dominick, 1986)은 스튜디오 행위만이 아닌 (적어도 절반의 비디오에 대해) 줄거리, 극적인 사건, 또는 내러티브(narrative)와 같은 어떤 '개념'을 특징으로 하는 비디오 영상 166편을 조사했다. 분석된 비디오는 MTV, 〈나이트 트랙스〉(Night Tracks), 〈금요일 밤의 비디오〉(Friday Night Videos) 같은 프로그램에서 가져온 것들이었다. 연구자들은 비디오 4편 가운데 3편이 성적인 내용을 포함하고 있었으며, 각 비디오는 평균적으로 거의 다섯 차례의 성적인 행위를 포함하고 있음을 확인했다. 이 연구는 성과 폭력이라는 측면에서 폭력을 포함하고 있는 비디오의 80%가 성적인 내용을 포함하고 있음을 보여주었다.

2) X등급 비디오

X등급 비디오의 성활동에 대한 한 내용분석에서 연구자들은 분석된 비디오 45편에서 약 450개의 노골적인 성적 장면이 등장했음을 발견했다(Cowan, Lee, Levy, & Snyder, 1988). 전반적으로 그 장면들은 다음과 같은 네 가지 주요 주제 가운데 하나를 묘사했는데, 지배(domination), 상호성(reciprocity), 착취 (exploitation), 또는 자기 색정(autoeroticism)이 그것이다. 상호 동의하에 이루어진 섹스 장면('상호성')이 네 가지 유형 가운데 빈도가 가장 높아, 450개 장면 가운데 37%를 차지했다. 그러나 (여성에 대한 남성의) 지배나 착취도 전체 장면 가운데 50% 이상을 차지했다. '지배', 즉 다른 한 사람에 대한 한 사람의 성적 통제는 전체 장면 가운데 28%에 이르렀다. 한 사람이 다른 한 사람에게

강요하거나 원하는 것을 가지기 위해 지위를 이용하는 '착취'는 전체 장면 가운데 26%에 해당되었다. 자위와 같은 일종의 자기 자극을 뜻하는 '자기 색정'은 가장 낮은 빈도를 보인 주제로, 분석된 전체 장면 가운데 9%를 차지했다.

또 다른 한 연구는 X등급 비디오와 XXX 비디오의 내용을 비교했다. 페일리스(Palys, 1986)는 XXX 비디오가 구강-생식기(oral-genital) 섹스 장면, 가슴이나 생식기를 만지거나 애무하는 장면, 생식기-생식기 섹스 장면, 자위 장면, 항문 섹스 장면을 훨씬 더 많이 포함하고 있음을 확인했다. 놀라운 것은 XXX 비디오가 X등급 비디오보다 폭력 및 성적 폭력 장면을 덜 포함하고 있었다는 것이다.

더 최근의 내용분석은 앞선 연구 결과들을 확인해주었다. 브리지스와 동료들(Bridges et al., 2010)은 인기 있는 포르노 비디오에서 높은 수준의 언어적이고 신체적인 공격성을 확인했다. 그들은 304개 장면을 분석한 결과, 88.2%는 엉덩이 때리기, 입막음, 뺨 때리기와 같은 신체적 공격성을 보여주었으며, 48.7%는 욕하기와 같은 언어적 공격성을 포함하고 있음을 확인했다. 공격적인 행동을 가하는 사람은 보통 남성이었고, 그들의 공격 대상은 압도적으로 여성이었다.

최근에 이루어진 또 다른 내용분석에서 인종 간 X등급 포르노그래피 비디오카세트를 조사한 코언 및 캠벨(Cowan & Campbell, 1994)은 54편의 비디오에서 노골적으로 성적인 장면에 등장한 476명을 코딩했다. 흑인 여성은 백인 여성보다 공격적인 행동의 대상이 되는 경우가 더 많았으며, 흑인 남성은 백인 남성보다 친밀한 행동을 덜 하는 것으로 드러났다. 더욱이 타 인종 간 성적 상호작용은 동일 인종 간 성적 상호작용보다 더 공격적이었다. "이러한 연구 결과는 포르노그래피가 성차별적일 뿐만 아니라 인종차별적임을 보여주는 것이다"(Cowan & Campbell, 1994: 323).

남성 동성애자 포르노와 특히 어린이 포르노는 (명백한 윤리적 이유에서) 사실상 연구에서 제외되어왔다. 2009년, 《브리티시 메디컬 저널》(*British Medical Journal*)에 게재된 한 논문은 남성 동성애자 포르노 비디오에는 콘돔이 사용되지 않았음을 지적했다.

3) 텔레비전

R등급 비디오와 섹스 잡지가 네트워크 텔레비전보다 훨씬 더 노골적으로 성적인 내용을 포함하고 있지만 네트워크 프로그램에도 성적인 코멘트와 예비 성행위 동작이 많고 빈번했음이 확인되었다(Greenberg et al, 1993a; Greenberg & Hofschire, 2000; Kunkel et al., 1999). TV에서 성적 암시의 대부분은 유머러스한 장면에서 이루어진다. 1997~1998년에 방송된 네트워크 및 케이블 텔레비전 프로그램을 대상으로 한 내용분석에서는 전체 프로그램의 56%가 성적인 내용을 포함했으며 23%가 성적 행동을 묘사한 것으로 나타났다(Kunkel et al., 1999). 또 다른 내용분석은 1999~2000년에 방송된 네트워크 및 케이블 텔레비전 프로그램의 68%가 성적인 내용을 포함하고 있었음을 보여주었다. 성적인 내용의 65%는 성에 대한 이야기를 포함하고 있었고, 27%

는 실제 성적 행동을 보여주었다(Kunkel et al., 2003). 텔레비전 프로그램에서 미혼자 간의 성에 대한 언급은 기혼자 간의 성에 대한 언급에 비해 6 : 1의 비율로 더 많았고(Greenberg & Hofschire, 2000), 텔레비전 주간 드라마에서는 24 : 1 (Lowry & Towles, 1989), R등급 영화에서는 32 : 1의 비율로 더 많았다(Greenberg, Brown, & Buerkel-Rothfuss, 1993).

텔레비전의 성적 내용에 대한 더 최근의 메타분석은 프라임타임 네트워크 프로그램의 성에 대한 이야기의 양이 1999년부터 2004년까지 꾸준히 증가했으며, 미혼 성행위와 매춘 묘사의 양도 2000년부터 2004년까지 증가했음을 보여주었다(Hestroni, 2007).

2004년에 발표된 또 다른 연구는 어린이가 텔레비전에서 성적 내용(그것이 육체적인 성적 장면이든 성에 대한 이야기든)을 시청하는 것이 실제로 청소년기에 더 빨리 섹스에 빠져들게 만들 수도 있음을 확인했다. 또한 이 연구는 오락 프로그램의 성적 내용을 줄이거나 부모가 10대 자녀와 함께 시청하면서 성에 대한 신념과 방송에서 묘사되는 것에 대해 토론을 함으로써 부정적인 결과가 완화될 수 있음도 확인했다(Collins et al., 2004; 또한 Kim et al., 2006 참조).

다른 연구들은 성적 내용에 더 많이 노출되면 될수록 청소년들이 성활동을 실험할 가능성이 더 높아진다는 사실을 확인해주었다(Bleakley, Hennessy, Fishbein, & Jordan, 2008; Fisher et al., 2009; Collins et al., 2004; Bryant & Rockwell, 1994).

4) 인터넷

연구자들은 인터넷과 소셜 미디어의 노골적으로 성적인 내용에 노출되는 것의 결과를 이제 막 살펴보기 시작했다. 지금까지의 연구 결과는 걱정스럽다. 연구들은 남자 청소년이 노골적으로 성적인 인터넷 내용물을 추구하는 경향이 더 강하며, 이러한 내용물에 대한 노출은 남성이 여성을 섹스 대상으로 보는 경향에 직접적인 영향을 미침을 보여준다. 온라인의 매우 사실적인 성적 내용 묘사를 보는 것은 또한 섹스를 더 오락거리로 여기는 태도와 관련이 있다(Peter & Valkenburg, 2006, 2009).

2007년, ≪피디애트릭스≫(Pediatrics)에 발표된 한 연구에 따르면, 전국에서 표집한 10~17세의 인터넷 사용자 가운데 42%가 그전 해에 인터넷 포르노그래피에 노출된 바 있으며, 66%는 그러한 노출을 원하지 않았거나 우연히 이루어진 것이라고 말했다. 더욱이 포르노그래피에 노출된 사용자는 우울증이나 성적 피해로 고통을 겪거나 비행 성향을 띠는 등 취약한 사람일 가능성이 더 높은 것으로 나타났다(Wolak, Mitchell, & Finkelhor, 2007). 연구자들은 다음과 같이 결론 내렸다:

> 높은 노출도, 많은 노출이 원하지 않는 것이라는 사실, 그리고 우울증, 대인 피해(interpersonal victimization),[3] 비행 성향과 같은 특정한 취약성을 가진 청소년이 더 많이 노출된다는 사실을 감안할 때, 인터넷 포르노그래피가 청소년에게 미치는 잠재적 영향에 대한 연구가 더 많이 이루어져야 한다(Wolak et al., 2007: 247).

3. 매우 노골적으로 성적인 내용에 대한 노출

≪플레이보이≫지를 대충 훑어보거나, 어린이 포르노그래피를 주로 보여주는 웹사이트에 접속하거나, 강간 같은 성폭력 범죄를 다루는 X등급 비디오를

---

3) '대인 피해'는 한 사람, 특히 여성이 성행위를 가질 것을 강요받거나 상대방이나 배우자에 의해 육체적으로 학대받을 때 나타나는 피해라고 할 수 있다(옮긴이 주).

시청하는 것은 그것을 보는 사람에게 어떤 영향을 미칠까? 성적으로 매우 노골적인 내용에 대한 노출은 그것에 노출된 사람을 어떻게 변화시킬까? 더욱 중요한 것은 이 같은 내용 시청으로 부정적 영향을 경감시키거나 줄이는 것이 가능한가 하는 것이다.

연구자들은 성적으로 매우 노골적인 내용이 하나 이상의 방식으로 미디어 사용자에게 영향을 미칠 수 있다는 사실을 발견했다. 이러한 효과의 한 유형은 성적 각성(sexual arousal)이다. 다른 효과로는 태도, 가치, 행동의 변화를 들 수 있다. 이들 각 분야는 특히 포르노그래피 시청으로 인한 행동 변화는 광범위하게 연구되어왔다(Gunter, 2002; Huston, Wartella, & Donnerstein, 1998; Linz & Malamuth, 1993; Malamuth, 1993; Malamuth & Impett, 2001; Mundorf, D'Alessio, Allen, & Emmers-Sommer, 2007; Oddone-Paolucci, Genuis, & Violato, 2000; Pollard, 1995).

1) 성적 각성

많은 연구가 미디어의 성적 내용이 시청자나 사용자를 성적으로 각성시키는 경향이 있음을 입증해주었다(Abramson et al., 1981; Eccles, Marshall, & Barbaree, 1988; Malamuth & Check, 1980a; Schaefer & Colgan, 1977; Sintchak & Geer, 1975). 이러한 연구들은 각기 다른 측정 유형을 사용했다. 어떤 경우는 시청자들에게 노골적인 성적 내용을 시청하게 한 후 그들의 성적 각성 수준을 평가하도록 요구했다. 또 어떤 경우 연구자들은 각성 정도를 재기 위해 남성 생식기의 발기나 여성 생식기의 변화 측정과 같은 생리적 반응을 측정했으며 체온을 기록하기도 했다.

노골적인 성적 내용의 이용과 각성 정도에서 젠더 차이도 드러났다. 조사에 따르면, 노골적인 성적 비디오의 70% 이상을 여성이 아닌 남성이 시청한다고 한다(Gettleman, 1999). 성 관련 산업은 남성 소비자의 요구에 영합하고

일부 영화 스타는 매럴린 먼로(Marilyn Monroe)와 영화 〈7년 만의 외출〉(The Seven Year Itch)에서 그녀의 우상적 이미지와 같이 성적 어필로 미화된다.
Corpus Christi Caller

있지만, 여성도 여성이 쓰거나 감독한 노골적인 성적 표현물에 (특히 주제가 로맨틱할 때) 적극적으로 반응하는 것으로 드러났다(Mosher & Maclan, 1994; Quackenbush, Strassberg, & Turner, 1995). 그러나 내용에 상관없이 남성이 노골적인 성적 표현물을 더 의도적으로 추구할 뿐만 아니라 그러한 내용에 의해 (Malamuth, 1996), 특히 성적 폭력이나 비인간화(dehumanization) 묘사에 의해 (Murnen & Stockton, 1997), 더 많이 각성되는 경향이 있는 것으로 나타났다.

연구자들은 성적 내용의 노골성과 성적 각성의 정도 간의 관계에 대해서도 조사했다. 놀랍게도 이러한 연구는 덜 노골적인 내용물이 매우 노골적인 내용물보다 때때로 높은 각성을 불러일으킨다는 것을 보여주었다(Bancroft & Mathews, 1971). 시청자의 상상력에 많은 것을 맡기는 장면이 전혀 의문의 여지를 남기지 않는 장면보다 시청자를 더 많이 각성시킬 수도 있다.

사람에 따라 '흥분되는' 성적 자극의 종류도 다르다. 고전적 조건형성 (classic conditioning) 연구들은 성적 각성이 때때로 '학습될' 수 있음을 보여주었다. 이것은 성적 정향성과 각성의 개인차를 설명해줄 수 있다. 1960년대에 이루어진 연구에서 연구자들은 이성애자 남성들에게 부츠를 신고 있는 여성의 나체 사진을 보여주었는데, 그들은 실제로 여성 부츠만 보더라도 성적으로 각성되었다(Rachman, 1966; Rachman & Hodgson, 1968).

또한 연구들은 일반적인 포르노그래피(남자와 여자 간의 비폭력적인 섹스)를 되풀이해서 보는 사람은 그것이 습관화되며, 자극거리를 찾기 위해 더 희귀한 포르노(예, 속박 상태의 성행위, 가학피학성 성애, 수간)를 추구하는 경향이 있음을 보여주었다(Zillmann & Bryant, 1986). 오랜 기간에 걸쳐 포르노그래피를 많이 시청할 경우 시청자는 실제 섹스 파트너에게서 성적 만족을 덜 느끼게 되며 정서적 관여가 없는 섹스에 더 많은 중요성을 부여한다고 한다(Zillmann & Bryant, 1988b).

2) 가치 및 태도의 변화

노골적인 성적 표현물에 대한 반복적인 노출은 보통 사람들의 태도 및 가치의 '둔감화'를 초래한다. 매스 미디어에 대한 반복적인 노출로 인해 전에는 금기시했던 행동을 점차 받아들이는 것처럼, 둔감화란 오랜 기간에 걸쳐 일어나는 가치나 태도의 변화를 말한다. 예를 들면 어떤 남자가 강간당하는 것을 즐기는 여성이 등장하는 X등급 영화를 많이 볼 경우, 그는 머지않아 강간이 야기하는 사회적 · 심리적 해로움의 정도에 대한 자신의 태도와 심지어 자신이 그와 같은 범죄를 저지를 가능성에 대한 자신의 신념뿐만 아니라 실제 세계에서 그러한 행동이 발생하는 빈도에 대한 자신의 지각을 바꿀 수도 있다.

연구에 따르면, 노골적인 성적 표현물에 대한 노출은 상당한 태도 변화를

불러일으킨다고 한다. 질만과 브라이언트(Zillmann & Bryant, 1982, 1984)는 6
주 동안 한 집단에게는 노골적으로 성적인 영화를, 다른 한 집단에게는 그렇
지 않은 영화를 보여주었다. 두 집단을 상대로 조사한 결과, 첫 번째 집단은
그들이 영화에서 본 성활동(예, 구강 섹스, 항문 섹스, 가학피학성 성애, 수간)이
사회에 보급되어 있는 정도를 과대평가하였다. 두 번째 집단은 훨씬 더 보수
적이었다. 그 후 질만과 브라이언트(Zillmann & Bryant, 1988b)는 비슷한 방법
을 사용하여 이 같은 영화의 시청이 섹스 상대방에 대한 태도 변화나 결혼, 일
부일처주의, 자녀 등에 대한 욕구와 같은 기본적 가치의 변화를 야기하는지
여부를 측정했다. 그들은 이러한 변화가 일어나는 것을 확인했다. 노골적인
성적 영화를 본 사람은 통제집단에 비해 그들의 실제 파트너에게 덜 만족하
는 것으로 나타났다. 노골적인 성적 영화를 본 집단은 육체적 외모와 성행위
수행이라는 측면에서 그들의 파트너를 낮게 평가하는 것 외에도 혼전 섹스와
혼외 섹스에 대해 더 수용적인 자세를 보였다. 그들은 결혼, 일부일처제, 자
녀에 대한 욕구도 통제집단보다 약했다. 이 연구자들은 이러한 연구 결과에
대해 다음과 같이 설명했다:

> 오직 포르노그래피만이 많은 상대자와 차례대로 섹스를 하거나 여러 상대자와
> 동시에 성활동을 함으로써 성적 즐거움을 최대한 경험한다는 것을 남자와 여자
> 들에게 가르쳐준다. …… 그리고 오직 이 장르만이 여성에 의한 구강 섹스나
> 엄청나게 큰 남성의 성기로 인해 여성이 절정에 이르러 소리를 지르는 성교와
> 같은 구체적인 장면을 제공한다. 이와 비교하면 정상적인 성경험은 초라해 보
> 일 수밖에 없다. 상대방이 몹시 얌전을 빼고 둔감하고 어색해하고 불감증이며
> …… 그리고 재능과 기술도 부족해 보일 것이다. 그리고 다른 것이 아닌 포르노
> 그래피를 통해 계속해서 제공되며 언제든지 얻을 수 있는 성적 즐거움이 풍부한
> 상황에서 누가 자신의 성생활이 만족스럽다고 생각할 수 있을까(Zillman &
> Bryant, 1988b: 452)?

서로에게 영향을 주는 미디어의 성적 내용에 대한 노출과 청소년의 성적 행동 간의 관계

Amy Bleakley, Michael Hennessy, Martin Fishbein, and Amy Jordan(2008)

Media Psychology, 11, 443~461.

2008년에 게재된 이 연구는 성적으로 왕성한 청소년이 매개되는 성적 내용에 스스로 노출되는 가능성이 더 높은지와 미디어의 성적 내용에 노출되는 청소년이 더 활발한 성활동을 보일 가능성이 있는지를 확인하기 위해 14~16세 청소년을 대상으로 한 웹 기반 설문조사와 회귀 모델을 사용했다.

참가자

할당 표집을 사용하여 필라델피아 지역에 거주하는 청소년을 대상으로 한 웹 기반 설문조사가 이루어졌다. 1차 데이터 수집은 2005년 봄과 여름에 이루어졌고, 2차 데이터는 1년 뒤인 2006년 봄과 여름에 수집되었다. 연구자들은 인쇄 및 라디오 광고, DM, 입소문을 통해 참가자를 모집했으며, 모든 참가자에 대해 부모의 서면 동의와 참가자 본인의 동의를 구했다.

설계

설문지를 작성하는 데는 1시간 정도가 소요되었으며, 참가자들에게는 25달러의 보상이 주어졌다. 1차 조사에서는 547명(남자 40.4%; 아프리카계 42.7%, 백인 41.2%, 남미계 13.4%, 기타 2.8%)의 청소년이 설문에 참여했다. 1차 조사에 참여한 547명 가운데 501명(남자 38.3%; 15세 33.1%, 16세 34.7%, 17세 32.1%)은 2차 조사에도 참여했다.

측정

연구자들은 응답자에게 다음 성적 행동을 얼마나 자주(평생 동안, 지금부터 1년 이상, 혹은 1년 이내) 해왔는지 물었다: 진한 키스, 가슴 만지기, 가슴 만지게 하기, 성기 만지기, 오럴 섹스 받기, 성기 섹스, 오럴 섹스 하기, 항문 섹스 하기, 항문 섹스 받기.

　연구자들은 또한 응답자에게 네 종류의 미디어(텔레비전, 음악, 잡지, 비디오 게임)에서 선택된 미디어 타이틀에 대한 노출에 대해서도 물었다. 응답자들은 또한 지난해에 그러한 각각의 미디어 타이틀의 성적 내용에 얼마나 자주(결코 없음, 드물게, 때때로, 자주) 노출되었는지, 즉 각 프로그램을 얼마나 자주 시청했는지, 각 가수의 음악을 얼마나 자주 들었는지, 각 잡지를 얼마나 자주 읽었는지, 혹은 각 비디오 게임을 얼마나 했는지 대답했다.

연구결과

성활동은 미디어의 성적 내용에 대한 노출을 제대로 예측했으며 또한 성적 내용에 대한 노출 역시 성활동의 진행을 예측했다. 증가된 성활동은 또한 신체적 성숙, 남자친구나 여자친구를 사귄 경험, 섹스에 대한 친구의 승낙과도 관련이 있는 것으로 나타났다. 부모의 불허(不許)는 성적 내용에 대한 노출 증가와 관련이 있었는데, 부모가 섹스를 불허하면 할수록 청소년의 성적 내용 노출은 더 높아졌다. 침실에 텔레비전이 있는지 여부와 텔레비전, 음악, 비디오 게임 및 잡지를 이용하는 전체 시간을 포함한 다른 변인도 성적 내용에 대한 노출 증가와 관련이 있었다.

이 연구 결과는 성활동을 하고 있는 청소년이 미디어의 성적 내용을 추구하며 또한 더 많은 성적 내용에 노출되는 청소년이 성활동을 할 가능성이 더 높음을 보여주었다.

연구들은 또한 성적 내용이 명백하게 노골적이거나 춘화적(春畵的)이 아니라고 해서 심리적으로 해로운 효과를 불러일으키지 않는 것은 아니라는 사실도 밝혀냈다. 예를 들면, 13세와 14세 남녀 청소년을 대상으로 한 3편의 연구에서 브라이언트 및 록웰(Bryant & Rockwell, 1994)은 특정한 상황에서 주 시청 시간대 텔레비전 프로그램의 성적인 내용(특히 미혼 커플 간의 깊은 성관계)에 대한 엄청난 노출이 10대의 도덕적 판단의 중대한 변화를 불러일으킨다는 것을 확인했다. 또한 이 연구들은 세 가지 완화 요인이 해로운 효과를 줄여주거나 제거하는 데 기여할 수 있다는 사실도 보여주었다. 이 연구자들은 다음과 같이 말했다:

첫째, 분명하고 명확하게 정의된 가족 가치 체계(10대가 알 수 있고 이용할 수 있는 가치 체계)를 가지는 것이 잠재적으로 미디어의 해로운 효과를 매개한다. 우리가 발견한 두 번째 완화 요인은 자유롭고 개방된 이슈에 대한 논의가 장려되고 이러한 논의가 실제로 이루어지는 가족에서 찾을 수 있다. …… 셋째, 적극적이고 비판적인 시청, 즉 적극적인 시청과 프로그램 내용에 대한 분석은 10대가 가져야 할 매우 바람직한 특질이며 이러한 시청이 권장된다. 게다가 도덕적 판단에 관한 한 그것은 매스 미디어 소비에 따른 인지적 효과를 매개하는 데 커다란 차이를 초래할 수 있다(Bryant & Rockwell, 1994: 194).

다른 연구들 역시 노골적으로 성적인 내용물물 소비와 관련된 태도 변화에 대한 증거를 뒷받침해주었다. 몇몇 학자가 지적한 대로, 포르노그래피는 대부분 여성을 희생자나 노리개로 깎아내리거나 비인간화하는 이념적 메시지를 전달한다(Buchwald, Fletcher, & Roth, 1993; Russell, 1998).

3) 행동의 변화

노골적으로 성적인 미디어 내용 소비로 인한 행동적 효과는 몇 가지 수준에서 발생할 수 있다. 좋든 나쁘든 사람들은 성적인 내용을 소비할 때 그것을 '배운다'. 이러한 학습은 성적인 치료를 받는 커플에서 볼 수 있는 것처럼 매우 건설적일 수도 있고 폭력을 수반하는 모방 성범죄처럼 극도로 파괴적일 수도 있다.

'탈억제'는 둔감화가 태도와 가치의 변화를 불러일으키는 것과 매우 동일한 방식으로 행동의 변화를 야기한다. R등급 영화나 X등급 비디오를 본 후, 어떤 사람은 자신이 목격한 성적인 행동(전에는 금기시했던 행동)을 행하는 것에 대해 덜 억제적인 상태가 된다. 게다가 극단적인 경우 탈억제는 도덕적 판단에 의한 억제를 감소시켜 어떤 종류의 폭력적 성범죄를 저지르는 결과를 초래할 수도 있다.

노골적인 성적 내용 시청과 성범죄 발생 간의 관계는 오랜 기간 많은 주목을 받아왔다. 많은 연구가 특정 지역에서 이용 가능한 노골적인 성적 표현물의 양과 관련해서 그 지역에서 발생한 강간과 어린이 대상 성범죄 사례 수를 조사했다. 이러한 연구들을 검토한 결과, 코트(Court, 1984)는 노골적인 내용물의 이용가능성과 폭력적인 성범죄 발생 간에 통계적으로 유의미한 상관관계를 발견했다.

그러나 성적 내용물의 다양성, 사회규범의 변화, 실제로 보고된 강간 범죄수의 증가와 같은 교란변인(confounding variable) 때문에 노골적인 성적 표현물과 강간 발생 간의 관계는 증명하기 어렵다. 몇몇 연구는 강간과 하나의 특정 미디어, 즉 섹스 잡지의 이용가능성 간의 관계를 발견했다. 한 연구는 미국의 모든 주에서 강간 범죄 수와 섹스 잡지 8개의 발행부수 간에 높은 상관관계가 있음을 확인했다(Baron & Straus, 1987). 이러한 상관계수는 성폭력을 다룬 잡지의 경우 특히 높았다.

4) 성애물이 공격성에 미치는 효과

많은 연구에서, 실험 절차에 따라 자극을 받은 개인이 노골적으로 성적인 내용물에 노출될 때 그들을 자극한 그 사람에게 보복을 하거나 '앙갚음'을 하는 경향이 높은 것으로 나타났다(Baron, 1979; Cantor, Zillmann, & Einsiedel, 1978; Donnerstein & Hallam, 1978; Meyer, 1972; Zillmann, 1971). 바꾸어 말하면 각성시키는 성애물(erotica)을 보면 개인의 공격 성향이 높아질 수 있다는 것이다. 이러한 효과가 발생하는 과정을 자극 전이(excitation transfer)라고 한다(Zillmann, 1978, 1979, 1982b). 질만과 브라이언트는 성애물로 인한 자극 전이가 공격성에 미치는 역할을 다음과 같이 설명했다:

성애물에 대한 노출은 생식기의 좀 더 특이적인(specific)[4] 반응에 수반되는 증

---

4) 의학 분야에서 '특이적'이라 함은 '특수한 원인에 의해 일어나는'이라는 의미로 사용된다 (옮긴이 주).

대된 교감신경 활동을 촉진하며 …… 또한 성적 자극 후 서서히 사라지는 비특이적(nonspecific) 교감신경 활동의 잔재는 관련되지 않은 정서적 상태와 공조해 잠재적으로 그러한 상태를 심화시킨다. 만약 뒤이어 발생하는 상태가 성가시고 화가 나는 상태라면, 성적 각성으로 인해 남아 있는 교감신경의 흥분은 이러한 경험을 강화하고 이러한 경험에 의해 자극받아 적대적이고 공격적인 행동을 북돋우는 경향이 있다(Zillmann & Bryant, 1984: 116).

성애물이 기분을 좋게 하고 비각성적일 때(예, 누드 사진), 자극받은 사람의 공격 성향은 실제로 차분해진다(Baron, 1974a, 1974b; Baron & Bell, 1973; Donnerstein, Donnerstein, & Evans, 1975; White, 1979). 이러한 연구 결과와 다른 연구 결과를 바탕으로 질만과 브라이언트(Zillmann & Bryant, 1984)는 성애물이 동기화된 공격성에 미치는 효과에 관한 흥분 및 유인가(誘引價)[5] 모델(excitation-and-valence model)을 개발했다. 이 모델은 다음과 같은 네 가지 예측을 하고 있다: ① 기분을 좋게 하는 비각성적인 성애물은 자극을 받은 사람의 분노감을 중화시키기 때문에 공격성을 줄여준다; ② 기분을 나쁘게 하는 비각성적인 성애물은 자극받은 사람에게 성가신 느낌을 더해주기 때문에 공격성을 높인다; ③ 기분을 나쁘게 하는 비각성적인 성애물은 강화된 성가신 느낌이 그대로 남아 있다가 그 이후의 상황에 전이되기 때문에 공격성을 높인다; ④ 기분을 좋게 하는 각성적인 성애물은 흥분보다는 차분함이 전이되는 상황을 만들어냄으로써 공격성과 같은 부정적인 효과를 상쇄시킨다.

---

5) 원래 '유인가'라는 용어는 물리학에서 원자가 상호 결합하고자 하는 힘의 정도를 측정하는 척도를 의미하는 것으로 사용되고 있으나, 심리학에서는 심리적 환경의 영역 속에 있는 개인을 끌고 밀치는 힘을 말한다. 유인가는 긍정적(positive)일 수도 부정적(negative)일 수도 있으며, 개인 속의 긴장된 요구와 심리적 환경 속의 긴장된 힘의 작용으로 개인의 행동이 나타나는데, 행동은 이들 힘이 균형을 되찾아 긴장이 해소되는 방향으로 이루어진다(옮긴이 주).

4. 지배적 톤의 중요성

미디어의 성적인 내용 시청 효과는 맥락(내용물의 맥락과 시청자가 내용물에 노출될 당시의 맥락)에 의해 결정된다. 이러한 맥락적 변인들이 전체적으로 고려될 때 **지배적 톤**(prevailing tone)을 구성한다. 해리스(Harris, 1994)는 성적 내용의 지배적인 상태에 기여하는 맥락적 변인을 다음과 같이 들고 있다.

'취급의 진지함 또는 경시'는 지배적 톤의 주요한 측면 가운데 하나이다. (다큐멘터리에서처럼) 진지하게 다루어질 때는 강간이나 근친상간과 같은 논란이 되는 주제도 용인될 수 있지만 (코미디에서처럼) 경박하게 다루어질 때는 불쾌감을 주게 된다.

또 다른 측면인 '예술적 가치와 의도'도 지배적 톤에 기여한다. 성경의 솔로몬의 노래(Song of Solomon)가 성활동에 대해 많은 언급을 포함하고 있지만, 이러한 언급은 한 기혼 부부의 사랑이라는 주제를 전달하는 아름다운 작품의 매우 중요한 부분이다. 이와 같은 상황은 초서(Chaucer)와 셰익스피어(Shakespeare)의 작품에서도 마찬가지이다. XXX 비디오나 대체로 예술적 가치가 없는 〈데비 더즈 댈러스〉(Debbie Does Dallas) 같은 영화는 이와 정반대의 경우이다.

또한 지배적 톤은 섹스 장면이 '줄거리 상 필수적인지' 여부와 섹스의 '노골성' 정도에 의해서도 영향을 받는다. 노골적인 섹스 장면이 줄거리 전개에 중요하다면 시청자는 그러한 장면에 대해 더 용인하는 태도를 보인다.

지배적 톤의 또 다른 측면으로 '시청 맥락'을 들 수 있다. 《허슬러》(*Hustler*)를 훑어볼 때 나타나는 어떤 남성의 반응은 그가 혼자 있거나, 옆에 부인, 남자 친구, 할머니, 혹은 목사가 있는 경우에 따라 매우 달라질 수 있다. 그 남자는 시청 맥락에 따라 이러한 내용물에 대해 매우 불쾌감을 느낄 수도 있고 매우 흥분할 수도 있다.

'문화적 맥락'도 지배적 톤에 영향을 미친다. 한 문화에서 적합하지 않다고 생각될 수 있는 것이 다른 문화에서는 흔히 볼 수 있는 것일 수도 있다. 전 세계적으로 원시 부족사회의 남성과 여성은 가까스로 몸을 가리거나 완전한 나체로 다녔으며, 이러한 행동은 그 문화에서는 전적으로 적합했다. 이슬람 문화에서 여성은 집 밖에 나서기 전에 머리끝에서 발끝까지 몸을 완전히 가려야 한다.

5. 성폭력물에 대한 노출의 영향

최근에 와서는 과거 그 어느 때보다 미디어가 폭력적인 행위와 결합된 섹스 장면을 많이 보여주기 시작했다. 성폭력을 묘사하는 잡지가 등장했으며, 《펜트하우스》(*Penthouse*)와 《플레이보이》 같은 전통적인 스타일의 잡지도 강압적인 성행위 및 속박 상태의 성행위 묘사에 가세했다(Malamuth & Spinner, 1980). 또한 과거의 공포 영화도 '잔혹 영화'(slasher film: R등급인데도 10대 사이에서 매우 인기가 있음)라 불리는 새로운 장르로 발전했는데, 이러한 영화는 성적인 행위나 성적인 맥락과 결합된 여성에 대한 잔인한 폭력을 묘사하고 있다(Yang & Linz, 1990).

연구 결과물을 보면, 성과 폭력이 결합되는 경향에 대해 우리는 우려하지 않을 수 없다. 일반 시청자와 성범죄자를 대상으로 한 연구는 모두 성과 폭력의 결합이 잠재적으로 해로운 효과를 미침을 보여준다. 이러한 연구들 가운데 한 연구에서 연구자들은 강간범은 강간과 동의하에 이루어지는 섹스 모두에 의해 각성되는 반면, 일반 시청자는 동의하에 이루어지는 섹스에 의해서만 각성된다는 사실을 확인했다(Abel, Barlow, Blanchard, & Guild, 1977; Barbaree, Marshall, & Lanthier, 1979). 그 후에 이루어진 한 연구에서는 피해자가 강간당하는 것을 즐기고 절정감을 맞보는 것처럼 보일 경우 정상적인 남성도 강간 묘사에 의해 각성될 수 있음이 드러났다(Malamuth, Heim, &

Feshbach, 1980). 이 연구에서 남성은 동의하에 이루어지는 섹스 영화를 보는 동안 그들이 경험하는 것과 같거나 그 이상으로 각성되지만, 여성은 강간 영화에 의해 각성되지 않는 것으로 나타났다.

1) 개인차의 중요성

개인차는 노골적인 성적 표현물의 효과를 상당 부분 설명해준다. 갈등 상황에서 폭력을 사용할 가능성이 높은 사람은 노골적인 성적 표현물 시청으로 해로운 효과를 경험할 가능성이 더 높다. 맬러뮤쓰(Malamuth, 1981)는 그의 연구에서 성폭력물이 남자 대학생들에게 비슷한 영향을 미치는지 아니면 다른 영향을 미치는지 알아보기 위해, 폭력 지향적인 남학생(생활 속에서 폭력을 사용할 가능성이 있을 것이라고 대답한 학생)과 비폭력 지향적인 남학생을 구분했다. 폭력 지향적인 남학생은 한 여성이 강간당하는 것을 마침내 즐기는 것으로 묘사된 강간 장면에 더 많이 각성된 반면, 비폭력 지향적인 남학생은 동의하에 이루어지는 섹스를 묘사한 영화에 더 많이 각성되는 것으로 드러났다.

폭력 지향적인 남성과 비폭력 지향적인 남성에 대한 맬러뮤쓰 및 첵 (Malamuth & Check, 1983)의 연구에서 조사 대상자들은 동의하에 이루어지는 섹스, 흥분하며 강간당하는 여성(강간-흥분), 또는 흥분하기보다는 혐오스러워하며 강간당하는 여성(강간-혐오)에 관한 녹음 테이프 가운데 하나를 들었다. 자술 보고서와 생식기 반응을 통해 측정된 두 집단의 각성 정도는 강간-혐오 버전보다 동의하에 이루어지는 섹스 버전에서 더 높게 나타났다. 그러나 강간-흥분 버전은 두 집단 모두에게 '자극제'가 되는 것으로 입증되었다. 비폭력 지향적인 집단은 동의하에 이루어지는 섹스 버전만큼 강간-흥분 버전에 각성된 반면, 폭력 지향적 집단은 동의하에 이루어지는 섹스 버전보다 강간-흥분 테이프에 훨씬 더 많이 각성되었다.

다른 연구들(Donnerstein, 1980; Donnerstein & Berkowitz, 1981)은 성폭력물

시청과 시청 후 실험 보조자에게 시청자가 가하는 전기 충격의 정도를 조사했다. 이러한 연구들은 성적 폭력물(특히, 당하는 여성이 성적으로 흥분되는 것으로 묘사되는 강간) 시청과 여성에게 고통을 가하는 성향 간에 관계가 있다는 결론을 내렸다.

요약하면 연구 결과들은 성폭력물이 강간에 의해 흥분되는 여성을 묘사하면 언제나 해로운 효과가 발생한다는 것을 보여주었다. 또한 성향의 개인차(예, 폭력 지향적인지 아니면 비폭력 지향적인지) 때문에 사람들은 성폭력물을 시청할 때 각기 달리 반응한다. 앞에서 논의한 대로, 내용물의 지배적 톤은 언제나 중요한 고려 사항이다.

2) 잔혹 영화의 성폭력

앞에서 인용된 연구들은 포르노그래피를 사용했지만, 성인 수용자들에게 성폭력은 영화에만 국한되지는 않는다. 매우 인기 높은 R등급 잔혹 영화는 대개 성폭력을 많이 포함하고 있다(Weaver & Tamborini, 1996). 해리스에 따르면,

이 같은 영화를 크게 우려하는 것은 이러한 영화가 섹스와 폭력을 함께 다루기 때문이다. 예를 들면, 〈공구함 살인자들〉(*Toolbox Murders*)의 한 장면은 아름다운 한 여인이 프리티 베이비(Pretty Baby)라는 아주 낭만적인 음악을 틀어놓은 채 옷을 벗고 목욕을 하러 들어가는 것으로 시작된다. 몇 분 동안 그녀는 아주 에로틱하게 자신의 몸을 어루만지면서 자위를 한다. 갑자기 크고 빠르게 진행되는 불안감을 고조시키는 배경음악과 함께 한 남자가 그녀의 아파트로 침입하는 장면으로 바뀐다. 카메라와 사운드 트랙(sound track)은 그 침입자와 여자가 마주칠 때까지 몇 차례 두 등장인물 사이를 왔다 갔다 한다. 침입자는 아파트 여기저기로 그녀를 뒤좇아 가면서 전동 공구로 공격을 가한 뒤 마침내 네일 건(nail gun)을 몇 차례 그녀의 머리에 발사한다. 이 장면은 에로틱한 프리티 베이

비의 음악과 함께 그녀가 많은 피를 흘린 채 침대에 누워 죽어가는 것으로 끝이 난다(Harris, 1994: 261~262).

잔혹 영화에 대한 커다란 우려 가운데 하나는 10대가 이러한 영화를 언제든지 볼 수 있다는 것이다. 이러한 영화 가운데 많은 영화가 등급이 매겨지지 않기 때문에 성인에게만 제한하지 않는다. 청소년들은 케이블 및 위성 텔레비전에서는 물론 흔히 제한이 가해지지 않는 비디오 가게에서도 R등급을 받은 영화를 이용할 수 있다.

10대는 잔혹 영화의 이용가능성을 최대한 활용한다. 1980년대에 영국에서 어린이 4500명을 대상으로 한 설문조사는 대략 10대 소년 5명(13~14세) 가운데 1명이 〈내 무덤에 침을 뱉어라〉(I Spit on Your Grave)라는 불법적이고 성적으로 폭력적인 영화를 보았다는 사실을 확인했다(Hill, Davis, Holman, & Nelson, 1984). 미국 대학생을 대상으로 한 다른 조사에서 그린버그와 동료들(Greenberg et al., 1993)은 3명 가운데 2명이 잔혹 영화를 정기적으로 본다는 사실을 밝혀냈다.

또한 연구자들은 잔혹 영화가 젊은 수용자들에게 미치는 성폭력의 영향에 대해서도 연구했다. 연구 결과에 따르면, 반복해서 잔혹 영화를 볼 때 남성은 둔감화되지만(Linz, Donnerstein, & Penrod, 1984), 여성은 그렇지 않다고 한다(Krafka, 1985). 남성은 시간이 흐름에 따라 잔혹 영화가 여성을 덜 모욕적으로 다루고 있고 더 즐길 만하고 덜 불쾌감을 주며 덜 폭력적이라고 생각한다고 한다.

3) 부정적 효과의 감소

성폭력물 시청의 부정적인 효과는 완화되거나 줄어들 수 있다. 몇몇 연구에서 조사 참여자들은 둔감화 효과를 줄이기 위해 시청에 앞서 교육을 받았다(Intons-Peterson & Roskos-Ewoldsen, 1989; Intons-Peterson et al., 1989; Linz,

Donnerstein, Bross, & Chapin, 1986; Linz, Fuson, & Donnerstein, 1990). 어떤 방식은 다른 방식에 비해 더 성공적인 것으로 드러났는데, 예를 들면 여성은 강간에 책임이 없다는 것을 교육받은 남성이 가장 많은 영향을 받았다.

다른 연구자들은 강간의 공포와 강간을 당하는 여성이 그것을 즐기는 것은 절대 불가능하다는 것을 깨닫게 해주기 위해 조사 참여자들에게 집중적인 사후 설명(debriefing)을 실시했다(Malamuth et al., 1980; Donnerstein & Berkowitz, 1981; Malamuth & Check, 1980b). 평가 결과, 이러한 사후 설명이 조사 참여자들에게 강간에 대한 신화(예, 강간을 즐기는 여성)에 덜 영향을 받게 만드는 것으로 드러났다.

앨런과 동료들(Allen et al., 1996)은 노골적인 성적 표현물의 나쁜 효과를 경감하기 위해 교육적인 사후 설명을 실시한 연구 10편에 대해 메타분석을 실시했다. 그들의 분석은 사후 설명이 나쁜 효과를 감소시키는 효과적인 방법임을 압도적으로 지지해주었다.

6. 포르노그래피의 행동적 효과에 관한 그 이상의 것: 성범죄자 연구

포르노그래피에 대한 노출과 성범죄를 연계시키는 것은 논란의 여지가 있다. 1996년, 한 연구자는 성적 공격성과 포르노그래피의 이용을 연계시킨 많은 상관관계 연구를 검토한 결과, 성범죄자들 가운데 특정한 일부 집단이 포르노그래피를 상당히 더 많이 이용할 수도 있지만, 그 두 변인 간에 유의미한 상관관계가 존재하지 않는다는 결론을 내렸다(Bauserman, 1996). 한편 다른 학자와 임상 의학자들도 이러한 이슈에 대해 연구했는데, 그들은 포르노그래피 소비와 범죄적인 성적 공격성 간의 상관관계를 발견했다(Marshall, 1989; Malamuth & Donnerstein, 1984).

1994년, 빅터 클라인(Victor B. Cline)은 실험실 연구, 현장 연구, 임상 사례 연구를 통해 수집한 데이터를 조사한 결과, 포르노그래피 소비에 따른 네 가지 중요한 행동적 결과를 발견했다. 임상 심리학자인 클라인은 심각한 성적 장애를 겪는 수백 명(대부분 남자)을 치료했는데, 그들 가운데 많은 사람이 어린이 성추행, 강간, 노출증 등과 같은 성범죄를 저지른 사람이었다. "몇몇 예외적인 경우를 제외하고 포르노그래피는 일탈(逸脫)이나 성 중독에 빠지게 하는 주요한 또는 부차적인 기여 인자나 촉진인자 구실을 했다"(Cline, 1994: 233)고 클라인은 적었다.

1) 4요인 증후군

포르노그래피 소비의 네 가지 중요한 효과는 중독, 상승, 둔감화, 시청한 것을 실연(實演)하거나 모방하는 경향이다. 클라인은 이러한 네 가지 효과를 4요인 증후군(four-factor syndrome)이라 불렀는데, 왜냐하면 이러한 효과는 오랜 기간에 걸쳐 동일한 순서대로 발생하기 때문이다. 클라인의 환자 대부분은 이 4요인 증후군을 경험했다.

포르노그래피에 대한 '중독'(addiction)은 클라인이 알게 된 첫 번째 효과이다. 일단 그의 환자들은 포르노그래피를 보기 시작하면, 곧 그들 자신이 더 많은 포르노그래피를 원한다는 것을 알게 되었다. 그들 가운데 대부분은 성적 자극과 그에 이은 자위를 통한 성적 욕구 발산을 경험했다.

일단 중독되면, 시간이 지나면서 '상승'(escalation)효과가 발생한다. 약물 중독처럼 포르노그래피 중독도 최초의 경험과 동일한 자극을 얻기 위해 더 강한 (즉, 더 노골적이거나 더 일탈적인) 성적 표현물을 간절히 원하기 시작했다. 클라인은 시간이 지남에 따라 환자 대부분이 파트너와의 성행위보다 포르노그래피를 시청하면서 자위행위 하는 것을 더 선호한다는 것을 확인했다.

'둔감화'는 세 번째 효과이다. 시간이 지나면서 그의 환자들은 충격적이고

4요인 증후군

성범죄자를 대상으로 한 연구에서 포르노그래피 소비는 네 가지 주요 효과를 야기하며, 이것들은 언제나 다음과 같은 동일한 순서대로 발생했다:

중독
↓
상승
↓
둔감화
↓
실연하거나 모방하는 경향

반사회적이고 불법적이고 부도덕하며 일탈적인 성적 행동을 용인될 수 있는 것으로 그리고 합법적인 것으로 간주했다. 포르노그래피 중독자의 도덕과 기준은 많은 포르노그래피를 소비할수록 더욱더 낮아지는 경향이 있었다. 중독자들은 일탈적인 성적 행동이 그들이 처음에 생각했던 것보다 더 흔한 것이라고 믿기 시작했다.

마지막 효과는 그들이 포르노물에서 본 성적인 행동을 실연(實演)하거나 모방하는 경향이었다. 이러한 활동 가운데는 어린이와의 섹스, 강간, 가학피학성 성애, 노출증 등과 같은 일탈적이고 불법적인 행동이 포함되어 있다. 클라인에 따르면, 이러한 일탈 행위는 "그들의 인생에서 어떠한 부정적인 결과를 불러일으키든지 간에 그들이 빠져나올 수 없고 변화시키거나 되돌릴 수 없는 성적 중독으로 종종 발전한다"(Cline, 1994: 234).

2) 성범죄와 노골적인 성적 표현물 간의 상관관계

더 최근의 연구들도 성범죄와 노골적인 성적 표현물 간의 연관성을 시사했다. 즈구라이드즈, 몬토 및 해리스(Zgourides, Monto, & Harris, 1997)는 13~19세 사이의 남자 청소년을 대상으로 연구를 수행했다. 176명 가운데 80명은 성범죄자였고 96명은 성범죄자가 아니었다. 이 연구는 노골적인 성적 표현물과 성범죄 간에 유의미한 양(+)의 상관관계를 발견했다. 바꾸어 말하면 성범죄자가 성범죄자가 아닌 사람보다 노골적인 성적 표현물을 더 많이 이용했다는 것이다. 다른 한 조사(Allen, D'Alessio, & Emmers-Sommer, 1999)는 성범죄자와 성범죄자가 아닌 사람 사이에서 포르노그래피 소비의 유의미한 차이를 발견하지 못했지만, 각성과 행동적 결과라는 측면에서는 유의미한 차이를 확인했다. 성범죄자는 노골적인 성적 표현물을 소비한 후 더욱 각성되고 어떤 종류의 성적 행위(자위, 동의하의 섹스, 또는 강제적인 섹스)를 할 가능성이 더 높았다.

7. 요약

미디어의 성적 내용은 암시적인 것에서부터 여러 수준의 성적으로 노골적인 것에 이르기까지 다양하다. 전파 매체와 인쇄 매체의 성적 내용은 심각한 사회적 우려와 연계되어 있기 때문에 중요한 함의를 지닌다. 텔레비전이 모든 연령층에서 이용 가능해졌다는 것과 성적 내용물의 소비로 인한 해로운 사회적 영향을 고려할 때, 텔레비전은 특히 위험한 매체이다. 인터넷과 소셜 미디어의 등장으로 이러한 미디어의 노골적인 성적 표현물에 대한 노출의 효과는 이제 막 알려지기 시작했다. 포르노그래피란 성인 수용자만이 이용할 수 있는 극단적인 부류의 노골적인 성적 표현물이다. 대부분 문학적 가치나 예술적 가치가 없는 포르노그래피는 성적인 내용에 대한 수요에 영합하려는 분명한 목적에서 제작된다.

음란성은 지역사회의 배심원 대표들이 판단하는 다음 세 가지 기준을 반드시 충족시켜야 하는 특정한 포르노물을 표현하는 법적 용어이다: ① 호색적인(상스러운, 불건전한, 병적인 또는 음탕한) 성적 관심에 호소하는 내용; ② 명백하게 불쾌감을 주거나 성적 내용이나 행동의 묘사에 관한 현대 지역사회의 기준을 넘어서는 내용; ③ 전반적으로 순수한 문학적·예술적·정치적 또는 과학적 가치가 반드시 결여된 내용.

많은 연구가 매스 미디어의 성적 내용 정도와 노골성을 조사했다. 이러한 연구들은 뮤직 비디오, X등급 비디오, 텔레비전, 잡지, R등급 영화, 인터넷이 정도와 유형의 차이는 있지만 성적 내용을 포함하고 있음을 확인했다.

매우 노골적인 성적 내용에 대한 노출은 미디어 사용자에게 한 가지 이상의 방식으로 영향을 미칠 수 있다. 여기에는 성적 각성과 태도, 가치, 행동의 변화가 포함된다.

자극을 받은 사람이 노골적인 성적 표현물에 노출될 때, 그들은 보복 행동을 할 가능성이 높다. 바꾸어 말하면 각성시키는 성애물을 시청하는 것은 공격 성향을 높이는 경향이 있다. 이러한 효과를 일컬어 자극 전이라고 한다.

미디어의 성적 내용 시청의 효과는 내용물의 맥락과 사람이 내용에 노출될 때의 맥락에 따라 달라진다. 내용의 진지함이나 가벼움, 내용의 예술적 가치와 의도, 노골성의 정도, 줄거리 전개에서 섹스 장면의 필요성, 문화적 맥락, 시청 맥락이 지배적 톤을 구성하는 맥락적 변인이다.

성폭력물이 강간에 의해 흥분되는 어떤 여성을 묘사할 때면 언제나 해로운 효과가 발생한다. 성향(예, 폭력 지향적 또는 비폭력 지향적)의 개인차 때문에 사람들은 성적으로 공격적인 미디어 내용물을 시청할 때 각기 달리 반응한다.

10대에게 매우 인기가 있는 R등급의 잔혹 영화는 대개 성폭력을 포함하고 있다. 남성은 잔혹 영화를 반복해서 볼 때 둔감해진다.

성폭력물 시청의 부정적 효과는 경감될 수 있다. 시청 전에 교육 시간을 갖거나 집중적인 사후 설명을 하는 것이 부정적인 효과를 줄이는 데 성공적임이 입증되었다.

성범죄자를 대상으로 한 연구에서 한 임상 심리학자는 포르노그래피의 이용이 네 가지 행동적 효과를 낳는다는 것을 알아냈다. 4요인 증후군이라 불리는 이 효과는 중독, 상승, 둔감화, 시청한 것을 실연하거나 모방하는 경향이다.

13장

불안감이나 공포감을 주는
미디어 내용에 대한 반응

공포는 음화(陰畵)가 현상되는 암실이다.[1]
— 어스먼 아시프(Usman B. Asif), 사진 비평가

1975년, 인기 영화 〈조스〉(Jaws)가 미국 전역의 극장에서 상영되었다. 그해 여름, 언론은 그 영화 때문에 갑자기 많은 사람이 바다에서 수영하는 것을 매우 두려워한다고 보도했다. 미국 전역의 해변에서 일광욕을 즐기는 사람들이 바다에 발을 담그는 것을 피했다. 그들은 거대한 백상어가 면도날처럼 날카로운 이빨로 전혀 대비하지 못하고 있는 사람들을 덥석 물어뜯을 준비를 한 채 근처 어딘가에 숨어 있지는 않을까 걱정했다.

조스를 본 후 많은 관객이 경험한 이러한 감정적 반응은 사실상 일화적이긴 하지만 미디어 내용에 대한 공포(fright)나 불안(anxiety) 반응을 보여주는 좋은 예이다. 장편영화에 대한 공포 반응의 다른 일화도 많다. 1974년, 〈엑소시스트〉(The Exorcist)의 불안감을 주는 장면은 모든 연령층의 관객에게서 격렬한

---

1) 어떤 공포는 긍정적이어서, 즉 긍정적이거나 즐겁거나 고무적인 장면을 가진 음화여서 그것을 현상하면 그런 긍정적인 모습을 담은 사진이 만들어지고, 어떤 공포는 부정적이어서, 즉 슬프거나 화 나가거나 음울한 장면이 담긴 음화여서 현상을 하면 그런 부정적인 모습의 사진이 만들어진다는 의미(옮긴이 주).

1975년, 여름 블록버스터 영화 〈조스〉로 인해 사람들은 파도타기를 하지 못했다. *Roger Kastel*

반응을 불러일으켰다. 〈인디아나 존스〉(Indiana Jones and the Temple of Doom), 〈우주의 침입자〉(Invasion of the Body Snatchers), 〈그렘린〉(Glemlins)과 같은 영화는 부모들이 영화 내용이 13세 미만의 어린이에게 부적합할 수도 있다는 것을 알 수 있게 하기 위해 미국영화협회(MPAA: Motion Picture Association of America)가 PG-13 등급을 제시하게끔 하는 계기가 되었다.

1970년대 중반 이후, 할리우드는 계속해서 생동감과 격렬한 감정을 불러일으키는 내용을 포함한 공포 영화를 제작해왔다. 케이블과 위성 텔레비전이 수백만 가구에 보급되고 새로운 채널이 추가되면서 많은 공포 영화가 미국 가정으로 직접 파고들고 있다. 특히 불안감을 주는 내용에 대한 노출을 분석한 연구가 특히 언제 공포가 가장 강한지 또는 언제 효과가 가장 부정적인지를 예측할 수 있는 방법을 보여준다면, 그러한 연구는 어린이들에게 실질적인 혜택을 제공해줄 것이다.

최근 미디어 효과 연구자들은 공포 반응을 보이는 이유와 그것을 통제할 수 있는 방법을 포함해 미디어 내용에 대한 공포 반응에 관해 많은 것을 알게 되었다. 이 장에서는 오랜 기간에 걸쳐 이루어져 온 주요 공포 반응 연구 결과들을 살펴볼 것이다. 이러한 연구들은 특히 어린이에 초점을 맞추었지만 성인도 연구 대상에서 완전히 배제하지는 않았다. 어린이들의 공포 반응에 관한 연구들은 대부분 픽션 프로그램을 소재로 한 반면, 어른들을 상대로 한 연구들은 주로 불안감을 주는 다큐멘터리에 대한 반응을 조사했다. 이 두 연령 집단을 대상으로 한 많은 연구가 어느 정도 단기간에 그치는 즉각적인 반응으로서의 공포를 살펴보았지만, 최근 들어서는 수 시간 혹은 수 일 이상 지속하는 장기간의 정서적 반응을 살펴보는 연구도 등장했다.

이 장에서 우리는 미디어 효과 연구자인 조앤 캔터(Joanne Cantor)와 동료들이 수행한 실질적인 연구들을 참조할 것이다. 지난 수십 년 동안 캔터의 연구는 여러 학술지와 책에 실렸으며, 미디어 내용물에 대한 공포 반응에 대해 우리가 알고 있는 것의 대부분은 그녀의 연구에서 나온 것이다. 그녀는 매스 미디어에 대한 공포 반응에 관한 최고의 전문가로 여겨진다. 그녀가 사용하는 '공포'에 대한 정의는 아이자드(Izard, 1977)의 글에서 인용한 것이다. "공포는 일반적으로 실재적이거나 상상의 위협에 대한 지각으로 인한 회피나 도망과 관련된 부정적인 쾌락적 톤(hedonic tone)의 정서적 반응으로 여겨진다"(Cantor, 2009: 290)[쾌락론(hedonics)은 심리학의 한 분야로 유쾌한 혹은 불쾌한 의식 상태를 다룬다].

우리는 오락물로서 공포감을 주는 이야기에 대한 간략한 역사와 공포감을 주는 내용의 매력에 관한 여러 설명을 살펴본 다음, 공포를 측정하는 여러 방법을 살펴볼 것이다. 그런 다음 특히 어린이의 공포 반응에 초점을 맞추면서 미디어 내용에 대한 공포 반응의 역동성에 대해 살펴볼 것이다. 공포 반응을 측정하는 데 있어 나이와 젠더 차이의 중요성을 평가한 후, 연구를 기반으로 한 공포 대처 전략으로 끝을 맺을 것이다.

1. 공포에 대한 연구

연구자들은 오랫동안 공포 반응을 측정해왔다. 1930년대와 1940년대의 몇몇 연구는 매스 미디어 수용자, 특히 어린이의 공포 반응을 조사했다(Dysinger

& Ruckmick, 1933; Eisenberg, 1936; Preston, 1941). 여러분은 1920년대 말과 1930년대 초의 페인 재단 연구가 영화가 청소년에게 미치는 영향을 조사했다는 이전 장의 내용을 기억할 것이다. 실험연구자였던 허버트 블루머(Herbert Blumer)는 그의 연구에 참여한 어린이의 93%가 영화를 보고 공포를 느꼈다는 사실을 발견했다.

현대의 공포 장르는 20세기를 거치면서 발전되었다. 〈드라큘라〉(Dracula)와 〈프랑켄슈타인〉(Frankenstein) 같은 고전 영화가 1931년에 등장했다. 미디어가 야기하는 공포 가운데 가장 유명한 사건은 앞에서도 언급했듯이, 1938년 10월 30일, 라디오를 통해 〈우주 전쟁〉이 방송되는 동안 수천 명이 공황 상태에 빠진 사건이었다. '정규' 방송을 중단하고 방송된 뉴스 형식의 이 라디오 드라마는 화성으로부터의 침공을 보도함으로써 대공황 시대의 청취자들을 놀라게 만들었다. 캔트릴(Cantril, 1940)은 여러 국가 사람들의 반응을 연구한 결과, 공포 반응을 야기하는 단일 변인을 집어내지는 못했지만 청취자의 비판 능력 부족이 공포 반응을 불러일으키는 기여 인자로 보인다는 사실을 확인했다. 캔트릴은 인성이 영향을 미치며 기타 심리적인 차이도 청취자가 듣고 있는 것이 실제 뉴스 방송인지를 그들이 믿는지 또는 믿지 않는지에 영향을 미치는 경향이 있음을 확인했다.

1950년대와 1960년대 초반에 이루어진 연구도 대부분 앞서 이루어진 연구들을 따라 영화 및 텔레비전의 내용과 이것들이 수용자에게 미치는 효과에 초점을 맞추었다(Wall & Simon, 1950; Himmelweit, Oppenheim, & Vince, 1958; Schramm, Lyle, & Parker, 1961). 그러나 한 유명한 연구는 이러한 전통을 깨고 만화책이 미국 청소년들에게 미치는 해로운 효과를 조사했다(Wertham, 1953). 1950년대의 만화는 공포적인 측면이 좀 더 강했다. 《성당 지하실 이야기》(Tales from the Crypt) 시리즈물 같은 무시무시한 이야기가 1950년대의 젊은 세대를 즐겁게 해주었다. 1950년대와 1960년대에는 앨프리드 히치콕(Alfred Hitchcock)의 〈사이코〉(Psycho) 같은 공포 영화가 관객들 사이에서 엄청난 인기를 누렸다.

1960년대 중·후반과 1970년대 및 1980년대에 이 분야 연구자들은 흔히 단기적인 감정적 효과보다는 매스 미디어의 '장기적 효과'에 그들의 노력을 집중했다. 헤스와 골드먼(Hess & Goldman, 1962)의 연구에서 인터뷰에 응한 부모 4명 가운데 3명은 그들의 자녀가 텔레비전에서 불안감을 주는 프로그램을 시청한 후 때때로 악몽을 꾸는 반응을 보인다고 말했다. 싱어(Singer, 1975)도 어린이들이 불안감을 주는 미디어 내용을 시청한 후 끔직한 악몽을 꿀 위험이 있다는 것을 보여주었다. 공포 영화를 본 후 수년이 지나도 어린이는 그와 같은 밤의 '공포'를 경험하거나 적어도 이상하거나 불가사의한 환상을 경험할 수 있다. 새러피노(Sarafino, 1986)는 공포감을 주는 미디어 내용이 어린이들에게 공포 반응을 불러일으킬 뿐만 아니라 심리 발달을 해칠 수 있다고 주장했다. 캔터와 라일리(Cantor & Reilly, 1982)와 파머, 하킷 및 딘(Palmer, Hockett, & Dean, 1983)도 오랫동안 지속하는 공포 반응을 측정한 바 있다.

1970년대와 1980년대의 많은 연구가 어린이들 사이에 미디어 공포 반응이 만연해 있음을 강조했다. 한 연구는 연구에 참여한 1학년 어린이의 거의 50%가 텔레비전 프로그램을 시청한 후 때때로 놀라거나 자주 놀란 적이 있음을 확인했다(Lyle & Hoffman, 1972). 1977년 실시된 한 전국 설문조사에서는 설문에 응답한 어린이 4명 가운데 1명이 텔레비전의 총격장면과 폭력적인 싸움 장면으로 인해 놀란 적이 있다고 대답했다(Zill, 1977).

호프너와 캔터(Hoffner & Cantor, 1985)는 훨씬 더 놀라운 결과를 발견했다. 조사 대상이 된 초등학생과 유치원생 가운데 4명 중 3명이 텔레비전 프로그램이나 영화의 액션 장면 때문에 놀란 적이 있다고 대답했다. 1987년, 연구자들은 위스콘신(Wisconsin) 주에서 표집된 유치원생과 초등학생 중 텔레비전이나 영화에서 본 어떤 것 때문에 놀란 적이 있는 경우가 약 75%에 달한다는 사실을 확인했다(Wilson, Hoffner, & Cantor, 1987).

1990년대 이후 여러 유형의 연구들이 오래 지속하는 해로운 효과를 포함해 미디어가 어린이들에게 유발하는 공포와 연관된 문제에 대한 주목하지 않을 수 없는 증거를 제공했다(Cantor, 1998; Harrison & Cantor, 1999; Hoekstra, Harris, & Helmick, 1999). 싱어와 동료들(Singer, Slovak, York, & Frierson, 1998)는 3학년에서 8학년 사이의 오하이오(Ohio) 주 어린이 2000명 이상을 대상으로 한 설문조사에서 텔레비전 시청을 더 많이 한 학생이 더 심한 불안과 우울, 외상 후 스트레스 장애(PTSD: post-traumatic stress disorder) 증상을 보이고 있음을 확인했다. 부모를 대상으로 한 다른 설문조사에서는 어린이가 텔레비전을 더 많이 볼수록 수면 장애를 겪을 가능성이 더 높은 것으로 나타났다. 자신의 침실에 텔레비전이 있는 어린이는 수면 장애와 다른 문제를 겪을 가능성이 현저하게 더 높았다(Cantor et al., 2010; Owens et al., 1999).

유럽의 연구자들도 비슷한 결과를 보고했다. 벨기에에서 13세 어린이 표본 가운데 약 3분의 1이 공포감이나 불안감을 주는 미디어 내용을 시청한 후 1주일에 적어도 한 번 악몽을 꾼 적이 있다고 대답했다(Van den Bulck, 2004). 핀란드에서는 5~6세 어린이들의 수동적인 TV 노출(아침에 일어날 때 텔레비전이 커져 있는 경우)이 수면 문제와 관련이 있는 것으로 확인되었는데, 이 연구는 정신적 문제와 가족 영향 같은 요인을 통제했다(Paavonen et al., 2006).

다시 미국으로 돌아오면, 2004년에 실시된 한 설문조사는 14세에 하루에 3시간 이상 텔레비전을 시청한 어린이들이 16세와 22세에 수면 문제를 더 많이 겪는 경향이 있다는 것을 확인했는데, 이는 텔레비전 시청의 효과와 수면 장애를 겪는 것이 누적적일 수도 있음을 보여준다. 14~16세에 텔레비전 시청 시간을 줄인 어린이들은 16세와 22세에 수면 문제를 더 적게 겪는 경향이 있었다. 텔레비전을 적게 시청하는 어린이들은 수면 문제를 가장 적게 겪는 것으로 나타났다(Johnson et al., 2004).

또 다른 연구는 〈초원의 집〉(Little House on the Prairie)의 한 에피소드에서 파괴적이고 치명적인 집 화재 장면을 시청한 어린이는 그 장면을 보지 않은 어린이보다 벽난로에 불을 피우는 것을 배우고 싶어 하지 않는 경향이 있음을 확인했다(Cantor & Omdahl, 1991). 이와 유사한 한 연구는 어린이들에게 물에 빠지는 장면을 보여주었는데, 그 장면을 본 어린이는 그 장면을 보지 않은 어린이보다 물에서 발생하는 사고에 대해 더 우려하며 카누 타는 법을 배우고 싶어 하지 않는 경향을 보였다(Cantor & Omdahl, 1991). 이 연구자들은 이후 연구에서 연구가 그들에게 미치는 영향이 오래 지속되지 않도록 하기 위해 연구의 취지를 사후 설명해주었으며 또한 그들에게 안전 물놀이 지침을 가르쳐주었다.

최근에 와서는 책과 영화들이 더 생생한 묘사(더 많은 피, 선혈, 사실감)를 제공하며 수용자들은 이것을 좋아하는 것 같다. 영화 분야에서는 〈파라노말 액티비티〉(Paranormal Activity)와 〈쏘우〉(Saw) 같은 최근 히트작과 더불어, 〈13일의 금요일〉(Friday the 13th), 〈할로윈〉(Halloween), 〈나이트메어〉(Nightmare on Elm Street), 〈스크림〉(Scream) 같은 박스 오피스 클래식들이 속편, 리메이크(remake), DVD를 통해 계속해서 수용자들을 오싹하게 만든다. 특수효과 기술의 향상으로 이러한 인기 영화들은 더 생동감 있고 사실감 있는 공포 장면을 보여주었다. 심지어 텔레비전의 경우도 특수효과 덕분에 〈프린지〉(Fringe), 〈크리미널 마인드〉(Criminal Minds), 〈워킹 데드〉(The Walking Dead), 〈CSI〉 같은 인기 드라마에서 (특히 어린 시청자들에게) 공포감을 주는 내용이 가능해졌다.

오랜 기간에 걸쳐 많은 연구자가 공포감을 주는 영화의 효과에 대한 증거를 제공해왔다. 버저토(Buzzuto, 1975)는 〈엑소시스트〉를 본 후의 신경증(neurosis) 사례를 기록했다. 마싸이(Mathai, 1983)는 〈시체 강탈자들의 침입〉(Invasion of the Body Snatchers)을 본 청소년들이 극심하게 불안해하는 상태를 기록했다. 캔터, 윌슨 및 호프너(Cantor, Wilson & Hoffner, 1986)는 텔레비전 영화 〈그날 이후〉(The Day After)를 시청한 후 나이가 더 적은 어린이들은 가장 적게 놀란 데 반해, 10대는 좀 더 놀랐고 그들의 부모는 가장 많이 놀랐다는 사실을 확인했다(나이에 따른 인지적 발달 차이에 대해서는 뒷부분에서 논의하기로 함). 사이먼 및 실베이라(Simon & Silveira)는 〈고스트워치〉(Ghostwatch)라는 영국 텔레비전 프로그램 시청자들에게서 PTSD의 증거를 발견했다. 그와 같은 연구와 다른 연구들에 대해서는 캔터(Cantor, 2009)의 연구를 참조하기 바란다.

최근 연구자들은 그들의 주목을 특히 어린이들의 공포 반응에서부터 뉴스 방송으로 돌렸다. 9·11, 버지니아 공대(Virginia Tech) 총기난사사건, 엘리자베쓰 스마트(Elizabeth Smart)의 유괴 및 구출 등과 같은 뉴스 사건은 연구자들에게 이러한 분야의 연구를 할 수 있는 풍부한 기회를 제공했다(Bond & Harrison, 2008; Cantor, Mares, & Oliver, 1993; Cantor & Nathanson, 1996; Wilson, Martins, & Marske, 2005).

최근에 본 실제 영화나 텔레비전 프로그램의 효과를 연구하는 것 외에도, 연구자들은 공포 반응이 종종 나이가 더 들거나 성인이 되어서까지 남아 있거나 기억될 수 있다는 사실을 알아냈다(Hoekstra et al., 1999; Cantor, 1998; Johnson, 1980). 연구자들은 공포 반응의 강도와 지속 정도를 파악하기 위해 연구 참여자들의 자술 보고를 조사한다. 1999년에 이루어진 두 연구는 학부생들의 미디어 관련 공포 반응에 대한 기억이 어린이나 청소년만큼이나 생생하거나 좀 더 최근까지 그러한 기억을 가지고 있음을 확인했다(Harrison & Cantor, 1999; Hoekstra et al., 1999). 두 연구 가운데 한 연구는 응답자들 가운데 4분의 1 이상이 평균적으로 시청한 지 6년이나 지난 에피소드에 대해 여전히 정서적인 감정을 가지고 있다는 것을 알아냈다.

여러 해에 걸쳐 연구들은 미디어(그것이 영화든 라디오든 텔레비전이든) 내용에 대한 어린이들의 즉각적이고 단기적인 공포 혹은 불안 반응뿐만 아니라 오래 지속하는 반응에 대해서도 조사해왔다. 캔터는 문헌 고찰을 통해 그러한 연구 결과들을 다음과 같이 평가했다:

요약하면 연구들은 어린이들이 매스 미디어가 제공하는 내용을 시청하는 동안 종종 불안감과 고통을 경험하며, 강도에 차이가 있기는 하지만 이러한 감정은 종종 노출된 후에도 오래 지속함을 보여준다. 최근 설문조사는 미디어에 의해 유발된 두려움은 어린이의 수면을 방해함을 증명해주며, 과거를 회고하는 자술 보고는 공포감을 주는 미디어의 부정적인 효과는 수년 동안, 심지어 성인이 된 후에까지도 지속할 수 있음을 보여준다(Cantor, 2009: 300).

2. 공포의 매력에 대한 설명

공포물이란 "분명하지 않은 어떤 위협의 두려움과 잠재적인 여파에 대한 혐오를 특징으로 하며 …… 아마 위협의 근원이 구성상 초자연적인" 이야기를 말한다(Tamborini & Weaver, 1996). 바꾸어 말하면 공포 이야기는 극단적인 두려움을 야기한다. 괴물이나 어떤 끔찍한 공포의 대상은 생명을 위협하며, 죽음의 방식이나 죽음의 여파는 혐오감을 불러일으킨다.

공포감과 혐오감에도 불구하고, 수용자들은 그것을 즐기며 실제로 그 같은 경험을 추구한다. 일부 커뮤니케이션 연구자들은 이러한 오락거리로서의 공포(fright-as-entertainment) 현상에 관심을 기울여왔다. 그들은 불쾌하고 무서운 이야기를 즐길 수 있는 오락으로 만드는 복잡성을 설명하려고 시도했다.

과학자들은 여러 다른 이론을 통해 공포 이야기가 수용자에게 어필하는 것을 설명하려 했다. 질만과 깁슨(Zillmann & Gibson, 1996)은 이러한 견해를 아주 잘 요약하였다.

가장 대중적인 견해는 정화(catharsis) 견해이다. 이 견해에 따르면, 수용자들이 스크린을 통해 생생한 폭력을 목격하거나 책에서 그러한 것을 읽을 때 그들은 자신의 폭력 성향이나 기질을 정화, 즉 스스로 제거한다는 것이다. 일부 학자는 이와 같은 정화는 즐거운 경험이라고 주장했다(Clarens, 1967). 일부 학자는 정화 개념을 확대해 개인적 두려움과 걱정의 정화도 포함시켰다

(Douglas, 1966; Tudor, 1989). 또한 많은 공포 영화에 등장하는 괴물의 모양이 변하는 것은 성적으로 성숙해짐에 따라 육체적 변화를 경험하는 10대에게 아마 정화적 안도감을 제공할 수도 있다(Evans, 1984).

연구자들은 또한 공포를 통한 정화효과를 설명하기 위해 '동일시'(identification)나 '대리경험'(vicarious experience) 같은 용어를 사용한다. 어떤 학자는 시청자가 괴물이나 살인자를 자신과 동일시함으로써 가학적 즐거움을 얻을 수 있다고 말한다(King, 1981). 시청자는 대리적 방식으로 특정한 금기(taboo) 경험을 즐길 수 있다(Wood, 1984). 특정한 행위(특히 공포 영화에서 자주 발생하는 성적인 행위)에 대한 깊은 우려감이 즐거움을 주는 책이나 영화를 통해 표출되고 심지어 해소되기도 한다(Derry, 1987).

버라인(Berlyne, 1967, 1971)은 공포의 매력에 대해 또 다른 제안을 했다. 공포는 그것이 끝나면 시청자에게 흡족한 안도감을 주는데, 이는 필요하면서 해로운 경험이라고 그는 생각했다. 질만과 깁슨은 다음과 같이 적고 있다:

그것은 유쾌한 안도감을 유발할 것으로 기대되는 아주 혐오스런 상태의 '종결'이다. 이런 점에서 공포를 즐기는 것은 심한 치통이 갑자기 사라졌을 때의 즐거움과 유사해서 그것은 사람들에게 반복되었으면 하는 희망을 가지게 한다(Zillmann & Gibson, 1996: 26).

로젠바움(Rosenbaum, 1979)은 독특하게도 종교적인 관점에서 공포감을 주는 내용이 지닌 매력을 설명했다. 즉, 사람들은 공포가 사악한 힘을 무너뜨릴 수 있는 어떤 뛰어난 영적 존재에 대한 믿음을 조성하기 때문에 공포를 즐긴다는 것이다. 궁극적으로 사람들은 '영적인 안전감'을 경험한다(Zillmann & Gibson, 1996: 27).

질만(Zillmann, 1991a, 1991b)은 공포로 인해 시청자들이 희생자를 향해 감정이입(empathy) 반응을 보이게 되고 스스로 희생자가 되지 않을까 걱정하게 되기 때문에 공포는 무서운 것이라고 평했다. 바꾸어 말하면 시청자는 자신과 희생자를 동일시하며 희생자의 공포를 대리 경험한다는 것이다. 시청자들은 공포로 인해 자신이 희생자가 되지 않을까 불안해하기 때문에 두려움을 갖게 된다. 끝으로 공포는 대개 시청자가 즐길 수 있도록 시청자에게 만족감을 주는 내용으로 끝을 맺는 것을 특징으로 한다.

질만은 시청자가 공포를 즐긴다고 보는 자신의 견해를 '성 사회화 접근'(gender-socialization approach)이라 불렀다(Zillmann, 1991a, 1991b). 이러한 견해는 이전의 견해와 상당한 차이가 있다. 질만은 남성과 여성이 공포 영화에 매우 달리 반응한다는 것과 공포 영화를 보고 얻는 즐거움 가운데 일부는 이러한 예측 방식으로 행동하거나 반응하는 것과 관계가 있다는 것에 주목했다. 질만과 깁슨은 다음과 같이 적고 있다:

소년과 남성의 행동 규범은 공포에 노출되더라도 고통스러워해서는 안 된다는 것이다. 공포에 직면해서도 고통스럽지 않음을 보여주는 것은 그들 스스로를 기분 좋게 만들며 다른 사람에게 좋은 인상을 준다. 따라서 충족감은 자연발생적이며 사회적인 속성을 지닌다. 반대로 소녀와 여성의 행동 규범은 공포에 노출되는 것은 고통스러운 것이며 당연히 고통 그 자체로 표출되어야 한다는 것이다. 그것에 상응하는 적절한 감수성(놀람, 혐오, 경멸)을 보여주는 것은 그들에게 즐거움을 주며 다른 사람에게 좋은 인상을 준다. 이런 점에서 충족감은 또다시 자연발생적이며 사회적 속성을 지닌다(Zillmann & Gibson, 1996: 28).

호프너와 르바인(Hoffner & Levine, 2005)은 공포의 즐김을 다룬 문헌들에 대해 메타분석을 실시한 결과, 감정이입의 정도가 낮고 감각 추구 성향 및 공격성이 높은 사람이 그런 것처럼 남성 시청자가 여성 시청자보다 미디어를 통한 공포감을 더 즐기는 것으로 나타났다. 그들은 공포감을 즐기는 이유를 이론화할 수 있는 추가적인 연구의 필요성을 강조했다.

매개된 공포와 폭력의 즐김: 메타분석

Cynthia A. Hoffner and Kenneth J. Levine(2005)

Media Psychology, *7*, 207~237.

연구자들은 공포감을 주거나 폭력적인 미디어 내용을 조사했고, 자술 보고를 통해 내용의 즐김을 측정했으며, 시청하는 동안의 부정적인 감정(affect)와 각성, 감정이입, 감각 추구(sensation seeking), 공격성, 젠더, 나이 같은 독립변인이 포함된 연구들을 선택했다. 일단 그 같은 연구들을 선택한 후, 연구자들은 메타분석을 사용해 데이터를 종합했다.

연구방법

연구자들은 그러한 연구 논문을 찾아내기 위해 컴퓨터 데이터베이스를 검색했다. 그들은 미디어 유형(영화, 매스 미디어, 텔레비전, TV), 공포감을 주거나 폭력적인 내용(두려움, 공포감을 주는, 공포, 무서운, 폭력, 폭력적인), 즐김(감정, 어필, 즐기다, 즐김, 오락, 좋아하다, 좋아함)과 관련된 다수의 검색 용어를 사용했다. 조건에 맞는 연구를 찾기 위해 연구자들은 무서운 미디어, 공포, 혹은 폭력적인 미디어로 분류되면서 또한 공포나 폭력의 즐김 혹은 선호에 대한 자술 보고를 종속변인으로 포함하고 있는 연구를 선택했다. 또한 메타분석에 포함된 각 연구는 다음과 같은 독립변인을 적어도 하나 이상 포함하고 있어야 했다: 시청하는 동안의 부정적 감정 및 각성, 감정이입, 감각 추구, 공격성, 응답자의 젠더와 나이. 마지막으로 각 연구는 효과의 크기를 계산할 수 있을 정도의 충분한 정보를 포함하고 있어야 했다. 메타분석은 35편의 학술지 논문 데이터를 토대로 했다.

분석

선택된 연구의 결과들은 통계 도구를 사용하여 일반적인 효과 크기 값으로 전환했다.

연구결과

감정이입 정도가 낮고 감각 추구 성향과 공격성이 높은 남성 시청자는 공포와 폭력을 더 즐기는 것으로 나타났다. 연구자들은 감정이입이 폭력과 희생에 대한 시청자의 반응에 어떤 영향을 미치는지에 대한 추가 연구의 필요성을 강조했다. 그들은 또한 후속 연구를 통해 공포와 폭력을 즐기는 데 있어서의 젠더 차이가 어린이에서 성인으로 바뀌면서 어떻게 변하는지 살펴볼 필요가 있다는 의견을 제시했다.

3. 공포감 측정

사회과학자들은 여러 가지 조사방법을 사용하여 사람들이 미디어 내용물을 시청할 때 보이는 두려움이나 불안에 대한 반응을 측정한다. 성인을 대상으로 한 연구이건 어린이를 대상으로 한 연구이건, 연구자들은 **자술 보고 측정**(self-reporting measure)과 **생리 반응 측정**이 가장 유용하다는 사실을 확인했다.

자술 보고 측정의 경우, 조사 대상자에게 공포감이나 불안감을 주는 내용을 보여준 다음 이러한 내용에 대한 자신의 반응을 가장 잘 표현해주는 단어나 어구를 선택하도록 요구한다. 예를 들면, 성인에게 그들이 경험한 불안의 정도나 불안의 상태를 적어내도록 요구한다(Lazarus, Speisman, Mordkoff, & Davidson, 1962). 그리고 조사 대상자가 적어내는 긴장도나 정서적 각성과 같은 다른 기술어(記述語)도 추가적인 정보를 제공한다. 연구자들은 또한 성인을 대상으로 어린 시절 그들을 놀라게 했던 미디어 내용을 기억해내거나(Hoekstra, Harris, & Helmick, 1999; Harrison & Cantor, 1999) 매개된 내용에 대한 자녀의 공포 반응을 적어주도록 요구했다(Cantor & Sparks, 1984; Sparks, 1986). 어린이의 자술 보고서는 좀 더 단순하다. 보통 연구자들은 어린이들에게 여러 단계의 반응, 예를 들면 불안감을 주는 장면이나 내용을 보고 그들이 얼마나 무서웠는지 또는 얼마나 기분이 상했는지 표현하도록 요구한다(Sparks & Cantor, 1986).

공포 반응을 측정하기 위해 몇몇 생리적 반응이 사용되기도 했다. 성인들에게서 가장 흔히 측정된 생리적 반응은 심장 박동 수와 피부의 전기 전도도이다(Falkowski & Steptoe, 1983; Koriat, Melkman, Averrill, & Lazarus, 1972). 조사 대상자가 어린이일 때는 주로 심장 박동 수, 체온(Wilson & Cantor, 1985; Zillmann, Hay, & Bryant, 1975), 두려운 얼굴 표정(Wilson & Cantor, 1987)을 측정했다.

4. 미디어 내용에 대한 공포 반응의 이유

미디어 효과 연구자들은 자신이 목격하고 있는 것이 실제로 결코 일어나지 않았다는 것을 이해할 수 있는 나이와 발달 단계에 이른 어린이가 공포 반응을 보이는 이유에 대해 논의해왔다. 시청자들이 위험에 처해 있지 않으며 또한 자신이 위험에 처해 있지 않다는 것을 알고 있는데도 공포는 발생한다. 왜 이런 일이 벌어질까? 사회과학자들은 대부분 이러한 반응을 고전적 조건형성을 통해 설명한다(Pavlov, 1927, 1960; Razran, 1949). 고전적 조건형성에 따르면, 특정한 자극은 특정한 반응을 불러일으키고 그것과 유사한 자극은 덜 강렬하지만 유사한 반응을 불러일으킨다고 한다.

1) 공포 야기 자극

캔터에 따르면, 미디어에서 되풀이되는 세 가지 범주의 자극은 일반적으로 실제 생활에서 공포 반응으로 이어진다. 이 세 가지 범주는 ① 위험과 부상, ② 자연적 형태의 왜곡, ③ 타인에 의한 위험 및 공포 경험이다(Cantor, 1994: 291~292).

(1) 위험과 부상

무서움을 주는 프로그램에서는 해를 가하려고 위협하는 많은 종류의 사건들이 반복해서 갑자기 나타난다. 이러한 사건에는 자연 재해(예, 지진, 토네이도), 대인 갈등, 전 세계적 또는 전 우주적인 큰 전쟁과 같이 사람들 간의 폭력적 대립, 동물의 공격 또는 대형사고 등이 포함될 수 있을 것이다(Cantor, 1994). 매스 미디어에서 위험스런 자극 묘사에 의해 야기된 공포 반응은 실험실 연구와 설문조사 연구를 통해 측정되어왔다(Cantor, 1998; Harrison & Cantor, 1999).

프레디 크루거(Freddy Krueger)는 영화 〈나이트메어〉에서 복수의 화신이다.

(2) 자연적 형태의 왜곡

공포 반응을 야기하는 경향이 있는 또 하나의 자극은 흔히 볼 수 있는 광경이나 생물의 모양이 흉하게 변하거나 일그러지거나 불구가 된 채로 보일 때 발생한다. 예를 들면, 영화에 등장하는 괴물이 이러한 범주에 속한다.

연구 문헌들을 살펴보면, 기괴한 모습을 하고 있는 등장인물은 어린이들에게 공포를 유발하는 것으로 자주 언급되고 있음을 알 수 있다. 설문조사와 보고서들(Cantor, 1998; Cantor & Sparks, 1984)은 이 같은 공포가 어린이들에게서 발생함을 보여주었다.

(3) 타인에 의한 위험 및 공포 경험

영화와 텔레비전 드라마는 때때로 공포 반응을 보이는 등장인물이 처한 상황에 수용자를 관여시키려 한다. 따라서 수용자는 그러한 줄거리에 빠져 들어가 자신이 동일시할 수 있는 등장인물에게 '감정이입'을 하게 된다. 감정이입은 공포 자극에 대한 세 번째 범주의 반응을 불러일으키는 두 주요 기제 가운데 하나이다.

이 마지막 범주는 무서운 내용에 대한 시청자들의 간접적인 반응을 수반하는 유일한 범주이다. 다른 말로 하면 무시무시한 상황에서 무서워하는 등장인물을 수용자들이 볼 때 공포는 야기된다.

실험 연구는 감정이입이 나이가 들면서 반드시 발달되며 역할 놀이(role-play) 기술 습득과 연관이 있음을 밝혀냈다(Feshback, 1982; Selman & Byrne, 1978). 연구에 따르면 유치원 아이들은 실제 공포 자극만큼 등장인물의 공포에 놀라지 않는 반면, 그보다 나이가 많은 어린이들(9~11세)은 공포 자극 그 자체를 목격하지 않고 단순히 등장인물의 무서워하는 표정을 보는 것만으로도 공포를 경험하는 것으로 알려졌다(Wilson & Cantor, 1985).

간접적인 공포 반응을 불러일으키는 다른 하나의 기제는 '대리 관여'(vicarious involvement) 기제이다. 위험이 곧 닥칠 것이라는 것을 등장인물이 깨닫지 못해 무서워하지 않고 있는 상황에서 수용자들이 느끼는 공포를 이 기제는 설명해준다. 긴장감 넘치는 드라마는 수용자들이 동일시하거나 감정적 애착을 느끼는 등장인물에게 어떤 무시무시한 일이 일어날지도 모른다는 수용자들의 긴장과 걱정에 기대를 건다(Cantor, 1998; Cantor & Omdahl, 1991). 영화 관객들이 "위층으로 올라가지마!" 혹은 "문 뒤를 봐!"라고 하면서 영화 등장인물에게 말을 하는 것이 그러한 예이다.

2) 정서적 반응 요인

캔터(Cantor, 2009: 292~294)는 시청자들이 스크린에서 무서운 상황을 볼 때면 언제나 그들을 정서적으로 반응하게 만드는 세 가지 중요한 요인을 확인했는데, ① 묘사의 현실감, ② 시청자의 동기화, ③ 시청자의 정서성(emotionality)에 영향을 미치는 기타 요인이 그것이다.

(1) 묘사의 현실감
시청자들이 스크린에서 매우 현실감 있고 무서운 행위를 목격할 때면 그들의 공포 반응은 언제나 격렬하게 정서적인 경향을 띤다. 이를 일컬어 **자극 일반화**(stimulus generalization)라고 한다. 이 개념은 실제 생활에서 조건화되거나 조건화되지 않은 자극과 스크린에 나타난 것 간의 유사성을 말한다. 실제 생활과 드라마의 유사성이 크면 클수록 자극 일반화는 더 커지며, 따라서 그러한 자극에 대해 두려워하거나 정서적인 반응을 보이게 된다. 자극 일반화 개념은, 예를 들면, 만화에서의 폭력이나 인형들 간의 폭력보다 라이브 액션(live action)이나 현실 묘사를 포함하는 폭력적인 장면에 사람들이 왜 더 격한 반응을 보이는지를 설명해준다(Gunter & Furnham, 1984; Osborn & Endley, 1971; Surbeck, 1975).

수용자 개인의 특정한 공포는 스크린상의 묘사가 불러일으키는 정서적 반응의 강도에 영향을 미친다. 예를 들면, 어린이는 그들의 입장에서 이해할 수 있는 스크린상의 사건, 즉 개인적인 경험의 범주 내에 드는 사건에 더 놀란다. 스크린을 통해 관련된 내용을 볼 때 개인적인 공포와 그것과 연관된 실제 생활의 경험이 그러한 내용에 영향을 받은 개인들이 더 격렬하게 반응하도록 만든다는 사실을 실험 연구들은 확인해주었다(Hare & Bevings, 1975; Sapolsky & Zillmann, 1978; Weiss, Katkin, & Rubin, 1968).

'자극 구별'(stimulus discrimination)이라 불리는 과정도 수용자의 정서적 반응에 영향을 미치는 것으로 밝혀졌다. 자극 구별이란 스크린상의 사건과 실제 생활에서 벌어지는 일을 구별할 수 있는 (또는 없는) 수용자의 능력을 말한다. 예를 들면, 발달 측면에서 아직 성숙함이 모자라는 어린이의 경우, TV나 영화 속의 괴물이 실제로 존재하지 않는다는 것이나 극적인 쓰릴러물에서의 잔인한 총격장면이 실제로는 일어나지 않는다는 것을 깨닫기가 매우 어렵고 감정적으로 혼란을 불러일으킬 수 있다(Door, 1980). 어린이는 영화와 텔레비전의 세계가 실제 세계와는 분명히 다르다는 것을 이해하는 발달 능력(developmental capacity)이 부족하다(Cantor & Hoffner, 1990; Cantor & Wilson, 1984). 미디어 기술이 만든 것과 실제 일어나는 것을 구별하는 데 좀 더 익숙해지면, 스크린상의 묘사에 대한 감정적 반응의 강도는 어느 정도 줄어든다. 많은 성인이 이러한 내용은 허구라는 것을 이해하는 데도 미디어의 묘사에 대해 공포감을 보이기 때문에, 자극 구별 개념이 연구 증거에 의해 완전히 지지된다고 할 수는 없다 (Johnson, 1980). 추가 연구들은 심지어 성인이 습관적으로 공포물을 시청한다 하더라도 공포 반응이 반드시 줄어드는 것은 아니라는 것을 보여주었다(von Feilitzen, 1975; Cantor & Reilly, 1982; Sapolsky & Zillmann, 1978).

(2) 시청자의 동기화

성숙한 성인 시청자는 미디어 내용에 대한 반응에 상당한 통제 능력을 지니고 있다고 연구자들은 주장했다. 특정한 인지적 조치를 취함으로써 공포 반응을 촉진시키거나 최소화할 수 있다(Zillmann, 1978, 1982). 예를 들면, 드라마를 보면서 즐거움을 얻고 각성되기를 원하는 시청자는 그러한 사건이 즐거움을 높여주기 위해 연출되고 있다는 사실을 의도적으로 '잊어야' 할지도 모른다. 반면, 공포 반응을 최소한의 상태로 유지하고 싶어 하는 시청자는 스스로에게 이러한 행동이 단지 매개되는 것이라는 사실을 계속해서 상기시켜야 할지도 모른다. 어린이가 이러한 능력을 발휘하기는 특히 어렵다(Cantor & Wilson, 1984).

또 다른 시청 동기화는 정보 획득 동기이다. 연구에 따르면 이러한 동기에서 시청을 하는 수용자는 프로그램에 주목하는 경향이 있으며, 따라서 그들이 보는 것에 의해 더 많이 각성될 수 있다고 한다. 실제로 발생한 폭력의 묘사가 시청자들이 순수한 허구라고 알고 있는 프로그램보다 현저하게 더 높은 각성을 불러일으킨다는 것을 연구들이 보여줌에 따라, 상당수의 연구자는 실험연구 자극물로 다큐멘터리 영화를 포함시켰다(Geen, 1975; Geen & Rakosky, 1973). 캔터와 호프너(Cantor & Hoffner, 1990)는 영화에서 공포감을 주는 무언가(어린이가 자신이 속해 있는 환경에서 자신에게 영향을 줄 수 있다고 생각하는 무언가)를 본 어린이가 그것이 자신의 삶속에서 일어날 수 없다고 생각하는 어린이보다 더 무서워한다는 사실을 확인했다.

(3) 시청자의 정서적 반응에 영향을 미치는 요인

흥분시키거나 불안감을 주는 장면을 보기 전에 미리 각성되어 있는 수용자는 어느 정도 '각성 잔재'(arousal residue)를 유지하고 있는데, 이러한 각성 잔재는 더 강렬한 정서적 반응을 불러일으키는 영화 장면에 대한 새로운 반응과 결합된다는 것을 연구는 보여주었다. 이러한 현상을 설명해주는 이론을 흥분 전이(excitation transfer)라고 부른다(Zillmann, 1978; Cantor, Zillmann, & Bryant, 1975; Zillmann, Mody, & Cantor, 1974). 각성을 일으키는 사건은 서로 관련될 수도 있고 관련되지 않을 수도 있으며, 동시에 일어날 수도 있고 동시에 일어나지 않을 수도 있지만, 다른 요인이 시청자의 주의를 흩트리거나 흥분 전이 과정이 일어나는 것을 막지 않는다면 흥분 전이가 일어난다(Girodo & Pellegrini, 1976; Schachter & Singer, 1962).

영화 제작자와 감독이 긴박감을 고조시키기 위해 사용하는 기법을 통해 흥분 전이가 작동하는 좋은 사례를 발견할 수 있다. 예를 들면, 음향효과는 매우 중요하다. 여러 유형의 음악은 각기 다른 분위기와 다른 정도의 각성을 불러일으켜 영화의 정서적 효과에 영향을 미칠 수 있다(Thayer & Levenson, 1983). 영화의 효과를 고조시키는 또 하나의 중요한 기법은 닥쳐올 위협을 미리 예시하거나 경고하는 것이다. 연구에 따르면 어떤 영화가 성인 관객들에게 어떤 괴로움을 주는 사건이 발생할 것이라는 것을 미리 경고했다면, 그러한 사건이 발생할 때 그들은 더욱 당혹해하며(Cantor, Ziemke, & Sparks, 1984; Nomikos, Opton, Averill, & Lazarus, 1968) 어린이들은 미리 경고된 장면을 예견할 때 더 많은 공포를 경험한다고 한다(Hoffner & Cantor, 1990).

5. 연령 및 젠더 차이

공포감을 주는 미디어 내용물에 대한 시청자의 반응에 영향을 미치는 중요한 요인 가운데 두 가지 요인은 나이와 젠더이다. 1987~1996년 사이에 미디어에 의해 유발된 공포를 조사한 연구들에 대해 메타분석을 실시한 최근의 한 연구는 젠더과 나이 차이의 중요성을 강조했는데, 여성이 남성보다 더 많은 공포감을 보이며 이러한 효과의 크기는 나이가 들면서 증가했다(Peck, 1999). 앞서 언급한 대로 젠더 차이는 젠더에 맞게 행동하라는 사회적 압력(예, 공포물을 보고 비명을 지르는 소녀, 불안감을 주는 내용에 대해 숙달된 자기 제어력을 보여주는 소년)에서 기인된 것일 수도 있다.

공포감을 주는 미디어 내용에 대한 반응이 차이를 보이는 데 있어서 성인들의 젠더 차이의 중요성은 공포의 매력을 설명하는 부분에서 이미 논의가 되었기 때문에, 여기서는 어린이들의 나이 및 젠더 차이의 중요성에 초점을 맞춘다. 어린 시절 발생하는 엄청난 발달상의 차이로 인해 특히 어린이들은 학습을 통해 환상과 현실을 구별하기 때문에, 어린이들의 공포 반응을 결정하는 가장 중요한 요인은 나이이다. 소녀가 소년보다 더 쉽게 놀라고(Birnbaum & Croll, 1984) 더 정서적이라는(Fabes & Martin, 1991; Grossman & Wood, 1993) 고정관념적 이미지가 있지만, 어린이들은 젠더 차이가 덜 뚜렷하다.

캔터와 동료들은 각기 나이가 다른 어린이들을 놀라게 하는 여러 종류의 자극뿐만 아니라 어린이들의 공포 반응을 줄이는 데 도움을 주는 전략들을 확인했다. 3세에서 8세 사이의 어린이는 괴물, 유령, 초자연적 생명체, 어두움, 동물, 괴상하게 생긴 생명체, 빠르게 움직이는 생명체를 무서워하는 경향이 있다. 좀 더 나이가 든 어린이(9~12세)는 자기 자신이나 자신이 사랑하는 것을 해치거나 파멸시키겠다는 위협을 더 무서워한다. 13세 이상의 어린이는 신체 상해도 두려워하지만, 그 밖에 사회적 압력과 또래 집단의 압력 및 그에 따른 두려움, 그리고 정치, 경제 또는 환경 같은 전 세계적인 관심사에 대해서도 신경을 쓴다(Cantor, 2009; Cantor, 1994; Cantor et al., 1986).

나이가 아주 적은 어린이와 나이가 더 많은 어린이의 차이는 분명하게 드러난다. 더 어린 아이들은 자극이 얼마나 비현실적이거나 환상적인가에 관계

어린이를 무섭게 만드는 것

....

각기 나이가 다른 어린이들은 그들이 스크린에서 보는 것에 대해 다른 종류의 공포 반응을 보인다. 이러한 차이의 이유는 인지 발달 수준이 각기 다른 것과 관련이 있다. 나이가 적은 어린이는 공포 자극이 얼마나 비현실적이거나 환상적인지에 관계없이 자극 그 자체를 무서워하는 경향이 있다. 나이가 조금 더 든 어린이는 단순히 위험 그 자체보다는 그것이 그들에게 일어날지도 모른다는 것에 대해 더 두려워한다. 훨씬 더 나이가 든 어린이는 신체적 위험 외에 (또는 신체적 위험 대신에) 심리적 위험을 가하는 추상적인 이슈에 대해 더 놀란다.

나이: 3~8세
이 연령대의 어린이는 괴물, 유령, 초자연적 생명체, 어두움, 동물, 이상하게 생긴 생명체, 그리고 빠르게 움직이는 생명체와 같은 스크린상의 공포 이미지에 놀라는 경향이 있다.

나이: 9~12세
자기 자신이나 자신이 사랑하는 것을 해치거나 파멸시키겠다는 위협이 이 연령대의 어린이들을 가장 많이 놀라게 한다.

나이: 13세 이상
신체 상해는 청소년들에게도 두려움을 주지만, 그들은 사회적 압력과 또래 집단의 압력, 그리고 정치, 경제 또는 환경 같은 전 세계적 관심사에도 신경을 쓴다.

자료: Cantor, J.(1994). Fright reactions to mass Media. In J. Bryant & D. Zillmann(Eds.), *Media effects: Advances in theory and research*, Hillsdale, NJ: Erlbaum, p.231; Cantor, J., Wilson, B. J., & Hoffner, C.(1986). Emotional responses to a televised nuclear holocaust film. *Communication Research*, 13, 257~277.

없이 자극 그 자체를 무서워한다. 나이가 더 많은 어린이들은 단순히 위험 그 자체보다는 그것이 자신에게도 일어날지도 모른다는 것을 더 무서워한다. 나이가 훨씬 더 많은 어린이들은 '신체적' 위험 외에 (혹은 신체적 위험 대신) '심리적인' 위험을 가하는 더 추상적인 개념과 이슈를 두려워한다. 각기 다른 연령대의 어린이들의 공포 반응을 요약한 상자('어린이를 무섭게 만드는 것')를 참고하기 바란다.

이러한 차이의 이유는 어린이들의 인지 발달 수준과 관련 있다. 어린이들은 약 7세까지는 그들이 지각하는 관점 내에서 아이템을 기억하고 분류한다. 7세 이후에는 이러한 유형의 조직화가 물리적 특성 하나만이 아닌 아이템의 개념이나 기능을 토대로 한 조직화로 대체된다(Birch & Bortner, 1966; Melkman, Tversky, & Baratz, 1981). 따라서 나이가 들면서 어린이들은 환상이나 비현실적인 것보다는 좀 더 현실에 바탕을 둔 미디어 묘사 내용에 더 강하게 반응한다(Flavell, 1963; Kelly, 1981; Morison & Gardner, 1978; Cantor & Sparks, 1984).

텔레비전 프로그램 〈두 얼굴의 사나이〉(The Incredible Hulk)를 소재로 한 한 연구는 인지 발달상의 차이와 어린이들의 공포 반응을 보여주는 좋은 사례이다. 스파크스 및 캔터(Sparks & Cantor, 1986)는 유치원 어린이들이 정상적인 모습을 한 영웅이 괴물 헐크로 변할 때마다 몹시 놀란다는 것을 확인했다. 이들보다 나이가 더 많은 어린이들은 헐크가 정의를 위해 자신의 힘을 사용한다는 것을 이해하기 때문에 주인공이 헐크로 바뀌는 것에 놀라지 않았다.

1980년대에 텔레비전 영화 〈그날 이후〉(The Day After)가 방송된 후 실시된 한 연구는 또 하나의 좋은 사례를 제공한다. 비록 다른 텔레비전 프로그램과 비교할 때 피해를 입는 모습을 비교적 부드럽게 표현하긴 했지만, 이 영화는 핵 공격을 받은 캔자스 주의 한 지역과 그로 인한 치명적인 여파를 보여주었다. 캔터 등(Cantor, Wilson, & Hoffner, 1986)은 이 영화가 방송된 다음 날 시청자를 대상으로 전화 설문조사를 실시했다. 그 결과, 나이가 적은 어린이는 그 영화의 영향을 가장 적게 받은 반면, 13세 이상의 어린이는 (인지적 발달 때문에) 매우 불안해했고 그들의 부모는 훨씬 더 불안해했다는 사실이 드러났다.

6. 공포 대처 전략

어린이의 연령과 젠더에 따라 공포감을 느끼는 미디어 묘사의 종류도 달라지듯이, 젠더 차이는 효과적인 공포 대처 기제를 정하는 데 훨씬 더 작은 역할을 하지만, 발달상의 차이는 각기 다른 공포 대처 전략을 마련하는 데 영향을 미친다. 공포 대처 전략은 여러 연령대에서 매스 미디어 내용에 의해 야기되는 공포를 줄이거나 심지어 막는 데 효과적인 것으로 드러났다.

공포 대처 전략은 비인지적 전략과 인지적 전략으로 나뉜다(Cantor, 1994). 시청자들에게 언어적 정보 처리를 요구하지 않는 비인지적 전략은 유치원 어린이에게 주효한 것으로 나타났다. 초등학교 어린이와 그 이상의 연령대 어린이에게는 비인지적 전략도 유용한 것으로 드러났지만, 그들에게는 인지적 처리(예: 공포에 대해 이야기하는 것)를 요구하는 인지적 전략이 좋은 효과를 보이는 경향이 있다. 연구에 따르면 청소년기의 소녀는 소년보다 비인지적인 대처 전략을 더 많이 사용하는 것으로 드러났지만, 인지적 대처 전략을 사용하는 데 젠더 차이는 나타나지 않았다(Hoffner, 1995; Valkenburg, Cantor, & Peeters, 2000).

1) 비인지적 전략의 유형

몇 가지 유형의 비인지적 전략이 나이가 적은 어린이가 미디어에 의해 유발된 공포에 대처하는 것을 돕기 위해 사용되었다. '시각적 둔감화'(visual desensitization)는 어린이가 불안감을 주는 내용에 점진적으로 노출되게 해준다. 한 연구에서는 큰 거미가 등장하는 장면에 대비하게 하기 위해 어린이들에게 고무로 만든 독거미를 보여주었다(Wilson, 1987). 〈두 얼굴의 사나이〉에 출연하는 배우들이 무대 뒤에서 분장을 하는 장면을 보여주는 것도 시각적 둔감화의 한 예이다(Sparks & Cantor, 1986).

'신체적 활동'도 비인지적 대처 전략 유형 가운데 하나이다. 애착이 가는 물건에 집착하는 것은 이러한 전략의 한 예이다. 어떤 장면을 보면서 먹거나 마시는 것은 공포감을 줄여주는 것으로 드러났지만, 이것은 단지 어린이가 그러한 프로그램에 주의를 기울이지 않았기 때문이라고 일부 연구자는 주장했다(Manis, Keating, & Morison, 1980). 눈을 가리는 것도 또 하나의 예지만, 나이가 적은 어린이만이 이것을 공포를 줄이는 수단으로 사용하며 나이가 많은 어린이는 실제로 그렇게 하면 더 놀라는 것으로 드러났다. 왜냐하면 눈을 가리더라도 여전히 무슨 일이 일어나고 있는지 들을 수 있고 그것을 이해할 수 있기 때문이다(Wilson, 1989).

2) 인지적 전략의 유형

앞에서 언급했듯이, 인지적 전략은 인지 발달 수준 때문에 보통 나이가 많은 어린이에게 적합하다. 어떤 프로그램이 실재적인 것이 아니라는 것을 기억하라는 이야기를 들을 때, 어린이들은 그 프로그램에 덜 놀라는 경향이 있다. 미디어 표현물이 매우 현실적인 위협을 묘사할 때, 가장 효과적인 인지적 대처 전략 가운데 하나는 묘사되는 위협이 아주 적은 위험을 줄 것이라고 안심시킬 수 있는 정보를 제공해주는 것이다.

연구들은 나이가 더 적은 어린이들을 미디어가 유발하는 공포에 좀 더 효과적으로 대처할 수 있도록 도와주기 위해 인지적 전략이 변경될 수 있음을 보여주었다. 정보는 시각적·언어적으로 제공될 수 있으며(Cantor, Sparks, & Hoffner, 1988), 안심을 시켜주는 간단한 단어를 반복함으로써 어린이를 편안하게 해줄 수 있다(Wilson, 1987).

7. 요약

미디어 내용에 대한 성인과 특히 어린이들의 공포 반응에 관한 연구는 미디어 효과 연구의 한 부문이다. 이러한 연구에는 자술 보고 측정과 생리적 반응 측정이 가장 유용하다.

연구들은 몇 가지 중요한 사항을 발견했다. 공포 반응은 대부분 대개 일시적이지만 일부는 상당 기간 지속할 수도 있다. 공포 반응은 단지 소수의 경우에서만 약화된다. 부모는 대개 자녀의 공포 반응 강도를 깨닫지 못하고 있다. 끝으로 연구는 어린이들이 영화나 텔레비전 프로그램을 통해 어느 정도 공포감을 즐긴다는 사실을 보여주었다.

1930년대와 1940년대에 페인 재단 연구와 〈우주 전쟁〉에 관한 연구는 영화와 라디오 수용자의 공포 반응을 살펴보았다. 1950년대와 1960년대에 이루어진 연구는 영화 및 텔레비전의 내용과 그것이 수용자들에게 미치는 장기적 효과에 초점을 맞추었다. 1970년대와 1980년대의 연구는 어린이들 사이에 미디어 공포 반응이 널리 퍼져 있다는 사실을 밝혀냈다. 최근 연구는 어린이의 공포 반응을 줄여주거나 없애주는 방법을 알아보려 했다.

불안감을 주는 내용에 시청자들이 이끌리는 것은 흥분 전이 기제에 의해 설명할 수 있다. 흥분 전이는 미디어 표현물을 더 많이 즐길 수 있게 해주는 심리적 흥분 전이 과정을 말한다.

시청자가 위험에 처해 있지 않다는 사실을 아는데도 공포는 발생한다. 고전적 조건형성에 따르면, 특정한 자극이 특정한 반응을 불러일으키며 유사한 자극은 덜 강하긴 하지만 유사한 반응을 불러일으킨다.

미디어 내용에서 되풀이되는 다음과 같은 세 가지 범주의 자극은 대개 실제 생활에서 공포 반응으로 이어지는데, ① 위험 및 상해, ② 자연적인 형태의 왜곡, ③ 타인에 의한 위험 및 공포 경험이 그것이다.

공포 반응의 유형은 시청자의 나이에 상당히 좌우된다. 이것은 나이 차이에 따른 인지 발달 수준의 차이 때문이다. 이러한 차이는 환상과 현실을 구별하는 어린이의 능력에 영향을 미친다. 아주 나이가 적은 어린이(3~8세)는 자극이 얼마나 비현실적인지, 즉 환상적인지에 관계없이 자극 그 자체를 무서워한다. 나이가 좀 더 많은 어린이(9~12세)는 단순히 위험 그 자체보다는 그것이 그들에게 일어날지도 모른다는 것에 대해 더 두려워한다. 13세 이상의 어린이는 신체적 위협 외에 (또는 신체적 위협 대신) 심리적 위협을 가하는 더 추상적인 개념과 이슈를 무서워한다.

연령대가 다른 어린이들을 두렵게 만드는 여러 공포 자극도 확인되었다. 괴물, 유령, 초자연적 생명체, 어둠, 동물, 괴상하게 생긴 생명체, 빠르게 움직이는 생명체는 3~8세 사이의 나이 적은 어린이를 무섭게 만드는 경향이 있다. 9~12세 사이의 어린이는 자신이나 자신이 사랑하는 것을 해치거나 파멸시키겠다는 위협을 더 두려워한다. 청소년은 신체 상해도 두려워하지만 그밖에 사회적 압력 및 또래 집단의 압력, 그리고 정치, 경제 또는 환경 같은 세계적 관심사도 직시하고 있다.

다음과 같은 세 가지 요인은 시청자가 스크린을 통해 무서운 상황을 볼 때면 언제나 정서적으로 반응하도록 만드는데, ① 묘사의 현실감, ② 시청자의 동기화, ③ 시청자의 정서성에 영향을 미치는 다른 요인이 그것이다.

미디어가 유발한 공포에 대처하는 전략으로는 인지적 전략과 비인지적 전략이 있다. 인지적 전략은 공포에 대해 이야기하는 것과 같은 인지적 과정의 활성화를 요구한다. 인지적 전략은 초등학교 이상의 어린이에게 주효한 경향이 있는데, 물론 이들에게는 비인지적 전략도 유용한 것으로 드러났다. 시각적 둔감화와 신체적 활동은 비인지적 전략의 유형들이다. 이것들은 대개 나이가 적은 어린이에게 효과가 있다.

14장

정 치 커 뮤 니 케 이 션 의 효 과

당신은 시(詩)로 캠페인을 하고 산문으로 지배한다.
― 마리오 쿠오모(Mario Cuomo), 《새로운 공화국》(*New Republic*), 1985년 4월 8일

정치적 속성을 가지고 있거나 정치적 결과를 초래하는 대량-매개(mass-mediated) 메시지나 상징이 수용자에게 미치는 효과에 관한 연구는 정치 커뮤니케이션 효과 연구 영역의 한 부분에 지나지 않는다. 이러한 특정한 분야 내에서도 각기 다른 수준의 효과, 즉 사회 내 개인에 대한 효과(미시적 효과)나 정치 체계, 기관, 또는 사회 전반에 대한 효과(거시적 효과)가 발생할 수 있다. 효과는 선거에 의해 발생하는 효과와 같이 속성상 정기적일 수도 있고, 대통령과 다른 선출직 관리들을 부단히 조사하는 언론의 감시 기능과 같이 연속적일 수도 있다. 이 장에서는 여러 분야의 중요 연구 결과들에 대해 논의할 것이다.

미디어 효과 연구의 역사를 살펴보면 연구자들이 정치 커뮤니케이션의 효과에 관심을 가져온 것을 알 수 있다. 앞의 장들에서 확인했지만, 매스 미디어 효과의 크기에 대한 연구 결과는 줄곧 변해왔으며 정치 커뮤니케이션의 효과 역시 예외가 아니다. 1940년대와 1950년대 투표 행동에 관한 연구는 대량 매개되는 정치 커뮤니케이션의 효과가 꽤 제한적임을 보여주었다(Berelson,

Lazarsfeld, & McPhee, 1954; Lazarsfeld, Berelson, & Gaudet, 1948). 이러한 유명한 연구들은 매스 미디어가 의견주도자에게 영향을 주고 이들이 다시 대인 커뮤니케이션을 통해 다른 사람에게 영향을 준다는 사실을 밝혀냈다. 그 뒤의 연구들은 정치 캠페인 메시지가 투표자에게 미치는 더 직접적이고 강력한 미디어 효과에 대한 증거를 제시함으로써 제한효과 모델에 대해 문제를 제기했다(Blumler & McLeod, 1974; Chaffee & Hochheimer, 1985; Gitlin, 1978; Iyengar & Simon, 2000; Noelle-Neumann, 1984). 예컨대, 노엘-노이만(Noelle-Neumann)의 침묵의 나선 이론(Spiral of Silence theory)은 사람들이 사회적 소외나 격리가 두려워 침묵하고 그들의 견해를 말하지 않을 때 강력한 효과가 발생함을 시사한다.

1970년대 이후, 많은 연구자가 정치 커뮤니케이션에 점차 관심을 가지기 시작했으며 많은 연구가 쏟아져 나왔다. 맥클라우드, 코시키 및 루신스키(McLeod, Kosicki, & Rucinski, 1988)는 이러한 관심의 주요 이유 네 가지를 다음과 같이 제시했다:

① 여러 사회·정치적 변화 때문에 투표 행동이 점차 예측 불가능하게 되었다.
② 텔레비전의 부정적 효과에 대한 사회적 우려가 고조되었다.
③ 유럽 학자들의 연구[노엘-노이만의 침묵의 나선 이론, 맑스주의자와 급진적인 프랑크푸르트(Frankfurt) 및 버밍햄(Birmingham) 비판학파의 견해]가 주목을 끌었으며 추가 연구를 자극했다.
④ 인지적 차원에 대한 강조가 정치 커뮤니케이션 연구의 주관심 영역을 확대시켰다.

위와 같은 이유 외에도 연구자들이 부정적인 정치 광고(Johnson-Cartee & Copeland, 1991)와 부정적인 캠페인과 같은 영역 그리고 투표 참여자의 감소(Miron, 1999)와 같은 토픽에 관심을 가지기 시작했다는 이유를 덧붙일 수 있을 것이다.

이 장에서는 이러한 몇 가지 경향의 시발점이 된 일부 연구 결과들을 살펴볼 것이다. 또한 정치 커뮤니케이션의 속성에 영향을 미치는 매스 미디어와 사회의 측면, 민주 사회에서 매스 미디어의 여러 가지 목적, 매개되는 정치적 메시지의 내용, 거시적·미시적 수준에서 미디어 효과를 초래하는 요인에 대해 논의할 것이다.

1. 정치 커뮤니케이션에 대한 영향

몇몇 역동적 힘이 사회 내 정치 커뮤니케이션의 속성에 영향을 미치는데, 사회적 상황, 정치적 지형, 미디어 환경, 미디어 내용이 그것이다. 새로운 기술의 도입, 여론의 변화, 정치 환경의 변동, 기타 사회적 수준의 변화로 인해 종종 이러한 영향력은 오랜 시간을 두고 상당 정도 변하기 때문에, 우리는 이것을 역동적이라고 표현한다.

1) 민주주의에서 매스 미디어의 기능

매스 미디어는 전 세계 민주 사회의 정치단체들에게 여러 가지 특별한 기능을 제공하려 한다. 구레비취 및 블럼러(Gurevitch & Blumler, 1990)는 그와 같은 기능 여덟 가지를 확인했으며 맥클라우드, 코시키 및 맥클라우드 (McLeod, Kosicki, & McLeod, 1994: 126)는 그러한 기능을 다음과 같이 편리하게 바꾸어 표현했다:

① 시민의 복지를 긍정적으로든 부정적으로든 침해할 가능성이 있는 동시대 사건에 대한 감시

② 주요 사회·정치적 이슈의 근원 및 해결 가능성을 포함하는 이슈의 확인

③ 대의명분 및 관심사를 대변하는 사람들을 위한 발언대 제공

④ 잠재적인 권력자와 대중 간의 양방향적일 뿐만 아니라 여러 차원 및 여러 당
   파의 정치적 담론(political discourse)을 아우르는 다양한 내용의 전달

⑤ 정부 관료, 정부 기관, 기타 권력 기관이 그들의 활동 및 정책에 책임을 지게
   함으로써 그들을 감독하는 것

⑥ 시민들이 정치 과정의 방관자가 아닌, 식견 있는 적극적인 참여자가 될 수 있
   도록 하는 인센티브와 정보 제공

⑦ 미디어의 자율성을 파괴하려는 외부 세력에 대한 원칙에 입각한 저항

⑧ 잠재적으로 관심이 있고 사리에 맞게 행동하며 효능감 있는(efficacious) 시
   민 수용자에 대한 정중한 고려

구레비취 및 블럼러(Gurevitch & Blumler, 1990)에 따르면, 이러한 특별한
기능은 매스 미디어가 민주 사회에서 마땅히 달성하려고 노력해야 하는 '목
표'이자 '기준'이다. 실제로 수익에 지배받는 매스 미디어의 기본 속성과 다
른 많은 제약 때문에, 뉴스 미디어는 종종 이러한 기준에 미치지 못한다. 예
를 들면, 뉴스 미디어는 수용자를 최대한 끌어들이기 위해 때때로 의사사건
(pseudo-event)이나 부적절하지만 즐거움을 주는 기사를 취급하기도 한다.
'이슈'가 아닌 '사건'을 취급하는 뉴스 미디어의 경향은 이러한 명시된 기준에
도달하려는 것을 막는 또 하나의 장애물이다. 이슈를 다룰 때도 흔히 이슈를
제기하는 뉴스 네트워크 기관의 의제 관점에서 이슈가 제시된다(McLeod et
al., 1994). 그 밖에도 뉴스 미디어는 대개 정치 캠페인 보도를 극적으로 표현
하며, 여론조사에서 후보자들의 지지도가 대등하다거나 의외의 새 후보자의
지지도가 높다거나 선두 주자가 멀리 앞서나가고 있다는 식의 경마 중계식
보도를 한다(그림 14-1 참조).

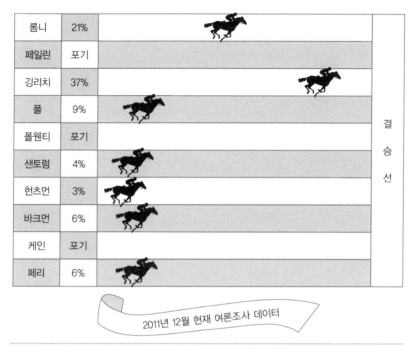

롬니	21%	
페일린	포기	
깅리치	37%	
폴	9%	
폴웬티	포기	
샌토럼	4%	
헌츠먼	3%	
바크먼	6%	
케인	포기	
페리	6%	

2011년 12월 현재 여론조사 데이터

그림 14-1. 미디어의 정치 캠페인 드라마화 사례

2) 미디어 내용

연구자들은 주로 정치 커뮤니케이션과 관련된 두 가지 종류의 미디어 내용, 즉 정치 광고와 뉴스에 초점을 맞추었다. 첫 번째, 정치 광고는 정치 후보자와 투표자 간의 1차적인 커뮤니케이션 수단이다(Kaid, 1996). 대개 주요 정치 캠페인에서 텔레비전 광고가 전체 캠페인 예산에서 차지하는 비중은 상당하다.

연구들은 텔레비전 정치 광고가 후보자 이미지를 투표자에게 심어주고 주요 이슈에 대한 정보를 제공하며 때로는 투표 결정에 영향을 주는 데 효과적임을 보여주었다(Kaid, 1981). 내용분석 결과, 정치 광고는 후보자 이미지보다 캠페인 이슈에 대해 더 많은 정보를 제공하는 것으로 드러났다(Joslyn, 1980; Kaid & Johnson, 1991).

뉴스 분야에서는 미디어 내용의 몇몇 측면이 정치 커뮤니케이션에 영향을 미칠 수 있다. 흔히 볼 수 있는 두 가지 미디어 내용의 유형으로 프레이밍과 뉴스 결함이 있다(프레이밍에 관해서는 7장 참조).

'프레임'은 미디어 전문가들이 뉴스를 어떤 특정한 방식으로 제시하기 위해 사용하는 추상적인 개념이다. 갬슨 및 래쉬는 프레임을 "문제의 이슈와 관련된 사건들을 이해하기 위해 조직된 중심 아이디어"(Gamson & Lasch, 1983: 398)로 정의했다. 정치 커뮤니케이션에 관해 말하면, 캠페인은 흔히 은유나 캐치 프레이즈(catch phrase)를 사용하여 프레임된다. 캠페인은 대개 전투 또는 '선두 주자'와 '의외의 강력한 주자(dark horse)'가 있는 경마 같은 시합으로 지칭된다. 이 같은 프레이밍 기법은 종종 수용자의 지각과 해석에 영향을 준다(McLeod & Detenber, 1999; Valkenburg, Semetko, & de Vreese, 1999; Nelson, Oxley, & Clawson, 1997).

베닛(Bennett, 1988)은 뉴스 보도에서 흔히 볼 수 있는 네 가지 '뉴스 결함'(news flaw)을 찾아냈는데, 개인화, 조각화, 극화, 정상화가 그것이다. '개인화'(personalization)란 뉴스가 대규모의 사회적 관심사를 보도할 때 개인에게 초점을 맞추는 경향을 말한다. '조각화'(fragmentation)란 연결되지 않는 간단하고 짤막한 개요 형태로 뉴스를 전달하는 것을 말한다. 하트(Hart, 1996: 109)는 조각화된 뉴스 제시가 "카메오 정치"(cameo politics)[1]를 초래했다고 말했다. '극화'(dramatization)는 뉴스가 하나의 중요한 이슈가 아닌 극적이거나 재미있는 가치를 지니고 있다는 이유로 선택될 때 발생한다. '정상화' (normalization)는 특정한 문제가 기존의 정치 시스템 속에서 어떻게 해결될

---

1) 원래 '카메오'는 보석 마노(瑪瑙)나 접시조개의 껍데기 같은 것에 양각 조작을 한 장신구를 말하나, 이 용어가 연극이나 영화 및 방송에 차용되기 시작하면서 '유명배우가 단역으로 특별 출연하는 것'을 나타낸다(옮긴이 주).

수 있는지를 뉴스가 보여줄 때 발생한다. 이러한 각각의 결함은 정치 커뮤니케이션의 속성에 영향을 미칠 수도 있다.

2. 미시적 수준의 정치 커뮤니케이션 효과

정치 커뮤니케이션 효과에 관한 연구는 대부분 사회 전반에 초점을 맞추기보다는 개인에 초점을 맞추고 있다. 바꾸어 말하면 거시적 수준의 연구가 아닌 미시적 수준의 효과 연구가 이 분야 연구의 대부분을 차지하고 있다. 미시적 수준의 연구는 네 가지 주요 영역으로 나누어지는데, 의견의 형성 및 변화, 의제설정 · 기폭 · 지식 습득 · 프레이밍을 포함하는 인지적 효과, 정치 시스템에 대한 개인의 지각에 관한 효과, 정치적 행동이나 참여에 관한 효과가 그것이다. 거시적 수준의 연구는 시스템에 관한 효과나 시스템에 영향을 주는 개인에 관한 효과를 살펴보고자 한다.

어떤 수준의 연구든 매개되는 정치 커뮤니케이션 효과의 속성과 강도는 여러 가지 다른 요인에 좌우된다. 이러한 요인은 개별 수용자의 특성이나 정향성, 그리고 그들의 미디어 메시지 처리와 관련이 있다.

1) 의견의 형성 및 변화

많은 연구가 수용자의 정치적 의견을 만들어내거나 바꿀 수 있는 미디어 메시지의 힘에 대해 살펴보았다. 라자스펠드와 동료들(Lazarsfeld et al., 1948)의 투표 연구는 매스 미디어가 수용자의 정치적 의견에 단지 제한적인 크기의 영향력만을 미칠 뿐이라고 했다. 후속 연구들은 정치적 미디어 메시지가 과거에 생각했던 것보다 훨씬 더 강력한 효과를 초래함을 시사했다(Blumler & McLeod, 1974; Ranney, 1983; McLeod & McDonald, 1985; Iyengar & Simon, 2000).

페티와 캐시오포의 정교화 가능성 모델(Petty & Cacioppo, 1986a)과 피쉬베인과 에이젠의 숙고된 행동 모델(Fishbein & Ajzen, 1975) 같은 새로운 설득 모델이 정치 커뮤니케이션 효과 연구에 적용되었다. 몇몇 연구는 이러한 설득 모델을 사용하여 캠페인 효과를 이해하려 했다(Fazio & Williams, 1986; Granberg & Brown, 1989; Krosnick, 1988; O'Keefe, 1985; Rice & Atkin, 2000). 정치 광고 효과에 대한 연구 역시 설득 모델을 토대로 했다(Shah et al., 2007).

2) 인지 과정의 효과

최근 들어 네 가지 종류의 연구가 매개되는 정치 메시지의 인지효과에 대해 살펴보았는데 의제설정 연구, 기폭효과 연구, 지식 습득, 프레이밍이 그것이다(McLeod, Kosicki, & McLeod, 1994).

뉴스 미디어가 특정한 이슈의 확대 보도를 통해 현저하게 다루어지는 이슈를 결정하며 이러한 이슈는 공중에 의해 중요한 것으로 간주된다는 의제설정이론을 기억할 것이다(McCombs & Shaw, 1972). 연구들은 가장 많이 보도되는 이슈가 공중이 중요하게 지각하는 이슈라는 견해를 지지한다(Funkhouser, 1973; Iyengar & Kinder, 1987; MacKuen, 1981; McCombs, 2004). 최근 연구자들은 '속성 의제설정'(attribute agenda setting)이라 부르는 2단계 의제설정을 연구하기 시작했는데, 이것은 어떤 점에서 프레이밍 연구와 비슷하다. 이 연구는 뉴스 미디어가 특정 기사를 제시하는 방식에 관심을 가진다. 뉴스 기사의 속성에는 인지적 구성요소와 감정적(정서적) 구성요소가 포함되어 있는데, 사람들은 기사로부터 정보를 습득하고, 때로는 기사가 긍정적, 부정적, 혹은 중립적인 톤으로 제시되는 것이 수용자가 기사의 내용에 대해 생각하고 느끼는 방식을 결정한다(Ghanem, 1997; McCombs, 2004).

기폭은 매개되는 메시지에 대한 노출이 수용자의 마음속에 관련된 생각을 활성화할 때 발생한다는 것도 기억할 것이다. 기폭은 정치적 의견과 투표 결정

정치인은 오늘날의 커뮤니케이션 환경에서 '캠페인'을 결코 멈출 수 없다.

transplanted mountaineer

에 영향을 미치는 것으로 드러났다. 아이엔거 및 킨더(Iyengar & Kinder, 1987)는 미디어가 두드러지게 다루는 이슈가 수용자의 대통령 국정 수행 평가 시 수용자를 기폭시킨다는 것을 확인했다. 연구에 따르면, 많이 보도되는 이슈를 대통령이 다루는 방식이 수용자가 대통령에 대한 전반적인 수행 평가를 하는 데 과도하게 영향을 미친다고 한다(McGraw & Ling, 2003; Pan & Kosicki, 1997).

다른 연구는 수용자들이 매개되는 정치 커뮤니케이션에 의해 설득될 수도 설득되지 않을 수도 있는 한편, 그들은 종종 이 같은 메시지를 통해 '학습'한다는 사실을 확인했다. 캠페인 이슈와 후보자에 대한 뉴스 보도, 정치 토론, 전당대회는 모두 수용자들의 지식 습득량에 영향을 미치는 것으로 드러났다(Eveland, Hayes, Shah, & Kwak, 2005; Jerit, Barabas, & Bolsen, 2006; McLeod, Bybee, & Durall, 1979).

심야 코미디의 기폭효과

Patricia Moy, Michael A. Xenos, and Verena K. Hess(2006)
International Journal of Public Opinion Research, 18(2), 198~210.

이 연구에서 연구자들은 후보자의 심야 코미디 프로그램 출연이 그 후보자에 대한 투표자의 지각에 미치는 효과를 조사했다. 그들은 시청자에 미치는 기폭효과에 초점을 맞추었다.

연구방법

연구자들은 1999년 11월부터 2001년 1월 중순까지 이루어진 2000 전국 애넨버그 선거 설문조사(2000 National Annenberg Election Survey) 데이터를 사용했다. 대통령 후보인 조지 부시(George W. Bush)와 앨 고어(Al Gore)가 선거 전 주에 〈레이트 쇼 위드 데이비드 레터맨〉(Late Show with David Letterman)과 〈더 투나잇 쇼 위드 제이 레노〉(The Tonight Show with Jay Leno)에 출연했다. 부시는 10월 19일에는 레터맨 쇼에 그리고 10월 30일에는 레노 쇼에 출연했고, 고어는 10월 31일에 레노 쇼에 출연했다. 그 기간 동안 1만 1482명에 대한 인터뷰가 이루어졌다.

변인

사람들에게 100점 호감도/온도 척도에 부시와 고어를 평가해달라고 요청했다. 연구자들은 사람들에게 어떤 후보가 사회보장제도를 강화하고 노인 의료보험제도를 지켜내고, 경제를 튼튼하게 지켜내고, 튼튼한 국방력을 제공하며, 교육을 개선하는 일을 더 잘할 것인지에 대해서도 물었다. 또한 연구자들은 그들에게 "정말 나 같은 사람들에게 마음을 쓴다", "정직하다", "고무적이다", "아는 것이 많다"와 같은 문구를 준 후 "정말 그렇다"에서부터 "정말 그렇지 않다"로 구성되어 있는 4점 척도에 답하게 했다. 그 밖에도 연구자들은 그들에게 〈레이트 쇼〉나 〈더 투나잇 쇼〉와 같은 심야 코미디 프로그램을 주당 며칠 정도 시청하는지 물었다. 연구자들은 응답자의 젠더, 교육정도, 소득수준, 인종, 가입한 정당도 기록했다.

분석절차

연구자들은 기폭효과를 검정하기 위해 계속 들어오는 횡단적(cross-sectional) 데이터를 6주 단위로 나누었다. 최소자승법(least square) 회귀분석을 사용하여 각 후보를 인구통계학적 요인, 이슈 및 특성 평가, 심야 코미디 노출, 후보가 코미디 프로그램에 출연하기 전과 후로 시청자와 비시청자 간의 평가 전략 차이를 보여주는 상호작용 항목에 대해 요약 평가했다. 기간별로 상호작용 항목에 유의미한 차이가 있다는 것은 그것이 기폭효과에 대한 증거임을 시사한다.

연구결과

후보자들의 특성에 대한 응답자들의 평가에서 통계적으로 유의미한 차이가 확인되었다. 부시는 더 정직하고, 고무적이며, 지도자인 것으로 인식되었다. 그는 온도 척도에서 약간 더 따뜻한 것으로 평가되었다. 고어는 아는 것이 더 많고 배려심이 더 있는 것으로 인식되었다. 부시가 〈레이트 쇼〉에 출연한 직후의 주에서 시청자는 비시청자보다 그를 훨씬 더 높게 평가했다. 설문조사 기간 내내 심야 코미디 프로그램 시청자는 고어데 대해서도 비시청자보다 훨씬 더 높은 평가를 내렸다. 후보자가 심야 코미디 프로그램에 출연하기 전에 수집된 데이터와 출연한 이후 수집된 데이터를 비교해본 결과, 연구자들은 부시가 코미디 프로그램에 출연하기 전과 후 모두 그에 대한 호감도 평가는 응답자의 사회인구학적 위치(백인 남성), 소속 정당(공화당), 여러 이슈에서 그가 고어보다 일을 더 잘할 것이라는 신념, 그리고 그의 특성에 대한 지각에 의해 결정됨을 확인했다. 고어가 코미디 프로그램에 출연한 이후의 기폭효과가 확인되지 않았다. 연구자들은 그 이유를 고어가 현직 부통령이고 도전자 부시보다 시청자들이 더 잘 알 수 있기 때문이라고 설명했다.

이러한 정치적 지식 습득(knowledge gain)에 대한 지적에는 반드시 몇 가지 주의해야 할 점이 있다. 첫째, 다른 연구는 미국인이 정치적 사건에 대해 특별히 잘 알고 있지 않다는 것을 보여주었다. 델리 카르피니 및 키터(Delli Carpini & Keeter, 1991)는 대학 입학생 수가 엄청나게 증가했는데도 미국 공중의 정치 지식이 1960년대 이후 극히 미미하게 증가했음을 발견했다. 교육 변인을 통제할 경우, 정치에 관한 사실적 지식(factual knowledge)[2]은 실제로 그

---

2) '사실적 지식'은 독자가 어떤 사건과 문제와 관련해서 아는 이름, 지명, 시기, 사실, 숫자 등에 대한 지식이다. '구조적 지식'(structural knowledge)은 이러한 사실 간의 관계, 전체에 대한 이해, 즉 그런 사건이나 문제가 왜 그리고 어떻게 일어나는가에 대한 체계적 지식이다(옮긴이 주).

기간에 감소했다는 것을 연구자들은 확인했다. 그러나 매우 최근 소티로비치 및 맥러드(Sotirovic & McLeod, 2008)는 2004년 캠페인 동안 매스 미디어 사용과 습득한 정보가 증가했다는 사실을 알아냈다. 다른 최근 연구는 사람들이 뉴스 내용을 통해 학습한다는 사실을 확인했다(Drew & Weaver, 2006).

지식 격차 가설(Tichenor, Donohue, & Olien, 1970)을 기억할 텐데, 이 가설은 '정보 부자'(the information rich)는 점점 더 부자가 되고 '정보 빈자'(the information poor)는 결코 그들을 따라잡을 수 없다고 가정한다. 기술이 발전하고 있는 디지털 시대에는 이것에 대한 우려가 더 커졌다. 연구들은 사람들이 어떻게 새로운 기술에 접근하고 사용하는지 그리고 이것이 어떻게 정치 지식에 영향을 미치는지 살펴보았다(Mossberger, Tolbert, & Stansbury, 2003; Shane, 2004).

최근 연구자들은 의제설정, 기폭, 프레이밍 접근방법의 유사점과 차이점을 보여주고자 했다(Entman, 2007; Hwang, Gotlieb, Nah, & McLeod, 2007; Price & Tewksbury, 1997; Scheufele & Tewksbury, 2007). 저널리스트가 기사를 프레이밍하는 방식은 수용자가 정보를 처리하고 해석하는 방식에 영향을 미칠 수 있다. 예를 들면, 만약 어떤 저널리스트가 어떤 특정 이슈에 대해 인간적 흥미(human interest) 접근방법을 사용한다면, 수용자는 그 메시지에 대해 정서적으로 반응할 가능성이 더 높다. 늘 그렇듯 지식의 개인 차, 가치, 그리고 다른 요인이 프레임의 효과의 강도를 매개할 수 있다.

프레이밍 연구는 저널리스트가 특정 이슈를 제시하는 방식을 조사하며, 또한 그러한 기사에 대한 수용자의 반응에 초점을 맞춘다. 프레이밍 이론가들은 어떤 사람의 개인적인 정신적 스키마가 어떤 메시지가 그 사람에게 적용 가능한지(applicable) 그리고 미래의 기억에 접근 가능한지(accessible)[3]를 결

---

3) 예를 들어, 사회적으로 중요한 사안을 사회구조적 원인과 결과를 밝혀 보도하기보다는 개인의 동기 및 이해관계의 문제로 묘사한다면, 뉴스 시청자는 개인의 이해, 동기, 행동, 인품에 관련된 생각을 강화하게 되고(적용가능성) 그 사건과 관련해서 이와 관련된 생각이

정한다고 말한다(7장 참조).

일부 연구자는 단순히 사실의 기억에 초점을 맞추지 않고, 뉴스가 전달해 주는 정치 정보에 대한 수용자의 폭넓은 이해를 측정하려 했다. 그들은 수용 자에게 뉴스에 관한 개방형 질문을 주고 집단토론에 참여하게 했다. 연구자 들은 이 방법을 사용하여 수용자들의 뉴스 기사 이해에 관한 인지 복잡성 (cognitive complexity)[4]을 이해할 수 있다(McLeod, Pan, & Rucinski, 1989; Shah et al., 2004; Sotirovic, 2001a, 2001b).

3) 투표자 지각

무엇이 사람들의 투표 결정에 영향을 미치는가? 투표자는 자신의 이익을 토대로 후보자를 선택하도록 동기화되는가 아니면 시스템에 대한 더 폭넓은 지각을 토대로 후보자를 선택하도록 동기화되는가? 바꾸어 말하면 투표자는 약속된 감세(減稅)나 기타 조치가 개인적인 경제적 이득을 제공할 것이기 때 문에 특정한 후보를 선택하는가 아니면 국가 전반에 대한 경제적 혜택과 같은 덜 이기적인 동기에서 결정을 내리는가?

일부 증거는 투표자가 개인의 '경제적 이익'보다는 국가의 경제적 안정에 대한 지각에 의해 더 설득됨을 시사해준다(Fiorina, 1981; Kinder & Kiewiet, 1983). 뉴스 미디어 보도가 대체로 그러한 지각에 영향을 준다는 점을 고려할

쉽게 떠오르게 된다(접근가능성). 따라서 뉴스 시청자는 사회적으로 중요한 사안을 사회 구조적인 문제라기보다는 개인의 이해나 인품의 문제로 인식하게 됨으로써, 그 사회문제 에 대한 책임을 묻거나 처벌 대상을 판단하는 문제에 대해 개인의 행동이나 인품을 주로 문제 삼게 된다(옮긴이 주).
4) 복잡하게 얽혀 있는 환경에서 유연하게 상황을 인식하고 사고를 전환하는 능력을 말한다. 인지 복잡성이 높은 사람은 자기를 비롯해 타인의 입장을 고려하는 사람 중심의 의사소통 을 하는 반면 그렇지 않은 사람은 자꾸 자기 이야기만 고집스럽게 함으로써 소통 불능 상태 에 빠지게 된다(옮긴이 주).

때 그 같은 연구결과는 중요하다. 언론은 공중에게 정부 운영, 경제, 시스템의 다른 측면에 대한 정보를 제공하는 데 매우 중요한 역할을 한다. 그러나 종종 언론은 이러한 역할을 만족스럽게 수행하지 못한다(Popkin, 1991).

연구들은 미디어 보도, 특히 텔레비전 보도가 투표자들이 가난이나 범죄 같은 사회문제에 대한 책임이 사회 전반보다는 개인에게 있다고 지각하게 할 수도 있음을 보여주었다(Sotirovic, 2003). 많은 미디어 보도가 사회문제를 사회의 책임과 연결 짓는 것이 아니라 가난한 사람, 집 없는 사람, 또는 희생자와 같은 개인의 탓으로 돌리기를 좋아한다(Iyengar, 1989). 아이엔거는 텔레비전의 정치 뉴스가 사용하는 두 가지 종류의 프레임을 확인했는데(Iyengar, 1991), 사례 연구의 예나 구체적인 사건에 대한 보도를 사용하는 '일화적'(episodic) 프레임과 더 추상적이거나 일반적인 관점을 가지고 이슈에 접근하는 '주제적'(thematic) 프레임이 그것이다. 그의 연구에 표본으로 사용된 CBS 뉴스의 약 80%가 일화적 프레임을 사용했다. 한 통제된 실험에서는 주제적 프레이밍이 수용자에게 사회적 문제를 개인보다는 사회와 정부의 책임과 연결 지어 생각하도록 만드는 것으로 나타났다. 반면 일화적 프레이밍의 경우 시스템 수준의 책임에 대한 지각이 감소되었다. 신문의 정치 기사에 관한 연구에서는 텔레비전과 차이가 있었는데, 신문의 경우는 일화적 프레임보다는 주제적 프레임이 더 많은 경향이 있었다(McLeod, Sun, Chi, & Pan, 1990).

다른 최근 연구(Ho & McLeod, 2008; Neuwirth, Frederick, & Mayo, 2007)[5]는 노엘-노이만(Noelle-Neumann, 1984)의 침묵의 나선 이론을 살펴보았다. 사회가

---

5) 호 및 맥러드(Ho & McLeod, 2008)는 컴퓨터-매개 커뮤니케이션이 대면 상호작용에서 발견되는 역기능적인 사회-심리적 영향(즉, 고립이 두려워 의견 표현을 거부하는 것)을 일부 방지할 수도 있으며 공적 숙의로 이어지는 토론장을 만들어줄 수도 있다고 보았다. 뉴워쓰 등(Neuwirth et al., 2007)도 고립의 공포는 커뮤니케이션 불안(communication apprehension)과 서로 다른 구성개념이며 이들은 각기 달리 의견 표명을 예측한다고 보았다. 따라서 과거 의견 표명을 평가하는 관계적인 방식이 동조 효과(conformity effect)를 과소평가했을 가능성이 있다는 것이다(옮긴이 주).

다수의 견해를 지배적인 견해로 인식할 때 그러한 견해에 동의하지 않는 사람은 고립이 두려워 결국 자신의 생각을 분명하게 말하기를 거부하고 대신 침묵의 소용돌이에 빠져드는 것을 선호한다는 것을 여러분은 아마 기억할 것이다.

4) 정치적 행동

정치 커뮤니케이션 연구자들은 오랫동안 투표 행동에 미치는 미디어 효과에 관심을 가져왔다. 이러한 연구는 미디어 효과가 직접적이거나 간접적일 수 있으며, 때로는 대인 커뮤니케이션이 영향을 미칠 수 있음을 보여주었다. 연구들은 대개 투표가 많은 요인의 영향을 받는 복잡한 행동이며, 미디어 표현물은 이러한 요인 가운데 하나라는 것을 보여주었다.

정치 광고는 투표 결정에 영향을 미치는 데 효과가 있음이 입증되었다 (Kaid, 1981). 이러한 이유에서 후보자는 텔레비전 광고 하나에만 수백만 달러의 돈을 쓴다. 지난 40년 동안 텔레비전 정치 광고는 1950년대와 1960년대의 일대기 형식의 30분짜리 광고에서 1970년대의 4분짜리 스팟(spot) 광고, 1980년대와 1990년대의 60초, 30초, 15초짜리 스팟 광고로 그 길이가 상당히 줄어들었다(Devlin, 1995; Kern, 1989). 가장 대중적인 정치 광고의 길이는 30초로, 한 학자는 이를 두고 "30초 스팟 시대"라고 불렀다(Perloff, 1998: 348).

연구들은 많은 사람이 정치 광고를 통해 학습을 한다는 것을 보여주며 (Brians & Wattenberg, 1996; Just, Crigler, & Wallach, 1990), 사람들이 긍정적인 광고와 부정적인 광고 모두에 영향을 받을 수도 있음을 보여주는 증거도 있다(Houston & Doan, 1999). 연구들은 당파성이 약한 사람(예, 민주당이나 공화당에 충실하지 않은 사람)과 정치에 별로 관심이 없는 사람이 당파성이 강한 사람과 정치에 관심이 높은 투표자보다 정치 광고에 더 많이 영향을 받는다는 것을 보여주고 있다(Ansolabehere & Iyengar, 1995). 그러나 퍼로프(Perloff)가 지적한 대로, 이 같은 결과물은 반드시 검정되어야 한다:

선거 캠페인 기간 투표자에게 미치는 다른 모든 영향력에서 광고의 영향을 구분해 내는 것은 어렵다. 분명 정치 광고는 후보자에 대한 투표자의 평가와 정치적 사건에 대한 투표자의 해석에 영향을 미칠 수 있다. 심지어 광고 컨설턴트조차도 전적으로 광고만을 토대로 하는 캠페인이 지적(知的)으로 빈약하다는 데 동의하겠지만, 광고는 투표자의 캠페인 지식 축적에도 기여한다(Perloff, 1998: 374).

투표자가 부정적인 정치 광고를 공정하다고 지각할 때, 이러한 광고도 투표자에게 영향을 미치는 데 효과가 있는 것으로 입증되었다(Perloff, 1998). 연구들은 사람들이 긍정적인 광고보다 부정적인 광고를 더 잘 기억하는 경향이 있음을 보여준다(Shapiro & Rieger, 1992; Newhagen & Reeves, 1991). 또한 어떤 후보자가 부정적인 광고에 대응하지 않을 경우 그로 인해 상대가 그 후보자의 사람됨을 규정하는 결과를 초래하기 때문에, 그러한 침묵은 그 후보자에게 재앙이 될 수도 있음을 연구들은 보여주었다(Johnson-Cartee & Copeland, 1991). 예를 들면, 1988년 미국 대선에서 마이클 두카키스(Michael Dukakis) 주지사의 사회 정책에 대한 조지 부시의 공격은 두카키스가 이러한 비난에 응하지 않았을 때 매우 효과적이었던 것으로 입증되었다. 한 정치 컨설턴트는 이러한 상황을 다음과 같이 설명했다: "미국인들은 추하게 싸우는 사람보다 더 싫어하는 한 가지가 있다. 그것은 경기장에 기어 들어가면서 싸우려 하지 않는 사람이다"(Johnson-Cartee & Copeland, 1991: 224).

연구들은 부정적인 정치 광고가 투표율을 높여주는 것 같다고 밝혔다(Freedman & Goldstein, 1999; Jackson & Carsey, 2007; Kahn & Kenney, 1999). 다른 연구들은 부정적인 광고가 투표자들을 서로 소원(疏遠)하게 만들며 투표율을 억누른다고 보았다(Ansolabehere, Iyengar, & Simon, 1999; Overton, 2006).

최근, 정치 광고 캠페인은 매우 눈에 잘 띄기 때문에 인쇄와 방송 미디어는 그것에 관해 보도하기 시작했다. 이 같은 '애드워치'(adwatch), 즉 '광고 감시' 프로그램은 이러한 광고에 대한 분석, 해석, 평가를 제공한다(Kaid, 1996:

451). 이러한 애드워치는 정치 광고의 중요한 차원이 되었으며(West, 1993; Kaid et al., 1993), 후보자에 대한 투표자의 반응과 광고 자체에 영향을 미칠 수도 있다(Cappella & Jamieson, 1994; Pfau & Louden, 1994).

전통적으로 미디어 영향과 관련이 없는 많은 개인적 요인이 투표 참여를 예측했다. 이러한 요인으로는 교육 수준, 나이, 결혼 여부, 교회 가기 등이 있다(Strate, Parrish, Elder, & Ford, 1989; Wolfinger & Rosenstone, 1980). 그러나 매스 미디어가 투표 불참에 영향을 미치는 사례를 보여주는 연구도 일부 있다(Ranney, 1983; Blumler & McLeod, 1974). 영국의 1970년 선거에 대한 한 연구에서 패널 참여자들은 텔레비전에 등장한 후보자의 이미지가 마음에 들지 않았기 때문에 투표에 참여하지 않았다고 밝혔다.

한 연구는 투표자의 지식과 개인적 수준 및 지역사회 수준의 참여를 조사했다. 연구자들은 지식 격차의 개념을 그들이 부른 "참여 격차"(participation gap)로 확대했다. 그들의 연구는 "더 조밀하고 응집력 있으며 교육 수준이 더 높은" 지역사회에 사는 사람이 더 많은 정치적 지식을 가지고 있으며, 그러한 지식은 참여 정도를 예측하는 유의적인 변인임을 보여주었다(Cho & McLeod, 2007: 223).

매스 커뮤니케이션보다 (또는 매스 커뮤니케이션 외에) 대인 커뮤니케이션이 투표 행동에 미치는 영향의 강도는 연구 시기에 따라 차이가 있다. 라자스펠드와 동료들(Lazarsfeld et al., 1948)은 처음으로 대인 커뮤니케이션이 투표자에게 미치는 영향을 밝혀냈다. 그들은 많은 사람이 뉴스 미디어 보도보다는 다른 사람을 통해 후보자나 선거에 대한 정보를 얻는다는 것을 발견했다. 후속 연구는 다른 사람과의 대화가 뉴스 보도와 함께 영향을 미치거나 뉴스 보도를 보완해주는 경향이 있으며(Chaffee, 1982), 미디어 보도가 캠페인에 대한 관심을 불러일으키고 이것이 더 많은 사람들 간의 토론에 이르게 한다는 것을 보여주었다(McLeod et al., 1979).

인터넷의 성장으로 정치 커뮤니케이션 연구자들은 투표 참여에 인터넷 커뮤니케이션이 하는 역할을 포함한 많은 추가적인 연구의 토대를 발견했다 (Matei & Ball-Rokeach, 2003; Shah et al., 2002; Shah et al., 2005). 한 연구는 인터 넷 사용이 수용자가 획득하는 정보의 양에 직접적으로 영향을 미치며, 그것이 사람들의 정치적 관심 정도에 따른 투표 참여를 예측한다는 것을 확인했다 (Xenos & Moy, 2007).

3. 거시적 수준의 정치 커뮤니케이션 효과

개인 차원의 효과를 뛰어넘어 사회나 정치 시스템에 미치는 결과를 살펴보 는 거시적 수준의 분석적 연구는 측정상의 어려움 때문에 그 수가 많지 않다. 그러나 거시적 수준의 '기술적'(記述的) 연구는 많이 있다. 이러한 연구는 미 국의 정치 시스템과 투표자에 대한 많은 기술적인 정보를 제공한다.

1) 기술적인 거시적 연구

예를 들면, 기술적인 거시적 연구는 미국에서는 단지 소규모 집단만이 정 치 지식이 있고 적극적임을 시사한다. 미국 인구의 나머지를 차지하는 대다 수 사람은 무관심하고 정치적으로 잘 알지 못한다(Neuman, 1986). 교육 수준 이 높은 사람은 교육 수준이 낮은 사람보다 더 자주 투표하고, 정치에 대해 더 많이 알고, 정치에 더 많이 참여하고, 정치 뉴스를 더 많이 알고 그것에 대해 토의하는 경향이 있다(Burnham, 1982; Powell, 1986; Popkin, 1991).

텔레비전은 미국 정치 시스템의 많은 문제점에 대해 책임이 있다는 비난을 받아왔다. 래니(Ranney, 1983)는 이러한 몇 가지 문제점을 지적했다. 텔레비 전 광고 지출비는 자금 조달을 정치 캠페인의 중요한 측면으로 부각되게 만 들었다. 또한 TV 스팟 광고의 간결함은 이슈의 논의에 대해 관심을 기울이기보다는 후보자의 외모와 이미지 같은 피상적인 요인을 강조하도록 조장한다.

인터넷의 성장, 온라인 뉴스의 이용가능성, 신문 구독자 감소에도 불구하고, 연구는 전통적인 매스 미디어가 계속해서 많은 수용자를 장악하고 있음을 보여주었다(Ahlers, 2006). 몇몇 연구자는 변화하고 있는 기술적인 뉴스 환경 속에 존재하는 이슈들을 다루었다(Harrison & Falvey, 2001; Sunstein, 2006; Benkler, 2006).

연구는 어떤 사람을 둘러싸고 있는 사람들의 '토론 네트워크'(discussion network)가 시민 참여(civic participation)에 영향을 미칠 수 있으며(Huckfeldt & Sprague, 1995; McLeod et al., 1996; Scheufele et al., 2006), 토론 빈도는 중요한 고려사항(Kwak et al., 2005)임을 보여주었다.

2) 정책 수립에 미치는 효과

시스템 수준의 영향은 매스 미디어가 정치인과 정책 수립자에게 영향을 미칠 때 발생할 수 있다. 한 연구(Protess et al., 1991)는 심층 조사 보도의 사용이 여러 분야의 시민 개혁에 기여한다는 것을 확인했다. 이 같은 보도는 독자들에게 그들이 선출한 관리와 접촉해서 개혁을 요구하도록 환기시키는 것이 아니라, 저널리스트, 특수 이익집단, 공공정책 수립자 사이의 상호작용을 야기함으로써 영향을 미친다.

매스 미디어가 정책 수립에 미치는 효과는 다른 방식으로도 분명히 존재한다. 지역 미디어는 대개 시민 생활 '개선' 프로젝트나 지역의 '개선' 프로젝트를 지원하는데, 이러한 프로젝트 가운데 일부는 꽤 많은 비용이 들 수도 있다(Kaniss, 1991; Logan & Molotch, 1987). 또한 미디어 홍보(publicity)는 입법자들이 그들의 목적을 달성하고 재선 캠페인을 위한 모금에 도움을 주는 것으로 드러났다(Smith, 1988; Etzioni, 1988; Goldenberg & Traugott, 1984).

4. 미디어 효과에 영향을 미치는 요인

매스 미디어의 정치 메시지의 영향은 여러 개별 수용자의 특성과 수용자들이 이러한 매개되는 정보를 처리하는 방식에 좌우된다.

1) 개인적 특성

일반적으로 정치적으로 가장 적극적인 시민은 교육을 많이 받은 사람이다. 정치 지식을 갖춘 사람은 정치 정보에 정통할 뿐만 아니라 새로운 정치 정보를 가장 많이 알고 싶어 하는 사람이다(Star & Hughes, 1950; Tichenor et al., 1970). 반대로 이 같은 정보에 정통한 사람은 그들의 개인적 이슈 의제의 강력한 힘 때문에 인쇄 또는 방송 미디어의 의제설정 효과에 영향을 받을 가능성이 상대적으로 낮다(McLeod et al., 1974; Weaver et al., 1981; Iyengar & Kinder, 1987). 프레이밍 효과 또한 정치적 세련도(political sophistication)에 의해 조절된다(moderate)(Valentino, Beckmann, & Buhr, 2002).

정치 커뮤니케이션 효과의 강도에 영향을 주는 다른 개인적 요인으로는 당파성 또는 정당 선호도(Katz, 1987; Iyengar & Kinder, 1987; McLeod et al., 1974; Young, 2004; Gunther & Schmitt, 2004), 뉴스 미디어에 대한 개인적 이미지나 평가(Kosicki & McLeod, 1990; McLeod et al., 1986), 특정한 충족을 위한 개인적 동기화(Blumler & McQuail, 1969; McLeod & Becker, 1974; McLeod et al., 1974) 등이 있다. 당파성이 강한 사람은 그들의 정치적 선유성향에 반하는 정치적 메시지에 영향을 받을 가능성이 상대적으로 낮다. 또한 뉴스 미디어에 대한 어떤 사람의 이미지는 그 사람이 이러한 뉴스를 통해 얼마나 많은 것을 배우는가에 현저한 영향을 미친다. 연구는 뉴스 내용의 정확성에 대해 매우 비판적이거나 회의적인 사람이 그러한 것처럼, 뉴스의 질을 높이 평가하는 사람은 대체로 미디어에서 '덜' 배운다는 것을 보여주었다. 뉴스 내용에 적당히 회의적인 사람은 뉴스 내용을 더 신중하게 생각하고, 따라서 뉴스에서 더 많이 배우는 경향이 있다(McLeod et al., 1986). 끝으로 정치 커뮤니케이션에 강한 관심을 가지고 있는 사람은 대개 이러한 메시지에 아주 신중한 주의를 기울이고 이러한 메시지에서 가장 많은 것을 배우는 사람이다. 이렇게 해서 정치 커뮤니케이션을 통해 추구하는 개인적 충족이 미디어 효과를 매개한다.

2) 정보 처리

정치 커뮤니케이션의 효과는 메시지 '처리'와 관련된 요인에 의해 또한 조정된다. 어떤 사람이 방송 뉴스나 신문 기사에 더 주목하면 할수록, 그 사람은 기사를 통해 더 많은 것을 배운다(Chaffee & Choe, 1980; Chaffee & Schleuder, 1986). 연구들은 뉴스 수용자들 사이에서 일어나는 세 가지 수준의 정보 처리를 확인했다(Kosicki & McLeod, 1990; Kosicki, McLeod, & Armor, 1987). 세 가지 수준이란 기사를 대충 읽거나 훑어보는 것(수준 1)에서부터 기사를 끝까지 읽는 것(수준 2), 그리고 기사를 읽은 다음 그것에 대해 생각하고 다른 사람과 그것에 대해 토론하는 것(수준 3)을 말한다.

더 낮은 정도의 정치적 학습, 관심, 참여는 수준 1과 연관이 있으며, 더 높은 정도의 정치적 학습, 관심, 참여는 수준 3에서 처리가 이루어질 때 일어난다. 정보 처리가 수준 2에서 이루어질 때 관심과 참여는 향상되지만 학습은 그렇지 않다.

5. 요약

대량으로 매개되는 정치적 효과의 힘에 대한 연구 결과들은 시기에 따라 차이가 있다. 1940년대와 1950년대의 투표 행동에 관한 연구는 매스 미디어의 제한된 효과를 시사했지만, 후속 연구는 투표자에 대한 좀 더 직접적이고 강력한 미디어의 영향을 발견했다.

1970년대 이후 정치 커뮤니케이션 효과에 대한 연구 수가 상당히 늘어났다. 이러한 연구들은 (개인에게 영향을 미치는) 미시적 수준과 (사회나 시스템에 영향을 미치는) 거시적 수준의 정치 커뮤니케이션 효과를 살펴보았다.

몇몇 역동적 영향(사회적 상황, 정치적 지형, 미디어 환경, 미디어 내용)은 정치 커뮤니케이션의 속성에 영향을 미친다. 미국에서는 정치 커뮤니케이션에 미치는 미디어의 영향이 상당하다. 따라서 미디어는 여러 가지 특수한 기능을 제공해야 하는 책임도 있다.

정치 광고는 정치 후보자와 투표자 대중 간의 중요한 커뮤니케이션 유형이다. 텔레비전 정치 광고는 후보자의 이미지를 투표자 대중에게 제시하고 주요 이슈에 대한 정보를 제공하며 때때로 투표 결정에 영향을 미치는 데 효과적이다.

또한 정치 커뮤니케이션은 뉴스의 내용, 특히 프레임과 뉴스 결함에도 영향을 받는다. 프레임은 미디어 전문가가 뉴스를 어떤 특정한 방식으로 제시하기 위해 사용하는 추상적인 개념이다. 프레이밍 기제는 종종 수용자의 지각과 해석에 영향을 미친다. 흔히 볼 수 있는 네 가지 뉴스 결함으로 개인화, 조각화, 극화, 정상화가 있다.

미시적 수준의 미디어 효과 연구는 대개 네 부분으로 나뉘는데, 의견의 형성과 변화, (의제설정 연구, 기폭, 지식 습득, 프레이밍을 포함하는) 인지효과, 정치 시스템에 대한 개인의 지각에 미치는 효과, 정치적 행동이나 참여에 대한 효과가 있다. 거시적 수준의 연구는 문제가 있기는 하지만 시스템에 대한 효과나 시스템에 영향을 미치는 개인에 대한 효과를 살펴보려 한다.

어떤 수준의 연구건, 매개되는 정치 커뮤니케이션 효과의 속성과 강도는 여러 가지 다른 요인에 좌우되는데, 이러한 요인은 개별 수용자의 특성이나 정향성, 그들의 미디어 메시지 처리와 관계가 있다.

15장

건 강 에 관 한 미 디 어 효 과

그냥 싫다고 말하라.

— 약물남용반대교육(DARE: Drug Abuse Resistance Education) 프로그램 슬로건

- AIDS 자각을 위한 건강 커뮤니케이션 캠페인으로 인해 콘돔 사용이 증가한다.
- 패라 포싯(Farrah Fawcett)이 항문암과 투병하는 것에 대한 프로그램을 시청한 후 한 여성은 주치의에게 전화를 걸어 검진 예약을 한다.
- 식료품점에서 한 어린이가 만화 프로그램을 시청하면서 광고에서 본 달콤한 시리얼 박스를 사달라고 어머니에게 조른다.
- 〈브리짓 존스의 일기〉(Bridget Jones's Diary)를 본 후 한 10대 소녀는 영화 속 등장인물처럼 담배를 피우고 술을 마시기로 한다.

매스 미디어의 메시지는 종종 개인과 공중의 건강에 상당한 영향을 미친다. 매스 미디어는 최근의 여러 중요한 건강 커뮤니케이션 캠페인에서 필수적인 요소 역할을 해왔다(Rice & Atkin, 1992). 커뮤니케이션 캠페인은 태도와 행동을 바꾸거나 불러일으키고자 하며 흔히 성공적인 결과를 거둔다. 미디어의 건강 커뮤니케이션 캠페인의 목표는 건강 및 커뮤니케이션 전문가가 설계

한 특정한 메시지를 제시하는 것인데, 이러한 메시지는 수용자에게 의도한 긍정적인 건강 관련 효과를 미친다.

미디어 캠페인은 미디어를 통해 이루어지는 건강 커뮤니케이션의 한 종류에 지나지 않는다. 수용자는 매일 인터넷, 뉴스 보도, 프라임타임 오락 프로그램, 주간(畫間) 연속 드라마, 수많은 광고가 쏟아내는 다양한 건강 관련 메시지의 홍수 속에 살고 있으며, 이와 같은 메시지의 효과는 실제로 항상 긍정적인 것만은 아니다. 연구에 따르면, 미국인은 건강 관련 정보의 상당 부분을 매스 미디어를 통해 얻는데(Sandman, 1976), 이러한 건강 정보의 상당 부분과 수용자에게 제시되는 많은 건강 관련 행동이 건강에 부정적인(많은 경우가 의도적이지는 않다 하더라도) 효과를 초래한다는 것을 감안할 때 문제가 된다:

> 만약 한 걸음 뒤로 물러서서 이렇게 만연되어 있는 미디어 메시지가 그려내는 건강의 모습을 살펴본다면, 우리가 보는 세상은 사람들이 거리낌 없이 먹고 마시고 성관계를 맺지만 그 결과에 대해선 좀처럼 고민하지 않는 세상이다. 수용자는 이러한 이미지를 통해 배우며 일반적으로 그들이 배우는 것은 건강에 이롭지 않음을 연구는 보여주고 있다(Brown & Walsh-Childers, 1994: 409).

다른 종류의 미디어 내용과 마찬가지로 건강 관련 메시지의 효과도 본질적으로 긍정적일 수도 있고 부정적일 수도 있으며 의도적일 수도 있고 의도적이지 않을 수도 있음을 연구는 보여주고 있다. 이 장에서는 담배, 술, 처방 약, 식품 광고의 효과에 대한 연구 결과들을 살펴보고, 오락물 묘사의 효과와 건강 뉴스 보도의 속성 그리고 수많은 사람에게 건강 관련 정보를 제공하는 데 있어서의 인터넷의 중요성을 살펴볼 것이다. 또한 정책적 수준에서 개인의 건강 증진에 영향을 주거나 긍정적인 변화를 의도로 하는 건강 캠페인과 기타 교육적 전략의 사용에 대해서도 논의할 것이다.

건강 커뮤니케이션의 효과에 대한 연구는 비교적 그 역사가 짧아, 주요 연구들은 1970년대 이후에 이루어졌다는 점을 기억해야 할 것이다. 최근 연구를 통해 많은 것, 특히 미디어가 좋건 싫건 개인의 건강 신념과 행동은 물론 공중 보건에도 상당한 영향을 미칠 수 있다는 엄청난 증거들이 밝혀졌다(Walsh-Childers & Brown, 2009).

1. 연구 결과

건강에 관한 미디어 메시지의 효과를 조사한 많은 연구는 광고, 오락물의 묘사, 뉴스 보도, 최근에는 인터넷에 초점을 맞추었다. 의도하지 않았던 긍정적인 영향이나 부정적인 영향을 시청자에게 미친 메시지가 있는가 하면, 건강한 라이프스타일을 촉진하기 위해 의도적으로 설계된 메시지도 있다.

1) 건강에 미치는 광고, 미디어 메시지, 그리고 오락물 묘사의 효과

상업 제품 광고, 미디어 메시지, 그리고 오락물 묘사의 효과에 관한 연구는 주로 제품을 사용하는 개인의 건강에 초점을 맞추었다. 월쉬-차일더스 및 브라운(Walsh-Childers & Brown, 2009)는 네 종류의 광고, 즉 담배, 술, 처방 약, 식품 광고가 미치는 건강 효과에 관한 문헌을 검토했다.

(1) 담배

2000만 명이 넘은 미국인이 담배를 피운다. 1971년, 미국에서는 방송 미디어를 통한 담배 광고가 금지되었지만, 이러한 금지 조치는 담배회사가 담배를 광고하기 위해 다른 수단을 이용하는 것을 막지는 못했다. 담배 광고 방송 금지에도 불구하고 공중은 인쇄 미디어, 빌보드, 스포츠 경기 후원과 같은 광고 수단을 통해 담배 광고를 분명하게 볼 수 있다.

담배 광고가 1971년 이후 미국 방송 매체에서 금지되긴 했지만, 담배회사는 그들의 제품을 공중이 계속해서 볼 수 있도록 하기 위해 스포츠 이벤트 후원과 같은 다른 방법을 찾았다.

한 최근 연구는 영화 등장인물의 흡연 장면에 노출되는 것과 담배 광고 노출 및 담배 광고 수용성(receptivity)은 10~14세의 청소년 흡연과 연관이 있다는 사실을 확인했다(Sargent, 2009). 누네스-스미쓰 등(Nunez-Smith et al., 2010)은 미디어 이용과 담배, 술 및 약물 남용 간의 연관성에 관한 수십 편의 연구를 고찰했다. 연구자들은 83%의 연구가 미디어 노출과 흡연 시작, 음주 및 약물 사용 간의 인과관계를 발견했으며, 그러한 증거 가운데 미디어 이용과 흡연 간의 연관성이 가장 높았다.

사전트 등(Sargent et al., 2005)은 통계적 방법을 사용하여 10~14세의 청소년을 대상으로 영화의 흡연 장면 노출과 청소년의 흡연 시작 간의 인과관계를 조사했다. 그 결과, 연구자들은 영화 흡연 장면 노출이 미국 청소년의 흡연 시작을 결정하는 가장 강력한 단일 위험 요인임을 확인했다.

수년 동안 많은 연구가 여러 담배 광고나 판촉 소구의 효과를 살펴보았다. 연구는 담배를 피우는 사람 가운데 90%가 청소년기에 흡연을 시작했음을 보여주었다(U. S. Dept. of Health and Human Services, 1994). 백인 중산층 남성의 흡연이 감소함에 따라, 담배회사는 담배 광고의 목표를 여성, 소수집단, 그리고 아마 틀림없이 어린이와 같은 다른 인구 집단을 유인하는 데 맞추었다(Davis, 1987; Basil et al., 1991). 담배회사는 또한 미국 이외의 나라에서 광고 수위를 높였는데, 이들 나라 가운데 많은 나라가 미국보다 담배 광고에 대한 규제가 더 적었다. 담배회사 경영자들은 그들의 광고가 어린이나 청소년을 겨냥하지는 않는다고 말하지만, 연구들은 어린이와 청소년이 여러 담배의 심벌과 슬로건을 인지하고 있음을 보여주었다(Aiken, Leathar, & O'Hagan, 1985; Aiken, Leathar, & Squair, 1986). 조 캐멀(Joe Camel), 즉 "올드 조"(Old Joe)가 캐멀 담배의 트레이드마크로 등장한 후, 캐멀 담배에 대한 수요가 젊은 흡연자들 사이에서 3년 만에 0.5%에서 32%로 증가했다(DiFranza et al., 1991). 광고를 인지하는 경향이 높으면 높을수록, 담배를 피울 가능성도 더 높다(Goldstein, Fischer, Richards, & Creten, 1987). 블룸과 동료들(Bloom et al., 1997)은 청소년의 흡연과 (담배가 많이 광고되는) 자동차 경주 대회 시청 간에 상관관계가 있음을 밝혀냈다.

호주에서 이루어진 연구는 청소년들이 광고에서 '라이프스타일' 소구를 사용하는 담배 브랜드에 특별히 이끌린다는 사실을 보여주었다. 청소년 흡연자의 75% 이상이 라이프스타일 소구를 사용하는 브랜드를 사용했다(Chapman & Egger, 1980; Chapman & Fitzgerald, 1982). 호주 어린이에 대한 또 다른 한 연구는 담배 광고에 대한 찬성이 또래들의 흡연 행동 다음으로 어린이의 흡연 행동을 예측하는 중요한 변인임을 보여주었다(O'Connel et al., 1981).

다른 연구들은 담배 광고에 표시되어 있는 경고 문구와 관련된 여러 이슈

담뱃갑에 적혀 있는 경고 문구는 인쇄 담배 광고에 적혀 있는 경고문보다 다소 더 눈에 띈다.

Andy Bullock

를 살펴보았다. 한 연구는 잡지에 게재된 담배 광고를 청소년들에게 보여주고 그들의 눈동자 움직임을 관찰한 결과, 거의 절반이 경고 문구를 전혀 읽지 않는다는 사실을 확인했다(Fischer, Richards, Berman, & Krugman, 1989). 또 다른 연구에서 데이비스와 켄드릭(Davis & Kendrick, 1989)은 빌보드와 택시의 담배 광고에 적혀 있는 경고 문구가 매우 읽기 어렵지만 담배의 브랜드 명은 분명하게 볼 수 있다는 점을 확인했다.

바이너 및 시걸(Biner & Siegel, 2000)은 인쇄매체, 인터넷, 라디오의 담배 광고에 노출되는 것과 담배 브랜드 로고가 적혀 있는 모자나 라이터를 가지고 있는 것이 청소년의 흡연량 증가와 모두 관련 있다는 사실을 확인했다.

담배회사는 현재 (옥외 간판과 인터넷을 포함한) 모든 다른 광고 수단보다 구매시점(point of purchase) 광고에 더 많은 돈을 쓴다(Rabin, 2007). 담배회사는 학교 가까이와 10대와 어린이가 많이 살고 있는 동네에 있는 편의점에서 광고를 하는 경향이 있다(Woodruff, Argo, Wildey, & Conway, 1995; Pucci, Joseph, & Siegel, 1998). 헨드릭슨 및 플로라(Hendriksen & Flora, 2001)는 실험방법을 통해 청소년들이 편의점 내의 광고를 통해 담배가 이용 가능하다는 것을 알게 되고 담배가 인기 있다고 지각하게 되며, 또한 이러한 지각을 통해 흡연을 시작할 가능성이 높다는 사실을 확인했다. 연구자와 정책수립자들은 인터넷의 담배 광고와 인터넷상의 담배 판매자들도 우려의 눈으로 바라보고 있다(Ribisl, Kim, & Williams, 2007).

(2) 주류

술 소비는 배우자와 자녀 구타, 강간, 심지어 살인으로 이어지는 것으로 알려져 있다(Fals-Stewart, 2003; Grant, 2000). 청소년들은 담배와 마리화나를 포함한 다른 어떤 약물보다 술을 더 많이 이용할 뿐만 아니라 남용한다(Johnson et al., 2004).

한 최근 연구는 영화 등장인물의 음주 장면을 보는 것이 10~14세 청소년이 이른 시기에 음주를 시작하는 것과 연관이 있음을 확인했다(Sargent et al., 2006). 다른 많은 연구는 음주가 청소년에게 미치는 영향에 초점을 맞추었다. 그루브(Grube, 2004)는 더 이른 시기에 음주를 시작하면 할수록 단기적으로나 장기적으로 건강에 미치는 영향은 더 심각하다는 사실을 확인했다. (대개 1번에 5잔 이상 술을 마시는 것으로 정의되는) 폭음은 미국보다 유럽에서 훨씬 더 심각한 문제이다(Kantrowitz & Underwood, 2007).

주류 광고가 개인과 공중의 건강에 미치는 효과에 관한 연구는 일반적으로 ① 이 같은 광고가 청소년에게 음주를 시작하도록 유인하는지 또는 ② 이 같은 광고가 술 소비의 증가와 음주자의 음주 운전을 초래하는지 여부에 초점을 맞추었다. 위의 첫 번째 문제에 관해 애트킨과 동료들(Atkin et al., 1984)은 한 청소년 집단을 조사한 결과 그들이 맥주나 술을 마실 가능성은 TV 광고 노출과 직접적으로 관련이 있음을 확인했다. 더욱이 나이, 성, 사회적 지위, 혹은 부모의 영향과 같은 요인은 TV 광고에 대한 노출만큼 음주 행동에 대한 강력한 예측변인이 되지 못했다. 애트킨(Atkin, 1994)은 이러한 한 차례 설문조사를 통해 나타난 증거에 의존하기보다는 이러한 이슈와 관련된 연구들을 살펴보았다. 그 결과, 텔레비전의 주류 광고는 청소년들에게 음주를 '조장하는

일부 술 브랜드는 그들의 제품을 동물과 청소년들이 동일시하는 다른 매력 있는 특징과 연관 시킨다.

것 같다'는 결론을 내렸다. 또 다른 연구는 주류 광고가 나가는 미식축구와 농구 경기에 대한 노출이 맥주 마시기로 바로 이어진다는 것을 보여주었다(Bloom, Hogan, & Blazing, 1997). 일부 술 브랜드는 음주를 재미와 연관시키고, 광고에 야외활동을 특별히 포함하며, 버드와이저 클라이즈데일(Budweiser Clydesdale)[1]과 같은 동물을 사용하는데, 이러한 특징은 모두 청소년들에게 강한 소구력을 지닌다(Collins, Ellickson, McCaffrey, & Hambarsoomians, 2007; Zwarun & Farrar, 2005).

청소년들이 술 광고에서 호감 가는 모델을 보고 그들과 자신을 동일시할 때, 음주는 긍정적인 경험이 될 것이라 생각할 가능성이 더 높으며, 따라서 음주를 할 가능성도 더 높아진다(Austin & Knaus, 2000). 오스틴, 첸 및 그루브(Austin, Chen, & Grube)는 부모가 자녀에게 이야기를 해주고 적절한 지도를 해줌으로써 술 광고가 자녀에게 미치는 해로운 영향을 줄일 수 있다는 사실을 확인했다.

---

1) 힘센 짐마차용 말(옮긴이 주).

(3) 처방 약

1997년, 미국 식품의약국(Food and Drug Administration)은 처방 약 제조회사가 잡지(Curry, Jarosch, & Pacholok, 2005)와 텔레비전(Brownfield et al., 2004; Frosch et al., 2007)을 포함한 매스 미디어를 통해 그들의 약을 소비자에게 직접 광고할 수 있게 허용하기로 했다.

연구는 이러한 광고가 많은 사람의 행동에 영향을 미침을 보여주었다. 한 연구(Murray et al., 2004)는 설문조사에 응한 사람 가운데 6%가 의사에게 광고에서 본 약에 대해 말했으며, 그 약에 대해 의사와 의논한 사람 가운데 약 30%는 그 약을 처방받았다. 11.5%는 의사가 그 약이 도움이 되지 않는다고 말해주었음에도 그 약을 처방받았다.

(4) 식품

식품 광고가 소비자 건강에 미치는 효과에 관한 많은 연구는 어린이에게 초점을 맞추었다. 연구는 광고된 식품의 영양가에 따라 식품 광고가 긍정적인 효과를 미칠 수도 있고 부정적인 효과를 미칠 수도 있음을 보여주었다.

학자들의 주된 관심사는 어린이와 10대의 비만이었다(James et al., 2001; Ogden et al., 2002; Wang, Monteiro, & Popkin, 2002). 많은 연구 결과는 텔레비전의 식품 광고를 시청하는 것이 어린이 비만과 높은 연관성이 있음을 보여준다(Committee on Food Marketing, 2006). 골드버그, 곤 및 깁슨(Goldberg, Gorn, & Gibson, 1978)은 TV 식품 광고가 어린이의 단기적·장기적 식품 선호도에 영향을 미치지만, 어린이의 식습관을 결정하는 데는 부모의 식습관이 광고보다 훨씬 더 큰 영향력을 미친다는 사실을 확인했다. 영양가가 낮은 식품 광고가 엄청나게 많다는 것을 고려할 때, 이 같은 연구 결과는 건강에 대한 부정적인 결과를 암시한다.

긍정적인 측면으로는 1980년대 켈로그(Kellogg)의 올 브랜(All-Bran) 캠페인이 섬유질이 많고 지방질이 낮은 음식의 건강상 (항암적) 이점을 강조하기 위해 국립암연구소(National Cancer Institute)의 정보를 이용한 것이 있다. 이러한 캠페인을 벌인 결과, 많은 사람이 (올 브랜 같은) 고섬유 저지방 음식을 먹기 시작했으며, 많은 사람이 특정한 종류의 암 예방에서 영양소의 중요성을 깨닫기 시작했다는 사실이 연구들에서 확인되었다(Freimuth, Hammond, & Stein, 1988; Levy & Stokes, 1987).

2) 텔레비전과 건강

흡연과 음주 혹은 음주에 대한 언급은 오늘날 텔레비전 프로그램에서 흔히 볼 수 있다. 로버츠 및 크리스텐슨(Roberts & Christenson, 2000)은 프라임타임 텔레비전 프로그램 에피소드의 약 20%에 등장인물이 담배를 피우는 장면이 포함되어 있음을 확인했다. 음주와 음주에 대한 언급은 성인 프로그램에만 등장하는 것이 아니라 10대 프로그램에도 등장했다(Christenson, Hendriksen, & Roberts, 2000).

또 다른 연구는 마른 몸매의 등장인물이 대부분인 텔레비전 프로그램을 시청하는 것과 그것이 시청자의 신체상(body image)에 미치는 효과 간의 연관성을 살펴보았다. 실제로 미국의 '야윈 몸매 기준'(slim standard)과 그에 따른 건강 문제가 위성 텔레비전 방송을 타고 전 세계 구석구석으로 확산되었다. 《뉴스위크》(Newsweek)의 한 기사(1999. 5. 31.)는 피지(Fiji)의 사우쓰 퍼시픽(South Pacific) 섬(전통적으로 뚱뚱한 몸매를 선호하는 문화를 가지고 있는 곳)의 10대 소녀들이 1995년 막대기처럼 마른 여배우가 등장하는 서방 TV 프로그램이 방송된 후 심각한 식사 장애 징후를 보이기 시작했음에 주목했다. 연구자들은 모든 비난을 텔레비전에게만 돌리기를 꺼려하지만, 여러 요인 가운데서 텔레비전이 핵심적인 요인인 것으로 보인다. 베커(Becker, 2004)와 베커 등(Becker et al., 2003)의 연구에 따르면, 텔레비전을 가장 많이 시청한 피지 소녀들은 자신이 너무 뚱뚱하다고 생각하며 이런 소녀 3명 가운데 2명이 몸무게를 줄이기 위해 다이어트에 의존한 것으로 나타났다. 더욱이 연구 대상 소녀 가운데 15%는 몸무게를 줄이기 위해 먹었던 음식을 토하는 방법을 사용했다고 말했다.

텔레비전 시청과 영양 상태 간의 관계를 살펴본 다른 연구들은 텔레비전 시청 시간이 청소년의 체중 문제를 예측하는 좋은 변인임을 발견했다(Berkey et al., 2000; Dennison, Erb, & Jenkins, 2002; Dietz, 1990; Dietz & Gortmaker, 1985; Saelens et al., 2002). 1970년대에 이루어진 한 연구는 TV 시청을 많이 하는 어린이가 TV 시청을 적게 하는 어린이보다 식사 사이에 간식을 더 많이 먹는다는 사실을 입증한 바 있다(Clancy-Hepburn, Hickey, & Nevill, 1974). 더 최근의 연구는 이러한 사실을 확인해주었다(Coon et al., 2001; Matheson et al., 2004).

텔레비전 프로그램의 성활동 묘사는 최근 들어 더 빈번해졌고 더 노골화되었지만, 안전한 섹스 실천이나 약속에 대한 언급은 거의 이루어지지 않고 있다(Escobar-Chaves et al., 2005; Kunkel et al., 2007). 텔레비전에서 동성애를 언급하고 묘사하는 횟수도 최근 엄청나게 늘었다(12장 참조). 연구들은 텔레비전의 성활동 묘사에 노출되는 것이 청소년이 이른 시기에 성관계를 갖는 것으로 이어짐을 계속해서 보여주고 있다(Ashby, Arcari, & Edmonson, 2006; Collins et al., 2004).

3) 영화와 건강

담배, 술, 불법 약물에 관해 말하자면, 연구들은 대부분의 영화에 술을 마시고 담배를 피우는 등장인물이 자주 등장함을 보여주었다(Roberts & Christensen, 2000). 한 연구는 최근 영화에 등장하는 배우가 1950년대 영화에 등장하는 배우만큼 담배를 많이 피운다는 사실을 확인했다(Glantz, Kacirk, & McCulloch, 2004). 심지어 G-등급 영화와 디즈니 클래식 만화영화 4편 가운데

3편에도 술 마시는 장면과 담배 피우는 장편이 포함되어 있다(Thompson & Yokota, 2001; Ryan & Hoerrner, 2004).

연구들은 선한 등장인물도 악한 등장인물과 마찬가지로 담배를 피우고/피우거나 술을 마심을 보여준다(Goldstein, Sobel, & Newman, 1999). 2000년에 실시된 한 연구에 따르면, 영화에서 불법 약물 사용은 흡연이나 음주만큼 자주 발생하지 않고, 약물 사용의 악영향이 자주 묘사되었으며, 약물 중독자는 대개 악으로 묘사되었다고 한다(Roberts & Christensen, 2000).

영화의 성활동 묘사는 수용자의 건강에 잠재적으로 여러 가지 나쁜 효과를 미친다는 사실이 증명되었다. 노골적으로 성적인 영화의 효과에 관한 1980년대 연구에 따르면, 남자 대학생은 범죄 행위인 강간을 하찮게 여기는 경향이 있었으며 이 같은 영화를 본 후 여성에 대해 성적으로 더 냉담한 태도를 보였다(Zillmann & Bryant, 1982). 다른 연구도 유사한 결과를 발견했지만, 이러한 결과는 폭력을 동반하는 노골적으로 성적인 영화에서만 발견되었다(Linz, Donnerstein, & Penrod, 1988). 질만과 브라이언트(Zillmann & Bryant, 1988a)는 비폭력적이지만 노골적으로 성적인 영화 시청자(대학생과 대학생이 아닌 성인)은 비시청자에 비해 성적인 부정(不貞)이나 난교(亂交)를 수용하는 경향이 높다는 결론을 내렸다.

4) 노래 가사, 뮤직 비디오, 그리고 건강

1980년대 이후 많은 현대 록(rock) 음악 가사와 뮤직 비디오는 (낭만적이지 않은) 육체적인 섹스, 폭력, 때로는 폭력적인 성 경험을 강조해왔다(Fedler, Hall, & Tanzi, 1982; Sherman & Etling, 1991). 록과 랩(rap) 음악에서 10대 임신, 자살, 약물 남용, 강간을 포함한 10대의 건강에 부정적인 영향을 미치는 가사와 묘사가 압도적으로 많았으며, 일부 연구자는 이러한 부정적인 효과에 관심을 가졌다(Brown & Hendee, 1989; Gore, 1987). 한 연구는 록 뮤직 비디오를 많이 시청한 청소년이 다른 청소년보다 혼전 섹스가 괜찮다고 생각하는 경향이 높다는 사실을 확인했다(Greeson & Williams, 1986). 다른 연구도 뮤직 비디오를 많이 시청하고 부정적 가사가 담긴 음악을 많이 듣는 것이 미치는 부정적 효과를 보여주었다(Klein et al., 1993).

로버츠 및 크리스텐슨(Roberts & Chistenson, 2000)은 컨트리 뮤직(country music) 노래 가사의 약 10%에 음주가 언급되었음을 확인했다. 랩/힙-팝 그리고 록 뮤직 비디오는 술을 마시고 불법 약물을 사용하는 사람을 자주 묘사한다(Durant et al., 1997; Gruber et al., 2005). 1990년대 말, 연구자들은 4편의 뮤직 비디오 가운데 3편이 담배 피우는 사람을 포함하고 있음을 확인했다(Durant et al., 1997).

5) 건강 뉴스의 효과

건강 관련 뉴스의 효과에 관한 연구는 사람들이 모든 건강 관련 기사 가운데 공중보건 이슈에 대한 기사에 가장 관심을 기울이지만, 동시에 공중보건 정책 기사와 특정 질병에 대한 기사에도 관심을 기울임을 보여주었다(Brodie et al., 2003).

건강 관련 뉴스에 관한 많은 연구가 특정 뉴스 기사를 시청한 후 경험하는 행동적 효과 측정을 포함한다. 예를 들면, 연구는 흡연의 위험에 대한 뉴스 보도가 담배를 끊는 사람의 수에 상당한 영향을 미칠 수 있음을 보여주었다(Pierce & Gilpin, 2001). 뉴스 보도는 10대의 마리화나에 대한 태도뿐만 아니라 그들의 마리화나 사용에도 영향을 미칠 수 있다(Stryker, 2003). 자살에 관한 뉴스 보도는 모방 자살을 야기할 수 있지만, 뉴스 매체는 그러한 죽음에 대한 세세한 사항을 밝히지 않음으로써 부정적인 효과를 줄일 수 있다(Stack, 2005).

뉴스 기사는 또한 공중보건 정책에도 영향을 미칠 수 있다. 건강 기사가 프레임 되는 방식은 공중과 정책수립자가 그 문제를 바라보는 방식에 영향을 미칠 수 있다(Dorfman & Wallack, 2007). 특정 건강 문제나(Reese & Danielian, 1989; Shoemaker, Wanta, & Leggett, 1989)나 논란의 여지가 있는 치료(Benelli, 2003)에 대한 미디어의 철저한 조사는 때때로 담당 관리의 조급한 조치를 이끌어낼 수 있다.

월쉬-차일더스(Walsh-Childers, 1994a, 1994b)는 보건 전문가들이 건강 문제 해결 방식에 합의할 때, 그러한 변화가 주(州) 혹은 지역 수준에서 일어날 때, 그리고 뉴스 보도가 변화시키고자 하는 민간 집단이나 공공 관리의 노력을 지지할 때, 건강 관련 뉴스가 가장 큰 효과를 불러일으킴을 확인했다.

2. 건강과 인터넷

인터넷 사용자의 대다수(70~80%)가 건강 관련 정보를 얻기 위해 온라인을 검색하며, 그와 같은 검색은 개인이 인터넷을 사용하는 가장 흔한 이유 가운데 하나이다(Greenberg, D'Andrea, & Lorence, 2003). 연구에 따르면, 여성, 65세 미만의 사람, 인터넷 사용 경험이 있는 사람, 고속 인터넷을 사용하는 사람(Fox, 2006)이 건강 관련 정보를 얻기 위해 온라인을 검색할 가능성이 더 높았다.

비록 많은 사람이 인터넷에서 건강 정보를 찾고 있긴 하지만, 그들은 엄청난 정보량에 압도당하고 혼란스러워할 수 있다(Fox, 2006). 한 연구는 자신의 질병에 대한 정보를 인터넷에서 찾는 사람은 병원에서 그러한 정보를 사용해 의사에게 질문을 할 가능성이 더 높음을 보여주었다(Bass et al., 2006). 다른 연구는 웹사이트의 정보가 부정확하며 정보의 질이 때때로 수준 이하임을 확인했다(Eysenbach et al., 2002; Powell et al., 2005). 인터넷 웹사이트에서 건강 정보를 구하는 사람은 대부분 정보의 타당성이나 자료를 올린 날짜와 같은 정

당신의 양심에 따르기: 디즈니 클래식 만화영화의 흡연과 음주

Erin L. Ryan and Keisha L. Hoerrner(2004)
Mass Communication & Society, 7(3), 261~278.

이 연구자들은 디즈니 클래식 만화영화의 흡연 및 음주 장면을 찾아보기 위해 1937~2000년에 출시된 24편의 G-등급 장편 만화영화를 내용분석했다. 그들은 이들 영화에서 사용 반대(antiuse) 메시지가 없는 381건의 흡연 및 음주 장면을 확인했다.

연구문제

RQ1: 1937~2000년에 출시된 디즈니의 G-등급 장편 만화영화에 담배와 술이 등장하는가?

RQ2: 만약 등장한다면, 흡연과 음주 장면은 어떤 상황에서 등장하는가?

RQ3: 그와 같은 장면의 등장 횟수는 시간이 흐르면서 줄어드는가?

조작적 정의

담배 및 술에 대한 노출 사례는 화면에 담배나 술이 연속적으로 보이는 각각의 사례로 정의되었다(Thompson & Yokota, 2001). 한 캐릭터가 술이나 담배를 들고 있거나 사용하는 것으로 보일 때마다, 스톱워치를 사용해 그 사례의 경과시간을 재서 기록했다. 의인화된 술이나 담배도 이 분석에 포함했다.

연구자들은 '화면에 그냥 보여주기만' 했는지 혹은 캐릭터가 담배나 술을 받아들이거나 거절함으로써 그것에 반응했는지 등 영화에서 담배와 술이 등장하는 상황도 코딩했다. 또한 만약 캐릭터가 술이나 담배 사용에 긍정적으로 반응하거나 그것의 사용을 권하거나 시청자를 웃게 하려고 시도하고 있다면, 그것은 술이나 담배를 받아들이는 것으로 코딩했다. 부정적인 반응은 거절하는 것으로 코딩했다.

캐릭터는 성인, 10대, 혹은 어린이로 분류했다. 주인공, 상대역, 조연도 코딩했다. 의인화된 술이나 담배는 조연으로 코딩했다.

표본

분석한 디즈니 클래식 만화영화는 다음과 같다:

〈백설공주와 일곱 난장이〉(1937)	〈미녀와 야수〉(1991)
〈피노키오〉(1940)	〈알라딘〉(1992)
〈덤보〉(1941)	〈포카혼타스〉(1995)
〈신데렐라〉(1951)	〈노트르담의 꼽추〉(1996)

〈신기한 나라의 앨리스〉(1951)　　〈레스큐어스〉(1977)
〈피터 팬〉(1953)　　〈토드와 코퍼〉(1981)
〈레이디와 트램프〉(1955)　　〈올리버와 친구들〉(1988)
〈잠자는 숲속의 미녀〉(1959)　　〈인어공주〉(1989)
〈101마리 달마시안〉(1961)　　〈헤라클레스〉(1997)
〈아더왕의 검〉(1963)　　〈뮬란〉(1998)
〈정글북〉(1967)　　〈타잔〉(1999)
〈아리스토캣〉(1970)　　〈쿠스코? 쿠스코!〉(2000)

연구결과

연구자들은 24편의 영화에서 381건의 술 및 담배 노출 사례(담배 106건과 술 275건)를 코딩했다. 연구문제 1에 대한 대답은 '그렇다'이다. 단지 3편(〈정글북〉, 〈토드와 코퍼〉, 〈뮬란〉)의 영화에서 술이나 담배가 등장하지 않았다.

18편의 영화에는 적어도 한 차례의 담배 노출이 포함되었으며, 또한 18편의 영화에는 적어도 한 차례의 술 노출이 포함되었다. 파이프가 가장 자주 등장하는 담배 제품이었고, 그다음이 시가(cigar)와 궐련(cigarette)이었다. 술의 경우는 맥주, 포도주, 샴페인, 증류주 순서로 자주 등장했다. 시가 노출이 없는 영화는 9편뿐이었고, 파이프 노출이 없는 영화는 10편이었으며, 포도주 노출이 없는 영화는 단지 6편뿐이었다.

연대별로(1937년 영화는 1940년대 집단에 포함되었음) 영화를 분류한 후, 연대별 출시 시기와 노출 유형 간에 카이 스퀘어(chi square) 검정을 실시했다. 그 결과, 시간이 흐르면서 담배 노출이 줄긴 했지만 술 노출은 오히려 증가한 것으로 나타났다.

노출 상황에 관한 연구문제 2에 대해서는 술과 담배 노출 건수의 91%가 수용되었으며, 거절된 경우는 4%에 지나지 않았다. 단지 4편(〈피노키오〉, 〈피터 팬〉, 〈101마리 달마시안〉, 〈아더왕의 검〉)에만 거절이 포함되었다. 술에 대한 거절이 포함된 영화는 단 1편(〈피노키오〉)뿐이었다.

3편(〈피노키오〉, 〈피터 팬〉, 〈올리버와 친구들〉)의 영화에는 어린이가 술을 마시거나 담배를 피우는 장면이 포함되어 있었다. 〈피터 팬〉, 〈인어공주〉, 〈알라딘〉에는 10대가 술을 마시거나 담배를 피우는 장면이 포함되어 있었다. 전체 흡연 장면 가운데 어린이가 흡연하는 장면이 22%나 되었다. 술이나 담배 사용 반대 메시지가 포함된 영화는 거의 전무했다.

연구문제 3의 경우, 흡연 장면은 줄었으나 음주 장면은 그렇지 않았다.

참고문헌

Thompson, K. M., & Yokota, F. (2001). Depiction of alcohol, tobacco, and other substances in G-rated animated feature films. *Pediatrics, 107*(6), 1369~1374.

보의 질을 확인할 수 있는 다른 척도를 확인하지 않는다(Eysenbach & Köhler, 2002; Fox, 2006).

3. 건강 커뮤니케이션 캠페인 효과

건강 캠페인은 건강 교육과 행동 변화를 위해 의도적으로 매스 미디어를 이용한다. 이 같은 캠페인은 전 세계적으로 사용되어왔는데, 그 성공 정도에는 캠페인마다 상당한 차이가 있다(Brown & Walsh-Childers, 1994).

어떤 이유에서인지 어떤 미디어 건강 캠페인은 장기적인 행동 변화를 이끌어내지 못하는 반면, 어떤 캠페인은 이끌어낸다. 어떤 캠페인은 의도한 긍정적인 효과를 불러일으키는 반면, 어떤 캠페인은 의도하지 않은 부정적인 효과를 불러일으키며 그 가운데 일부는 여러 가지 효과를 발생시킨다. 후자의 경우를 예로 들어보면, 유방암 검진을 권장하는 노쓰 다코타(North Dakota) 주의 한 미디어 캠페인은 원래 이미 검진을 한 적이 있는 여성에게 재검진을 받을 것을 권장하려는 것이었으나 오히려 유방암 검진을 한 번도 받아본 적이 없는 여성에게 검진을 받게 하는 효과를 미친 것으로 확인되었다(McCaul, Jacobson, & Martinson, 1998).

AIDS에 대한 경각심을 높이고 위험스런 행동을 바꾸게 하기 위한 1980년대의 공중보건 캠페인은 일반 공중의 경각심을 높이는 데는 성공했으나, 동시에 AIDS에 대한 공중의 '불안감'을 높여주기도 했다. 더욱이 미국과 영국에서 이루어진 이러한 캠페인의 메시지는 약물 남용자와 같은 위험도가 높은 수용자에게 도달되지 못했다(Department of Health and Social Security and the Welsh Office, 1987; Snyder, Anderson, & Young, 1989). 후속 연구는 미디어 개입(media intervention)이 때로는 위험도가 높은 수용자들에 의해 사용되어 의도한 효과(이 경우는 더 긍정적인 행동으로의 변화)를 초래하기도 한다는 것을 보여주었다

위험 학습 모델 및 스테레오타입 기폭 모델

페크만(Pechmann, 2001)은 사람들이 더 건강한 행동을 함과 동시에 건강에 해로운 것을 피하도록 설득하는 것을 목적으로 하는 두 가지 유형의 상호 보완적 모델을 제시했다. **위험 학습 모델**(risk-learning model)은 "건강에 해로운 것에 대한 새로운 정보와 이러한 해로움을 최소화해주는 행동을" 관련짓는 것을 목적으로 하는 반면, **고정관념 기폭 모델**(stereotype priming model)은 해로움을 유발하는 행동을 피하도록 사람들을 설득하기 위해 "추천하는 행동을 하거나 행하지 않는 사람에 관한 기존의 사회적 스테레오타입"을 이용하려 한다(2001: 189). 위험 학습 모델은 보호 동기 이론(protection motivation theory)을 기반으로 하는데, 이 이론은 건강을 촉진하고 보호하는 행동을 하도록 동기화하는 것을 의미한다. 네 가지 종류의 메시지가 건강 보호 행동을 할 가능성을 높여준다고 한다. 네 가지 종류의 메시지는 다음과 같다:

• 위험한 행동을 하는 데 따른 심각한 질병의 결과를 보여주는 메시지(위험의 심각함)
• 얼마나 쉽게 질병에 걸릴 수 있는지를 보여주는 메시지(위험의 취약성)
• 보호 행동이 질병에 걸릴 가능성을 얼마나 줄여줄 수 있는지 또는 질병을 얼마나 예방하거나 치료할 수 있는지 보여주는 메시지(반응 효능성)
• 보호 행동을 할 때의 효과성을 보여주는 메시지(자기 효능감)

스테레오타입 기폭 모델은 기폭되는 자극, 특정한 사회적 집단, 특정한 행동적 특성 간의 기존의 연계를 토대로 한다. 예를 들면, 금연을 권장하는 캠페인에서 담배를 피우는 사람은 부정적인 스테레오타입의 특징(예, 누런 이빨이나 담배 냄새)을 사용하여 묘사되는 한편, 담배를 피우지 않는 사람은 긍정적인 스테레오타입의 특징(예, 건강함을 즐기는 것)을 가지고 있는 것으로 표현될 수 있다. 페크만은 다음과 같이 적고 있다:

위험 학습 모델은 메시지 수용자에게 메시지 내용에 대한 사전 지식을 요구하지 않는다. 실제로 이 모델의 주요 목적은 지식이 부족한 경우 지식을 전해주는 것이다. 이에 비해, 스테레오타입 기폭 모델은 사람들의 이전 스테레오타입을 반영하는 메시지의 사용을 필요로 한다. 바꾸어 말하자면 그러한 기폭이 이미 장기 기억 속에 들어 있는 어떤 신념을 반영하거나 그러한 신념과 일치되어야 한다는 것이다. 기폭은 단지 기존의 스테레오타입이 기억의 전면(前面)에 오도록 할 뿐이다(2001: 195).

자료: Pechmann, C. (2001). A comparison of health communication models: Risk learning versus stereotype priming, *Media Psychology*, *3*, 189~210.

(Elwood & Ataabadi, 1996; Guenther-Grey, Schnell, & Fishbein, 1995). 위에 제시된 상자는 사람들에게 건강하고 위험이 없는 행동을 하도록 설득함을 목적으로 하는 두 가지 모델을 보여주고 있다.

연구마다 사용하는 커뮤니케이션 채널이 다를 경우 서로 엇갈린 연구 결과를 내놓는다. 일부 연구는 매스 미디어 메시지와 대인 커뮤니케이션을 혼합해서 사용하는 캠페인이 원하는 태도나 행동의 변화를 이끌어내는 데 가장 효과적일 수 있음을 보여주었다(Flynn, 1994; Guenther-Grey, Schnell, & Fishbein, 1995; Svenkerud, Rao, & Rogers, 1999). 그러나 다른 연구는 매스 미디어 메시지 하나에 노출되는 것만으로도 태도나 행동의 변화를 초래한다는 것을 보여주었다(McDivitt, Zimicki, & Hornick, 1997). 이러한 결과의 차이는 캠페인 자체의 근본적인 차이나 캠페인 성공을 위한 주요 원칙을 준수하는 정도에 기인하는 것일 수 있다.

각기 다른 금연 캠페인도 각기 다른 결과를 초래한 캠페인의 좋은 사례이다. 5년에 걸쳐 이루어진 미네소타(Minnesota) 주의 한 금연 캠페인은 매스 미디어의 금연 메시지에 대한 10대의 노출을 증가시키는 결과를 초래했으나, 이러한 노출은 담배의 해로움이나 흡연 행동에 대한 그들의 믿음에 거의 영향을 미치지 못했다(Murrary, Prokhorov, & Harty, 1994). 반면에 수년간에 걸쳐 이루어진 플린과 동료들(Flynn et al., 1994)의 연구는 학교의 금연 프로그램 '외에' 미디어 개입이 꽤 긍정적인 행동적 효과를 발휘함을 보여주었다. 두 지역의 학생들이 학교에서 실시한 금연 프로그램에 참여했다. 한 집단은 학교 프로그램 외에 매스 미디어 개입물에도 노출되었는데, 일정한 시간이 지난 후 이 집단의 행동은 더 긍정적인 결과를 보여주었다.

또 하나의 연구는 다른 유형의 혼합적 접근(담배세 부과와 미디어의 금연 캠페인을 혼합)이 담배 소비를 줄이는 데 가장 효과적임을 보여주었다. 1980년부터 1992년까지 담배 판매를 조사한 연구자들은 두 가지 전술이 수백만 갑의 담배 판매 감소로 이어졌음을 발견했다. 효과의 정도는 세금의 액수와 미디어 캠페인 지출액에 따라 차이가 있었다(Hu, Sung, & Keeler, 1995).

　최근에 다시 주목을 받은 건강 캠페인 접근 방법은 위협 전술(scare tactic) 또는 공포 소구(fear appeal)이다. 매사추세츠(Massachusetts) 주와 호주의 흡연자들을 표적으로 위와 같은 방법을 사용한 캠페인은 공중의 상당한 주목(금연 상담 서비스를 이용한 전화 통화 수와 공익광고를 본 사람들과의 전화 인터뷰로 측정)을 끌었지만, 캠페인의 전반적인 효과는 아직 알려진 바가 없다. 매사추세츠 주의 캠페인은 폐기종과 싸우면서 두 번째 폐 이식 수술을 기다리는 29세의 엄마를 보여주는 광고를 특별히 포함했다(Worden & Flynn, 1999).

　다른 연구 결과들은 건강 커뮤니케이션 캠페인에서 공포 소구 사용이 꽤 성공적임을 시사하고 있다(Hale & Dillard, 1995). 공포 소구 연구들을 계량적으로 재검토한 결과들은 이 같은 소구가 설득력이 있음을 보여주었다(Mongeau, 1998; Sutton, 1982). 헤일과 딜러드(Hale & Dillard, 1995: 70)에 따르면,

　　가장 최근의 메타분석은 (아마도 최고라고 할 수 있는 더 새로운 몇몇 연구를 포함시킨 덕분에) 인지된 공포와 행동이 그런 것처럼 인지된 공포와 표적 수용자의 태도가 정적인 상관관계에 있다는 결론을 내렸다. 이러한 결과를 통해 볼 때 공포 유발 메시지의 내용은 설득력이 있으며 공포 사용을 포기하는 것은 효과적인 설득 전략을 포기하는 것과 같다. …… 이러한 계량적 재검토는 또한 공포와 설득의 관계가 복잡함을 보여준다.

　미디어의 건강 캠페인은 때때로 '희생자 비난'(victim blaming)이라는 접근 방법 때문에 (건강 이슈에 대한 뉴스 미디어의 보도에서 희생자를 비난하는 것과 유사하게) 비판을 받는다. 이러한 캠페인은 개인이 라이프스타일을 바꾸거나 건강 검진을 받게 함으로써 건강에 대한 책임을 스스로 지게 하는 정보를 제공한다. 담배나 술과 같은 건강에 해로운 제품의 사용을 두드러지게 보여주는 광고나 미디어 묘사의 공세를 어린 시절부터 받아왔다는 점에서 희생자들이

그들의 행동에 전적인 책임을 질 수는 없다고 비평가들은 주장한다(Wallack, 1989).

4. 요약

매스 미디어 메시지는 종종 개인과 공중의 건강에 상당한 영향을 미친다. 다른 종류의 미디어 내용과 마찬가지로 건강 관련 메시지의 효과 역시 긍정적이거나 부정적일 수도 있고 의도적이거나 비의도적일 수도 있다.

미디어 건강 커뮤니케이션 캠페인의 목표는 건강 및 커뮤니케이션 전문가가 설계한 특정 메시지를 제시하려는 것으로, 수용자에게 의도적으로 긍정적인 건강 관련 효과를 미친다. 매스 미디어의 다른 건강 관련 메시지원, 즉 뉴스 보도, 오락 프로그램, 광고는 항상 긍정적인 결과를 초래하지는 않는다.

상업 제품 광고의 효과에 관한 연구들은 주로 제품을 사용하는 개인의 건강에 초점을 맞추었다. 담배, 술, 처방 약, 식품 광고가 건강에 미치는 효과는 많은 연구의 관심의 초점이었으며 연구들은 대부분 이 같은 광고가 개인과 공중의 건강에 부정적인 효과를 미친다는 것을 확인했다.

오락물의 묘사는 때때로 수용자의 건강에 꽤 강력한 효과를 미친다. 이 분야의 연구는 대부분 오락물 묘사와 영양, 흡연, 술 소비, 약물 남용, 성활동을 연관시키면서 텔레비전 프로그램, 영화, 뮤직 비디오, 노래 가사에 집중했다.

정책 수립자를 포함해 사람들은 건강 관련 정보의 대부분을 뉴스 미디어에서 많이 얻는다. 이런 점에서 건강 문제에 대한 뉴스는 일반 시민과 영향력 있는 정책 수립자의 인상을 결정할 가능성이 있기 때문에 상당히 중요하다. 일부 뉴스는 건강 문제에 대한 책임을 대부분 희생자나 환자에게 돌리는 '희생자 비난' 태도를 취한다. 건강 이슈에 대한 뉴스는 대부분 책임을 미국 주류 사회에 영향을 주는 관심사에 집중하고 있다.

건강 캠페인은 건강 교육과 행동 변화를 위해 의도적으로 매스 미디어를 이용한다. 어떤 이유에서건 어떤 미디어 건강 캠페인은 장기적인 행동 변화를 이끌어내지 못하는 반면, 어떤 캠페인은 이끌어낸다. 어떤 캠페인은 의도한 긍정적인 효과를 초래하는 반면, 어떤 캠페인은 의도하지 않은 부정적인 효과를 초래하며 그 가운데 일부는 여러 가지 뒤섞인 효과를 야기한다.

　커뮤니케이션 캠페인에서 공포 소구는 설득력을 갖는다. 일부 미디어 캠페인은 희생자 비난 접근 방법을 사용한다는 이유로 비판을 받는다. 캠페인에 사용되는 특정한 미디어 채널은 다른 미디어 채널이 갖지 못하는 특유의 이점을 가진다. 건강 커뮤니케이션 계획자들은 그들의 메시지 전달에 사용할 채널을 선택할 때 각기 다른 미디어의 장단점을 반드시 평가해야 한다.

16장

고 정 관 념 화 의 효 과

> 많은 영화가 다양한 민족 배경을 가진 더 완전하고 발전된 등장인물들을 보여주고 있다.
> 세련되게 고정관념을 살펴보는 것이 더 큰 관심사임에도
> 그것을 지나친 채 사람들의 핵심적인 본질만 본다.
> — 포리스트 휘태커(Forest Whitaker), 2007 아카데미 최우수 남우주연상 수상자

격동의 1960년대 동안 미국 흑인은 시민권을 얻기 위해 싸웠고, 그 결과 그러한 권리를 획득했다. 그 후 다른 소수집단도 나서서 평등권은 물론 사회적 수용과 인정을 요구했다. 소수집단이란 인종, 종교, 성적 정향성, 신체장애, 혹은 기타 요인 때문에 다른 사람들과 다른 사람을 말한다.

지난 몇십 년 동안 피부색과 모든 것에서 서로 다른 사람들이 서로에 대해 더 큰 존중과 관용을 보이기 시작했다. 그러나 다양한 인종, 교리, 성적 정향성이 조화로운 관계를 이루기 위해 우리 사회가 가야 할 길은 여전히 멀다. 많은 사람은 여전히 편견을 가지고 있으며, 많은 사람이 다른 사람의 욕구와 감정을 염두에 두지 않는다. 많은 잘못이 여전히 바로잡히지 않고 있다.

1960년대 이후, 매스 미디어, 특히 텔레비전과 영화의 소수집단 등장인물 묘사는 이러한 사회 변화를 어느 정도 반영했다. 커뮤니케이션 학자들은 이러한 묘사의 변화와 그것이 수용자의 태도, 가치, 행동에 미치는 영향에 특별한 관심을 보였다. 이 분야에서 이루어진 연구는 대부분 1970년대와 1980년대에 이루어졌으며 그 기간에 대한 유용한 정보를 제공하고 있다.

1990년대 연구들은 흑인의 경우 오락 프로그램에서 묘사되는 흑인의 수와 속성에 있어 매우 큰 진전이 있었지만 다른 소수집단의 경우는 그렇지 않음을 보여주었다. 남미계, 아시아계, 아메리카 원주민, 여성 같은 다른 소수집단은 매스 미디어에서 계속해서 과소 대표되었고(underrepresented) 때로는 완전히 배제되었다. 이러한 집단 구성원들에 대한 묘사는 때때로 고정관념적이거나 모욕적이다(Greenberg, Mastro, & Brand, 2002; Mastro, 2009; Smith & Granados, 2009).

앞의 장들은 미디어 이용자의 인지나 정신적 과정에 영향을 미치는 매스 미디어의 위력을 보여주었다. 미디어 메시지가 때때로 사람의 태도와 가치를 변화시킨다고 우리는 배웠다. 이러한 변화는 좋든 나쁘든 사람의 행동을 바꿀 수도 있다.

이 장에서는 매스 미디어에서 나타나는 소수집단 묘사의 속성과 그것이 수용자에게 미치는 효과를 살펴본다. 실제 세계는 텔레비전과 영화에서 묘사되는 세계와 종종 매우 다르다는 배양효과 연구에 관한 8장의 내용을 여러분은 기억할 것이다. 미디어 내용에 대한 연구 분석들은 소수집단 등장인물이 존재하는지, 그들이 다른 등장인물과 어떻게 비교되는지, 소수집단 등장인물의 중요성은 무엇인지, 소수집단 등장인물과 다른 인종 등장인물은 어떻게 상호작용하는지 살펴보았다. 다른 연구들은 내용과 등장인물에 대한 선호도라는 측면에서 소수집단 시청자와 다수집단(majority) 시청자가 차이가 있는지를 살펴보았다.

먼저 우리는 미디어가 과거에 소수집단을 어떻게 묘사했는지 살펴보고, 그런 다음 오락 프로그램, 뉴스 보도, 광고의 소수집단 묘사를 통해 미디어가 오늘날 수용자에게 사회적 정보를 어떻게 전달하는지 살펴보기로 한다. 미디어의 소수집단 묘사의 현 상태와 매스 미디어를 사용하는 소수집단의 특성을 살펴본 다음, 미디어가 인종, 민족, 젠더 고정관념화에 미치는 효과를 살펴보기로 한다.

1. 오락물의 소수집단 묘사: 되돌아보기

1) 텔레비전

일부 초기 머릿수 헤아리기 연구는 텔레비전에 등장하는 소수집단 등장인물 비율이 그들이 사회에서 차지하는 인구 비율에 훨씬 미치지 못했던 1970년대에 이루어졌다. 2편의 주요 머릿수 헤아리기 연구는 1970년대의 모든 연도를 조사했다(Seggar, Hafen, & Hannonen-Gladden, 1981; Gerbner & Signorielli, 1979). 이 연구들은 백인 등장인물의 비율은 사회에서 차지하는 실제 인구 비율을 훨씬 초과하는 증가를 보였고, 흑인 등장인물의 비율은 약간 증가했지만 여전히 그들의 실제 인구 비율에 미치지 못했으며, 비흑인 소수집단 등장인물은 사실상 존재하지 않는 것과 마찬가지였다는 사실을 확인했다. 코미디, 드라마, 영화가 분석 대상이었다(Seggar et al., 1981).

1970년대에 이루어진 다른 1편의 연구 역시 1970년대 텔레비전 프로그램에 초점을 맞추었고 결과도 유사했다. 커뮤니케이션 학자인 거브너와 시그노리엘리(Gerbner & Signorielli, 1979)는 그들의 문화지표 프로젝트의 일부로서 텔레비전 프로그램의 소수집단 묘사를 분석했다. 그들은 전체 등장인물에서 비(非)백인 등장인물이 차지하는 비율이 연간 평균 11% 정도임을 확인했다. 소수집단이 가장 많이 묘사된 해는 주 시청 시간대 드라마에 등장하는 배역의 14%가 비백인이었던 1977년이었다(1970년대에 백인은 미국 인구에서 87%보다 약간 더 높은 비율을 차지하고 있었다).

1990년대 말, 텔레비전 네트워크들은 흑인 등장인물을 주 시청 시간대에 좀 더 많이 출연시킴으로써 소수집단 행동주의자 단체의 요구에 대응했다. 하지만 아시아계 미국인, 남미계 미국인, 아메리카 원주민 같은 다른 소수집단에 대해서는 그렇게 하지 않았다(Greenberg et al., 2002). 한 연구에 따르면, 주 시청 시간대 텔레비전에 등장하는 흑인 배역의 비율이 당시 실제 흑인 인구 비율을 넘어서서 주연이나 조연 역할을 맡은 흑인 배역의 비율이 16%에 이르렀다(Mastro & Greenberg, 2000). 그런데도 텔레비전은 미국의 유색인종을 정확하게 반영하지 않아, 다른 소수집단은 20년 전이나 지금이나 여전히 주요 네트워크 프로그램에서 과소 대표되고 있다(Mastro & Greenberg, 2000; Greenberg, Mastro, & Brand, 2001). 1990년대 초에 남미계 인구는 실제 인구에서 11.0%를 차지했는데도 텔레비전 등장인물에서 차지하는 비율은 1.1~1.6%에 그쳤다. 한 연구는 주 시청 시간대 픽션 프로그램 배역 가운데 남미계 등장인물은 3%, 아시아계는 단지 1%, 아메리카 원주민은 1% 미만을 차지했음을 보여주었다(Mastro & Greenberg, 2000; Greenberg et al., 2002).

2) 영화

역사적으로 흑인과 기타 소수집단은 영화에서 특별히 소수집단 등장인물을 필요로 하는 배역을 맡아왔다. 그러나 1990년대에 이것이 변하기 시작했다. 〈고인돌 가족 플린스톤〉(The Flinstones)의 1994년 라이브-액션판에서 조연을 맡은 인기 영화배우 할리 베리(Halle Berry)는 "그 역할은 누구에게나 주어질 수 있었다. 그 역할은 백인 여배우에게 주어질 수도 있었다. 그러나 그 것이 나에게 주어졌다"고 말했는데, 그렇기 때문에 그녀가 그 역할을 맡은 것은 하나의 돌파구였다(Ivry, 1998). 윌 스미쓰(Will Smith)가 액션 모험물인 〈와일드 와일드 웨스트〉(Wild Wild West)에서 제임스 웨스트(James West) 역으로 등장한 것은 주연이 누구에게나 주어질 수 있었지만 흑인 배우에게 주어진 또 다른 사례이다. 〈더 펠리컨 브리프〉(The Pelican Brief)에서 덴젤 워싱턴(Denzel Washington)이 맡은 역할과 〈딥 임팩트〉(Deep Impact)에서 모건 프리먼(Morgan Freeman)이 미국 대통령 역을 맡은 것 역시 그러한 예이다. 더 최근에는 대니 글로버(Danny Glover)가 전 지구적 재난영화인 〈2012〉에서 미국 대통령 역을 맡았다.

1990년대에는 많은 영화에서 흑인이 주연을 맡음으로써 새로운 국면으로 전환되기 시작했다. 더욱이 좀 더 최근에는 많은 영화가 소수집단 등장인물을 고정관념에 따라, 즉 범죄자나 구시가(舊市街) 지역 거주자로, 묘사하지 않는다. 쿠바 구딩 주니어(Cuba Gooding, Jr.), 윌 스미쓰, 덴젤 워싱턴, 새뮤얼 잭슨(Samuel L. Jackson), 할리 베리, 버네싸 윌리엄스(Vanessa Williams), 비비카 폭스(Vivica A. Fox), 고(故) 휘트니 휴스턴(Whitney Houston) 같은 스타는 베리의 표현대로 "누구에게나 주어질 수 있는" 역할을 맡았다.

이러한 스타들은 그들이 다른 인종의 수용자를 서로 다른 다양한 장르의 영화에 끌어들일 수 있음을 입증했다. 조우, 그리어 및 핀클리어(Zhou, Greer, & Finklea, 2010)는 다음과 같이 말했다:

어떤 [남자] 배우는 액션으로 가득 찬 고예산 여름 영화로 유명하고, 어떤 배우는 코믹한 연기 재능으로 유명하다. 또 어떤 배우는 그들이 선택하는 흥미로운 등장인물로 유명하다. 할리우드의 많은 유명 남자 배우와 여자 배우의 스타 파워(star power)가 뿜어내는 밝은 빛은 그들의 피부색을 무색케 한다(2010: 295).

예를 들면, 윌 스미쓰는 〈히치〉(Hitch), 〈행복 추구〉(Pursuit of Happiness), 〈핸콕〉(Hancock), 〈나는 전설이다〉(I Am Legend), 〈아이 로봇〉(I, Robot)과 같은 일련의 블록버스터로 폭넓은 관객에게 어필할 수 있다는 것을 입증했다.

3) 광고

오락물의 소수집단 묘사와 마찬가지로 광고 이미지 역시 역사적으로 최근까지 대부분 백인 중심이었다(Coltraine & Messineo, 2000; Wilson & Gutierrez, 1995). 다른 소수집단은 여전히 과소 대표되고 있지만, 흑인과 아시아계 미국인은 과거 수십 년 동안 일부 미디어에서 상당한 진전을 이루어냈다. 그러나 과거 흑인 묘사에 대한 우려의 원인은 흑인 묘사의 속성에 있었다(Greenberg & Brand, 1994).

1940년대부터 1960년대까지 흑인은 전국 잡지 광고의 약 3%에만 등장했다. 광고에 등장한 흑인은 대개 다음 세 가지 범주에 속했다: 유명 연예인, 유명 운동선수, 또는 하인으로 묘사된 알려지지 않은 사람(Colfax & Steinberg, 1972; Kassarjian, 1969; Stempel, 1971).

1970년대 후반에 이루어진 2편의 연구는 광고에서 흑인의 사정이 나아진 것이 아니라 실제로 악화되었음을 확인했다. 첫 번째 연구에 따르면, 잡지 광고에서 흑인이 차지하는 비율은 단지 2%에 지나지 않았다(Bush, Resnick, & Stern, 1980). 두 번째 연구는 1968년에서 1977년 사이에 《타임》(*Time*), 《코즈모폴리턴》(*Cosmopolitan*), 《리더스 다이제스트》(*Reader's Digest*), 《레이디스 홈 저널》에 실린 8700개의 새로운 상품 또는 서비스 광고를 분석했다. 이 광고들 가운데 흑인 모델이나 등장인물이 등장한 비율은 1%에도 미치지 못했다(Reid & Vanden Bergh, 1980).

이러한 상황은 1980년대에도 크게 바뀌지 않았다. 잭슨 및 어빈(Jackson & Ervin, 1991)은 1986년에서 1988년 사이에 《코즈모폴리턴》, 《글래머》(*Glamour*), 《보그》(*Vogue*)에 실린 광고 약 1000개를 조사했다. 분석된 광고 가운데 흑인 여성 모델을 크게 부각해 다룬 것은 2.4%에 지나지 않았으며, 그러한 광고의 83.0%가 흑인 여성을 롱 샷(long shot)으로 처리했다. 그 당시 흑인 여성은 전체 미국 여성 인구의 12% 이상을 차지하고 있었으며, 분석된 잡지의 구독자 가운데 무려 15%가 흑인 여성이었다.

1970년대와 1980년대의 몇몇 연구는 백인 독자가 흑인 광고 모델 사용에 대해 부정적으로 반응하지 않음을 보여주었다(Block, 1972; Schlinger & Plummer, 1972; Soley, 1983). 이들 가운데 한 연구는 흑인 모델이 등장하는 광고를 실제 읽는 정도(actual readership)를 측정했다. 이 연구에 따르면, 모델이 어떤 인종이냐 하는 것이 광고를 읽는 정도에 영향을 미치지 않았다.

1990년대부터 점점 더 많은 흑인과 아시아계 미국인이 텔레비전 광고에 모습을 드러냈다. 실제로 그들은 사실상 존재하지 않는 것처럼 묘사되다가, 사회에서 아프리카계 미국인과 아시아계 미국인 차지하고 있는 실제 비율을 좀 더 잘 대표하는 정도로 묘사되던 시기를 거쳐, 실제 비율의 2배가 넘어 '과대 대표'(overrepresentation) 되기에 이르렀다. 1994년에는 모델이 등장하는 광고에서 모델이 흑인인 경우가 31% 이상으로 나타났는데(Taylor & Stern, 1997), 이것은 그들이 실제 사회에서 차지하는 인구 비율보다 훨씬 높은 수치였다. 아시아계 미국인이 모델이 등장하는 모든 상업광고에 등장하는 비율은 8% 이상이었다. 이러한 수치는 실제 인구 비율이 3.6%인 것에 비하면 상당히 높은 편이다(Greenberg et al., 2002). 그러나 그 기간에 텔레비전 광고는 인디언 원주민과 장애인에게는 그다지 우호적이지 않아서, 그들이 광고에 등장한 경우는 거의 전무했다(Wilson & Gutierrez, 1995; Greenberg et al., 2002).

4) 등장인물 역할 비교

1970년대와 1980년대에는 소수집단 등장인물 역할의 중요성에 대한 연구가 많이 이루어졌으나, 그 이후에는 상대적으로 거의 연구가 이루어지지 않았다(Greenberg & Brand, 1994). 연구자들은 텔레비전이 등장인물의 성격 묘사, 폭력, 직업, 나이, 기타 요인들을 어떻게 표현하는지 알아보기 위해 백인과 비백인이 맡은 역할을 살펴보았다. 이러한 연구들은 대부분 텔레비전 프로그램에 초점을 맞추었지만, 소수의 연구는 인쇄 미디어와 영화도 조사했다.

1975년부터 1980년까지 흑인 남성은 텔레비전에서 사소한 역할과 단역을 주로 맡았고 주연과 조연을 맡은 경우는 더 적었다. 1975년에는 주연을 맡은 남성의 9.0%를 흑인이 차지했으나, 1980년에는 그 수치가 4.5%로 떨어졌다. 1975년, 흑인 남성은 조연의 12.0%를 차지했으나, 1980년에는 단지 4.5%에 지나지 않았다. 흑인 여성의 등장 역시 줄어들었는데 주연의 경우는 2.4%, 조연의 경우는 2.7%였다(Seggar et al., 1981).

1970년대에 주연과 조연을 맡은 소수집단에 관한 또 다른 연구 역시 유사한 연구 결과를 제시했다(Gerbner & Signorielli, 1979). 조사된 프로그램에서 흑인이 주연을 맡은 경우는 8.5%였던 반면, 남미계가 주연을 맡은 경우는 2.7%에 지나지 않았다. 이 수치는 1970년대 말에 이르러 감소하는 경향을 보였다.

1970년대 텔레비전 프로그램에서 흑인과 백인의 상호작용이 실제로 우호적이거나 상호 존중을 나타낸 경우는 전체 시간의 약 13%에 지나지 않았다. 조사된 에피소드 10개 가운데 7개에서 흑인과 백인 등장인물의 지위가 어느 정도 동등한 것으로 나타났다(Weigel, Loomis, & Soja, 1980).

몇몇 연구는 텔레비전 등장인물을 공격성, 영웅주의, 악행의 관점에서 살펴보았다. 1970년, 거브너는 어떤 텔레비전 등장인물이 폭력 행위를 하는지 확인하려 했다. 그는 비백인의 66%, 백인 외국인의 60%, 백인 미국인의 50%가 폭력 행위를 하는 것으로 묘사되고 있음을 확인했다. 또한 거브너는 비백인 등장인물이 대개 희생자임을 발견했다. 거의 10년 뒤, 거브너 및 시그노리엘리(Gerbner & Signorielli, 1979)는 두 비백인 집단, 즉 흑인 집단과 아메리카 원주민 집단이 대개 희생자가 아닌 살인자로 묘사된다는 것과 백인, 아시아계, 남미계는 대개 죽임을 당하는 배역을 맡는다는 것을 확인했다. 비백인이 항상 나쁜 사람으로 묘사되는 것은 아니었다. 즉, 그들은 백인과 마찬가지로 좋은 사람 역할을 맡기도 하고 나쁜 사람 역할을 맡기도 했다.

1970년대와 1980년대에 유색인종 등장인물은 대개 지위가 높은 직업 종사자가 아닌 육체노동자나 서비스직 종사자로 등장했지만, 전문직이나 사무직 종사자로 묘사된 소수집단 등장인물의 비율은 실제 사회의 비율보다는 약간 높았다. 나이를 보면, 비백인은 5명 가운데 3명이 35세 미만이었는 데 반해, 백인 남성은 3명 가운데 2명이 35세 이상이었다(Gerbner, Gross, & Signorielli, 1985).

1970년대와 1980년대 동안, TV에서 장애인 등장인물은 좀처럼 긍정적으로 묘사되지 않았다. 그들은 대개 가난하거나 직업이 없거나 스스로를 학대하는 것으로 묘사되었다(Elliot & Byrd, 1982; Donaldson, 1981). 장애인은 대부분 정신적인 문제(22%)를 가지고 있기보다는 육체적인 문제(68%)를 안고 있었으며, 장애인 등장인물 3명 가운데 1명만이 독립적이고 생산적인 개인으로 묘사되었다. 또한 대략 5명 가운데 1명이 스스로를 학대하거나 사회적 일탈 행동을 하는 것으로 표현되었다(Gardner & Radel, 1978).

1980년대 영화는 훨씬 더 부정적으로 장애인 등장인물을 묘사했다. 1986년에서 1988년 사이에 영화에 등장한 장애인 67명을 살펴본 1989년의 한 연구에 따르면, 4명 가운데 약 3명이 비정상적이거나 일탈적인 성격 특성을 가지고 있는 것으로 묘사되었다. 장애인 2명 가운데 1명은 영화 진행 과정에서 희생되는 것으로 묘사되었다(Byrd, 1989).

5) 인종 간 상호작용 묘사

텔레비전은 백인, 흑인, 다른 인종 간의 상호작용을 어떻게 묘사하는가? 이같은 질문에 대답하는 데 사용된 한 가지 분석방법은 동일한 프로그램에 등장하는 서로 다른 인종의 등장인물을 조사하고 이러한 등장인물이 어떻게 행동하는지 살펴보는 것이다.

1970년대의 한 연구는 시트콤에 등장하는 흑인과 백인 등장인물의 특정한 행동적 특성을 살펴보았다(Reid, 1979). 흑인과 백인 남성 등장인물은 모두 유사한 행동을 보여주었지만, 흑인 여성 등장인물은 고정관념대로 행동하는 것으로 나타났다. 흑인 여성은 대개 자랑하기를 좋아하고 오만하며 보통 흑인 지배적인(black-dominated) 코미디에 등장했다. 레이드(Reid)는 흑인 지배적인 코미디에 등장하는 백인이 백인 지배적인(white-dominated) 코미디에 등장하는 백인과 달리 행동한다는 것도 확인했다. 종합적으로 흑인 지배적인 프로그램에 등장하는 백인은 좀 더 공격적이고 의존적인 행동을 보였으며, 일반적으로 다른 사람에게 좀 더 부정적이었다.

1970년대에 방송된 흑인 지배적인 프로그램 및 흑인과 백인 출연자가 뒤섞여 있는 프로그램에 대한 또 하나의 연구는 흑인과 백인 출연자가 뒤섞여 있는 경우 흑인 등장인물은 더 능력 있고 더 협조적이며 더 높은 사회적 지위를 지닌 것으로 묘사되고 있음을 보여주었다. 이에 비해, 흑인 지배적인 프로그램에 등장하는 흑인 배역은 일반적으로 교육 수준이 낮고 개인적인 문제로 괴로움을 겪는 것으로 묘사되었다(Banks, 1977).

동일 프로그램에 등장한 흑인과 백인 등장인물에 대한 1980년의 한 연구는 흑인 등장인물이 백인 등장인물보다 더 젊고 더 웃기지만 직업이 없는 경향이 있음을 확인했다. 흑인 등장인물은 2명 가운데 1명이, 백인 등장인물은 3명 가운데 1명이 코미디에 등장했다. 백인 등장인물은 흑인 등장인물보다 백인끼리 대화하는 경우가 8배 많았지만, 백인 등장인물 대 흑인 등장인물의 비율은 5 : 1이었다(Baptista-Fernandez & Greenberg, 1980).

인종 간 관계는, 그것이 낭만적 관계든 그 이외의 다른 관계든, 많은 낮 시간대 연속 드라마와 영화에서 흔히 볼 수 있는 일이 되었지만, 불행하게도 이러한 현상이 다수집단과 소수집단 수용자에게 미칠 수 있는 영향에 대한 최근의 연구는 전혀 없다. 1970년대 텔레비전 프로그램에서는 다른 피부색을 가진 사람 간의 상호작용을 좀처럼 보기 힘들었다. 1978년에 주 시청 시간대 프로그램 1주일분을 조사한 한 연구는 백인은 대부분 백인끼리, 흑인은 대부분 흑인끼리 상호작용함을 보여주었다(Weigel et al., 1980).

1970년대에 이루어진 2편의 연구는 흑인 가족 구성원과 백인 가족 구성원의 행동에 초점을 맞춤으로써 텔레비전에 출연한 인종 간의 관계를 연구했다. 이 가운데 한 연구에 따르면, 흑인 가족은 편부모(대개 엄마)와 자식으로 구성되어 있는 반면, 백인 가족은 보통 두 부모와 자식으로 구성되어 있었다. 위의 두 가족 묘사에서 가장 주목할 만한 차이는 갈등 성향에 있었다. 흑인 가족 구성원의 경우 6번의 상호작용 가운데 1번꼴로 갈등을 포함한 데 비해,

흑인 여성이 이전에 가 본 적이 없던 곳으로 대담하게 가다

1960년대에 진 로든버리(Gene Roddenberry)는 외계를 배경으로 하는 텔레비전 프로그램 〈스타 트렉〉(Star Trek)에 대한 아이디어를 떠올렸다. 그는 〈스타 트렉〉을 통해 모든 인종의 사람들(과 심지어 일부 외계인)이 평화롭게 공존하는 미래를 묘사하고자 했다. U. S. S. 엔터프라이즈(U. S. S. Enterprises)호 함교(艦橋)는 진정한 인종의 용광로였다. 아시아계 미스터 수루(Mr. Sulu)와 러시아계 체코프(Chekov) 소위가 은하계의 광활한 미지의 공간으로 함선을 조정하는 동안, 스코틀랜드계 엔지니어인 몽고머리 스콧(Montgomery Scott)은 워프 코어(warp core)[1]와 트랜스포터(transporter)[2]가 제대로 작동하는지 열심히 확인하고 있다. 외계인인 미스터 스폭(Mr. Spock)은 판독기(readout)를 체크하고 백인 선장 캡틴 커크(Captain Kirk)와 맥코이(McCoy) 박사에게 조언을 해주느라 바쁘다. 그러나 엔터프라이즈호 승무원이 모두 남자로만 구성된 것은 아니었다. 함선 통신 장교인 우후라 중위(Lieutenant Uhura)는 엔터프라이즈호가 지구는 물론 미지 세계 외계인과의 교신이 제대로 되고 있는지를 확인하느라 바쁘다.

1960년대 말에 우후라[니셸 니콜스(Nichelle Nichols) 역]는 텔레비전 프로그램 출연상의 많은 인종 장벽을 깨뜨렸다. 우후라는 텔레비전 프로그램에 하녀나 유모로 출연하지 않은 최초의 흑인 여성이었다. 그녀는 남성 동료와 동일한 대우를 받았다. 그러나 〈스타 트렉〉의 첫 번째 시즌이 끝난 후 그녀가 다른 일을 하기로 선택하면서 그녀는 갑자기 프로그램에서 사라졌다.

니콜스는 프로그램을 그만두겠다고 로든버리에게 말한 후, NACCP 만찬행사에 참석했는데, 그곳에서 그녀는 그녀의 열혈 팬이라고 밝힌 마틴 루써 킹 주니어 목사(Reverend Martin Luther King Jr.)를 우연히 만나게 된다. 니콜스가 킹 목사에게 프로그램을 그만둘 것이라고 말하자, 킹 목사는 그녀가 엔터프라이즈호가 외부와 교신하는 것을 끊어서는 안 된다고 말했다. 킹 목사는 그녀에게 "처음으로 우리[아프리카계 미국인]는 …… 응당 우리가 비쳐져야 하는 대로 전 세계 사람에게 비쳐지고 있어"라고 말하면서, 우후라는 그 당시 미국 사회를 지배하고 있던 인종적 고정관념을 깨는 매우 중요한 등장인물이라고 덧붙였다. 킹 목사는 또 그녀에게 〈스타 트렉〉은 그와 그의 아내 코레타(Coretta)가 자녀들이 밤늦게까지 TV를 시청하는 것을 허락한 유일한 프로그램이라고 말했다. 니콜스는 킹 목사의 요구에 따라 다시 일을 하겠다고 로든버리에게 말했고, 우후라 대위는 그 프로그램은 물론 이후의 영화 시리즈에서도 계속해서 엔터프라이즈호의 워프(warp) 비행을 돕는다.

니콜스가 연기한 등장인물은 흑인을 고정관념대로 묘사하지 않았다는 점에서 중요할 뿐만 아니라, 니콜스는 미국 텔레비전 프로그램에서 최초로 인종 간 키스를 한 배우였다. "플레이토의 의붓자식들"이란 에피소드에서 우후라 중위는 캡틴 커크 역을 한 윌리엄 샤트너(William Shatner)와 키스를 나누었다.

우후라와 커크의 열정적인 키스는 당시 논란을 불러일으켰지만, 요즈음 텔레비전 프로그램에서 인종 간 관계는 더 흔한 일이 되었다[예, NBC의 〈페어런트후드〉 (Parenthood)에서는 한 번에 2건의 인종 간 로맨스가 등장했음]. 그러면서 〈스타 트렉〉은 인종 간 (그리고 인종과 외계인 간) 평등이 실현되는 미래를 계속해서 보여주었다. 많은 〈스타 트렉〉 시리즈물에서 우리는 인종 간 로맨스와 종간(種間) 로맨스를 보았다. 〈스타 트렉: 딥 스페이스 나인〉(Star Trek: Deep Space Nine)에서는 클링건 (Klingon)족 전사인 워프(Worf)[흑인 배우인 마이클 돈(Michael Dorn) 분]가 트릴(Trill)족 과학자인 댁스(Dax)[백인 여배우 테리 파렐(Terry Farrell) 분]와 결혼했다. 더욱이 〈스타 트렉: 딥 스페이스 나인〉과 〈스타 트렉: 보이저〉(Star Trek: Voyager)에는 한 흑인 여성과 한 백인 여성이 각각 지휘관으로 등장했는데, 이는 텔레비전 프로그램상의 지배적인 인종적 고정관념과 젠더 고정관념을 더욱 산산조각 내버렸다.

〈스타 트렉〉의 우후라 중위는 배역이 인종에 따라 맡겨져 온 관행을 깬 소수집단 등장인물이었다.

---

1) 워프 항법(warp navigation)은 공간을 휘게(warp) 하여 4차원으로 2점 사이의 단축함으로써 광속보다도 빨리 목적지에 도착하는 가상의 방법이다. 워프 엔진을 갖춘 우주선은 충분한 에너지와 기술을 확보한 경우, 공간 왜곡(space warp)뿐만 아니라 시간 왜곡(time warp)도 가능하다. 워프 엔진의 핵심이 워프 코어이다(옮긴이 주).

2) 사물이나 사람을 에너지로 바꿔 그 에너지를 목적지로 보내며 에너지로 바뀐 사물/사람을 원래 사물/사람으로 재구성하는 운반 기술(옮긴이 주).

백인 가족 구성원의 경우는 10번 가운데 단지 1번만 포함했다(Greenberg & Neuendorf, 1980).

또 다른 연구는 가족(여섯 백인 가족과 여섯 흑인 가족)이 등장하는 프로그램 12편의 에피소드 90개 이상을 조사했다. 이 연구 역시 10여 년(1970~1980년)에 걸쳐 이루어진 연구였다. 이 연구는 흑인 가족이 부정적으로 그리고 고정관념대로 묘사되었음을 확인했다. 대개 여성이 흑인 가정을 이끌었으며, 흑인 가족 구성원은 일반적으로 백인 가족 구성원보다 낮은 교육 수준과 낮은 직업상의 지위를 가진 것으로 묘사되었다. 또한 흑인 가족 구성원의 상호작용은 백인 가족 구성원의 상호작용보다 더 많은 갈등을 일으키는 것으로 묘사되었다(Sweeper, 1983).

2. 사회적 정보의 전달자로서의 미디어: 현 상황

매스 미디어에 등장하는 소수집단에 관한 연구는 일반적으로 소수집단에 대한 고정관념적 묘사와 그것이 소수집단과 다수집단 수용자에게 미치는 효과에 초점을 맞추고 있다. 이 연구는 여러 미디어가 공중에게 소수집단에 대한 어떤 메시지를 내보내는지 혹은 어떤 사회적 정보를 전달했는지를 알아보는 데 매우 중요하다. 이러한 연구는 텔레비전, 영화, 비디오, 기타 미디어가 오락물, 광고, 뉴스 보도, 어린이 프로그램을 통해 소수집단에 대한 정보를 특히 청소년들에게 제공함으로써 그들에게 영향을 미친다는 점을 인정한다.

1) 텔레비전

아프리카계 미국인이 프라임타임 텔레비전 프로그램에 등장한 비율은 약 14~17%였는데, 이는 실제 사회에서 차지하는 비율(12~13%)보다 높았다

(Children Now, 2001; Children Now, 2004; Mastro & Behm-Morawitz, 2005; Mastro & Greenberg, 2000). 백인은 프라임타임 프로그램 등장인물 가운데 약 73~80%를 차지했는데(Mastro, 2009), 이 역시 2010년 센서스 수치보다 높다. 흑인은 (대개 모든 출연자가 흑인인) 시트콤이나 범죄 드라마에 보통 출연한다(Mastro & Behm-Morawitz, 2005; Mastro & Greenberg, 2000). 이러한 경향을 보여주는 최근의 예로는 〈타일러 페리스 하우스 오브 페인〉(Tyler Perry's House of Payne)과 〈크리미널 마인드〉(Criminal Minds)가 있는데, 전자는 출연자 모두가 흑인이었고 후자에서는 셰마 무어(Shemar Moore)가 FBI 형사 역을 맡았다.

프라임타임 텔레비전 프로그램에 등장하는 전형적인 아프리카계 미국인은 전문직에 종사하는 30대 중산층 남성이다(Children Now, 2001; Children Now, 2004; Mastro & Behm-Morawitz, 2005; Mastro & Greenberg, 2000). 이러한 전형적인 흑인 남성은 대개 공격성이 가장 낮은 등장인물에 속하고 백인 등장인물보다 옷차림이 더 도발적이다(Mastro & Greenberg, 2000).

뉴스, 특히 범죄에 관한 뉴스에서 흑인은 백인보다 훨씬 더 부정적으로 묘사되는 경향이 있다(Dixon & Linz, 2000a). 백인 범죄자보다 흑인 범죄자가 등장하는 뉴스에서 이전에 체포된 사실이 보도되는 경향이 더 높다. 흑인 청소년 범죄자가 백인 청소년 범죄자보다 더 자주 텔레비전 뉴스에 등장한다. 딕슨 및 아조카(Dixon & Azocar, 2006)에 따르면, 텔레비전 뉴스 프로그램에 등장한 청소년 범죄자가 가운데 39%가 흑인인 반면, 백인은 24%이었다. 이는 실제 범죄 통계와 다르다. 미 법무부 통계에 따르면, 백인 청소년 범죄자 비율(22%)이 흑인 청소년 범죄자 비율(18%)보다 더 높다(Mastro, 2009). 다른 연구는 뉴스와 리얼리티 프로그램에 등장하는 흑인 경찰관의 비율이 실제 흑인 경찰관의 비율보다 훨씬 낮다는 사실을 확인했다(Dixon, Azocar, & Casas, 2003; Oliver, 1994).

남미계 미국인은 미국 인구의 약 27%를 차지하지만, 프라임타임 텔레비전 프로그램에서는 2~6%를 차지할 뿐이다(Children Now, 2001; Children Now,

폭스(Fox) 네트워크의 인기 시리즈물 〈글리〉(Glee)에는 인종적으로 다양한 인물이 등장하지만, 이 프로그램 역시 멍청한 금발 여성, 패션을 사랑하는 남성 동성애자, 최신 기술에 능통한 아시아계와 같은 고정관념화된 등장인물에 상당히 의존하고 있다.

Keith McDuffee

2004; Mastro & Behm-Morawitz, 2005; Mastro & Greenberg, 2000). 아프리카계 미국인들처럼 그들 대부분도 범죄 드라마나 시트콤에 등장한다. 그들은 일반적으로 다른 등장인물보다 덜 지적이고, 생각을 분명히 표현하지 못하며, 더 게으른 것으로 묘사된다(Mastro & Behm-Morawitz, 2005).

텔레비전 뉴스에서 남미계는 백인보다 더 자주 범죄자로 묘사된다(Dixon & Linz, 2000a). 그러나 남미계가 범죄 뉴스에 등장하는 비율은 그들이 실제 세계에서 차지하는 범죄자 비율에는 훨씬 미치지 못한다(Dixon & Linz, 2000b).

프라임타임 텔레비전 프로그램 등장인물 가운데 아시아계 미국인이 차지하는 비율은 1~3%이다(Children Now, 2001; Children Now, 2004; Mastro & Behm-Morawitz, 2005; Mastro & Greenberg, 2000). 실제 미국 인구에서 아시아계가 차지하는 비율은 약 5%이다. 텔레비전에 등장하는 아시아계는 대개 주요 전문직 종사자이다(Children Now, 2004).

아메리카 원주민이 프라임타임 텔레비전 프로그램에 등장하는 비율은 0.5% 미만이다(Children Now, 2001; Children Now, 2004; Mastro & Behm-Morawitz, 2005; Mastro & Greenberg, 2000). 아메리카 원주민이 실제 미국 인구에서 차지하고 있는 비율은 약 1%이다.

2) 영화

백인이 영화에서 주연을 맡은 비율은 약 80%인 반면, 흑인은 19%이다 (Eschholz, Bufkin, & Long, 2002). 남미계가 미국 블록버스터 영화 등장인물 가운데 차지하는 비율은 약 1%이다(Eschholz et al., 2002). 남미계와 아시아계는 영화에 좀처럼 잘 등장하지 않는다(Mastro, 2009).

3) 광고

광고에서 남성은 여성보다 전문가로 더 자주 등장하며, 대개 전자기기, 가정용 기기, 혹은 기타 비가정용 품목과 같은 제품을 광고한다(Craig, 1992; Bartsch, Burnett, Diller, & Rankin- Williams, 2000; Stern & Mastro, 2004).

1990년대에 들어 몇 차례 비약적인 진전이 있었다. 많은 흑인 여성이 '수퍼 모델'이 되었으며, 현재 언론에 매우 자주 등장하고 있다. 1996년, 타이라 뱅크스(Tyra Banks)는 《스포츠 일러스트레이티드》(Sports Illustrated)의 유명한 수영복판(Swimsuit Edition)의 표지를 장식한 최초의 흑인 여성이 됨으로써 이 잡지의 유색인 장벽을 무너뜨렸지만, 백인 모델과 표지를 공유해야만 했다. 이듬해, 타이라는 표지 솔로 모델이 됨으로써 처음으로 여성 혼자서 수영복판 표지에 등장한 최초의 흑인 여성이 되었다. 2007년, 그다음 흑인 여성인 비욘세(Beyonsé)가 수영복판 표지 모델이 되기까지는 10년이 걸렸다. 보웬 및 슈미드(Bowen & Schmid, 1997)는 최근 주요 잡지에서 흑인 모델 사용이 증가했음을 수치로 입증했다. 그러나 남미계와 아시아계 모델은 여전히 좀처럼 찾아보기 어렵다. 흑인은 대개 운동선수나 음악인으로 묘사되었다. 그들은 주로 정부가 후원하는 광고와 공익광고에 등장했다.

비욘세와 같은 인종적 소수집단 모델이 광고와 잡지 모델로 점차 많이 등장하고 있다.

Ms. magazine

광고에서 남미계 등장인물이 차지하는 비율은 1%에 지나지 않는다(Coltrane & Messineo, 2000; Mastro & Stern, 2003). 남미계 광고 모델은 다른 모델보다 더 도발적인 옷차림을 하고 성적 매력이 부각되는 경향이 있다(Mastro & Stern, 2003).

아시아계 미국인은 광고 등장인물 가운데 약 2%를 차지한다(Coltrane & Messineo, 2000; Mastro & Stern, 2003). 그들은 보통 성격이 수동적인 것으로 묘사되며 흔히 기술 제품 및 서비스 광고에 등장한다(Mastro & Stern, 2003).

3. 수용자의 특성

텔레비전 프로그램 내용을 기술하는 연구는 흥미로운 데이터를 제공하며 한 단계 더 나아가 다음과 같은 질문에 대한 답을 제공한다: '소수집단 묘사가 미국 공중에 대한 정확하고 공정한 상(像)을 제공하고 있는가? 소수집단 등장인물과 다수집단 등장인물 간의 상호작용이 인종 간의 조화나 인종 간 갈등

텔레비전 시청과 민족적 고정관념: 대학생들은 텔레비전 다시청으로 민족집단에 대한 고정관념적인 지각을 형성하는가?

Moon J. Lee, Shannon L. Bichard, Meagan S. Irey, Heather M. Walt, and Alana J. Carlson(2009), *The Howard Journal of Communication, 20*, 95~110.

이 연구에서 연구자들은 텔레비전 시청과 시청자가 각기 다른 민족집단, 특히 백인, 아프리카계 미국인, 아시아계, 남미계, 아메리카 원주민에 대해 고정관념적 신념을 가지는지 여부 간의 관계를 살펴보았다. 이전 연구는 백인은 지적이고 상냥하며 친화적인 반면 아프리카계는 열등하고 정직하지 않으며 게으르다고 지각하는 등 각 민족집단과 연관된 공통된 고정관념을 확인했다. 또 아시아계는 교육수준이 높고 말씨가 부드러운 반면 남미계는 열심히 일하고 적대적이며 대학에 가지 않는 경향이 있는 것으로 여겨졌다. 끝으로 이전 연구는 일반적으로 아메리카 원주민은 게으르고 교육을 받지 않았고 실직 상태이며 복지 보조금을 받고 있는 것으로 여겨지고 있다는 사실을 확인했다.

사람들의 사고와 지각이 그들이 보는 이미지에 어떻게 영향 받는지를 설명하는 사회인지이론과 배양이론을 토대로 연구자들은 텔레비전 시청과 관련하여 살펴볼 몇 가지 연구문제를 제시한다.

연구문제

RQ1: 텔레비전 다시청자는 백인에 대해 주로 긍정적인 혹은 부정적인 지각(고정관념)을 갖고 있는가?

RQ2: 텔레비전 다시청자는 아시아계에 대해 주로 긍정적인 혹은 부정적인(고정관념)을 갖고 있는가?

RQ3: 텔레비전 다시청자는 아프리카계에 대해 주로 긍정적인 혹은 부정적인(고정관념)을 갖고 있는가?

RQ4: 텔레비전 다시청자는 남미계에 대해 주로 긍정적인 혹은 부정적인(고정관념)을 갖고 있는가?

RQ5: 텔레비전 다시청자는 아메리카 원주민에 대해 주로 긍정적인 혹은 부정적인(고정관념)을 갖고 있는가?

연구방법

하나는 미국 북서부 지역에, 다른 하나는 남서부 지역에 있는 두 대학에서 참가자를 모집했다. 모두 450명이 연구에 참여했다. 각 참가자는 텔레비전 시청(독립변인)과 그것이 민족적 고정관념에 미치는 효과(종속변인)를 평가하는 설문지를 작성했다. 참가자들은 어떤 종류의 텔레비전 프로그램(예, 오락 프로그램, 드라마, 교육 프로그램, 정보 프로그램, 스포츠, 리얼리티, 주간 일일 연속극)을 시청했는지에 대한 질문 외에 얼마나 많은 시간 동안 시청하는지에 대한 질문에도 응답했다. 주당 시청시간을 토대로 참가자들을 소시청자(주당 14시간 이하)와 다시청자(주당 15시간 이상)로 나누었다.

참가자의 고정관념을 측정하기 위해 연구자들은 각기 다른 민족집단에 대한 그들의 개인적 신념을 양극 형용사 척도(bi-polar adjective scale)로 측정했다. 이 척도는 10쌍의 기술어(내성적/외향적, 게으른/열심히 일하는, 복수심이 있는/용서하는 등)로 이루어졌다. 참가자들은 각 쌍의 형용사 가운데 각 민족집단을 더 잘 나타내는 형용사가 표시되어 있는 쪽에 그들을 잘 나타내는 정도를 조절해가면서 7점 척도 위에 그들을 평가했다.

연구결과

이 연구는 시청자들이 백인에 대해 압도적으로 긍정적인 지각을 가지고 있음을 확인했다. 다시청자는 백인을 더 믿을 수 있고 더 안정적이며 덜 화를 내는 것으로 보았다. 아시아계에 대한 고정관념을 살펴보면, 다시청자는 소시청자에 비해 아시아계에 대해 더 부정적인 지각을 가지고 있는 것 같았다. 전반적으로 다시청자는 소시청자보다 아시아계를 덜 따뜻하고 책임감이 더 적으며 더 긴장하는 것으로 평가했다(연구자들은 아마도 아시아계의 조용한 품행이 따뜻함과 협동심이 결여되어 있는 듯한 인상을 주는 것 같다고 말했다).

특히 오락 프로그램을 많이 시청하는 사람은 적게 시청하는 사람보다 아프리카계를 덜 상냥하고 덜 외향적이라고 평가했다. 그러나 정보 프로그램과 리얼리티 프로그램 다시청자는 각각 아프리카계를 더 개방적이고 신경성이 더 낮다고 평가했다. 이러한 연구결과는 오락 프로그램은 아프리카계를 더 부정적으로 묘사하는 반면 리얼리티 프로그램이나 정보 프로그램은 더 긍정적으로 묘사함을 보여주는 것이라고 연구자들은 말했다.

남미계에 대해서는 다시청자와 소시청자 간의 차이가 거의 발견되지 않았다. 유일한 유의미한 차이는 스포츠 프로그램 다시청자는 소시청자에 비해 남미계를 더 상냥하지만(즉, 협력적이고 공정한) 덜 외향적이며 덜 공격적이라고 보았다.

아메리카 원주민의 경우, 다시청자는 소시청에 비해 훨씬 더 부정적이었다(즉, 덜 개방적이고 덜 논쟁적이며 덜 외향적임). 궁극적으로, 다시청자는 아메리카 원주민에 대해 대체로 부정적인 고정관념을 가지고 있었다.

논의

종합적으로 텔레비전 다시청자는 모든 민족집단에 대해 더 부정적인 고정관념을 가지고 있는 것으로 나타났다. 아시아계와 아메리카 원주민이 가장 부정적으로 지각되는 가운데, 다시청자는 이들에게 대해 부정적인 지각만을 가지고 있었다.

연구결과는 오락, 교육, 스포츠 프로그램 다시청자가 전반적으로 더 부정적인 고정관념을 가지고 있는 반면, 정보 프로그램 다시청자는 더 긍정적으로 지각하고 있음을 보여주었다.

비록 이 연구가 텔레비전 시청과 시청자 개인이 민족적 고정관념을 가지고 있는지 여부 간에 인과관계가 있음을 증명해주지는 않지만, (시청시간 및 프로그램 유형 모두의 측면에서) 텔레비전 시청량과 시청자가 민족집단에 대한 고정관념적 견해를 가지고 있는지 여부 간에 상관관계가 있음을 보여준다.

일부 연구결과(예, 백인이 가장 긍정적으로 평가된 것)는 놀라운 것이 아니지만, 이 연구는 모든 소수집단이 오로지 부정적인 특성과 연관되어 있지만은 않다는 예상치 못한 결과를 일부(즉, 아프리카계와 남미계가 긍정적인 특성과 관련되어 있다는 것) 보여주었다.

사회인지이론 및 배양이론과 일치되게 텔레비전 다시청은 편견에 사로잡힌 고정관념을 갖게 되는 것과 직접적으로 관련이 있는 것처럼 보인다.

을 촉진하는가? 그러나 그 같은 연구는 다른 중요한 질문에 대해서는 거의 대답을 하지 못한다. 예를 들면, '고정관념적인 소수집단 묘사는 소수집단 수용자와 다수집단 수용자에게 어떤 영향을 미치는가? 그와 같은 묘사가 모든 피부색의 어린이들에게 어떤 영향을 미치는가?'

미디어 효과 연구는 이러한 어려운 질문에 대한 답을 제공하기 위해 노력한다. 앞의 장들에서 사회인지이론, 프라이밍, 배양효과와 미디어 효과에 관한 많은 연구를 이해하는 데 그러한 이론들이 중요하다는 것에 대해 논의한 사실을 여러분은 기억할 것이다. 이 이론들은 매스 미디어의 소수집단 묘사가 미치는 효과를 살펴보는 연구에서 매우 중요하다. 사회인지이론은 사람들이 미디어에서 보는 것을 통해 배운다고 가정한다. 어린이는 특히 텔레비전과 다른 미디어상의 상황, 행동, 상호작용을 단순히 보는 것을 통해 태도와 행동을 습득할 가능성이 있다. 이런 이유에서 소수집단 묘사는 어린이들에게 긍정적이건 부정적이건 인종 관계를 가르칠 가능성을 가지고 있다.

소수집단 묘사가 다수집단과 소수집단 수용자에게 미치는 효과에 관한 연구에 따르면, 어떤 수용자는 다른 수용자보다 미디어 효과에 더 취약할 수도 있다고 한다. 자신의 인종이나 민족집단과 자신을 매우 동일시하는 사람은 자신의 집단에 속하지 않는 사람에 대해 더 고정관념적인 태도를 형성하고 자신의 집단에 속한 사람들에게 대해서는 더 긍정적으로 느끼는 경향이 있다 (Mastro, 2003).

1) 아프리카계 미국인

닐슨(Nielsen) 데이터에 따르면, 아프리카계 미국인이 텔레비전을 가장 많이 시청한다(Nielsen, 1998, 2007). 아프리카계 가구는 백인 가구보다 하루에 약 3시간 텔레비전을 더 많이 시청하는데, 이는 어린이와 청소년에게 미치는 효과에 영향을 미칠 수 있음을 의미한다(Brown, Campbell, & Fischer, 1986; Greenberg & Linsangan, 1993; Botta, 2000). 예를 들면, TV를 시청에 대한 적절한 감독이 이루어지지 않을 경우 아프리카계 어린이는 여러 면에서 매스 미디어의 부정적인 효과에 더 취약할 수 있을 것이다.

2) 남미계 미국인

이 집단은 텔레비전 시청시간 면에서 아프리카계를 바짝 뒤쫓고 있다 (Kaiser Family Foundation, 2010; Nielsen, 2007). 그러나 아프리카계와 남미계 어린이 및 청소년들의 전반적인 일일 미디어 노출시간은 사실상 같다는 점에 주의해야 한다(Kaiser Family Foundation, 2010). 대부분의 남미계는 텔레문도 (Telemundo)나 유니비전(Univision) 같은 스페인어 네트워크를 선호한다 (Nielsen, 1998; Univision, 2005). 광고에 관한 연구는 스페인어로 된 광고가 영

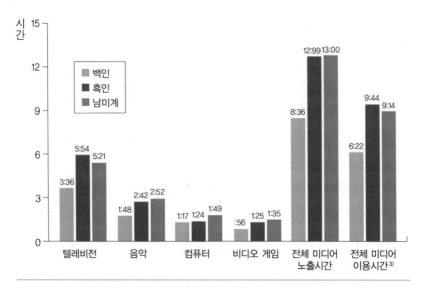

그림 16-1. 인종/민족별 미디어 이용: 미디어별 하루 평균 소비시간

자료: 이 정보는 헨리 J. 카이저 가족재단(Henry J. Kaiser Family Foundation)의 허락을 받아 재인쇄
되었다. 보건정책 분석, 보건 저널리즘 및 커뮤니케이션의 선두주자인 카이저 가족재단은 국가
와 국민이 직면하고 있는 가장 큰 보건 이슈에 관한 신뢰할 수 있고 독립적인 정보에 대한 필요
성을 채우는 데 헌신하고 있다. 이 재단은 캘리포니아 주 멘로 파크(Menlo Park)에 본부를 두고
있는 비영리 민간기구이다.

어로 된 광고보다 (영어와 스페인어를 동시에 사용하는) 남미계와 (대부분 스페인
어를 사용하는) 남미계 사람들에게 더 설득력이 있음을 보여주었다(Roslow &
Nicholls, 1996).

많은 남미계 사람은 텔레비전을 통해 미국 문화를 배우고 그들의 영어 실력
을 향상한다(Johnson, 1996; Stilling, 1997). 자신의 민족성을 유지하기를 원하는
남미계 미국인은 스페인어 텔레비전을 선호하는 경향이 있다(Jeffres, 2000;

---

3) 동시에 둘 이상의 미디어를 이용할 경우 미디어 노출시간은 복수의 미디어를 사용한 시간
의 합이 되므로 개별 미디어 이용시간보다 미디어 노출시간이 더 길수 있다(옮긴이 주).

Rios & Gaines, 1999).

3) 기타 소수집단

다른 소수집단 시청자들의 특성에 대한 연구는 매우 적다. 다른 소수집단
의 특성에 관한 몇 안 되는 연구인 머스킨(Merskin, 1998)의 연구에 따르면, 아
메리카 원주민 출신 대학생 가운데 82%가 텔레비전을 보유하고 있지만 하루
시청 시간은 1~2시간에 지나지 않는다고 한다. 이 연구에 참여한 약 70%의
아메리카 원주민 대학생이 텔레비전에 등장하는 아메리카 원주민이 부정확
할 뿐 아니라 매우 부정적으로 묘사되고 있다고 지적했다.

4. 젠더 고정관념화

젠더와 관련해서 미디어 내용이 미치는 효과를 설명할 때는 [사회인지이론
과 사회적 정체성 이론(social identity theory)4) 외에] 젠더 스키마 이론(gender
schema theory)이 사용된다. 피스케 및 테일러(Fiske & Taylor, 1991: 98)는 스키
마를 "자극(stimulus)의 속성과 그러한 속성들 간의 관계를 포함해 자극의 개
념이나 유형에 대한 지식을 나타내는 인지 구조"라고 정의했다. 젠더에 대한
스키마는 사람(특히 어린이)이 실제 세계의 정보뿐만 아니라 매스 미디어로부
터 얻는 정보를 처리하는 방식에 영향을 줄 수 있다.

한 연구(Gerbner, 1997)는 20년 분량의 프라임타임 텔레비전 프로그램의 묘

---

4) 사회적 정체성 이론은 사람은 자신의 고유한 특성에 기초한 개인적 정체성과 사회적 정체
   성을 지니고 있으며 이들을 통합함으로써 자신의 정체성을 높이려고 노력한다고 주장한
   다. 그리고 사람들이 자신의 사회적 정체성에 관심을 갖는 것은 집단을 이용해 자신에 대
   한 긍정적 이미지, 즉 자아존중감을 높이려는 데 있다고 본다(옮긴이 주).

할리 베리와 같은 많은 '제임스 본드 걸'
(James Bond Girl)은 항상 섹시하며 늘
그렇듯 영웅의 성적 농간에 넘어간다.
brava_67 / www.flickr.com

사를 젠더 측면에서 조사한 결과, 모든 등장인물 가운데 여성은 단지 31.5%만 차지하고 있다는 사실을 확인했다. 이들 여성은 일반적으로 프라임타임 텔레비전 프로그램에 등장하는 남성보다 더 젊었으며, 대개 중요한 직책을 맡고 있는 직장인이나 전문가가 아닌 아내나 어머니로 묘사되었다(Gerbner, 1977; Glascock, 2001; Lauzen & Dozier, 1999; Signorielli & Bacue, 1999).

여성은 역사적으로 영화에서 과소 대표되어왔으며, 이러한 추이는 최근까지 계속되고 있다. 1990년에서 2006년 사이에 개봉된 영화의 등장인물을 조사한 한 연구에 따르면, 전체 등장인물 중 남성이 약 73%였다(Smith, Granados, Choueiti, & Pieper, 2007).

영화, 심지어 G-등급 영화에 등장하는 여성은 대개 어리고 과잉 성행동을 보이는(hypersexual) 것으로 묘사된다(Bazzini et al., 1997; Herbozo, Tantleff-Dunn, Gokee-Larose, & Thompson, 2004). 영화에 등장하는 여성은 보통 노출이 심한 옷을 입으며 종종 성적 대상으로 묘사된다(Smith & Granados, 2009).

젠더 이슈에 관한 연구는 여성이 매스 미디어에서 고정관념에 따라 과소 대표될 뿐 아니라 잘못 대표된다고 밝히고 있다(Smith & Granados, 2009). 여성은 프라임타임 텔레비전 프로그램에서도 과소 대표되고 있는데, 여성 등장인물은 전체 등장인물의 40%에 지나지 않는다(Glascock, 2001; Lauzen & Dozier, 1999, 2002, 2004; Lauzen, Dozier, & Cleveland, 2006; Signorielli & Bacue,

디즈니와 픽사 만화영화의 젠더

젠더 고정관념화에 대한 많은 우려 가운데는 어린이 미디어도 포함되며, 많은 학자가 디즈니를 주목하고 있다. 전 세계적인 지배력을 가지고 있는 디즈니는 수십 년 동안 어린이 오락물의 초석이었다. "어린이들은 가족과 지역사회 이외의 세상에 대해서는 미디어를 통해 배우기 때문에"(Bryant & Bryant, 2003: 204) 많은 연구자가 젠더 고정관념을 우려한다. 오락 미디어가 어린이에게 미치는 영향에 관한 평가에서 브라이언트 및 브라이언트(Bryant & Bryant, 2003)는 미디어가 "잠재적인 사회화 동인(動因)"(p. 204) 기능을 한다고 주장했는데, 이는 어린이들이 텔레비전과 영화 스크린에서 보는 것에 따라 현실을 바라보는 경향이 있음을 의미한다.

대부분의 연구는 초점을 디즈니 클래식 만화영화에 나타난 고정관념의 유형에 맞추었으며, 이러한 고정관념의 표현은 우연이 아니다. 벨(Bell, 1995: 108)은 이러한 사실에 주목하면서 "디즈니 만화영화는 순진무구한 예술 형식이 아니다. 즉, 스크린에 비쳐지는 매 1초의 행동이 24장의 정지된 그림으로 만들어지듯이, 만화영화에서 돌발적이거나 우연한 그 어떤 일도 일어나지 않는다"고 말했다.

비어스마(Wiersma, 2001)는 디즈니 클래식 만화영화에 대한 가장 종합적인 고정관념화 연구를 수행했다. 16편의 영화를 내용분석한 연구에서 비어스마는 남성 캐릭터가 여성 캐릭터보다 더 많았고(199 대 83), 여성은 남성보다 가사 노동을 더 많이 하는 반면 남성은 훨씬 더 다양한 집밖 일을 수행할 뿐만 아니라 여성보다 더 힘이 센 직위를 차지하고 있다는 사실을 확인했다. 캐릭터들은 또한 여성성(femininity)에 대한 일반적인 생각(즉, 여성은 수동적이고 의존적이고 낭만적이며 감정적임)과 남성성(masculinity)에 대한 일반적인 생각(즉, 남성은 공격적이고 독립적이고 낭만적이지 않으며 감정적이지 않음)과 일치하는 경향이 있었다.

토빈, 해독, 지머맨, 런드 및 태너(Towbin, Haddock, Zimmerman, Lund, & Tanner, 2002)는 26편의 디즈니 장편 만화영화에 대한 주제 분석을 실시한 결과, 소년/남성이나 소녀/여성이 의미하는 바에 대한 다음과 같은 주제를 찾아냈다:

① 남성은 주로 물리적 수단을 사용하여 감정을 표현하거나 감정을 전혀 보여주지 않는다; ② 남성은 그들의 성적 관심을 통제하지 않는다; ③ 남성은 본래부터 강하고 영웅적이다; ④ 남성은 비가사 노동을 한다; ⑤ 뚱뚱한 남성은 부정적인 특성을 가지고 있다(2002: 28).

① 여성의 외모가 지성보다 더 가치 있다; ② 여성은 무력하고 보호가 필요하다; ③

여성은 가정적이며 결혼을 하려는 경향이 있다; ④ 뚱뚱한 여성은 추하고 상냥하지 않으며 결혼하지 않았다(2002: 30).

"문화 내레이터"(cultural narrator)(Brydon, 2009: 143)로서 디즈니의 역할은 그들 자신의 영화 카탈로그를 뛰어넘는다. 오락산업에서의 명성과 지배력으로 인해 디즈니는 다른 애니메이션 스튜디오들의 기준이 된다. 에이벌은 "디즈니 스튜디오의 작품은 여타 만화영화 세계의 젠더 규범을 규정한다"(Abel, 1995: 185)고 말했다.

젠더 고정관념이 디즈니 클래식 만화영화에 널리 퍼져 있음에도 일부 고정관념은 변하고 있다는 증거가 발견되고 있다. 최근 디즈니 및 픽사 영화에 대한 내용분석 연구에서 핀클리어(Finklea, 2010)는 남성이 여성보다 집안일을 더 많이 하는 것으로 묘사되고 있음[예, 〈업〉(Up)에서 칼 프레드릭슨(Carl Fredricksen)]을 확인했다. 더욱이 여성 캐릭터의 직업도 영화배우, 천체 물리학자, 식물학자, 호텔 체인 주인을 포함해 더 다양해지고 있는 것으로 나타났다. 남성 캐릭터가 여전히 더 큰 힘을 행사하고 있지만, 동시에 여성 캐릭터에 더 의존적인 것으로 묘사되기도 했다. 특히 이전의 디즈니 만화영화에 등장한 남성과 비교할 때 남성은 또한 더 낭만적이고 더 감정적인 것으로 묘사되었다. 이러한 '더 부드러워진' 남성은 특히 픽사 영화에서 두드러진다.

1991년, 디즈니와 협력한 이후(2006년 디즈니는 픽사를 인수함) 픽사는 근본적으로 디즈니 브랜드를 "이 새로운 애니메이션 형식이 가족 오락물에서 디즈니와 동일한 수준의 우수성과 건전함을 충족하고 있음을 나타내는 승인 도장"(Brookey & Westerfelhaus, 2005)으로 사용할 수 있었다.

픽사는 엄밀한 의미에서의 디즈니를 그들이 오랫동안 차지해왔던 자리에서 몰아내고 이제 어린이 만화영화의 선두주자가 되었다(Booker, 2010). 픽사가 만화영화 산업을 지배하고 있음에도, 픽사와 픽사 영화에 포함되어 있을 수도 있는 젠더 고정관념에 초점을 맞춘 연구는 거의 이루어지지 않았다. 2012년의 〈브레이브〉(Brave)까지 모든 픽사 만화영화는 남자 주인공을 중심으로 했기 때문에, 픽사에 관한 몇 안 되는 연구는 남성 캐릭터를 조사했다. 길럼 및 우든(Gillam & Wooden, 2008)은 픽사의 〈토이 스토리〉(Toy Story), 〈디 인크레더블스〉(The Incredibles), 〈카스〉(Cars)의 남자 주인공에게서 공통적으로 발견되는 내러티브에 주목했다. 이 영화들은 우두머리 남성 캐릭터들을 무력화함으로써 그들에게 더 친절하고 더 점잖은 남성이 무엇인지를 배울 수 있는 기회를 주고 있다. 길럼 및 우든은 이러한 캐릭터들[예, 우디(Woody), 버즈 라이트이어(Buzz Lightyear), 미스터 인크레더블(Mr. Incredible), 라이트닝 맥퀸(Lightning McQueen)]이 "새로운 남성"의 예라고 말했다.

핀클리어(Finklea, 2011)는 〈토이 스토리〉 3부작에 나타난 남성성을 조사한 결과, 픽사의 "새로운 남성" 내러티브가 〈토이 스토리〉 속편들에도 그대로 반영되어 있음을 확인했다. 그러나 (남성과 여성 모두에 대한) 일부 오래된 고정관념은 여전히 존재했다. 다음은 핀클리어의 연구가 밝혀낸 주요 주제의 목록이다:

① 우두머리 남성 캐릭터는 무력화된 후 "새로운 남성"으로 탈바꿈할 때까지 타인에게 비폭력적인 정서를 표현하는 데 어려움을 겪는다; ② 남성이 가장 자주 표현하는 정서는 화와 좌절이며, 그러한 정서는 종종 육체적 수단이나 경멸적인 언어를 통해 표출된다; ③ 남성은 타인에게 팀워크 및 협력을 통해 얻을 수 있는 도움과 혜택을 요청한다; ④ 남성은 타고난 지도자이고 용감하고 충성스러우며 다른 사람을 위해 기꺼이 희생한다; ⑤ 남성은 사랑받고 싶은 욕구와 필요한 존재가 되고 싶은 욕구를 느낀다; ⑥ 여성이 남성에게서 가장 가치 있게 여기는 특성은 강인함과 육체적 힘이며, 남성은 그들의 신체적 외모에 신경 쓴다; ⑦ 남성은 그들의 성적 관심을 통제할 수 없다; ⑧ 여성스러움을 보이는 남성은 다른 남성에게서는 조롱을 받지만 여성에게서는 그렇지 않다(2011: 11).

궁극적으로 이러한 영화들은 서서히 전통적인 젠더 고정관념에서 벗어나고 있긴 하지만, 여전히 개선해야 할 점은 많이 남아 있다. 남성성을 어떻게 대안적으로 묘사할 것인가 하는 것[예, 〈토이 스토리 3〉의 켄(Ken)]은 여전히 젠더에 대한 흥미로운 질문이다. 애니메이션 왕국에서 최고의 위치에 있는 픽사의 지위로 인해 이러한 이슈에 대한 연구는 앞으로 계속해서 이루어질 것이다.

1999; Signorielli & Kahlenberg, 2001). 남성은 권력과 권위가 있는 직책을 맡고 있는 것으로 묘사되는 경향이 있다(Lauzen & Dozier, 2004). 또 다른 연구에 따르면, 조사한 전체 프라임타임 프로그램 가운데 약 84%에서 남성이 여성을 성희롱하는 가해자로 묘사되었다(Grauerholz & King, 1997).

여성은 광고 모델 가운데 약 45~49%를 차지하지만(Coltrane & Messineo, 2000; Ganahl, Prinsen, & Netzley, 2003), 여성 모델의 경우 성적 매력이 부각되는 경향이 더 높다(Ganahl et al., 2003; Stern & Mastro, 2004).

연구들은 등장인물이 고정관념에 반(反)하게 묘사될 때 젠더 효과가 줄어듦을 확인했다(Davidson, Yasuna, & Tower, 1979; Davies, Spencer, Quinn, &

Gerhardstein, 2002; Flerx, Fidler, & Rogers, 1976; Geis, Brown, Jennings-Walstedt, & Porter, 1984; Johnston & Ettema, 1982; Wroblewski & Huston, 1987). 어린이는 성 역할 고정관념에 대한 학습에 가장 취약할 수도 있지만, 부모나 돌보는 사람의 관리를 통해 부정적인 효과를 경감할 수 있다(Smith & Granados, 2009).

성 역할 연구에 따르면, 젠더에 관한 고정관념적 묘사를 시청하는 것이 직업 선택과 특정한 직업에 대한 태도에 영향을 미친다고 한다. '해피 엔딩' 로맨스 영화는 어린이들이 살면서 맺게 될 관계와 갖게 될 기대에 영향을 미칠 수도 있으며, 매스 미디어에서 통상 묘사되는 '마른 몸매 이상형'(thin ideal)은 특히 여성에게 식이 장애를 야기할 수 있다(Smith & Granados, 2009).

5. 미디어의 인종, 민족 및 젠더 고정관념화 효과

소수집단의 미디어 이미지는 백인 수용자에게 상당한 영향을 미치는 것으로 알려져 있다. 유색인을 가난하거나 무능하거나 반항적이거나 폭력적으로 묘사하는 것은 백인의 심상(mental image)에 오래 남아 있을 수 있다. 그로 인해, 백인 시청자는 고정관념을 갖게 된다고 한다.

1) 기폭효과 연구

많은 기폭효과 연구를 통해 (흑인은 범죄자이고 남미계는 관능적이라고 생각하는 것과 같은) 소수집단 고정관념에 노출되는 것이 수용자, 특히 다수집단 수용자와 실제 세계의 소수집단에 대한 그들의 평가에 어떻게 단기적인 효과를 미칠 수 있는지 살펴보았다(Dixon, 2006, 2007; Givens & Monahan, 2005). 다른 기폭효과 연구에서는 매스 미디어의 고정관념적인 묘사로 인해 백인 수용자들이 소수집단을 그러한 고정관념에 따라 평가하게 된다는 사실을 확인했다(Gillam & Iyengar, 2000; Mendelberg, 1997).

범죄 묘사가 고정관념을 기폭할 때마다, 다수집단 수용자는 흑인 범죄자가 범죄를 저지르는 이유는 단순히 범죄 성향이 있어서와 같은 성향적인 요인 탓으로 돌린 반면, 백인 범죄자에 대해서는 범죄를 저지르는 이유를 상황적 요인 탓으로 돌렸다(Johnson, Adams, Hall, & Ashburn, 1997). 뉴스 기사에서 인종적 단서가 시각적으로 암시될 때마다, 백인 수용자는 인종적 고정관념을 상기한다(Abraham & Appiah, 2006).

한 연구에서는 검은 피부색의 흑인 범죄자를 볼 때 백인 수용자는 피해자에 대해 더 많은 공감(sympathy)을 나타낸 것으로 나타났다(Dixon & Maddox, 2005). 또 다른 연구는 범죄와 복지에 대한 뉴스 기사가 인종과 연루되어 있을 것으로 시청자들은 예상하며, 이러한 분야에 대한 보도는 시청자의 마음속에 고정관념이 활성화되게 해준다는 것을 보여주었다(Valentino, 1999).

다른 연구들은 매스 미디어의 뉴스 기사가 소수집단에 대한 긍정적인 정보를 포함하고 있고 고정관념에 반하는 행동을 보여줄 때마다 백인 수용자는 인종에 대해 더 긍정적인 판단을 내릴 뿐만 아니라 인종차별적인 행동의 피해자에 대해 더 큰 공감을 보인다는 사실을 확인했다(Bodenhausen, Schwarz, Bless, & Wanke, 1995; Power, Murphy, & Coover, 1996).

기폭효과 연구는 어떤 생각이 단기적으로 촉발되는지에 대해 우리에게 많은 것을 말해준다는 것을 여러분은 기억할 것이다. 고정관념화에 관심이 있는 미디어 효과 연구자는 장기적인 영향에도 관심이 있다. 백인 수용자가 흑인에 대한 고정관념적인 묘사에 장기간 노출되면 미묘한 인종차별적 생각을 갖게 된다고 한다(Gorham, 2006). 바꾸어 말하면, 뉴스 보도가 흑인을 반복적으로 범인으로 묘사하는 것은 '그들'을 범죄자로 생각하게끔 백인 수용자를 반복적으로 기폭시킨다. 기억 속에서 이런 생각을 자꾸 떠올리는 것은 흑인은 범죄자라는 관점을 강화한다(Azocar, 2007).

2) 배양효과 연구

배양효과 연구는 백인 수용자의 고정관념화를 연구하는 분야에서 수행되어왔다. 몇몇 연구는 텔레비전 뉴스를 많이 시청하는 백인 수용자는 흑인의 사회경제적 지위가 낮은 이유가 기회 부족이라기보다는 결단력 부족에 있다고 고정관념화하는 경향이 있음을 보여주었다(Armstrong, Neuendorf, & Brentar, 1992; Busselle & Crandall, 2002). 정신 모델(mental model) 관점을 사용한 한 배양효과 연구는 텔레비전을 많이 시청하는 백인 수용자가 남미계에 대한 고정관념적 묘사와 일치하는 태도를 배양한다는 사실을 확인했다(Mastro, Behm-Morawitz, & Ortiz, 2007). 흥미롭게도 이 연구는 실제 세계에서 남미계와 접촉하는 것이 배양효과를 줄이는 경향이 있다는 증거를 보여주었다. 바꾸어 말하면, 실제 세계에서 남미계와 접촉을 하는 사람이 단순히 텔레비전에서만 남미계를 보는 사람보다 남미계에 대한 고정관념이 덜하다는 것이다.

추가적인 연구는 텔레비전에서 소수집단에 대한 고정관념적 묘사를 많이 시청하는 것이 백인 시청자의 투표와 공공정책 결정에 영향을 미칠 수 있음을 보여주었다(Mendelberg, 1997; Valentino, 1999). 좀 더 최근에 이루어진 연구(Mastro & Kopacz, 2006; Ramasubramanian, 2011; Tan, Fujioka, & Tan, 2000)는 소수집단에 대한 고정관념적인 텔레비전 묘사에 많이 노출된 백인은 부정적인 영향을 받을 뿐만 아니라, 그러한 백인은 소수집단 우대 정책(affirmative action)이나 기타 인종 관련 정책을 덜 지지한다는 것도 확인했다.

3) 고정관념적 묘사에 대한 소수집단의 반응

고정관념화에 대한 연구는 대부분 백인이 소수집단 묘사에 어떻게 반응하는지를 조사했다. 그러나 몇몇 연구는 소수집단 자신이 그들 자신의 집단에 대한 고정관념적 묘사에 어떻게 반응하는지를 조사했다. 연구자들은 고정관넘적 묘사에 노출되는 것이 소수집단 수용자들의 자아존중감(self-esteem)을 낮게 만들 수 있을 것이라는 이론을 제시했지만, 실제 연구들은 엇갈린 결과를 보여주었다. 프라이버그(Fryberg, 2003)는 텔레비전의 고정관념적 아메리카 원주민 묘사가 아메리카 원주민의 자아존중감에 부정적인 영향을 미치는 것을 확인했다. 리바데네이라, 워드 및 고든(Rivadeneyra, Ward, & Gordon, 2007)은 남미계에 대한 텔레비전의 고정관념적 묘사를 시청한 남미계 고등학생들을 조사한 결과, 그러한 시청이 특정 측면의 자아존중감에 부정적인 영향을 미치지만 전반적인 자아존중감에는 영향을 주지 않는다는 사실을 확인했다. 수버리-벨레스와 네코체아(Suberi-Velez & Necochea, 1990)가 남미계 초등학교 학생을 대상으로 실시한 연구에서는 그들의 자아존중감이 영어 텔레비전 프로그램이나 스페인어 텔레비전 프로그램 시청에 영향을 받지 않는 것으로 나타났다.

몇몇 연구는 시청자들이 미디어에서, 특히 텔레비전에서, 그들 자신과 같은 피부색을 가진 사람을 보는 것을 즐긴다는 것을 확인했다. 그들은 그들 자신과 같은 피부색을 가진 등장인물을 더 좋아하고 더 신뢰하며 그들과 자신을 더 동일시한다. 흑인 고등학생은 백인 고등학생보다 흑인 등장인물이 주연을 맡는 프로그램을 더 좋아하는 것으로 나타났다(Dates, 1980). 백인 고등학생은 능력과 언젠가 그들의 이웃이나 친지가 될지도 모른다는 가능성이라는 측면에서 백인 뉴스캐스터를 흑인 뉴스캐스터보다 더 높이 평가했다(Kaner, 1982). 초등학생은 인종에 근거해서 그들이 좋아하는 등장인물을 선택하는 경향이 있다. 텔레비전 등장인물의 85%가 백인이었던 시즌 동안, 백인 등장인물을 자신이 좋아하는 연예인으로 선택한 백인 어린이는 96%였던 반면, 흑인 어린이는 75%, 남미계 어린이는 80%만이 백인 등장인물을 선택했다(Eastman & Liss, 1980). 소수집단 등장인물이 주연으로 출연하는 프로그램이 이용 가능할 경우, 소수집단 수용자는 백인 등장인물이 주연급으로 출연하는 다른 프로그램보다 그러한 프로그램을 선호하는 경향이 있다(Liss, 1981; Eastman & Liss, 1980; Greenberg et al., 1983).

소수집단과 다수집단 어린이의 지각을 비교한 연구는 흥미로운 결과를 제공했다. 한 연구는 흑인 어린이가 배양효과에 더 많은 영향을 받을 수 있음을 시사했다. 흑인 어린이가 백인 어린이보다 흑인과 비흑인에 대한 텔레비전 묘사가 실제적이라고 믿는 경향이 더 강했다. 그린버그와 애트킨(Greenberg & Atkin, 1982)은 흑인 어린이는 그들이 목격한 묘사가 그들이 살고 있는 사회의 실제 상황을 반영한다는 데 약 40%가 동의한 반면 백인 어린이는 약 30%가 동의했음을 확인했다.

6. 요약

1960년대부터 매스 미디어, 특히 텔레비전과 영화의 소수집단 등장인물 묘사는 사회의 변화를 반영해왔다. 이러한 묘사의 변화와 특히 그것이 수용자의 태도, 가치, 행동에 미치는 효과는 커뮤니케이션 연구자들의 특별한 관심사이다. 1970년대와 1980년대에 이루어진 이 분야의 많은 연구는 그 당시에 관한 많은 유용한 데이터를 제공한다.

1990년대의 연구는 흑인은 오락 프로그램에 등장하는 수나 묘사의 성격면에서 많은 성과를 거두었지만, 다른 소수집단은 그다지 성과가 좋지 않음을 보여주었다. 남미계, 아시아계, 아메리카 원주민, 여성은 계속해서 매스 미디어에서 과소 대표되고 있을 뿐만 아니라, 어떤 경우는 완전히 배제되고 있다. 이들 집단에 대한 묘사는 때때로 고정관념적이거나 모욕적이다.

몇몇 머릿수 헤아리기 연구는 1970년대에 처음으로 이루어졌는데, 이 당시에는 텔레비전의 소수집단 등장인물 비율이 실제 사회에서 그들이 차지하는 비율에 비해 훨씬 낮았다. 1990년대 말, 네트워크들은 더 많은 흑인 등장인물을 프라임타임 프로그램에 출연시킴으로써 소수집단 행동주의자 단체의 요구에 대응했지만, 아시아계, 남미계, 혹은 아메리카 원주인에 대해서는 그렇게 하지 않았다. 한 연구에 따르면, 프라임타임 텔레비전 프로그램에 출연한 흑인 등장인물의 비율은 당시 실제 미국 인구에서 차지하는 비율(12%)보다 더 높아, 주 프라임타임과 부 프라임타임 프로그램 등장인물의 14~17%를 차지했다고 한다. 백인은 프라임타임 등장인물의 73~80%를 차지했다. 흑인은 (대개 모든 배역을 흑인이 맡고 있는) 시트콤이나 범죄 드라마에 보통 출연했다. 그럼에도 텔레비전은 미국인의 유색인들을 정확하게 반영하지 않아, 20년 전이나 마찬가지로 다른 소수집단은 주요 네트워크 프로그램에서 과소 대표되고 있다.

한 연구는 젠더 측면에서 20년간의 프라임타임 프로그램의 묘사를 조사했는데, 전체 등장인물에서 여성이 차지하는 비율은 31.5%였다. 프라임타임 프로그램에 등장하는 여성은 일반적으로 남성보다 더 젊었으며, 대개 아내와 어머니로 묘사되었다.

영화에서 역사적으로 흑인과 다른 소수집단은 특별히 소수집단 등장인물이 요구되는 역할을 맡았다. 그러나 이러한 추이는 1990년대에 변하기 시작해, 많은 흑인이 주요 영화에서 주연 역할을 맡았다. 1990년에서 2006년 사이에 영화에 출연한 남성의 비율이 73%를 차지한 것에서 볼 수 있듯이, 여성은 역사적으로 영화에서 과소 대표되어왔다.

오락물의 소수집단 묘사에서와 마찬가지로, 1990년대까지 광고 모델은 역사적으로 대부분 백인이었다. 다른 소수집단은 여전히 과소 대표되었지만, 흑인과 아시아계는 과거 수십 년 동안 일부 미디어에서 괄목할 만한 진전을 이루었다. 소수집단 등장인물이 맡고 있는 역할의 중요성 또한 1970년대와 1980년대에 많이 연구되었던 분야이긴 하지만, 그 후로는 상대적으로 연구가 거의 이루어지지 않았다.

매스 미디어에 등장하는 소수집단에 대한 연구는 일반적으로 크게 두 범주, 즉 소수집단 묘사에 대한 기술과 그것이 수용자에게 미치는 효과로 나누어진다. 젠더 이슈에 관한 연구는 여성이 매스 미디어에서 과소 대표될 뿐만 아니라 고정관념에 따라 잘못 대표되고 있음을 보여준다. 아프리카계 미국인이 프라임타임 텔레비전 등장인물에서 차지하는 비율은 실제 인구 비율(12~ 13%)보다 더 높은 14~17%이다.

혹인은 백인보다 뉴스 기사에, 특히 범죄 뉴스에, 더 많이 등장하는 경향이 있다. 남미계는 실제 미국 인구의 약 27%를 차지하지만, 프라임타임 텔레비전 프로그램에서 차지하는 비율은 고작 2~6%에 지나지 않는다. 그들은 대부분 아프리카계 미국인처럼 범죄 드라마나 시트콤에 등장하며, 일반적으로 다른 등장인물보다 덜 지적이고 생각을 덜 분명하게 표현하며 더 게으른 것으로 묘사된다.

프라임타임 텔레비전 프로그램 등장인물 가운데 아시아계 미국인이 차지하는 비율은 1~3%이다. 실제 미국 인구에서 아시아계가 차지하고 있는 비율은 약 5%이다. 텔레비전에 등장하는 아시아계는 대개 주요 전문직 종사자이다.

아메리카 원주민이 프라임타임 텔레비전 프로그램에 등장하는 비율은 0.5% 미만이다. 아메리카 원주민이 미국 인구에서 차지하는 비율은 약 1%이다.

여성은 계속해서 영화에서 과소 대표되며, 노출이 심한 옷을 입으며 과징 성 행동을 하는 것으로 묘사된다. 백인은 주연 가운데 약 80%를 차지하는 반면, 흑인은 19%를 차지할 뿐이다. 남미계는 미국 블록버스터 영화 등장인물 가운데 약 1%를 차지하고 있다. 남미계와 아시아계는 영화에 좀처럼 등장하지 않는다.

광고에서 남성은 대개 여성보다 전문가로 나오는 경우가 더 많으며, 전자제품, 가정용 기기, 혹은 기타 비가정용 품목과 같은 제품을 광고한다. 여성은 광고 모델 가운데 약 45~49%를 차지하지만, 성적 매력을 부각하는 경향이 있다.

1990년대는 아프리카계 미국인에게 몇 가지 돌파구가 마련된 연대이다. 많은 흑인 여성이 '수퍼모델'이 되었으며, 지금도 많은 언론에 등장하고 있다. 타이라 뱅크스는 처음으로 〈스포츠 일러스트레이티드〉 수영복 판의 흑인 표지 모델이 됨으로써 그 잡지의 유색인 장벽을 허물었다. 흑인은 대개 운동선수나 음악가로 묘사되었다. 흑인은 주로 정부가 후원하는 광고나 공익광고 메시지에 등장했다.

광고에서는 등장인물의 86%가 백인이고 11%가 흑인이다. 남미계 등장인물은 1%에 지나지 않는다. 광고에 등장하는 남미계는 다른 등장인물에 비해 더 도발적인 옷차림을 하고 성적 매력이 부각되는 경향이 높다. 아시아계는 광고 등장인물의 약 2%를 차지한다. 그들은 대개 성격이 소극적인 것으로 묘사되며, 기술과 관련 있는 광고에 매우 자주 등장한다.

소수집단 묘사가 다수집단과 소수집단 수용자에게 미치는 효과에 대한 증거들은 어떤 수용자는 다른 수용자보다 미디어 효과에 더 취약할 수도 있음을 보여준다. 자신과 같은 인종이나 민족집단과 자신을 동일시하는 사람은 그들 집단 이외의 사람들에 대해 더 고정관념적인 태도를 형성하는 반면, 그들 집단 내의 사람들에게 대해서는 더 호의적으로 느끼는 경향이 있다.

소수집단에 대한 미디어 이미지는 백인 수용자에게 상당한 영향을 미치는 것으로 나타났다. 유색인을 게으르거나 무능하거나 반항적이거나 폭력적으로 묘사하는 것은 백인의 심상에 오래 남아 있을 수 있다. 그로 인해 백인 시청자는 고정관념을 갖게 된다고 한다.

다른 연구들은 매스 미디어의 뉴스가 소수집단에 대한 긍정적인 정보를 포함하고 있고 고정관념에 반하는 행동을 보여줄 때 백인은 인종에 대해 더 긍정적인 판단을 하게 되고 차별적인 행위의 피해자에 대해 더 큰 공감을 느낀다는 것을 밝혀냈다.

몇몇 연구는 시청자들이 미디어, 특히 텔레비전에서 그들 자신과 같은 인종의 사람을 보는 것을 즐긴다는 사실을 확인했다. 그들은 그러한 등장인물을 더 좋아하고 더 신뢰하며 그들과 자신을 더 동일시한다. 성 역할 연구는 젠더 고정관념적인 묘사를 시청하는 것이 직업과 특정 직업에 대한 태도에 영향을 미칠 수 있다는 사실을 밝혀냈다. '해피 엔딩' 로맨스 영화는 어린이들이 살면서 맺게 될 관계와 갖게 될 기대에 영향을 미칠 수도 있으며, 매스 미디어에서 통상 묘사되는 '마른 몸매 이상형'(thin ideal)은 특히 여성에게 식이 장애를 야기할 수 있다.

17장

어린이 교육 텔레비전 및
영유아 에듀테인먼트의 효과

필(Phil)은 텔레비전이 어떤 미디어가 될 수 있을 건지에 대한 그의 비전을 제시하기
시작했다. 무엇보다도 …… 텔레비전은 세계에서 가장 훌륭한 교육 도구가 될 것이다.
— 에번 I. 슈와르츠(Evan I. Schwartz), 『최후의 외로운 발명가』(*The Last Lone Inventor*) 에서
텔레비전 발명가 필로 판즈워쓰(Philo Farnsworth)에 대해(2002: 112)

여러분 가운데 많은 사람은 분명 어린이와 부모들에게 '교육 텔레비전'
(educational television) 혹은 '에듀테인먼트'(edutainment)로 제공된 〈세서미
스트리트〉, 〈더 매직 스쿨버스〉(The Magic School Bus), 〈블루스 클루스〉, 〈바
니와 친구들〉, 그리고 다른 수많은 프로그램을 많이 보면서 자랐을 것이다.
종종 텔레비전이 어린이들에게 미치는 효과에 대해 논의할 때, 비평가와 육
아 단체들은 시청의 부정적인 효과에 초점을 맞춘다. 그러나 더 짧은 주의(注
意) 지속시간, 학교에 대한 무관심, 어린이가 아무 생각이 없는 '좀비 시청
자'(zombie viewer)가 되는 것에 대한 두려움(예, Healy, 1990; Postman, 1985;
Winn, 1977) 같은 소위 부정적 효과들 가운데 많은 것이 거의 과학적으로 입
증되지 않았다(Fisch, 2009). 주의(注意)와 텔레비전 시청 간의 연관성에 대해
살펴본 뉴먼(Newman, 2010: 589)은 기술 공포증을 가지고 있는 많은 저자와
비평가들이 빠져 있는 다음과 같은 역설을 강조했다: 텔레비전은 "주의를 너
무 잘 끌어서 주의력을 파괴한다". 많은 사람이 에듀테인먼트가 어린이들을
좀비 시청자로 만들 것이라고 두려워하지만, 적어도 그들은 "수를 헤아리고

철자를 아는 좀비"가 될 것이라고 뉴먼은 말했다. 실제로 연구는 어린이들이 몰입하는 적극적인 시청자임을 보여주었다(Anderson & Lorch, 1983). 많은 부모가 잠깐 동안의 자유 시간을 즐기기 위해 우리를 텔레비전 앞에 데려다 놓을 수도 있지만(Krcmar, 2010), 아마도 여러분은 어떤 면에서 빅 버드(Big Bird),[1] 엘모(Elmo),[2] 마법의 학교 버스를 타고 있는 미즈 프리즐(Ms. Frizzle)이 등장하는 그 시간 동안은 도움을 받았을 것이다. 그리고 어린이 교육 미디어의 긍정적인 효과를 강조하는 연구들도 많이 있는데, 우리는 이 장에서 이러한 점에 대해 살펴볼 것이다. 그뿐 아니라 우리는 〈베이비 아인스타인〉(Baby Einstein)과 〈텔레토비〉(Teletubbies)[3] 같은 급성장하고 있는 영아[4] 대상 미디어 사업과 영유아들이 그러한 에듀테인먼트로 무엇을 배울 수 있는지를 밝히고자 하는 연구들도 살펴볼 것이다.

1. 교육 텔레비전

교육 텔레비전에 대해 조사한 연구들은 주로 두 가지 핵심 영역, 즉 취학 전 아동 프로그램이 학교 준비도에 미치는 영향과 학령아동 프로그램이 읽고 쓰기 능력(literacy), 수학과 문제 해결, 과학, 사회 과목에 미치는 효과에 초점을 맞추었다.

---

1) 〈세서미 스트리트〉에 나오는 크고 노란 새(옮긴이 주).
2) 〈세서미 스트리트〉에 나오는 머펫(Muppet) 캐릭터(옮긴이 주).
3) 우리나라에서는 〈텔레토비〉로 불리지만 원래 프로그램명은 〈텔레터비스〉로, '터비'(tubby)란 땅딸막한 사람을 일컫는다(옮긴이 주).
4) 1살 미만의 어린이를 '영아'(infant), 1~3살의 어린이를 '유아'(toddler)로 구분한다(옮긴이 주).

1) 학교 준비도

학교 준비도(school readiness)에 대해 이야기할 때, 우리는 이 용어가 단순히 지식과 학습 기술(learning skill)에만 국한되지 않는다는 것을 명심해야 할 필요가 있다(Fisch, 2009). 학교 준비도에는 또한 타인과의 협력, 자신감 갖기 같은 대인관계 기술과 태도도 포함된다(Zero to Three/National Center for Clinical Infant Programs, 1992). 학업 기술(academic skill)과 대인관계 기술 모두를 촉진하는 가장 영향력 있는 프로그램 가운데 하나가 〈세서미 스트리트〉이다.

〈세서미 스트리트〉는 많은 연구와 계획 수립을 통해 탄생했다. 학계 연구자와 텔레비전 제작자가 협력하여 짧은 세그먼트와 촌극, 노래, "머펫으로 가득한 재미"(Muppet-filled fun)를 통해 인지 발달을 강조하는 커리큘럼을 개발했다(Akerman, Bryant, & Diaz-Wionczek, 2011: 208). 1969년, 〈세서미 스트리트〉가 처음 소개된 지 얼마 지나지 않아 연구자들은 빅 버드, 미스터 스너플루페이거스(Mr. Snuffleupagus), 그리고 카운트 백작(Count von Count)이 3세에서 5세 사이의 어린이 시청자들을 가르치는 능력을 조사하기 시작했다. 1970년대 초에 실시된 2편의 연구(Ball & Bogatz, 1970; Bogatz & Ball, 1971)는 **사전조사**(pretest)를 통해 〈세서미 스트리트〉를 시청하기 전 어린이들의 지식을 조사했고, 그런 다음 **사후조사**(posttest)를 통해 이 프로그램을 시청하고 난 후의 어린이들의 지식을 조사했다. 다른 한 집단의 어린이들은 그 프로그램을 전혀 시청하지 않았는데, 이들이 속한 집단을 **통제집단**(control group)이라고 한다. 이 연구자들은 〈세서미 스트리트〉를 더 많이 본 어린이가 숫자, 문자, 모양, 몸의 기관 식별 같은 몇몇 학업 기술에서 훨씬 더 높은 지식 습득을 보인다는 것을 확인했다. 피쉬(Fisch, 2009)는 이와 동일한 효과가 멕시코(Diaz-Guerrero & Holtzman, 1974; UNICEF, 1996), 러시아(Ulitsa Sezam Department of Research and Content, 1998), 포르투갈(Brederode- Santos, 1993), 터키

지난 몇 년 동안, 〈세서미 스트리트〉는 어린 시청자들을 교육하는 혁신적인 방법을 찾아냈다. 여기에 선발된 머펫 캐릭터들은 어린이들이 군생활의 어려움에 대처하는 데 도움을 주고 있다.

(Sahin, 1990)와 같은 나라에서 〈세서미 스트리트〉 국제판을 시청한 어린이에 게서도 나타난 것에 주목했다.

이러한 연구들은 비교적 짧은 시간에 걸쳐 지식 습득이 일어났음을 보여주고 있는데, 〈세서미 스트리트〉 시청의 장기적 효과는 어떤가? 보가츠 및 볼 (Bogatz & Ball)은 1971년 〈세서미 스트리트〉에 관한 그들의 첫 번째 연구(Ball & Bogatz, 1970)에 참여했던 일부 어린이들을 대상으로 후속 연구를 실시했다. 이 연구자들은 선생님들이 그들의 학생을 언어 및 수리, 학교에 대한 태도, 급우들과 상호작용하는 법을 포함한 몇몇 학교 준비도 기술에 관해 평가하게 했다. 1970년 연구가 이루어졌던 동안 어린이들이 〈세서미 스트리트〉를 많이 본 사실을 모르는 선생님들은 이 프로그램을 더 적게 시청한 어린이보다 더 많이 시청한 어린이가 학교생활에 대한 준비가 더 잘 되어 있다고 평가했다. 1990년대와 2000년대 초에 이루어진 연구 결과도 비슷해서, 선생님들은 〈세서미 스트리트〉 시청자가 학교생활에 대한 준비가 더 잘 되어 있다고 평가했다(Wright & Huston, 1995; Wright, Huston, Scantlin, & Kotler, 2001). 미국 교육부(Department of Education)가 전국가구조사(National Household Survey)에서 어린이 약 1만 명을 대상으로 수집한 데이터에 대해 **상관관계 분석**(correlational analysis)을 실시한 결과, 취학 전 연령대의 〈세서미 스트리트〉 시청자들이 알파벳 문자 인식과 책을 읽는 척하면서5) 조리 있게 이야기하기에서 더 나은 성적을 올린 것으로 나타난 한편, 취학 전에 〈세서미 스트리트〉를 본 1학년과 2학년 학생은 스스로 책을 읽는 경향은 더 높았고 독서 교정 도움을 필요로 할 가능성은 더 낮은 것으로 나타났다(Zill, 2001; Zill, Davies, & Daly, 1994).

그러나 〈세서미 스트리트〉의 영향은 초등학교 저학년에게만 국한되는 것은 아니다. 실제로 취학 전 〈세서미 스트리트〉 시청은 고등학교 시절의 학업 수행에도 영향을 미치는 것으로 드러났다! 9학년에서 12학년의 학생 가운데 어린 시절 〈세서미 스트리트〉를 더 많이 시청한 학생이 시청하지 않은 학생보다 성적과 학업 관련 자아존중감이 더 높았고, 수업을 잘 수행하고자 하는 욕구도 더 강하며, 책도 더 많이 읽었다(Anderson, Huston, Wright, & Collins, 1998; Huston, Anderson, Wright, Linebarger, & Schmitt, 2001).

물론 〈세서미 스트리트〉가 취학 전 아동의 학교 준비도 향상을 도와주는 유일한 프로그램은 아니다. 〈바니와 친구들〉(Barney & Friends), 〈드래건 테일스〉(Dragon Tales), 〈블루스 클루스〉 같은 프로그램 역시 지식, 유연한 사고, 기꺼이 도전을 추구하고자 하는 마음과 다른 사람과의 놀이 주도하기, 문제 해결 기술과 같은 학교 준비도의 다른 중요한 측면을 향상해주는 것으로

---

5) 미취학 어린이들은 주변 환경과 책에서 찾아볼 수 있는 글자를 인식한다. 이들은 좋아하는 책을 읽는 척하기도 한다. 이러한 '읽는 척하기'(pretending to read)는 실제 독서를 위한 발판이 되며, 아이들이 스스로를 독서가라고 생각하기 시작하는 데 도움을 준다고 한다(옮긴이 주).

밝혀졌다(Fisch, 2009).

여러분 가운데 많은 사람이 프로그램 주제가("나는 너를 사랑해. 너는 나를 사랑해. 우리는 행복한 가족이야. ……")를 노래하는 바니를 생각하면 민망해할 수도 있지만, 싱어 및 싱어(Singer & Singer, 1994)는 큰 보라색 공룡이 노래 부르기(sing-song)를 통해 가르치는 방식이 일부 어린이들(주로 백인 중산층의 3~4세 어린이)의 수를 세고 색깔을 식별하는 능력을 향상해줄 뿐만 아니라 이웃에 있는 장소 이름에 대한 단어 지식을 향상하는 데도 도움을 준다는 사실을 알아냈다. 그러나 그 프로그램은 모양을 식별하거나 정서를 이해하는 데는 도움을 주지 못하는 것으로 나타났다(Singer & Singer, 1994). 싱어 및 싱어가 더 다양한 표본(더 많은 소수집단에 속하는 어린이와 노동자 계층의 어린이를 포함했음)을 대상으로 이 연구를 반복했을 때, 그들은 〈바니와 친구들〉을 시청함으로써 얻는 혜택이 매우 적다는 것을 확인했다(Singer & Singer, 1995). 그러나 만약 그 어린이들이 그 연구의 일부였던 10개의 에피소드에 사용되었던 자료에 대한 후속 교습을 제공받았을 경우 추가적인 도움을 받은 것으로 나타났다(Singer & Singer, 1995).

용(龍)들을 도와주는 두 라틴계 남매에 관한 애니메이션 시리즈물인 PBS의 〈드래건 테일스〉는 어린이가 '고정관념에서 벗어나도록' 도와줌으로써 어린이의 문제 해결 기술을 향상해주는 것으로 드러났다. 〈알레그라스 윈도우〉와 〈걸라 걸라 아일랜드〉를 시청한 어린이는 시청하지 않은 어린이보다 직접 손으로 하는 문제 해결 과제를 훨씬 더 잘 수행했으며(Mulliken & Bryant, 1999), 아이 돌보미들은 그 프로그램을 시청한 어린이가 더 유연한 사고(思考) 기술(예, 문제를 다른 관점에서 보기, 궁금해하기)과 더 뛰어난 문제 해결 능력(예, 문제를 해결하기 위해 다른 방법 사용하기, 주어진 과제에 집중하기, 포기하지 않기)을 가진 것으로 평가했다(Bryant et al., 1997).

〈블루스 클루스〉는 어린이에게 긍정적인 영향을 미치는 것으로 드러난, 가장 오래 지속되는 닉 주니어(Nick Jr.) 프로그램 가운데 하나이다. 이 프로그

스티브 번스(Steve Burns)와 블루는 커리큘럼에 기반을 둔 매우 성공적인 〈블루스 클루스〉를 니켈로디언 채널에 선보였다.

Chris Barker

램에는 강아지 캐릭터 블루와 이 강아지의 사람 친구인 스티브(Steve) [나중에는 스티브의 동생인 조(Joe)] 가 등장한다. 매 에피소드에서 블루와 스티브는 블루의 발자국 프린트가 찍혀 있는 실마리를 찾아 그 실마리를 그들의 '편리하고 멋진 공책'에 적음으로써 간단한 3부 (three-part) 퍼즐을 푼다. 그 과정에 어린이 시청자들은 블루가 실마리를 찾아내는 것을 도와 함께 퍼즐을 풀도록 노력함으로써 문제 해결에 참여할 것을 직접 요청받는다. 애커먼 등(Akerman et al., 2011)은 〈블루스 클루스〉의 프로그램 진행에 대한 논의에서 다음과 같이 기술했다:

> (이 프로그램의) '따라 생각하고 따라 놀기 방식'은 취학 전 아동이 …… 구분, 범주화 및 분류, 구별하고 식별하기, 예측과 예상, 일어난 일과 이유, 순서와 배열, 정형화, 일치시키기, 추론 문제 풀기, 연관 짓기, 비유, 상관 개념과 [같은] 더 높은 차원의 인지적 기술을 사용하도록 고무했다(2011: 212).

인지 기술에 초점을 맞추는 것 외에도 〈블루스 클루스〉는 기억하기 쉬운 노래 따라 하기 세그먼트와 시청자 상호작용을 포함함으로써 어린이들을 즐겁게 하고 어린이들의 자아존중감을 키워주고자 했다(Akerman et al., 2011).

앤더슨 등(Anderson et al., 2000)과 브라이언트 등(Bryant et al., 1999)이 실시한 〈블루스 클루스〉의 효과성에 관한 연구에 따르면, 이 프로그램의 특정 에피소드에 소개된 것과 동일한 퍼즐을 주었을 때 이 프로그램을 시청한 어린이는 시청하지 않은 어린이보다 정답을 훨씬 더 많이 맞추었다고 한다. 이러한 연구 결과는 어린이들이 TV에서 본 정보를 기억할 수 있었음을 시사한다. 프로그램에 한정된 퍼즐을 해결하는 것 외에도 〈블루스 클루스〉 시청자는 비시청자보다 이 프로그램과 관련되지 않은 간단한 수수께끼를 훨씬 더 많이 정확하게 알아맞혔는데, 이는 시청자들의 문제 해결 기술이 향상되었음을 시사한다.

〈탐험가 도라〉(Dora the Explorer) 역시 어린이 교육 텔레비전 세계에서 또 하나의 주축 프로그램인데, 취학 전 아동을 위한 이 프로그램에는 라틴

〈탐험가 도라〉는 학교 준비도를 향상하는 데 최고의 프로그램이며, 도라는 매우 성공적인 소수민족 등장인물이다.
www.youtube.com/watch?v=jVZH7pmA7NA

계 주인공이 등장한다(Ryan, 2010). 〈탐험가 도라〉는 〈세서미 스트리트〉, 〈블루스 클루스〉와는 달리 구조화된 선형적 내러티브[6] 포맷을 사용하는데, 이를 통해 "문제 해결을 위해 시청자 참여를 '요구하는'(도라는 여러분이 없이는 그것을 할 수 없을 것입니다) 위험 부담이 큰 모험을 제시한다"(Akerman et al., 2011: 210). 라이언(Ryan, 2010)에 따르면, 도라가 모험을 통해 '우리'라는 단어를 반복해서 사용하는 것은 시청자들도 이야기의 일부라는 것을 암시할 뿐만 아니라 취학 전 아동이 실제로 도라가 매 에피소드에서 직면하는 문제를 해결하는 데 도움이 된다고 믿게끔 하는 데 도움을 줄 수 있을 것이라고 한다.

---

6) 순차적인 시간의 흐름에 의해 선형적(linear) 구조로 흐르는 제한적인 내러티브를 말하며, 이에 반해 비선형적(non-linear) 내러티브란 선형적 구조와 반대로 그 구조적 순서가 비순차적인 내러티브를 지칭한다. 비선형적 내러티브는 해석의 여지를 관객에게 열어놓은 체 전형적 틀에 구속되지 않으며, 다양한 의미작용을 제시한다는 면에서 관객들에게 능동적인 활동을 요구한다고 할 수 있다(옮긴이 주).

따라서 "〈세서미 스트리트〉가 활용했고 〈블루스 클루스〉가 혁신적으로 발전시킨 상호작용적 스타일을 〈탐험가 도라〉는 공식화했다"(Akerman et al., 2011: 211). 〈블루스 클루스〉와 유사하게 〈탐험가 도라〉역시 어린이 시청자들의 자아존중감과 자신감을 북돋울 수 있는 잠재력을 가지고 있다(Ryan, 2010). 〈탐험가 도라〉의 한 가지 독특한 특징은 2개 국어 상용과 언어 발달에 초점을 맞추고 있다는 것이다.

2) 언어 및 어휘 발달

많은 어린이 프로그램이 어휘 습득을 매우 강조한다. 텔레비전은 이미지, 말, 음향 효과를 사용하여 단어와 개념을 제시할 수 있기 때문에, 어휘 학습을 위한 독특한 미디어이다(Linebarger & Piotrowski, 2010). 1980년대 중반, 연구자들은 〈세서미 스트리트〉, 〈로저스 아저씨네 이웃들〉(Mister Rogers' Neighborhood), 〈전기회사〉(The Electric Company)에서 사용된 언어를 조사했으며 또한 그것과 부모들이 어린 자녀와 상호작용할 때 사용하는 언어 패턴을 비교했다(Rice, 1984; Rice & Haight, 1986). 라이스와 동료들은 교육 프로그램이 어린이가 언어 기술을 습득하는 데 도움을 주는 것으로 여겨지는 언어적 특징을 많이 활용한다는 것을 알아냈다. 이러한 특징 가운데는 짧고 단순한 말투, 잦은 반복적 표현 사용, 어린이가 스크린상에서 보는 것들을 기반으로 하는 언어가 포함된다. 이러한 요소들이 프로그램에 포함되어 있다는 것은 "그와 같은 텔레비전 시리즈물이 언어 발달에 기여할 잠재력을 지니고 있음"을 시사한다(Fisch, 2009: 406).

전부는 아니지만(예, Bryant et al., 1999) 많은 연구가 어린이들이 텔레비전을 통해서 새로운 어휘를 배운다는 증거를 찾아냈다(예, Linebarger & Piotrowski, 2010; Rice, Huston, Truglio, & Write, 1990; Rice & Woodsmall, 1988; Singer & Singer, 1994). 일부 연구는 어린이들이 텔레비전을 통해 어휘를 배우는 것 외

에도 교육 프로그램을 더 많이 볼수록 더 많이 배운다는 것을 보여주었다. 라이스와 동료들(Rice et al., 1990)은 〈세서미 스트리트〉를 더 많이 시청한 3세에서 5세 사이의 어린이가 더 적게 시청한 또래 어린이보다 더 많은 어휘를 습득했다는 사실을 확인했다(라이스와 동료들은 〈세서미 스트리트〉 시청을 통한 어휘 습득이 근본적으로 5세 이후에는 멈춘다는 사실에 주목했다. 그들은 어린이들이 5세가 되면 결국 3세에서 5세 사이의 취학 전 어린이를 표적 시청자로 하는 〈세서미 스트리트〉로부터 새로운 단어를 모두 배운다고 보았다).

어휘 습득은 〈탐험가 도라〉에게서도 관찰되는데, 이 프로그램은 스페인어를 그들의 언어 커리큘럼의 일부로 포함하고 있다. 리네바거(Linebarger, 2001)에 따르면, 영어를 사용하는 4세 어린이들이 평균적으로 14개의 에피소드를 시청할 때마다 하나의 스페인어 단어를 배운 것으로 나타났다. 3세 어린이들은 평균적으로 58개의 에피소드를 시청할 때마다 하나의 스페인어 단어를 익혔다.

어린이들은 텔레비전 프로그램을 통해 새로운 단어를 배울 수 있지만, 정확한 사용과 문법에 대해서는 거의 배우지 못한다고 연구들은 밝혔다(더 자세한 것은 Naigles & Mayeux, 2001 참조). 이것은 텔레비전을 통한 커뮤니케이션이 스크린에서 시청자로 일방적이어서, 어린이들은 부모 및 다른 돌보미와의 쌍방향 커뮤니케이션을 포함하는 사회적 상호작용을 통해 문법을 배울 가능성이 매우 높다는 사실 때문일 수 있다(Naigles & Mayeux, 2001).

3) 읽고 쓰기 능력 발달과 독해

읽고 쓰기 능력에 초점을 맞춘 매우 유명한 어린이 프로그램 가운데 하나는 PBS의 〈비트윈 더 라이언스〉(Between the Lions)인데, 이 프로그램은 3세에서 7세 사이의 어린이를 겨냥하고 있다(Jennings, Hooker, & Linebarger, 2001). 〈비트윈 더 라이언스〉는 매거진 포맷, 애니메이션, 그리고 인형과 실제 사람의 연기를 혼합한 것을 포함해 〈세서미 스트리트〉와 몇 가지 공통점을 가지고 있다. 이 프로그램은 도서관을 배경으로 하며, 주인공은 두 사자 사서(司書)인 씨오(Theo)와 클리오(Cleo) 그리고 그들의 아기 사자들이다.

프린스와 동료들(Prince et al., 2001)은 〈비트윈 더 라이언스〉를 시청한 취학 전 어린이가 시청하지 않은 어린이보다 단어 소리를 더 빨리 인식한다는 사실을 알아냈다. 리네바거(Linebarger, 2006)가 수행한 추가 연구에 따르면 그 프로그램을 시청한 어린이는 또한 소리 인식(sound awareness)과 소리 혼합(sound blending)에서 상당한 발전을 보였는데, 이 둘은 모두 아동 후반기의 읽기 성취도를 예측하는 데 사용되는 핵심 요소이다. 〈비트윈 더 라이언스〉 시청이 발음 기술과 음소(音素) 인식의 향상으로 이어지며(Jennings et al., 2009 참조), 특히 알파벳과 읽는 법(단어 식별 및 왼쪽에서 오른쪽으로 읽기)에 대해 배우는 유치원생들에게 유익함을 많은 연구가 보여주고 있다(Linebarger, 2000). 소수의 질적인 연구들은 그 프로그램을 시청하는 것이 동사를 더 정확하게 사용하게 해주고 발달 지체(遲滯)를 보이는 어린이가 나이에 맞는 읽고 쓰기 기술을 습득하도록 도와줄 수 있음을 보여주었는데, 그러나 이 연구의 표본 수가 매우 작기 때문에 연구 결과 해석에 주의를 기울여야 한다(Jennings et al., 2009).

5세에서 8세 사이의 어린이를 대상으로 하는 〈리딩 레인보우〉(Reading Rainbow)는 방송에서 읽어주고 페이지마다 삽화가 그려져 있는 특별한 책을 시청자들에게 선물했다(Fisch, 2009). 르바 버튼(LeVar Burton)이 진행하는 〈리딩 레인보우〉는 또한 노래, 어린이들과의 인터뷰, 다큐멘터리와 같이 해당 에피소드에서 다루어지는 책과 관련된 세그먼트들을 포함시켰다(Fisch, 2009). 라이트너(Leitner, 1991)는 사막 선인장에 대한 책을 읽은 세 집단의 4학년 학생들을 대상으로 〈리딩 레인보우〉가 독해력에 미치는 영향을 조사했다. 첫 번째 집단에게는 사막 선인장에 대한 책과 사막 생활에 관한 관련 세그먼트를 다룬 〈리딩 레인보우〉 에피소드를 보여주었다. 두 번째 집단에게는 실제 선인장에 대해 공부할 수 있게 했으며, 세 번째 집단에게는 사막에 대한 책에서 읽었을 수도 있는 사물의 유형에 대해 생각해보도록 요구했다. 세 집단이 그 프로그램을 보거나, 살아 있는 선인장을 조사하거나, 그들이 책에서 보았을 내용을 생각한 후, 모든 어린이는 사막 선인장에 대한 책을 읽었다. 라이트너는 〈리딩 레인보우〉를 시청한 집단이 다른 두 집단에 비해 훨씬 더 높은 독해력을 보였음을 확인했다. 라이트너는 그러한 결과의 주된 원인으로 사막에 대한 정보를 다양한 방법으로 제공한 것을 꼽았는데, 그것이 학생들의 이해력을 높이는 데 영향을 미쳤다는 것이다. 그러나 라이트너는 대안적인 설명도 함께 제시했는데, 〈리딩 레인보우〉를 본 첫 번째 집단의 경우 그 책에 두 번(한 번은 그 프로그램을 보았을 때 또 한 번은 스스로 그 책을 읽었을 때) 노출되었기 때문에 독해력이 향상되었다는 것이다. 비록 라이트너의 연구 결과가 〈리딩 레인보우〉를 시청한 집단의 독해력 점수가 높은 이유에 대해 분명하게 답하지는 못했지만, 그러한 연구 결과는 어린이들이 그들 스스로 책을 읽게 될 것이라는 희망을 가지고 그들을 책에 노출되게 하자는 그 프로그램의 철학의 일부를 강조해 보여준다(Fisch, 2009).

〈리딩 레인보우〉는 더 이상 제작되지 않지만, 르바 버튼은 최근 아이패드 및 안드로이드(Android)용 무료 앱(app)인 알알키즈(RRKidz)를 출시한다고 발표했는데, 이 앱은 상호작용적인 플랫폼을 통해 어린이들이 책을 읽을 수 있게 해준다(RRKidz.com, 2011).

4) 수학

많은 어린이 프로그램은 어떤 종류의 수학 기술(예, 〈세서미 스트리트〉의 카운트 백작)을 포함하고 있지만, 더 나이가 많은 어린이와 10대 초반의 청소년을 겨냥한 소수의 시리즈물은 오직 수학에만 초점을 맞추었다. 연구자들에게서 가장 큰 주목을 받은 시리즈물 가운데 하나는 〈스퀘어 원 TV〉(Square One

TV)였는데, 이 시리즈물은 1980년대 후반과 1990년대 초반에 PBS에서 방송되었다. 이 프로그램의 표적 시청자 연령대는 8세에서 12세 사이였으며, 코미디 촌극, 뮤직 비디오, 반복되는 탐정극 형식의 세그먼트인 '매쓰넷'(Mathnet)을 주요 특징으로 하는데, 이 모든 것은 시청자들의 수학 문제 해결 기술 향상을 목적으로 했다(Fisch, 2009).

연구에 따르면, 〈스퀘어 원 TV〉를 시청한 5학년 학생이 시청하지 않은 학생보다 훨씬 더 높은 문제 해결 기술(문제를 역으로 해결하기, 패턴과 배열순서 찾기)을 습득했을 뿐 아니라 더 복잡하고 완전한 해법을 보여주었다고 한다(Hall, Esty, & Fisch, 1990; Hall, Fisch et al., 1990). 〈스퀘어 원 TV〉를 시청한 학생은 '수학'이 무엇인지에 대한 개념이 넓어졌고, 수학이 즐겁다는 내용의 이야기를 더 많이 했으며, 더 어려운 수학문제를 풀어보고 싶어 하는 것으로 알려졌다(Hall, Fisch et al., 1990).

수학을 이용해 온라인 악당을 물리치는 10대 초반의 세 청소년에 관한 수학 기반 애니메이션 프로그램인 〈사이버체이스〉(Cyberchase)는 어린이들에게 "수학은 어디에나 존재하며 문제를 해결하는 유용한 도구임"을 가르쳐주는 것을 목적으로 하고 있다(PBS.org, 2011). 피쉬(Fisch, 2003, 2005)는 이 시리즈물을 시청하는 것이 세 영역, 즉 직접 학습(direct learning; 이 프로그램에 소개된 것과 동일한 문제를 푸는 것), 근전이(near transfer; 이 프로그램에 소개된 것과 비슷한 문제를 푸는 것), 원전이(far transfer; 이 프로그램에 소개된 것과 비슷한 수학적 기술을 사용하지만 다른 문제를 푸는 것)에서 학생들의 수학적 기술에 영향을 미쳤음을 확인했다.

5) 과학

어린이 과학 프로그램은 1951년 〈미스터 위저드〉(Mr. Wizard)가 첫 방송되면서 시작되었으며, 이러한 전통은 〈빌 나이 더 사이언스 가이〉(Bill Nye the

〈더 매직 스쿨버스〉는 어
린이들의 상상력을 촉진하
고 어린이들이 공상을 좋아
하게 만든다. *xmoltarx*

Science Guy), 〈비크먼스 월드〉(Beakman's World), 〈더 매직 스쿨버스〉와 같
은 프로그램으로 이어진다(Fisch, 2009).

　많은 연구자가 1980년대에 방송된 과학 기반 일일 시리즈물인 〈3-2-1 콘
택트〉(3-2-1 Contact)를 조사했는데, 이 시리즈물은 여러 세그먼트로 구성되
었으며 8세에서 12세 사이의 연령대를 겨냥했다(Fisch, 2009). 이 시리즈물
을 시청한 어린이와 10대 초반 청소년들은 비시청자에 비해 더 높은 이해력
을 보였다(Cambre & Fernie, 1985; Johnston, 1980; Johnston & Lucker, 1983;
Wagner, 1985). 여자 어린이 및 청소년이 종종 과학 과목에서 어려움을 겪는
다는 다른 연구 결과에도 불구하고, 흥미롭게도 여성 조사 참여자들이 이 프
로그램 시청을 통해 가장 큰 혜택을 입은 것으로 드러났다(Gray, 2005 참조).
1990년대 중반쯤, 많은 부모와 선생님은 여학생과 소수집단 학생들이 중학교
에 입학할 때까지 과학 과목에 흥미를 잃고 있는 것에 대해 우려했다(Clarke,
2005). 그 결과, 스콜라스틱(Scholastic)은 괴짜 선생님과 모양을 바꿀 수 있는
버스에 관한 그들의 인기 있는 책 시리즈를 텔레비전 시리즈물로 개발했다.
그렇게 해서 미즈 프리즐(Ms. Frizzle)[성우는 릴리 톰린(Lily Tomlin)]과 〈더 매직
스쿨버스〉의 환상적인 현장 견학이 탄생했고, PBS를 통해 처음 방송되었다
(Clarke, 2005). 이 프로그램은 학자들의 주목은 거의 받지 못했지만, 시청자들

로부터 큰 인기를 끎으로써 학령아동에게 매우 인기 있는 PBS 프로그램 가운데 하나가 되었다("Scholastic Productions," 1997).

매우 인기가 높았던 또 하나의 시리즈물인 〈빌 나이 더 사이언스 가이〉에는 (자신의 서명이 새겨진 타이를 매고 실험복을 입은) 과학자이자 코미디언인 빌 나이가 출연해 다양한 시범과 실험을 수행했다. 록먼 등(Rockman et al., 1996)은 이 프로그램을 시청하는 것이 어린이들의 과학적 탐구(즉, 더 복잡한 사고과정과 해결책)를 고무할 뿐만 아니라, 어린이들이 과학 현상을 성공적으로 파악해서 설명할 수 있는 비율을 증가시킨다는 것을 확인했다.

6) 공민[7]과 사회과목

여러분 가운데 대부분은 〈스쿨하우스 록〉(Schoolhouse Rock)이라는 단어를 들으면 아마 '접속사 연결, 너의 기능은 뭐니?'(Conjunction Junction, What's Your Function?)나 '나는 법안일 뿐이야'(I'm Just a Bill)과 같은 이 프로그램의 가장 인기 있던 세그먼트가 생각날 것이다. 법으로 만들어지기 위해 법안이 반드시 거쳐야 할 단계를 설명해준 '나는 법안일 뿐이야'와 미국 독립전쟁(American Revolution) 이야기를 들려준 '전 세계에 울려 퍼진 총성'은 어린이들의 이해력을 조사하는 일련의 연구 주제였다(Calvert, 1995; Calvert & Pfordresher, 1994; Calvert, Rigaud, & Mazella, 1991; Calvert & Tart, 1993). 이 연구들에서는 그 노래들이 가사를 글자 그대로 회상하는 것을 향상시켜주긴 했지만 주제에 대한 이해를 높여주지는 않은 것으로 드러났다.

역사에 기반을 둔 어린이 프로그램이 아주 드물긴 하지만, PBS는 2002년부터 2004년까지 〈리버티스 키즈〉(Liberty's Kids)를 방송했는데, 이 프로그램은 미국 독립전쟁을 연대기적으로 살펴보았다(Schocket, 2011). 이 프로그램

---

7) 공동사회의 구성원으로 살아가는 데 필요한 능력을 길러주기 위한 과목(옮긴이 주).

에는 후피 골드버그(Whoopi Goldberg), 빌리 크리스털(Billy Crystal), 리엄 니슨(Liam Neeson), 아놀드 슈워제네거(Arnold Schwarzenegger)와 같은 유명인사로 구성된 호화 배역이 그들의 목소리를 이 애니메이션 시리즈물에 빌려주었다(Schocket, 2011). 〈리버티스 키즈〉가 시청자들에게 미친 영향에 대한 계량적 연구는 없지만, 일화들을 질적 분석한 쇼킷(Schocket, 2011)은 이 프로그램으로 인해 일부 대학생이 미국 독립전쟁에 관심을 가질 수 있었다는 사실을 확인했다. 그러나 쇼킷의 주된 관심사는 이 프로그램의 교육적 영향이 아니라 이 프로그램의 개발에 있었기 때문에, 이러한 증거는 매우 신중히 검토되어야 한다.

역사적 사건에 대한 어린이의 이해력을 조사하는 것 외에도, 많은 연구자는 뉴스 방송과 시사 프로그램이 중학생과 고등학생 시청자에게 미치는 영향도 살펴보았다. 10대 청소년을 대상으로 가장 많이 연구된 뉴스 프로그램 가운데 하나는 〈채널 원〉(Channel One)인데, 이 프로그램은 이 프로그램을 방송하는 학교에 텔레비전과 기타 음영상 장비를 제공한다(Fisch, 2009). 흔히 홈룸(homeroom)[8] 시간이나 1교시에 학생들에게 보여주는 〈채널 원〉은 리사 링(Lisa Ling)과 앤더슨 쿠퍼(Anderson Cooper)가 언론인이 되는 데 도움을 주었다고 한다. 이 10분짜리 뉴스 프로그램을 시청한 학생은 시청하지 않은 학생에 비해 이 프로그램에서 다룬 시사 사건에 대한 지식이 더 높은 것으로 나타났다(Greenberg & Brand, 1993; Johnson & Brzezinski, 1994). 그러나 모든 시청자가 이 프로그램의 영향을 동일하게 받는 것은 아니다. 학점 평균이 'C' 혹은 'D'인 학생에게는 거의 영향을 미치지 않은 반면, 선생님이 교실에서 뉴스 사건에 대한 토론을 고무한 반의 학생은 훨씬 더 큰 영향을 받았다(Johnston & Brzezinski, 1994).

---

8) 학생들이 출석 점호 등을 위해 등교하면 모이는 교실 또는 그 교실에서 보내는 시간(옮긴이 주).

2. 영유아 에듀테인먼트

미국 소아과 학회(American Academy of Pediatrics)가 부모들이 2세 미만의 어린이들에게 텔레비전을 보여주지 말라고 반복적으로 제안했음에도, 최근 영유아를 겨냥하고 있는 프로그램 시장은 기하급수적으로 성장했다. 〈베이비 아인스타인〉(Baby Einstein), 〈브레이니 베이비〉(Brainy Baby), 〈베이비 지니어스〉(Baby Genius)와 같은 아기들을 겨냥한 수많은 DVD 외에도, 베이비 TV(BabyTV)와 베이비퍼스트TV(BabyFirstTV) 같은 영유아 전용 채널이 아직 TV 리모콘도 사용할 줄 모르는 어린이들을 위한 프로그램을 24시간 제공한다. 2세 미만 어린이를 위한 거의 모든 미디어가 교육적이라거나 "두뇌 발달을 자극한다"고 판촉하고 있다(Anderson & Pempek, 2005). 자신의 아이가 한 발 앞서 배우기를 바라는 많은 부모가 이러한 제품에 수백만 달러를 지출한다. 바(Barr), 랄리(Lally), 힐러드(Hillard), 안돌리나(Andolina) 및 러스키(Ruski) (Linebarger & Vaala, 2010에서 재인용)에 따르면, 평균 6개월 된 미국의 영아는 적어도 4편의 '아기 비디오'를 가지고 있으며, 18개월 된 영아는 7편 이상 가지고 있다고 한다. 리네바거 및 워커(Linebarger & Walker, 2005)는 부모들이 영아가 대략 9개월쯤에 텔레비전에 관심을 보이는 것을 알아차린다는 것을 확인했다.

연구자들이 영유아와 텔레비전에 대해 연구할 때 초점을 맞추는 두 분야는 ① 아기들이 텔레비전에서 본 것을 흉내 내는가 하는 것과 ② 아기들이 텔레비전을 통해 새로운 단어를 배우는가 하는 것이다(Krcmar, 2011).

1) 흉내 내기

몇몇 연구는 어린이들이 텔레비전에서 본 것을 흉내 낼 수 있음을 보여주었다. 14개월 된 어린이는 어떤 사람이 단순한 장난감을 분해했다가 다시 조립하는 것을 보여주는 비디오를 흉내 냈다(Meltzoff, 1988). 그러나 다른 연구는 어린이들이 텔레비전에서 본 것과 실제 생활을 연결 짓지 못함을 보여주었다. 널리 이루어지고 있는 모방 연구에서 연구자들은 텔레비전상의 어른이나 실제 어른이 장난감을 다른 방에 감추는 것을 아이들에게 보여준 다음, 아이들을 그 방에 들여보내 그 장난감을 찾아보라고 말한다(Schmitt & Anderson, 2002; Troseth, 2003; Troseth & DeLoache, 1998). 24개월에서 30개월 사이의 어린이는 실제로 보았을 때보다 비디오를 보았을 때 장난감을 더 잘 찾지 못했다. 36개월 된 어린이는 텔레비전을 통해 보거나 실제로 보거나에 관계없이 동일하게 장난감을 잘 찾아냈지만, 실제로 보았을 때 더 빨리 찾아냈다.

이러한 장난감 찾기 연구는 연구자들이 비디오 결핍(video deficit)이라고 부른 현상이 발생함을 시사하는데, 이것은 더 어린 아동들이 텔레비전에서 보는 것과 실제 세계를 손쉽게 연결 짓지 못하는 것처럼 보이는 것을 말한다(이것에 대한 검토는 Krcmar, 2010 참조). 비록 어린이들이 이 세상에 나오는 순간부터 미디어의 공세를 받긴 하지만, 이러한 비디오 결핍이 대략 생후 15개월에 나타난다는 증거도 일부 있다. 바, 먼테너 및 가르시아(Barr, Muentener, & Garcia, 2007)는 6개월 된 어린이들이 비디오에서 보거나 실제로 본 행동을 똑같이 잘 흉내 내지만, 15개월 된 어린이들의 경우는 실제로 본 행동을 비디오에서 본 행동보다 더 잘 모방하는 것을 관찰했다. 14개월 된 어린이들이 화면 속의 행동을 모방하는 것을 관찰한 멜초프(Meltzoff, 1988)의 연구를 상기하라. 14개월과 비디오 결핍이 나타는 15개월 사이에 무슨 일이 일어나는 걸까? 지금으로서는 그 이유를 정확하게 알 수는 없지만, 현재 진행 중인 더 많은 연구가 그러한 결핍이 나타나는 이유를 더 잘 설명해줄 것이다.

2) 단어 학습

이 장의 앞부분에서 우리는 취학 전 아동이 텔레비전을 통해 단어를 학습할 수 있다는 것을 보긴 했지만, 영유아를 대상으로 한 연구는 매우 다른 (그리고 뒤섞인) 결과를 보여준다. 펨펙 등(Pempek et al., 2010)은 영아는 생후 18 개월이 되어서야 비로소 영상물을 이해하기 시작하는 것으로 보인다고 밝혔다. 펨펙과 동료들은 〈텔레토비〉의 에피소드를 조작해 장면의 순서를 뒤바꿔 놓고 대화도 거꾸로 들려주었다. 18개월이 막 지난 아기들은 비로소 더 높은 주목(예, 화면을 더 오랫동안 쳐다봄)을 보이기 시작한 반면, 6개월에서 12개월 사이의 아기들은 조작된 자극물에 대해 다른 반응을 보이지 않았음을 연구자들은 확인했다. 이러한 결과는 아기들이 대략 1살 반이 될 때까지는 텔레비전에서 보고 있는 것을 이해하지 못할 수도 있다는 것을 보여준다.

크르크마, 그레라 및 린(Krcmar, Grela, & Lin)은 어린이들이 대략 2살이 되어서야 비로소 텔레비전의 단어를 패스트-매핑(fast-mapping)[9]하기 시작하는데, 그렇지만 실제 어른이 가르칠 경우 15개월밖에 되지 않은 어린이도 똑같은 단어를 배울 수 있다는 사실을 확인했다. 크르크마(Krcmar, 2011)는 비록 실제 아기의 엄마가 텔레비전에 등장한다 하더라도 6개월에서 24개월 사이의 어린이는 텔레비전을 통해 단어를 배울 수 없다는 것을 알아냈다! 로브, 리처트 및 워텔라(Robb, Richert, & Wartella, 2009)는 12개월에서 15개월 사이의 어린이들이 〈베이비 워즈워쓰〉(Baby Wordsworth) DVD를 반복적으로 본 후에도 단어를 배우지 못한다는 사실을 확인했다. 지머맨, 크리스타키스 및 멜초프(Zimmerman, Christakis, & Meltzoff, 2007)는 8개월에서 16개월 사이의 어린이들이 하루에 〈베이비 아인스타인〉을 1시간 시청하면 언어점수가 17 점 '떨어진다'는 것을 확인했다! 그러나 17개월에서 24개월 사이의 유아에게서는 부정적인 효과가 확인되지 않았다.

---

9) 아기들이 새로운 단어를 들을 때 가리키는 대상과 정확히 매치시키는 것을 말한다. 단어의 뜻을 깨닫기 위해 사용하는 다양한 전략 중의 하나가 패스트-매핑이다(옮긴이 주).

3) 기타 언어 학습

밴드워터, 바, 박 및 이(Vandewater, Barr, Park, & Lee, 2010)는 〈브레이니 베이비: 모양과 색깔〉(Brainy Baby: Shapes & Colors) DVD를 매일 반복해서 시청한 18개월에서 33개월 사이의 유아들이 초승달 모양을 정확하게 찾아낼 수 있다는 사실을 확인했다. 유아들은 15일 동안 적어도 하루에 1번 10분 동안 그 DVD를 시청했으며, 그들을 DVD를 시청하지 않은 유아들과 비교했다. 비록 그 DVD를 시청한 유아의 성적이 훨씬 더 좋긴 했으나, 밴드워터와 동료들은 DVD를 시청한 유아의 성적이 더 좋은 이유가 실험 참가자들의 나이, 실험 자극물(DVD)과 사후 조사(어린이들이 가리킨 그림책)가 시각적으로 비슷했다는 사실, 그리고 유아들이 〈베이비 지니어스〉(Baby Genius) DVD를 반복해서 시청했다는 점 때문일 수도 있다는 것을 인정했다.

리네바거 및 워커(Linebarger & Walker, 2005)는 자신이 속해 있는 연령대를 겨냥하지 않은 어린이 프로그램을 시청한 영유아들 역시 언어 발달정도가 더 높다는 사실을 확인했다. 27개월간 지속된 연구에서 리네바거와 워커는 6개월 되는 때부터 시작해서 30개월이 될 때까지 〈탐험가 도라〉, 〈블루스 클루스〉, 〈아써〉(Arthur), 〈클리포드 더 빅 레드 독〉(Clifford the Big Red Dog), 〈드래건 테일스〉를 시청한 어린이의 어휘력이 더 뛰어남을 확인했다. 그들은 또한 〈세서미 스트리트〉와 〈텔레토비〉는 표현 언어[10] 검사에서 부정적인 결과(예, 프로그램 시청 중에 말하는 것)와 관련이 있다는 것을 확인했다. 리네바거와 워커는 아마도 〈세서미 스트리트〉의 바뀌고 있는 비네트(vignette)[11]가

---

10) '표현 언어'(expressive language)란 자신의 감정과 생각을 상징적으로 출력할 수 있는 능력을 말하는데, 출력은 시각적(쓰기, 몸짓하기)일 수도 있고 청각적(말)일 수도 있다(옮긴이 주).

11) 한 순간에 초점을 맞추거나 어떤 등장인물, 아이디어, 상황, 혹은 대상에 대한 강한 인상을 주는 짧고 인상적인 기술, 설명, 장면, 혹은 에피소드(옮긴이 주).

이해와 언어 학습에 반드시 필요한 도움을 제공하지 못했기 때문에 부정적인 검사 결과가 나왔을 것으로 보았다. 리네바거와 워커에 따르면, 〈세서미 스트리트〉는 그 후 더 응집력 있는 스토리라인과 통합된 내러티브 구조로의 변화를 추진하면서 포맷을 바꾸었는데, 이로 인해 어린이 시청자들의 이해가 향상된 것으로 나타났다(예, Linebarger & Piotrowski, 2009). 그 연구는 또한 〈바니와 친구들〉에 대해서도 뒤섞인 결과를 확인했다. 즉, 〈바니와 친구들〉을 시청한 어린이는 더 적은 어휘를 사용했지만 표현 커뮤니케이션 능력은 더 좋았다.

종합적으로 우리는 영유아들이 TV에서 본 행동을 흉내 낼 수 있으며, 어떤 조건이 충족되면(예, 신기한 내용, 제시되는 방식, 반복 정도) 그들은 어떤 언어 지식도 습득할 수 있다는 것을 알았다(영유아의 학습 조건에 대한 더 깊이 있는 논의는 Linebarger & Vaala, 2010 참조).

영유아들이 어떻게 미디어를 통해 이해하고 배우는지에 대해 알아내야 할 것이 여전히 많긴 하지만, 한 가지 요인, 즉 어른과 함께 시청하는 것이 주의력과 학습을 향상하는 것으로 드러났다. 라이트, 세인트 피터스 및 휴스턴(Wright, St. Peters, & Huston, 1990)은 엄마가 스크린상에서 일어나는 것에 대해 어린이와 적극적으로 대화할 때 학습효과가 가장 높긴 하지만, 단지 엄마가 방에 있다는 것으로도 어린이의 학습이 향상될 수 있다는 사실을 확인했다. 〈세서미 스트리트〉에는 공동 시청을 촉진하기 위해 어른도 즐기고 재미있게 생각할 수 있는 내용이 포함되었다(Strasburger, Wilson, & Jordan, 2009). 올드 스파이스(Old Spice)의 텔레비전 광고 "당신의 남자에게서 풍기는 것 같은 향기가 나는 남자"(The Man Your Man Could Smell Like)를 패러디한 "괴물 같은 향기"(Smell Like a Monster)를 통해 'on'이라는 단어에 대해 가르치는 것, HBO의 성인 대상 프로그램 〈트루 블러드〉(True Blood)를 패러디한 〈트루 머드〉(True Mud)를 통해 어린이들에게 운율을 가르치는 것, TNT의 〈더 클로저〉(The Closer)를 머펫으로 패러디해 어린이들에게 열리고 닫히는

그냥 이야기책? 아기용 비디오 시청을 통해 배우는 단어

Michael B. Robb, Rebekah A. Richert, and Ellen A. Wartella(2009)

British Journal of Developmental Psychology, 27, 27~45.

아기들을 겨냥한 비디오 사업은 계속해서 번창하고 있으며, 비디오 제작자들은 1개월 정도밖에 안 된 아기들까지 겨냥하고 있다. 아기들이 텔레비전에서 보는 행동을 모방할 수 있다는 것을 이전 연구들이 보여주긴 했지만, 생후 12개월에서 15개월 사이의 아기들이 이러한 영상물을 반복적으로 시청함으로써 단어를 배울 수 있는가? 이 질문에 답하고자 하는 것이 이 연구의 목적이다.

연구방법

연구자들은 남부 캘리포니아의 지역 광고, DM, 지역 소아과 의사들의 소개를 포함한 다양한 방법으로 실험 참가자를 모집했다. 최종적으로 45명의 아기(남아 26명, 여아 19명/첫 번째 방문 시 평균 연령 59.38주)와 그들의 부모가 모집되었다.

부모들은 일반적인 인구통계학적 질문과 가정에서의 미디어 소비에 관한 질문에 답했다. 미디어 소비에 관한 설문지에는 배경(background)용으로 텔레비전을 보지 않는 채 얼마나 오랫동안 켜놓는지, 자녀들이 텔레비전이나 DVD를 얼마나 보는지, 자녀들이 독서는 얼마나 하는지 등을 포함해 그들의 '전형적인 미디어 이용행태'에 관한 질문이 포함되어 있었다.

참가자들을 실험집단과 통제집단으로 나눈 뒤, 실험집단에 속한 어린이의 부모에게 시청일기와 집에 가져가서 볼 〈베이비 워즈워쓰〉 DVD 복사본을 나누어주었다. 연구자들은 부모에게 전체 6주 가운데 매 2주마다 다섯 차례 자녀에게 그 DVD를 보여주도록 요청했다. 이 연구의 외적 타당도를 높이기 위해 모든 시청이 어린이의 집에서 이루어지도록 했다.

〈베이비 아인스타인〉 시리즈물 가운데 하나인 〈베이비 워즈워쓰: 집에서 하는 첫번째 말〉은 12개월 이상 된 어린이를 겨냥한 39분짜리 비디오다. 집안의 물건에 대한 30개의 단어가 스크린에 제시되는데, 스크린은 세 부분으로 나누어져 있다. 옆으로 나란히 붙어 있는 두 부분은 대상물(예, 꽃, 테이블, 공, 컵)의 시각적 이미지와 해당 단어를 미국 수화(手話) 몸짓으로 표현하는 여성이나 어린이를 보여준다. 스크린의 맨 아래 부분에 대상물을 가리키는 단어와 수화 몸짓이 나타난다.

부모와 자녀는 매 2주마다 실험실에 들러 추적 검사를 받게 된다. 방문할 때마다 부모는 단어를 이해하고 말하는 자녀의 능력을 평가하는 어휘설문지도 작성해야 한다.

('dog'을 나타내는 'dah'와 같은 비슷한 발음은 인정했지만, 'woof-woof'는 받아들이지 않았다.)

연구결과

통계 분석 결과, DVD를 시청한 실험집단과 시청하지 않은 통제집단 간에는 아무런 유의미한 차이가 나타나지 않았다. 그러나 어린이별로 그리고 하루에 부모가 자녀에게 책을 읽어주는 시간에 따라, 말하는 단어(WS: words spoken)와 이해하는 단어(WU: words understood) 사이에 유의적인 상관관계가 발견되었다. 분석 결과에 따르면, 매일 책을 읽는 시간이 15분 증가할 때마다 어린이의 WS 점수는 0.61 단어, WU 점수는 3.01 단어 높았다. WS 및 WU 점수와 배경으로 텔레비전을 켜놓는 시간 간에는 매우 약한 유의적인 상관관계가 확인되었는데, 배경으로 텔레비전을 30분 더 켜놓을 때마다 WS 점수는 0.069 단어, WU 점수는 0.40 단어 더 높아졌다.

연구자들은 그 DVD가 다음과 같은 다양한 이유에서 성공적이지 않을 수도 있다고 결론 내렸다: 그 DVD는 어린이가 이해할 수 있는 상황 속에서 단어를 제시하지 않았거나, 글로 된 텍스트를 포함한 것과 수화를 시연한 것이 주의력을 지나치게 분산시켰거나, 혹은 그 DVD가 단순히 너무 어려워서 12개월에서 15개월 사이의 어린이들이 이해하지 못했을 수도 있다.

독서는 언어 발달에 상당한 영향을 미치는 것으로 보였으며, 비록 배경으로 틀어놓는 텔레비전이 어휘에 매우 작긴 하지만 긍정적인 영향을 미치는 것으로 드러났지만, "언어 발달을 위한 유용한 전략으로 그냥 텔레비전을 켜놓으라고 추천하는 것은 무책임한 일일 것"(p. 40)이라고 연구자들은 경고했다.

것(예, 문, 상자, 안경집)에 대해 가르치는 것이 최근 사례들이다. 공동 시청은 또한 스크린상의 프롬프트(prompt)를 통해 부모가 프로그램에 대해 자녀와 대화를 할 시점을 알려줄 때 효과적인 것으로 나타났다.

3. 요약

많은 부모와 비평가들이 수십 년간 방송된 어린이 프로그램들이 아무 생각이 없는 좀비 시청자를 만들어냈다고 우려하지만, 연구는 정반대의 효과를 보여주었다. 〈세서미 스트리트〉의 빅 버드와 엘모 혹은 〈블루스 클루스〉에 서 그날의 수수께끼를 풀기 위해 노력하는 블루와 스티브를 시청하면서 여러 분은 무언가를 배웠다.

교육 프로그램은 취학 전 아동의 언어 발달, 특히 어휘 습득을 촉진할 뿐만 아 니라 유연한 사고와 문제 해결 기술을 향상하는 것으로 밝혀졌다. 프로그램이 어 린이들의 학습을 촉진하는 한 가지 방법은 (흔히 질의 답변 시간 동안 잠시 쉬는 시 간을 통해) 스크린상의 등장인물과 상호작용할 수 있는 기회를 그들에게 주는 것 이다. 어린이 프로그램은 또한 독서 기술과 이해를 향상하는 것으로 나타났다.

수학과 과학에 초점을 맞춘 좀 더 나이가 많은 어린이를 위한 프로그램이 문제 해결 기술을 향상하고 탐구를 촉진함을 보여주는 증거는 아주 많다. 그 러나 공민과 사회과목에 초점을 맞춘 프로그램은 역사적 사건에 대한 이해를 높여주지는 않지만, 아주 오랜 세월 우리와 함께해온 외우기 쉬운 멜로디를 만들어내는 데는 성공적인 것으로 나타났다.

매우 어린 아이들을 겨냥한 프로그램과 DVD는 엇갈린 결과를 보여주었 다. 영유아는 TV에서 보는 것을 흉내 낼 수 있지만 흔히 이러한 유형의 미디 어를 시청하는 것을 통해 어휘를 배우지는 못한다. 그러나 나이가 듦에 따라 영유아의 학습 능력도 향상된다.

종합적으로 어린이들은 텔레비전을 시청하는 다수의 좀비가 아니라 필시 그들은 '무언가'를 배운다고 연구자들은 결론 내렸다. 이 장의 시작 부분에서 우리가 언급한 것처럼, 비록 어린이들이 영상물을 시청하는 동안 멍해지는 것처럼 보이긴 할지라도, 그들은 적어도 철자에 맞게 쓰고 수를 헤아릴 수 있 는 좀비이다(Newman, 2010).

18장

컴퓨터 게임 및 비디오 게임의 효과

우리는 똑같은 이유로 아이들이 포르노그래피를 사도록 놔두지 않고, 똑같은 이유로 아이들이 담배를 사도록 놔두지 않고, 똑같은 이유로 아이들이 술을 사도록 놔두지 않으며, 아이들이 가게에 가서 폭력적이고 노골적으로 성적인 비디오 게임―아이들에게 사람들이 감옥에 가게 되는 바로 그런 짓을 하도록 가르치는 게임을 사도록 내버려두어서는 안 된다.
― 로드 블라고예비치(Rod Blagojevich), 전 일리노이 주지사

비디오 게임과 같은 것들은 가능한 한 폭력적이어야 하지만 나이에 적합해야 한다고 나는 생각한다. 비디오 게임은 현실적이어야 한다. 비디오 게임이 현실적이지 않을 때, 우리는 어울려 다니며 사람들에게 총을 쏘고는 그 결과는 깨닫지 못하는 아이들을 보게 될 것이다.
― 대런 아로노프스키(Darren Aronofsky), 오스카상 후보 감독, 2009

컴퓨터 게임과 비디오 게임의 인기에 대해서는 의심할 여지가 없다. 또한 이들을 둘러싼 논란의 소용돌이에 대해서도 거의 의심할 여지가 없다. 첫 번째 가정용 텔레비전 게임인 〈오디세이〉(Odyssey)와 〈퐁〉(Pong)이 1970년대에 출시된 후부터 가정용 비디오 게임 시장은 호황을 맞았다. 2010년, 미국 소비자들은 비디오 게임, 콘솔(console) 게임, 기타 게임 관련 액세서리에 251억 달러라는 엄청난 액수를 지출했다[Entertainment Software Association(ESA), 2011]. 그리고 게임은 단지 10대들만 하는 것이 아니다. ESA(2011)에 따르면, 미국 가구의 72%가 어떤 종류의 컴퓨터 게임이나 비디오 게임(앞으로 우리는 컴퓨터 게임 혹은 비디오 게임을 지칭하는 용어로 '비디오 게임'을 사용할 것임)을 즐기며, 게임을 하는 사람의 평균 나이는 37세이다. 여성도 게임을 한다. 실제로 게임을 하는 사람들 가운데 42%가 여성이며, 전체 게임 인구에서 18세 이상 여성의 비율(37%)이 10대 소년의 비율(13%)보다 더 높다(ESA, 2011).

상호작용 디지털 소프트웨어 협회(Interactive Digital Software Association)

(Lee, Peng, & Park, 2009에서 재인용)에 따르면, 2000년 비디오 게임 하기가 텔레비전 시청을 2위로 밀어내고 최고의 미디어 즐기기 활동에 올랐다고 한다. 고속 인터넷 서비스가 더 이용 가능해지고 게임 콘솔, 컴퓨터 및 모바일 게임 시스템의 가격이 계속해서 떨어지고 있기 때문에, 비디오 게임의 오락세계 지배는 계속될 것으로 예상된다(Lee et al., 2009).

비디오 게임은, 텔레비전의 부상(浮上)과 매우 흡사하게, (이 장의 도입부 인용문에서 볼 수 있듯이) 게임이 플레이어에 미치는 영향에 대한 공개 토론의 재료일 뿐만 아니라 많은 조사연구의 초점이 되어왔고 앞으로도 그럴 것이다. 우리는 이 장에서 비디오 게임 연구의 네 가지 주요 분야, 즉 폭력적인 비디오 게임의 부정적 효과를 둘러싼 지속적인 논란, 비디오 게임 중독, 기능성 게임(serious game)과 운동 게임(exergame)의 긍정적 효과, 비디오 게임의 이용과 충족(누가 비디오 게임을 얼마나 자주 왜 하는지에 대한 질문에 답하기)에 대해 살펴본다.

1. 폭력적인 비디오 게임의 부정적 효과

우리 사회(특히, 어린이)에 영향을 미칠 수도 있는 이슈들이 모두 그러하듯, 폭력적인 비디오 게임을 하는 것으로부터 비롯되는 부정적인 효과에 대한 논의에서도 서로 상반되는 의견이 존재한다. 상당수의 학술적 논의는 방법론적 차이와 데이터의 해석에 중점을 두지만(Anderson et al., 2010; Bushman, Rothstein, & Anderson, 2010; Ferguson & Kilburn, 2010), 공개 토론에서는 흔히 어린이에게 적합하거나 적합하지 않는 것에 대한 논란이 벌어진다.

폭력적인 비디오 게임을 둘러싼 공개적인 파문이 일었던 예는 총기를 사용해 무고한 학생과 선생님을 죽이면 점수가 올라가는 온라인 1인칭 슈터 게임(first-person shooter game)인 〈스쿨 슈터: 북미 투어 2012〉(School Shooter:

North American Tour 2012)에 대한 최근의 논의에서 찾을 수 있다. 그런데 이 게임에 사용되는 총기는 1999년 에릭 해리스(Eric Harris)와 딜런 클레볼드 (Dylan Klebold)가 콜럼바인 고등학교(Columbine High School)에서 저지른 총 기 난사 사건에서 실제로 사용되었고 또한 2007년 조승희가 버지니아 공대 (Virginia Tech)에서 32명을 살해했을 때 사용했던 것과 동일하다. 비디오 게 임 전문 온라인 잡지인 《더 이스케이피스트》(The Escapist)와의 인터뷰에서 스스로를 폰스틱(Pawnstick)이라고만 밝힌 〈스쿨 슈터〉의 개발자는 이 게임 이 플레이어에게 해롭지도 않고 콜럼바인이나 버지니아 공대 사건 희생자 가 족에게 무례하지도 않다고 말했다(Tito, 2011a). 실제로 폰스틱은 플레이어들 이 "머리를 쓰지 않고 반사운동만으로 게임을 할 수 있도록" 하기 위해 이 게 임을 만들었다고 말했으며, 계속해서 그의 게임이 "머릿속으로 연쇄살인을 생각하는 사람이 그런 짓을 하지 않도록 그들을 충분히 만족시켜줄" 정도의 "예방적인 속성"을 가지고 있다고 자랑했다(Tito, 2011a: 3). 취향과 감성의 결 핍 그리고 그 게임이 플레이어에게 미칠 영향에 대한 두려움으로 인한 일반 시민의 격렬한 반응 때문에 이 게임은 몇 주일 만에 호스트 사이트(host site) 에서 제외되었다(Tito, 2011b).

〈스쿨 슈터〉와 같은 폭력적인 게임에 대한 주된 두려움은 그러한 게임들 이 플레이어의 공격성을 증가시키고, 이는 결국 실제 세계에서의 폭력으로 이어질 수 있다는 것이다. 폭넓은 연구를 했음에도 비디오 게임의 유해성에 대한 논란은 아직 해결되지 않았다. 어떤 학자는 폭력적인 비디오 게임이 플 레이어의 공격성에 작지만 통계적으로 유의미한 영향을 미친다고 주장하는 반면(Anderson et al., 2010; Bushman et al., 2010 참조), 또 어떤 학자는 폭력적 인 게임이 플레이어의 공격성에 영향을 미치지 않는다고 주장한다(Ferguson, 2007; Ferguson & Killburn, 2010).

1) 폭력적인 비디오 게임이 공격성에 미치는 상당한 효과

부시먼 및 앤더슨(Bushman & Anderson, 2002)의 일반 공격성 모델(GAM: general aggression model)은 폭력적인 비디오 게임이 플레이어의 공격성에 어떻게 영향을 미치는지를 설명하는 매우 완벽한 이론적 틀 가운데 하나이다. GAM을 통해 단기적인 영향을 살펴보면, 폭력적인 게임을 하는 것은 공격성과 관련된 정신적 스크립트(script)와 스키마의 기폭제(primer) 역할을 하고, 이는 결국 공격성이 상승된 상태를 초래한다(Bushman & Anderson, 2002). 이러한 정신 경로가 기폭이 되면, 우리는 그것을 통해 더 손쉽게 행동으로 옮길 준비가 된다. 오랜 시간에 걸쳐 비디오 게임의 폭력에 반복적으로 노출되는 것은 이러한 정신 구조를 고착화시켜, 결국 플레이어의 성격을 더 공격적으로 만들어버릴 수 있다(Bushman & Anderson, 2002).

앤더슨 등(Anderson et al., 2010)의 폭력적인 비디오 게임 연구에 대한 메타 분석으로 우리는 마침내 비디오 게임의 영향이라는 퍼즐(puzzle)의 잃어버린 조각인 종단적인 데이터를 찾을 수 있게 되었다. 수많은 연구에 대한 분석에서 앤더슨과 동료들은 폭력적인 게임에 장기적으로 반복 노출되는 것은 시간이 지나면서 플레이어의 공격성을 증가시키며, 이는 단지 미국에 국한되지 않고 전 세계의 게임 인구에서도 나타난다는 사실을 확인했다. 비디오 게임과 이른바 '조이스틱 세대'(joystick generation)에 대한 분석에서 배런씬 및 푸임브뢱(Barenthin & Puymbroeck, 2006: 25)은 "폭력적인 비디오 게임은 행동의 모델링(modeling), 강화(reinforcement), 시연(rehearsal)에 대한 동시적인 노출을 통해 공격성을 위한 환경을 만들어준다는 것이 입증되었다"고 결론 내렸다.

많은 연구가 비디오 게임이 플레이어의 공격성에 미치는 효과를 조사했다. 전반적으로 그러한 연구들은 공격적인 사고와 행동, 생리적 각성, 친사회적인 활동에 초점을 맞추었다(Lee et al., 2009). 앤더슨과 동료들이 수행한 다수의 연구는 메타분석방법(다수의 연구의 통계 결과를 하나의 종합적인 분석으로 종합

폭력적인 비디오 게임을 하는 것이 사람들의 공격적 사고, 정서, 행동을 증가시킬 수 있음을 연구들은 보여주었다.   *King2500*

하는 것)을 사용해 폭력적인 비디오 게임을 하는 사람이 하지 않은 사람보다 공격적 사고, 정서, 행동의 정도는 더 높아지고 감정이입(empathy)과 도움 행동은 줄어든다는 것을 보여주었다(Anderson, 2004; Anderson et al., 2010). 비디오 게임을 하는 동안의 폭력적 행동은 또한 적대적인 정서와 행동으로 이어졌다(Carnagey & Anderson, 2005).

최근 그라이테마이어 및 맥클래치(Greitemeyer & McLatchie, 2011)는 공격적인 행동을 증가시킬 수 있는 하나의 기제가 비인간화, 즉 다른 사람을 인간 이하로 보는 행동임을 발견했다. 게임 플레이어는 또한 화면에 보이는 폭력에 둔감해진다(Anderson et al., 2010; Carnagey, Anderson, & Bushman, 2007; Engelhardt, Bartholow, Kerr, & Bushman, 2011). 실제로 비디오 게임을 거의 해본 경험이 없는 사람은 [〈콜 오브 듀티〉(Call of Duty), 〈파이니스트 아우어〉(Finest Hour), 〈그랜드 쎄프트 오토: 바이스 시티〉(Grand Theft Auto: Vice City)와 같은] 폭력적인 비디오 게임을 한 후 폭력 행위에 더 심하게 둔감해진 반면, 오랫동안 게임을 해온 사람은 거의 변화가 없었다(Engelhardt et al., 2011). 이는 게임 경험이 많은 사람은 이미 폭력에 극도로 둔감해져 있어서, 폭력에 쉽게 반응하지 않음을 보여주는 것 같다(Engelhardt et al., 2011).

우리 가운데 많은 이들이 비디오 게임의 더 어려운 수준을 마침내 넘어섰을 때의 전율을 알고 있다. 우리는 몇 분 혹은 몇 시간 동안 승리의 기쁨을 누릴 수도 있지만(물론 어떤 사람은 아마도 하루 종일 승리에 도취한 나머지 몇몇 수업을 빼먹을 것이다), 만약 게임이 폭력적이라면 그러한 단기적인 효과는 우리 마음속에 얼마나 오랫동안 지속될까? 발렛, 브랜치, 로드헤퍼 및 해리스(Barlett, Branch, Rodeheffer, & Harris, 2009)는 〈모탈 콤배트: 데들리 얼라이언스〉(Mortal Combat: Deadly Alliance)를 15분 동안 하게 되면 생리적 각성(예, 심박동수)과 공격적 사고 및 행동이 상당히 증가한다는 사실을 알아냈다. 그들의 연구에 따르면, 그 게임이 끝난 후 적대적인 사고와 감정은 4분 미만 동안 지속되었으며, 공격적 행동과 상승된 심박동수는 최소한 4분간 지속되었지만 10분이 지나면서 심박동이 정상으로 돌아왔다고 한다(발렛 등이 그 연구가 공격적인 행동과 증가된 각성이 10분 이상 지속될 가능성이 있음을 보여준다고 경고했음에 주의해야 한다).

이제 여러분은 이러한 연구들이 증가된 공격성을 어떻게 측정했는지 궁금할 수도 있을 것이다. 연구자들은 게임 플레이어가 밖으로 나가 다른 사람을 주먹으로 치는지 살펴보는가? 물론 그렇지 않다! (게다가, 대학에 있는 연구윤리위원회는 그와 같은 연구를 허용하지 않을 것이다.) 앤더슨 등(Anderson et al., 2010)에 따르면, 대부분의 수준 높은 실험연구는 백색소음[1] 공격(Engelhardt

---

1) 모든 주파수 성분을 포함한 소음으로, 그 에너지가 모든 주파수 영역에 분포되어 있고 더구나 1Hz당(예를 들면 1~2Hz 사이, 1570~1571Hz의 사이) 에너지가 어느 주파수이든 마찬가지이다. '화이트 노이즈'라는 이름은 태양 광선으로 대표되는 백색광이 빛의 분야에서 이와 같은 에너지 분포를 나타내는 데서 유래된 것이다. 백색소음은 각종 측정에 사용되는 것 말고도 신시사이저에서 자연음(바람 소리 등)을 만들어낼 때 중요한 음원이 된다(옮긴이 주).

폭력적인 비디오 게임의 단기적 효과는 얼마나 오랫동안 지속되는가?

Christopher Barlett, Omar Branch, Christopher Rodeheffer, and Richard Harris(2009)

Aggressive Behavior, 35, 225~236.

많은 연구자가 비디오 게임의 폭력적 효과를 염려하지만, 그러한 효과가 얼마나 오랫동안 지속되는지에 대해서는 관심을 덜 쏟았다. 두 부분으로 구성된 이 연구에서, 발렛, 브랜치, 로드헤퍼 및 해리스는 우리의 마음, 몸, 행동이 폭력적인 비디오 게임 플레이에 얼마나 오랫동안 영향을 받는지에 대해 살펴보았다.

연구문제

폭력적인 비디오 게임의 단기적 효과를 살펴보기 위해, 위 연구자들은 다음과 같은 세 가지 연구문제를 검정했다:

① 폭력적인 비디오 게임에 대한 장기적인 노출은 공격적 행동을 증가시키는가?

② 폭력적인 비디오 게임을 끝낸 직후 공격적인 행동이 증가되는가?

③ 이러한 증가된 공격적 행동은 얼마나 오랫동안 지속하는가?

연구 1

이 연구의 주요 목적은 세 번째 연구문제에 답하는 것이었지만, 발렛 등은 먼저 그들이 사용할 자극물이 앞의 두 연구문제의 요구조건을 충족하는지를 먼저 입증해야 했다.

연구방법

이 과제를 수행하기 위해 일반심리학 수업을 듣는 학생 91명(남학생 69명, 여학생 22명; 평균 연령 19.45세)을 추가 점수를 주는 조건으로 모집했다. 참여자들은 한 번에 한 사람씩 실험실로 왔으며, 연구자들은 그들이 관련되지 않은 두 가지 연구, 즉 비디오 게임에 대한 연구와 음식 선호에 대한 연구에 참여하게 될 것이라고 그들에게 말해주었다. 참여자들은 무작위로 실험집단과 통제집단에 할당되었다. 실험집단은 폭력적인 비디오 게임(즉, 플레이스테이션 2에서 〈모탈 콤배트 데들리 얼라이언스〉)을 한 반면, 통제집단은 폭력적이지 않은 게임[즉, 플레이스테이션 2에서 〈하드 히터 테니스〉(Hard Hitter Tennis)]을 했다. 두 집단은 다시 4분 지연 조건 집단과 9분 지연 조건 집단으로 나누어졌다.

우선 각 참여자는 공격성과 적대감에 대한 설문지에 답했으며, 단어완성검사(Word

Completion Task)를 3분의 1 수행했다. K I _ _과 같은 단어 조각이 주어지면, 참여자들은 바로 빈칸을 채워 넣어 K I L L이나 K I S S와 같이 단어를 완성하면 된다.

그런 다음, 참여자들은 시간이 정해진 플레이 세션이 시작되기 전에 게임을 하는 방법에 대한 간단한 지도를 받았다. 각 참여자가 폭력적이거나 폭력적이지 않은 비디오 게임을 하는 동안, 실험자는 참여자가 얼마나 많은 양의 매운 소스를 매콤한 음식을 좋아하지 않는 누군가에게 먹도록 강요하는지를 토대로 명시적인 공격적 행동을 평가하는 데 사용되는 매운 소스 패러다임(Hot Sauce Paradigm)에 필요한 재료를 준비했다. 매운 소스가 담겨 있는 병 4개, 플라스틱 스푼 1개, 아이스캔디 막대 4개, 플라스틱 컵 2개가 준비되었다. 그런 다음, 실험자는 참여자에게 그들이 계속해서 게임을 하는 동안 식품 선호 연구에 참여하고 있는 다른 한 참여자를 돕기 위해 몇 분 동안 자리를 비워야 한다고 말했다(실제로는 이 '다른 참여자'와 식품 선호 연구는 존재하지 않았다).

실험자가 실험실에 돌아오고 게임이 끝났을 때, 실험자는 참여자의 심박동수를 측정했고 참여자들의 적대감을 평가하기 위한 설문지와 또 다른 3분의 1 분량의 단어 완성 검사지를 제공했다. 그런 다음, 참여자들은 달콤한 음식, 감칠맛 있는 음식, 매콤한 음식, 아주 매운 음식, 자극적이지 않은 음식, 짭짤한 음식 선호도에 대한 질문에 답했다.

평가가 끝난 후, 참여자들은 복도 끝에 있는 '다른 참여자'로부터 식품 선호 설문지를 받았다. 거기에는 다른 참여자들이 매콤한 음식을 좋아하지 않는다는 점이 분명하게 나타나 있었다. 실험자는 참여자들이 어떤 매운 소스를 선택하든 다른 사람은 그들이 선택한 매운 소스를 먹어야 한다고 참여자들에게 말해주었다. 아이스캔디 막대를 이용해 각각의 매운 소스가 얼마나 매콤한지 맛본 후, 참여자들은 다른 사람에게 먹이기 위해 그들이 선택한 매운 소스를 컵에 부었다. 원하는 양만큼 매운 소스를 컵에 부으면, 실험자는 '다른 참여자'에게 갖다 주기 위해 그것을 가지고 방을 나갔다.

4분 지연 조건 그룹의 경우, 연구자는 실제로 복도로 나가 컵을 마루에 놓은 후 다시 방으로 들어와, 참여자에게 그 컵을 다른 사람에게 갖다 주도록 연구보조원에게 건네 주었다고 말했다. 이때가 게임이 끝난 후 약 4분이 지난 시점이었다.

참여자의 심박동수가 측정되었고, 연구자는 참여자에게 또 하나의 적대감 설문지와 그들이 참여하고 있는 '두 번째 연구'(즉, 가짜 음식 선호 연구)를 위한 마지막 3분의 1 분량의 단어 완성 검사지를 제공했다. 연구자들은 설문지가 이전 설문지와 비슷하게 보이는 것은 두 연구가 유사한 변인을 살펴보고 있기 때문이라고 참여자들에게 말했다.

설문지 응답이 끝난 후, 연구자들은 참여자들에게 감사의 말과 함께 연구의 취지를 사후 설명했다.

9분 지연 조건하의 참여자들은 실험자가 매운 소스를 다른 사람에게 전달하기 위해 방에서 나간 후 5분 동안 그 방에 다시 들어가지 않았다는 것을 제외하고는 4분 지연 조건하의 참여자들과 동일한 절차를 거쳤다.

연구결과

분석 결과, 폭력적인 게임을 한 사람은 폭력적이지 않은 게임을 한 사람에 비해 생리적 각성과 공격적 사고 및 감정이 상당히 증가했다. 공격적 사고와 감정은 4분 이상 지속하지 않았는데, 이는 참여자들이 어떤 지연 조건하에 있건 그들이 매운 소스 테스트를 수행한 시점에는 공격적 사고와 감정이 원래 상태로 되돌아갔음을 의미한다. 한편, 생리적 각성(즉, 심박동수)은 4분 이상 지속되었으나 10분을 넘지는 않았다.

연구 2

첫 번째 연구는 공격적 행동에 영향을 주는 것으로 보이는 내적 변인(즉, 감정, 사고, 심박동수)에 초점을 맞춘 반면, 두 번째 연구는 게임이 끝난 후 명시적인 공격적 행동이 얼마나 오랫동안 지속하는지를 판단하고자 했다.

연구방법

91명(남성 48명, 여성 43명; 평균 연령 18.60세)이 두 번째 실험이 참여했다. 첫 번째 연구가 폭력적인 비디오 게임이 공격성 증가를 초래함을 보여주었기 때문에, 두 번째 연구에서는 통제집단을 사용하지 않았다. 참여자들은 세 가지 지연 조건, 즉 0분 지연, 5분 지연, 10분 지연 조건에 무작위로 할당되었다.
첫 번째 연구와 유사하게, 참여자들은 15분 동안 폭력적인 비디오 게임을 했다. 각 참여자가 어떤 지연 조건하에 할당되느냐에 따라 게임 세션이 종료된 지 각각 0분, 5분, 혹은 10분 후에 매운 소스 패러다임을 수행했다.

연구결과

몇 가지 통계적 분석을 실시한 결과, 데이터는 폭력적 비디오 게임으로 인한 공격적 행동이 5분에서 10분 사이 동안 지속됨을 보여주었다.

종합 결과

이 두 연구는 폭력적인 비디오 게임 플레이의 단기적 효과를 새롭게 조명했다. 공격적인 사고와 감정은 폭력적인 게임이 끝난 후 4분 이내에 소멸되는 반면, 각성과 행동에 미치는 효과는 조금 더 오래, 즉 5분에서 10분 사이 동안 지속한다. 이것은 작은 폭력적 행동 창구처럼 보일 수도 있지만 저자들은 그러한 효과가 훨씬 더 오랫동안 지속될 수 있음을 인정했다.

et al., 2011 참조)이나 매콤한 음식을 좋아하지 않는 사람(실제로는 존재하지 않음)에게 매운 소스 주기(Barlett et al., 2009 참조)와 같은 인위적인 방법을 통해 플레이어의 공격적 행동을 측정한다. 더 강한 공격성을 지니고 있는 플레이어는 더 시끄러운 볼륨과 더 길게 지속되는 소음을 선택하거나 더 매운 소스를 더 많이 주려고 한다. 이러한 방법들이 어리석게 보일 수도 있겠지만 연구자들은 참여자들이 그들의 동기를 의심쩍어하지 않도록 하기 위해 그들의 연구를 설계했다. 소음 공격과 매운 소스 테스트는 일반적으로 실험 참여자들이 다른 사람을 어떤 종류의 불편한 상태에 놓이게 하려 하는지를 판단하는 신뢰할 만한 수단을 제공한다. 수준 높은 비실험적 연구는 보통 표준화된 설문지를 그들의 측정 수단으로 사용한다(Anderson et al., 2010).

2) 동전의 다른 면

많은 연구가 폭력적인 비디오 게임, 공격성 증가, 감정이입 감소 간의 연관성을 보여주고 있지만, 어떤 연구자는 이러한 연구에 결함이 있다고 말한다. 그들 주장의 가장 중요한 부분은 방법론적 이슈(Ferguson, 2007; Ferguson & Killburn, 2010; Freedman, 2002; Olson, 2004) 및 이른바 학술지 편집인의 편향성(Ferguson, 2007)과 관련이 있다. 이관민 등(Lee et al., 2009)은 이러한 이슈의 다른 쪽에 있는 연구자들이 비디오 게임 효과 연구가 지니고 있는 주요 결함으로 인용하는 일반적인 주장을 다음과 같이 요약했다:

① 공격성은 종종 분명하게 정의되지 않으며, '공격성'이란 용어와 '폭력'이란 용어가 흔히 서로 번갈아가며 사용된다.
② 대부분의 연구가 단지 하나의 특정한 게임을 자극물을 사용하며 또한 제한된 시간 동안만 플레이된다.
③ 실제 생활에서의 공격성과 비디오 게임을 하는 것 간의 인과관계가 간단명료

하지 않다. 나이, 젠더, 성격과 같은 변인이 함께 고려되어야 한다.

④ 많은 연구가 작은, 무작위로 추출되지 않은, 대표성 없는 표본을 사용하여 이루어진다.

퍼거슨(Ferguson, 2007)은 또한 다음과 같은 합리적인 질문을 제기했다:

기저율[2]이 매우 높은 행동(즉, 비디오 게임을 하는 것)이 기저율이 매우 낮은 행동(즉, 학교 총기사건)을 설명하는 데 유용할 수 있는가? 바꾸어 말하면, 거의 보편적이라 할 수 있는 행동이 발생 비율이 매우 낮은 행동을 진정으로 예측할 수 있는가(2007: 310)?

퍼거슨과 그와 생각이 비슷한 비평가들은 이러한 질문에 대한 답은 확고하게 '아니요'이며, 일부 연구는 이러한 입장을 지지한다고 분명하게 주장한다(Williams & Skoric, 2005; Baldaro et al., 2004). 비디오 게임 산업은 분명히 이쪽 주장을 지지하지만, 증거의 무게중심은 다른 쪽에 치우쳐져 있다.

3) 동전의 세 번째 면이 존재하는가?

앤더슨(Anderson)과 동료들 그리고 퍼거슨과 동료들도 뒤로 물러서려 하지 않을 것이 분명하지만, 또 다른 연구자 집단은 비디오 게임과 공격성 간의 관계를 살펴보는 대안적인 틀을 제안했다. 슬레이터, 헨리, 스웨임 및 앤더슨[3](Slater, Henry, Swaim, & Anderson, 2003)은 공격적인 성격을 가진 사람이

---

2) '기저율'(base rate)이란 판단 및 의사 결정에 필요한 사건의 상대적 빈도를 말한다. 좀 더 간단하게는 통계적으로 나타나는 확률 혹은 사전 확률(prior probability)이라 할 수 있다(옮긴이 주).

3) 앞의 앤더슨과 다른 앤더슨.

폭력적인 게임을 추구할 수도 있기 때문에 서로를 강화해주고 서로에게 도움을 주는 주기가 만들어질 수 있다고 보았다. "하향 나선 모델"(downward spiral model)(2003: 714)이라 불리는 그들의 모델은 공격적인 플레이어가 그들의 욕구를 충족하기 위해 폭력적인 게임을 추구한다고 보기 때문에 이용과 충족 접근방법(이것에 대해서는 이 장의 후반부에서 논의할 것임)과 질만과 브라이언트(Zillmann & Bryant, 1985)의 선택적 노출 이론(selective exposure theory)을 토대로 한다.

물론 하향 나선 모델은 비디오 게임에 대한 논의에서 흔히 큰 목소리에 가려 빛을 보지 못하며, 이 모델이 비디오 게임 효과 연구 분야에서 가능한 대안(혹은 보완적인 관점)으로 간주되기 위해서는 더 많은 연구가 필요하다(Lee et al., 2009).

2. 비디오 게임 중독

미국 정신과 협회(APA: American Psychiatric Association)는 비디오 게임 중독을 '공식적인' 정신병으로 간주하지 않았지만, 미국 의학 협회(AMA: American Medical Association, 2007a)는 2007년 '중독 잠재성'(additive potential)에 관한 보고서를 발표했다. 이 보고서에서 AMA는 『정신장애 진단 및 통계 편람-IV』(Diagnostic and Statistical Manual of Mental Disorders-IV)를 위한 진단 기준 초안을 작성하고 있는 APA에게 인터넷과 비디오 게임 중독을 "행동 중독"(behavioral addiction)이라는 새 범주의 일부로 포함하도록 권고했다(2007a: 7). 이 새 범주는 현재 도박을 유일한 행동 중독 장애 목록에 포함하고 있다. APA는 중독 잠재성에 대한 공식적인 결정을 내리기에 앞서 현재 인터넷과 비디오 게임의 효과에 대한 데이터를 수집하고 있다. 한편 미디어들은 게임 중독과 관련되어 있을 수도 있는 이야기라면 그 어떤 이야기건 신속히 보도하고 있다. 예를 들면, 2010년 한 한국인 부부가 인터넷 카페에서 하루 최대 12시간 인터넷 게임을 반복적으로 한 나머지 3개월 된 딸을 굶어 죽게 한 혐의로 체포되었다(Cho, 2010). 여러분은 "게임이 얼마나 재미있기에 그처럼 어린 아기를 방치했을까?"라고 자문할 수도 있다. 경찰에 따르면 그 부부는 '가상의 딸'을 양육하는 〈프리우스 온라인〉(Prius Online)이라는 게임을 하고 있었다고 한다(Cho, 2010).

비디오 게임 중독은 한국에서 심각한 문제인 것 같은데, 한국에서는 전체 가구의 95%에 광대역 인터넷이 깔려 있다(Cho, 2010). 실제로 한국 정부는 중독으로 고통 받고 있는 플레이어를 전문적으로 치료하는 병원과 클리닉을 개설했다(Faiola, 2006). 2005년, 10명의 한국인이 게임 중독과 관련된 원인(예, 혈액 순환 차단)으로 사망했다(Faiola, 2006).

일반적으로 연구자들은 더 젊은 남성 플레이어가 비디오 게임 중독자나 문제가 있는(즉, 비만한) 사용자가 될 위험이 가장 높다는 사실을 발견했다(Mentzoni et al., 2011). 중독자로 간주되는 게이머의 비율이 국가에 따라 들쑥날쑥하지만[예, 한 연구에 따르면, 미국의 8~18세 게이머 중 중독자로 드러난 경우가 8.5%인 반면(Harris Interactive, 2007), 노르웨이인 게이머에 관한 연구에서는 중독자가 단지 0.6%으로 간주되었다고 한다(Mentzoni et al., 2011)], 게임 중독 증상은 전 세계적인 것 같다. 많은 연구가 비디오 게임 중독의 부정적 결과를 살펴보았다. 연구들은 비디오 게임 중독자의 뇌를 스캔해 보면 약물 중독으로 고통 받는 사람의 뇌 스캔과 매우 비슷함을 보여주었다(Han et al., 2010; Weinstein, 2010).

비디오 게임 중독에 대해 크게 우려하는 한 분야는 MMORPG(massively multiplayer online role-playing game; 대규모 다중플레이어 온라인 롤-플레잉 게임) 플레이어와 관련되어 있다(Lee et al., 2009). 이 게임은 '과용'을 초래할 가능성이 있는 상호작용적인 실시간 게임 플레이의 특성을 지니고 있다(AMA, 2007a, 2007b). 가장 인기 있는 MMORPG 가운데 하나는 〈월드 오브 워크래프트〉(World of Warcraft)이다. 〈월드 오브 워크래프트〉 게임을 하는 동기 가운데는 특히 서로 다른 분야의 사람들과 커뮤니케이션하는 것과 같은 그 게임의 사회적 측면이 포함되어 있기 때문에(Frostling-Henningsson, 2009), 특히 다사용자(heavy user)는 높은 수준의 온라인 사회적 지지를 쌓을 수 있다고 플레이어들은 말했다(Longman, O'Connor, & Obst, 2009). 그러나 다사용자가 실제 세계에서 얻는 사회적 지지는 더 낮은 반면, 우울증, 스트레스, 불안을 느끼는 비율은 더 높은 것으로 밝혀졌다(Longman et al., 2009). 이러한 결과는 플레이어들이 실제 세계에서 사회적으로 주변화(周邊花)되어, 사회적 상황에 대처하는 데서 어려움과 외로움을 겪게 된다는 AMA(2007a, 2007b)의 우려를 뒷받침해주었다. 〈월드 오브 워크래프트〉 플레이어들은 흔히 하루에 (그리고 밤에도) 여러 차례 게임을 한다. 레몰라와 동료들(Lemola et al., 2011)에 따르면, 저녁 10시에서 아침 6시 사이에 게임을 하는 사용자는 더 높은 정도의 우울증을 보였다고 한다.

많은 연구자가 비디오 게임 중독 효과를 연구했지만, 그러한 효과를 예방하거나 개선할 방법에 초점을 맞춘 연구는 거의 없었다. 한 연구자 집단은 특히 온라인 게이머의 이른바 비디오 게임 중독에 대한 양면 접근방법을 제안했다: ① 게임 제작자는 플레이어들이 게임 중독과 관련된 위험을 인식할 수 있도록 하기 위해 더 많은 노력을 기울여야 하며, ② 비디오 게임 산업은 다사용자와 접촉하고 중독문제를 도와줄 수 있는 전문가에게 그들을 보냄으로써 선제적이어야 하며 사회적 책임을 져야 한다(Van Rooij et al., 2010).

3. 비디오 게임의 긍정적 효과

비디오 게임의 모든 효과가 다 나쁜 것은 아니다. 실제로 비디오 게임은 교육에 유용한 도구임이 밝혀졌다. 17장에서 우리는 텔레비전이 어떻게 교육적 목적에 사용될 수 있는지 보았으며, 다행히도 일부 비디오 게임은 조이스틱 세대에게 교육적 목적에 사용될 수 있다. 실제로 여러분은 초등학교에서 미국 개척자들의 삶이나 세계 지리에 대해 배우기 위해 몇몇 컴퓨터 게임, 즉 〈오리건 트레일〉(Oregon Trail)이나 〈도대체 카먼 샌디에이고는 어디 있는가?〉(Where in the World Is Carmen Sandiego?)와 같은 게임을 했던 것을 기억할 수도 있다. 단지 오락 이외의 목적을 가진 이러한 게임을 일컬어 '기능성 게임'(serious game)이라 한다(Lee et al., 2009; Ritterfeld, Cody, & Vorderer, 2009).

교육 이론에 따르면, 학생들에게 배우고자 하는 동기가 부여되어 있고, 학생들이 즉각적인 피드백을 받으며, 그들의 지식을 다른 다양한 상황에 적용할 수 있을 경우에 가르침이 더 효과적이라고 한다(Lee et al., 2009; 또한 더 자세한 내용을 살펴보려면 Ritterfeld et al., 2009의 교육에 관한 장들 참조). 비디오 게임은 학생들이 어떤 과업(task)이나 어떤 레벨(level)을 완수하도록 도전하게 함으로써 그러한 모든 것을 이루어낼 수 있으며, 게임의 난이도는 플레이어의 지식이 늘어나는 정도에 맞추어 조절될 수 있다(Fisch, 2009). 기능성 게임은 교육적으로 학습, 건강 행동, 사회적 변화를 촉진하는 데 사용될 수 있으며, 우리는 이 절에서 이들 각각에 대해 살펴본다.

1) 교육용 게임

여러분 가운데 일부는 아마도 중학교와 고등학교 역사시간을 회상하면 엄청나게 많은 날짜와 이름 때문에 그 수업이 무지 지루했다고 기억할 수도 있을 것이다. 〈역사 만들기〉(Making History)와 같은 비디오 게임은 말하자면 학생들이 과거에 대한 경험을 '직접 쌓을' 수 있게 해준다. 맥디비트(McDivitt, 2006)는 그의 역사 수업을 듣는 고등학생들이 제2차 세계대전의 실마리가 유럽 역사에 대해 배우는 데 정말 관심이 없다는 것을 알았다. 한 준(準)실험 연구에서 맥디비트는 수업을 듣는 학생들을 두 집단, 즉 계속해서 기존 강의를 들는 통제집단과 플레이어가 1938년에서 1945년 사이에 국가를 통제할 수 있게 해주는 게임인 〈역사 만들기〉 게임을 하는 실험집단으로 나누었다. 맥디비트는 표준 통계방법으로 그의 데이터를 분석하지는 않았지만, 준실험 결과는 그 게임을 한 학생이 그저 일반 강의만을 들은 학생과 비교했을 때 제2차 세계대전에 이르게 된 역사적 사건에 대해 더 잘 이해하고 있음을 보여주었다.

벨로티, 버타, 드 글로리아 및 프리마베라(Bellotti, Berta, De Gloria, & Primavera, 2009)는 교육용 게임이 상용(COTS: commercial off-the-shelf) 게임만큼 즐거울 수 있다는 것을 알아냈다. 그들의 실험에서 연구자들은 물과 관련된 활동(예, 보트 타기, 제트 스키 타기, 스쿠버 다이빙 하기)에 대한 적절한 행동을 가르치기 위해 〈시게임〉(SeaGame)이라 불리는 MMORPG를 개발했다.

보걸 등(Vogel et al., 2006)은 기능성 게임과 상호작용 시뮬레이션에 대한 메타분석을 실시한 결과, 그것들이 교습도구로 사용될 때 전통적인 교습방법보다 더 낫다는 것을 확인했다. 개스킨 및 베런티(Gaskin & Berente, 2011)는 학생들에게 그들 자신의 비디오 게임을 만들어보게 해주는 것이 학생들을 창의적이게끔 해줄 뿐만 아니라 그들이 만들어내는 문제에 대해 그들 스스로의 해결책을 개발하도록 고무하기 때문에 그것 또한 효과적인 교습방법임을 확인했다. 기능성 게임은 주로 21세기의 교습도구로 간주되고 있지만, 일부 연구자에 따르면 게임이 훌륭한 평가도구(예, 테스트 및 퀴즈)가 될 수도 있다고 한다. 전통적인 지필시험이 학생이 '무엇을' 알고 있는지를 보여줄 수도 있지만, 그러한 시험은 학생이 그러한 지식을 활용해 무엇을 '할' 수 있는지에 대해서는 거의 알려주지 않는다(Rothman, 2011). 앞으로는 게임 기반 테스트가 대세가 될 것으로 연구자들은 예측한다(Rothman, 2011). 아마도 언젠가는 비디오 게임이 여러분이 이 장에서 비디오 게임에 대해 무언가를 배웠는지 여부를 평가할 것이다!

2) 운동 게임과 건강 기반 지식용 게임

　물론 게임에 대한 가장 큰 우려 가운데 하나는 그것이 수백만에 이르는 청소년과 성인을 비활동적이고 건강하지 않은 카우치 포테이토[4]로 만든다는 것이다. 실제로 채풋 등(Chaput et al., 2011)은 단지 1시간 동안 비디오 게임을 하는 것만으로도 일반적으로 '무심코 먹기'(mindless eating)로 알려져 있는 것, 즉 배고픔을 느끼지도 않는데 먹는 것이 늘어날 수 있음을 알아냈다. 플레이어를 콘솔과 평면 스크린 텔레비전에서 멀어지도록 유인하는 방법을 생각해내려고 노력하는 대신, 게임 제작자들은 운동과 다른 건강한 활동을 촉진할 수 있는 게임을 개발했다. 이러한 게임들은 운동 게임(exergame)으로 알려져 있으며, 아동 비만을 퇴치할 수 있는 가능성을 보여주었다. 매디슨 등(Maddison et al., 2011)은 소니 플레이스테이션(Sony PlayStation) 아이토이(EyeToy)로 6개월 동안 운동 게임을 하면, 감소율이 작기는 하지만 체질량지수(BMI: body-mass index)와 총지방 비율이 감소한다는 사실을 알아냈다.

　가장 널리 알려진 운동 게임용 콘솔은 닌텐도 위(Nintendo Wii)이다. 동작 감지 기술을 활용하고 있는 이 콘솔을 사용하는 플레이어가 〈위 테니스〉(Wii Tennis)와 〈위 볼링〉(Wii Bowling) 같은 다양한 게임을 하기 위해서는 반드시 몸을 움직여야 한다. 〈위 피트〉(Wii Fit)라는 게임 역시 균형, 근육 강화, 유산소 운동, 요가 운동을 포함하고 있다(Cummings & Duncan, 2010). 건강한 행동을 향상하기 위한 도구로서 위의 효과성을 조사한 연구에 따르면, 플레이어들은 위로 하는 운동을 걷기와 조깅 같은 전통적인 운동보다 더 높이 평가하는 것으로 나타났다(Graves et al., 2010). 그리고 훌라 앤드 스텝(hula and step) 게임은 빠르게 걷기에 맞먹는 에너지 소비를 초래하는 것으로 나타났다

---

4) '카우치 포테이토'(couch potato)란 원래 오랫동안 가만히 앉아 텔레비전만 보는 사람을 일컫는 말이다(옮긴이 주).

위 게임은 현재의 운동 게임 열풍의 주요 촉매제였다. *www. flickr. com/photos/makelessnoise*

(Worley, Rogers, & Kraemer, 2011). 위가 플레이어들을 재미있게 해줄 수 있는 것처럼, 18~35세의 게임 플레이어들은 밴드 시뮬레이션 게임[예, 〈록 밴드〉 (Rock Band)와 〈기타 히어로〉(Guitar Hero)]을 더 재미있다고 평가했다(Lyons et al., 2011). 라이언스 등(Lyons et al., 2011)의 또 다른 연구 결과에 따르면, 과체중인 플레이어는 정상체중의 플레이어와 비교할 때 모든 종류의 비디오 게임을 더 재미있다고 평가했다. 이러한 연구 결과는 비디오 게임이 과체중 플레이어의 행동을 바꿀 수 있는 가능성이 지속할 수 있음을 암시한다(Lyons et al., 2011). 만약 사람들이 이러한 종류의 게임을 즐긴다면, 시간이 흐른 후 그들은 결국 더 많은 신체적 활동을 할 수도 있다(Graves et al., 2010). 여러 게임 콘솔에서 즐길 수 있는 〈댄스 댄스 레볼루션〉(Dance Dance Revolution) 또한 게이머들이 이를 통해 적당한 정도의 신체 활동을 하게 만드는 것으로 밝혀졌다(Anderson, Gentile, & Dill, 2011 참조).

급증하고 있는 또 하나의 효과 연구 분야는 나이가 더 많은 사람이 위(Wii)를 사용하는 것과 관련되어 있다. 실제로 여러분은 아마 뉴스나 온라인에서 은퇴자용 주택이나 병원에서 위 게임을 하는 노인에 대한 기사를 보았을 것이다. 연구들은 위 게임을 하는 것이 나이가 많은 플레이어들에게 매우 유익할 수 있음을 보여주었다. (비싼 장비에 비해) 위 가격이 저렴하기 때문에 치료사들은 65세 이상 성인의 균형감을 향상하기 위해 위를 사용한다(Bainbridge, Bevans, Keley, & Oriel, 2011)[베인브리지 등(Bainbridge et al.)의 연구 결과가 통계적으로 유의적이지는 않지만, 참여자들은 '임상적으로' 의미 있는 균형감 향상을 보였다는 점에 주목해야 한다]. 위 게임은 또한 30~58세 여성의 균형감과 다리 힘도 향상해주는 것으로 나타났다(Nitz, Kuys, Isles, & Fu, 2010).

게다가 위 게임은 특별한 도움이 필요한 사람에게 긍정적인 영향을 미치는 것으로 나타났다. 황, 챙, 수 및 왕(Wuang, Chiang, Su, & Wang, 2011)은 위 게임이 다운(Down) 증후군 어린이의 감각운동 기능을 향상한다는 사실을, 그리고 시(Shih, 2011)는 위 게임이 정신장애를 가진 사람이 일상의 신체활동을 하는 데 도움을 준다는 사실을 확인했다.

비디오 게임이 스포츠를 하는 것보다 보는 것을 좋아하는 많은 사람에게 편리한 운동 방식일 수도 있지만, 운동 게임을 하는 것이 위험이 없는 것은 아니다. 환자들이 〈위 테니스〉를 너무 많이 하는 바람에 소위 '위-아이티스'(Wii-itis)5)에 걸리거나(Bonis, 2007), 〈위 볼링〉을 하다가 무릎이 탈골되는 위 니(Wii knee)에 걸리거나, 혹은 달리기나 스트레칭 게임을 하다가 아킬레스건(Achilles tendon)이 파열되기도 한다(위 관련 부상에 대해 더 자세히 살펴보려면 Sparks, Coughlin, & Chase, 2011 참조).

건강 관련 게임은 또한 환자들이 암(Cole et al., 2006), 당뇨병(Brown et al., 1997; Lieberman, 2001), 천식(Homer et al., 2000; Lieberman, 2001)과 같은 질병

---

5) '-아이티스'(-itis)란 '…에 생긴 염증·병'을 뜻하는 접미사다(옮긴이 주).

에 대처하는 법을 배우는 데 도움을 주기 위해 사용되기도 했다. 이러한 상황에 비디오 게임을 사용하는 것의 이점은 비디오 게임을 통해 환자들이 가상 세계에서 안전하게 행동 변화를 실험해볼 수 있다는 점이다(Lee et al., 2009). 환자들은 게임을 통해 그들의 병을 올바르게 관리하는 법을 배울 수 있거나(예, 혈압 체크하기, 인슐린 주사 맞기), 병을 잘못 관리하는 데 따르는 부정적 결과를 실제로 위험에 처하지 않으면서 경험해볼 수 있다(Lee et al., 2009).

3) 사회변화를 위한 게임

게임은 교육과 건강 외에 정치적, 종교적, 사회적 이슈에 대한 인식을 높이는 데도 사용될 수 있다. 이러한 목적에 사용된 게임의 최근 예로 〈멕시코 만의 위기〉(Crisis in the Gulf)가 있는데, 이 게임은 2010년 멕시코 만에서 발생한 BP(British Petroleum)의 원유 유출사건에 대응해서 만들어졌다. 〈죽어가는 다르푸르〉(Darfur Is Dying)는 아마도 가장 바이럴(viral)한, 즉 입소문을 많이 탄 소셜 비디오 게임(social video game) 가운데 하나일 것이다. 플레이어는 이 게임을 통해 민병대의 공격에 직면하여 자신의 난민 캠프 운영을 유지하는 등 250만 명의 난민 가운데 한 사람의 삶을 경험해볼 수 있게 된다(DarfurIsDying.com, 2008). 연구자들은 또한 도심 어린이들이 이웃의 사회적 이슈를 표현하고 조사해볼 수 있게 하는 방법으로 그들 자신의 비디오 게임을 만들어보게 했다(Ross & Tomlinson, 2010).

4. 비디오 게임의 이용과 충족

우리는 비디오 게임 플레이가 사람들에게 미칠 수 있는 잠재적 영향에 대해 논의했지만, 연구자들은 또한 어떤 유형의 사람들이 게임을 하고 그리고 어떤 이유에서 게임을 하는지를 알아내는 데도 관심이 있다. 이러한 질문에 대답하는 한 가지 방법은 이용과 충족(U & G) 접근방법을 통해 대답하는 것이다(9장 참조). 간단히 말해 U & G는 다양한 배경을 지니고 있는 사람들이 왜 어떤 특정한 비디오 게임을 선택하고 게임을 함으로써 어떤 만족을 얻는지를 설명하는 데 사용될 수 있다. U & G 연구의 세 주요 영역은 젠더, 연령, 성격이다.

1) 젠더

앞에서 언급했듯이, 게임은 지하방에 살고 있는 꺼벙해 보이는 남자아이의 전유물이 아니다. 전체 게이머의 41%가 여성이다(ESA, 2011). 여성 게임 인구가 증가하고 있음에도, 게임을 할 가능성과 게임을 더 자주 할 가능성은 남자아이에게서 여전히 더 높다(Griffiths, Davies, Chappel, 2004; Terlecki et al., 2011). 여자아이들은 실제 세계에서 다른 사회적 활동에 참여할 기회가 있을 경우 비디오 게임을 할 가능성이 더 낮다(Lucas & Sherry, 2004).

2) 연령

한때 게임은 오직 어린이와 10대만을 겨냥했지만, 게임 산업은 이제 모든 연령대의 게이머를 겨냥하고 있다. 실제로 게이머의 평균 연령은 37세이고, 평균 게임 경력은 12년이며, 비디오 게임 구매자의 평균 연령은 41세이다(ESA, 2011). 앞에서 논의했듯이, 닌텐도 위는 모든 연령대의 게이머에게 판매되며, 더 나이가 많은 세대에게 인기를 얻고 있다. 2011년, 50세 이상 미국인의 29%가 게임을 하고 있었는데, 이는 1999년의 9%보다 훨씬 더 높아진 수치이다(ESA, 2011). 나이가 더 많은 플레이어들은 흔히 비디오 게임이 제공하는 신체적·정신적 도전을 즐기는 반면, 더 나이가 적은 플레이어들은 역시 비디오 게임의 폭력적인 측면을 선호한다고 말했다(Griffiths et al., 2004). 이러한 폭력 선호로 인해 연구자들은 비디오 게임 폭력과 그것이 청소년들에게 미치는 영향에 대한 연구에 박차를 가할 수밖에 없다.

3) 성격

1980년대와 1990년의 많은 연구가 비디오 게임 플레이와 관련된 성격 (personality) 요인을 살펴본 반면, 최근 연구는 (환상, 감정, 액션, 미학, 가치, 아이디어에 대해) 더 개방적이지만 친화성(이타심, 감정이입, 온정, 비공격성, 잘 믿기로 정의됨)이 더 낮은 사람이 폭력적인 비디오 게임을 선호한다는 사실을 확인했다(Chory & Goodboy, 2011). 게다가 더 개방적이고 더 외향적이지만, 신경성(불안해하고 부끄러워하고 정서적으로 불안정하며 낮은 자아존중감을 가진 것으로 정의됨) 정도가 더 높고 덜 쾌활한 플레이어들이 더 폭력적인 게임을 선호했다(Chory & Goodboy, 2011). 더욱이 매우 공격적인 성격을 가진 플레이어는 폭력적이지 않은 플레이어보다 더 폭력적인 방식으로 비디오 게임을 하는 것으로 나타났다(Peng, Liu, & Mou, 2008).

5. 앞으로의 연구

연구자들은 비디오 게임의 효과를 이해하는 데 큰 성과를 거두긴 했지만, 게임의 많은 측면이 아직 밝혀지지 않았다. 현재 가장 인기 있는 연구 영역 가운데 하나가 몰입 개념이다. 몰입(flow)이란 완전한 집중, 주목, 관여를 요하는 어떤 활동에 완전히 빠져들어 있는 정신 상태를 말한다(Csikszentmihalyi, 1988). 우리 모두는 우리 삶의 어떤 순간에 몰입을 경험한다. 아마 여러분은 좋은 책을 읽거나 텔레비전을 볼 때 휴대폰이 울리는 것을 듣지 못하거나 다

른 사람이 방에 들어오는 것을 알아차리지 못한 적이 있을 것이다. 몰입은 독
서와 텔레비전 시청 상황에서 검토되었지만, 비디오 게임도 매우 적극적인
미디엄(medium)이기 때문에 몰입을 연구할 독특한 기회를 제공한다. 진(Jin,
2011)은 비디오 게임에서 몰입의 개념을 살펴보았다. 그녀는 게임 난이도와
플레이어의 기술 수준 간에 최적의 균형이 이루어질 때 더 높은 수준의 몰입
이 일어난다는 것을 확인했다. 게임 회사는 가장 재미있는 게임을 시장에 내
놓고자 하기 때문에, 몰입 경험을 이끌어낼 수 있는 게임의 능력은 반복 구매
자 소비자 기반(repeat-buyer consumer base)을 유지하는 데 매우 중요할 수 있
다고 진은 말했다(Jin, 2011).

6. 요약

이 장에서 우리는 폭력적인 비디오 게임을 둘러싼 주요 논란, 즉 그러한 게
임이 공격성 증가를 초래하는가라는 이슈를 살펴보았다. 이 질문에 대한 대
답은 '아마도'이다. 많은 연구가 부정적인 효과를 시사하는 것처럼 보이는 반
면, 이러한 연구에 대한 일부 비평가들은 이러한 연구들이 방법론적 결함을
지니고 있어 그 결과가 타당하지 않다고 주장했다. 더욱이 공격적인 사람들
이 공격적인 비디오 게임을 추구할 수도 있다. 궁극적으로 더 확실한 대답을
하기 위해서는 더 많은 수준 높은 연구와 메타분석이 필요하다.

우리는 또한 비디오 게임 중독에 대해서도 살펴보았다. 미국 정신과 협회
가 비디오 게임 중독을 정신병으로 분류하지는 않았지만, 연구들은 비디오
게임에 중독된 플레이어의 뇌가 약물 중독자의 뇌가 불법 약물에 반응하는
것과 매우 비슷한 방식으로 비디오 게임에 반응함을 보여주고 있다. 게임 중
독에 대한 많은 우려의 중심에는 〈월드 오브 워크래프트〉와 같은 MMORPG
가 있는데, 이러한 게임에 빠지는 것은 실제 세계에서의 사회적 지지 결핍으

로 이어져 우울증과 관련될 수 있는 것으로 나타났다.

비디오 게임에 대한 모든 연구 결과가 부정적인 것은 아니다. 기능성 게임은 학생들의 교습 도구로 효과적이다. 그것은 매력적인 매개 환경에서 플레이어 인풋(input)과 지속적인 피드백을 가능하게 하는 비디오 게임의 조정 능력 때문이다. 많은 기능성 게임은 학교에서 사용하는 것 외에 효과적인 건강 교육 도구임이 입증되었다. 닌텐도 위는 재미있으면서도 플레이어를 신체적 활동에 참여하게 하는 새로운 운동 게임 개발의 기틀을 마련했다. 〈죽어가는 다르푸르〉처럼 게임은 또한 사람들이 세계에서 발생하는 사회적 이슈에 대해 배울 수 있는 수단이기도 하다.

마지막으로 우리는 이용과 충족 접근방법을 사용해 게이머들의 인구통계학적 측면도 살펴보았다. 여성 게이머 인구가 늘어나고는 있지만, 게이머들은 남성일 가능성이 더 높다. 남성들은 비디오 게임에 더 관심이 있으며 그러한 게임을 더 자주 한다. 게임은 또한 어린이만을 위한 것도 아니다. 미국 게이머들의 평균 연령은 37세이며, 나이가 더 많은 많은 미국인이 비디오 게임을 하기 시작했다. 개방성, 친화성, 신경성 같은 성격 또한 게임 플레이를 예측하는 데 사용될 수 있다.

물론 비디오 게임은 빠르게 변하기 때문에, 이 분야의 연구도 계속될 것이다. 비디오 게임이 그런 것처럼 연구자들도 새로운 도전과 난이도 수준에 직면할 것이다. 비디오 게임이 오락물 시장을 지배하고 있기 때문에, 비디오 게임이 곧 사라질 것 같지는 않다. 따라서 연구자들은 계속해서 비디오 게임이 우리 사회에 미치는 효과를 조사할 필요가 있을 것이다. 슬프게도 연구자들에게 '게임 오버'(Game Over)라는 문구는 아마도 영원히 보이지 않을 것이다.

19장

인 터 넷 의 효 과

> 정보의 폭발은 다른 어떤 곳도 아닌 인터넷상에서 모든 사람의 삶을 바꾸어놓았다.
> 이제 인터넷이 얼마나 빠른 속도로 우리 삶의 일부가 되었는지에 대해 생각해보자.
> 1969년, 미국 정부는 마침내 인터넷이 된 작은 컴퓨터 네트워크에 투자했다.
> [1993년] 내가 취임했을 때 월드 와이드 웹이라는 말을 들어본 사람은 오직 고에너지
> 물리학자들뿐이었다. …… 지금은 심지어 내 고양이도 자신의 웹 페이지를 가지고 있다.
> — 빌 클린턴(Bill Clinton), 전 미국 대통령(백악관, 1996)

클린턴 대통령이 1996년 인터넷과 월드 와이드 웹(World Wide Web)에 관한 위의 발언을 했을 때, 그는 오늘날 거의 '모든 것'이 인터넷상에 올라와 있다는 사실을 강조했다. 심지어 2009년 그의 고양이 '삭스'(Socks)가 죽은 후에도(Cotliar, 2009) 삭스는 계속해서 인터넷상에 존재하고 있다. 전 대통령의 고양이 전용 페이스북(Facebook) 페이지에 '좋아요'를 클릭한 사람의 수는 9600명이 넘는다.

인터넷은 확실히 우리가 일상생활에서 만나는 가장 널리 보급되어 있는 매개 커뮤니케이션이다. 심지어 전통적인 매스 미디어도 우리를 인터넷으로 내몬다. 라디오 프로그램과 신문은 그들의 웹사이트에 올린 특종을 홍보하며, 텔레비전 프로그램은 종종 스크린 구석부분에 트위터(Twitter) 해시태그(hashtag)(예, #CriminalMinds, #CovertAffairs, #Glee)를 보여줌으로써 시청자들이 그들의 프로그램을 온라인에서 이야기하고 그 마이크로블로그 사이트에서 동료 시청자와 상호작용하도록 고무한다. 인터넷 기반 용어가 주요 일상 어휘가 되기도 했다. 구글(Google)과 페이스북은 그저 우리가 방문하는 웹사

이트가 아니라 평상시 대화에서 동사로 사용되기도 한다[예, "나는 마카로니 치즈를 만드는 법을 알아보기 위해 구글을 했어(Googled)", "나는 이번 금요일 영화 보러 가는 것에 대해 재키(Jackie)와 페이스북을 할(Facebook) 거야"].

2010년 현재, 전 세계적으로 인터넷을 사용하는 사람의 수는 19억 7000만 명이다(pingdom.com, 2011). 기술이 계속해서 발전하면서 인터넷이 더 빨라짐에 따라, 우리는 온라인 활동을 우리의 일상생활에 통합하기 위한 새로운 방법을 찾는다. 우리는 스마트폰을 통해 언제 어디서나 인터넷에 접속할 수 있다. 자동차 제조회사는 이제 여러분이 운전할 때 여러분에게 페이스북 뉴스 피드를 읽어줄 수 있는 차를 판촉하고 있다! 말할 필요도 없이 인터넷은 (클린턴 대통령의 고양이를 포함해) 거의 모든 것을 포함할 뿐만 아니라 우리의 변함없는 동반자, 말하자면 세상과 연결해주는 생명선이기도 하다.

이 장에서 우리는 인터넷의 간추린 역사는 물론 전 세계 수천만 명의 사람이 어떻게 그리고 왜 소셜 네트워크 사이트(SNS: social network site)에 모여드는지 그리고 사람들이 환경을 감시하고 정부와 상호작용하기 위해 인터넷을 어떻게 사용하는지에 대해 살펴볼 것이다. 또한 우리는 프라이버시에 대한 우려와 인터넷 중독 대 문제가 있는 인터넷 사용에 대한 논란에 대해 논의할 것이다.

1. 인터넷의 진화와 월드 와이드 웹의 등장

여러분 가운데 많은 사람은 아마, 인터넷과 월드 와이드 웹이 널리 사용되기 전의 삶의 모습이 어떠했는지는 말할 것도 없고, 집에 컴퓨터가 없던 시절을 기억하지 못할 것이다. 그러나 오늘날 우리가 알고 있는 인터넷은 1960년대의 인터넷 원형과는 현저히 다르다. 인터넷은 원래 1960년대 말 군(軍) 및 학계 연구자들이 컴퓨터 처리 시간을 공유하는 수단으로 개발되었다. 미 국방부(Defense Department) 고등연구기획국(ARPA: Advanced Research Projects Agency)이 개발한 원래 인터넷은 아르파넷(ARPAnet)으로 불렸으며, '더 넷'(the Net)이란 별명을 가지고 있었다(Campbell, Martin, & Fabos, 2011). 물론 연구자들이 더 넷에 접속하더라도 먼 지역에 있는 다른 사용자와 소통하려면 새로운 방법이 필요했다. 1971년, 레이 톰린슨(Ray Tomlinson)은 사용자들이 전자 메시지를 서로에게 보낼 수 있는 소프트웨어를 개발했고, 그래서 이메일이 탄생했다.

지난 20년에 걸친 기술의 진보로 인해 컴퓨터는 더 작고 더 빠르며 더 저렴해진 한편, 인터넷 또한 더 빠르고 더 접근 가능해졌다. 1980년대 말, 소프트웨어 공학자인 팀 버너스-리(Tim Berners-Lee)는 공학자들이 인터넷상에서 서로 협력하려면 더 나은 방법이 필요하다는 것을 깨달았다. 그래서 버너스-리가 월드 와이드 웹을 개발함으로써 사용자들은 HTML(HyperText Markup Language)을 통해 웹상에서 텍스트를 다른 정보와 결합할 수 있게 되었다. 사람들이 손쉽게 웹을 항해할 수 있도록 도와주는 초기 웹 브라우저[즉, 모자이크(Mosaic)과 넷스케이프(Netscape)]의 등장으로 인터넷은 오늘날 우리 모두가 알고 사용하는 또 하나의 매스 미디어가 되었다.

2. 우리는 인터넷에 접속해서 무엇을 하는가?

린(Lin, 2009)은 인터넷 사용의 효과를 살펴보기 위해서는 먼저 사람들이 인터넷에 접속해서 무엇을 하는지부터 살펴보아야 한다고 말했다. 닐센(Nielsen, 2011a)에 따르면, 미국인은 인터넷 접속 시간의 거의 4분의 1을 소셜 네트워크와 블로그에 사용했다고 한다. 두 번째로 많은 시간을 사용하는 곳은 온라인 게임으로, 접속시간의 9.8%를 사용했다(온라인 게임에 더 자세하게 알려면 18장 참조). 세 번째가 이메일로서, 접속시간의 7.6%를 사용했다. 다른 주요 사용처로는 포털 사용(4.5%), 인스턴트 메시지 보내기(3.3%), 소프트웨어 제조회사 살펴보기(3.2%), 분류 광고(classified ads)나 경매 보기(2.9%), 시사 및 세계 뉴스 알아보기(2.6%)가 있다(Nielsen, 2011a). 나머지 75개 범주(예, 포르노그래피, 스포츠, 음악, 쇼핑 등)는 '기타' 범주로 묶였는데, 이들을 모두 합해도 전체 접속시간의 35%에 지나지 않는다.

소셜 네트워크 사이트[예, 페이스북, 마이스페이스(MySpace), 링크트인(LinkedIn)]와 블로깅 사이트[예, 블로거(Blogger), 트위터, 텀블러(Tumblr)]는 분명 사람들이 인터넷에 접속해서 주로 찾는 곳이다. 실제로 미국 인터넷 사용자는 한 달에 534억 분을 페이스북에 사용함으로써, 다른 어떤 사이트보다 페이스북에 더 많은 시간을 사용한다(Nielsen, 2011a)! 그것은 대략 2만 300년에 해당하는 시간이다!

3. 인터넷 사용의 효과

인터넷이 그토록 독특한 커뮤니케이션 미디어가 될 수 있었던 이유 가운데 하나는 그것의 기술적 유동성(fluidity) 때문이다(Lin, 2009). 인터넷 덕분에 우리는 여러 가지 방식(예, 텍스트, 사진, 동영상, 음악)으로 정보를 송수신할 수 있으며, 이 모든 것으로 인해 우리는 온라인 환경에서 다중작업을 할 수 있게 되었다(Lin, 2003). 예를 들면, 여러분은 룸메이트의 생일파티 사진을 올리고, 저널리즘 학과 교수에게 다가오고 있는 내일 마감시간에 대한 이메일을 보내고, 판도라(Pandora)[1]에서 아델(Adele)의 최신 앨범을 듣고(그러고는 아이튠스(iTunes)에서 그 앨범을 사고), 유튜브(YouTube)의 최신 바이럴 동영상을 보면서 동시에 동생과 페이스북 채팅을 할 수 있다! 미디어 학자들은 이러한 유형

---

1) 동영상 공유 웹사이트(옮긴이 주).

의 행동을 미디어 다중작업(media multitasking)이라 부른다(Roberts, Foehr, & Rideout, 2005; Zhong, Hardin, & Sun, 2011).

린(Lin, 2009)이 탄식했듯이, 우리 일상생활에 인터넷이 널리 보급되어 있음에도, 인터넷의 장기적 효과를 살펴본 연구는 아주 적다. 그러나 사람들이 인터넷을 사용하는 방식과 인터넷의 단기적인 행동적 결과를 살펴본 연구는 아주 많다. 우리는 가장 인기 있는 인터넷 활동인, 소셜 네트워크와 블로그에 초점을 맞춤으로써 인터넷의 효과에 대해 살펴볼 것이다.

1) 소셜 네트워크 사이트

'소셜 네트워크 사이트'와 '소셜 미디어'(social media)라는 용어는 흔히 페이스북과 트위터 같은 사이트에 대한 논의에서 서로 번갈아가며 사용된다. 우리의 논의를 계속해나가기에 앞서, 우리는 소셜 네트워크 사이트에 대한 더 확실한 정의를 제시하는 것이 중요하다고 생각한다:

> 우리는 소셜 네트워크 사이트를 사람들이 ① 공개적이거나 준공개적인 프로파일을 작성하고, ② 그들이 연결을 공유하는 다른 사람의 목록을 분명하게 표현하며, ③ 그들의 연결 목록과 시스템 내 다른 사람의 연결 목록을 보고 목록에 있는 사람들 사이를 왔다 갔다 할 수 있게 해주는 웹 기반 서비스로 정의한다(boyd & Ellison, 2008).

페이스북이 온라인을 지배하고 있기 때문에, 전체 인터넷 사용은 물론 최고 SNS라는 측면에서 페이스북과 페이스북을 사용하는 사람들의 유형에 관한 많은 연구가 이루어졌다. 많은 연구가 사람들이 페이스북을 방문하는 이유와 어떤 유형의 사람들이 특정 유형의 정보를 공유할 가능성이 있는지에 초점을 맞추고 있지만, 일부 연구는 페이스북을 사용하는 것의 효과에 초점

페이스북은 네트워크로 연결된 사용자 공동체에 오락뿐만 아니라 정보도 제공한다.

을 맞추었다. 우리는 무엇보다 SNS에 관한 논의의 초점을 페이스북에 맞추겠지만, 더 일반적인 SNS에 대해 살펴본 연구에 대해서도 언급할 것이다. 우리가 살펴볼 SNS 연구들의 주요 관심 분야로는 SNS를 사용하게 하는 요인, 사람들이 SNS를 사용하면서 추구하는 충족(U&G)(9장 참조), 프로파일 사진과 친구 수가 SNS 사용자에게 미치는 영향, 그리고 프라이버시에 대한 우려가 있다. 또한 우리는 SNS를 통한 사회적 자본(social capital) 형성 및 유지라는 개념에 대해서도 논의할 것이다.

(1) 성격 요인 및 이용과 충족

현재 페이스북의 활동 중인 사용자(active user)(즉, 적어도 한 달에 1번 접속을 하는 사용자) 수는 8억 명이 넘으며, 어떤 날이든 그러한 사용자 가운데 50% 이상이 사이트를 방문한다(Facebook, 2011b). 페이스북 사용에 영향을 미치는 성격 유형 요인을 살펴본 아미카이-햄버거 및 비니츠키(Amichai-Hamburger & Vinitzky, 2010)는 개방성(openness)이 더 높은 사용자가 페이스북을 커뮤니케이션 도구로 사용할 가능성이 더 높고 페이스북의 특성을 더 많이 사용할 가능성도 더 높은 반면, 신경성(neuroticism)[2]과 내향성(introversion)이 더 높은 사람은 신경성이 더 낮고 더 외향적인 사용자보다 개인 정보와 사진을 올릴 가능성이 더 높다는 것을 알아냈다. [페이스북(Facebook, 2011b)은 페이스북 사이트에 매일 2억 5000만 개의 사진이 올라온다고 발표했다.] 게다가 인지 욕구(NFC: need for cognition)가 더 낮은 사람은 NFC가 더 높은 사람과 비교할 때 일반적으로 SNS를 사용할 가능성이 더 높았다(Zhong, Hardin, & Sun, 2011). NFC가 더 높은 사람일수록, "인지적 노력이 더 많이 필요한 일에 참여하고 그것을 즐기는 경향"이 더 강했다(B. Zhong et al., 2011: 1265). 더욱이 B. 종 등(B. Zhong et al., 2011)은 미디어 다중작업자는 비(非)다중작업자보다 SNS를 더 많이 사용하고 인터넷에 더 오래 머물러 있을 가능성이 더 높다는 것을 알아냈다.

사람들이 페이스북을 사용하는 주된 이유 가운데 하나는 친구와 계속해서 연락하고 지내기 위해서이다(Brandtzæg, Lüders, & Skjetne, 2010; Coyle & Vaughn, 2008; Joinson, 2008; Lenhart, Purcell, Smith, & Zickuhr, 2010). 이러한 이유는 소위 온라인 친구는 정확히 어떤 사람인가라는 질문으로 이어지게 한다. 디베이틴, 러브조이, 혼 및 휴즈(Debatin, Lovejoy, Horn, & Hughes, 2009: 87)는 "온라인 세계에서 '친구'의 범주는 매우 넓으며 모호해서, 거기에는 절친한 친구부터 우연히 알게 된 사람이나 오직 온라인 ID만 알려져 있는 완전히 낯선 사람까지 포함될 수도 있다"는 사실을 강조했다. 디베이틴 등

---

2) 신경성이 높은 사람은 매사 부정적이고 불안해하며 초조해하고 쉽게 두려워하며 심리적 탈진을 자주 겪는다. 이들의 삶은 만성적으로 불만스럽고 불행으로 가득하며, 행복이란 그저 남의 이야기일 뿐이고 삶의 이런저런 측면도 그저 스트레스 덩어리일 뿐이다. 질병인 신경증(neurosis)과는 다른 개념이다(옮긴이 주).

(Debatin et al., 2009)은 일부 온라인 '친구'는 완전히 낯선 사람일 수도 있다는 점을 인정했지만, 몇몇 연구(예, boyd & Ellison, 2008; Coyle & Vaughn, 2008)는 SNS 사용자들은 일반적으로 온라인에서 새로운 사람을 찾는 것이 아니라 오히려 그들이 이미 알고 있는 사람과의 관계에 초점을 맞춘다는 사실을 밝혀냈다. 그러나 페이스북은 새로운 친구들과 더 잘 알고 지낼 수 있는 효과적인 수단인 것으로 드러났다(Hsu, Wang, & Tai, 2011).

SNS 사용에 대한 다른 이용과 충족 요인으로는 친구 및 가족과 네트워크로 연결하기뿐만 아니라 정보 수집, 스트레스 해소, 일상사건 기록이 있다(Kim, Shim, & Ahn, 2011). 코일 및 본(Coyle & Vaughn, 2008: 16)은 이러한 일상사건 기록을 "자신의 삶 출판하기"라 불렀다. 존슨(Johnson, 2008)은 페이스북 사용에 대한 추가적인 이용과 충족 요인으로 사회 조사(social investigation), 소셜 네트워크 서핑(surfing), 상태 갱신(status updating)을 꼽았다.

(2) 웰빙에 미치는 효과

대부분의 SNS 연구는 대학생 연령대의 참여자를 대상으로 이루어졌다. 그 이유는 두 가지이다. 첫 번째 이유는 연구자들이 주로 대학 교수이기 때문에 대학생이 연구자에게 편리하다는 점이고, 두 번째 이유는 대학생들인 평균적인 시민보다 SNS를 사용할 가능성이 높다는 것이다. 캘피도우, 코스트린 및 모리스(Kalpidou, Costlin, & Morris, 2011)는 대학생과 페이스북 사용 효과에 대해 연구한 결과, 2학년 이상의 학생과 비교했을 때 1학년 학생의 페이스북 사용시간이 더 길다는 것을 알아냈다. 그뿐 아니라 그들의 페이스북 다(多)사용은 더 낮은 자아존중감 및 더 낮은 학업성적과 관련이 있었다. 더욱이 페이스북 친구 수는 정서 적응도[3] 및 학업 적응도[4]와 부정적으로 관련되어 있었다.

---

3) '정서 적응도'(emotional adjustment)란 내외적 스트레스 요인에 직면해 정서적 평형상태를 유지하는 정도를 말하며, 인성 적응도(personal adjustment) 혹은 심리적 적응도(psychological adjustment)라 불리기도 한다(옮긴이 주).

캘피도우 등(Kalpidou, Costlin, & Morris, 2011)은 1학년 학생이 대학생활의 스트레스를 덜기 위한 대처전략으로 페이스북에 의지한다고 가정했다. 친구 수가 많은 1학년 학생은 대학 캠퍼스에서 새 친구를 찾기보다는 옛 고등학교 친구와 관계를 유지하고 있을 수 있다. 거꾸로 페이스북 친구가 더 많은 3학년 이상의 학생은 정서 적응도와 학업 적응도가 더 높았다. 캘피도우 등(2011)은 이러한 관계가 존재하는 이유는 학생들이 3학년이 되면 저학년일 때보다 캠퍼스 내에 더 많은 친구가 있고 또한 캠퍼스 내 활동에도 참여하기 때문이라는 의견을 제시했다. 전반적인 인터넷 사용에 대해 살펴본 연구들은 웹은 외국 학생이 새로운 사회적 네트워크를 만들 때 매우 유용할 수 있음을 보여주고 있다(Lee, Lee, & Jang, 2011). 그뿐 아니라 자신의 사회 기술(social skill)[5]을 더 확신하고 있는 학생이 온라인에서 더 외향적인 경향이 있고, 더 높은 온라인상의 사회적 지지를 형성하며, 자신의 학교생활에도 더 만족한다(Liu & LaRose, 2008).

김 및 이(Kim & Lee, 2011)는 긍정적인 자기표현 전략(즉, 자신을 사회적으로 바람직한 속성을 지닌 사람으로 프레이밍하는 것, 간단히 말해 자신을 긍정적인 시각에서 선택적으로 보여주는 것)과 페이스북 친구 수는 웰빙(well-being)과 긍정적으로 연관되어 있음을 확인했다. 그뿐 아니라 김 및 이(2011)는 정직한 자기표현(즉, 자신의 진정한 자아를 '있는 그대로' 보여주는 것)은 페이스북 친구로부터 비롯되는 더 큰 행복으로 이어진다는 것을 알아냈다. 일반적으로 SNS에 자기공개(self-disclosure)를 더 많이 하는 것이 더 높은 수준의 웰빙으로 이어

---

4) '학업 적응도'(academic adjustment)란 학생들이 학교 내에서 학업과 관련된 생활(수업, 시험 등)에 적응하는 정도를 말한다(옮긴이 주).

5) 의사소통을 통해 대인관계의 효율성을 향상하는 기술로, 대인관계를 통해 어떤 구체적인 사회적·정서적 목표를 달성하는 데 필요한 모든 것을 포함하고 자신의 욕구와 감정을 우호적이고 생산적인 방식으로 다른 사람에게 표현하는 방법을 배우는 것이며, 이로 인해 만족스러운 대인관계를 발전시키는 것이다(옮긴이 주).

지는 것으로 드러났다(Lee, Lee, & Kwon, 2011). 이러한 연구 결과들은 성공적인 온라인 관계의 토대는 자신의 진정한 자아를 정직하게 드러내는 것임을 시사한 앞선 연구 결과들(예, McKenna, Green, & Gleason, 2002)을 반영한다.

(3) SNS 사용의 부정적 효과

많은 연구가 SNS 사용과 웰빙 간의 긍정적인 연관성을 발견했지만, 일부 연구는 부정적인 효과를 보여주었다. 하퍼캄프 및 크래머(Haferkamp & Krämer, 2011)는 SNS 사용자들이 매력적이지 않은 사용자의 프로파일을 볼 때보다 매력적인 사용자의 프로파일을 본 후 그들 자신의 몸을 더 불만스럽게 여긴다는 사실을 알아냈다. 이러한 불만은 그러한 사용자들이 자신의 몸이 매력적인 사용자의 프로파일에서 본 육체적 아름다움의 수준에 결코 이를 수 없다는 믿음에서 비롯되는 것으로 드러났다. 게다가 남성 사용자들은 성공적인 사용자의 프로파일을 본 후 그들 자신의 경력을 더 불만스러워했다(Haferkampt & Krämer, 2011). 그 같은 연구 결과는 사회비교이론(social comparison theory)(Festinger, 1954)이 예측하는 바와 같다.

SNS 사용의 또 다른 부정적인 효과는 프라이버시 침해 우려이다. 대학생들이 가장 많이 거론한 프라이버시 침해 우려는 미래의 고용주가 그들의 SNS 프로파일을 살펴볼 것이라는 것이지만, 그러한 우려 때문에 그들이 문제가될 수 있는 내용을 올리지 않는 것은 아니다(Miller, Parsons, & Lifer, 2010). 브란트재그 등(Brandtzæg et al., 2010)에 따르면, 나이가 더 많은 페이스북 사용자들은 절도범이 그들이 집에 있는지 여부를 확인하기 위해 그들이 올리는 글을 모니터할 것을 두려워한다고 한다. 이것은 터무니없는 두려움이 아니다. 2009년, 알라배마(Alabama) 주 후버(Hoover)에서 집이 비었는지를 알아보기 위해 친구의 페이스북 페이지와 친구의 친구 페이스북 페이지를 확인한 후 빈집에 침입했던 두 젊은이가 경찰에 체포되었다(Hoover Police, 2009).

(4) 블로그

많은 블로그가 우익 혹은 좌익 아마추어 정치 '분석가'나 남의 사생활을 캐는 초보 저널리스트와 연관이 있지만, 대다수의 블로그는 평범한 사람에 의해 다양한 목적에서 써진다(Nardi, Schiano, Gumbrecht, & Swartz, 2004). 블로그는 유튜브의 비디오 블로그와 다운로드할 수 있는 팟캐스트(podcast)로 이용 가능한 오디오 블로그처럼 전통적인 문서 형식이 아닌 다양한 형식을 띨수 있다(Lin, 2009).

블로거나 워드프레스(WordPress)와 같은 전통적인 블로깅 사이트를 살펴본 나르디 등(Nardi et al., 2004: 43)은 블로그 저자들의 다섯 가지 주요 용도를 확인했다: "한 사람의 생애 기록하기, 논평 및 의견 제공하기, 깊은 감정 표현하기, 글쓰기를 통해 아이디어 구체화하기, 지역사회 포럼 형성 및 유지하기." 일반적으로 개인 블로그는 이러한 용도들이 골고루 반영되어 있다. 많은 인터넷 사용자는 블로그 쓰기를 통해 그들의 아이디어와 생각을 수용자들에게 강요하지 않으면서 표현할 수 있고, 수용자들은 멤버들이 원할 경우에만 반응하기 때문에 블로그 쓰기를 좋아한다(2004). 대부분의 블로거는 이틀마다 하나의 새로운 글을 올리는 반면, 마이크로블로거(microblogger)는 일반적으로 하루에 대여섯 차례 다수의 업데이트를 올린다(Java, Song, Finin, & Tseng, 2007).

전통적인 블로깅과 비교할 때, 마이크로블로깅은 페이스북 같은 SNS와 비슷하게 상호작용성, 참여(engagement), 대화에 훨씬 더 초점을 맞춘다. 세계 최고의 마이크로블로깅 사이트인 트위터는 1억 명의 활동 중인 사용자를 두고 있다("One Hundred," 2011). 마이크로블로거들은 전통적인 블로그에서 볼수 있는 긴 포스트가 아닌 '트윗'(tweet)이라 부르는 140개 문자로 된 짧은 포스트를 사용한다.

트위터 사용에 대한 연구들은 세 가지 주요 사용자 동기, 즉 정보 추구, 정보 공유, 친구와의 소통을 밝혀냈다(Java et al., 2007). 이러한 동기들은 역시

다음과 같은 주요 사용자 범주를 반영한다:

① 정보원(情報原): 이 유형의 사용자는 많은 팔로워(follower)를 가지고 있
   다. 정보원의 예로는 유명인사(예, @justinbeiber, @ladygaga, @Oprah),
   정치인(예, @BarackObama, @SenJohnMcCain), 뉴스 기관 및 유명 앵커
   (예, @nytimes, @cnnbrk, @andersoncooper, @AnnCurry)가 있다.
② 정보 추구자: 자바 등(Java et al., 2007)에 따르면, 이들은 정기적으로 접
   속하지만 좀처럼 포스트는 하지 않는 사람들이다. 실제로 트위터 사용자
   의 40%가 이 범주에 속한다.
③ 친구: 대부분의 트위터 관계는 이 범주에 속한다(Java et al., 2007). 이것
   은 여러분이 현실에서 실제로 아는 사람들과의 연결이다.

많은 뉴스 기관이 트위터 인기에 편승했으며, 사용자들은 그들이 관심을
가지고 있는 뉴스(예, 세계 뉴스부터 지역 뉴스에 이르는 모든 뉴스, 연예 뉴스)를
그들에게 제공하는 계정을 선택적으로 팔로우할 수 있다는 사실 때문에 현재
많은 사람이 트위터를 1차적인 뉴스원으로 사용하고 있다. 2008년 선거기간
동안, 젊은 투표자의 49%가 인터넷을 그들의 주요 뉴스원으로 사용했다고 말
한 반면, 신문을 그들의 주요 뉴스원으로 사용했다고 말한 비율은 17%에 지
나지 않았다("Internet Now Major," 2008). 그러나 전반적으로 지배적인 뉴스
원은 여전히 텔레비전(61%)이었다("Internet Now Major," 2008). 테데스코
(Tedesco, 2011)에 따르면, 일반적으로 인터넷 사용은 젊은 투표자의 정치적
효능감(political efficacy)을 높여준 것으로 나타났는데, 캠벨, 규린 및 밀러
(Campbell, Gurin, & Miller; Tedesco, 2011에서 재인용)는 정치적 효능감을 정치
체계에 영향을 줄 수 있는 자신의 능력에 대한 신념이라고 정의했다.
트위터는 사용자에게 그들이 좋아하는 (팬에 대한 반응의 일부로 팬의 댓글을
'리트윗하거나' 리포스트하는) 유명인사와 더 직접적으로 소통할 수 있는 통로

심지어 백악관도 트위터를 활용하고 있다.

를 제공한다. 그뿐 아니라 트위터는 사용자가 정부 관리와 소통할 수 있게도 해주는데, 이것은 이전에는 결코 가능하지 않았던 일이다. 트위터에 따르면, 35개 국가의 수반이 일반 공중과 소통하기 위해 트위터를 사용하고 있다고 한다("One Hundred," 2011). 미 의회 의원들의 트위터 사용을 내용분석한 연구는 트위터는 투표자와 하원 의원 간의 직접적인 소통을 촉진한다는 사실을 확인했다(Golbeck, Grimes, & Rogers, 2010). 심지어 백악관도 공식적인 트위터 계정(@whitehouse)을 가지고 있다. 주(州) 차원에서는 주지사의 84%가 트위터 계정을 가지고 있다("One Hundred," 2011). 트위터를 통해 정부 관리와 소통하는 것의 효과가 아직 밝혀지지는 않았지만, 그것이 선출된 관리와 투표자 간의 소통을 늘려주기를 우리는 바란다. 편지를 쓰거나 심지어 이메일을 보내는 것보다 트윗을 보내는 것이 더 쉽기 때문에 이러한 일이 일어날 수도 있겠지만, 그것은 시간이 지나보아야 알 수 있을 것이다.

엄청나게 다양한 토픽을 다루는 정보원(情報源)이 될 수 있는 트위터의 능력으로 인해, 사용자들은 일상생활에서 트위터가 유용하다고 인식하기 때문에 그들은 계속해서 트위터를 사용할 것이다. 이러한 유용성은 트위터가 계속해서 사용되게 해주는 주요 요인이다(Barnes & Böhringer, 2010).

2) 컴퓨터-매개 커뮤니케이션

앞에서 언급했듯이 인터넷 사용자들은 온라인에서 소비하는 시간 가운데 세 번째로 많은 시간을 이메일에 소비한다(7.6%). SNS가 우리의 컴퓨터-매개 커뮤니케이션(CMC: computer-mediated communication) 욕구를 충족해줄 수도 있지만(예, 여러분은 이메일 대신 페이스북 메시지를 보내거나 트위터에서 직접 메시지를 보낼 수 있음), 이메일은 여전히 여러 가지 이유에서 가족과 친구, 사교집단과 클럽, 그리고 직장 동료를 포함한 다양한 집단 간의 커뮤니케이션에 사용되고 있다. 실제로 2010년 한 해에 전 세계적으로 107조 건의 이메일이 보내졌고 29억 건의 이메일 계정이 존재했다(pingdom.com, 2011). 이메일의 핵심 요인은 메시지가 비동시적이라는 것이다(Lin, 2009). 이메일 사용자들은 동시적 커뮤니케이션(예, 인스턴트 메시지 보내기)에서처럼 실시간에 커뮤니케이션을 하는 것이 아니다. 여러분은 편리할 때 메시지를 보내고 받아볼 수 있다.

온라인 커뮤니케이션을 할 때 우리가 반드시 고려해야 할 또 다른 측면은 CMC에는 엄청나게 적은 언어적·비언어적 단서가 포함되어 있다는 것이다(Lin, 2009). 여러분은 상대가 농담을 하고 있는지 아니면 진지한지 여부를 알 수 없는 이메일을 받은 적이 얼마나 많은가? 언어적·비언어적 단서가 적을 때, 우리는 송신자가 진정으로 의미하는 바를 이해하기가 더 어렵다. 어떤 정황 단서를 제공하는 데 도움을 주기 위해 CMC 사용자와 문자를 보내는 사람들은 흔히 윙크하는 표정, 행복한 표정, 혹은 슬픈 표정과 같은 이모티콘(emoticon)을 사용한다(그림 19-1 참조).

어떤 학자들(예, Burgoon et al., 2002; Cummings, Butler, & Kraut, 2002)은 단서의 결핍이 의미 있는 대인 커뮤니케이션을 막는다고 말했지만, 다른 학자들(예, Walther, Loh, & Granka, 2005)은 단서의 결핍이 효과적이고 의미 있는 온라인 커뮤니케이션을 막을 것이라고 생각하지 않는다. 그럼에도 우리는 온라인 커뮤니케이션을 할 때 반드시 이러한 점을 고려해야 하며, 또한 커뮤니케이터로서 우리는 우리의 메시지가 분명하고 쉽게 이해될 것인지 반드시 확인해야 한다. CMC의 내재된 결함으로 인해 CMC가 대면 커뮤니케이션보다 덜 만족스럽다는 점을 인정하면서도, 사람들은 계속해서 CMC 사용시간을 늘리고 있다(Schiffrin, Edelman, Falkenstern, & Stewart, 2010).

3) 인터넷의 역설

크라우트 등(Kraut et al., 1998)은 인터넷 사용이 커뮤니케이션에 미치는 영향을 살펴본 큰 규모의 연구를 처음으로 수행했다. 그들은 인터넷이 여전히 일반 공중에게 비교적 새로운 유형의 커뮤니케이션이었던 1990년대에 데이터를 수집했다. 크라우트 등(1998)은 참여자들이 인터넷을 주로 커뮤니케이션 용도로 사용한다는 것을 확인했지만, 인터넷을 많이 사용하는 사람은 덜 사용하는 사람에 비해 더 외롭고 더 우울해하며 사회적으로도 더 고립되어 있는 것으로 나타났다. 크라우트 등에 따르면, 인터넷을 통해 다른 사람과 더 많이 커뮤니케이션을 함에도 커뮤니케이션을 가장 많이 하는 사람이 외롭고 고립되어 있는 것으로 나타난 것은 인터넷의 역설이라는 것이다.

크라우트 등의 연구는 여러 가지 방법론적 결함으로 인해 비판을 받았다(더 자세한 것은 Gross, Juvonen, & Gable, 2002; Shapiro, 1999 참조). 그래서 크라우트 등(Kraut et al., 2002)은 후속 연구를 실시한 결과, 심리적 안녕감(psychological well- being),[6] 사람에 대한 믿음, 대면 커뮤니케이션, 사회적 관여

이것을 보내려면:	이것을 입력하시오:	이것을 보내려면:	이것을 입력하시오:
Smile	:-) or :)	Open-mouthe	:-D or :d
Surprised	:-O or :o	Tongue out	:-P or :p
Wink	;-) or ;)	Sad	:-(or :(
confused	:-S or :s	Disappointed	:-| or :|
Crying	:'(	Embarrassed	:-$ or :$
Hot	(H) or (h)	Angry	:-@ or :@
Angel	(A) or (a)	Devil	(6)
Don't tell anyone	:-#	Baring teeth	8o|
Nerd	8-|	Sarcastic	^o)
Secret telling	:-*	Sick	+o(
I don't know	:^)	Thinking	*-)
Party	<:o)	Eye-rolling	8-)

그림 19-1. 이모티콘 예시

(social involvement)를 포함한 다양한 결과에서 더 외향적인 사용자가 덜 사교적인 사용자보다 실제로 온라인 사회화의 도움을 더 많이 받는다는 것을 알아냈다.

물론 SNS의 등장으로 전 세계에 걸쳐 있는 친구 및 가족과 접촉을 유지하는 것이 쉬워졌는데, 이것은 인터넷 사용이 사회적 네트워크를 확장할 수 있으며(Dimaggio, Hargittai, Nueman, & Robinson, 2001), 아주 멀리 떨어져 있는 지인과의 접촉을 유지할 수 있도록 우리를 도와준다는(Howard, Raine, & Jones, 2001) 앞선 연구 결과들을 반영한다.

---

6) 한국심리학회 용어(옮긴이 주).

4) 사회적 자본: 연결과 결합

CMC가 사회적 자본에 미치는 영향은 연구자들의 특별한 관심사이다. 사회적 자본(social capital)은 사람들이 네트워크에 속해 있음으로 인해 생기는 자원으로 대략 정의된다(Coleman, 1988). 개인 차원에서 "사람들은 사회적 자본을 통해 그들이 속해 있는 네트워크의 다른 구성원으로부터 얻은 자원을 이용할 수 있게 된다"(Ellison, Steinfield, & Lampe, 2007: 1145). 물론 우리는 우리 자신의 사회적 네트워크 속에서 특정 개인들과 각기 다른 수준의 친밀감을 가진다. 이러한 차이를 바탕으로 사회적 자본은 두 가지 유형, 즉 연결과 결합으로 나누어진다(Putnam, 2000). '연결'(bridging) 사회적 자본은 우리가 알고는 있지만 특별히 친하지는 않은 사람들을 말한다. 이러한 관계는 일반적으로 '약한 유대'(weak tie)로 알려져 있다. 이러한 유대는 우리가 유용한 정보와 서비스에 접근할 수 있게는 해주지만 통상적으로 정서적 지지를 제공해 주지는 않는다(Granovetter, 1982). 반면 '결합'(bonding) 사회적 자본은 긴밀하게 맺어진 관계에서 발견되며, 정서적 지지를 제공한다(Ellison et al., 2007).

사회적 자본은 대학에 입학하면서 이전의 사회적 네트워크에서 흔히 제외되는 대학생들에게 특히 중요하다. 엘리슨 등(Ellison et al., 2007)은 세 번째 유형의 사회적 자본인 '유지되는'(maintained) 사회적 자본이 존재한다고 주장했는데, 이것은 더 이상 물리적으로 연결되어 있지 않음에도 이전의 사회적 네트워크와 연결을 유지할 수 있는 능력과 관련이 있다. 엘리슨 등(Ellison et al., 2007)은 사람들이 세 가지 유형 모두의 사회적 자본의 수준을 유지할 수 있지만 연결 사회적 자본을 통해 가장 큰 이익을 얻는다는 것을 알아냈다.

최, 김, 성 및 손(Choi, Kim, Sung, & Sohn, 2011)은 미국 대학생과 한국 대학생 간의 SNS 사용과 사회적 자본에 관한 국제적인 연구를 수행했다. 그들의 연구 결과는 미국 대학생이 많은 약한 유대로 구성된 더 큰 친구 네트워크를 가지고 있음을 보여주었다. 그들에 따르면, 평균적인 미국 대학생은 392명의

페이스북 '친구'의 편익:
사회적 자본과 대학생들의 온라인 소셜 네트워크 사이트 사용

Nicole B. Ellison, Charles Steinfield, and Cliff Lampe(2007)
Journal of Computer-Mediated Communication, *12*, 1142~1168.

이 2007년의 연구에서 연구자들은 대학생들이 페이스북을 사용하는 것과 대학생들의 사회적 자본 형성 및 유지 간의 관계를 조사했다. 연구자들이 페이스북 사용을 살펴보기로 한 이유는 그것이 가장 인기 있는 SNS이기 때문이었다. 또한 연구자들은 페이스북이 대학생들이 사람들과 접촉할 수 있게 해주는지 살펴보기 위해 자아존중감 척도도 포함하기로 했는데, 이것은 형편없는 사회 기술과 연결될 수 있다. 게다가 많은 대학생이 더 이상 그들의 고등학교 친구들과 육체적으로 가깝게 지낼 수 없기 때문에, 연구자들은 이전의 사회적 네트워크로부터 얻는 사회적 자본이 유지될 수 있는지 조사해보고자 했다.

가설
H1: 페이스북 사용 강도는 개인의 지각된 연결 사회적 자본과 긍정적으로 연관되어 있을 것이다.
H2: 페이스북 사용 강도는 개인의 지각된 결합 사회적 자본과 긍정적으로 연관되어 있을 것이다.
H3a: 페이스북 사용 강도와 연결 사회적 자본 간의 관계는 개인의 자아존중감 정도에 따라 차이가 있을 것이다.
H3b: 페이스북 사용 강도와 연결 사회적 자본 간의 관계는 개인의 삶에 대한 만족감의 정도에 따라 차이가 있을 것이다.
H4a: 페이스북 사용 강도와 결합 사회적 자본 간의 관계는 개인의 자아존중감 정도에 따라 차이가 있을 것이다.
H4b: 페이스북 사용 강도와 결합 사회적 자본 간의 관계는 개인의 삶에 대한 만족감의 정도에 따라 차이가 있을 것이다.
H5: 페이스북 사용 강도는 개인이 지각하는 유지되는 사회적 자본과 긍정적으로 연관되어 있을 것이다.

연구방법
연구자들은 무작위로 추출한 800명의 미시건 주립대학교(Michigan State University)

학부생에게 온라인 설문조사지를 보냈다. 참여자들에게 두 차례 설문조사를 상기해주는 이메일을 보낸 결과, 총 286명(응답률 35.8%)이 온라인 설문조사에 응답했다. 응답자 가운데 188명(66%)은 여학생이었고 247명(87%)은 백인이었으며, 259명(91%)은 미시건 주에 거주하는 학생이었고 157명(55%)은 캠퍼스 내에서 사는 학생이었다. 평균 연령은 20세였고, 매일 온라인에 머무는 시간은 평균 2시간 56분이었다.

응답자들은 페이스북 사용, 심리적 안녕감, 사회적 자본에 관한 질문에 응답했다. 다음은 학생들이 라이커트 식(Likert-type) 5점 척도를 이용해 응답한 질문의 예이다:

- 페이스북은 나의 일상 활동의 일부이다.
- 잠시라도 페이스북에 접속하지 않으면 나는 사람들과의 접촉이 끊어진 느낌을 받는다.
- 나는 페이스북 커뮤니티의 일부라고 느낀다.
- 나는 옛 친구들과 접촉하기 위해 페이스북을 사용한다.
- 나는 수업을 같이 듣는 다른 사람들에 대해 더 알기 위해 페이스북을 사용한다.
- 나는 내가 좋은 자질을 많이 가지고 있다고 느낀다.
- 나는 자랑스러워할 만한 것을 많이 가지고 있지 않다고 느낀다.
- 나는 MSU에서의 대학생활에 만족한다.

연구결과

통계 분석을 한 결과, 응답자들은 "새로운 사람을 만나는 것과 관련해서 페이스북을 사용하기보다 오프라인에서 접촉하는 사람, 즉 기존의 친구, 수업을 같이 듣는 친구, 가까이 사는 사람, 혹은 사회적으로 만난 사람과 관련해 페이스북을 훨씬 더 많이 사용하는 것"(p. 153)으로 나타났다. 이러한 결과는 페이스북 사용자들이 주로 기존의 오프라인 관계를 유지하기 위해 그리고 잠깐 동안 만났을 뿐인 사람들과 더 잘 알고 지내기 위해 페이스북을 사용함을 시사한다.

데이터는 페이스북 사용 강도가 지각된 연결 사회적 자본에 상당히 기여함을 보여주는 가설 1을 지지했다.

가설 3a와 3b 역시 지지되었다. 만족감과 자아존중감이 낮은 학생들 가운데 페이스북 사용 강도가 더 높은 경우, 연결 사회적 자본의 정도가 더 높았다. 연구자들은 페이스북의 특징이 이런 유형의 학생들이 사회적 자본을 형성하는 데 특히 유용할 수도 있다고 결론 내렸다.

가설 2, 4a, 4b도 지지되었다. 페이스북 사용 강도가 결합 사회적 자본을 상당 정도 예측했으며, 자아존중감과 만족감은 결합 사회적 자본과 관련이 있었다. 그러나 이러한 요인들은 오직 학생들의 결합 사회적 자본의 4분의 1 정도만을 설명했다. 따라서 연구자들은 페이스북이 결합 사회적 자본을 형성하는 데는 훨씬 덜 효과적이라고 결론지었다. 페이스북은 약한 유대를 만들어내는 데는 유용한 반면, 결합 사회적 자본과 연관된 긴밀한 관계를 만들어내는 능력은 없다. 그러나 페이스북 사용 강도가 결합 사회적 자본과 연관되어 있기 때문에, 아마 사람들은 페이스북을 통해 그들이 이미 가지고 있는 긴밀한 관계를 '유지'할 수 있을 것이다.

가설 5 역시 지지되었지만, 일반적인 인터넷 사용 또한 유지되는 사회적 자본을 유의적으로 예측해주었는데, 이는 다른 웹사이트도 사회적 자본을 유지하는 데 큰 역할을 함을 시사한다.

전반적으로 페이스북은 특히 낮은 자아존중감과 삶에 대한 낮은 만족감을 가지고 있는 사용자들에게 연결 사회적 자본을 형성하는 데 매우 유용하다.

친구를 두고 있었다고 한다. 페이스북(Facebook, 2011b)에 따르면, 평균적인 페이스북 사용자는 130명의 친구를 두고 있다고 한다. 이에 반해 한국 대학생의 네트워크는 더 작아서 평균 79명의 친구를 두고 있지만, 그들의 네트워크는 강한 유대와 약한 유대가 균형을 이루고 있었다. 미국 대학생은 그들의 네트워크로부터 연결 사회적 자본을 더 끌어내는 것으로 나타났지만, 미국 대학생과 한국 대학생 모두 대체로 같은 정도의 결합 사회적 자본을 얻는다고 응답했다. 최, 김, 성 및 손은 SNS 사용은 각 국가의 지배적인 문화적 가치를 반영한다고 결론 내렸다(Choi, Kim, Sung, & Sohn, 2011).

자아존중감이 낮은 사용자들이 페이스북을 통해 가장 많은 사회적 자본을 얻는 것으로 나타났다(Ellison, Steinfield, & Lampe, 2007; Steinfield, Ellison, & Lampe, 2008). 연구자들은 자아존중감이 낮은 사용자들은 보통 부끄럼이 더 많아서 직접 관계를 맺기보다 온라인 커뮤니케이션을 통해 더 손쉽게 관계를 맺을 수 있기 때문에 그럴 것이라고 보았다. 한 연구 참여자는 페이스북이 "어떤 사람 …… 여러분이 반드시 정말 잘 알아야 할 필요가 없는 사람과 어색한 분위기를 깨주며, 그리고 전화를 거는 것이 거북해서 전화를 하고 싶지는 않지만 두 문장으로 된 메시지를 보내는 것은 정말 쉬운 일이다"라고 말했다(Steinfield et al., 2008: 443).

5) 인터넷 중독 대 문제가 있는 인터넷 사용

비디오 게임 중독이 인터넷 사용에 관한 연구의 관심사이긴 하지만(18장 참조), 많은 연구가 전반적인 인터넷 사용과 관련된 중독과 유사한 특성에 초점을 맞추고 있다. 물론 어떤 사람이 진정으로 인터넷에 중독되었는지를 판단하는 것에 대해서는 학자들 사이에 논란이 있다. 미국에는 현재 인터넷 중독에 대한 공인된 의학적 진단이 존재하지 않는다. 그러나 AMA, 즉 미국 의학 협회는 2007년 인터넷과 비디오 게임의 "중독 잠재성"에 관한 보고서를 냈다. 이 보고서에서 AMA는 『정신장애 진단 및 통계 편람 IV』를 만들고 있는 APA, 즉 미국 정신과 협회에게 "행동 중독"이라는 새 범주에 인터넷 및 비디오 게임 중독을 포함하라고 "강력하게 권고했다"(AMA, 2007a: 7). APA는 이것에 대한 결정을 내리기 위해 현재 데이터를 수집하고 있다.

일부 연구자(예, Brenner, 1997; Griffiths, 2000; Young, 1996)는 어쨌든 '인터넷 중독자'라는 용어를 사용했는데, 린(Lin, 2009)이 강조했듯이 이것은 그러한 사용자들이 인터넷 사용에 의존적임을 의미한다. 이에 반해 많은 연구자는 과도한 인터넷 사용이 중독의 징후라기보다는 일종의 충동 조절 결핍(deficient impulse control)이라고 주장했다(예, LaRose & Eastin, 2002; LaRose, Lin, & Eastin, 2003). 과도한 사용자들이 그들의 온라인 사용을 자율 규제할 수 없는 한 가지 이유는 그들이 그들의 행동을 자각하지 못해서 그것을 통제하기가 더 어렵기 때문일 수도 있다(LaRose et al., 2003). 결국 가지고 있다는 것을 인식하지 못하는 습관을 여러분은 어떻게 통제할 수 있는가? 캐플란(Caplan, 2005)은 또 하나의 가능한 설명을 제시했다: 사회 기술이 더 부족한 사용자들은 CMC를 선호하기 때문에 인터넷을 더 자주 사용하는데, 이는 문제가 있는 인터넷 사용과 연관된 음성 징후(negative symptom)를 야기할 수 있다. 세이한(Ceyhan, 2011)은 사회적 상호작용 외에도 오락을 위해 인터넷을 사용하는 것이 문제가 있는 인터넷 사용의 또 다른 중요한 위험 요인이라는 것을 밝혀냈다.

일부 연구는 특히 어린이와 청소년의 과도한 인터넷 사용에 맞서 싸우는 방법을 제안했다. 린, 린 및 우(Lin, Lin, & Wu, 2009)는 자유 시간 동안 자주 지루해하는 어린이가 과도한 인터넷 사용자가 될 가능성이 더 높다고 밝혔다. 그러나 이 연구자들은 가족 활동에 더 많이 참여하는 것과 인터넷 사용을 부모가 모니터하는 것이 문제가 있는 인터넷 사용 가능성을 크게 줄일 수 있음을 알아냈다. 그 밖에도 종 등(X. Zhong et al., 2011)은 인터넷 중독으로 진단받은 중국 청소년들의 경우 가족 기반 집단 개입이 관례적인 개입방법보다 훨씬 더 효과적이라는 사실을 밝혀냈다.

6) 직장에서의 인터넷

회사와 조직은 외적으로는 고객, 내적으로는 고용인과 소통하기 위해 인터넷을 사용한다. 내적인 목적으로 사용되는 인터넷을 인트라넷(Intranet)이라 부른다. 모든 회사가 각기 다른 내적 커뮤니케이션 요구를 가지고 있지만, 홀츠(Holtz, 2006)는 회사가 활용할 수 있는 몇 가지 인트라넷 기반 커뮤니케이션 채널을 제안했다. 홀츠가 제안한 채널 가운데는 사람들이 회사의 콘텐트[7]를 받아 볼 수 있게 해주는 RSS(Really Simple Syndication) 피드, CEO와 직원간 대화의 문을 열 수 있는 블로그, 사람들이 연구와 프로젝트 관리에 사용할 수 있는 위키(wiki), 내부 토론 팟캐스트, 동료 직원 간에 쉽게 정보를 공유할

---

[7] '콘텐츠'가 표준어이나 일반적으로 콘텐츠(contents)는 목차 혹은 목차처럼 어떤 것의 안에 들어 있는 내용물 하나하나를 가리킬 때 쓴다. 콘텐츠는 표기는 맞지만 의미가 틀렸다. 실제로 영어권에서도 'contents providers'가 아닌 'content providers', 'online contents'가 아닌 'online content'로 사용된다. 즉, 영어의 'content'를 '콘텐츠'로 표기해서는 안 된다. 따라서 본서에서는 잘못된 표기를 바로잡는다는 의미에서 '콘텐츠'가 아닌 '콘텐트'로 정확하게 표기하기로 한다(옮긴이 주).

스카이프는 비즈니스 사용자와 소셜 사용자 모두에게 똑같이 매우 가까운 친구이다.

Andreas Fischler/ www.flickr.com/photos/fischler/8240249161

수 있는 소셜 태그(social tag) 등이 포함되어 있다.

재택근무(telecommuting)라고도 알려져 있는 원격 근무(telework)는 인트라 넷을 작업 환경에 통합하는 한 가지 널리 알려진 방법인데, 이 기술은 고용 원이 직접 회사에 출근하기보다는 집에서 일을 할 수 있게 해준다(Sullivan, 2003). 스카이프(Skype)나 애플(Apple)의 페이스타임(Facetime) 같은 화상 회 의 기술은 사람들이 음영상 수단을 통해 일과 관련된 활동에 참여할 수 있게 해줌으로써 원격 근무를 가능하게 해주는 한 가지 방법이다.

어떤 연구는 재택근무를 하는 사람들이 외로움, 고립감, 스트레스를 느낀 다고 밝혔지만(Mann & Holdsworth, 2003), 원격 근무는 고용인들이 그들의 일에 대한 요구와 가정생활에 대한 요구 간에 균형을 이루는 데 도움을 주는 것으로 보인다(Britton, Halfpenny, Devine, & Mellor, 2004). 회사가 고용인의 원격 근무를 허용하는 한 가지 이유는 그것이 경비 절감책이 될 수 있기 때문이다(Harris, 2003; Peters & den Dulk, 2003). 물론 원격 근무 방식이 성공을 거두기 위해서는 회사와 고용인이 그것에 헌신적이어야 한다(Atkin & Lau, 2007).

끝으로 컴퓨터를 사용하는 거의 모든 고용인이 직장에서 직면하게 될 인터넷의 또 다른 측면은 즐기기 위해 웹을 서핑(surfing)하는 것이다. 대부분의 고용주가 직원이 페이스북을 확인하거나 2~3개의 트윗을 보내거나 혹은 유튜브의 비디오 클립(video clip)을 보기 위해 근무시간을 사용하는 것에 눈살을 찌푸리겠지만, 코커(Coker, 2011)는 잠깐 동안의 휴식을 통해 웹을 이리저리 검색하는 것이 실제로 근로자 생산성을 9%나 향상한다는 사실을 확인했다.

4. 요약

앞에서 보았듯이, 인터넷은 다른 종류의 매스 미디어와 마찬가지로 우리의 삶과 통합되어 있다. 인터넷은 또한 가장 널리 퍼져 있는 매개 커뮤니케이션 미디어 가운데 하나이다.

SNS는 우리에게 친구 및 가족과 접촉을 유지할 수 있는 수단을 제공하면서 우리가 온라인에서 머무는 시간을 지배하고 있으며, 우리가 알고 있는 사람과 사회적 자본을 형성하게 해줌으로써 우리의 네트워크 내에 있는 사람들의 자원을 이용할 수 있게 해준다. 특히 트위터와 같은 마이크로블로그의 등장으로 인해 블로그 또한 인터넷 사용의 어떤 측면을 혁명적으로 바꾸어놓았다. 보내는 메시지는 짧지만 엄청나게 다양한 사람에게 접근할 수 있게 해주는 트위터와 텀블러 같은 사이트는 트위터를 통한 국회의원과의 직접적인 접촉과 같은 영향의 징후를 보여주기 시작하고 있다. 그러나 더 많은 연구가 이 분야에서 이루어져야 할 필요가 있다.

CMC는 또한 다른 커뮤니케이션 유형과 근본적으로 다르다. 우리가 대면 커뮤니케이션에서 익숙해져 있는 대부분의 언어적·비언어적 단서가 빠져 있기 때문에, 사용자들은 CMC가 덜 만족스럽다고 말하지만 그들의 온라인 커뮤니케이션 사용은 증가하고 있다.

우리는 인터넷 중독과 문제가 있는 인터넷 사용에 대한 상반된 견해들을 살펴보았다. APA는 현재 인터넷 중독이 일종의 정신 건강 장애로 포함해야 하는가라는 이슈를 검토 중에 있으며, AMA는 인터넷 중독을 일종의 행동 중독으로 간주하도록 APA에 촉구했다. 이와 다른 입장은 과도한 사용은 중독의 징후가 아니라 행동에 대한 충분한 자율 규제의 결핍이라는 것이다.

끝으로 우리는 직장에서의 인터넷과 인트라넷의 함의에 대해 논의했다. 연구에 따르면, 재택근무를 가능하게 해주는 기술은 고용인들이 자신의 일과 개인적인 책임 간의 균형을 더 잘 이룰 수 있도록 도와준다고 한다. 또한 연구들은 근무시간 동안 잠시 즐거움을 위해 웹을 이리저리 검색하는 것이 근로자 생산성을 증가시켜줄 수 있음을 보여주고 있다.

가까운 장래에 인터넷 사용에 관한 종단적 연구가 이루어지면, 인터넷 사용의 장기적인 효과에 대해 더 잘 이해할 수 있게 될 것이다. 그때까지는 인터넷 사용의 어떤 구체적인 효과(예, 심리적 안녕감)를 살펴보는 연구들이 계속해서 이루어질 것이다. 페이스북 상태 업데이트, 트윗, 유튜브 동영상에 대한 연구를 통해 우리는 인터넷이 우리의 삶에 미치는 영향을 더 잘 이해하게 될 것이다.

20장

모바일 커뮤니케이션의 효과

정신분열증 환자와 휴대폰으로 통화를 하는 사람을 구별하는 것이 점점 더 어려워지고 있다. 자기 자신에게 이야기하는 것처럼 보이는 사람이 지나가면 나는 여전히 걸음을 잠시 멈추게 된다.

— 밥 뉴하트(Bob Newhart), 코미디언

여러분은 아마 위의 인용문이 기술하고 있는 것과 비슷한 상황을 경험했을 것이다(뉴하트의 코미디 루틴[1]에는 관객이 전화 대화의 상대방이 될 수밖에 없는 촌극이 늘 포함되었다). 여러분에게 말하는 것이 아니라 휴대폰에 대고 "여보세요"라고 말하는 누군가에게 여러분은 얼마나 자주 반응을 보였는가?

휴대폰은 어디에나 있으며 일상의 커뮤니케이션에서 없어서는 안 될 일부가 되었다. 아마 이 책을 읽고 있는 동안에도 여러분은 주머니 안이나 손에 (아니면 적어도 여러분의 손이 닿을 수 있는 곳에) 휴대폰을 두고 있을 것이다.

무선 커뮤니케이션 기술은 우리 시대를 규정하는 미디어 가운데 하나가 되었다(Campbell & Ling, 2009). 실제로 모바일(mobile) 기술은 역사상 가장 빨리 성장하는 커뮤니케이션 미디어이다(Castells, 2009; Castells, Fernandez-Ardevol, Qui, & Sey, 2007). 우리는 매일 친구 및 가족과 연락을 취하기 위해 모바일 기

---

1) '루틴'(routine)이란 공연의 일부로 전해져 있는 일련의 동작이나 농담 등을 말한다(옮긴이 주).

술을 이용한다. 여러분 대부분에게 휴대폰 없는 삶은 틀림없이 불가능하게 보일 것이다.

앞의 장들에서 우리는 매스 미디어가 어떻게 사람들에게 영향을 미칠 수 있는지에 대해 논의했다. 그러나 휴대폰을 전통적인 미디어 효과 패러다임 속에서 살펴보는 것은 적절하지 않은 것 같다. 결국 우리는 다른 장들에서 매스 미디어는 일 대 다수(one-to-many) 커뮤니케이션 모델을 필연적으로 포함한다는 것을 보았지만, 휴대폰은 "개인 대 개인(person-to-person) 매개 상호작용"의 차원에서 다루어져야 한다(Campbell & Ling, 2009: 592). 더욱이 스마트폰은 많은 유형의 미디어(예, 음악, 영화, 인터넷, 비디오 게임)를 여러분의 호주머니에 들어갈 수 있는 크기의 기기에 결합하고 있다. 우리는 그 어느 때보다 더 다양한 유형의 미디어를 활용할 뿐만 아니라, 모바일 기술로 인해 우리는 어디에든, …… 적어도 좋은 서비스가 이루어지는 곳이면 어디에든 그것들을 가져갈 수 있게 되었다.

카스텔스(Castells, 2000)는 1980년대 이래로 우리의 문화는 사람들이 물리적 공간을 공유하는 사람들이 아니라 관심사를 공유하는 사람들과 상호작용하는 네트워크 기반 사회로 변했음에 주목했다. 아마도 캠벨 및 링(Campbell & Ling, 2009: 310)이 그러한 점을 가장 잘 설명한 것으로 보인다:

> 커뮤니케이션 기술과 이용자 간의 관계는 방송 메시지를 수신하는 관계에서부터 동일한 미디어를 점 대 점(point-to-point) 네트워킹용으로 사용하는 동시에 콘텐트를 적극적으로 추구하고 제작하며 분배하는 것으로 바뀌었다.

따라서 우리는 사회의 이러한 변화를 반영하기 위해 미디어 효과 패러다임을 확장해야 한다(모바일 커뮤니케이션이 사회에 미치는 영향에 대한 더 자세한 논의를 보려면 Campbell & Ling, 2009 참조). 모바일 기술은 우리가 사는 방식을 바꾸어놓았다. 이 장에서는 우리가 우리의 삶을 다른 사람과 조정하는 방식,

우리가 다른 사람들과 관계를 맺는 방식, 휴대폰이 청소년 문화에 미치는 영향과 역할, 공적 공간의 사적 영역으로의 변화를 포함하는 그러한 변화들을 살펴볼 것이다. 그러나 먼저 모든 것을 바꾸어놓은 전화 통화에 대해 간략하게 살펴보기로 한다.

1. '벽돌폰'의 탄생

1973년 4월 3일, 마틴 쿠퍼(Martin Cooper)가 세계 최초로 휴대폰 통화를 하기 수십 년 전에도 무선 커뮤니케이션(예, 무전기, 크기가 큰 카폰)은 존재했지만, 당시 무선 기술은 일상적인 개인적 사용에 적합하지 않았다(Greene, 2011). 심지어 초창기 무선 기술은 사용자의 물리적 위치도 제한했다. 초창기 카폰(car phone)은 너무 커서 폰 충전 장치를 자동차 트렁크에 놓아두어야 할 정도였다(Greene, 2011).

1960년대 후반 어느 날, 모토로라(Motorola) 커뮤니케이션 시스템 부문 사장인 마틴 쿠퍼는 공상과학 TV 프로그램 〈스타 트렉〉(Star Trek)의 한 에피소드를 우연히 보게 되었다. 그는 커크(Kirk) 선장이 손에 쥘 수 있는 크기의 소형 통신기기를 통해 엔터프라이즈(Enterprise) 호에 있는 그의 승무원에게 말을 하면서 어떤 외계 행성 위를 걷고

초창기 벽돌 모양의 휴대폰을 선보이고 있는 마틴 쿠퍼.
Rico Shen

있는 것을 보았다. "갑자기, 커크 선장이 그의 통신기기로 말을 하고 있었습니다. 말을! 선도 없이!"라고 말했다고 쿠퍼는 회상했다(Laytner, 2009에서 재인용). 당시 제한된 성능만 가지고 있던 무선 기술에 만족하지 못했던 쿠퍼는 무선 커뮤니케이션을 〈스타 트렉〉에서 보았던 것처럼 편하게 만드는 일에 착수했다. "전 세계의 다른 사람들에게는 그것이 환상이었지만 내게는 그것이 목표였다"고 쿠퍼는 말했다(Laytner, 2009에서 재인용).

몇 년 뒤 모토로라의 첫 번째 휴대폰을 발표하는 기자회견장에 가기 위해 붐비는 맨해튼(Manhattan)의 인도 위를 걸으면서 쿠퍼는 그 폰을 사용해 그의 최대 경쟁자인 벨 랩스(Bell Labs)에 전화를 걸어 그가 선수를 쳤음을 알렸는데, 그 폰은 크기가 너무 커서 별명이 '벽돌'이었다(Greene, 2011).

2. 사회적 조정에 미치는 효과

모바일 커뮤니케이션은 우리가 공간과 시간을 지각하는 방식을 근본적으로 바꾸고 있다(Ling & Campbell, 2008). 그 결과 그것은 우리가 우리의 삶을 다른 사람과 조정하는 방식에 영향을 미친다. 링 및 이트리(Ling & Yttri, 1999, 2002)는 세부계획 및 실행, 일정 관리, 지속적인 개선(ongoing refinement)을 포함해 휴대폰 사용이 바꿔놓은 사회적 조정(social coordination)의 몇 가지 측면을 개괄적으로 설명했다.

1) 세부계획 및 실행

휴대폰으로 인해 우리는 계획을 바꾸거나 비행 중에 있는 사람에게 새로운 지시를 내릴 수 있게 되었다. 예를 들어, 여러분이 중간고사를 치기 위해 학교에 가려고 기숙사 방을 나가려는 순간 같은 수업을 듣는 친구에게서 전화가 왔다고 상상해보자. 교수님이 아파서 수업이 취소되었다는 것이다. 학교에 간 후에야 비로소 이런 사실을 알게 되는 대신, 여러분과 친구는 도서관에 가서 함께 공부를 하기로 즉석에서 계획을 세울 수 있다.

2) 일정 관리

휴대폰으로 인해 우리는 다른 사람과 약속을 정할 때 우리의 일정을 유연하게 짤 수 있게 되었다. 바꾸어 말하면, 휴대폰으로 인해 우리는 더 큰 융통성을 발휘할 수 있다. 예를 들어, 여러분이 친구와 저녁식사 약속에 늦을 때 그들에게 전화를 걸어 늦는다는 것을 알려주어 그들의 일정을 조정하게 함으로써 여러분이 나타날 때까지 하릴없이 앉아서 기다리지 않아도 되게 할 수 있다. 휴대폰 기술의 향상으로 일부 기기는 심지어 여러분이 일정을 관리하고 조정할 수 있게 해준다. 예를 들어, 애플 아이폰은 이제 음성 명령을 통해 일정표를 만들고 바꿀 수 있는 소프트웨어를 장착하고 있다.

3) 지속적인 개선

휴대폰으로 인해 우리는 어떤 사람이 어떤 장소에 있건 아무 때나 전화할 수 있기 때문에, 우리는 필요에 따라 다른 사람과 조율할 수 있게 되었다. 여러분이 친구와 쇼핑 몰에 간다고 상상해보자. 차 안에서 여러분과 친구는 저녁에 쇼핑을 하고 저녁을 먹은 후 영화를 보기로 계획을 세운다. 그러나 여러분과 친구는 어디서 저녁을 먹을 것인지 혹은 어떤 영화를 볼 것인지 계획을 세우지는 않는다. 몰에 도착한 후 친구들은 서로 헤어져 각자 원하는 가게로 간다. 그들 모두는 나중에 휴대폰을 사용해 저녁을 어디에서 먹을 것인지에 대해 자세한 이야기를 하고, 그리고 함께 무슨 영화를 볼 것인지에 대한 세부적인 사항을 처리할 수 있다는 것을 확신하고 있다.

알다시피 우리가 인정하는 모바일 기술의 편리함은 많다. 그러한 편리함이 없다면, 앞의 예에서 본 사람들은 학교에 가서야 수업이 취소되었다는 것을 알 것이고, 친구가 식사 약속시간에 나타나기를 무작정 기다릴 것이며, 친구들이 언제 혹은 어디에서 만날지 알 길이 없을 것이다.

휴대폰에 영향을 받는 조정의 또 다른 측면은 대면(FtF: face-to-face) 만남이다. 일부 연구자는 매개 커뮤니케이션이 대면 사회성(sociability)에 해로울 수 있다고 우려하지만(Kraut et al., 1998 참조), 연구들은 모바일 커뮤니케이션이 실제로 우리가 알고 있는 사람과 실생활에서 더 자주 만나게 해줄 수 있음을 보여주었다(Hashimoto et al., 2000; Ishii, 2006). 예를 들면, 운동하는 것에 대해 친구와 전화로 이야기하는 것이 여러분과 친구가 실제로 체육관에서 만나 함께 운동하는 것으로 귀결될 수도 있다.

여러분 대부분은 모바일 기술이 가족생활에 영향을 미친다는 것을 이미 경험으로 알고 있다. 모바일 기술로 인해 부모들은 일상적으로 하는 일과 다른 사람을 위해 하는 일을 조정할 수 있으며(Ling, 2004), 두 부모 모두가 바쁘거나 집 밖에서 일을 할 때 모바일 기술은 특히 유용하다(Frissen, 2000).

가족의 사용 외에도 모바일 기술은 또한 이점과 문제점 모두를 가져다주면서 사람들이 일하는 방식에도 영향을 미치고 있다(Andriessen & Vartiainen, 2006; Julsrud, 2005; Julsrud & Bakke, 2008). 여러분 가운데 많은 사람이 원격 근무, 즉 인터넷을 통해 집에서 일하는 것에 익숙할 수도 있지만(19장 참조), 휴대폰으로 인해 모바일 근무(mobile work)라는 것이 생겨났다(Campbell & Ling, 2009). 원격 근무자와 비슷하게 모바일 근무자도 기본적으로 사무실에서 떨어져 있는 곳에서 일을 하지만, 모바일 근무자는 주어진 장소 내의 여러 곳에서 일을 하든 아니면 좀 더 유목민처럼 한 새로운 장소에서 다음 장소로 계속해서 이동하면서 일을 하든 계속 일하는 경향이 있다(Lilischkis, 2003). 모바일 근무의 이점으로는 적응력(adaptability), 유연성(flexibility), 자원 접근가능성 증가 등이 있다(Campbell & Ling, 2009).

분명 모바일 근무는 하루 종일 사무실이나 좁은 방에 갇혀 있는 것을 두려워하는 사람에게 꽤 매력적인 것처럼 들린다. 모바일 커뮤니케이션은 일과 가정의 경계를 허물어, 일 문제가 가족 시간 안으로 흘러들어 가게 해 남성과 여성 모두에게 더 큰 스트레스를 야기할 수 있다(Chesley, 2005). 물론 일 문제가 가족시간(family time) 안으로 흘러들어 가는 것은 좋을 수도 있고 나쁠 수도 있다. 체슬리(Chesley, 2005)는 여성의 경우 특히 가족 문제가 종종 일터로 스며든다는 사실로 인해 모바일 커뮤니케이션이 스트레스를 가져다준다고 느낀다는 것을 알아냈다.

3. 관계 커뮤니케이션에 미치는 효과

휴대폰은 본래 매우 사적인 기술이다. 우리는 대부분의 시간 동안 휴대폰을 우리 몸에 지니고 있을 뿐만 아니라, 휴대폰을 종종 우리 자신의 확장으로 간주하기도 한다. 우리 가운데 많은 이들은 휴대폰을 자신이 좋아하는 색깔의 케이스로 꾸미고, 자신이 좋아하는 신호음을 다운로드하며, 개인적인 사진을 스크린 배경화면으로 사용한다. 휴대폰은 종종 일종의 패션 액세서리로 간주된다(Fortunati, 2005a; Ling, 2004).

관계 커뮤니케이션(relational communication)이라는 측면에서 휴대폰이 미치는 가장 큰 영향 가운데 하나는 "영속적인 접촉"(perpetual contact)이라는 개념과 관련 있다(Katz & Aakhus, 2002). 심지어 우리가 다른 사람과 커뮤니케이션을 하지 않을 때도 커뮤니케이션이 '가능하다는' 것을 아는 것만으로도 우리 서로 간에 관계를 맺는 방식과 우리가 기술과 관계를 맺는 방식이 변화된다(Campbell, 2008). 궁극적으로 이러한 강화된 연계감(sense of connection)은 우리의 사회적 유대(social bond) 강화를 초래한다(Campbell & Ling, 2009).

물론 문자 메시지 역시 휴대폰을 통한 커뮤니케이션에서 큰 역할을 한다.

여러분 가운데 많은 사람은 분명 문자 메시지를 보내는 것에 대해 다시 생각해보지 않지만, 학자들은 "실제로 문자 메시지는 동료애, 심지어 친밀감의 상징적 표현이라는 것"을 알아냈다(Campbell & Ling, 2009). 어떤 의미에서 문자 메시지는 쪽지를 보내는 것과 비슷하며(Ling, 2004), 우리와 다른 사람을 연결하는 데 대단히 중요한 역할을 하는 "디지털 선물"(digital gifts)로 간주될 수 있다(Johnsen, 2003). 링 및 이트리(Ling & Yttri, 2002)는 이러한 연계감이 어떻게 작용하는지에 대해 다음과 같이 설명했다:

> 수신자는 송신자의 생각 속에 있으며 그들이 만날 때 그들은 메시지 교환을 토대로 일정 부분의 추후 상호작용을 할 수 있을 것이다. 메시지는 공통된 역사나 내러티브의 개발을 통해 집단을 함께 묶어주는 역할을 한다(2002: 158~159).

달리 말하자면, 문자 메시지는 관련된 모든 사람을 위한 공통된 기초공사를 함으로써 미래의 대면 상호작용을 위한 기본 구성요소 기능을 할 수 있다. 이러한 공유되는 역사는 우리가 더 연계되어 있다는 느낌을 갖도록 도와줄 수 있다.

물론 일부 학자는 긴밀한 집단 구성원들 간의 지나친 연계감이 실제로 친밀한 네트워크 밖에서 새로운 관계를 형성하는 데 해로울 수 있음을 우려한다. 어떤 연구는 휴대폰을 많이 사용하는 것이 누에고치 효과(cocooning effect)를 미쳐 우리가 긴밀한 사회 집단 내에만 있어 외부세계와 격리됨을 보여주었다(Habuchi, 2005; Ito, Okabe, & Anderson, 2008). 캠벨 및 링(Campbell & Ling, 2008)과 링(Ling, 2008)은 사회적 누에고치 되기의 있을 수 있는 한 가지 결과는 누에고치처럼 사는 사람들이 '외부' 세계와 덜 연결되어 있다는 느낌을 가질 수 있으며 대안적인 아이디어와 목소리를 듣지 않는다는 점이라고 말했다.

4. 청소년 문화에 미치는 효과

모바일 커뮤니케이션의 광범위한 채택은 10대가 어떻게 성인으로 성장하는가에 대한 많은 전통적인 이슈를 바꾸어놓았다(Campbell & Ling, 2009). 과거에는 많은 10대가 부모가 밟아온 길을 뒤따르도록 양육되었지만, 오늘날의 문화는 급격히 변화되어 어린이들의 경험은 부모의 경험과 크게 다르다. 실제로 "사이버공간의 어린이들: 20대가 되면 이미 시대에 뒤져"(Stone, 2010)라는 제목의 한 《뉴욕 타임스》 기사는, 오늘날의 어린이들은 특히 미디어 사용이라는 측면에서 너무 빨리 변하는 나머지 모바일 미디어 사용과 이러한 미디어가 그들의 삶에 미치는 영향이라는 면에서 심지어 그들의 형제자매와도 다를 것이라고 주장했다. 알려진 바에 의하면, 그와 같은 기술의 빠른 변화는 i세대(iGeneration)[2] 형제자매 사이에서도 일련의 '작은 세대차'(mini-generation gap)가 생길 것이라고 한다. 예를 들면, 여러분은 숫자 키패드를 사용해 문자를 보내야 하는 것(예, 문자 c를 치기 위해 숫자 '2'를 세 번 누르는 것)이 어땠는지 기억할 수도 있지만, 친동생이나 사촌동생은 풀 쿼티(full QWERTY)[3] 키보드나 터치 스크린이 없는 휴대폰을 상상할 수 없다.

청소년들은 공식적인 교육 외에 사회에서 어떻게 기능해야 하는지에 대해서도 반드시 배워야 한다. 그들은 오늘날 세계에서 살아가는 법을 또래와의 상호작용을 통해 많이 배우며, 휴대폰은 10대가 상호작용하는 완벽한 도구이다. 휴대폰으로 인해 10대는 친구들과 지속적인 접촉이 가능하게 되었는데,

---

2) 인터넷이 보편화되기 시작한 1994년 이후 태어난 세대로, 인지능력이 생길 때부터 인터넷에 친숙하여 PDA, 휴대폰, MP-플레이어, USB-드라이브 등의 각종 저장장치에 막대한 양의 정보를 담아 가지고 다니며, 사이버 공간을 현실 세계에 못지않은 중요한 삶의 터전으로 삼는다(옮긴이 주).
3) 타자기를 사용할 때 붙어 있는 키(key)를 연달아 누르면 부품이 부딪혀서 고장이 자주 나자 이를 개선하기 위해 1870년대에 크리스토퍼 숄스에 의해 개발된 키 배열이다(옮긴이 주).

이는 집단 내 소속감을 강화해주는 것으로 밝혀졌다(Ling, 2004, 2008; Ling & Yttri, 2002; Taylor & Harper, 2001). 실제로 10대의 22%가 "항상 응할 수 있고자 하는" 욕구가 그들이 휴대폰을 구입하는 주된 이유라고 말했다(Nielsen, 2010).

더욱이 발신자 확인(caller ID)과 음성 메시지 녹음(voice mail) 같은 특성 또한 청소년들이 부모와의 관계를 관리하는 데 도움을 준다(Campbell & Ling, 2009). 그들은 부모의 전화를 받을지 아니면 단순히 음성 메시지를 남기라고 할지를 선택할 수 있다.

물론 청소년들의 휴대폰 사용이 부정적인 효과를 초래하기도 한다. 링(Ling, 2005b)과 피더슨 및 새뮤얼슨(Perdersen & Samuelsen, 2003)은 휴대폰을 (특히 문자가 아닌 음성 전화를) 많이 사용한다고 밝힌 10대가 여러 가지 바람직스럽지 않은 행동(예, 절도, 싸움, 음주 및 마약 사용)도 할 가능성이 더 높다는 것을 알아냈다. 이러한 연구 결과는 휴대폰 사용과 일탈 행동 간의 선형적 관계를 가리키는 것이 아니라, 휴대폰을 많이 사용하는 사람이 단순히 그와 같은 유형의 행동도 할 가능성이 매우 높다는 것이다. 그러나 그들의 데이터는 휴대폰 사용과 성활동 간에는 더 선형적인 관계가 존재함을 보여주었다. 즉, 휴대폰 사용의 증가는 성활동의 증가를 동반했다. 이러한 상관관계의 정확한 이유는 충분히 밝혀지지 않았다. 캠벨 및 링은 휴대폰이 "너무 거리낌 없는 10대들" 간에 밀회를 가질 수 있는 능력을 높여준다고 가정했다(Campbell & Ling, 2009: 599). 최근에 발생한 섹스팅의 증가가 또 하나의 가능한 설명이다. 섹스팅(sexting)이란 문자 메시지나 온라인으로 자기 자신의 노골적으로 성적인 (종종 누드나 세미-누드) 사진이나 동영상을 보내는 것을 말한다(O'Donovan, 2010). 최근의 한 연구에 따르면, 10대의 65.5% 그리고 청년층(20~26세)의 73.5%가 섹스팅을 한 적이 있는 것으로 나타났다(Lipkins, Levy, & Jerabkova, 2011).

휴대폰 사용의 추가적인 부정적인 효과는 학업 성적과 관련되어 있다. 한 연구에 따르면, 휴대폰을 많이 사용하는 고등학생의 경우 수업에서 F학점을 받는 비율이 높아서 재수강을 해야 하는 것으로 드러났다(Sánchez-Martínez & Otero, 2009).

수업시간에 휴대폰을 많이 사용하는 대학생은 강의 자료를 확인하지 못할 가능성이 더 높았다(End, Worthman, Mathews, & Wetterau, 2010). 수업시간에 문자를 보내는 것 역시 더 낮은 시험점수와 관련이 있었다(Ellis, Daniels, & Jauregui, 2010). 그 밖에도 수업시간에 문자 메시지를 더 많이 보내는 학생은 전반적인 GPA도 더 낮은 것으로 알려졌다. 여러분도 조심하기 바란다…….

5. 문자 보내기의 효과

문자 보내기(texting)는 특히 10대에게 중요한 유형의 모바일 커뮤니케이션이 되었다. 10대의 43%가 휴대폰을 구입하는 가장 큰 이유로 문자를 보내고 싶은 욕구를 꼽았다(Nielsen, 2010). 10대 소녀는 한 달에 평균 4050개의 문자를 주고받는 반면, 10대 소년은 평균 2539개의 문자를 주고받는다(Nielsen, 2010). 흔히 문자는 그 길이가 짧음에도(Ling, 2006), 사회적 조정에서부터 정서 표현에 이르기까지 다양한 토픽을 포함한다(Ling, 2005a).

물론 문자를 보내는 많은 사람은 친구와 커뮤니케이션할 때 그들 자신만의 약어를 만들어 사용한다. 'where u @?', 'call me l8r',[4] 'i luv u 〈3'[5] 같은 문자는 특정한 사회적 네트워크에 소속되어 있음을 나타내는 '회원 배지'(badge of membership)가 될 수 있다(Campbell & Ling, 2009). 더욱이 LOL,[6]

---

4) 8을 읽으면 eight이 되고, 앞에 알파벳 l을 붙이고 뒤에 r을 붙이면 later가 된다. later는 'See you later'의 줄임말이다(옮긴이 주).

5) '〈3'은 하트(heart) 모양(옮긴이 주).

6) 'Laughing Out Loud'(크게 소리 내어 웃다) 혹은 'Lots Of Love'(많이 사랑해)의 약어(옮긴

ROFLMFAO,[7] TTYL[8] 같은 약어 코드를 문자로 보내는 것은 종종 여러 유형의 온라인 커뮤니케이션(예, 인스턴트 메시지, 이메일, 페이스북 포스트, 트윗)에서 발견된다. 이러한 방식의 커뮤니케이션은 더 젊은 세대에게는 자연스럽지만, 부모들과 조부모들은 종종 이러한 '알파벳 수프'(alphabet soup)[9]의 의미를 해독하는 데 어려움을 겪는다.

문자 보내기와 음성 통화를 비교해보면, 오가는 문자의 수는 증가한 반면 음성 통화 수는 줄어들었다(Nielsen, 2010). 그뿐 아니라 10대의 78%는 문자 보내기가 실용적이며 편리하다고 말했고, 22%는 문자 보내기가 음성 통화보다 더 쉽다고 말했으며, 20%는 문자 보내기가 더 빠르다고 말했다(Nielsen, 2010). 문자 보내기의 인기 상승은 이전의 전화기보다 문자 보내기가 덜 번거로운 터치 스크린이나 풀 쿼티 키보드를 갖추고 있는 스마트폰의 지속적인 채택이 원인일 수 있다. 분명 10대는 문자 보내기가 커뮤니케이션의 핵심 도구이며 앞으로도 핵심 도구로 머물러 있을 것임을 보여주고 있다. 시간이 흘러서 더 많은 연구가 이루어지면 문자 보내기가 커뮤니케이션에 미치는 추가적인 효과가 밝혀질 것이다.

6. 공적 공간에서의 사적 사용

급격한 휴대폰 사용 증가는 우리의 사회적 지형을 사람들이 공적 공간을 사적으로 사용하는 장소로 바꿔놓았다. 공적 행동에 대한 사회적 규칙과 전

이 주).

7) 'Rolling on floor laughing my fucking ass off'의 약어로 정말 우습다는 의미를 전할 때 사용된다(옮긴이 주).

8) 'Talk To You Later'(나중에 이야기하자)의 약어(옮긴이 주).

9) (특히 기호나 약어들이 많아서) 대단히 이해하기 어려운 언어를 말한다(옮긴이 주).

화 대화에 대한 사회적인 규칙은 종종 서로 충돌하기 때문에(Love & Kewley, 2005; Palen, Salzman, & Young, 2001), 공적 공간과 사적 공간의 경계가 종종 흐려진다(Campbell & Ling, 2009).

우리는 휴대폰 사용이 친구 및 가족과의 커뮤니케이션을 더 쉽게 해준다는 것을 알았다. 그러나 그것은 우리의 벨소리, 문자 메시지 알림음, 반쪽 대화(half-conversation)를 들어야 하는 우리 주위 사람들의 희생을 대가로 한다는 점을 캠벨 및 링(Campbell & Ling, 2009)은 지적했다. 일부 연구에 따르면, 어떤 사람은 누군가의 휴대폰 대화를 우연히 엿듣는 것을 즐기지만(Fortunati, 2005b; Paragas, 2003), 대부분은 사람이 휴대폰에 대고 말하는 것을 들어야 하는 것을 좋아하지 않는다고 한다(Monk, Carroll, Parker, & Blythe, 2004). 실제로 엠버슨, 러피언, 골드스타인 및 스피비(Emberson, Lupyan, Goldstein, & Spivey, 2010)는 "반쪽 대화"(halfalogue), 즉 전화 대화의 한쪽을 듣는 것이 대화의 양쪽을 다 듣는 것보다 사람들의 주의를 더 분산시킨다는 것을 알아냈다!

이 장의 앞부분에서 우리는 휴대폰 사용에 의해 야기되는 사회적 누에고치라는 개념에 대해 논의했다. 휴대폰 사용의 속성으로 인해 우리는 공적 공간에서 우리 자신을 더욱 누에고치로 만들 수도 있다. 링은 다음과 같이 말했다:

일반적으로 우리는 친한 사람과 낯선 사람 모두에게 열린 자세를 취해야 하지만, 휴대폰은 친한 친구와 가족 쪽으로 균형이 기울어지게 한다. 그렇지 않았더라면 낯선 사람과 이야기할 기회가 있었을지도 모를 상황(예, 버스를 기다리거나 계산대 앞에서 줄서서 기다리는 상황)에서 대신 우리는 친구나 친한 사람 혹은 가족과 수다를 떨거나 시시덕거리거나 농담을 할 수 있다(Ling, 2008: 159~160).

링이 묘사한 이러한 상황에서 우리는 거건(Gergen, 2002)이 "부재적 존재"(absent presence)라고 부른 것을 드러내 보이고 있다. 이것은 우리의 몸은 물리적으로 존재하지만 우리의 마음은 모바일 기술을 통한 대화에 빠져 다른

우연히 엿듣는 휴대폰 대화: 반쪽 대화가 주의력을 더 분산시켜

Lauren L. Emberson, Gary Lupyan, Michael H. Goldstein, and Michael J. Spivey(2010)

Psychological Science, 21, 1383~1388.

공적 공간에서의 휴대폰 사용이 불러일으키는 좀 더 성가신 부작용 가운데 하나는 대화의 양쪽 모두가 아닌 휴대폰 대화의 반쪽, 즉 '반쪽 대화'를 우연히 엿들을 수밖에 없다는 것이다. 이러한 대화의 단편들은 사실상 예측이 불가능하다.

실험 1

연구에 따르면, 예측 불가능한 사건이 내적 오류(internal error)를 야기해 우리의 주의력을 분산시킨다고 한다. 따라서 엠버슨 등(Emberson et al., 2010)은 다음과 같은 가설을 설정했다:

> 반쪽 대화의 상대적인 예측 불가능성은 제한된 주의력 자원을 이용하게 됨으로써, 결과적으로 동시에 하고 있는 일의 수행을 더 형편없게 만들 것이다.

연구방법

실험에 필요한 자극물을 만들기 위해 연구자들은 2쌍의 친구들이 별도의 방음실에서 전화 대화를 하는 것을 녹음했다. 이를 통해 연구자들은 대화의 반쪽을 따로따로 녹음할 수 있었다.

코넬 대학교(Cornell University) 학부생 24명(여학생 18명, 남학생 6명; 평균 연령 19.45세)이 실험에 참여했다. 연구자들은 주의력을 방해하는 효과를 측정하기 위해 참여자들에게 주의력 집중을 요하는 두 가지 일을 주고 실험을 하는 동안 끝마치게 했다: 첫 번째 일은 움직이는 점을 원의 중심에 있도록 하기 위해 원형 마우스의 커서로 그 점을 추적하는 일이었고, 두 번째 일은 스크린에 나타나는 일련의 편지에 반응하는 일이었다. 실험이 시작되기 전에 연구자들은 그들이 반응해야 하는 4통의 편지를 참여자들에게 보여주었다. 연구자들은 4통의 편지 이외의 다른 편지가 스크린에 나타나더라도 그것은 무시하라고 참여자들에게 알려주었다.

실험은 32개의 1분짜리 세그먼트로 구성되었다. 각 세그먼트가 진행되는 동안, 참여자들은 반쪽 대화, 대화, (한 '통화자'가 대화를 요약해준) 독백, 혹은 침묵 가운데 하나를 들었다. 점을 추적하는 일과 편지를 인식하는 일은 세그먼트들 사이에 번갈아 주어졌다. 침묵 조건하에서의 참여자들의 일 수행 성적이 주의력의 기준으로 사용되었다.

연구결과

통계 분석은 대화의 한쪽만을 듣는 것이 주의력을 상당히 방해할 것이라는 가설을 지지했다. 참여자들의 점 추적 및 편지 인식 수행도는 침묵, 대화, 독백 조건하에서는 동일했지만 반쪽 대화 조건하에서는 훨씬 더 나빴다.

실험 2

반쪽 대화가 그러한 대화를 듣는 사람의 주의력을 분산시킨다는 사실을 확인한 후, 엠버슨 등은 그러한 효과가 소리의 세기(sound level)가 갑자기 변해서 발생했을 가능성을 배제시키고 싶었다. 간단히 말하면, 그들은 침묵에서 누군가가 말하는 소리로의 갑작스런 변화가 순간적인 주의력 착오를 야기하지는 않았는지 알고 싶었다.

연구방법

연구자들은 이러한 가능성을 살펴보기 위해 전화 대화를 필터링하여, 소리의 크기는 동일하게 유지한 채 대화 내용은 이해할 수 없게 만들었다. 필터링된 대화는 누군가가 물속에서 말하는 것을 듣는 것과 비슷하게 들린다.

17명(여학생 16명, 남학생 1명; 평균 연령 19.81세)의 참여자가 추가로 모집되었다. 이 참여자들은 그들이 필터링된 반쪽 대화, 대화, 독백을 들은 것을 제외하고는 첫 번째 실험과 동일한 절차를 거쳤다.

연구결과

이 참여자 집단에게서는 주의력 결핍이 발견되지 않았는데, 이것은 실제로 소리가 아니라 대화 속의 말이 주의력을 분산시킴을 보여주는 것이다. 엠버슨 등은 이러한 연구결과가 특히 자동차 운전자가 승객의 휴대폰 전화 대화를 우연히 엿듣게 되어 주의력이 분산되는 상황에 적용할 수 있다고 말하면서, 이 실험에서 주의력을 기울여야 하는 일(점 추적과 편지 인식)이 차선을 유지하고 교통신호에 따라야 하는 것과 비슷한 주의력을 요하는 행동을 요구한다고 지적했다.

곳에 있는 것을 말한다. 캠벨 및 곽(Campbell & Kwak, 2011)은 최근 모바일기술을 사용하는 사람들이 공공장소에서 다른 사람과 어떻게 관계를 맺는지 조사했다. 흥미롭게도 그들은 사람들이 정보 목적(즉, 조정과 뉴스 확인)에서 모바일 기술을 사용할 때는 낯선 사람과 대화할 가능성이 훨씬 더 높다는 것을 확

워즈 위드 프렌즈와 같은 모바일 게임은 인기 있을 뿐만 아니라 수익성도 있다.
www.youtube.com/ watch?v=wYeFAogcPgs

인했다. 반대로 그들은 사람들이 관계 목적(즉, 친구 및 가족과의 더 친밀한 대화)에서 모바일 기술을 사용할 때는 낯선 사람과 이야기할 가능성이 더 낮다는 것을 확인했다. 캠벨 및 곽은 정보 목적에서 모바일 기술을 사용하는 것과 낯선 사람과의 대화 증가 간에 관련이 있는 것은 정보 사용이 사람들에게 이야기할 무언가(예, 시사사건, 스포츠, 날씨)를 제공하기 때문이라고 보았다.

카츠 및 어코드(Katz & Acord, 2008)는 모바일 게임의 인기 증가에 주목했는데, 캠벨 및 곽(Campbell & Kwak, 2011)은 이것이 모바일 기술 사용 패턴과 공공장소에서 낯선 사람과 이야기하는 것에 상당한 영향을 미칠 수 있다고 말했다. 실제로 무선 기술의 향상(예, 더 빨라진 속도, 더 넓은 대역폭)으로 휴대폰 데이터 전송능력이 향상되어 수백만 명의 사람이 모바일 게임을 즐길 수 있게 되었다(Soh & Tan, 2008). 워즈 위드 프렌즈(Words with Friends)와 앵그리 버드(Angry Birds)[10] 같은 게임은 매우 인기 있고 매우 수익성이 있는 것으로

---

10) 앵그리 버드는 아기 돼지가 지은 요새를 공략하는 일련의 공격적인 새를 진격시켜야 하는

밝혀졌다. 10만 달러의 개발비가 든 앵그리 버드는 이미 800만 달러 이상의 수입을 올렸다(Wortham, 2010). 모바일 게임은 2014년까지 약 114억 달러의 수입을 올릴 것으로 예상된다(Juergen, 2010).

앵그리 버드의 여러 단계를 끝내는 데는 1분이 채 걸리지 않기 때문에, 리치먼드(Richmond, 2010)는 이러한 게임은 "막간의 여유시간"에 즐기기에 이상적이라고 말했다. 이러한 여유시간은 흔히 공공장소에 있을 때 생기는 경향이 있다. 사람들은 평균적으로 35개의 앱을 그들의 휴대폰에 설치해두고 있으며, 스마트폰 사용자는 폰을 사용하는 시간의 3분의 2를 앱을 사용하는 데 쓰고 있다(Nielsen, 2011b). 이는 휴대폰 사용자가 많은 시간을 모바일 게임을 하는 데 사용하는 것으로 이어질 수 있음을 시사한다. 앵그리 버드를 만든 회사인 로비오(Rovio)에 따르면, 전 세계의 사용자들이 하루에 앵그리 버드 게임을 하는 데 사용하는 시간을 합치면 약 2억 분에 이르는데, 이는 전 세계 사용자들이 시간당 16년 치[11])에 해당하는 시간을 돼지에게 새를 투척하는 게임에 사용하는 셈이다(Wortham, 2010).

더 많은 휴대폰 사용자가 모바일 게임과 함께 점차 그들의 소셜 미디어 계정에 접속하는 데 그들의 폰을 사용하고 있으며, 스마트폰 사용자의 60%가 그들의 폰에 소셜 미디어 앱을 깔아놓고 있다(Nielsen, 2011a)(소셜 미디어의 효과에 대한 더 자세한 논의는 19장을 참조하라). 물론 소셜 미디어 앱은 스마트폰 사용자가 이용할 수 있는 앱 가운데 작은 부분에 지나지 않는다. 애플의 "그것을 위한 앱이 있습니다"(There's an app for that)라는 슬로건이 잘 보여주듯이, 이 세상에는 거의 모든 목적의 앱이 이용 가능하다. 애플에 따르면, 2011년 6월 현재 150억 개의 앱을 앱 스토어(App Store)에서 다운로드할 수 있으

능력 게임으로, 좋은 조준 실력을 요하고 중력에 힘입어 적군 돼지를 무너뜨릴 수 있도록 힘을 조절해서 새를 날려 보내야 한다(옮긴이 주).

11) 1년은 52만 5600분이므로 16년은 840만 9400분. 따라서 840만 9400분 × 24시간=2억 182만 5600분(약 2억 분)(옮긴이 주).

며, 이 가운데 아이폰(iPhone), 아이팟, 아이패드(iPad)에서 이용 가능한 앱은 42만 5000개가 넘는다.

7. 요약

휴대폰을 잊어버리거나 잃어버리지 않는 한, 우리는 흔히 우리의 휴대폰에 대해 다시 생각해보지 않기 때문에 모바일 커뮤니케이션의 효과의 많은 부분을 간과하기 쉽다! 그래서 우리는 우리가 휴대폰에 얼마나 의존하고 있는지를 알고 나면 고통스럽지만 그러한 사실을 인정하지 않을 수 없다.

휴대폰으로 인해 우리는 사회적 조정의 측면에서 더 큰 통제력과 융통성을 가질 수 있게 되었다. 우리는 단 1통의 휴대폰 통화로 세부계획 및 실행 문제를 해결하거나, 우리의 일정을 이리저리 바꾸거나, 계획을 확정할 수 있다.

모바일 기술은 바쁜 가족과 모바일 근로자의 일상생활에 영향을 주는 것으로 알려져 왔다. 그러나 우리는 모바일 근무가 우리의 가정생활에 어떤 부정적인 영향을 미칠 수 있으며, 역으로 우리의 가정생활이 모바일 근무에 어떤 부정적인 영향을 미칠 수도 있다는 것을 반드시 인식해야 한다.

휴대폰은 매우 사적인 기술이며, 휴대폰으로 우리는 친구 및 가족과 커뮤니케이션을 할 수 있을 뿐만 아니라 실제적인 대면 만남을 조정할 수도 있다. 그러나 일부 연구는 휴대폰 사용이 우리가 친한 집단 밖의 사람과 접촉하는 것을 차단할 수 있음을 보여주었다.

휴대폰의 광범위한 채택은 청소년 문화를 바꾸어놓았다. 현재 10대는 흔히 문자 메시지를 통해 친구와 지속적인 접촉을 유지할 수 있다. 휴대폰은 또한 10대들이 부모와 상호작용하는 방식을 어느 정도 통제할 수 있게 해준다.

문자 보내기는 10대가 관계를 형성하는 데 도움을 줄 수도 있지만, 휴대폰을 많이 사용하는 것은 문란함과 관련이 있으며, 10대의 섹스팅은 소녀와 소년 모두에게 계속해서 문제가 되고 있다. 대학생도 휴대폰 사용의 부정적인 결과에 영향을 받는다. 일반적으로 수업 중의 휴대폰 사용은 낮은 시험 성적 및 낮은 학점으로 이어진다.

마지막으로 휴대폰은 공적 공간과 사적 공간의 경계를 흐려놓는다. 일반적으로 사적인 것으로 간주되는 휴대폰 통화가 공적 공간에서 이루어질 때, 통화를 하는 사람 주변에 있는 사람에게 의도하지 않은 여러 가지 결과가 초래된다. 그러나 어떤 유형의 휴대폰 사용은 휴대폰 사용자들이 공적 공간에서 만나는 낯선 사람과 대화를 시작하게끔 도와주는 것으로 알려져 있다.

전반적으로 모바일 커뮤니케이션은 우리가 사람, 공간, 시간에 대해 생각하는 방식을 근본적으로 바꾸어놓았기 때문에, 우리는 그것이 우리 사회에 미치는 영향을 과소평가할 수 없다.

참고문헌

Abel, G. G., Barlow, D. H., Blanchard, E. B., & Guild, D. (1977). The components of rapists' sexual arousal. *Archives of General Psychiatry, 34,* 895-903.

Abel, S. (1995). The rabbits in drag: Camp and gender construction in the American animated cartoon, *Journal of Popular Culture, 29,* 183-202.

Abraham, L., & Appiah, O. (2006). Framing news stories: The role of visual imagery in priming racial stereotypes. *The Howard Journal of Communications, 17,* 183-203.

Abrams, J., & Giles, H. (2007). Ethnic identity gratifications selection and avoidance by African Americans: A group vitality and social identity perspective. *Media Psychology, 9,* 115-134

Abramson, P. R. Perry, L. Seeley, T., Seeley, D., & Rothblatt, A. (1981). Thermographic measurement of sexual arousal: A discriminant validity analysis. *Archives of Sexual Behavior, 10*(2), 175-176.

Ahlers, D. (2006). News consumption and the new electronic media. *Harvard International Journal of Press/Politics, 11*(1), 29-52.

Aitken, P. P., Leathar, D. S., & O'Hagan, F. J. (1985). Children's perceptions of advertisement for cigarettes. *Social Science Medicine, 2,* 785-797

Aitken, P. P., Leathar, D. S., & Squair, S. I. (1986) Children's awareness of cigarette brand sponsorship of sports and games in the UK. *Health Education Research, 1,* 203-211.

Ajzen, I. (1988). *Attitude, personality and behavior.* Homewood, IL: Dorsey.

Ajzen, I. (1991). The theory of planned behavior. *Organizational Behavior and Human Decision Processes, 50*(2), 179-211

Akerman, A., Bryant, J. A., & Diaz-Wionczek, M. (2011). Educational preschool programming in the US: An ecological and evolutionary story. *Journal of Children and Media, 5*, 204-220. doi: 10.1080/17482798.2011.558284

Alba, J. W., & Marmorstein, H. (1987). The effect of frequency knowledge on consumer decision making. *Journal of Consumer Research, 14*(1), 14-25.

Allen, M., D'Alessio, D., & Emmer-Sommer, T. M. (1999). Reactions of criminal sexual offenders to pornography: A meta-analytic summary. In M. Roloff (Ed.), *Communication Yearbook 22* (pp. 139-169). Thousand Oaks, CA: Sage.

Althaus, S. L., & Kim, Y. M. (2006). Priming effects in complex information environments: Reassessing the impact of news discourse on presidential approval. *Journal of Politics, 68*, 960-976

Althaus, S. L., & Tewksbury, D. (2002). Agenda setting and the "new" news: Patterns of issue importance among readers of the paper and online versions of *The New York Times, Communication Research, 29*, 180-207.

American Academy of Pediatrics. (1999). Media education. *Pediatrics, 104*, 341-343.

American Academy of Pediatrics. (2001). Children, adolescents, and television. *Pediatrics, 107*, 423-426.

American Medical Association. (2007a). *Emotional and behavioral effects, including addictive potential, of video games*(CSAPH Report 12-A-07). Retrieved from http://www.ama-assn.org/amal/pub/upload/mm/467/csaph12ao7.doc

American Medical Association. (2007b). Featured report: Emotional and behavioral effects of computer games and Internet overuse. Retrieved from http://www.ama-assn.org/ama/pub/category/17694.html

Amichai-Hamburger, Y. & Vinitzky, G. (2010). Social network use and personality. *Computers in Human Behavior, 26*, 1289-1295.

Anastasio, P. A. (2005). Does viewing "justified" violence lead to devaluing others? *Current Psychology, 23*, 259-266.

Ancu, M., & Cozma, R. (2009). MySpace politics: Uses and gratifications of befriending candidates. *Journal of Broadcasting & Electronic Media, 53*(4), 567-583.

Anderson, C. A. (1997). Effects of violent movies and trait hostility on hostile feelings and aggressive thoughts. *Aggressive Behavior, 23*, 161-178

Anderson, C. A. (2004). An update on th effects of playing violent video games. *Journal of Adolescence, 27*, 113-122.

Anderson, C. A., Berkowitz, L., Donnerstein, E., Huesmann, L. R., Johnson, J. D., Linz, D.,

Malamuth, N. M., & Wartella, E. (2003). The influence of media violence on youth. *Psychological Science in the Public Interest, 4*(3).

Anderson, C. A., & Bushman, B. J. (2001). Effects of violent video games on aggressive behavior, aggressive cognition, aggressive affect, physiological arousal, and prosocial behavior: A meta analytic review of the scientific literature. *Physiological Science, 12,* 353-359

Anderson, C. A., Carnagey, N. L. Flanagan, M., Benjamin, A. J., Eubanks, J., & Valentine, J. C. (2004). Violent video games: Specific effects of violent content on aggressive thoughts and behavior. In M. Zonna (Ed.), *Advances in experimental social psychology* (vol. 36, pp. 199-249). New York: Elsevier.

Anderson, C. A., & Dill, K. E. (2000). Video games and aggressive thoughts, feelings, and behavior in the laboratory and in life. *Journal of Personality and Social Psychology, 78,* 772-790.

Anderson, C. A., Gentile, D. A., & Buckley, K. E. (2007). *Violent video game effects on children and adolescents: Theory, research, and public policy,* New York: Oxford University Press.

Anderson, C. A., Gentile, D. A., & Dill, K. E. (2011). Prosocial, antisocial, and other effects of recreational video game. In D. G. Singer & J. L. Singer (Eds.), *Handbook of children and the media* (2nd ed., pp. 249-272). Thousand Oaks, CA: Sage.

Anderson, C. A. & Murphy, C. R. (2003). Violent video games and aggressive behavior in young women. *Aggressive Behavior, 29,* 423-429

Anderson, C. A., Shibuya, A., Ihori, N., Swing, E. L., Bushman, B. J., Sakamoto, A., Rothstein, H. R., & Saleem, M. (2010). Violent video game effects on aggression, empathy, and prosocial behavior in eastern and western countries: A meta-analytic review. *Psychological Bulletin, 136*(2), 151-173.

Anderson, D. R. Bryant, J. Wilder, A., Santomero, A., Williams, M., & Crawley, A. M. (2000). Researching Blue's Clues: Viewing behavior and impact. *Media Psychology, 2,* 179-194.

Anderson, D. R., Huston, A. C., Wright, J. C., & Collins, P. A. (1998). *Sesame Street* and educational television for children. In R. G. Noll & M. E. Price (Eds.), *A communications cornucopia: Markle Foundation essays on information policy* (pp. 279-296). Washington, DC: Brookings Institution Press.

Anderson, D. R., & Lorch, E. P. (1983). Looking at television: Action or reaction. In J. Bryant & D. R. Anderson (Eds.), *Children's understanding of television: Research on attention and comprehension* (pp. 1-33). New York: Academic Press.

Anderson, D. R., & Pempek, T. A. (2005). Television and very young children. *The American*

Behavioral Scientist, 48, 505-522. doi: 10/1177/0002764204271506

Anderson, I. K. (2011). The uses and gratifications of online care pages: A study of Caring-Bridge. *Health Communication, 26*, 546-559. doi: 10.1080/10410236.2011. 558335

Anderson, J., & Bower, G. (1973). *Human associative memory.* Washington, DC: Winston.

Anderson, J. A. & Meyer, T. P. (1975). Functionalism and the mass media. *Journal of Broadcasting, 19*, 11-22.

Anderson, F. (1977). TV violence and viewer aggression: A cumulation of study results 1956-1976. *Public Opinion Quarterly, 41*, 314-331.

Andriessen, J. H., & Vartiainen, M. (2006). *Mobile virtual work: A new paradigm?* Berlin: springer.

Andsager, J. L. (2000). How interest groups attempt to shape public opinion with competing news frames. *Journalism & Mass Communication Quarterly, 77*, 577-592.

Angell, J. R. (1941). Radio and national morale. *The American Journal of Sociology, 47*, 352-359.

Ansolabehere, S., & Iyengar, S. (1995). *Going negative: How political advertisements shrink and polarize the electorate.* New York: Free Press.

Ansolabehere, S., Iyengar, S., & Simon, A. (1999). Replicating experiments using aggregate and survey data: The case of negative advertising and turnout. *American Political Science Review, 93*, 901-909.

Appel, M. (2008). Fictional narratives cultivate just-world beliefs. *Journal of Communication, 58*, 62-83.

Apple. (2011). Apple's app store downloads top 15 billion. Retrieved from http:// www.apple.cpm/pr/librar/2011/07/07Apples-App-Store-Downloads-Top-15-Billion. html

Applegate, E. (1998) *Personalities and products: A historical perspective on advertising in America.* Westport, CT: Greenwood.

Armstrong, G., Neuendorf, K., & Brentar, J. (1992). TV entertainment, news, and racial perceptions of college students. *Journal of Communication, 42*, 153-176.

Ashby, S. L., Arcari, C. M., & Edmonson, M. B. (2006). Television viewing and risk of sexual initiation by young adolescents. *Archives of Pediatric Adolescent Medicine, 160*(4), 375-380

Atkin, C. (1983). Effects of realistic TV violence vs. fictional violence on aggression. *Journalism Quarterly, 60*, 615-621.

Atkin, C. (1990) Effects of televised alcohol messages on teenage drinking patterns. *Journal of Adolescent Health Care, 1*, 10-24.

Atkin, C. Hocking, J., & Block, M. (1984). Teenage drinking: Does advertising make a difference? *Journal of Communication, 34*(2), 157-167.

Atkin, D. J., & Lau, T. Y. (2007). Information technology and organizational telework. In C. A. Lin & D. J. Atkin (Eds.), *Communication technology and social change: Theory and implications* (pp. 79-100), Mahwah, NJ: Erlbaum.

Austin, E. W., Chen, M. J., & Grube, J. W. (2006). How does alcohol advertising influence underage drinking? The role of desirability identification and skepticism. *Journal of Adolescent Health, 38*(4), 376-384.

Austin, E. W., & Knaus, C. (2000). Predicting the potential for risky behavior among those "too young" to drink, as the result of appealing advertising. *Journal of Health Communication, 5*(1), 13-27.

Axsom, D., Yates, S., & Chaiken, S. (1987). Audience response as a heuristic cue in persuasion. *Journal of Personality and Social Psychology, 53*, 30-40.

Babrow, A. S. (1988). Theory and method in research on audience motives. *Journal of Broadcasting and Electronic Media, 32*, 471-487.

Bainbridge, E., Bevans, S., Keeley, B., & Oriel, K. (2011). The effects of Nintendo Wii Fit on community dwelling older adults with perceived balance deficits: A pilot study. *Physical & Occupational Therapy in Geriatrics, 29*, 126-135. doi: 10.3109/02703181.2011.569053

Baldaro, B. Tuozzi, G., Godispoti, M., Montebarocci, O., Barbagli, F., Trombini, E., & Rossi, N. (2004). Aggressive and nonviolent video games: Short term psychological and cardiovascular effects on habitual players. *Stress and Health, 20*, 203-208.

Ball, S., & Bogatz, G. A. (1970). *The first year of Sesame Street: An evaluation.* Princeton, NJ: Educational Testing Service.

Ball, S., & Boatz, G. A. (1973). *Reading with television: An evaluation of The Electric Company.* Princeton, NJ: Educational Testing Service.

Ball, S., Bogatz, G. A., Karazow, K. M., & Rubin, D. B. (1974). *Reading with television: A follow-up evaluation of The Electric Company.* Princeton, NJ. Educational Testing Service.

Ball-Rokeach, S. J., & DeFleur, M. I. (1976). A dependency model of mass-media effects. *Communication Research, 3*, 3-21.

Ball-Rokeach, S. J., Rokeach, M., & Grube, J. W. (1984a, November). The great American values test. *Psychology Today, 34*, 41.

Ball-Rokeach, S. J., Rokeach, M., & Grube, J. W. (1984b). *The great American values test: Influencing behavior and belief through television.* New York: Free Press.

Bancroft, J., & Mathews, A. (1971). Autonomic correlates of penile erection. *Journal of*

Psychosomatic Research, 15, 159-167.

Bandura, A. (1965a). Influence of models' reinforcement contingencies on the acquisition of imitative responses. *Journal of Personality and Social Psychology, 1,* 589-595.

Bandura, A. (1965b). Vicarious processes: A case of no-trial learning: In I. Berkowitz (Ed.), *Advances in Experimental Social Psychology* (Vol. 2, pp. 1-55). New York: Academic.

Bandura, A. (1973). *Aggression: A social learning analysis.* Englewood Cliffs, NJ: Prentice-Hall.

Bandura, A. (1977). *Social learning theory.* Englewood Cliffs, NJ: Prentice-Hall.

Bandura, A. (1978). A social learning theory of aggression. *Journal of Communication , 28*(3), 12-29.

Bandura, A. (1979). Psychological mechanism of aggression. In M. von Cranach, K. Foppa, W. Lepenies, & D. Ploog (Eds.), *Human ethology: Claims and limits of a new discipline* (pp. 316-356). Cambridge, UK: Cambridge University Press.

Bandura, A. (1982). Self-efficacy mechanism in human agency. *American Psychologist, 37*(2), 122-147.

Bandura, A. (1986). *Social foundations of thought and action: A social cognitive theory.* Englewood Cliffs, NJ: Prentice-Hall.

Bandura, A. (1989). Self-regulation of motivation and action through internal standards and goal systems. In L. A. Pervin (Ed,), *Goal concepts in personality and social psychology* (pp. 19-85). Hillsdale, NJ: Erlbaum.

Bandura, A. (1991). Social cognitive theory of moral thought and action. In W. M. Kurtines & J. L. Gerwitz (Eds.), *Handbook of moral behavior and development* (Vol. 1, pp. 45-103). Hillsdale, NJ: Erlbaum.

Bandura, A. (1992). Self-efficacy mechanism in psychobiological functioning. In R. Schwarzer (Ed.), *Self-efficacy: Thought control of action* (pp. 355-394). Washington, DC: Hemisphere.

Bandura, A. (1994). Social cognitive theory of mass communication. In J. Bryant & D. Zillmann (Eds.), *Media effects: Advances in theory and research* (pp. 61-90). Mahwah, NJ: Erlbaum.

Bandura, A. (2002). Social cognitive theory of mass communication. In J. Bryant & D. Zillmann (Eds.), *Media effects: Advances in theory and research* (2nd ed., pp. 121-153). Mahwah, NJ: Erlbaum.

Bandura, A. (2004). Health promotion by social cognitive means. *Health Education & Behavior, 31,* 143-164.

Bandura, A. (2006). On integrating social cognitive and social diffusion theories. In A. Singhal & J. Dearing (Eds.), *Communication of innovations: A journey with Ev Rogers* (pp.

111-135). Beverly Hills, CA: Sage.

Bandura, A. (2009). Social cognitive theory of mass communication. In J. Bryant & M. B. Oliver (Eds.), *Media effects: Advances in theory and research* (3rd ed., pp. 94-124). New York: Routledge.

Bandura, A., Ross, D., & Ross, S. A. (1963a). Imitation of film-mediated aggressive models. *Journal of Abnormal and Social psychology, 66,* 3-11.

Bandura, A., Ross, D., & Ross, S. A. (1963b). Vicarious reinforcement and limitative learning. *Journal of Abnormal and Social Psychology, 67,* 601-607.

Bandura, A., Underwood, B., & Fromson, M. E. (1975). Disinhibition of aggression through diffusion of responsibility and dehumanization of victims. *Journal of Research in Personality, 9,* 253-269.

Bandura, A., & Walters, R. H. (1963). *Social learning and personality development.* New York: Holt, Rinehart and Winston.

Banks, C. M. (1977). A content analysis of the treatment of black Americans on television. *Social Education, 41*(4), 336-339.

Banning, S. A. (2007). Factors affecting the marketing of public safety message: The third-person effect and uses of gratification theory in public reaction to a crime reduction program. *Atlantic Journal of Communication, 15*(1), 1-18.

Baptista-Fernandez, P., & Greenberg, B. (1980). The context, characteristics and communication behavior of blacks on television. In B. Greenberg (Ed.), *Life on television* (pp. 13-21). Norwood, NJ: Ablex.

Barbaree, H. E., Marshall, W. L., & Lanthier, R. D. (1979). Deviant sexual arousal in rapists. *Behavior Research and Therapy, 17,* 215-222.

Barenthin, J. & Puymbroeck, M. V. (2006, August). Research update: The joystick generation. *Parks & Recreation, 48*(8), 34-29.

Bargh, J., & Chartrand, T. (2000). The mind in the middle: A practical guide to priming and automaticity research. In H. Reis & C. Judd (Eds.), *Handbook of research methods in social personality psychology* (pp. 253-285). Cambridge, UK: Cambridge University Pres.

Bargh, J. & Pietromonaco, P. (1982). Automatic information processing and social perception: The influence of trait information presented outside of conscious awareness on impression formation. *Journal of Personality and Social Psychology, 43,* 437-449.

Barlett, C. Branch, O. Rodeheffer, C., & Harris, R. (2009). How long do the short-term violent video game effects last? *Aggressive behavior, 35,* 225-236.

Barnes, S. J., & Böhringer, M. (2011). Modeling use continuance behavior in microblogging services: The case of Twitter. *Journal of Computer Information Systems, 51,* 1-10.

Baron, L., & Straus, M. A. (1987). Four theories of rape: A microsociological analysis. *Social*

Problems, 34, 467-490.

Baron, R. A. (1974a). The aggression-inhibiting influence of heightened sexual arousal. *Journal of Personality and Social psychology, 30*, 318-322.

Baron, R. A. (1974b). Sexual arousal and physical aggression: The inhibiting influence of "cheesecake" and nudes. *Bulletin of the Psychonomic Society, 3*, 337-339.

Baron, R. A. (1979). Heightened sexual arousal and physical aggression: An extension to females. *Journal of Research in Personality, 13*, 91-102.

Baron, R. A., & Bell, P. A. (1973). Effects of heightened sexual arousal on physical aggression. *Proceedings of the 81st Annual Convention of the American Psychological Association, 8*, 171-172.

Barr, R., Muentener, P., & Garcia, A. (2007). Age related changes in deferred imitation from television by 6- to 18-month-olds. *Developmental Science, 10*(6), 910-921.

Bartholow, B. D., & Anderson, C. A. (2002). Effects of violent video games on aggressive behavior: Potential sex differences. *Journal of Experimental Social Psychology, 38*, 283-290.

Bartholow, B. D., Bushman, B. J., & Sestir, M. A. (2006). Chronic violent video game exposure and desensitization to violence: Behavioral and event-related brain potential data. *Journal of Experimental Social Psychology, 42*, 532-539.

Barton, K. M. (2009). Reality television programming and diverging gratifications: The influence of content on gratifications obtained. *Journal of Broadcasting & Electronic Media, 53*(3), 460-476.

Bartsch, R. A., Burnett, T., Diller, T. R., & Rankin-Williams, E. (2000). Gender representation in television commercials: Updating the update. *Sex Roles, 43*, 735-743.

Basil, M. D., Schooler, C., Altman, D. G., Slater, M., Albright, C. L., & Maccoby, N. (1991). How cigarettes are advertised in magazines: Special messages for special markets. *Health Communication, 3*, 75-91.

Bass, S. B. Ruzek, S. B. Gordon, T. F. Fleisher, L., McKeown, N., & Moore, D. (2006). Relationship of Internet health information use with patient behavior and self-efficacy: Experience of newly diagnosed cancer patients who contact the national Cancer Institute's Cancer Information Service. *Journal of Health Communication, 11*(2), 219-236.

Bauserman, R. (1996). Sexual aggression and pornography: A review of correlational research. *Basic and Applied Social Psychology, 18*(4), 405-427.

Baxter, R. L., Deriemer, C., Landini, A., Leslie, L., & Singletary, M. W. (1985). A content analysis of music videos. *Journal of Broadcasting & Electronic Media, 29*, 333-340.

Bazzini, D. G., McIntosh, W. D., Smith, S. M., Cook, S., & Harris, C. (1997). The aging

534

woman in popular film: Underrepresented, unattractive, unfriendly, and unintelligent. *Sex Roles, 36*, 531-543.

Becker, A. E. (2004). Television, disordered eating, and young women in FiJi: Negotiating body image and identity during rapid social change. *Culture, Medicine and Psychiatry, 28*(4), 533-559.

Becker, A. E., Burwell, R. A., Navara, K., & Gilman, S. E. (2003). Binge eating and binge eating disorder in a small scale, indigenous society: The view from Fiji. *International Journal of Eating Disorders, 34*(4), 423-431.

Becker, L. B., & Kosicki, G. M. (1991). Einege historische und aktuelle Anmerkungen zur amerikanischen Wirkungforschung und der Versuch einer transactionalen analyse [Some historical notes and contemporary comments on American message-producer/message receiver transaction]. In W. Fruh (Ed.), Medienwirkungen: das dynamisch-transactionale Modell: *Theorie und emirische forschung* (pp. 193-213). Opladen: Westdeutscher Verlag.

Becker, L., & McCombs, M. E. (1978) The role of the press in determining voter reaction to presidential primaries. *Human Communication Research, 4*, 301-307.

Becker, L. B., McCombs, M. E., & McLeod, J. M. (1975). The development of political cognitions. In S. H. Chaffee (Ed.), *Political communication* (pp. 21-64). Newbury Park, CA: Sage.

Bell, E. (1995) Somatexts at the Disney Shop: Constructing the pentimentos of women's animated bodies. In E. Bell, L. Haas, & L. Sells (Eds,), *From mouse to mermaid: The politics of film, gender, and culture* (pp. 107-124). Bloomington: Indiana University Press.

Bell, S. B., Ford, S. G., & Ozley, R. R. (2010). *Guide to communication at the University of Montevallo* (3rd ed.), Southlake, TX: Fountainhead Press.

Bellotti, F., Berta, R., De Gloria, A., & Primavera, L. (2009). Enhancing the educational value of video games. *Computers in Entertainment, 7*(2), article 23. doi: 10.1145/1541895.1541903

Benelli, E (2003). The role of the media in steering public opinion on healthcare issues. *Health Policy, 63*(2), 179-186.

Benkler, Y. (2006). *The wealth of networks: How social production transforms markets and freedom.* New Heaven, CT: Yale University Press.

Bennett, W. L. (1988). *News: The politics of illusion* (2nd ed.), New York: Longman.

Bennett, W. L., Lawrence, R. G., & Livingston, S. (2006). None dare call it torture: Indexing and the limits of press independence in the Abu Ghraib scandal. *Journal of Communication, 56*(3), 467-485.

Bennett, W. L., Lawrence, R. G., & Livingston, S. (2007). *When the press fails: Political power and the news media from Iraq to Katrina,* Chicago: University of Chicago Press.

Ben-Porath, E. N., & Shaker, L. K. (2010). News images, race, and attribution in the wake of Hurricane Katrina. *Journal of Communication, 60*(3), 466-490.

Bent, S. (1969). *Newspaper crusaders: A neglected story.* Freeport, NY: Books for Libraries Press.

Berelson, B. (1948). Communications and public opinion. In W. Schramm (Ed.), *Communications in modern society* (pp. 168-185). Urbana: University of Illinois Press.

Berelson, B. (1949). What "missing the newspaper" means. In P. F. Lazarsfeld & F. N. Stanton (Eds.), *Communication research 1948-1949* (pp. 111-129). New York: Harper.

Berelson, B, & Janowitz, M. (1950). (Eds.), *Reader in public opinion and communication.* Glencoe, IL: Free Press.

Berelson, B. R., Lazarsfeld, P. F., & McPhee, W. N. (1954). *Voting: A study of opinion formation in a presidential campaign.* Chicago: University of Chicago Press.

Berkey, C. S. Rockett, H. R., Field, A. E., Gilman, M. W., Frazier, A. L., Camargo, C. A., Jr., & Colditz, G. A. (2000). Activity, dietary intake, and weight changes in a longitudinal study on preadolescent and adolescent boys and girls. *Pediatrics, 105*(4), 446-452.

Berkowitz, L. (1962). Violence in the mass media. In L. Berkowitz (Ed.), *Aggression: A social psychological analysis* (pp. 229-255). New York: McGraw-Hill.

Berkowitz, L. (1965). Some aspects of observed aggression. *Journal of Personality and Social psychology, 2*(3), 359-369.

Berkowitz, L. (1970). Aggressive humors as a stimulus to aggressive responses. *Journal of Personality and Social Psychology, 16*, 710-717.

Berkowitz, L. (1973). Words and symbols as stimuli to aggressive responses. In J. Knutson (Ed.), *Control of aggression: Implications from basic research* (pp. 113-143). Chicago: Aldine-Atherton.

Berkowitz, L. (1974). Some determinants of impulsive aggression: The role of mediated associations with reinforcements for aggression. *Psychological Review, 81*(2), 165-176.

Berkowitz, L. (1984). Some effects of thought on anti- and prosocial influences of media events: A cognitive-neoassociation analysis. *Psychological Bulletin, 95*, 410-427.

Berkowitz, L. (1990). On the formation and regulation of anger and aggression: A cognitive neoassociationistic analysis. *American Psychologist, 45*, 494-503.

Berkowitz, L. (1994). Is something missing? Some observations prompted by the cognitive-neoassociationist view of anger and emotional aggression. In L. R. Huesmann (Ed.), *Aggressive behavior: Current perspectives* (pp. 35-57). New York:

536

Plenum Press.

Berkowitz, L. (1997). Some thought extending Bagh's argument. In R. S. Wyer (Ed.), *The automaticity of everyday life: Advances in social cognition* (Vol. 10, pp. 83-92). Mahwah, NJ: Erlbaum.

Berkowitz, L., & Alioto, J. T. (1973). The meaning of an observed event as a determinant of its aggressive consequences. *Journal of Personality and Social Psychology, 28*(2), 206-217.

Berkowitz, L, Corwin, R., & Heironimous, M. (1963). Film violence and subsequent aggressive tendencies. *Public Opinion Quarterly, 27*(2), 217-229.

Berkowitz, L., & Geen, R. G. (1966). Film violence and the cue properties of available targets. *Journal of Personality and Social Psychology, 3*(5), 525-530.

Berkowitz, L., & Heimer, K. (1989). On the construction of the anger experience: Aversive events and negative priming in the formation of feelings. In L. Berkowits (Ed.), *Advances in experimental social psychology* (Vol. 22, pp. 1-37). New York: Academic.

Berkowitz, L., & Rawlings, E. (1963). Effects of film violence on inhibition against subsequent aggression. *Journal of Abnormal and Social Psychology, 66*(3), 405-412.

Berlyne, D. E. (1967). Arousal and reinforcement. In D. Levine (Ed.), *Nebraska Symposium on Motivation* (Vol. 15, pp. 1-110). Lincoln: University of Nebraska Press.

Berline, D. E. (1971). *Aesthetics and psychobiology.* Englewood Cliffs, NJ: Prentice-Hall.

Biblow, F. (1973). Imaginative play and the world of aggressive behavior. In J. L. Ian (Ed.), *The child's world of make-believe. Experimental studies of imagination play* (pp. 104-128). New York: Academic Press.

Biener, L., & Siegel, M. (2000). Tobacco marketing and adolescent smoking: More support for a causal influence. *American Journal of Public Health, 90*(3), 407-411.

Bilandzic, H., & Rossler, P. (2004). Life according to television: Implications of genre-specific cultivation effects. The gratification/cultivation model. *Communications: The European Journal of Communication Research, 29*, 295-326.

Birch, H. B., & Bortner, M. (1966). Stimulus competition and category usage in normal children. *Journal of Genetic Psychology, 109*, 195-204.

Birnbaum, D. W., & Croll, W. L. (1984). The etiology of children's stereotypes about sex differences in emotionality. *Sex Roles, 10*, 677-691.

Blank, D. M. (1977a). Final comments on the violence profile. *Journal of Broadcasting, 21*, 287-296.

Blank, D. M. (1977b). The Gerbner violence profile. *Journal of Broadcasting, 21*, 273-279.

Bleakley, A., Hennessy, M., Fishbein, M., & Jordan, A. (2008). It works both ways: The relationship between exposure to sexual content in the media and adolescent sexual behavior. *Media Psychology, 11*, 443-461.

Block, C. (1972). White backlash to Negro ads: Fact or fantasy. *Journalism Quarterly, 49*(2), 253-262.

Bloom, P. N., Hogan, J. E., & Blazing, J. (1997). Sports promotion and teen smoking and drinking: An exploratory study. *American Journal of Health Behavior, 2*, 100-109.

Blumer, H. G. (1933). *Movies and conduct*. New York: McMillan.

Blumer, H. G. (1951). The mass, the public, and public opinion. In A. M Lee (Ed.), *New outline of the principles of sociology* (2nd rev. ed.), New York: Barnes & Noble.

Blumer, H. G., & Hauser, P. M. (1933). *Movies, delinquency, and crime*. New York: McMillan.

Blumler, J. G. (1979). The role of theory in uses and gratifications studies. *Communication Research, 6*, 9-36.

Blumler, J. G., & McLeod, J. M. (1974). Communication and voter turnout in Britain. In T. Legatt (Eds.), *Sociological theory and social research* (pp. 265-312). Beverly Hills, CA: Sage.

Blumler, J. G., & McQuail, D. (1969): *Television in politics: Its uses and influences*. Chicago: University of Chicago Press.

Bodenhausen, G., Schwarz, N., Bless, H., & Wanke, M. (1995). Effects of atypical exemplars on racial reliefs: Enlightened racism or generalized appraisals? *Journal of Experimental Social Psychology, 31*, 48-63.

Bogatz, G. A., & Ball, S. (1971). *The second year of* Sesame Street: A continuing evaluation. Princeton, NJ: Educational Testing Service.

Bolsen, T. (2011). The construction of news: Energy crisis, advocacy messages, and frames toward conservation. *International Journal of Press/Politics, 16*(2), 143-162.

Bond, B. & Harrison, K. (2008). Media-induced fright during a national tragedy: The case of the Virginia Tech massacre. National Communication Association Conference paper.

Bonis, J. (2007). Acute Wiiitis. *The New England Journal of Medicine, 356*, 2431-2432. doi: 10.1056/NEJMc070670

Booker, M. K. (2010). Disney, Pixar, and the hidden messages of children's films. Santa Barbara, CA: Praeger.

Born, M. (1949). *Natural philosophy of cause and chance*. Oxford: Clarendon Press.

Botta, R. (2000). The mirror of television: A comparison of Black and White adolescents' body image. *Journal of Communication, 50*, 144-159.

Bowen, L., & Schmid, J. (1997). Minority presence and portrayal in mainstream magazine advertizing: An update. *Journalism & Mass Communication Quarterly, 74*(1), 134-146.

Boyd, D. M., & Ellison, N. B. (2008). Social network sites: Definition, history, and scholarship. *Journal of Computer-Mediated Communication, 13*, 210-230.

Boyle, M. P., Schmierbach M., Armstrong, C. L. Cho, J. McCluskey, M., McLeod, D. M., & Shah, D. V. (2006). Expressive responses to news stories about extremist groups: A framing experiment. *Journal of Communication, 56*, 271-288.

Boyle, T. P. (2001). Intermedia agenda setting in the 1996 presidential election. *Journalism & Mass Communication Quarterly, 78*, 26-44.

Brdley, S. D. (2007) Neural network simulations support heuristic processing model of cultivation effects. *Media Psychology, 10*, 449-469.

Brandtzaeg, P. B., Lüders, M., & Skjetne, J. H. (2010). Too many Facebook "friends?" Content sharing and sociability versus the need for privacy in social network sites. *International Journal of Human-Computer Interaction, 26*, 1006-1030. doi: 10.1080/10447318. 2010.516719

BrainyQuote.com (2011). Cell phone quotes. Retrieved from http://www.brainyquote. com/quotes/keywords/cell_phone.html

Brederode-Santos, M. E. (1993). Learning with television: The secret of Rua Sêsamo. [English translation of Portuguese, Brederode-Santos, M. E. (1991). Com a Televiso o Segredo da Rua Sêsamo, Lisbpn: TV Guia Editora.] Unpublished research report.

Brenner, V. (1997). Psychology of computer use. XLVII. Parameters of Internet use, abuse, and addiction. *Psychological Reports, 80*, 879-882.

Brewer, P. R. (2002). Framing, value words, and citizens' explanations of their issue opinions. *Political Communication, 19*, 303-316.

Brians, C. L. & Wattenberg, M. P. (1996). Campaign issue knowledge and salience: Comparing reception from TV commercials, TV news, and newspapers. *American Journal of Political Science, 40*, 172-193.

Brickner, M. A., Harkins, S. G., & Osrom, T. M. (1986). Effects of personal involvement: Thought provoking implications for social loafing. *Journal of Personality and Social Psychology, 51*, 763-769.

Bridges, A. J., Wosnitzer, R., Scharrer, E., Sun, C., & Liberman, R. (2010). Aggression and sexual behavior in best-selling pornography videos: A content analysis update. *Violence against Woman, 16*(10), 1065-1085.

Briñol, P., & Petty, R. E. (2004). Self-validation processes: The role of thought confidence in persuasion. In G. Haddock and G. Maio (Eds.), *Contemporary perspectives in the psychology of attitudes* (pp. 205-226). Philadelphia: Psychology Press.

Briñol, P., Petty, R. e., & Barden, J. (2007). Happiness versus sadness as a determinant of thought confidence in persuasion: A self-validation analysis. *Journal of Personality and Social Psychology, 93*(5), 711-727.

Briñol, P., Petty, R. E., & McCaslin, M. J. (2008). Automatic and deliberative attitude change from thoughtful and non-thoughtful processes. In R. E. Petty, R. H. Fazio, & P. Briñol (Eds.), *Attitudes: Insight from the new implicit measures* (pp. 285-326). New York: Psychology Press.

Britton, J., Halfpenny, P., Devine, F., & Mellor, R. (2004) The future of regional cities in the information age: The impact of information technology on Manchester's financial and business service sector. *Sociology, 38*, 795-814.

Brock, T. C., & Buss, A. H. (1962). Dissonance, aggression, and evaluation of pain. *Journal of Abnormal and Social Psychology, 65*, 197-202.

Brock, T. C., & Buss, A. H. (1964). Effects of justification for aggression and communication with the victim on postaggression dissonance. *Journal of Abnormal and Social Psychology, 68*, 404-412.

Brodie, M., Hamel, E. C., Alman, D. E., Blendon, R. J., & Benson, J. M. (2003). Health news and the American Public, 1996-2002. *Journal of Health Politics, Policy and Law, 28*(5), 927-950

Brookey, R. A., & Westerfelhaus, R. (2005). The digital auteur: Branding identity on the *Monsters, Inc.* dvd. *Western Journal of Communication, 69*(2), 109-128.

Brown, J. D., Campbell, K., & Fischer, L. (1986). American adolescents and music videos-Why do they watch? *Gazette, 37*(1-2), 1-32.

Brown, J. D., & Hendee, W. R. (1989). Adolescent and their music: Insights into the health of adolescents. *Journal of the American Medical association, 62*, 1659-1663.

Brown, J. D., & Walsh-Childers, K. (1994). Effects of media on personal and public health. In J. Bryant & D. Zillmann (Eds.), *Media effects: Advances in theory and research.* Hillsdale, NJ: Erlbaum.

Brown, S. J., Lieberman, D. A., Gemeny, B. A., Fan, Y. C., Wilson, D. M., & pasta, D. J. (1997). Educational computer game for juvenile diabetes: Results of a controlled trial. Medical Informatics, *22*, 77-89.

Brownfield, E. D., Bernhardt, J. M., Phan, J. L., William, M. V., & Parker, R. M. (2004). Direct-to-consumer drug advertisements on network television: An exploration of quantity, frequency, and placement. *Journal of Health Communication, 9*(6), 491-497.

Brummert Lennings, H. I., & Warburton, W. A. (2011). The effect of auditory versus visual violent media exposure on aggressive behavior: The role of song lyrics, video clips, and musical tone. *Journal of Experimental Social Psychology, 47*(4), 794-799.

Bruntz, G. G. (1938). *Allied propaganda and the collapse of the German empire in 1918.* Stanford, CA: Stanford University Press.

Bruselle, R., & Crandall, H. (2002). Television viewing and perception about race differences in socioeconomic success. *Journal of Broadcasting and Electronic Media, 46*, 256-282.

540

Bryant, J. (1986). The road most traveled: Yet another cultivation critique. *Journal of Broadcasting & Electronic Media, 30*, 231-235.

Bryant, J., McCollum, J., Ralston, L., Raney, A., McGavin, L., Miron, D., Maxwell, M., Venugopalan, G., Thompson, S. Dewitt, D., Lewis, K., Mundorf, N., & Smith, S. (1997). Report 8: *Effects of two years' viewing of Allegr's Window and Gullah Gullah Island*. Report to Nick, Jr. Tuscaloosa: University of Alabama, Institute for Communication Research.

Bryant, J., Milliken, L., Maxwell, M., Mundorf, N., Mundorf, J., Wilson, B., Smith, S., McCollum, J., & Owens, J. W. (1999). *Effects of two years viewing of Blue's Clues*. Tuscaloosa: University of Alabama, Institute for Communication Research.

Bryant, J., & Rockwell, S. C. (1994) Effects of massive exposure to sexually oriented prime-time television programming on adolescents' moral judgement. In D. Zillmann, J. Bryant, & A. Huston (Eds.), *Media, children, and the family: Social scientific, psychodynamic, and clinical perspectives*. Hillsdale, NJ: Erlbaum.

Bryant, J., & Zillmann, D. (1984). Using television to alleviate boredom and stress: Selective exposure as a function of induced excitational states. *Journal of Broadcasting, 28*, 1-20.

Bryant, J., & Zillmann, D. (1994). (Eds.), *Media effects: Advances in theory and research*. Mahwah, NJ: Erlbaum.

Bryant, J. A. & Bryant, J. (2003). Effects of entertainment televisual media on children. In E. L. Palmer & B. M. Young (Eds.), *The faces of televisual media: Teaching, violence, selling to children* (2nd ed., pp. 195-217). Mahwah, NJ: Erlbaum.

Brydon, S, G. (2009). Men at heart of mothering: Finding mother in Finding Nemo. *Journal of Gender Studies, 18*, 131-146. doi: 10.1080/09589230902812448

Buchwald, E., Fletcher, P., & Roth, M. (Eds.), (1993). *Transforming a rape culture*, Minneapolis: Milkweed Eds.

Buerkel-Ruthfuss, N. L., & Mayes, S. (1981). Soap opera viewing: The cultivation effect. *Journal of Communication, 31*, 108-115.

Burgoon, J. K., Bonito, J. A., Ramierez, A, Dunbar, N. E., Kam, K., & Fischer, J. (2002). Testing the interactivity principle: Effects of mediation, propinquity, and verbal and nonverbal modalities in interpersonal interaction. *Journal of Communication, 52*, 657-677.

Burgoon, M., & Klingle, R. S. (1998). Gender differences in being influential and/or influenced: A challenge to prior explanations. In D. J. Canary & K. Dindia (Eds.), *Sex differences and similarities in communication: Critical essays and empirical investigations of sex and gender in interaction* (pp. 257-285). Mahwah, NJ: Erlbaum.

Burnham, W. D. (1982). *The current crisis in American politics*. New York: Oxford University

Press.

Burnkrant, R., & Unnava, R. (1989). Self referencing: A strategy for increasing processing of message content. *Personality and Social Psychology Bulletin, 15,* 628-638.

Bush, R., Resnick, A., & Stern, B. (1980). A content analysis of the portrayal of black models in magazine advertising. In R. Bagozzi et al. (Eds.), *Marketing in the 80's: Changes and challenges* (pp. 484-487). Chicago: American marketing Association.

Bushman, B. J. (1998). Priming effects of media violence on the accessibility of aggressive constructs in memory. *Personality & Social Psychology Bulletin, 24,* 537-546.

Bushman, B. J., & Anderson, C. A. (2002). Violent video games and hostile expectations: A test of the general aggression model. *Personality and Social Psychology Bulletin, 28,* 1679-1686. doi: 10.1177/014616702237649

Bushman, B. J., & Anderson, C. A. (2009). Comfortably numb: Desensitizing effects of violent media on helping others. *Psychological Science, 21*(3), 273-277.

Bushman, B. J., Rothstein, H. R., & Anderson, C. A. (2010). Much ado about something: Violent video game effects and a school of red herring: Reply to Ferguson and Kilburn (2010). *Psychological Bulletin, 136,* 182-187.

Busselle, R. (2003). Television exposure, parents' precautionary warnings and young adults' perceptions of crime. *Communication Research, 30,* 530-556.

Buzzuto, J. C. (1975). Cinematic neurosis following The Exorcist. *Journal of Nervous and Mental Disease, 161,* 43-48.

Byrd, E. K. (1989). A study of depiction of specific characteristics of characters with disability in film. *Journal of Applied Rehabilitation Counseling, 20*(2), 43-45.

Calvert, S. L. (1995). *Impact of a televised song on children's and young adults' memory of verbally-presented content.* Unpublished manuscript, Department of Psychology, Georgetown University, Washington, DC.

Calvert, S. L., & Pfordresher, P. Q. (1994, August). *Impact of a televised song on students' memory of information.* Poster presented at the annual meeting of the American Psychological Association, Los Angeles, CA.

Calvert, S. L., Rigaud, E., & Mazella, J. (1991) *Presentation features for students' recall of televised educational content.* Poster presented at the biennial meeting of the Society for Research in Child Development, Seattle, WA.

Calvert, S. L., & Tart, M. (1993). Song versus verbal forms for very long- term, and short-term verbatim recall. *Journal of Applied Developmental Psychology, 14,* 245-260.

Cambre, M. A., & Fernie, D. (1985). *Formative evaluation of season IV, 3-2-1 Contact: Assessing the appeal of four weeks of educational television programs and their influence on children's science comprehension and science interest.* New York:

542

Children's Television Workshop.

Campbell, R., Martin, C. R., & Robos, B. (2011). *Media and culture: An introduction to mass communication*(7th ed.), Boston: Bedford/St. Martin's.

Campbell, S. W. (2008). Mobile technology and the body: Apparatgeist, fashion, and function. In J. Katz(Ed.), *Handbook of mobile communication studies*(pp. 153-164). Cambridge, MA: MIT Press.

Campbell, S. W., & Kwak, N. (2011). Mobile communication and civil society: Linking patterns and places of use to engagement with others in public. *Human Communication Research, 37*, 207-222.

Campbell, S. W., & Ling, R. (2008). Conclusion: Mobile communication in space and time--Furthering the theoretical dialogue. In R. Ling and S. Campbell(Eds.), *The mobile communication research series: reconstruction of space and time through mobile communication practices*(pp. 251-260). New Burnswick, NJ: Transaction.

Campbell, S. W., & Ling, R. (2009). Effects of mobile communication. In J. Bryant & M. B. Oliver(Eds.), *Media effects: Advances in theory and research*(3rd ed., pp. 592-606). New York: Routledge.

Cantor, J. (1994). Fright reactions to mass media. In J. Bryant & D. Zillmann (Eds.), *Media effects: Advances in theory and research* (pp. 213-245), Hillsdale, NJ: Erlbaum.

Cantor, J. (1998). *"Mommy, I'm scared": How TV and movies frighten children and what we can do to protect them.* San Diego, CA: Harcourt Brace.

Cantor, J. (1999). Comments on the coincidence: Comparing the findings on retrospective reports of fear. *Media Psychology, 1*, 141-143.

Cantor, J. (2009). Fright reactions to mass media. In J. Bryant and M. B. Oliver (Eds.), *Media effects: Advances in theory and research* (3rd ed.), New York: Routledge.

Cantor, J., Byrne, S., Moyer-Guse, E., & Riddle, K. (2010). Descriptions of media-induced fright reactions in a sample of US elementary school children. *Journal of Children and Media, 4*(1), 1-17.

Cantor, J., & Hoffner, C. (1987, April). *Children's fear reactions to a televised film as a function of perceived immediacy of depicted threat.* Paper presented at the Convention of the Society for Research in Child Development, Baltimore.

Cantor, J., & Hoffner, C. (1990). Children's fear reactions to televised film as a function of perceived immediacy of depicted threat. *Journal of Broadcasting and Electronic Media, 34*, 421-442.

Cantor, J., Mares, M. I., & Oliver, M. B. (1993). Parents' and children's emotional reactions to televised coverage of the Gulf War. In B. Greenberg and W. Gantz (Eds.), *Desert Storm and the Mass Media* (pp. 325-340). Cresskill, NJ: Hampton Press.

Cantor, J., & Nathanson, A. (1996). Children's fright reactions to television news. *Journal of Communication, 46* (4), 139-152.

Cantor, J., & Omdahl, B. (1991). Effects of fictional media depictions of realistic threats on children's emotional responses, expectations, worries, and liking for related activities. *Communication Monographs, 58*, 384-401.

Cantor, J., & Omdahl, B. (1999). Children's acceptance of safety guidelines after exposure to televised dramas depicting accidents. *Western Journal of Communication, 63*(1), 57-71.

Cantor, J., & Reilly, S. (1982). Adolescents' fright reactions to television and films. *Journal of Communication, 32*(1), 87-99.

Cantor, J., & Sparks G. G. (1984). Children's fear responses to mass media: Testing some Piagetian predictions. *Journal f Communication, 34*(2), 90-103.

Cantor, J., Sparks, G. G., & Hoffner, C. (1988). Calming children's television fears: Mr. Rogers vs. the Incredible Hulk. *Journal of Broadcasting & Electronic Media, 32*, 271-288.

Cantor, J., & Wilson, B. J. (1984). Modifying fear response to mass media in preschool and elementary school children. *Journal of Broadcasting, 28*, 431-443.

Cantor, J., Wilson, B. J., & Hoffner, C. (1986). Emotional response to a televised nuclear holocaust film. *Communication Research, 13*, 257-277.

Cantor, J., Ziemke, D., & Sparks, G. G. (1984). Effect of forewarning on emotional responses to horror film. *Journal of Broadcasting, 28*, 21-31.

Contor, J., Zillmann, D., & Bryant, J. (1975). Enhancement of experienced sexual arousal in response to erotic stimuli through misattribution of unrelated residual excitation. *Journal of Personality and Social Psychology, 32*, 69-75.

Cantor, J. R., Zillmann, D., & Einsiedel, E. F. (1978). Female responses to provocation after exposure to aggressive and erotic films. *Communication Research, 5*, 395-411.

Cantril, H. (1940). *The invasion from Mars: A study in the psychology of panic.* Princeton, NJ: Princeton University Press.

Cantril, H., Gaudet, H., & Herzog, H. (1940). *The invasion from Mars: A study in the psychology of panic.* Princeton, NJ: Princeton University Press.

Caplan, S. E. (2005). A social skill account of problematic Internet use. *Journal of Communication, 55*, 721-736.

Cappella, J. N., & Jamieson, K. H. (1994) Broadcast adwatch effects: A field experiment. *Communication Research, 21*, 342-365.

Cappella, J. N. & Jamieson, K. H. (1997). *Spiral of cynicism: The press and the public good.* New York: Oxford University Press.

Carey, J. W. (1996). The Chicago school and mass communication research. In E. E. Dennis

& E. Wartella (Eds.),, *American communication research: The recommended history* (pp. 21-38). Mahwah, NJ: Erlbaum.

Carey, J. W., & Kreiling, A. L. (1974). Popular culture and uses and gratifications; Notes toward an accommodation. In J. G. Blumler & E. Katz (Eds.), *The use of mass communications: Current perspectives on gratifications research* (pp. 225-248). Beverly Hills, CA: Sage.

Carnagey, N. L., & Anderson, C. A. (2005). The effects of reward and punishment in violent video games on aggressive affect, cognition, and behavior. *Psychological Science, 16*, 882-889.

Carnaey, N. L., Anderson, C. A., & Bartholow, B. D. (2007). The media violence and social neuroscience: New questions and new opportunities. *Current Directions in Psychological Science, 16*(4), 178-182

Carnaey, N. L., Anderson, C. A., & Bushman, B. J. (2007). The effect of computer game violence on physiological desensitization to real-life violence. *Journal of Experimental Psychology, 43*, 489-496.

Cassino, D., & Erisen, C. (2010). Priming Bush and Iraq in 2008: A survey experiment. *American Politics Research, 38*(2), 372-394.

Castells, M. (2000). *The rise of the network society* (2nd ed.), Oxford: Blackwell.

Castells, M. (2009). *Communication power.* New York: Oxford University Press.

Castells, M., Fernandez-Ardevol, M., Qiu, J., & Sey, A. (2007). *Mobile communication and society: A global perspective.* Cambridge, MA: MIT Press.

Centerwall, B. S. (1989). Exposure to television as a cause of violence. *Public communication and Behavior, 2*, 1-58.

Ceyhan, A. A. (2011). University students' problematic Internet use and communication skills according to the Internet use purposes. *Educational Sciences: Theory & Practice, 11*, 69-77.

Chaffee, S. H. (1977). Mass media effects. In D. Lerner & L. Nelson (Eds.), *Communication research* (pp. 210-241). Honolulu: University of Hawaii Press.

Chaffee, S. H. (1982). Mass media and interpersonal channels: Competitive, convergent or complementary? In G. Gumpert & R. Cathcart (Eds.), Inter/media: *Interpersonal communication in a media world* (pp. 57-77). New York: Oxford University Press.

Chaffee, S. H., & Choe, S. Y. (1980). Time of decision and media use during the Ford-Carter campaign. *Public Opinion Quarterly, 44*, 53-59.

Chaffee, S. H., & Hochheimer, J. L. (1985). The beginnings of political communication research in the United States: Origins of the "limited effects" model. In E. M. Rogers & F. Balle (Eds.), *The media revolution in America and Western Europe* (pp. 60-95).

Norwood, NJ: Ablex.

Chaffee, S. H., & Schleuder, J. (1986). Measurement and effects of attention to media news. *Human Communication Research, 13*, 76-107.

Chaiken, S. (1987). The heuristic model of persuasion. In M. P. Zanna, J. Olson, & C. P. Herman (Eds.), *Social Influence: The Ontario symposium, 5* (pp. 3-39). Hillsdale, NJ: Erlbaum.

Chaiken, S., Wood, W., & Eagly, A. H. (1996). Principles of persuasion. In E. T. Higgins & A. W. Kruglanski (Eds.), *Social Psychology: Handbook of basic principles*. New York: Guilford Press.

Chapman, S., & Egger, G. (1980). Forging an identity for the non-smoker: The use of myth in promotion. *International Journal of Health Education, 23*, 2-16.

Champman S., & Fitzgerald, B. (1982). Brand preference and advertising recall in adolescent smokers: Some implication for health promotion. *American Journal of Public Health, 72*, 491-494.

Chaput, J. P., Visby, T., Nyby, S., Klingenberg, L., Gregersen, N. T., Tremblay, A. ... & Sjodin, A. (2011). Video game playing increases food intake in adolescent; A randomized crossover study. *The American Journal of Clinical Nutrition, 93*, 1196-1203.

Charters, W. W. (1950) Motion picture and youth. In B. Berelson & M. Janowitz (Eds.), *Reader in public opinion and communication* (pp. 397-406). Glencoe, IL: Free Press.

Check, J. V. P. (1995). Teenage training: The effects of pornography on adolescent males. In L. Lederer & R. Delgado (Eds.), *The price we pay: The case against racist speech, hate propaganda, and pornography* (pp. 89-91). New York: Hill and Wang.

Chesley, N. (2005). Blurring boundaries? Linking technology use, spillover, individual distress, and family satisfaction. *Journal of Marriage and Family, 67*, 1237-1248.

Children Now. (2001). *Fall colors, 2000-2001: Primetime diversity report*. Oakland, CA: Author.

Children Now. (2004). *Fall colors, 2003-2004: primetime diversity report*. Oakland, CA: Author.

Cho, J. (2010). Game addicts arrested for starving baby to death. Retrieved from http://abenews.go.com/international/thelaw/baby-death-alleged-result-parents-online-games-addiction/story?id=10007040

Cho, J., & McLeod, D. M. (2007). Structural antecedents to knowledge and participation: Extending the knowledge gap concept to participation. *Journal of Communication, 57*, 205-228.

Choi, S. M., Kim, Y., Sung, Y., & Sohn, D. (2011). Bridging or bonding? A cross-cultural study of social relationships in social networking sites. *Information, Communication & Society, 14*, 107-129. doi: 10.1080/ 13691181003792624

Chory, R. M., & Goodboy, A. K. (2011). Is basic personality related to violent and non-violent video game play and preference? *Cyberpsychology, Behavior, and Social Networking, 14*, 191-198. doi: 10.1089/cyber.2010.0076

Christensen, P., & Wood, W. (2007). Effects of media violence on viewers' aggression in unconstrained social interaction. In R. W. Preiss, B. M. Gayle, N. Burrell, M. Allen, & J. Bryant (Eds.), *Mass media effects research: Advance through meta-analysis* (pp. 145-168). Mahwah, NJ: Erlbaum.

Christenson. P. G. (1992). The effects of parental advisory levels on adolescent music preferences. *Journal of Communication, 42*(1), 106-113.

Christenson, P. G., Hendriksen, L., & Roberts, D. F. (2000). *Substance use in popular prime time television.* Washington, DC: Office of National Drug Control Policy.

Clancy-Hepburn, K., Hickey, A. A., & Neville, G. (1974). Children's behavior responses to TV food advertisements. *Journal of Nutrition Education, 7*, 93-96.

Clarens, C. (1967). *An illustrated history of the horror film.* New York: Putnam.

Clark, N. M., & Gong, M. (1997). A scale for assessing health care providers' teaching and communication behavior regarding asthma. *Health Education & Behavior, 24*, 245-257.

Clarke, M. M. (2005, June). A scholastic achievement: Building an entertainment division? Forte aced the test. *Broadcasting & Cable, 135*(25), 30.

Clarke, P., & Kline, F. G. (1974). Media effects reconsidered. *Communication Research, 1*, 224-240.

Cline, V. B. (1994). Pornography effects: Empirical and clinical evidence. In D. Zillmann, J. Bryant, & A. Huson (Eds.), *Media, children, and the family: Social scientific, psychodynamic, and clinical perspectives.* Hillsdale, NJ: Erlbaum.

Cline, V. B., Croft, R. G., & Courrier, S. (1973). Desensitization of children to television violence. *Journal of Personality and Social Psychology, 27*(3), 360-365.

Coffin, T. E., & Tuchman, S. (1973). Rating television programs for violence: A comparison of five surveys. *Journal of Broadcasting, 17*, 3-22.

Cohen, B. C. (1963). *The press and foreign policy.* Princeton, NJ: Princeton University Press.

Coker, B. L. S. (2011). Freedom to surf: The positive effects of workplace Internet leisure browsing. *New technology, Work and Employment, 26*, 238-247.

Cole, S. W., Kato, P. M., Marin-Bowling, V. M., Dahi, G. V., & Pollock, B. H. (2006). Clinical trial of Re-Mission: A computer game for young people with cancer. *Cyberpsychology & Behavior, 9*, 665-666.

Coleman, J. S. (1988). Social capital in the creation of human capital. *American Journal of Sociology, 94*(Supplement), S95-S120.

Colfax, D., & Steinberg, S. (1972). The perpetuation of racial stereotypes: Blacks in mass circulation magazine advertisements. *Public Opinion Quarterly, 35*, 8-18.

Collins, A., & Loftus, E. (1975). A spreading-activation theory of semantic memory. *Psychological Review, 82*, 407-428.

Collins, R. L., Ellickson, P. L., McCaffery, D., & Hambarsoomians, K. (2007). Early adolescent exposure to alcohol advertising and its relationship to underage drinking. *Journal of Adolescent Health, 40*(6), 527-534.

Collins, R. L., Elliot, M. N., Berry, S. H., Kanouse, D. E., Kunkel, D. K., Hunter, S. B., & Miu, A. (2000). Watching sex on TV predicts adolescent initiation of sexual behavior. *Pediatrics, 114*, e280-e289.

Collins, W. A. (1973). Effect of temporal separation between motivation, aggression and consequences: A developmental study. *Developmental Psychology, 8*, 215-221.

Coltrane, S., & Messineo, M. (2000). The perpetuation of subtle prejudice: Race and gender imagery in 1990s television advertising. *Sex Roles, 42*, 363-389.

Committee on Food Marketing and the Diets of Children and Youth. (2006). *Food Marketing to children and youth: Threat of opportunity?* Washington, DC: National Academy Press.

Comstock, G. (1980). New emphasis in research on effects of television and film violence. In E. Palmer & A. Dorr (Eds.), *Children and the faces of television* (pp. 129-148). New York: Academic.

Comstock, G., Chaffee, S., Katzman, N., McCombs, M., & Roberts, D. (1978). *Television and human behavior.* New York: Columbia University Press.

Coon, K. A., Goldberg, J., Rogers, B. L., & Tucker, K. (2001). Relationships between use of television during meals and children's food consumption patterns. *Pediatrics, 107*(1), e7.

Cooper, C. A. (1996). *Violence on television, congressional inquiry, public criticism and industry response: A policy analysis.* Lanham, MD: University Press of America.

Cooper, J., & Mackie, D. (1986). Video games and aggression in children. *Journal of Applied Social Psychology, 16*, 726-744.

Cooper, R, & Tang, T. (2009). Predicting audience exposure to television in today's media environment: An empirical integration of active-audience and structural theories. *Journal of Broadcasting & Electronic Media, 53*(3), 400-418

Cotliar, S. (2009, February 20). Clintons bid farewell to Socks the cat. Retrieved from http://www.people.com/people/article/0,20260477,00.html

Court, J. H. (1984). Sex and violence: A ripple effect. In N. M. Malamuth & E. Donnerstein

(Eds.), *Pornography and sexual aggression* (pp. 143-172). Orlando, FL: Academic Press.

Cowan, G., & Campbell, R. R. (1994). Racism and sexism in interracial pornography: A content analysis. *Physiology of Women Quarterly, 18*, 323-338.

Cowan, G., Lee, C., Levy, D., & Snyder, D. (1988). Dominance and inequality in X-rated videocassettes. *Psychology of Women Quarterly, 12*, 299-311.

Cowley, M., & Smith, B. (1939). *Books that changed our minds*. New York: Doubleday, Doran & Company.

Coyle, C. L. & Vaughn, H. (2008). Social networking: Communication revolution or evolution? *Bell Labs Technical Journal, 13*(2), 13-18. doi: 10.1002/bltj.20298

Craig, R. S. (1992). The effect of television day part on gender portrayals in television commercials: A content analysis. *Sex Roles, 26*, 197-211.

Csikszentmihalyi, M. (1988). The flow experience and its significance for human psychology. In M. Csikszentmihalyi and I. S. Csikszentmihalyi (Eds.), *Optimal experience: Psychological studies of flow in consciousness* (pp. 15-35). New York: Cambridge University Press.

Cummings, J., Butler, B., & Kraut, R. (2002). The quality of online social relationships. *Communications of the ACM, 45*, 103-108.

Cummings, J., & Duncan, E. (2010). Changes in affect and future exercise intentions as a result of exposure to a regular exercise programme using Wii Fit. *Sport & Exercise Psychology Review, 6*(2), 31-41.

Curry, T. J., Jarosch, J., & Pacholok, S. (2005). Are direct to consumer advertisements of prescription drugs educational? Comparing 1991 to 2002. *Journal of Drug Education, 35*(3), 217-232.

Czyzewska, M., & Ginsburg, H. J. (2007). Explicit and inplicit effects of anti-marijuana and anti-tobacco TV advertisements. *Addictive Behaviors, 32*, 114-127.

Dahlstrom, M. F., & Scheufele, D. A. (2010). Diversity of television exposure and its association with the cultivation of concern for environmental risks. *Environmental Communication, 4*(1), 54-65.

Dalisay, F., & Tan, A. (2009). Assimilation and contrast effects in the priming of Asian American and African American stereotypes through TV exposure. *Journalism & Mass Communication Quarterly, 86*(1), 7-22.

Damned Old Crank: *A Self-Portrait of E. W. Scripps*. (1951). Edited by C. R. McCabe. New York: Harper & Brothers.

DarfurIsDying.com (2008). About the game. Retrieved from http://www.darfurisdying.com/aboutgame.html

Dates, J. (1980). Race, racial attitudes, and adolescent perceptions of black television characters. *Journal of Broadcasting, 24*(4), 549-560.

Davidson, E. S., Yasuna, A., & Tower, A. (1979). The effects of television cartoons on sex role stereotyping in young girls. *Child Development, 50*, 597-600.

Davies, D. R., (1998). The contemporary newspaper, 1945-present. In W. D. Sloan (Ed.), *The age of mass communication* (pp. 453-469), Northport, AL: Vision Press.

Davis, P. G., Spencer, S. J., Quinn, D. M., & Gerhardstein, R. (2002). Consuming images: How television commercials that elicit stereotype threat can restrain women academically and professionally. *Personality & Social Psychology Bulletin, 28*, 1615-1628.

Davis, R. M. (1987). Current trend in cigarette advertising and marketing. *New England Journal of Medicine, 316*, 725-732.

Davis, R. M., & Kendrick, J. S. (1989). The Surgeon General's warning in outdoor cigarette advertising. *Journal of American Medical Association, 61*(1), 90-94.

Davison, W. P. (1983). The third person effect in communication. *Public Opinion Quarterly 47*, 1-15.

De Vreese, C. H., Boomgaarden, H. G., & Semetko, H. A. (2011). (In)direct framing effects: The effects of news media framing on public support for Turkish membership in the European Union. *Communication Research, 38*(2), 179-205.

DeAngelis, T. (2007, November). Web pornography's effect on children. American Psychological Association. Retrieved from http//www.apa.org/monitor/nov07/webporn.aspx.

Devatin, B., Lovejoy, J. P., Horn, A., & Hughes, B. N. (2009). Facebook and online privacy: Attitudes, behaviors, and unintended consequences. *Journal of Computer Mediated Communication, 15*, 83-108.

Delli Carpini, M. X., & Keeter, S. (1991). U.S. public's knowledge of politics. *Public Opinion Quarterly, 55*, 583-612.

Dennis, E. E., & Warella, E. (Eds.), (1996). *American communication research: The remembered history.* Mahwah, NJ: Erlbaum.

Dennison, B. A., Erb, T. A., & Jenkins, P. I. (2002). Television viewing and television in bedroom associated with overweight risk among low-income preschool children. *Pediatrics, 109*(6), 1028-1035.

Department of Health and Social Security and the Welch Office (1987). *AIDS: Monitoring response to the public education campaign, Feb. 1986-Feb. 1987.* London: H. M. Stationery Office.

Derry, C. (1987). More dark dreams: Some notes on the recent horror film. In G. A. Waller (Ed.), *American horrors: Essays on the modern American horror film* (pp. 162-174),

Urbana: University of Illinois Press.

DeSteno, D., Petty, R. E., Rucker, D. D., Wegener, D. T., & Braverman, J. (2004). Discrete emotions and persuasion: The role of emotion-induced expectancies. *Journal of Personality and Social Psychology, 86*, 43-56.

DeSteno, D., Petty, R. E., Wegener, D. T., & Rucker, D. D. (2000). Beyond valence in the perception of likelihood: The role of emotion specificity. *Journal of Personality and Social Psychology, 78*, 397-416.

Deutsch, K. (1966). *The nerves of government.* New York: Free Press.

Devlin, L. P. (1995). Political commercials in American presidential elections. In L. L. Kaid & C. Holtz-Bacha (Eds.), *Political advertising in western democracies: Parties and candidates on television* (pp. 186-205). Thousand Oaks, CA: Sage.

Diaz-Guerrero, R., & Holtzman, W. H. (1974). Learning by televised plaza Sesamo in Mexico. *Journal of Educational Psychology, 66*(5), 632-643.

Dicken-Garcia, H. (1998). The popular press, 1833-1865. In W. D. Sloan (Ed.), *The age of mass communication* (pp. 147-170). Northport, AL: Vision Press.

Diefenbach, D., & West, M. (2007). Television and attitudes toward mental health issues: Cultivation analysis and third person effect. *Journal of Community Psychology, 35*, 181-195.

Dietz, W. H. (1990). You are what you eat—What you eat is what you are. *Journal of Adolescent Health Care, 11*, 76-81.

Dietz, W. H., & Gortmaker, S. L. (1985). Do we fatten our children at the TV set? Television viewing and obesity in children and adolescent. *Pediatrics, 75*(5), 807-812.

DiFranza, J. R., Richards, J. W., Paulman, P. M., Wolf-Gllespie, N., Fletcher, C., Jaffe, R. D., & Murray, D. (1991). RJR Nabisco's cartoon camel promotes camel cigarettes to children. *Journal of the American Medical Association, 266*(22), 3149-3153.

Dill, K. E., & Diil, J. G. (1998). Video game violence: A review of the empirical literature. *Aggression and Violent behavior, 3*, 407-423.

Dimaggio, P., Hargittai, E., Neuman, W. R., & Robinson, J. P. (2001). Social implications of the Internet. *American Review of Sociology, 27*, 307-336.

Dixon, T. (2006). Psychological reactions to crime news portrayals of black criminals: Understanding the moderating roles of prior news viewing and stereotype endorsement. *Communication Monographs, 73*, 162-187.

Dixon, T. (2007). Black criminals and white officers: The effects of racially misrepresenting law breakers and law defenders on television news. *Media Psychology, 10*, 270-291.

Dixon, T, & Azocar, C. (2006). The representation of juvenile offenders by race on Los Angeles area television news. *The Howard Journal of Communications, 17*, 143-161.

Dixon T., & Azocar, C. (2007). Priming crime and activating blackness: Understanding the psychological impact of the over-representation of blacks as lawbreakers on the television news. *Journal of Communication, 57*, 229-253.

Dixon, T., Azocar, C., & Casas, M. (2003). The portrayal of race and crime on television network news. *Journal of Broadcasting & Electronic Media, 47*, 498-523.

Dixon, T., & Linz, D. (2000a). Overrepresentation and underrepresentation of African American and Latinos as lawmakers on television news. *Journal of Communication, 50*, 131-154.

Dixon, T., & Linz, D. (2000b). Race and misrepresentation of victimization on local television news. *Communication Research, 27*, 547-673.

Dixon, T., & Maddox, K. (2005). Skin tone, crime news, and social reality judgements: Priming the stereotype of the dark and dangerous black criminal. *Journal of Applied Social Psychology, 35*, 1555-1570.

Donaldson, J. (1981). The visibility and image of handicapped people on television. *Exceptional Children, 47*(6), 413-416.

Donaldson-Evans, C.(n.d.). Study: 1 in 10 sexually active teens has had same sex partner. Retrieved from http//www.aolhealth.com/2010/10/25/10-percent-teens-have-same-sex-partner/

Donnerstein, E. (1980). Aggressive erotica and violence against women. *Journal of Personality and Social Psychology, 39*, 269-277.

Donnerstein, E., & Berkowitz, L. (1981). Victim reactions in aggressive erotic films as a factor in violence against women. *Journal of Personality and Social Psychology, 41*, 710-724.

Donnerstein, E., Donnerstein, M. & Evans, R. (1975, August). Erotic stimuli and aggression: Facilitation or inhibition. *Journal of Personality and Social Psychology, 32*(2), 237-244.

Donnerstein, E., & Hallam, J. (1978) Facilitating effects of erotica on aggression against women. *Journal of Personality and Social Psychology, 36*, 1270-1277.

Doob, A. N. & MacDonald, G. E. (1979). Television viewing and fear of victimization: Is the relationship causal? *Journal of Personality and Social Psychology, 37*, 170-179.

Door, A. (1980). When I was a child I thought as a child. In S. B. Withey & R. P. Abeles (Eds.), *Television and social behavior: Beyond violence and children* (pp.191-230). Hillsdale, NJ: Erlbaum.

Dorfman, L., & Wallack, L. (2007). Moving nutrition upstream: The case for reframing obesity. *Journal of Nutrition Education and Behavior, 39*(2), S45-S50.

Douglas, D. (1966). *Horror!* New York: Macmillan.

Drabman, R. S., & Thomas, M. H. (1974). Does media violence increase children's toleration of real life aggression? *Developmental Psychology, 10*, 418-507.

Drew, D., & Weaver, D. (2006). Voter learning in the 2004 presidential election: Did the media matter? *Journalism & Mass Communication Quarterly, 83*, 2-42.

Duncker, K. (1938). Experimental modification of children's food preference through social suggestion. *Journal of Abnormal Social Psychology, 33*, 489-507.

Durant, R. H., Rome, E. S., Rich, M., Allred, E., Emans, S. J., & Woods, E. R. (1997). Tobacco and alcohol use behaviors portrayed in music videos: A content analysis. *American Journal of Public Health, 87*(7), 1131-1135.

Dysinger, W. S., & Ruckmick, C. A. (1933). The emotional response of children to the motion picture situation. New York: Macmillan.

Eastman, H., & Liss, M. (1980). Ethnicity and children's preferences. *Journalism Quarterly, 57* (2), 277-280.

Eccles, A., Marshall, W. L., & Barbaree, H. E. (1988). The vulnerability of erectile measures to repeated assessments. *Behavior Research and Therapy, 26*, 179-183.

Eisenberg, A. L. (1936). *Children and radio programs.* New York: Columbia University Press.

Einstein, E. L. (1979). *The printing press as an agent of change: Communications and cultural transformations in early modern Europe.* Cambridge, England: Cambridge University Press.

Einstein, E. L. (1983). *The printing revolution in early modern Europe.* Cambridge, England: Cambridge University Press.

Elliott, P. (1974). Uses and gratification research: A critique and a sociological alternative. In J. G. Blumler & E. Katz (Eds.), *The use of mass communications: Current perspectives on gratifications research* (pp. 249-268). Beverly Hills, CA: Sage.

Elliott, T. R., & Bird, E. K. (1982). Media and disability. *Rehabilitation Literature, 43*(11-12), 348-366.

Ellis, Y. Daniels, B., & Jauregui, A. (2010). The effect of multitasking on the grade performance of business students. *Research in Higher Education Journal, 8*, 1-10.

Ellison, N. B., Steinfield, C., and Lampe, C. (2007). The benefits of Facebook "friends": Social capital and college students' use of online social network sites. *Journal of Computer-Mediated Communication, 12*, 1142-1168.

Elwood, W. N., & Ataabadi, A. N. (1996). Tuned in and turned off: Out-of-treatment injection drug and crack users' response to media intervention campaigns. *Communication Reports, 9*, 49-59.

Emberson, L. L., Lupyan, G., Goldstein, M. H., & Spivey, M. J. (2010). Overhead cell phone conversations: When less speech is more distracting. *Psychological Science, 21*, 1383-1388. doi: 10.1177/0956797610382126

End, C. M., Worthman, S., & Mathews, M. B. (2010). Costly cell phones: The impact of cell phone rings on academic performance. *Teaching of Psychology, 37*, 55-57.

Engelhardt, C. R., Bartholow, B. D., Kerr, G. T., & Bushman, B. J. (2011). This is our brain on violent video games: Neural desensitization to violence predicts increased aggression following violent video game exposure. *Journal of Experimental Psychology, 47*, 1033-1036. doi: 10.10/j.jesp.2011.03.027

Entertainment Software Association (ESA). (2011). Industry facts. Retrieved from http://www.theesa.com/facts/index.asp

Entman, R. M. (1993). Framing: Towards clarification of a fractured paradigm. *Journal of Communication, 43*, 51-58.

Entman, R. M. (2007). Framing bias: Media in the distribution of power. *Journal of Communication, 57*, 163-173.

Entman, R. M. (2010). Media framing biases and political power: Explaining slant in news of Campaign 2008. *Journalism, 11*(4), 389-408.

Eron, L. D., Huesmann, L. R., Lefkowitz, M. M., & Walder, L. O. (1972). Does television violence cause aggression? *American Psychologist, 27*, 253-263.

Eschholz, S., Bufkin, J., & Long, J. (2002). Symbolic reality bites: Women and racial/ethnic minorities in modern film. *Sociological Spectrum, 22*, 199-334.

Escobar-Chaves, S. L., Tortolero, S. R., Markham, C. M., Low, B. J., Eitel, P., & Thickstun, P. (2005). Impact of the media on adolescent sexual attitudes and behaviors. *Pediatrics, Supplement P, 116*, 303-326.

Etzioni, A. (1988). *Capital corruption: The new attack on American democracy.* New Brunswick, NJ: Transaction Books.

Evans, M. (2010). Framing international conflicts: media coverage of fighting in the Middle East. *International Journal of Media and Cultural Politics, 6*(2), 209-233.

Evans, W. (1984). Monster movies: A sexual theory. In B. K. Grant (Ed.), *Planks of reason: Essays on the horror film* (pp. 53-64). Metuchen, NJ: Scarecrow Press.

Eveland, W. P. (2004). The effect of political discussion in producing informed citizens: The roles of information, motivation, and elaboration. *Political Communication, 21*, 177-193.

Eveland, W. P.. Hayes, A. F., Shah, D. V., & Kwak, N. (2005). Understanding the relationship between communication and political knowledge: A model comparison approach using panel data. *Political Communication, 22*, 423-446.

Eysenbach, G., & Koehler, C. (2002). How do consumers search for and appraise health information on the World Wide Web? Qualitative study using focus group, usability tests, and in-depth interviews. *British Medical Journal, 324*, 573-577.

Eysenbach, G., Powell, J., Kuss, O., & Sa, E. R. (2002). Empirical studies assessing the quality of health information for consumers on the World Wide Web: A systematic review. *Journal of the American Medical Association, 287*(20), 2691-2700.

Fabes, R. A., & Martin C. L. (1991). Gender and age stereotypes of emotionality. *Personality and Social Psychology Bulletin, 17*, 532-540.

Facebook. (2011a). Factsheet. Retrieved from http://ww.facebook.com/press/info.php?factsheet

Facebook (2011b). Statistics. Retrieved from http://www.facebook.com/press/info.php?statistics

Fiaola, A. (2006, May 27) When escape seems just a mouse-click away. *Washington Post.* Retrieved from http://www.washingtonpost.com/wp-dyn/content/article/2006/05/26/ar2006052601960_pf.html

Falkowski, J., & Steptoe, A. (1983). Biofeedback-assisted relaxation in the control of reactions to a challenging task and anxiety-provoking film. *Behavior Research and Therapy, 21*, 161-167.

Fals-Stewart, W. (2003). The occurrence of partner physical aggression on days of alcohol consumption: A longitudinal diary study. *Journal of Consulting and Clinical Psychology, 71*, 41-52.

Farrar, K., & Krcmar, M. (2006). Measuring state and trait aggression: A short, cautionary tale. *Media Psychology, 8*, 127-138.

Fazio, R. H. (1990). Multiple processes by which attitude guide behavior: The MODE model as an integrative framework. *Advances in Experimental Social Psychology, 23*, 75-102.

Fazio, R. H., Jackson, J. R., Dunton, B. C., & Williams, C. J. (1995). Variability in automatic activation as an unobstructive measure of racial attitudes: A bona fide pipeline? *Journal of Personality and Social Psychology, 69*, 1013-1027.

Fazio, R. H., & Olson, M. A. (2003). Implicit measures in social cognition research: Their meaning and use. *Annual Review of Psychology, 54*, 297-327.

Fazio, R. H., & Williams, C. J. (1986). Attitude accessibility as a moderator of the attitude-perception and attitude-behavior relations: An investigation of the 1984 presidential election. *Journal of Personality and Social Psychology, 51*, 505-514.

Febvre, L., & Martin, H-J. (1984). *The coming of the book: The impact of printing 1450-1800* (D. Gerad, trans.). London: Verso Editions.

Federman, J. (Ed.) (998). *National television violence study: Vol. 3, Executive summary.* Santa Barbara: Center for communication and social policy, University of California.

Fedler, F., Hall, J., & Tanzi, L. A. (1982, Spring-Fall). Popular songs emphasize sex, de-emphasize romance. *Mass Communication Research*, 10-15.

Fenton, F. (1910). The influence of newspaper presentations upon the growth of crime and other anti-social activity. *The American Journal of Sociology, 16*(3), 342-371.

Fenton, F. (1911). The influence of newspaper presentations upon the growth of crime and other anti-social activity (cont.). *The American Journal of Sociology, 16*(4), 538-564.

Ferguson, C. J. (2007). The good, the bad and the ugly: A meta-analytic review of positive and negative effects of violent video games. *Psychiatric Quarterly, 78*, 309-316. doi:10.1007/s11126-007-9056-9

Ferguson, C. J., & Kilburn, J. (2010). Much ado about nothing: The misestimation and overinterpretation of violent video game effects in Eastern and Western nations: Comment on Anderson et al. (2010). *Psychological Bulletin, 136*, 174-178. doi:10.1037/a0018566

Feshbach, N. D. (1982). Sex differences in empathy and social behavior in children. In N. Eisenberg (Ed.), *The development of prosocial behavior* (pp. 315-338). New York: Academic Press.

Feshbach, S. (1955). The drive reducing function of fantasy behaviour. *Journal of Abnormal and Social Psychology, 50*, 3-11.

Feshbach, S. (1961). The stimulating versus cathartic effects of vicarious aggressive activity. *Journal of Abnormal and Social psychology, 63*, 381-385.

Feshbach, S., & Singer, R. D. (1971). *Television and aggression: An experimental field study.* San Francisco: Jossey-Bass.

Festinger, L. (1954). A theory of social comparison processes. *Human Relations, 7*, 117-140.

Festinger, L. (1957). *A theory of cognitive dissonance.* Evanston, IL: Row, Peterson.

Festinger, L., Schachter, S., & Bach, K. (Eds.), (1950). *Social pressures in informal groups: A study of human factors in housing.* Stanford, CA: Stanford University Press.

Film.com (2009). Darren Arnofsky interview—The Wrestler. Retrieved from http://www.film.com/movies/darren-arofsky-interview-the-wrestler

Final Report of the Attorney General's Commission on Pornography. (1986). Nashville, TN: Rutledge Hill Press.

Finklea, B. W. (2010, August). *Changing gender stereotype in Disney films: A content analysis of animated and live-action movies.* Poster presented at the 94th annual meeting of the Association for Education of Journalism and Mass Communication, Denver, CO.

Finklea, B. W. (2011, August). *Pixar's "new man": A textual and thematic analysis of masculinity in the Toy Story trilogy.* Poster presented at the 95th annual meeting of the Association for Education of Journalism and Mass Communication. St. Louis, MO.

Finn, S. (1992). Television addiction? An evaluation of four competing media-use models. *Journalism Quarterly, 69*, 422-435.

Fiorina, M. P. (1981). *Retrospective voting in American national elections.* New Haven, CT:

Yale University Press.

Fisch, S. M. (2002). Vast wasteland or vast opportunity? Effects of educational television on children's academic knowledge, skills, and attitudes. In J. Bryant & D. Zillmann (Eds.), *Media effects: Advances in theory and research* (2nd ed.). Mahwah, NJ: Erlbaum.

Fisch, S. M. (2003). *The impact of Cyberchase on children's mathematical problem solving: Cyberchase season 2 summative study.* Teaneck, NJ: MediaKidz Research & Consulting.

Fisch, S. M. (2005, April). *Transfer of learning from educational television: Near and far transfer from Cyberspace.* Poster section presented at the biennial meeting of the Society for Research in Child Development, Atlanta, GA.

Fisch, S. M. (2009) Educational television and interactive media for children: Effects on academic knowledge, skills, and attitudes. In J. Bryant & M. B. Oliver (Eds,), *Media effects: Advances in theory and research* (3rd ed., pp. 402-435). New York: Routledge.

Fisch, S. M., Akerman, A. Morgenlander, M., McCann Brown, S. K. Fisch, S. R. D. Schwartz, B. B., & Tobin, P. (2008). Coviewing preschool television in the US.: Eliciting parent-child interaction via onscreen prompts. *Journal of Children and Media, 2*, 163-173. doi: 10.1080/17482790802078680

Fisch, S. M. & Truglio, R. T. (Eds.). (2001). *"G" is for "growing": Thirty years for research on children and Sesame Street.* Mahwah, NJ: Erlbaum.

Fischer, P. M., Richards, J. W., Berman, E. J., & Krugman, D. M. (1989). Recall and eye tracking study of adolescents viewing tobacco advertisements. *Journal of the American Medical Association, 261*(1), 84-89.

Fischer, P., Kastenmüller, A., & Greitemeyer, T. (2010). Media violence and the self: The impact of personalized gaming characters in aggressive video games on aggressive behavior. *Journal of Experimental Social Psychology, 46*(1), 192-195.

Fishbein, M., & Ajzen, I. (1975). *Belief, attitude, intention, and behavior: An introduction to theory and research.* Reading, MA: Addison Wiley.

Fishbein, M. & Ajzen, I. (1976). Misconceptions about the Fishbein model: Reflections on a study by Songer-Nocks. *Journal of Experimental Social Psychology, 12*, 579-584.

Fisher, D. A., Hill, D. L., Grub, J. W., Bersamin M. M., Walker, S. & Gruber, E. L. (2009). Televised sexual content and parental mediation: Influences on adolescent sexuality. *Media Psychology, 12*, 121-147.

Fiske, H. T., & Taylor, S. E. (1991). *Social cognition* (2nd ed.). New York: McGraw-Hill.

Flavell, J. (1963). *The developmental psychology of Jean Piaget.* New York: Van Nostrand.

Flerx, V. C., Fidler, D. S., & Rogers, R. W. (1976). Sex role stereotypes: Developmental aspects and early intervention. *Child Development, 47*, 998-1007.

Floyd, D. L., Prentice-Dunn, S., & Rogers, R. W. (2000). A meta-analysis of research on protection motivation theory. *Journal of Applied Social Psychology, 30*, 407-429.

Flynn, B. S., Worden, J. K., Secker-Walker, R. H., Pirie, P. L., & Badger, G. J. (1994). Mass media and school interventions for cigarette smoking prevention: Effects 2 years after completion. *American Journal of Public Health, 84*, 1148-1150.

Fortunati, L. (2005a). Mobile phones and fashion in post-modernity. *Telektronikk, 3/4*, 35-48.

Fortunati, L. (2005b). Mobile phone and the presentation of self. In R. Ling and P. Pederson (Eds.), *Mobile Communications: Re-negotiation of the social sphere* (pp. 203-218). London: Springer.

Foster, E., & Gamble, E. A. (1906). The effect of music on thoracic breathing. *The American Journal of Psychology, 17*, 406-414.

Fox, S. (2006). *Online Health Search 2006.* Washington, DC: Pew Internet and American Life Project. Retrieved from http://www.peinternet.org/pdfs/PIP_Online_health_2006.pdf

Freedman, J. (2002). *Media violence and its effects on aggression: Assessing the scientific evidence.* Toronto: University of Toronto Press.

Freedman, P., & Goldstein, K. (1999). Measuring media exposure and effects of negative campaign ads. *American Journal of Political Science, 43*, 1189-1208.

Freimuth, V. S., Hammond, S. L., & Stein, J. A. (1988). Health advertising: Prevention for profit. *American Journal of Public Health, 8*(5), 557-561.

Fremont, W. P., Pataki, C., & Beresin, E. V. (2005). The impact of terrorism on children and adolescents: Terror in the skies, terror on television. *Child and Adolescent Psychiatric Clinics of North America, 14*, 429-451.

Frisen, B. (2000). ICT in the rush hours of life. *The Information Society, 16*, 65-75.

Frosh, D. L., Krueger, P. M., Hornik, R. C., Cronholm, P. E., & Brag, F. K. (2007). Creating demand for prescription drugs: A content analysis of television direct-to-consumer advertising. *Annals of Family Medicine, 5*, 6-13.

Frostling-Henningsson, M. (2009). First person shooter games as a way of connecting to people: "Brothers in Blood." *Cyberpsychology & Behavior, 12*, 557-562. doi: 10.1089/cpb.2008.0345

Fryberg, S. (2003). Really? You don't look like an American Indian: Social representations and social group identities. *Disserttion Abstracts International* (Vol. 64).

Funk, J. B., Baldacci, H. B., Pasold, T., & Baumgardner, J. (2004). Violence exposure in real-life, video games, television, movies, and the Internet: Is there desensitization? *Journal of Adolescence, 27*, 23-39.

Funkhouser, G. R. (1973). The issues of the sixties: An exploratory study in the dynamics of public opinion. *Public Opinion Quarterly, 37*, 62-75.

Gamson, W. A., & Lasch, K. E. (1983). The political culture of social welfare policy. In S. Spiro & E. Yuchtman-Yaar (Eds.), *Evaluating the welfare state: Social and political perspectives* (pp. 397-415). New York: Academic Press.

Gamson, W. A., & Modigliani, A. (1987). The changing culture of affirmative action. *Research in Political Sociology, 3*, 137-177.

Ganahl, D. J., Prinsen, T. J., & Netzley, S. B. (2003). A content analysis of primetime commercials: A contextual framework of gender representation. *Sex Roles, 49*, 545-551.

Garcia, M. M. (2011). Perception in truth: How U.S. newspapers framed the "Go Green" conflict between BP and Greenpeace. *Public Relations Review, 37*(1), 57-59.

Gardner, J., & Radel, M. S. (1978). Portrait of the disabled in the media. *Journal of Community Psychology, 6*, 269-274.

Gaskin, J., & Berente, N. (2011). Video game design in the MBA curriculum: An experiential learning approach for teaching design thinking. *Communication of the Association for Information Systems, 29*, 103-122.

Gawronski, B., & Bodenhausen, G. V. (2006). Associative and prepositional processes in evaluation: An integrative review of implicit and explicit attitude change. *Psychological Bulletin, 132*, 692-731.

Geen, R. G. (1975). The meaning of observed violence: Real vs. fictional violence and consequent effects on aggression and emotional arousal. *Journal of Research in Personality, 9*, 270-281.

Geen, R. G., & Rakosky, J. J. (1973). Interpretation of observed violence and the effects on GSR. *Journal of Experimental Research in Personality, 6*, 289-292.

Geis, F. L., Brown, V., Jennings-Walstedt, J. & Porter, N. (1984). TV commercials as achievement scripts for women. *Sex Roles, 10*, 513-525.

Gentile, D. A., Coyne, S. & Walsh, D. A. (2011). Media violence, physical aggression, and relational aggression in school age children: A short-term longitudinal study. *Aggressive Behavior, 37*(2), 193-206.

Gerbner, G. (1970). Cultural indicators: The case of violence in television drama. *Annals of the American Academy of Political and Social Science, 388*, 69-81.

Gerbner, G. (1972). Violence in television drama: Trends and symbolic function. In G. A. Comstock & E. Rubinstein (Eds.), *Television and social behavior: Vol. 1, Media content and control* (pp. 28-187). Washington, DC: Government Printing Office.

Gerbner, G. (1997). Gender and age in primetime television. In S. Kirschner & D. A. Kirschner (Eds.), *Perspectives on psychology and the media* (pp. 69-94). Washington

DC: American Psychological Society.

Gerbner, G. & Gross, L. (1976). Living with television: The violence profile. *Journal of Communication, 26,* 173-199.

Gerbner, G., Gross, L., Eleey, M. F., Jackson-Beeck, M., Jeffries-Fox, S., & Signorielli, N. (1977). Television violence profile no. 8: The highlights. *Journal of Communication, 27,* 171-180.

Gerbner, G., Gross, L., Jackson-Beeck, M., Jeffries-Fox, S., & Signorielli, N. (1978). Cultural indicators: Violence profile no. 9. *Journal of Communication, 28,* 176-207.

Gerbner G., Gross, L., Morgan, M., & Signorielli, N. (1980). The "main streaming" of America: violence profile no. 11. *Journal of Communication, 30,* 10-29.

Gerbner, G., Gross, L., Morgan, M., & Signorielli, N. (1994). Growing up with television: The cultivation perspective. In J. Bryant & D. Zillmann (Eds.), *Media effects: Advances in theory and research* (pp. 17-41). Hillsdale, NJ: Erlbaum.

Gerbner, G., Gross, L., Morgan, M, Signorielli, N., & Shanahan, J. (2002). Growing up with television: Cultivation processes. In J. Bryant & D. Zillmann (Eds.), *Media effects: Advances in theory and research* (2nd ed.). Mahwah, NJ: Erlbaum.

Gerbner, G., Gross, L.,& Signorielli, N. (1985). *The role of television entertainment in public education about science.* Philadelphia: Annenberg School of Communication, University of Pennsylvania.

Gerbner, G., and Signorielli, N. (1979). *Women and minorities in television drama 1969-1978.* Philadelphia: Annenberg School of Communication, University of Pennsylvania.

Gergen, K. J. (2002). The challenge of absent presence. In J. Katz & M. Aakhus (Eds.), *Perpetual contact: Mobile communication, private talk, public performance* (pp. 227-241). Cambridge, UK: Cambridge University Press.

Gettleman, J. (1999, 28 October). XXX=$$$. Manhattan Mercury, p. A6.

Ghanem, S. (1997). Filling in the tapestry: The second level of agenda setting. In M. E. McCombs, D. L. Shaw, & D. Weaver (Eds.), *Communication and democracy: Exploring the intellectual frontiers in agenda setting theory* (pp. 3-14). Mahwah, NJ: Erlbaum.

Gillam, K., & Wooden, S. R. (2008). Post-princes models of gender: The new man in Disney/Pixar. *Journal of Popular Film and Television, 36,* 2-8.

Gilliam, F., & Iyengar, S. (2000). Prime suspects: The influence of local television news on the viewing public. *American Journal of Political Science, 44,* 560-573.

Girodo, M., & Pellegrini, W. (1976). Exercise-produced arousal, film-induced arousal and attribution of internal state. *Perceptual and Motor Skills, 42,* 931-935.

Gitlin, T. (1978). Media sociology: The dominant paradigm. *Theory and Society, 6,* 205-253.

Givins, S., & Monahan, J. (2005). Priming mammies jezebels, and other controlling images: An examination of the influence of mediated stereotypes on perceptions of an African American woman. *Media Psychology, 7*, 87-106.

Glantz, S., Kacirk, K. W., & McCulloch, C. (2004). Back to the future: Smoking in movies in 2002 compared with 1950 levels. *American Journal of Public Health, 94*(2), 261-263.

Glascock, J. (2001). Gender roles on primetime network television: Demographics and behaviors. *Journal of Broadcasting & Electronic Media, 45*, 656-669.

Goffman, E. (1974). *Frame analysis: An easy on the organization of experience.* Cambridge, MA: Harvard University Press.

Goidel, R., Freeman, C., & Procopio, S. (2006). The impact of television on perceptions of juvenile crime. *Journal of Broadcasting & Electronic Media, 50*, 119-139.

Golbeck, J. Grimes, J. M., Rogers, A. (2010). Twitter use by the U.S. Congress. *Journal of the American Society for Information Science and Technology, 61*, 1612-1621.

Goldberg, M. E., Gorn, G. J., & Gibson, W. (1978). TV messages for snack and breakfast foods: Do they influence children's preferences? *Journal of Consumer Research, 5*, 73-81.

Goldenberg, E., & Traugott, M. (1984). *Campaigning for Congress.* Washington, DC: CQ Press.

Goldstein, A. O., Fischer, P. M., Richards, J. W. & Creten, D. (1987). Relationship between high school student smoking and recognition of cigarette advertisements. *Journal of Pediatrics, 110*, 488-491.

Goldstein, A. O., Sobel, R. A., & Newman, G. R. (1999). Medicine in the media: Tobacco and alcohol use in G-rated children's animated films. *Journal of the American medical Association, 28*, 1131-1136.

Good, J. (2007). Shop 'til we drop? Television, materialism and attitudes about the natural environment. *Mass Communication & Society, 10*(3), 365-383.

Good, J. E. (2009). The cultivation, mainstreaming, and cognitive processing of environmentalists watching television. *Environmental Communication, 3*(3), 279-297.

Goranson, R. (1969). *Observed violence and aggressive behavior: The effects of negative outcomes to the observed violence* (Unpublished doctoral dissertation). University of Wisconsin-Madison.

Gore, T. (1987). *Raising PG kids in an X-rated society.* Nashville: Abingdon Press.

Gorham, B. (2006). New media's relationship with stereotyping: The linguistic intergroup bias in response to crime news. *Journal of Communication, 56*, 289-308.

Grabe, M. E., & Drew, D. G. (2007). Crime cultivation: Comparisons across media genres and channels. *Journal of Broadcasting & Electronic Media, 51*(1), 147-171.

Granberg, D., & Brown, T. A. (1989). On affect and cognition in politics. *Social Psychology Quarterly, 52,* 171-183.

Granovetter, M. S. (1982). The strength of weak ties: A network theory revisited. In P. V. Mardsen & M. Lin (Eds.), *Social structure and network analysis* (pp. 105-130). Thousand Oaks, CA: Sage.

Grant, B. F. (2000). Estimates of US children exposed to alcohol abuse and dependence in the family. *American Journal of Public Health, 90,* 112-115.

Grauerholz, E., & King, A. (1997). Primetime sexual harassment. *Violence against Woman, 3,* 129-148.

Graves, L. E. F., Ridgers, N. D., Williams, K., Stratton, G., Atkinson, G., & Cable, N. T. (2010). The physiological cost of enjoyment of Wii Fit in adolescents, young adults, and older adults. *Journal of Physical Activity and Health, 7,* 393-401.

Gray, J. B. (2005). Sugar and spice and science: Encouraging girls through media mentoring. *Current Issues in Education, 8*(18). Retrieved from http://cie.ed.asu.edu/volume8.number18/

Graybill, D., Kirsch, J., & Esselman, E. (1985). Effects of playing violent versus nonviolent video games on the aggressive ideation of aggressive and nonaggressive children. *Child Study Journal, 15,* 199-205.

Greenberg, B. S. (1974). Gratification of television viewing and their correlates for British children. In J. G. Blumler & E. Katz (Eds.), *The uses of mass communication: Current perspectives on gratification research* (pp. 71-92). Beverly Hills, CA: Sage.

Greenberg, B. S. (1975) British children and televised violence. *Public Opinion Quarterly, 38,* 531-547.

Greenberg, B. S. (1994). Content trends in media sex. In D. Zillmann, J. Bryant, & A. C. Huston (Eds.), *Media, children, and the family: Social scientific, psychodynamic, and clinical perspectives.* Hillsdale, NJ: Erlbaum.

Greenberg, B. S., & Atkinc, C. (1982). Learning about minorities from television: A research agenda. In G. Berry & C. Mitchell-Kernan (Eds.), *Television and the socialization of the minority child* (pp. 215-243). New York: Academic Press.

Gleenberg, B. S., & Brand, J. E. (1993). Television news and advertising in school: The "Channel One" controversy. *Journal of Communication, 43,* 143-151.

Greenberg, B. S., & Brand, J. E. (1994). Minorities and the mass media: 1970s to 1990s. In D. Zillmann & J. Bryant (Eds.), *Media effects: Advances in theory and research* (pp. 273-314). Hillsdale, NJ: Erlbaum.

Greenberg, B. S., Brown, J. D., & Buerkel-Rothfuss, N. L. (1993). *Media, sex, and the adolescent.* Cresskill, NJ: Hampton Press.

Greenberg, B. S., Heeter, C., Burgoon, J. Burgoon, M., & Korzenny, F. (1983). Mass media use preferences, and attitude among young people. In B. Geenberg, M. Burgoon, J. Burgoon, & F. Korzenny (Eds.), *Mexican Americans and the mass media* (pp. 147-201). Norwood, NJ: Ablex.

Greenberg, B. S., & Hofschire, L. (2000). Sex on entertainment television. In D. Zillmann and P. Vorderer (Eds.), *Media entertainment: The psychology of its appeal* (pp. 93-111). Mahwah, NJ: Erlbaum.

Greenberg, B. S., & Linsangan, R. (1993). Gender differences in adolescents' media use, exposure to sexual content, parental mediation and self-perceptions. In B. S. Greenberg, J. Brown, & N. Buerkel-Rothfuss (Eds.), *Media, sex, and adolescent* (pp. 134-144). Cresskill, NJ: Hamilton Press.

Greenberg, B. S., Mastro, D., & Brand, J. E. (2002). Minorities and the mass media: Television into the 21st century. In J. Bryant & D. Zillmann (Eds.), *Media effects: Advances in theory and research* (2nd ed., pp. 333-351). Hillsdale, NJ: Erlbaum.

Greenberg, B. S., & Neuendorf, K. (1980). Black family interactions on television. In B. S. Greenberg (Ed), *Life in television* (pp. 173-182). Norwood, NJ: Ablex.

Greenberg, B. S., Stanley, C., Siemicki, M., Heeter, C., Soderman, A., & Linsangan, R. (1993a). Sex content on soaps and primetime television series most viewed by adolescents. In B. S. Greenberg, J. D. Brown & N. L. Buerkel-Rothfuss (Eds), *Media, sex, and the adolescent.* Cresskill, NJ: Hampton Press.

Greenberg, B. S., Stanley, C., Siemicki, M., Heeter, C., Soderman, A., & Linsangan, R. (1993b). Sex content in R-rated films viewed by adolescents. In B. S. Greenberg, J. D. Brown, & N. L. Buerkel-Rothfuss (Eds.), *Media, sex and the adolescent.* Cresskill, NJ: Hampton Press.

Greenberg, L., D'Andrea, G., & Lorence, D. (2003). Setting the public agenda for online health search: A white paper and action agenda. Washington, DC: Utilization Review Accreditation Commission Inc (URAC). Retrieved September 16, 2006, from http://www.urac.org/documents/URAC_CWW_Health_%20search_White_Paper120 3.pdf?arch=%22%22Setting%20the%20Public%20Agenda%20for%Online%20Health% 20Search%22%22

Greene, B. (2011). 38 years ago he made the first cell phone call. Retrieved from http://www.cnn.com/2011/opinion/04/01greene.first.cellphone.call/index.html

Greenwald, A. G. (1968). Cognitive learning, cognitive response to persuasion, and attitude change. In A. Greenwald, T. Brock & T. Ostrom (Eds.), *Psychological foundations of attitudes* (pp. 147-170). New York: Academic Press.

Greenwald A. G.., McGhee, D. E., & Schwartz, J. L. K. (1998). Measuring individual differences in implicit cognition: The implicit association task. *Journal of Personality and Social Psychology, 74*, 1464-1480.

Greeson, L. E., & Williams, R. A. (1966), Social implications of music videos for youth. *Youth & Society, 18*(2), 177-189.

Greitemeyer, T., & McLatchie, N. (2011). Denying humanness to others: A newly discovered mechanism by which violent video games increase aggressive behavior. *Psychological Science, 22*, 659-665. doi: 10.1177/0956797611403320

Griffiths, M. (2000). Does Internet and computer "addiction" exist? Some case study evidence. *Cyberpsychology & Behavior, 3*, 211-218.

Griffiths, M. D., Davis, M. N. O., & Chappell, D. (2004). Online computer gaming: A comparison of adolescent and adult gamers. *Journal od Adolescence, 27*, 87-96. doi: 10.1016/j.adolescence.2003.10.007

Grimes, T., & Bergen, L. (2008). The epistemological argument against a causal relationship between media violence and sociopathic behavior among psychologically well viewers. *American Behavioral Scientist, 51*(8), 1137-1154.

Grimes, T., Bergen, L., Nichols, K., Vernberg, E., & Fonagy, P. (2004). Is psychopathology the key to understanding why some children become aggressive when they are exposed to violent television programming? *Human Communication Research, 30*, 153-181.

Grimsted, D. (1998). *American mobbing, 1828-1861: Toward Civil War.* New York: Oxford University Press.

Gross, E. F., Juvonen, J., & Gable, S. L. (2002). Internet use and well-being in adolescence. *Journal of Social issues, 58*(1), 75-90.

Grossman, M., & Wood, W. (1993). Sex differences in the intensity of emotional experience: A social role interpretation. *Journal of Personality and Social Psychology, 65*, 1010-1022.

Grube, J. W. (2004). Alcohol in the media: Drinking portrayals, alcohol advertising, and alcohol consumption among youth. In R. J. Bonnie & M. E. O'Connell (Eds.), *Reducing underage drinking: A collective responsibility* (pp. 597-622). Washington, DC: The National Academy of Sciences.

Gruber, E. L., Thau, H. M., Hill, D. L., Fisher, D. A., & Grube, J. W. (2005). Alcohol, tobacco, and illicit substances in music videos: A content analysis of prevalence and genre. *Journal of Adolescent health, 37*, 81-83.

Guenther-Grey, C. A., Schnell, D., & Fishbein, M. (1995). Sources of HIV/AIDS information among female sex traders. *Health Education Research, 10*, 385-390.

Gunter, B. (1980). The cathartic potential of television drama. *Bulletin of the British*

Psychological Society, 33, 448-450.

Gunter, B. (1985). *Dimension of television violence.* Aldershots, England: Gower.

Gunter, B. (1987). *Television and the fear of crime.* London: John Libbey.

Gunter, B. (1988). The perspective evidence. In J. A. Anderson (Ed.), *Communication yearbook* II (pp. 22-50). Newbury Park, CA: Sage.

Gunter, B. (1994). The question of media violence. In J. Bryant & D. Zillmann (Eds.), *Media effects: Advances in theory and research* (pp. 163-211). Hillsdale, NJ: Erlbaum.

Gunter, B. (2002). *Media sex: What are the issue?* Mahwah, NJ: Erlbaum.

Gunter, B (2008). Media violence: Is there a case for casualty? *American Behavioral Scientist, 51*(8), 1061-1122.

Gunter, B., & Furnham, A. (1984). Perceptions of television violence. Effects of program genre and type of violence on viewers' judgements of violent portrayals. *British Journal of Social Psychology, 23,* 155-164.

Gunter, B., & Wober, M. (1988). *Violence on television: What the viewers think.* London: John Libbey.

Gunter, A. C. & Schmitt, K. (2004). Mapping boundaries of the hostile media effect. *Journal of Communication, 54,* 55-75.

Gurevitch, M., & Blumler, J. G. (1990). Political Communication systems and democratic values. In J. Lichtenberg (Ed.), *Democracy and the mass media* (pp. 269-289). Cambridge, UK: Cambridge University Press.

Gutschoven, K., & Van Den Bulk, J. (2005). Television viewing and age at smoking initiation: Does a relationship exist between higher levels of television viewing and earlier onset of smoking? *Nicotine and Tobacco Research, 7*(3), 381-385.

Ha, S. (2011). Attribute priming effects and presidential candidate evaluation: The conditionality of political sophistication. *Mass Communication & Society, 14*(3), 315-342.

Habuchi, I. (2005). Accelerating reflexivity, In M. Ito, D. Okabe, & M. Matsuda (Eds.), *Personal portable, pedestrian: Mobile phones in Japanese life* (pp. 165-182). Cambridge, MA: MIT Press.

Haferkamp, N., & Krämer, N. C. (2011). Social comparison 2.0: Examining the effects of online profiles on social networking sites. *Cyberpsychology, Behavior, and Social Networking, 14,* 209-314. doi: 10.1089/cyber.2010.0120

Hakluyt, R. (1582/1850). *Divers voyages touching the discovery of America and the islands adjacent.* New York: Burt Franklin, published by the Hakluyt society.

Hale, J. L., & Dillard, J. P. (1995). Fear appeals in health promotion campaigns: Too much, too little, or just right? In E. Maibach & R. L. Parrott (Eds.), *Designing health messages:*

Approaches from communication theory and public health practice. Thousand Oaks, CA: Sage.

Hall, C. C. (Ed.), & Jameson, J. F. (Gen. Ed.). (1990). *Original narratives of early American history: Narratives of early Maryland 1633-1684*, reproduced under the auspices of the American Historical Association. Reprint of *A relation of Maryland; together with a map of the country* (1635). New York: Carles Scribner's Sons.

Hall, E. R., Esty, E. T., & Fisch, S. M. (1990). Television and children's problem-solving behavior: A synopsis of an evaluation of the effects of Square One TV. *Journal of Mathematical Behavior, 9*, 161-174.

Hall, E. R., Fisch, S. M. Esty, E. T., Debold, E., Miller, B. A., Bennett, D. T., & Sloan, S. V. (1990). *Children's problem-solving behavior and their attitudes toward mathematics: A study of the effects of Square One TV* (Vol. 1-5). New York: Children's Television Workshop.

Han, D. H., Kim, Y. S., Lee Y. S., Min, K. J., & Renshaw, P. F. (2010). Changes in cue-induced, prefrontal cortex activity with video-game play. *Cyberpsychology, Behavior, and Social Networking, 13*, 655-661. doi: 10.1089/cyber.2009.0327

Hare, R. D., & Blevings, G. (1975). Defensive response to phobic stimuli. *Biological Psychology, 3*, 1-13.

Haridakis, P. M., & Rubin, A. M. (2005). Third person effects in the aftermath of terrorism. *Mass Communication & Society, 8*(1), 39-59.

Hariot, T. (1590/1972). *A briefe and true report of the new found land of Virginia, by Thomas Hariot. The complete 1590 Theodor de Bry edition*. New York: Dover.

Harman, B. A., & Sato, T. (2011). Cell phone use and grade point average among undergraduate university students. *College Student Journal, 45*, 544-549.

Harris Interactive. (2007, April 2). Computer game addiction: Is it real? Retrieved from http://www.harrisinteractive.com/news/allnewsbydate.asp?newsid=1196

Harris, L. (2003). Home-based teleworking and the employment relationship: Managerial challenges and dilemmas. *Personnel Review, 32*, 422-439.

Harris, R. J. (1994). The impact of sexually implicit media. In I. Bryant and D. Zillmann (Eds.), *Media effects: Advances in theory and research* (pp. 247-272). Hillsdale, NJ: Erlbaum.

Harris, R. J., & Bartlett, C. P. (2009). Effects of sex in the media. In J. Bryant and M. B. Oliver (Eds.), *Media effects: Advances in theory and research* (3rd ed., pp. 304-324). New York: Routledge.

Harris, R. J., & Scott, C. L., (2002). Effects of sex in the media. In J. Bryant and D. Zillmann (Eds.), *Media effects: Advances in theory and research* (2nd ed., pp. 307-332). Hillsdale, NJ: Erlbaum.

566

Harrison, K. & Cantor, J. (1999). Tales from the screen: Enduring fright reactions to scary media. *Media Psychology, 1*, 97-116.

Harrison, T. M., & Falvey, L. (2001). Democracy and new communication technologies. *Communication Yearbook, 25*, 1-43.

Hart, R. P. (1996). Easy citizenship: Television's curious legacy. *Annals of the American Academy of Political and Social Science, 546*, 109-119.

Hashimoto, Y., Ishii, K., Nakamura, I., Korenaga, R., Tsuji, D., & Mori, Y. (2000). Keitai denwa wo Chuushin to suru tsusin media riyo ni kansuru chosa kenkyu [A study on mobile phone and other communication media usage]. *Tokyo Daigaku Shyakai Joho Kenkyusyo Chosa Kenkyu, Kiyo, 14*, 180-192.

Hawkins, R. P., & Pingree, S. (1982). Television's influence on social reality. In D. Pearl, L. Bouthilet, & J. Lazar (Eds.), *Television and behavior: Ten years of scientific progress and implications for the eighties* (DHHS Publication No. ADM 82-1196, Vol. 2, pp. 224-247). Washington, DC: Government Printing Office.

Hawkins, R. P., & Pingree, S. (1990). Divergent psychological processes in constructing social reality from mass media content. In N. Signorielli & M. Morgan (Eds.), *Cultivation analysis: New directions in media effects research* (pp. 35-50). Newbury Park, CA: Sage.

Haly, J. M. (1990). *Endangered mind: Why our children don't think.* New York: Simon & Schuster.

Hearold, S. (1986). A synthesis of 1043 effects of television on social behavior. In G. Comstock (Ed.), *Public communication and behavior* (Vol. 1, pp. 65-133). Orlando, FL: Academic Press.

Heath, R. L., & Bryant, J. (2000). *Human communication theory and research: Concepts, contexts, and challenges.* Mahwah, NJ: Erlbaum.

Heesacker, M., Petty, R. E., & Cacioppo, J. T. (1983). Field dependence and attitude change: Source credibility can alter persuasion by affecting message-relevant thinking. *Journal of Personality, 51*, 653-666.

Heider, F. (1959). *The psychology of interpersonal relations* (2nd ed.). New York: Wiley.

Heider, F., & Simmel, M. (1944). An experimental study of apparent behavior. *American Journal of Psychology, 57*, 243-259.

Hennigan, K. M., Del Rosario, M. L., Heath, L., Cook, T. D., Wharton, J. D., & Calder, B. J. (1982). Impact of the introduction of television on crime in the United States: Empirical findings and theoretical implications. *Journal of personality and Social Psychology, 42*, 461-477.

Henriksen, L., & Flora, J. A. (2001). *Effects of adolescents' exposure to retail tobacco advertising.* Paper presented at the annual conference of the International Communication Association, Washington, DC.

Herbozo, S., Tantleff-Dunn, S., Gokee-Larose, J., & Thompson, J.K. (2004) Beauty and thinness messages in children's media: A content analysis. *Eating Disorders, 12,* 21-34.

Herzog, H. (1940). Professor quiz: A gratification study. In P. F. Lazarsfeld (Ed.), *Radio and the printed page* (pp. 64-93). New York: Duell, Sloan & Pearce.

Herzog, H. (1944). What do we really know about daytime serial listeners? In P. F. Lazarsfeld & F. N. Stanton (Eds.), *Radio research* 1942-1943 (pp. 3-33). New York: Duell, Sloan, & Pearce.

Hess, R. D., & Goldman, H. (1962). Parents' views of the effects of television on their children. *Child Development, 33,* 411-426.

Hester, J. B., & Gibson, R. (2003). The economy and second-level agenda setting: A time-series analysis of economic news and public opinion about the economy. *Journalism & Mass Communication Quarterly, 80*(1), 73-90.

Hestroni, A. (2007). Three decades of sexual content on prime-time network programming: A longitudinal meta-analytic review. *Journal of Communication, 57,* 318-348.

Hestroni, A. (2008). Geo-cultural proximity, genre exposure, and cultivation. *Communications, 33,* 69-90.

Hestroni, A., Elphariach, H., Kapuza, R., & Tsfoni, B. (2007). Geographical proximity, cultural imperialism, and the cultivation effect. *Communication Monograph, 74*(2), 181-199.

Hill, C., Davis, H., Holman, R., & Nelson, G. (1984). *Video violence and children.* London: H. M. Stationery Office.

Himmelweit, H. T., Oppenheim, A. N., & Vince, P. (1958). *Television and the child.* London: Oxford University Press.

Hirsh, P. (1980). The "scary" world of the non-viewer and other anomalies: A reanalysis of Gerbner et al.'s findings on cultivation analysis: part I. *Communication Research, 7,* 403-456.

Ho, S., & McLeod, D. M. (2008). Social-psychological influences on opinion expression in face-to-face and computer-mediated communication. *Communication Research, 35* (2), 190-207.

Hoekstra, S. J., Harris, R. J., & Helmick, A. L. (1999). Autobiographical memories about the experience of seeing frightening movies in childhood. *Media Psychology, 1,* 127-140.

Hoff, E. E. (1998). The press and a new America. 1865-1900. In W. D. Sloan (Ed.), *The age of mass communication* (pp. 233-250). Northport, AL: Vision Press.

Hoffner, C. (1995). Adolescents' coping with frightening mass media. *Communication*

Research, 22, 325-346.

Hoffner, C., & Cantor, J. (1985). Developmental differences in responses to a television character's appearance and behavior. *Developmental Psychology, 21*, 1065-1074.

Hoffner, C., & Cantor, J. (1990). Forewarning of a threat and prior knowledge of outcome: Effects on children's emotional responses to a film sequence. *Human Communication Research, 16*, 323-354.

Hoffner, C., & Levine, K. J. (2005). Enjoyment of mediated fright and violence: A meta-analysis. *Media Psychology, 7*, 207-237.

Holbert, L., Shah, D., & Kwak, N. (2004). Fear, authority, and justice: Crime-related TV viewing and endorsements of capital punishment and gun ownership. *Journalism & mass Communication Quarterly, 81*, 343-363.

Holbert, R. L., & Hansen, G. J. (2006). Fahrenheit 9-11, need for closure, and the priming of affective ambivalence: An assessment of intra-affective structures by party identification. *Human Communication Research, 32*, 109-129.

Holbrook, R. A., & Hill, T. G. (2005). Agenda-setting and priming in prime time television: crime dramas as political cues. *Political Communication, 22*, 277-295.

Holtz, S. (2006). The impact of new technologies on internal communication. *Strategic Communication Management 10*(1), 22-25.

Homer, C., Susskind, O., Alpert, H. R., Owusu, C., Schneider, L., Rappaport, L. A. & Rubin, D. H. (2000). An evaluation of an innovative multimedia educational software program for asthma management: Report of a randomized, controlled trial. *Pediatrics, 106*, 210-215.

Hoover Police. (2009, July 31). Arrests made in "Facebook" burglaries. Retrieved from http://hooverpd.com/ftupload/ ... facebookburglararrest073109.pdf

Horton, D., & Wohl, R. R. (1956). Mass communication and para-social interaction. *Psychiatry, 19*, 215-229.

Houston, D. A., & Doan, K. (1999). Can you back that up? Evidence (or lack thereof) for the effects of negative and positive political communication. *Media Psychology, 1*, 191-206

Hovland, C I. (1954). Effects of the mass media on communication. In G. Lindzey (Ed.), *Handbook of social psychology, 2*, 1062-1103. Cambridge, MA: Addison-Wesley.

Hovland, C. I. (1959) Reconciling conflicting results derived from experimental and survey studies of attitude change. *American Psychologist. 14*, 8-17.

Hovland, C. I., Lumsdaine, A., & Sheffield, F. (1949). *Experiment on mass communication.* Princeton, NJ: Princeton University Press.

Howard, D. J. (1990). Rhetorical question effects on message processing and persuasion: The role of information availability and the elicitation of judgment. *Journal of Experimental*

Social Psychology, 26, 217-239.

Howard, P. E. N., Raine, L., & Jones, S. (2001). Days and nights on the Internet. *American Behavioral Scientist, 45,* 383-404.

Hsu, C-W., Wan, C-C, & Tai, Y-T (2011). The closer the relationship, the more interaction on Facebook? Investigating the case of Taiwan users. *Cyberpsychology. Behavior, and Social Networking, 14,* 473-476. doi: 10.1089/cyber.2010.0267

Hu, T-W., Sung, H-Y., & Keeler, T. E. (1995). Reducing cigarette consumption in California: Tobacco taxes vs. an anti-smoking media campaign. *American Journal of Public Health, 85,* 1218-1222.

Huckfeldt, R., & Sprague, J. (1995). *Citizens, politics, and social communication.* Cambridge, UK: Cambridge University Press.

Huesmann, L. R. (1982). Violence and aggression. In National Institute of Medical Health, *Television and behavior: Ten years of scientific progress* (Vol. 1, pp. 36-44). Washington, DC: Government Printing Office.

Huesmann, L. R. & Eron, L. D. (Eds.). (1986). *Television and aggressive child: A cross-national comparison.* Hillsdale, NJ: Erlbaum.

Huesmann, L. R., Moise-Titus, J., Podolski, C. L. & Eron, L. D. (2003). Longitudinal relations between children's exposure to TV violence and their aggressive and violent behavior. in young adulthood: 1977-1992. *Developmental Psychology, 39,* 201-221.

Huesmann, L. R., & Taylor, L. D. (2006). The role of media vioence in violent behavior. *Annual Review of Public Health, 27*(1), 393-415.

Hughes, M. (1980). The fruits of cultivation analysis: A reexamination of some effects of television watching. *Public Opinion Quarterly, 44,* 287-302.

Huma, R. (1977, October). Selling the Swedish nightingale: Jenny Lind and P. T. Barnum. *American Heritage, 28,* 90-107.

Huntzicker, W. E. (1998). The pioneer press, 1800-1900. In W. D. Sloan (Ed.), *The age of mass communication* (pp. 187-211). Northport, AL: Vision Press.

Huley, R. (2009). How gay porn undermines safe sex campaigns. *British Medical Journal, 338* (7697), 775.

Huston, A. C., Anderson, D. R., Wright, J. C., Linebarger, D. L., & Schmitt, K. L. (2001). Sesame Street viewers as adolescents: The recontact study. In S. M. Fisch & R. T. Truglio (Eds.), *"G" is for "growing": Thirty years of research on children and* Sesame Street (pp. 131-144). Mahwah, NJ: Erlbaum.

Husto, A. C., Wartella, E., & Donnerstein, E. (1998). *Measuring the effects of sexual content in the media: A report to the Kaiser family Foundation,* Menlo Park, CA: The Henry, J. Kaiser family Foundation.

Hwang, H., Gotlieb, M. R., Nah, S., & McLeod, D. M. (2007). Applying a cognitive-processing model to presidential debate effects: Postdebate news analysis and primed reflection. *Journal of Communication, 57*, 40-59.

Hyde, J. (1994). The media and the diffusion of innovation: The phonograph and radio broadcasting. In J. D. Startt & W. D. Sloan (Eds.), *The significance of the media in American history*. Northport, AL: Vision Press.

Hyman, H., & Sheatsley, P. (1947). Some reasons why information campaign fail. *Public Opinion Quarterly, 11*, 412-423.

Illinois.gov. (2005). Gov. Blagojevich signs law making Illinois the only state in the nation to protect children from violent and sexually explicit video games. Retrieved from http://www.illinos.gov/pressureleases/ShowPressRelease.cfm?SubjectID=1&RecNum=4170

Internet now major source of campaign news. (2008). Pew Internet and America Life Project. Retrieved from http://pewresearch.org/pubs/1017/Internet-now-major-source-of-campaign-news

Intons-Peterson, M. J., & Roskos-Ewoldsen, B. (1989). Mitigating the effects of violent pornography. In S. Gubar & J. Hoff-Wilson (Eds.), *For adult users only*. Bloomington: Indiana University Press.

Intons-Peterson, M. J., Roskos-Ewoldsen, B., Thomas, L., Shirley, M., & Blut, D. (1989). Will educational materials reduce negative effects of exposure to sexual violence? *Journal of Social and Clinical Psychology, 8*, 256-275.

Irwin, A. R., & gross, A. M. (1995). Cognitive tempo, violent video games, and aggressive behavior in young boys. *Journal of family Violence, 10*, 337-350.

Ishii, K. (2006). Implication of mobility: The uses of personal communication media in everyday life. *Journal of Communication, 56*(2), 346-365.

Ito, M., Okabe, D., & Anderson, K. (2008). Portable objects in the three global cities: The personalization of urban places. In R. Ling and S. Campbell (Eds.), *The mobile communication research series: Reconstruction of space and time through mobile communication practices* (pp. 67-88). New Brunswick, NJ: Transaction.

Ivry, B. (1998, September 25). In movies, a question of race. *Buffalo News*, p. 3G.

Iyengar, S. (1989). How citizens think about national issues. *American Journal of Political Science, 33*, 878-897.

Iyengar, S. (1991). *Is anyone responsible? How television frames political issues*. Chicago: University of Chicago Press.

Iyengar, S., & Kinder, D. R. (1987). *News that matters: Television and American opinion*. Chicago: University of Chicago Press.

Iyengar, S., Peters, M. D., & Kinder, D. R. (1982). Experimental demonstration of the "not-so-minimal" consequences of television news programs. American Political Science Review, 76, 848-858

Iyengar, S., & Simon, A. F. (2000). New perspectives and evidence on political communication and campaign effects. Annual Review of Psychology, 51, 149-169.

Izard, C. E. (1977). Human emotions. New York: Plenum Press.

Jackson L. A., & Ervin, K. S. (1991). The frequency and portrayal of black families in fashion advertisements. Journal of Black Psychology, 18(1), 67-70.

Jackson,, R. A., & Carsey, T. M. (2007). U.S, Senate campaigns, negative advertising, and voter mobilization in the 1998 midterm election. Electoral Studies, 26, 180-195

James, P. T., Leach, R., Kalamara, E., & Shayeghi, M. (2001). The worldwide obesity epidemic. Obesity Research, 9(54), 228S-233S.

James, T. Jr. (1982, May). World went mad when mighty Jumbo came to America. Smithsonian, 13, 134-152.

Jansz, J. (2005). The emotional appeal of violent video games for adolescent males. Communication Theory, 15, 219-241.

Java, A., Song, X., Finin, T., & Tseng, B. (2007). Why we Twitter: Understanding micro-blogging usages and communities. Proceedings of the 9th WebKDD and 1st SNAKDD '07 (pp. 56-65). San Jose, CA: ACM Press.

Jeffres, L. W. (2000). Ethnicity and ethnic media use: A panel study. Communication Research, 27, 496-535.

Jenks, J. W. (1895). The guidance of public opinion. The American Journal of Sociology, 1, 158-169.

Jennings, N. A., Hooker, S. D., & Linebarger, D. L. (2009). Educational television as mediate literacy environments for preschoolers. Learning Media and Technology, 34, 229-242.

Jerit, J., Barabas, J., & Bolsen, T. (2006). Citizen, knowledge, and the information environment. American Journal of Political Science, 50, 266-282.

Jin, B. & Jeong, S. (2010). The impact of Korean television drama viewership on the social perceptions of single life and having fewer children in married life. Asian Journal of Communication, 20(1), 17-32.

Jin, S.A. (2011). "I feel present. Therefore I experience flow": A structural equation modeling approach to flow and presence in video games. Journal of Broadcasting and Electronic Media, 55, 114-136. doi: 10.1080/08838151.2011.546248

Jo, E, & Berkowitz, L. (1994). A priming effect analysis of media influences: An update. In J. Bryant & D. Zillmann (Eds.), Media effects: Advances in theory and research (pp.. 43-60). Hillsdale, NJ: Erlbaum.

Johnsen, T. E. (2003). The social context of the mobile phone use of Norwegian teens. In J. Katz (Ed.), *Machines that become us: The social context of communication technology* (pp. 161-170). New Brunswick, NJ: Transaction.

Johnson, B. R. (1980). General occurrence of stressful reactions to commercial motion pictures and elements in films subjectively identified as stressors. *Psychological Reports, 47,* 775-786.

Johnson, J. D., Adams, M. S., Hall, W., & Ashburn, L. (1997). Race, media, and violence: Differential racial effects of exposure to violent news stories. *Basic and Applied Social Psychology, 19,* 81-90.

Johnson, J. G., Cohen, P., Kasen, S., First, M. B., & Brook, J. S. (2004). Association between television viewing and sleep problems during adolescence and early adulthood. *Archives of Pediatrics and Adolescent Medicine, 158,* 562-568.

Johnson, M. (1996). Latinas and television in the United States: Relationships among genre identification, and acculturation stress. *The Howard Journal of Communications, 7,* 289-313.

Johnson, R. (1609). *Nova Britannia: Offering most excellent fruits by planting in Virginia: Exciting all such as be well affected to further the same.* London: Printed for Samuel Macham.

Johnson-Cartee, K. S., & Copeland, G. A. (1991). *Negative political advertising: Coming of age.* Hillsdale, NJ: Erlbaum.

Johnson-Laird, P. N. (1983). *Mental models.* Cambridge, MA: Harvard University Press.

Johnson-Laird, P. N. (1989). Mental models. In M. I. Posner (Ed.), *Foundation of cognitive science* (pp. 469-499). Cambridge, MA: MIT Press.

Johnston, J. (1980). *An exploratory study of the effects of viewing the first season of 3-2-1 Contact.* New York: Children's Television Workshop.

Johnson, J. & Brzezinski, E. (1994). *Executive summary, Channel One: A three year perspective.* Ann Arbor: Institut for Social Research, University of Michigan.

Johnson, J., & Ettema, J. S. (1982). *Positive images: Breaking stereotypes with children's television.* Beverly Hills, CA: Sage.

Johnson, J., & Luker, R. (1983). *The "Eriksson Study": An exploratory study of viewing two weeks of the second season of 3-2-1 Contact.* New York: Chilren's Television Workshop.

Johnston, L. D., O'Malley, P. M., Bachman, J. G., & Schulenberg, J. E. (2004). *Monitoring the future, national survey results on drug use, 1975-2004. Vol. 1: Secondary school students:* NIH Publication No. 05-5727. Bethesda, MD: National Institute on Drug Abuse.

Joinson, A. N. (2008). "Looking at," "Looking up," of "Keeping up with" people? Motives and uses for Facebook. *CHI 2008 Proceedings* (pp. 1027-1036). Florence, Italy: ACM.

Joint Statement. (2000). *Joint statement on the impact of entertainment violence on children.* Retrieved from http://www.aap.org/advocacy/releases/jstmtevc.htm

Jorgensen, P. F. (1998). Affect, persuasion, and communication processes. In P. A. Anderson & L. K. Guerrero (Eds.), *Handbook of communication and emotion: Research, theory, application, and contexts* (pp. 403-422). San Diego, CA: Academic Press.

Josephson, W. L. (1987). Television violence and children's aggression: Testing the priming, social script, and disinhibition predictions. *Journal of Personality and Social Psychology, 53,* 882-890.

Joslyn, R. A. (1980). The content of political spot ads. *Journalism Quarterly, 57,* 92-98.

Juergen, M. (2010). A brief history of play. *Entrepreneur, 38*(11), 30-36.

Julsrud, T. E. (2005). Behavioral changes at the mobile workplace: A symbolic interactionist approach. In R. Ling & P. Pedersen (Eds.), *Mobile communications: Renegotiation of the social sphere* (pp. 93-112). London: Springer-Verlag.

Julsrud, T. E., & Bakke, J. W. (2008). Trust, friendship and expertise: The use of e-mail, mobile dialogues, and SMS to develop and sustain social relations in a distributed work group. In R. Ling & S. W. Campbell (Eds.), *The mobile communication research series: Reconstruction of space and time through mobile communication practice* (pp. 159-190). New Brunswick, NJ: Transaction.

Just, M. R., Crigler, A. N., & Wallach, L. (1990). Thirty seconds or thirty minutes: What viewers learn from spot advertisement and candidate debates. *Journal of Communication, 40*(3), 120-133.

Kahn, K. F., & Kenney, P. J. (1999). Do negative campaigns mobilize or suppress turnout?: Clarifying the relationship between negativity and participation. *American Political Science Review, 93,* 877-889.

Kahneman, D. (2003). Maps of bounded rationality: A perspective on intuitive judgment and choice. In T. Frangsmir (Ed.), *Les Prix Noble: The Nobel Prizes 2002* (pp. 449-489). Stockholm, Sweden: Nobel Foundation.

Kahneman, D., & Tversky, A. (1979). Prospect theory—Analysis of decision under risk. *Econometrica, 47*(2), 263-291.

Kahneman, D., & Tversky, A. (1984). Choices, values, and frames. *American Psychologist, 39* (4), 341-350.

Kaid, L. L. (1981). Political advertising. In D. Nimmo & K. R. Sanders (Eds.), *Handbook of political communication* (pp. 249-271). Beverly Hills, CA: Sage.

Kaid, L. L. (1996). Political communication. In M. B. Salwen & D. W. Stacks (Eds.), *An integrated approach to communication theory and research* (pp. 443-457). Mahwah, NJ: Erlbaum.

Kaid, L. L., Gobetz, R., Garner, J., LeLand, C. M., & Scott, D. (1993). Television news and presidential campaign: The legitimization of televised political advertising. *Social Science Quarterly, 74*, 274-285.

Kaid, L. L., & Johnston, A. (1991) Negative versus positive television advertising in U.S. presidential campaigns. *Journal of Communication, 41*, 53-64.

Kaiser Family Foundation. (1999). *Progress on the entertainment media & public health* [Brochure]. Menlo Park, CA: Author.

Kaiser Family Foundation. (2010). *Generation M2: Media in the lives of 8- 18-year-olds.* Menro Park, CA: Author

Kalnin, A. J., Edwards, C. R., Want, Y., Kronenberger, W. G., Hummer, T. A., Mosier, K. M., Dunn, D. W., & Mathews, V. P. (2011). The interacting role of media violence exposure and aggressive-disruptive behavior in adolescent brain activation during an emotional Stroop task. *Psychiatry Research: Neuroimaging Section, 192*(1), 12-19.

Kalpidou, M., Costin, D., & Morris, J. (2011). The relationship between facebook and the well-being of undergraduate college students. *Cyberpsychology, Behavior, and Social Networking, 14*, 183-189. doi: 10.1089/cyber.2010.0061

Kaner, G. (1982). *Adolescent reactions to race and sex of professional television newscasters* (Unpublished doctoral dissertation). New York University, New York.

Kang, J. G., & Morgan, M. 91988). Culture clash: US television programs in Korea. *Journalism Quarterly, 65*, 431-438.

Kaniss, P. (1991). *Making local news.* Chicago: University of Chicago Press.

Kantrowitz, B., & Underwood, A. (2007, June 25). The teen drinking dilemma. *Newsweek*, 36-37.

Kassarjian, H. (1969). The Negro and American advertising: 1946-1965. *Journal of Marketing Research, 6*, 29-39.

Katz, D., & Lazarsfeld, P. R. (1955). *Personal influence*, New York: The Free Press.

Katz, E. (1980). On conceptualizing media effects. In T. McCormack (Ed.), *Studies in communication* (Vol. 1, pp. 119-141). Greenwich, CT: JAI Press.

Katz, E. (1983). On conceptualizing media effects. In S. Oskamp (Ed.), *Television as a social issue (Applied Social Psychology Annual 8)*, 361-374. Newbury Park, CA: Sage.

Katz, E. (1987). On conceptualizing media effects: Another look. In S. Oscamp (Ed.), *Applied Social Psychology Annual* (Vol. 6, pp. 32-42). Beverly Hills, CA: Sage.

Katz, E. Gurevitch, M., & Haas, H. (1973). On the use of the mass media for important things. *American Sociological Review, 38*, 164-181.

Katz, J. E., & Aakhus, M. A. (Eds.), (2002). *Perpetual contact: Mobile communication, private, talk, public performance.* Cambridge, UK: Cambridge University Press.

Katz, J. E., & Acord, S. K. (2008). Mobile games and entertainment. In J. Katz (Ed.), *Handbook of mobile communication studies* (pp. 403-418). Cambridge, MA: MIT Press.

Kelly, H. (1981). Reasoning about realities: Children's evaluation of television and books. In H. Kelly & H. Gardner (Eds.), *Viewing children through television* (pp. 59-71). San Francisco: Jossey Bass.

Kern, M. (1989). *30-second politics: Political advertising in the eighties.* New York: Praeger.

Kim, J., & Lee, J.-E. R. (2011). The Facebook paths to happiness: Effects of the number of Facebook friends and self-presentation on subjective well-being. *Cyberpsychology, Behavior, and Social Networking, 14,* 359-365. doi: 10.1089/cyber.2010.0374

Kim, J. L., Collins, R. L., Kanouse, D. E., Elliott, M. N., Berry, S. H., Hunter, S. B., Miu, A. & Kunkel, D. (2006). Sexual readiness, household policies, and other predictions of adolescents' exposure to sexual content in mainstream entertainment television. *Media Psychology, 8,* 449-471.

Kim, J. Y., Shim, J. P., & Ahn, K. M. (2011). Social networking service: Motivation, pleasure, and behavioral intention to use. *Journal of Computer Information Systems, 51,* 92-101.

Kim, K., & McCombs, M. (2007). News story descriptions and the public's opinions of political candidates. *Journalism & Mass Communication Quarterly, 84*(2), 299-314.

Kim, S-H., Carvalho, J. P., Davis, A. G., & Mullins, A. M. (2011). The view of the border: News framing of the definition, causes, and solutions to illegal immigration. *Mass Communication & Society, 14*(3), 292-314.

Kim, S-H., Han, M., & Scheufele, D. A. (2010). Think about him this way: Priming news media, and South Koreans' evaluation of the president. *International Journal of Public Opinion Research, 22*(3), 299-319.

Kinder, D. R. & Kiewiet, D. R. (1983). Sociotropic politics; The American case. *British Journal of Political Science, 11,* 129-161.

King, P. (1997). The press, candidate images, and voter perceptions. In M. E. McCombs, D.L. Shaw, & D. Weaver (Eds.), *Communication and democracy: Exploring the intellectual frontiers in agenda setting* (pp. 29-40). Mahwah, NJ: Erlbaum.

King, S. (1981). *Danse macabre.* New York: Everest.

Klapper, J. T. (1949). *The effects of mass media: A report to the director of the public library inquiry.* New York: Columbia University Bureau of Applied Social Research.

Klapper, J. T. (1960). *The effects of mass communication.* New York: Free Press.

Klapper, J. T. (1963). Mass communication research: An old road re-surveyed. *Public Opinion*

Quarterly, 27, 515-527.

Klein, J. O., Brown, J. D., Walsh-Childers, K., Oliveri, J., Porter, C., & Dykers, C. (1993, July). Adolescents' risky behavior and mass media use. *Pediatirics, 92*, 24-32.

Kline, L. W. (1907). The psychology of humor. *The American Journal of Psychology, 18*, 421-441.

Ko, H., Cho, C., & Roberts, M. S. (2005). Internet uses and gratifications. *Journal of Advertising, 34*(2), 57-70.

Koriat, A., Melkman, R., Averill, J. R., & Lazarus, R. S. (1972). The self-control of emotional reactions to a stressful film. *Journal of Personality, 40*, 601-619.

Kosicki, G. M. (1993). Problems and opportunities in agenda-setting research. *Journal of Communication, 43*(2), 100-127.

Kosicki, G. M., & McLeod, J. M. (1990). Learning from political news: Effects of media images and information-processing strategies. In S. Kraus (Ed.), *Mass communication and political information processing* (pp. 69-83). Hillsdale, NJ: Erlbaum.

Kosicki, G. M., & McLeod, J. M. & Armor, D. L. (1987, May). *Processing the news: Some individual strategies for selecting, sense-making, and integrating.* Paper presented at the Annual meeting of the International Communication Association, Montreal, Quebec.

Krafka C. L. (1985). *Sexually explicit, sexually violent, and violent media: Effects of multiple naturalistic exposures and debriefing on female viewers* (Unpublished doctoral dissertation). University of Wisconsin-Madison.

Krahé, B. & Möller, I. (2010). Longitudinal effects on media violence on aggression and empathy among German adolescents. *Journal of Applied Developmental Psychology, 31*(5), 401-409.

Kraut, R., Kiesler, S., Boneva, B, Cummings, J. Helgeson, V., & Crawford, A. (2002). Internet paradox revisited. *Journal of Social Issues, 58*, 49-74.

Kraut, R. E., Patterson, M., Lundmark, V., Kiesler, S., Mukhopadhyay, T., & Sherlis, W. (1998). Internet paradox: A social technology that reduces social involvement and psychological well-being? *American Psychologist, 53*, 1017-1032.

Krcmar, M. (2010). Assessing the research on media, cognitive development, and infants: Can infants really learn from television and videos? *Journal of Children and Media, 4*(2), 120-134. doi: 10.1080/17482791003629586

Krcmar, M. (2011). Can past experience with television help US infants learn from it? *Journal of Children and Media, 5*, 235-247. doi: 10.108/17482798.2011.584373

Krcmar, M., Grela, B., & Lin, K. (2007). Can toddlers learn vocabulary from television? An experimental approach. *Medical Pathology, 10*, 41-63. doi: 10.108/1521326070130

0931

Kreuter, M. W., Strecher, V. J., & Glassman, B. (1999). One size does not fil all: The case for tailoring print materials. *Annals of Behavioral Medicine, 21*(4), 276-283.

Krosnick, J. A. (1983). The role of attitude importance in social evaluation: A study of policy preference, presidential candidate evaluations, and voting behavior. *Journal of Personality and Social Psychology, 55,* 196-210.

Kronsnick, J. A., & Kinder, D. R. (1990). Altering the foundations of support for the president through priming. *American Political Science Review, 84,* 497-512.

Ku, G., Kaid, L. L., & Pfau. M. (2003). The impact of web site campaigning on traditional news media and public information processing. *Journalism & Mass Communication Quarterly, 80*(3), 528-547

Kunkel, D., Biely, E., Eyal, K., Cope-Farrar, K. M., Donnerstein, E., & Fandrich, R. (2003). *Sex on TV 3: Content and context.* Menlo Park, CA: Henry J. Kaiser Family Foundation.

Kunkel, D., Cope, K. M. Farinola, W. J. M., Biely, E., Rollin, E., & Donnerstein, E. (1999). *Sex on TV: A biennial report to the Kaiser Family Foundation.* Menlo Park, CA: Kaiser Family Foundation.

Kunkel, D., Eyal, K., Donnerstein, E., Farrar, K. M., Biely, E., & Rideout, V. (2007). Sexual specialization messages on entertainment television: Comparing content trends 1997-2002. *Media Psychology. 9*(3), 595-622.

Kwak, N., Williams, A. E., Wang, X. R., & Lee, H. (2005). Talking politics and engaging in politics: An examination of the interactive relationships between structural features of political talk and discussion engagement. *Communication Research, 32,* 87-111.

Landman, J., & Manis, M. (1983). Social cognition: Some historical and theoretical perspectives. In I. Berkowitz (Ed.). *Advances in experimental social psychology* (Vol. 16, pp. 49-123). New York: Academic.

Lang, K., & Lang, G. E. (1959). The mass media and voting. In E. Burdick & A. J. Brodbeck (Eds.), *American voting behavior* (pp. 217-235). Glencoe, IL: Free Press.

Lapinski, M. K., & Witte, K. (1998). Health communication campaign. In L. D. Jackson & B. K. Duffy (Eds.). *Health communication research: A guide to development and directions* (pp. 139-161). Westport, CT: Greenwood.

LaRose, R. & Eastin, M. S. (2002). Is online buying out of control? Electronic commerce and consumer self-regulation. *Journal of Broadcasting & Electronic Media, 46,* 549-564.

LaRose, R., Lin, C. A., & Eastin, M. S. (2003). Unregulated Internet usage: Addiction, habit, or deficient self-regulation? *Media Psychology, 5*(3), 225-253. doi: 10.1207/ s1532786XME0503_01

Lasswell, H. D. (1927). *Propaganda technique in the World War.* New York: Knopf.

Lasswell, H. D. (1948). The structure and function of communication in society. In L. Bryson (Ed.), *The communication of ideas* (pp. 37-51). New York: Harper.

Lauzen, M. M., & Dozier, D. M. (1999). Making a difference in primetime: Women on screen and behind the scenes in the 1995-96 season. *Journal of Broadcasting & Electronic Media, 43*, 1-19.

Lauzen, M. M., & Dozier, D. M. (2002). You look marvelous: An examination of gender and appearance comments in the 1999-2000 primetime season. *Sex Roles, 6*, 429-437.

Lauzen, M. M., & Dozier, D. M. (2004). Evening the score in primetime: The relationship between behind the scenes women and on-screen portrayals in the 2002-2003 season. *Journal of Broadcasting & Electronic Media, 48*, 484-500.

Lauzen, M. M., Dozier, D. M., & Cleveland, E. (2006). Genre matters: An examination of women working behind the scenes and on-screen portrayals in reality and scripted primetime programming. *Sex Roles, 55*, 445-455.

Laytner, L. (2009). *Star Trek tech.* Retrieved from http://editinternational.com/read.php?id=4810edf3a83f8

Lazarsfeld, P. F. (1940). *Radio and the printed page.* New York: Duell, Sloan, & Pearce.

Lazarsfeld, P. F. (1949). Forward. In J. T. Klapper, *The effects of mass media: A report to the director of the public library inquiry* (pp. 1-9). New York: Columbia University Bureau of Applied Social Research.

Lazarsfeld, P. F. (1962). Introduction. In S. A. Stouffer, *Social research to test ideas: Selected writings of Samuel A. Stouffer* (pp. xv-xxxi). New York: Free Press.

Lazarsfeld. P. F., Berelson, B. R., & Gaudet, H. (1944). *The people's choice.* New York: Columbia University Press.

Lazarsfeld. P. F., Berelson, B. R., & Gaudet, H. (1948). *The people's choice* (2nd ed.). New York: Columbia University Press.

Lazarus, R. S., Speisman, J. C., Mordkoff, A. M., & Davidson, L. A. (1962). A laboratory study of psychological stress produced by a motion picture film. *Psychological Monographs: General and Applied, 76*(34), 553

Lee, A., & Lee, E. B. (1939). *The fine art of propaganda: A study of Father Coughlin's speeches.* New York: Harcourt, Brace.

Lee, E-J., Lee, L., and Jang, J. (2011). Internet for the internationals: Effects of Internet use motivation on international students' college adjustment. *Cyberpsychology, Behavior, and Social Networking, 14*, 433-437. doi: 10.1089/cyber.2010.0406

Lee, G., Lee, J., & Kwon, S. (2011). Use of social networking sites and subjective well-being: A study in South Korea. *Cyberpsychology, Behavior, and Social Networking, 14*, 151-155. doi: 10.1089/cyber.2009.0382

Lee, K. M., Peng, W., & Park, N. (2009). Effects of computer/video games and beyond. In J. Bryant & M. B. Oliver (Eds.), *Media effects: Advances in theory and research* (3rd ed., pp. 551-566). New York: Routledge.

Lee, M. J., Bichard, S. L., Irey, M. S., Walt, H M., & Carlson, A. J. (2009). Television viewing and ethnic stereotype: Do college students form stereotypical perceptions of ethnic group as a result of heavy television consumption? *The Howard Journal of Communications, 20*, 95-110. doi: 10.1080/1064617080266521

Leippe, M. R., & Elkin, R. A. (1987). When motives clash: Issue involvement and response involvement as determinants of persuasion. Journal of *Personality and Social Psychology, 52*, 269-278.

Leitner, R. K. (1991). *Comparing the effects on reading comprehension of educational video, direct experience, and print* (Unpublished doctoral thesis). University of San Francisco, California.

Lemola, S., Brand, S., Vogler, N., Perkinson-Gloor, N., Allemand, M., & Grob, A. (2011). Habitual computer game playing at night is related to depressive symptoms. *Personality and Individual Differences, 51*, 117-122. doi: 10.1016/j.paid.2011.03.024

Lenhart, A., Purcell, K., Smith, A., & Zickuhr, K. (2010). *Social media and young adults: Social media and mobile Internet use among teens and adults.* Washington, DC: Pew Internet & American Life Project.

Lerner, D., & Nelson, L. M. (1977). *Communication research: A half-century appraisal.* Honolulu: The University Press of Hawaii.

Levy, A. & Stokes, R. (1987). Effects of a health promotion advertising campaign on sales of ready to eat cereals. *Public Health Reports, 102*(4), 398-403.

Levy, M. R., & Windahl, S. (1984). Audience activity and gratifications: A conceptual clarification and exploration. *Communication Research, 11*, 51-78.

Lieberman, D. A. (2001). Management of chronic pediatric diseases with interactive health games: Theory and research findings. *Journal of Ambulatory Care Management, 24*, 26-38.

Liebert, R. M., & Schwartzberg, N. S. (1977). Effects of mass media. *Annual Review of Psychology, 18*, 141-183.

Liebert, R. M., Sprafkin, J. N., & Davidson, E. S. (1982). The early window: Effects of television on children and youth. Elmsford, NY: Pergamon.

Lilischkis, S. (2003). *More yo-yos, pendulums and nomads: trend of mobile and multi-location work in the information society I* (Issue report no. 36). Socioeconomic trends assessment for the digital revolution.

Lin, C. A. (2003). An interactive communication technology adoption model. *Communication*

Theory, 13(4) 345-365.

Lin, C. A. (2009). Effects of the Internet. In J. Bryant & M. B. Oliver (Eds.), Media effects: *Advances in theory and research* (3rd ed., pp. 567-591). New York: Routledge.

Lin, C. H., Lin, S-L., & Wu, C-P. (2009). The effects of parental monitoring and leisure boredom on adolescents' Internet addiction. *Adolescence, 44*, 993-1004

Linebarger, D.L. (2000). *Summative evaluation of Between the Lions: A final report to WGBH Education Foundation.* Kansas Cty. University of Kansas, Juniper gardens Children's Project.

Linebarger, D. L. (2001). *Summative evaluation of Dora the Explorer, Part 1: Learning outcomes.* Kansas City, KS: Media & Technology Project, ABCD Ventures.

Linebarger, D. L. (2006). *The Between the Lions American Indian literacy initiative research component: A report prepared for the United States Department of Education.* Philadelphia: Annenberg School for Communication, University of Pennsylvania.

Linebarger, D. L., & Piotrowski, J. T. (2009). TV as story teller. How exposure to television narratives impacts at-risk preschoolers' story knowledge and narrative skills. *British Journal of Developmental Psychology, 27*, 47-69.

Linebarger, D. L., & Piotrowski, J. T. (2010). Structure and strategies in children's educational television: The role of program type and learning strategies in children's learning. *Child Development, 81*, 1582-1597.

Linebarger D. L., & Vaala, S. E. (2010) Screen media and language development in infants and toddlers: An ecological perspective. *Developmental Review, 30*, 176-202. doi: 10.1016/j.dr.2010.03.006

Linebarger, D. L. & Walker, D. (2005). Infants' and toddlers' television viewing and language outcomes. *The American Behavioral Scientist, 45*, 624-644. doi: 10.1177/0002764204271505

Ling, R. (2004). *The mobile connection: The cell phone's impact on society.* San Francisco: Morgan Kaufman.

Ling, R. (2005a). The sociolinguistics of SMS: An analysis of SMS use by a random sample of Norwegians. In R. Ling & P. Pederson (Eds.), *Mobile communications: Re-negotiation of the social sphere* (pp. 335-350). London: Springer-Verlag.

Ling, R. (2005b). Mobil communications vis-a-vis teen emancipation, peer group interaction and deviance. In R. Harper, A. Taylor, & L. Palen (Eds.), *The inside text: Social perspectives on SMS in the mobile age* (pp. 175-192). London: Kluwer.

Ling, R. (2006, December). *The length of text messages and the use of predictive texting.* Paper presented at the annual meeting of the Association of Internet Researchers, Brisbane, Australia.

Ling, R. (2008). *New tech, new ties: How mobile communication is reshaping social cohesion.* Cambridge, MA: MIT Press.

Ling, R., & Campbell, S. W. (2008). *The mobile communication research series: Reconstruction of space and time through mobile communication practices.* New Brunswick, NJ: Transaction Publishers.

Ling, R. & Yttri, B. (1999). *Nobody sits at home and wait for the telephone to ring: Micro and hyper-coordination through the use of the mobile phone* (Report 30/99). Kjeller, Norway: Telenor Research and development.

Ling, R. & Yttri, B. (2002). Hyper-coordination via mobile phones in Norway. In J. Katz & M. Aakhus (Eds.), *Perpetual contact: Mobile communication, private talk, public performance* (pp. 13-169). Cambridge. UK: Cambridge University Press.

Linz, D. Donnerstein, E., Bross, M., & Chapin, M. (1986). Mitigating the influence of violence on television and sexual violence in the media. In R. Blanchard (Ed.), *Advances in study of aggression* (Vol. 2, pp. 165-194). Orlando, FL: Academic Press.

Linz, D., Donnerstein, E., & Penrod, S. (1984). The effects of multiple exposures to filmed violence against women. *Journal of Communication, 34*(3), 130-147.

Linz, D., Donnerstein, E., & Penrod, S. (1988). The effects of long-term exposure to violent and sexually degrading depictions of women. *Journal of Personality and Social Psychology, 55*(5), 758-768.

Linz, D., Fuson, I. A., & Donnerstein, E. (1990). Mitigating the negative effects of sexually violent mass communications through pre-exposure briefings. *Communication Research, 17,* 641-674.

Linz, D., & Malamuth, N. (1993). *Pornography.* Newbury park, CA: Sage.

Lipkins, S., Levy, J. M., & Jerabkova, B. (2011). Sexting…is it all about power? Retrieved from http://www.realpsychology.com/content/tools-life/sextingis-itall-about-power

Lippman, W. (1922). *Public opinion.* New york: Harcourt Brace.

Liss, M. (1981). Children's television selections: A study of indicators of same-race preference. *Journal of Cross cultural Psychology, 12*(1), 103-110

Liu, X., & LaRose, R. (2008). Does using the Internet make people more satisfied with their lives? The effects of the Internet on college students' school life satisfaction. *Cyberpsychology & Behavior, 11*(3), 310-320. doi: 10.1089/cpb.2007.0040

Logan, J. R., & Molotch, H. L. (1987). *Urban fortunes: The political economy of place.* Berkeley: University of California Press.

Long, N. E. (1958). The local community as an ecology games. *American Journal of Sociology, 64,* 251-261.

Longman, H., O'Conner, D., & Obst, P. (2009). The effect of social support derived from

World of Warcraft on negative psychological symptoms. *Cyberpsychology & Behavior, 12*, 563-566. doi: 10.1089/cpb.2009.0001

Love, S., & Kewley, J. (2005). Does personality affect people's attitudes towards mobile phone use in public phase? In R. Ling & P. Pederson (Eds.), *Mobile communications: Re-negotiation of the social sphere* (pp. 273-284). London: Springer-Verlag.

Lowery, S. A. & DeFleur, M. L. (1995). *Milestones in mass communication research: Media effects.* White plains, NY: Longman.

Lowry, D. T., & Towles, D. E. (1989). Soap opera portrayals of sex, contraception, and sexually transmitted diseases. *Journal of Communication, 39*(2), 76-83.

Lucas, K., & Sherry, J. L. (2004). Sex differences in video game play: A communication based approach. *Communication Research, 31*, 499-523. doi: 10.1177/009365020426790

Lundy, L. K., Ruth, A. M., & Park, T. D. (2008). Simply irresistible: Reality TV consumption patterns. *Communication Quarterly, 56*(2), 208-225.

Lyle, J., & Hoffman, H. R. (1972). Children's use of television and other media. In E. A. Rubinstein, G. A. Comstock, & J. P. Murray (Eds.), *Television and social behavior* (Vol. 4, pp. 129-256). Washington, DC: Government Printing Office.

Lyons, E. J., Tate, D. F., Ward, D. S., Bowling, J. M., Ribisl, K. M., & Kalyararaman, S. (2011). Energy expenditure and enjoyment during video game play: Differences by game type. *Medicine & Science in Sport & Exercise, 43*, 1987-1993. doi: 10.1249/MSS.0b013e318216ebf3

Maccoby, N., & Farquhar, J. W. (1975). Communication for health: Unselling heart disease. *Journal of Communication, 25*, 114-126.

MacKuen, M. (1981). Social communication and the mass policy agenda. In M. MacKuen & S. Coombs (Eds.), *More than news: Media power in public affairs* (pp. 19-144). Beverly Hills, CA: Sage.

Maddison, R., Foley, L., Mhurchu, C. N., Jiang, Y., Jull, A., Prapavessis, H., ... & Rodgers, A. (2011). Effects of active video games on body composition: A randomized controlled trial. *The American Journal of Clinical Nutrition, 94*, 156-163.

Magliano, J. P., Dijkstra, K., & Swann, R. A. (1996). Generating predictive inferences while viewing a movie. *Discourse Processes, 22*, 199-224.

Maibach, E. W., Maxfieldd, A., Ladin, K., & Slater, M. (1996). Translating health psychology into effective health communication: The American Healthstyles Audience Segmentation Project. *Journal of Health Psychology, 1*, 261-277.

Maio, G., Haddock, G., Watt, S. E., & Hewstone, M. (2008). Implicit measures in applied context: An illustrative examination of anti-racism advertising. In R. E. Petty, R. H. Fazio, & P. Briñol (Eds.), *Attitudes: Insights from the new implicit measures* (pp.

327-357). New York: Psychology Press.

Malamuth, N. M. (1981). Rape fantasies as a function of expose to violent sexual stimuli. *Archives of Sexual Behavior, 10*, 33-47.

Malamuth, N. M. (1993). Pornography's impact on male adolescents. *Adolescent Medicine: State of the Art Reviews, 4*, 563-576.

Malamuth, N. M. (1996). Sexually explicit media, gender differences, and evolutionary theory. *Journal of Communication, 46*(3), 8-31.

Malamuth, N. M., & Check, J. V. P. (1980a). Penile tumescence and perceptual responses to rape as a function of victim's perceived reactions. *Journal of Applied Social Psychology, 10*, 528-547.

Malamuth, N. M., & Check, J. V. P. (1980b). Sexual arousal to rape and consenting depictions: The importance of woman's arousal. *Journal of Abnormal Psychology, 89*, 763-766.

Malamuth, N. M., & Check, J. V. P. (1983). Sexual arousal to rape depictions: Individual differences. *Journal of Abnormal Psychology, 92*, 55-67.

Malamuth, N. M., & Donnerstein, E. (Eds.). (1984). *Pornography and sexual aggression.* New York: Academic.

Malamuth, N. M., Heim, M., & Feshbach, S. (1980). Sexual responsiveness of college students to rape depictions: Inhibitory and disinhibitory effect. *Journal of Personality and Social Psychology, 38*, 399-408.

Malamuth, N. M. & Impett, E. A. (2001). Research on sex in the media: What do we know about effects on children and adolescents? In D. Singer & J. Singer (Eds.), *Handbook of children and the media* (pp. 269-278). Newbury Park, CA: Sage.

Malamuth, N. M., & Spinner, B. (1980). A longitudinal content analysis of sexual violence in the best-selling erotic magazines. *Journal of Sex Research, 16*, 226-237.

Manis, F. R., Keating, D. P., & Morison, F. J. (1980). Developmental differences in the allocation of processing capacity. *Journal of Experimental Child Psychology, 29*, 156-169.

Mann, S., & Holdsworth, L. (2003). The effects of home-based teleworking on work-family conflicts. *Human Resources Development Quarterly, 14*, 35-38.

Manusov, V., & Harvey, J. (2011). Bumps and tears on the road to the presidency: Media framing of key nonverbal events in the 2008 Democratic election. *Western Journal of Communication, 75*(3), 282-303.

Marcus, B. H., Owen, N., Forsyth, L. H., Cavill, N. A., & Fridinger, F. (1998). Physical activity interventions using mass media, print media, and information technology. *American Journal of Protective Medicine, 15*, 362-378.

Mares, M., (1996). The role of source confusion in television's cultivation of social reality judgments. *Human Communication Research, 23*, 278-297.

Marshall, W. L. (1989). Pornography and sex offenders. In D. Zillmann & J. Bryant (Eds.), *Pornography: Research advances and policy considerations*. Hillsdale, NJ: Erlbaum.

Marvin, C. (1988). *When old technologies were new: Thinking about electric communication in the late nineteenth century*. New York: Oxford University Press.

Mastro, D. (2003). A social identity approach to understanding the impact of television messages. *Communication Monographs, 70*, 98-113.

Mastro, D. (2009). Effects of racial and ethnic stereotyping. In J. Bryant & M. B. Oliver (Eds.), *Media effects: Advances in theory and research* (3rd ed., pp. 325-341). New York: Routledge.

Mastro, D., & Behm-Morawitz, E. (2005). Latino representation on primetime television. *Journalism & Mass Communication Quarterly, 82*, 110-130.

Mastro, D., Behm-Morawitz, E., & Oritz, M. (2007). The cultivation of social perceptions of Latinos: A mental models approach. *Media Psychology, 9*, 1-19.

Mastro, D., & Greenberg, B. S. (2000). The portrayal of racial minorities to primetime television. *Journal of Broadcasting & Electronic Media, 44*, 690-703.

Mastro, D., & Kopaz, M. (2006). Media representations of race, prototypicality, and policy reasoning: An application of self-categorization theory. *Journal of Broadcasting & Electronic Media, 50*, 305-322.

Mastro, D., & Stern, S. (2003). Representation of race in television commercials: A content analysis of primetime advertising. *Journal of Broadcasting & Electronic Media, 47*, 638-647.

Matei, S., & Ball-Rokeach, S. (2003). The Internet in the communication infrastructure of urban residential communities: Macro- or meso-linkage? *Journal of Communication, 53*, 642-657.

Mathai, J (1983). An acute anxiety state in an adolescent precipitated by viewing a horror movie. *Journal of Adolescence, 6*, 197-200.

Matheson, D. M., Killen, J. D., Wang, Y., Varady, A., & Robinson, T. N. (2004). Children's food consumption during television viewing. *American Journal of Clinical Nutrition, 79* (6), 1088-1094.

Mazur, A. (1987). Putting radon on the public risk agenda. *Science, Technology and Human Values, 12*, 86-93.

McCaul, K. D., Jacobson, K., & Martinson, B. (1998). The effects of state-wide media campaign on mammography screening. *Journal of Applied Social psychology, 28*, 504-515.

McCombs, M. E. (1992). Explorers and surveyors: Expanding strategies for agenda-setting research. *Journalism Quarterly, 69*, 813-824.

McCombs, M. E. (2004). *Setting the agenda: The mass media and public opinion.* Malden, MA: Blackwell.

McCombs, M. E., & Bell, T. (1996). The agenda-setting role of mass communication. In M. B. Salwen & D. W. Stacks (Eds.), *An integrated approach to communication theory and research* (pp. 93-110). Mahwah, NJ: Erlbaum.

McCombs, M. E., Lopez-Escobar, E., & Liamas, J. P. (2000). Setting the agenda of attributes in the 1996 Spanish general election. *Journal of Communication, 50*, 77-92.

McComb, M. E., & Reynolds, A. (2009). How the new shapes our civic agenda. In J. Bryant & M. B. Oliver (Eds.), *Media effects: Advances in theory and research* (3rd ed., pp. 1-16). New York: Routledge.

McCombs, M. E., and Shaw, D. L. (1972). The agenda-setting function of the mass media. *Public Opinion Quarterly, 36*, 176-187.

McCombs, M. E. & Shaw, D. L. (1993). The evolution of agenda-setting research: Twenty-five years in the marketplace of ideas. *Journal of Communication, 43*(2). 58-67.

McDivitt, D. (2006). Do gamers score better in school? *Serious Game Source.* Retrieved from http://serioegamesource.com/features/feature_051606.php

McDivitt J. A., Zimicki, S., & Hornick, R. C. (1997). Explaining the impact of a communication campaign to change vaccination knowledge and coverage in the Philippines. *Health Communication, 9*, 95-118.

McGhee, P. E., & Frueh, T. (1980). Television viewing and the learning of sex-role stereotypes. *Sex Roles, 6*, 179-188.

McGraw, K. M., & Ling, C. (2003). Media priming of presidential and group evaluations. *Political Communication, 20*, 23-40.

McGuire, W. J. (1985). Attitudes and attitude change. In G. Lindzey & E. Aronson (Eds.), *Handbook of social psychology* (3rd ed., Vol. 2, pp. 43-65) Newbury park CA: Sage.

McGuire, W. J. (1986). The myth of massive media impact: Savagings and salvagings. *Public Communication and Behavior, 1*, 173-257.

McGuire, W. J. (1989). Theoretical foundations of campaigns In R. E. Rice & C. K. Atkin (Eds.), *Public communication campaigns* (2n ed., pp. 43-65). Newbury park CA: Sage.

McKenna, K. Y. A., Green, A. S., & Gleasoon, M. F. J. (2002). Relationship formation on the Internet: What's the big attraction? *Journal of Social Issues, 58*, 9-31.

McKinney, M. S., Rill, L. A., & Watson, R. G. (2011). Who framed Sarah Palin? Viewer reactions on the 2008 vice presidential debate. *American Behavioral Scientist, 55*(3), 212-231.

McLeod, J. M., & Becker, L. B. (1974). Testing the validity of gratification measures through political effects analysis. In J. G. Blumler & E. Katz (Eds.), *The uses of mass communication: Current perspectives on gratifications research* (pp. 137-164). Beverly Hills, CA: Sage.

McLeod, J. M., Becker, L. B. & Byrnes, J. E. (1974). Another look at the agenda-setting function of the press. *Communication Research, 1,* 131-165.

McLeod, J. M., Bybee, C. R. & Durall, J. A. (1979). The 1976 presidential debates and the equivalence of informed political participation. *Communication Research, 6,* 463-487.

McLeod, J. M., Dailey, C., Guo, Z., Eveland, W. P., Bayer, J., Yang, S., & Wang, H. (1996). Community integration, local media use, and democratic processes. *Communication Research, 23,* 179-209.

McLeod, J. M., & Detenber, B.H. (1999). Framing effects of television news coverage of social protest. *Journal of Communication, 49*(3), 3-23.

McLeod, J. M., Kosicki, G. M., Armor, D. L., Allen, S. G., & Philips, D. M. (1986, August). *Public images of mass media news: What are they and does it matter?* Paper presented at the annual meeting of the Association for Education in Journalism and Mass Communication, Norman, OK.

McLeod, J. M., Kosicki, G. M., McLeod, D. M. (1994). The expanding boundaries of political communication effects. In J. Bryant & D. Zillmann (Eds.), *Media effects: Advances in theory and research* (pp. 123-162) Hillsdale, NJ: Erlbaum.

McLeod, J. M., Kosicki, G. M., & McLeod, D. M. (2009). Political communication effects. In J. Bryant & M. B. Oliver (Eds.), *Media effects: Advance in theory and research* (3rd Ed.). New York: Routledge.

McLeod, J. M., Kosicki, G. M., & Rucinski, D. M (1988). Political communication research: An assessment of the field. *Mass Communication Review, 15*(1), 8-15, 30.

McLeod, J. M., & McDonald, D. G. (1985). Beyond simple exposure: Media orientations and their impact on political processes. *Communication Research, 12,* 3-33.

McLeod, J. M., Pan, Z., & Rucinski, D. (1989, May). *Framing a complex issue: A case of social construction of meaning.* Paper presented at the annual meeting of the International Communication Association, San Francisco.

McLeod, J. M., Sun, S., Chi, A., & Pan, Z. (1990, August). *Metaphor and the media: What shapes public understanding of the "war" on drugs?* Paper presented at the annual meeting of the Association for Education in Journalism and Mass Communication. Minneapolis, MN.

McQuail, D. (1972). *Towards a sociology of mass communication.* London: Collier-Macmillan. (Original work published 1969).

McQuail, D., Blumler, J. G., & Brown, J. R. (1972). The television audience: A revised perspective. In D. McQuail (Ed.), *Sociology of mass communications* (pp. 135-165). Middlesex, England: Penguin.

McQuail, D., & Windahl, S. (1993). *Communication models for the study of mass communications* (2nd ed.). New York: Longman.

Melkman, R., Tversky, B., & Baratz, D. (1981). Developmental trends in the use of perpetual and conceptual attributes in grouping, clustering, and retrieval. *Journal of Experimental Child Psychology, 31*, 470-486.

Meltzoff, A, N. (1988). Initiation of televised models by infants. *Child Development, 59*, 1221-1229.

Mendelberg, T (1997). Executing Hortons. Racial crime in the 1988 presidential campaign. *Public Opinion Quarterly, 61*, 134-157.

Mendelsohn, H. (1963). Socio-psychological perspectives on the mass media and public anxiety. *Journalism Quarterly, 40*, 511-516.

Mendelsohn, H. (1973). Some reasons why information campaigns can succeed. *Public Opinion Quarterly, 37*, 50-61.

Mentzoni, R. A., Brunborg, G. S., Molde, H., Myrseth, H., Skouverøe, K. J. M., Hetland, J., & Pallesen, S. (2011). Problematic video game use: Estimated prevalence and associations with mental and physical health. *Cyber-psychology, Behavior, and Social Networking, 14*, 591-596. doi: 10.1089/cyber.2010.0260

Merskin, D. (1998). Sending up signals: A survey of native American media use and representation in the mass media. *The Howard Journal of Communications, 9*, 333-345.

Meyer, T. P. (1972). The effects of sexually arousing and violent films on aggressive behavior. *Journal of Sex Research, 8*, 423-433.

Miller, M. M., Andsager, J. L., & Riechert, B. P. (1998). Framing the candidates in presidential primaries: Issues and images in press releases and news coverage. *Journalism & Mass Communication Quarterly, 75*, 312-324.

Miller, M. M., & Reese, S. D. (1982). Media dependency as interaction: Effects of exposure and reliance on political activity and efficacy. *Communication Research, 9*, 227-248.

Miller, R., Parsons, K., & Lifer, D. (2010). Students and social networking sites: The posting paradox. *Behavior & Information Technology, 29*, 377-382.

Miron, D. (1999). Grabbing the nonvoter. In B. I. Newman (Ed.), *Handbook of political marketing* (pp. 321-343). Thousand Oaks, CA: Sage.

Möller, I., & Krahé, B. (2009). Exposure to violent video games and aggression in German adolescents: A longitudinal analysis. *Aggressive Behavior, 35*(1), 75-89.

Monahan, J. L., Shtrulis, I., & Givens, S. B. (2005). Priming welfare queens and other stereotypes: The transference of media images into interpersonal contexts.

Communication Research Reports, 22(3), 199-205.

Mongeau, P. A. (1998). Fear arousing persuasive messages: A meta-analysis revisited. In M. Allen & R. Preiss (Eds.), *Persuasion: Advances through meta-analysis.* Thousand Oaks, CA: sage.

Monk, A., Carroll, J., Parker, S., & Blythe, M. (2004). Why are mobile phones annoying? *Behavior and Information Technology, 23,* 33-41.

Moore, D. L., Hausknecht, D., & Thamodaran, K. (1986). Time compression, response opportunity, and persuasion. *Journal of Consumer Research, 13,* 85-99.

Morais, R. C. (1999, June 14). Porn goes public. *Forbes,* p. 214.

Morgan, M. (1983). Symbolic victimization and real world fear. *Human Communication Research, 9,* 146-157.

Morgan, M. (1990). International cultivation analysis. In N Signorielli & M. Morgan (Eds.), *Cultivation analysis: New directions in media effects research* (pp. 225-248). Newbury Park, CA: Sage.

Morgan, M., Leggett, S., & Shanahan, J. (1999). Television and "family values": Was Dan Quayle right? *Mass Communication and Society, 2*(1/2), 47-63.

Morgan, M., Shanahan, J. (1995). *Democracy tango: Television, adolescents, and authoritarian tensions in Argentina.* Cresskill, NJ: Hampton Press.

Morgan, M., Shanahan, J., & Harris, C. (1990). VCRs and the effects of television: New diversity or more of the same? In J. Dobrow (Ed.). *Social and cultural aspects of VCR use* (pp. 107-123). Hillsdale, NJ: Erlbaum.

Morgan, M., Shanahan, J., & Signorielli, N. (2009). Growing up with television: Cultivation processes. In J. Bryant & M. B. oliver (Eds), *Media effects: Advances in theory and research* (3rd ed., pp. 34-49). New York: Routledge.

Morgan, M., & Signorielli, N. (1990). Cultivation analysis: Conceptualization and methodology. In N. Signorielli & M. Morgan (Eds.), *Cultivation analysis: New directions in media effects research* (pp. 13-34). Newbury Park, CA: Sage.

Morison, P., & Gardner, H. (1978). Dragons and dinosaurs: The child's capacity to differentiate fantasy from reality. *Child Development, 49,* 642-648.

Mosher, D. L., & Maclan, P. (1994). College men and women respond to X-rated videos intended for male or female audiences: Gender and Sexual scripts. *The Journal of Sex Research, 31,* 99-113.

Mossberger, K., Tolbert, C. J. & Stansbury, M. (2003). *Virtual inequality: Beyond the digital divide.* Georgetown: Georgetown University Press.

Mott, F. L. (1944). Newspapers in presidential campaigns. *Public Opinion Quarterly, 8,* 348-367.

Moy, P. Xenos, M. A., & Hess, V. K. (2006). Priming effect of late-night comedy. *International Journal of Public Opinion Research, 18* (2), 198-210.

Mulliken, L., & Bryant, J. A. (1999, May). *Effects of curriculum-based television programming on behavioral assessments of flexible thinking and structured and unstructured prosocial play behaviors*. Poster presented at the 49th annual conference of the International Communication Association, San Francisco, CA.

Mundorf, N., D'Alessio, D., Allen, M., & Emmers-Sommer, T. M. (2007) Effects of sexually explicit media. In R. W. Preiss, B. M. Gayle, N. Burrell, M. Allen, and J. Bryant (Eds.), *Mass media effects research: Advances through meta-analysis* (pp. 181-198). Mahwah, NJ: Erlbaum.

Munoz, R. F., Lenert, L. L., Delucchi, K., Stoddard, J., Perez, J. E., Penilla, C., & Perez-Stable, E. J. (2006). Toward evidence-based Internet interventions: A Spanish/English web site for international smoking cessation trials. *Nicotine & Tobacco Research, 8*, 77-87.

Murnen, S. K., & Stockton, M. (1997). Gender and self-reported sexual arousal in response to sexual stimuli: A mata-analytic review. *Sex Roles, 37*, 135-153.

Murray, D. M., Prokhorov, A. V., & Harty, K. C. (1994). Effects of a statewide antismoking campaign on mass media messages and smoking beliefs. *Preventive Medicine, 23*, 54-60.

Murray, E., Lo, B., Pollack, L., Donelan, K., & Lee, K. (2004). Direct-to-consumer advertising: Public perceptions its effects on health behaviors, health care, and the doctor-patient relationship. *Journal of the American Board of Family Practice, 17*, 6-18.

Murray, J. P. (2008). Media violence: The effects are both real and strong. *American Behavioral Scientist, 51*(8), 1212-1230.

Murray, J. P., Liotti, M., Ingmundson, P. T., Mayberg, H. S., Pu, Y., Zamarripa, F. et al. (2006). Children's brain activations while viewing televised violence revealed by MRI. *Media Psychology, 8*, 25-37.

Mustonen, A., & Pulkkinen, L. (1997). Television violence: A development of a coding scheme. *Journal of Broadcasting & Electronic Media, 41*, 168-189.

Naigles, L. R., & Mayeux, L. (2001). Television as incidental language teacher. In D. G. Singer & J. L. Singer (Eds), *Handbook of children and the media* (pp. 135-152). Thousand Oaks, CA: Sage.

Nardi, B. A., Schiano, D. J., Gumbrecht, M., & Swartz, L. (2004). Why we blog. *Communication of the ACM, 47*(12), 41-46.

Nathanson, A. I. (1999). Identifying and explaining the relationship between parental mediation and children's aggression. *Communication Research, 26*, 124-143.

National Commission on the causes and Prevention of Violence (1969). *Commission statement*

590

on violence in television entertainment programs. Washington, DC: Government Printing Office.

National Institute of Mental Health (1982a). *Television and behavior: Ten years of scientific progress and implications for the eighties. Vol. 1: Summary report* (DHHS Publication No. ADM 820115). Washington DC: Government Printing Office.

National Institute of Mental Health (1982b). Television and behavior: Ten years of scientific progress and implications for the eighties. In E. Wartella & D. C. Whitney (Eds.), *Mass communication review yearbook,* (vol. 4, pp. 23-35). Beverly Hills, CA: Sage.

Nelson, T. E., Clawson, R. A., & Oxley, Z. M. (1997). Media framing of civil libraries conflict and its effects on tolerance. *American Political Science Review, 91*, 567-583.

Nelson, T. E., & Oxley, Z. M. (1999). Issue framing effects on belief importance and opinion. *The Journal of Politics, 61*, 1040-1067.

Nelson, T. E., Oxley, Z. M., & Clawson, R. A. (1997). Toward a psychology of framing effects. *Political Behavior, 19*, 221-246.

Nerone, J. (1994). *Violence against the press: Policing the public sphere in US history.* New York: Oxford University Press.

Neuman, W. R. (1986). *The paradox of mass politics: Knowledge and opinion in American electorate.* Cambridge, MA: Harvard University Press.

Neuwirth K., Frederick, E., & Mayo, C. (2007). The spiral of silence and fear of isolation. *Journal of Communication, 57*, 450-468.

Newhagen, J. E., & Reeves, B. (1991). Emotion and memory responses for negative political advertising: A study of television commercials used in the 1988 presidential election. In F. Biocca (Ed.), *Television and political advertising, Volume 1: Psychological processes* (pp. 197-220). Hillsdale, NJ: Erlbaum.

Newman, M. Z. (2010). New media, young audience, and discourses of attention: From *Sesame Street to "snack culture." Media, Culture, & Society, 32*(4). 581-596.

Newsweek. (1999, 31 May). Fat-phobia in the Fijis: TV-thin is in. Article quotes Dr. Anne Becker, research director at the Harvard Eating Disorders Center, in her report to the American Psychiatric Association.

Nielsen Media Research (1998). *1998 Report on Television.* New York: Author.

Nielsen Media Research (2007). Retrieved from http://www.nielsenmedia.com/nc/portal/site/Public/menuitem.55dc65b4a7d5adff3f65936147a062a0//?vgnextoid=4156527aaccd010VgnVCM100000ac0a260aRCRD

Nielsen Media Research (2010). U.S. teen mobile report card: Calling yesterday, texting today, using apps tomorrow. Retrieved from http://blog.nielsen.com/nielsenwire/online_mobile/u-s-teen-mobile-report-card-calling-yesterday-texting-today-using-apps-tomo rrow

Nielsen Media Research (2011a). State of the media: Social media report. Retrieved from http://blog.nielsen.com/nielsenwire/social

Nielsen Media Research (2011b). The most valuable digital consumer. Retrieved from http://blog.nielsen.com/nielsenwire/online_mobile/infographic-the-most-valuable-d igital-consumer

Nisbet, M. C., Brossard, D., & Kreopsch, A. (2003). Framing science—The stem cell controversy in an age of press/politics. *The Harvard International Journal of Press/Politics*, *8*(2), 36-70.

Nisbet, M. C., & Huge, M. (2006). Attention cycles and frames in the plant biotechnology debate: Managing power and participation through the press/policy connection. *The Harvard International Journal of Press/Politics*, *11*(2), 3-40.

Nitz, J. C., Kuys, S. Isles, R., Fu, S. (2010). Is the Wii FitTM a new-generation tool for improving balance, health, and well-being? A pilot study. *Climacteric, 13*, 487-491. doi: 10.3109/13697130903395193

Noelle-Neumann, E. (1973). Return to the concept of powerful mass media. *Studies of Broadcasting, 9*, 67-112.

Noelle-Neumann, E. (1984). *Spiral of science: Public opinion—Our social skin.* Chicago: University of Chicago Press.

Nomikos, M., Opton, E., Averill, J., & Lazrus, R. (1968). Surprise versus suspense in the production of stress reaction. *Journal of Personality & Social Psychology, 8*, 204-208.

Norman, D. A. (1983) Some observations on mental models. In D. Genter & A. L. Stevens (Eds.), *Mental models* (pp. 299-324). Mahwah, NJ: Erlbaum.

Nunez-Smith, M., Wolf, E., Huang, H. M., Chen, P. G., Lee, L., Emanuel, E. J. & Gross, C. P. (2010). Media exposure and tobacco, illicit drugs, and alcohol use among children and adolescents: *A systematic review. Substance Abuse, 31*(3), 174-192.

O'Brien, F. M. (1968). *The story of The Sun.* New york: Greenwood Press.

O'Connell, D L., Alexander, H. M., Dobson, A. J., Lioyd, D. M., Hardes, G. R., Springthorpe, J. J., & Leeder, S. R. (1981). Cigarette smoking and drug use in schoolchildren: 11 factors associated with smoking. *International Journal of Epidemiology, 10*, 223-231.

O'Donnovan, E. (2010). Sexting and student discipline. *District Administration 46*(3), 60-64.

O'Keefe, D. J. (2009). Theories of persuasion In R. L. Nabi & M. B. Oliver (Eds.), *The SAGE handbook of media processes and effects* (pp. 269-282). Thousand Oaks, CA: Sage.

O'Keefe, G. J. (1985). "Taking a bite out of crime": The impact of a public information campaign. *Communication Research, 12*, 147-178.

Oddone-Paolucci, E., Genius, M., & Violato, C. (2000). A meta-analysis on the published research on the effects of pornography. In C. Violato, E. Oddone-Paolucci, & M. Genuis (Eds.), *The changing family and child development* (pp. 48-59). Aldershot, UK: Ashgate Publishing.

Ogden, C. L., Flegal, K. M., Carroll, M. D., & Johnson, C. L. (2002). Prevalence and trends of overweight among US children and adolescents, 1999-2000. *Journal of the American Medical Association, 288*(14), 1728-1732.

Oliver, M. B. (1994). Portrayals of crime, race, and aggression in reality-based police shows: A content analysis. *Journal of Broadcasting & Electronic Media, 38*, 179-192.

Olson, C. K. (2004). Media violence research and youth violence data: Why do they conflict? *Academic Psychiatry, 28*, 144-150.

One Hundred Million Voices. (2011, September 8). Retrieved from http://blog.twitter.com/2011/09one-hundred-million-voices.html

Orton, W. (1927). News and opinion. *The American Journal of Sociology, 33*, 80-93.

Osborn, D, K,, & Endsley, R. C.(1971). Emotional reactions of young children to TV violence. *Child Development, 42*, 321-331.

Overton, S. (2006). *Stealing democracy: The new politics of voter supression.* New York: W. W. Norton.

Owens, J., Maxim, R., McGuinn, M., Nobile, C., Msall, M., & Alario, A. (1999). Television viewing habits and sleep disturbance in school children. *Pediatrics, 104*(3), 552 (Abstract). [Online]. Retrieved from http://www.pediatrics.org/cgi/content/full/104/3/c27

Paavonen, E. J., Pennonen, M., Roine, M., Valkonen, S., & Lahikainen, A. R. (2006). TV exposure associated with sleep disturbance in 5- to 6-year-olds. *Journal of Sleep Research, 15*, 154-161.

Paik, H., & Comstock, G. (1994). The effects of television violence on antisocial behavior. A meta-analysis. *Communication Research, 21*, 516-546.

Palazzodo, K. E., & Roberto, A. J. (2011). Media representations of intimate partner violence and punishment preferences: Exploring the role of attributions and emotions. *Journal of Applied Communication Research, 39*(1), 1-18.

Palen, L., Salzman, M., & Youngs, E. (2001). Discovery and integration of mobile communications in everyday life. *Personal and Ubiquitous Computing, 5*, 108-122.

Palmer, E. L., Hockett, A. B., & Dean, W. W. (1983). The television family and children's fright reactions. *Journal of Family Issues, 4*, 279-292.

Palmgreen, P. (1984). Uses and gratifications: A theoretical perspective. *Communication Yearbook, 8*, 20-55.

Palmgreen, P., & Rayburn, J. D., II. (1982) Gratifications sought and media exposure: An expectancy value model. *Communication Research, 9,* 561-580.

Palmgreen, P., Wenner, A. A., & Rosengren, K. E. (1985). Uses and gratifications research: The past ten years. In K. E. Rosengren, L. A. Wenner & P. Palmgreen (Eds), *Media gratifications research: Current perspectives* (pp. 11-37). Beverly Hills, CA: Sage.

Palys, T. S. (1986). Testing the common wisdom: The social content of video pornography. *Canadian Psychology, 27*(1), 22-35.

Pan, Z., & Kosicki, G. M. (1997). Priming and media impact on the evaluations of the president's performance. *Communication Research, 24,* 3-30.

Paragas, F. (2003). *Being mobile with the mobile: Cellular telephony and renegotiations of public transport as public sphere.* Paper presented at the Front Stage/Back Stage: Mobile Communication and the Regeneration of the Social Sphere Conference, Grimstad, Norway.

Park, J., Felix, K., & Lee, G. (2007). Implicit attitudes toward Arab-Muslims and moderating effect of social information. *Basic and Applied Social Psychology, 29*(1), 35-45.

Park, R. E. (1941). News and the power of the press. *The American Journal of Sociology, 47,* 1-11.

Parke, R., Berkowitz, L., & Leyens, J. (1977). Some effects of violent and nonviolent movies on the behavior of juvenile delinquents. *Advances in Experimental Social Psychology, 16,* 135-172

Pathela, P., & Schillinger, J. A. (2010). Sexual behaviors and sexual violence: Adolescents with opposite-, same-, or both-sex partners. *Pediatrics, 125*(5), 879-886.

Pavlov, I. P. (1927/1960). *Conditional reflexes* (G. V. Anrep, Trans). London: Oxford University Press.

PBS.org. (2011). Project summary. Retrieved from http://www.pbs.org/parents/cyberchase/show/index.html

Pearlin, L. I. (1959). Social and personal stress and escape television viewing. *Public Opinion Quarterly, 23,* 255-259.

Peck, E. Y. (1999). *Gender differences in film-induced fear as a function of type of emotion measure and stimulus content: A meta-analysis and a laboratory study* (Unpublished doctoral publication). University of Wisconsin-Medison.

Pedersen, W., & Samuelsen, S. O. (2003). Nye mønster av seksualatferd blant ungdom. *Tidsskrift for Den norske loegeforeningen, 21,* 3006-3009.

Pempek, T. A., Kirkorian, H. L., Anderson, D. R., Lund, A. F., Richards, J. E., & Stevens, M. (2010). Video comprehensibility and attention in very young children. *Developmental Psychology, 46,* 1283-1293. doi: 10.1037/a0020614

Pena, J., Hancock, J. T., & Merola, N. A.(2009). The priming effects of avatars in virtual settings. *Communication Research, 36*(6), 838-856.

Peng, W., Liu, M., & Mou, Y. (2008). Do aggressive people play violent computer games in a more aggressive way? Individual difference and idiosyncratic game playing experience. *Cyberpsychology & Behavior, 11*, 157-161. doi: 10.1089/cpb.2007.0026

Penn, W. (1681). *Some account of the province of Pennsylvania.* Reprinted in J. R. Soderlund (Ed.), (1938), *William Penn and the founding of Pennsylvania, 1680-1684: A documentary history* (pp. 58-66). Philadelphia: University of Pennsylvania Press.

Perloff, R. M. (1998). *Political communication: Politics, press, and public in America.* Mahwah, NJ: Erlbaum.

Pernicius Literature. (1847, January). *United States Catholic Magazine and Monthly Review, 4*, 46-48.

perry, D. K. (1996). *Theory & research in mass communication: Context and consequences.* Mahwah, NJ: Erlbaum.

Perse, E. M., & Rubin, A. M. (1990). Chronic loneliness and television use. *Journal of Broadcasting & Electronic Media, 34*, 37-53.

Peter, J., & Valkenburg, P. M. (2006). Adolescents' exposure to sexually explicit online material and recreational attitudes toward sex. *Journal of Communication, 56*, 639-660.

Peter, J., & Valkenburg, P. M. (2009). Adolescents' exposure to sexually explicit Internet material and notions of women as sex objects: Assessing casualty and underlying processes. *Journal of Communication, 59*, 407-433.

Peters, P., & den Dulk, L. (2003). Cross-cultural differences in managers' support for home-base telework: A theoretical elaboration. *International Journal of Cross-Cultural Management*, 329-346.

Peterson, R. C., & Thurstone, L. L. (1933). *Motion pictures and the social attitudes of children.* New York: Macmillan.

Petty, R. E., Briñol, P., & Briester, J. R. (2009). Mass media attitude change: Implications of elaboration likelihood model of persuasion. In J. Bryant & M. B. Oliver (Eds.), *Media effects: Advances in theory and research* (3rd ed., pp. 125-164). New York: Routledge.

Petty, R. E., Briñol, P., & Tormala, Z. L. (2002). Thought confidence as a determinant of persuasion: The self-validation hypothesis. *Journal of Personality & Social Psychology, 82*, 722-741.

Petty, R. E., & Cacioppo, J. T. (1979). Issue-involvement can increase or decrease persuasion by enhancing message-relevant cognitive response. *Journal of Personality and Social Psychology, 37*, 1915-1926.

Petty, R. E., & Cacioppo, J. T. (1981). *Attitude and persuasion: Classic and contemporary approaches.* Dubuque, IA: W. C. Brown.

Petty, R. E,, & Cacioppo, J. T. (1986a). *Communication and persuasion: Central and peripheral routes to attitude change.* New York: Springer/verlag.

Petty, R. E,, & Cacioppo, J. T. (1986b). The elaboration likelihood model of persuasion. In L. Berkowitz (Ed.), *Advances in experimental social psychology, 19* (pp. 123-205). New York: Academic Press.

Petty, R. E,, & Cacioppo, J. T. (1996). *Attitudes and persuasion: Classic and conemporary approaches.* Boulder, CO: Westview.

Petty, R. E,, & Cacioppo, J. T. & Goldman, R. (1981). Personal involvement as a determinant of argument-based persuasion. *Journal of Personality and Social Psychology, 41,* 847-855.

Petty, R. E,, & Cacioppo, J. T. & Haugtvedt, C. (1992). Involvement and persuasion: An appreciative look at the Sherifs' contribution to the study of self-reliance and attitude change. In D. Granberg & G. Sarup (Eds.), *Social judgment and intergroup relations: Essays in humor of Muzafer Sherif* (pp. 147-174). New York: Springer/Verlag.

Petty, R. E,, & Cacioppo, J. T. & Heesacker, M. (1981). The use of rhetorical questions in persuasion: A cognitive response analysis. *Journal of Personality and Social Psychology, 40,* 432-440.

Petty, R. E., Fazio, R. H., & Briñol, P. (eds.). (2008). *Attitudes: Insight from the new implicit measures.* New York: Psychology Press.

Petty, R. E., Gleicher, F. H., & Jarvis, B. (1993). Persuasion theory and AIDS prevention. In J. B. Pryor G. Reeder (Eds.), *The social psychology of HIV infection* (pp. 155-182). Hiilsdale, NJ: Erlbaum.

Petty, R. E., Ostrom, T. M., & Brock, T. C. (Eds.). (1981). *Cognitive responses in persuasion.* Hillsdale, NJ: Erlbaum.

Petty, R. E., & Priester, J. R. (1994). Mass media attitude change: Implications of the elaboration likelihood model of persuasion. In J. Bryant & D. Zillmann (Eds.), *Media effects: Advances in theory and research* (pp. 91-122). Hillsdale, NJ: Erlbaum.

Petty, R. E., Schumann, D., Richman, S., & Strathman, A. (1993). Positive model and persuasion: Different roles for affect under high and low elaboration conditions. *Journal personality and Social Psychology, 64,* 5-20.

Petty, R. E., & Wegener, D. T. (1998). Matching versus mismatching attitude functions: Implications for the scrutiny of persuasive messages. *Personality and Social Psychology Bulletin, 24,* 227-240.

Petty, R. E,, & Wegener, D. T. (1999). The elaboration likelihood model: Current status and controversies. In S. Chaiken & Y. Trope (Eds.), *Dual process theories in social psychology* (pp. 41-72). New York: Guilford Press.

596

Petty, R. E., Wheeler, S. C., & Bizer, G. Y. (2000). Attitude functions and persuasion: An elaboration likelihood approach to matched versus mismatched messages. In G. R. Maio & J. M. Olson (Eds.), *Why we evaluate: Functions of attitudes* (pp 133-162). Mahwah, NJ: Erlbaum.

Pfau, M., & Louden, A. (1994). Effectiveness of adwatch formats in deflecting political attack ads. *Communication Research, 21*, 325-341.

Pierce, J. P. & Gilpin, E. A. (2001). News media coverage of smoking and health is associated with changes in population rates of smoking cessation but not inhibition. *Tobacco Control, 10*(2), 145-153.

Pingdom.com. (2011). Internet 2010 in numbers. Retrieved from http://royal.pingdom.com/2011/01/12/internet-2010-in-numbers/

Pingree, S. (1983). Children's cognitive processing in constructing social reality. *Journalism Quarterly, 60*, 415-422.

Pingree, S., & Hawkins, R. P., (1981). *U. S. programs on Australian television: The cultivation effect. Journal of communication, 31*(1), 97-105.

Ploughman, P. (1984) The creation of newsworthy events: *An analysis of newspaper coverage of the man-made disaster at Love canal* (Unpublished doctoral dissertation). State University of New York at Buffalo.

Poe, E. A. (1902). Richard Adams Locke. In J. A. Hrrison (Ed.), *The complete works of Edgar Allan Poe* (Vol. 15, pp. 126-137). New York: Thomas Y. Crowell.

Poindexter, P. M., & Stroman, C. (1981). Blacks and television: A review of the research literature. *Journal of Broadcasting, 25*(2), 103-122.

Pollard, P. (1995). Pornography and sexual aggression. *Current Psychology: Developmental, Learning, Personality, Social, 41*(3), 200-221.

Pool, I. De S. (Ed.). (1977). *The social impact of the telephone.* Cambridge, MA: MIT Press.

Popkin, S. L. (1991). *The reasoning voter: Communication and persuasion in presidential campaign.* Chicago: University of Chicago Press.

Porpora, D. V., Nikolaev, A., & Hagemann, J. (2010). Abuse, torture, frames and the Washington Post. *Journal of Communication, 60*, 254-270.

Postman, N. (1985). *Amusing ourselves to death.* New York: Penguin.

Potter, B., & Sheeshka, J. (2000). Content analysis of infant feeding messages in Canadian women's magazine, 1945 to 1995. *Journal of Nutrition Education, 32*, 196-204.

Potter, W. J. (1993). Cultivation theory and research: A conceptual critique. *Human Communication Research, 19*(4), 564-601.

Potter, W. J. (1994). Cultivation theory and research: A methodological critique. *Journalism Monographs, 147*. Columbia, SC: Association for Education in Journalism and Mass

Communication.

Potter, W. J., & Warren, R. (1996). Considering policies to protect children from TV violence. *Journal of Communication, 46*(4), 116-138.

Potter, W. J., Warren, R., Vaughan, M., Howley, K., Land, A., & Hagemeyer, J. (1997). Antisocial acts in reality programming on television. *Journal of Broadcasting & Electronic Media, 41*, 69-75.

Powell, G. B., Jr. (1986). American voter turnout in comparative perspective. *American Political Science Review, 80*(1), 17-44.

Powell, J. A., Low, P., Griffiths, F E., & Thorogood, J. (2005). A critical analysis of the literature on the Internet and consumer health information. *Journal of Telemedicine and Telecare, 11* (Supplement 1), 41-43.

Powell, K. A. (2011). Framing Islam: An analysis of U.S. media coverage of terrorism since 9/11. *Communication Studies, 62*(1), 90-112.

Power, J., Murphy, S., & Coover, G. (1996). Priming prejudice: How stereotypes and counterstereotypes influence attribution of responsibility and credibility among ingroups and outgroups. *Human Communication Research, 23*, 36-58.

Preiss, R. W., Gayle, B. M., Burrell, N., Allen M., & Bryant, J. (Eds.). (2007). *Mass media effects research: Advance through meta-analysis.* Mahwah, NJ: Erlbaum.

Preston, M. I. (1941). Children's reactions to movie horrors and radio crime. *Journal of Pediatrics, 19*, 147-168.

Price, V., & Tewksbury, D. (1997). News values and public opinion: A theoretical account of media priming and framing. In G. A. Barnett & E. J. Boster (Eds.), *Progress in communication sciences: Advances in persuasion* (Vol. 13, pp. 173-212). Greenwich, CT: Abex.

Price, V. Tewksbury, D., & Powers, E. (1997). Switching trains of thought: The impact of news frames on readers' cognitive responses. *Communication Research, 24*, 481-506.

Prince, D. L., Grace, C., Linebarger, D. L., Atkinson, R., & Huffman, J. D. (2001). *Between the Lions Mississippi literacy initiative: A final report to Mississippi Educational television.* Starkville: The Early Childhood Institute, Mississippi State University.

Prochaska, J. O. (1994). Strong and weak principles for progressing from pre-contemplation to action on the basis of twelve problem behaviors. *Health Psychology, 13*, 47-51.

Prochaska, J. O., Redding, C. A., & Evers, K. E. (2002). The trans-theoretical model and stages of change. In K. Glanz, B. K. Rimmer, & F. M. Lewis (Eds.), *Health behavior and health education: Theory, research, and practice* (3rd ed., pp. 99-120). San Francisco: Josey-Bass.

Protess, D. L., Cook, F. L., Dopplet, J. C., Ettema, J. S., Gordon, M. T., Leff, D. R., & Miller,

P. (1991). *The journalism of outrage: Investigative reporting and agenda building in America.* New York: Guilford Press.

Pucci, L. G., Joseph, H. M., Jr., & Siegel, M. (1998). Outdoor tobacco advertising in six Boston neighborhoods: Evaluating youth exposure. *American Journal of Preventive Medicine, 15*(2), 155-159.

Puckett, J. M., Petty, R. E., Cacioppo, J. T., & Fischer, D. L. (1983). The relative impact of age and attractiveness stereotypes on persuasion. *Journal of Gerontology, 38*, 340-343.

Putnam, R. D. (2000). *Bowling alone.* New York: Simon & Schuster.

Quackenbush, D. M., Strassberg, D. S., & Turner, C. W. (1995). Gender effects of romantic themes in erotica. *Archives of Sexual Behavior, 24*, 21-35.

Quan-Haase, A. & Young, A. L.(2010). Uses of gratifications of social media: A comparison of facebook and instant messaging. *Bulletin of Science, Technology & Society, 30*(5), 350-361.

Rabibin, R. L. (2007) Controlling the retail sales environment: Access, advertising and promotional activities. In R. J. Bonnie, K. Stratton, & R. B. Wallace (Eds.), *Ending the tobacco problem: A blueprint for the nation* (pp. 641-652). Washington, DC: Board on Population and Public Health Practice, Institute of Medicine of the National Academies.

Rachman, S. (1966). Sexual fetishism: An experimental analogue. *Psychological Record, 16*, 293-296.

Rachman, S., & Hodgson, R. J. (1968). Experimentally-induced "sexual fetishism": Replication and development. *Psychological Record, 18*, 25-27.

Radvansky, G. A., Swann, R. A., Federico, T., & Franklin, N. (1998). Retrieval from temporally organized situation models. *Journal of Experimental Psychology: Learning Memory and Cognition, 24*, 1224-1237.

Ramasubramanian, S. (2011). The impact of stereotypical versus counterstereotypical media exemplars on racial attitudes, causal attribution, and support for affirmative action. *Communication Research, 38*(4), 497-16.

Ranney, A. (1983). *Channels of power.* New York: basic Books.

Reese, D. D., & Danielian, L. H. (1989). Intermedia influence and the drug issue: Converging on cocaine. In P. J. Shoemaker (Ed.), *Communication campaigns about drugs: Government, media, and the public* (pp. 29-45). Hillsdale, NJ: Erlbaum.

Raid, L., & Vanden Bergh, B. (1980). Blacks in introductory ads. *Journalism Quarterly, 57*(3), 485-489.

Reid, P. T. (1979). Racial stereotyping on television: A comparison of the behavior of both black and white television characters. *Journal of Applied Psychology, 64*(5), 465-489.

Reimer, B., & Rsengren, K. E. (1990). Cultivated viewers and readers: A life-style perspective. In N. Signorielli & M. Morgan (Eds.), *Cultivation analysis: New directions in media effects research* (pp. 181-206). Newbury Park, CA: Sage.

Rhee, J. W. (1997). Strategy and issue frames in election campaign coverage: A social cognitive account of framing effects. *Journal of Communication, 47*, 26-48.

Rhen, B. (2011). "School shooter" web video game raises concerns. *Education Week, 30*(29), 1, 16-17.

Ribisl, K. M., Kim, A. E., & Williams, R. S. (2007). Sales and marketing of cigarettes on the Internet: Emerging threats to tobacco control and promising policy solutions. In R. J. Bonnie, K. Stratton, & R. B. Wallace (Eds.), *Ending in tobacco problem: A blueprint for the nation* (pp. 653-678). Washington, DC: Board on Population and Public Health Practice, Institute of Medicine of the National Academies.

Rice, M. L. (1984). The words of children's television. *Journal of Broadcasting, 28*, 445-461.

Rice, M. L., & Haight, P. L. (1986). "Motherese" of Mr. Rogers: A description of the dialogue of educational television programs. *Journal of Speech and Hearing Disorders, 51*, 282-287.

Rice, M. L., Houston, A. C., Truglio, R., & Wright, J. C. (1990). Words from *Sesame Street:* Learning vocabulary while viewing. *Developmental Psychology, 26*, 421-428.

Rice, M. L., & Woodsmall, L. (1988). Lessons from television: Children's word learning when viewing. *Child Development, 59*, 420-429.

Rice, R. E., & Atkin, C. K. (2000). *Public communication campaigns* (3rd ed.). Thousand Oaks, CA: Sage.

Rice, R. E., & Atkin, C. K. (2009). Public communication campaigns. Theoretical principles and practical applications. In J. Bryant & M. B. Oliver (Eds.), *Media effects: Advances in theory and research* (3rd ed., pp. 436-468). New York: Routledge.

Richmond, S. (2010). Angry birds: Just what makes it so popular? Retrieved from http:// www. telegraph.co.uk/technology/apple/8192398/angry-birds-just-what-makes-it-so-popular.html

Rickheit, G., & Sichelschmidt, L. (1999). Mental models: Some answers, some questions, some suggestions. In G. Rickheit and C. Habel (Eds.), *Mental models in discourse processing and reasoning* (pp. 9-40). New York: Elsevier.

Riddle, K. (2010). Always on my mind: Exploring how frequent, recent, and vivid television portrayals are used in the formation of social reality judgments. *Media Psychology, 13*, 155-179.

Rios, D., & Gaines, S. (1999). Latino media use for cultural maintenance. *Journalism & Mass Communication Quarterly, 75*, 746-761.

Ritterfield, U., Cody, M., & Verderer, P. (Eds.). (2009). *Serious games: Mechanism and effects*. New York: Routledge.

Ricadeneyra, R., Ward, L. M., & Gordon, M. (2007). Distorted reflections: Media exposure and Latino adolescents' conception of self. *Media Psychology, 9*, 261-290.

Robb, M. B., Richert, R. A., & Wartella, E. A. (2009). Just a talking book? Word learning from watching baby videos. *British Journal of Developmental Psychology, 27*, 27-45. doi: 10.1348/026151008X320156

Roberts, D. F., & Christenson, P. G. (2000). *"Here's looking at you, kid": Alcohol, drugs and tobacco in entertainment media*. Washington, DC: Kaiser family Foundation.

Robrts, D. F., Foehr, U. G., & Rideout, V. (2005). *Generation M: Media in the lives of 8-18 year olds*. Palo Alto, CA: Kaiser Family Foundation.

Rockman et al. (1996). *Evaluation of Bill Nye the Science Guy: Television series and outreach*. San Francisco: Author. Retrieved from http://rockman.com/projects/124.kcts.byllnye/bn96pdf

Rogers, E. M. (1983). *Diffusion of innovation* (3rd ed.). New York: Free Press.

Rogers, E. M. (1984). *A history of communication study: A biographical approach*. New York: Free Press.

Rogers, E. M., & Chaffee, S. H. (Eds.). (1997). *The beginning of communication study in America: A personal memoir by Wilbur Schramm*. Thousand Oaks, CA: Sage.

Rogers, R. W. (1975). A protection motivation theory of fear appeals and attitude change. *Journal of Psychology, 91*, 93-114.

Roger, R. W., & Prentice-Dunn, S. (1997). Protection motivation theory. In D. Gochman (Ed.), *Handbook of health behavior research: Personal and social determinants* (Vol. 1, pp. 113-132). New York: Plenum.

Ropelato, J. (n.d.) Internet pornography statistics. Retrieved from http://internet-filter-review.toptenreviews.com/internet-pornography-statistics.html

Rosenbaum, R. (1979, September). Gooseflesh. Harpers, pp. 86-92.

Rosengren, K. E. & Windahl, S. (1972). Mass media consumption as a functional alternative. In D. McQuail (Ed.), *Sociology of mass communications* (pp. 166-194). Middle-sex, England: Penguin.

Rosenthal, T. L., & Zimmerman, B. J. (1978). *Social learning and cognition*. New York: Academic.

Roskos-Ewoldsen, B., Davies, J., & Roskos-Ewoldsen, D. (2004). Implication of the mental models approach for cultivation theory. *Communications, 29*, 345-363.

Roskos-Ewoldsen D. R. (1997). Attitude accessibility and persuasion: Review and a transactive model. In B. R. Burleson & A. W. Kunkel (Eds.), *Communication yearbook, 20* (pp. 185-225). Thousand Oaks, CA: Sage.

Roskos-Ewoldsen, D. R., Klinger, M., & Roskos-Ewoldsen, B. (2007). Media priming. In R. W. Preiss, B. M. Gayle, N. Burrell, M. Allen & J. Bryant (Eds.), *Mass media theories and processes: Advances through meta-analysis* (pp. 53-60). Mahwah, NJ: Erlbaum.

Roskos-Ewoldsen, D. R., Roskos-Ewoldsen, B., & Carpenter, F. D. (2009). Media priming: An updated synthesis. In Bryant & M. B. Oliver (Eds.), *Media effects: Advances in theory and research* (3rd ed., pp. 74-93). New York: Routledge.

Roslow, P., & Nicholls, A. E. (1996). Targeting the Hispanic market: Comparative persuasion of TV commercials in Spanish and English. *Journal of Advertising Research, 30*, 66-77.

Ross, J., & Tomlinson, B. (2010). How games can redirect humanity's cognitive surplus for social good. *Computers in Entertainment, 8*(4), article 25. doi: 10.1145/1921141. 1921145

Rothman, R. (2011, March). Video games take testing to the next level. *Education Digest, 76*(7), 4-8.

RRKidz.com. (2011). Launch release PDF. Retrieved from http://www.rrkidz.com/

Rubin, A. M. (1979). Television use by children and adolescents. *Human Communication Research, 5*, 109-120.

Rubin A. M. (1981). An examination of television viewing motives. *Communication Research, 8*, 141-165.

Rubin, A. M. (1984). Ritualized and instrumental television viewing. *Journal of Communication, 34*(3), 67-77.

Rubin, A. M. (1986). Uses, gratification, and media effects research. In J. Bryant & D. Zillmann (Eds.), *Perspectives on media effects* (pp. 281-301). Hillsdale, NJ: Erlbaum.

Rubin, A. M. (1994). Media effects: A uses-and-gratifications perspective. In J. Bryant & D. Zillmann (Eds.), *Media effects: Advances in theory and research* (pp. 417-436). Hillsdale, NJ: Erlbaum.

Rubin, A. M. (2002). The uses and gratifications perspective of media effects. In J. Bryant & D. Zillmann (Eds.), *Media effects: Advances in theory and research* (2nd ed., pp. 525-548). Mahwah, NJ: Erlbaum.

Rubin, A. M. (2009). Uses and gratifications perspective of media effects. In J. Bryant & D. Zillmann (Eds.), *Mefia effects; Advances in theory and research* (3rd ed., pp. 165-184). New York: Routledge.

Rubin, A. M., & Perse, E. M. (1987). Audience activity and television news gratifications. *Communication Research, 14*, 58-84.

Rubin, A. M., & Rubin, R. B. (1982). Contextual age and television use. *Human Communication Research, 8*, 228-244.

602

Rubin, A. M., & Step, M. M. (2000). Impact of motivation, attraction, and parasocial interaction on talk radio listening. *Journal of Broadcasting & Electronic Media, 44,* 635-654.

Rubin, A. M. & Windahl, S. (1986). The uses and dependency model of mass communication. *Critical Studies in Mass Communication, 3,* 184-199.

Rucker, D. D., & Petty, R. E. (2006). Increasing the effectiveness of communications to consumers: Recommendations based on the elaboration likelihood and attitude certainty perspectives. *Journal of Public Policy and Marketing, 25,* 39-52.

Russell, D. E. H. (1998). *Dangerous relationships: Pornography, misogyny, and, rape.* Thousand Oaks, CA: Sage.

Rust, L. W. (2001). *Summative evaluation of Dragon tales: Final report.* Briarcliff Manor, NY: Longhouse Rust Research.

Ryan, E. (2010). *Dora the Explorer:* Empowering preschoolers, girls, and Latinas. *Journal of Broadcasting & Electronic Media, 54*(1), 54-68.

Ryan, E. L. & Hoerrner, K. L. (2004). Let your conscience be your guide: Smoking and drinking in Disney's animated classics. *Mass Communication & Society, 7*(3), 261-178.

Saelens, B. E., Sallids, J. F., Nader, P. R., Broyles, S. L., Berry, C. C. & Taras, H. L. (2002). Home environmental influences on children's television watching from early to middle childhood. *Journal of Developmental and Behavioral Pediatrics, 23*(3), 127-132.

Sahin, N. (1990, September). *Preliminary report on the summative evaluation of the Turkish co-production of Sesame Street.* Paper presentd at the International Conference on Adaptations Sesame Street, Amsterdam, The Netherlands.

Saito, S. (2007). Television and the cultivation of gender-role attitudes in Japan: Does television contribute to the maintenance of the status quo? *Journal of Communication, 57,* 511-531.

Sánchez-Martínez, M., & Otero, A. (2009). Factors associated with cell phone use in adolescents in the community of Madrid (Spain). *Cyberpsychology and Behavior, 12,* 131-137.

Sandman, P. M. (1976). Medicine and mass communication: An agenda for physicians. *Annals of Internal Medicine, 85,* 378-383.

Sapolsky, B. S., & Zillmann, D. (1978). Experience and empathy: Affective reactions to witnessing childbirth. *Journal of Social Psychology, 105,* 131-144.

Sarafino, E. P. (1986). *The fears of childhood: A guide to recognizing and reducing fearful states in children.* New York: Human Science Press.

Sargent, J. D. (2009). Comparing the effects of entertainment media and tobacco marketing on youth smoking. *Tobacco Control, 18*(1), 47-53.

Sargent, J. D., Beach, M. L., Adachi-Mejia, A. M., Gibson, J. J., Titus-Ernstoff, L. T. Caruci, C. P. ... & Dalton, M. A. (2005). Exposure to movie smoking: Its relation to smoking initiation among US adolescents. *Pediatrics, 116*(5), 1183-1191.

Sargent, J. D., Wills, T. A., Stoolmiller, M., Gibson, J., & Gibbons, F. X. (2006). Alcohol use in motion pictures and its relation with early-onset teen drinking. *Journal of Studies on Alcohol, 67*(1), 54-65.

Savage, J. (2004). Does viewing violent media really cause criminal violence? A methodological review. *Aggression & Violent Behavior, 10*(1), 99-128.

Savage, J. (2008). The role of exposure to media violence in the etiology of violent behavior: A criminologist weighs in. *American Behavioral Scientist, 51*(8), 1123-1136.

Schachter, S., & Singer, J. (1962). Cognitive, social, and physiological determinants of emotional state. *Psychological Review, 69*, 379-399.

Schaefer, H. H., & Colgan, A. H. (1977). The effects of pornography on penile tumescence as a function of reinforcement and novelty. *Behavior Therapy, 8*, 938-946.

Scheufele, D. A. (1999). Framing as a theory of media effects. *Journal of Communication, 49*(1), 103-122.

Scheufele, D. A. (2000). Agenda-setting, priming, and framing revisited: Another look at cognitive effects of political communication. *Mass Communication & Society, 3*(2&3), 297-316.

Scheufele, D. A. (2004). Framing-effects approach: A theoretical and methodological critique. *Communication, 29*, 401-428.

Scheufele, D. A., Hardy, B., Brossard, D., Waismel-Manor, I. S., & Nisbet, E. C. (2006). Democracy based on difference: Examining the links between structural heterogeneity, heterogeneity of discussion networks, and democratic citizenship. *Journal of Communication, 56*, 728-753.

Scheufele, D. A., & Nisbet, M. C. (2007). Framing. In L. L. Kaid & C. Holz-Bacha (Eds.), *Encyclopedia of political communication* (pp. 254-257). Thousand Oaks, CA: Sage.

Scheufele, D. A., & Tewksbury, D. (2007). Framing, agenda setting, and priming: The evolution of three media effects models. *Journal of Communication, 57*, 9-20.

Scoffrin, H., Edleman, A., Falkenstern, M., & Stewart, C. (2010). The associations among computer-mediated communication, relationships, and well-being. *Cyberpsychology, Behavior, and Social Networking, 13*, 299-306. doi: 10.1089/cyber.2009.0173

Schlinger, M. J., & Plummer, J. (1972). Advertising in black and white. *Journal of Marketing Research, 9*, 149-153.

Schmitt, K., & Anderson, D. R. (2002). Television and reality: Toddlers' use of information from video to guide behavior. *Media Psychology, 4*, 51-76.

Schocket, A. M. (2011). Little founders on the small screen: Interpreting a multicultural American Revolution for children's television. *Journal of American Studies, 45*, 145-163. doi: 10.1017/S0021876810000630

Scholastic production banks a best seller. (1997, July). *Broadcasting & Cable, 127*(31), 48.

Schramm, W. (1954). How communication works. In W. Schramm (Ed.), *The process and effects of mass communication*. Urbana: University of Illinois Press.

Schramm, W. (1997). Carl Hovland: Experiments, attitudes, and communication. In S. H. Chaffee & E. M. Rogers (Eds.), *The beginning of communication study in America: A personal memoir by Wilbur Schramm* (pp. 87-105). Thousand Oaks, CA: Sage.

Schramm, W., Lyle, J., & Parker, E. P. (1961). *Television in the lives of our children*. Stanford, CA: Stanford University Press.

Schwartz, E. I. (2002). *The last lone inventor: A tale of genius, deceit, and the birth of television*. New York: Perennial.

Scott, D. (1995). The effect of video games on feelings of aggression. *Journal of Psychology, 129*, 121-132.

Seggar, J. F., Hafen, J., & Hannonen-Gladden, H. (1981). Television's portrayals of minorities and women in drama and comedy drama, 1971-1980. *Journal of Broadcasting 25*(3), 277-288.

Selman, R. L., & Byrne, D. (1978). A structural analysis of levels of role-taking in middle childhood. *Child Development, 45*, 803-807.

Shah, D. V., Cho, J., Eveland, W. P., & Kwak, N. (2005). Information and expression in the digital age: Modeling Internet effects on civic participation. *Communication Research, 32*, 531-565.

Shah, D. V., Kwak, N., Schmierbach, M., & Zubric, J. (2004). The interplay of new frames on cognitive complexity. *Human Communication Research, 30*, 102-120.

Shah, D. V., McLeod, D. M., Kim, E., Lee, S-Y., Gotlieb, M. R., Ho, D., & Brevik, H. (2007). Political consumerism: How communication practices and consumption orientations drive "Lifestyle politics." *The ANNALS of the American Academy of Political and Social Science, 611*, 217-235.

Shah, D. V., Schmierbach, M. G., Hawkins, J., Espino, R., & Donavan, I. (2002). Non-recursive models of Internet use and community engagement. *Journalism & Mass Communication Quarterly, 79*, 964-987.

Shanahan, J., & Morgan, M. (1999). *Television and its viewers: Cultivation theory and research*. Cambridge, UK: Cambridge University Press.

Shanahan, J., Morgan, M., & Stenbjerre, M. (1997). Green or brown? Television's cultivation of environmental concern. *Journal of Broadcasting & Electronic Media, 41*, 305-323.

Shane, P. (Ed.). (004) *Democracy online: The prospects for political renewal through the Internet.* New York: Routledge.

Sannon, C., & Weaver, W. (1949). *The mathematical theory of communication.* Urbana: University of Illinois Press.

Shapiro, J. S. (1999). Loneliness: Paradox or artifact? *American Psychologies, 54*(9), 782-783.

Shapiro, M., & Lang, A. (1991). Making television reality: Unconscious processes in the construction of social reality. *Communication Research, 18,* 685-705

Shapiro, M. A., & Rieger, R. H. (1992). Comparing positive and negative political advertising on radio. *Journalism Quarterly, 69,* 135-145.

Shaw, D., & McCombs, M. (Eds.). (1977). *The emergence of American political issues: The agenda setting function of the press.* St. Paul, MN: West.

Sheldon, P. (2008). Student favorite: Facebook and motives for its use. *Southwestern Mass Communication Journal,* Spring Issue, 39-53.

Shen, F. (2004). Effects of news frames and schemes on individuals' issue interpretations and attitudes. *Journalism & Mass Communication Quarterly, 81,* 400-416.

Shepard, W. J.(1909). Public opinion. *The American Journal of Sociology, 15,* 32-60.

Sherif, C. W., Sherif, M., & Nebergall, R. E. (1965). *Attitude and attitude change: The social judgment-involvement approach.* Philadelphia: W. B. Saunders.

Sherif, M. (1967). *Social interaction: Processes and products.* Chicago: Aldine.

Sherman, B. L., & Dominick, J. R. (1986). Violence and sex in music videos: TV and rock 'n' roll. *Journal of Communication, 36*(1), 79-93.

Sherman, B. L., & Etling, L. W. (1991). Perceiving and processing music television. In J. Bryant & D. Zillmann (Eds.), *Responding to the screen: Reception and reaction processes* (pp. 373-388). Hillsdale, NJ: Erlbaum.

Sherry, J. L. (2001). The effects of violent video games on aggression: A meta-analysis. *Human Communication Research, 27,* 409-431.

Shih, C.-H. (2011). A standing location detector enabling people with developmental disabilities to control environmental stimulation through simple physical activities with Nintendo Wii balance boards. *Research in Developmental Disabilities, 32,* 699-704.

Shoemaker, P. J., & Reese, S. (1991). *Mediating the message: Theories of influence on mass media content.* New York: Longman.

Shoemaker, P. J., & Reese, S. D. (1996). *Mediating the message* (2nd ed.). White Plains, NY: Longman.

Shoemaker, P. J., Wanta, W. & Leggett, D. (1989). Drug coverage and public opinion, 1972-1986. In P. Shoemaker (Ed.), *Communication campaigns and about drugs: Government, media, and the public* (pp. 67-80). Hillsdale, NJ: Erlbaum.

606

Shrum, L. J. (1995). Assessing the social influence of television: A social cognition perspective on cultivation effects. *Communication Research*, *22*, 402-429.

Shrum, L. J. (1997). The role of source confusion in cultivation effects may depend on processing strategy: A comment on Mares (1996). *Human Communication Research*, *24*, 349-358.

Shrum, L. J. (1999). The relationship of television viewing with attitude strength and extremity: Implications for the cultivation effect. *Media Psychology*, *1*, 3-25.

Shrum, L. J. (2002). Media consumption and perception of social reality: Effects and underlying processes. In J. Bryant & D. Zillmann (Eds.), *Media effects: Advance in theory and research* (2nd ed., pp. 69-96). Mahwah, NJ: Erlbaum.

Shrum, L. J. (2004). The cognitive Processes underlying cultivation effects are a function of whether the judgments are on-line or memory-based. *Communications*, *29*, 327-344.

Shrum, L. J. (2007). The implications of survey method for measuring cultivation effects. *Human Communication Research*, *33*, 64-80.

Shrum, L. J., Burroughs, J. E., & Lindfleisch, A. (2005). Television's cultivation of material values. *Journal of Consumer Research*, *32*, 473-479.

Signorielli, N. (1990). Television's mean and dangerous world: A continuation of the cultural indicators perspective. In N. Signorielli & M. Morgan (Eds)., *Cultivation analysis: New directions in media effects research* (pp. 85-106). Newbury Park, CA: Sage.

Signorielli, N., & Bacue, A. (1999). Recognition and respect: A content analysis of primetime television characters across three decades. *Sex Roles*, *40*, 527-544.

Signorielli, N., & Kahlenberg, S. (2001). Television's world of work in the nineties. *Journal of Broadcasting & Electronic Media*, *45*, 4-22.

Signorielli, N., & Morgan, M. (1996). Cultivation analysis: Research and practice. In M. B. Salwen & D. W. Stacks (Eds.), *An integrated approach to communication theory and research* (pp. 111-126). Mahwah, NJ: Erlbaum.

Signorielli, N., & Staples, J. (1997). Television and children's conceptions of nutrition. *Health Communication*, *9*(4), 289-301.

Sigurdsson, J. F., Gudjonsson, G. H., Bragason, A. V., Kristjansdottir, E. & Sigfusdottir, I. D. (2006). The role of violent cognition in the relationship between personality and the involvement in violent films and computer games. *Personality and Individual Differences*, *41*, 381-392.

Simon, A, & Jerit, J. (2007). Toward a theory relating political discourse, media, and public opinion. *Journal of Communication*, *57*, 254-271.

Simons, D. & Silveira, W. R. (1994). Post-traumatic stress disorder in children after television programmes. *British Medical Journal*, *308*, 389-390.

Singer, J. L. (1975). *Daydreaming and fantasy.* London: Allen & Unwin.

Singer, J. L., & Singer, D. G. (1983). Implications of childhood television viewing for cognition, imagination, and emotion. In J. Bryant & D. R. Anderson (Eds.), *Children's understanding of television: Research on attention and comprehension* (pp. 265-295). New York: Academic.

Singer, J. L., & Singer, D. G. (1994). *Barney and Friends as education and entertainment: Phase 2— Can children learn through preschool exposure to Barney and Friends?* New Haven, CT: Yale University Family Television Research and Consultation Center.

Singer, J. L., & Singer, D. G. (1995). *Barney and Friends as education and entertainment: Phase 3—A national study: Can children learn through preschool exposure to Barney and Friends?* New Haven, CT: Yale University Family Television Research and Consultation Center.

Singer, J. L., & Singer, D. G. (1998). *Barney and Friends* as entertainment and education: Evaluating the quality and effectiveness of television series for preschool children. In J. K. Asamen & G. L. Berry (Eds.), *Research paradigm, television, and social behavior* (pp. 305-367). Thousand Oaks, CA: Sage.

Singer, M. I., Slovak, K., Frierson, T. & York, P. (1998). Viewing preferences, symptoms of psychological trauma, and violent behaviors among children who watch television. *Journal of the American Academy of Child and Adolescent Psychiatry, 37*(10), 1041-1048.

Singhal, A., & Rogers, E. M. (1989). Pro-social television for development in India. In R. E. Rice & C. K. Atkin (Eds.), *Public communication campaigns* (pp. 331-350). Newbury Park, CA: Sage.

Sintchak, G., & Geer, J. (1975). A vaginal plethysymograph system. *Psychophysiology, 12,* 113-115.

Slater, M. D. (1999). Integrating application of media effects, persuasion, and behavior change theories to communication campaigns: A stages-of-change framework. *Health Communication, 11,* 335-354.

Slater, M. D., Henry, K. L., Swaim, R. C., & Anderson, L. L. (2003). Violent media content and aggressiveness in adolescents: A downward spiral model. *Communication Research, 30,* 713-736.

Sloan, W. D. (1998). The partisan press. 1783-1833. In W. D. Sloan (Ed.), *The age of mass communication* (pp. 119-146). Northport, AL: Vision Press.

Slothuus, R. (2010). When can political parties lead public opinion? Evidence from an natural experiment. *Political Communication, 27,* 158-177.

Smith, B. L., Lasswell, H. D., & Casey, R. D. (1946). *Propaganda, communication, and public opinion: A comprehensive reference guide.* Princeton, NJ: Princeton University Press.

Smith, H. (1988). *The power game.* New York: Random House.

Smith, J. (1616). A description of New England. Reprinted in P. O. Barbour (Ed.), (1986), *The complete works of Captain John Smith* (Vol. 1, pp. 323-361). Chapel Hill: The University of North Carolina Press.

Smith, S. L., & Granados, A. D. (2009). Content patterns and effects surrounding sex-role stereotyping on television and film. In J. Bryant & M. B. Oliver (Eds), *Media effects: Advances in theory and research* (3rd ed., pp. 342-361). New York: Routledge.

Smith, S. L., Granados, A. D., Choueiti, M., & Pieper, K. (2007). *Gender prevalence and hyper-sexuality in top grossing, theatrically released G, Pg, PG-13, and R-rated films.* Unpublished data.

Smolej, M., & Kivivoury, J. (2006). The relation between crime news and fear of violence. *Journal of Scandinavian Studies in Criminology and Crime Prevention, 7,* 211-227.

Smythe, D. W. (1956). *Three years of New York television: 1951-1953.* Urbana, IL: National Association of Education Broadcasters.

Snow, D. A., & Benford, R. D. (1992). Master frames and cycles of protest. In A. D. Morris & C. McCurg Mueller (Eds.), *Frontiers in social movement theory* (pp. 133-155). New Haven, CT: Yale University Press.

Snyder, L. B., Anderson, K., & Young, D. (1989, May). *AIDS communication, risk, knowledge, and behavior change: A preliminary investigation in Connecticut.* Paper presented to the International Communication Association, San Francisco.

Soh, J. O. B., & Tan, B. C. Y. (2008). Mobile gaming. *Communications of the ACM, 51*(3), 35-39.

Soley, L. (1983). The effect of black models in magazine and readership. *Journalism Quarterly, 60*(4), 686-690

Sotirovic, M. (2001a). Affective and cognitive processes as mediators of media influence on crime policy preferences. *Mass Communication and Society, 3,* 269-296.

Sotirovic, M. (2001b). Effects of media use on complexity and extremity of attitudes toward the death penalty and prisoners' rehabilitation. *Media Psychology, 3,* 1-24.

Sotirovic, M. (2003). How individuals explain social problems: The influences of media use. *Journal of Communication, 33,* 122-137.

Sotirovic, M., & McLeod, J. M. (2008). U.S. election coverage. In J. Stromback & L. Kaid (Eds.), *Handbook of election coverage around the world.* Mahwah, NJ: Erlbaum.

Sparks, D. A., Coughlin, L. M., & Chase, D. M. (2011). Did too much Wii cause your patient's injury? *The Journal of Family Practice, 60,* 404-409.

Sparks, G. G. (1986). Developmental differences in children's reports of fear induced by mass media. *Child Study Journal, 16,* 55-66.

Sparks, G. G., & Canor, J. (1986). Developmental differences in fright responses to a television program depicting a character transformation. *Journal of Broadcasting & Electronic Media, 30,* 309-323.

Sparks, G. G., Sherry, J., & Lubsen, G. (2005). The appeal of media violence in a full length motion picture: An experimental investigation. *Communication Reports, 18,* 21-30.

Sparks, G. G. & Sparks, C. W. (2002). Effects of media violence. In J. Bryant & D. Zillmann (Eds.), *Meida effects: Advances in theory and research* (2nd ed., pp. 269-285). Mahwah, NJ: Erlbaum.

Sparks, G. G., Spark, C. W., & Sparks, E. A. (2009). Media violence. In J. Bryant & M. B. Oliver (Eds.), *Media effects: Advances in theory and research* (3rd ed., pp. 269-286). New York: Routledge.

Squires, C. R. (2011). Bursting the bubble: A case study of counter-framing in the editorial pages. *Critical Studies in Media Communication, 28*(1), 30-49.

Stack, S. (2005). Suicide in the media: A quantitative review of studies based on non-fictional stories. *Suicide & Life-Threatening Behavior, 35* (2), 121-133.

Star, S. A., & Hughes, H. M. (1950). Report on an education campaign: The Cincinnati plan for the U.N. *American Journal of Sociology, 55,* 389-400.

Steinfield, C., Ellison, N. B., & Lampe, C. (2008). Social capital, self-esteem, and use of online social network sites: A longitudinal analysis. *Journal of Applied Developmental Psychology, 29,* 434-445.

Stempel, G. (1971). Visibility of blacks in news and news-picture magazines. *Journalism Quarterly, 48*(2), 337-339.

Stephenson, W. (1967). *The play theory of mass communication.* Chicago: University of Chicago Press.

Stern, S., & Mastro, D. E. (2004). Gender portrayals across the life span: A content analysis look at broadcast commercials. *Mass Communication & Society, 7,* 215-236.

Stilling, E. (1997). The electronic melting pot hypothesis: The cultivation of acculturation among Hispanics through television viewing. *The Harvard Journal of Communications, 8,* 77-100.

Stobbe, M., & Johnson, C. K. (2011, March 3). U.S. teens young adults "doing it" less, study says. Retrieved fromn http://news.yahoo.com/us-study-says-sex-down-among-young-adults-20110303-083300-359.html

Stodghill, R. (1998, June 15). Where'd you learn that? *Time,* pp. 52-59.

Stone, B. (2010, January, 9). The children of Cyberspace: Old fogies by their 20s. The New York Times. Retrieved from http://www.nytimes.com/2010/01/10/weekinreview/

10stone.html?pagewanted=print

Stouffer, S. A. (1942). A sociologist looks at communications research. In D. Waple (Ed.), *Print, radio, and film in a democracy: Ten papers on the administration of mass communications in the public interest—Read before the Sixth Annual Institute of the Graduate Library School, The University of Chicago*—August 409, 1941, pp.133-146. Chicago: University of Chicago Press.

Strasburger, V. C., Wilson, B. J., & Jordan, A. B. (2009). *Children, adolescents, and the media* (2nd ed.). Los Angeles: Sage.

Strate, J. M., Parrish, C. J., Elder, C. D., & Ford, C., III. (1989). Life span and civic development and voting participation. *American Political Science Review, 83*(2), 443-464.

Stryker, J. E. (2003). Media and marijuana: A longitudinal analysis of news media effects on adolescents' marijuana use and related outcomes, 1977-1999. *Journal of Health Communication, 8*(4), 305-328.

Subervi-Velez, F., & Necochea, J. (1990). Television viewing and self-concept among Hispanic American children—A Pilot study. *The Howard Journal of Communications, 2*, 315-329.

Sullivan, C. (2003). What's in a name? Definitions and conceptualizations of teleworking and home-working. *New Technology, Work & Employment, 18*, 158-165.

Sun, S., Rubin, A. M., & Haridakis, P. M. (2008). The role of motivation and media involvement in explaining Internet dependency. *Journal of Broadcasting and Electronic Media, 52*(3), 408-431.

Sunstein, C. (2006). *Infotopia: How many minds produce knowledge.* New York: Oxford University Press.

Surbeck, E. (1975). *Young children's emotional reactions to TV violence: The effects of children's perceptions of reality.* University of Georgia. Dissertation Abstract International, 35,5139-A.

Sutton, S. R.. (1982). Fear-arousing communication: A critical examination of theory and research. In J. R. Eiser (Ed.), *Social psychology and behavioral medicine* (pp. 303-337). London: John Wiley.

Svenkerud, P. J., Rao, N., & Rogers, E. M. (1999). Mass media effects through interpersonal communication: The role of "Twende na Wakati" on the adoption of HIV/AIDS prevention in Tanzania. In W. N. Elwood (Ed.), *Power in the blood: A handbook on AIDS, politics, and communication.* Mahwah, NJ: Erlbaum.

Swanson, D. L. (1977). The uses and misuses of uses and gratifications. *Human Communication Research, 3*, 214-221.

Swanson, D. L. (1979). Political communication research and the uses and gratifications model: A critique. *Communication Research, 6*, 37-53.

Swasy, J. L., & Munch, J. M. (1985). Examining the target of receiver elaborations: Rhetorical question effects on source processing and persuasion. *Journal of Consumer Research, 11*, 877-886.

Sweeper, G. W. (1983). *The image of the black family and the white family in American primetime television programming 1970 to 1980* (Unpublished doctor dissertation). New York University, New York.

Takeshita, T., & Mikami, S. (1995). How did mass media influence the voters' choice in the 1993 general election in Japan? *Keio Communication Review, 17*, 27-41.

Tomborini, R., & Weaver, J. B., III. (1996). Frightening entertainment: A historical perspective of fictional horror. In J. B. Weaver III & R. Tamborini (Eds.), *Horror films: Current research on audience preferences and reactions* (pp. 1-13). Mahwah, NJ: Erlbaum.

Tamborini, R., Zillmann, D., & Bryant, J. (1984). Fear and victimization: Exposure to television and perceptions of crime and fear. In R. N. Bostrum (Ed.), *Communication yearbook 8* (pp. 492-513). Beverly Hills, CA: Sage.

Tan, A. S. (1979). TV beauty ads and role of expectations of adolescent female viewers. *Journalism Quarterly, 56*, 283-288.

Tan, A., Fujioka, Y., & Tan, G. (2000). Television use, stereotypes of African Americans and opinions on affirmative action: An effective model of policy reasoning. *Communication Monographs, 67*, 362-371.

Tannenbaum, P. H., & Zillmann, D. (1975). Emotional arousal in the facilitation of aggression through communication. In L. Berkowitz (Ed.), *Advances in experimental social psychology* (Vol. 8, pp. 149-192). New York: Academic Press.

Taylor, A. S., & Harper, R. (2001). *Talking "activity": Young people and mobile phones.* Paper presented at the CHI 2001 Workshop: Mobile communications: Understanding users, adoption, and design, Seattle, WA. Retrieved from http://www.cs.colorado.edu/_/palen/chi_workshop

Taylor, C., & Stern, B. (1997). Asian-Americans: Television advertising and the model minority" stereotype. *Journal of Advertising, 26*, 47-61.

Taylor, C. B., Winzelberg, A., & Celio, A. (2001). Use of interactive media to prevent eating disorders. In R. Striegel-Moor & L. Smolak (Eds.), *Eating disorders: New direction for research and practice* (pp. 255-270). Washington, DC: APA

Tedesco, J. C. (2011). Political information efficacy and Internet effects in the 2008 U.S. presidential election. *American Behavioral Scientist, 55*, 696-713. doi: 10.1177/

0002764211398089

Teevan, J. J., & Hartnagel, T. F. (1976). The effect of television violence on the perception of crime by adolescents. *Sociology and Social Research, 60*, 337-348.

Terlecki, M., Brown, J., Harner-Steciw, L., Irvin-Hannum, J., Marchetto-Ryan, N., Ruhl, L., & Wiggins, J. (2011). Sex differences and similarities in video game experience, preference, and self-efficacy: Implications for the gaming industry. *Current Psychology, 30*, 22-23. doi: 10.1007/s12144-0109095-5

Tewksbury, D., Jones, J., Peske, M., Raymond, A., & Vig, W. (2000). The interaction of news and advocate frames: Manipulating audience perceptions of a local public policy issue. *Journalism & Mass Communication Quarterly, 77*, 804-829.

Tewksbury, D., & Scheufele, D. A. (2009). News framing theory and research. In J. Bryant & M. B. Oliver (Eds.), *Media effects: Advances in theory and research* (3d ed.). New York: Routledge.

Thayer, J F., & Levenson, R. W. (1983). Effects of music on psychophysiological responses to a stressful film. *Psychomusicology, 3*, 44-52.

Thomas, M. H., Horton, R. W., Lippincott, E. C., & Drabman, R. S. (1977). Desensitization to portrayals of real-life aggression as a function of exposure to television violence. *Journal of Personality and Social Psychology, 35*(6), 450-458.

Thompson, K. M., & Yokata, E. (2001). Depiction of alcohol, tobacco, and other substances in G-rated animated films. *Pediatrics, 107*(6), 1369-1374.

Thompson, S. (1998). Origins of advertising, 1660-1833. In W. D. Sloan (Ed.). *The age of mass communication* (pp. 81-95). Northport, AL: Vision Press.

Thomas, S., & Bryant, J. (2000, June). *Debunking the media effects gospel: A reexamination of media effects research history and directions for researchers of the twenty-first century*. Paper presented at the International Communication Association 50th Annual Conference, Acapulco, Mexico.

Tichenor, P. J., Donohue, G. A., & Olien, C. N. (1970). Mass media flow and differential growth of knowledge. *Public Opinion Quarterly, 34*, 159-170.

Titchener, E. B. (1998). Minor studies from the psychological laboratory of Cornell University: Distraction by musical sounds; the effect of pitch upon attention. *The American Journal Psychology, 99*, 332-345.

Tito, G. (2011a, February). Inside the sick mind of School Shooter mod. *The Escapist*. Retrieved from http://www.escapitmagazine.com/news/view/108065-inide-the-sick-mind-of-a-school-shooter-mod

Tito, G. (2011b, March). ModDB shuts down School Shooter mod. *The Escapist*. Retrieved from http://www.escapitmagazine.com/news/view/108065-moddb-shuts-downschool-shooter-mod

Tormala, Z. L., Briñol, P., & Petty, R. E. (2006). When credibility attacks: The reverse impact of source credibility on persuasion. *Journal of Experimental Social Psychology, 42*, 684-691.

Towbin, M. A., Haddock, S. A., Zimmerman, T. S., Lund, L., & Tanner, L. R. (2003). Images of gender, race, age, and sexual orientation in Disney feature-length animated films. *Journal of Feminist Family Therapy, 15*, 19-44. doi: 10.1300/J086v15n04_02

Troseth, G. L. (1998). The medium can obscure the message: Understanding the relation between video and reality. *Child Development, 69*, 950-964.

Troseth, G. L. (2003). Getting a clear picture: Young children's understanding of a televised image. *Developmental Science, 6*, 247-253.

Tuchman, G. (1978). *Making news: A study in the construction of reality.* New York: Free Press.

Tudor, A. (1989). *Monsters and mad scientists: A cultural history of the horror movie.* Oxford, England: Blackwell.

Turner, C., & Berkowitz, L. (1972). Identification with film aggressor (cover roll taking) and reactions to film violence. *Journal of Personality and Social Psychology, 21*, 256-264.

Tyler, T. R. (1980). The impact of directly and indirectly experienced events: The origin of crime-related judgment and behaviors. *Journal of Personality and Social Psychology, 39*, 13-28.

Tyler, T. R. (1984). Assessing the risk of crime victimization and socially- transmitted information. *Journal of Social Issues, 40*, 27-38

Tyler, T. R., & Cook, F. L. (1984). The mass media and judgments of risk: Distinguishing impact on personal and societal level judgments. *Journal of Personality and Social Psychology, 47*, 693-708.

Uhlmann, E., & Swanson, J. (2004). Exposure to violent video games increases automatic aggressiveness. *Journal of Adolescence, 27,* 41-52.

Ulitsa Sezam Department of Research and Content. (1998, November). *Preliminary report of summative findings.* Report presented to the Children's Television Workshop, New York.

UNICEF. (1996). *Executive summary: Summary assessment of Plaza Sesamo IV—Mexico.* [English translation of Spanish] Unpublished research report. Mexico City, Mexico: Author.

Univision Communications (2005). Univision. Retrieved from http://www.univision.net/corp/en/index.jsp

U.S. Dept. of Health and Human Services (1994). *Preventing tobacco use among young people: Report of the Surgeon General.* Washington, DC: Government Printing Office.

U. S. Surgeon General's Scientific Advisory Committee on Television and Social behavior. (1972). *Television and growing up: The impact of televised violence* (DHEW publication No. HSM 72-9086). Washington, DC: Government Printing Office.

Valentino, N. A. (1999). Crime news and the priming of racial attitudes during evaluation of the president. *Public Opinion Quarterly, 63*, 293-320.

Valentino, N. A., Beckman, M. N., & Buhr, T. A. (2001). A spiral of cynism for some: The contingent effects of campaign news frames on participation and confidence in government. *Public Communication, 18*, 347-367.

Valkenburg, P. M., Cantor, J. & Peeters, A. L. (2000). Fright reactions to television: A child survey. *Communication Research, 27*(1), 82-97.

Valkenburg, P. M., Semetko, H. A., & de Vreese, C. H. (1999). The effects of news frames on readers' thoughts and recall. *Communication Research, 26*, 550-569.

Van den Bulck, J. (2004). Media use and dreaming: The relationship among television viewing, computer game play, and nightmares or pleasant dreams. *Dreaming, 14*, 43-49.

Van der Voort, T. H. A. (1986). *Television violence: A child's eye view.* Amsterdam: Elsevier Science.

Van Dijk, T. A., & Kintsch, W. (1983). *Strategies of discourse comprehension.* New York: Academic Press.

Van Gorp, B. (2007). The constructionist approach to framing: Bringing culture back in. *Journal of Communication, 57*, 60-78.

Van Rooij, A. J., Meerkerk, G-J., Schoenmakers, T. M., Griffiths, M., & Van De Mheen, D. (2010). Video game addiction and social responsibility. *Addiction Research, 18*, 489-493. doi: 10.310916066350903168579

Vandewater, E. A., Barr, R. F., Park, S. E., & Lee, S.-L. (2010). A US study of transfer of learning from video to books in toddlers: Matching words across context change. *Journal of Children and Media, 4*, 451-467. doi: 10.1080/17482798.2010.510013

Velten, E. (1968). A laboratory task for the induction of mood states. *Behavior Research and Therapy, 6*, 473-482.

Vogel, J. J., Vogel, D. S., Cannon-Bowers, J., Bowers, C. A., Muse, K., & Wright, M. (2006). Computer gaming and interactive simulations for learning: A meta-analysis. *Journal of Educational Computing Research, 34*, 229-243.

von Feilitzen, C. (1975). Findings of Scandinavian research on child and television in the process of specialization. *Fernsehen und Bildung, 9*, 54-84.

Wagner, S. (1985). *Comprehensive evaluation of the fourth season of 3-2-1 Contact.* New York:

Children's Television Workshop.

Wall, W. D., & Simson, W. A. (1950). The emotional responses of adolescent groups to certain films. *British Journal of Educational Psychology, 20,* 153-163.

Wallack, L. (1989). Mass communication and health promotion: A critical perspective. In R. E. Rice & C. K. Atkin (Eds.), *Public communication campaigns* (2nd ed., pp. 353-367). Newbury Park, CA: Sage.

Walsh-Childers, K. (1994a). Newspaper influence on health policy development: A case study investigation. *Newspaper Research Journal, 15*(3), 89-104.

Walsh-Childers, K. (1994b). "A death in the family": A case study of news paper influence on health policy development. *Journalism Quarterly, 71*(4), 820-829.

Walsh-Childers, K., & Brown, J. D. (2009). Effects of media on personal and public health. In J. Bryant & M. B. Oliver (Eds.), *Media effects: Advances in theory and research* (3rd ed., pp. 469-489). New York: Routledge.

Walther, J. B., Loh, T., & Granka, L. (2005). Let me count the ways: The inter-exchange of verbal and nonverbal cues in computer-mediated and face-to-face affinity. *Journal of Language and Social Psychology, 24,* 36-65.

Wang, T. L. (2000). Agenda-setting online: An experiment testing the effects of hyperlinks in online newspapers. *Southwestern Mass Communication Journal, 15*(2), 59-70.

Wang, Y., Monterio, C., Popkin, B. M. (2002). Trends of overweight and underweight in children and adolescents in the United States, Brasil, China, and Russia. *American Journal of Clinical Nutrition, 75*(6), 971-977.

Wanta, W. (1988). The effects of dominant photographs: An agenda-setting experiment. *Journalism Quarterly, 65,* 107-111.

Wanta, W., & Foote, J. (1994). The president-news media relationship: A time series analysis of agenda-setting. *Journal of Broadcasting & Electronic Media, 38,* 437-449.

Wanta, W., & Ghanem, S. (2000). Effects of agenda-setting. In J. Bryant & R. Carveth (Eds,), *Meta-analysis of media effects.* Mahwah, NJ: Erlbaum.

Wanta, W., Stehenson, M. A., Turk, J. V., & McCombs, M. E. (1989). How president's state of the union talk influenced news media agendas. *Journalism Quarterly, 66,* 537-541.

Waples, D. (1942a). Communications. *The American Journal of Sociology, 47,* 907-917.

Waples, D. (Ed.). (1942b). *Print, radio, and film in democracy.* Chicago: University of Chicago Press.

Waples, D., Berelson, B. & Bradshaw, F. R. (1940). *What reading does to people: A summary of evidence on the racial effects of reading and a statement of problems for research.* Chicago: University of Chicago Press.

Ward, L. M., & Friedman, K. (2006). Using TV as a guide: Associations between television viewing and adolescents' sexual attitudes and behavior. *Journal of Research on Adolescence, 16*(1), 133-156.

Wartella, E. (1996). The history reconsidered. In E. E. Dennis & E. Wartella(Eds.), *American communication research – The remembered history*(pp. 169-180). Mahwah, NJ: Erlbaum.

Watt, J. G., Jr., & van den Berg, S. A. (1978). Time series analysis of alternative media effects theories. In R. D. Ruben (Ed.), *Communication yearbook 2* (pp. 215-224). New Brenswick, NJ: Transaction Books.

Weaver, A. J. (2011). A meta-analytical review of selective exposure to and enjoyment of media violence. *Journal of Broadcasting & Electronic Media, 55*(2), 232-250.

Weaver, A. J., Jenson, J. D., Martins, N., Hurley, R., & Wilson, B. J. (2011). Linking violence and action: An examination of gender differences in children's processing of animated content. *Media Psychology, 14*(1), 49-70.

Weaver, D. H. (2007). Thoughts on agenda-setting, framing, and printing. *Journal of Communication, 57*, 142-147.

Weaver, D. H., Graber, D. A., McCombs, M. E., & Eyal, C. H. (1981) *Media agenda-setting in a presidential election: Issues, images and interests.* New York. Praeger.

Weaver, J., & Wakshlag, J. (1986). Perceived vulnerability to crime, criminal victimization experience, and television viewing. *Journal of Broadcasting & Electronic Media, 30*, 141-158.

Weaver, J. B. III, & Tamborini, R. (Eds). (1996). *Horror films: Current research on audience preferences and reactions.* Marwah, NJ: Erlbaum.

Webb, T., Martin, K., Afifi, A. A., & Kraus, L. (2010). Media literacy as a violence-prevention strategy: A pilot evaluation. *Health Promotion Practice, 11*(5) 714-722.

Weigel, R. H., Loomis, J., & Soja, M. (1980). Race relations on primetime television. *Journal of Personality and Social Psychology, 39*(5), 884-893.

Winstein, A. M. (2010). Computer and video game addiction – A comparison between game users and non-game users. *The American Journal of Drug and Alcohol Abuse, 36*, 268-276. doi: 10.3109/00952990.2010.491879

Weiss, B. W., Katkin, E. S., & Rubin, B. M. (1968). Relationship between a factor analytically derived measure of a specific fear and performance after related fear induction. *Journal of Abnormal Psychology, 73*, 461-463.

Weld, H. P. (1912). An experimental study of musical enjoyment. *The American Journal of Psychology, 23*, 245-309.

Wertham, F. (1954). *Seduction of the innocent.* New York: Rinehart.

West, D. (1993). *Air wars.* Washington, DC: Congressional Quarterly Press.

Westley, B. H. (1978). Review of the emergence of American political issues: The agenda setting function of the press. *Journalism Quarterly, 55,* 172-173.

Westley, B. H., & MacLean, M. (1957). A conceptual model for mass communication research. *Journalism Quarterly, 34,* 31-38.

Wheeler, S. C., Petty, R. E., & Bizer, G. Y. (2005). Self-schema matching and attitude change: Situation and dispositional determinants of message elaboration. *Journal of Consumer Research, 31,* 787-797.

White, L. A. (1979). Erotica and aggression: The influence of sexual arousal, positive effect, and negative effect on aggressive behavior. *Journal of Personality and Social Psychology, 37,* 591-601.

White House. (1966). Excerpts from transcribed remarks by the president and vice president to the people of Knoxville on Internet for schools. Retrieved from http://govinfo.library.unt.edu/npr/library/speeches/101096.html

Wiersma, B. A. (2001). *The gendered world of Disney: A content analysis of gender themes in full-length animated Disney feature films.* (Doctoral dissertation). Retrieved from UMI (UMI number; 99973222).

Williams, D. (2006). Virtual cultivation: Online worlds, offline perceptions. *Journal of Communication, 56,* 69-87.

Williams, D., & Storic, M. (2005). Internet fantasy violence: A test of aggression in an online game. *Communication Monographs, 72*(2), 217-233.

Williams, M. D., Hollan, J. D., & Stevens, A. L. (1983). Human reasoning about a simple physical system. In D. Gentner & A. L. Stevens (Eds.), *Mental models* (pp. 131-153). Hillsdale, NJ: Erlbaum.

Williams, T. M. (1986). *The impact of television.* New York: Academic.

Wilson, B. J. (1987). Reducing children's emotional reactions to mass media through rehearsed explanation and exposure to a replica of a fear object. *Human Communication Research, 14,* 3-26.

Wilson, B. J. (1989). The effects of two control strategies on children's emotional reactions to a frightening movie scene. *Journal of Broadcasting & Electronic Media, 33,* 397-418.

Wilson, B. J., & Cantor, J. (1985). Developmental differences in empathy with a television protagonist's fear. *Journal of Experimental Child Psychology, 39,* 264-299.

Wilson, B. J., & Cantor, J. (1987). Reducing children's fear reactions to mass media : Effects of visual expose and verbal explanation. In M. McLaughlin (Ed.), *Communication yearbook 10* (pp. 553-573). Beverly Hills, CA: Sage.

Wilson, B. J., Hoffner, C., & Cantor, J. (1987). Children's perception of the effectiveness of techniques to reduce fear from mass media. *Journal of Applied Developmental Psychology, 8,* 39-52.

Wilson, B. J., Martins, N., & Marske, A. L. (2005). Children's and parents' fright reaction to kidnapping stories in the news. *Communication Monographs, 72*(1), 46-70.

Wilson, C., & Gutierrez, F. (1995). *Race, multi-culturalism, and the media: From mass to class communication.* Thousand Oaks, CA: Sage.

Wilson, T, & Capitman, J. (1982). Effects of script availability to social behavior. *Personality and Social Psychology Bulletin, 8*, 11-19.

Wilson, T. D., Lindsey, S., & Schooler, T. Y. (2000). A model of dual attitudes. *Psychology Review, 107*, 101-126.

Wimmer, R. D., & Dominick, J. R (1994). *Mass media research: An introduction* (45th ed.). Belmont, CA: Wadsworth Publishing.

Winett, R. A., Leckliter, I. N., Chinn, D. E., Stahl, B. N. & Love, S. Q. (1985). The effects of television modelling on residential energy conservation. *Journal of Applied Behavior Analysis, 18*, 33-44.

Winn, M. (1977). *The plug-in drug.* New York: Penguin.

Witte, K., & Allen, M. (2000). A meta-analysis of fear appeals: Implications for effective public health programs. *Health Education and Behavior, 27*, 591-615.

Wittenbrink, B., & Schwartz, N. (Eds.). (2007). *Implicit measures of attitudes.* New York: Guilford Press.

Wober, J. M. (1978). televised violence and paranoid perception: The view from Great Britain. *Public Opinion Quarterly, 42*, 315-321.

Wober, M., & Gunter, B. (1982). Television and personal threat: Fact or artifact? A British survey. *British Journal of Social Psychology, 21*, 43-51.

Wober, M, & Gunter, B. (1988). *Television and societal control.* Aldershot, England: Avebury.

Wolak, J., Mitchell, K., & Finkelhor, D. (2007). Unwanted and wanted exposure to online pornography in national sample of youth Internet users. *Pediatrics, 119*(2), 247-257.

Wolfinger, R. E., & Rosenstone, S. J. (1980). *Who votes?* New Haven, CT: Yale University Press.

Wood, R. (1984). An introduction to the American horror film. In B. K. Grant (Ed,), *Planks of reason: Essays on the horror film* (pp. 164-200). Metuchen, NJ: Scarecrow Press.

Wood, W. (2000). Attitude change: Persuasion and social influence. *Annual Review of Psychology, 51*, 539-570.

Wood, W., Wong, F. Y., & Chachere, J. G. (1991). Effects of media violence on viewers' aggression in unconstrained social interaction. *Psychological Bulletin, 109*, 371-383.

Woodruff, S., Agro, A., Wildey, M., & Conway, T. (1995). Point-of-purchase tobacco advertising: Prevalence, correlates, and brief intervention. *Health Values 19*(5), 56-62.

Worden, J., & Flynn, B. (1999, January 2). Shock to stop? Massachusetts' antismoking campaign. *British Medical Journal*, 318. [online]. NEXIS: News Library, CURNWS File.

Worley, J. R., Roger, S. N., & Kraemer, R. R. (2011). Metabolic responses to Wii FitTM video games at different game levels. *Journal of Strength and Conditioning Research, 25,* 689-693.

Wortham, J. (2010). Angry birds, flocking to cell phones everywhere. Retrieved from http://www.nytimes.com/2010/12/12/technology/12birds.thml

Wright, C. R. (1960). Functional analysis and mass communication. *Public Opinion Quarterly, 24,* 605-620.

Wright, J., St. Peters, M., & Huston, A. (1990). Family television use and its relation to children's recognitive skills and social behavior. In J. Bryant (Ed.), *Television and the American family* (pp. 227-251). Hillsdale, NJ: Lawrence Erlbaum.

Wright, J. C., & Huston, A. C. (1995). *Effects of educational TV viewing of lower income preschoolers on academic skills, school readiness, and school adjustment one to three years later: A report to the Children's Television Workshop.* Lawrence: Center for Research on the Influence of Television on Children. The University of Kansas.

Wright, J. C., Huston, A. C., Scantlin, R. & Kotler, J. (2001). The Early Window project: *Sesame Street* prepares children for school. In S. M. Fisch & R. T. Truglio (Eds.), *"G" is for "growing": Thirty years of research on children and Sesame Street* (pp. 97-114). Mahwah, NJ: Erlbaum.

Wroblewski, R., & Huston, A. C. (1987). Televised occupational stereotypes and their effects on early adolescents: Are they changing? *Journal of Early Adolescence, 7,* 283-297.

Wu, H. D., & Coleman, R. (2009). Advancing agenda-setting theory: The comparative strength and new contingent conditions of the two levels of agenda-setting effects. *Journalism & Mass Communication Quarterly, 86*(4), 775-789.

Wuang, Y,-P., Chiang. C.-S., Su, C,-Y., & Wang, C.-C. (2011). Effectiveness of virtual reality using Wii gaming technology in children with Down syndrome. *Research in Developmental Disabilities, 32,* 312-321.

Wyer, R. S., Jr., & Radvansky, G. A. (1999). The comprehension and validation of social information. *Psychological Review, 106,* 89-118.

Wyer, R. S., Jr., & Srull, T. (1981). Category accessibility: Some theoretical and empirical issues concerning the processing of information. In E. Higgins, C. Herman, & M. Zanna (Eds.), *Social cognition* (Vol. 1, pp. 161-197). Hillsdale, NJ: Erlbaum.

Xenos, M., & Moy, P (2007). Direct and differential effects of the Internet on political and civic engagement. *Journal of Communication, 57,* 704-718.

Yang, H., Ramasubramanian, S., & Oliver, M. B. (2008). Cultivation effects on quality of life indicators: Exploring the effects of American television consumption on feelings of relative deprivation in South Korea and India. *Journal of Broadcasting & Electronic Media, 52*(2), 247-267.

Yang, N., & Linz, D. (1990). Movie ratings and the content of adult videos: The sex violence ratio. *Journal of Communication, 40*(2), 28-42.

Yarros, V. S. (1899). The press and public opinion. *The American Journal of Sociology, 5*, 372-382.

Young, D. G. (2004). Late-night comedy in election 2000: Its influence on candidate trait ratings and the moderating effects of political knowledge and partnership. *Journal of Broadcasting & Electronic Media, 48*, 1-22.

Young, K. S. (1996). Addictive use of the Internet: A case that breaks the stereotype. *Psychological Reports, 79*, 899-902.

Zeng, L. (2011). More than audio on the go: Uses and gratifications of MP3 players. *Communication Research Reports, 28*(1), 97-108.

Zero to Three/National Center for Clinical Infant program. (1992). *Heart Start: The emotional foundations of school readiness.* Arlington, VA: Author.

Zgourides, G., Monto, M., & Harris, R. (1997). Correlates of adolescent male sexual offense: Prior adult sexual contact, sexual attitudes, and use if sexually explicit materials. *International Journal of Offender Therapy and Comparative Criminology, 41*(3), 272-283.

Zhong, B., Hardin, M., & Sun, T. (2011). Less effortful thinking leads to more social networking? The associations between the use of social network sites and personality trait. *Computers in Human Behavior, 27*, 1265-1271. doi: 10.1016/j.chb.2011.01.008

Zhong, X., Zu, S., Sha, S., Tao, R. Zhao, C. & Yang, F. (2011). The effect of a family-based intervention model on Internet-addicted Chinese adolescents. *Social Behavior and Personality, 39*, 1021-1034.

Zhou, S., Greer, A., & Finkla, B. W. (2010, April). *Discrimination, racist events, and their effects on behavioral evaluative outcomes of movie posters with black and white protagonists.* Paper presented at the 55th annual meeting of the Broadcast Education Association, Las Vegas, NV.

Zill, N. (1977). *National survey of children: Summary of preliminary results.* New York: Foundation for Child Development.

Zill, N. (2001). Does *Sesame Street* enhance school readiness? Evidence from a national survey of children. In S. M. Fisch & R. T. Truglio (Eds.), *"G" is for "growing": Thirty years of research on children and Sesame Street* (pp. 115-130). Mahwah, NJ: Erlbaum.

Zill, N., Davies, E., & Daly, M. (1994). *Viewing of Sesame Street by preschool children and its relationship to school readiness: Report prepared for the Children's Television*

Workshop. Rockville, MD: Westat, Inc.

Zillmann, D. (1971). Excitation transfer in communication-mediated aggressive behavior. *Journal of Experimental Social Psychology, 7*, 419-434.

Zillmann, D. (1978). Attribution and misattribution of excitatory reactions. In J. H. Harvey, W. J. Ickes, & R. E. Kidd (Eds.), *New directions in attribution research* (Vol. 2, pp. 335-368). Hillsdale, NJ: Erlbaum.

Zillmann, D. (1979). *Hostility and aggression.* Hillsdale, NJ: Erlbaum.

Zillmann, D. (1980). Anatomy of suspense. In P. H. Tannenbaum (Ed.), *The entertainment functions of television* (pp. 133-163). Hillsdale, NJ: Erlbaum.

Zillmann, D. (1982a). Television viewing and arousal. In D. Pearl, L. Bouthilet & L. Lazar (Eds.), *Television and behavior: Ten years of scientific progress and implications for the eighties* (Vol. 2, pp. 53-67). Washington, DC: Governemnt Printing Office.

Zillmann, D. (1982b). Transfer of excitation in emotional behavior. In J. T. Cacioppo & R. E. Petty (Eds.). *Social Psycho-physiology*, New York: Guilford Press.

Zillmann, D. (1988). Cognition excitation interdependencies in aggressive behavior. *Aggressive Behavior, 14*, 51-64.

Zillmann, D. (1991a). Empathy: Effect from bearing witness to the emotions of others. In J. Bryant & D. Zillmann (Eds.), *Responding to screen: Reception and reaction processes* (pp. 135-167). Hillsdale, NJ: Erlbaum.

Zillmann, D. (1991b). The logic of suspense and mystery. In J. Bryant & D. Sillmann (Eds.), *Responding to the screen: Reception and reaction processes* (pp. 281-303). Hillsdale, NJ: Erlbaum.

Zillmann, D. (2000). Excitement. In A. E. Kazdin (ed.), *Encyclopedia of psychology.* New York: American Psychological Association and Oxford University Press.

Zillmann, D. & Bryant J. (1982). Pornography, sexual callousness, and the trivialization of rape. *Journal of Communication, 32*(4), 10-21.

Zillmann, D. & Bryant, J. (1984). Effects of massive exposure to pornography. In N. M. Malamuth & E. Donnerstein (Eds.), *Pornography and sexual aggression* (pp. 115-138). New York: Academic.

Zillmann, D. & Bryant, J. (1985). *Selective exposure to communication*, Mahwah, NJ: Erlbaum.

Zillmann, D. & Bryant, J. (1986). Shifting preference in pornography consumption. *Communication Research, 13*, 560-578.

Zillmann, D. & Bryant, J. (1988a). Effects of prolonged consumption of pornography on family values. *Journal of Family Issue, 9*(4), 518-544.

Zillmann, D. & Bryant, J. (1988b). Pornography's impact on sexual satisfaction. *Journal of Applied Social Psychology, 18*, 438-453.

Zillmann, D. & Gibson, R. (1996). Evolution of the horror genre. In J. B. Weaver III & R. Tamborini (Eds.), *Horror films: Current research on audience preferences and reactions* (pp. 15-31). Mahwah, NJ: Erlbaum.

Zillmann, D., Hay, T. A. & Bryant, J. (1975). The effect of suspense and its resolution on the appreciation of dramatic presentations. *Journal of Research in Personality, 9*, 307-323.

Zillmann, D., Mody, B., & Cantor, J. (1974). Empathetic perception of emotional displays in films as a function of hedonic and excitatory state prior to exposure. *Journal of Research in Personality, 8*, 335-349.

Zillmann, D., & Weaver, J. B., III. (1999). Effects of prolonged exposure to gratuitous media violence on provoked and unprovoked hostile behavior. *Journal of Applied Social Psychology, 29*, 145-165.

Zimmermann, E. J., Christakis, D. A., Meltzoff, A. N. (2007). Television and DVD/video viewing in children younger than 2 years. *Archives of Pediatrics and Adolescent Medicine, 161*(5), 473-479.

Zoglin, N. R. (1984, June 25). Gremlins in the rating system: Two hit films raise new concerns about protecting children. *Time*, p. 78.

Zwann, R. A. & Radvansky, G. A. (1998). Situation models in language comprehension and memory. *Psychological bulletin, 123*, 162-185.

Zwarun, L., & Farrar, K. M. (2005). Doing what they say, saying what they mean: Self-regulatory compliance and depictions of drinking in alcohol commercials in televised sports. *Mass Communication and Society, 8*(4), 347-371.

찾아보기

숫자

1990년 어린이 텔레비전 법 264
1996년 텔레커뮤니케이션 법 264
2단계 유통 모델 82
2단계 의제설정 362
2단계 흐름 234
30초 스팟 시대 369
4요인 증후군 324

알파벳

ELM ☞ 정교화 가능성 모델 237, 240
HTML(HyperText Markup Language) 484
i세대(iGeneration) 515
MP3 플레이어 225
OTA 상호교류적 모델(OTA transactional model)
    29
PMT ☞ 보호 동기 이론 251
PTSD 336

S형 분포 곡선 129
TPB ☞ 계획된 행동 이론 250
TRA ☞ 숙고된 행동 이론 249~250
X등급 비디오 304

ㄱ

가외변인(extraneous variable) 38
각기 다른 수준의 효과 78
    각기 다른 수준의 미디어 효과 79
각성 기제 280
각성 잔재 347
간접적인 공포 반응 344
간접(적인) 효과 92, 234
감정이입 284, 338, 343~344
강력한 효과 61
강효과 73
개방성 488
개인적 관련성 243~244

개인적 효과 30
개인적인 차이(개인차) 70, 291, 320
개인화 360
개입 연구 272~273
거브너, 조지(George Gerbner) 189
거시적 연구 372
건강 기반 지식용 게임 474
건강 뉴스 389
건강 캠페인 393, 396
건강 커뮤니케이션 378
　건강 커뮤니케이션 캠페인 393
건강 행동 130
건강 효과 379
게이트키핑(gatekeeping) 27, 156
결합 498
결합 사회적 자본 501
경고 문구 382
경마 중계식 보도 358
경쟁과 매개 218
계획된 행동 이론(TPB) 249
고전적 조건형성 311, 342
고정관념
　고정관념 기폭 149
　고정관념적 묘사 428
　고정관념화 426
　고정관념화된(stereotyped) 묘사 123
　매개되는 고정관념 151
　소수집단 고정관념 426
　인종 고정관념 147
　젠더 고정관념화 421
공격성(향) 267~268, 316
공명(resonance) 195
공민 448
공중보건 캠페인 393
공중의 의제 166

공중의 속성 의제 168~170
공포 273, 331, 333~334, 339
　간접적인 공포 반응 344
　공포 대처 기제 351
　공포 대처 전략 351
　공포 반응 61, 329~331, 333, 336, 342~343,
　　346, 348
　공포 소구 396
　공포 영화 330, 332, 338~339
　공포 장면 335
　공포감 333, 335, 348
　공포감 측정 341
　공포물 337
　공포의 즐김 339
　매개된 공포 340
　오락거리로서의 공포 337
과학 446
　과학적인 미디어 효과 연구 68
관계 커뮤니케이션 513
관찰 학습 110
교란변인(confounding variable) 87, 316
교육 텔레비전 434~435
교육용 게임 472
구글(Google) 482
구매시점(point of purchase) 광고 382
구성 198
귀인 이론 176
그린버그(B. S. Greenberg) 221
극화 360
금단의 열매(forbidden fruit) 효과 264
금연 캠페인 395
긍정적인 학습 효과 125
기능성 게임 472
기능적 분석 219
기능주의 219

기대 214

기대치 모델 214

기분(mood) 246~247

기술적 유동성 485

기억된 경험 144

기폭(priming) 135, 161, 172~173, 362

　고정관념 기폭 149

　기폭 연구 133

　기폭기제 134

　기폭의 활성화 135~136

　기폭이론 150

　기폭효과(priming effect) 134, 146, 364

　기폭효과 연구 426

ㄴ

내용분석(content analysis) 41, 274, 276

내향성 488

네트워크

　네트워크 기억 모델 137

　네트워크 모델 136, 138

　사회적 네트워크 497

　소셜 네트워크 225, 484

　소셜 네트워크 사이트 485~486, 499

　토론 네트워크 373

노골적인 성적 표현물 325

논리적 양식 109

놀이 213

뇌 연구 294

누에고치 효과 514

뉴스 결함 360

능동적인 수용자 216

　능동적인 수용자와 자술 보고 222

ㄷ

다단계 유통 모델 82

다섯 질문 모델 83

단계 모델 251

단순 단서 241, 244

단어 학습 451

담배 광고 381~382

대리 관여 344

대리 능력 109

대리경험 338

대리적 양식 108

대면 사회성 512

대인 커뮤니케이션 22

대처 전략 286

대처 평가 251

도구적 이용 218

도덕적 정당화 117

도식적 모델 24~25

도피(escapism) 212

독해 443

동기화(motiivation) 107, 111~112

　동기화 변인 243

동일시 338~339, 343

　등장인물과의 동일시 143

두 번째 수준의 의제설정 157

둔감화 273, 287, 311, 324

　둔감화 기제 283

　둔감화 효과 283

ㄹ

라스웰, 해럴드(Harold Lasswell) 75, 83, 89, 212

라이트(Wright) 212

라이프스타일 소구 381

라자스펠드, 폴(Paul F. Lazarsfeld) 81, 234, 371

래쉬(K. E. Lasch) 360

랭, 글래디스(Gladys Lang) 159

랭, 커트(Kurt Lang) 159

레윈, 커트(Kurt Lewin) 84

로저스, 에버릿(Everett Rogers) 80, 83, 85, 89, 129

롱, 노턴(Norton Long) 159

루빈, 앨런(A. Rubin) 216, 221

리앨러티(reality) 범죄 프로그램 206

리프만, 월터(Walter Lippmann) 158

ㅁ

마이스페이스(MySpace) 225

마이크로블로거 492

마이크로블로깅 492

매개 커뮤니케이션 20

　매개 커뮤니케이션의 효과 105

매개되는 고정관념 151

매개되는 폭력 142, 267~268, 288

매개된 공포 340

매개변인 235

매스 미디어의 기능 357

매스 미디어의 사회적 기능 212

매스 커뮤니케이션 22

매스터 프레임(master frame) 182

맥과이어(McGuire) 95~96, 238

메시지 체계 분석 189, 275

메시지원 공신력 246

메타분석(meta-analysis) 41~42, 98, 147, 273, 340

면책용 비교 117

모델 25

모델링(modeling) 110, 114, 121

　상징적 모델링 129

　추상적 모델링 114

모바일 게임 522~523

모바일 근무 512~513

모바일 커뮤니케이션 510, 512~513, 515

모방 기제 279, 282

모방 범죄 268

모방 행동 273

몰입 479

무효과 모델(no-effects model) 97

문자 메시지 513~514

문자 보내기(texting) 517~518

문제가 있는 인터넷 사용 502~503

문화지표 프로젝트 189

미디어 개입 393

미디어 다중작업 486

　미디어 다중작업자 488

미디어 의제 166, 171~172

　미디어의 속성 의제 168, 170

　미디어 의제설정 과정 172

미디어 체계 의존 이론(media system dependence model) 32

미디어 캠페인 378

미디어 커뮤니케이션 22, 31

미디어 폭력 274

　미디어 폭력 연구 262

　미디어 폭력 연구자 290

　미디어 폭력물 노출 146

미디어 효과

　각기 다른 수준의 미디어 효과 79

　과학적인 미디어 효과 연구 68

　미디어 효과 모델 30

　미디어 효과 연구 43, 69, 80

　미디어 효과 연구의 선구자 72

　미디어 효과 연구의 역사 69

　미디어 효과 측정 34

　미디어 효과에 대한 역사적 우려 49

ㅂ

배양 과정 197~198

배양 분석 288

배양 이론 189~190, 196

배양효과 123, 192, 206, 207

　배양효과 연구 188, 428

　배양효과 연구자 294

밴두라, 앨버트(Albert Bandura 94, 106, 108,
　　128, 198, 282

범이론적 건강 행동 변화 모델 251

범죄 드라마 148

범죄에 대한 개인적 판단 290

베럴슨, 버나드(Bernard Berelson) 91

변인

　가외변인(extraneous variable) 38

　교란변인(confounding variable) 87, 316

　동기화 변인 243

　매개변인 235

　외생적인 인구통계학적 변인 289

　조절변인 233

　주변 단서 변인 244

　중개변인(intervening variable) 38, 141

보호 동기 이론(PMT) 250, 394

부모의 관여 283

불안 감소 212

불안 반응 329, 336

블로거 492

　마이크로블로거 492

블로그 484, 492

　비디오 블로그 492

　오디오 블로그 492

블로깅 사이트 485, 492

비디오 게임 146

　비디오 게임 중독 469, 502

　비디오 게임의 긍정적 효과 471

비디오 게임의 이용과 충족 477

비디오 결핍 451

비디오 블로그 492

비선택적인 시청 195

비언어적 단서 495

비열한 세계 증후군 190

비열한 세상 지수 190

비인간화 118

비인지적 전략 287, 351

ㅅ

사고 자신감 236

사실적 지식 365

사전 학습 144

사회 규범 및 관습 전승 기능 212

사회 기술 490

사회과목 448

사회비교이론 491

사회인지이론(social cognitive theory) 94,
　　105~106, 127, 129~130, 198

사회적 네트워크 497

사회적 범주 관점(social category perspec-
　　tive) 79

사회적 상호작용 동기 224

사회적 양식 109

사회적 자본 498~499

　결합 사회적 자본 501

　연결 사회적 자본 498

　유지되는 사회적 자본 498

사회적 정보 411

　사회적 정보의 전달자 411

사회적 정체성 이론 421

사회적 조정 510

사회적 촉진 127

사회적 판단 이론 247

사회적 효과 32
사회학습이론(social learning theory) 94,
　106
삼각 측정(triangulation) 40
삼원 상호 인과(triadic reciprocal causation)
　과정 106
상관관계 분석 438
상관관계 설문조사 270
상승 324
상징적 모델링 129
상징적 상호작용(symbolic interaction) 22
상징화 능력 107
상호교류적 모델 29, 213
상호성 304
상호작용적 모델 ☞ 슈람의 상호작용적 모델
　28
상황 모델 140
상황 특이성 290
생리 반응 측정 341
선전 76, 83
선전분석연구소(Institute for Propaganda An-
　alysis) 242
선택적 노출(selective exposure) 79
선택적 지각(selective perception) 79
선택적 파지(selective retention) 79
선택적인 주의(selective attention) 78
선행(善行) 학습 125
선형적 모델 26
설득 127, 234
　설득 과정 237
　설득 메시지 64
　설득 모델 237, 362
　설득 연구 231
　설득 패러다임 159
설문조사(survey) 37

성 사회화 접근 339
성 역할 연구 426
성범죄 323, 325
성애물 316, 317
성적 각성 309~311
성적 공격성 323
성적 내용 299
성적 노골성 297, 299
성적 자극 311
성적 표현물 53
　노골적인 성적 표현물 325
성적인 내용물 299
　성적인 인터넷 내용물 307
성폭력 319, 321~322
　성폭력물 319~320
성활동 297, 299, 304
　성활동 묘사 387~388
섹스팅(sexting) 303
셰넌-위버 모델 26
소셜 네트워크 225, 484
　소셜 네트워크 사이트 485~486, 499
소셜 미디어 486
　소셜 미디어 앱 523
소수집단 399
　소수집단 고정관념 426
　소수집단 등장인물 401~402
　소수집단 등장인물 역할 405
　소수집단 묘사 401
속성 의제설정 157, 166~168, 362
속성의 감정적 톤 168
수동적 동기 217
수면 문제 334
수면 장애 334
수용성'(receptivity) 234
수학 445

숙고된 행동 모델 362
숙고된 행동 이론(TRA) 248
슈람, 윌버(Wilbur Schramm) 90
  슈람의 상호작용적 모델(Schramm inter-
  active model) 28
스마트폰 23~24
스키마(schema) 140, 173, 421
스타우퍼, 새뮤얼(Samuel A. Stouffer) 85~87
스테레오타입 기폭 모델 394
스트리밍 웹사이트 196
습관적 시청 196
습관적인 시청 195
시각적 둔감화 351
시계열 분석(time-series analysis) 167, 171
시민 참여 373
시청 동기 221
시청자의 지각과 해석 290
식사 장애 징후 386
식품 광고 385
신경과학 295
신경성 488
신체상(body image) 386
실험실 실험 35, 269
쏘슨의 인지적 처리 모델(Thorson cognitive
  processing model) 31

ㅇ
─────────────────────
아르파넷(ARPAnet) 484
아바타(avatar) 147, 292
안전한 섹스 387
암시(suggestion) 72
  암시의 심리학 73
  암시적 태도 척도(implicit measures of
  attitude) 254
애드워치(adwatch) 370

야윈 몸매 기준 386
어린이 비만 385
어휘 발달 442
억제효과 114~115
언어 학습 453
언어적 단서 495
에듀테인먼트 434
에로티카 301
여론 57
  여론 형성 70
『여론』(Public Opinion) 158
역사적 연구 69
역프레이밍(counterframing) 183
역할 놀이 344
연결 498
연결 사회적 자본 498
연방 커뮤니케이션스 위원회(FCC) 264
영구 기억(permanent memory) 111
영속적인 접촉 513
영유아 에듀테인먼트 450
영적인 안전감 338
오개념(misconception) 123
오디오 블로그 492
오락 기능 212
오락거리로서의 공포 337
온라인 사회화 497
온라인 친구 488~489
온라인 커뮤니케이션 495~496
와플스, 더글러스(Douglas Waples) 88~91
완곡한 이름 붙이기 117
외상 후 스트레스 장애(PTSD) 334
외생적인 인구통계학적 변인 289
외적 타당도(external validity) 39
〈우주 전쟁〉(War of the Worlds) 62~63, 332
운동 게임 474

운동 기억 111
운동 재현 111
원격 근무(telework) 504, 512
웨슬리-맥클린 모델 27
웹 브라우저 484
웹사이트 캠페인 166
위대한 이야기꾼 193
위험 학습 모델 394
위협 전술 396
위협 평가 251
유지되는 사회적 자본 498
음란성 302
음성 징후 502
의견주도자 82, 234
의례적 이용 218
의례화된 시청 195~196
의미론 173
의사사건(pseudo-event) 358
의사사회적 상호작용(parasocial interaction)
    212, 224
의사환경(pseudo-environment) 158
의제설정 155, 172~173
  미디어 의제설정 과정 172
  속성 의제설정 157, 166~168, 362
  의제설정 개념 159
  의제설정 이론 362
  의제설정 효과 374
  2단계 의제설정 362
  두 번째 수준의 의제설정 157
  프레이밍 효과와 의제설정 효과 구분 177
이메일 484~495
이모티콘 495
이미지 도매 배급업자 193
이용 및 의존 모델 215
이용과 충족 연구 211, 219

이용과 충족 접근 방법 211
이용과 충족에 대한 비판 221
이전 경험의 기억 144
이중 맹검(double-blind) 36
인과관계 34, 37
인쇄 신문 56
인스턴트 메시지 보내기 224
인종 간 상호작용 407
인종 고정관념 147
인지
  비인지적 전략 287, 351
  사회인지이론(social cognitive theory) 94,
    105~106, 127, 129~130, 198
  쏘슨의 인지적 처리 모델(Thorson cognitive
    processing model) 31
  인지 반응 이론 239
  인지 부조화 이론 85, 235, 253
  인지 욕구(NFC) 488
  인지 지도 작성(cognitive mapping) 160
  인지 패러다임 159~160, 197
  인지적 대처 전략 286
  인지적 신연상(cognitive neoassociation)
    137
  인지적 전략 351~352
  인지적 지름길 198, 206
  인지적 효과 288
인터넷
  문제가 있는 인터넷 사용 502~503
  성적인 인터넷 내용물 307
  인터넷 뉴스 보도 166
  인터넷 이용과 충족 224
  인터넷 중독 502, 503
  인터넷 커뮤니케이션 371
  인터넷 포르노그래피 308
  인터넷의 역설 496

직장에서의 인터넷 503
인트라넷(Intranet) 503~504
일반 감정적 공격성 모델(GAAM) 138
일반 공격성 모델(GAM) 461
일화적(episodic) 대 주제적(thematic) 프레임 182
일화적(episodic) 프레임 368
읽고 쓰기 능력 발달 443

ㅈ

자극 구별 345~346
자극 일반화 344
자극 전이(excitation transfer) 316
자기 공명 영상(MRI) 294
자기 관리 160
자기 색정 305
자기 성찰 능력 108
자기 성찰 양식 108
자기 조절 능력 107
자기 타당화 가설 236
자기 타당화 분석 236
자기 타당화 이론 239
자기공개 490
자기발견적 배양효과 모델 206
자기발견적 이용가능성 198
자동 활성화 모델 252
자동적인 태도 254
자술 보고 측정 341
자아존중감 429, 501
자연적 실험 272
자전적 기억(autobiographic memory) 287
잔혹 영화 319, 321~322
재택근무 504
저속한 내용물 53
적극적 동기 217

『전국 텔레비전 폭력 연구』(National Television Violence Study) 265
전략(strategy) 대 이슈(issue) 프레임 182
전망 이론 176
전통적인 블로깅 492
정교화 가능성 모델(ELM) 237, 240, 362
정보 추구 동기 224
정보 획득 동기 346
정상화 360
정서 237
  정서 적응도 489
  정서적 반응 요인 344
  정서적 소구 237
  정서적 효과 284
정신 모델(mental model) 139~140, 173
정신적 연상 134
정치 광고 359, 369
정치 커뮤니케이션 357, 359, 363
  정치 커뮤니케이션 효과 361, 372, 374
정치적 기폭 146, 149
정치적 세련도 149, 171, 374
정치적 효능감 493
정향 욕구(need for orientation) 160
정화(catharsis) 337
  정화 기제 279
  정화효과 338
제3자 효과 223
제도적 과정 분석 189
제한효과 76, 92
  제한효과 모델(limited effects model) 77
젠더 고정관념화 421
젠더 스키마 이론 421
조각화 360
조절변인 233
좀비 시청자 434

종단적 패널 연구 271
종단적인 연구 39
주류 광고 383
주류화(mainstreaming) 194
주목 110
주변 경로 198, 241~244
주변 단서 244, 246
　주변 단서 변인 244
주제적(thematic) 프레임 368
중개변인(intervening variable) 38, 141
중독 324
　중독 잠재성 469, 502
중심 경로 198, 240, 242~243
지각된 의미 141
지각된 정당화 가능성 142
지각된 통제 249
지각된 현실감 144
지배 304
지식 격차 가설 366
지식 습득 365
직장에서의 인터넷 503

ㅊ
착취 304, 305
참여 격차 371
채플 힐(Chapel Hill) 연구 161
책임 돌리기 118
책임 분산(diffusion of responsibility) 118
책임 전치(displacement of responsibility) 118
처방 약 385
『청소년 폭력: 공중보건국장 보고서』(Youth
　　Violence: A Report of the Surgeon Ge-
　　neral) 266
최근성(recency) 148
추구한 충족 214

추리 통계 42
추상적 모델링 114
충동 조절 결핍 502
충족 추구 및 수용자의 능동적 활동 모델 214
침묵의 나선 이론 356, 368

ㅋ
카메오 정치 360
캐시오포(J. T. Cacioppo) 232, 240
캔터, 조앤(Joanne Cantor) 331
커뮤니케이션 22
　건강 커뮤니케이션 378
　건강 커뮤니케이션 캠페인 393
　관계 커뮤니케이션 513
　대인 커뮤니케이션 22
　매개 커뮤니케이션 20
　매개 커뮤니케이션의 효과 105
　매스 커뮤니케이션 22
　모바일 커뮤니케이션 510, 512, 513, 515
　미디어 커뮤니케이션 22, 31
　온라인 커뮤니케이션 495, 496
　인터넷 커뮤니케이션 371
　정치 커뮤니케이션 357, 359, 363
　정치 커뮤니케이션 효과 361, 372, 374
　커뮤니케이션 과정 21
　커뮤니케이션 과정 모델 25
　커뮤니케이션 모델 24, 25
　커뮤니케이션 캠페인 377
　커뮤니케이션/설득 행렬 모델 238
　컴퓨터 - 매개 커뮤니케이션 495
코헨, 버나드(Bernard Cohen) 158
콤스톡의 심리학적 모델(Comstock psycho-
　　logical model) 30
클래퍼, 조셉(Joseph Klapper) 77, 89, 92, 97,
　　98, 99

클래퍼의 일반화 93

ㅌ

탄환이론 75
탈억제 315
　탈억제 기법 116, 122
　탈억제 기제 281
　탈억제 효과 116
태도 235
　암시적 태도 척도(implicit measures of
　　attitude) 254
　자동적인 태도 254
　태도 및 가치의 둔감화 311
　태도 변화 232
　태도 접근가능성 253
텔레비전
　1990년 어린이 텔레비전 법 264
　교육 텔레비전 434, 435
　『전국 텔레비전 폭력 연구』(*National Tele-*
　　vision Violence Study) 265
　텔레비전 교양 273
　텔레비전 노출 195
　『텔레비전의 폭력』(*Violence on Television*)
　　262
　텔레비전 폭력에 관한 연구 265
토론 네트워크 373
통계
　외생적인 인구통계학적 변인 289
　추리 통계 42
　통계적 방법 42
　통계학 42
통제집단(control group) 436
투표 연구 361
투표 참여 372
투표 행동 371

트위터 486, 492, 493, 494, 495
트윗(tweet) 492

ㅍ

파지(retention) 111
　선택적 파지(selective retention) 79
판단의 수준 289
패널 연구 39
　종단적 패널 연구 271
패스트-매핑(fast-mapping) 452
페스틴저, 리언(Leon Festinger) 85, 235
페이스북(Facebook) 224, 482, 485, 486,
　488, 489, 490, 501
　페이스북 연구 225
페인 재단(Payne Fund) 75, 188
　페인 재단 연구 262
페티(R. E. Petty) 232, 240
편승효과 242
평가 107, 214
포르노그래피 301, 302, 306, 311, 315, 323,
　324
　포르노그래피 소비 323, 324, 326
폭력
　매개되는 폭력 142, 267, 268, 288
　미디어 폭력 274
　성폭력 319, 321, 322
　폭력 모방 범죄 268
　폭력 프로파일 275
　폭력물 시청 124
　폭력적인 비디오 게임 147, 292, 295, 459
　폭력적인 비디오 게임의 부정적 효과 459
　폭력칩(V-chip) 264
프라이버시 침해 491
프레이밍(framing) 157, 166, 167, 172, 173,
　175, 244, 360, 366

프레이밍 연구 173, 366

프레이밍 이론 176

프레이밍 효과 171, 374

프레이밍 효과와 의제설정 효과 구분 177

프레이밍에 대한 사회학적 접근 176

프레이밍의 심리학적 관점 176

프레이밍의 효과 177

프레임 158, 360

매스터 프레임(master frame) 182

일화적(episodic) 대 주제적(thematic) 프레임 182

일화적(episodic) 프레임 368

전략(strategy) 대 이슈(issue) 프레임 182

주제적(thematic) 프레임 368

프레임 분석 이론 176

프레임 유형 182

프레임 형성 179

프로그램

리얼러티(reality) 범죄 프로그램 206

프로그램 등급 264

프로그램 특이성 289

프로파일 491

피드백(feedback) 27

피하주사이론 74~75

ㅎ

하향 나선 모델 469

학교 준비도 436

학습 114, 121, 198

학업 적응도 489

행동 중독 469

행동의 결과 무시 또는 왜곡 118

행동적 양식 108

행동적 효과 278

혁신의 확산 129

혁신의 확산 연구 130

현상론적 접근 92

현상론적 접근 방법 77

현실의 사회적 구성 및 배양 123

현장 실험 38, 270

현저성 156

호브랜드, 칼(Carl Hovland) 81, 233

홍수요법(flooding) 287

화상 회의 기술 504

〈화씨 9-11〉(Fahrenheit 9-11) 148

확산 129

환경 감시 212

환경 요소들의 상관 기능 212

활동 중인 사용자 487

획득(gain) 대 손실(loss) 프레임 182

획득한 충족 214

횡단적 연구 270

휴대폰 509~513, 515

흉내 내기 450

흡족한 안도감 338

흥분 및 유인가(誘引價) 모델 317

흥분 전이 347

희생자 비난 396

제닝스 브라이언트(Jennings Bryant, 인디애나 대학교 박사, 1974)

알라배마 대학교 커뮤니케이션학과 교수이자 커뮤니케이션 연구소(Institute for Communication Research) 소장. 2000년 이 대학교에서 블랙먼-무디 우수 교수상(Blackmon- Moody Outstanding Professor Award)을 수상했으며 국제 커뮤니케이션 협회(ICA: International Communication Association) 회장 당선자가 되었다.

그는 학술지 논문을 70편 이상 썼고 80장(章) 이상 분량의 책을 집필했으며 국내 및 국제 학회에서 논문을 200편 이상 발표했다. 수상한 논문만 해도 23편에 이른다. 최근 주요 저서 또는 편저로는 『미디어 효과: 이론 및 연구의 진전』(*Media Effects: Advances in Theory and Research*, 1994), 『미디어 커뮤니케이션 개론(4판)』(*Introduction to Media Communication, 4th ed.*, 1995), 『미디어의 재발명』(*Reinventing Media*, 1996), 『미디어 커뮤니케이션 개론(5판)』(*Introduction to Media Communication, 5th ed.*, 1998), 『인간 커뮤니케이션 이론(2판)』(*Human Communication Theories and Research: Concepts, Contexts, Challenges, 2nd ed.*, 2000), 『텔레비전과 미국 가정(2판)』(*Television and the American Family, 2nd ed.*, 2001)이 있다.

연구와 저서 외에도, 그는 다른 학자들의 연구와 저서들을 편집하고 보급하는 데도 적극적으로 관여해왔다. 11개 학술지 편집위원회에서 활동을 해왔고 현재는 8개 학술지에 편집위원으로 선정되어 있으며 『미디어 심리학』(*Media Psychology*)의 창립 공동 편집인이다. 또한 로렌스 얼바움 출판사(LEA: Lawrence Erlbaum Associates)가 발행하는 학술서 시리즈물의 공동 편집인, LEA의 커뮤니케이션 교재 시리즈의 편집인, LEA의 커뮤니케이션 분야 연속 출판물 편집인이기도 하다.

수전 톰슨(Susan Thompson, 알라배마 대학교 박사, 2002)

알라배마 대학교 커뮤니케이션 및 정보과학 대학(School of Communication and Information Sciences)에서 미디어 역사를 전공하는 박사 과정 학생이다. 현재 「남북전쟁 전의 페니 신문」(The Antebellum Penny Press)"이란 제목의 박사 논문을 마무리 중이다.

몇 년에 걸쳐 톰슨은 남부 발전 사단법인(Southern Progress Corporation)이 후원하는 박사 과정 장학금 수혜자였다. 박사 논문을 마무리하는 동안 1997년 동 대학의 우수 박사 연구조교상 및 1999년 크녹스 해굿상(Knox Hagood Award)을 포함해 몇몇 상을 수상하기도 했다. 현재 파이 카파 파이(Phi Kappa Phi) 및 카파 타우 알파(Kappa Tau Alpha) 명예협회 회원이다.

톰슨은 『미디어의 재발명』 및 『미디어 커뮤니케이션 개론』(5판)을 포함해 몇몇 저서의 저자 또는 공저자이다. 또한 미디어 역사 관련 저서의 몇몇 장을 쓰기도 했으며 국내 및 국제 학회에서 논문을 발표한 바 있다.

브루스 핀클리어(Bruce W. Finklea, 몬테발로 대학교 학사, 2007)

알라배마 대학교 박사과정에 재학 중이며 몬테발로 대학교(University of Montevallo) 매스 커뮤니케이션 학과 강사로 일하면서 방송 뉴스 제작과 관련된 여러 과목을 가르치고 있다. 그는 다시 공부를 시작하기 전에 알라배마 주에 있는 NBC 가맹국인 버밍엄(Birmingham) 방송국에서 뉴스 제작자로 일했다. 어린이 미디어의 젠더 묘사, 특히 픽사(Pixar) 영화의 남성성에 연구의 초점을 맞추고 있으며 전국 학회에서 몇몇 연구 논문을 발표한 바 있다.

옮긴이

배현석

연세대학교 사회과학대학 신문방송학과 졸업
연세대학교 본 대학원 졸업(신문방송학 전공)
미시간 주립대학교(Michigan State University) 졸업, Ph. D.(텔레커뮤니케이션학 전공)
Asian Journal of Communication 편집자문위원
현재 영남대학교 언론정보학과 교수

주요 저 · 역서
배현석(역) (2015). 『대인관계와 소통: 일상의 상호작용』(*Interpersonal communication: Every-day encounters*). 서울: 한경사.
배현석(역) (2015). 『미디어 메시지와 공중보건: 내용분석에 대한 의사결정 접근방법』(*Media message and public message: A decisions approach to content analysis*). 경산: 영남대학교 출판부.
배현석(역) (2013). 『저항과 설득』(*Resistance and persuasion*). 경산: 영남대학교 출판부.
배현석(역) (2012). 『커뮤니케이션 정책의 기초: 전자 미디어 규제의 원칙과 과정』(*Foundations of communications policy: Principles and process in the regulation of electronic media*). 서울: 한국문화사.
배현석 · 배은결(역) (2011). 『미디어 메시지 분석: 양적 내용분석방법』(개정판) 경산: 영남대학교 출판부.
배현석(역) (2011). 『방송시장의 경제적 규제: 진화하는 기술과 정책적 과제』 경산: 영남대학교 출판부.
배현석(역) (2009). 『국제 커뮤니케이션』(개정판) 서울: 도서출판 한울.
배현석(역) (2008). 『교육적 오락물과 사회 변화: 역사, 연구 및 실제』 서울: 나남.

주요 논문

Bae, H.-S., Lee, D., & Bae, R. E. (2014). "Emotional engagement with the plot and characters: A narrative film on hearing-impaired sexual assault victims," *Narrative Inquiry, 24*(2), 309-327.

Bae, H.-S., Brown, W. J., & Kang, S. (2011). "Social influence of a religious hero: The late Cardinal Stephen Kim's impact on cornea donation and volunteerism," *Journal of Health Communication, 16*(1), 62~78.

Kang, S., Gearhart, S., & Bae, H.-S. (2010). "Coverage of Alzheimer's disease from 1984 to 2008 in television news and information talk shows in the United States: An analysis of news framing," *American Journal of Alzheimer's Disease and Other Dementia*, 25(8), 687~697.

Bae, H.-S. (2008). "Entertainment-education and recruitment of cornea donors: The role of emotion and issue involvement," *Journal of Health Communication, 13*(1), 20~36.

Bae, H.-S., & Kang, S. (2008). "The influence of viewing an entertainment-education program on cornea donation intention: A test of the Theory of Planned Behavior," *Health Communication, 23*(1), 87~95.

Lee, B., & Bae, H.-S. (2004). "The effect of screen quotas on the self-sufficiency ratio in recent domestic film markets," *The Journal of Media Economics, 17*(3), 163~176.

Bae, H.-S., & Lee, B. (2004). "Audience involvement and its antecedents in entertainment-education: An analysis of bulletin board messages and drama episodes on divorce in Korea," *Asian Journal of Communication, 14*(1), 6~21.

Bae, H.-S. (2000). "Product differentiation in national TV newscasts: A comparison of the cable all-news networks and the broadcast networks," *Journal of Broadcasting & Electronic Media, 44*(1), 62~77.

Bae, H.-S. (1999). "Product differentiation in cable programming: The case in cable all-news networks," *The Journal of Media Economics, 12*(4), 265~277.

Bae, H.-S., & Baldwin, T. F. (1998). "Policy issues for cable startup in smaller countries: The case in South Korea," *Telecommunications Policy, 22*(4/5), 371~381.

한울아카데미 1920

개정판 미디어 효과의 기초: 이론과 연구

지은이 | 제닝스 브라이언트 · 수전 톰슨 · 브루스 핀클리어
옮긴이 | 배현석
펴낸이 | 김종수
펴낸곳 | 한울엠플러스(주)

편집책임 | 김진경

초판 1쇄 발행 | 2005년 7월 20일
개정판 1쇄 발행 | 2016년 9월 9일

주소 | 10881 경기도 파주시 광인사길 153 한울시소빌딩 3층
전화 | 031-955-0655
팩스 | 031-955-0656
홈페이지 | www.hanulmplus.kr
등록번호 | 제406-2015-000143호

Printed in Korea.
ISBN 978-89-460-5920-7 93070 (양장)
        978-89-460-6211-5 93070 (학생판)

* 책값은 겉표지에 표시되어 있습니다.
* 이 책은 강의를 위한 학생판 교재를 따로 준비했습니다.
  강의 교재로 사용하실 때는 본사로 연락해주십시오.

魯迅

루쉰전집

12

루쉰전집 12권 한문학사강요 / 고적서발집 / 역문서발집

초판 1쇄 발행 _ 2016년 10월 19일
지은이 · 루쉰 | 옮긴이 · 루쉰전집번역위원회(천진, 홍석표, 서광덕, 박자영)

펴낸곳 · (주)그린비출판사 | 등록번호 · 제25100-2015-000097호
주소 · 서울시 은평구 증산로 1길 6, 2층 | 전화 · 702-2717 | 팩스 · 703-0272

ISBN 978-89-7682-246-8 04820 978-89-7682-222-2(세트)
이 도서의 국립중앙도서관 출판시도서목록(CIP)은 e-CIP 홈페이지(http://www.nl.go.kr/ecip)에서
이용하실 수 있습니다.(CIP제어번호 : CIP2016025276)

루쉰(魯迅). 1928년 3월 22일.

샤먼대학 시절의 중국문학사 강의록.

루쉰이 엮은 중국 고소설집 『고소설구침』(古小說鉤沈). 주
(周)나라 때의 「청사자」(靑史子)에서 수(隋)나라 후백(侯白)
의 「정이기」(旌異記)까지 전체 36종을 수록하고 있다. 대략
1909년 6월부터 1911년 말 사이에 집록했으며, 1938년
6월에 펴낸 『루쉰전집』 제8권에 수록되었다.

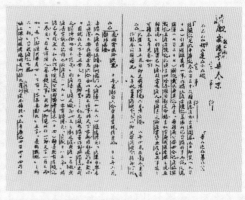

당·송 양대의 전기소설(傳奇小說) 45편을 수록한 『당송전기집』. 루쉰이 편선(編選)한 것으로 전체 8권이며, 책의 말미에 「패변소철」(稗邊小綴) 1권이 있다. 1927년 12월, 1928년 2월에 베이신서국에서 상·하 두 책으로 나누어 출판되었다.

『당송전기집』 「패변소철」 수고.

1927년 3월 29일, 루쉰은 광저우에 있는 바이윈루(白雲樓)로 이사했다. 쉬광핑과 쉬서우창도 이곳에 집을 얻었다. 이곳에서 루쉰은 혁명시대 문학에 관한 관점을 벼렸다.

루쉰과 마오둔(茅盾)이 창간한 『역문』(譯文)은 외국문학을 번역하고 소개한 월간지이다. 1934년 9월 상하이 생활서점에서 발행했다. 1935년 9월 한 차례 정간됐다가 1936년 3월에 상하이 잡지공사에서 복간했지만 1937년 6월 다시 정간됐다.

루쉰이 번역할 때 참조한 사전들. 『역문서발집』(譯文序跋集)은 루쉰이 번역(공역)한 책 약 29권의 서문, 발문, 역자 부기 등 도합 120편을 수록하고 있다.

고리키가 펴내고 루쉰이 번역한 『러시아 동화』(俄羅斯的童話). 1934년 9월부터 1935년 4월까지 번역했다. 앞의 9편은 연속으로 「역문」 1권에서 2권, 4권 및 제2권 2기(1934년 10월부터 12월, 1935년 4월)에 발표했다. 뒤의 7편은 "검열관님이 의식의 정확함이 결여되어 있다고 비판함"에 따라서 계속 실리지 못했다. 이후에 이미 발표된 9편과 같이 1935년 8월 상하이 문화생활출판사에서 단행본으로 출판하였다.

壞孩子 A P. 契訶夫作

和別的小說八篇

魯迅譯

文藝連叢之三 ● 聯華書

1936

러시아 소설가 체호프의 단편소설집 『나쁜 아이와 기타 소설 8편』(壞孩子和別的小說八篇). 루쉰은 독역본 『페르시아 훈장과 기타 이상한 이야기』에 근거하여 단편들을 번역하여 발표했고, 단행본은 1936년 상하이 롄화서국(聯華書局)에서 출판했다.

『벽하역총』(壁下譯叢). 루쉰이 1924년부터 28년 사이에 번역한 문예논문과 수필 모음집으로 1929년 4월 상하이 베이신서국에서 출판했다.

1927년 10월 4일, 상하이에서 촬영. 앞줄 오른쪽부터 시계방향으로 루쉰, 쉬광핑, 저우젠런, 쑨푸시, 린위탕, 쑨푸위안.

루쉰전집

12

한문학사강요 漢文學史綱要
고적서발집 古籍序跋集
역문서발집 譯文序跋集

루쉰전집번역위원회 옮김

영B
그린비

| 일러두기 |

1 이 책은 중국에서 출판된 『魯迅全集』 1981년판과 2005년판(이상 北京: 人民文学出版社) 등을 참조하여 번역한 한국어판 『루쉰전집』이다.

2 각 글 말미에 있는 주석은 기존의 국내외 연구성과를 두루 참조하여 옮긴이가 작성한 것이다.

3 단행본·전집·정기간행물·장편소설 등에는 겹낫표(『 』)를, 논문·기사·단편·영화·연극·공연·회화 등에는 낫표(「 」)를 사용했다.

4 외국의 인명이나 지명, 작품명은 〈국립국어원〉에서 펴낸 '외래어 표기법'에 근거해 표기했다. 단, 중국의 인명은 신해혁명(1911년) 때 생존 여부를 기준으로 현대인과 과거인으로 구분하여 현대인은 중국어음으로, 과거인은 한자음으로 표기했으며, 중국의 지명은 구분을 두지 않고 중국어음으로 표기하는 것을 원칙으로 했다.

『루쉰전집』을 발간하며

루쉰을 읽는다, 이 말에는 단순한 독서를 넘어서는 어떤 실존적 울림이 담겨 있다. 그래서 루쉰을 읽는다는 말은 루쉰에 직면直面한다는 말의 동의어가 되기도 한다. 그런데 루쉰에 직면한다는 말은 대체 어떤 입장과 태도를 일컫는 것일까?

2007년 어느 날, 불혹을 넘고 지천명을 넘은 십여 명의 연구자들이 이런 물음을 품고 모였다. 더러 루쉰을 팔기도 하고 더러 루쉰을 빙자하기도 하며 루쉰이라는 이름을 끝내 놓지 못하고 있던 이들이었다. 이 자리에서 누군가가 이런 말을 던졌다. 『루쉰전집』조차 우리말로 번역해 내지 못한다면 많이 부끄러울 것 같다고. 그 고백은 낮고 어두웠지만 깊고 뜨거운 공감을 얻었다. 그렇게 이 지난한 작업이 시작되었다.

혹자는 말한다. 왜 아직도 루쉰이냐고. 이에 대해 우리는 이렇게 대답할 수밖에 없다. 아직도 루쉰이라고. 그렇다면 왜 루쉰일까? 왜 루쉰이어야 할까?

루쉰은 이미 인류의 고전이다. 그 없이 중국의 5·4를 논할 수 없고 중국 현대혁명사와 문학사와 학술사를 논할 수 없다. 그는 사회주의혁명 30년 동안 누구도 건드릴 수 없는 성역으로 존재했으나 동시에 사회주의 이데올로기의 금구를 타파하는 데에 돌파구가 되었다. 그의 삶과 정신 역정은 그가 남긴 문집처럼 단순하지만은 않다. 근대이행기의 암흑과 민족적 절망은 그를 끊임없이 신新과 구舊의 갈등 속에 있게 했고, 동서 문명충돌의 격랑은 서양에 대한 지향과 배척의 사이에서 그를 배회하게 했다. 뿐만 아니라 1930년대 좌와 우의 극한적 대립은 만년의 루쉰에게 선택을 강요했으며 그는 자신의 현실적 선택과 이상 사이에서 끝없이 방황했다. 그는 평생 철저한 경계인으로 살았고 모순이 동거하는 '사이주체'間主體로 살았다. 고통과 긴장으로 점철되는 이런 입장과 태도를 그는 특유의 유연함으로 끝까지 견지하고 고수했다.

한 루쉰 연구자는 루쉰 정신을 '반항', '탐색', '희생'으로 요약했다. 루쉰의 반항은 도저한 회의懷疑와 부정否定의 정신에 기초했고, 그 탐색은 두려움 없는 모험정신과 지칠 줄 모르는 창조정신에서 비롯되었다. 또한 그의 희생정신은 사회의 약자에 대한 순수하고 여린 연민과 양심에서 가능했다.

이 모든 정신의 가장 깊은 바닥에는 세계와 삶을 통찰한 각자覺者의 지혜와 존재하는 모든 것들에 대한 허무 그리고 사랑이 있었다. 그에게 허무는 세상을 새롭게 읽는 힘의 원천이자 난세를 돌파해 갈 수 있는 동력이었다. 그래서 그는 굽힐 줄 모르는 '강골'强骨로, '필사적으로 싸우며'(쩡자掙扎) 살아갈 수 있었다. 그랬기에 '철로 된 출구 없는 방'에서 외칠 수 있었고 사면에서 다가오는 절망과 '무물의 진'無物之陣에 반항할 수 있었다. 그는 자신을 둘러싼 모든 것과 대결했다. 이러한 '필사적인 싸움'의 근저에는 생명과 평등을 향한 인본주의적 신념과 평민의식이 자리하고 있다. 이것이 혁명인으로서 루쉰의 삶이다.

우리에게 몇 가지 『루쉰선집』은 있었지만 제대로 된 『루쉰전집』 번역본은 없었다. 만시지탄의 감이 없지 않지만 이제 루쉰의 모든 글을 우리말로 빚어 세상에 내놓는다. 게으르고 더딘 걸음이었지만 이것이 그간의 직무유기에 대한 우리 나름의 답변이 될 수 있기를 희망해 본다.

번역저본은 중국 런민문학출판사에서 출판된 1981년판 『루쉰전집』과 2005년판 『루쉰전집』 등을 참조했고, 주석은 지금까지의 국내외 연구성과를 두루 참조하여 번역자가 책임해설했다. 전집 원본의 각 문집별로 번역자를 결정했고 문집별 역자가 책임번역을 했다. 이 과정에서 몇 년 동안 매월 한 차례 모여 번역의 난제에 대해 토론을 벌였고 상대방의 문체에 대한 비판과 조율의 과정을 거쳤다. 그러므로 원칙상으로는 문집별 역자의 책임번역이지만 내용상으론 모든 위원들의 의견이 문집마다 스며들어 있다.

루쉰 정신의 결기와 날카로운 풍자, 여유로운 해학과 웃음, 섬세한 미학적 성취를 최대한 충실히 옮기기 위해 노력했지만 많이 부족하리라 생각한다. 독자 제현의 비판과 질정으로 더 나은 번역본을 기대한다. 작업에 임하는 순간순간 우리 역자들 모두 루쉰의 빛과 어둠 속에서 절망하고 행복했다.

2010년 11월 1일

한국 루쉰전집번역위원회

| 루쉰전집 전체 구성 |

• 1권 _ 무덤(墳) | 열풍(熱風)

• 2권 _ 외침(吶喊) | 방황(彷徨)

• 3권 _ 들풀(野草) | 아침 꽃 저녁에 줍다(朝花夕拾) | 새로 쓴 옛날이야기(故事新編)

• 4권 _ 화개집(華蓋集) | 화개집속편(華蓋集續編)

• 5권 _ 이이집(而已集) | 삼한집(三閑集)

• 6권 _ 이심집(二心集) | 남강북조집(南腔北調集)

• 7권 _ 거짓자유서(僞自由書) | 풍월이야기(准風月談) | 꽃테문학(花邊文學)

• 8권 _ 차개정잡문(且介亭雜文) | 차개정잡문 2집 | 차개정잡문 말편

• 9권 _ 집외집(集外集) | 집외집습유(集外集拾遺)

• 10권 _ 집외집습유보편(集外集拾遺補編)

• 11권 _ 중국소설사략(中國小說史略)

• 12권 _ 한문학사강요(漢文學史綱要) | 고적서발집(古籍序跋集) |
　　　　역문서발집(譯文序跋集)

• 13권 _ 먼 곳에서 온 편지(兩地書) | 서신 1

• 14권 _ 서신 2

• 15권 _ 서신 3

• 16권 _ 서신 4

• 17권 _ 일기 1

• 18권 _ 일기 2

• 19권 _ 일기 3

• 20권 _ 부집

『루쉰전집』을 발간하며 … 11

• 한문학사강요(漢文學史綱要)

제1편 문자에서 문장으로 … 27

제2편 『서』와 『시』 … 38

제3편 노자와 장자 … 61

제4편 굴원과 송옥 … 75

제5편 이사 … 100

제6편 한나라 궁정에서 울리는 초나라 노래 … 106

제7편 가의와 조조(鼂錯) … 113

제8편 번국의 문장과 학술 … 124

제9편 무제시대 문술의 흥성 … 140

제10편 사마상여와 사마천 … 155

• 고적서발집(古籍序跋集)

『고소설구침』 서 … 175

사승의 『후한서』 서 … 178
　[부록] 요지인의 집록본 『사씨 후한서 보일』 초록 설명 … 180
　[부록] 왕문태의 집록본 『사승후한서』에 관하여 … 181
　[부록] 왕문태의 집록본 『사승후한서』 교감기 … 183

사심의 『후한서』 서 … 186

우예의 『진서』 서 … 189

『운곡잡기』 발문 … 192

『혜강집』 발문 … 194

『운곡잡기』 서 … 196

『지림』 서 … 199

『광림』 서 … 201

『범자계연』 서 … 203

『임자』 서 … 206

『위자』 서 … 208

『콰이지군 고서잡집』 서 … 209

　사승의 『콰이지 선현전』 서 … 213

　우예의 『콰이지전록』 서 … 215

　종리수의 『콰이지 후현전기』 서 … 217

　하씨의 『콰이지 선현상찬』 서 … 219

　주육의 『콰이지 토자기』 서 … 220

　하순의 『콰이지기』 서 … 222

　공영부의 『콰이지기』 서 … 224

　하후증선의 『콰이지지지』 서 … 226

『백유경』 교감 후기 … 227

『환우정석도』 정리 후기 … 228

『혜강집』 일문에 관한 고증 … 230

『혜강집』에 대한 기록 고증 … 235

『혜강집』 서 … 246

『사당전문잡집』 제기 … 251

『소설구문초』 서언 … 253

『혜강집』 고증 … 256

『당송전기집』서례 … 272

『당송전기집』패변소철 … 280

『소설구문초』재판 서언 … 354

• 역문서발집(譯文序跋集)

『달나라 여행』

　변언 … 359

『역외소설집』

　서언 … 364

　약례 … 366

　잡식(이칙) … 369

　[부附] 저자사략(이칙) … 372

　역외소설집 서 … 374

『노동자 셰빌로프』

　『노동자 셰빌로프』를 번역하고 … 379

『현대소설역총』

　「행복」역자 부기 … 387

　「아메리카에 간 아버지」역자 부기 … 390

　「의사」역자 부기 … 392

　「미친 처녀」역자 부기 … 395

　「전쟁 중의 벨코」역자 부기 … 399

　「안개 속에서」역자 부기 … 402

　「서적」역자 부기 … 404

　「개나리」역자 부기 … 405

『한 청년의 꿈』

후기 … 407

역자 서 … 410

역자 서 2 … 413

『예로센코 동화집』

서 … 415

「좁은 바구니」 역자 부기 … 418

「연못가」 역자 부기 … 421

「봄밤의 꿈」 역자 부기 … 424

「물고기의 비애」 역자 부기 … 426

「두 작은 죽음」 역자 부기 … 428

「인류를 위해」 역자 부기 … 429

「병아리의 비극」 역자 부기 … 430

『연분홍 구름』

연분홍 구름 서 … 431

『연분홍 구름』을 번역하기에 앞서 몇 마디 … 434

등장인물의 번역명에 관해 … 436

『연분홍 구름』 제2막 제3절 중의 역자 부언 … 440

『현대일본소설집』

[부록] 작가에 관한 설명 … 441

「침묵의 탑」 역자 부기 … 451

「코」 역자 부기 … 453

「라쇼몽」 역자 부기 … 455

「미우라 우에몬의 최후」 역자 부기 … 456

『고민의 상징』

　서언 … 460

　『고민의 상징』 번역 3일 뒤의 서 … 465

　「자기 발견의 환희」 역자 부기 … 467

　「유한 속의 무한」 역자 부기 … 468

　「문예 감상의 4단계」 역자 부기 … 469

『상아탑을 나서며』

　후기 … 470

　「향락을 관조하는 생활」 역자 부기 … 482

　「영혼에서 육체로, 육체에서 영혼으로」 역자 부기 … 483

　「현대문학의 주조」 역자 부기 … 484

『작은 요하네스』

　서문 … 486

　동식물 역명 소기 … 499

『사상 · 산수 · 인물』

　제기 … 509

　「유머를 말하다」 역자 부기 … 514

　「서재생활과 그 위험」 역자 부기 … 515

『벽하역총』

　소인 … 517

　「스페인 극단의 장성」 역자 부기 … 521

　「소설 둘러보기와 선택」 역자 부기 … 522

　「루베크와 이리네의 그 뒤」 역자 부기 … 524

　「북유럽문학의 원리」 역자 부기 … 525

　「북유럽문학의 원리」 역자 부기 2 … 528

『현대 신흥문학의 제문제』

  소인 ⋯ 532

『예술론』(루나차르스키)

  소서 ⋯ 535

『문예와 비평』

  역자 부기 ⋯ 539

  「톨스토이의 죽음과 소년 구라파」 번역 후기 ⋯ 548

『문예정책』

  후기 ⋯ 550

『예술론』(플레하노프)

  역본의 서문 ⋯ 전집 6권 『이심집』에 수록

  「논문집 『이십 년간』 제3판 서문」 역자 부기 ⋯ 558

『어린 피터』

  번역본 서문 ⋯ 전집 5권 『삼한집』에 수록

『10월』

  후기 ⋯ 561

  『10월』1·2절 역자 부기 ⋯ 572

『훼멸』

  후기 ⋯ 574

  『궤멸』 제2부 1~3장 역자 부기 ⋯ 588

『하프』

  『하프』를 펴내며 ⋯ 전집 6권 『남강북조집』에 수록

  후기 ⋯ 591

  「사막에서」 역자 부기 ⋯ 606

  「하프」 역자 부기 ⋯ 609

  「동굴」 역자 부기 ⋯ 612

『하루의 일』

　앞에 쓰다 …613

　후기 …619

　「쑥」역자 부기 …642

　「비료」역자 부기 …644

『바스크 목가』

　「바스크 목가 서문」역자 부기 …647

　「방랑자 엘리사비데」,「바스크족 사람들」역자 부기 …649

　「회우」역자 부기 …651

　「젊은 날의 이별」역자 부기 …653

　「쾌활한 레코찬데기」역자 부기 …655

『시계』

　역자의 말 …657

『러시아 동화』

　소인 …663

『나쁜 아이와 기타 이상한 이야기』

　앞에 쓰다 …666

　역자 후기 …669

『죽은 혼』

　제2부 제1장 역자 부기 …676

　제2부 제2장 역자 부기 …678

『역총보』

　논문

　「페퇴피시론」역자 부기 …680

　「예술감상교육」역자 부기 …682

「사회교육과 취미」역자 부기 … 684

「근대 체코문학 개관」역자 부기 … 685

「우크라이나 문학 약설」역자 부기 … 688

「로맹 롤랑의 진짜용기주의」역자 부기 … 690

「세묘노프와 그의 대표작 『기아』에 관한 역자 부기 … 691

「새로운 시대의 예감」역자 부기 … 693

「인성의 천재―가르신」역자 부기 … 695

「현대영화와 부르주아」역자 후기 … 전집 6권 『이심집』에 수록

「메링의 『문학사에 대하여』」역자 부기 … 697

「하이네와 혁명」역자 부기 … 699

「고골 사견」역자 부기 … 701

「예술도시 파리」역자 부기 … 702

잡문

「슬픈 세상」역자 부기 … 704

「차라투스트라의 서언」역자 부기 … 706

「맹인 시인의 최근 종적」역자 부기 … 709

「예로센코 바실리 군을 추억하며」역자 부기 … 710

「바시킨의 죽음」역자 부기 … 712

「신슈 잡기」역자 부기 … 713

「『수탉과 어릿광대』초」역자 부기 … 717

「빵집 시대」역자 부기 … 719

「Vl. G. 리딘 자전」역자 부기 … 721

「자신을 묘사하다」와 「자신을 서술한 지드」역자 부기 … 722

소설

「아주 짧은 전기」역자 부기 … 724

「아주 짧은 전기」역자 부기(2) … 726

「귀족 출신 부녀」역자 부기 … 728

「식인종의 말」역자 부기 … 730

「농부」역자 부기 … 732

『악마』역자 부기 … 736

「코」역자 부기 … 739

「기근」역자 부기 … 741

「연가」역자 부기 … 743

「시골 아낙네」역자 부기 … 745

시가

「벼룩」역자 부기 … 747

「탬버린의 노래」역자 부기 … 749

『한문학사강요』에 대하여 … 752
『고적서발집』에 대하여 … 757
『역문서발집』에 대하여 … 760

한문학사강요 漢文學史綱要

제1편 문자에서 문장으로

오래전 원시인들은 무리를 지어 생활하면서 오직 몸짓과 소리로만 감정과 뜻情意을 드러낼 따름이었다. 소리가 여러 가지로 변하면서 점차 말言辭이 되었고, 말이 조화롭고 아름다워지면서 여기에 노래의 조짐이 나타났다. 때는 초매草昧, 사람들은 순박하여 마음속의 뜻이 안에서 가득 차오르면 감정에 따라 노래를 불렀고, 천지가 밖에서 변하면 경외감으로 송축하였는데, 이때 춤을 추고 읊던 가운데 때때로 무리에서 뛰어난 것은 뭇사람들이 즐기는 바가 되었고, 암암리에 익히고 기억하며 입과 귀로 전해지는 가운데 어떤 것은 후세까지 이르게 되었다. 또한 그 직분이 신神과 통하는 것이었던 무격巫覡은 열렬하게 노래하고 춤을 추며 신령에게 기원하였는데, 인간 사회에서 신령을 찬양하고 송축하는 그 역할은 날이 갈수록 크게 확장되었다. 오늘날 야만인들을 살펴보면 들짐승이 드나들고 수풀이 무성한 미개한 상태에 놓여 의복·가옥·문자도 없지만, 대체로 신을 송축하고 감정을 표현하는 것과 신령을 부르고 귀신鬼을 부르는 사람은 존재한다. 여불위呂不韋는 "옛날 갈천씨葛天氏의 음악은 세 사람이 소의 꼬리를 잡고 발을 구르며 팔결八闋을 불렀다"[1]고 하였고, 정현鄭玄은 "시詩가 일어났지만 짐작건대 상황지세上皇之世에 이르지 못했다"[2]라 하였다. 원시시대에는 문文이 없어 믿기 어렵지만, 오늘날의 야만인들을 통해 인간의 심리를 짐작해 보면 여불위의 말은 진실로 사리事理에 가깝다 하겠다.

그러나 말言이란 바람이나 파도와 같아서 격동이 그치면 그 흔적이 묘연해지니, 오직 입과 귀에만 기대어 전하여서는 멀리 퍼지거나 후세까지 전해지기 어렵다. 시인이 사물에 감응하여 터져 나오면 노래와 읊조림이 되지만, 그 읊조림도 끝나고 감정이 엷어지면 그것으로 끝나게 된다. 그러나 언행을 기록하고 일과 공적을 보존하려 할 때 말에만 의존하면 잊을까 크게 염려하여, 그리하여 옛날에는 결승結繩[3]으로 처리하였고 후대의 성인聖人은 이를 서계書契로 바꾸었다. 결승하는 방법은 오늘날은 알 수 없다. 서계는 "옛날 포희씨包犧氏가 천하를 다스릴 때, 우러러 하늘의 상象을 살피고, 굽어 땅의 법法을 살피고, 새와 짐승의 무늬文와 땅의 마땅함宜을 살펴, 가까이는 자신의 몸에서 취하고 멀리는 사물에서 취하여, 이에 처음으로 팔괘八卦를 지었다"(『역』易, 「계사하」繫辭下)고 전한다. "신농씨神農氏가 다시 그것을 중복하여 육십사효六十四爻를 만들었다."(사마정, 『보사기』)[4] 이것은 제법 문자文字의 기원이라 할 만한 것 같다. 여기서 말한 문文은 오늘날 『역』에 있다.[5] 획이 모여 괘상象을 이루고 길고 짧은 것을 조합하는 것이라 그 변화에 한계가 있어 후세의 문자와는 연관이 없다. 그리하여 허신[6]은 다시 "황제의 사관 창힐倉頡이 새와 짐승의 발자국을 보고 결跡을 분간하며 서로 간의 차이를 구별하여 처음으로 서계書契를 만들었다"(『설문해자』說文解字 서序)라고 하였다. 요컨대 문자의 성립은 면면한 세월이 지나면서 수많은 사람들의 손을 거쳐 모든 사람들이 알게 되고 유행되는 가운데 만들어지는 것이기 때문에 누가 지었는지는 정확하게 알기 어려운 것이니, 그것을 성인 한 사람의 공으로 돌리는 것은 억측에 불과한 설이다.

허신은 이렇게 말했다. "창힐이 처음 글書을 만들 때는 오직 종류에 따라 모양形을 본떴으며 그리하여 문文이라 불렀다. 그 이후 모양形과 소리聲가 서로 더해지면서 이를 자字라고 하였다. 자字는 말이 증가하면서 점점 많아졌다. 죽백竹帛에 적힌 것을 서書라고 한다. 서書는 같다如는 뜻이다. ……『주례』周禮에 보면 제후의 자제가 여덟 살에 소학小學에 들어가면 보씨保氏가 우선 육서六書로 가르친다고 한다.[7] 첫째가 지사指事이며, 지사는 보아서 식별할 수 있고 살펴서 알 수 있는 것으로, 상上·하下 같은 글자가 이에 속한다. 둘째는 상형象形으로, 상형이라는 것은 사물을 그림으로 나타내는데 형체대로 구불구불한 모양을 이루는 것으로 일日·월月 같은 글자가 이에 속한다. 셋째는 형성形聲이며, 형성은 사물事을 명목으로 삼아 비유를 취하여 서로 이루는 것으로 강江·하河 같은 글자가 이에 속한다. 넷째는 회의會意인데, 회의는 사물의 종류를 나란히 늘어놓고 의미를 합함으로써 가리키는 바를 드러내는 것으로, 무武·신信 같은 글자가 이에 속한다. 다섯째는 전주轉注이며, 전주는 종류를 모아 한 부수를 세우고 동일한 의미를 서로 이어받는 것으로, 고考·노老 같은 글자가 이에 속한다. 여섯째가 가차假借이며, 가차는 본래 그 글자가 없지만 소리에 기대고 사실에 기탁하는 것으로 영令·장長 같은 글자가 이에 속한다."(『설문해자』서)

지사, 상형, 회의는 형상과 관계되며, 형성, 가차는 소리와 관계되며, 전주는 훈고訓詁와 관계된다. 우하虞夏의 서계書契는 오늘날 볼 수 없고 구루봉의 우서禹書[8]는 위조되었기 때문에 논할 것이 못 된다. 상주商周 이래로는 갑골甲骨, 금석金石에 새겨진 것이 많이 있고, 진한秦漢에 이르면 문자가 복잡해지니 육서六書(육사六事)로 정리하면 대체로 부합한다. 생각건대, 문자가 처음 만들어질 때는 반드시 상형을 우선으로 하여 깊이 생각하지 않아도 눈으로 보면 바로 이해되어 가르칠 필요까지 없었고, 점차 확장되어 회의·지사 부류를 형성하였을 것이다. 오늘날의 문자에는 형성이 상당히 많아졌지만, 그 구조를 살펴보면 십중팔구는 형상形象을 뿌리로 삼기 때문에 한 글자를 외어 습득하면 형形·음音·의義 셋을 알게 된다. 소리音를 입으로 암송하여 귀로 듣고, 눈으로는 그 형상形을 관찰하며, 마음으로는 그 뜻義을 이해하는 이 세 가지 앎識이 병용되어야 온전하게 한 글자를 알게 되는 것이다. 그것은 문장에서는 다음과 같이 드러난다. 산을 형용하면 준崚(léng), 증嶒(céng), 차嵯(cuó), 아峨(é)인데 즉 우뚝 우뚝 높이 높이 솟아난 모습이고, 물을 묘사하면 왕汪(wāng), 양洋(yáng), 팽澎(péng), 배湃(pài)로 넓은 바다에 우르르 우르르 철썩거리며 물결이 세차게 부딪는 것이 되고, 폐蔽(bì), 불芾(fèi), 총葱(cōng), 롱蘢(lóng) 하면 마치 초목이 짙푸르게 우거진 숲을 만난 것 같고, 준鱒(zùn), 방魴(fáng), 만鰻(mán), 리鯉(lǐ) 하면 송어, 방어, 뱀장어, 잉어 등 여러 가지 물고기를 한꺼번에 보는 것 같은 느낌을 준다. 따라서 그것은 세 가지의 아름다움을 갖추게 된다. 뜻의 아름다움으로 마음을 움직이는 것이 첫째요, 소리의 아름다움으로 귀를 움직이는 것이 둘째요, 형상의 아름다움으로 눈을 움직이는 것이 그 셋째라 하겠다.

문文과 자字를 연속시켜 이어 놓은 것을 또한 문文이라고 한다. 그런데 그것이 흥성한 것은 무巫와 사史에 의해서이다. 무巫는 신의 일을 기록하였고, 나아가 사史는 인간의 일을 기록하였는데, 여전히 하늘에 고하기 위한 것이었으니 오늘날 『역』易과 『서』書를 찾아보면 간혹 이와 비슷한 흔적을 찾아볼 수 있다. 상고의 실상은 거의 황무지 같아 고증하기 어렵고 군장君長의 이름 또한 자세히 알 수 없다. 그러나 세상 사람들은 천황天皇, 지황地皇, 인황人皇을 삼황이라 하여[9] 삼재三才를 천지개벽의 시작에 놓고, 이어서 유소有巢와 수인燧人,[10] 복희伏羲와 신농神農으로 인간 사회가 진화해 온 과정을 밝혔는데, 아마도 후세의 사람들이 명명한 것일 뿐 진짜 명칭은 아닐 것이다. 헌원軒轅에 이르면 드디어 전해지는 이야기도 많아지고 우虞, 하夏에 이르러서는 간책簡策에 새겨 놓은 글이 지어져 오늘날까지 전해지고 있다.

무巫와 사史는 시인이 아니라 그 직분이 비록 일을 전하는 것傳事에 그쳤지만, 입과 귀에만 의존하는 가운데 잘못이 있을까 두려워하여 구句와 음音을 골라 암송하기 편리하게 하였다. 문자가 만들어지면서는 물론 덧붙여지거나 잘못될 염려가 없게 되었지만, 간책簡策[11]이 많아지면서 대쪽에 새기고 자르는 일로 번거로워졌다. 그리하여 다시 그 문文을 줄이고 간결하게 하여 물자나 노력을 줄여야 했는데, 혹 옛 습관 때문에 운韻을 넣기도 하였다. 오늘날 전해지는 황제의 『도언』道言(『여씨춘추』에 보인다)[12], 『금인명』金人銘[13](『설원』說苑), 전욱顓頊의 『단서』丹書[14](『대대예기』大戴禮記), 제곡帝嚳의 『정어』政語[15](『가의신서』賈誼新書)는 진한대의 책에서 나와 믿을 만하지는 않다. 다만 소리와 문사文詞를 고른 것이 읽는 이로 하여금 입으로 외기 쉽게 하였으니 이것이 대체로 옛날의 원칙이었을 것이다.

앞서 했던 말에서 좀더 나아가 추론해 본다면, 최초의 문文은 본래 말言語과 다소 차이가 나서 아름다운 운藻韻을 통해 외워 전하기 편하게 하였는데, "혼자 하는 말直言을 언言이라 하고, 두 사람이 상대하는 말論難을 어語라 한다"[16]는 것과 구별했을 따름이었다. 그러다가 한대에는 죽백에 기록된 것을 모두 문장文章이라고 칭하였고(『한서』漢書 「예문지」藝文志), 이후에는 더욱 그 범주를 확장하여 그려질 수 있는 모든 것, 눈으로 접하는 모든 것을 문장에 포괄하였다.[17] 양梁나라 유협劉勰[18]은 "인문의 근본은 태극太極에서 시작하여"(『문심조룡』文心雕龍 「원도」原道) 삼재三才의 드러남 또한 도道의 오묘함에서 연유하니 "형形이 세워지면 장章이 이루어지고, 소리聲가 발하면 문文이 생긴다"라고 하였다. 따라서 호랑이 얼룩무늬, 놀빛의 아름다운 무늬, 수풀의 바람 소리, 시냇물 소리는 모두 문장文章이다. 이러한 견해는 공허하여 이해하기 어렵다. 다소 좁은 의미로 보면 『역』에서는 "음양이 서로 뒤섞여 문이라 한다"[19]라고 하며, 『설문해자』에서는 "문은 획이 엇갈린 것이다"라고 한다. 소위 문이라는 것은 반드시 서로 얽혀 있는 가운데에도 어지럽지 않아 아름다운 상象에 가까운 것임을 알 수 있다. 유희劉熙[20]에 이르면 "문文이란 여러 가지 채색을 모아서 비단의 수를 이룬 것을 말하는데, 여러 글자들을 모아 뜻辭義을 이룬 것은 마치 수놓은 무늬와 같은 것이다"(『석명』釋名)라고 했다. 그렇다면 분명 문장이란 것은 사의를 갖추고 게다가 화려한 꾸밈이 있어 마치 수놓은 것과 같아야 한다. 『설문해자』에서는 또 문彣이라는 글자를 "무늬彣이며 "무늬彣는 화려한 문채彣彰"[21]라고 하였다. 아마 이러한 뜻일 것이다. 이후 사용하지 않게 되었지만, 문장文章을 짓는 것은 오늘날 문학文學이라고 통칭한다.

유협은 「원도」에서 사람은 "오행의 빼어남이 드러나고 천지天地의 마음이 실현되어, 마음이 생기면 말이 서고, 말이 서면 문文이 드러나니 이것이 자연自然의 도道이다. 만물에까지 눈을 돌려 보면 동식물 모두가 문이다⋯⋯"라고 하였지만, 진송晉宋 이래로 문文과 필筆의 구분은 더욱 엄격해졌다. 『문심조룡』「총술편」總述篇에서 "오늘날 보통 말하는 문文이니 필筆이니 하는 것은 운韻이 없는 것을 필이라 하고 운이 있는 것을 문이라고 한다"고 하였다. 소역蕭繹[22]이 설명한 바에 따르면 그것은 더욱 분명해진다. 그는 "오늘날 제자들은 가르침을 서로 전수하며 함께 배우는데, 성인의 경經에 통달한 사람을 유儒라 하며, 굴원屈原, 송옥宋玉, 매승枚乘, 장경長卿의 무리들은 사부辭賦에만 머무르니 이를 일컬어 문이라 하였다. …… 염찬閻纂과 같은 이는 시를 잘 짓지 못했고, 백송伯松은 장주章奏를 잘 지었으니[23] 이런 부류는 보통 필이라고 일컫게 되었다. 풍요風謠를 읊으며 슬픈 생각哀思에 젖어 눈물을 흘리는 것을 일컬어 문이라고 하게 된다"고 하였다. 또한 "필筆이 부족하면 제대로 된 글이라 할 수 없고, 필이 과하면 바른 뜻을 취했다 말할 수 없으니, 교묘한 솜씨를 신령하게 부리는 것은 붓끝에 달렸을 따름이다. 문文과 같은 것은 다만 비단이 펼쳐진 것처럼 화려하며 곡조가 아름다워 읊으면 절주가 맞고 영혼을 뒤흔드는 것과 같다. 때문에 옛날의 문필과 오늘날의 문필은 그 연원이 다른 것이다"(『금루자』「입언편」立言篇)라 하였다. 대개 그 당시 문장의 경계는 지극히 쉽게 늘이고 당길 수 있었으니, 그 경계를 확대하면 만물의 형상과 소리를 모두 포괄하였고, 엄격히 하면 질박하고 꾸밈없는 기록은 배제하고 반드시 아름다운 운韻을 갖추어 인간의 정情을 움직여야 문文이라 할 수 있었다. 그렇지 않으면 필筆이라고 하였다.

사필辭筆 또는 시필詩筆을 구분하는 것은 당唐에 이르면 더욱 복잡해지고, 송·원宋元에 이르러 이 뜻은 점차 모호해졌다. 산문체의 필筆도 문文으로 병칭하였고, 또한 그 쓰임은 도道를 싣는 것이라 하여 경전의 가르침을 끌어들이고 아름다운 문사를 배격하였으니, 강장講章[24]과 고시告示하는 것이 문원文苑에 팽배하게 되었다. 청의 완원阮元이 「문언설」文言說[25]을 짓고, 그의 아들 완복阮福이 또 「문필대」文筆對를 지어 다시 옛 의미를 밝혔으나 그러한 견해 역시 유행되지 않았다.

주)_____

1) 여불위(呂不韋, ?~B.C. 235). 전국(戰國) 말기 위(衛)나라 푸양(濮陽; 지금 허난河南성) 사람으로, 원래는 대상인(大商人)이었다. 진(秦) 장양왕(莊襄王), 진왕정(秦王政) 때의 상국(相國)이었으나 후에 면직되었다. 일찍이 자신의 문객(門客)들에게 명하여 『여씨춘추』(呂氏春秋) 26권을 지었다.
   "옛날 갈천씨의 음악은 세 사람이 소의 꼬리를 잡고 발을 구르며 팔결(八闋)을 불렀다" (昔葛天氏之樂, 三人操牛尾, 投足以歌八闋. 『여씨춘추』, 「중하기仲夏紀 · 고악古樂」). 갈천씨(葛天氏)는 전설 속의 씨족 수령 중 한 사람이다. 팔결(八闋)은 「재민」(載民), 「현조」(玄鳥), 「수초목」(遂草木), 「분오곡」(奮五谷), 「경천상」(敬天常), 「건상공」(建帝功), 「의지덕」(依地德), 「총금수지극」(總禽獸之極)이다.
2) 정현(鄭玄, 127~200). 자는 강성(康成), 동한(東漢) 베이하이(北海) 가오미(高密; 지금의 산둥성에 있다) 사람이다. 『시보』(詩譜)를 지었고 『시경』(詩經)을 풍(風), 아(雅), 송(頌) 각 부분의 지역과 시대 등의 정황을 나누어 설명하였다. 『시보서』(詩譜序)는 『시경』의 형성과 시대의 관계를 종합하여 서술한 것이다.
   상황(上皇). 복희씨(伏羲氏) 혹은 포희씨(包犧氏)라고도 한다. 그는 인간에게 그물 엮기, 수렵, 목축의 방법을 전했다.
3) 끈이나 띠를 가지고 매듭을 만들어 기록 및 의사전달 수단으로 사용하는 원시적 문자 형태를 말한다.
4) 당(唐) 사마정(司馬貞)의 『보사기』(補史記) 「삼황본기」(三皇本紀)를 보면 다음과 같다.
   "염제 신농씨(炎帝 神農氏)는 …… 나무를 깎아서 보습을 만들고, 나무를 다듬어 쟁기를 만들어 김을 매는 데 썼는데, 그것을 만인에게 가르쳐 비로소 경작을 가르치게 되었고, 때문에 신농씨라고 부른다. 그리고 납제(蠟祭)를 지내면서 빨간 도리깨로 초목을 쳐서 처음으로 온갖 풀을 맛보았는데, 비로소 의약이 생겼다. 또한 다섯 줄의 슬(瑟)을 만들었다. 사람들에게 매일 낮에 해가 중앙에 있을 때 시장을 열 것을 가르쳐, 교역이 끝나고 나면 각기 그 얻은 바가 있었다. 마침내 팔괘를 중복하여 64효(爻)를 만들었다."
5) 『역』(易). 『주역』(周易)이라고도 하며 중국 고대 점복서(占卜書)이다. 경(經)과 전(傳)으

로 나뉜다. 경에는 괘(卦), 괘사(卦辭), 효사(爻辭) 세 부분이 있다. 전은 열 편으로 경에 대한 해석이다.

6) 허신(許愼, 약58~약147). 자(字)는 숙중(叔重), 동한(東漢) 루난(汝南) 사오링(召陵: 지금의 허난성 옌청偃城) 사람이다. 그가 지은 『설문해자』 31권은 문자학의 중요한 저작이다.

7) "서는 같다는 뜻이다"(書者, 如也). 당(唐) 공영달(孔穎達)의 『상서』(尙書) 「서」(序)에 대한 정의(正義)에는 "『선기검』(璇璣鈐)에서 말하길 '서(書)는 다음과 같다'라고 한다"라고 되어 있다.

"여덟 살에 소학에 들어가면"(八歲入小學). 『대대예기』 「보전편」(保傳篇)에, "옛날에는 여덟 살이 되면 왕궁에서 나가 숙사(宿舍)에 가서 초급의 기예(技藝)를 배우고 초급의 예의(禮義)를 실습하였다."

"보씨가 육서를 가르친다"(保氏敎國子). 『주례』 「지관」(地官)에 "보씨는 왕의 악행을 간하며, 공경대부의 자제를 도에 따라 양성하고, 육예(六藝)를 교육시켰다"라 하였다. 육예는 예(禮), 악(樂), 사(射), 어(御), 서(書), 수(數)를 가리키며, 즉 육서(六書)를 말한다.

8) 구루봉의 우서(岣嶁禹書). 후난성(湖南) 헝산(衡山) 구루봉(岣嶁峰)에 70여 글자의 비문(碑文)이 있는데, 자체가 기이하고 오래되어 우임금이 새긴 것이라 전하나, 후대의 위탁이다.

9) 삼황(三皇). 여러 설이 있다. 『제왕세기』(帝王世紀)에서는 "천지가 개벽하자 천황씨(天皇氏), 지황씨(地皇氏), 인황씨(人皇氏)가 있었다"고 한다.

10) 유소(有巢)와 수인(燧人). 전설 속의 씨족 수령이다. 유소는 거주를 가르쳤다고 하여 유소씨(有巢氏)라 칭하고, 수인은 나무를 모아 불을 피워 처음으로 익혀 먹는 것을 가르쳤다 하여 수인씨(燧人氏)라고 칭한다.

11) 종이가 없을 때 글씨를 썼던 대나무쪽이나, 대나무쪽에 쓴 옛날 서책(書冊)을 지칭하기도 한다. 죽간(竹簡)과 같은 말이다.

12) 황제(黃帝). 전설 속의 상고(上古) 제왕(帝王)이다. 『사기』(史記) 「오제본기」(五帝本紀)에는 "황제는 소전(少典)의 아들로 성은 공손(孔孫)이며 이름은 헌원(軒轅)이다"라고 한다. 『도언』(道言)은 『여씨춘추』, 『회남자』(淮南子) 등의 책에 간간이 보인다. 『여씨춘추』 「거사」(去私)에 황제의 말을 기록한 것은 다음과 같다. "소리가 큰 것을 금하며, 색이 진한 것을 금하며, 옷이 지나친 것을 금하고, 향이 너무 강한 것을 금하며, 맛이 너무 강한 것을 금하고, 집이 너무 과한 것을 금한다."

13) 『금인명』(金人銘). 서한(西漢) 유향(劉向)의 『설원』(說苑) 「경신」(敬愼)은 공구(孔丘)가 주(周)나라 태묘(太廟)에서 쇠로 된 사람(金人, 銅人)을 본 것을 기록하고 있다. 등에는 325글자가 새겨진 명문(銘文)이 있었는데 다음과 같다. "작은 불을 제때 끄지 못하면 크게 번지는 불을 막을 수 없고, 졸졸 흐르는 물을 막지 못하면 그 물은 강과 하천이 된다. 아주 가는 실도 끊어지지 않으면 커다란 그물이 되기도 하고, 어린 나무를 꺾지 않

고 자라게 하면 장차 도끼자루로 쓸 수 있다."

14) 전욱(顓頊). 전욱은 전설에 나오는 고제(古帝)로『제왕세기』(帝王世紀)에는 전욱은 "고
양씨(高陽氏)로 황제(黃帝)의 자손이다"라고 되어 있다.『대대예기』「무왕천조」(武王踐
柞)에는 전욱의『단서』(丹書)의 말을 다음과 같이 기록하고 있다. "공경함이 업신여김
보다 나은 자는 길하고, 업신여김이 공경함보다 나은 자는 멸할 것이며, 의리가 사욕
보다 나은 자는 순조롭고, 사욕이 의리보다 나은 자는 흉할 것이다."

15) 제곡(帝嚳).『제왕세기』에서는 제곡은 "고신씨(高辛氏), 소호(少皥)의 자손이다"라 한
다. 소호는 황제의 아들이다.『가의신서』(賈子新書)「수정어」(修政語) 상(上)은 제곡의
말을 기록하고 있는데, "덕은 널리 사람을 사랑하는 것보다 높은 것이 없으며, 정치는
널리 사람을 이롭게 하는 것보다 높은 것이 없으니, 정치는 믿음보다 큰 것이 없으며
다스림은 인(仁)보다 큰 것이 없다. 나는 이것들을 신중하게 여길 따름이다"라고 한다.

16) 원문은 "直言曰言, 論難曰語".『설문해자』3권에 보인다.

17) 장타이옌의「문학론략」(文學論略)에 이처럼 문(文)의 범주를 논하고 있다.「문학론략」
은 1906년『국수학보』(國粹學報) 제21~23기에 걸쳐 발표되었고, 이후『국고논형』(國
故論衡)에「문학총략」(文學總略)으로 간명하게 정리되어 재발표되었다.

18) 유협(劉勰, ?~약 520). 자는 언화(彦和), 남조(南朝) 양(梁)나라 난둥완(南東莞; 오늘날 장
쑤江蘇 진장鎭江) 사람으로,『문심조룡』(文心雕龍)을 지었다. 10권 50편으로 중국의 첫
번째 체계적인 문학이론비평서이다. 본문의 "삼재의 드러남"(三才所顯)에서 "모두 문
장이다"(俱爲文章)까지는『문심조룡』「원도」(原道)에 있는 말 그대로이다.

19) 원문은 "物相雜, 故曰文".『역』「계사하전」(繫辭下傳)에 따르면, 물(物)은 음양(陰陽)을
가리킨다.

20) 유회(劉熙). 자는 성국(成國), 동한(東漢) 말 베이하이(北海; 지금의 산둥山東 웨이팡濰坊)
사람이다. 사적은 잘 알려져 있지 않다.『석명』(釋名)을 지었다. 8권으로 음이 같거나
비슷한 글자를 가지고 글자의 뜻을 해석하여 사물의 이름이 명명(命名)된 유래를 살
폈다.

21) 원문은 "䲔, 㚣彰也".『설문해자』에는 "䲔, 有文章也"라고 되어 있다. 청(淸) 단옥재(段
玉裁)의 주(注)에는 "문은 '䲔'이다. 유(有) 부에는 '䲔'가 있는데 문창(㚣彰)이다"(㚣, 䲔
也, 有部曰䲔, 有㚣彰也)라고 한다. 문(㚣)은 단옥재 주에 따르면 "붓으로 그림을 그려 문
채를 이룬다"(以毛飾畵而成㚣彰)고 되어 있다.

22) 소역(蕭繹, 508~554). 양(梁) 원제(元帝)로 금루자(金樓子)라고 자칭한다. 처음에는 상
동왕(湘東王)으로 봉해졌고 이후에는 즉위하여 황제가 되었다.『금루자』(金樓子)를 지
었는데, 필기본(筆記本) 저작으로 원래는 10권이었으나 6권만 현존한다.

23) 염찬(閻纂). 염찬(閻纘)으로 자는 속백(續伯)이며 진(晉)나라 바시(巴西) 안한(安漢) 사
람이다. 일찍이 태박양준사인(太博楊駿舍人)이었다.『진서』(晉書)에 열전(列傳)이 있다.

백송(伯松). 성은 장(張), 이름은 송(竦)이며, 서한 말 우양(武陽) 사람이다. 상주문(上奏文)을 잘 지어 숙덕후(淑德侯)에 봉해졌고 단양태수(丹陽太守)가 되었다.

24) 과거 시험을 위해 편찬한 사서오경에 관한 설명서를 말한다.

25) 완원(阮元, 1764~1849). 자는 백원(伯元)으로 운대(芸臺)라고 한다. 청 이정(儀征; 지금의 장쑤성에 속한다) 사람이다. 양광총독(兩廣總督)과 체인각대학사(體仁閣大學士) 등을 역임하였다. 『연경실집』(揅經室集)을 지었고 그 가운데 「문언설」(文言說), 「문운설」(文韻說), 「여우인논고문서」(與友人論古文書) 등의 글은 문필(文筆)의 구분을 분석하였다. 그 아들 완복(阮福)이 「문필대」(文筆對)를 지었는데 "정(情)이 깃든 말에 성운(聲韻)이 있는 것을 문(文)이라 하고"(有情辭聲韻者爲文), "직언(直言)으로 문채(文彩)가 없는 것을 필(筆)이라 한다"(直言無文彩者爲筆)라고 한다. 이 문장은 『문필고』(文筆考)에 있으며, 완원의 『연경실삼집』(揅經室三集) 「학해당문필책문」(學海堂文筆策問)에 보인다.

제2편 『서』와 『시』

『주례』[1]에서는 외사外史가 삼황오제三皇五帝의 서적을 관장한다고 했지만[2] 지금은 이미 그 서적들이 어떤 것이었는지 알 길이 없다. 가령 오제의 서書가 정말 오전五典이라고 한다면, 지금은 오직 「요전」堯典만이 『상서』[3]에 남아 있을 뿐이다. "상尙은 상上이다. 위에서 한 일을 아래에서 기록한 것이다"(왕충王充, 『논형』論衡 「수송편」須頌篇) 혹은 "이것은 상고시대上代 이래의 서書를 말한다"(공영달孔穎達, 『상서정의』尙書正義)라고도 하였다. 위서緯書[4]에서는 "공자孔子가 서書를 구하여, 황제黃帝의 현손인 제괴帝魁의 서書를 얻었으며, 진목공秦穆公에 이르기까지 모두 3,240편이었다. 오래된 것은 버리고 가까운 것을 취하여 세상의 모범이 될 만한 것으로 120편을 정하였다. 102편은 『상서』로 하고, 18편은 『중후』中候라 하였다. 3,120편을 버린 것이다"(『상서선기검』尙書琁璣鈐)라고 하였는데, 이는 한대漢代 사람들의 과장된 말이라 믿을 수가 없다. 『상서』는 대체로 본래 100편 정도였는데 「우하서」虞夏書가 20편, 「상서」商書와 「주서」周書가 각각 40편이다.[5] 오늘날 책에는 공자가 지은 것이라고 전하는 서序가 있고, 그것을 지은 뜻을 말하고 있지만(『한서』「예문지」), 이 역시 믿기 힘든데 그 문장이 걸맞지 않기 때문이다.[6] 진秦나라가 경전과 전적들을 불태우자 지난濟南의 복생伏生[7]이 서書를 품고 산 속에 숨었는데 이 역시 없어졌다. 한漢나라가 일어나자 경제景帝는 조조鼂錯를 복생에게 보내 구술로 전수받도록 하였는데 복생이 곧 늙어 죽어서 간신히 「요전」에서 「태서」秦誓에 이르는 28편만을 전수받을 수 있었다. 그래서 한나라 사람들은 이를 28수에 비유하였다.[8]

『서』의 체례는 모두 여섯 가지가 있다. 전典, 모謨, 훈訓, 고誥, 서誓, 명命[9]이라고 하며, 이를 육체六體라고 한다. 그러나 그중 「우공」禹貢[10]은 기記와 자못 비슷하고 나머지는 대개 아랫사람을 훈계하고 윗사람에게 보고하는 말들이어서 후세의 조령詔令이나 상주문奏議과 같다. 그 문장은 질박하지만 글자가 꼬불꼬불하여 읽기 어려우며, 아름다운 운율로 수식하여 쉽게 암송하며 익히고 널리 유통하기에 편하게 하던 때와는 거리가 상당히 멀어졌다. 진晉나라 위굉衛宏[11]은 이렇게 말한다. "복생이 늙어서 똑똑히 말할 수가 없었으므로 그 말을 알아들을 수가 없었는데, 그 딸을 시켜 말을 전하여 조조에게 가르치게 하였다. 제齊나라의 말은 잉촨潁川과 많이 달라,[12] 조조가 열에 두셋은 알지 못했기에 대략 그 의미에 따라 읽어 낼 수밖에 없었다." 그러므로 해석하기 어려운 곳이 많다. 여기서는 「요전」에 나오는 것을 약간 적어 그 대체적인 모습을 보도록 하자.

…… 제帝가 말씀하셨다. "때時를 따를 수 있는 사람을 찾아 등용하고 싶소." 신하 방제放齊가 아뢰되, "맏아들인 주朱가 명철합니다." 제帝가 말씀하시되, "아아, 완악하고 말다툼이나 하는데, 괜찮겠는가." 또 말씀하시되, "내 일을 따를 자 누구 없는가?" 신하 환도驩兜가 대답하길, "아아, 공

공共工이 인심을 얻었고 공적도 드러나 있습니다." 제가 말씀하시되, "아아, 공공이 겉으로는 말을 잘 하지만 일을 맡기면 어기고, 겉모습만 공손할 뿐 하늘을 업신여기느니라!" 또한 제가 말씀하시길, "아아, 사악四岳이여, 세차게 흐르는 홍수가 바야흐로 해를 끼쳐, 탕탕蕩蕩히 산을 휘감아 흐르며 언덕을 넘어 하늘까지 닿을 듯한 기세이니, 백성들은 이를 탄식하고 있느니라. 능히 치수를 해낼 만한 자가 있으면 그에게 다스리게 하리라." 모두 아뢰되, "아아, 곤鯀이 있나이다." 제가 말씀하시길, "아아, 그렇지 않으니라. 명命을 거스르고 족族을 해치느니라." 사악이 아뢰되, "그럴지도 모르나, 시험해 보시고 나서 그만두소서." 제가 말씀하시되, "가서 신중히 하도록 하라." 아홉 해가 지나도록 곤은 일을 이루지 못하였다. 제가 말씀하시길, "아아, 사악이여. 짐이 제위에 있은 지 칠십 년, 그대들이 천명을 잘 따르니 짐의 제위를 사양할진저." 사악이 아뢰되, "부덕하여 제위를 욕되게 하리이다." 제가 말씀하시길, "신분이 높은 자도 밝혀 주고, 미천한 자도 천거하라." 모두 제께 아뢰되, "홀아비가 있으니, 미천한 신분으로 이름은 우순虞舜이라고 하나이다." 제가 말씀하시되, "옳거니! 내 들었노라, 어떠한가?" 사악이 아뢰되, "장님의 아들로, 아비는 완고하고 어미는 간악하며 배다른 아우 상象은 교만하거늘, 능히 효孝로써 화해하게 하여 차츰 다스려 나가 나쁜 데에 이르지 않게 하나이다." 제가 말씀하시되, "내 그를 시험할진저. 그에게 짐의 두 딸(아황娥皇, 여영女英)을 시집보내어 그가 행하는 법도를 두 딸에게서 살펴보리라." 두 딸을 위예嬀汭에 보내시어 우에게 시집가게 하셨다.

양웅楊雄이 말하기를 "옛날에 『서』를 이야기하는 사람들의 서序가 100

편을 헤아리는데, …… 「우」虞「하」夏의 서書는 돈후 순박하며, 「상서」商書는 넓고 빛나고, 「주서」周書는 엄숙하다"라고 했다(『법언』法言「문신」問神).[13] 우순虞舜, 하우夏禹는 선양禪讓하였으며, 치적이 많고 훌륭한 공적을 펼쳐 격조가 깊고 위대하였다. 주나라는 정벌을 많이 하여, 위아래는 서로 경계하고, 일은 위태로웠으나 말은 절실했으니, 즉 준엄하고 엄숙하여 소홀함이 없었다. 다만 「상서」에만 애절하고 격렬한 소리音가 있는데, 마치 벼랑 끝에서 도움을 놓쳐 버린 듯한데도 이를 평안하고 대범하다고 느끼는 이유는 자세히 알 수가 없다. 예를 들어 「서백감려」西伯戡黎를 보자.

서백西伯이 이미 여黎를 쳐서 평정하자, 조이祖伊가 두려워하여 주紂왕에게 달려가서 고하며 아뢰되, "천자시여, 하늘이 이미 우리 은殷나라의 운명을 끊으신지라, 지극히 도에 통한 사람이나 거북점도 감히 길운을 알지 못하노니, 선왕先王들이 우리 후인後人들을 돕지 아니하시는 것이 아니라, 바로 왕께서 음란하고 방탕하게 행동하시어 스스로 그 명을 끊음이니이다. 그러므로 하늘이 우리를 버리시고 편안히 먹고살게 두지 않으신 것이며, 우리 백성들도 타고난 천성을 헤아리지 아니하고, 나라의 떳떳한 법을 따르지 아니하게 되나이다. 이제 우리 백성들은 은나라가 망하기를 바라지 않는 사람이 없고, 모두들 '하늘은 어찌 위엄을 내리지 아니하시는가? 대명大命이 이르지 아니하니, 지금 저 왕은 어찌해야 하는가?'라고 하나이다." 왕이 말씀하시되, "오호, 내 생은 그 수명이 하늘에 있지 아니하느냐." 조이가 반박하길, "아아, 그대의 죄가 많아 하늘에까지 알려져 있거늘, 그 명命을 하늘에다 돌려 탓할 수 있으리오. 은나라는 곧 망하려 하니, 바로 그대가 한 일을 보면 알 수 있으며, 반드시 그대의 나라에서 죽임을 당할 것이로다!"

무제武帝 때 노魯 공왕恭王이 공자의 옛집을 허물다가 그의 먼 자손인 혜惠가 소장하고 있던 책을 얻었는데 글자가 모두 고문古文으로 되어 있었다. 공안국[14]은 그것을 다시 금문今文으로 교감하여 모두 25편을 얻었고, 그중 5편은 복생이 외고 있었던 것과 서로 부합하였으므로, 그래서 고문에 의거하여 각 편의 차례를 정하고 예서隸書의 고자古字로 써서 모두 58편으로 하였다. 당시 무고巫蠱의 사건[15]이 일어나 상주하지 못하게 되자 스스로 그 일을 제자들에게 전수하여 『상서』 고문의 학『尙書』古文之學이라 불렀다(『수서』隋書 「경적지」經籍志). 그리고 앞서 복생이 구술로 전수했던 것은 한나라 예서로 씌어졌으므로 반대로 금문今文이라 하였다.

공안국이 전한 것은 무고의 사건으로 인하여 널리 알려지지 못하였는데, 결국 장패[16]의 무리들이 「순전」舜典, 「골작」汩作 등 24편을 위조하여 이 역시 고문의 『서』라고 칭하였다. 그러나 문장도 내용도 난잡하고 천박하여 세상으로부터 받아들여지지 못하였다. 공안국이 전한 오늘날의 책 『고문상서』는 진晉나라 예장豫章인 매색[17]이 임금에게 바친 것으로 오직 「순전」舜典만이 없어졌다. 수대隋代에 이르러 상을 내걸고 널리 구하여 이에 「순전」을 얻게 되었는데, 당대唐代 공영달[18]이 거기에 소疏를 붙이면서 결국 세상에 널리 퍼지게 되었다. 송대宋代 오역吳棫[19]은 처음으로 고문상서에 의문을 품었고, 더욱이 주희는 그 용어를 비교하여 "금문은 어렵고 난삽하며, 고문은 반대로 평이하여", "오히려 진송晉宋의 문장과 비슷하다"고 여겼으며, 또한 『서』의 서문 역시 공안국이 지은 것이 아닐 것이라 생각하였다.[20] 명대明代 매작梅鷟[21]은 『상서고이』尙書考異를 지어 더욱 강하게 그 설을 반복하면서, "『상서』는 복생이 구술로 전수한 금문으로 쓰여진 것이 진짜 고문古文이다. 공자 옛집의 벽에서 나온 것은 모두 후대 유가의 위작으로, 대부분 『논어』나 『맹자』와 같은 여러 경전의 말에 의거하여 그 자구를 훔쳐다 연결하여 수식한 것들이다"라고 하였다.

시가詩歌의 기원은 당연히 기사記事보다 이르지만, 갈천씨의 팔결八闋, 황제黃帝의 악사樂詞[22]는 겨우 그 이름만이 전해진다. 『가어』家語에서는 순舜이 다섯 현의 금琴을 타며 「남풍」南風이라는 시를 지어[23] 다음과 같이 노래했다고 한다. "남풍의 훈훈함이여, 내 백성의 분노를 풀 수 있으리. 남풍이 불어오는 때, 내 백성들의 재산이 늘어날 수 있으리." 『상서대전』[24]에는 또한 「경운가」卿雲歌를 싣고 있는데 다음과 같다. "상서로운 구름이 찬란히 이리저리 맴도는구나, 햇살과 달빛 밝게 빛나고 빛나도다." 가사는 의미가 드러나 있고 꽤 고풍스럽지만, 한·위漢魏 시대에 처음으로 전해졌으니 아마도 역시 후대 사람들의 모작일 것이다. 그중 믿을 만한 것은 『상서』의 「고요모」皋陶謨(공안국이 전했다는 위고문 『상서』에서는 「익직」益稷으로 분류하였다)에 있으며 다음과 같다.

…… 기夔가 아뢰되, "아아, 제가 경石磬을 치고 두드리자, 온갖 짐승들이 따르며 춤을 추고, 여러 관청의 어른들이 참으로 화합하게 되었나이다." 제帝가 노래를 짓고 말씀하시되, "하늘의 명을 받들어, 어느 때든지 힘쓰고 무슨 일이든지 기미를 살피시오." 그리고 노래하여 말씀하시되, "신하들이 즐거우면 천자의 일도 흥성해지고 모든 관리들도 화락해지리라!" 고요皋陶가 땅에서 손을 들어 절하고 머리를 조아리며 소리 높여 아뢰되, "깊이 생각하소서. 신하들을 거느리고 일을 일으키시되, 법을 삼

가고 공경하소서. 이루신 일을 자주 살피시어 공경하소서." 그리고 이어
그 뜻을 노래하며 아뢰되, "천자가 현명하시면 신하들은 어질어지고 모
든 일들이 편안하리이다." 고요가 또 노래하길, "천자가 번잡하고 자질
구레하시면 신하들도 게을러져서 모든 일마다 실패하리이다." 제가 말
씀하시되, "옳구나. 가서 공경하라."

체례 형식으로 말하면, 지극히 간단하여 조자助字를 빼면 삼언三言밖
에 안 되며, 후대의 "탕의 「반명」25)에 나오는 '진실로 날로 새롭고, 날로 날
로 새롭고, 또 날로 새롭구나'"라는 형식과 같다. 또한 비록 글자의 대우對
偶를 맞추고 운을 맞추긴 했지만, 소박하고 꾸밈이 없으니 특별히 기사記事
를 뛰어넘는 바가 없다. 하지만 이것은 임금과 신하가 서로 고무하며 기꺼
이 각자가 그 직분에 신중하고 맡은 바 일을 경건히 할 따름임을 말을 길
게 늘이며 가락을 붙여 읊고 있는 것인데, 그래서 노래歌라고 했지만 사실
시인이 지은 것은 아니다.

상商나라에서 주周나라에 이르는 사이 비로소 시는 완비되었는데, 오
늘날 남아 있는 305편을 『시경』詩經이라고 부른다. 처음 진秦나라 때에 분
서焚書를 당하였지만, 사람들이 시를 암송하고 있었고 죽백竹帛에도 남아
있었으므로 가장 완전하게 남을 수 있었다. 사마천26)은 처음으로 다음과
같이 말했다. "옛날에는 『시』가 3,000여 편이 있었으나 공자에 이르러 그
중복된 것을 버리고 예禮와 의義에 적용할 수 있는 것만 취해, 위로는 설契
과 후직后稷을 뽑았고, 중간으로는 은과 주나라의 성대함을 말하고, 아래
로는 유왕幽王과 여왕厲王의 실정失政에 이르기까지를 다루었다." 하지만
당대 공영달은 이미 그 말에 의심을 품었고, 송대 정초鄭樵도 『시』는 모두

상과 주나라 사람들이 지은 것으로 공자가 노나라 태사太師에게 얻어 편
집하여 기록한 것이라고 했다. 주희는 『시』에 대해 그 의견이 항상 정초와
일치했는데, 역시 "사람들이 공자 산시설刪詩說을 이야기하지만, 내가 보
기에는 공자는 다만 많은 시들을 채집했을 뿐, 일찍이 산거刪去한 적이 없
고 그저 간정刊定했을 뿐"[27]이라고 했다.

『서』에 육체六體가 있고, 『시』에는 육의六義가 있다. 첫째는 풍風이고,
둘째는 부賦, 셋째는 비比, 넷째는 흥興, 다섯째는 아雅, 여섯째는 송頌이다.
풍·아·송은 성질에 따라 말한 것이다. 풍은 여항閭巷의 정시情詩이고, 아
는 조정의 악가樂歌이며, 송은 종묘의 악가이다. 이것이 『시』의 세 가지 날
줄三經이다. 부·비·흥은 체제에 따라 말한 것이다. 부는 그 정情을 직서直
敍한 것이고, 비는 사물을 빌려 뜻을 말하는 것이며, 흥은 사물에 기탁하
여 언어를 떠올리게 하는 것이다. 이것이 『시』의 세 가지 씨줄三緯이다. 풍
은 「관저」關雎에서 시작하고, 아에는 대아大雅·소아小雅가 있는데 소아는
「녹명」鹿鳴에서 시작하고 대아는 「문왕」文王에서 시작한다. 송은 「청묘」淸
廟에서 시작하는데, 이것이 네 가지 시작四始이다. 한대에는 『시』를 강론하
는 자가 많았는데, 노魯나라에는 신배申培가 있었고, 제齊나라에는 원고轅固
가 있었으며, 연燕나라에는 한영韓嬰이 있어,[28] 모두 일찍이 학관學官에 올
랐었는데 그 책들은 지금 모두 없어졌다. 남아 있는 것은 오직 조趙나라 사
람 모장毛萇의 시전詩傳으로, 그의 학은 자하子夏로부터 전수받은 것이라고
스스로 말하였고, 하간헌왕河間獻王이 특히 그것을 좋아하였다.[29] 그 시에
는 매 편마다 서序가 있는데, 정현은 첫 편의 대서大序는 자하의 것이고, 뒤
의 소서小序는 자하와 모공의 합작이라고 생각하였다.[30] 그러나 한유韓愈
는 "자하는 시에 서를 달지 않았다"[31]라고 말했다. 주희는 시를 해석하면

서 역시 시만 믿고 서序는 믿지 않았다.[32] 그러나 범엽范曄의 주장에 따르면 사실 후한의 위굉衛宏이 지어낸 것이다.[33]

모씨毛氏의『시서』詩序는 믿을 만하지 못하고, 삼가三家의『시』역시 전해지지 않아 시를 지은 본의는 끝내 잘 알기 어렵다. 게다가『시』의 편목篇目 순서도 시대의 선후를 따라 그다지 세심히 맞춘 것이 아니라서 나중에는 이설異說이 점차 늘어났다. 명대 하해河楷가 지은『모시세본고의』毛詩世本古義[34]에서는 시를 연대에 따라 엮고, 위로는 하夏나라 소강少康 때에서 시작하여(「공유」公劉,「칠월」七月 등) 주周나라 경왕敬王 시대(「하천」下泉)까지 이른다고 하였는데, 이것이 비록 맹자의 지인논세설知人論世說[35]과 부합한다 하여도 꼭 그 본의는 아니다. 요컨대『상송』商頌[36] 5편은 사적事迹이 분명하지만 가사는 이해하기 어려운 것이『상서』와 비슷하니, 이로써 순舜임금이 고요皐陶의 노래를 계승하였다는 것은 아마 거짓이 아닐 것이다. 지금은「현조」玄鳥 한 편을 뽑아 적어 보는데,『모시』의 서에서는 고종高宗에게 제사 지내는 노래라고 하였다.

하늘이 현조에게 명하시어[37]
내려와 상나라를 탄생시켜
광대한 은나라 땅에 머무르게 하시었네
옛날 상제께서 무탕武湯에게 명하시어
저 사방四方에 영토를 바로잡게 하시고
사방으로 그 제후들에게 명하시니
곧 구주九州를 영유하게 되시니라
상나라의 선왕들이

천명을 받아 잘 보전하시어

무정武丁의 손자에까지 이르렀네

무정의 손자인

무왕武王이 이기지 못하는 것이 없으시니

용기龍旂를 꽂은 제후의 십승十乘으로

큰 서직黍稷을 이에 받들어 올리도다[38]

이 나라 천리의 넓은 땅

저 사해四海에 나라 땅 처음으로 열고

사해의 제후들이 몰려오니

밀려오는 제후들이 많고 많도다

경산景山의 둘레에 있는 하수河水에

은나라가 명을 바르게 받들어

온갖 복록을 이어받도다.

『대아』와 『소아』에 이르면, 찬미도 하고 풍자도 하면서 작자의 감정이 비교적 잘 드러난다. 『송』의 시가 대체로 감탄하고 찬미하는 것과는 다르다. 예를 들어 『소아』「채미」采薇편은 수자리 사는 사람이 멀리 변방을 지키며 비록 고되지만 감히 쉬지 못한다는 내용인데 이렇게 노래하고 있다.

고사리 캐세, 고사리 캐세

고사리가 또 돋아났네

언제 돌아가나, 언제 돌아가나

이 해도 다 저물어 가네

집도 절도 없는 것은

험윤獵狁[오랑캐]의 탓이려니

편히 거처할 겨를 없는 것도

험윤 때문일세

......

저기 환한 게 무엇인가

아가위 꽃이로구나

저 큰 수레는 무엇인가

군자君子의 수레로다

군용수레에 멍에를 씌우니

네 필의 말이 건장도 하구나

어찌 한 곳에 편히 머무르리오

한 달에 세 번은 싸워 이겨야지

......

옛날 내가 떠날 때엔

버드나무가 푸르렀는데

지금 내가 돌아올 때에는

함박눈만 펄펄 내리누나

가는 길은 더디고 더뎌

목마른 듯 굶주린 듯

내 마음 서글프지만

아무도 내 마음 몰라주네.

이것이 이른바 원망하고 비방하지만 문란하지 않고^{怨誹而不亂}, 온유하고 돈후하다^{溫柔敦厚}는 말이다.³⁹⁾ 그렇지만 또한 매우 격렬하면서도 절실한 것들도 있으니, 예를 들어 『대아』 「첨앙」^{瞻卬}과 같은 것이 그렇다.

넓은 하늘 우러러보니
나에게 은혜를 내리지 않는구나
심히 오랫동안 괴롭고 편치 않게
이처럼 큰 재난 내리셨네
나라는 안정되지 못하여
선비와 백성들이 모두 병드니
해충이 곡식을 해치듯
그 끝이 없으며
죄의 그물 거두지 아니하여
진정될 틈이 없도다

남이 가진 토전^{土田}을
그대는 도리어 빼앗았고
남의 사람들을
그대는 도리어 채어 갔고
이 죄 없는 사람을
그대는 반대로 가두어 놓고
저 죄 있는 사람은
그대는 도리어 놓아주도다

명철한 지아비는 나라를 이루거늘

명철한 부인은 나라를 전복시키네

......

솟아오르는 샘물은

그 깊이가 깊기도 하네

마음의 시름이여

지금 시작되었겠는가

나보다 먼저 시작된 것도 아니요

나보다 뒤에 시작된 것도 아니네

아득히 넓은 하늘은

모든 일 튼튼히 하시니

황조皇祖를 욕되게 하지 않는다면

그대의 자손들을 구원해 주리라.

『국풍』의 가사들은 비교적 평이하며 성정性情을 토로하는 것 또한 훨씬 분명하다. 예를 들어 보자.

들에 죽은 노루

흰 띠풀로 싸다 줬지요

아가씨 봄을 그리워하기에

미쁜 사나이가 유혹했지요

숲에 떡갈나무

들에 죽은 사슴

흰 띠풀로 묶어 가 보니

아가씨는 구슬^{玉} 같네요

가만가만 천천히

내 행주치마는 건드리지 마세요

삽살개가 짖으면 안 되니까요.

(『소남』^{召南}, 「야유사균」^{野有死麕})

진수^{溱水}와 유수^{洧水}가

넘실넘실 흐르고 있는데

남자와 여자가

막 난초를 들고 있네

여자가 "가 볼까요?" 하니

남자가 "벌써 갔다 왔는걸."

"그래도 구경 가요

유수 밖은

정말 재미있고 즐거울 텐데."

남자와 여자는

시시덕거리며 장난치고

작약^{芍藥}을 선물하네……

(『정풍』^{鄭風}, 「진유」^{溱洧})

산에는 느릅나무 있고

진펄에는 흰 느릅나무 있네

그대는 옷을 두고도

걸치지도 끌지도 않고

그대 수레와 말을 두고도

타지도 달리지도 않지

만약 그대가 죽어 버리면

다른 사람 좋은 일만 하게 되리

산에는 북나무가 있고

진펄엔 싸리나무가 있네

그대가 뜰과 집이 있어도

물 뿌리고 쓸지도 않고

당신은 종과 북이 있어도

두드리고 치지도 않으니

아차, 한 번 죽으면

남들이 이를 몽땅 차지하리라

산에는 옻나무가 있고

진펄에는 밤나무가 있네

그대가 술과 밥이 있어도

어찌 날마다 비파를 타며

재미있게 즐기는

이런 날을 길게 갖지 않는가

아차, 한 번 죽으면

남들이 그대 집 차지하리.

(『당풍』唐風, 「산유추」山有樞)

『시』의 차례는 『국풍』에서 시작해서 그 다음은 『아』, 그 다음은 『송』이다. 『국풍』의 차례는 「주남」周南과 「소남」召南⁴⁰⁾에서 시작하여 다음은 패풍邶風, 용풍鄘風, 위풍衛風, 왕풍王風, 정풍鄭風, 제풍齊風, 위풍魏風, 당풍唐風, 진풍秦風, 진풍陳風, 회풍檜風, 조풍曹風이고 빈풍豳風으로 끝난다. 송대 사람들은 그 순서의 선후에 대해 대부분 공자의 심오한 뜻이 깃들어 있는 것으로 여겼으나,⁴¹⁾ 고대의 시는 오랫동안 유전되어 와서 각 편의 차례가 반드시 그 같은 이유 때문일 필요는 없으므로 오늘날도 역시 확정할 길이 없다. 단지 『시』는 평이한 『풍』에서 시작해서 점차 전아하고 장중한 『아』와 『송』에 이르는 것이다. 『국풍』은 또 존중하던 주周 왕실에서 시작하여 그 다음 주변 각국의 노래들로 이르고 있으니, 대체로 이런 정도로 추측해 볼 수 있을 뿐이다.

『시』 삼백 편은 모두 북방에서 나왔으며 황허黃河를 중심으로 한다. 열다섯 나라 중 주남과 소남, 왕, 회, 진陳, 정은 황허 남쪽에 있고, 패, 용, 위, 조, 제, 위, 당은 황허 북쪽에 있으며, 빈과 진秦은 경수涇水와 위수渭水 유역에 있는데, 그 영역이 대개 지금의 허난河南, 산시山西, 산시陝西, 산둥山東, 이 네 성을 벗어나지 않았다. 그 백성들은 덕스럽고 신중하여 가슴에 품고 있는 생각을 직접 토로直抒하더라도 능히 예禮와 의義에 합당했고, 분개하여도 어그러지지 않았고, 원망하여도 노하지 않았으며, 슬퍼하여도 마음을 상하지 않았고, 즐거워하더라도 지나치지 않았으니 시가詩歌이지만 역시 교훈이 있었다. 그러나 이는 다만 후대 유자儒者의 말일 뿐이며, 사실『풍』과『아』에는 격렬한 말들과 분방한 언사들도 종종 있었으니, 공자는 "『시』삼백을 한 마디로 말하자면 생각함에 사악함이 없다"라고 하였다. 공자가 안연顔淵에게 나라의 다스림을 설명하면서 "정鄭나라 음악을 물리쳐야 한다"고 했고 "정나라 음악이 아악雅樂을 어지럽힘을 싫어한다"[42]고 했는데, 후대의 유자들은 이로 인해 마침내『정풍』까지 의심하게 되었고 또한 음란하다고 여기게 되었으니 이는 공자의 그 본뜻을 잃은 것이다. 마음이 깨끗하지 않으면 바깥의 사물도 그렇게 보이게 되니 혜강[43]은 다음과 같이 말했다. "무릇 정나라의 음악은 지극히 아름답고 묘한 소리인데, 아름답고 묘한 음악이 사람을 감동시키는 것은 미색美色이 의지를 현혹시키고 술독에 빠져 헤어날 줄 몰라 본업을 잃게 되는 것과 같으니 성인이 아니고서야 누가 그것을 막을 수 있으리오."(「성무애악론」聲無哀樂論) 세상이 요조지성窈窕之聲을 버리려는 것은 대개 여기에서 연유하는 것이니, 그러한 이치는 역시 문장에도 통한다.

참고문헌

당(唐) 공영달(孔穎達),『상서정의』(尙書正義).
_____,『모시정의』(毛詩正義).
청(淸) 주이존(朱彝尊),『경의고』(經義考), 권72~76, 권98~100.
일본 고지마 겐키치로(兒島献吉郎),『지나문학사강』(支那文學史綱), 제2편 2장~4장.
셰우량(謝無量),『시경 연구』(詩經研究).

1) 『주례』(周禮). 『주관』(周官)이라고도 하며, 주 왕실의 관제와 전국시대 각국의 제도를 기록한 것인데 전국 후기에 완성되었다. 체제는 「천관총재」(天官冢宰), 「지관사도」(地官司徒), 「춘관종백」(春官宗伯), 「하관사마」(夏官司馬), 「추관사구」(秋官司寇), 「동관사공」(冬官司空) 여섯 편으로 나뉘어 있다. 「동관사공」은 없어졌으며, 서한 하간헌왕(河間獻王; 본명은 유덕劉德)이 『고공기』(考工記)로 보충하였다.

2) 외사(外史). 『주례』「춘관종백」에서는 다음과 같이 말한다. "외사는 외령 기록을 관장하고, 사방지지를 관장하며, 삼황오제의 서적을 관장하였고, 서명을 사방에 전달하는 것을 관장하였다. 서를 가지고 사방으로 사신을 보내면 그 명을 기록하였다."
   삼황오제의 서적(三皇五帝之書). '삼분오전'(三墳五典)이다. 서한(西漢) 공안국(孔安國)의 『상서』(尙書) 서(序)에서는 "복희, 신농, 황제의 책을 삼분(三墳)이라고 하는데 대도(大道)에 대해서 이야기한다. 소호, 전욱, 고신, 당, 우의 책을 일러 오전(五典)이라 하는데 상도(常道)에 대해서 이야기한다"라고 하였다.

3) 「요전」(堯典). 『상서』제1편에서는 "제전"(帝典)이라고도 불렀다. 주로 요·순이 선양한 사적 등을 기재하고 있다. 『상서』는 중국 상고 역사문서와 고대사를 추적하여 기록한 저작을 모은 것이다.

4) 위서(緯書). 한대 사람들의 신학(神學)과 미신사상을 섞어서 유가경전의 뜻을 견강부회한 책으로, 『역』, 『서』, 『시』, 『예』, 『악』, 『춘추』, 『효경』의 7경(經)의 위서를 통칭하여 "칠위"(七緯)라고 부른다. 『선기검』(璇璣鈐)은 『상서위』(尙書緯)의 일종이다. 명대 호응린(胡應麟)은 『사부정와』(四部正譌)에서 "위라고 이름한 것은 경과 짝을 이루기 때문이다"(緯之名, 所以配經)라고 했다. 원서는 이미 전해지지 않고, 명대 손곡(孫瑴)의 『고미서』(古微書)와 청대 마국한(馬國翰)의 『옥함산방집일서』(玉函山房輯佚書)에 집록한 것이 남아 있다.
   제괴(帝魁). 남송 나비(羅泌)의 『노사후기』(路史後紀)「황제기」(黃帝紀)에서 "제괴씨는 대홍씨(大鴻氏)의 증손이다"라고 하였는데 전해지는 말로는 대홍씨는 황제의 자손이라고 한다. 『중후』(中候)는 즉 『상서중후』(尙書中候) 18편으로 역시 『상서』의 위서 중 하나이다.

5) 「우하서」(虞夏書). 「우서」(虞書)와 「하서」(夏書)를 가리킨다. 「우서」는 전설 속의 요임금과 순임금, 우임금 등의 사적을 기재하였으며, 「하서」는 하대(夏代)의 역사를 기록하였다. 「상서」(商書)는 상대(商代)의 역사를 기록하였고, 「주서」(周書)는 주대(周代)의 역사를 기록하였다.

6) 공자가 『서』의 서문을 썼다는 것에 대해서는 『한서』「예문지」에 다음과 같이 기록되어 있다. "그러므로 『서』가 흥기한 것은 오래전 일이지만 공자에 이르러 편찬되었다. 위로는 요임금에서 시작되어, 아래로는 진(秦)까지 다루는데 모두 100편이며, 거기에 서

(序)를 지어 그것을 지은 뜻을 말하고 있다."

7) 복생(伏生). 이름은 승(勝)이다. 서한 지난(濟南; 관청소재지는 지금의 산둥 장추章丘) 사람이다. 『사기』「유림열전」에 복생의 이야기가 전해지고 있다. 본문에서 "경제"(景帝)는 마땅히 "문제"(文帝)로 써야 한다.

8) 28수(宿)는 중국의 고대 천문가들이 하늘의 황도(黃道)를 도는 항성을 28개의 성좌로 구분한 것을 말한다. 한대 사람들이 『서』 28편을 28수라고 추측한 것에 대해서는 『사기』「유림열전」의 당대 사마정 색은 주에 다음과 같이 나와 있다. "공장(孔臧)과 안국(安國)은 다음과 같이 썼다. '옛『서』는 벽 속에 숨겨져 있다가 갑자기 다시 나와서 옛 뜻이 다시 펼쳐지게 되었다. 『상서』 28편은 28수를 따라서 취했다고 들었으니, 어찌 100편이 있었다고 헤아리겠는가?'"

9) 전(典), 모(謨), 훈(訓), 고(誥), 서(誓), 명(命). 이것은 『상서』의 여섯 가지 문체이다. 전은 제왕의 언행을 기술한 것으로 후대의 모범으로 삼았으며, 「요전」과 같은 것이다. 모는 군신이 국사를 모의하는 것을 기술하는 것으로 「고요모」 같은 것이다. 훈은 훈도하는 언사를 기술한 것으로 「이훈」(伊訓) 같은 것이다. 고는 정사를 펼침에 글로써 고하는 것으로 「탕고」(湯誥) 같은 것이다. 서는 전쟁에 임하여 장군과 사졸들을 고무하는 맹서의 말로 「목서」(牧誓)와 같은 것이다. 명은 제왕의 조령으로 「고명」(顧命)과 같은 것이다.

10) 「우공」(禹貢). 『상서』「하서」(夏書)의 한 편이다. 내용은 하(夏)나라 우왕이 기(冀), 연(兗), 청(青), 서(徐) 등 구주(九州)를 나누어 확정한 것을 기록하고, 또한 각 주의 산천과 토양, 물산, 공물과 부세의 등급 등에 대해 기록하고 있다. 이처럼 광대한 지역의 자연현상과 공물 부세의 문제를 반영하는 서술문은 전국시대에 이르러서야 비로소 나타날 수 있다고 한다.

11) 위굉(衛宏). 자는 경중(敬仲)이고 동한(東漢) 둥하이(東海; 관청소재지가 지금의 산둥 탄청郯城) 사람이다. 광무제(光武帝) 때 의랑(議郞)을 맡았고, 『모시』(毛詩)와 『고문상서』(古文尙書)를 관리하였다. 본문의 "진"(晉)은 마땅히 "동한"(東漢)으로 써야 한다.

12) 제나라는 오늘날 산둥 타이산(泰山) 이북 황허 유역과 자오둥(膠東) 반도 지역이며 잉촨은 오늘날 허난성 위셴(禹縣)이다.

13) 양웅(楊雄). 저작에는 『법언』(法言)과 『방언』(方言) 등의 책이 있고 『감천』(甘泉), 『장양』(長揚) 등의 부(賦)가 있다. 『법언』 13권은 『논어』를 모방하여 쓴 저작이다.

14) 공안국(孔安國). 공자의 12대손이다. 한 무제 때 일찍이 간대부(諫大夫)와 임회태수(臨淮太守)를 맡았다. 『수서』(隋書)「경적지」(經籍志)에서는 공자의 옛집에 숨겨진 책은 "글자가 모두 고문(古文)으로 되어 있었는데 공안국이 금문(今文)으로 고쳤다. …… 또한 지난의 복생이 암송하였는데 다섯 편이 서로 부합하였다. 공안국은 고문으로 그 편제를 고쳐서 예서체(隷書)로 써서 합쳐 58편을 만들었다"라고 한다. 여기서 말하는 "다섯 편이 서로 부합한다"(五篇相合)는 것은 『공전서』(孔傳書)의 말에 의하면 복생은

"「순전」(舜典)은 「요전」에, 「익직」(益稷)은 「고요모」에 부합하며, 「반경」(盤庚) 세 편은 한 편으로, 「강왕지고」(康王之誥)는 「고명」(顧命)에 부합한다"고 하였다. "합쳐서 58편을 만들었다"는 것은 복생이 구두로 전승한 28편에서 '서로 부합하는' 다섯 편을 따로 분류하면 총 33편이니 여기에 다시 공안국이 교정한 25편을 더하면 모두 58편이다.

15) 무제(武帝)는 만년에 병이 많았는데 누군가가 무고(巫蠱)의 방법으로 자신을 해치고 자 한다고 의심하였다. 총애하던 신하 강충(江充)이 결국 태자가 무고의 방법으로 제 위를 찬탈하려 한다고 모함하였다. 정화(征和) 2년에 태자는 핍박받아 달아나다 결국 자살하였다. 무고의 사건을 조사하는 과정에서 죽은 자가 수만 명에 이르렀다. 무고 (巫蠱)라는 것은 당시의 미신으로 나무인형을 땅속에 묻어 두고 무술(巫術)로 저주하 면 사람을 해칠 수 있다는 미신이다.

16) 장패(張霸). 서한의 둥라이(東萊; 관청소재지가 지금의 산둥 예셴掖縣) 사람이다. 한나라 성제(成帝) 때 고문(古文) 『상서』를 위조하였다.

17) 매색(梅賾). 매신(梅頤)이라고도 하고, 매색(枚賾)이라고도 한다. 자는 중진(仲眞)이고 동진(東晋) 루난(汝南; 지금의 후베이 우창武昌) 사람이다. 일찍이 예장내사(豫章內史)를 지냈다. 동진 원제 때 공안국이 전한 『고문상서』를 바쳤다.

18) 공영달(孔穎達, 574~648). 자는 충원(沖遠)이고, 당나라 지저우(冀州) 헝수이(衡水; 지금 의 허베이성에 속함) 사람이다. 수대에서 당대로 들어 관직이 국자좨주(國子祭酒)에까 지 올랐고, 태종(太宗)의 명을 받들어 『오경정의』(五經正義)를 주편하였다.

19) 오역(吳棫, 약1100~1154). 자는 재로(才老)이고, 남송 젠안(建安; 지금의 푸젠 젠어우建 甌) 사람이다. 관직은 찬저우(泉州) 통판(通判)이었고, 저작에는 『운보』(韻補) 등이 있 다. 그가 『고문상서』에 대해 의심을 품은 것은 그가 쓴 『서패전』(書稗傳)에 보인다. 이 책은 이미 없어졌는데 청대 염약거(閻若璩)의 『고문상서소증』(古文尚書疏證) 권8에서 "고문상서를 의심한 것은 오재로에서 시작되었다"라고 하였다. 남송의 주희와 명대 의 매작(梅鷟)은 모두 일찍이 오역의 설을 인용하였다.

20) 주희(朱熹). 저작에는 『사서장구집주』(四書章句集注), 『시집전』(詩集傳)과 『주자어류』 (朱子語類) 등이 있다. 그가 공안국이 전했다는 『고문상서』에 의심을 품은 것은 『주자 어류』 권78에 보인다.

21) 매작(梅鷟). 자는 경제(敬齊)이고, 명대 정더(旌德; 지금의 안후이에 속함) 사람이다. 무 종(武宗) 정덕(正德) 연간에 진사가 되었다. 저작에는 『상서고이』(尚書考異)와 『상서 보』(尚書譜)가 있다.

22) 황제(黃帝)의 악사(樂詞). 『함지』(咸池)이다. 『한서』 「예악지」에서는 "옛날 황제는 『함 지』를 지었다"라고 했다.

23) 『가어』(家語). 『공자가어』(孔子家語)의 약칭으로 『한서』 「예문지」에서는 27권이라고 기록해 놓았다. 현존하는 것은 10권인데 송 이후 위(魏) 왕숙(王肅)이 수집하고 위조하

였다는 것을 알았다. 「남풍」에 대해서는, 『예기』「악기」에서 "옛날에 순은 오현의 금을 만들어 남풍을 노래했다"고 한다.

24) 『상서대전』(尚書大傳). 옛 책에는 서한 복생이 지었다고 되어 있다. 청대 진수기(陳壽祺)가 집본하였다. 거기에서는 다음과 같이 말한다. "순이 손님이 되고, 우가 주인이 되었네. …… 때에 맞춰 상서로운 구름이 모여들고 준걸들과 의걸들이 모여드니, 백관이 서로 화합하여 『경운』을 불렀네." "卿雲"은 또 "慶雲"으로 쓰기도 한다.

25) 「반명」(盤銘). 『예기』「대학」에 보임. 주희의 주는 다음과 같다. "반은 목욕할 때 쓰는 큰 그릇이다. 명은 그 그릇에 이름을 새겨 스스로 경계하는 말로 삼는 것이다."

26) 사마천(司馬遷, 약 B.C.145~86). 이 책의 10편을 참고하시오. 인용문은 『사기』「공자세가」에 보인다.

27) 『사기』의 공자 산시설(刪詩說)을 공영달이 의심한 것은 『시보서』의 소(疏)에 보인다.
정초(鄭樵, 1103~1162). 자는 어중(漁仲), 남송 푸톈(莆田; 지금의 푸젠성에 속함) 사람이며, 관직은 추밀원편수(樞密院編修)에까지 올랐고, 『통지』(通志) 200권을 썼다. 그가 쓴 『육경오론』(六經奧論)「산시변」(刪詩辨)에서는, "무릇 「시」는 위로는 「상송」(商頌)의 성탕에게 제사 지내는 시로부터 아래로는 「주림」(株林)의 진영공(陳靈公)을 풍자하는 시까지 이른다. 상하 천여 년에 걸쳐 있으나 305편뿐이니 열 명의 임금이 바뀌어도 한 편만을 취했다. 모두 상대와 주대 사람의 작품이다. 공자는 또한 노나라 태사에게서 얻은 것을 편집하여 기록한 것이지 고의로 산시한 것이 아니다." 주희가 공자 산시설 문제에 대해 이야기한 것은 『주자어류』 권23에 보인다.

28) 신배(申培). 서한 노(魯; 지금의 산둥 취푸曲阜) 사람으로 무제 때 태중대부(太中大夫)가 되었다.
원고(轅固). 서한 제(齊; 지금의 산둥 즈보淄博) 사람으로 경제 때 박사(博士)가 되었다.
한영(韓嬰). 서한 연(燕; 지금의 베이징) 사람으로 문제 때 박사가 되었다.
이 세 사람은 '노시학'(魯詩學), '제시학'(齊詩學), '한시학'(韓詩學)의 개창자가 되었다. 이 삼가(三家)의 『시경』학은 모두 조정에 의해 경학과목의 지위에 올랐지만 지금 그 책들은 모두 없어졌다.

29) 모장(毛萇). 장은 '장'(長)으로도 쓴다. 서한 조(趙; 군청소재지는 지금의 허베이 한단邯鄲) 사람이다. 전해지는 바로는 '모시학'(毛詩學)의 전수자이다. 일찍이 하간헌왕(河間獻王)의 박사를 지냈다. 자하(子夏, B.C.507~?)는 성은 복(卜)이고 이름은 상(商)으로, 춘추시대 진나라 원(溫; 지금의 허난 원현溫縣) 사람이며 공자의 제자였다. 『시』, 『춘추』는 그가 전수한 것이라고 한다.

30) 대서(大序). 『국풍』(國風)의 첫 편인 『관저』「소서」 뒤에 기재한 『시경』과 관련된 총서로 고대 시가의 성질과 내용, 형식과 기능 등 여러 문제를 종합적으로 논하고 있다.
소서(小序). 『시경』 각 편의 제목 아래 그 시가 지어진 것에 대하여 간략하게 요약 해석한 것이다.

『시경』 대서와 소서의 작자 문제에 대한 정현의 의견은 그가 지은 『시보』에 보인다.

모공(毛公), 모형(毛亨)을 말한다. 서한 루 사람인데 일설에는 허젠(河間) 사람이라고 도 한다. 전해지는 바로는 '모시학'의 창립자라고 한다. '모시학'은 모형으로부터 전해 져 후대 사람들은 모형을 '대모공'(大毛公)이라고 부르고 모장을 '소모공'(小毛公)이라 고 불렀다.

31) 명대 양신(楊愼)의 『승암경설』(升庵經說) 「시소서」(詩小序)에서는 다음과 같이 말했다. "내가 옛 한유의 문장을 보니, 「의시서」(議詩序) 한 편이 있었는데 거기서는 '자하는 『시』에 서를 쓰지 않았다'고 말했다."

32) 주희가 『시경』의 서를 믿지 않은 것은 『주자어류』 권80에 나와 있다. "「시소서」는 완 전히 믿을 수가 없는데 어떻게 어떤 사람을 찬미하고 풍자하였는지 단정하여 알 수 있겠는가."

33) 범엽(范曄, 398~446). 자는 울종(蔚宗)이고 남조 유송(劉宋) 때 순양(順陽) 사람이다. 그 는 『후한서』 「유림열전」에서 위굉이 「모시서」를 지었다고 주장하고 있다.

34) 하해(河楷). 자는 원자(元子)이고 명 전하이(鎭海) 웨이(衛; 지금의 푸젠성 장푸漳浦) 사람 으로 희종(熹宗) 천계(天啓) 연간에 진사를 지냈다. 그가 쓴 『모시세본고의』(毛詩世本古 義)는 『시경세본고의』라고도 부르는데 28권이다. 『시』 300편에 대하여 억지로 시대를 분류하여 작자의 성명을 부회하였는데, 이름과 사물의 훈고 방면에 있어서 인용과 고 증 등이 비교적 상세하다.

35) 지인논세설(知人論世說). 이 말은 『맹자』 「만장」(萬章)에 다음과 같이 나온다. "그 사람 의 시를 읊고 그 사람의 글을 읽고도 그 사람됨을 모른대서야 되겠는가? 그래서 그 사 람의 시대를 논하는 것이니, 이것이 옛날로 거슬러 올라가서 벗을 삼는다는 것이다."

36) 『상송』(商頌). 「나」(那), 「열조」(烈祖), 「현조」(玄鳥), 「장발」(長髮), 「은무」(殷武) 다섯 편 이다. 송대부터 『상송』이 결코 상대(商代)의 작품이 아니라고 의심하기 시작하였고, 청대 위원(魏源)이 『시고미』(詩古微) 「상송발미편」(商頌發微篇)에서 송 양공의 대부가 지은 것이라고 고찰하였다.

37) 현조(玄鳥)는 제비를 가리킨다. 고신씨(高辛氏)의 비이며 유융씨(有娀氏)의 딸인 간적 (簡狄)이 기도할 때 제비가 알을 떨어뜨리자 간적이 이를 삼키고 설(契)을 낳았는데 그 후세에 마침내 유상씨(有商氏)가 되어 천하를 소유했다고 한다.

38) 용기(龍旂)는 제후들이 세우는 교룡기(交龍旂)이다. 서직(黍稷)은 기장으로, 곡식을 대 표하며, 제후들이 받들어 모두 제사를 돕는 것을 말한다.

39) "원망하고 비방하지만 문란하지 않다"(怨誹而不亂). 이 말은 사마천의 『사기』 「굴원가 생열전」(屈原賈生列傳)에 나온다. "『국풍』은 호색을 노래하나 음란하지 않고, 『소아』는 원망하고 비방하지만 문란하지 않다." 온유돈후(溫柔敦厚)라는 말은 『예기』 「경해」(經

解)에 보인다. "공자께서 말씀하시길 '그 나라에 들어가면 그 나라의 교화됨을 알 수 있다. 그 나라 사람들의 사람됨이 온유돈후하니 『시』의 교화인 것이다.'"

40) 원문은 '주소이남'(周召二南). 『국풍』 중의 「주남」과 「소남」을 가리킨다. 주는 주공 단(周公 旦)이 관리하던 지역이고 소는 소공 석(召公 奭)이 관리하던 지역이다. 하지만 이남 중 수록된 시는 그 범위가 상술한 두 개의 지역 외에도 남방 장한(江漢) 일대의 시들을 포괄한다.

41) 『시경』의 배열 문제에 관해서, 송대 학자 구양수(歐陽修) 같은 이는 『시해』(詩解) 「십오국차해」(十五國次解)에서 다음과 같이 말했다. "『국풍』의 명칭은 「주」(周)에서 시작하여 「빈」(豳)에서 끝나니 모두 그 순서가 있다. 성인이 어찌 허튼 말을 했으리오?"

42) "『시』 삼백" 등의 구절은 『논어』 「위정」(爲政)편에 나온다. "정나라 음악을 없앤다"는 것은 『논어』 「위령공」(衛靈公)에 나온다. "안연이 나라의 근본에 대해 묻자 공자께서 말씀하셨다. '하력(夏曆)을 행하고, 은나라의 수레를 타며 주나라의 의복을 입고, 음악은 「소」와 「무」로 하며, 정나라 음악을 없애고, 아첨꾼을 멀리하라. 정나라 음악은 음란하고 아첨꾼은 위태롭다.'"

43) 혜강(嵇康, 224~262). 자는 숙야(叔夜)이고 삼국시대 위(魏)나라 차오쥔(譙郡) 즈(銍; 지금의 안후이 수셴宿縣) 사람이다. 관직은 중산대부(中散大夫)였고, 저서에는 『혜중산집』(嵇中散集)이 있다.

제3편 노자와 장자

주나라 왕실이 점점 쇠락해지자 채시관采詩官들은 그 일을 그만두게 되었고, 그리하여 "왕의 자취가 끊어지자 시가 사라졌다"[1]라고 했다. 지사들은 세상의 병폐를 구하고자 온 마음을 다하여 자신의 지식과 견문을 동원하였다. 그리고 제후들 역시 바야흐로 전쟁을 치르고 있던 때라, 돌아다니며 공부하는 선비들을 후한 예를 갖추어 불러 모았는데, 어떤 이들은 군주에 영합하기 위하여 자신의 주장을 행하려 하였고 이에 다른 학설들을 배척하면서 자신이 주장하는 것만이 중요한 도라고 하였으니, 논의와 주장이 종횡하고 저작들도 구름처럼 일어나게 되었다. 그러나 당시 저명한 학설顯學[2]이라고 할 만한 것은 실제로 삼가三家뿐이었으니, 곧 도가道家, 유가儒家, 묵가墨家이다.

도가의 서적은 『한서』「예문지」의 기록에 따르면 『이윤』伊尹, 『태공』太公, 『신갑』辛甲[3] 등이 있지만, 지금은 모두 전하지 않는다. 『육자』鬻子, 『관자』管子[4] 역시 후대 사람들이 지은 것이므로, 오늘날 남아 있는 것 가운데 『노자』老子보다 앞서는 것은 없다. 노자[5]는 이름이 이耳이고 자는 담聃이며 성은 이씨李氏로 초楚나라 사람이다. 주나라 영왕靈王 초(약 B.C. 570)에 태어나서 일찍이 수장실守藏室의 사史를 지냈는데, 주나라가 쇠락해 가는 것을 보고는 결국 주나라를 떠나 관문關에 이르렀고, 관령인 윤희[6]에게 책상·하편을 지어 도道와 덕德의 뜻을 오천여 자로 말하고는 떠나갔는데, 아무도 그 이후의 종적을 알지 못했다.[7] 오늘날의 책은 또 81장으로 나누어져 있는데 역시 후대 사람들이 함부로 나눈 것으로, 실제 본문은 사상을 잡다하게 서술하고 있어 자못 조리가 없다. 또한 가끔 글자를 대구對字하고 협운協韻[8]하여 쉽게 기억하고 암송하도록 하였는데, 진한秦漢 때 사람들이 전한 황제의 『금인명』, 전욱의 『단서』 등(제1편을 볼 것)과 동일하다.

보아도 보이지 않으니 이夷라 하고, 들어도 들리지 않으니 희希라고 이름하며, 잡으려 해도 잡을 수 없으니 미微라고 부른다. 이 세 가지는 따져서 캐물을 수 없으며 그러므로 섞여서 하나이다. 그 위는 밝지 않고 그 아래는 어둡지 않으며 끊임없이 이어져 이름 붙일 수 없고 무물無物로 돌아간다. 이를 일러 무상無狀의 상狀, 무물無物의 상象이라고 하며, 이것을 황홀恍惚이라고 한다. 맞이해도 그 머리를 볼 수 없고, 뒤따라가도 그 뒤를 볼 수 없어 옛 도道를 가지고 지금의 유有를 다스린다. 옛 시원古始을 알수 있으면 이를 일러 도기道紀라고 한다. (14장)

대상大象을 잡으면 천하가 귀의한다. 귀의해도 어떤 해도 끼치지 않으니 편안하고 태평하다. 음악과 음식은 지나가던 과객의 발길을 멈추게 하지만, 도를 입으로 표현하면 담담하여 맛이 없고, 보려 해도 보이지 않으며, 들으려 해도 들리지 않으며, 써도 다하지 못한다. (35장)

노자는 일찍이 주 왕실의 서적을 관리하면서 여러 문전文典을 두루 보았고, 또 세상의 변화를 살펴보았으며 아는 것이 대단히 많았으니, 반고班固[9]가 "도가의 부류는 대개 사관史官에서 나왔는데, 성패, 존망, 화복, 고금의 도를 두루 기록한 뒤에 요점과 근본을 잡아, 맑음과 비어 있음淸虛으로 스스로 지키고 비천함과 연약함卑弱으로 스스로 유지하는 것을 안다"라고 한 것은 아마 이 때문일 것이다. 그러나 노자의 주장은 순일하지는 않아, 많은 말을 삼가지만 어떤 때는 발분하는 말이 있기도 하고, 무위無爲를 숭상하지만 여전히 천하를 다스리고자 한다. 그가 말하는 무위라는 것은 "하지 못하는 것이 없게"無不爲 되고자 하는 것이다.

대도大道가 없어지니 인의仁義가 있다. 지혜智慧가 나타나니 큰 거짓大僞도 있게 되었다. 육친이 화목하지 못하므로 효성과 자애가 있게 되고, 국가가 혼란하므로 충신이 있게 되었다. (18장)

백성이 굶주리는 것은 그 위에서 세금을 많이 먹기 때문에 굶주리는 것이다. 백성을 다스리기 어려운 것은 그 위에서 일을 벌이기 때문에 다스리기 어려운 것이다. 백성이 죽음을 가벼이 여기는 것은 (그 위에서) 너무 잘 살려고 하기 때문에 죽음을 가벼이 여기는 것이다. 삶을 위해서만 하지 않는 것이 삶을 귀히 여기는 것보다 현명하다. (75장)

…… 성인聖人은 무위無爲의 일에 거하고, 말없는 가르침을 행하니, 만물이 일어나되 말하지 않으며, 생겨나되 소유하지 않으며, 작위作爲하되 뽐내지 않으며, 공이 이루어지되 공이 있는 곳에 거하지 않는다. 거하지 않

으니, 떠나지도 않는다. (2장)

배운다는 것은 날로 더하는 것이요, 도道를 따른다는 것은 날로 덜어내는 것이다. 덜어내고 또 덜어내면 무위에 이른다. 무위하면 하지 못하는 것이 없게 되니, 언제나 일을 만들지 않으면서 천하를 취한다. 일을 만들어 내면, 천하를 취하기에는 부족하다. (48장)

유가와 묵가는 노자가 나온 뒤에 흥기하였는데, 유가와 묵가 모두 인력人力을 다하고 세상의 어지러움을 구하고자 하였다. 공자孔子는 주 영왕 21년(B.C.551)에 노나라의 창평향昌平鄕 쩌우읍陬邑에서 태어났고, 나이 30여 세에 일찍이 노자에게 예禮를 물어보긴 하였지만 요와 순의 도를 근본으로 삼아[10] 세상의 병폐를 다스리고자 하였다. 자신의 도를 행하지 못하자 『시』, 『서』를 산정하고 『예』, 『악』을 다듬었으며, 『역』에 서序를 붙이고, 『춘추』를 지었다.[11] 그가 죽자(경왕敬王 41년 곧 B.C. 479) 그의 문하생들이 공자의 언행을 집록하여 편찬하였는데 그것을 『논어』論語라고 한다. 묵자[12] 역시 노나라 사람으로 이름은 적翟이고 공자보다 130~140년 뒤(대략 위열왕威烈王 1년에서 10년 사이에 태어남)의 사람이다. 하나라의 도를 숭상하여[13] 겸애兼愛와 상동尙同을 주장하였는데, 고대의 예악禮樂을 부정하고 또한 유가에 대해서도 비판하였다. 책[『묵자』] 71편이 있었는데 지금 현존하는 것은 15권으로 되어 있다. 그런데 유자儒者는 실질을 숭상하고, 묵가는 질박을 숭상하였으므로, 『논어』 · 『묵자』의 문사는 모두 간결하고 화려한 수식이 없으며, 뜻을 제대로 전달할 수 있으면 그만이었다.[14] 당시 또 양주[15]가 있어 '위아'爲我를 주장하였는데, 책을 저술하지는 않았지만 그의 학설은 역시 전국시대에 매우 성행하였다. 맹자孟子는 이름이 가軻(B.C. 372~289)로 쩌우鄒 지방 사람이다. 자사子思에게 배웠고, 역시 요순을 숭상하였으며 인의仁義를 말하였는데, 양주와 묵자를 글로 배척하였다.[16] 저서 일곱 편을 『맹자』라고 한다. 맹자는 주나라 말기에 살았으므로 점차 번잡한 말이 많아지긴 했지만 서술 가운데는 때때로 매우 뛰어난 부분이 있다. 예를 들어 '무덤가에서 걸식하다'라는 단락은 송宋 오자량吳子良(『임하우담』林下偶談)[17]이 칭찬을 아끼지 않았다.

아내와 첩을 한 집에 데리고 사는 제나라 사람이 있었다. 남편은 나가기만 하면 술과 고기를 실컷 먹은 뒤에 돌아왔다. 그 아내가 음식을 준 사람을 물어보면 모두 다 돈 많고 권세 높은 사람들이라고 하였다. 그의 아내가 첩에게 말했다. "우리 남편은 나가기만 하면 술과 고기를 실컷 먹은 뒤에 돌아오고, 그 음식을 준 사람을 물어보면 다들 돈 많고 벼슬 높은 사람들인데, 일찍이 그와 같이 귀한 사람이 찾아오는 것을 보지 못하였으니 내가 남편이 가는 곳을 몰래 따라가 보려 하네." (아내는) 아침 일찍 일어나 남편이 가는 곳을 몰래 따라가 보았다. 남편은 온 장안을 다 돌아다녔으나 누구 하나 같이 서서 이야기하는 사람이 없었다. 마침내 동쪽 성문 밖 묘지에 이르러 제사 지내는 사람에게 다가가 그 먹다 남은 것을 구걸하고, 그래도 부족하게 되면 또다시 사방을 둘러보아서 다른 데로 갔다. 이것이 바로 실컷 배를 채우는 방법이었던 것이다. 그 아내가 돌아와서 첩에게 말했다. "남편이란 평생을 우러러보면서 살아야 할 사람인데, 이와 같다네." 아내는 첩과 함께 그 남편을 원망하며 뜰 가운데서 울고 있었는데, 남편은 이것도 모르고 의기양양하게 밖에서 돌아와 그 아내와 첩에게 뽐내는 것이었다. (「이루離婁 하」)

그러나 문사가 아름답고 풍부한 것은 사실 도가뿐인데,『열자』,『갈관자』[18]는 뒤늦게 나왔고 모두 후대 사람들이 위작한 것이다. 오늘날 남아 있는 것으로는『장자』가 있다. 장자[19]의 이름은 주周이고 송宋의 몽蒙 사람으로 맹자보다 조금 뒤의 사람인 듯하다. 일찍이 몽의 치위안漆園의 관리를 지냈다. 십만여 자를 저술하였는데 대부분 우언으로, 인물이나 지방이 모두 꾸며 낸 이야기로 사실이 아니지만, 그 문장의 기세는 웅장하고 거침이 없으며 의태가 다채로워 주나라 말기 제자들의 저작 가운데 이 책보다 뛰어난 것이 없다. 지금은 33편이 남아 있는데,『내편』內篇 7편,『외편』外篇 15편,『잡편』雜篇 11편이다. 그런데『외편』과『잡편』은 역시 후대 사람들이 덧붙인 것이 아닐까 의심스럽다. 여기에『내편』의 문장을 약간 수록하여 그 대강을 보기로 한다.

설결齧缺이 왕예王倪에게 물었다.[20] "선생님은 만물이 한가지로 똑같다는 것을 아십니까?" "내가 어찌 그것을 알겠느냐." "선생님은 선생님이 모르는 바를 아십니까?" "내가 어찌 그것을 알겠느냐." "그렇다면 인간은 본디 만물을 알지 못한다는 것입니까?" "내 어찌 그것을 알겠느냐. 하지만 한 번 내가 알고 있는 것에 대해 말해 보겠다. 어찌 내가 소위 알고 있다고 하는 것이 알지 못하는 것이 아님을 아느냐? 어찌 내가 모르고 있는 것이 아는 것이 아니라는 것을 알겠느냐? 한 번 또 그대에게 물어보겠다. 사람이 습기 찬 곳에서 자면 곧 허리에 병이 나서 반신불수가 되어 죽는데, 그렇다면 미꾸라지도 그러한가? 사람이 나무 위에 살게 되면 무서워 벌벌 떨게 되는데, 그렇다면 원숭이도 그러한가? 이 셋 중에서 누가 올바른 거처를 아는가? …… 내가 보건대 인의의 기준이나 시비의 갈림길이 어수선하게 뒤섞여 어지럽다. 내 어찌 능히 그 구별을 알겠는가." 설결이 말했다. "선생님이 이롭고 해로움을 모르신다니, 그러면 지인至人은 진실로 이익과 해로움을 모르는 것입니까?" 왕예가 말했다. "지인은 신묘하여, 큰 늪을 말릴 뜨거운 불이라도 그를 뜨겁게 할 수 없고, 큰 강물을 얼어붙이는 추위도 그를 춥게 할 수 없으며, 벼락이 산을 깨고 바람이 바다를 뒤엎어도 그를 놀라게 할 수 없다. 그런 사람은 구름을 타고 해와 달에 올라 앉아 사해 밖에서 노닌다. 죽음과 삶도 그 자신을 움직이지 못하니 하물며 이익과 해로움의 말단 따위야 오죽하겠느냐?"
(「제물론」제2)

샘이 말라붙어 고기들이 땅에 있게 되면 서로 물기를 뿜어주고 거품으로 적시며 서로 돕지만, 넓은 강이나 호수를 헤엄쳐 다니며 서로를 잊고 있던 때가 훨씬 낫다. 요임금을 칭찬하고 걸왕을 비난하지만, 칭찬과 비난을 모두 잊고 도를 따라 사는 것이 훨씬 낫다. 대지는 나를 실어 주기 위해 형체를 주고, 내가 일하게 하기 위해 삶을 주고, 나를 편하게 하기 위해 늙음을 주고, 나를 휴식시키기 위해 죽음을 주었으므로, 나의 삶을 잘 살게 된다면, 나의 죽음도 잘 맞이하게 되리라. (「대종사」제6)

남해南海의 제왕을 숙儵이라 하고, 북해北海의 제왕을 홀忽이라 하고, 중앙中央의 제왕을 혼돈混沌이라 한다. 숙과 홀이 때마침 혼돈의 땅에서 만났는데, 혼돈은 이들을 융숭히 대접했다. 숙과 홀은 혼돈의 덕에 보답할 것을 의논했다. "사람에겐 모두 일곱 개의 구멍이 있어 이로써 보고 듣고 먹고 숨 쉬고 있는데 혼돈만이 이것을 갖고 있지 않소. 그에게도 구멍을 뚫어 주기로 합시다." 그리하여 하루에 한 구멍씩 뚫으니 칠일 만에 혼돈이 죽고 말았다. (「응제왕」 제7)

끝에 있는 「천하」天下 1편(후스胡適는 장주가 지은 것이 아니라고 했다[21])은 "천하를 다스리는 방책"天下之治方術者에 대해 두루 평하고 관윤關尹과 노자를 가장 추앙하면서 "고대의 넓고 큰 진인"古之博大眞人이라 하였다. 그러고는 자신의 문장과 뜻을 스스로 이렇게 서술하였다.

황홀하고 적막하며 형체가 없고 변화무상하다. 죽은 것인지 산 것인지? 하늘과 땅과 나란히 존재하는 것인지? 신명에 따라 움직이는 것인지? 아득하여 어디로 가며, 황홀하여 어디로 변화하여 가는가? 만물을 모두 망라하고 있어도 돌아갈 곳은 없다. 옛날의 도술에도 이러한 것이 있었다. 장자가 그러한 학설을 듣고 좋아하여, 터무니없고 황당무계한 말로 끝없이 이를 논하였다. 때때로 제멋대로였지만 무엇에도 구속받지 않고 편견을 갖지 않았다. 천하가 침체되고 혼탁해져 더불어 이야기할 수 없다고 생각하여, 치언巵言[임기응변]을 끝없이 늘어놓고, 중언重言으로 진실을 말하였으며, 우언寓言으로 두루 언급하였다. 홀로 천지의 정신과 왕래하면서도 만물에 교만하지 않았다. 시비를 탓하지 않고 세속과 더불어 살아갔다. 그 글은 탁월하지만 빙빙 돌려 말해서 해롭지 않다. 그 말은 들쭉날쭉 복잡하지만 표현이 뛰어나서 볼만하다. 이것은 내용이 충실해서 없어질 수 없다. 위로는 조물주와 같이 노닐고, 아래로는 죽음과 삶에 편안히 거하며 끝과 시작이 없는 자와 사귀었다. 그는 근본에 대하여서는 크고 탁 트였으며 깊고도 자유로웠다. 그는 대종大宗에 대해서는 만물과 일치하여 멀리까지 이르렀다고 할 수 있다.…… (「천하」제33)

따라서 사마천 이래로 모두가 장주의 요체는 노자의 주장에 귀결된다고 하였던 것이다. 그러나 노자는 항상 유有와 무無를 말하고, 긴 것修과 짧은 것短을 구별하며, 흑黑과 백白을 알았으며 천하에 뜻을 두었다. 장주는 유와 무, 긴 것과 짧은 것, 흑과 백을 합쳐 하나로 만들어 '혼돈'混沌으로 크게 돌아가고자 하였으니, '시비를 탓하지 않음'不譴是非, '죽음과 삶을 넘어섬'外死生, '시작과 끝이 없음'無終始이 모두 이러한 뜻이다. 중국에서 속세를 벗어나는 것을 주장하는 학설은 장주에 이르러서야 비로소 완비되었다.

주나라 말엽의 사상의 흐름을 살펴보면, 대략 네 가지 유파로 나눌수 있다. 첫번째는 추노파鄒魯派로서 모두 선왕의 도를 본받고 인의를 표방하면서 세상의 위급함을 구하려고 하였으니, 유가에는 공자와 맹자가 있고 묵가에는 묵적이 있었다. 두번째는 진송파陳宋派로서 노자는 본래 진陳나라 땅이었던 쿠현苦縣에서 태어났는데 맑고 고요한 다스림을 주장하였으며, 송宋나라에서 태어난 장주는 "천하가 더럽고 탁하여 같이 이야기할 수 없다"天下爲沈濁不可與莊語고 여겨 스스로 무위無爲에 거하고 허무虛無로 들어간다고 하였다. 세번째는 정위파鄭衛派로서 정鄭나라에는 등석鄧析, 신불해申不害가 있었고, 위衛나라에는 공손앙公孫鞅이 있었으며, 조趙나라에는 신도愼到, 공손룡公孫龍이 있었고, 한韓나라에는 한비韓非가 있었는데,[22] 모두 명가와 법가의 학설을 주장하였다. 네번째는 연제파燕齊派로서 대부분 근거 없고 괴이한 말들을 지어냈는데, 제나라의 추연騶衍, 추석騶奭, 전병田騈, 접자接子 23) 등이 그중 뛰어난 사람들이며, 진한대의 방사方士들은 이 유파에서 나왔다.

참고문헌

진(晉) 왕필(王弼) 주(注), 『노자』(老子).
진(晉) 곽상(郭象) 주, 『장자』(莊子).
『사기』(史記), 「공자세가」, 맹자, 노자, 장자열전 등.
『한서』(漢書), 「예문지」(藝文志).
송(宋) 고사손(高似孫), 『자략』(子略).
일본 고지마 겐키치로, 『지나문학사강』(支那文學史綱), 제2편 제6장.
셰우량, 『중국대문학사』(中國大文學史), 권 제2 제7장.
후스(胡適), 『중국철학사대강』(中國哲學史大綱) 상권.

주)_____

1) "왕의 자취가 끊어지자 시가 사라졌다"(王者之迹熄而詩亡). 이 말은 『맹자』 「이루 하」에 보인다. 남송 주희는 "왕의 자취가 끊어졌다는 것은 평왕(平王)이 동천하여 정치를 통한 가르침과 호령이 천하에 미치지 못하게 되었다는 것을 말한다"라고 주를 달았다.

2) '현학'(顯學). 『한비자』(韓非子) 「현학」(顯學)에서는 "세상의 저명한 학설로는 유가와 묵가가 있다"라고 하였다. 루쉰은 여기에 도가를 첨가하였다.

3) 『이윤』(伊尹). 『한서』 「예문지」에 51편으로 기록되어 있으며 원주(原注)에는 "탕(湯)의 재상이다"라고 되어 있다.
   『태공』(太公). 『한서』 「예문지」에 237편으로 기록되어 있으며 원주에는 "여망(呂望)이 주의 사상보가 되었는데 본래 도를 가지고 있는 사람이었다. 혹은 근세에 또 태공의 술법을 하는 사람이 늘어났다고 여기기도 한다"라고 되어 있다.
   『신갑』(辛甲). 『한서』 「예문지」에 29편으로 기록되어 있으며, 원주에는 "주(紂)의 신하이다"라고 되어 있다.

4) 『육자』(鬻子). 『한서』 「예문지」에 22편으로 기록되어 있으며, 원주에는 "이름은 웅(熊)이고 주(周)의 사(師)이다"라고 되어 있다. 지금은 1권만 전하는데, 모두 14편이다.

『관자』(筦子), 『한서』「예문지」에 86편으로 기록되어 있으며, 원주에는 "이름은 이오(夷吾)이고 제 환공(齊桓公)의 재상을 지냈다"라고 되어 있다. 생각하기에 『관자』(筦子)는 곧 『관자』(管子)이며 지금 76편이 남아 있다.

5) 노자(老子). 춘추(春秋)시대 초(楚)나라 사람이며 도가학파의 창시자로 일찍이 주(周)의 수장실(守藏室)의 사(史)를 지냈다. 『사기』(史記) 「노자한비열전」(老子韓非列傳)에 "노자는 도와 덕을 닦았고 그 학문은 스스로 숨고 이름을 내지 않는 것에 힘쓰는 것이었다. 주나라에 오랫동안 살았는데, 주나라가 점차 쇠망해 가는 것을 보자 결국 주나라를 떠났다. 관에 이르자 관령 윤희(尹喜)가 말했다. '선생께서 장차 은거하려 하시니, 억지로라도 저를 위해 책을 써주십시오.' 이에 노자는 곧 책 상·하편을 썼는데, 도와 덕의 뜻을 오천여 자로 말하고는 떠나갔고 아무도 그후의 행적을 알지 못했다"라고 기록하고 있다. 『수서』「경적지」에 『노자도덕경』(老子道德經) 2권이라고 기록되어 있다.

6) 관령 윤희(關令尹喜). 『한서』「예문지」에 『관윤자』(關尹子) 9편으로 기록되어 있으며, 원주에는 "이름은 희이고 관의 관리였다. 노자가 관을 지나가자 희는 관리직을 버리고 그를 따라갔다"라고 되어 있다.

7) 이 구절과 관련하여 루쉰의 『새로 쓴 옛날이야기』(故事新編; 『루쉰전집』 3권)의 「관문을 떠난 이야기」(出關)를 함께 읽어 보시오.

8) 협운(協韻). 시문의 평측을 정리하기 위하여 고음(古音)에서 동일 운에 속하지 않는 문자를 동일 운으로 하여 서로 통용시킨 것을 말한다.

9) 반고(班固, 32~92). 자는 맹견(孟堅)이고 동한 안릉(安陵; 지금의 산시陝西 셴양咸陽) 사람으로, 난대령사(蘭臺令史)를 지냈다. 일찍이 교서비부(校書秘府)를 지냈고 아버지 반표(班彪)를 이어 『한서』(漢書) 100권을 편찬하였다. 『한서』 외에 『백호통의』(白虎通義) 및 『양도부』(兩都賦) 등을 지었다. 본문의 인용문은 『한서』「예문지」에 보인다.

10) 원문은 '祖述堯舜'. 이 말은 『예기』(禮記)「중용」(中庸)에 보이는데 다음과 같다. "공자는 요순의 도를 근본으로 삼고 문왕과 무왕의 법도를 밝혔다." 주희는 "조술(祖述)이란 것은 그 도를 멀리 근본으로 삼는 것이다"라고 주를 달았다.

11) 『시』, 『서』는 이 책 제2편을 참조하시오. 『예』는 『의례』(儀禮)로, 춘추전국시대의 예절제도를 부분적으로 모은 것이다. 『악』은 『악경』(樂經)으로 이미 없어졌다. 『역』은 『주역』(周易)이다. 『춘추』는 노나라의 역사서로 위로는 은공(隱公) 원년(B.C. 722)부터 아래로는 애공(哀公) 14년(B.C. 481)까지 서술하였다. 공자가 이 책을 정리하였다고 전해지는데, 『사기』「공자세가」를 참조해서 보시오.

12) 묵자(墨子, 약 B.C. 468~376). 이름은 적(翟)이고 춘추전국시대 노(魯)나라 사람이다. 일찍이 송(宋)나라의 대부를 지냈으며, 묵가학파의 창시자이다. 묵자는 겸애(兼愛; 두루 사랑함)와 상동(尙同; 숭상하고 화합함)을 주장하였다. 그는 「겸애」편에서 "서로 사랑하면 다스려지고 서로 미워하면 어지러워진다"라고 말하였다. 「상동」편에서는 "천하가

다스려지는 이유가 무엇인지 살펴보면, 천자가 오직 온 천하의 의로움을 통일할 수 있기 때문에 천하가 다스려지는 것이다"라고 하면서 능력 있는 사람을 뽑아 천자의 못신하로 삼아 "천하의 의로움을 통일하는 데 힘쓰게 하고", "위에서 옳다고 하면 반드시 모두 옳다고 여기고, 그르다고 하면 반드시 모두 그르다고 여기게" 해야 한다고 하였다. 본문에서 다음 문장 "책 71편이 있다"는 것은 『한서』「예문지」에 『묵자』 71편으로 기록되어 있는 것을 말하는 것이다. 현존하는 것은 53편이며, 모두 15권이다.

13) "당신은 주나라를 본받고 하나라를 본받지 않는다. 당신이 본받으려는 고대는 고대가 아니다."(子法周而未法夏也, 子之古非古也. 『묵자』「공맹」公孟) 묵자의 영웅은 하 왕조를 창시한 우(禹)왕이다. 그는 단순하고 소박한 상태의 문명을 선호하기 때문에 주나라보다 하나라가 더 이상에 가깝다고 생각했다.

14) 원문은 "辭達而已矣"(『논어』「위령공」).

15) 양주(楊朱). 전국시대 초기 위(魏)나라 사람이다. "삶을 귀하게 여기고 자신을 소중히 여기며", "성정을 온전히 하고 진실을 보존하며, 외부의 사물로 인해 자신의 육체에 누를 끼치지 않는다"는 "스스로를 위하는"(爲我) 사상을 주장했다. 그의 말과 사적은 『맹자』, 『장자』, 『한비자』, 『여씨춘추』 등의 책 여기저기에 보인다. 『맹자』「등문공 하」(滕文公下)에서는 일찍이 "세상에서 하는 말들은 양주의 말이 아니면 묵자의 말이다"라고 하였다. 당시 이 두 학파의 학설이 성행했다는 것을 알 수 있다.

16) 맹자(孟子, 약 B.C. 372~289). 이름은 가(軻)이고 전국시대 쩌우(鄒; 지금의 산둥 쩌우현鄒縣) 지방 사람이다. 『사기』「맹자순경열전」(孟子荀卿列傳)에 그는 "자사의 문인에게서 수업받았다"고 한다. 맹자는 유가학파의 중요한 대표 인물로 "선왕을 본받고"(法先王), "인정을 베풀"(行仁政) 것을 주장하였다. 맹자는 양주와 묵자의 학설을 배척하면서 이렇게 말했다. "양자는 나를 위하자고 했으니 이는 임금이 없는 것이요, 묵자는 두루 사랑하자고 했으니 이는 아비가 없는 것이다. 아비가 없고 임금이 없는 것은 금수(禽獸)이다."(『맹자』「등문공 하」)

자사(子思, B.C. 483~402). 성은 공(孔)이고 이름은 급(伋)으로 춘추시대 노나라 사람이다. 공자의 손자로, 증삼(曾參)에게서 수업받았으며, 『중용』(中庸)을 지었다고 한다.

17) 원문은 '宋吳氏'. 오자량(吳子良)으로 자는 명보(明輔), 호는 형계(荊溪)이며 남송(南宋) 린하이(臨海; 지금의 저장에 속한다) 사람이다. 이종(理宗) 보경(寶慶) 연간에 진사(進士)가 되었다. 그가 지은 『임하우담』(林下偶談)은 4권이다. 이 책 권4에서 『맹자』를 이렇게 논하였다. "그 문장의 법도는 매우 볼만한데, 예를 들어 제나라 사람이 제삿밥을 얻어먹는 단락은 특히 절묘하여 당대인의 잡설과 같은 것은 이것을 모방한 듯하다." 무덤 가운데서 밥을 빌어먹은 단락으로 인용한 문장은 『맹자』「이루 하」에 보인다.

18) 『열자』(列子). 열자(列子)는 열어구(列御寇)로 전국시대 정(鄭)나라 사람이다. 『한서』「예문지」에 『열자』 8편이라고 기록되어 있으며 원주에는 "장자보다 앞선 시대의 사람

으로 장자가 그를 칭찬하였다"라고 하였다. 이 책은 이미 없어졌고 현존하는 『열자』는 후대 사람들이 위탁한 것이다.

『갈관자』(鶡冠子). 『한서』「예문지」에 『갈관자』 1편이라고 기록되어 있으며 원주에는 "초나라 사람으로 깊은 산 속에서 살았는데 갈새를 관모로 삼았다"라고 되어 있다. 성과 이름에 대해서는 알려진 것이 없다. 이 책은 이미 없어졌고 현존하는 3권 19편은 위탁된 것이다.

19) 장자(莊子, B.C. 369~286). 이름은 주(周)로 전국시대 송(宋)나라 사람이다. 도가학파의 대표적 인물로 일찍이 멍(蒙)의 치위안(漆園)의 관리를 지냈다. 『사기』「노자한비열전」에 "그 학설은 두루 살피지 않은 것이 없으나 그 요체는 본래 노자의 말로 귀결된다. 따라서 그 저서 십만여 자는 대개 우언(寓言)에 속한다"라고 기록되어 있다. 또 그 저작은 "모두 꾸며 낸 말로 사실이 아니지만 문장을 짓고 열거하며 사물의 정취를 묘사하는 데 뛰어났다. 유가와 묵가를 공격하였는데, 비록 당대의 박학다식한 사람이라도 그의 공격을 피할 수 없었다. 그의 말은 기세가 광대하고 자유로우며 마음가는 대로 나온 것이어서 왕공대인이라도 그를 등용할 수 없었다." 『한서』「예문지」에는 『장자』 52편으로 기록되어 있다. 현재 전하는 『장자』는 33편으로, 내편(內篇)에는 「소요유」(逍遙游), 「제물론」(齊物論), 「양생주」(養生主), 「인간세」(人間世), 「덕충부」(德充符), 「대종사」(大宗師), 「응제왕」(應帝王)이 있으며 이 일곱 편은 일반적으로 장주가 지은 것이라고 여겨진다. 외편(外篇)에는 「변무」(駢拇), 「마제」(馬蹄) 등 15편이 있으며, 잡편(雜篇)에는 「경상초」(庚桑楚), 「서무귀」(徐無鬼) 등 11편이 있는데, 이 26편은 일반적으로 장자의 후학들이 지은 것이라고 여겨진다.

20) 설결과 왕예는 「응제왕」편에도 등장하는데, 거기서 왕예는 설결의 스승으로 나온다. 둘 다 장자가 창작한 인물인 듯하다.

21) 「천하」편의 작자에 대해서. 후스(胡適)는 『중국철학사대강』(中國哲學史大綱) 제9편 제1장에서 "「천하」편은 매우 뛰어난 후서(後序)지만 결코 장자가 스스로 지은 것은 아니다"라고 하였다.

22) 등석(鄧析, B.C. 545~501). 춘추시대 정나라 대부(大夫)이다. 일찍이 형법서인 『죽형』(竹刑)을 편집하였으나 이미 없어졌다. 『한서』「예문지」에 『등석』 2편이라고 기록되어 있는데, 역시 없어졌다. 현존하는 『등석자』(鄧析子) 1권은 위서(偽書)이다.

신불해(申不害, 약 B.C. 385~337). 전국시대 정나라 사람으로 일찍이 한(韓) 소후(昭侯)의 재상을 지냈다. 『한서』「예문지」에 『신자』(申子) 6편으로 기록되어 있는데 현재는 오직 「대체」(大體) 1편만이 전한다.

공손앙(公孫鞅, 약 B.C. 390~338). 바로 상앙(商鞅)으로 전국시대 위나라 사람이다. 진(秦) 효공(孝公) 때 좌서장(左庶長), 대량조(大良造)를 지냈고 두 번에 걸쳐 변법(變法)을 시행하였다. 『한서』「예문지」에 『상군』(商君) 29편으로 기록되어 있는데 지금은 24

편만 남아 있다. 또 『공손앙』(公孫鞅) 27편은 이미 없어졌다.

신도(愼到, B.C.395~315). 전국시대 조나라 사람으로 일찍이 제(齊)나라에서 학술을 강론하였다. 『한서』 「예문지」에 『신자』(愼子) 42편으로 기록되어 있는데 지금은 5편이 전한다.

공손룡(公孫龍, 약 B.C.320~250). 전국시대 조나라 사람으로 일찍이 평원군(平原君)의 문객이었다. 『한서』 「예문지」에 『공손룡자』(公孫龍子) 14편으로 기록되어 있는데 지금은 6편이 전한다.

한비(韓非, 약 B.C.280~233). 전국시대 한나라 사람으로 순황(荀況)에게 수업을 받았다. 『한서』 「예문지」에 『한자』(韓子) 55편으로 기록되어 있다.

23) 추연(騶衍, 약 B.C.305~240). 호는 담천연(談天衍)으로 전국시대 제나라 사람이다. 일찍이 연(燕) 소왕(昭王)의 사(師)를 지냈다. 『한서』 「예문지」에 『추자』(騶子) 49편으로 기록되어 있고 또 『추자종시』(騶子終始) 56편으로 기록되어 있다. 청(淸) 마국한(馬國翰)의 『옥함산방집일서』(玉函山房輯佚書)에는 『추자』 1권으로 기록되어 있다.

추석(騶奭). 호는 조룡석(雕龍奭)으로 전국시대 제나라 사람이다. 『한서』 「예문지」에 『추석자』(騶奭子) 12편으로 기록되어 있는데 이미 없어졌다.

전병(田駢). 진병자(陳駢子)라고도 하며 호는 천구병(天口駢)으로 전국시대 제나라 사람이다. 『한서』 「예문지」에 『전자』(田子) 25편으로 기록되어 있는데 이미 없어졌다.

접자(接子). 첩자(捷子)라고도 한다. 『한서』 「예문지」에 『첩자』 2편으로 기록되어 있는데 이미 없어졌다.

『한서』 「예문지」에서는 추연, 추석을 음양가(陰陽家)에 집어넣었고 전병, 접자를 도가(道家)에 집어넣었다.

제4편 굴원과 송옥

전국시대 도술道術을 말했던 장주莊周는 이미 시詩와 예禮를 가벼이 여기고 허虛와 무無를 귀하게 여겼을 뿐만 아니라 더욱이 문사文辭로 제자諸子들을 얕보았다. 운문에 있어서는 초楚나라 굴원屈原이 있었는데, 그는 억울한 누명으로 쫓겨나 『이소』離騷를 지었다.[1] 소리가 빼어나고 문사가 웅대하여 일세一世에서 가장 뛰어났다. 후세 사람들은 그 문채文彩에 놀라워하면서 다투어 모방하려 하였는데, 굴원이 초나라 출신이었으므로 '초사'楚辭라고 칭했다.[2] 『시』詩와 비교해 보면, 초사는 그 말이 매우 길며 그 사유도 대단히 환상적이고, 문장이 매우 아름다우며 말하고자 하는 바가 대단히 분명하다. 또한 마음이 가는 대로 자유로이 말하며 틀에 얽매이지 않고 있다. 그렇기 때문에 시교詩教를 마음에 새겨 잊지 않는 후세 유가儒家는 간혹 이를 헐뜯고 비방하였지만, 초사가 후대의 문장에 미친 영향은 '시 삼백 편' 이상이라 할 수 있다.

굴원의 이름은 평平으로 초나라 왕족과 같은 성姓이었으며, 회왕懷王을 섬기면서 좌도左徒를 지냈다. 견문이 넓고 뜻이 매우 강직하며 치란治亂

에 대단히 밝고 사령辭令에 능숙하여 왕은 굴원에게 헌령憲令을 초안하도록 명하였는데, 상관대부上官大夫[3]가 그 초안을 빼앗으려 하였고 얻지 못하게 되자 왕에게 참언을 하였다. 왕은 노하여 굴원을 멀리하였다. 산천을 방황하던 굴원은 선왕先王의 묘당과 공경公卿들의 사당祠堂을 보고 천지·산천·신령을 기묘하게 그려 내면서 옛 성현들과 괴물의 행적에까지 미쳤다. 그 벽에 글을 써서 질책하면서 그 이유를 묻고 자신의 분노와 원망의 감정을 토로하였으니, 이것이 바로 「천문」天問이다.[4] 대략 사언四言이며 그려진 이야기들은 오늘날 대부분 실전되었기 때문에 종종 이해하기 어렵다.

수이무기는 머리가 아홉인데,
그 빠른 동물은 어디에 있는가?
죽지 않는 나라는 어디인가?
거인들은 무엇을 지키는가?
무성한 부평초는 가지가 겹겹인데
도꼬마리 꽃은 어디에 있는가?
신령한 뱀이 코끼리를 삼키는데
그 크기는 어떠한가?

발꿈치까지 검게 물들이는 흑수黑水
그리고 삼위三危는 어디에 있는가?
나이 들어 죽지 않으면
수명은 어디에서 멈추는가?

능잉어는 어디에 사는가?

기작새는 어디에 있는가?

예羿는 어디서 해를 쏘았는가?

까마귀는 어디서 깃털을 떨어뜨렸는가?

……

중앙中央을 함께 다스리는 천제께서 왜 노하셨는가?

벌과 개미는 미물인데 어찌 힘이 굳센가?

여인이 백이·숙제가 고사리 캐는 것조차 경고하니 사슴이 어떻게 그들
을 도왔는가?

북쪽으로 후이수이回水에 이르러, 왜 갑자기 기뻐하였는가?

형 진백秦伯은 사람을 무는 개가 있는데 아우는 왜 이를 탐내었는가?

아우가 백 냥으로 바꾸려 하자 듣지 않고 왜 녹위祿位까지 빼앗았는가?

……

이후 다시 부름을 받고 돌아왔고, 굴원은 제齊와 연횡하고 진秦을 멀
리하자고 했으나 받아들여지지 않았다. 회왕은 진秦나라와 혼인관계를 맺
으려 하였고, 이때 자란子蘭⁵⁾은 왕이 진秦에 가길 권하였다. 굴원이 이를
막았지만 왕은 듣질 않았고 그리하여 마침내 진에 억류되었다. 이후 맏
아들 경양왕頃襄王이 즉위하자 자란은 영윤令尹[초나라 재상]이 되었다. 자란
은 다시 굴원을 참소하였고 왕은 노하여 굴원을 좌천시켰다. 굴원은 샹수
이湘水와 위안수이沅水 사이에서 9년 동안 산천을 방황하면서 탄식하는 가
운데 점점 초췌해져 갔고, 이때에 『이소』를 지었다. 결국 돌을 품고 스스

로 미뤄수이汨羅水에 몸을 던져 생을 마감했으니, 그때가 경양왕 14~15년
(B.C. 285~286)이다.

『이소』는 사마천의 경우 '근심을 떠나는 것이다'라고 했고, 반고는
'근심을 만나다'라고 하였다. 왕일王逸은 이별의 근심으로 해석했는데, 양
웅揚雄은 '불평하다'라고 해석하여 『반이소』反離騷와 『반뢰수』反牢愁를 지었
다.[6] 자신의 출생과 시조始祖의 서술로 시작하여 성인成人이 되어 임종에
이르기까지를 기술하고 있는데, 타고난 아름다움을 지녀 재능을 닦는 데
힘쓰고 바른 도를 행하였음에도 불구하고 참언의 계략에 빠지게 되자, 거
침없이 자신의 이상을 풀어내면서, 옛 제왕을 칭송하고 신산神山을 기억
해 내며 용규龍虯를 부르고 일녀佚女를 그리워하며, 자기의 심정을 펼쳐 내
고 자신의 무고함을 드러내어 풍간諷諫하였다. 무릇 2천여 자로 그 일부를
살펴보면 다음과 같다.

      …… 엎드려 옷깃을 여미며 말씀을 드리니
      나는 이미 이 중정中正의 도리를 얻었도다.
      네 필의 옥규玉虯를 몰고 봉황을 올라타고서
      문득 먼지 바람 날리며 위로 올라가도다.
      아침에 창오蒼梧에서 출발하여
      저녁에 현포縣圃에 다다르도다.
      잠시 이 영쇄靈瑣 궁문에 머물려니
      해가 어느덧 저물려 하네.
      희화羲和에게 걸음을 멈추게 하고
      엄자崦嵫산을 바라보며 가까이하지 못하네.

길이 아득히 멀어서

아래위로 다니며 찾는도다.

내 말에게 함지咸池에서 물 먹이고

부상扶桑에서 고삐를 매는도다.

약목若木을 꺾어서 해를 가리고

잠시 거닐며 방황하는도다.

……

사극四極을 두루 바라보며

하늘을 돌아다니다가 내려가겠노라.

높고 먼 옥으로 쌓은 누대를 바라보니

유융국有娀國의 미녀가 보이도다.

짐鴆새를 매파로 삼으려 하니

짐새 나를 나쁘다고 하네.[7]

수비둘기가 울면서 날아가니

나는 그의 경박함이 미워지네.

……

중매가 신통치 않고 매파가 아둔하여서

중매하는 말이 미덥지 못할까 염려되는구나.

세상이 혼탁하여 현인을 질투하니

아름다움을 가리고 악을 드러내기 좋아하네.

규방은 깊고 머니

지혜로운 임금께서 깨닫지 못하도다.

나의 품은 사랑을 펴지 못하니

내 어찌 차마 여기서 오래 살 수 있을까?
......

그 다음은 다음과 같다. 영분靈氛에게 점을 쳐 보고 무함巫咸에게 물으니,[8] 모두 멀리 떠날 것을 권유하며 이전에 살던 곳을 그리워 말라 하니, 뜻한 대로 높이 날아오르려 하였으나 고국이 그리워 끝내 죽을지언정 차마 떠날 수 없다는 내용이다.

...... 깃발을 숙이고 천천히 떠나가니
아득히 높이 올라 달려갈 일을 생각하는도다.
구가九歌를 연주하며 소韶의 춤을 추면서
잠시 틈을 내어 즐거이 노닐러라.
빛나는 하늘에 올라서
문득 옛 고향을 곁눈질해 보니
마부는 슬피 울고 내 말조차 근심에 차서
움츠리며 고갯짓하면서 떠나질 않는구나.
노래하노니!
아! 아서라.
나라에 어진 사람일랑 하나도 없어
나를 알아줄 이 없으니
내 고향일랑 생각해 무엇하리오?
아름다운 정치일랑 다 하기 틀렸나니
나는 팽함彭咸이 계신 곳을 따라가겠노라!

오늘날 전하여지는 『초사』에는 「구장」九章[9] 아홉 편이 있으며, 역시 굴원이 지은 것이다. 또한 「복거」卜居, 「어부」漁父[10]는 굴원이 방축되었을 때 점쟁이, 어부와 문답한 것을 기술하고 있는데, 이것 또한 그의 작품이라 하기도 하지만, 혹자는 후대 사람이 그 이야기를 가져다 모방하여 지은 것이라 하기도 한다. 문답의 형식을 취하고 운을 맞추며 대구의 방법을 취한 것이 문인들이 본받는 바가 되어, 가까이는 송옥宋玉의 「풍부」風賦, 멀리는 사마상여司馬相如의 「자허부」子虛賦, 「상림부」上林賦, 그리고 반고의 「양도부」兩都賦[11]가 있다.

『이소』가 나온 뒤, 그것은 문림文林 곳곳에 영향을 미쳤고, 그 영향의 범위가 광대하고 심원해지자 『이소』를 평가하는 말들 또한 분분하고 다양해졌다. 그것을 높이려는 경우는 일월과 빛을 다툴 만하다고 평가하고, 비난하는 경우는 강직한 선비와 동등하게 취급해서는 안 된다고 하였는데,[12] 대개 한쪽은 문장에 달관하였고 한쪽은 단지 시교詩敎라는 기준에 움츠리고 있어 그 평가가 다를 뿐이다. 사실 『이소』가 『시』와 다른 점은 특히 형식과 아름다운 표현에 있는데, 때와 풍속이 다르기 때문에 소리와 음조가 다르고, 땅이 다르기 때문에 산천, 신령神靈, 동식물 모두가 다르다. 다만 간적簡狄과 혼인하려 하고 이요二姚를 아내로 맞이함은 아마 북방 인민들이 감히 말할 수 없는 것이겠지만, 원망하고 분노하고 질책하는 말이라면 시詩 삼백 편 중에도 이보다 더 심한 것이 많다. 초나라는 비록 오랑캐蠻夷라고 해도 오랫동안 대국大國으로 춘추시대에 이미 시를 지었고, 풍아風雅의 가르침을 아직 완전히 배우지 않았기 때문에 다행히 그 고유의 문화가 사멸하지 않고 유지된 채 섞이어 문文이 되었기에 마침내 장대한 문채文彩가 생겨났다. 유협劉勰이 그 언사를 경전에 견주면서,[13] 같은 점도 있고 다른 점도 있지만 진정 아송雅頌의 박도博徒요 전국시대의 풍아와 같다고 하였다. "비록 경經의 뜻을 녹여 취하고 있으나 역시 스스로 뛰어난 표현을 주조해 내었다. …… 그러므로 그 정기는 옛날을 압도하고 그 문사는 오늘날에 절실하다. 사람을 놀라게 한 수사와 절묘한 아름다움은 이에 병칭될 만한 것을 찾기가 어렵다"(『문심조룡』, 「변소」)라고 하였으니, 견식이 있는 사람이라 할 수 있겠다.

형식과 문채가 다른 것은 두 가지 이유, 곧 시간時과 공간地 때문이다. 옛날에는 이웃나라를 접견하고 예禮를 행할 때는 반드시 시詩를 읊어야만 했는데, 그렇기 때문에 공자는 "『시』를 배우지 않으면 남과 할 말이 없다"[14]고 하였다. 주나라 왕실이 몰락하면서 사절이 방문할 때 시를 읊는 관례가 열국列國에 행하여지지 않았고, 한편 유세游說의 풍조는 점점 번성하고 종횡가縱橫家들은 말재주로 이득을 얻으려고 했으니, 마침내 다투어 아름다운 언사로 군주를 감동시키려 하게 되었다. 예를 들어 굴원과 같은 시기에 소진蘇秦이란 자는 조趙나라 사구司寇 이태李兌[15]에게 유세하며 다음과 같이 말했다. "뤄양雒陽 청쉬안리乘軒里의 소진은 집안이 가난하며 부모님이 연로하십니다. 마차를 부릴 사람도 말을 부릴 사람도 없고, 뽕나무로 만든 마차와 봉초로 만든 상자도 없이, 각반도 없이 주머니만 달랑 메고서, 먼지를 뒤집어쓰고 서리와 이슬을 맞으며, 장수이漳水와 황허黃河를 건너 발에는 굳은살이 박혔답니다. 백여 일 걸려 어전御殿의 바깥에 이르렀습니다. 원컨대 어전 앞에서 알현하면서 천하天下의 일에 대하여 말하고자 합니다."(「조책」趙策 1) 스스로 자기 내력을 말할 때 화려한 수식이 이 정도이니 그 변설하던 당시가 어떠한지는 가히 짐작할 만하다. 그 여파가 만연하여 점차 문원文苑에 스며들었고, 번삽한 언사와 미사여구는 당연히 『시』

의 질박한 형식으로는 담아낼 수 없는 것이라 하겠다. 하물며 『이소』가 나온 지방은 또한 『시』와 달랐으니, 후자가 황허와 웨이수이淸水가 있었다면 전자는 위안수이와 샹수이가 있었으며, 후자가 잡목과 작은 나무가 있었다면 전자는 향초蘭芷가 있었다.[16] 또한 전자는 무巫를 중시하여 호방한 노래와 부드러운 춤으로 신을 즐겁게 하였고 노래와 곡조를 성대하게 만들어 제사에 사용하였다. 『초사』의 「구가」[17]는 이렇게 말하고 있다. "초의 남쪽 수도 잉郢의 읍, 위안수이와 샹수이 유역에는 귀신을 믿고 제사를 지내는 풍속이 있다. …… 굴원이 방축되어, …… 근심에 젖어 있다가 민간의 제사의 의식과 노래하고 춤추는 음악을 보았는데 그 언사가 비루하여, 이에 『구가』를 지었다." 그러나 문사文辭가 화려하고 묘하여 굴원의 다른 문장과 사뭇 달라 비록 '지었다'라고 하였지만 마땅히 그럴 만한 근거가 있어야 한다. 속가俗歌와 이구俚句는 문인들에게 스며들지 않을 수 없었으니, 사언四言으로 한정되지 않았고 성인聖人은 요순堯舜으로 한정되지 않았다. 이것은 다분히 형초荊楚[18] 지방의 일반적인 습속인데, 그 유래는 매우 오래된 것이다. 간략히 「상부인」湘夫人을 보자.

상부인께서 북쪽 물가에 내리시니
눈이 아찔하며 내 마음 서럽구나.
한들한들 가을바람에
둥팅호洞庭湖의 물결 일고 나뭇잎이 지는도다.
흰떼白蘋에 올라 사방을 바라보며
아름다운 기약을 저녁에 펴려 하는데,
새는 어찌하여 마름풀 속에 모이며,

그물은 어찌하여 나무 위에 걸려 있는가?

위안수이沅水에 향초 있고 평수이澧水에 난초 있는데

상부인 그리워해도 감히 말을 못 하도다.

아득히 멀리 보니

흐르는 물 졸졸 흘러가네.

큰 사슴은 뜰에서 무엇을 먹으며

교룡은 물가에서 무엇을 하는가?

아침에 나의 말을 강가로 내달려

저녁에는 서쪽 개펄을 건너도다.

나를 부르는 미인의 소리 들리면

올라타고 함께 떠나가리.

물 속에 집을 짓고

연잎으로 지붕을 이어라.

향초의 벽을 짓고 자개단을 갖추고서

향기로운 후추, 사당 가득히 뿌리도다.

계수나무 기둥에 난초 서까래

신이辛夷풀로 처마 하고 구리떼 잎으로 방을 꾸미네.

……

백지로 지붕을 잇고 연꽃으로 집을 짓고

거기에 두형杜衡풀을 두르리라.

온갖 풀을 모아 뜰에 채우고

향기로운 꽃을 쌓아 문을 덮으리.

구의산九嶷山 신들 성대하게 맞이하니

신령이 오시는 게 구름 같아라.

나의 주머니 강 속에 버리고

나의 가락지 풍수의 물가에 버리고서

모래톱 두약杜若을 가져다가

멀리 계신 분께 보내겠노라.

가는 세월 다시 얻을 수 없으니

거닐며 느긋이 살겠노라.

같은 시대 유가 중에 조나라의 순황荀況(B.C. 315~230)은 나이 오십에서야 제나라로 갔는데, 세 번 좨주祭酒가 되었다가, 얼마 뒤 참소되어 초나라로 갔고 춘신군春申君은 그를 란링蘭陵의 영令으로 삼았다. 역시 부賦를 지었는데, 『한서』는 10편이라고 하지만 현재 5편이 『순자』[19]에 있다. 곧 「예」禮, 「지」知, 「운」云, 「잠」蠶, 「잠」箴 5편으로, 신하가 은어隱語로 묻고 왕이 은어로 그것을 풀고 있는데, 문장 또한 질박한 것이 대개 사언四言으로 되어 있어 초나라 곡조 같지가 않다. 또한 「궤시」佹詩라는 것이 있는데 사실 이것 역시 부賦로, 천하가 다스려지지 않는 것은 곧 춘신군을 버렸기 때문이라 말하고 있는데, 그 언사가 매우 격정적이어서 거의 굴원에 뒤지지 않는다. 몸소 초나라 땅으로 가서 사는 곳이 그 사람의 기질을 바꾸어,[20] 마침내 울분의 생각이 생긴 것이 아니겠는가.

천하가 다스려지지 않아

궤시를 읊어 볼까 하네.

"천지가 뒤집어지고

사계절은 혼란스럽네.

뭇 별들이 떨어지니

아침과 저녁 모두 어둠뿐이네.

……

어진 사람은 쫓겨나 꼼짝 못하고

오만하고 강폭한 자는 온 국토를 휘젓는다.

천하가 아득하고 험난하여

세상의 영웅을 잃을까 두렵도다.

교룡이 도마뱀이 되고

올빼미는 봉황이 되는구나.

비간比干은 심장이 갈렸고

공자는 광匡에 억류되었다.

밝도다, 내 앎의 분명함이여.

억울하도다, 운명의 불길했음이여."

……

성인聖人도 읍을 하고

시간이 얼마 지나자

학생들이 의문이 들어

반복하여 듣고 싶다 했다.

그 단가는 노래하길

"생각건대, 저 먼 초나라는

어찌 그렇게 막혀 있는가.

어진 사람은 쫓겨나 꼼짝 못하고

강폭한 자만 가득하네.

충신은 위태롭고

참언하는 자만 즐겁게 있구나.

아름다운 옥과 구슬은

어디에 걸려야 할지 모르고

삼베와 비단이 뒤섞여

구별이 가지 않는구나.

……

눈먼 자가 눈이 밝은 자 되고

귀 어두움이 귀 밝음으로 여겨지고

위태함이 편안함이 되고

길함이 흉함이 되는구나.

아아, 하늘이시여

어찌하여 그것들이 같은 것입니까!"

　얼마 후 초나라에는 송옥宋玉, 당륵唐勒, 경차景差²¹⁾와 같은 사람들이
나타났는데, 모두가 글을 잘 지었고 부賦로 이름이 났다. 그러나 굴원의 문
사文辭를 배웠다 하지만 결국 감히 직간直諫하지는 못하였으며, 대개 애수
를 끌어왔고 화려함과 부염함을 찾았으니 "아홉 번 죽어도 후회하지 않는
다"²²⁾는 절개는 거의 사라졌다 할 수 있다. 왕일은 송옥을 굴원의 제자라
고 하였는데, 송옥은 회왕의 아들 양왕襄王을 섬겨 대부大夫가 되었으나 뜻
을 이루지 못하였다. 본래 16편을 지었으나, 오늘날 11편만이 남아 있으
며, 대부분이 후대 사람들의 모작으로 믿을 수 있는 것은 「구변」九辯이 있

다.[23] 「구변」은 본래 오래된 사古辭[24]로 송옥이 그 제목만을 취하여 새롭게 만든 것인데, 자유로이 생각하고 마음껏 내달리는 상상은 『이소』만 못하지만, 처연하고 원망스런 비분의 감정은 사실 빼어나다. 다음을 보자.

하늘이 고르게 사계절을 나누셨는데
유독 이 찬 가을이 서글프다.
흰 서리 백초百草에 서렸으니
어느덧 오동과 가래나무도 흩어지리라.
밝은 해는 지고
기나긴 밤 찾아드네.
풀향기는 흩어지고
시들어져 쓸쓸해져 가네.
가을은 벌써 흰 서리로 알리고
겨울도 찬 서리로 겹쳐 오니
……
세월은 어느덧 다 가고
내 인생 얼마 남지 않은 듯
헛되이 보낸 나의 삶 슬퍼지누나.
이 슬프고 두려운 세상을 만나
홀로 조용히 살아가려니
귀뚜라미 쓸쓸히 이 서당에서 우는구나.
마음은 놀라고 두려워 울렁거리니
이 많은 근심 어찌하면 좋을 건가!

밝은 달 쳐다보며 긴 한숨 쉬노라니

뭇별만 헤아리다 날이 새는구나.

또 「초혼」招魂[25] 한 편이 있는데, 밖으로는 사방의 악惡을 나열하고 안으로는 초나라의 아름다움을 숭상하여, 초혼魂魄을 해서 돌아오게 하여 초나라 수도 잉郢의 수문修文을 지키라 하고 있다.[26] 사마천은 굴원이 지었다고 하지만 문장의 기운이 완전히 다르다. 그 문장은 화려하고 아름다우며 길게 늘여 서술하였는데, 험난한 위험을 말할 때는 천지간에 누구도 거기서 거할 수 없을 정도이고, 즐거움에 빠져 노는 것을 묘사할 때는 음식과 노래, 여색을 즐기는 것이 극치에 달할 정도여서, 후대 사람들이 부를 지을 때는 대부분 그 과장의 수법을 따랐다. 구句의 말미에는 모두 "사"些 자를 사용하고 있는데, 이 또한 독특한 격식으로 송宋대 심존중沈存中[27]은 "오늘날 쿠이저우夔洲, 샤저우峽州, 후수이湖水와 샹수이 및 남북강南北江 지역의 사람들獠人은 무릇 주술呪術 어구 말미에 모두 사些를 붙이는데, 이것은 초나라의 오래된 풍속이다"라고 하였다.

......

혼이여 돌아오라

남방에 그대 머물 곳 없도다.

그곳 사람들은 이마에 문신하고

검게 이빨을 드러내는도다.

사람고기로 제사 드리고

그 뼈로 장 담는도다.

큰 뱀은 도처에 꿈틀거리고

큰 여우는 천리에 깔려 있도다.

숫뱀은 머리가 아홉 개

몸동작이 민첩하고

사람 삼킬 때면 독성이 더욱 심해지는도다.

돌아오라

거긴 오래 머물 곳이 아니도다.

……

혼이여 돌아오라

그대는 하늘에 오르려 하지 말라.

호랑이와 표범이 구중 관문을 지키고

하계의 사람들을 물어 해칠 것이로다.

머리가 아홉인 힘 센 사나이

하루에 나무 구천 그루를 뽑아낼 것이로다.

승냥이와 이리 눈을 세워 뜨며

이리저리 떼를 지어 어슬렁거릴 것이로다.

사람을 거꾸로 매달아 희롱하고

깊은 연못에 던져 버릴 것이로다.

상제에게 말씀드린 연후에야

편히 누워 잠잘 것이로다.

돌아오라

거길 가서 몸 위험할까 두렵도다.

……

혼이여 돌아오라

영도의 성문 안으로 들어오라.

……

친족의 부부들 모두가 그대를 존경하고

먹을 것도 갖가지 장만했을 것이로다.

백미·피·이른 보리에

누런 기장을 섞어 밥을 했을 것이로다.

메주·소금·식초

그리고 생강·꿀이 어우러져 갖가지 맛을 낼 것이로다.

살찐 쇠고기 푹 고아져 있고

향내까지 날 것이로다.

식초와 간수를 타서

오吳나라 국처럼 맛있는 국을 진열해 놓을 것이로다.

삶은 자라와 구운 양고기에

사탕수수 즙이 곁들여 있을 것이로다.

……

안주며 맛있는 음식, 주연이 한창인데

가녀와 악공들의 주악소리

쇠북을 차려놓고 북을 울리며

새 가락을 반주하고 있도다.

섭강涉江, 채릉采菱이며 양하楊荷

초나라 악곡을 소리 내 부르고 있도다.

미인들 모두가 취해

얼굴이 발그레 달아올랐도다.

희롱하는 눈으로 곁눈질할 때면

눈에서 물결 같은 빛 반짝거리도다.

아름답게 차려 입은 옷맵시

화려하고도 신기하도다.

긴 머리카락, 늘어뜨린 살쩍

반지르르 윤기 흘러 요염하고 빛나도다.

……

부賦라고 하는 것은 9편으로(『문선』文選은 4편, 『고문원』古文苑은 6편이다. 그러나 「무부」舞賦는 실제로는 부의傳毅의 작품이다),[28] 대부분 송옥이 당륵, 경차와 함께 초왕을 모시던 이야기로서, 어떤 일에 부딪힐 때 그때그때 일어나는 감정들을 부로 지은 것이다. 그러나 문장이 자질구레하고 번잡하며 때때로 신선을 말하고 있기 때문에, 송옥의 「구변」·「초혼」 및 당시의 정황과 거의 맞지 않고, 굴원의 「복거」·「어부」처럼 모두 후대 사람이 의탁하여 지은 것이 아닐까 의심스럽다. 또 「대초왕문」對楚王問[29]은(『문선』과 『설원』에 보인다) 선비들과 뭇 백성에게 칭송받지 못하는 까닭을 스스로 변론하고 있는 것으로, 먼저 노래를 들어 이야기를 하고 그 다음은 고래와 봉황을 끌어들여 세속의 선비들이 성인을 알아볼 수 없음을 밝히고 있다. 그 언사는 매우 번잡하여 거의 유세가가 변론을 늘어놓는 것 같으니 또한 의탁한 것이 아닐까 싶다. 그러나 이들은 부와 함께 한漢 초에 나온다. 유협은 부의 맹아가 『이소』에 있다고 보았고, 순경·송옥이 고유한 이름을 부여하여 시詩와의 경계를 그음으로써 번성하여 대국의 면모를 이루었다고 했다.[30] 또한 "송옥이 재능이 있어 처음으로 '대문'對問을 지었다"[31]라고 하였는데, 그리하여 매승枚乘의 「칠발」七發, 양웅揚雄의 「연주」連珠[32]처럼 울분을 토로하는 문장이 왕성하게 일어났다고 했다. 그렇다면 『이소』는 시 삼백 편의 영향을 받기는 하였어도 당시 유세의 풍조로 인해 광대해지고, 형초荊楚 지역의 풍습으로 인하여 기이하고 웅대해졌던 셈이다. 부賦와 대문對問 또한 그 장구한 흐름이 후대에까지 흘러 넘치고 있다.

당륵과 경차의 문장은 오늘날 전해지는 것이 더욱 적다. 『초사』 가운데 「대초」大招[33]가 있는데, 「초혼」을 본받으려 했으나 그 경지에는 거의 미치지 못했다. 왕일은 "굴원의 작품이다. 혹은 경차의 작품이라고도 말한다"라고 했다. 그 문사를 살펴보면 경차가 지은 것에 가깝다고 할 수 있다.

참고문헌

주희(朱熹), 『초사집주』(楚辭集注).
『순자』(荀子), 권18.
『사기』「굴원가생열전」(屈原賈生列傳).
『문심조룡강소』(文心雕龍講疏), 권2 「전부」(詮賦), 권3 「잡문」(雜文).
일본 스즈키 도라오(鈴木虎雄), 『지나문학 연구』(支那文學之硏究), 권1 「소부의 생성」(騷賦之
    生成).
셰우량, 『초사신론』(楚辭新論).
유궈언(游國恩), 『초사개론』(楚辭槪論).

주)_____

1) 굴원(屈原, B.C. 340~278). 이름은 평(平)이고, 자는 원(原), 영균(靈均)이라고도 한다. 전
   국 후기 초(楚)나라 사람이다. 초 회왕(懷王) 때 좌도(左徒)를 역임하였으며, 안으로 정
   치를 닦고 능력 있는 인재를 등용하며, 제(齊)와 연횡하고 진(秦)에 항거할 것을 주장하
   다가 참소당하여 방축되었다. 경양왕(頃襄王) 때는 위안수이(沅水)와 샹수이(湘水) 유역

으로 방축되었다. 진(秦)의 공격으로 초나라 수도인 잉(郢)이 파괴된 후, 슬픔과 분노로 미뤄수이(汨羅水)에 스스로 몸을 던졌다. 『한서』「예문지」에는 굴원의 부(賦)가 25편이라고 되어 있지만 이미 산실되었다. 오늘날 전해지는 굴원의 작품은 서한(西漢) 유향(劉向)이 집일한 『초사』(楚辭)에 보인다.

『이소』(離騷). 굴원의 대표작이다. 장편의 이 시에서 시인은 추악한 현실을 비판하고, 아름다운 이상의 추구와 나라에 대한 뜨거운 사랑의 감정을 거침없이 풀어내고 있다. 후세 문학에 심원한 영향을 미쳤다. 이 시는 경양왕 때에 지어진 것이라 하며, 일설에는 회왕 때라고도 한다.

2) 초사(楚辭)는 전국시대의 초나라에서 생겨났다. 굴원이 지은 『이소』가 대표적이다. 북송(北宋)의 황백사(黃伯思)는 『동관여론』(東觀余論) 「익소서」(翼騷序)에서 다음과 같이 말했다. "굴원과 송옥의 부(賦)는 모두 초나라 말로 되어 있으며, 초나라 소리로 지어졌고, 초의 땅을 기록하고 있고 초의 산물을 말하고 있으니, 초사라고 말할 수 있을 것이다."

3) 상관대부(上官大夫). 일설에는 상관(上官)이 본래의 성이라 하며, 동한의 왕일(王逸)은 『이소경서』(離騷經書)에서 상관근상(上官靳尙)이라고 하였다. 또 다른 일설에는 상관대부(上官大夫)는 관명이라 한다. 『사기』「굴원가생열전」에는 "상관대부는 굴원과 서열이 같았는데, 왕의 총애를 다투며 마음속으로 그의 재능을 시기하였다. 회왕이 굴원으로 하여금 법령의 초안을 작성하도록 하였고 굴원은 초고를 만들었으나 아직 완성하지 않았었다. 상관대부는 그것을 보고 빼앗으려 하였고 굴원이 이를 주지 않자, 왕에게 다음과 같이 참소하였다. '왕께서 굴원에게 법령을 기초하게 한 것을 모르는 자가 없으나, 매번 하나의 법령이 나올 때마다 굴원은 자신의 공로를 자랑하여, 내가 아니면 아무도 그 법령을 만들지는 못할 것이다, 라고 하고 있습니다.' 왕이 노하여 굴원을 멀리하였다."

4) 「천문」(天問). 초사의 편명으로 굴원이 지었다. 전체 시는 170여 개의 질문으로 구성되어, 고대의 역사 사건, 신화, 전설과 자연 현상에 대해 의문을 던지고 있다. 루쉰은 「마라시력설」(『무덤』에 수록)에서 "태초의 문제에서부터 만물의 쇄말(瑣末)에 이르기까지 모두 의심하여 거리낌 없이 말을 풀어낸 것이 이전 사람들은 감히 말하지 못한 것이었다"라고 하였다.

5) 자란(子蘭). 초 회왕의 막내아들로 경양왕 때 영윤(令尹)이 되었다. 『사기』「굴원가생열전」에는 다음과 같이 기록되어 있다. "진(秦) 소왕(昭王)이 초와 혼인하려고 초 회왕을 회견하고자 했다. 회왕이 가려 하자 굴평(屈平)이 '진은 범과 이리와 같은 나라이니 믿을 수 없습니다. 가지 않는 것이 좋습니다'라고 말했다. 그러나 회왕의 막내아들 자란이 왕에게 가는 것을 권하면서 '진과의 우호가 끊어지면 어찌합니까'라고 했다. 회왕이 마침내 갔고, 무관(武關)에 들어서자 진의 복병이 퇴로를 차단하고 회왕을 억류하여 땅을 할양할 것을 요구했다. 회왕이 노하여 들어주지 않았다. 조(趙)로 도망했더니, 조나라

가 받아주지 않아 다시 진으로 갔고 마침내 진에서 죽어 유해로 귀국했다."

6) '이소'(離騷)라는 단어의 뜻에 대한 해석은 다양하다. 『사기』「굴원가생열전」에는 "이소는 근심을 떠나는 것이다(離憂)"라고 하며, 반고의 『이소찬서』(離騷贊序)에는 "이(離)는 만나다며, 소(騷)는 근심이다. 근심을 만나 글을 지었음을 드러내는 것이다"라고 한다. 왕일의 『이소경서』(離騷經書)에는 "이는 이별이다. 소는 슬픔이다"라고 한다. 양웅(揚雄)은 『반이소』(反離騷)와 『반뢰수』(反牢愁)를 지었는데, '이소'(離騷), '뇌수'(牢愁)는 초나라 언어로는 불평하다는 뜻이다.

왕일(王逸). 자는 숙사(叔師), 동한 난군(南郡) 쉬안청(宣城; 지금의 후베이湖北에 속한다) 사람이다. 안제(安帝) 원초에 교서랑(校書郎)이 되어 순제(順帝) 때 시중(侍中)이 되었다. 『초사장구』(楚辭章句)는 『초사』의 가장 이른 주석본이다.

『반이소』와 『반뢰수』, 『한서』 「양웅전」에 다음과 같이 기록되어 있다. 양웅은 굴원의 『이소』를 읽고서 다음과 같이 말했다. "그 문장이 슬퍼 그것을 읽은 후 일찍이 눈물을 흘리지 않은 적이 없었다. 군자는 때를 얻으면 큰일을 행하고 때를 얻지 못하면 몸을 숨기는 것이니, 명을 만나고 만나지 못한 것이 구태여 한 몸에 있으랴. 이에 글을 짓노니, 종종 『이소』의 문장을 배우기도 하고 그것에 반대하기도 하면서, 민산(岷山)에서 강으로 던져 굴원을 위로하니, 『반이소』라 이름한다." "또한 「석송」(惜誦)에서 「회사」(懷沙)까지 한 권을 『반뢰수』라 이름한다." 『반뢰수』는 전하지 않는다.

7) 창오(蒼梧)는 순임금을 장사 지낸 곳으로 구의산(九疑山)을 가리키기도 한다. 현포(縣圃)는 신산(神山)으로 쿤룬(崑崙) 위에 있다. 영쇄(靈瑣)는 신령의 문을 말한다. 희화(羲和)는 요임금 때 사시(四時)를 관장하는 관원으로 해를 맞고 보내는 일을 했다. 엄자(崦嵫)는 해가 들어가는 곳에 있는 산. 함지(咸池)는 해가 미역 감는 곳. 부상(扶桑)은 나무 이름으로 해가 그 밑에서 뜬다고 한다. 약목(若木)은 나무 이름으로 그 꽃이 땅에 비친다고 한다. 짐(鴆)은 깃에 독이 있는 새이다.

8) 영분(靈氛)과 무함(巫咸)은 중국 고대의 신무(神巫)이다.

9) 「구장」(九章). 굴원이 지은 아홉 편의 비교적 짧은 작품을 총칭하는 것으로, 「석송」(惜誦), 「섭강」(涉江), 「애영」(哀郢), 「추사」(抽思), 「회사」(懷沙), 「사미인」(思美人), 「석왕일」(惜往日), 「귤송」(橘頌), 「비회풍」(悲回風)이다. 남송 주희의 『초사집주』(楚辭集注)에는 "「구장」은 굴원이 지은 것이다. 굴원이 방축되어 임금과 나라를 생각하면서 상황에 따라 감동되는 바를 바로 소리로 형상화한 것이다. 후인이 그것을 모아 아홉 편을 얻게 되어 한 권으로 합하였는데, 꼭 같은 시기에 나온 것이라 할 수 없다"라고 한다.

10) 「복거」(卜居), 「어부」(漁父). 이 두 편은 굴원과 태복(太卜), 굴원과 어부(漁父)의 문답을 가정하여, 세상사 혼탁함에 대한 분노와 이상에 대한 충실함, 세속의 부침에 따르지 않으려는 사상과 감정을 토로한 것이다. 왕일의 『초사장구』는 이 두 편이 모두 "굴원의 작품이다"라고 하며, 또한 「어부」는 초나라 사람들이 굴원을 그리워하여 어부와의

문답을 서술하여 만들었다고 한다.

11) 「풍부」(風賦). 송옥(宋玉)이 지었다고 되어 있고, 후대 사람 중 혹자는 위탁한 것이 아닐까 의심하였다. 작품에는 초 양왕과 송옥이 "대왕의 웅혼한 풍격"과 "서인의 속된 풍격"에 관해 나눈 대화가 서술되어 있는데, 은밀하게 풍간하는 뜻이 깃들어 있다.
「자허」(子虛; 자허부)와 「상림」(上林; 상림부)은 서한 사마상여(司馬相如)의 작품이다. 사마상여에 대해서는 이 책 제10편을 보시오.
「양도」(兩都)는 「서도부」(西都賦)와 「동도부」(東都賦)이다. 동한 반고의 작품이다. 부 중에서 서도의 빈객(賓客)과 동도의 주인을 설정하여 도읍을 창안(長安)과 뤄양(洛陽) 중 어디로 할 것인가에 관한 일을 변론하고 있는 것이다.

12) 굴원의 『이소』를 찬양하고 비판하는 것에 대해서, 그것을 찬양하는 것은 『사기』 「굴원 가생열전」에 다음과 같이 기술되어 있다. "[『시경』의] 「국풍」에 실려 있는 시는 색을 좋아했으나 과도하지 않고, 『소아』에 실려 있는 시는 원망하며 비방하고 있으나 어지럽지는 않다. 『이소』 같은 것은 양자를 겸비하고 있다고 할 수 있다." "그 문장은 간략하고 그 언사는 미묘하며 그 뜻은 고결하며 행위는 청렴하다. 드러난 문장은 적으나 그 취지는 매우 크며, 열거한 유례는 비근하지만 표현한 의리는 고원하다. …… 이 뜻을 추론한다면 일월과 빛을 다툰다고 할 수 있다." 비판하는 것은 반고의 「이소서」(離騷 序)에 있다. "오늘날 굴원과 같이 재능을 드러내고 자신을 높인 자는 …… 받아들여지지 않자 분노하고 원망하여 강에 몸을 던져 죽었다. …… 『시』의 풍아를 겸비하고 일월과 빛을 다툰다 함은 과한 것이다."

13) 유협(劉勰)의 『문심조룡』(文心雕龍) 「변소」(辨騷)에서는 『이소』를 『서경』의 '전고(典誥)의 양식', (『시경』의) '풍간의 종지', '비흥(比興)의 수법', '충성과 원망의 표현', '시경과 동일하다'라고 여겼으며, 또한 '이상한 이야기', '터무니없는 이야기', '정신 나간 이야기', '음탕한 뜻'은 '경전과 다른 점'이라 했다. 또한 "(초사가) 경전인 점은 앞에서 논한 것이고, 망상과 허황함은 뒤에 논술한 것이다. 결국 초사라는 것은 하·은·주 삼대에서 배우고, 풍아로 보면 전국적 요소가 혼입되어 있으니, 곧 『시경』으로 보면 도악(道 樂)의 자식이고 후대의 부에서 따지면 영웅의 존재인 것이다."

14) "시를 배우지 않으면 남과 할 말이 없다"(不學『詩』無以言). 『논어』 「계씨」(季氏)에 있다. 공자가 "일찍이 홀로 서 있을 때, 리(鯉)가 종종걸음으로 뜰을 지나가는데 말하였다. '시경을 배웠느냐'고 하기에 리는 '아직 못 배웠습니다' 하였다. 공자는 '시경을 배우지 않으면 남과 할 말이 없다'고 하여 리는 물러나와 시경을 배웠다." 리(鯉)는 공자의 아들이다.

15) 소진(蘇秦, ?~B.C.317). 자는 계자(季子)이며 전국시대 동주(東周)의 뤄양(洛陽) 사람이다. 종횡가로 육국이 연합하여 진(秦)에 항거하여야 한다는 '합종'(合縱)설을 주장하였다. 이태(李兌)는 전국시대 조(趙)나라 사람이다. 『자치통감』(自治通鑑) 「주기」(周紀)

'신정왕(愼靚王) 4년'(B.C.317)에는 "제(齊) 대부(大夫)와 소진이 왕의 총애를 다투었는데, 사람을 보내 소진을 찔러 그를 죽였다"라 하였다. 같은 책 「주기」 '적왕(赦王) 20년'(B.C.295)에는 "공자성(公子成)이 재상이 되어 안평군(安平君)이라 했고, 이태는 사구가 되었다. 이때 혜문왕(惠文王)은 어렸고, 공자성과 이태가 정치를 전담하였다"라고 되어 있다. 이를 근거로 볼 때, 소진이 생전에 이태에 대해 말할 때는 이태가 아직 사구가 되지 않았을 때이다.

16) "향초"의 원문 '난채'(蘭茝)는 난초와 구릿대를 가리키며 향초의 총칭으로 쓰인다.

17) 「구가」(九歌). 모두 11편으로 「동황태일」(東皇太一), 「운중군」(雲中君), 「상군」(湘君), 「상부인」(湘夫人), 「대사령」(大司令), 「소사명」(少司命), 「동군」(東君), 「하백」(河伯), 「산귀」(山鬼), 「국상」(國殤), 「예혼」(禮魂)이다. 굴원이 민간 제사의 노래와 음악을 변형하여 다시 쓴 것이라 한다. 여기서는 왕일의 『초사장구』 「구가서」(九歌序)를 인용하였다.

18) 형초(荊楚). 초나라를 형(荊)이라고도 했다. 형초는 초나라 지역을 가리킨다.

19) 순황(荀況, B.C. 약313~238). 순경(荀卿), 손경(孫卿)이라고도 하며 전국시대 조나라 사람이다. 일찍이 제나라의 지샤(稷下) 좨주(祭酒)를 지냈으며 초나라 란링(蘭陵)의 영(令)이 되었다. 『한서』 「예문지」에 「손경자」(孫卿子) 33편이 기록되어 있다. 오늘날 『순자』(荀子)라고 칭해진다.

20) 원문은 '거이기질'(居移其氣). 『맹자』 「진심 상」(盡心上)의 "환경은 기질을 변화시키고, 음식은 몸을 변화시킨다"이다.

21) 송옥(宋玉), 당륵(唐勒), 경차(景差)는 모두 전국시대 초나라 사람이다. 『사기』 「굴원가생열전」에 다음과 같이 나온다. "초에는 송옥, 당륵, 경차의 무리가 있는데, 이들은 모두 글을 잘 지어 부로 이름을 떨쳤다. 그러나 이들 모두 굴원의 종용한 문장을 본받았으나 감히 직간(直諫)하는 것은 하지 못하였다." 『한서』 「예문지」에 송옥의 부 16편이, 당륵의 부 4편이 기록되어 있다.

22) "구사미회"(九死未悔). 『이소』의 "또한 내 마음의 선함이여, 비록 아홉 번 죽을지언정 후회는 안 하리라"(亦余心之所善兮, 雖九死其猶未悔)에서 나왔다.

23) 「구변」(九辯). 왕일의 『초사장구』 「구변서」에는 "송옥은 굴원의 제자이다. 그의 스승이 충심에도 불구하고 방축된 것을 안타까워하여, 「구변」을 지어 그 뜻을 펴내었다"고 되어 있다.

24) 사(辭)의 초기형태로 옛 악장을 가리킨다.

25) 「초혼」(招魂). 왕일의 『초사장구』 「초혼서」에 "송옥은 굴원이 충성스러움에도 불구하고 배척당하여 쫓겨나, 슬픔에 젖어 산택을 방황하다 혼백이 나아가 그 운명이 사그라짐을 안타까워하여 초혼을 지었다"고 되어 있다. 어떤 학자는 『사기』 「굴원가생열전」의 찬(贊)에서 "나는 『이소』, 「천문」, 「초혼」, 「애영」을 읽고 그 뜻을 슬퍼하였다"는 것을 들어, 「초혼」이 굴원이 지은 것이라 여기고 있다.

26) 수문(修門). 용문(龍門)으로 초나라 수도 잉의 남관삼문(南關三門)의 하나이다. 지금의 후베이 장링(江陵) 일대이다.

27) 심존중(沈存中, 1031~1095). 이름은 괄(括)로 북송 첸탕(錢塘: 지금의 저장浙江 항저우杭州) 사람이다. 일찍이 한림학사(翰林學士), 지옌주(知延州)를 역임하였다. 『몽계필담』(夢溪筆談), 『장홍집』(長興集) 등을 지었다. 인용문은 『몽계필담』 권3에 보인다.

28) 여기서 말한 "아홉 편"은 『문선』(文選)에 수록된 「풍부」(風賦), 「고당부」(高唐賦), 「신녀부」(神女賦), 「등도자호색부」(登徒子好色賦)와 『고문원』(古文苑)에 수록된 「풍부」(諷賦), 「적부」(笛賦), 「조부」(釣賦), 「대언」(大言), 「소언」(小言)을 말한다.
    『문선』은 『소명문선』(昭明文選)으로 남조(南朝)의 양(梁)나라 소통(蕭統: 소명태자昭明太子)이 편집한 것으로 선진(先秦)에서 양나라까지의 시문과 사부(辭賦)를 뽑아 모아 모두 38부류로 나눈 것으로 현존하는 것 중 가장 오래된 시문총집이다. 『고문원』은 편자는 확실하지 않은데, 옛 설에 따르면 당나라 사람의 구장본(舊藏本)이라 하고 청의 구광기(顧廣圻)는 송나라 사람이 집록하였다고 한다. 내용은 주대(周代)에서 남제(南齊)에 이르는 시문을 모은 것인데, 사전 및 『문선』이 싣지 않은 것으로 모두 9권이며 스무 개로 분류하였다.

29) 「대초왕문」(對楚王問). 이 글은 초왕과 송옥의 문답을 서술한 것으로 송옥은 「하리파인」(下里巴人), 「양춘백설」(陽春白雪)의 구별을 인용하여 "노래가 고상하여지니 화답하는 자가 적어진다"를 설명하고 있다. 또한 고래(鯤魚)와 봉황으로 자신이 초연하게 홀로 거하면서 세속에 인정받지 못하고 있음을 비유로 설명하였다. 경(鯨)은 『문선』에는 "곤"(鯤)이라고 되어 있고 『신서』(新序)에는 "경"(鯨)이라 되어 있다. 본문에서 『설원』(說苑)이라 한 것은 마땅히 『신서』라고 해야 된다. 두 책은 모두 서한 유향(劉向)이 편찬한 것이다.

30) 부(賦)의 맹아는 『이소』이다. 『문심조룡』 「전부」(詮賦)에 다음과 같이 되어 있다. "굴원이 『이소』를 노래하면서 비로소 소리와 형상의 묘사가 확대되었다. 그러므로 부라는 것은 『시경』의 작자에서 기원하여 『초사』에 와서 비로소 그 영역이 확대된 것이다. 이리하여 순황(荀況)의 「예」(禮), 「지」(智), 송옥의 「풍부」, 「균부」(釣賦)에 비로소 부라는 명칭을 부여함으로써 『시경』과의 경계를 분명히 그을 수 있게 된다. 시의 육의의 하나에 속했던 것에서 발전하여 대국을 이루게 된 것이다"라고 하였다.

31) 원문은 "宋玉含才, 始造對問". 『문심조룡』 「잡문」에 "송옥은 재능을 갖추고 있었기에 종종 세속 사람들과 크게 구별되었다. 송옥이 처음으로 대문(對問)의 형식을 만들어 그것으로 자신의 의지를 자세히 설명하였다"라고 한다.

32) 매승(枚乘)과 그가 지은 「칠발」(七發)은 『한문학사강요』 제8편을 참조. 매승이 지은 「칠발」 이후, "七"은 일종의 문체가 되었다.
    「연주」(連珠). 양웅이 지었다. 이후 "연주" 또한 일종의 문체가 되었다. 『예문유취』(藝

文類聚) 권57에는 서진(西晉)의 부현(傅玄)의 「연주서」(連珠序)를 인용하여 "그 문체는 언사가 화려하고 말은 간략하다. 사건과 정서를 직접적으로 말하지 않고 반드시 가상과 비유로 그 뜻을 드러낸다. 현자는 은미한 것에서 깨달으니, 고시의 발흥지의(勸興之義)에 부합한다. 마치 구슬을 꿰어 낸 듯 가지런하고 질서가 있어, 쉽게 눈에 들어와 기쁨을 주니, 때문에 연주라 한다"라고 하였다.

33) 「대초」(大招). 왕일의 『초사장구』 「대초서」(大招序)에는 "「대초」는 굴원이 지은 것이다. 혹 경차(景差)라고도 하나 분명하지 않다"고 되어 있다. 남송 주희의 『초사집주』에는 "이 편은 분명 경차가 지었음이 분명하다"고 되어 있다. 명대 호응린(胡應麟)의 『시수』(詩藪) 「잡편(雜編)·유일(遺逸)」에는 "(당)륵의 부(賦) 네 편은 그 요지가 『예문』(藝文)에 있다. ……「대초」는 이 네 편 중 하나이다"라고 되어 있다.

제5편 이사

진秦나라 시황제가 즉위한 초기, 열국刜國은 항상 선비들을 대우하고 빈객賓客을 좋아하였다. 또한 언변에 능한 선비辯士들이 많아, 예를 들면 순황의 무리들처럼 책을 저술하여 천하에 퍼뜨리기도 하였다. 상국相國 여불위呂不韋는 이에 선비들을 후한 대접으로 양성하여, 한 사람 한 사람마다 자기가 알고 있는 것을 저술하게 하였고 이를 모아 책을 만들었는데 무릇 20만여 자에 이르렀다. 이것을 『여씨춘추』[1]라 하였는데, 셴양咸陽시의 성문에 걸고 제후, 유사游士, 빈객들을 불러들여 한 글자라도 더하거나 뺄 수 있는 자에게 천금을 주겠다고 하였다. 시황제는 기반이 탄탄해지자 여불위를 축출하였고, 다시 점차 열국을 겸병해 갔는데, 학문하는 사람들文學을 초빙하고 박사관博士을 설치했지만,[2] 결국은 『시』와 『서』를 불살랐고 수많은 유생들을 죽였으며[3] 승상 이사李斯에게 중임을 맡겨 법술法術로써 나라를 다스렸다.

이사는 초나라 상차이上蔡 사람이다. 젊어서 한비韓非와 함께 순황으로부터 제왕의 치술帝王之術[4]을 배웠고 장성하여 진나라로 들어가서 여불위의 식객이 되었다. 시황에게 유세하여 장사長史[5]에 배수되었으며, 점차 승진하여 좌승상左丞相에까지 이르렀다. 2세[6] 2년(B.C. 208)에 환관 조고趙高가 이사를 모반죄로 모함하여 그를 죽였는데, 오형五刑을 모두 가했고 삼족三族을 멸하였다. 이사는 비록 순경[순황]의 문하생이었지만 유자儒者의 도를 받들지 않았고, 다스림에 있어서는 엄격하게 하였다. 하지만 문자 방면으로는 특별한 공훈이 있다. 육국六國시대에는 문자의 형태가 서로 달랐고, 이사는 이에 뜻을 두고 진나라의 문자와 합치되지 않는 것들을 버리고 서체書體를 하나로 통일하여 『창힐』蒼頡 7장을 만들었다. 하지만 이것은 옛 문자古文와 매우 달라 후에 진전秦篆이라 부르게 되었다. 또 처음으로 예서隸書를 만들었는데,[7] 대개 관사와 옥사의 일이 너무 많아서 임시로 간편하게 만들어 도예徒隸[8]에 그것을 시행하였다. 법가法家는 대부분 문채文采가 부족했으나, 이사의 상주문만은 그래도 화려한 문사가 있다. 상소문「간축객」諫逐客을 보자.[9]

…… 반드시 진나라에서 생산된 것이어야 쓸 수 있다면, 즉 이 야광의 구슬은 조정을 장식하지 못할 것이요, 무소뿔과 상아로 만든 그릇을 쓸 수도 없고, 정鄭나라·위衛나라의 미녀로 후궁을 채우지 못할 것이요, 결제駃騠와 같은 좋은 말들도 마구간에 넣지 못할 것이요, 강남의 금과 주석도 쓸 수 없고, 서촉西蜀의 단청도 칠할 수 없습니다. …… 무릇 항아리를 치고, 장군을 두드리며, 쟁箏을 켜고, 허벅지를 두드리며, 우우우 신나게 노래하고 소리 질러 이목을 즐겁게 하는 것이 진짜 진나라의 음악입니다. 정나라·위나라의 상간桑間의 노래 및 「소우」韶虞, 「무상」武象은 다른 나라의 음악입니다. 지금 항아리를 치고, 장군을 두드리는 것을 버리

고 정나라·위나라의 음악을 취하며, 쟁을 타는 것을 물리치고 「소우」,
「무상」을 취하니, 어째서 그렇게 하시는 것입니까? 바로 앞에서 즐겁고,
눈에 맞으면 그만일 뿐입니다. 지금 사람을 쓰는 데에는 그러하지 않습
니다. 가부를 묻지 않으시고 옳고 그름을 논하지 않으시며, 진나라 사람
이 아니면 버리고 다른 나라 출신이라면 쫓으십니다. 그런즉 여색과 음
악, 보배, 주옥은 중시하시고, 사람은 오히려 경시하십니다. 이는 사해四
海에 군림하시고 제후를 제어하시는 방법이 아닙니다.……

28년 시황은 비로소 동쪽으로 군현들을 순시하였는데, 이때 여러 신
하들이 서로 더불어 그의 공덕을 칭송하며 금석金石에 새겨 후세에 널리
전해지도록 하였다. 그 문장 역시 이사가 지었는데 지금도 전해지고 있다.
질박하면서도 장엄하여 실로 한나라와 진나라의 비명碑銘은 그것으로부
터 나온 것이다. 「태산각석문」泰山刻石文을 보자.

황제께서 제위에 오르시어 제도를 만드시고 법을 밝히시니 신하들은 몸
을 닦고 언행을 삼갔다. 26년에 처음 천하를 겸병하시니, 신하로서 조현
하여 따르지 않는 자가 없었다. 친히 천하의 백성들을 둘러보시고, 이 태
산에 올라 두루 동쪽 끝을 둘러보셨다. 따르던 신하들이 그의 사적을 회
상하고 사업의 근원을 생각하면서 황제의 공덕을 삼가 기렸다. 치국의
도가 행해지자, 모든 일들이 마땅함을 얻고 모든 법식이 생기며, 대의가
아름답게 드러나서 후세에 널리 전해지며, 영원토록 계승되어 변함이
없으리라. 황제께서 몸소 성덕을 베푸시어 이제 천하를 평정하고 천하
를 다스림에 게을리 하지 않으신다. …… 안과 밖이 밝게 구분되고 깨끗

하지 않음이 없으니 후세에까지 덕정이 이어진다. 교화의 미침이 무궁하리니, 황제의 유조遺詔를 받들어 영원히 계승하며 더욱 경계할지어다.

　　36년 동군東郡의 백성들이 운석隕石에 글을 새겨 시황을 저주하였는데,[10] 심문하였으나 실토하지 않아 그 돌 주변에 사는 사람들을 모조리 죽였다. 시황은 종내 언짢아서 박사博士들에게 『선진인시』[11]를 짓게 하였고, 천하를 주유하며 가는 곳마다 악사들에게 전령을 내려 그 시를 노래하고 악기로 연주하게 하였다. 그 시는 아마도 후세 유선시游仙詩의 비조였을 터이지만 전해지지 않는다. 『한서』의 「예문지」는 진나라 때의 잡부雜賦 9편을 밝히고 있고, 「예악지」에서는 주나라에 『방중악』[12]이 있었다고 하고, 진나라에 이르러 그것을 『수인』壽人이라 불렀다고 하는데 지금은 그것 역시 모두 없어졌다. 따라서 현존하는 것으로 말해 보자면, 진나라의 문장은 이사 한 사람의 것뿐이다.

참고문헌

『사기』, 권6 「진시황본기」(秦始皇本紀), 권85 「여불위열전」(呂不韋列傳), 권87 「이사열전」
　　(李斯列傳).
청 엄가균(嚴可均) 집록, 『전진문』(全秦文).
셰우량, 『중국대문학사』, 제2편 제8장.

주)＿＿＿＿

1) 『여씨춘추』(呂氏春秋). 『사기』 「여불위열전」에 다음과 같이 기재되어 있다. "여불위는 이에 그 객인들을 시켜 그들이 알고 있는 것들을 저서로 남기게 하니 이 글들을 모아 팔 『람』(覽)과 육 『론』(論), 십이 『기』(記)를 만들었으며, 20만여 언(言)이었다. 천지만물과 고금의 일을 갖추고 있었는데, 그것을 『여씨춘추』라 불렀다. 셴양(咸陽)의 성문 위에

걸어놓고 제후, 유사, 빈객들을 끌어들여 만약 한 자라도 보태거나 뺄 수 있는 자에게는 천금을 주겠다고 선포하였다."

2) 문학(文學). 여기서는 학문하는 사람, 유생을 가리킨다. 박사(博士)는 박사관(博士館)을 가리킨다.

3) 『사기』 「진시황본기」의 기록에 시황 34년(B.C. 213)에 승상 이사가 상주문을 올렸는데 그 내용은 다음과 같다. "지금 황제께서 천하를 통일하시어 흑백을 가리고 모든 것이 지극히 존엄한 한 분에 의해서 결정되도록 하셨거늘, 개인적으로 학습하여 함께 조정의 법령과 교화를 비난하고, 법령을 들으면 각자 자기의 학문으로써 그 법령을 의론하며, 조정에 들어와서는 마음속으로 비난하고 조정을 나와서는 길거리에서 의론합니다. ⋯⋯ 만약 이러한 것들을 금지하지 않으신다면 위에서는 황제의 위세가 떨어지고 아래에서는 붕당이 형성될 것이오니, 그것을 금지시키는 것이 좋을 것입니다. 신이 청하옵건대 사관에게 명하여 진의 전적이 아닌 것은 모두 태워 버리고, 박사관에서 주관하는 서적을 제외하고서 천하에 있는 『시』, 『서』 및 제자백가의 저작들을 지방관에게 보내어 모두 태우게 하며, 감히 『시』, 『서』를 이야기하는 자는 저잣거리에서 사형시켜 백성들에게 본보기를 보이며, 옛것으로 지금을 비난하는 자는 모두 멸족시키고, 이 같은 자들을 보고서도 검거하지 않는 관리는 같은 죄로 다스리소서. 명령이 내려진 지 30일이 되어도 서적을 태우지 않는 자는 경(鯨)형을 내리어 성단(城旦)형에 처하십시오. 없애지 않을 서적으로는 의약, 점복, 종수(種樹)에 관계된 서적뿐으로, 만약 법령을 배우고자 하는 자가 있다면 옥리를 스승으로 삼게 하옵소서." 또한 35년에 시황은 여러 유생들이 "요망한 말로서 백성들을 혼란시키고 있다"고 여겨, 이에 "어사를 시켜서 이런 자들을 조사하자 그들은 서로가 서로를 고발하니, 진시황이 친히 법령으로 금지한 것을 범한 자 460명을 사형 죄로 판결하여 모두 셴양에 생매장했다."

4) 나라를 다스리는 이론과 방법을 말한다.

5) 장사(長史). 제사(諸史)의 장을 뜻한다. 여기서 사(史)는 관부의 막료를 말한다.

6) 진 시황제의 차남을 말한다.

7) 『창힐』(倉頡). 고대의 자서(字書)이다. 『한서』 「예문지」에서 말하길 "『창힐』 7장은 진 승상 이사가 지은 것이다. 『원력』(爰歷) 6장은 거부령(車府令) 조고(趙高)가 지은 것이다. 『박학』(博學) 7장은 태사령 호무경(胡毋敬)이 지은 것이다. 문자는 『사주편』(史籀篇)에서 많이 취하였고, 전서체(篆書體)는 매우 다른데 소위 진전이라 부르는 것이다." 진전(秦篆)은 소전이라고도 부르며, 전서체라고도 한다. 예서(隸書)는 전서가 간략해지고 변화·발전하면서 이루어진 일종의 글자체이다. 당 장회관(張懷瓘)이 『서단』(書斷)에서 말하길 "예서는 진나라 정막(程邈)이 만든 것이다. 정막은 처음에는 현리였는데 시황에게 죄를 지어, 윈양(云陽)의 감옥에 감금되어 10년간의 생각 끝에 소전에 방원을 더하여 예서 삼천 자를 만들었다. 진시황은 그것을 좋아하여 어사로 등용하였다. 진나라의 일

이 번잡하고 많았는데, 전서로는 이루기 어려워 예서를 예인들의 좌서로 삼았기에 예서라고 부른다'라 하였다.

8) 옛날 감옥에서 복역 중인 범인을 말한다.

9) 「간축객」(諫逐客), 「간축객서」(諫逐客書)이다. 『사기』 「이사열전」에서는 "진의 종실 대신들이 모두 진왕에게 말하길 '제후국의 사람들이 진나라에 와서 섬기고자 하는 자는 대체로 그 주인을 위해 유세하면서 진나라에서 이간질할 뿐이니, 청하노니 모든 객들을 쫓아내십시오'라고 하였다. 이사도 역시 그 쫓아낼 명단에 들어 있었다. 이사는 이에 상서를 올려 역대로 진나라에 온 '객경'들의 공적을 진술하고 객을 쫓는 것의 오류와 해악을 분석하였다. 상주문을 올리자, 진왕은 이에 축객령을 거두어들이고 이사를 관직에 복직시켰다."

10) 『사기』 「진시황본기」에 다음과 같이 기재되어 있다. "36년 형혹이 심성의 세 별을 침범하였다. 운석이 동군에 떨어졌는데 땅에 닿자 돌이 되었다. 백성들 중에 누군가 그 돌에 '진시황이 죽고 땅이 나뉜다'라고 새겼다. 진시황이 그 사실을 듣고 어사를 파견하여 하나씩 심문했으나 실토하는 자가 없자, 그 돌 가까이 거주하던 사람들을 모두 잡아 죽이고 그 돌을 불태워 버렸다."

11) 『선진인시』(仙眞人詩). 『사기』 「진시황본기」에 다음과 같이 기재되어 있다. 동군의 백성들이 운석에 글을 새겨 시황을 저주하자 "시황이 언짢아서 박사로 하여금 『선진인시』를 짓게 하고 천하를 순무하여 가는 곳마다 악사들로 하여금 그것을 연주하고 노래하게 했다".

12) 『방중악』(房中樂). 주대(周代) 음악의 일종으로, 종묘에서 사용하는 악장이다. 이 책의 제6편을 참고하시오.

제6편 한나라 궁정에서 울리는 초나라 노래

진나라가 『시』, 『서』를 불태우고 셴양에서 여러 유생들을 파묻어 버리자, 유생들은 주로 민간에 숨어 있거나 혹은 적에게 몸을 맡겨 분노와 원망을 풀었다. 그래서 진섭[1]이 일개 필부로 기의를 일으키고 한 달 만에 초 땅에서 왕이 되자, 노나라의 여러 유생들은 공자의 예기禮器를 가지고 그에게 의탁하였다. 공갑孔甲은 진섭의 박사博士가 되었고 진섭이 패전했을 때 함께 죽었다. 한나라가 세워졌지만, 고조高祖 역시 유가의 학술을 그리 좋아하지 않았고, 그를 보좌하는 사람들 역시 대부분 소송 문서나 작성하는 하급관리였는데, 오직 역이기酈食其, 육가陸賈, 숙손통叔孫通만이 문아文雅하여[2] 박사의 풍격이 남아 있었다. 그러나 그들이 한나라 조정에 참여하게 된 것 역시 문장과 학식 때문만은 아니었다. 비록 육가가 『시』, 『서』에 대해 말하긴 했지만 그 유창한 달변 때문에 눈에 들었을 뿐이며, 역이기는 유생임을 자임했었지만 고조는 실제로 일개 유세객으로만 여겼고, 숙손통은 곡학아세曲學阿世하여 기용되었던 것이지 조정의 의식을 제정하고 전례典禮를 제대로 아는 그의 능력을 중시해서가 아니었다. 고조는 즉위한 후 노나라를 지나다가 돼지와 양을 바치며 공자에게 제사 지내긴 했지만,[3] 대개 이 또한 영웅이 사람들을 기만하는 것으로, 이를 빌려 인심을 사로잡고 오로지 진나라에 반대한다는 것을 알리고자 했을 따름이다. 고조가 붕어하였어도 역시 유생들은 등용되지 않았는데,『한서』「유림전」에서는 이렇게 말하고 있다. "효혜제孝惠帝, 고후高后 때의 공경公卿들은 모두 무력武力 공신이었다. 효문제孝文帝는 본래 법가의 말들을 좋아했다. 효경제孝景帝 때에 이르러서도 유생을 임용하지 않았고, 두태후竇太后는 또 황로술黃老術을 좋아하였다. 따라서 박사들은 관직에 임용되어 부름에 응할 준비를 하고 있었으나 조정에 나아갔던 사람이 없었다."

따라서 문장에 있어서도, 초한楚漢 때 시교詩敎는 이미 끊어졌고 민간에서는 대부분 초나라 노래를 좋아하였다. 유방劉邦 역시 일개 정장[4]으로서 황제의 지위에 오른 사람이었으므로 그 풍격이 결국 궁정 안까지 스며들었다. 진나라가 육국六國을 멸망시키자, 사방에서는 원망하고 한탄하는 소리가 끊이지 않았는데, 그중에서도 초나라는 더욱 발분發憤하여 비록 세 집만 남을지라도 반드시 진나라를 멸망시키리라고 맹세하였으니,[5] 그리하여 세상의 격분한 선비들은 마침내 초나라 노래를 숭상하였다. 항적項籍[항우]이 해하垓下에서 곤궁에 처했을 때 "이내 힘은 산을 뽑을 만하고, 기개는 세상을 덮을 만한데, 시절이 불리하구나, 추騅가 나아가지 않는구나! 추가 나아가지 않으니 어찌할꼬? 우虞야, 우야, 어찌할꼬?"라고 노래 불렀는데,[6] 이는 바로 초나라 노래였다. 고조가 천하를 평정하고 나서, 이어 경포黥布를 정벌하고 패沛 땅을 지나다가 패 땅 궁성에 술자리를 마련하고 옛 어른, 젊은이들을 불러 술자리의 흥을 돋우었는데, 스스로 축筑을 연주하며 "커다란 바람이 일어나니 구름은 높이 날아오르고, 위엄 세상에 떨치며 고향에 돌아오네, 이제 어떻게 용사를 얻어 천하를 지킬거나!"[7]라고 부른 것 또한 초나라 노래이다. 또 패 땅의 아이들 120명을 뽑아 노래를 가르쳤는데, 여러 아이들이 모두 합창하며 그것을 익혔다. 그 후 척부인戚夫人의 아들인 조왕趙王 여의如意를 태자로 세우고 싶어 원래의 태자를 폐하려다가 뜻대로 되지 못했는데, 척부인이 눈물을 흘리자 고조는 초나라 춤을 추게 하고 자신은 스스로 초나라 노래를 불렀다.[8]

커다란 기러기 높이 날아, 단숨에 천리를 가도다.
깃과 날개 펼치며, 사해를 가로지르도다.
사해를 가로지르니 진정 어이하리?
화살이 있다 한들 어찌 쏠 수 있으랴.

『방중악』[9]은 주대周代에 시작된 것으로 조상을 즐겁게 하는 음악이었다. 한나라 초에 고조의 첩 당산부인唐山夫人은 황제가 좋아하는 대로 가사를 지었는데 역시 초나라 노래였다. 효혜제 2년(B.C. 193) 악부령樂府令 하후관夏侯寬을 시켜 퉁소와 피리에 맞추게 하고 『안세악』安世樂이라고 이름을 바꾸었는데, 모두 16장으로 지금 여기에 두 장을 적어 본다.

풀 무성히 자라고
여라女蘿 돋아났네.
선을 베푼다면
누가 그것을 어지럽힐꼬.
비할 데 없이 크구나

교화의 덕 이루고

비할 데 없이 자라니

끝없이 번져 가네.

도량都梁과 벽려薜荔 풀 향긋하고

계수나무 꽃 그윽하네

효를 하늘의 뜻에 알리니

해와 달처럼 빛나는도다.

네 마리 검은 용 타고

북쪽으로 내달려 날아가리.

깃발 성대히 펄럭이는데

화려하고도 아득하구나.

효도를 세상에 알리어

이에 문장을 쓰노라.

또 패 땅 궁성에 원묘原廟를 짓고, 노래 부르는 이들에게 고조의 『대풍가』大風歌를 연습하게 하였는데 결국 120명을 뽑아 정원으로 하였다. 문제文帝, 경제景帝가 이를 계승하였고 예식을 주관하는 관리가 이를 배워 연주하였다. 이처럼 초나라 음악은 한나라 궁정에서 중시되었기 때문에, 따라서 후대의 제왕들이 문득 자신의 뜻을 표현하고자 할 때 대부분 초나라 노래를 사용하였는데, 그중 특히 무제武帝의 곡조가 화려하였고 실로 탁월하였다. 무제가 허둥河東에 행차했을 때, 후토后土[토지신]에게 제사 지내고 고개를 돌려 수도를 바라보니 마음이 즐거워 여러 신하들과 주연을 베풀고 나서 스스로 『추풍사』를 지었는데,[10] 그 곡조가 구성지고 유려하여 비록 시인이라도 이보다 뛰어나지 못할 것이다.

가을바람 부니 흰 구름 높이 뜨는도다
초목 누런 잎 떨어뜨리고 기러기 남으로 돌아가네
난초 환히 피고 국화 향기 그윽하도다
사랑하는 이 그리워하며 내내 잊지 못하네
누각 있는 배 타고 펀허汾河를 건너는데
강물 가로지르니 흰 물결 일어나네
퉁소 불고 북 울리며 뱃노래 부르네
즐거운 노래 다하니 애달픈 정 가득 차고
젊은 날이 얼마런가 늙어 감을 어찌할거나.

후대로 내려가 소제少帝[11] 때, 동탁董卓이 짐주酖酒로 그를 독살하려 할 때 부인 당희唐姬와 이별하면서 슬픈 노래를 지었다. "천도가 바뀌었으니, 내 얼마나 괴로운가, 천자의 자리를 버리고 번藩을 지키는데, 반역 신하 나를 핍박하여 생명을 연장할 수 없겠구나, 장차 그대를 떠나려 하나니 저승으로 가려는도다!" 당희도 "하늘이 무너지니 땅도 허물어지누나. 황제 된 몸이나 명은 요절이로다. 삶과 죽음의 길이 달라 지금부터 갈라지니, 이내 외로운 몸 어찌할까, 마음 애달프기만 하누나!"라고 노래 불렀다. 비록 위기에 처해 울분을 토로하고 있어 말뜻의 깊이가 없지만 그 형식은 역시 모두 초나라 노래이다.

참고문헌

『한서』(漢書), 「제기」(帝紀), 「예악지」(禮樂志).
딩푸바오(丁福保) 편집, 『전한시』(全漢詩).
셰우량, 『중국대문학사』, 제3편 제1장.

주)_____

1) 진섭(陳涉, ?~B.C. 208). 이름은 승(勝)이고 자는 섭(涉)으로, 진(秦)나라 말기 양청(陽城; 지금의 허난河南 덩펑登封) 사람이다. 중국 역사상 최초의 농민기의 영수이다. 『한서』 「유림전」에 "진섭이 왕이 되자 노 지방의 여러 유생들이 공자의 예기를 가지고 가서 그에게 의탁하였다. 이에 공갑은 진섭의 박사가 되었고 결국 함께 죽었다"라고 되어 있다. 공갑(孔甲, 약 B.C. 264~208)은 이름이 부(鮒)로, 공자의 9대손이다.

2) 역이기(酈食其, ?~B.C. 203)는 한나라 초 천류(陳留; 지금의 허난 치현杞縣) 사람이다. 유방(劉邦)의 모사(謀士)였다. 육가(陸賈)는 한나라 초 초나라 사람이다. 유방을 따라 천하를 평정한 후 대중대부(大中大夫)를 제수받았다. 『신어』(新語) 12편을 지었다. 숙손통(叔孫通)은 한나라 초 쒜(薛; 지금의 산둥 쒜청薛城) 사람으로 원래는 진(秦)나라의 박사였는데, 뒤에 유방에게 의탁하였다. 한 왕조가 건립될 때 조회(朝會)의 전장제도를 입안하였다.

3) 제사에서 돼지와 양 두 종류를 제물로 바치는 것을 중뢰(中牢)라고 하며, 소, 돼지, 양 세 종류를 완전히 갖추면 태뢰(太牢)라고 한다.

4) 정장(亭長). 옛날 숙역(宿驛)의 장으로 진나라 한나라 때에는 10리마다 정(亭)을 두고 정마다 장(長)을 두어 도둑을 잡게 하였다.

5) 원문은 "雖三戶必亡秦". 『사기』 「항우본기」(項羽本紀)에 이렇게 기록되어 있다. 범증(范增)은 여러 번 항량(項梁)에게 말했다. "진나라가 여섯 나라를 멸망시켰는데, 그 가운데 초나라가 가장 억울하게 멸망당했습니다. 초 회왕이 진나라로 들어갔다가 억류되어 죽었는데 초나라 사람은 지금까지 그를 그리워하고 있으니, 초 남공(南公)이 '초나라에 비록 세 집만 남아 있을지라도, 진을 멸망시키는 것은 반드시 초나라일 것이리라'라고 말했던 것입니다."

6) 원문은 "力拔山兮氣蓋世, 時不利兮騅不逝! 騅不逝兮可奈何? 虞兮虞兮奈若何?" 바로 「해하가」(垓下歌)이다. 『사기』 「항우본기」에 "항왕이 해하에 진을 쳤을 때 병사 수가 적었고 먹을 것은 다 떨어졌는데, 한나라 군대 및 제후들의 군대가 여러 겹으로 포위했다. 밤에 한나라 군사들은 사방에서 모두 초나라 노래를 불렀다", 항왕은 "밤에 일어나, 장막 가운데서 술을 마셨다. 항상 항왕을 따라다니며 시중들었던 미인 우와 항상 항왕이 탔던 준마 추가 있었다. 이에 항왕은 슬프게 노래 부르며 비분강개하면서 스스로 시를

지었다. '이내 힘은 산을 뽑을 만하고, 기개는 세상을 덮을 만한데, 시절이 불리하니 추가 나아가지 않는구나! 추가 나아가지 않으니 어찌할꼬? 우야, 우야, 어찌할꼬!' 여러 차례 노래를 불렀고, 미인은 그 노래에 화답했다"라고 되어 있다.

7) 원문은 "大風起兮雲飛揚. 威加海內兮歸故鄕, 安得猛士兮守四方!" 바로 『대풍가』(大風歌)이다. 『사기』 「고조본기」에 이렇게 기록되어 있다. 고조(高祖)가 경포(黥布)를 추격하고는 "패 땅을 지나다가 머물렀다. 패 땅의 궁성에 술자리를 마련하고는 옛 어른과 젊은 이들을 모두 불러 모아 마음대로 술 마시게 했다. 그리고 패 땅의 아이들을 120명 뽑아 노래를 가르쳤다. 술이 취하자 고조는 축을 두드리며 스스로 노래를 만들어 불렀다. '커다란 바람이 일어나니 구름은 높이 날아오르고, 위엄 해내에 떨쳐 고향에 돌아오네, 이제 어떻게 용사를 얻어 천하를 지킬거나!' 아이들 모두에게 합창하여 익히게 하였다."

8) 『사기』 「유후세가」(留侯世家)에 "황제가 태자를 폐하고 척부인의 아들 조왕 여의(如意)를 태자로 세우고 싶어 했다." 그러나 여후(呂后), 장량(張良)이 계략을 써서 이를 방해하였다. 고조는 척부인에게 태자의 "깃과 날개가 모두 돋아났으니, 움직이기 어렵구나. 여후가 진짜 군주로다"라고 알려 주었다. "척부인이 울자, 황제는 '날 위해 초나라 춤을 추거라, 내 너를 위해 초나라 노래를 부르겠다'"라고 하였다.

9) 『한서』 「예악지」(禮樂志)에 "한나라가 세워지자, …… 또 『방중사악』은 고조의 당산부인이 지은 것이다. 주나라에는 『방중악』이 있었는데, 진나라 때는 『수인』(壽人)이라고 불렀다. 무릇 음악은 그 생긴 바를 음악으로 만들어 즐김으로써 예의 근본을 잊지 않게 하는 것이다. 고조는 초나라 음악을 좋아하였으므로, 『방중악』도 초나라 음악이다. 효혜 2년, 악부령 하후관으로 하여금 통소를 겸비하게 하였으며, 이름을 바꾸어 『안세악』(安世樂)이라 하였다"고 되어 있다. 당산부인(唐山夫人)은 고조(高祖)의 첩으로, 당산(唐山)은 복성(復姓)이다. 악부령(樂府令)은 일설에는 '태악령'(太樂令)이라고 추정한다. 왜냐하면 혜제 때는 아직 악부(樂府)를 설치하지 않았기 때문이다. 일설에는 이것은 후대의 제도로 미루어 전대의 일에 적용시킨 것이라고도 한다. 하후관(夏侯寬)은 생평에 대해서는 알려진 것이 없다.

10) 『추풍사』(秋風辭). 소통(蕭統)이 편집한 『문선』 권45에 나온다.

11) 소제(少帝). 동한 소제 유변(劉辯, 173~190)으로, 중평(中平) 6년(189) 즉위하였지만 오래되지 않아 동탁(董卓)에 의해 폐위당해 홍농왕(弘農王)이 되었다. 『후한서』(後漢書) 「황후기」(皇后紀)에는 이렇게 기록되어 있다. 초평(初平) 원년(190), "동탁은 홍농왕을 누각에 있게 하고는 낭중령(郎中令) 이유(李儒)에게 짐주를 갖다드리게 하면서 '이 약을 드시면, 온갖 병을 없앨 수 있습니다'라고 하였다. 왕은 '나는 병이 없다. 이는 나를 죽이려고 하는 것일 뿐이다!'라고 하면서 마시지 않으려고 하였다. 억지로 마시게 하자 할 수 없이 부인인 당희와 궁인들과 송별연을 베풀고" 나서 "왕은 결국 약을 마시고 죽었다". 여기서 인용한 소제와 당희의 노래는 모두 『후한서』 「황후기」에 보인다.

제7편 가의와 조조(鼂錯)

한나라 초기에 통치의 원리를 잘 설명하고 문장에 능숙한 사람으로 우선 고조高祖 유방劉邦을 보좌했던 육가陸賈가 있는데, 그는 항상 『시』와 『서』를 거론하였다. 고조는 그에게 저서를 짓도록 명하여 진秦나라가 천하를 잃게 된 이유와 고금古今의 성공과 실패에 대해 말하도록 하였고, 한 편씩 지어 올릴 때마다 고조가 훌륭하다 칭찬하지 않은 적이 없었는데, 그 책을 『신어』[1]라 하였으며 오늘날 전해지고 있다. 문제文帝 때 잉촨潁川의 가산賈山은 진秦나라를 빌려 비유하면서 치란治亂의 방법을 말하였는데, 그것을 『지언』至言이라고 하였다.[2] 그 후 매번 글을 올렸는데, 통렬한 언사가 많았으며 사태의 의미가 잘 드러났으나 받아들여지지 않았었다. 그가 말한 바는 오늘날 대부분 없어졌고, 오직 『지언』만이 『한서』의 「가의전」賈誼傳 본전本傳에 보일 뿐이다.

가의[3]는 뤄양雒陽 사람으로 일찍이 진나라 박사 장창張蒼으로부터 『춘추좌씨전』을 배웠다.[4] 나이 18세에 『시』와 『서』의 문장을 암송하며 문장을 지어 뤄양군에 칭찬이 자자하였고, 이에 정위廷尉 오공吳公[5]이 문제에게 가의를 천거하여 박사로 부름을 받았으니, 그때가 나이 20여 세로 조령詔令에 능히 답하는 것이 여러 유생儒生들이 따를 수 없을 정도였다. 문제는 매우 기뻐하여 1년 만에 대중대부大中大夫로까지 삼았고 또한 공경公卿에 임명하려 하였다. 주발周勃, 관영灌嬰, 풍경馮敬[6] 등은 가의를 비난하면서 "뤄양사람은 나이도 어리고 초학初學의 길에 있기 때문에, 혼자 권력을 독점하려 들게 되면 만사를 혼란하게 할 것"이라고 하였다. 그리하여 문제 또한 가의를 멀리했고 그의 의견을 듣지 않았다. 그 후 가의는 창사長沙의 왕[7]의 태부太傅가 되었다. 가의는 좌천되어 뜻을 이루지 못하는 상황에서 샹수이를 건너게 되었는데, 이때 굴원을 애도하며 부賦를 지어 스스로를 비유하였다.

삼가 훌륭한 뜻을 받들어 창사에서 죄를 기다리게 되었네
굴원이 스스로 미뤄汨羅에 몸을 던졌음이 어렴풋하게 들린다.
샹수이 가에 이르러 선생을 애도하노니
혼란한 세상 만나 이에 그 몸 망쳤었구나.
오호 슬프도다, 불운한 때를 만났었구나
난새와 봉황은 움츠려 숨어들고, 부엉이와 올빼미만이 하늘로 날아 오르는구나.
어리석고 용렬한 자 존귀하게 드러나고, 중상과 아첨을 일삼는 자 뜻을 얻으니
현자와 성인이 오히려 고달프고, 정직하고 올곧은 자 거꾸로 놓이는구나.
……

아아, 할 말이 없구나

선생의 무고함이여.

주나라 정鼎을 버리고

질그릇을 보물이라 하네.

지친 소에 수레를 끌게 하고

절름발이 노새를 곁말로 삼는다니

준마의 두 귀는 가리고

소금 마차를 끌게 하는구나.

장보관章甫冠이 도리어 신발 밑에 있으니

오래가지 못할 것이로다.

아아, 선생이시여

홀로 이 재난을 만났구나.

이에 말하노라.

끝났도다.

나라 안에는 날 알아주는 이 없으니

홀로 울분에 차 있음을 누구에게 말하리오.

봉황이 훨훨 하늘 높이 날아올라 떠나 버리니

스스로 물러나 멀리 가 버리네.

구중의 연못에 있는 신룡神龍이

고요히 잠겨 자중自重하는 것이리라.

교달蟂獺을 멀리 피해서 있을지언정

어찌 두꺼비와 거머리, 지렁이를 좇겠는가.

성인의 신덕을 귀하게 여긴바

탁한 세상에서 멀어져 스스로 숨었도다.

기린麒麟을 매어 고삐를 채워 놓으면

어찌 개와 양과 다른 것이 있겠는가.

혼란스러움이 대단하니

이 재난을 만난 것도 결국 선생의 과오이다.

온 천하 돌아다니며 밝은 임금 찾아 섬길 것이지

초나라의 이곳을 그리워할 필요 있는가.

봉황은 천 길의 허공으로 날아올라

덕의 광휘를 보이고 드리운다.

소인의 행위 위험한 징조 보이면

멀리 그것을 내치고 떠나 버리네.

저 더러운 웅덩이가

어찌 능히 배를 삼킬 만한 대어를 품을 수 있겠는가.

넓은 강호의 황어와 고래가

어찌 땅강아지와 개미에 해당되겠는가.

삼 년이 지난 어느 날 올빼미 한 마리가 가의의 방으로 날아들어 구석에 앉았다.[8] 창사는 지세가 낮고 습하여 가의는 자신이 오래 살지 못할 것이라 두려워하여, 이에 「복부」服賦를 지어 자신을 달랬는데, 복服이란 초나라 사람들이 올빼미를 가리키는 말이다. 그 대체적인 내용은 다음과 같다. 화복이 얽히고 길흉은 구별이 없으며, 살아 있음이 기쁜 것이라 할 수 없고 죽음을 슬픈 것이라 할 수 없는 것이며, 몸을 맡기고 운명에 내맡겨 그리하여 도道와 함께하는 것이니, 올빼미를 보았다는 사소한 이유에 두려워할 필요가 없다는 것이다. 죽음과 삶에 연연해하지 않고 조화의 뜻에 따르는 것은 대개 장자로부터 얻은 것이다. 일 년여 후 문제는 가의를 불러 귀신의 근본에 대하여 물었는데 스스로 매우 감탄하며 그에 미치지 못할 것이라고 여겼다. 이윽고 문제의 막내아들 양梁 회왕懷王의 태부太傅로 삼았다.[9] 당시 화이난淮南 여왕厲王의 아들 넷이 열후列侯에 다시 봉해졌는데[10] 가의는 상소를 올려 간하였다. 제후 왕들이 지나친 행동을 하는 것 같고 그들의 봉토 또한 여러 군郡을 아우르는 것은 옛날의 제도가 아니라고 여겨, 이에 여러 차례 상소를 올려 정사에 대한 견해를 펼치며[11] 그 영지를 축소시킬 것을 요청하였다. 이 치안책治安策은 장장 6,000여 자로 천하의 "사태는 통곡하는 자가 하나 있으면 눈물을 흘리는 자가 둘이 되고, 길게 탄식하는 자는 여섯이 되는 것이니 만약 그밖에 이치에 어긋나고 도를 망친 것은 두루 상소를 올려 열거할 수 없을 정도입니다"라고 하였다. 이에 실책을 두루 지적하고 상황을 정확히 파악했으나 받아들여지지 않았다. 수 년 후 회왕은 낙마하여 죽고 그 후사가 없었다. 가의는 스스로 슬픔에 젖어 태부로서 면목이 없다 하여 일 년여 동안 눈물을 흘리다가 역시 죽었으니, 이때가 나이 33세(B.C. 200~168)였다.

조조鼂錯[12]는 링촨潁川 사람으로 젊어서 신불해申不害와 상앙商鞅의 법가를 지軹 땅의 장회張恢[13]에게 배웠다. 문제 때 전적典籍에 통달하여 태상장고太常掌故에 임명되었고 지난濟南의 복생에게 파견되어 『상서』를 전수받았는데, 돌아와 나라에 도움이 될 만한 정사政事를 상소할 때 『상서』를 들어 설명하였고, 이에 태자사인太子舍人·문대부門大夫로 부름을 받았으며 박사로 천거된 뒤 태자가령太子家令에 임명되었다.[14] 또한 뛰어난 언변으로 태자의 신임을 얻어 태자가 지혜 주머니라 했다. 현량문학賢良文學에 응시하여 대책對策에서 좋은 성적으로 합격하였으며, 여러 차례 문제에게 글을 올려 제후와 관련된 일을 줄이고 법령을 개정할 것을 말하였다.[15] 문제는 듣지 않았지만 그 재능을 매우 귀하게 여겨 중대부中大夫로 천거하였다. 경제가 즉위하여서는 조조를 내사內史로 삼아 그가 진언했던 말들을 항상 수용하였으니, 마침내 그에 대한 총애는 구경九卿의 지위를 능가할 정도였으며 법령은 여러 번 개정되었다. 원앙袁盎과 신도가申屠嘉 모두가 그를 좋게 여기지 않았지만[16] 그러나 조조는 날로 인정받아 어사대부御史大夫에 임명되었다.[17] 그는 또한 제후의 영지를 줄이고 그에 딸린 군郡을 거두어들일 것을 요청하였다. 그는 오吳나라 땅을 삭감할 것[18]을 다음과 같이 말하였다.

옛날 고제高帝가 처음으로 천하를 평정했을 때, 형제들이 적고 여러 자제들이 약하여 크게 동성同姓을 왕으로 봉해 주었습니다. 그리하여 서자 도혜왕悼惠王은 제나라 72성을 다스렸고 서제庶弟 원왕元王은 초나라 40성을 다스렸으며, 형의 아들 비濞를 오나라 50여 성의 왕으로 삼았습니다. 서자와 서제, 형의 아들 셋에게 천하의 절반을 나누어 준 것입니다. 오늘날 오왕은 예전에 태자와 사이가 벌어져 병을 사칭하고 입조하지도 않으니, 옛 법으로는 마땅히 그의 죄는 사형에 해당합니다. 그러나 문제文帝께서는 차마 그러지 못하고 곤장 몇 대를 하사하셨으니 그 덕은 지극히 두터웠다 할 수 있습니다. 그러나 잘못을 고쳐 스스로 새로워지지 않고, 점점 더 교만해져 산에서 나는 구리를 가지고 화폐를 주조하고, 바닷물을 끓여 소금을 만들며, 천하의 도망자들을 회유하여 역모를 꾀하고 있습니다. 지금 영토를 삭탈해도 모반을 일으킬 것이고 삭탈하지 않아도 또한 모반을 일으킬 것입니다. 삭탈을 하면 그들이 모반을 일으키는 것이 빨라지지만 화禍는 작을 것입니다. 그러나 삭탈하지 않으면 모반이 지연되지만 그 화는 클 것입니다.

영토 삭감을 간청한 조조의 상소에 대해 여러 귀족들은 감히 논란하지 못하였는데, 그러나 오직 두영竇嬰만이 조조와 논쟁을 벌였고[19] 그리하여 그와 사이가 벌어졌다. 제후들 또한 법령 삼십 장의 변경을 싫어하였기 때문에 그리하여 오초吳楚 칠국七國이 반란[20]을 일으켰고 조조를 죽인다는 것을 명분으로 삼았다. 두영과 원앙 또한 문제를 설득하였고,[21] 결국 문제는 조조에게 조복朝衣를 입혀 동시東市에서 참하도록 하였다(B.C. 154).

조조와 가의의 성품과 행실은 처음에는 매우 비슷하였으니, 한 사람은 복생에게 『서』를 전수받고 한 사람은 장창에게 『좌전』을 전수받았다. 조조는 제후의 영토를 줄이고 법령을 개정하자고 하였고, 가의 또한 역법曆法을 고치고 복색服色을 바꾸고자[22] 하였으며, 또한 똑같이 공신과 귀족들에게 모함을 받았다. 문장을 짓는 것이 모두 솔직하고 통렬하며, 하고자 하는 말을 모두 하였다. 사마천 역시 "가의와 조조는 신불해와 상앙의 학술에 밝았다"[23]고 말한다. 특히 가의는 문채文彩가 있었는데, 하지만 깊이와 실질의 면에서는 다소 뒤떨어진다. 예를 들어 가의의 「치안책」治安策, 「과진론」過秦論, 조조의 「현량대책」賢良對策, 「언병사소」言兵事疏, 「수변권농소」守邊勸農疏와 같은 것은 모두 서한의 뛰어난 문장으로 후대 사람들에게 스며들어 그 영향은 자못 크다. 하지만 두 사람이 흉노匈奴를 논한 것을 서로 비교해 보면 가의의 언사는 치밀하지 못하여 조조의 깊은 학식과 비교할 수 없다고 하겠다.

다만 이후 크게 달라지는 이유는 아마도 문제가 안녕安寧을 지키고자 가의의 주장을 모두 받아들이지 않고 양왕의 태부로 좌천시켜 억울함 속에서 생을 마치게 했기 때문일 것이다. 조조는 다행히 경제를 만나 조금이나마 개혁을 할 수 있었고, 그리하여 크게 총애를 얻어 자신의 주장을 실행할 수 있었지만 갑자기 변란을 초래하여 동시에서 참해졌다. 또 일찍이 법가의 학문으로 이름을 날렸지만 마침내는 "사람됨이 지나치게 꼿꼿하고 각박하다"[24]는 비방이 되돌아왔다. 두 사람의 입장이 서로 바뀌어 섬긴 주군이 서로 달랐더라면, 그 만년의 말로가 어찌 되었을지는 모르는 일이다. 다만 가의는 문장에 능하면서도 평생이 순조롭지 않았는데, 사마천은 그 불우함을 안타까워하여 굴원과 동일한 전傳에 넣었으니 마침내 더욱 후세에 널리 알려지게 되었다.

참고문헌

『사기』, 권84, 101.
『한서』, 권48, 49.
청 엄가균 집록, 『전한문』(全漢文).
셰우량, 『중국대문학사』, 제3편 제2장.
일본 고지마 겐키치로, 『지나문학사강』, 제3편 제4장.

주)_____

1) 『신어』(新語). 육가(陸賈)가 지은 것으로 열두 편이다. 『사고전서총목제요』(四庫全書總目提要)에서는 "『한서』의 육가의 전(傳)에 『신어』 12편을 지었다고 말해진다. 『한서』 「예문지」에는 '육가 23편'이라고 되어 있는데, 그것은 대개 그가 논한 것을 모두 계산하여 아우른 것이다"라고 한다.

2) 가산(賈山). 서한 잉촨(潁川; 지금의 허난 위셴禹縣) 사람이다. 일찍이 잉촨 후관영기위(候

灌嬰騎尉(관영기위)를 지냈다. 『한서』 「예문지」에 「가산」(賈山) 8편이라 기록되어 있다.

『지언』(至言). 진(秦) 왕조 멸망의 역사 교훈을 서술한 것으로 제왕은 마땅히 신하의 충고와 간언을 들어야 함을 강조하고 있다.

3) 가의(賈誼). 『한서』 「예문지」에 「가의」 58편, 부(賦) 7편으로 기록되어 있다.

4) 장창(張蒼, ?~B.C.152). 서한 양우(陽武; 지금의 허난 위안양原陽) 사람이다. 진나라 때 어사(御史)로 한(漢) 초에 북평후(北平候)에 봉해졌고 이후 승상(丞相)이 되었다.

『춘추좌씨전』(春秋左氏傳). 즉 『좌전』(左傳)으로 춘추 때 좌구명(左丘明)이 지은 것이라고 전해진다. 『춘추』에 의거하여 당시 각국의 역사 사건을 편년체(編年體)로 기술한 사서(史書)이다. 노(魯) 은공(隱公) 원년(B.C.722)에서 시작하여 B.C.454년까지를 서술하였는데, 『춘추』에 비해 27년이 더 길다. 『수서』 「경적지」에 "『좌씨』는 한 초 장창의 집에서 나왔으나 원본은 전해지지 않는다. 문제 때 양(梁) 태부 가의가 훈고(訓詁)하였다"고 한다.

5) 오공(吳公). 이름과 자 모두 전해지지 않으며 서한 상차이(上蔡; 지금 허난에 속한다) 사람이다. 일찍이 이사(李斯)에게 가서 배웠다. 그는 허난 군수를 지낼 때 가의를 매우 신임하였는데, 정위(廷尉)에 임명된 후에 가의를 추천하여 입조시켰다.

6) 원문은 '絳灌馮敬'. 강(絳)은 강후(絳候) 주발(周勃, ?~B.C.169)을 가리키는 것으로 서한 페이현(沛縣; 지금의 장쑤江蘇) 사람이다. 관(灌)은 영후(潁候) 관영(灌嬰, ?~B.C.176)을 가리키는 것으로 서한 수이양(睢陽; 지금의 허난 상추商丘) 사람이다. 두 사람은 유방(劉邦)의 봉기를 따랐고 이후 힘을 모아 여씨(呂氏) 일족을 주살하고 문제(文帝)를 모셔와 옹립하였다. 주발은 우승상(右丞相)이 되었고 관영은 태위(太尉)가 되었다. 풍경(馮敬) (?~B.C.142)은 문제 때 전객(典客)으로 어사대부를 지냈다. 주발·관영·풍경 등은 가의의 일을 방해하였는데 『한서』 「가의전」에 보인다.

7) 창사의 왕(長沙王). 한(漢)나라 초 장사국(長沙國)을 세웠고 오예(吳芮)를 왕에 봉하였다. 가의가 보좌한 사람은 5대 왕 오산(吳産)이다. 산(産)은 일설에는 저(著)라고 한다.

8) 창사 지역의 옛 풍습에 따르면 올빼미는 흉조로 사람의 집에 내려오면 주인이 죽는다고 한다.

9) 양 회왕(梁懷王)은 한 무제(武帝)의 막내아들 유읍(劉揖, ?~B.C.170)이다. 『한서』 「가의전」에 의하면, 가의가 창사에 좌천된 일 년여 후, 문제가 가의를 불러들였다. "황제가 귀신의 일에 마음이 움직여 귀신의 근본을 물었다. 가의는 그 이유를 구체적으로 말하였다." "그리하여 가의를 양 회왕 태부(太傅)에 임명하였다. 회왕은 황제의 막내아들로 사랑받았는데 서적을 좋아하여 가의로 하여금 그를 보좌하도록 하였다."

10) 화이난 여왕(淮南厲王)은 즉 문제의 서제(庶弟) 유장(劉長)으로 역모를 꾀한 죄로 쓰촨(四川)으로 쫓겨났다. 중도에 먹지 않아 죽었는데 문제가 매우 후회하여 이후 그 아들 안(安)·발(勃)·사(賜)·양(良) 네 사람을 열후(列侯)에 봉하였다. 가의는 "황제가 필시

장차 다시 그를 왕을 시킬 것을 알고"는, 이는 장차 나라에 불리할 것임을 상소하여 간 언하였다.

11) 원문은 '上書陳政事'. 『한서』「가의전」에 기록되어 있다. 가의는 일찍이 여러 차례 정 사를 진술하고 상소하였는데 이를 간략히 「진정사소」(陳政事疏) 혹은 「치안책」(治安 策)이라고 부른다. 이하 인용문은 「치안책」 가운데의 말이다.

12) 조조(鼂錯, B.C. 200~154). 서한 링촨(潁川; 지금의 허난 위현禹縣) 사람으로 박사·어사 대부를 역임하였다. 『한서』「예문지」에 『조조』(鼂錯) 31편이라 기록되어 있다.

13) 장회(張恢). 서한 즈현(軹縣; 지금의 허난 지위안濟源) 사람이다. 『한서』「원앙조조전」(袁 盎鼂錯傳)에 조조는 "신상(申常)의 형명(刑名)을 지(軹) 땅에서 배웠는데 그곳은 장회 가 태어난 곳이다"라고 되어 있다. 당(唐) 안사고(顔師古)는 "즈현(軹縣)의 유생(儒生) 으로 성은 장이고 이름은 회이다. 조조는 그를 좇아 신상(申商)의 법가(法家)의 학(學) 을 전수받았다"고 주를 달고 있다.

14) 태자사인·문대부는 태자태부(太子太傅)의 소관이다. 태자가령은 태자의 식량이나 음 식 등 집안일을 주관하던 벼슬이다.

15) 현량문학은 한나라 때 인재를 뽑던 과목(科目) 중 하나이다.

16) 원앙(袁盎, ?~B.C.148). 자는 사(絲)이며 서한 초(楚) 사람으로 이후 안링(安陵)으로 옮 겼다. 문제 때 낭중(郎中)이 되었고 이후 태상(太常)이 되었다.
신도가(申屠嘉, ?~B.C.155). 서한 양(梁) 사람으로 문제 때 어사대부가 되어 승상에 이 르렀다. 『한서』「원앙조조전」에 "조조는 또한 마땅히 제후를 삭번해야 하며 법령을 개 정해야 함을 진언하여 무릇 삼십 편을 썼다. 효문제(孝文帝)는 비록 다 듣지는 않았지 만 그 재능이 남다르다고 여겼다. 당시 태자는 조조의 계책을 칭찬하여 원앙 및 여러 대공신들은 대부분 조조를 좋아하지 않았다. 경제가 즉위하자 조조는 내사(內史)가 되었다. 조조가 여러 번 사안들을 진언하였고 경제는 번번히 그것들을 받아들였는데, 그 총애는 구경(九卿)을 능가할 정도였으며 법령은 여러 번 개정되었다. 이는 승상 신 도가의 마음에 맞지 않는 것이었다"라고 한다.

17) 중대부(中大夫)는 의론(議論)을 관장하던 벼슬로서 대중대부(大中大夫) 다음의 지위이 며, 어사대부는 진한 때 중앙에서 승상 다음으로 지위가 높은 장관으로 형법과 감찰 등을 관장하였다.

18) 오의 삭번을 말하다. 『한서』「형연오전」(荊燕吳傳)에 "조조는 태자가령이 되어 황태자 의 신임을 받아 여러 차례 오(吳)의 잘못이 삭감할 만하다고 종용하였다. 여러 차례 상 주문을 올려 말하였지만 문제는 차마 벌하지 못하였고 이 때문에 오왕(吳王)은 날로 전횡이 심하였다." 경제가 즉위하고 조조는 어사대부가 되었는데 오의 삭감을 상주문 으로 올렸다.

19) 『한서』「원앙조조전」에 조조는 어사대부가 되어 "제후의 죄과를 묻고 그 주변의 군을

빼앗을 것을 청하였다. 상소를 올려 황제는 공경, 열후, 종실에게 논하도록 명하였으나 감히 논쟁하는 자가 없었다. 두영(竇嬰)만이 홀로 조조와 논쟁하였는데 이로 인하여 조조와 사이가 벌어졌다"고 되어 있다.

20) 오초칠국(吳楚七國)의 반란. 『한서』「경제본기」(景帝本紀)에 기록되어 있다. "오왕 비(濞), 교서왕(膠西王) 앙(卬), 초왕(楚王) 무(戊), 조왕(趙王) 수(遂), 제남왕(濟南王) 벽광(辟光), 치천왕(菑川王) 현(賢), 교동왕(膠東王) 웅거(雄渠) 모두 군사를 일으켜 반란을 도모하였다. 천하에 크게 사면령을 내려 태위아부(太尉亞夫)·대장군(大將軍) 두영을 파견하여 군사를 모아 공격하게 하였고, 어사대부 조조를 참수하여 칠국에 사죄하였다." 이월, "여러 장군들이 칠국을 격파하였고 베어 낸 머리만 해도 수십여만 급이었다. 마침내 오왕 비를 단투(丹徒)에서 참수하였다. 교서왕 앙, 초왕 무, 조왕 수, 제남왕 벽광, 치천왕 현, 교동왕 웅거는 모두 자살하였다"고 되어 있다.

21) 문제(文帝)는 경제(景帝)라고 해야 한다.

22) 원문은 '改正朔, 易服色'. 『한서』「가의전」에 기록되어 있다. 정삭(正朔)은 정월 초하루를 뜻하며 매년의 첫날을 계산하는 월령을 가리킨다. "가의는 한(漢)이 일어난 지 이십여 년이 되자 천하가 화합하려면 마땅히 정삭을 바꾸고 복색과 제도를 바꾸고, 관명(官名)을 정하고 예악(禮樂)을 일으켜야 한다고 하였다. 이에 그 의법(儀法)을 초안하였는데 색깔은 황색을 숭상하고, 숫자는 다섯을 사용하며, 관명은 모두 고칠 것을 상주하였다. 문제는 겸양하며 받아들이지 않았다." 한나라 초에는 진력(秦曆; 진나라 역법)을 사용하여 10월을 한 해의 시작으로 삼았는데, 가의는 하력(하나라 역법)을 사용하여 정월을 한 해의 시작으로 할 것을 주장했다. 가의는 음양오행설에 근거하여 진나라가 흑색이었으므로 한나라는 황색이 되어야 한다고 했는데, 이것은 토(土; 황색)가 수(水; 흑색)를 이긴다고 보았기 때문이다.

23) 원문은 '賈生鼂錯明申商'. 『사기』「태사공자서」에 "조삼(曹參)이 개공(盖公)을 추천한 이래 황로지학(黃老之學)이 퍼졌지만 그러나 가생, 조조는 신상의 법에 밝았다"고 말한다. 신(申), 상(商)은 각각 신불해와 상앙을 가리킨다.

24) 『한서』「원앙조조전」에 "조(錯)는 사람됨이 견개(狷介)하고 가혹했다"(錯爲人峭直刻深)고 되어 있다.

제8편 번국의 문장과 학술

한나라 고조는 비록 유가를 좋아하지 않았고 문제와 경제 또한 형명刑名과 황로黃老를 좋아했지만, 당시 제후왕 가운데에는 선비를 양성해 내는 데 마음을 쓰고 문장과 학술文術에 심혈을 기울인 사람들이 있었다. 그중에서 도 특히 초楚, 오吳, 양梁, 회남淮南, 하간河間의 다섯 왕이 특히 두드러졌다.

초나라 원왕元王 교交[1]는 고조의 이복 막내 동생으로 책을 좋아하고 재예材藝가 뛰어났다. 젊었을 때 노나라 목생穆生, 백생白生, 신배申培[2]와 더 불어 손경孫卿의 문하생인 부구백浮丘伯[3]에게 『시』詩을 전수받았다. 그래 서 『시』를 좋아하게 되었고 초나라에서 왕이 되자 그의 자식들 역시 모두 『시』를 배웠다. 신배는 처음으로 『시』를 강론하였는데 그것을 '노시'魯詩 라고 부른다. 원왕 역시 스스로 강론하였고 그것을 '원왕시'元王詩라고 부 른다. 한나라 초기에 『시』를 연구하던 큰 스승들은 모두 초나라에 살았다. 신공, 백공 이외에 또 위맹韋孟[4]이 있었는데 그는 원왕의 스승이었고, 아들 이왕夷王 및 손왕孫王 무戊의 스승이기도 하였다. 무가 방탕하고 무도無道하 자 위맹은 이에 시를 지어 풍간諷諫하였다. 이후 결국 자리에서 물러나 쩌우鄒 땅으로 옮겨 가 다시 시 한 편을 지었는데, 그 사건의 서술과 말을 펼쳐 냄이 저절로 일체一體를 이루었으니 모두 『풍』風, 『아』雅의 여운이 있었다. 위진魏晉 이래로 규범으로 우러르며 이러한 수법으로 선인의 공적을 서술하고 선조의 공덕을 기술하였으니, 임방任昉의 『문장연기』文章緣起5)에서는 "사언시四言詩는 서한 초나라 왕의 스승이었던 위맹의 시 「간초이왕무」諫楚夷王戊라는 시에서 시작되었다"라고 하였다.

오왕吳王 비濞6)는 고조의 형 중仲의 아들이다. 문제 때 오나라 태자가 입조하였는데 황태자와 박도博道를 다투었는데 황태자가 박판博局을 들어 그를 죽였다.7) 오왕은 이를 원망하였는데, 도망친 자나 죽을 죄를 지은 사람들을 숨겨 주기를 30여 년 했더니 그들을 부릴 수 있게 되었다. 하지만 기용한 사람들 가운데에는 종횡가縱橫家의 유세하는 선비들이 많았고, 그들 가운데에는 역시 문사에 뛰어난 사람들이 있었는데, 엄기嚴忌, 추양鄒陽, 매승枚乘 등이 있었다. 오나라가 패하자 이들은 모두 양나라로 갔다.

양나라 효왕孝王의 이름은 무武8)이며 문제 두황후竇皇后의 막내아들이다. 오초 칠국의 반란이 일어났을 때 양나라는 오나라와 초나라를 격퇴하는 데 공이 가장 컸으며, 또한 가장 큰 나라였기에 왕의 행차가 천자의 행차에 견줄 만하였다. 사방의 호걸들을 불러 모으니 산둥 출신의 유세 활동을 하던 사람들游士이 모두 모여들었다. 『역』을 전한 사람으로는 정관丁寬이 있었는데, 그는 전왕손田王孫에게 전수해 주었고, 전왕손은 시구施仇와 맹희孟喜, 양구하梁丘賀에게 전수하였다.9) 이에 『역』에는 시·맹·양구 삼가三家의 학學이 있게 되었다. 또한 양승羊勝과 공손궤公孫詭, 한안국韓安國10) 등이 각자 언변과 지혜로 이름을 날렸다. 오나라가 패하자 다시 오나라의 식객들은 모두 양나라로 갔고, 사마상여司馬相如 역시 일찍이 양나라에 와 있었는데 모두 사부詞賦의 고수들이었으니, 천하에 문학의 성대함으로 치면 당시 양나라만 한 데가 없었을 것이다.

엄기嚴忌는 본래 성이 장莊이었으니 후에 명제明帝의 이름자를 피하기 위해 엄嚴이라고 했는데, 콰이지會稽 우吳 사람이다. 사부를 좋아하였고 굴원의 충정과 불우를 애도하여 「애시명」哀時命이라는 사詞를 지었다. 경제가 사부를 좋아하지 않아 뜻을 펼칠 수 없어 오나라로 가서 유세하였다. 오나라가 패하자 양나라로 옮겨 갔는데, 효왕이 그를 알아보아 추양·매승과 더불어 존중받게 되었으니, 엄기의 이름은 더욱 드날려 세상에서는 그를 장부자莊夫子라고 칭했다. 『한서』 「예문지」에는 『장부자부』莊夫子賦 24편이라고 되어 있는데 지금은 「애시명」 한 편만이 『초사』에 남아 있을 뿐이다.

추양鄒陽은 제나라 사람으로 처음에는 엄기·매승과 함께 오나라에서 벼슬을 지냈는데 모두 문장과 언변으로 이름을 날렸다. 오왕이 장차 반란을 도모하자 추양은 글을 지어 간하였으나 받아들여지지 않았고, 이에 오나라를 떠나 양나라로 가서 효왕을 따라 돌아다녔다. 그는 사람됨이 지혜롭고 강개하며 영합하지 않는 성격이었는데, 양승과 공손궤의 모함으로 효왕이 노하여 추양을 하옥시키고 그를 죽이려 하였다. 추양은 옥중에서 상서를 올려 스스로 명백함을 밝혔다.[11]

…… 속담에 말하길, "머리가 하얗게 될 때까지 사귀어도 처음 만났을 때와 같고 길에서 처음 만나 서서 이야기해도 오랜 친구와 같도다"라고 하였습니다. 어째서 그러한가? 이것은 서로 이해하고 있는가, 그렇지 않은가의 문제입니다. 그러므로 번오기[12]가 진秦나라에서 도망쳐 연燕나

라로 가서 형가荊軻에게 머리를 빌려 주어 연나라 태자 단丹을 위해 진왕을 찔러 죽이는 것을 도운 것입니다. 왕사王奢[13]는 제나라를 떠나 위魏나라로 가서 성벽에 올라 스스로 자살하여 제나라가 군사를 철수하도록 하여 위나라를 보존했습니다. 무릇 번오기와 왕사는 진나라·제나라와 처음 사귄 것이 아니었고, 연나라·위나라와 오랜 친구였던 격이니, 그래서 이들은 진·제 두 나라를 떠나 연·위 두 군주를 위해 목숨을 바쳤으며, 그것은 그들의 행동이 뜻에 맞았고 연·위 두 군주에 대한 흠모의 마음이 무궁하기 때문입니다. …… 지금 군주가 진실로 교만하고 오만한 마음을 버리고 신하에게 보답할 뜻을 품고서, 성심을 다하고 진심을 보이며 속내를 털어놓고 두터운 덕을 베풀며 평생 고락을 함께하며 선비를 아낌없이 대할 수 있다면, 걸왕桀王의 개라도 요임금을 물게 할 수 있고, 도척盜跖의 자객이라도 허유許由를 찔러 죽이게 할 수 있습니다.[14] 하물며 만승의 권세를 가지고 성왕의 위세를 가지고 있음에랴. 그렇다면 형가가 연나라 단을 위하다 칠족이 몰살당했고, 요리要離[15]가 자신의 아내를 불태워 죽였는데 어찌 대왕의 도라 하겠습니까? ……

상주하자 효왕은 바로 그를 풀어 주고 서둘러 상객上客으로 삼았고, 이후 양승과 공손궤를 모함죄로 죽이고, 추양은 홀로 양왕梁王에 대한 천자의 노여움을 풀어 주었다.[16] 대개 오나라에서는 깊은 음모를 꾸미고 책사策士를 편애하였으니, 문변文辯의 선비들 역시 늘 종횡가의 흔적이 남아 있었으며, 사령詞令과 문장이 모두 펼치고 닫는 데 능하여 전국시대의 유세하는 선비들의 언변과 같았다. 『한서』 「예문지」의 종횡가에는 『추양』鄒陽 7편이라 되어 있지만 그의 사부辭賦는 기록하지 않고 있는데, 아마 추양이 한나라에서 본래 권세와 지략으로 이름을 날렸기 때문에 그러할 것이다. 『서경잡기』[17]에서는 다음과 같이 말하고 있다. "양나라 효왕이 망우관 忘憂館에 유람 가서 여러 유사遊士들을 모아놓고 각기 부를 짓게 하였다. 매승은 「유부」柳賦, 노교여路喬如는 「학부」鶴賦, 공손궤는 「문록부」文鹿賦, 추양은 「주부」酒賦, 공손승公孫承은 「월부」月賦, 양승羊勝은 「병풍부」屛風賦, 한안국은 「기부」幾賦를 짓다가 완성하지 않았는데 추양이 대신 지어 주었다. 추양과 한안국은 세 되의 벌주를 마셨고, 매승과 노교여에게는 비단 다섯 필을 내렸다." 『서경잡기』는 진대晉代 갈홍葛洪이 지은 것인데 유흠劉歆[18]에게 가탁하고 있으므로 여러 부賦 중 어떤 것은 역시 갈홍이 지은 것이다.

매승枚乘은 자가 숙叔이고 화이인淮陰 사람으로 오왕 비의 낭중이었다. 오왕이 반역을 모의하자 매승은 상소를 올려 간하였으나 오왕은 받아들이지 않았고, 이에 오나라를 떠나 양나라로 갔다. 한나라가 칠국의 난을 평정했을 때 매승은 이로 인해 이름이 알려지게 되었고, 경제는 그를 불러들여 홍농弘農의 도위都尉에 배수하였다. 매승은 오랫동안 대국大國의 상빈上賓으로 지냈는데 뭇 관리들이 좋아하지 않아 병을 핑계로 관직을 떠나 다시 양나라를 떠돌아다녔다. 양나라의 객客은 모두 글을 잘 지었는데 매승이 특히 뛰어났다. 양나라 효왕이 죽자 매승은 화이인으로 돌아갔다. 무제는 태자일 때부터 매승의 이름을 들었는데, 즉위할 때는 매승이 연로하였으므로 이에 바퀴를 부들로 싼 편안한 수레로 매승을 모셨으나 도중에 죽었다(B.C. 140).

『한서』「예문지」에는 『매승부』枚乘賦 9편이라고 되어 있지만 지금은 「양왕토원부」梁王菟園賦만이 남아 있다. 「임파지원결부」臨灞池遠訣賦는 그 제목만이 남아 있고, 「유부」는 아마도 위탁한 것 같다. 그러나 매승이 문단에 남긴 위대한 업적은 『초사』, 「칠간」七諫의 필법에 대략 의지하면서, 또 「초혼」招魂, 「대초」大招의 뜻을 취하여, 스스로 「칠발」七發을 창조한 점이다.[19] 오와 초를 빌려 손님과 주인으로 삼아, 우선 수레의 손실과 궁실의 병폐, 식색食色의 해로움 등을 말하고, 현묘한 말과 중요한 도리를 듣고 말하여 몸과 정신이 통하여야 함을 말하고 있다. 그리하여 가무와 여색에 빠져 한가로이 노니는 즐거움 등등, 모두 여섯 가지의 일을 말하고 있는데 가장 마지막은 광릉廣陵에서 파도를 구경하는 이야기이다.

"물결이 처음 일어날 때는 크게 물을 흩뿌리는 것이 백로가 아래로 날아 드는 듯하고, 물결이 적게 들어올 때는 도도하게 넘실거리는 것이 흰 수레에 백마와 깃발과 덮개를 펼쳐 놓은 듯합니다. 파도가 용솟음쳐 구름처럼 흩어지면, 이곳을 어지러이 휘저어 놓는 것이 마치 삼군三軍이 행장을 꾸리는 듯합니다. 파도 가장자리가 물결이 급히 일 때는 가벼운 수레가 진군을 막는 듯 살랑살랑 일어납니다. 여섯 마리의 교룡이 태백太白[하백河伯]을 좇는 듯합니다. 큰 무지개로 내달리며 앞뒤로 끊이지 않고 이어집니다. 높이 치솟고 서로 뒤따르고 많고도 높습니다. 성벽이 첩첩이 견고하게 쌓인 것 같고, 다채롭게 끓어오르는 것이 군대가 행군하는 듯합니다. 쏴쏴 하는 소리가 거대하게 덮치며 광대한 물결 용솟음쳐 당해 낼 수가 없습니다. 그 양 옆을 보면 물살이 사납게 솟구쳐 끓어오르고 안개가 껴 울적한 것이 어스름하게 이리저리 부딪치고, 위에서 치고 아래서 돌을 밀어냅니다. 용감한 장수의 병사가 갑자기 노기를 띠며 두려움이 없는 듯, 둑을 오르고 나루에 부딪치며, 힘껏 구부려 물굽이를 따르고 둑을 넘어 바깥으로 나가려 하는데, 마주치면 죽을 것이고 막아서면 무너질 것입니다."……

그 말을 모두가 마음에 들어하지 않자 이렇게 말했다.

"장차 태자를 위해 방술의 선비를 모아 그중 재능과 방책이 있는 사람, 예를 들어 장주莊周, 위모魏牟, 양주楊朱, 묵적墨翟, 편연便蜎, 첨하詹何의 무리가 있으면 그들에게 천하의 정미精微를 논하고 만물의 시비를 따지게 하겠습니다. 공자는 두루 살폈고 맹자는 산가지를 가지고 헤아려서 만 가지 중 하나도 잘못이 없었습니다. 이 역시 천하의 중요한 말씀이자 도리입니다. 태자께서는 어찌 듣고 싶지 않습니까." 이에 태자가 책상을 짚고 일어나며 말하되, "성인 변사의 말을 듣는 듯 밝아지는군요" 하였다. 땀을 흘리며 갑자기 병이 사라졌다.

이리하여 결국 '칠'七체가 생겨났는데 그 후 문사들 가운데 '칠체'를 모방하는 사람들이 많아, 한대 부의傅毅의 「칠격」七激과 유광劉廣의 「칠흥」七興, 최린崔駰의 「칠의」七依가 있었고 …… 모두 10여 작가가 있었는데, 위진대魏晉代에 이르러 여전히 많은 사람들이 모방하여 글을 지었다. 사령운謝靈運[20]의 『칠집』七集 10권, 변경卞景의 『칠림』七林 12권이 있고, 양나라에도 또한 『칠림』七林 30권이 있으니 대개 여러 작가들이 칠체로 글을 썼던 것을 모아서 만든 것 같지만 지금은 모두 없어졌다. 다만 매승의 「칠발」과 조식曹植의 「칠계」七啓,[21] 장협張協의 「칠명」七命[22]만이 『문선』文選 가운데 있을 뿐이다.

『문선』에는 또한 『고시십구수』古詩十九首가 있는데 모두 오언五言이며 작자 미상이다. 당나라 이선李善은 "고시古詩라고도 말하는데 대개 작자를 알 수가 없으니, 혹자는 매승이라고도 하지만 확실하지 않다"라고 말했다.[23] 하지만 진陳나라 서릉徐陵이 엮은 『옥대신영』玉臺新咏에는 그중 아홉 수가 분명히 매승이라고 이름을 적고 있다.[24] 이것이 사실이라면 매승은 칠체를 처음으로 창시하였을 뿐만 아니라 또한 오언 고시를 시작한 것인데, 지금 그중 세 수를 적어 본다.

서북쪽 높은 누각

위로 떠가는 구름과 나란히 있네

엇갈려 비단무늬 창을 엮고

네 기둥 누각에는 세 겹 계단 있네

위로 현이 울리며 노랫소리 들리는데

어찌나 구슬픈 울림인지

누가 이 노래 연주할 수 있을까

기량杞梁의 아내만 한 사람 없을 것이네

청상곡淸商曲 바람 타고 퍼져 나가는데

곡조가 중간에 이리저리 배회하고

한 번 튕기고 두세 번 탄식하니

강개慷慨하면서도 여운이 슬프도다

노래하는 이의 고통 가여워할 것 없이

그저 지음知音이 드문 것이 마음 아플 뿐.

원컨대 한 쌍의 큰 기러기 되어

날개 떨쳐 높이 날고 싶구나.

......

서로 헤어진 날도 오래되고

의대衣帶는 날로 느슨해집니다

뜬 구름 해를 가리고

가신 님 돌아오지 않는군요

님 그리움에 늙어 가는데

세월은 어느새 저물어 갑니다

내버려두고 더 말하지 말고

그저 열심히 음식이나 드소서.

아득히 먼 견우성

하얗게 반짝이는 직녀성

섬섬옥수 내밀어

찰칵찰칵 베를 짜는데

온종일 한 폭도 짜지 못하고

눈물만 비 오듯 흐르네

은하수 맑고도 얕으니

서로 거리 얼마나 될까

찰랑찰랑 흐르는 강물 두고

바라보며 말조차 건네지 못하는구나.

그 가사는 시어에 따라 운韻을 이루고 운에 따라 시의 맛을 이루고 있
다.[25] 조탁을 하지 않았으니 뜻이 저절로 깊어지고 풍기는 맛風神은 초나

라 『이소』에 가까웠으며 체제와 형식은 실로 독자적이니, 참으로 이것이 "온후함에 신기함이 쌓여 있고, 화평함에 슬픈 감정이 깃들어 있고, 뜻은 얕을수록 더욱 깊고 가사는 일상에 가까울수록 더욱 깊어진다"는 것이다. 조금 뒤에 이릉李陵과 소무蘇武[26]가 증답시贈答詩를 썼는데 역시 오언으로 되어 있으며, 대개 문제와 경제 이후에 점차 이러한 시의 체제가 많아졌다. 하지만 타고난 자질과 자연스러움은 결국 매승이 가장 탁월하다고 해야 할 것이다.

회남왕淮南王 유안劉安[27]은 문제가 책봉하였고, 책을 좋아하고 금琴을 탈 줄 알았다. 빈객賓客과 방술方術의 선비를 수천 명을 불러들여 『내서』內書 21편을 만들었는데 『외서』外書는 더욱 많다. 또한 『중편』中篇 8권이 있어 신선神仙·황백黃白의 방법[28]을 이야기하였는데, 이 역시 20여만 자에 이른다. 당시 무제는 예문藝文을 두루 좋아하여 유안을 제부諸父[29]로 하고, 박식하고 문사에 능하다고 여겨 그를 매우 존중하였다. 문제는 일찍이 그에게 『이소전』離騷傳을 짓게 하였는데, 유안은 아침에 명을 받고는 점심 나절에 그것을 올렸다. 『이소전』은 현재 없어졌고 전해지는 것으로는 『회남』淮南 21편이 있는데 『홍렬』鴻烈이라고도 부른다. 이 책은 대개 여러 유사들과 강론한 것과 구문舊文들을 가려서 추려 낸 것들로 이루어졌다. 이 책을 쓴 여러 유사들 가운데 두드러진 사람으로 소비蘇飛, 이상李尙, 좌오左吳, 전유田由, 뇌피雷被, 모피毛被, 오피伍被, 진창晉昌 등 여덟 명을 팔공八公이라고 부른다. 또한 사부를 나누어 유형별로 분류하였는데 어떤 것은 『대산』大山이라고 부르고, 어떤 것은 『소산』小山이라고 하였으니[30] 그 의미는 『시』에 『대아』大雅와 『소아』小雅가 있는 것과 같다. 소산의 무리에는 『초은사』招隱士라는 부가 있는데 그 기원이 비록 『이소』, 「초혼」 등에서 나왔지만 그 자취에 얽매이지 않았으니 한대 초사의 신성新聲을 이루었다.

계수나무는 무리지어 산속 깊은 곳에서 자라서

우뚝하고 굽어진 가지 서로 얽혀 있도다.

산기운 높이 솟고 바위 험준하고

계곡은 가파르고 냇물은 세차도다.

원숭이 무리지어 울고 호랑이 표범 울부짖으며

계수나무 가지에 올라 하릴없이 오래 머무는구나.

왕손王孫께서 노닐며 돌아가지 않는데

봄풀 무성하게 자라났구나.

한 해는 저물어 머물지 않으니

쓰르라미 쓰르르 슬피 우는도다.

삐걱거리는 수레 흙먼지 이는 굽이굽이 험한 산길

이 마음 오래 머물수록 시름만 더하는구나.

기절할 듯 놀라 깬 호랑이 표범의 굴

빽빽한 깊은 숲속 사람이 지나기에 무섭구나.

산은 높고 험하고 돌은 울퉁불퉁

나무는 바퀴처럼 서로 얽혀 있고 수풀은 무성히 드리워져 있다.

향부자 잡목 어지럽고 번초蘋草는 바람에 흔들흔들

흰 사슴 암 사슴 뛰었다 섰다 하는데

그 모습 뿔이 우뚝우뚝

털빛이 반들반들 보드랍다.

원숭이 큰곰은 무리가 그리워 애달프구나.

계수나무 가지에 올라 하릴없이 오래 머물며

호랑이 표범은 다투고 큰 곰은 울부짖고

금수가 놀라 무리를 벗어난다.

왕손께서 돌아오시라

산속은 오래 머물지 못하리로다.

하간헌왕河間憲王 유덕劉德[31]은 경제의 아들인데 역시 책을 좋아하였고 고문古文으로 된 선진先秦시대의 옛 책들을 구했었다. 또 『모시』毛詩와 『좌씨춘추』左氏春秋 박사를 세웠고, 산둥의 여러 유생들이 그를 따라 모여들었다. 그가 좋아한 것은 대개 초나라 원왕元王 교交와 비슷하였다. 다만 오, 양, 회남 세 나라의 객客들은 비교적 문사가 풍부하였는데, 양나라 객 가운데 뛰어난 사람들은 대부분 오나라에서 온 사람들로 종횡가의 여운이 많이 남아 있었으며, 화이난淮南에 모인 사람들은 대체로 과장된 언변과 방술을 가진 선비들이었다.

참고문헌

『사기』, 권106, 118.

『한서』, 권36, 44, 47, 51, 53.

청 엄가균 집록, 『전한문』.

『중국대문학사』, 제3편 제3장.

주)_____

1) 초나라 원왕(元王) 교(交). 유교(劉交, ?~B.C. 179)를 말하며 유방(劉邦)의 이복 막내 동생이다. 유방을 따라 병사를 일으켜 이후 초왕에 봉해졌다. 문예를 좋아하여 초나라로 유

생들을 모았으며, 『원왕시』(元王詩)를 지었으나 지금은 사라졌다. 『한서』「초원왕전」(楚元王傳)에 그의 사적이 보인다.

2) 신배(申培). 신배공(申培公)이라고도 한다. 서한 루(魯; 지금의 산둥 취푸曲阜) 사람. 순자(荀子)의 문하에서 『시경』을 배웠으며, 노나라 문제(文帝) 때 초왕의 태자 무(戊)의 스승이 되었으나, 태자가 공부하기를 싫어하여 사퇴하고 고향으로 돌아가 글을 가르쳤는데, 먼 곳에서 찾아와 배우는 자들이 100여 명에 달했다. 무제(武帝)의 부름을 받아 정치고문으로 태중대부(太中大夫)가 되었다.

3) 부구백(浮丘伯). 부구공(浮丘公)이라고도 한다. 한나라 초의 제(齊) 사람이다.

4) 위맹(韋孟). 서한 펑청(彭城; 군 소재지는 지금의 장쑤성 쉬저우徐州) 사람이다. 초나라의 유교(劉交) · 유영(劉郢) · 유무(劉戊) 세 왕의 스승이었다. 유무가 무도(無道)하여 위맹은 「간초이왕무」(諫楚夷王戊)라는 시를 지었고 이후 직위를 버리고 쩌우(鄒)로 가서 「재쩌우시」(在鄒詩)를 지었다.

5) 임방(任昉, 460~508). 러안(樂安) 보창(博昌; 지금의 산둥 서우광壽光 일대) 사람으로, 송 · 제 · 양 3대에 걸쳐 벼슬하였다. 양나라 때 이싱(義興), 신안(新安)의 태수(太守)를 지냈으며 표(表) · 주(奏) · 서(書) · 계(啓)에 뛰어났다.

『문장연기』(文章緣起), 『문장시』(文章始)라고도 하며 수대에 이미 없어졌는데, 『신당서』「예문지」에 장적(張績)이 보충하여 지었다고 되어 있다. 북송 때 오늘날 전해지는 책을 발견하였는데 장적이 보충하여 지은 책일 것이다. 시 · 문 · 소(騷) · 부(賦) 등 각종 문체의 기원을 논하고 있다.

6) 오왕(吳王) 비(濞). 유비(劉濞, B.C. 215~154)로 유방(劉邦)의 조카이다. 경제 때 오초(吳楚) 7국의 반란을 일으켰고 싸움에서 패하자 동월(東越)로 도망가서 피살되었다. 『한서』「형연오열전」(荊燕吳列傳)에 그의 사적이 보인다.

7) 박도(博道). 도박의 일종으로 박(博)은 저포(樗蒲)와 한가지로 중국에서 가장 오래된 노름 중 하나이다. 박국(博局)은 박을 하는 나무판을 말한다.

8) 양(梁)나라 효왕(孝王) 유무(劉戊, ?~B.C. 144). 문제 유항(劉恒)의 차남으로 두황후로부터 가장 총애를 받았으며, 두황후가 그를 후사로 삼으려 했으나 원앙(袁盎) 등 대신들이 반대하였다. 양왕은 이에 원한을 품고 원앙을 암살하였는데 이후 경제의 미움을 사서 울적하게 지내다 죽었다. 『한서』「문삼왕전」(文三王傳)에 사적이 보인다.

9) 정관(丁寬). 자는 자양(子襄), 한나라 초 양(梁) 사람이다. 전하(田何)에게서 『역』을 전수받았으며, 『한서』「예문지」에 『정씨』(丁氏) 8편을 기록하고 있다.

전왕손(田王孫). 서한 당(碭; 지금의 안후이 당산碭山) 사람이며, 경제 때 박사였다.

시구(施仇). 자는 장경(長卿)이며 서한 페이현(沛縣; 지금의 장쑤에 속한다) 사람이며 선제(宣帝) 때 박사였다.

맹희(孟喜). 자는 장경(長卿)이며 서한 란링(蘭陵; 지금의 산둥 이현嶧縣) 사람이다. 효렴

(孝廉)에 응시하여 낭(郎)이 되었고 곡대서장(曲臺署長)이 되었다.

양구하(梁丘賀). 양구가 성(姓)이며, 자는 장옹(長翁), 서한 랑예(瑯琊) 주셴(諸縣; 지금의 산둥 주청諸城) 사람이다. 선제 때 태중대부(太中大夫)에 임명되었고 관직은 소부(少府)에 이르렀다.

10) 양승(羊勝, ?~B.C. 148)과 공손궤(公孫詭, ?~B.C. 148)는 모두 양왕(梁王)의 문객(門客)이었다. 한안국(韓安國, ?~B.C. 130)은 자는 장유(長孺)이고 서한 때 양(梁) 청안(成安; 지금의 허난에 위치) 사람이다. 양나라 효왕의 중대부(中大夫)로 임명되었고 무제 때 어사대부(御史大夫)가 되었다. 『한서』 본전에 그의 사적이 보인다.

11) 「옥중상서자명」(獄中上書自明)을 가리키며 『문선』에 수록되어 있다.

12) 번오기(樊於期)는 전국시대 말엽 진(秦)나라 장수로, 진을 떠나 연나라로 갔는데 진왕이 그를 잡으려 하자, 연나라 태자 단(丹)에게 보답하기 위해 자신의 머리를 형가(荊軻)에게 주었다. 형가는 이를 가지고 진나라로 가서 거짓으로 진왕의 신임을 얻어 진왕을 찔러 죽일 기회를 얻었다.

13) 왕사(王奢)는 제나라 장수로 죄를 지어 위나라로 도망하였는데, 제나라가 위나라를 치려 하자 왕사가 성벽에 올라 제나라 장수에게 자기 때문에 위나라를 공격하는 것이라면 자신은 위나라에 누를 끼치면서 살고 싶지 않다면서 칼을 뽑아 자살하였고, 제나라는 곧 철수하였다.

14) 포악한 걸왕의 개도 성군 요임금 같은 성군에게 짖을 수 있고, 반란을 일으킨 도척의 부하가 고매한 허유를 죽일 수 있다는 것은 은혜를 베풀면 받은 사람은 베푼 사람에게 충성을 다할 수 있다는 의미이다.

15) 요리는 오왕 합려(闔閭)가 보낸 자객으로 경기(慶忌)를 암살하려 했는데, 경기의 신임을 얻기 위해 오왕이 요리에게 죄를 뒤집어씌워 그의 팔 하나를 자르고 그의 아내를 불태워 죽였다. 요리는 경기에게 투항하여 신임을 얻게 되고 그리하여 경기를 암살하게 된다.

16) 추양이 양나라 효왕에 대한 경제(景帝)의 노여움을 풀어 준 사실을 가리킨다. 당시 양나라 양승, 공손궤는 자객을 시켜 원앙을 암살하였고 이에 경제의 분노를 사게 된다. 추양은 경제의 총희인 왕미인(王美人)의 오빠 왕장군을 통해 왕미인으로 하여금 양왕에 대한 이야기를 하게 하여 마침내 오해를 풀게 된다.

17) 『서경잡기』(西京雜記). 동진(東晉)의 갈홍(葛洪)이 지었으며 서한 유흠의 이름을 가탁하고 있다. 본래 2권이었으나 후대에 6권으로 나뉘었다. 서한의 흩어진 여러 신화·전설을 기술하고 있다.

갈홍(葛洪, 284~364). 자는 치천(稚川)이고 동진 때 쥐룽(句容; 지금의 장쑤성에 속한다) 사람이다. 『서경잡기』 외에도 『포박자』(抱朴子), 『신선전』(神仙傳) 등을 지었다.

18) 유흠(劉歆, ?~23). 자는 자준(子駿)이고 이름은 영숙(穎叔)으로 유향(劉向)의 아들로 서

한 말기 유명한 경학가이자 목록학자이다. 그가 지은『칠략』(七略)은 중국 최초의 목록학 저서이다.『한서』「예문지」는 기본적으로 이 책의 내용과 분류방법을 따르고 있다. 왕망(王莽)이 정권을 찬탈하고 새로운 왕조를 세웠을 때 유흠을 국사(國師)로 임명하였다. 후에 유흠은 왕망 암살계획을 비밀리에 세웠으나 누설되어 자살하였다.

19)「칠간」(七諫). 동방삭(東方朔)이 지은 것으로 굴원을 애도하는 내용으로 되어 있다. 소서(小序) 이외에「초방」(初放),「침강」(沉江),「원세」(怨世),「원사」(怨思),「자비」(自悲),「애명」(哀命),「유간」(謬諫) 7단으로 되어 있다.

『칠발』(七發). 초나라 태자가 병이 나자 오나라 객이 방문한 것으로 가정하여, 음식, 거마, 사냥, 파도 구경, 논도(論道) 등 일곱 가지로 태자를 일깨운다는 내용이다. 그 후 이러한 문체를 '칠체'(七體) 또는 '칠'(七)이라고 했다.

20) 사령운(謝靈運, 385~433). 남조(南朝) 송(宋)나라 양샤(陽夏; 지금의 허난 타이캉太康) 사람이다. 동진 사현(謝玄)의 손자이며 세습으로 강락공(康樂公)에 봉해졌고, 송나라 들어 융자(永嘉)의 태수(太守)에 임명되었다.

21) 조식(曹植, 192~232). 자는 자건(子建), 삼국 시기 패국(沛國) 차오(譙; 지금의 안후이 하오현亳縣) 사람이다. 조조(曹操)의 셋째아들로 진왕(陳王)에 봉해졌으며 후대 진사왕(陳思王)이라고 했다.「칠계」(七啓)는 현미자(玄微子)와 경기자(鏡機子)의 문답 일곱 가지를 서술하고 있다.

22) 장협(張協). 자는 경양(景陽). 서진 때 안핑(安平; 지금의 허베이성에 속한다) 사람이며 관직은 하간내사(河間內史)였다.「칠명」(七命)은 충막공자(沖漠公子)와 순화대부(殉華大夫)의 대화를 서술하고 있다.

23) 이선(李善, 약 630~689) 당나라 장두(江都; 지금의 장쑤성에 속한다) 사람으로, 일찍이 하란민(賀蘭敏)의 추천으로 숭현관학사(崇賢館學士)가 되었고, 난대랑(蘭臺郎)을 지냈다. 하란민이 세력을 잃으면서 이선 또한 야오저우(姚州)를 떠돌다가 후에 사면되어『문선』을 가르치는 것을 업으로 삼으며 지냈다. 조헌(曹憲)에게『문선』을 배웠고 이후 658년에『문선』에 방대한 주석을 단『문선주』(文選注) 60권을 편찬하였다. 이 책 이후로 문선학이 생겨나게 된다.

24) 서릉(徐陵, 507~583). 자는 효목(孝穆). 남조 때 천둥(陳東) 하이탄(海郯; 지금의 산둥 탄청郯城) 사람이다. 양나라 때 동궁학사(東宮學士)에 임명되었고 진나라 때 상서좌복사(尙書左僕謝), 중서감(中書監)에 임명되었다. 궁체시(宮體詩)의 대표적 작가이다. 엮은 책으로『옥대신영』(玉臺新咏) 총집 10권이 있다.

25) 이 구절은 호응린(胡應麟)의『시수』(詩籔)「고체(古體)·오언(五言)」에 명시되어 있다. "『십구수』와 여러 잡시들에 이르게 되면, 가사에 따라 운을 이루고, 운에 따라 시의 맛을 이루게 되었으며, 사조(辭藻)와 기골(氣骨)은 생략되어 찾을 것이 없었으며, 상(象)을 일으켜 영롱하고 뜻은 깊고 완미함에 이르러 진실로 귀신을 울릴 수 있었고, 천지

를 진동시킬 수 있었다." "시의 어려움, 『십구수』여! 온후함에 신기함을 쌓고 화평함에 슬픈 감정을 기탁하였다. 뜻은 얕을수록 깊어지고 가사는 일상에 가까울수록 더욱 깊어지도다."

26) 이릉(李陵, ?~B.C.74). 자는 소경(少卿)이고 서한 룽시(隴西) 청지(成紀; 지금의 간쑤 친안秦安) 사람인데 명장 이광(李廣)의 자손이다. 관직은 기도위(騎都尉)였고 한 무제 때 흉노를 쳤는데 그의 군사가 패하여 적에게 항복하였다.

소무(蘇武, ?~B.C.60). 자는 자경(子卿)이고 서한 두링(杜陵; 지금의 산시陝西 시안西安) 사람이다. 무제 때 중랑장(中郞將)으로 흉노에게 사신으로 갔다가 19년 동안 잡혀 있었으나 절개를 지키며 항복하지 않아 나중에 흉노가 한나라와 화친하였을 때 비로소 귀국할 수 있었다. 현재 소무와 이릉의 증답시가 남아 있는데 학자들은 후대 사람이 위탁한 것으로 보기도 한다.

27) 회남왕(淮南王) 안(安), 즉 유안(劉安, B.C.179~122)은 화이난 여왕(厲王)의 장자이며 유방(劉邦)의 손자이다. 무제에게 아들이 없자 그는 다른 마음을 먹었고, 또한 여왕이 죽자 마음속으로 원망을 품게 되었다. 결국 모반의 음모가 있다는 혐의를 받아 자살하였다. 그의 사적은 『한서』 「회남형산제북왕전」(淮南衡山濟北王傳)에 보인다.

28) 신선(神仙)의 방법은 단약을 단련하는 것, 황백(黃白)의 방법은 금은(金銀)을 단련하는 것을 말한다.

29) 천자가 동성의 제후를 부르는 칭호. 아버지의 형제.

30) 『대산』(大山)·『소산』(小山). 왕일의 『초사장구』 「초은사서」(招隱士序)에서는 이렇게 말했다. "옛날 회남왕 유안은 박식하고 아정하며 옛것을 좋아하여 천하의 빼어난 선비들을 모아들였다. 팔공의 무리들이 모두 그 덕을 흠모하고 그의 인자함에 귀의하여, 각기 재능과 지혜를 다하여 저술하였으며, 사부를 짓고 같은 것끼리 분류하였으니, 고로 어떤 것은 『소산』이라고 칭하고, 어떤 것은 『대산』이라고 칭한다. 그 뜻은 『시경』에 『소아』와 『대아』가 있는 것과 같다." 여기서 『대산』·『소산』이라고 한 것은 편장을 가리킨다.

31) 원문은 '하간헌왕(河間憲王) 덕(德)'. 유덕(劉德, ?~B.C.130)이다. 경제 유계(劉啓)의 아들이다. 그는 고서들을 수집하고 박사를 세웠으며 유술을 받들었다. 그의 사적은 『한서』 「경십삼왕전」(景十三王傳)에 보인다.

제9편 무제시대 문술의 흥성

무제武帝는 웅대한 재주와 지략을 가지고 있었고 유술儒術을 매우 숭상하였다. 무제가 즉위한 후 승상 위관衛綰은 여러 군국에서 천거한 현량賢良 중에 신불해, 상앙, 한비자, 소진, 장의의 의론을 배운 자들을 파면하라는 상주를 올렸다.[1] 또 바퀴를 부들로 싼 편안한 수레를 보내 신공申公과 매승枚乘 등을 초빙하고, 명당明堂을 세우는 것을 의논하고, '오경'五經 박사를 두었다.[2] 원광元光 연간에는 친히 현량에게 책문策問[3]을 내려 동중서董仲舒와 공손홍公孫弘 등이 조정에 나오게 되었다.[4] 또 어려서부터 사부詞賦를 사모하고 '초사'楚辭를 좋아하여 일찍이 회남왕 안安에게 『이소』를 위한 전傳을 짓게 하였다. 무제 스스로도 『추풍사』秋風辭(제6편 참고), 『도이부인부』悼李夫人賦[5](『한서』「외척전」에 보인다) 등을 지었는데, 이 역시 문장가의 심오한 경지에 든다. 무제는 다시 악부樂府를 세워 조·대·진·초趙代秦楚의 민간의 노래를 수집하도록 하였고, 이연년李延年을 협률도위協律都尉로 삼고 사마상여 등 수십 인을 뽑아 시송詩頌[6]을 짓게 하여 이를 천지의 여러 사당에서 사용하였으니, 이것이 『십구장』十九章이라는 노래이다.[7] 이연년은 늘 임금의 뜻을 받들어 현을 뜯으며 사마상여 등이 지은 시를 노래하였는데, 이를 '신성곡'新聲曲이라 한다. 실제로는 초나라 노래의 영향이 남아 있으나 그것을 더욱 확대하여 변화시킨 것이다. 그『교사가』19장은 지금 『한서』「예악지」에 남아 있는데, 제3장부터 6장까지는 모두 '추자악'鄒子樂이라는 제목이 붙어 있다.

여름철의 융성함
온 만물에 두루 미치도다.
무성하게 반짝이는 오동나무
굽은 잎 하나 없도다.
꽃이 활짝 피어 탐스러운 결실
크고도 풍성하구나.
커다란 밭에서 수확을 거두어
뭇 신들에게 제물을 바치는도다.
크고 성대하게 제사를 모시고
단아하고 온화하게 게을리 하지 않네.
신이 우리를 보우하사
대대로 무강無疆하리라.
(「주명」朱明 4 '추자악')

해가 뜨고 짐이 어찌 끝이 있으랴
세월은 사람과 다르다네.
그래서 봄은 우리 봄이 아니고

여름은 우리 여름이 아니며

가을은 우리 가을이 아니고

겨울은 우리 겨울 아니라네.

사방의 강물 고요하기만 한데

두루 둘러보니 이를 어찌할거나.

내가 즐겨야 할 것을 알고

오직 육룡六龍을 타고 즐긴다네.

육룡을 잘 몰아

내 마음을 이렇게 만드는구나.

아, 신마神馬는 어째서 내려오지 않는가!

(「일출입」日出入 9)

이때 하간헌왕이 백성을 다스리는 도治道는 예악이 갖추어지지 않으면 안 된다고 생각하여 그가 모은 아악을 무제에게 바쳤다. 대악관大樂官[8] 역시 그것을 익혀 다 갖추고 있었으나 항상 쓰지는 않았고, 쓰이는 것은 모두 새롭게 만들어진 곡조新聲曲였다. 유람하거나 연회를 베풀 때에도 역시 신성新聲의 변화시킨 곡조變曲를 썼다. 이 곡조는 이연년에게서 시작되었다. 연년은 중산中山 사람으로 자신과 부모 형제 모두 오랜 음악인이었는데, 법을 어겨 궁형을 당하였고 구중狗中에서 일하였다.[9] 그는 천성적으로 음을 잘 알았고 노래와 춤에 능하여 무제가 그를 총애하였고, 매번 신성의 변주곡을 지을 때마다 듣는 사람 중에 감동하지 않는 사람이 없었다. 그는 일찍이 무제를 모시면서 춤을 추며 노래 부르기를 "북방에 미인이 있어 절세의 아름다움으로 홀로 우뚝하니, 한번 눈짓에 도성을 기울이고,

다시 한번 눈짓하면 나라를 기울일 만하도다. 도성 기울이고 나라 기울일 만한 미인 다시 얻기 어렵다는 것을 어찌 모르리오"라고 하였다. 이에 자신의 여동생을 선보였는데, 황제의 총애를 입어 이부인李夫人이라고 하였고 일찍 죽었다. 무제의 그리움이 그치지 않자, 방사인 제나라 사람 소옹少翁[10]이 그녀의 혼을 불러들일 수 있다고 하였다. 그리하여 밤에 촛불을 밝히고 장막을 치고는 황제에게 장막에 거하며 멀리 바라보게 하였는데, 한 미인이 나타나 마치 이부인과 같은 모습이었지만 다가가서 볼 수가 없었다. 황제는 더욱 그녀를 그리워하면서 슬픔에 젖어 시를 지었다. "그녀인지 아닌지, 서서 바라보니 얼마나 느릿느릿 다가오던지." 무제는 악부의 여러 악사들에게 현을 켜며 노래하게 했다. 즉흥적으로 지어진 것이라 리듬이 빠르나 그 담긴 뜻은 깊었으니, 이것도 아마 곧 신성의 변화시킨 곡조라 말할 만하다.

문학과 학술을 하는 선비文學之士 역시 무제의 주변에 대단히 많았다. 먼저 엄조嚴助가 있는데, 그는 콰이지會稽 오吳 땅 사람으로 엄기嚴忌의 아들 혹은 그 친족의 아들이라고 한다. 현량과의 대책對策에서 높은 성적으로 합격하여 중대부로 뽑혔다. 엄조는 오나라 주매신朱買臣을 추천하여 임금을 배알하게 하였는데, 주매신은 『춘추』에 대해 말하고 '초사'를 말하여 역시 중대부로 배수받고 엄조와 함께 임금을 모셨다. 또 오구수왕吾丘壽王, 사마상여司馬相如, 주부언主父偃, 서악徐樂, 엄안嚴安, 동방삭東方朔, 매고枚皐, 교창膠倉, 종군終軍, 엄총기嚴葱奇 등이 있었는데, 그중 동방삭, 매고, 엄조, 오구수왕, 사마상여가 더욱 총애를 받았다. 사마상여는 문장이 가장 빼어났는데 항상 병을 핑계 대고 관직에 나오지 않았고, 동방삭과 매고는 의론에 근거가 없어 광대를 만나는 것 같았으므로, 오직 엄조와 오구수왕만이 등용되었다. 엄조는 가장 먼저 임용되어 항상 대신들과 국가의 안녕에 대해 변론하였는데, 기이한 일이 있으면 역시 곧 문장을 지었으니 부송賦頌 수십 편을 짓게 되었다. 오구수왕의 자는 자공子贛이고 조趙 땅 사람으로, 어려서 격오格五에 능해 대조待詔가 되었고 시중중랑侍中中郎으로 천거되었다.[11] 부 15편이 있는데『한서』「예문지」에 보인다.

동방삭의 자는 만천曼倩으로 핑위안平原 옌츠厭次 사람이다. 무제가 처음 즉위했을 때 천하의 품행이 바르고 현명하고 선량하며 문학과 학술에 재능이 있는 선비를 뽑아 경력을 따지지 않고 지위를 내리겠다고 하자, 사방의 선비들이 대부분 글을 올려 이해득실을 밝혔으니, 스스로 자신의 재능을 뽐내는 자 천여 명을 넘었다. 동방삭은 처음에 글을 올려 이렇게 말했다. "신 동방삭은 어려서 부모를 잃고 형수의 손에 자랐습니다. 나이 12세 때 글을 배우고 삼 년이 지나자 문사文史를 쓸 수 있었습니다. 15세 때에는 검을 다루는 법을 배웠습니다. 16세 때에는『시』와『서』를 배워 22만 언을 암송했습니다. 19세 때에는 손오孫吳의 병법과 전쟁 때 진지의 배치와 전쟁 신호인 징·북의 지휘를 익혀 모두 22만 언을 암송하였습니다. 신 동방삭은 이미 44만 언을 암송하였던 것입니다. 또 자로子路의 말을 항상 따랐습니다. 신의 나이는 22세로, 키는 9척 3촌이요, 눈은 진주가 달린 것과 같고, 치아는 조개껍질을 가지런히 엮은 듯합니다. 용맹은 위衛의 용사 맹분孟賁과 같고, 민첩함은 왕자 경기慶忌와 같고, 청렴함은 포숙鮑叔과 같고, 신의는 미생尾生과 같습니다. 이와 같으니, 천자의 대신이 될 만합니다. 신 동방삭이 황공하옵게도 거듭 인사하며 아뢰옵니다."

그 문장의 언사가 불손하고 스스로를 높이며 칭찬하고 있다. 황제는 그를 훌륭하다 생각하여 공거公車[12]에서 임금의 부름을 기다리도록 하였다. 동방삭은 점차 기이한 의견과 재담으로 황제의 곁에 있게 되었고 익살스러운 말로 일세를 풍미하였는데, 그렇지만 때때로 황제의 안색을 살펴 직언하고 적절히 간언하였으므로 황제는 항상 그를 등용하였다. 동방삭은 태중대부까지 승진하여 매고, 곽사인[13]과 함께 황제의 측근에 있게 되었지만, 단지 익살스런 말을 하는 것에만 그칠 따름이었으므로 높은 지위에는 오르지 못하였다. 그리하여 형명가刑名家의 말로 기용되길 바랐으나, 글자 수가 수만 언이며 그 뜻이 분방하였고 더욱 익살맞아 끝내 쓰이지 못했다. 이에 『답객난』答客難[14](『한서』 본전에 보인다)을 써서 스스로 마음을 달랬다. 또 『칠간』七諫(『초사』에 보인다)이 있는데, 군자가 뜻을 이루지 못하는 것은 예전부터 그러하였다고 하였다. 동방삭은 임종할 때 그 아들에게 훈계하며 이렇게 말하였다. "총명한 사람의 처세는 중용中이 제일이니, 가만히 흐름을 타는데 도와 함께한다. 수양산의 백이·숙제는 어리석고, 은자 유하혜柳下惠[15]는 총명하다. 배불리 먹고 편안히 거하면서 농사로 벼슬을 대신하는 것이다. 은거하며 세상을 즐기고 시세에 영합하지 않으면 화를 만나지 않는다. …… 성인의 도는 마치 용인 듯 뱀인 듯 하여 그 형체는 드러나지만 그 정기는 감추어져 있고 만물과 함께 변화하여 때에 따라 적절하게 따르니 고정된 모습이 없는 것이다."

이것은 또한 황로사상이기도 하다. 동방삭은 통달한 것이 많았는데, 처음에는 스스로를 드러내어 세상에 나섰지만 끝내는 해학과 익살로 이름을 떨쳤으므로, 후대의 호사가들은 기이하고 괴상한 이야기를 얻게 되면 모두 동방삭의 이름을 덧붙여 기록하였다. 방사들은 또한 동방삭을 신선으로 여기고 『신이경』과 『십주기』[16]를 지어 모두 동방삭이 지었다고 의탁하였는데, 사실 모두 그가 지은 것이 아니다.

매고의 자는 소유少孺이며, 매승의 서자이다. 무제가 매승을 초빙하였
는데 매승이 도중에 죽자, 매승의 아들들을 불러 물어보았는데 문장을 잘
짓는 사람이 없었다. 매고는 글을 올려 자신을 아뢰어 황제를 배알할 수
있었고, 황제는 그에게 「평락관부」平樂觀賦를 짓게 하였는데, 잘 지었으므
로 낭郞으로 배수하고 흉노의 사절로 보냈다. 그러나 매고는 농담을 좋아
하여 부송을 지어도 깔보고 희롱하는 말이 많았으므로, 존경을 받지 못하
고 광대처럼 취급받았으니, 그 재능이 동방삭, 곽사인과 비교되었다. 그는
글을 대단히 빨리 지었으므로 지은 부가 매우 많았는데, 스스로 사마상여
에 미치지 못한다고 하였지만, 동방삭을 매우 경멸하였고 또 스스로도 경
멸·비방하였다. 반고는 이렇게 말했다. "그의 문장에 변화가 많고 당시 사
건을 곡절 있게 언급하여 모두 의미를 다 표현하고 있는데, 매우 해학적이
었으며 우아하지는 않았다. 그 가운데 읽을 만한 것은 120편이고, 특히 깔
보고 희롱하여 읽을 것이 못 되는 것은 수십 편이다."

유술儒術을 하는 선비 가운데 역시 문장에 능한 사람으로는 쯔촨菑川
쉐薛 사람 공손홍이 있다. 그의 자는 차경次卿이며 원광元光 연간 현량대책
과에 일등으로 뽑혀 박사에 임명되었고 결국 승상이 되어 평진후平津侯로
봉해졌는데, 이에 천하의 학사들이 구름같이 모여들어 그를 흠모하였다.
광촨廣川의 동중서는 공손홍과 동문수학 하였는데, 경술經術에 특히 뛰어
나 경제 때 이미 박사가 되었고, 무제가 즉위하면서 현량대책에 뽑혀 장
두江都의 재상에 제수받았고 자오시膠西의 재상으로 전임되었다가 죽었다.
그는 일찍이 「사불우부」士不遇賦(『고문원』古文苑에 보인다)를 지었는데, 다음
과 같다.

…… 지난 세상의 맑고 빛나는 때를 보건대

청렴한 선비 역시 외로이 돌아갈 곳 없구나.

은나라 탕湯임금 때엔 변수卞隨와 무광務光이 있었고[17]

주나라 무왕 때엔 백이와 숙제가 있었다네.

변수와 무광은 종적을 끊고 깊은 산 속으로 들어갔고

백이와 숙제는 산에 올라 고사리 캐었지.

저 성인 군자들조차 여기 저기 방황하는데

하물며 세상 속에서 함께 미혹된 자들임에랴.

오자서와 굴원 같은 사람들

역시 더 돌아볼 필요 없네.

저 여러 사람들과도 함께 할 수 없으니

멀리 떠나서 삶을 마치려 하네.

……

종국에는 자기 본업으로 돌아가 유일한 선一善에 귀의하는 것이 낫다고 말하고 있는데, 초나라 곡조에 소리를 실었고 중용으로 맺었으니, 비록 순수한 유생의 말이라고 할지라도 우수에 찬 강직한 뜻은 다 드러나 있다.

소설가의 이야기 역시 이때 흥성하였다. 뤄양洛陽 사람 우초虞初는 방사方士의 시랑侍郎으로 호는 황거사자黃車使者였으며 『주설』周說 943편을 지었다. 제나라 사람 요䠊는 성을 알 수 없는데, 임금의 부름을 받기 위해 『심술』心術 25편을 지었다. 또 『봉선방설』封禪方說 18편이 있는데, 누가 지었는지 모르며 지금은 모두 없어졌다.

시의 새로운 체제 역시 다시 흥성하기 시작했다. 『이소』, 『시경』의 영향을 받은 것 말고도, 마침내 잡언시雜言詩가 생겨나게 되었는데 이것이 '악부'樂府이다. 『한서』에서는 동방삭이 팔언 및 칠언 시를 각각 상·하편 지었다고 하였는데[18] 지금은 전하지 않는다. 그렇지만 원봉元封 3년 백량대柏梁臺[19]를 지어, 이천 석 봉급 받는 여러 신하들을 모아놓고 칠언시를 잘 짓는 사람은 상좌에 앉을 수 있게 하였는데, 지금 그 가사는 모두 남아 있으며 전체가 모두 칠언으로 되어 있고 또한 연구聯句의 맹아이기도 하다.

일월성신日月星辰 사시四時에 맞춰 돌고 (황제)

네 필의 말을 몰며 양나라를 나서네 (양왕)

군국郡國의 병졸·기병과 말 황제 주위에 가득하고 (대사마)

천하를 통솔하기 진실로 어렵도다 (승상)

사방의 오랑캐 다독이기 쉽지 않고 (대장군)

문서 작성하는 하급관리 내가 주관한다네 (어사대부)

(중략)

오랑캐 관리 항상 시기별로 조알하고 (전속국典屬國)

기둥 위 가로목과 두공은 서로 지지해 주고 (대장大匠)

비파, 귤, 밤, 복숭아, 오얏, 매실 거두며 (태관령太官令)

토끼 쫓는 사냥개, 그물 펼쳐놓고 (상림령上林令)

살짝 깨문 비빈의 입술 꿀처럼 달고 (곽사인郭舍人)

더듬더듬 쩔쩔 매며 이어 가지 못하며 궁색하다 (동방삭)

저소손褚少孫은 『사기』를 보충하여 이렇게 기록하였다.[20] "동방삭이 궁전을 지나가고 있을 때 낭郞이 그에게 물었다. '사람들이 모두 선생이 미쳤다고 합디다.' 동방삭이 '나와 같은 사람들은 소위 속세를 피해 조정에 있는 사람들이오. 옛날 사람들은 속세를 피해 깊은 산중에 있었지요'라고 말하였다. 마침 좌중이 술이 거나하게 취했을 때 동방삭은 땅에 앉아 노래 불렀다.——

'속세에서 은거하려면 세상을 피해 금마문金馬門으로 들어가야 하리. 궁전 안에서 속세를 피해 몸을 보전할 수 있으니, 어찌 꼭 깊은 산 속, 초가집 속에 있을 필요 있으랴.'"

이것 역시 새로운 체제이지만 혹은 후대인들이 부회한 것인 듯하다.

오언시는 매승이 처음 시작하였지만, 이때 나온 소무蘇武와 이릉李陵의 이별시[21] 역시 매우 아름다운 작품이라 할 수 있다. 소무의 자는 자경子卿으로 징자오京兆 두링杜陵 사람이다. 그는 천한天漢 원년 중랑장中郞將으로 흉노에 사신으로 갔다가 억류되어 돌아오지 못했다. 이릉의 자는 소경少卿이고 룽시隴西 청지成紀 사람으로 천한 2년 흉노를 공격하였는데, 싸움에 패하고 항복하여 포로가 되었다. 선우單于[22]는 자신의 딸을 그에게 아내로 주고 우교왕右校王으로 삼자, 한나라에서는 그의 집안을 멸족시켰다. 원시元始 6년[23] 소무는 돌아올 수 있었고 이릉과 이별시를 주고 받는다.

손잡고 다리에 오르니
나그네는 해 저물어 어디로 가려 하나.
배회하며 길가를 거니는데
서러운 마음에 작별을 고하지 못하네.
행인은 오래 머물 수 없으니
서로 오랫동안 그리워할 거라 하네.

일월이 아니면 기울고 차는 것

각각 때 있음을 어찌 알겠는가.

힘을 다해 밝은 덕을 숭상하며

흰 머리로 기약해 보리라.

(이릉이 소무에게 준 세 수 중에 하나)

오리 두 마리 함께 북쪽으로 날다

한 마리만 홀로 남쪽에서 비상하네.

그대는 이곳에서 머물러야만 하고

나는 고향으로 돌아가야만 하는데.

진秦과 호胡처럼[24] 한번 이별하면

다시 만날 날 얼마나 먼지.

슬픈 마음 절절하게 가슴을 치니

나도 모르게 눈물이 옷깃을 적시네

바라건대 그대 오랫동안 노력하셔서

웃으며 이야기하던 때 서로 잊지 마세나.

(소무가 이릉과 이별할 때 준 시. 『초학기』 권18에
보인다. 그러나 아마도 후대인의 의작인 듯하다.)

소무는 돌아간 후에 전속국典屬國에 배수받았고, 선제宣帝가 즉위하자 작위를 관내후關內侯로 하사하였으며, 신작神爵 2년(B.C. 60) 나이 80여 세로 죽었다. 이릉은 흉노 땅에서 20여 년 살다가 죽었는데, 문집 2권이 있다. 시 외에도 후세에 또 그의 편지가 많이 전해졌는데, 『문선』 및 『예문유취』에 수록되어 있다.[25]

참고문헌

『사기』, 권126.

『한서』, 권6, 22, 51, 54, 65, 93.

송(宋) 곽무천(郭茂倩) 엮음, 『악부시집』(樂府詩集).

청 엄가균 집록, 『전한문』.

딩푸바오(丁福保) 집록, 『전한시』(全漢詩).

『중국대문학사』, 제3편 제4장.

주)_____

1) 위관(衛綰). 서한 다이쥔(代郡) 다링(大陵; 지금의 산시山西 원수이文水) 사람이다. 문제 때 중랑장(中郎將)을 지냈고 경제 때 오초(吳楚)의 반란을 평정한 공로로 관직이 승상에까지 이르렀다. 무제 초까지 계속 관직이 연임되었으나 곧 면직되었다. 『한서』「무제기」에 "건원 원년 겨울 10월 승상, 어사, 열후, 중이천석(中二千石), 이천석(二千石) 제후들에게 조서를 내려 현명하고 선량하며 품행이 바르고, 직언으로 간언할 수 있는 선비를 천거하라고 하였다. 승상 관이 상주하기를 '천거된 현량들은 혹 신불해, 상앙, 한비자, 소진, 장의의 의론을 배운 자들이니, 국정을 어지럽힐 것입니다. 청컨대 모두 그만두십시오'라고 하였다. 상주는 받아들여졌다"라고 되어 있다.

2) 무제 건원(建元) 원년(B.C.140) 6월, 명당(明堂)을 세우는 것을 의논하였다. 『한서』「유림전」에 "관(綰), 장(臧)이 명당을 세우고 제후들이 알현케 하자고 하였는데, 그 일을 이룰 수 없자 신공을 모시라고 말하였다. 이에 황제는 사신을 시켜 속백에 벽옥을 더한 예물과 부들로 싼 바퀴를 단 편안한 수레를 보내 신공을 맞아들이게 하였는데, 제자 두 명은 작은 수레를 타고 그 뒤를 따랐다. 그가 이르자 …… 노 땅의 저택에 머물게 하고 명당을 세우는 일을 의논하였다"라고 되어 있다. 명당(明堂)은 서주 때 천자가 정교(政敎)를 펼치던 장소로, 제후를 접견하고 제사를 지내고 상을 내리고 선비를 뽑는 등 대전(大典)이 이곳에서 거행되었는데 진나라 때 이미 폐지되었다. 한나라 무제 때 명당의 중건을 건의하기도 했지만 두태후의 반대로 실현되지 않았다.

"오경박사를 두다". 『한서』「무제기」에 건원 5년(B.C.136) 봄에 "'오경' 박사를 두었다"라고 기록되어 있다.

3) 임금이 정치적 문제를 간책(簡策)에 써서 의견을 묻는 것을 '책문'(策問)이라 한다.

4) 『한서』「무제기」에 원광 원년(B.C.194) 5월 "현량에게 조서를 내리기를 '…… 짐이 불민하여 널리 덕을 끼치지 못하는 것은 이미 여러 대부들이 듣고 본 바라. 현량은 고금의 왕이 행한 사업의 요체에 밝으니 책문을 받고 질문을 살펴 모두 글로 대답하고 편에

기록하면 짐이 친히 보겠노라'라고 하였다. 이에 동중서, 공손홍 등이 나오게 되었다"라고 되어 있다.

동중서(董仲舒, B.C. 179~104). 서한 광촨(廣川; 지금의 허베이 자오창棗強) 사람이다. 문제, 경제 때 박사를 지냈고 무제 때 강도왕(江都王)의 재상, 교서왕(膠西王)의 재상을 지냈으며, 일찍이 백가를 없애고 오직 유가만 존숭하자고 건의하였다. 『한서』「예문지」에 『동중서』123편이라고 기록되어 있다. 저술에 『춘추번로』(春秋繁露) 등이 있다.

공손홍(孔孫弘, B.C. 200~121). 자는 계(季)이고 서한 셰(薛; 지금의 산동 텅현滕縣) 사람이다. 일찍이 『공양전』(公羊傳)을 연구하였고 60세에 처음 부름을 받아 박사가 되었다. 파직된 후에 다시 거듭 부름을 받아 차례로 어사대부, 승상을 역임하였다. 『한서』「예문지」에 『공손홍』10편이라고 기록되어 있다.

5) 『도이부인부』(悼李夫人賦). 한 무제가 총애하던 비 이부인을 애도하며 지은 것이다. 『한서』「외척전」(外戚傳)에 "효무 이부인은 본래 창기로 궁궐에 입궐하여" 매우 총애를 받았다. 그녀가 죽은 후에 무제는 그녀를 계속 그리워하며 "스스로 이 부(賦)를 지어 부인을 애도한다"고 하면서 그 구절에 "곱고 아름다운 사람, 길지 않은 명이 끊어졌네" 운운하였다. 한 무제가 지은 사부로 『한서』「예문지」에 "황제가 스스로 부 두 편을 지었다"라고 기록되어 있는데, 그 편명을 기재하지는 않았다.

6) 이연년(李延年, ?~B.C. 87?). 서한 중산(中山; 군청소재지가 지금의 허베이 딩현定縣) 사람이다. 무제의 총희인 이부인의 오빠이다. 『한서』에 "이연년은 노래를 잘 불렀고 새롭게 변형시킨 노래를 불렀다. 이때 황제는 천지의 여러 사당을 흥건하면서 음악을 만들게 하였는데, 사마상여 등에게 시켜 가사(詩頌)을 짓게 하였다. 연년은 곧 황제의 뜻을 받들어 (사마상여 등이) 지은 시를 헌을 뜯으며 노래 불렀고, 이를 신성곡이라 하였다. 이부인이 창읍왕(昌邑王)을 낳자 연년은 협률도위로 높아졌다"고 되어 있다. 『한서』「예악지」에 "이연년이 협률도위가 되어 사마상여 등 수십 인이 지은 시부를 가지고 음률을 따지고 팔음의 곡조를 합하여 『십구장』의 노래를 지었다"라고 되어 있다.

7) 『십구장』(十九章)은 바로 뒤에 나오는 『교사가』(郊祀歌) 19장이다. 이 새로운 노래는 옛날의 아악과는 달랐고, 그 내용은 천지의 신을 찬미하는 것 말고도 다른 신령과 상서로운 징조를 노래하였다. 그 세번째에서 여섯번째 장은 「청양」(靑陽), 「주명」(朱明), 「서호」(西顥), 「현명」(玄冥)이라 하는데 춘, 하, 추, 동의 네 신을 각기 제사 지내는 것이다. 『사기』「악서」에 "봄에는 「청양」를 부르고, 여름에는 「주명」을 노래 부르며, 가을에는 「서고」를, 겨울에는 「현명」을 노래 부른다"라고 하였다.

8) 대악관(大樂官)은 태악령(太樂令)을 가리키며 아악(雅樂)을 주관하였다.

9) 음악인의 원문은 '창'(倡). 음악과 가무에 종사하는 사람을 말한다. 구중(狗中)은 황제의 사냥개를 담당하는 관서이다.

10) 소옹(少翁). 서한 제(齊) 땅 사람으로 무제 때의 방사이다. 방술로 총애를 얻어 문성장

군(文成將軍)에 봉해졌다. 이부인의 혼백을 부른 일은 『한서』「외척전」에 보인다.

11) 격오(格五)는 옛날 투자회(骰子戲)의 일종이다. 대조(待詔)는 임금의 명을 기다리며 관직을 받을 준비를 하고 있는 자격을 말한다.

12) 공거(公車). 임금에게 바치는 상주서나 임금의 부름의 명령을 접수하던 관서이다. 이곳은 공가(公家)의 거마들이 모이던 곳이었으므로 공거라고 했다.

13) 곽사인(郭舍人). 한 무제 때 총애받던 예인이다. 그의 사적은 『사기』「골계열전」에 보인다.

14) 『답객난』(答客難). 『한서』「동방삭전」에 "동방삭이 상서를 올려 농서와 전쟁으로 나라를 부강하게 하는 계책을 말하였는데, 이로 인해 자신이 큰 관직을 얻지 못함을 자책하면서 한번 시험 삼아 해보라고 청하였다. 오로지 상앙, 한비자의 의론이었는데, 그 뜻은 자유분방했고, 매우 해학적이었으며, 수만 자에 이르렀으나, 끝내 쓰이지 못했다. 동방삭은 객난기(客難己)라는 사람을 설정하여 위치가 비천한 사람으로 자신을 비유하였다"라고 되어 있다.

15) 전금(展禽)을 가리키며 노나라 사람으로 사람됨이 평화스러워 죽은 후 혜(惠)라는 시호를 받았다.

16) 『신이경』(神異經). 『수서』「경적지」에 1권으로 기록되어 있다. 『산해경』을 모방한 것으로 기이한 산물을 기록하는 데 편중하고 있다.
『십주기』(十洲記). 『수서』「경적지」에 1권으로 기록되어 있다. 한 무제가 동방삭을 불러 해내 십주의 산물을 물어보는 일을 기록하고 있다. 이 두 책은 모두 위탁이며 『한서』「예문지」에는 기록되어 있지 않다. 『중국소설사략』제4편을 참조하시오.

17) 모두 하(夏) 말기의 은사이다.

18) 『한서』「동방삭전」에는 동방삭이 지은 것은 "팔언, 칠언이 상하로 있다"라고 기록되어 있고, 서진의 진작(晉灼)은 "팔언, 칠언시는 각기 상하편이 있다"라고 주를 달았다.

19) 백량대(柏梁臺). 『한서』「무제기」의 기록은 다음과 같다. 원정(元鼎) 2년(B.C. 115) "봄 백량대를 세웠다". 안사고는 "『삼보구사』(三輔舊事)에 향백(香柏)으로 그것을 만들었다고 하였다"라고 주를 달았다. 「백량대시」(柏梁臺詩)는 『고문원』에 수록되었는데, 서(序)에 "한 무제 원봉 3년 백량대를 만들어 이천 석을 받는 여러 신하를 불러 모았는데, 칠언시를 잘 지어야만 상좌에 앉을 수 있었다"라고 되어 있다. 백량대와 관련된 시는 후대인이 위탁한 것 같다. 고염무(顧炎武)는 『일지록』(日知錄) 권21에서 고증을 상세히 하였다. "한 무제의 「백량대시」는 본래 『삼진기』(三秦記)에서 나온 것으로 원봉 3년에 지었다고 한다. …… 생각건대 『효무기』(孝武紀)에는 원정 2년 봄 백량대를 세웠다고 하였는데, 이는 양명왕 22년이었다. 효왕이 죽자 이때가 이미 29년이었다. 다시 7년 뒤가 비로소 원봉 3년이다"라고 하였다. 또 시구절 잇기(聯句)에 참가한 사람들의 몇몇 관명은 "모두 태초(太初) 이후의 이름으로 원봉 때에 미리 썼다고 할 수는 없다".

"반복해서 고증하자면 하나라도 합치하는 것이 없다. 아마 후대인이 모방하여 지은 것인 듯하다"고 하였다.

20) 저소손(褚少孫). 서한 링촨(潁川; 지금의 허난 위셴) 사람이다. 왕식(王式)에게 『노시』(魯詩)를 배우고 박사가 되었다. 『한서』 「왕식전」에 보인다. 『사기』 「골계열전」에 순우곤(淳于髡), 우맹(優孟), 우전(優旃) 단 세 사람의 일을 기록하였는데, 그 후 저소손이 문장을 보충하여 "신이 다행히 경술로 낭이 되었는데, 외전을 읽기 좋아하였습니다. 감히 청컨대 다시 재미있는 이야기 여섯 장을 지어서 옆에 엮어 두게 하십시오. 두루 보고 뜻을 펼쳐 후세에 보일 수 있으리니, 호사가들이 그것을 읽고 놀라게 될 것입니다. 이로써 태사공의 삼장에 덧붙이십시오"라고 하였다. 보충된 부분은 곽사인, 동방삭, 동곽선생, 순우곤, 왕선생, 서문표 여섯 사람의 행적이다. 이곳에서 인용한 문장은 저소손이 보충하여 지은 것이다.

21) 소무와 이릉이 주고받은 시를 가리킨다. 소무의 『별이릉』(別李陵)은 『초학기』 권18, 『고문원』 권4에 보인다. 이릉의 『여소무시』(與蘇武詩) 세 수는 『문선』 「잡시」에 보인다. 유협, 소식, 고염무, 량치차오 등은 모두 후대인의 의작이라고 생각했다.

22) 한나라 때 흉노의 군주를 일컫는 말이다.

23) '원시'는 '시원'(始元)이라 해야 한다. 한 소제(昭帝) 유불릉(劉弗陵)의 연호이다. 시원 6년은 B.C. 81년이다.

24) 진(秦)과 호(胡). 진은 한나라를 가리키며, 호는 흉노를 가리킨다.

25) 이릉의 편지글은 『이릉답소무서』(李陵答蘇武書)이다. 『문선』 권41과 『예문유취』 권30에 보인다. 내용은 그의 투항을 변호하는 것이다. 후대인들은 육조 사람의 위작이라고 의심하였다. 유지기(劉知幾)는 『사통』(史通) 「잡설」(雜說)에서 "『이릉집』에는 『여소무서』(與蘇武書)가 있는데, 그 문체가 장중하고 아름다우며 그 음률은 유려하다. 그 문체를 보면 서한 사람의 것과 비슷하지 않으므로 아마도 후대에 지어 이릉이 지었다고 가탁한 것인 듯하다. 사마천의 『사기』에서 빠뜨리고 기록하지 않은 것은 진실로 그럴 만한 이유가 있는 것이니, 그것을 『이릉집』 안에 편집해 넣은 것은 잘못된 것이다"라고 하였다.

제10편 사마상여와 사마천

무제 때의 문인으로 부賦는 사마상여[1]만 한 사람이 없었고 문文은 사마
천[2]만 한 사람이 없었는데, 그러나 한 사람은 적막함 속에서 살았고 한 사
람은 궁형을 당하였다. 대개 문文에 뛰어난 사람은 오만하여 큰 포부가 있
는 군주의 뜻을 받들지 않기 때문에 그 처지는 보통의 문인들에 미치지 못
한다.

　사마상여는 자字가 장경長卿이며 촉군蜀郡 청두成都 사람이다. 어려서
는 책 읽기를 좋아하고 검술을 연마하여 그의 가족은 그를 견자犬子라고
하였지만,[3] 학문을 하면서는 인상여藺相如[4]의 사람됨을 흠모하였기에 다
시 상여라고 이름을 지었다. 재산이 있는 덕택에 낭郎에 제수받아[5] 경제景
帝를 섬기게 되었다. 경제는 사부辭賦를 좋아하지 않는데, 사마상여는 양
효왕孝王이 조정에 올 때 유세가였던 추양鄒陽, 매승枚乘, 엄기嚴忌 등이 수
행차 따라오자, 이들을 보고 매우 기뻐하며 병을 핑계 삼아 사직하고, 양
으로 가서 여러 제후·유세가들과 함께 지내면서 몇 해 뒤 「자허부」子虛賦
를 지었다. 무제는 즉위한 뒤 그 부를 읽고 칭찬하면서 "짐은 이런 사람과

함께 있을 수 없는 것일까"라고 하였다. 구감狗監으로 천자를 모시고 있었던 촉蜀나라 사람 양득의楊得意가 천자의 이 말을 듣고선 동향 사람인 사마상여가 지은 것이라고 아뢰었고,[6] 이에 무제는 사마상여를 불러들여 물었다. 사마상여는 "그렇습니다. 그러나 이것은 제후들의 일이라서 볼만한 것이 못 됩니다. 청컨대 천자의 수렵하는 광경을 부로 짓게 하옵소서"라고 하였다. 무제는 상서尚書[7]에게 명을 내려 붓과 목간을 주도록 하였다. 상여의 '자허'子虛란 허구라는 뜻으로 이를 통해 초나라를 찬미하고 있다. '오유선생'烏有先生은 어찌 이런 것이 있는가라는 뜻인데 이를 통해 제나라를 위해 반론을 제기하고 있으며, '무시공'亡是公은 이런 사람이 없다는 뜻으로 이를 통해 천자가 지켜야 할 정의正義를 밝히고 있다. 그리하여 이 세 사람을 허구적으로 빌려 천자와 제후들의 원유苑囿[8]를 드러낸다. 그리고 그 마지막 장에서는 검약할 것으로 끝내어 풍간諷諫하고 있다. 이 글은 『사기』와 『한서』 본전에 모두 보존되어 있다. 그런데 『문선』은 후반이 「상림부」上林賦라고 하는데, 그렇다면 부름을 받은 뒤에도 계속 지었던 것이 아닐까?

상여가 부를 지어 바치자 무제는 크게 기뻐하면서 그를 낭郎으로 임명하였다. 몇 년 후 그는 「유파촉격」喩巴蜀檄[9]을 지었고, 중랑장中郎將으로 임명되어 촉蜀으로 갔을 때 서남西南의 오랑캐와 교통하였는데, 촉의 부로父老들이 이런 일은 무익하다고 여러 차례 말하였고 대신들도 역시 무익하다고 하여 이에 「난촉부로」難蜀父老라는 글을 지었다. 그 후 사마상여가 사신으로 갔을 때 돈을 받았다는 상서가 올라와 마침내 관직을 잃게 되었고, 1년여 뒤 다시 낭으로 부름을 받았다. 그러나 항상 한가로이 지내면서 관직과 작위에 뜻을 두지 않았으며, 종종 사부에 풍간의 뜻을 실어 천자가 수렵과 아첨에 빠진 것을 완곡하게 비판하였다.[10] 효문제의 원령園令[11]을 제수받았다. 무제가 「자허부」를 훌륭하다고 여기자, 상여는 무제가 신선을 좋아한다는 것을 깨닫고 다음과 같이 말하였다. "상림上林에 대한 일은 아름답다고 할 수 없으며, 더욱 아름다운 것이 있다고 생각됩니다. 신은 일찍이 「대인부」大人賦[12]를 지었는데 아직 완성하지는 못했습니다. 청컨대 그것을 다 지어 올리게 하소서"라고 하였다. 그의 의도는 여러 신선을 추구하는 사람儒術士은 깊은 산림에 있으면서 모습이 왜소하고 초췌하여 제왕이 생각하는 신선의 모습이 아니며, 오직 대인大人만이 중원中州에 살면서 궁핍한 세속의 일을 슬퍼하고, 그리하여 가볍게 날아올라 허무를 이기고 벗이 없는 고독함을 초월하니, 또한 천지를 잊게 되어 그리하여 홀로 존재하게 된다는 것이었다. 그중에 이렇게 말하고 있다.

…… 나의 수레를 모으니 만승萬乘이구나

오색 구름을 마차 덮개로 하고 찬란한 깃발을 세운다

구망句芒을 시켜 무리를 몰아 출발하게 하라

나는 남쪽으로 가서 놀아 보리라[13]

……

사람들이 옹기종기 모여 어지럽구나

이러저리 뒤엉켜 있으니 가지런히 세워 말을 달리자

요동 치고 좌충우돌 혼란하니

빽빽한 데 서로 뒤엉켜 나가기 어렵구나

한 무리 한 무리 모아 보니

끊이지 않은 채 여기저기 흩어져 있구나

우레 신이 있는 곳을 지나니 우르르 쾅쾅 천둥 소리 울리고

귀신이 있는 골짜기 지나니 구불구불 험난하도다

……

갑자기 하늘 빛 어둑어둑해지더니

병예屛翳를 불러 풍백風伯을 벌 주고 우사雨師를 벌한다

서쪽 흐릿흐릿한 곤륜산

곧장 지나 삼위三危로 말을 달린다

천문天門을 열고 천제의 궁전으로 들어가서

선녀들을 싣고서 함께 돌아오네

랑평산閬風山에 올라서 멀리 마차를 두니

새처럼 높이 날아 올라 잠시 머문다

음산陰山을 배회하며 굽이굽이 날아올라

오늘에서야 서왕모西王母를 바라보니

하얗게 센 머리에 머리 장식 달고 동굴에 있고

다행히 세 발 까마귀三足馬가 그 곁에 있더라

오래 산다는 것이 이런 모습으로 죽지 않는 것이라면

만세萬世를 지난다 해도 기쁘지 않을 것이리라.……

이것을 바치니 무제가 크게 기뻐하였는데 하늘 높이 올라 세속을 초월하는 기운이 마치 천지 사이를 노니는 것 같다 하였다. 대개 한나라가 흥성하면서 초나라 노래가 애호되었는데, 예를 들어 주매신朱買臣처럼 무제 주변의 총애받는 사람들은 대다수 초사楚辭로 출세하였다. 하지만 사마상여만이 유독 그 체제를 바꾸어 기이한 뜻을 더하고 화려한 문사로 수

식하였으며, 구句의 길이 또한 기존 틀에 구속되지 않았으니 이것은 당시의 시대 풍조와 매우 다른 것이었다. 그렇기 때문에 양웅揚雄은 "공자 문하에서 부를 지었다면 가의는 승당乘堂하는 셈이고 사마상여는 입실入室하는 셈이다"라고 한 것이다.[14] 반고는 사마상여가 경사京師로 출사하게 되면서부터 서촉西蜀 지방이 문장으로 천하에 이름을 날리게 되었다[15]고 하였다. 대개 양웅, 왕포王褒, 이우李尤[16]는 모두 촉 지방 사람이다. 또한 상여는 단부短賦도 지었는데 화려한 문사가 비교적 적었으며 「애이세부」哀二世賦, 「장문부」長門賦[17]와 같은 것이 있다. 다만 「미인부」美人賦만이 상당히 화려하니, 이것이 곧 양웅이 말한 "백 가지를 권고하는 가운데 하나를 풍자하는 것이, 마치 정鄭·위衛나라 노래가 펼쳐진 뒤 곡이 끝난 이후 아악雅樂이 연주되는 것과 같다"[18]라는 것이 아닐까?

…… 정, 위 땅을 나와서 쌍중桑中을 거쳐 아침에 친수이溱水와 웨이수이洧水에서 출발하여 저녁에 상궁上宮에서 묵었습니다. 상궁의 널찍한 건물, 적막하며 공허한 것이 조용히 운무雲霧가 흐르고, 대낮에도 굳게 문이 닫혀, 어슴푸레한 것이 신神이 살고 있는 것 같았습니다. 신臣이 문을 열고 안채로 들어가니, 향기가 가득하고, 희고 검은 꽃무늬 장막이 높이 걸려 있었습니다. 한 여인이 홀로 침상 위에 아리땁게 있는 것이, 기이한 꽃보다도 아름다웠습니다. 고운 자태와 농염한 빛으로 신을 보더니 한 발 물러나서 미소를 지으며 말하더이다. "상객께서는 어느 나라의 공자이시며, 먼 곳에서 오신 건지요?" 향기로운 술을 따르며 금琴을 타기 시작했습니다. 신도 마침내 현弦을 뜯어 「유란」幽蘭, 「백설」白雪을 연주했습니다. 여인은 "홀로 이곳에 있으니 외로이 기댈 곳이 없구나, 아리

따운 님 그리며 가슴 아픈 정만 가득하네. 아리따운 님 왜 이리 더디신지? 날이 저물 듯 꽃다운 얼굴 스러지니, 몸을 기대고 싶구나. 가슴에 오랫동안 원망만이 있구나"라고 노래하였습니다. 옥비녀를 신臣의 관모에 꽂고 신의 옷자락을 끌었습니다. 태양이 서쪽으로 저물고 사방은 어둑어둑, 서늘한 바람이 불고 흰 눈발이 춤을 추며, 조용한 방 정적만이 휘감아 인기척 하나 없었습니다. …… 신은 이에 맥박을 가다듬고, 마음을 바로잡아, 굳게 맹세하면서 뜻을 다잡아 높이높이 날아올라 그녀와 이별하였습니다.

사마상여는 병이 들어 사직하고 우링茂陵에 있었는데, 무제는 그의 병이 깊다는 소문을 듣고 소충所忠[19]을 보내 글들을 가져오라고 하였는데, 그의 집에 이르니 이미 죽어 있었다(B.C. 117). 가까스로 한 권을 구했는데, 봉선封禪의 일을 말한 것이었다. 사마상여는 일찍이 호안胡安[20]에게 경經을 전수받았다. 그렇기 때문에 젊을 때 문사文詞를 가지고 관직을 얻을 수 있었고, 말년에는 결국 봉선의 예를 바치게 되었다. 소학小學[문자학] 쪽으로는 「범장편」凡將篇[21]이 있지만 지금은 남아 있지 않다. 그러나 그의 뛰어난 분야는 결국 사부였는데, 글을 지을 때 매우 천천히 지었지만[22] 옛 방법을 따르지 않고 자신의 뛰어난 재능을 드러낸 것이 광대하고 웅장하여 한대漢代에 가장 빼어났다. 명明의 왕세정王世貞은 「자허부」, 「상림부」를 평가하면서 "사마상여는 소재가 풍부하며 문사가 지극히 화려하고, 필치가 매우 고아한 데다가 정신은 자유로이 움직였다. 하지만 가의는 뜻을 가지고 있으면서도 소재가 빈약했고, 반고, 장형張衡, 반악潘岳은 소재가 있어도 필치가 빈약했으며, 양웅은 필치가 있어도 정신이 자유롭지 못했다"

고 하였는데,[23] 역대의 비평가들이 이처럼 경도되었다고 말해도 좋을 듯
하다.

사마천司馬遷은 자가 자경子長이며 허네이河內 사람으로 룽먼龍門에서
태어났다. 10세 때 고문古文을 암송하였고 20세 때 남쪽 우후이吳會를 주유
하였고 북쪽으로는 원허汶와 쓰허泗[24]를 거쳐 추鄒, 노魯 지방을 돌아 양梁
과 초楚를 거쳐서 돌아왔으며, 벼슬은 낭중郞中이었다. 부친인 담談[25]은 태
사령太史令이었는데 원봉元封 초에 죽었다. 사마천은 아버지의 업을 이어받
았는데, 천한天漢 연간 이릉李陵이 흉노에게 잡히자 사마천은 이릉의 무죄
를 밝히다가 관리의 손으로 넘어가 조사를 받았고 천자를 비방하였다는
지적을 받았다. 집안이 가난하여 제물을 바쳐 죄를 면제받을 수도 없는 데
다가, 알고 지내던 벗들도 그를 구할 수 없어, 마침내 궁형을 당하게 되었
다. 궁형을 당한 이후 중서령中書令이 되었는데, 이로 인해 더욱 발분發憤하
여 『좌씨』左氏와 『국어』國語에 근거하고 『세본』世本과 『전국책』戰國策을 수집
하여 『초한춘추』楚漢春秋[26]를 기술하고 마침내는 『사기』130편[27]을 완성하
였다. 『사기』는 황제黃帝에서 시작하여 중간에는 도당陶唐[요순]을 기술하였
고 무제가 흰 기린白麟을 잡은 것까지 기술하였으니, 스스로 말한 것처럼
이 책이 『춘추』를 계승하였기 때문이었다. 그의 벗인 익주자사益州刺史 임
안任安[28]이 옛 현신賢臣의 바른 뜻에 대해 말하자 사마천이 그에 답하며 다
음과 같이 말하였다.

…… 그렇기 때문에 숨어서 치욕을 참으며 구차하게 살며 더러운 땅에
간혀 살게 됨을 거절하지 않았던 것은, 마음에 있는 바를 다하지 못하고
비루하게 죽게 되어 문채文彩가 후세에 드러나지 않을까 한스러워했기

때문이었습니다. 옛날 부귀한 자의 이름은 마멸되어 기억하는 자가 없고, 오직 뜻이 크고 기개가 있는 비범한 사람만이 세인의 입에 오르내렸습니다. 문왕은 잡혀 『역』을 풀어 썼고, 공자는 곤경에 처하자 『춘추』를 기술했으며, 굴원은 쫓겨나서 『이소』를 지었고, 좌구명은 실명하였지만 『국어』를 편찬했으며, 손자孫子는 두 다리를 잃었지만 병법을 정돈하였습니다. ……『시』 삼백 편은 대저 성현이 발분하여 지은 것입니다. 이들은 모두 마음에 맺혀 응어리진 것이 있었고 그 도道를 펼칠 길이 없자, 지나간 일을 기록하며 미래를 생각했던 사람들입니다. 좌구명은 실명했고 손자는 다리를 잃어 결국 기용되지는 않았지만, 물러나 입론을 논하고 책략을 저술하여 그 분憤을 풀어내었는데, 당시에는 소용없는 글을 통해 자신의 의견을 후세에 드러내었습니다. 저는 역량이 되지 못하지만 근래 보잘것없는 문사에 제 의견을 기탁하여 천하에 산실된 옛이야기들을 모아 그 사적들을 고찰하고, 흥망성쇠, 성패의 이유를 조사한 것이 130편이 되었습니다. 우주와 인간의 사이를 궁구하고 고래古來의 변화에 통달하여 일가지언一家之言을 이루고자 하였습니다. 시작하여 아직 완성하지도 못했는데 이번 화를 만나게 되었고, 그 일을 이루지 못할 것을 애석히 여겼기 때문에 궁형을 당하고도 노한 기색이 없었던 것입니다. 저는 진실로 이 책을 지어서 명산에 감추고, 전할 만한 사람들에게 전하여 읍과 대도시에 전하게 할 것입니다. 즉 저는 이전의 치욕을 보상받고자 함이니 비록 만 번 죽임을 당하더라도 어찌 후회가 있겠습니까? 그러나 이것은 지혜로운 자들을 위해서나 가능한 것이지 속인들에게 말하기는 어려운 것입니다!…… (「임안에게 보낸 서신」報任安書)

사마천이 죽은 후 점차 이 책이 나오게 되었다. 선제宣帝 때 그의 외손인 양운楊惲[29]이 그의 책에 대해 처음으로 서술하여 마침내 알려졌다. 반표班彪[30]는 자못 불만이 있어 "(『사기』는) 경經에서 모으고 여러 전傳에서 모아 여러 사람의 사적들을 흩어 놓았으며, 생략된 점이 매우 많고 모순되는 경우도 있다. 또 이리저리 듣고 널리 섭렵하였고 경전과 그것의 주석들을 일관되게 엮어, 고금상하 간의 수천 년을 오르내린 점은 매우 성실하다. 그러나 성인들에 대한 시비가 잘못되었다. 도를 논한 것을 보면 황로를 먼저 앞세우고 육경을 그 다음에 서술하였고, 유협遊俠을 쓸 때는 처사處士를 물리치고 간웅奸雄을 높였으며, 화식貨殖을 쓸 때는 이록利祿을 숭상하고 빈궁함을 부끄럽게 여겼다. 이것이 그 폐단이다"라고 평가하였다. 한나라가 발흥한 이후, 육가가 지은 『초한춘추』는 시비를 유가에 기본을 두고 있었다. 하지만 태사太史라는 직책이 원래 도가에서 나온 것이었고,[31] 그의 부친인 담談이 황로를 숭상하였기 때문에, 『사기』가 비록 유술儒術에 어긋난 점이 있다 하더라도 진실로 그 구업舊業을 멀리 계승할 수 있었던 것이다. 하물며 발분하여 책을 저술한 것은 그 뜻이 저절로 터져 나온 것이니, 임안에게 보낸 서신에서 다음과 같이 말하고 있다. "저의 선친은 개국에 공헌한 공로剖符丹書가 있는 것은 아니었지만, 문사文史와 천문역법을 관장하는 일이 점치는 것에 가까워, 황제는 그것을 희롱하시고 광대와 배우를 기르신 것처럼 하셔서, 세상 사람들이 경시하는 바가 되었습니다. 가령 제가 사형을 받아서 주살당하여도 마치 아홉 마리 소 가운데 털 하나 없어진 격이니 땅강아지, 개미와 무엇이 다르겠습니까"라고 하였다. 신하로서 가벼이 여겨진 것이 한스러워 마음을 필묵에 기탁하고, 세상으로부터 치욕당한 신세를 느꺼워하여 빼어난 인간들의 이야기를 후세에 전하는 것이니, 이것이 비록 『춘추』의 대의와는 다르다고 하더라도 진실로 사가史家의 절창絶唱이며 운율 없는 『이소』라고 할 것이다. 사가의 법식에 구속되지 않고 자구에 얽매이지 않으면서 감정을 터뜨려 마음에서 거리낌 없이 나오는 것이 문文이 되었으니, 따라서 모곤茅坤[32]의 말처럼 "유협전을 읽으면 생명을 초개같이 여기게 되고, 굴원·가의의 전을 읽으면 눈물을 흘리게 되고, 장주·노중달魯中連의 전을 읽으면 세상을 등지게 되며, 이광李廣의 전을 읽으면 맞서 싸우게 되며, 석건石建의 전을 읽으면 자신을 굽히게 되고, 신릉信陵·평원군平原君의 전을 읽으면 식객들을 키우고 싶어진다"고 말할 수 있는 것이다.

하지만 『한서』는 『사기』에 빠진 것이 있다고 말하고 있는데,[33] 그리하여 저선생褚先生, 풍상馮商, 유흠劉歆[34] 등과 같은 사람들의 속작續作들이 계속해서 생겨났다. 또 『한서』 역시 유흠이 지은 부분이 있으며, 추이스崔適[35]는 『사기』의 문장이 전체와 딱 맞지 않고 『한서』와 맞는 것으로 보아 유흠이 속작한 것이라고 하였다. 연대가 맞지 않고 문장이 훼손된 것은 후세의 사람들이 함부로 첨가하고 베끼는 과정에서 생겨난 것이라고 말하고 있다.

사마천은 문文에 뛰어났지만 사부도 좋아하여 열전列傳 속에 그것을 집어넣기도 하였다. [『사기』는] 「가의전」에 「조굴원부」弔屈原賦와 「복부」服賦가 기록되어 있는 데 반하여, 『한서』는 「치안책」 전문이 수록되어 있어도 부는 하나도 없다.[36] 「사마상여전」司馬相如傳 상·하편에는 부가 더욱 많아 「자허」(「상림」과 합하여), 「애이세」哀二世, 「대인」大人 등이 있다. 사마천 자신도 부를 지었는데,[37] 『한서』 「예문지」에 8편이라고 기록되어 있고 지금은 겨우 「사불우부」士不遇賦 1편만이 전해진다. 그러나 명明의 호응린胡應

麟은 그것을 위작으로 보고 있다.

선제宣帝는 무제武帝에 대한 이야기를 정리하고 육예六藝[육경]의 여러 책들을 강론하며, 기이한 것에 대한 기호를 마음껏 발휘하였다. 또 초사를 잘하는 사람들을 구하였는데, 유향劉向, 장자교張子僑,[38] 화룡華龍, 유포柳褒 등이 모두 부름을 받아서 금마문金馬門에서 벼슬이 내려지기를 기다렸다. 또한 촉 사람이었던 왕포王褒는 자가 자연子淵으로, 임금의 명을 받아 「성주득현신송」聖主得賢臣頌을 지어 장자교 등과 함께 벼슬이 내려지기를 기다렸다. 왕포는 부賦와 송頌에 능하였을 뿐만 아니라 익살스런 문장도 잘하였다. 이후 방사方士가 이저우益州에서 금마벽계金馬碧鷄[39]의 보물을 가지고 있다고 말하여 선제가 왕포로 하여금 제사를 올리게 하였는데 가는 도중에 병으로 죽었다.

참고문헌

『사기』, 권117, 130.
『한서』, 권57, 62, 64.
추이스(崔適), 『사기탐원』(史記探源).
세우량, 『중국대문학사』, 제3편 제4장 및 제5장.
일본 고지마 겐키치로, 『지나문학사강』, 제3편 제6장.
일본 스즈키 도라오, 『지나문학 연구』, 제1권.

주)_____

1) 사마상여(司馬相如, B.C.179~117). 자는 장경(長卿), 서한 촉군(蜀郡) 청두(成都; 오늘날 쓰촨에 속한다) 사람이다. 그가 지은 사부는 상당히 많으며 『사마문원집』(司馬文園集)에 있다. 사적은 『한서』 본전에 보인다.

2) 사마천(司馬遷, B.C.약145~86). 자는 자장(子長), 서한 샤양(夏陽; 오늘날 산시陝西 한청韓

城) 사람이다. 『사기』 「태사공자서」에 "사마천은 룽먼(龍門)에서 태어났다"라 말하고 있다. 당(唐) 장수절(張守節)의 『정의』(正義)는 『괄지지』(括地志)를 인용하면서 "룽먼산은 샤양현에 있으니, 사마천은 곧 샤양현 사람이다. 당에 이르러 한청현(韓城縣)으로 고쳐 불렀다"고 한다. 그가 지은 『사기』는 중국 첫번째의 기전체(紀傳體) 통사이다. 사적은 『사기』 「태사공자서」와 『한서』 본전에 보인다.

3) 견자(犬子)는 어린아이에 대한 애칭이다.

4) 인상여(藺相如). 전국시대 조나라 사람으로 관직이 상경에까지 이르렀다. 사적은 『사기』 「인상여전」에 보인다.

5) 이 말은 『한서』 「사마상여전」에 있다. 당 안사고 주는 다음과 같이 말한다. "자(訾)는 자(貲)와 똑같이 읽는다. 자는 재물이다. 집안의 재산을 많이 들여 낭에 제수받는 것이다."

6) 『한서』 「사마상여전」에 "촉(蜀)나라 사람 양득의(楊得意)는 구감(狗監)으로 천자를 모시고 있었다. 천자는 「자허부」를 읽고 매우 좋아하여 '짐은 이런 사람과 같은 시대에 있을 수 없는 것일까'라고 하였다. 양득의는 '저와 동향인 사마상여가 이 부를 지었다고 스스로 말했습니다'라고 하였다. 천자는 놀라워하며 이내 사마상여를 불러 물어보았다"고 기록되어 있다. 구감에 대해서 안사고는 "천자의 사냥개를 관리하는 것이다"라고 주를 달고 있다.

7) 관명으로 서한 시기 임금 주위에서 일을 처리하고 문서와 장주(章奏)를 맡아보았다.

8) 원유(苑囿)는 제왕의 사냥터를 말한다.

9) 「유파촉격」(喩巴蜀檄). 『한서』 「사마상여전」에 다음과 같이 기록되어 있다. "사마상여가 낭이 된 지 여러 해가 지났을 때, 마침 당몽(唐蒙)은 야랑(夜郎), 북중(僰中)의 교통로를 점령하라고 파촉(巴蜀)의 군사 천 명을 동원하였다. 또한 군(郡)에서도 수로로 운반할 인원을 대량으로 동원하면서, 군흥법(軍興法; 동원한 사람들 가운데 도망자와 사망자가 많으면 우두머리를 처형하는 것)에 따라 우두머리를 주살하였다. 파촉의 백성들은 매우 놀라 공포에 떨었다. 황제가 이 사실을 듣고 바로 사마상여를 파견하여 당몽 등을 문책하도록 하였고, 파촉의 백성들에게 황제의 뜻이 아님을 알리도록 하였다." 안사고는 "야랑, 북중은 모두 서남의 오랑캐이다"라고 주를 달고 있다. 또한 본문의 「난촉부로」(難蜀父老)는 「사마상여전」에 다음과 같이 기록되어 있다. "사마상여가 사신으로 갔을 때, 촉의 많은 부로들이 서남 오랑캐와 교통하는 것은 무용하다고 말하였고 대신들도 무용하다고 말하였다." 사마상여는 "이에 글을 지었다. 촉의 노인이 말한 것을 빌려 자신이 그 일을 힐난함으로써 천자를 풍간함과 동시에 또한 자신을 사신으로 보낸 뜻을 널리 알림으로써 백성들이 모두 천자의 뜻을 깨우치도록 하였다." 「유파촉격」, 「난촉부로」 는 모두 『한서』 본전에 보인다.

10) 천자가 사냥하며 놀기 좋아하고 아첨하는 말을 믿었던 것에 대해 사마상여가 비판한 것은 『한서』 「사미상여전」에 근거해서 보면 다음과 같다. 사마상여는 "천자를 따라서

장양궁(長楊宮)까지 사냥을 하였는데, 이때 천자는 몸소 곰과 멧돼지를 쏘고 야수들을 추격하는 것을 좋아하였다. 상여는 글을 올려 간하였고 …… 황제는 그것을 기꺼이 받았다. 또한 의춘궁(宜春宮)을 지나가다 상여는 진이세(秦二世)의 행동과 과오를 애도하는 부를 지어 올렸다.” 부에는 “몸을 보존함에 있어 신중함을 잃었으니, 나라가 스러지고 세(勢)가 쇠하는구나. 아첨에 빠져 깨어나지 못하니, 종묘(宗廟)가 끊어지는구나”라고 하고 있다. 「간렵소」(諫獵疏)와 「애이세부」(哀二世賦)는 모두 『한서』 본전에 보인다.

11) 효문제(孝文帝)에게 제사 지내는 능묘를 관리하던 벼슬을 말한다.

12) 「대인부」(大人賦). 『한서』 「사마상여전」에 “상여는 천자가 신선을 좋아하는 것을 보았는데 …… 여러 신선의 유(儒)가 산과 못에 살면서 그 용모가 바짝 여윈 것은 제왕의 신선 취향이 아니라고 생각하였다. 그리하여 마침내 「대인부」를 지어 올렸다”고 기록되어 있다. 안사고는 “유(儒)는 유(柔)이며 술사(術士)를 말하는 것으로 도술(道術)이 있으면 모두 유(儒)라 한다”고 주를 달았다. “대인은 천자를 비유한다.” 부는 『한서』 본전에 보인다.

13) “나는 남쪽으로 가서 놀아 보리라”의 원문 “吾欲往乎南嬉”의 희(嬉)는 『사기』의 글자이며 『한서』에서는 애(娭)로 되어 있다.

14) 원문은 “賈誼乘堂, 相如入室”. 이 말은 『한서』 「예문지」에 보인다. “『시경』적인 사람의 부의 화려함은 질서가 있고, 『초사』적인 사람의 부의 화려함은 어지럽다. 공자 문하의 사람이 부를 짓는다면 가의는 승당하는 셈이고 사마상여는 입실하는 셈이니, 어찌 그를 등용하지 않겠는가!” 즉 사마상여가 사부를 지어 뜻을 드러내는 것은 가의보다도 훌륭함을 의미하는 것이다.

15) 원문은 “文章冠天下”. 반고의 말로 『한서』 「지리지」에 보인다. “파(巴), 촉(蜀), 광한(廣漢)은 본래 남쪽 오랑캐였지만, 진은 이들을 병합하여 군으로 삼았다”, “사마상여는 경사의 제후로 출사하여 문장으로 세상에 이름을 드날렸다. 동향 사람들이 그 사적을 흠모하며 따랐다. 그 후 왕포(王褒), 엄준(嚴遵), 양웅(揚雄)의 무리들이 나타나 문장은 천하에 제일이었다.”

16) 왕포(王褒). 자는 자연(子淵), 서한 촉군(蜀郡) 쯔중(資中; 지금의 쓰촨 쯔양資陽) 사람으로 선제(宣帝) 때 간대부(諫大夫)가 되었다. 「성왕득현신송」(聖主得賢臣頌)을 지었는데, “위대한 군주는 필히 현명한 신하를 갖추어 공로와 업적을 넓히고, 준수한 인물 역시 현명한 군주를 얻어 그 덕을 드날린다”라고 생각하였으며, 이는 『한서』 「왕포전」에 보인다. 또 골계적인 글(俳文) 「동약」(僮約)은 당시의 노복의 힘겨운 생활을 반영하고 있는 익살스런 문장으로 『예문유취』 권35에 보인다.

이우(李尤). 자는 백인(伯仁)이며 동한 광한(廣漢) 뤄(雒; 지금의 쓰촨 광한) 사람이다. 안제(安帝) 때 간의대부(諫議大夫)를 지냈다. 명을 받아 유진(劉珍) 등과 함께 『한기』(漢

記)를 지었고, 또한 부(賦), 명(銘) 등으로 다수의 작품과 「칠탄」(七嘆), 「애전」(哀典) 등의 글을 지었다. 사적은 『후한서』 「문원열전」에 보인다.

17) 「장문부」(長門賦). 사마상여가 장문궁에 외로이 지내던 진황후(陳皇后)를 위해 지은 것이다. 버림받은 아낙네의 외로움과 고통을 부로 묘사하여 무제를 감동시키고자 하였다. 『문선』에 수록되어 있다.

18) 「미인부」(美人賦). 사마상여가 양(梁)에 갔다가 지은 것이다. 부에 상여가 여색에 빠지지 않고 있음을 묘사하여, 스스로 고결함을 자랑하고 있다. 『고문원』에 수록되어 있다. 양웅의 말은 『한서』 「사마상여전」 찬에 다음과 같이 보인다. 양웅은 "미려한 부는 백 가지를 권고하면서도 한 번 풍자하기 때문에, 정(鄭)·위(衛)의 노래를 연주하다가 곡조를 마칠 때 아악을 연주하는 것 같아서 유희로만 그치지 않는다!"라고 하였다.

19) 『한서』 「사마상여전」에 다음과 같이 기록되어 있다. "천자는 '사마상여가 병이 깊다 하니 가서 그의 글들을 전부 가져오는 것이 좋겠다. 네가 가도록 해라'고 하였다. 소충(所忠)이 가게 되었는데 사마상여는 벌써 죽었고 집에는 아무런 글도 남아 있지 않았다. 그의 아내에게 물어보니, '장경은 일찍이 책이 없었고 때때로 글을 쓰긴 했어도 사람들이 모두 가져가 버렸소. 그가 죽기 전에 책 한 권을 만들어 놓고는 사신이 와서 책을 찾으면 주라고 했소'라고 하였다. 남겨진 목간(木簡)의 책은 봉선(封禪)의 일을 말하고 있었고, 소충은 그것을 바쳤다." 봉선서(封禪書)는 『한서』 본전에 보인다. 소충은 무제의 가까운 신하로 간대부(諫大夫)를 지냈다. 사적은 「식화지」(食貨志), 「교사지」(郊祀志) 등에 흩어져 있다.

20) 호안(胡安). 서한 촉군(蜀郡) 린충(臨邛; 지금 쓰촨에 속한다) 사람이다. 청 가경에 『공주 직예주지』 권34 「인물지」에 다음과 같이 기록되어 있다. "호안은 옛 지(志)에 의하면 린충 사람으로, 무리를 모아 백학산(白鶴山) 점역동(点易洞)에서 가르쳤는데 그는 천문, 역상, 음양의 이치에 밝았다. 사마상여가 그에게 배웠다. 이후 학을 타고 신선이 되어 떠났다."

21) 『한서』 「예문지」에 "무제 때 사마상여는 「범장편」(凡將篇)을 지었는데 중복된 글자가 없었다. 원제(元帝) 때 황문령(黃門令) 사유(史游)가 「급취편」(急就篇)을 지었고, 성제(成帝) 때 이장(李長)이 「원상편」을 지었는데 모두 「창힐」(蒼頡) 가운데 글자를 바로잡았다. 「범장」이 매우 뛰어나다"라고 하고 있다. 「범장편」은 당(唐) 때는 있었으나 송대에는 사라졌다.

22) 사마상여가 매우 천천히 글을 지었다는 것은 『한서』 「매고전」(枚皐傳)에 근거해 보면 다음과 같다. "사마상여는 문장에 뛰어났지만 매우 느렸는데, 때문에 작품은 적지만 매고보다 뛰어났다"고 되어 있다. 『서경잡기』(西京雜記)에는 "매고는 문장을 매우 빨리 지었고, 장경은 오래 천천히 지었다"고 되어 있다.

23) 왕세정(王世貞). 자는 원미(元美)이고 타이창(太倉; 지금 장쑤성에 속한다) 사람이며 명

대의 문학가이다. 일찍부터 문학복고운동을 일으켰으며 그의 작품은 모의(模擬)를 위주로 하였다. 『엄주산인사부고』(弇州山人四部稿), 『예원치언』(藝苑卮言) 등을 지었다. 『예원치언』 권2에는 "「자허」, 「상림」은 그 소재가 매우 풍부하고 문사가 화려하다. 필치가 지극히 고아한 데다가 정신은 자유로이 움직여 뜻이 높으니, 때문에 그에 미칠 수 없다. 가의는 뜻이 있지만 소재가 빈약하고, 반고, 장형, 반악은 소재가 풍부해도 필치가 없으며, 양웅은 필치가 있어도 정신의 자유로운 움직임이 없다"고 한다.

24) 산동성에 있는 강 이름이다.

25) 사마담(司馬談, ?~B.C. 110). 서한 샤양(夏陽; 지금의 산시陝西 한청韓城) 사람으로 무제 때 태사령을 지냈다. 『사기』 「태사공자서」에 담(談)은 "천관(天官)을 당도(唐都)에게서 배웠고, 양하(楊何)에게서 『역』(易)을 전수받았으며, 황자(黃子)에게서 도가(道家)의 논술을 익혔다"라고 한다. 그가 지은 『논육가지요지』(論六家之要旨)는 「태사공자서」 가운데 보인다.

26) 『좌씨』(左氏). 『춘추좌씨전』이다.

『국어』(國語). 『한서』 「예문지」에 21편이라고 기록되어 있으며 좌구명(左丘明)이 지었다고 전해진다. 서주(西周) 말과 춘추시대의 주(周), 노(魯), 진(晉), 정(鄭), 초(楚), 오(吳), 월(越) 각국의 귀족들의 말을 기록한 것으로 『좌전』과 서로 증거자료가 되어 함께 참고할 수 있다.

『세본』(世本)은 『한서』 「예문지」에 15편이라고 기록되어 있으며 전국시대 사관이 편찬하였다. 황제(黃帝) 때부터 춘추의 제후, 경대부의 성씨(姓氏), 가계 및 도읍, 제작 등까지 기술했으며 후대인들이 증보하였다. 원본은 이미 없어졌고 현재는 청나라 사람이 집본(輯本)한 것 여러 종류가 있다.

『전국책』(戰國策)은 『한서』 「예문지」에 33편이라고 기록되어 있으며, 전국 시대의 각국 사관이나 책사가 모았고 서한(西漢) 유향(劉向)이 편찬 교정한 것이다. 내용은 전국 시대의 유세가의 모략과 언술을 기록한 것이다.

『초한춘추』(楚漢春秋)는 『한서』 「예문지」에 9편이라고 기록되어 있으며, 서한의 육가(陸賈)가 지었다. 항우, 유방이 일어난 것에서부터 혜제, 문제 때의 일까지 기술하였다. 원본은 없어졌고 현재는 청인의 집본만이 있다.

27) 『사기』 130편. 『사기』는 표(表) 10편, 본기(本紀) 12편, 서(書) 8편, 세가(世家) 30편, 열전(列傳) 70편으로 모두 130편이다.

도당(陶唐). 즉 요(堯)를 말한다. 요는 처음에 타오추(陶丘; 지금의 산둥 딩타오定陶)에 거점을 정하고, 이후 탕(唐; 지금의 허베이 탕셴唐縣)으로 옮겼다. 그리하여 도당(陶唐)씨라고 칭한다.

무제가 흰 기린을 잡았다(武帝獲白麟). 『한서』 「무제본기」에는 "원수(元狩) 원년(B.C. 122) 겨울 10월에 천자는 옹(雍)으로 행행(行幸)하였고, 오치(五畤)에서 제사를 지내고 흰 기린(白麟)을 잡았다'고 되어 있다. 『춘추』는 노(魯) 애공(哀公) 14년(B.C. 481)에 흰 기린을 잡았다고 하고 『사기』는 한 무제 원수 원년에 잡았다고 한다. 옛 전설에 따르면 기린은 상서로운 짐승으로 이 짐승이 나타나면 왕조가 흥성한다고 여겼다.

28) 임안(任安). 자는 소경(少卿)이며 서한 잉양(滎陽; 지금의 허난河南에 속한다) 사람이다. 무고(巫蠱)의 화(禍)로 죄를 얻어 사형을 판결받았다. 그가 옥중에서 사마천에게 편지를 썼고, 사마천은 그에게 답장을 하면서 자신이 불행을 겪었던 것과 『사기』를 지은 과정을 서술하였다. 이 글이 바로 「보임안서」(報任安書)로 『한서』 「사마천전」과 『문선』에 보인다.

29) 양운(楊惲, ?~B.C. 54). 자는 자유(子幼)이며 서한 화인(華陰; 지금 산시陝西에 속한다) 사람이다. 선제 때 평통후(平通侯)에 봉해져 이후 중랑장(中郎將)으로 승진하였으나, 나중에 서인(庶人)으로 면직되는 데 원망하였던 것 때문에 죽게 되었다. 사적은 『한서』 「양창전」에 보인다. 『한서』 「사마천전」에 "사마천이 죽은 후 그 책은 묻혀졌다. 선제(宣帝) 때 사마천의 외손 평통후 양운이 그 책을 처음으로 알려 마침내 빛을 보게 되었다"고 기록되어 있다.

30) 반표(班彪, 3~54). 자는 숙피(叔皮), 동한 푸펑(扶風) 안링(安陵; 지금의 산시陝西 셴양咸陽) 사람이다. 『후한서』 「반표전」에는 다음과 같이 기록되어 있다. "무제 때 사마천은 『사기』를 지었는데 태초부터 시작하여 그 이후에 공백으로 있는 부분은 서술하지 않았다. 훗날 호사가들은 세상의 일들을 이리저리 모았지만 비루하고 속된 것이라서 『사기』를 이을 만한 것이 아니었다. 이에 반표가 전사(前史)와 유사(遺事)를 모으고 기이한 소문들을 널리 구해 수십 편을 전했으니, 전사를 짐작하고 옳고 그름을 바로잡은 것이다. 대략 다음과 같이 논평하였다. '……[『사기』는] 경전에서 모으고 여러 전에서 모아 백가의 사적들을 흩어 놓았으며, 소략한 점이 매우 많은 것이 원본에 비해 열등하다. 많이 듣고 널리 기록한 것을 공으로 여기려 했고 논의가 얕고 도탑지 못하다. 학술을 논한 것을 보면 황로(黃老)를 숭상하고 '오경'(五經)을 경시하였다. 화식(貨殖)을 쓸 때 인의를 경시하고 빈궁함을 부끄럽게 여겼다. 유협(遊俠)을 쓸 때 절조를 지키는 것을 멸시하고 공을 세우려는 욕심을 귀하게 여겼다. 이것은 도를 크게 해치는 것이었고 그렇기 때문에 극형에 처해질 만한 잘못이라 할 수 있다.'" 본문에서 루쉰이 인용한 것은 『한서』 「사마천전찬」에 근거하고 있다.

31) 도가(道家)의 창시자는 노자(老子) 이담(李聃)으로 『사기』 「노자한비열전」에는 노자가 "주(周) 수장실(守藏室)의 사(史)"였다고 기록하고 있다. 당(唐) 사마정(司馬貞)의 『색은』(索隱)은 "장실사(藏室史)는 주나라 수장실(藏書室)의 사(史)이다"라고 한다. 장서실은 고대 제왕이 도서와 문헌들을 모아 놓은 곳이다. 사(史)는 고대에 도서, 기사(記事), 역상(歷象)을 주관하던 관리이다.

32) 모곤(茅坤, 1512~1601). 자는 순보(順甫)이며 호는 녹문(鹿門)이다. 명나라 구이안(歸

安; 지금의 저장 우싱(吳興) 사람이다. 가정(嘉靖) 연간에 진사(進士)였으며 관직은 대명부 병비부사(兵備副使)에까지 올랐다. 인용된 글은 『모곤문선생문집』(茅鹿門先生文集) 권1의 「여채백석태수논문서」(與蔡白石太守論文書)에 보이고, 그중 "立闘", "養士"는 원래 "力闘", "好士"라 해야 한다.

33) 『사기』에 빠진 것이 있다. 『한서』 「사마천전」은 『사기』의 편목을 열거한 후 다음과 같이 언급하였다. "10편이 빠졌는데 목록만 있고 글이 없다"고 되어 있다. 삼국시대 위(魏)의 장안(張晏)은 "사마천이 죽은 이후 「경기」(景紀), 「무기」(武紀), 「예서」(禮書), 「악서」(樂書), 「병서」(兵書), 「한흥이래장상연표」(漢興以來將相年表), 「일자열전」(日者列傳), 「삼왕세가」(三王世家), 「귀책열전」(龜策列傳), 「부근열전」(傅靳列傳)이 사라졌다"고 주를 달았다. 안사고는 "서목에 본래 「병서」가 없는데 장안이 망실되었다고 말한다. 이것은 잘못된 것이다"라고 한다. 유지기(劉知幾)의 『사통』 「고금정사」는 "열 편이 완성되지 않은 채 목록만 있을 따름이다"고 하고 있다.

34) 저선생(褚先生), 즉 저소손(褚少孫)이다. 그가 『사기』를 읽었던 일에 관해서는 『한서』 「사마천전」의 장안의 주(注)에 다음과 같이 기록되어 있다. "원제 성제 연간에 저선생이 빠진 것을 보완하여 「무제기」, 「삼왕세가」, 「귀책·일자열전」을 지었다."

풍상(馮商). 자는 자고(子高)이며 서한 양릉(陽陵; 지금의 산시陝西 가오링高陵) 사람이다. 『한서』 「장양전찬」에 삼국시대 위의 여형(如淳)이 다음과 같이 주를 달았다. "(상商은) 성제 때 글을 잘 지어 천자의 하문에 응대하였는데, 「태사공서」(太史公書) 10여 편을 저술하라는 소(詔)를 받았다"고 하였다. 안사고는 "유흠(劉歆)의 『칠략』(七略)에서 다음과 같이 말하였다. 풍상은 …… 맹류(孟柳)와 함께 열전을 썼으나 마치지 못하고 병으로 죽었다"고 주를 달고 있다. 『한서』 「예문지」에 풍상이 이어서 지은 「태사공」 7편이라고 기록하고 있다.

유흠(劉歆). 그가 『사기』를 보완한 것은 유지기의 『사통』 「고금정사」에 다음과 같이 언급되어 있다. "『사기』는 한 무제까지 저술되어 있는데, 태초 이후에는 공백으로 있고 기록하지 않았다. 그 이후에 유향과 그의 아들 유흠, 많은 호사가들, 예를 들어 풍상(馮商), 위형(衛衡), 양웅(揚雄), 사잠(史岑), 양심(梁審), 사인(肆仁), 진풍(晉馮), 단숙(段肅), 금단(金丹), 풍연(馮衍), 위융(韋融), 소분(蕭奮), 유순(劉恂) 등이 이어서 지어 애제 평제 연간에 이르러 『사기』라고 이름하였다."

35) 추이스(崔適, 1854~1924). 자는 화이진(懷謹)이며 즈푸(觶甫)라고도 한다. 저장 우싱(吳興) 사람이다. 베이징대학교 교수를 지냈다. 저서로는 『춘추복시』(春秋復始), 『사기탐원』(史記探源) 등이 있다.

36) 『한서』 「가의전」에 「치안책」 외에도 「조굴원부」와 「복부」가 기록되어 있다.

37) 『한서』 「예문지」에 사마천의 부 8편이라고 기록되어 있다. 『예문유취』 권30에 사마천의 「비사불우부」(悲士不遇賦)가 수록되어 있다.

38) 장자교(張子僑). 장자교(張子蟜)라고도 한다. 『한서』 「왕포전」에 "선제 때 무제의 이야기를 지었고 육예의 여러 책을 강론하였으며, 대단히 기이하기 그지없는 것을 좋아하였다. 『초사』를 잘하는 사람들을 불러들여서, 불러서 암송하도록 하였다. 뛰어난 재능을 지닌 유향, 장자교, 화룡, 유포 등을 금마문에서 대조(임금이 벼슬 내리기를 기다림)하도록 하였다"고 한다.

39) 금마와 벽계는 모두 신명(神名)으로, 오늘날 윈난성 쿤밍(昆明) 동쪽에 금마산이 있고 서쪽에 벽계산이 있다. 두 산이 서로 마주보고 있는데, 한나라 때 금마와 벽계의 신에게 제사 지내는 곳이라 전해진다.

고적서발집 古籍序跋集

『고적서발집』(古籍序跋集)은 1912년부터 1935년 사이에 루쉰이 스스로 집록하거나 교감한 19종의 고적(古籍)을 위해 쓴 35편의 서발문(序跋文)을 수록한 것이다. 각 편은 씌어진 시간 순서에 따라 배열했는데, 본문에 나오는 자료적인 측면에서의 오류에 대해서는 관련 문헌을 참조하여 바로잡았다.

『고소설구침』서[1]

소설小說이라는 것을, 반고班固[2]는 "패관稗官에서 나왔으며", "민간에서 하찮은 지식을 가진 사람들이 관심을 가지던 것으로서 역시 엮어 놓아 잊어버리지 않는데, 간혹 채용할 만한 단편적인 말이 있다 해도 이 역시 꼴과 땔감을 베는 사람들이나 분별력이 없는 사람들의 의론議論이다"라고 여겼다. 그렇다면 패관의 직능은 옛날에 "시를 채집하던 관리가 임금이 풍속風俗을 살피고 정치의 득실得失을 살필 수 있도록 했던 것"과 같다. 그러나 반고는 제자諸子들을 항목별로 모아 10가家로 확정하여 배열하고, 다시 "볼 만한 것은 아홉이다"라고 하여 소설을 제외시켰다. 그가 수록한 소설 15가家마저 오늘날에는 또 없어져 버렸다. 다만 『대대예』[3]에 「청사자」靑史子의 지은이에 대한 기록이 인용되어 있고 『장자』莊子에 송견[4]의 말이 들어 있지만, 부분적이고 단편적인 문구文句로서 더욱이 그 의미를 미루어 짐작할 수 없다.

  예로부터 오랜 시간이 지나면서 소설의 흐름이 널리 번성하였지만 비평가들은 그대로 옛 주장故言[반고의 관점―옮긴이]을 묵수墨守하였으니, 이는 싹을 가지고 그 나무의 가지와 잎을 헤아리는 꼴이다! 나는 젊어서부터 옛 이야기古說를 펼쳐 보기 좋아하였는데, 간혹 잘못되고 빠진 부분을 발견하면 그것을 유서類書와 대조하여 고증하였고, 우연히 일문逸文을 만나면 얼른 초록하여 두었다. 비록 잡다하고 결손된 소설叢殘은 대부분 질서가 없었지만 윤곽은 그대로 있었다. 대개 자질구레하고 지엽적인 이야기는 사관史官들이 말단적인 학末學이라 여겼고, 귀신과 요괴에 관한 것은 음양오행가數術들이 부수적인 흐름波流이라 여겼고, 진인眞人과 복지福地[5]에 관한 것은 신선가神仙들이 중등中等으로 여겼고, 저승세계에 관한 것은 불교가들이 하승下乘으로 여겼다. 민간의 작은 이야기小書들은 원대한 일에 미친다면 막힐까 염려되었으나,[6] 훌륭한 작품洪筆이 후대에 생겨난 것은 작은 이야기가 그 발단이었다. 하물며 민간에서 채록한 것은 백성들의 순수한 마음白心에서 나온 것이고, 의도적으로 지은 것은 문인思士들이 구상한 것임에랴. 사람들의 마음에 따라 자연스럽게 그러한 작품이 생산되어 그것의 문단文林에서의 역할은 무궁화와 같은 데가 있어 문명을 아름답게 하고 어둡고 외로운 데를 꾸밀 수 있으니 견문을 넓히는 도구로만 그치는 것은 아니다.

그렇지만 비평가들은 그대로 옛 주장[7]을 묵수墨守하였다. 이들 옛 책이 더욱더 영락할 것이 애석하고 이후로 한가한 시간이 적을 것 같아서, 이에 다시 배열하여 집록하고 또 옛사람들의 집본集本으로 교정하여 합치니 몇 종種이 되기에 『고소설구침』이라 하였다. 옛 책에 혼을 되돌려 주는 것은 스스로 흐뭇한 일이거니와 대도大道를 말하는 사람들에게는 곧 이렇게 말하겠다. "패관의 직능은 앞으로 옛날에 '시를 채집하던 관리가 임금이 풍속을 살피고 정치의 득실을 살필 수 있도록 했던 것'과 같을 것이다."

주)

1) 이 글은 친필 원고에 의거하여 편입하였으며, 원래는 표점(標點) 부호가 없었다. 처음에는 저우쭤런(周作人)의 서명으로 1912년 2월 사오싱(紹興)에서 간행된 '웨사총간'(越社叢刊) 제1집에 발표되었다. 1938년에 출판된 『루쉰전집』(魯迅全集) 제8권 『고소설구침』(古小說鉤沈)에는 수록되지 않았다.
『고소설구침』은 루쉰이 대략 1909년 6월부터 1911년 말 사이에 집록한 고소설의 일문집(佚文集)으로서 주(周)나라 때의 「청사자」(靑史子)에서 수(隋)나라 후백(侯白)의 「정이기」(旌異記)까지 전체 36종을 수록하고 있다. 1938년 6월에 처음으로 루쉰선생기념위원회가 편집한 『루쉰전집』 제8권에 수록되었다.

2) 반고(班固, 32~92). 자는 맹견(孟堅)이고 푸펑(扶風) 안링(安陵; 지금의 산시성陝西省 셴양咸陽) 사람으로 동한(東漢)의 사학가이다. 관직은 난대령사(蘭臺令史)에 이르렀고, 『한서』(漢書) 120권을 저술하였다.

3) 『대대예』(大戴禮). 『대대예기』(大戴禮記)라고도 부르고, 서한(西漢) 때 대덕(戴德)이 편찬한 것으로 전해지며 원서는 85편이었으나 지금은 39편이 남아 있다.

4) 송견(宋鈃). 『맹자』(孟子)에서는 송경(宋牼)이라 하였고, 『한비자』(韓非子)에서는 송영자(宋榮子)라 하였는데, 루쉰은 그가 바로 『송자』(宋子)의 지은이라고 생각했다.

5) 진인(眞人)은 도가에서 참된 도를 체득한 사람을 가리키고, 복지(福地)는 신선이 사는 곳을 가리킨다.

6) 원문은 '致遠恐泥'. 『논어』(論語) 「자장」(子張)에 "자하(子夏)가 가로되, '비록 소도(小道)이나 반드시 거기에는 볼만한 것이 있으며, 원대한 일에 미친다면 막힐까 염려하여 그래서 군자는 그것을 하지 않는다'라고 하였다"(子夏曰: 雖小道, 必有可觀者焉, 致遠恐泥, 是以君子弗爲也)는 구절이 있다. 『한서』(漢書) 「예문지」(藝文志) '제자략'(諸子略)에서는 이 말을 인용하여 소설을 논하였다.

7) 반고의 관점이다.

사승의 『후한서』 서[1]

『수서』隋書 「경적지」經籍志에 "『후한서』後漢書 130권에는 제왕본기帝王本紀가 없으며, 오吳나라 우릉武陵의 태수太守 사승謝承이 지었다"라고 기록하고 있다. 『신당서』新唐書 「예문지」藝文志에서도 동일하고 "또 『초록』錄 한 권이 더 있다"라고 하였다. 『구당서』舊唐書 「경적지」經籍志에서는 "30권"[133권이라 해야 옳음—옮긴이. 이하 대괄호 안 작은 글자의 말은 옮긴이의 첨언]이라 하였다. 사승은 자가 위평偉平이고 산인山陰 사람이며, 박학다식하고 한번 보고들은 것은 죽을 때까지 잊지 않았다. 오관낭중五官郎中에 임명되었고, 얼마 후 창사동부長沙東部의 도위都尉, 우릉의 태수를 역임했다. 이상은 『오지』吳志 「비빈전」妃嬪傳 및 그 주해에 보인다.

『후한서』는 송대에 이미 전해지지 않았는데, 그래서 왕응린[2]의 『곤학기문』에서는 『문선』文選의 주해로부터 그것을 옮겨 인용하고 있다. 오숙[3]은 순화淳化[송 태종太宗의 연호] 연간에 『사류부』事類賦를 주해하여 진헌進獻할 때, 사승의 책이 없어졌다遭逸라고 언급하였다. 청대 초 양취 사람인 부산[4]은, 자기 집에 사승의 『후한서』의 명대 간행본을 오래전부터 소장하고 있었는데 『조전비』⁵⁾와 대조하여 완전히 들어맞았다고 말하였으나 그것을 본 다른 사람은 없었다. 다만 첸탕 사람인 요지인⁶⁾이 집록한 네 권이 그의 『후한서보일』^{後漢書補逸}에 들어 있는데, 비록 출처를 밝히지 않고 있어 주도 면밀하다 할 수는 없지만, 확실히 사승의 『후한서』일 것이다. 그 후 런허 사람인 손지조,⁷⁾ 이셴 사람인 왕문태⁸⁾도 각각 정보^{訂補}한 책을 가지고 있 어 사승의 『후한서』 일문^{逸文}이 다소 완비되었지만, 그러나 범엽⁹⁾의 『후한 서』가 상당히 뒤섞여 들어가 분별할 수 없게 되었다. 지금 일일이 교정하 여 여섯 권으로 정리하였으니, 앞 네 권은 대략 범엽의 『후한서』의 차례에 의거하였고, 뒤 두 권은 그 성명^{姓名}이 범엽의 책에서 우연히 나오거나 실 리지 않은 것인데, 모두 초록하여 넣었다.

글쓴이 설명^案:『수서』「경적지」에는 『후한서』8가^{家10)}를 밝혀 놓았는 데, 사승의 『후한서』는 가장 이른 것으로 처음 시작한 공로가 있어 기록해 둘 만하다. 하지만 오늘날의 일문은 겨우 범엽의 책,『삼국지』^{三國志}의 주해 및 당송^{唐宋}의 유서^{類書}에 의지하여 보존되어 있을 뿐이다. 주석가들은 서 로 다른 설^說을 취하기에 힘써 특이한 것들^{異聞}을 갖추어 놓았는데, 다만 유서에서 인용한 것들은 빼거나 더한 자구^{字句}가 많고 간혹 잘못 옮겨 적 어 뜻이 통하지 않는 것도 있어서 후대의 학자들은 거칠고 보잘것없다고 불평하였고 때로는 반박하거나 비난하기도 하였다. 나 역시 내가 보고들 은 것 중에서 가장 요긴한 것들을 모아서 살펴보기 편리하도록 본문 뒤에 실어 둔다.

요지인의 집록본 『사씨 후한서 보일』 초록 설명[11]

『사씨 후한서 보일』謝氏後漢書補逸 5권은 하몽화[12]의 장서, 첸탕의 정씨丁氏 선본서실善本書室의 장서였고, 지금은 강남도서관[13]에 있다.

첸탕의 요지인이 집록하였고, 후학後學인 손지조가 수정·증보하였다. 앞에는 가경嘉慶 7년 샤오산의 왕휘조[14]의 서序가 있어 이렇게 말하고 있다. "글쓴이 설명: 오숙이 『사류부』의 춘화淳化[지명]에서의 상황에 대해 주를 달 때 이미 사승의 책이 산일散逸되었다고 언급하였다. 왕응린은 『곤학기문』에서 '사승은, 부친이 영瑩이고, 상서시랑尙書侍郞이 되었다'라고 하였다. 원주原注에서 '사승의 『후한서』는 『문선』 주注에 보인다'라고 하였다. 사승의 책은 송宋나라 때 이미 전해지던 판본傳本이 없어진 것이다. 강희康熙 시기에 요지인이 『후한서고일』後漢書考逸을 편찬했는데, 사승의 책 네 권이 들어 있다. 손이곡孫頤穀[즉 손지조] 선생이 추가로 더 찬집纂集해 놓았는데, 요지인이 채록한 것들에 대해 일일이 그 출처를 밝히고 잘못을 바로잡고 소략한 것을 보충하여 놓았다. 그리고 범엽의 책으로 그 이동異同을 대조하여 교정하였고, 미처 채록하지 못한 것들을 모아 달리 속집續輯 한 권을 만들어 놓았다. 인증引證이 정밀하고 해박하여 위평[사승]의 공신功臣이라 할 만하다." 또 구이안의 엄원조[15]의 서序가 있어 이렇게 말하고 있다. "사승의 책에서 충의忠義와 은일隱逸에 관한 것을 가장 잘 수집해 놓았는데, 명예와 지위를 따지지 않고, 세상에 드러나지 않은 덕이 있는 사람의 숨은 빛을 모두 모아 놓았으니 울종[범엽]도 이에 미치지 못한다." 그리고 요지인의 원서原序도 있다. 이 책은 하몽화의 초본鈔本인데, "첸탕의 하원석何元錫은 자가 경지敬祉이며, 호가 몽화夢華, 또 호가 접은蝶隱이다"라고 하였고, "무명옷 따스하고 채소뿌리 맛있으니 독서의 재미가 자라나네"布衣暖菜根香讀書滋味長라는 인장을 둘 찍어 놓았다.

임자壬子년[1912년] 4월, 강남도서관 소장본을 빌려와 베꼈는데, 초 5일에 시작해 초 9일에 끝났으니 5일이 걸렸다.

[부록]
왕문태의 집록본『사승후한서』에 관하여[16)]

사승의『후한서』8권과 사심謝沈의『후한서』1권은 이셴 사람인 왕문태가 집록한 것으로 모두『칠가후한서』七家後漢書 속에 있다. 거기에 타이핑 사람인 최국방[17)]의 서序가 있어 그 대략적인 상황을 이렇게 설명하고 있다. "강희 연간에 쳰탕 사람인 요노사姚魯斯는『동관한기』東觀漢記 이하 제가諸家의 책을 집록하여 일문을 보정補正하였는데, 명대 유자儒者들의 낡은 풍습을 자못 답습하여 유래가 분명하지 않으며 누락된 것이 매우 많다. 시어侍禦인 손이곡은 그 책을 근거로 사승의 책을 보정한 적이 있으나 책을 완성하지 못하였다. 최근에 간취안甘泉 사람인 비부比部 황우원黃右原 역시 집록본을 가지고 있었는데, 요노사의 것이 그다지 확실하지 않다고 보았으나 끝내 완비하지 못하였다. 이셴의 왕남사王南土 선생은 학문과 품행이 돈독하고 자기의 키 높이만큼 쌓인 수많은 책을 저술하였는데, 옛것을 고증하던 여력으로 새롭게 찾아 보정하였다. 선생의 친구 탕백간湯伯玕 군은, 선생은 요노사의 집록본을 오랫동안 소장하면서 수시로 각 조목의 기록을 보아서 붉은색과 노란색丹黃[옛날 책에 표시를 하기 위해 사용했던 붉은색과 노란색의 안료]이 온통 칠해져 있었고, 또 완성하지 못할 것을 염려하여 제자인 왕학돈汪學惇에게 잇도록 하여 왕학돈이 계속 더 보태었다고 말했다. 왕학돈이 죽은 후 그의 장서藏書는 모두 남에게 팔렸으며, 탕백간 군이 다시 이 책을 보았으나 이미 탈락된 부분이 많았다. 그는 서둘러 한 차례 필사하고 선생의 아들 왕석번王錫藩에게 돌려주었다. 왕석번은 그 유서遺書를 잘 모시고 객지인 장유江右에서 생활하였는데, 동갑내기로 콰이지會稽 출생인 조휘숙趙撝菽은 왕석번으로부터 그 책을 빌려 필사하였고, 나는 이에 이 필사본을 얻어 보았다. 조휘숙은, 선생이 의거한 『북당서초』北堂書鈔는 바로 주씨朱氏의 잠채당潛采堂 본으로 제목이 『대당유요』大唐類要라는 것이며 첸탕 사람인 왕씨汪氏의 진기당振綺堂 소유였다고 말했다. 신유辛酉년의 난리 때 왕씨의 장서는 모두 흩어졌고, 저장 지역에서 그래도 필사본이 있어 손씨孫氏의 야성산관冶城山館의 소유물이 되었다가 후에 대령大令인 진란린陳蘭隣 집안 소유가 되었으며, 최근에는 또 다른 사람에게 팔려 멀리 푸젠 지역에 가게 되어 빌려 볼 수 없게 되었으니 다른 날 그 책을 얻게 된다면 마땅히 수십 조목을 계속 보정할 수 있을 것이다."

임자년 여름 8월에 교육부가 소장하고 있던 『칠가후한서』를 빌려 와 필사하였는데, 초이틀에 시작하여 열닷새에 마쳤다.

왕문태의 집록본『사승후한서』교감기[18]

원년[중화민국 원년, 즉 1912년] 12월 11일에 호극가[19] 본本『문선』으로 한 차례 교감하였다. 12일에『개원점경』[20] 및『육첩』[21]으로 한 차례 교감하였다. 13일에 명대에 간행된 소자본小字本『예문유취』[22]로 한 차례 교감하였다. 14일에『초학기』[23]로 한 차례 교감하였다. 15일에『태평어람』[24]으로 한 차례 교감하였다. 16일에서 19일까지 범엽의 책으로 한 차례 교감하였다. 20일에서 23일까지『삼국지』로 한 차례 교감하였다. 24일에서 27일까지『북당서초』[25]로 한 차례 교감하였다. 28일에서 31일까지 손교孫校 본으로 한 차례 교감하였다. 원년[2년이라 해야 옳음] 1월 4일에서 7일까지『사류부』의 주로 한 차례 교감하였다.

주)‾‾‾‾‾

1) 이 글은 친필 원고에 의거하여 편입하였으며, 원래는 표점 부호가 없었다. 1913년 3월에 씌어졌다. 사승(謝承)의『후한서』(後漢書)는 루쉰이 집록한 산일(散佚)된 고적(古籍)의 하나로서 1913년 3월에 집록이 끝났고, 도합 6권으로서 간행되지는 않았다.

2) 왕응린(王應麟, 1223~1296). 자는 백후(伯厚)이고 칭위안(慶元; 지금의 저장성浙江省 닝보寧波) 사람이며, 송말(宋末) 때의 학자이다.『곤학기문』(困學紀聞)은 왕응린이 지은 독서필기(讀書筆記)로서 20권이다.

3) 오숙(吳淑, 947~1002). 자는 정의(正儀)이고, 송대 룬저우(潤州) 단양(丹陽; 지금은 장쑤성江蘇省에 속함) 사람이며, 관직은 직방원외랑(職方員外郞)에 이르렀다.

4) 부산(傅山, 1607~1684). 자는 청주(靑主)이고, 양취(陽曲; 지금은 산시성山西省에 속함) 사람이며, 명청(明淸) 교체기 때의 학자이다.

5)『조전비』(曹全碑). 완전한 명칭은『한 허양령 조전비』(漢邰陽令曹全碑)이며, 동한(東漢) 때의 비각(碑刻)으로서 당시 허양현(邰陽縣)의 현령(縣令)인 조전(曹全)의 사적을 기록

하고 있다. 명대 만력(萬曆) 연간에 산시(陝西)에서 출토되었다.

6) 요지인(姚之駰). 자는 노사(魯思)이고 청대 첸탕(錢塘; 지금의 저장성 항저우杭州) 사람이다. 관직은 감찰어사(監察禦史)에 이르렀다.

7) 손지조(孫志祖, 1736~1800). 자는 이곡(詒穀), 또는 이곡(頤穀)이고 청대 런허(仁和; 지금의 저장성 항저우) 사람이다. 관직은 어사(禦史)에 이르렀다.

8) 왕문태(汪文台, 1796~1844). 자는 남사(南士)이고, 청대 이셴(黟縣; 지금은 안후이성安徽省에 속함) 사람이다. 『칠가후한서』(七家後漢書) 21권을 집록하였는데, 사승의 서(書) 8권, 설영(薛瑩)의 서 1권, 사마표(司馬彪)의 서 5권, 화교(華嶠)의 서 2권, 사심(謝沈)의 서 1권, 원산송(袁山松)의 서 2권, 장번(張璠)의 서 1권을 포함하며, 실명씨(失名氏)의 서 1권을 덧붙이고 있다.

9) 범엽(範曄, 398~445). 자는 울종(蔚宗)이고 순양(順陽; 지금의 허난성河南省 시촨淅川) 사람이며, 남조(南朝)의 송(宋)나라 사학가이다. 관직으로는 상서이부랑(尚書吏部郞)·쉬안청태수(宣城太守)를 역임했다. 『후한서』를 저술하여 제기(帝紀)·열전(列傳) 90권을 완성하고 이후 곧 피살되었다.

10) 『후한서』 8가(家). 사승의 『후한서』 130권, 설영(薛瑩)의 『후한기』(後漢記) 65권, 사마표(司馬彪)의 『속한서』(續漢書) 83권, 화교(華嶠)의 『후한서』 17권, 사심(謝沈)의 『후한서』 85권, 진장영(晉張瑩)의 『후한남기』(後漢南記) 45권, 원산송(袁山松)의 『후한서』 95권, 범엽의 『후한서』 97권이 그것이다. 현재는 범엽의 책 및 그 뒤에 붙어 있는 사마표의 책 '팔지'(八志)를 제외하고는 모두 없어졌다.

11) 이 글은 친필 원고에 의거하여 편입하였으며, 원래는 제목과 표점 부호가 없었다. 앞의 두 단락은 『사씨 후한서 보일』(謝氏後漢書補逸)의 필사본 앞에 쓰여 있고, 마지막 한 단락은 필사본 뒤에 쓰여 있다.

12) 하몽화(何夢華, 1766~1829). 이름이 원석(元錫)이고, 자가 몽화(夢華), 또 자가 경지(敬祉), 호가 접은(蝶隱)이며, 청대 첸탕 사람이다. 주부(主簿)를 역임했다. 장부기록학(簿錄之學)에 정통하였고 집안에 선본(善本)이 많았다. 『추신각시초』(秋神閣詩鈔)가 있다.

13) 강남도서관(江南圖書館). 청 광서(光緒) 33년(1907) 양강(兩江) 총독(總督) 단방주(端方奏)의 건의에 의해 설립된 것으로 난징(南京)의 룽판리(龍蟠裏)에 있었다. 선본(善本) 도서를 많이 소장하고 있었는데, 항저우에서 구매한 정씨(丁氏) 팔천권루(八千卷樓)의 소장본 전체도 소장하고 있었다.

14) 왕휘조(汪輝祖, 1731~1807). 자가 환증(煥曾)이고, 청대에 저장 샤오산(蕭山) 사람이다. 건륭(乾隆) 때 진사(進士)가 되었고, 후난(湖南) 닝위안(寧遠)의 지현(知縣), 다오저우(道州)의 지주(知州)를 역임했다. 저작으로는 『학치억설』(學治臆說), 『병탑몽흔록』(病榻夢痕錄) 등이 있다.

15) 엄원조(嚴元照, 1773~1817). 자가 구능(九能)이고, 청대 저장 구이안(歸安; 지금의 후저

우(湖州) 사람이다. 장서가 수만 권에 달했다. 저작으로는 『이아광명』(爾雅匡名), 『회암문초』(悔庵文鈔) 등이 있다.

16) 이 글은 친필 원고에 의거하여 편입하였으며, 1912년 8월에 씌어졌다. 원래는 표제와 표점 부호가 없었다.

17) 최국방(崔國榜). 청대 타이핑(太平; 지금은 안후이성에 속함) 사람이며, 젠창지부(建昌知府)를 역임했다.

18) 이 글은 친필 원고에 의거하여 편입하였으며, 1913년 1월에 씌어졌다. 원래는 표제와 표점 부호가 없었다.

19) 호극가(胡克家, 1757~1816). 자는 점몽(占蒙)이고 청대 우위안(婺源; 지금은 장시성江西省에 속함) 사람이다. 그는 가정(嘉靖) 14년(1809)에 송대의 우무(尤袤)본 이선(李善) 주(注) 『문선』(文選) 60권을 번각하였고, 아울러 『이고』(異考) 10권을 지었다.

20) 『개원점경』(開元占經). 『대당개원점경』(大唐開元占經)을 가리키며, 천문(天文)과 음양오행에 관한 책으로 당대 구실달(瞿悉達)이 지었고, 도합 120권이다.

21) 『육첩』(六帖). 유서(類書)로서 당대 백거이(白居易)가 지었으며, 『백씨육첩』(白氏六帖)이라고도 부르는데, 30권이다. 송대 공전(孔傳)이 『후육첩』(後六帖) 30권을 속찬(續撰)하였다. 후대 사람들은 이 두 책을 하나로 합쳐 『백공육첩』(白孔六帖)이라 불렀으며 도합 100권이다.

22) 『예문유취』(藝文類聚). 유서로서 당대 구양순(歐陽洵) 등이 편찬하였으며, 도합 100권으로 48부(部)로 나누어져 있다.

23) 『초학기』(初學記). 유서로서 당대 서견(徐堅) 등이 편찬하였으며, 도합 30권으로 23부로 나누어져 있다.

24) 『태평어람』(太平禦覽). 유서로서 송대 이방(李昉) 등이 편찬하였으며, 도합 1,000권으로 55문(門)으로 나누어져 있다. 이 책은 송대 태종(太宗) 태평홍국(太平興國) 8년(984) 12월에 완성되었다.

25) 『북당서초』(北堂書鈔). 유서로서 당대 우세남(虞世南) 등이 편찬하였으며, 도합 160권으로 852류(類)로 나누어져 있다.

사심의『후한서』서[1]

『수서』「경적지」에는 "『후한서』85권은 원래 122권이고 진晉나라 사부
랑祠部郞 사심謝沈이 지었다"라고 기록하고 있다. 『당지』唐志[『구당서』「경적지」
와 『신당서』「예문지」]에는 "102권이며, 또『한서외전』漢書外傳 10권이 더 있다"
라고 기록하고 있다. 『진서』[2]에는 이렇게 기록하고 있다. "사심은 자가 행
사行思이고 콰이지 산인 사람이다. 군郡에서 그를 주부主簿 · 공조功曹로 임
명하고 효렴[3]으로 추천하였고 태위인 극감[4]이 불러 벼슬을 내렸으나 모
두 나아가지 않았다. 콰이지의 내사인 하충[5]이 그를 참군參軍으로 추천하
였으나 어머니가 연로하다는 이유로 사직하였다. 평서장군인 유량[6]이 그
를 공조로 임명하였고 정북장군인 채모[7]가 글을 올려 그를 참군으로 추
천하였으나 모두 나아가지 않았다. 강제康帝가 즉위하자 그를 불러 태학박
사太學博士의 벼슬을 내렸으나 어머니가 죽어서 사직하였다. 복상服喪이 끝
나자 상서도지랑尚書度支郞에 임명되었다. 하충과 유빙[8]은 모두 사심이 역
사에 재능이 있다고 하여 저작랑著作郞으로 천거하였고, 사심은 『진서』30
여 권을 지었다. 얼마 후 죽으니 나이 52세였다. 사심은 먼저 『후한서』100

권 및 『모시』毛詩 · 『한서외전』을 지었고, 그의 저술 및 시부詩賦 · 문론文論은 모두 당시에 간행되었는데, 그의 재학才學은 우예[9])보다 나았다."

글쓴이 설명 : 『수서』 「경적지」에 『한서외전』에 관한 언급이 없는 것은 본래 『후한서』 122권 들어 있었다고 여겼기 때문이 아닐까. 이에 『당지』에서는 다시 그것을 분리하여 놓았다. 하지만 본전本傳[『진서』의 「사심전」謝沈傳]에 의거할 때 『한서외전』은 마땅히 다른 책으로 보아야 하며, 지금은 그 유문遺文이 없어 더 이상 고증할 수는 없다. 다만 『후한서』는 아직 10여 조목條이 남아 있어 그것을 엮어 한 권으로 만들었다.

주)_____

1) 이 글은 친필 원고에 의거하여 편입하였으며, 원래는 표점 부호가 없었다. 1913년 3월에 쓰여졌다.

2) 『진서』(晉書). 기전체(紀傳體)로 된 진대사(晉代史)이며, 당대 방현령(房玄齡) 등이 지었고, 130권이다.

3) 효렴(孝廉). '효제염결과'(孝悌廉潔科)의 약칭으로 한대에 관리를 선발하던 과목(科目)의 하나이다. 매년 군(郡)에서 '효렴'으로 천거되어 합격하면 관직을 제수받았다.

4) 극감(郤鑒, 269~339). 자는 도휘(道徽)이고, 가오핑(高平) 진샹(金鄉; 지금은 산둥山東에 속함) 사람이며, 진(晉)나라 성제(成帝) 함강(鹹康) 4년(338)에 태위(太尉)에 임명되었다.

5) 하충(何充, 292~346). 자는 차도(次道)이고 루장(廬江) 첸(潛; 지금의 안후이성 휘산霍山) 사람이다. 진(晉)나라 성제(成帝) 때 콰이지의 내사(內史)에 임명되었고, 관직은 상서령(尚書令)에 이르렀다.

6) 유량(庾亮, 289~340). 자는 원규(元規)이고, 잉촨(潁川) 옌링(鄢陵; 지금은 허난성에 속함) 사람이다. 진(晉)나라 명제(明帝)의 목황후(穆皇後)의 오빠이며 성제(成帝) 때 평서장군(平西將軍)에 봉해졌다.

7) 채모(蔡謨, 281~356). 자는 도명(道明)이고 천류(陳留) 카오청(考城; 지금의 허난성 란카오蘭考) 사람이며, 진(晉)나라 성제(成帝) 함강(鹹康) 5년(339)에 정북장군(征北將軍)에 봉해졌다.

8) 유빙(庾冰, 296~344). 자는 계견(季堅)이고 유량(庾亮)의 동생이며, 관직은 중서감(中書監)에 이르렀다.

9) 우예(虞預). 진(晉)나라 유야오(餘姚; 지금은 저장성에 속함) 사람이다. 그는 『진서』(晉書) 44권, 『콰이지전록』(會稽典錄) 20편, 『제우전』(諸虞傳) 12편을 지었으나 모두 없어졌다.

우예의 『진서』서[1]

『수서』「경적지」에는 "『진서』晉書 26권은 본래 44권으로 명제明帝까지 기술하고 있는데, 지금 결손되어 있으며 진晉나라 산기상시散騎常侍인 우예虞預가 지었다"라고 기록하고 있다. 『당지』에는 "58권"이라고 기록하고 있다. 『진서』「우예전」에는 "『진서』 40여 권을 지었다"라고 기록하고 있다. 이는 『수서』「경적지」의 기록과 합치되며, 『당지』에는 10여 권이 더 많은데 잘못이 있는 것 같다. 본전[『진서』「우예전」]에는 또 이렇게 기록하고 있다. "우예는 자가 숙녕叔寧이고, 징사徵士인 우희[2]의 동생이다. 본명은 무茂이나 명제明帝의 목황후穆皇後의 이름과 같아 이를 피하기 위해 이름을 고쳤다. 처음에는 현縣의 공조功曹였으나 배척당하였다. 태수인 유침[3]이 그를 주부로 임명하였다. 기첨[4]이 유침을 대신하여 그를 다시 주부로 삼았고, 공조사功曹史로 전임되었다. 효렴으로 추천되었으나 나아가지 않았다. 안둥의 종사중랑인 제갈회,[5] 참군인 유량 등이 우예를 추천하여 승상의 참군 겸 기실記室로 부름을 받았다. 모친상을 당하였고, 복상을 마치자 좌저작랑佐著作郎에 제수되었다. 대흥大興 연간에 낭야국[6]의 시랑으로 전임되었고, 비서승秘書丞·저작랑으로 승진하였다. 함화鹹和 연간에 왕함[7]의 반란을 평정하는 데 참여하여 서향후西鄉侯라는 작위를 부여받았다. 휴가를 얻어 귀향하니, 태수인 왕서[8]가 자의참군諮議參軍으로 그를 청하였다. 소준[9]의 반란이 평정되자 평강현후平康縣侯의 작위에 봉해졌고, 산기시랑散騎侍郎으로 승진하고 저작랑의 직위는 변함이 없었다. 산기상시散騎常侍에 제수되고 여전히 저작랑을 맡고 있었다. 나이가 들어 귀향하여 집에서 죽었다."

주)＿＿＿＿＿

1) 이 글은 친필 원고에 의거하여 편입하였으며, 원래는 표점 부호가 없었다. 1913년 3월에 쓰여졌다.

2) 우희(虞喜, 281~356). 자는 중녕(仲寧)이고 진대(晉代)의 학자이다. 조정에서 세 차례 불러 박사(博士) 등의 관직에 임명하였으나 모두 나아가지 않았다. 저작으로는 『안천론』(安天論), 『지림신서』(志林新書) 등이 있다. 징사(徵土)는 조정의 부름을 거절하고 나아가지 않은 은사를 말한다.

3) 유침(庾琛). 자는 자미(子美)이고, 잉촨 옌링 사람이며, 명제(明帝) 목황후(穆皇後)의 아버지이다. 서진(西晉) 말년에 콰이지(會稽)의 태수(太守)를 역임하였고, 관직은 승상군 자좨주(丞相軍諮祭酒)에 이르렀다.

4) 기첨(紀瞻, 253~324). 자는 사원(思遠)이고, 단양(丹陽) 모링(秣陵; 지금의 장쑤성 난징) 사람이다. 서진 말년에 콰이지의 내사(內史)를 역임하였고, 관직은 표기장군(驃騎將軍)에 이르렀다.

5) 제갈회(諸葛恢, 265~326). 자는 도명(道明)이고, 낭야(琅邪) 양두(陽都; 지금의 산둥성 이난沂南) 사람이다. 안둥장군(安東將軍) 사마예(司馬睿) 막하의 종사중랑(從事中郎)을 역임하였고, 나중에는 관직이 상서우복야(尚書右僕射)에 이르렀다.

6) 낭야국(琅邪國). 낭야국(琅琊國)이라고도 한다. 서진 때 낭야왕의 봉지(封地)는 린이(臨沂; 지금은 산둥성에 속함) 지역이었고, 동진(東晉) 때는 지금의 장쑤성 쥐룽(句容) 지역이었다.

7) 왕함(王含). 자는 처홍(處弘)이고, 린이 사람이며, 동진의 대장군(大將軍) 왕돈(王敦)의

형이다. 관직은 표기대장군(驃騎大將軍)에 이르렀고, 왕돈을 따라 반란에 가담했으나
실패하여 물속에 빠뜨려 죽임을 당했다.

8) 왕서(王舒). 자는 처명(處明)이고, 린이 사람이다. 동진 말년·함화 초년에 무군장군(撫軍
將軍), 콰이지의 내사를 역임하였다. 소준(蘇峻)의 반란을 평정하는 데 공이 있어 팽택
현후(彭澤縣侯)에 봉해졌다.

9) 소준(蘇峻). 자는 자고(子高)이고 예(掖; 지금의 산둥성 예셴掖縣) 사람이다. 동진의 원제
(元帝) 때 관직은 관군장군(冠軍將軍)에 이르렀다. 함화 2년(327)에 반란을 일으켰으나
이듬해 싸움에서 패하여 피살되었다.

『운곡잡기』 발문[1]

이상은 단푸 사람인 청원 장호[2]의 『운곡잡기』 1권이며, 『설부』[3]에서 필사하였다. 『영락대전』 본[4]으로 고증하였더니 중복되는 것이 25조목이었으나 다른 데가 약간 있었고, 그 나머지는 모두 『영락대전』 본에는 없는 것이었다. 『설부』의 잔본 5책은 명대 사람의 구초본舊抄本인데, 경사도서관京師圖書館에서 빌려 왔고, 기존의 통행본[5]과 꽤 다르니 아마 남촌[6]의 원본原本이 아닐까 한다. 『운곡잡기』는 『설부』의 제30권에 있다. 이틀 밤을 이용하여 필사를 마쳤고, 다만 오자와 탈자가 너무 많아서 손쉽게 고칠 수 없었는데, 여가가 있으면 세밀하게 교감하려 한다.

계축癸醜년 6월 1일 한밤에 적다

주)_____

1) 이 글은 친필 원고에 의거하여 편입하였고, 원래 표제와 표점 부호가 없었다. 1913년 6월 1일에 쓰어졌다.

『운곡잡기』(雲穀雜記). 남송(南宋)의 장호(張淏)가 지은 것으로 송대 영종(寧宗) 가정(嘉定) 5년(1212)에 책이 완성되었으며, 역사적인 고증을 위주로 하는 필기(筆記)로서 원서는 이미 없어졌다. 루쉰은 1913년 5월 31일과 6월 1일에 명대 초본(抄本) 『설부』(說郛)의 잔본(殘本)에서 그 유문(遺文)을 집록하여 초고본(初稿本) 1권을 완성하였다.

2) 장호(張淏). 자는 청원(淸源)이고, 생애는 이 책에 나오는 「『운곡잡기』 서」를 참고하면 된다. 명대 초본 『설부』의 잔본 주석에 의하면 장호는 단푸(單父; 지금의 산둥성 단셴單縣) 사람이다.

3) 『설부』(說郛). 한위(漢魏)에서 송원(宋元)에 이르는 시기의 필기(筆記)를 모아 놓은 선집(選集)으로서 원말(元末) 명초(明初)에 도종의(陶宗儀)가 엮었으며 100권이다. 원서는 이미 잔결(殘缺)되었다.

4) 『영락대전』(永樂大典). 유서(類書)로서 명대 성조(成祖) 때 해진(解縉) 등이 집록하였는데, 영락(永樂) 원년(1403)에 시작하여 영락 6년(1408)에 완성하였고, 도합 22,877권이다. "『영락대전』 본"은 『영락대전』에 집록된 『운곡잡기』 4권본을 가리킨다.

5) 도정(陶珽)이 번각한 각본(刻本)을 가리킨다.

6) 남촌(南村). 도종의(陶宗儀)이며, 자가 구성(九成)이고, 호가 남촌(南村)이고, 황옌(黃巖; 지금은 저장성에 속함) 사람으로 원말 명초의 학자이다. 그는 『설부』를 집록한 것 이외에 『남촌철경록』(南村輟耕錄), 『남촌시집』(南村詩集) 등을 저술하였다.

『혜강집』발문[1]

이상의 『혜강집』10권은 명대 오관[2]의 총서당 초본에서 필사한 것이다. 원초본은 오자와 탈자가 상당히 많은데, 이전 사람들의 두세 차례 교감을 거쳤기 때문에 이미 읽을 수 있게 되어 있다. 교감한 것 중에 하나는 묵필墨筆을 사용하였는데, 빠진 부분을 보충하고 글자를 고친 데가 가장 많다. 그러나 임의로 삭제하고 바꾸어 놓아 더 나은 글자隹字를 일일이 지워 버렸다. 옛 발문舊跋에서는 오포암吳匏庵의 손에서 나온 것이라 하였는데, 아마 그렇지 않을 것이다. 두 종은 주필朱筆로 교감해 놓았는데, 그중 하나는 참신하며 상당히 신중하여 함부로 하지 않았다. 그런데 바로잡아 놓은 글자가 오히려 통속적인 통행본에 의거하고 있다. 지금 원래의 글자가 비교적 낫고, 또 두 가지가 다 뜻이 통하는 글자에 대해서는 그대로 원초본에 의거하여 옛 모습을 보존하여 놓았다. 멋대로 지워 버려 판별할 수 없는 글자에 대해서는 교감한 사람에 따랐는데, 정말 애석한 일이다. 이 판본을 자세히 살펴보면 황성증[3]의 번각본과 같은 저본에서 나온 것 같다. 다만 황성증의 번각본은 멋대로 함부로 고쳐 놓았으니, 이 판본이 결국 다소나마 그것보다 나을 것이다. 그런데 주필朱筆과 묵필墨筆로 교감을 거친 뒤에는 다시 황성증의 번각본에 점차 가까워졌다. 다행히 교감이 그다지 정밀하지 않아 남아 있는 더 나은 글자가 그래도 적지 않다. 중산[중산대부를 역임한 혜강]의 유문遺文은 세간에 이미 이 판본보다 더 훌륭한 것이 없는 상태이다.

계축년 10월 20일, 저우수런이 등불 아래서 적다

주)_____

1) 이 글은 1913년 10월 20일에 씌어졌고, 원래 1938년판 『루쉰전집』 제9권 『혜강집』(嵇康集)에 실렸다. 『혜강집』은 혜강(嵇康)의 시문집이다. 루쉰의 교정본은 오관(吳寬)의 총서당 초본(叢書堂鈔本)을 저본으로 하고 있는데, 1913년에서 1924년 사이에 여러 차례 교정을 보아 완성하였다. 혜강(223~262)은 자가 숙야(叔夜)이고, 초군(譙郡) 즈(銍; 지금의 안후이성 쑤현宿縣) 사람이며, 삼국(三國) 시기 위(魏)나라 말의 작가로서 중산대부(中散大夫)를 역임했다.

2) 오관(吳寬, 1435~1504). 자는 원박(原博), 호는 포암(匏庵)이고, 창저우(長洲; 지금의 장쑤성 쑤저우蘇州) 사람이며, 명대 장서가이다. 총서당(叢書堂)은 그의 서실(書室) 이름이다. 그가 소장하고 있던 『혜강집』은 10권으로 고광기(顧廣圻)·장연창(張燕昌)의 제사(題辭)와 발문 각 1조목(則)과, 황비열(黃丕烈; 요옹蕘翁·부옹復翁이라 서명되어 있음)의 제사와 발문 3조목(則)이 있다. 루쉰은 1913년 10월 1일 경사도서관(京師圖書館)에서 빌려 와 초록하였다.

3) 황성증(黃省曾, 1490~1540). 자는 면지(勉之)이고, 우현(吳縣; 지금은 장쑤성에 속함) 사람이며, 명대 장서가이다. 저서로는 『오악산인집』(五嶽山人集)이 있다. 그가 번각한 『혜중산집』(嵇中散集)은 10권이며, 앞에는 황씨의 자서(自序)가 있고 끝에는 "가정(嘉靖) 을유(乙酉)"라고 씌어 있는데, 바로 명대 가정(嘉靖) 4년(1525)이다.

『운곡잡기』 서[1]

『운곡잡기』는 송대 장호^{張澔}가 지었다. 『송사』^{宋史}「예문지」^{藝文志}, 『문헌통고』,[2] 『직재서록해제』[3]에는 모두 실려 있지 않다. 명대 『문연각서목』[4]에 그것이 있으며, 1책^冊이라 하였지만 역시 전하지 않고 있다. 청대 건륭 연간에 『영락대전』으로부터 4권으로 집록하여 현재 세간에 통행되고 있다. 이 1권본^本은 전체 49조목^條이며, 명대 초본 『설부』 제30권으로부터 필사한 것인데, 도정[5]의 번각본과는 크게 다르다. 도정의 번각본은 3종으로 나누어져 있어 『운곡잡기』, 『간악기』^{艮嶽記}, 『동재기사』^{東齋紀事}가 그것이며, 일곱 조목이 빠져 있고 문구^{文句} 또한 주관적으로 고쳐 놓은 데가 많아 의거하기에 부족하다. 『영락대전』의 『운곡잡기』 집록본 120여 조목은 이 1권본과 중복되는 곳이 절반이 넘는데, 그렇지만 제목이 있고 상세함과 간략함이 상당히 달라 각각 나름의 의미가 있으니 옮겨 실을 때 생긴 잘못과 차이가 아닌 것 같다. 대개 당시에 번각본이 하나에 그치지 않았고 교정한 것도 있었으므로 『설부』와 『영락대전』은 같은 저본에 의거한 것이 아니다.

장호는 자가 청원淸源이고 그의 선조는 카이펑開封 사람이며, 그의 조부가 우저우婺州의 우이현武義縣[지금의 저장성 진화金華에 해당]으로 옮겨와 살면서부터 진화 사람이 되었다. 그는 소흥紹興 27년에 진사進士가 되어 장사랑將仕郞에 임명되어 이부吏部의 문서관리를 담당하였으며 고문顧問으로 추천되었다. 소정紹定 원년에 봉의랑奉議郞으로서 퇴직하였다. 또 일찍이 콰이지會稽에서 타향살이하면서 『콰이지속지』6) 8권을 지었는데, 월越 지방의 역사적 사실들은 종종 이에 의거하여 고증해 볼 수 있다. 지금 이 1권본은 비록 잔결되어 있지만 윤곽은 옛 모습대로 보존되어 있어 세간에 유전流傳시키는 일은 마땅히 월 지방 사람의 책임이 아니겠는가? 원초본은 잘못되고 탈락된 글자가 대단히 많아 100여 글자를 교정하고 보충한 다음에야 비로소 읽을 수 있게 되었다. 간혹 이동異同이 있으면 곧바로 권말에 그 요점을 조목별로 기록하여 두었다. 그중에 『영락대전』 집록본과 중복되는 것도 삭제하지 않았으니 원서原書의 차례를 대략 볼 수 있을 것이다.

갑인甲寅년 3월 11일, 콰이지 사람 모모7)가 적다

주)_____

1) 이 글은 친필 원고에 의거하여 편입하였고, 원래 표점 부호가 없었다. 1914년 3월 11일에 씌어졌다. 루쉰은 『운곡잡기』(雲穀雜記) 초고본 집록을 완성한 다음에 계속 교감하고 정리하여 1914년 3월 16일에서 22일까지 정본(定本)을 완성하였다. 간행되지는 않았다.

2) 『문헌통고』(文獻通考). 상고시대부터 송대 영종(寧宗) 때까지의 전장제도(典章制度)에 관한 역사서를 실어 놓은 것으로 송말 원초 때 마단림(馬端臨)이 지었으며 348권이다.

3) 『직재서록해제』(直齋書錄解題). 서목(書目) 제요(提要)로서 송대 진진손(陳振孫)이 지었

으며, 원서는 이미 없어졌다. 오늘날 통행본은『영락대전』(永樂大典)에서 초록한 것으로 22권이다.

4) 『문연각서목』(文淵閣書目). 명대 궁정(宮廷)의 장서 목록으로 명대 정통(正統) 연간에 양사기(楊士奇)가 편찬하였으며 4권이다.

5) 도정(陶珽). 자는 자량(紫閬), 호는 불퇴(不退)이고, 야오안(姚安; 지금은 윈난성雲南省에 속함) 사람이며, 명말 때 진사(進士)였다.

6) 『콰이지속지』(會稽續志). 장호(張淏)가 지었으며,『보경 콰이지속지』(寶慶會稽續志)라고도 부르는데, 송대 시숙(施宿)의『가태 콰이지지』(嘉泰會稽志)를 이어서 지은 것이다. 도합 8권(제8권은 손인孫因이 지은「월문」越問임)이다.

7) 원문에는 세 개의 빈칸으로 되어 있는데, 원래 "저우쭤런"(周作人)으로 되어 있었다. 루쉰은 동생인 저우쭤런(周作人)의 이름을 빌려 서명하였다.

『지림』서[1]

『진서』晉書의 「유림儒林·우희전虞喜傳」에는 "우희虞喜는 『지림』志林 30편을 지었다"라고 기록하고 있다. 『수서』「경적지」에서는 30권이라 하였고, 『당지』에서는 20권이라 하였으며, 모두 제목을 『지림신서』志林新書라 하였다. 오늘날 『사기색은』, 『정의』, 『삼국지』의 주에 인용된 것이 20여 사항事이 있고,[2] 위소의 『사기음의』[3]·『오서』,[4] 우보의 『강표전』[5]에는 변정辨正하여 놓은 것이 많다. 『문선』의 이선李善 주注에 보이는 「서초」書鈔와 「어람」御覽 부분은 모두 결락되어 있어 함께 실을 수 없었다. 『설부』에도 역시 13가지 사항이 인용되어 있는데, 그중에 두 가지 사항은 이미 「어람」에 보이며, 그 나머지는 소설小說에 매우 가까우니 대개 도정陶珽이 함부로 지어 놓은 것이라 모두 채록하지 않았다.

주)_____

1) 이 글은 친필 원고에 의거하여 편입하였고, 원래는 표점 부호가 없었다. 루쉰 일기 1914
   년 8월 18일에 "『지림』(志林) 4쪽을 필사하였다"라고 기록하고 있다. 『지림』은 진대(晉

代) 우희(虞喜)가 지었다. 루쉰의 집록본 1권은 『사기색은』(史記索隱), 『사기정의』(史記正義), 『삼국지(三國志)·오서(吳書)』의 주(注), 『태평어람』 등 10종의 고적(古籍)에 의거하여 교감·집록하여 완성한 것으로 도합 40조목(則)이다. 간행되지는 않았다.

2) 『사기색은』(史記索隱). 당대 사마정(司馬貞)이 지었다. 『정의』(正義)는 『사기정의』(史記正義)를 가리키며, 당대 장수절(張守節)이 지었다. 루쉰의 『지림』 집록본에는 『사기색은』에서 집록한 것이 13조목(則), 『사기정의』에서 집록한 것이 3조목(則), 『삼국지·오서』의 주(注)에서 집록한 것이 9조목(則) 있다.

3) 위소(韋昭)의 『사기음의』(史記音義). 위소는 서광(徐廣)이라 해야 옳다. 『사기색은』, 『사기정의』는 우희의 『지림』을 자주 인용하고 서광의 『사기음의』에 대해 판별하여 바로잡고 있다. 위소는 자가 홍사(弘嗣)이고, 삼국(三國) 시기 오(吳)나라 위양(雲陽; 지금의 장쑤성 단양丹陽) 사람이며 관직은 태자중서자(太子中庶子)에 이르렀다. 저작으로는 『한서음의』(漢書音義)가 있다.

4) 『오서』(吳書). 삼국의 오나라 역사서로 위소가 지었으며, 『신당서』 「예문지」에 55권으로 기록되어 있으나 이미 없어졌다.

5) 우보(虞溥). 자는 윤원(允源)이고, 진대(晉代)에 창읍(昌邑; 지금의 산둥성 쥐예巨野) 사람이며, 관직은 포양(鄱陽)의 내사(內史)에 이르렀다. 그가 지은 『강표전』(江表傳)은 『신당서』 「예문지」에 5권으로 기록되어 있으나 이미 없어졌다.

『광림』서[1]

『수서』「경적지」에는 "양梁나라에 우희가 지은『광림』廣林 24권과『후림』後林 10권이 있었으나 없어졌다"라고 기록하고 있다.『당지』에『후림』에 관한 언급은 다시 나오지만『광림』에 관한 언급은 없다. 두우[2]의『통전』[3]에 1절節이 인용되어 있는데,『광림』이 실제로 상존하고 있었다. 또『통전』은 우희의 설說을 많이 인용하고 있으며, 대체로 예복禮服에 대해 잡다하게 논하거나 정현, 초주, 하순[4]을 반박하고 있어 이른바『광림』과 비슷하다. 또「석체」釋滯,「석의」釋疑,「통의」通疑라는 것이 있는데, 이들은 아마『광림』의 편목篇目일 것이며,「통의」는 유지[5]의『상복석의』를 비판한 것이고 그 나머지는 고증할 수 없다. 지금 모두 초록하여『광림』뒤에 실어 둔다.

주)_____

1) 이 글은 친필 원고에 의거하여 편입하였고, 언제 쓰여졌는지 알 수 없다. 원래 표점 부호가 없었다. 루쉰은『지림』(志林),『광림』(廣林),『범자계연』(範子計然),『임자』(任子),『위자』(魏子) 등 다섯 책을 교감·초록하여 그 원고를 합쳐 1권으로 만들었고, 글의 체

례(體例), 필체, 종이 등이 서로 비슷하여 같은 시기에 초록한 것이 분명하다. 『광림』은 루쉰이 집록한 1권으로 『통전』(通典), 『후한서』, 『노사여론』(路史餘論)에 의거하여 교감·초록하여 만든 것이며, 도합 11조목(則)이다. 간행되지는 않았다.

2) 두우(杜佑, 735~812). 자는 군경(君卿)이고, 경조(京兆) 완녠(萬年; 지금의 산시성陝西省 창안長安) 사람이며, 당대(當代) 사학가이다. 관직은 검교사도동평장사(檢校司徒同平章事)에 이르렀다.

3) 『통전』(通典). 상고시대부터 당대(唐代) 대종(代宗) 때까지 전장제도(典章制度)를 기술하고 있는 역사서이며, 200권이다.

4) 정현(鄭玄, 127~200). 자는 강성(康成)이고, 베이하이(北海) 가오미(高密; 지금은 산둥성에 속함) 사람이며, 동한(東漢)의 경학가이다. 『모시』(毛詩)와 『삼례』(三禮) 등을 주해하였다.

초주(譙周, 201~270). 자는 윤남(允南)이고 삼국시대 촉(蜀)나라 바시(巴西) 시충(西充; 지금의 쓰촨성 랑중閬中) 사람이며, 관직은 광록대부(光祿大夫)에 이르렀다.

하순(賀循)에 대해서는 이 책의 「『콰이지기』서」 참고.

5) 유지(劉智). 자는 자방(子房)이고, 진대(晉代) 핑위안(平原) 가오탕(高唐; 지금은 산둥성에 속함) 사람이다. 시중(侍中)·상서(尙書)를 역임하였다. 저서로는 『상복석의』(喪服釋疑) 20권이 있었으나 이미 없어졌다. 지금은 집록본 1권이 『한위유서초』(漢魏遺書鈔)에 들어 있다.

『범자계연』서[1]

『당서』「예문지」에는 "『범자계연』範子計然 15권은 범려範蠡가 묻고 계연計然이 답하고 있다. 농가農家에 속한다"라고 기록하고 있다. 마총의 『의림』[2]에서는 "『범자』 12권"이라고 하였고, 주注에서 "모두 음양역수陰陽曆數이다"라고 하였다. 『한서』「예문지」에는 『범려』 2편이 있는데, 병권가兵權家에 포함되어 있어 같은 책이 아니다. 『수서』「경적지」는 또 계연을 기록하지 않았다. 그렇지만 가사협의 『제민요술』[3]에 이미 그의 설說을 인용하고 있어 후위後魏 이전에 그 책이 나와 있었을 것이다. 비록 범려가 지은 것이 아니더라도 만약 진한秦漢 시대의 고서古書라면 『수서』「경적지」에서 아마 우연히 그것을 빠뜨렸을 것이다.

계연에 대해 서광의 『사기음의』[4]에서는 "범려의 스승이며 이름이 연研이다"라고 하였다. 안사고顏師古는 『한서』의 주에서 이렇게 말했다. "계연計研이라고도 부르며, 그의 책으로는 『만물록』萬物錄이 있어 각지五方에서 생산되는 것들을 기록하고 그 가치를 모두 기술하고 있다. 그의 사적은 『황람』 및 『주경부』에 보인다. 또 『오월춘추』 및 『월절서』에서는 모두 계예計倪라고 하였다. 이는 바로 예倪, 연硏 및 연然의 발음이 서로 비슷하기 때문인데, 실제로 같은 사람이다."[5]

글쓴이 설명 : 본서에서는 "계연은 월왕越王의 사람됨이 새 부리鳥喙여서 함께 이익을 도모할 수 없다고 여겨 월나라에서 벼슬하지 않았다"고 하였다. 그러나 『월절서』에서는 "계예는 벼슬이 낮고 나이가 젊었으며, 후미진 데서 살았다"라고 기록하고 있고, 『오월춘추』에서는 또 8대부大夫의 항렬에 넣고 있으니 출처出處[벼슬살이와 은거생활]가 확연히 다르다. 계연과 계예는 당연히 다른 사람이니 발음이 비슷하다고 하여 합쳐 놓을 수는 없다. 또 정초의 『통지』「씨족략」[6]에서는 「범려전」을 인용하여 "범려는 계연을 스승으로 섬겼다. 성이 재辛씨이고 자가 문자文子이다"라고 하였다. 장종원[7]은 신辛은 재辛씨의 잘못이라고 여겼다. 『한서』「예문지」의 '농가'에 「재씨」 17편이 있는데 혹시 바로 이것을 가리키는 것이 아닐까 한다. 그렇지만 자세히 알 수는 없다. 일문逸文을 살펴보면 '천도'天道 및 '구궁'九宮·'구전'九田에 대해 논하면서 때때로 범려의 물음을 기록하고 있는데, 이것은 마총이 실어 놓은 『범자』와 합치된다. 또 온갖 사물들의 생산 및 가치를 언급한 부분은 안사고의 이른바 『만물록』과 합치된다. 대개 『당지』에서는 이 두 부분을 합쳐 저록하였기 때문에 15편이 되었고, 반면에 마총, 안주顔籒[안사고]는 각각 한 부분씩 들어 기술하고 있어 그 내용이 큰 차이를 보이지만 실은 같은 책이다. 지금 각각 음양陰陽을 논한 것과 만물萬物을 기술한 것을 분리하여 상하권으로 만들었는데, 계예의 「내경」[8] 역시 음양을 앞에 두고 화물貨物을 뒤에 두었으니 아마 계연의 책의 차례書例는 본래 이랬을 것이다. 다만 두 사람[계연과 계예]을 구별하지 않는 것은 한대 이래로 이미 그랬을 것이며, 그래서 『월절서』에서 곧 계연을 계예로 보았던 것이다.

1) 이 글은 친필 원고에 의거하여 편입하였고, 언제 쓰여졌는지 알 수 없다. 원래 표점 부호가 없었다. 『범자계연』(範子計然)은 루쉰이 집록한 2권으로 『사기』, 『후한서』, 『예문유취』, 『대관본초』(大觀本草) 등 20종의 고적으로 교감·초록하여 완성한 것으로 도합 121 조목(則)이다. 간행되지는 않았다.

2) 마총(馬總, ?~823). 자는 회원(會元; 원회元會라고도 함)이고, 당대 푸펑(扶風; 지금의 산시성 치산岐山) 사람이다. 관직은 호부상서(戶部尚書)에 이르렀다. 『의림』(意林)은 주진(周秦) 이래의 제가(諸家)들의 저작을 기록한 것으로 오늘날의 5권본은 도합 71가(家)를 수록하고 있다.

3) 가사협(賈思勰). 후위(後魏) 때 제군(齊郡) 이두(益都; 지금은 산둥성에 속함) 사람이며, 관직은 가오양태수(高陽太守)에 이르렀다. 『제민요술』(齊民要術)은 옛날의 농서(農書)로서 10권이다.

4) 서광(徐廣, 79~152). 자는 야민(野民)이고, 남조(南朝)의 송(宋)나라 둥관(東莞) 구무(姑幕; 지금의 산둥성 주청諸城) 사람이며, 관직은 중산대부에 이르렀다.
『사기음의』(史記音義). 『수서』「경적지」에서는 12권으로 기록하고 있고, 신·구 『당지』에서는 13권으로 기록하고 있으나 이미 없어졌다.

5) 안사고(顔師古, 581~645). 이름은 주(籀)이고, 당대(唐代) 완녠(萬年; 지금의 산시성 시안西安) 사람이다. 중서시랑(中書侍郎)·홍문관학사(弘文館學士)를 역임하였고, 『한서』(漢書)를 주해한 것으로 유명하다.
『황람』(皇覽). 유서(類書)로서 『수서』「경적지」에 120권이라 기록되어 있으나 없어졌다.
『주경부』(中經簿). 목록서이며 진대(晉代) 순욱(荀勖)이 지었고, 『수서』「경적지」에 120권이라 기록되어 있으나, 지금은 청대 왕인준(王仁俊)이 집록한 1권이 남아 있다.
『오월춘추』(吳越春秋). 역사서이며, 한대 조엽(趙曄)이 지었고, 지금은 10권이 남아 있다.
『월절서』(越絶書). 역사서이며, 한대 원강(袁康)이 지었고 15권이다.

6) 정초(鄭樵, 1103~1162). 자는 어중(漁仲)이고, 푸톈(莆田; 지금은 푸젠성福建省에 속함) 사람이며, 송대 사학가이다.
『통지』(通志). 역사서로서 200권이며, 상고시대부터 수대(隋代)에 이르기까지의 본기(本紀)·세가(世家)·연보(年譜)·열전(列傳) 및 상고시대부터 당송대(唐宋代)까지의 문헌자료를 기록한 20략(略)을 포함하고 있다. 「씨족략」(氏族略)은 20략 중에 하나로서 씨족(氏族)의 변화과정을 기술하고 있다.

7) 장종원(章宗源, 약 1751~1800). 자는 봉지(逢之)이고, 청대 산인(山陰; 지금의 저장성 사오싱紹興) 사람이며, 건룽(乾隆) 연간의 거인(擧人)이다. 저서로는 『수서경적지고증』(隋書經籍志考證) 등이 있다.

8) 계예(計倪)의 「내경」(內經). 월왕(越王) 구천(勾踐)이 오(吳)나라를 정벌하려는 계획을 세우기 위해 계예를 불러들여 문답한 내용을 기록한 것으로 『월절서』 권4에 보인다.

『임자』 서¹⁾

마총의 『의림』에서는 "『임자』^{任子} 12권"이라 하였고, 주에서 "이름은 혁^奕이다"라고 하였다. 『태평어람』은 『콰이지전록』^{會稽典錄}을 인용하여 "임혁^{任奕}은 자가 안화^{安和}이고, 주장^{句章} 사람이다"라고 하였다. 또 『오지』^{吳志}의 주에서는 『콰이지전록』을 다음과 같이 인용하고 있다. "주육²⁾은 왕랑^{王朗}에게 근자에 '문장을 짓는 선비 중에 입언^{立言}이 산뜻하고 왕성한 경우는 어사중승^{禦史中丞}인 주장 사람 임혁과 포양^{鄱陽} 태수인 장안^{章安} 사람 우상^{虞翔}이며, 각자 문장의 뛰어남^{文檄}으로 널리 알려져 봄꽃처럼 찬란하다'고 말했다." 나준의 『사명지』³⁾에서도 역시 임혁의 전^傳이 있어 "오늘날 『임자』 10권이 있다"고 말했다. 임혁의 책은 송대에 이미 없어졌는데, 『사명지』에서 "오늘날 있다"고 한 것은 대개 『의림』에 의거하여 그렇게 말한 것이다. 『수서』 「경적지」와 『당서』 「예문지」에서도 기록하지 않았으니 그래서 성명을 잘 알 수 없게 되었다. 호원서[호응린]⁴⁾는 그것이 바로 임하^{任嘏}의 『도론』^{道論}이 아닌가 하고 여겼고, 서상매⁵⁾는 또 린하이^{臨海} 사람 임욱^{任旭}으로 여겼다. 오늘날 여러 책에서 인용되고 있는 것을 살펴보면, 임하의

『도덕론』이 있고, 『임자』가 있어 서로 다른 책, 서로 다른 사람임이 매우 분명하다. 다만 『초학기』에서 임하의 『도론』을 인용하여 "무릇 어진 사람이란 조정에 대해서는 예의禮義를 쌓고 세속에 대해서는 어진 기풍仁風을 전파하여 세상 사람들이 기쁜 마음으로 그 덕을 노래하고 춤을 추도록 만드는 사람이다"라고 말하였는데, 『태평어람』 권403[6]에서 『임자』를 인용한 것과 서로 비슷하니, 우연의 일치인지 아니면 잘못 적은 것인지 이미 고증할 수 없다. 지금 제목이 『임자』로 된 것만을 1권으로 만들어 그 책을 보존한다.

주)_____

1) 이 글은 친필 원고에 의거하여 편입하였고, 언제 씌어졌는지 알 수 없다. 원래 표점 부호가 없었다. 『임자』(任子)는 동한(東漢)의 주장(句章; 지금의 저장성 츠시慈溪) 사람인 임혁(任奕)이 지었다. 루쉰의 집록본 표지에는 제목이 『임혁자』(任奕子)로 되어 있고, 본문에서는 『임자』로 되어 있으며, 1권이다. 『의림』, 『태평어람』, 『북당서초』, 『초학기』에 의거하여 교감·초록하여 완성한 것으로 도합 26조목(則)이다. 간행되지는 않았다.

2) 주육(朱育). 본서의 「주육의 『콰이지 토지기』 서」 참조.

3) 나준(羅濬). 송대 사람이며, 종정랑(從政郎)·신공주녹사참군(新贛州錄事參軍)을 역임하였다. 『사명지』(四明志)는 지방지(地方志)로서 나준, 방만리(方萬裏) 등이 편찬하여 보경(寶慶) 3년(1227)에 완성하였으며, 도합 21권이다. 임혁의 전기는 이 책 8권에 보인다.

4) 호원서(胡元瑞, 1551~1602). 이름은 응린(應麟)이고, 자는 원서(元瑞)이며, 란시(蘭谿; 지금은 저장성에 속함) 사람으로 명대 학자이다. 저작으로는 『소실산방유고』(少室山房類稿), 『소실산방필총』(少室山房筆叢) 등이 있다.

5) 서상매(徐象梅). 자는 중화(仲和)이고, 명대 항저우 사람이며, 저작으로는 『양절명현록』(兩浙名賢錄), 『낭환사타』(琅環史唾) 등이 있다.

6) 『태평어람』(太平御覽) 권403. 루쉰이 집록한 『임자』의 본문에 따를 때 『태평어람』 권402라고 해야 옳다.

『위자』서[1]

『수서』「경적지」에는 "『위자』魏子 3권은 후한後漢 때 쾨이지 사람 위랑魏朗
이 지었다"라고 기록하고 있다. 『당지』의 기록도 동일하다. 마총의 『의림』
에서는 10권이라 하였는데, 당연히 후대 사람들이 나누어 놓았기 때문이
며, 아니면 "10"이라는 글자가 잘못 되었을 것이다. 위랑은 자가 소영少英
이고, 상위上虞 사람으로 환제桓帝 때 상서尚書였으며, 당쟁黨議에 휘말려 파
면되어 귀향하였다가 다시 급하게 소환되어 가는 도중에 우저牛渚에 이르
러 자살하였다. 『후한서』「당고전」黨錮傳에 보인다.

주)_____

1) 이 글은 친필 원고에 의거하여 편입하였고, 언제 씌어졌는지 알 수 없다. 원래 표점 부
   호가 없었다. 『위자』(魏子)는 루쉰의 집록본 표지에는 제목이 『위랑자』(魏朗子)로 되어
   있고, 본문에는 제목이 『위자』(魏子)로 되어 있으며, 1권이다. 『의림』, 『태평어람』, 『예문
   유취』, 『사류부』(事類賦)의 주(注), 『문선』의 이선(李善) 주, 『노사』(路史) 「여론」(餘論)에
   의거하여 교감·초록하여 완성한 것으로 도합 18조목(則)이다. 간행되지는 않았다.

『콰이지군 고서잡집』서[1]

『콰이지군 고서잡집』은 사서史書의 전기傳記와 지리지地理志의 일문을 모아 엮어 집본集本으로 만들어 구서舊書의 대략적인 모습을 보존한 것이다. 콰이지會稽는 예로부터 땅이 기름지고 평탄하기로 이름나 있었고, 진귀한 것들이 모이던 곳이며 산과 바다의 물산이 풍부하여 뛰어난 인물이 잘 배출되었으나 경성京城과 중원中原으로부터 멀어서 그 훌륭함이 두드러지지 않았다. 오나라 사람 사승이 처음으로 선현先賢들의 전기를 썼고, 주육이 또 『토지기』土地記를 지었다. 붓을 놀리던 선비들은 이를 계승하여 책을 저술하였다. 그리하여 인물과 산천에 대해 모두 기록으로 남기고 있다. 『수서』「경적지」에 보이는 것으로는 잡전雜傳편이 4부部 38권이 있고 지리地理편이 2부 2권이 있다.

오대五代 때 혼란으로 말미암아 전적들이 인멸되었다. 예로부터 전해 오던 이야기들舊聞故事은 겨우 몇몇만 남아 있게 되었다. 후대의 작자들은 마침내 그 두서를 정리할 수 없게 되었다. 나는[2] 어렸을 때 우웨이武威 사람 장주의 집록본[3]을 본 적이 있는데, 량저우涼州 지역의 문헌에 대해 매우 많이 찬집撰集하여 놓은 것이었다. 향리鄕裏를 아끼고 사랑한다는 것은 이를 두고 말하는 것이다. 그런데 콰이지의 고적故籍은 오늘날에 이르러 영락하였고, 후대 학자들이 그것을 잘 정리하였다는 말을 들어보지 못하였다. 이에 처음으로 내가 본 서적書傳과 찾아서 구한 유편遺篇들을 모아서 한 권의 책으로 엮었다. 나는 중간에 해외를 다녀왔고[4] 또 명철明哲들의 의론議論을 들어서 향토를 자랑하는 일은 품격 높은 선비大雅들이 숭상하는 바가 아니라고 여겼다. 사승과 우예 또한 이런 일 때문에 세상으로부터 비웃음을 샀지 않은가. 얼마 후 나는 이 작업을 그만두었다.

10년이 지난 후 콰이지로 돌아왔다.[5] 우禹임금과 구천勾踐의 유적이 예전 그대로 남아 있었다. 사람들이 분주히 오가며 눈을 흘기고 지나가니 콰이지에 대한 미련도 없거니와 어찌 콰이지를 자랑할 것인가. 그렇지만 고향의 풍토는 더 나아진 게 없었다. 이 때문에 옛사람들의 명덕名德을 서술하여 그들의 현능賢能함을 밝히고, 산천을 기록하여 그것의 역사적 사실을 전하여 후대 사람들에게 옛날을 생각하려는思古 감정이 조용히 일게 하려는 것이니, 옛 작자들의 용심用心은 지극하였도다! 그들의 저술은 비록 대부분 산실되었지만 살펴볼 만한 일문이 아직 한둘은 남아 있다. 그것을 보존하여 집록해 두는 일은 아마 민멸泯滅되는 것보다야 나을 것이다. 그리하여 다시 차례를 매기고 책으로 완성하니 도합 8종이 되었다. 그 밖의 여러 책과 다양한 설說은 때때로 본문을 고증하는 데 도움이 되므로 역시 각각 채록하여 살펴보고 읽을 수 있도록 제공한다. 책 속에 나오는 현준賢俊들의 이름, 언행에 관한 사적事跡, 풍토의 아름다움 등은 대부분 지방지地方志에 빠져 있는 것이니 이 책이 아니면 더욱 볼 수 없는 것들이다. 향토 사람들이 사용하도록 남겨 주어 모범景行으로 제공하고 과거를 잊지 않게 되기를 바란다. 다만 나는 과문寡聞하여 널리 인증引證할 수는 없었다. 만약 미비한 부분이 있다면 독자들이 상세히 밝힐 수 있을 것이다.

갑인甲寅년[1914년] 음력 9월 16일⁶⁾ 콰이지 사람 모모⁷⁾가 적다

주)_____

1) 이 글은 1914년 12월 『사오싱 교육잡지』(紹興教育雜誌) 제2기에 처음 발표되었고, 후에 1915년 2월 사오싱에서 목각으로 간행한 『콰이지군 고서잡집』(會稽郡故書雜集)에 인쇄되어 실렸으며, 모두 '저우쭤런'으로 서명되어 있다. 1938년 이 집본(集本)과 함께 『루쉰전집』 제8권에 편입되었다. 이 다음의 여덟 편은 작자가 집본 안에서 8종의 일서(逸書)를 집록하면서 개별적으로 쓴 서문이다.

『콰이지군 고서잡집』(會稽郡故書雜集). 루쉰이 초기에 집록한 옛날의 일서집(逸書集)이며, 사승(謝承)의 『콰이지 선현전』(會稽先賢傳), 우예(虞預)의 『콰이지전록』(會稽典錄), 종리수(鐘離岫)의 『콰이지 후현전기』(會稽後賢傳記), 하씨(賀氏)의 『콰이지 선현상찬』(會稽先賢象贊), 주육(朱育)의 『콰이지 토지기』(會稽土地記), 하순(賀循)의 『콰이지기』(會稽記), 공영부(孔靈符)의 『콰이지기』(會稽記), 하후증선(夏侯曾先)의 『콰이지지지』(會稽地志) 8종을 수록하고 있다. 앞 4종은 옛날 콰이지의 인물사적을 기록하고 있고, 뒤 4종은 옛날 콰이지의 산천지리, 명승전설(名勝傳說)을 기록하고 있다.

2) 원문에는 두 개의 빈칸으로 되어 있으며, 원래는 '쭤런'(作人)이라 되어 있었다. 쭤런은 저우쭤런(周作人)을 가리킨다.

3) 장주(張澍, 1782~1847). 자는 시림(時霖)이고, 청대 간쑤(甘肅) 우웨이(武威) 사람이다. 가경 연간에 진사가 되었고, 지현(知縣)을 역임하였다. 그가 집록한 『이유당총서』(二酉堂叢書)에는 당대 이전의 량저우(涼州) 지역(지금의 간쑤성 닝샤寧夏 일대) 사람들의 저작 및 이 지역의 지리에 관한 전적(典籍)이 집록되어 있는데, 도합 21종 30권이다.

4) 작자가 1902년 일본으로 유학을 떠난 것을 가리킨다.

5) 작자는 1909년 일본에서 귀국하였고 1910년에 사오싱으로 돌아왔는데, 고향을 떠난 지 10년이 된다.

6) 원문에는 "태세재알봉섭제격구월기망"(太歲在閼逢攝提格九月旣望)으로 되어 있다. 태세(太歲)는 목성(木星)이며 옛날 중국에서는 목성의 운행방향에 근거하여 해수를 표시했다. 태세가 갑(甲)에 있을 때를 '알봉'(閼逢)이라 하고 인(寅)에 있을 때를 '섭제격'(攝提

格)이라 하였는데, "태세가 알봉과 섭제격에 있다"(太歲在閼逢攝提格)는 것은 '갑인'(甲寅)을 가리킨다. 기망(旣望)은 음력 16일을 가리킨다.

7) 원문에는 세 개의 빈칸으로 되어 있으며, 원래 '저우쭤런'(周作人)으로 되어 있었다. 루쉰은 동생인 저우쭤런의 이름을 빌려 서명하였다.

사승의 『콰이지 선현전』 서¹⁾

『수서』 「경적지」에는 "『콰이지 선현전』 7권은 사승謝承이 지었다"라고 기록하고 있다. 『신당서』 「예문지」에서도 동일하게 기록하고 있다. 『구당서』 「경적지」에는 5권이라 하였다. 후강의 『보삼국예문지』²⁾에서는 이렇게 기록하고 있다. "『태평어람』에서 누차 그것을 인용하고 있다. 여러 인물들의 사적을 기록하고 있는데, 대부분이 사전史傳에 빠져 있는 일문이다. 엄준嚴遵에 관한 두 조목은 『후한서』의 본전에서 결락된 부분을 보충할 수 있다. 진업陳業에 관한 두 조목은 『오지』 「우번전」虞翻傳의 주를 고증할 수 있다. 신마神馬의 털은 한 가닥이라도 모두 귀중한 것이다." 지금 찬집하여 1권으로 만들었다. 사승은 자가 위평이고 산인 사람이다. 오나라 군주 손권³⁾ 시대에 오관낭중에 임명되었고, 얼마 후 창사동부의 도위, 우링의 태수로 전임되었다. 『후한서』 100여 권을 지었다. 『오지』 「사부인전」謝夫人傳에 보인다.

주)＿＿＿＿＿

1) 사승(謝承)의 『콰이지 선현전』(會稽先賢傳). 루쉰이 집록한 1권으로 엄준(嚴遵), 동곤(董
昆), 진업(陳業), 감택(闞澤) 등 8명의 사적에 관한 일문(逸文) 9조목을 수록하고 있다.

2) 후강(侯康, 1798~1837). 자는 군모(君謨)이고, 청대 판위(番禺; 지금은 광둥성에 속함) 사
람이며, 도광(道光) 연간에 거인(擧人)이었다. 저작으로는 『후한서보주속』(後漢書補注
續), 『삼국지보주』(三國志補注) 등이 있다. 그가 지은 『보삼국예문지』(補三國藝文志)는 삼
국 시대의 전적을 집록·고증하고 있는데, 도합 4권이다.

3) 손권(孫權, 182~252). 자는 중모(仲謀)이고, 푸춘(富春; 지금의 저장성 푸양富陽) 사람이며,
삼국 시기에 오(吳)나라 군주이다. 재위 기간은 229년에서 252년까지이다.

우예의 『콰이지전록』 서¹⁾

『수서』「경적지」에는 "『콰이지전록』 24권은 우예虞預가 지었다"라고 기록하고 있다. 『구당서』「경적지」, 『신당서』「예문지」에서도 동일하게 기록하고 있다. 우예의 자는 숙녕叔寧이고 유야오餘姚 사람이다. 본명은 무茂이나 명제明帝의 목황후穆皇後의 이름과 같아 이를 피하기 위해 이름을 고쳤다. 처음에는 현縣의 공조功曹였으나 배척당하였다. 태수인 유침庾琛이 그를 주부主簿로 임명하였다. 기첨紀瞻이 유침을 대신하여 그를 다시 주부로 삼았고, 공조사功曹史로 전임되었다. 효렴孝廉으로 추천되었으나 나아가지 않았다. 안동安東의 종사중랑인 제갈회諸葛恢, 참군參軍인 유량庾亮 등이 우예를 추천하여 승상의 참군 겸 기실記室로 부름을 받았다. 모친상을 당하였고, 복상을 마치자 좌저작랑에 임명되었다. 대흥大興 연간에 낭사국琅邪國의 상시常侍로 전임되었고, 비서승·저작랑으로 승진하였다. 함화 연간에 왕함王含의 반란을 평정하는 데 참여하여 서향후西鄕侯라는 작위를 수여받았다. 휴가를 얻어 귀향하니, 태수인 왕서王舒가 자의참군으로 그를 청하였다. 소준蘇峻의 반란이 평정되자 평강현후의 작위에 봉해졌고, 산기시랑으로 승진하고 저작랑의 직위는 변함이 없었다. 산기상시에 임명되고 여전히 저작랑을 맡고 있었다. 연로하여 귀향하였으며, 집에서 죽었다.

그는 『진서』晉書 40여 권과 『콰이지전록』 20여 편을 지었다. 『진서』의 본전에 보인다. 『콰이지전록』은 『송사』「예문지」에는 이미 실리지 않았지만 송대 사람들의 저술에 때때로 인용되고 있으며, 그것도 다른 사람이 옮겨 실은 것轉錄으로부터 재인용한 것이 아니다. 아마 민간에서는 아직 그 책이 남아 있었고 나중에 마침내 소멸하여 사라진 것이 아닌가 한다. 지금 수집한 일문에는 그래도 72명의 사적이 기록되어 있다. 대략 시대 순서에 의거하여 2권으로 나누었다. 본서의 것이 아니라고 의심되는 것은 별도로 '존의'存疑 1편으로 만들어 말미에 덧붙여 놓았다.[2]

주)_____

1) 우예(虞預)의 『콰이지전록』(會稽典錄). 루쉰의 집록본은 상하 2권으로 나누어져 있는데, 범려(範蠡), 엄광(嚴光), 사승(謝承), 주육(朱育) 등 72명의 사적 및 콰이지의 지리에 관한 일문 112조목(則)을 수록하고 있다.

2) 루쉰의 집록본 뒤에 덧붙어 있는 「『콰이지전록』 존의」(『會稽典錄』存疑)를 가리키며, 그 속에는 진기(陳器), 심풍(沈豊), 하둔(賀鈍), 심진(沈震)의 사적에 관한 일문 4조목(則)을 수록하고 있는데, 루쉰은 『콰이지전록』에 나오는 것이 아니라고 의심하여 본문(正文) 속에 넣지 않았다.

종리수의 『콰이지 후현전기』 서[1]

『수서』「경적지」에는 "『콰이지 후현전기』 2권은 종리수가 지었다"라고 기록하고 있다. 『구당서』「경적지」와 『신당서』「예문지」에서는 모두 "『콰이지 후현전』 3권"이라 하여 '기'記라는 글자가 없다. 종리수는 어떤 사람인지 알 수 없다. 장종원의 『『수지』 사부고증』[2]에서는 『통지』「씨족략」氏族略에 의거하여 초楚 지역 사람으로 여기고 있다.

　글쓴이 설명 : 『원화성찬』[3]에서는 "한대漢代에 종리매鐘離昧라는 사람이 있었는데, 초楚 지역 사람이다. 종리수는 『콰이지 후현전』을 지었다"라고 하였다. 초 지역 사람을 종리매라 하고, 지금 그를 종리수에 귀속시키는 것은 매우 옳지 않다. 한대 이래로 종리는 콰이지에서 명망 있는 가문이었고 특히 뛰어난 사람이 많았으니, 아마 종리수 역시 콰이지군 사람이고 그래서 향리의 현인賢人들을 위해 전傳을 지었지 않았을까 한다. 지금 일문을 집록하여 1권으로 필사하였고, 모두 다섯 사람인데 그대로 『수서』「경적지」에 의거하여 제목을 『콰이지 후현전기』라 하였다.

주)_____

1) 종리수(鐘離岫)의 『콰이지 후현전기』(會稽後賢傳記). 루쉰의 집록본은 1권이며, 공유(孔愉), 공군(孔群), 공탄(孔坦) 등 5명의 사적에 관한 일문 5조목을 수록하고 있다.

2) 『「수지」 사부고증』(「隋志」史部考證). 장종원(章宗源)이 지은 『수서경적지 고증』(「隋書·經籍志」考證)을 가리키며, 사부(史部)로만 이루어져 있고, 13권이다.

3) 『원화성찬』(元和姓纂). 당대 임보(林寶)가 지은 것으로 10권이다. 헌종(憲宗) 원화(元和) 연간(806~820)에 책이 완성되었으므로 이렇게 이름 붙였다. 이 책은 당대의 각 성씨의 유래 및 방계 가문의 계통을 기술하고 있다. 원서는 이미 없어졌고, 오늘날의 본(本)은 『영락대전』에서 집록한 것이다.

하씨의 『콰이지 선현상찬』 서[1]

『수서』「경적지」에서는 "『콰이지 선현상찬』 5권"이라 하였고, 『구당서』「경적지」에서는 "4권으로 하씨가 지었다"라고 하였다. 『신당서』「예문지」에서는 "『콰이지 선현상전찬』 4권"이라 하였다. 이 책에는 틀림없이 전傳도 있고 찬贊도 있었을 것이니, 그래서 『구당서』「경적지」의 사부史部의 기록과 집부集部의 기록에 각각 그 책 제목을 실었던 것이다. 또 『콰이지 태수 상찬』會稽太守像贊 2권이 있는데, 역시 하씨가 지었다. 지금은 모두 전해지지 않고 있다. 다만 『북당서초』에서 『콰이지 선현상찬』의 두 조목을 인용하였고, 그 후로는 더 이상 인용한 경우를 볼 수 없으니 그 책이 영락하여 없어진 지가 오래되었음을 알 수 있다. 남아 있는 「전」의 문장을 다시 필사하여 1권으로 만들었다. 「찬」도 없어졌다. 하씨의 이름 역시 고증할 수 없다.

주)_____

1) 하씨(賀氏)의 『콰이지 선현상찬』(會稽先賢象贊). 루쉰의 집록본 1권으로 동곤(董昆), 기모준(綦母俊)의 사적에 관한 일문 1조목씩을 수록하고 있다. 하씨의 생평은 미상이다.

주육의 『콰이지 토지기』 서[1]

『수서』 「경적지」의 사부지리史部地理편에서는 "『콰이지 토지기』 1권은 주육이 지었다"라고 기록하고 있다. 『구당서』 「경적지」와 『신당서』 「예문지」에서는 모두 "4권"이라 하였고, 또 "토지"土地 두 글자를 삭제하고 잡전기류雜傳記類에 넣고 있다. 『세설신어』의 주[2]에서는 『토지지』土地志의 두 조목條을 인용하고 있는데, 지은이는 기록하지 않았으나 대개 주육의 『토지기』일 것이다. 언급하고 있는 내용이 모두 지리에 관한 것인데, 생각건대 『당지』에서 그것을 전기로 분류한 것은 잘못이다. 이 책은 당송대唐宋代 이래로 다른 책에서 인용한 경우를 전혀 볼 수 없으니 사라진 지 이미 오래되었음을 알 수 있다. 남아 있는 일문 역시 드물어 다시 편篇으로 만들 수 없다. 이것은 콰이지의 지리지 중에서 가장 오래된 책이라 할 수 있으므로 잠시나마 다시 필사하여 그 명칭을 보존하여 둔다.

주육은 자가 사경嗣卿이고 산인 사람이며, 오吳나라 동관령東觀令을 역임했다. 칭허淸河의 태수에 임명되었고 시중侍中 직위까지 올랐다. 『콰이지 전록』에 보인다.

1) 주육(朱育)의 『콰이지 토지기』(會稽土地記). 루쉰의 집록본 1권으로 산인(山陰), 창산(長山)에 관한 일문 각각 1조목(則)을 수록하고 있다.

2) 『세설신어』(世說新語)의 주(注). 『세설신어』는 필기소설(筆記小說)로서 남조(南朝)의 송(宋)나라 유의경(劉義慶)이 지었으며, 36문(門)으로 나누어져 있고 원본은 8권이나 오늘날의 본(本)은 3권이다. 한말(漢末)에서 동진(東晉)까지의 명인들의 일사(逸事)·언담(言談)을 싣고 있다. 남조의 양(梁)나라 유준(劉峻)이 주(注)를 달았는데, 400여 종의 책을 인용하여 사료를 보충하고 본문을 실증하고 있다. 『토지지』(土地志)가 인용된 2조목은 「언어」(言語) 편의 주에 보인다.

하순의 『콰이지기』 서[1]

『수서』「경적지」에서는 "『콰이지기』 1권은 하순이 지었다"라고 기록하고 있다. 『구당서』「경적지」와 『신당서』「예문지」에서는 모두 싣지 않았다. 하순의 자는 언선彦先이고 산인 사람이며, 수재秀才에 응시했다. 양셴陽羨 · 우캉武康의 현령에 임명되었다. 육기[2]의 추천으로 태자사인太子舍人으로 부름을 받았다. 원제[3]가 진왕晉王이 되어 그를 중서령中書令으로 삼고자 하였으나 받아들이지 않았다. 태상太常으로 전임되었고, 태자태부太子太傅를 겸직하였으며 다시 좌광록대부左光綠大夫를 제수받았다. 부서府署를 설치할수 있거나 집안 의례儀禮가 삼사[4]의 수준과 동일할 정도로 대우가 높았다. 죽은 뒤 사공司空으로 추증追贈되었고 목穆이라는 시호를 받았다. 『진서』 본전에 보인다.

주)_____

1) 하순(賀循)의 『콰이지기』(會稽記). 루쉰의 집록본 1권으로 콰이지의 지리전설에 관한 일문 4조목(則)을 수록하고 있다.

2) 육기(陸機, 261~303). 자는 사형(士衡)이고, 오군(吳郡) 화팅(華亭; 지금의 상하이 쑹장松
江) 사람이며, 서진(西晉) 때의 문학가이다. 핑위안의 내사를 역임하였다. 저작으로는
『육사형집』(陸士衡集)이 있다.

3) 원제(元帝). 사마예(司馬睿, 276~322)이며, 건무(建武) 원년(317)에 진왕(晉王)이라 칭하
였고, 이듬해에 제위에 올랐다.

4) 삼사(三司). 사도(司徒), 사마(司馬), 사공(司空)을 가리키는데, 옛날에 조정의 매우 높은
관직이었다.

공영부의 『콰이지기』 서[1]

공영부의 『콰이지기』는 『수서』 「경적지」 및 신·구 『당지』에 모두 기록되어 있지 않다. 『송서』 「공계공전」[2]에서 이렇게 말하고 있다. "공계공은 산인 사람이다. 아들 영부[3]는 원가元嘉 말년에 남초왕 의선[4]의 사공부司空府의 장사長史, 난군南郡의 태수, 상서이부랑尚書吏部郎이었다. 대명大明 초년에 시중에서 보국장군輔國將軍, 잉저우郢州의 자사가 되었다. 경성京城으로 들어와 단양丹陽의 윤尹이 되었고, 경성을 벗어나 콰이지의 태수가 되었다. 또 심양왕 유자방[5]의 우군장사右軍長史가 되었다. 경화景和 연간에 근신近臣[임금 가까이에서 총애를 받는 신하]에 맞서다가 피살되었다. 태종太宗이 즉위하여 금자광록대부金紫光綠大夫에 추증되었다." 여러 책에서 『콰이지기』를 인용할 때 어떤 것은 작자가 공영부라 하였고, 어떤 것은 작자가 공엽孔曄이라 하였다. 엽曄은 틀림없이 공영부의 이름일 것이다. 서더산의 속담[6] 한 조목의 경우 『태평어람』에서는 인용할 때 작자를 영부라 하였고, 『환우기』[7]에서는 인용할 때 작자를 엽이라 하였는데, 문사文辭가 크게 다른 점이 없으므로 같은 사람임을 알 수 있다. 『예문유취』에서는 인용할 때 공고孔皐

라 하였는데, 이는 엽豐을 옮겨 쓸 때 잘못한 것이다. 이제 더 이상 구별하지 않으며, 공씨의 『콰이지기』를 집록하여 1편으로 만들었다. 지은이가 밝혀져 있지 않은 것들은 따로 뒤에 덧붙여 놓았다.

주)_____

1) 공영부(孔靈符)의 『콰이지기』(會稽記). 루쉰의 집록본 1권으로 콰이지의 지리전설에 관한 일문 56조목(則)을 수록하고 있으며, 그중에 지은이가 적혀 있지 않고 의심스러운 것 17조목이 포함되어 있다.

2) 『송서』(宋書) 「공계공전」(孔季恭傳). 『송서』는 기전체(紀傳體)로 된 남조(南朝)의 송(宋)나라 역사서로서 남조의 양(梁)나라 심약(沈約)이 지었고 100권이다. 「공계공전」은 이 책 권54에 보이며, 뒤에 공영부전(孔靈符傳)이 덧붙어 있다.

3) 원문에서는 "아들 영부"(子靈符)라 하였으나 『송서』 「공계공전」에는 "동생 영부"(弟靈符)라 되어 있다.

4) 남초왕(南譙王) 의선(義宣). 유의선(劉義宣, 413~452)이며, 남조 송나라 무제(武帝) 유유(劉裕)의 아들이다. 문제(文帝) 원가(元嘉) 9년(432)에 남초왕에 봉해졌다.

5) 심양왕(尋陽王) 유자방(劉子房). 남조의 송나라 효무제(孝武帝) 유준(劉駿)의 여섯째 아들 유자방(456~466)을 가리키며, 대명(大明) 4년(460)에 심양왕에 봉해졌고 태시(泰始) 2년(466)에 송자현후(松滋縣侯)로 폄적되었다가 피살되었다.

6) 공영부의 『콰이지기』에 서더산(射的山)에 관한 기록이 1조목 있다. 서더산은 지금의 저장성 샤오산(蕭山)에 위치하며 활의 과녁으로 쓰이던 돌이 있어 이런 이름을 얻었다. 이 지역 사람들은 이 돌의 색깔의 밝고 어둠에 따라 쌀값에 대해 점을 쳤다고 전해진다.

7) 『환우기』(寰宇記). 『태평환우기』(太平寰宇記)를 가리키며, 지리(地理)에 관한 총지(總志)로서 북송(北宋) 때 악사(樂史)가 지었고, 200권이다. 서더산의 속담에 관한 기록은 이 책 권96에 보인다.

하후증선의 『콰이지지지』서¹⁾

하후증선의 『콰이지지지』는 『수서』 「경적지」 및 신·구 『당지』에 모두 실려 있지 않다. 증선의 사적事跡 역시 고증할 길이 없다. 당대唐代의 저작에서 그 책을 인용하고 있고, 양나라 무제²⁾를 언급한 내용도 있어 틀림없이 진陳나라와 수隋나라 사이의 사람일 것이다.

주)_____

1) 하후증선(夏侯曾先)의 『콰이지지지』(會稽地志). 루쉰의 집록본 1권으로 콰이지의 산천, 지리, 인물, 전설에 관한 일문 33조목(則)을 수록하고 있다.
2) 양(梁)나라 무제(武帝). 남조(南朝) 양(梁)나라 무제(武帝) 소연(蕭衍, 464~549)이며, 502년에서 549년까지 제위에 있었다.

『백유경』교감 후기[1]

을묘乙卯년[1915년] 7월 20일에, 일본에서 번각한 고려高麗 보영寶永 기축년己醜年 본本으로 한 차례 교감하였다. 이체자異字가 대단히 많이 나오고, 오류가 많은데, 전부 의거하기에는 부족하다.

주)_____

1) 이 글은 친필 원고에 의거하여 편입하였고, 1915년 7월 20일에 씌어졌다. 원래 루쉰이 소장하고 있던 『백유경』(百喩經) 교감본 뒤에 있었으며, 표제와 표점 부호가 없었다. 『백유경』은 완전한 이름은 『백구비유경』(百句譬喩經)이며, 불교 우언집으로 옛날 인도의 스님 가사나(伽斯那)가 지었다. 남조(南朝)의 제(齊)나라 때 인도에서 중국으로 온 스님 구나비지(求那毘地)가 번역하였으며, 루쉰이 1914년 자비로 금릉각경처(金陵刻經處)에서 간행하였고, 2권이다.

『환우정석도』정리 후기[1]

이상의 탁본편拓本片 총계 231종은 이두宜都 사람 양서우징[2]이 간행한 것이다. 을묘년[3] 봄에 경사京師에서 구하였는데, 크고 작은 것이 40여 장이고, 또 목록이 3장이며, 대단히 거칠다. 나중에 다른 판본을 보았더니 역시 상당한 차이가 있고 그 목록 역시 종종 고쳐져 있어 원래의 모습을 짐작할 수 없었다. 명대에 서적상들은 책을 간행할 때 늘 구매자들의 눈을 현혹하기 위해 그 목록을 변화시키기를 좋아하였는데, 이 책 역시 이런 경우와 닮았다. 겨울 들어 할일이 없자 곧 가지고 있는 것들에 대해 대략 순서를 정하고 5책冊으로 묶었다. 비석의 앞면, 뒷면, 측면을 자세히 살펴보면 종종 완전하지 않고, 또 때때로 중간에 번각본翻刻本이 끼어들어 있어 크게 믿을 수가 없다. 세상에 이런 책도 있구나 하면서 잠시나마 그것을 다시 보존하여 둔다.

1) 이 글은 친필 원고에 의거하여 편입하였고, 원래 루쉰이 정리한『환우정석도』(寰宇貞石圖)의 목록 뒤에 있었으며, 표제와 표점 부호가 없었다. 1916년 1월에 씌어졌다.『환우정석도』는 청말 양서우징(楊守敬)이 집록한 석각 탁편집(拓片集)으로서 원서는 6권이다. 도합 230여 종을 수록하고 있는데, 중국의 선진(先秦)에서 당송(唐宋)까지의 비각(碑刻)과 묘지(墓誌)를 위주로 하고 조선·일본의 비각(碑刻) 수종을 함께 수록하고 있다. 이 책은 청대 광서(光緖) 8년(1882), 선통(宣統) 2년(1910)의 두 종의 석인본(石印本)이 있고, 후자는 더하거나 고친 데가 있다. 루쉰의 정리본(整理本) 5책은 간행되지는 않았다.

2) 양서우징(楊守敬, 1839~1915). 자는 싱우(惺吾)이고, 후베이(湖北) 이두(宜都) 사람이며, 청말의 학자이다. 주일(駐日)대사관에서 근무하였다. 저서로는『수경주소』(水經注疏),『일본방서지』(日本訪書志),『역대여지도』(歷代輿地圖) 등이 있다.

3) 을묘(乙卯)년은 1915년을 가리킨다. 루쉰 일기 1915년 8월 3일에 "오후에 돈고의첩점(敦古誼帖店)에서 석인본『환우정석도』낱장 한 꾸러미 57매를 보내왔다"라고 기록하고 있다. 또 1916년 1월 2일에 "밤에『환우정석도』를 한 차례 정리하였다"라고 기록하고 있다.

『혜강집』일문에 관한 고증[1)]

혜강의 「유선시」遊仙詩는 다음과 같다. "바퀴 비녀장에서 펄펄 나는 봉황 새, 그물을 만났네."翩翩鳳轄, 逢此網羅(『태평광기』권400, 『속제해기』續齊諧記[2)] 에서 인용)

혜강은 「백수부」白首賦가 있다.(『문선』권23의 「사혜련추회시」謝惠連秋懷 詩에 대한 이선 주)[3)]

혜강의 「회향부서」懷香賦序에서 이렇게 말했다. "나는 정월에 역산歷山 의 남쪽을 올라 우러러 높은 산등성이를 바라보고 굽어보아 그윽한 기슭 을 살폈다. 곧 초목이 무성한 곳 사이로 회향이 자라고 있는 것이 보였다. 나는 이 풀이 대궐 같은 큰집에 심어져 있거나 제왕帝王의 정원에 뒤덮여 있는 것을 보고, 돌보지 않고 버려진 것을 안타깝게 여겨 마침내 그것을 옮겨 대청 앞에 심어 놓은 적이 있다. 그 아름다움은 특별한 품격과 부드 러운 자태가 있고, 향기로운 열매는 벌레를 막아 책을 보관할 수 있다. 또 그것이 원래 높은 절벽에 자라고 있다가 사람의 집안에 몸을 내맡기고 있 는 것이 부설傳說이 은거를 그만두고 은殷나라에서 훌륭한 업적을 남겼던 것과 네 명의 늙은이가 산중을 떠나 한漢나라에 귀의했던 것과 같았다. 이런 의미 때문에 그에 대해 부賦를 지었다."(『예문유취』 권81. 글쓴이 설명 : 『태평어람』 권983에서는 혜함嵆含의 「괴향부」槐香賦를 인용하고 있는데, 문장이 이것과 동일하다. 『예문유취』에서는 이를 혜강이 지은 것으로 여겼으나 옳지 않다. 엄가균嚴可均이 집록한 『전삼국문』全三國文에서는 『예문유취』에 의거하여 그것을 실어 놓았고, 장부張溥 본本 역시 그 목록을 보존하고 있는데, 모두 잘못이다.)⁴⁾

혜강의 「주부」酒賦는 다음과 같다. "다시 술을 걸르니 지극히 맑아, 연못이 응결된 듯 얼음처럼 깨끗하고, 맛과 즙액이 모두 훌륭하고, 향기롭고 □□.⁵⁾重酎至淸, 淵凝冰潔, 滋液兼備, 芬芳□□ (『북당서초』 권148. 글쓴이 설명 : 같은 권에서 또 혜함의 「주부」酒賦를 다음과 같이 인용하고 있다. "술이 익을 때 거품은 부평초처럼 엉겨 있고, 술꽃醪華은 물고기 비늘처럼 펼쳐져 있네." 위의 네 구句 역시 혜함의 글이 아닐까 한다.)

혜강의 「잠부」蠶賦에서 이렇게 말했다. "뽕나무 잎을 먹은 다음 실糸을 토해 내고, 처음에는 어수선하지만 나중에는 질서가 있네."(『태평어람』 권814)

혜강의 「금찬」琴贊은 다음과 같다. "훌륭한 나의 아금雅琴은, 그 재료가 영산靈山에서 자랐고, 순수한 덕을 몸에 지니고 있어, 그 소리는 맑고 자연스럽다. 춘설春雪로 씻은 듯이 깨끗하고, 동굴 속 샘물처럼 맑고, 인자仁者보다 온화하고, 옥처럼 윤기가 있어 신선한 모습이다. 옛날 황제黃帝·신농神農 때 이 신물神物[금琴을 가리킴]이 생겨났다. 공경스런 순임금이 오현금五弦琴으로 마음을 기탁했다託心('託心'은 『북당서초』에는 '記以'로 되어 있는데, 『초학기』 권16에 의거하여 이렇게 고쳤음). 사악함을 막고 바름을 받

아들이니 신선처럼 고상하다. 조화와 기운을 조절하고 길러 주어宣和養氣
(『초학기』권16에는 두 차례 인용되어 있는데, 그중 하나는 '養素'로 되어 있음) 장수長壽를 도와준다.”(『북당서초』권109)

혜강의 「태사잠」太師箴에서 이렇게 말했다. “만약 술자리에서 사람들이 언쟁하는 것을 보고 그 형세가 점점 더 맹렬해지려는 듯하면 마땅히 그 자리를 떠야 하는데, 이는 다툼의 조짐이 있기 때문이다.”(『태평어람』권496. 엄가균은 “이것은 이 글의 서문이 아닐까 하며, 감히 확정할 수는 없다”라고 하였다. 글쓴이 설명 : 이것은 「가계」家誡에 나오며, 본집本集의 제10권에 보이는데, 『태평어람』에서는 제목을 잘못 기재했다.)

혜강의 「등명」燈銘은 다음과 같다. “서둘러 밤길을 걸어, 나의 친구 집에 이르니, 등불이 켜져 빛을 토해 내고, 화려한 비단 주렴華縵이 길게 드리워져 있네.”(『전삼국문』에 보이며, 출처를 밝히지 않았다. 글쓴이 설명 : 이것은 「잡시」雜詩이며, 본집 제1권에 보이고, 『문선』에도 보인다.)

「혜강집목록」嵇康集目錄(『세설신어』의 주에 보이며, 『태평어람』에서 인용할 때 「혜강집서」嵇康集序라고 하였음)에서 이렇게 말했다. “손등孫登이라는 사람은 자가 공화公和이고 어디 사람인지 알 수 없다. 가족들은 없으며, 사람들이 지셴汲縣의 북산北山 토굴에서 그를 발견했다. 여름이면 풀을 엮어 옷으로 삼았고, 겨울이면 머리털을 늘어뜨려 자기 몸을 가렸다. 『역』易 읽기를 좋아하였고, 일현금一弦琴을 탔다. 그를 만나 본 사람들은 그를 가까이하고 좋아하였는데, 그가 사람들 집에 이를 때마다 사람들은 얼른 그에게 의복과 음식을 주었고, 그는 사양 없이 받았다.”(『위지』魏志「왕찬전」王粲傳의 주, 『세설신어』「서일편」棲逸篇의 주, 『태평어람』권27과 권999에 보임)

「혜강문집록」嵇康文集錄의 주에서 이렇게 말했다. “허네이河內 사람인

산금山嶔은 잉촨의 태수였고, 산공山公(산도山濤)과 같은 집안의 아버지뻘
된다."(『문선』「혜숙야여산거원절교서」嵇叔夜與山巨源絶交書[6]에 대한 이선의 주)

「혜강문집록」의 주에서 이렇게 말했다. "아도阿都는 여중제呂仲悌이며,
둥핑東平 사람이다."(위와 같음)

주)_____

1) 이 글은 1924년 6월 이전에 씌어졌을 것이다. 루쉰이 교감한 『혜강집』(嵇康集) 뒤에 첨
   부되어 있으며, 1938년판 『루쉰전집』 제9권에 수록되었다.

2) 『태평광기』(太平廣記). 유서(類書)로서 송대 이방(李昉) 등이 엮었으며, 500권이다. 주로
   육조(六朝)에서 송대(宋代) 초까지의 소설(小說), 필기(筆記)를 수록하고 있는데, 인용한
   책이 470여 종이며 92류(類)로 분류하고 있다.
   『속제해기』(續齊諧記). 지괴소설집(志怪小說集)으로서 남조(南朝) 양(梁)나라 오균(吳均)
   이 지었으며, 1권이다. 남조의 송(宋)나라 둥양(東陽) 무의(無疑)의 『제해기』(齊諧記)를
   속작한 것이며, 그래서 제목을 『속제해기』라 하였다.

3) 사혜련(謝惠連, 397~433). 남조 송나라의 문학가이며, 진군(陳郡) 양샤(陽夏; 지금의 허난
   성 타이캉太康) 사람이다. 팽성왕(彭城王) 유의강(劉義康)의 법조참군(法曹參軍)을 역임
   하였고, 『사법조집』(謝法曹集)이 있다.
   이선(李善, 약 630~689). 당대 양저우(揚州) 장두(江都; 지금은 장쑤성에 속함) 사람이다.
   고종(高宗) 때 숭문관학사(崇文館學士)의 관직에 있었다. 『소명문선』(昭明文選)을 주해
   하였다.

4) 송대 본(本) 『예문유취』에 수록되어 있는 「회향부서」(懷香賦序)에는 혜함(嵇含)이 지었
   다고 서명되어 있으나, 다른 판본에서는 혜강(嵇康)이 지었다고 잘못 서명되어 있다.
   혜함(263~306). 자는 군도(君道)이고, 혜강의 질손(侄孫)이다. 진대(晉代) 초에 샹청(襄
   城)의 태수를 역임했다.
   엄가균(嚴可均, 1762~1843). 자는 경문(景文), 호는 철교(鐵橋)이고, 우청(烏程; 지금의 저
   장성 우싱吳興) 사람이며, 청대 학자이다. 그가 엮은 『전상고삼대진한삼국육조문』(全上
   古三代秦漢三國六朝文)은 문총집(文叢集)으로서 764권이다. 이 책은 『예문유취』에 의거
   하여 혜강의 문장으로 「회향부서」(懷香賦序)를 수록하였고, 또 『태평어람』에 의거하여
   혜함의 문장으로 「괴향부」(槐香賦) 및 그 서(序)를 수록하고 있는데, 이 두 서는 실제로
   같은 글이다.

장부(張溥, 1602~1641). 자는 천여(天如)이고, 타이창(太倉) 사람이며, 명대 문학가이다. 그가 엮은 『한위육조백삼명가집』(漢魏六朝百三名家集) 속에는 『혜중산집』(嵇中散集)이 수록되어 있으며, 「회향부서」 전체가 실려 있어 제목만 남아 있는 것이 아니다.

5) 향기롭고 □□(芬芳□□). 청대 공광도(孔廣陶)가 교감한 『북당서초』에서는 이 구절을 인용할 때 두 글자를 빠뜨렸고, 명대 진우모(陳禹謨) 본 『북당서초』에서는 "芬非激澈"이라 하였다.

6) 「혜숙야여산거원절교서」(嵇叔夜與山巨源絶交書). 루쉰이 교감한 『혜강집』 권2에 보인다. 산거원(山巨源)은 바로 산도(山濤, 205~283)이고, 자는 거원(巨源), 허네이(河內) 화이(懷; 지금의 허난성 우즈武陟) 사람이며, 혜강의 친구이다. 위(魏)나라 말에 선조랑(選漕郎)을 역임하였고, 자신의 직무를 대신하도록 혜강을 추천한 적이 있는데, 혜강은 그가 사마(司馬)씨 일당들에게 아부한다고 경멸하여 편지를 띄워 그와 절교하였다.

『혜강집』에 대한 기록 고증[1]

『수서』「경적지」: "위魏나라 중산대부의 『혜강집』 13권."(양梁나라 때에는 15권과 목록 1권이 있었음)

　『당서』「경적지」: "『혜강집』 15권."

　『신당서』「예문지」: "『혜강집』 15권."

　『송사』「예문지」: "『혜강집』 10권."

　『숭문총목』[2]: "『혜강집』 10권."

　정초鄭樵의 『통지』通志 「예문략」藝文略: "위나라 중산대부의 『혜강집』 15권."

　조공무의 『군재독서지』[3]: "『혜강집』 10권. 이상의 지은이는 위나라 혜강 숙야叔夜이고, 초국譙國 사람이다. 혜강은 말투가 아름답고 훌륭한 풍채를 가지고 있었으며 꾸밈을 추구하지 않았다. 스승으로부터 학문을 전수받지 않고 널리 읽고 널리 통달하였으며, 자라서 노자와 장자를 좋아하여 지은 문장은 심원하였다. 위나라 종실宗室과 통혼하여 중산대부에 임명되었다. 경원景元 초년에 종회鍾會가 진晉나라 문제文帝에게 그를 모함하여 살해되었다."

우무의 『수초당서목』[4) : 『혜강집』."

진진손[5)의 『직재서록해제』: "『혜중산집』 10권. 위나라 중산대부인 초국 사람 혜강 숙야가 지었다. 혜강의 본래 성은 해奚이고, 콰이지會稽로 부터 초군의 즈현銍縣에 있는 계산稽山으로 이사하여 그의 집은 그 산 옆에 있어 혜嵇라는 성씨를 얻게 되었다. 계稽라는 글자의 위쪽을 취한 것은 자신의 고향을 기억하기 위한 것이다. 그가 지은 문론文論[논변적인 글]은 6, 7만 언言이었지만 지금 세상에 남아 있는 것은 겨우 이와 같을 뿐이다. 『당지』에도 15권으로 되어 있다."

마단림[6)의 『문헌통고』 「경적고」經籍考 : "『혜강집』 10권."(글쓴이 설명 : 그 아래에 조씨의 『군재독서지』와 진씨의 『직재서록해제』를 전부 인용하고 있는데, 이것들은 앞에서 이미 본 것이다.)

양사기[7)의 『문연각서목』: "『혜강문집』."(1부部, 1책冊으로 되어 있어 결손된 것임.)

섭성의 『녹죽당서목』[8) : "『혜강문집』 1책."

초횡의 『국사』 「경적지」[9) : "『혜강집』 15권."

전겸익의 『강운루서목』: "『혜중산집』 2책."(진경운은 주에서 "10권이다. 황성증이 번각한 것으로 훌륭하다"라고 하였다.)[10)

전증의 『술고당장서목』[11) : "『혜중산집』 10권."

『사고전서총목』四庫全書總目 : "『혜중산집』 10권(양강兩江 총독總督이 수집하여 진상한 책). 구본舊本에서는 진나라 혜강이 지었다라고 씌어 있다."
글쓴이 설명 : 혜강은 사마소司馬昭에 의해 피살되었는데, 그때 위魏나라 왕조涂之祚가 아직 끝나지 않았으며, 그렇다면 혜강은 마땅히 위나라 사람으

로 보아야 하고 진나라 사람으로 보아서는 안 된다. 『진서』에는 전傳을 마련해 놓았지만 실은 방교房喬 등의 잘못이다. 그러므로 본집에서 혜강을 진나라 사람이라 적은 것은 옳지 않다. 『수서』「경적지」에는 혜강의 문집 15권이 기록되어 있다. 신·구 『당서』 모두 동일하다. 정초의 『통지략』通志略에 기록되어 있는 권수는 아직 일치한다. 진진손의 『직재서록해제』에 이르면 이미 10권이라 하였다. 게다가 "혜강이 지은 문론은 6, 7만 언言이었지만 지금 세상에 남아 있는 것은 겨우 이와 같을 뿐이다"라고 말하였다. 그렇다면 송대宋代에 이미 완전한 책全本은 없었다. 정초가 기록한 것 역시 옛 역사서의 글을 답습한 것으로서 꼭 15권으로 된 책을 진짜 보았다고 할 수 없지 않을까. 왕무王楙의 『야객총서』野客叢書(권8에 보임)에서는 이렇게 말했다. "「혜강전」에서는, 혜강은 명리名理를 말하는 데 뛰어났고, 문장을 지을 수 있었으며, 『고사전찬』高士傳贊을 저술하고 『태사잠』太師箴과 『성무애락론』聲無哀樂論을 지었다고 말했다. 나餘(명대의 각본刻本인 『야객총서』에는 '여'餘가 '복'僕으로 되어 있음)는 피링毗陵의 하방회賀方回 집에 소장되어 있던 필사본 『혜강집』 10권을 얻었는데, 거기에는 시 68수가 있었고, 지금 『문선』에 실려 있는 것('강시'康詩[혜강의 시]라는 두 글자가 있음)은 겨우 3수 정도뿐이다. 『문선』에는 혜강의 「여산거원절교서」與山巨源絶交書 1편만을 싣고 있는데, 「여여장제절교」與呂長悌絶交라는 편지 1편이 더 있음을 모르고 있다. 『문선』에는 「양생론」養生論 1편만을 싣고 있는데, 「여향자기론양생난답」與向子期論養生難答이라는 1편이 더 있어 4천여 언言이며 변론辯論이 대단히 상세하다는 것을 모르고 있다. 이 집본에는 또 「택무길흉섭생논란」宅無吉凶攝生論難 상·중·하 3편이 있다. 「난장료자연호학론」難張遼自然好學論('遼' 다음에 한 글자가 더 있지만 이미 마멸되었음) 1편이 있고, 「관채론」管蔡論, 「석사론」釋私論, 「명담론」明膽論 등의 글文이 있다(그 말의 뜻은 심원하고 대부분 이치理에 뿌리를 두고 있으며, 읽어 보면 당시의 기풍을 상상해 볼 수 있다.其詞旨玄遠, 率根於理, 讀之可想見當時之風致 ── '글文이 있다' 다음에 이 같은 열아홉 글자가 있음).『숭문총목』崇文總目에서는 『혜강집』10권이라 말하였는데, 바로 이 책을 가리킨다.『신당서』「예문지」에서는 『혜강집』 15권이라 말하였는데, 더해진 5권은 무엇을 가리키는 것인지 알 수 없다." 왕무가 언급한 내용을 볼 때 정초가 함부로 기록하였음이 확실하다. 이 책에는 모두 시 47편, 부 1편, 잡저 2편, 논論 9편, 잠箴 1편, 가계家誡 1편이 들어 있다. 그런데 잡저 중에서 「혜순록」嵇荀錄 1편은 제목만 있고 본문이 없는데, 실제로 전체 시문詩文은 62편이다. 또 송대 본의 옛것이 아니면 대개는 명대 을유년에 우현의 황성증이 다시 집록한 것이다. 양신楊愼의『단연총록』丹鉛總錄에서는 완적阮籍이 혜강보다 뒤에 죽었다고 분석해 놓았으나 세간에서는 완적의 비석을 혜강이 지었다고 전하고 있는데, 이 책에서는 그 비문을 싣지 않고 있으니, 그렇다면 더욱 정밀하고 세심한 고찰이 필요하다.

『사고간명목록』四庫簡明目錄: "『혜중산집』10권은 위나라 혜강이 지었고,『진서』에는 혜강을 위해 전傳을 마련해 놓았는데, 구본舊本에서는 이 때문에 지은이는 진나라 사람이라 하였으나 이는 잘못이다. 그의 문집은 산일되어 송대에 이르러 겨우 10권만 남게 되었다. 이 책은 명대 황성증이 엮은 것이며, 비록 권수는 송대 본과 동일하지만 왕무의 『야객총서』에서 혜강의 시는 68수라고 말하였으나 이 책에서는 시 42수만을 싣고 있고 잡문雜文을 합쳐야 62수가 되는데, 그렇다면 산일된 것이 더 많을 것이다."

주학근의 『결일려서목』: "『혜중산집』10권."(전체 1본이다. 위나라 혜

강이 지었다. 명대 가정 4년에 황성증이 송대 본을 모방하여 간행한 본이다)[12]

홍이훤의 『독서총록』[13] : "『혜중산집』 10권. 권마다 목록이 앞에 있다. 앞에는 가정 을유년 황성증의 서序가 있다. 『삼국지』 「병원전」邴原傳의 배송지裴松之의 주에서 "장비張貔의 아버지 장막張邈은 자가 숙료叔遼이고 그의 「자연호학론」自然好學論이 『혜강집』에 들어 있다"라고 하였다. 오늘날의 본本 역시 이 편篇이 있다. 또 시 66수가 있는데, 왕무의 『야객총서』 본과 동일하다. 이것은 송대 본에서 번각한 것으로 매 쪽마다 22행이 있고, 행마다 20글자가 있다."

전태길의 『폭서잡기』[14] : "핑후平湖의 집에서 몽려옹夢廬翁이라 불리는 천수天樹라는 사람은 고서古書를 대단히 좋아하여 장씨張氏의 애일정려장서愛日精廬藏書의 페이지 위쪽 여백에 자신이 본 것을 기록하였는데, 수재隨齋 선생이 『서록해제』書錄解題에 대해 평어와 주를 달았던 것과 같았다. 나는 그것을 필사한 적이 있다. 옹翁이 세상을 하직한 지가 이미 여러 해가 되었는데, 그가 평생 동안 본 것은 당연히 이것으로만 그치지 않았으니 기록하다 보면 대략적인 내용을 알 수 있다. 『혜중산집』은 내가 예전부터 가지고 있던 명대 초의 초본이며, 바로 『서록해제』에 실려 있던 본으로 시문 여러 편이 자주 나오는데, 이는 아마 명대 황성증이 수집한 본이 아닐까 한다."

막우지의 『여정지견전본서목』[15] : "『혜중산집』 10권은 위나라 혜강이 지었다. 명대 가정 을유년 황성증이 송대 본을 모방한 것으로 쪽마다 22행이 있고, 행마다 20글자가 있으며, 책 페이지 한가운데板心에는 남성정사南星精舍라는 네 글자가 있다. 정영程榮이 교감한 각본. 왕사현汪士賢 본. 『백삼명가집』百三名家集 본 중의 1권. 『건곤정기집』乾坤正氣集 본. 정지실靜持室에는 고원顧沅이 오포암吳匏庵이 소장하고 있던 초본으로 왕사현 본 위에 교감해 놓은 것이 있다."

강표의 『풍순정씨지정재서목』[16]: "『혜중산집』 10권. 명대 왕사현이 간행한 각본이다. 강희 연간에 전배前輩들이 오포암의 수초본手抄本에 의거해 상세하게 교감하여 놓았고, 후에 왕백자汪伯子, 장연창張燕昌, 포록음鮑淥飮, 황요포黃堯圃, 고상주顧湘舟 등 제가諸家의 소장을 거쳤다."

먀오취안쑨의 『청학부도서관선본서목』[17]: "『혜강집』 10권. 위나라 혜강이 지었다. 명대 오포암의 총서당 초본이다. 책 페이지 한가운데에는 총서당이라는 세 글자가 있고, '진정련서화기'陳貞蓮書畵記라는 글자가 양각된, 격자가 그려진 네모난 인장이 찍혀 있다."

육심원의 『벽송루장서지』[18]: "『혜강집』 10권(구초본)[19] 진나라 혜강이 지었다. (글쓴이 설명 : 이다음 원본에는 고광기顧廣圻의 후기와 황비열黃丕烈의 세 편의 발문을 전부 수록하고 있는데, 이 둘은 이미 앞에서 보았을 것이다.)[20] 나는 이전부터 고종 사촌인 왕우루王雨樓의 집에 소장하고 있던 『혜중산집』은 바로 총서당에서 송대 초본을 교감한 것이며 장서가들이 대단히 귀중하게 여기고 있다는 것을 알고 있었다. 사례거士禮居에서 왕우루의 집으로 넘어온 것이다. 지금 을미년 겨울에 나는 왕우루에게서 그 책을 빌려 보았는데, 그는 그 책과 초록한 부본副本을 함께 보여 주었다. 서로 대조하여 보니 다소 오자와 탈자가 있어 모두 바로잡아 놓았다. 주필朱筆로 원래 글자 위에 고쳐 놓은 것은 필사한 사람이 잘못한 것이다. 위쪽에 표시하여 둔 것은 내 생각대로 임의로 바로잡은 것이다. 돌려줄 때 여기에 덧붙여 기록하여 두었다. 도광道光 15년 11월 초아흐레에 묘도인이 쓰다."[21]

글쓴이 설명 : 위나라 중산대부 『혜강집』은 『수서』 「경적지」 권13에

나오며, 주注에서 "양梁나라 때에는 15권과 목록 1권이 있었다"라고 하였다. 신·구『당지』에서는 모두 15권이라 하였으나 사실이 아닐 것으로 여겨진다.『송사』「예문지」및 조공무·진진손 두 사람은 모두 10권이라 하였으니, 그렇다면 산일된 것이 더 많을 것이다. 오늘날 세상에 통행되고 있는 것은 명대 각본 둘뿐인데, 하나는 황성증이 교감하여 간행한 각본이고, 하나는 장부張溥의『백삼가집』百三家集에 나오는 각본이다. 장부 본은「회향부」懷香賦 1수 및 원헌原憲 등의 찬贊 6수를 더 보태어 놓았는데, 하지만 혜강이 주고받으며 논쟁할 때의 상대방 원작原作을 덧붙이지는 않았다. 그 나머지는 대략 서로 동일하다. 그러나 탈자와 오자가 매우 많아 거의 읽을 수 없다. 예전에 한 차례 서로 대조하여 보았고,『문선』과『예문유취』등 여러 책으로 그것을 조금 교감하였으나 결국 선본善本이 될 수는 없었다. 이 본은 명대 오포암의 총서당에서 송대 본을 필사한 초본으로부터 집록한 것이다. 필사하며 옮길 때의 잘못은 오지충吳志忠 군이 송대 초본 원본에 의거하여 교감하여 바로잡아 놓았다. 오늘날 주필로 고쳐 놓은 것은 바로 이것이다. 나는 명대 간행본으로 그것을 교감하였는데, 명대 본은 탈락된 글자가 대단히 많다는 것을 알았다.「답난양생론」答難養生論에서 "不殊於楡柳也" 다음에 "然松柏之生, 各以良殖遂性, 若養松於灰壤" 세 구절이 빠져 있다.「성무애락론」에서 "人情以躁靜" 다음에 "專散爲應, 譬猶遊觀於都肆, 則目濫而情放. 留察於曲度, 則思靜"이라는 스물다섯 글자가 빠져 있다.「명담론」에서 "夫惟至" 다음에 "明能無所惑至贍"이라는 일곱 글자가 빠져 있다.「답석난택무길흉섭생론」答釋難宅無吉凶攝生論에서 "爲卜無所益也" 다음에 "若得無恙, 爲相敗於卜, 何云成相邪"라는 두 구절이 빠져 있다. "未若所不知" 다음에 "者衆, 此較通世之常滯. 然智所不知"라는 열네 글자가 빠져 있다. 또한 "不可以妄求也"에서는 "以"라는 글자가 빠져 있고 "求"를 "論"이라는 글자로 잘못 써서 마침내 문장의 뜻이 통하지 않게 되어 있다. 그밖에 오자와 탈자를 교정하고 보충해야 할 단어와 짧은 구절은 일일이 예거할 수도 없을 정도로 많다. 책은 구초본을 귀하게 여기는 것은 진실로 이유가 있는 것이다.

기승선의 『담생당서목』[22] : "『혜중산집』 3책(10권, 혜강). 『혜중산집략』稽中散集略 1책(1권)."

손성연의 『평진관감장기』[23] : "『혜중산집』 10권. 매 권마다 앞에 목록이 있다. 앞에는 가정 을유년에 황성증이 쓴 서序가 있으며 거기서 "이 귀중한 책을 교감하여 10권으로 묶었다"라고 말하고 있는데, 이 책은 황씨가 확정한 것이 아닌가 여겨진다. 그렇지만 왕무의 『야객총서』를 살펴보면, 피링毘陵의 하방회賀方回의 집에 소장되어 있던 필사본 10권과 시 66수를 얻었다고 이미 말하고 있다. 왕무가 보았던 본과 동일하다. 이 본은 바로 송대 본에서 번각한 것이다. 황씨의 서문에서는 특히 그것을 과장하여 말하고 있다. 매 페이지마다 20행으로 되어 있고 행마다 20글자가 있으며, 페이지 가운데 아래쪽에는 남성정사라는 네 글자가 있다. 수장할 때 세업당인世業堂印이라는 글자가 음각된 정방형 인장과 수한재繡翰齋라는 글자가 양각된 장방형 인장을 찍어 놓았다."

조기미의 『맥망관서목』 : "『혜중산집』 2본."[24]

고유의 『백천서지』[25] : "『혜중산집』 10권. 위나라 중산대부인 초국 사람 혜강 숙야가 지었다. 시 47편, 부 13편, 문文 15편, 부록 4편이 있다."

1) 이 글은 1924년 6월 이전에 씌어졌을 것이다. 루쉰이 교감한 『혜강집』 뒤에 첨부되어 있으며, 1938년판 『루쉰전집』 제9권에 수록되어 있다.

2) 『숭문총목』(崇文總目). 송대 인종(仁宗) 때 궁정에서 소장하고 있던 책의 목록이며, 왕요신(王堯臣) 등이 왕명을 받들어 엮었고, 원서는 66권이었으나 이미 없어졌다. 청대 『사고전서』를 편찬할 때 『영락대전』으로부터 12권을 얻어 집록하였다.

3) 조공무(晁公武). 자는 자지(子止)이고, 쥐예(巨野; 지금은 산둥성에 속함) 사람이며, 남송(南宋) 때의 목록학가이다. 그가 지은 『군재독서지』(郡齋讀書志) 4권 및 『후지』(後志) 2권은 중국에서 제요(提要)가 첨부되어 있는 최초의 개인적인 장서목록이다.

4) 우무(尤袤, 1127~1194). 자는 연지(延之)이고, 우시(無錫; 지금은 장쑤성에 속함) 사람이며, 송대 시인이요 목록학가이다. 관직은 예부상서(禮部尙書)에 이르렀다. 『수초당서목』(遂初堂書目)은 그가 개인적으로 소장하고 있던 서목이며, 1권이다. 거기에 실려 있는 서목에는 지은이 및 권수가 모두 기록되어 있지 않다.

5) 진진손(陳振孫). 자는 백옥(伯玉), 호는 직재(直齋)이고, 안지(安吉; 지금은 저장성에 속함) 사람이며, 남송 때의 목록학가이다.

6) 마단림(馬端臨, 약 1254~1323). 자는 귀여(貴與)이고 러핑(樂平; 지금은 장시성에 속함) 사람이며 송말(宋末) 원초(元初) 때 사학가이다.

7) 양사기(楊士奇, 1365~1444). 이름은 우(寓)이고, 타이허(泰和; 지금은 장시성에 속함) 사람이며, 명초(明初)의 문학가이다. 관직은 대학사(大學士)에 이르렀다.

8) 섭성(葉盛, 1420~1474). 자는 여중(與中)이고, 쿤산(昆山; 지금은 장쑤성에 속함) 사람이며, 명대 장서가(藏書家)이다. 관직은 이부시랑(吏部侍郞)에 이르렀다. 『녹죽당서목』(菉竹堂書目)은 그의 집에 소장되어 있던 책의 서목(書目)이며, 6권이다.

9) 초횡(焦竑, 1582~1664). 자는 약후(弱侯), 호는 담원(澹園)이고, 장닝(江寧; 지금의 장쑤성 난징南京) 사람이며, 명대 학자이다. 관직은 한림원수찬(翰林院修撰)이었다. 만력(萬曆) 연간에 임금의 명을 받들어 국사(國史)를 편찬하여 『경적지』(經籍志) 6권만 완성했다.

10) 전겸익(錢謙益, 1582~1664). 자는 수지(受之), 호는 목재(牧齋)이고, 창수(常熟; 지금은 장쑤성에 속함) 사람이며, 명대 문학가이다. 후에 청(淸)나라에 투항하였다. 『강운루서목』(絳雲樓書目)은 그의 집에 소장하고 있던 책의 서목이며, 4권이다.
진경운(陳景雲, 1670~1747). 자는 소장(少章)이고, 청대 우장(吳江; 지금은 장쑤성에 속함) 사람이다. 저작으로는 『강운루서목주』(絳雲樓書目注)가 있다. 본문의 괄호 안 내용은 루쉰이 덧붙인 것이다.

11) 전증(錢曾, 1629~1701). 자는 준왕(遵王), 호는 야시옹(也是翁)이고, 창수 사람이며, 청대 장서가이다. 『술고당장서목』(述古堂藏書目)은 그의 집에 소장되어 있던 책의 서목이며, 4권이다.

12) 주학근(朱學勤, 1823~1875). 자는 백수(伯修)이고, 런허(仁和; 지금의 저장성 항저우) 사
람이며, 청대 장서가이다. 『결일려서목』(結一廬書目)은 그의 집에 소장되어 있던 책의
서목으로 4권이다. 본문의 괄호 안 내용은 주학근의 원주(原注)이다.

13) 홍이훤(洪頤煊, 1765~1833). 자는 정현(旌賢), 호는 균헌(筠軒)이고, 청대 저장 린하이
(臨海) 사람이다. 그가 지은 『독서총록』(讀書叢錄)은 24권이다.

14) 전태길(錢泰吉, 1791~1863). 자는 보의(輔宜), 호는 경석(警石)이며, 저장 자싱(嘉興) 사
람이며, 청대 장서가이다. 그가 지은 『폭서잡기』(曝書雜記)는 3권이다.

15) 막우지(莫友芝, 1811~1871). 자는 자시(子偲), 호는 여정(郘亭)이고, 구이저우성 두산
(獨山) 사람이며, 청말의 학자이다. 그가 지은 『여정지견전본서목』(郘亭知見傳本書目)
은 16권이다. 이 조목의 인용문에 나오는 "정지실"(靜持室)은 "지정실"(持靜室)이라고
해야 옳은데, 지정실은 청말 정일창(丁日昌)의 장서실(藏書室) 이름이다.

16) 강표(江標, 1860~1899). 자는 건하(建霞)이고, 청말 위안허(元和; 지금의 장쑤성 우셴吳
縣) 사람이다. 관직은 한림원 편수(翰林院編修)였고, 『풍순정씨지정재서목』(豊順丁氏持
靜齋書目) 1권을 중각(重刻)하였다. 정씨(丁氏)는 정일창을 가리킨다.

17) 먀오취안쑨(繆荃孫, 1844~1919). 자는 샤오산(筱珊), 호는 이펑(藝風)이고, 장쑤 장인
(江陰) 사람이며, 청말의 학자이다. 『청학부도서관선본서목』(淸學部圖書館善本書目)은
5권이다. 학부(學部)는 청말에 설립되어 중앙에서 전국의 교육을 주관하던 기구이다.

18) 육심원(陸心源, 1834~1894). 자는 강부(剛父), 호는 존재(存齋)이고, 구이안(歸安; 지금
의 저장성 우싱吳興) 사람이며, 청말의 장서가이다. 그가 지은 『벽송루장서지』(皕宋樓藏
書志)는 120권이며, 『속지』(續志)가 4권이다.

19) 구초본(舊鈔本). 이 세 글자는 『벽송루장서지』의 원주(原注)이다.

20) 고광기(顧廣圻)의 후기. 총서당 초본 『혜강집』 뒤에 있는 고광기의 후기를 가리킨다.
고광기(1770~1839). 자는 천리(千裏), 호는 간빈(澗蘋)이고, 위안화(元和) 사람이며, 청
대 교감학자이다. 저작으로는 『사적재집』(思適齋集)이 있다.
황비열(黃丕烈)의 세 편의 발문. 총서당 초본 『혜강집』 뒤에 있는 황비열의 세 편의 발
문을 가리킨다. 황비열(1763~1825)은 자는 소무(紹武), 호는 요포(蕘圃) 또는 복옹(復
翁)이고, 우현(吳縣; 지금의 장쑤성 쑤저우) 사람이며, 청대 장서가이다. 저작으로는 『사
례거장서제발』(土禮居藏書題跋)이 있다. 고광기의 후기와 황비열의 세 편의 발문은 모
두 루쉰의 교감본 『혜강집』에 이미 수록되어 있다. 이 단락의 글쓴이 설명의 내용은
루쉰이 덧붙인 것이다.

21) 묘도인(妙道人). 오지충(吳志忠)을 가리키며, 자는 유당(有堂), 별호가 묘도인이고, 청대
우현(吳縣) 사람이다. 이상은 『벽송루장서지』에 수록된 『혜강집』 초본의 오지충의 발
문이다.

22) 기승선(祁承爣). 자는 이광(爾光)이고, 산인(山陰) 사람이며, 명대 장서가이다. 『담생당

서목』(澹生堂書目)은 그의 집에 소장되어 있던 책의 서목으로 14권이다.

23) 손성연(孫星衍, 1753~1818). 자는 연여(淵如)이고, 양후(陽湖; 지금의 장쑤성 우진武進) 사람이며, 청대 학자이다. 그가 지은 『평진관감장기』(平津館鑑藏記)는 3권이다.

24) 조기미(趙琦美, 1563~1624). 자는 원도(元度), 호는 청상도인(淸常道人)이고, 창수(常熟) 사람이며, 명대 장서가이다. 『맥망관서목』(脈望館書目)은 그의 집에 소장되어 있던 책의 서목으로 4책이다. 수고(手稿)의 이 조목에는 "조씨(趙氏)의 책은 나중에 강운루(絳雲樓)에 귀속되었음"이라는 주석이 있다.

25) 고유(高儒). 자는 자순(子醇)이고, 줘저우(涿州; 지금의 허베이성河北省 줘셴涿縣) 사람이며, 명대 장서가이다. 『백천서지』(百川書志)는 그의 집에 소장되어 있던 책의 서목이며, 20권이다. 내용 중의 "부 13편"(賦十三)은 원래 "부 3편"(賦三)으로 되어 있으며, 「금부」(琴賦; 전문이 남아 있음), 「주부」(酒賦; 잔존 4구), 「백수부」(白首賦; 제목만 남아 있음)를 가리킨다.

『혜강집』서¹⁾

위魏나라 중산대부의 『혜강집』은 양梁나라 때 15권과 「목록」 1권이 있었다. 수대隋代에 이르러 2권이 없어졌다. 당대唐代에 다시 나타났으나 그 「목록」은 사라졌다. 송대 이래로 다만 10권만 남았다. 정초의 『통지』에 실려 있는 권수는 당대의 권수와 다르지 않은데, 이는 대개 옛 기록을 옮겨 실었기 때문이며 그가 직접 눈으로 본 것은 아니다. 왕무²⁾가 이미 이에 대해 분석해 놓았다. 목판본의 경우 송원대宋元代의 것은 듣지 못했고, 명대의 것으로는 가정 을유년의 황성증 본과 왕사현의 『이십일명가집』³⁾ 본이 있으며, 모두 10권이다. 장부張溥의 『한위육조백삼명가집』에 나오는 것은 1권으로 합쳐져 있고, 장섭이 번각한 것은 다시 6권으로 바꾸어 놓았는데,⁴⁾ 대체로 모두 황성증 본을 근거로 하여 그 잘못을 약간 바로잡아 놓았고 일문도 함께 더하여 놓았다. 장섭 본은 순서를 어지럽게 고쳐 놓아 옛 모습을 더욱 잃어버렸다. 다만 정영이 번각한 10권 본⁵⁾은 이문異文이 비교적 많아 의거하고 있는 것이 또 다른 본일 것 같은데, 하지만 여타의 본과 그다지 거리가 멀지는 않다.

청조淸朝의 제가장서부諸家藏書簿에 기록되어 있는 것으로는 또 명대 오관의 총서당 초본이 있는데, 그 기원은 송대의 목판본이고, 또 포암匏庵 [오관의 회]이 직접 교감한 것이라고 언급하고 있어 비록 다른 데서 옮겨 초록한 것이지만 교감자들은 대단히 귀중한 것珍秘으로 여겼다. 나는 다행히 그 책이 지금 경사도서관에 있기에 얼른 가져와 필사하였고, 더욱이 황성증 본을 가져다 대조하여 보았는데, 이 두 책은 근원이 실은 같고 서로 오자와 탈자가 있다는 것을 알았다. 다만 이쪽 책에서 빠지고 없는 것은 저쪽 책에서 가져와 보정할 수 있어 두 책의 장점을 겸비하여 좀더 나아질 수 있었다. 구교舊校[이전에 해놓은 교감] 역시 정말 포암이 직접 한 것인지 그렇지 않은지는 알 수 없다. 요컨대 한 사람에 그치지는 않았을 것이다. 먼저 묵필墨筆로 교감하였는데, 더하거나 삭제한 것이 가장 많고 더욱이 원문을 항상 지워 버려 식별할 수 없게 되었다. 또한 각본에만 의거하여 각본의 잘못까지도 가져다 구초본을 고쳐 놓았다. 다음으로는 주필朱筆로 두 차례 교감하였는데, 역시 각본에 의거하여 앞서 묵필로 교감할 때 다행히 고쳐지지 않은 글자도 모두 다시 지우고 고쳐 놓아 완전히 각본과 같아지게 만들었다. 대개 묵필과 주필로 세 차례 교감을 거치면서 구초본의 장점은 사라지고 말았다. 지금 나의 이 교정은 구교를 배제하고 원문을 보존하려고 애를 썼다. 묵필로 진하게 지워 버려 부득이하게 고쳐진 판본을 따를 경우에 "글자는 구교에 따랐다"라고 말하여 의심스러움을 밝혀 놓았다. 뜻이 두 가지 다 통하지만 구교가 각본에 맞추어 고쳐 놓은 것은 "각각의 판본이 어떤 글자로 되어 있다"고 말하여 둘의 차이를 보존하여 두었다.

황성증, 왕사현, 정영, 장부, 장섭 등 다섯 사람의 각본을 사용하여 교감을 마친 다음 다시 『삼국지』의 주, 『진서』, 『세설신어』의 주, 『야객총서』,

호극가胡克家가 번각한 송대 우무 본인『문선』의 이선 주 및 그들이 지은 『고이』考異, 송대 본『문선』의 육신 주六臣注, 전해져 오는 당대 초본인『문선집주』文選集注의 잔본,『악부시집』,『고시기』,[6] 그리고 진우모의 각본인『북당서초』, 호찬종 본『예문유취』, 시산 사람 안국의 각본인『초학기』, 포숭성의 각본인『태평어람』등[7]에서 인용된 것을 가져다 대조하여 그 이동異同을 밝혀 놓았다. 요영이 엮은『건곤정기집』[8]에도 역시 중산中散의 문장 9권이 들어 있지만 바로잡아 놓은 것이 없으니 더 이상 언급하지 않는다. 그리고 엄가균의『전삼국문』, 손성연의『속고문원』[9]에 수록되어 있는 것에는 간혹 교감하여 바로잡은 글자가 있어 함께 기록·보존하여 살펴볼 수 있도록 해놓았다. 구초본에는 이렇게 되어 있으나 각본에서 이미 고쳐 놓은 경우는 "憖"를 "慭"로, "寐"를 "悟"로 한 것이다. 각본 쪽이 구초본과 비교하여 나은 경우는 "遊"를 "游"로, "泰"를 "太"로, "慾"을 "欲"으로, "樽"을 "尊"으로, "殉"을 "徇"으로, "筋"을 "節"으로, "閑"을 "閒"으로, "覶"을 "暫"으로, "脩"를 "修"로, "壱"을 "一"로, "途"를 "塗"로, "返"을 "反"으로, "捨"를 "舍"로, "弦"을 "絃"으로 한 것이다. 구초본 쪽이 각본과 비교하여 나은 경우는 "饑"를 "飢"로, "陵"을 "凌"으로, "熟"을 "孰"으로, "烷"을 "翫"으로, "災"를 "灾"로 한 것이다. 비록 다른 글자이지만 다 뜻이 통하는 경우는 "廼"와 "乃", "峚"와 "杳", "于"와 "於", "無"와 "毋"이니, 그 수가 대단히 많아서 번거로움을 줄이기 위해 더 이상 밝히지는 않는다.

또 구초본을 자세히 살펴보면 원래 10권이 되기에 부족하다. 이를테면 제1권에는 빠진 페이지가 있고, 제2권은 앞부분이 없어 누군가가「금부」琴賦를 가져다 채워 넣었다. 제3권은 뒷부분이 없어 누군가가「양생론」養生論을 가져다 채워 넣었다. 제9권은「난택무길흉섭생론」難宅無吉凶攝生

論 하下가 되어야 하나 전부 없어졌기 때문에 누군가가 제6권 중의 「자연호학론」自然好學論 등 2편을 따로 분리하여 제7권으로 삼았고, 제7권·제8권 두 권을 제8권·제9권으로 삼아서 완전한 책으로 만들었다. 황성증, 왕사현, 정영 세 사람의 각본은 모두 이와 같은데, 지금 역시 고치지 않았다. 대개 왕무가 보았던 필사본 10권 본과 비교하여 권수는 다르지 않지만 실제로는 한 권[제9권]과 반 권짜리 둘[제2권 앞부분과 제3권 뒷부분]이 없어진 것이다. 또 구초본에는 원래 앞쪽에 목록이 있는데, 이는 교감한 후에 더한 것으로 황성증의 각본과 비슷하다. 지금 본문에 의거하여 새로 목록 한 권을 만들어 그것을 대신하였고, 또 「일문에 관한 고증」逸文考, 「기록 고증」著錄考 각 1권을 말미에 덧붙여 놓았다. 학식이 보잘것없고 빠뜨린 것이 많을 것이 염려되지만, 『혜강집』 구문舊文이 보존되어 다소 유포될 수 있기를 바란다.

중화민국 13년 6월 11일, 콰이지에서 서序를 쓰다

주)_____

1) 이 글은 1924년 6월 11일에 씌어졌고, 원래 1938년판 『루쉰전집』 제9권 『혜강집』(嵇康集)에 실렸다.

2) 왕무(王楙, 1151~1213). 자는 면부(勉夫)이고, 송대 창저우(長洲) 사람이다. 저작으로는 『야객총서』(野客叢書) 30권이 있다.

3) 왕사현(王士賢). 명대 서셴(歙縣; 지금은 안후이성에 속함) 사람이다. 『이십일명가집』(二十一名家集)은 『한위제명가집』(漢魏諸名家集)을 가리키며, 123권으로 명대 만력(萬曆) 연간에 간행되었고, 그 속에 『혜중산집』(嵇中散集) 10권이 들어 있다.

4) 『한위육조백삼명가집』(漢魏六朝百三名家集)은 전체 118권이며 그 속에 『혜중산집』 1권이 들어 있다.
장섭(張燮). 자는 소화(紹和)이고, 명대 룽시(龍溪; 지금의 푸젠성福建省 장저우漳州) 사람이

다. 만력 연간에 거인(擧人)이 되었다. 『칠십이명가집』(七十二名家集)을 번각하였고, 그
속에 『혜중산집』6권을 수록하고 있다.

5) 정영(程榮). 자는 백인(伯仁)이고, 명대 서셴 사람이다. 『혜중산집』10권을 번각하였다.

6) 『악부시집』(樂府詩集). 시가(詩歌) 총집(總集)으로 송대 곽무천(郭茂倩)이 엮었으며, 100
권이다. 한위(漢魏)에서 오대(五代)까지의 악부가사 및 선진(先秦)에서 위말(魏末)까지
의 가요(歌謠)를 집록하고 있다.

『고시기』(古詩紀). 원명은 『시기』(詩記)이며, 시가 총집으로 명대 풍유눌(馮惟訥)이 엮었
고 156권이다. 한대에서 수대까지의 시(詩) 및 옛 일문 시(詩) 등을 집록하고 있다.

7) 진우모(陳禹謨, 1548~1618). 자는 석현(錫玄)이고, 명대 창수(常熟; 지금은 장쑤성에 속함)
사람이다. 그가 번각한 『북당서초』(北堂書鈔)는 160권으로 원본에 대해 고쳐 놓은 데가
있다.

호찬종(胡纘宗). 자는 가천(可泉)이고, 명대 친안(秦安; 지금은 간쑤성甘肅省에 속함) 사람
이다. 그가 번각한 『예문유취』는 100권이며, 가정 6년(1527)에 간행되었다.

안국(安國). 자는 민태(民泰)이고 명대 시산(錫山; 지금의 장쑤성 우시無錫) 사람이다. 그가
번각한 『초학기』는 30권이며, 가정 10년(1531)에 간행되었다.

포숭성(鮑崇城). 청대 서셴 사람이다. 그가 번각한 『태평어람』(太平禦覽)은 1,000권으로
가경(嘉慶) 17년(1812)에 간행되었다.

8) 요영(姚瑩, 1785~1853). 자는 석보(石甫)이고, 청대 안후이(安徽) 둥청(桐城) 사람이다.
고원(顧沅) 등과 함께 『건곤정기집』(乾坤正氣集) 20권을 엮어 전국(戰國) 시기 굴원(屈
原) 이후 101인의 작품을 선록(選錄)하고 있다.

9) 『속고문원』(續古文苑). 문총집(文總集)으로 20권이다. 주대(周代)에서 원대(元代)까지의
유문(遺文)을 집록하고 있는데, 이전의 『고문원』(古文苑)이라는 책이 있기 때문에 책 이
름을 이렇게 불렀다.

『사당전문잡집』 제기[1]

예전에 나는 『월중전록』[2]을 저술하고 싶어 상당히 애를 써서 고향의 전벽專甓과 탁본을 수집하였지만 재력財力이 변변치 못하여 뜻을 이루기 쉽지 않았다. 10여 년 동안의 노력으로 겨우 고전古專 20여 점과 약간의 탁본을 구했을 뿐이다. 이사를 한 후에 갑자기 도적을 만나[3] 혈혈단신으로 도피하였는데, 대동大同 10년의 것 하나[4]만 가지고 나왔고 그 나머지는 모두 도적의 소굴에 놓아 두었다. 세월이 흐르고 흥미 역시 사라져 『월중전록』을 저술하는 일은 요원하니 무엇을 기대하겠는가? 잠시나마 전화戰火를 당한 후 남은 것들을 모아서 영원한 기념으로 삼으련다!

갑자년 8월 23일, 연지오자[5]가 손으로 쓰다

1) 이 글은 1924년 9월 21일에 씌어졌고, 원래는 표제와 표점 부호가 없었다.
『사당전문잡집』(俟堂專文雜集). 루쉰이 소장하고 있던 고전(古磚)과 탁본(拓本)의 집록본으로 한위육조(漢魏六朝) 때의 것 170점, 수대(隋代)의 것 2점, 당대(唐代)의 것 1점이 수록되어 있다. 루쉰이 살아 있을 때 엮어 놓았으며, 간행되지는 않았다. 사당, 곧 쓰탕(俟堂)은 루쉰이 초기에 사용하던 별호(別號)이다.

2) 『월중전록』(越中專錄). 루쉰이 엮으려고 계획했던 사오싱(紹興) 지역의 고전탁본집(古磚拓本集)이다. 『사당전문잡집』에 수록되어 있는 것은 월 지역(越中)에만 한정되어 있지 않다.

3) 저우쭤런(周作人)이 루쉰의 서적과 물품을 점유한 일을 가리킨다. 루쉰의 일기 1923년 8월 2일에 바다오완(八道灣)에서 "좐타후퉁(磚塔胡同) 61호로 이사하였다"라고 기록하고 있다. 1924년 6월 1일에는 "오후에 책과 집기를 가져오기 위하여 바다오완의 집으로 갔는데, 서쪽 곁채로 들어서자 치밍(啓孟)과 그의 아내가 갑자기 나와 욕설을 퍼붓고 때렸으며, …… 그러나 끝내 책과 집기를 들고 나왔다"라고 기록하고 있다. 치밍은 바로 저우쭤런이다.

4) 남조의 양나라 무제(武帝) 대동(大同) 11년(545)의 고전(古磚) 또는 그 탁본을 가리킨다. 루쉰 일기 1918년 7월 14일에 "대동 때의 전(磚) 두 점을 탁본하였다"라는 기록이 있다.

5) 연지오자(宴之敖者). 루쉰의 필명이다. 쉬광핑(許廣平)의 「기쁘고 안심되는 기념」(欣慰的紀念)에 따르면 루쉰은 "연(宴)은 宀(家)와 日과 女를 합친 것이고, 오(敖)는 出과 放을 합친 것이다(『설문해자』에는 敫로 되어 있음). 나는 집안의 일본 여자로부터 쫓겨났다"라고 하였다 한다. 저우쭤런의 아내는 하부토 노부코(羽太信子)라는 일본인이었다.

『소설구문초』 서언[1]

예전에 소설을 정리하려고 그에 관한 사료史實를 조사한 바가 있다. 그때 장루이짜오 씨의 『소설고증』[2]이 이미 출판되었으므로 그것을 가져다 조사하고 찾았는데, 상당히 도움이 되었다. 다만 애석하게도 그 책은 전기傳奇[명대 이후에 나온 희곡의 일종]도 함께 수록하여 아직 분리해 놓지 않았고, 원본과 대조하니 자구字句 또한 때때로 다른 것이 있었다. 그리하여 옛 기록을 섭렵할 때마다 우연히 참고·고증할 만한 구문舊聞을 얻게 되면 얼른 다른 데 옮겨 써 놓았다. 세월이 오래되어 쌓인 것이 점차 많아졌다. 그런데 2년 전에 이 일을 또 그만두었기 때문에 어지럽게 쌓인 종이는 좀벌레와 먼지 속에 내버려 두었다. 즉시 태워 버리지 못하는 까닭은 그 일이 비록 하찮은 일이지만 결국은 심혈을 기울였던 것이라 계륵과 같이 버리기도 그렇고 가지고 있기도 그렇기 때문이다.

금년 봄에 느낀 바가 있어[3] 다시 옛 원고를 꺼내어 책상머리에 어지럽게 늘어놓았다. 한두 젊은 친구가, 이는 비록 명가名家들의 구미에는 맞지 않지만 그래도 초학初學들에게 도움이 없지 않을 것이라고 생각하여 나를 도와 자료를 편집하고 그럴듯하게 책 모양으로 만들어 마침내 인쇄에 부치니 바로 이 책이다. 읽은 책이 많지 않고 매우 초라하여 종이와 먹을 공연히 낭비하고 평단評壇에 고통을 가져다주는 것이 아닌가 하여 스스로 부끄럽다. 그렇지만 모두가 원서에서 가져온 것으로 여기저기서 표절하지는 않았다. 그런데 책 전체가 모두 소설을 논한 것, 예를 들어 『소부매한화』, 『소설총고』, 『석두기색은』, 『홍루몽변』 등⁴⁾의 경우는 본래 전문 저술이어서 뒤져 보거나 구하기가 번거롭지 않으니 편폭을 줄일 목적으로 더는 채록하지 않았다.

채록할 때, 관람하는 데 편리하도록 중복되는 것은 가능한 한 제외시키려고 했지만 예외적인 것도 있어 언급해야 할 것 같다. 『수호전』, 『요재지이』, 『열미초당필기』⁵⁾ 다음에 나오는 중복된 것들은 통속적인 이야기俗說가 유전流傳되는 과정을 보여 준다. 『서유기』 다음에 나오는 중복된 것들은 이 책이 언제부터 지리지地理志에 기록되지 않게 되었는지 밝혀 준다. 『원류편』源流篇 중에 나오는 중복된 것들은 찰기剳記 중에는 억측과 여기저기서 표절한 것이 많다는 것을 설명해 준다. 대단히 황당무계한 것들 역시 삭제의 대상에 포함되어 있었지만, 『소하한기』, 『양주몽』⁶⁾의 각 한 조목則은 남겨 놓았는데, 이는 터무니없는 이야기가 고서古書 속에 늘 들어 있고 게다가 이 정도에까지 이르고 있다는 것을 보여 주기 위한 것이다.

내가 뒤져 보고 조사해 본 책에 대해서는 달리 목록을 만들어 말미에 덧붙여 놓았다. 그렇지만 책 전체를 통독하지는 않았으니, 예를 들어 왕기의 『속문헌통고』⁷⁾는 실제로 그 속의 「경적고」만을 읽었을 뿐이다.

1926년 8월 1일 교감을 마치며 기록하다, 루쉰

주)_____

1) 이 글은 1926년 8월 베이신서국(北新書局)에서 출판한 『소설구문초』(小說舊聞鈔)에 처음 인쇄되어 실렸다. 『소설구문초』는 루쉰이 집록한 소설사료집으로서 초판에는 39편이 실려 있다. 앞 35편은 38종의 구소설의 사료에 관한 것이고, 뒤 4편은 소설의 원류(源流), 평각(評刻), 금출(禁黜) 등에 관한 사료이다. 그 속에는 루쉰의 설명(按語)이 덧붙어 있다. 이 책은 1935년 7월에 작자의 증보를 거쳐 상하이(上海) 롄화서국(聯華書局)에서 재판되었다. 나중에 1938년판 『루쉰전집』 제10권에 수록되었다.

2) 장루이짜오(蔣瑞藻). 별호는 화조생(花朝生)이고, 저장성 주지(諸暨) 사람이다. 그가 지은 『소설고증』(小說考證)은 중국의 원대(元代) 이후의 소설·희곡 작자의 사적, 작품의 원류 및 전인들의 평가 등의 자료를 모아 놓았으며, 1915년 상우인서관(商務印書館)에서 출판되었다. 그 후에 또 습유(拾遺)와 속편(續編)이 나왔다.

3) 현대평론파(現代評論派)의 천위안(陳源)이 1926년 1월 30일 『천바오 부간』(晨報副刊)에 「즈모에게」(致志摩)라는 편지를 발표하여 루쉰의 『중국소설사략』(中國小說史略)은 일본인 시오노야 온(鹽穀溫)의 『지나문학개론강화』(支那文學槪論講話)를 표절한 것이라고 모함하였다. 루쉰은 그 해 2월 1일에 쓴 「편지가 아니다」(不是信; 『화개집속편』에 수록) 및 그 밖의 다른 글에서 반박한 적이 있다. "느낀 바(根觸)가 있다"는 것은 이 일을 가리킨다.

4) 『소부매한화』(小浮梅閑話)는 소설·희곡에 관한 필기(筆記)이며, 청대 유월(兪樾)이 지었다. 그가 지은 『춘재당수필』(春在堂隨筆) 뒤에 붙어 있다. 『소설총고』(小說叢考)는 소설·희곡·탄사(彈詞)를 고증한 저작으로 전정방(錢靜方)이 지었다. 1916년 상우인서관에서 출판하였다. 『석두기색은』(石頭記索隱)은 『홍루몽』(紅樓夢)을 연구한 전문 저서로서 차이위안페이(蔡元培)가 지었다. 1917년 상우인서관에서 출판하였다. 『홍루몽변』(紅樓夢辨)은 『홍루몽』을 연구한 전문 저서로서 위핑보(兪平伯)가 지었다. 1923년 상하이 야둥서국(亞東書局)에서 출판하였다.

5) 『요재지이』(聊齋志異). 문언단편소설집으로 청대 포송령(蒲松齡)이 지었다.
『열미초당필기』(閱微草堂筆記). 필기(筆記)소설집으로 청대 기윤(紀昀)이 지었다.

6) 『소하한기』(消夏閑記). 『소하한기적초』(消夏閑記摘抄)를 가리키며, 필기집으로 청대 고공섭(顧公燮)이 지었고 3권이다.
『양주몽』(揚州夢). 필기집으로 청대 초동주생(焦東周生)이 지었으며, 4권이다.

7) 왕기(王圻). 자는 원한(元翰)이고, 명대 상하이 사람이며, 가정(嘉靖) 연간에 진사(進士)가 되었다. 『속문헌통고』(續文獻通考)는 254권이고 30문(門)으로 나누어져 있다. 마단림의 『문헌통고』(文獻通考)를 이어 지은 것으로 남송(南宋) 가정(嘉定) 연간에서부터 명대 만력(萬曆) 초년까지의 전장제도(典章制度)의 연혁을 기록하고 있다. 「경적고」(經籍考)는 그중 1문(門)이며 전체 58권이다.

『혜강집』고증[1]

한대漢代에서 수대隋代에 이르는 사이에 사람들의 개인문집別集은 『수서』
「경적지」에 453부 4,377권이 기록되어 있다. 양梁나라 때 있었던 것까지
합치면 884부 8,121권이 된다. 그렇지만 지금은 송대 사람들이 다시 집록
한 책이라도 대부분 이미 볼 수 없다. 가령 일정한 원칙에 따라 편성되고,
주고받은 것贈答이 모두 보존되어 있어 원래의 모습을 대략 볼 수 있는 것
이 있다면, 그것은 위魏나라의 혜강·완적, 진晉나라의 이육二陸[육기陸機·육
운陸雲 형제]·도잠, 송宋나라의 포조, 제齊나라의 사조, 양梁나라의 강엄[2]의
문집뿐이다. 명대 오포암의 총서당 본 『혜강집』을 구해 필사했는데, 이 책
은 여타의 판본들보다 상당히 훌륭하여 인멸되어 사라질까 심히 염려되
었다. 그래서 약간 교정을 보았고 또 보는 데 편리하도록 역대로 내려오면
서의 권수와 명칭의 차이점 및 일문인가 그렇지 않은가에 대해 고증해 놓
았다.

1. 권수 및 명칭의 고증

『수서』「경적지」: "위魏나라 중산대부中散大夫의 『혜강집』 13권."(양梁나라 때에는 15권과 목록 1권이 있었음)

『당서』「경적지」: "『혜강집』 15권."

『신당서』「예문지」: "『혜강집』 15권."

글쓴이 설명: 혜강의 문집은 처음에는 15권과 목록 1권이었다. 수대隋代에는 두 권과 목록이 결손되었다. 당대唐代에 이르러 다시 완전해졌으나 그 목록은 없어졌다. 그 명칭은 모두 "『혜강집』"이라 하였다.

정초의 『통지』「예문략」: "위나라 중산대부의 『혜강집』 15권."

『숭문총목』: "『혜강집』 10권."

조공무의 『군재독서지』: "『혜강집』 10권. 이상의 지은이는 위나라 혜강 숙야叔夜이고, 초국譙國 사람이다. 혜강은 말투가 아름답고 훌륭한 풍채를 가지고 있었으며 꾸밈을 추구하지 않았다. 스승으로부터 학문을 전수받지 않고 널리 읽고 널리 통달하였으며, 자라서 노자와 장자를 좋아하여 지은 문장은 심원하였다. 위나라 종실宗室과 통혼하여 중산대부에 임명되었다. 경원景元 초년에 종회鍾會가 진晉나라 문제文帝에게 그를 모함하여 살해되었다."

우무의 『수초당서목』: "『혜강집』."

진진손의 『직재서록해제』: "『혜중산집』 10권. 위나라 중산대부인 초국 사람 혜강 숙야가 지었다. 혜강의 본래 성은 해奚이고, 콰이지會稽로부터 초군의 즈현銍縣에 있는 계산稽山으로 이사하여 그의 집은 그 산 옆에 있어 혜嵇라는 성씨를 얻게 되었다. 계稽라는 글자의 위쪽을 취한 것은 자신의 고향을 기억하기 위한 것이다. 그가 지은 문론文論은 6, 7만 언言이었지만 지금 세상에 남아 있는 것은 겨우 이와 같을 뿐이다. 『당지』에도 15권으로 되어 있다."

『송사』「예문지」: "『혜강집』 10권."

마단림의 『문헌통고』「경적고」經籍考: "『혜강집』 10권.……"

글쓴이 설명 : 송대에 이르러 10권만 남았는데, 그 명칭은 여전히 "『혜강집』"이라 하였다. 『통지』에서 15권이라 한 것은 『당지』의 옛 글에서 초록하였기 때문이다. 『서록해제』에서 "『혜중산집』"이라 한 것은, 진진손의 책이 오래전에 없어지고 청대 사람이 『영락대전』에서 집록하여 만들었으니, 후대에 불리던 명칭을 사용하였기 때문이며, 원래의 책은 이렇지 않았다.

송대에 『혜강집』의 대강은 왕무의 『야객총서』(권8)에 보이며 거기서 이렇게 말하였다. "「혜강전」에서는, 혜강은 명리名理[심오한 도리]를 말하는 데 뛰어났고, 문장을 지을 수 있었으며, 『고사전찬』을 저술하고 『태사잠』과 『성무애락론』을 지었다고 말했다. 나는 피릉의 하방회 집에 소장되어 있던 필사본 『혜강집』 10권을 얻었는데, 거기에는 시 68수가 있었고, 지금 『문선』에 실려 있는 것은 겨우 3수 정도뿐이다. 『문선』에는 혜강의 「여산거원절교서」與山巨源絶交書 1편만을 싣고 있는데, 「여여장제절교」與呂長悌絶交라는 편지 1편이 더 있음을 모르고 있다. 『문선』에는 「양생론」 1편만을 싣고 있는데, 「여향자기론양생난답」與向子期論養生難答이라는 1편이 더 있어 4천여 언言이며 변론辯論이 대단히 상세하다는 것을 모르고 있다. 이 집본에는 또 「택무길흉섭생논란」宅無吉凶攝生論難 상·중·하 3편이 있다. 「난장료□자연호학론」難張遼□自然好學論 1편이 있고, 「관채론」

管蔡論 「석사론」釋私論 「명담론」明膽論 등의 글文이 있다. 그 말의 뜻은 심원하고 대부분 이치理에 뿌리를 두고 있으며, 읽어 보면 당시의 기풍을 상상해 볼 수 있다. 『숭문총목』에서는 『혜강집』 10권이라 말하였는데, 바로 이 책을 가리킨다. 『신당서』 「예문지」에서는 『혜강집』 15권이라 말하였는데, 더해진 5권은 무엇을 가리키는 것인지 알 수 없다.

양사기의 『문연각서목』: "『혜강문집』."(원주에서 "1부 1책으로 결손되어 있음"이라고 하였다)

섭성의 『녹죽당서목』: "『혜강문집』 1책."

초횡의 『국사』 「경적지」: "『혜강집』 15권."

고유의 『백천서지』: "『혜중산집』 10권. 위나라 중산대부인 초국 사람 혜강 숙야가 지었다. 시 47편, 부 십(十; 글쓴이 설명 : 이 글자는 더 들어간 것임)삼 편, 문文 15편, 부록 4편이 있다."

기승선의 『담생당서목』: "『혜중산집』 3책(원주에서 "10권, 혜강"이라 하였음). 『혜중산집략』 1책(원주에서 "1권"이라 하였음)."

글쓴이 설명 : 명대에는 두 판본이 있었다. 하나는 『혜강문집』이라는 것인데, 권수를 알 수 없다. 하나는 『혜중산집』이라는 것인데, 여전히 10권이다. 15권 본은 송대에 이미 완전하지 않게 되었고, 초횡이 기록한 것은 대체로 『당지』의 옛 글을 그대로 답습하여 믿을 것이 못 된다.

전겸익의 『강운루서목』: "『혜중산집』 2책."(진경운은 주에서 "10권이다. 황성증이 번각한 것으로 훌륭하다"라고 하였음)

전증의 『술고당장서목』: "『혜중산집』 10권."

『사고전서총목』: "『혜중산집』 10권.……"

글쓴이 설명 : 청대에 이르러 모두 "『혜중산집』"이라 부르고 있으며 여

전히 10권이다. 『혜강문집』이라 부르는 경우는 듣지 못하였다.

손성연의 『평진관감장기』: "『혜중산집』 10권. 매 권마다 앞에 목록이 있다. 앞에는 가정 을유년에 황성증이 쓴 서序가 있으며 거기서 "이 귀중한 책을 교감하여 10권으로 묶었다"라고 말하고 있는데, 이 책은 황씨가 확정한 것이 아닌가 여겨진다. 그렇지만 …… 왕무가 보았던 본과 동일하다. 이 본은 바로 송대 본에서 번각한 것이다. 황씨의 서문에서는 특히 그것을 과장하여 말하고 있다.

홍이훤의 『독서총록』: "『혜중산집』 10권. 매 권마다 목록이 앞에 있다. 앞에는 가정 을유년 황성증의 서序가 있다. 『삼국지』 「병원전」邴原傳의 배송지의 주에서 "장비張貔의 아버지 장막張邈은 자가 숙료叔遼이고 그의 「자연호학론」自然好學論이 『혜강집』에 들어 있다"라고 하였다. 오늘날의 본本 역시 이 편篇이 있다. 또 시 66수가 있는데, 왕무의 『야객총서』 본과 동일하다. 이것은 송대 본에서 번각한 것이다. ……"

주학근의 『결일려서목』: "『혜중산집』 10권."(원주에서 "전체 1본이다. 위나라 혜강이 지었다. 명대 가정 4년에 황성증이 송대 본을 모방하여 간행한 본이다"라고 하였음)

글쓴이 설명: 명대에 번각된 『혜중산집』으로는 황성증 본, 왕사현 본, 정영 본이 있고, 또 장섭의 『칠십이가집』七十二家集 본, 장부의 『일백삼가집』一百三家集 본이 있다. 황성증 본이 가장 먼저 나왔으며, 청대 장서가들은 모두 이는 송대 본에서 나온 것으로 가장 훌륭하다고 여겼다.

육심원의 『벽송루장서지』: "『혜강집』 10권(원주에서 "구초본"이라 하였음). 진나라 혜강이 지었다. …… 오늘날 세상에 통행되고 있는 것은 명대의 각본 둘뿐인데, 하나는 황성증이 교감하여 간행한 각본이고, 하나는 장부의 『백삼가집』에 들어 있는 각본이다. …… 그러나 탈자와 오자가 매우 많아 거의 읽을 수 없다. …… 나는 명대 간행본으로 그것을 교감하였는데, 명대 본은 탈락된 글자가 대단히 많다는 것을 알았다. …… 책은 구초본을 귀하게 여기는 것은 진실로 이유가 있는 것이다."

강표의 『풍순정씨지정재서목』: "『혜중산집』 10권. 명대 왕사현이 간행한 각본이다. 강희 연간에 전배前輩들이 오포암의 수초본手抄本에 의거해 상세하게 교감하여 놓았다."

마오취안쑨의 『청학부도서관선본서목』: "『혜강집』 10권. 위나라 혜강이 지었다. 명대 오포암의 총서당 초본이다. 책 페이지 가운데에 '총서당'이라는 세 글자가 있다.……"

글쓴이 설명: 황성증 본 이외에 훌륭한 판본으로는 현재 총서당 필사본만이 남아 있다. 훌륭한 글자佳字가 대단히 많을 뿐 아니라 각본의 탈자와 오자를 보충할 수 있으며, "『혜강집』"이라고 하여 당송대唐宋代에 부르던 옛 명칭과 합치되니 원래의 체제體式를 가장 잃지 않았을 것이다. 이 본은 지금 경사도서관에 소장되어 있는데, 필사가 대단히 서툴러 강표가 "오포암이 필사하였다"라고 말했으나 확실하지 않다.

2. 목록 및 결손의 고증

초본抄本과 각본刻本의 글자의 차이에 대해서는 달리 교감기[3]를 썼다. 지금은 단지 초본의 편목篇目을 가져다 황성증 본과 비교하여 그 다른 점을 밝혔다. 또 여러 사람들의 각본을 요약·설명했는데, 이는 여러 각본들이 대체로 황성증의 각본에서 나왔기 때문이다. 원본에 결손의 흔적이 있으면 각본을 가지고 그것을 메우고 지금 미루어 짐작할 수 있는 것들도 함께 밝혀 두었다.

제1권

오언고의五言古意 1수. 사언四言 18수, 수재 형님이 군에 입대할 때 주다贈兄秀才入軍.[4]

글쓴이 설명: 각본에서 「오언고의」는 수재에게 준 시라고 생각한 것은 옳다.[5] 『예문유취』 권90에서 앞부분 여섯 구를 인용하고 역시 "혜숙야가 수재에게 준 시"라고 하였다.

수재의 답시秀才答 4수. 유분시幽憤詩 1수. 술지시述志詩 2수. 유선시 1수. 육언시六言詩 10수. 중작육언시重作六言詩 10수·대추호가시代秋胡歌詩 7수.

글쓴이 설명: 각본에서는 「중작사언시」重作四言詩 7수라고 하였고 주注에서 "「추호행」이라고도 한다"一作「秋胡行」라고 말하였다. 이렇게 고쳐 놓은 것은 대단히 큰 잘못이다. 대개 육언시는 3수가 없어졌고, 「대추호행」代秋胡行의 경우는 편명만 남아 있으니 "……라고도 한다"一作라고 말할 수는 없다.

사친시思親詩 1수. 시 3수, 곽하주郭遐周가 주다. 시 5수, 곽하숙郭遐叔이 주다. 오언시 3수, 두 곽씨二郭에게 답하다. 오언시 1수, 완덕여阮德如에게 주다. □□□.[6]

글쓴이 설명: 제목이 없는 1편이 있다. 각본에서는 「주회시」酒會詩 7수 중 하나라고 하였다.

사언시四言詩.

글쓴이 설명: 11수이다. 각본에는 앞 6수를 「주회시」라고 하였고, 뒤 5

수는 없다.

오언시五言詩.

글쓴이 설명 : 3수이다. 각본에는 없다.

또 글쓴이 설명 : 초본에는 「사언시」 5수와 「오언시」 3수가 더 많다. 「중작육언시」는 두 판본 모두 3수가 결손되어 있고, 「대추호가시」 7수 또한 없다. 「수재의 답시」의 "南厲伊渚, 北登邙丘, 靑林華茂" 다음에는 결손된 글이 있는데, 이어지는 "靑鳥群嬉, 感寤長懷, 能不永思" 등은 또 다른 1편이지만 각본에서는 얼른 그것을 가져다 연결시켜 놓아 마침내 식별할 수 없게 되었다.

제2권

금부琴賦. 여산거원절교서與山巨源絶交書. 여여장제절교서與呂長悌絶交書.[7]

글쓴이 설명 : 이 권은 원래 전반부가 결손된 듯한데, 왜냐하면 『문선』에 실려 있는 「금부」에서 가져와 그것을 보충하고 있기 때문이다. 각본은 또 『문선』에 의거하여 「여산거원절교서」를 고쳐 놓았다. 초본은 고치지 않았으며, 그래서 자구字句가 오늘날의 『문선』 판본과 많이 다르고, 나진옥羅振玉이 영인한 잔본 『문선집주』文選集注와 많이 합치된다.

제3권

복의蔔疑. 혜순록嵇荀錄(없어졌음). 양생론養生論.

글쓴이 설명 : 이 권은 원래 후반부가 결손된 듯하며, 「혜순록」은 편명만 남아 있다. 후대 사람이 이 때문에 『문선』에서 「양생론」을 가져와 이를 보충하였다.

제4권

황문랑향자기난양생론黃門郎向子期難養生論[8]

글쓴이 설명 : 혜강의 답문答文이 이 속에 포함되어 있고, 각본에서는 두 편으로 나누어 달리 제목을 「답난양생론」이라 하였다. 그렇지만 송대 본은 대개 분리하지 않았고, 그래서 왕무는 "또 「여향자기론양생난답」이라는 1편이 있으며, 4천여 언言이다"라고 말했다. 당대 본 역시 분리하지 않았고, 그래서 『문선』의 「강문통잡체시」江文通雜體詩에 대한 이선李善 주에서 "양생유오난"養生有五難 등 11구를 인용하여 이는 혜강의 말이지만 그러나 「향수난혜강양생론」向秀難嵇康養生論이다, 라고 하였다.

또 글쓴이 설명 : 『수서』「경적지」 '도가'道家에서는 "양나라에 「양생론」 3권이 있었으며, 혜강이 지었다"라고 기록하고 있다. 이렇게 「양생론」은 두 편만이 아니었지만, 지금은 두 편만 남아 있을 뿐이다.

제5권

성무애락론聲無哀樂論.

제6권

석사론釋私論. 관채론管蔡論. 명담론明膽論.

제7권

자연호학론自然好學論, 장숙료張叔遼 지음. 난자연호학론難自然好學論.

글쓴이 설명 : 각본에서는 "장숙료의 「자연호학론」"으로 되어 있다.

또 글쓴이 설명 : 제6권, 제7권은 본래 한 권이었으나 후대 사람이 분리

하여 놓은 것 같으며, 그래서 페이지 수가 매우 적다.

제8권

택무길흉섭생론宅無吉凶攝生論(원주에서 "난상"難上이라 하였음). 난섭생중難攝生中.

글쓴이 설명 : 각본에는 제1편에 대한 주가 없고, 제2편은 「난택무길흉섭생론」難宅無吉凶攝生論으로 되어 있다.

제9권

석난택무길흉섭생론釋難宅無吉凶攝生論(원주에서 "난중"難中이라 하였음). 답석난왈答釋難曰.

글쓴이 설명 : 각본에서는 제1편에 대한 주가 없고, 제2편은 「답석난택무길흉섭생론」答釋難宅無吉凶攝生論으로 되어 있다.

또 글쓴이 설명 : 왕무는 "이 문집에는 또 「택무길흉섭생론난」宅無吉凶攝生論難 상·중·하가 있다"라고 말했는데, 오늘날 본에는 그중에서 하나가 결손되어 있다. 그렇지만 어떤 이는 「난상」, 「난섭생중」, 「난하」[9] 및 「답석난」이 상·중·하라고 지적했는데, 알 수 없는 일이다. 『수서』「경적지」 '도가'에서는 「섭생론」 2권은 진나라 허네이의 태수 완간阮偘이 지었다고 했는데, 바로 이것이 혜강과 논란을 벌였던 글이 아닐까 한다.

제10권

태사잠太士箴. 가계家誡.

글쓴이 설명 : 이 권은 두 편뿐이며 2천 언言에도 미치지 않는데, 산일되

지 않았을까 한다.

또 글쓴이 설명: 오늘날의 본 『혜강집』은 비록 10권으로서 송대의 것과
합치되지만, 제2권은 앞부분이 결손되어 있고, 제3권은 뒷부분이 결손
되어 있고, 제10권 역시 불완전하고, 제6권과 제7권은 한 권이니 실제로
결손된 것이 세 권이고 완전한 것이 여섯 권이다.

3. 일문인가 그렇지 않은가에 대한 고증

혜강의 「유선시」는 다음과 같다. "바퀴 비녀장에서 펄펄 나는 봉황새, 그
물을 만났네."翩翩鳳輕, 遭此網羅 (『태평광기』 권400, 『속제해기』가 인용한 부분
의 재인용)

　혜강은 「백수부」白首賦가 있다.(『문선』의 사혜련謝惠連의 「추회시」秋懷詩
에 대한 이선 주)

　혜강의 「회향부서」懷香賦序에서 이렇게 말했다. "나는 정월에 역산歷山
의 남쪽을 올라 우러러 높은 산등성이를 바라보고 굽어보아 그윽한 기슭
을 살폈다. 곧 초목이 무성한 곳 사이로 회향이 자라고 있는 것이 보였다.
나는 이 풀이 대궐 같은 큰집에 심어져 있거나 제왕帝王의 정원에 뒤덮여
있는 것을 보고, 돌보지 않고 버려진 것을 안타깝게 여겨 마침내 그것을
옮겨 대청 앞에 심어 놓은 적이 있다. 그 아름다움은 특별한 품격과 부드
러운 자태가 있고, 향기로운 열매는 벌레를 막아 책을 보관할 수 있다. 또
그것이 원래 높은 절벽에 자라고 있다가 사람의 집안에 몸을 내맡기고 있
는 것이 부설傅說이 은거를 그만두고 은殷나라에서 훌륭한 업적을 남겼던
것과 네 명의 늙은이가 산중을 떠나 한漢나라에 귀의했던 것과 같았다. 이

런 의미 때문에 그에 대해 부賦를 지었다."(『예문유취』 권81)

글쓴이 설명:『태평어람』 권983에서는 혜함嵆含의 「괴향부」槐香賦를 인용하고 있는데, 문장이 이것과 동일하다.『예문유취』에서는 이를 혜강이 지은 것으로 여겼으나 옳지 않다. 장부 본에는 그 목록만 남아 있고 엄가균이 집록한『전삼국문』全三國文에서는『예문유취』에 의거하여 그것을 실어 놓았는데, 모두 잘못이다.

혜강의 「주부」酒賦는 다음과 같다. "다시 술을 거르니 지극히 맑아, 연못이 응결된 듯 얼음처럼 깨끗하고, 맛과 즙액이 모두 훌륭하고, 향기롭고 □□."(『북당서초』 권148)

글쓴이 설명 : 같은 권에서 또 혜함의 「주부」를 다음과 같이 인용하고 있다. "술이 익을 때 거품은 부평초처럼 엉겨 있고, 술꽃醪華은 물고기 비늘처럼 펼쳐져 있네." 그렇다면 위의 네 구句 역시 혜함의 글일 것이다.

혜강의 「잠부」蠶賦에서 이렇게 말했다. "뽕나무 잎을 먹은 다음 실糸을 토해 내고, 처음에는 어수선하지만 나중에는 질서가 있네."(『태평어람』 권814)

혜강의 「금찬」琴贊은 다음과 같다. "훌륭한 나의 아금雅琴은, 그 재료가 영산靈山에서 자랐고, 순수한 덕을 몸에 지니고 있어, 그 소리는 맑고 자연스럽다. 춘설春雪로 씻은 듯이 깨끗하고, 동굴 속 샘물처럼 맑고, 인자仁者보다 온화하고, 옥처럼 윤기가 있어 신선한 모습이다. 옛날 황제·신농 때 이 신물神物이 생겨났다. 공경스런 순임금이 오현금五弦琴으로 마음을 기탁했다記以. 사악함을 막고 바름을 받아들이니 신선처럼 고상하다. 조화와 기운을 조절하고 길러 주어宣和養氣 장수長壽를 도와준다."(『북당서초』 권109)

글쓴이 설명 : 역시 『초학기』 권16에도 보인다. "기이"記以는 "탁심"託心[마음을 기탁하다]으로 되어 있고, "양기"養氣는 "양소"養素로 되어 있다.

혜강의 「태사잠」太師箴에서 이렇게 말했다. "만약 술자리에서 사람들이 언쟁하는 것을 보고 그 형세가 점점 더 맹렬해지려는 듯하면 마땅히 그 자리를 떠야 하는데, 이는 다툼의 조짐이 있기 때문이다."(『태평어람』 권 496)

글쓴이 설명 : 이것은 「가계」에 나오는 말이고 본집 권10에 보이는데, 『태평어람』에서는 편명을 잘못 기재했다. 엄가균이 집록한 『전삼국문』의 주에서 "이것은 이 글의 서문이 아닐까 하며, 감히 확정할 수는 없다" 라고 하였는데, 심히 잘못된 것이다.

혜강의 「등명」燈銘은 다음과 같다. "서둘러 밤길을 걸어, 나의 친구 집에 이르니, 등불이 켜져 빛을 토해 내고, 화려한 비단 주렴華縵이 길게 드리워져 있네."

글쓴이 설명: 엄가균의 『전삼국문』에 보이며, 출처를 밝히지 않았다. 이는 실제로 「잡시」雜詩이며, 본집 제1권에 보이고, 『문선』에도 보인다.

「혜강집목록」稽康集目錄에서 이렇게 말했다. "손등孫登이라는 사람은 자가 공화公和이고 어디 사람인지 알 수 없다. 가족들은 없으며, 사람들이 지셴汲縣의 북산北山 토굴에서 그를 발견했다. 여름이면 풀을 엮어 옷으로 삼았고, 겨울이면 머리털을 늘어뜨려 자기 몸을 가렸다. 『역』易 읽기를 좋아하였고, 일현금一弦琴을 탔다. 그를 만나 본 사람들은 그를 가까이하고 좋아하였는데, 그가 사람들 집에 이를 때마다 사람들은 얼른 그에게 의복과 음식을 주었고, 그는 사양 없이 받았다."(『삼국위지』三國魏志 「왕찬전」王粲傳의 주)

글쓴이 설명 : 『세설신어』「서일편」棲逸篇의 주, 『태평어람』 권27과 권
999에서도 이를 인용하고 있으며, 「혜강집서」嵇康集序라고 하였다.

「혜강문집록」嵇康文集錄의 주에서 이렇게 말했다. "허네이河內 사람인
산금山嶔은 잉촨의 태수였고, 산공山公과 같은 집안의 아버지뻘 된다."(『문
선』 「혜숙야여산거원절교서」嵇叔夜與山巨源絶交書에 대한 이선의 주)

「혜강문집록」의 주에서 이렇게 말했다. "아도阿都는 여중제呂仲悌이며,
둥핑東平 사람이다."(위와 같음)

글쓴이 설명 : 혜강의 문장은 이치理를 말하는 데 뛰어났고 문사를 꾸미
는 데藻艶 신경을 쓰지 않았다. 당송대의 유서類書들은 이 때문에 인증자
료로 많이 인용하지 않았다. 오늘날에는 목록을 포함하여 11조목條만 볼
수 있으며, 그중에서 잘못된 것을 버리면 겨우 7조목만 남는다. 『수경』
水經 「여수편」汝水篇의 주에서는 "혜강찬양성소동"嵇康贊襄城小童[10]을 인용
하고 있고, 『세설신어』「품조편」品藻篇의 주에서는 「정단찬」井丹贊[11]·「사
마상여찬」司馬相如贊을 인용하고 있고, 『초학기』 권17에서는 「원헌찬」原憲
贊[12]을 인용하고 있다. 『태평어람』 권56에서는 「허유찬」許由贊[13]을 인용
하고 있다. 이들은 모두 혜강이 지은 『성현고사전찬』[14]에 나오며, 본래
는 그것 자체로 다른 책이었으니, 이들을 문집 속에 넣은 것은 부당하다.
장섭 본에는 그것을 넣고 있는데, 옳지 않으며, 지금 수록하지 않는다.

1926년 11월 14일

1) 이 글은 친필 원고에 의거하여 편입하였다.

2) 완적(阮籍, 210~263). 자는 사종(嗣宗)이고, 천류(陳留) 웨이스(尉氏; 지금은 허난성에 속함) 사람이며, 삼국(三國) 시기 위말(魏末) 때 시인이다. 『수서』「경적지」에 『완적집』(阮籍集) 10권이 기록되어 있다.

   육운(陸雲, 263~303). 자는 사룡(士龍)이고, 서진(西晉) 때의 문학가이다. 『수서』「경적지」에 『육기집』(陸機集) 14권, 『육운집』(陸雲集) 12권이 기록되어 있다.

   도잠(陶潛, 약 372~427). 연명(淵明)이라고도 하고, 자는 원량(元亮)이고, 쉰양(潯陽) 차이쌍(柴桑; 지금은 장시성 주장九江) 사람이며, 동진(東晉)의 시인이다. 『수서』「경적지」에 『도잠집』(陶潛集) 9권이 기록되어 있다.

   포조(鮑照, 약 414~466). 자는 명원(明遠)이고, 둥하이(東海; 지금의 장쑤성 롄윈강連雲港) 사람이며, 남조(南朝)의 송(宋)나라 문학가이다. 『수서』「경적지」에 『포조집』(鮑照集) 10권이 기록되어 있다.

   사조(謝朓, 464~499). 자는 현휘(玄暉)이고, 진군(陳郡) 양샤(陽夏; 지금의 허난성 타이캉太康) 사람이며, 남조(南朝)의 제(齊)나라 시인이다. 『수서』「경적지」에 『사조집』(謝朓集) 12권과 『사조일집』(謝朓逸集) 1권이 기록되어 있다.

   강엄(江淹, 444~505). 자는 문통(文通)이고, 카오청(考城; 지금의 허난성 란카오蘭考) 사람이며, 남조(南朝)의 양(梁)나라 문학가이다. 『수서』「경적지」에 『강엄집』(江淹集) 9권과 『강엄후집』(江淹後集) 10권이 기록되어 있다.

3) 루쉰의 교감본 『혜강집』에 덧붙어 있는 교감기(校勘記)를 가리킨다.

4) 수재(秀才)는 혜강의 형 혜희(嵇喜; 자가 공목公穆)를 가리키며, 형이 군에 입대할 때 혜강은 그에게 시를 지어 주었다.

5) 총서당 본의 「오언고의일수」(五言古意一首)와 「사언십팔수증형수재입군」(四言十八首贈兄秀才入軍)을 황성증의 각본에서는 하나의 제목으로 「형수재공목입군증시십구수」(兄秀才公穆入軍贈詩十九首)라고 하였다.

6) "□□□"는 오언시 1수를 나타내며, 루쉰의 교감본 『혜강집』에는 「주회시」(酒會詩)로 제목을 붙이고 있다. 황성증의 각본에는 이것과 그 아래의 4언시(四言詩) 중의 앞 6수를 합쳐 한 조(組)로 삼고 「주회시칠수」(酒會詩七首)라고 제목을 붙이고 있다.

7) 여장제(呂長悌)는 이름이 손(巽)이고, 둥핑(東平; 지금은 산둥성에 속함) 사람이다. 그의 동생 안(安)은 자가 중제(仲悌)이고, 어릴 때 이름이 아도(阿都)이다. 혜강의 가까운 친구였다. 여손(呂巽)이 여안(呂安)의 아내와 간통하고 또 여안은 불효하다고 모함하여 그를 감옥에 들어가게 했는데, 혜강은 이에 편지를 써서 여손과 절교하였다.

8) 향수(向秀) · 혜강 두 사람이 양생(養生) 문제에 대해 변론한 글이다.

   향수(向秀, 약 227~272). 자는 자기(子期)이고 허네이 화이(懷) 사람이다. 혜강의 친구이고 '죽림칠현'(竹林七賢)의 한 사람이며, 벼슬은 황문시랑(黃門侍郞)이었다.

9) 루쉰은 『혜강집』서(『嵇康集』序)에서 "제9권은 「난택무길흉섭생론」(難宅無吉凶攝生論) 하(下)가 되어야 하나 전부 없어졌기 때문에"라고 하였다. 그러니 "난하"(難下)는 "난중"(難中)의 잘못인 듯하다.

10) 『수경』(水經). 중국의 고대 수도(水道)를 기술한 지리서(地理書)이며 한대(漢代) 상흠(桑欽)이 지었다고 전해지고 있다. 북위(北魏) 때 역도원(酈道元)이 주(注)를 붙이고 대량의 자료를 증보하여 『수경주』(水經注) 40권을 완성하였다.

양성소동(襄城小童). 전설에 따르면 황제(黃帝) 때 신동(神童)으로서 황제에게 천하를 다스리는 방법을 진술하였다고 한다.

11) 정단(井丹). 자는 태춘(太春)이고, 푸펑(扶風) 메이(郿; 지금의 산시성陝西省 메이셴眉縣) 사람이며, 동한(東漢) 때의 은자이다.

12) 원헌(原憲). 자는 자사(子思)이고, 춘추(春秋) 시기에 노(魯)나라 사람이며, 공구(孔丘)의 문하생이다.

13) 허유(許由). 전설에 따르면 요·순임금 때의 은자이다.

14) 『성현고사전찬』(聖賢高士傳贊). 원서는 이미 없어졌고, 청대 마국한(馬國翰)·엄가균의 집록본이 있다.

『당송전기집』서례[1]

동월同越 사람인 호응린은 명대에 사부四部[경經·사史·자子·집集 등 중국 전적의 4대 부류]에 널리 정통하였는데, 이렇게 말한 바 있다. "무릇 기이한 이야기들은 육조六朝시대에 성행하였으나 대부분이 터무니없는 이야기舛訛를 전록傳錄한 것으로 꼭 허구적인 이야기幻說語를 구현한 것은 아니다. 당대唐代 사람들에 이르러 드디어 의식적으로 기이함을 좋아하여 소설을 빌려 필단筆端에 기탁하게 되었다. 「모영전」毛穎傳, 「남가전」南柯傳과 같은 것은 그래도 괜찮으나, 「동양야괴」東陽夜怪에 나오는 성자허成自虛, 『현괴록』玄怪錄에 나오는 원무유元無有 등은 일소一笑에 부칠 만하고, 문장의 격조文氣 역시 비루하여 언급할 것이 못 된다. 송대宋代 사람들이 기록한 것은 사실에 가까운 것이 많으나 문채文彩는 볼만한 것이 없다."[2] 이 말은 대체로 옳다. 시부詩賦에 염증이 나서 새로운 길을 널리 구하고 조사藻思[문장을 구성하는 능력]가 넘쳐흘러 소설이 이에 찬란하게 되었다. 그러나 후대 학자들은 정통正에 집착하여 소설을 흙이나 모래처럼 보았으니, 겨우 『태평광기』 등의 수록에 기대어 열 중에 하나만 남게 되었다. 그러나 다시 장사꾼이 이익을 얻기 위해 주위 모으고 깎아내었는데撮拾彫鐫, 『설해』說海, 『고금일사』古今逸史, 『오조소설』五朝小說, 『용위비서』龍威秘書, 『당인설회』唐人說薈, 『예원군화』藝苑擷華와 같은 책은 총목總目을 화려하게 꾸며 보는 사람들을 현혹하기 위해 종종 함부로 편목篇目을 만들어 내고 작자의 이름을 고쳐 썼으니, 진당대晉唐代 패관稗官의 전기傳奇는 거의 다 손상[3]을 입게 되었다. 무릇 개미새끼가 코를 아끼는 것은 본래 코끼리와 같으며, 모모嫫母[황제黃帝의 넷째 부인으로 현명했으나 추녀로 이름이 높았음]가 얼굴을 보호하려 함이 어찌 모장毛嬙[전설에 나오는 미녀]에 손색이 있겠는가. 그렇다면 그것이 비록 소설이라 이전부터 비천하여 아홉 유파九流의 항렬에 들 수 없는 것으로 여겨졌지만, 머리를 바꿔 버리고 발을 깎아 낸다면 여전히 무서운 재앙인 것이다. 예전에 나는 이를 염려하여 바로잡을 생각을 했었다. 먼저 한대漢代에서 수대隋代까지의 소설을 수집하여 『고소설구침』5부를 완성했고,[4] 점차 다시 당송대 전기傳奇의 작품을 집록하여 한 권의 책으로 모아 엮어 내려 하는데, 현재 통행되고 있는 본本과 비교하여 다소 믿을 만할 것이다. 그러나 거듭되는 곤궁한 처지에 정리할 겨를이 없어서 궤짝 속에 넣어 두고 조금씩 좀벌레를 배부르게 할 뿐이었다. 금년 여름에 일자리를 잃고 남방에 은거하면서[5] 우연히 정전둬鄭振鐸 군이 엮은 『중국단편소설』中國短篇小說을 보게 되었는데, 연기와 먼지煙埃를 깨끗이 털어 내고 거짓된 것을 물리치고 본래 모습을 회복하니 오랜 세월 동안 막혀 답답하던 것들이 하루아침에 분명해졌다. 아쉽게도 「야괴록」夜怪錄에서는 지은이를 그대로 왕수王洙라고 기록했고, 「영응전」靈應傳에서는 지은이로 우적于逖을 삭제하지 않았는데, 아마 옛 관점故舊에 미련이 남아 있었기 때문인 듯하다. 나중에 다시 다싱 사람인 서송의 『등과기고』[6]를 읽었는데, 미세한 자료까지 축적하여 명백히 밝히

고 조사가 깊고 정밀하였지만, 이징李徵의 과거 급제에 대해서는 이경량李
景亮의 「인호전引虎傳을 인용하여 증거로 삼고 있었다. 이것은 명대 사람
이 함부로 작자 이름을 기재해 놓은 것으로서 이경량의 글이 아니다. 비록
짧은 이야기短書[소설이나 잡기雜記를 가리킴]나 통속적인 이야기俚說라 하더라도
일단 함부로 고쳐지고 어지럽혀지면 글을 비평하는談文 데에 해를 가져올
뿐 아니라 역사를 고증하는考史 데에도 뜻밖의 재난을 초래하게 된다는 점
을 강하게 느끼게 되었다. 갑자기 옛날 원고가 기억나서 궤짝을 열고 찬찬
히 살펴보니 빛깔이 더욱 어두워지기는 했지만 아직 파손되지는 않았다.
이에 대략 시대 순으로 배열하고 전체를 일람하였다. 놀라운 사실은, 왕
도의 「고경기」가 아직 육조 지괴소설志怪小說의 여풍이 있었으나 화려하고
아름다움이 크게 증가되었다는 점이다. 천리千裏의 「양창전」楊倡傳, 유정柳
珵의 「상청전」上淸傳은 대단히 비루하고 빈약하여 시詩와 운명을 같이하고
있다. 송대는 권선징악을 좋아하고 사실實을 주워 모으는 데 빠져 약동적
인 정취는 전혀 기대할 수 없어 전기傳奇의 명맥은 여기에 이르러 끊어지
고 말았다. 다만 당대 대력大歷 연간에서 대중大中 연간 사이에 작자들이 구
름처럼 일어나 문단을 번영하게 하였으니 심기제沈旣濟, 허요좌許堯佐가 앞
서 우수함을 드러내었고, 장방蔣防, 원진元稹이 뒤에서 이채로움을 떨쳤고,
또한 이공좌李公佐, 백행간白行簡, 진홍陳鴻, 심아지沈亞之 등이 특별히 뛰어
났다. 다만 「야괴록」은 분명히 허무맹랑함空無에 의탁하고 있어 오늘날에
이르러서는 진정 진부한 말이겠지만 당대에는 실로 새로운 맛新意이 있
었으니 호응린이 그토록 폄하했지만 나는 동의할 수 없다. 스스로 집록한
것을 살펴보니 비록 대단한 문장秘文은 없었으나 지난날 애를 썼던 것이
라 여전히 소중한 것이었다. 다시 최근 몇 년 동안을 생각해 보면 당송대

의 전기傳奇를 정성껏 보살피고 있는 사람은 많지 않다. 이 미미한 물방울을 가져다 저 소설의 깊은 물에 주입하여 나와 관심이 같은 사람들同流에게 바치려 한다. 하찮은 미나리에 비교되겠지만 아마 고증하고 찾는 노력을 다소나마 줄여 주고, 나아가 완상하는 즐거움을 가져다줄 것이다. 그리하여 문을 걸어 잠그고 책을 펼쳐 놓고 다시 교정을 보니 한 달 만에 비로소 완성되어 전체가 8권으로 인쇄에 부칠 수 있게 되었다. 바라는 바를 이루어 다행으로 느끼지만 바야흐로 기쁨이 이미 한숨으로 바뀌었다. 조국 땅舊鄕을 돌아보니 발걸음이 옮겨지지 않는데, 날아가는 빠른 세월을 이렇게 다 써 버렸으니, 아아, 이 어찌 나의 생生을 잘 꾸렸다고 할 것인가. 그렇지만 부득이한 일이다. 아직 자질구레한 범례雜例가 남아 있어 아래에 나열한다.

1. 본집本集이 자료로 뽑은 책은 다음과 같다. 명대 간행본『문원영화』文苑英華. 청대 황성[7]의 간행본『태평광기』太平廣記——명대 허자창[8]의 각본으로 대조하였음. 함분루涵芬樓가 영인한 송대 본『자치통감고이』自治通鑑考異. 둥캉董康이 번각한 사례거士禮居 본『청쇄고의』青瑣高議——명대 장몽석張夢錫의 간행본 및 구초본으로 대조하였음. 명대에 번각한 송대 본『백천학해』百川學海. 명대의 초본 원본인『설부』. 명대 고원경顧元慶의 간행본『문방소설』文房小說. 청대 호정胡珽의 배인본排印本『임랑비실총서』등.

2. 본집이 뽑은 것은 오로지 단편單篇에 한정되어 있다. 만약 어느 책 속의 어느 한 편이 비록 그 이야기가 대단한 명성이 있다 하더라도 혹시 원서가 이미 없어졌다면 채록하지 않았다. 예를 들어 원교袁郊의『감택요』[9]에 나오는「홍선」紅線, 이복언李復言의『속현괴록』續玄怪錄에 나오는「두자춘」杜子春, 배형[10]의『전기』傳奇에 나오는「곤륜노」崑崙奴,「섭은낭」聶隱娘

등이 그것이다. 황보매皇甫枚의 「비연전」飛煙傳은 비록 『삼수소독』三水小牘에 나오는 일문이지만 『태평광기』가 인용할 때 어느 책에 나오는지 말하지 않았으니 아마 단독으로 간행되었을 것 같아 그대로 수록하였다.

3. 본집에 뽑은 것 중에 당대唐代의 문장은 관대하였고 송대에 만들어진 것은 선정하는 데 무척 신경을 썼다. 명청대 사람들이 집록하여 간행한 총서에서 멋대로 처리한 것이 있으면 곧바로 조사하여 바로잡고 거짓된 것은 배제하였는데, 함부로 삭제한 것이 아니니 믿을信 만할 것이다. 일본에 있는 「유선굴」遊仙窟은 당대 장문성[11]이 지었는데, 본래 「백원전」白猿傳 다음에 놓아야 마땅하지만 장마오천[12] 군이 곧 출판할 예정이므로 편입하지 않았다.

4. 본집에 뽑은 문장 중에 다른 책書이나 다른 본本에도 나와 그것과 대조할 수 있으면 서로 대조하였다. 자구가 다르면 옳은 것을 따랐다. 어떤 글자가 어떤 본에 어떻게 되어 있다고 일일이 제시하지는 않았는데, 번거로움을 피하기 위해서였다. 만약 좀더 자세히 알고 싶은 독자가 있으면, 권말에 어떤 편은 어떤 책, 어떤 권에 나온다고 모두 기록해 놓았으니, 직접 원서를 펼쳐 살펴보아 그 진상을 파악할 수 있을 것이다.

5. 지금까지 잡서雜書를 섭렵할 때 참고증거로 삼을 만한 당송대의 전기와 관련된 것들은 역시 잊지 않기 위해 베껴 두었다. 요즘 분주히 뛰어다니는 바람에 상당히 산실散失되었다. 객지 생활이라 또 책 구하기가 쉽지 않아 전혀 보탤 수가 없었다. 지금 다만 모아 놓은 불완전한 자료에다 근래에 본 것을 약간 더하여 함께 1권으로 만들고 본집의 말미에 끼워 넣었는데, 잠시나마 구문舊聞을 보존해 둔다.

6. 당대 사람의 전기는 금원대金元代 이래로 희극가戱劇家들의 창작 자

료로 크게 이용되었는데, 내가 보고 들은 것들에 한해서 한둘 들었다. 그러나 사곡詞曲과 관련된 일은 본래 심혈을 기울이지 않았으므로 기존의 책故書에서 그대로 옮겨 기록하였으니 잘못되고 누락된 부분이 많을 것이다. 정밀한 연구와 해박한 고증은 전문가를 기다린다.

7. 본집의 편권篇卷은 많지 않지만 완성하기까지 쉽지는 않았다. 우선 쉬광핑[13] 군이 이를 위해 선록해 주었는데, 『태평광기』 속의 문장이 가장 많았다. 다만 의거한 것은 황성黃晟의 간행본뿐이었으므로 오류가 있을까 심히 우려가 되었다. 작년에 웨이젠궁[14] 군이 베이징대학도서관에 소장되어 있던 명대 창저우 사람인 허자창의 간행본으로 교감해 주어 비로소 마음이 놓였다. 지금 잡다한 찰기를 편집하여 권말에 붙이려고 생각하였는데, 원래의 원고舊稿가 조잡한 데다 뜻이 통하지 않고 의문스러운 데가 많았으나 장징쎤[15] 군이 서적 십여 종을 보내 주어 검토할 수 있게 되어 마침내 일이 진척되었다. 타오위안칭[16] 군이 만든 책표지는 이미 1년여 전에 나에게 보내 준 것이다. 여러 사람들의 도움에 힘입어 비로소 이 책을 완성하였으니 이 공허한 말을 빌려 삼가 깊은 우의를 두루 새겨 둘 뿐이다.

중화민국 16년 9월 10일,
루쉰이 교감을 마치고 제기題記를 쓰다

하늘을 뒤덮은 깊은 어둠에 옥같이 둥근 달이 휘영청 비추고
탐욕스런 모기가 멀리서 탄식하는데, 나는 광저우에 있다

주)_____

1) 이 글은 1927년 10월 16일 상하이 『베이신주간』(北新周刊) 제51·52기 합간(合刊)에 처음 발표되었고, 후에 1927년 12월 베이신서국에서 출판된 『당송전기집』(唐宋傳奇集) 상책에 인쇄되어 실렸다.

   『당송전기집』은 루쉰이 편선(編選)한 것으로 전체 8권이고, 당·송 양대(兩代)의 전기소설(傳奇小說) 45편을 수록하고 있으며, 책의 말미에 「패변소철」(稗邊小綴) 1권이 있다. 1927년 12월, 1928년 2월에 베이신서국에서 상·하 두 책으로 나누어 출판되었다. 1934년 5월에 1책으로 합쳐 상하이 롄화서국(聯華書局)에서 재판되었다. 후에 1938년판 『루쉰전집』 제10권에 수록되었다.

2) 당송전기문에 대한 호응린(胡應麟)의 이 평가의 말은 『소실산방필총』(少室山房筆叢) 「이유철유(중)」(二酉綴遺 中)에 보인다.

3) 원문은 '黥劓'. 경(黥)은 고대 형벌의 하나로 얼굴에 죄명을 자자(刺字)하던 것을 가리키고, 의(劓)는 고대 형벌의 하나로 코를 베던 것을 가리키지만, 여기서는 함부로 글자를 고치거나 삭제한다는 의미로 쓰였다.

4) 작자가 집록한 『고소설구침』(古小說鉤沈)은 다음의 다섯 종류의 자료를 포함한다. 첫째 『한서』 「예문지」 '소설가'의 기록에 보이는 것, 둘째 『수서』 「경적지」 '소설가'의 기록에 보이는 것, 셋째 『신당서』 「예문지」 '소설가'의 기록에 보이는 것, 넷째 상술한 세 가지 지(志)의 '소설가' 이외의 기록에 보이는 것, 다섯째 사지(史志)의 기록에 보이지 않는 것이 그것이다.

5) 작자는 1927년 4월 21일 중산대학(中山大學) 문학과 주임 겸 교무주임을 사직하고 광저우(廣州)의 둥디(東堤) 바이윈루(白雲樓)에 기거하였다.

6) 서송(徐松, 1781~1848). 자는 성백(星伯)이고, 청대 다싱(大興; 지금은 베이징北京에 속함) 사람이며, 가경(嘉慶) 연간에 진사(進士)가 되었다. 저작으로는 『당양경성방고』(唐兩京城坊考)·『등과기고』(登科記考) 등의 책이 있다.

   『등과기고』. 사지(史志)·회요(會要)·유서(類書)·총집(總集) 등에서 산견(散見)되는 관련 자료를 모아서 당(唐)에서 오대(五代)까지 진사(進士)에 합격한 사람들의 성명, 간단한 이력 및 과거와 관련된 문헌을 엮어 놓았으며, 도합 30권이다.

7) 황성(黃晟, 1663~1710). 자는 향경(香涇)이고, 청대 장쑤 쑤저우(蘇州) 사람이며, 건륭 연간에 거인(舉人)이 되었다. 건륭 18년(1752)에 『태평광기』를 간행하였다.

8) 허자창(許自昌). 자는 원우(元祐)이고, 쑤저우 사람이며, 명대 희곡(戲曲) 작가이다. 저작으로는 『수호기』(水滸記)·『귤포기』(橘浦記) 등 전기(傳奇) 극본이 있다. 가경 연간에 『태평광기』 대자본(大字本)을 교각(校刻)하였다.

9) 원교(袁郊). 자는 지의(之儀; 자천子乾이라고도 함)이고, 당대 차이저우(蔡州) 랑산(朗山; 지금의 허난성 루난汝南) 사람이며, 궈저우(虢州) 자사(刺史)를 역임하였다.

『감택요』(甘澤謠). 전기집(傳奇集)으로 함통(鹹通) 연간에 완성되었다. 원서는 이미 없어졌고, 오늘날 본(本) 1권은 명대 사람이 『태평광기』에서 집록하여 만든 것이다.

10) 배형(裴鉶). 당말(唐末) 사람이며, 희종(僖宗)의 건부(乾符) 연간에 벼슬이 청두(成都) 절도부사(節度副使)에 이르렀다.

11) 장문성(張文成, 약 660~740). 이름은 겸(謙)이고, 당대 선저우(深州) 루쩌(陸澤; 지금의 허베이성 선셴深縣) 사람이다. 고종(高宗)의 조로(調露) 초년(679)에 진사가 되었고, 벼슬은 사문원외랑(司門員外郎)에 이르렀다.

12) 장마오천(章矛塵). 이름은 팅첸(廷謙)이고, 필명은 촨다오(川島)이며, 저장성 사오싱(紹興) 사람이다. 베이징대학(北京大學) 철학과를 졸업하였다. 당시에 샤먼대학(廈門大學)에서 가르쳤다. 그가 표점 부호를 붙인 『유선굴』(遊仙窟)은 1929년 2월에 베이신서국에서 출판되었다.

13) 쉬광핑(許廣平, 1898~1968). 광둥성(廣東省) 판위(番禺) 사람이다. 베이징여자사범대학(北京女子師範大學) 국문과를 졸업하였으며, 루쉰의 부인이다.

14) 웨이젠궁(魏建功, 1901~1980). 자는 천행(天行)이고, 장쑤성 루가오(如皐) 사람이며, 언어문자학자이다. 베이징대학 국문과를 졸업하였다.

15) 장징싼(蔣徑三, 1899~1936). 저장성 린하이(臨海) 사람이다. 저장우급사범학교(浙江優級師範學校)를 졸업하였고, 당시에 중산대학 도서관의 관원 겸 언어역사연구소 조리원(助理員)이었다.

16) 타오위안칭(陶元慶, 1893~1929). 자는 쉬안칭(璿卿)이고, 저장성 사오싱 사람이며, 미술가이다. 루쉰의 저역서인 『방황』(彷徨), 『무덤』(墳), 『고민의 상징』(苦悶的象徵) 등의 표지 그림을 그렸다.

『당송전기집』패변소철[1]

제1부분[2]

「고경기」古鏡記는『태평광기』권230에 보이며,「왕도」王度라는 제목으로 고
쳐 놓았고, 주注에서 "『이문집』異聞集에 나온다"라고 하였다.『태평어람』
(권912)에서는 그중에 정웅程雄 집안 하녀에 관한 이야기[3]를 인용하고 수
대隋代 왕도의 「고경기」라 하였는데, 아마 기술하고 있는 내용이 모두 수
나라 때의 일이므로 잘못을 범했을 것이다.『문원영화』(권737)에 있는 고
황[4]이 쓴 「대씨광이기」戴氏廣異記의 서序에서 이렇게 말했다. "국조國朝[여기
서는 당대唐代를 가리킴] 연국공燕國公의 「양사공기」梁四公記, 당임唐臨의 「명보기」
冥報記, 왕도의 「고경기」, 공신언孔愼言의 「신괴지」神怪志, 조자근趙自勤의 「정
명록」定命錄, 이유성李庾成・장효거張孝擧 무리에 이르기까지 서로서로 이야
기를 전하였다." 그렇다면 왕도는 이미 당대로 넘어왔으니 마땅히 당대
사람이라 해야 한다. 다만『당서』및『신당서』에는 모두 왕도의 이름이 없
다. 그의 사적에 관해 「고경기」의 본문에 의거하여 고증할 수 있는 것은

다음과 같다.

> 대업大業 7년 5월 어사御史 직위에서 파직되어 허둥河東으로 돌아왔고, 6월에 창안長安으로 돌아갔다. 8년 4월에 어사대御史臺에 재직하였고, 겨울에 저작랑을 겸임하여 임금의 명을 받들어 국사國史를 편찬하였다. 9년 가을에 징청京城을 떠나 루이청芮城의 현령을 겸임하였고, 겨울에 어사 겸 루이청 현령으로서 허베이다오河北道에 파견되어 곡식창고를 열어 산군陝郡의 동부를 구휼하였다. 10년에 그의 동생 왕적王勣이 육합승六合丞 직위를 버리고 돌아왔고, 다시 유람을 떠났다. 13년 6월에 왕적은 창안으로 돌아왔다.

수대에서 당대로 넘어온 사람 중에 왕적王績[5]이 있는데, 그는 장저우絳州 룽먼龍文 사람이며, 『신당서』(권196)에서 이렇게 말했다. "대업 연간에 왕적이 효제염결孝悌廉潔에 추천되었고, …… 조정에 있는 것을 좋아하지 않아 자청하여 육합승이 되었다. 그는 술을 좋아하고 일을 하지 않았는데, 그때는 세상이 어지러웠기 때문에 탄핵을 받고 마침내 해직되어 떠났다. 탄식하며 '세상이 온통 그물로 덮여 있으니 나는 도대체 어디로 갈 것인가'라고 하였고, 이에 고향으로 돌아왔다. …… 처음에 그의 형 왕응王凝은 수나라 저작랑이 되어 『수서』隋書를 편찬하였으나 완성하지 못하고 죽었다. 왕적은 그 여업餘業을 이었으나 역시 완성할 수 없었다." 그렇다면 『신당서』의 왕적 및 왕응은 바로 「고경기」 본문에 나오는 왕적王勣 및 왕도王度이니, 왕도를 일명 왕응이라 했거나 『당서』의 글자가 잘못일 수 있는데, 자세한 것은 알 수 없다. 『당서』(권192)에도 왕적의 전傳이 있어 "정

관貞觀 18년에 죽었다"라고 하였다. 이때 왕도는 이미 앞서 죽었으나 어느
해인지는 알 수 없다. 송대宋代 조공무의 『군재독서지』(권14) 유서類書 부
문에 「고경기」 1권이 기록되어 있는데, "이 책은 누가 지은 것인지 알 수
없으며, 고경古鏡에 관한 이야기를 편집한 것이다"라고 하였다. 아마 이는
전기傳奇 「고경기」일 것이다. 『태평어람』에서 인용한 부분의 이야기에는
글자가 조금 다른 것이 있다. 예를 들어 "爲下邳陳思恭義女" 다음에 "思恭
妻鄭氏" 다섯 글자가 있고, "遂將鸚鵡"의 "將"이 "劫"으로 되어 있는데, 이
들은 『태평광기』와 비교하여 더 낫다.

「보강총백원전」補江總白猿傳은 명대 창저우長州의 고씨顧氏가 송대 본
을 복간한 『문방소설』文房小說에 근거하여 집록하였고, 『태평광기』 권444
에서 인용한 부분을 가지고 교감하여 몇 글자를 바로잡았다. 『태평광기』
에서는 제목을 「구양흘」⁶⁾이라 하였고, 주에서 "『속강씨전』續江氏傳에 나온
다"라고 하였으니, 이 역시 송초宋初의 단행본에 의거한 것이다. 이 전기는
당송 시기에 대체로 상당히 유행하였으며, 그래서 역사서史志에 그 기록이
자주 보인다.

『신당서』 「예문지」의 자부소설가류子部小說家類: "「보강총백원전」 1권."
『군재독서지』의 사부전기류史部傳記類: "「보강총백원전」 1권. 이 책은 누
  가 지은 것인지 알 수 없다. 양나라 대동 말년에 구양흘의 아내가 원숭이
  에게 붙잡혀 가서 아들 구양순歐陽詢을 낳았다는 내용이다. 『숭문총목』
  에서는 당대에 구양순을 싫어하는 사람이 지은 것이라고 여겼다."
『직재서록해제』의 자부소설가류: "「보강총백원전」 1권. 작자의 성명이

없다. 구양흘은 구양순의 아버지이다. 구양순은 외모가 원숭이를 닮았는데, 항상 장손무기長孫無忌와 서로 놀려 댔다. 이 전기는 마침내 그 놀림을 더욱 확대하여 그 일이 사실인 것처럼 서술하였다. 강총江總을 보충하여 쓴다고 가탁하여 말하고 있어 틀림없이 무명씨가 지은 것이다."

『송사』「예문지」의 자부소설류: "「집보강총백원전」集補江總白猿傳 1권."

장손무기가 구양순[7]을 놀려 댄 이야기는 유속의 『수당가화』[8](중中)에 나온다. 그 시에서 다음과 같이 말했다. "어깨가 불쑥 솟아 산 모양을 이루고, 머리는 어깨에 파묻혀 나와 있지 않네. 누군가의 집 인각麟閣에는, 이 같은 원숭이 한 마리가 그려져 있도다!"聳髆成山字, 埋肩不出頭. 誰家麟閣上, 畵此一獼猴! 구양순은 어깨가 불쑥 솟고 목이 오그라들어 그 모습이 원숭이를 닮았던 것이다. 그리고 큰 원숭이가 남의 부인을 훔쳐서 아들을 낳았다는 이야기는 본래 예로부터 내려오던 전설이다. 한대 초연수의 『역림』(곤지박)[9]에서는 이미 "남산의 큰 원숭이가 나의 아름다운 첩을 훔쳐갔다"라고 하였다. 진晉나라 장화는 『박물지』[10]를 지었는데, 그에 대해 더 상세하게 설명하고 있다(권3 「이수」異獸 참고). 당대에 누군가가 아마 구양순의 이름이 높은 것을 시기하여 마침내 끌어다 합쳐 이 전기를 만들었을 것이다. "보강총"補江總이라 한 것은, 강총이 구양흘의 친구이고 또 일찍이 구양순을 거두어 길렀는데, 이 이야기의 본말을 전부 알지만 그에게 전傳을 지어 주지 않았으므로 그것을 보충한다는 것을 말한다.

「이혼기」離魂記는 『태평광기』 권358에 보이며, 원제목은 「왕주」王宙이나 주에서 "「이혼기」離魂記에 나온다"라고 하였으므로 이에 근거하여 제목을 고쳤다. "二男並孝廉擢第, 至丞尉"(둘째 아들 또한 효렴과로 급제하여 승위의 벼슬에 이르렀다)라는 구절 다음에 원래는 "事出陳玄祐「離魂記」雲"(이야기는 진현우의 「이혼기」에 나온다)이라는 아홉 글자가 있지만 자주 나오는 구절이기에 여기서는 삭제하였다. 진현우는 대력 연간 사람이며, 그 나머지에 대해서는 자세히 알 수 없다.

「침중기」枕中記는 지금 전해지는 것으로 두 가지 본本이 있다. 하나는 『태평광기』 권82에 있으며, 제목은 「여옹」呂翁으로 되어 있고 주에서 "『이문집』異聞集에 나온다"라고 하였다. 하나는 『문원영화』 권833에 보이는데, 편명과 작자의 이름이 모두 갖추어져 있다. 그런데 『당인설회』에서는 뜻밖에 이필[11]이 지은 것이라 고쳐 놓았는데, 그 이유는 알 길이 없다. 심기제는 쑤저우우 사람(『원화성찬』元和姓纂에는 우싱 우캉[12] 사람이라 하였음)이며 경학에 해박하여 양염[13]의 추천으로 부름을 받아 좌습유사관수찬左拾遺史館修撰에 임명되었다. 정원貞元 연간에 양염이 죄를 지어 심기제 역시 추저우處州의 사호참군司戶參軍으로 좌천되었다. 후에 조정으로 들어와 예부원외랑禮部員外郎의 자리에 있다가 죽었다. 『건중실록』[14] 10권을 저술하였으며 사람들은 그의 재능을 칭찬하였다. 『신당서』(권132)에 전傳이 있다. 심기제는 사가史家여서 문장이 매우 간결하고 질박하고 또 훈계하고 타이르는 내용이 많았고, 그래서 당시에는 비록 전기문傳奇文을 짓는 사람을 경시하였지만 여전히 지극히 존경받았다. 예를 들어 이조李肇는 바로 심기제의 전기를 장자莊子의 우언寓言에 견주고, 한유의 「모영전」과 나란히 거론하였다(『국사보』 하下 참고).[15] 『문원영화』는 전기문을 수록하지 않았는데, 유독 「침중기」와 진홍陳鴻의 「장한전」長恨傳만을 수록한 것은 아마 내용이 훈계를 위주로 하여 세상의 교훈으로 삼을 만하였기 때문일 것이다.

　꿈에서 문득 한평생을 경험한다는 이야기 역시 예로부터 전해지고 있었다. 진대 간보의 『수신기』[16]에 바로 유사한 이야기가 있다. "초호묘焦湖廟에 옥 베개가 하나 있어 그 베개에는 갈라진 작은 틈이 있었다. 그때 단푸현單父縣 사람인 양림楊林은 상인이었고, 묘당에 이르러 복을 빌었다. 묘당의 무당이 이렇게 말했다. '그대는 좋은 혼인을 하고 싶은가?' 양림이 대답했다. '대단히 기쁩니다.' 무당은 곧 양림을 베개 가로 데려갔고 이어 양림은 갈라진 틈으로 들어갔다. 드디어 붉은 누각과 옥으로 지은 집을 만났고 조태위趙太尉라는 사람이 거기에 살고 있었다. 곧 자기 딸을 양림에게 시집보내어 여섯 아들을 낳았는데, 모두 비서랑秘書郎이 되었다. 수십 년을 살았으나 돌아가고 싶은 마음이 생기지 않았다. 홀연히 꿈에서 깨어나니 여전히 베개 옆에 있었고, 양림은 한참 동안 슬퍼하였다."(송대 악사樂史의 『태평환우기』 권126의 인용 부분 참고. 현재 통행되고 있는 『수신기』는 후대 사람들이 초록하여 모아 놓은 것인데, 이 항목은 누락하여 수록하지 않았음) 이것이 바로 대개 「침중기」가 기초하고 있는 이야기일 것이다. 명대 탕현조湯顯祖는 또 「침중기」를 저본으로 하여 「한단기」邯鄲記 전기傳奇[명대 희곡을 가리킴]를 지었고, 이 이야기는 드디어 세상에 널리 알려지게 되었다. 원문에 여옹呂翁은 이름이 없지만 「한단기」에서는 여동빈呂洞賓이라는 이름으로 충실히 해놓았으니 아주 잘못이다. 여동빈은 개성開成 연간에 과거에서 떨어져 입산入山하였는데, 이는 개원 연간 이후에 해당하니 그 이전에 이미 신선술神仙術을 얻었거나 옹翁이라 불릴 수는 없었을 것이다. 그러나 송대에는 이미 한 가지 이야기로 뒤섞여 버렸으니 오증의 『능개재만록』,[17] 조여시의 『빈퇴록』[18]에서 모두 이를 분석해 놓았다. 명대 호응린 역시 고증하여 바로잡아 놓았는데 그의 『소실산방필총』의 「옥호하람」玉壺遐覽에 나온다.

『태평광기』에 수록되어 있는 당대 사람의 전기문은 대부분 『이문집』에 뿌리를 두고 있다. 이 책 10권은 당말에 둔전원외랑屯田員外郞인 진한陳翰이 지은 것으로서 『신당서』 「예문지」에 보이지만 지금은 이미 전해지지 않고 있다. 『군재독서지』(권13)에 따르면 "전기傳記에 실려 있는 당조唐朝의 기괴한 이야기를 모아서 한 권의 책으로 만들었다"라고 하였고, 『태평광기』에 수록된 것을 살펴보면 이전 사람들의 구문舊文을 편집하여 만든 것임을 알 수 있다. 그러나 다른 서적에 인용되어 있는 것과 대조하여 보면 같은 문장이지만 자구가 상당히 다르다. 다른 판본에 의거한 경우도 있고, 진한이 고친 경우도 있을 텐데, 자세히 알 수는 없다. 본집本集의 「침중기」는 바로 『문원영화』에 의거하였으며, 『이문집』에서 채록한 『태평광기』에 실려 있는 것과는 많이 다르다. 특히 두드러지는 것은, 예컨대 첫머리 일곱 구절의 경우 『태평광기』에는 "開元十九年, 道者呂翁經邯鄲道上, 邸舍中設榻, 施擔囊而坐"(개원 19년에 도사 여옹이 한단의 거리를 지나다 여관에 묵어 봇짐을 내려놓고 앉았다)로 되어 있다. "主人方蒸黍"(주인이 바야흐로 기장을 찌고 있다)는 "主人蒸黃粱爲饌"(주인이 메조를 쪄 밥하고 있다)으로 되어 있다. 후대에 사람들이 보통 이 이야기를 "황량몽"黃粱夢이라 한 것은 『태평광기』에 뿌리를 두고 있기 때문이다. 이외에도 많지만 여기서 일일이 예거하지 않는다.

「임씨전」任氏傳은 『태평광기』 권452에 보이며, 제목이 「임씨」로 되어 있고 출전을 밝히지 않았으니, 아마 단독으로 간행되었을 것이다. "天寶九

年"(천보 9년) 앞에 원래는 "唐"(당)이라는 글자가 있었다. 『태평광기』가 전대前代의 책에서 뽑을 때 대개 연호 앞에 국호國號를 적었는데, 대체로 채록하여 편집할 때 덧붙인 것으로 원래 있었던 것이 아니므로 여기서는 삭제하였다. 다른 편篇도 모두 이를 따랐다.

주)

1) 이 글은 1927년 8월 22일에서 24일 사이에 씌어졌고, 1928년 2월 상하이 베이신서국에서 출판한 『당송전기집』(唐宋傳奇集) 하책(下冊)에 처음 인쇄되어 실렸다.

2) 원문에는 한 부분이 끝날 때마다 그 말미에 "이상 제1부분", "이상 제2부분"……이라고 되어 있으나 여기서는 소제목처럼 앞에 미리 제시하였다.

3) 「고경기」에 나오는 이야기로 정웅(程雄) 집안의 하녀 앵무(鸚鵡)는 원래 천년 묵은 여우인데, 보경(寶鏡)에 비춰지자 원래 모습이 나타나 죽는다는 등의 내용이다.

4) 『문원영화』(文苑英華). 시문(詩文) 총집(總集)이고, 송대 태종(太宗) 때 이방(李昉) 등이 명을 받들어 엮은 것으로 양말(梁末)에서 당대(唐代)까지의 시문을 모아 놓았으며 도합 1,000권이다.
   고황(顧況, 727~815). 자는 포옹(逋翁)이고 샤오저우(小州) 하이옌(海鹽; 지금은 저장성에 속함) 사람이며, 중당(中唐) 때의 시인이다. 저작으로는 『화양집』(華陽集)이 있다.

5) 왕적(王績, 585~644). 자는 무공(無功), 호는 동고자(東皋子)이고, 장저우(絳州) 룽먼(龍門) 사람이며, 초당(初唐) 때의 시인이다. 수말(隋末)에 벼슬은 비서성정자(秘書省正字)였으며, 당초(唐初)에는 문하성(門下省)에서 벼슬이 내려지기를 기다렸고, 후에 관직을 버리고 귀향하였다. 저작으로는 『동고자집』(東皋子集)이 있다.

6) 구양흘(歐陽紇). 자는 봉성(奉聖)이고, 탄저우(潭州) 린샹(臨湘; 지금의 후난성 창사長沙) 사람이다. 남조(南朝)의 진(陳)나라 때 벼슬이 광저우(廣州) 자사(刺史)였고, 모반으로 인해 피살되었다.

7) 장손무기(長孫無忌, ?~659). 자는 보기(輔機)이고, 뤄양(洛陽; 지금은 허난성에 속함) 사람이며, 당(唐) 태종(太宗)의 장손황후(長孫皇後)의 오빠이다. 벼슬은 상서우복야(尚書右僕射)에 이르렀다.
   구양순(歐陽詢, 557~641). 자는 신본(信本)이고, 구양흘의 아들로서 당대(唐代) 서법가(書法家)이다. 벼슬은 태자솔경령(太子率更令)이 된 적이 있다. 구양흘이 죽임을 당한 후에 구양흘의 옛 친구 강총(江總)이 그를 거두어 길렀다.

8) 유속(劉餗). 자는 정경(鼎卿)이고, 당대 펑청(彭城; 지금의 장쑤성 쉬저우徐州) 사람이며,

현종(玄宗) 때 벼슬은 집현전(集賢殿) 학사(學士)였다. 저작으로는 『국조전기』(國朝傳記) 등의 책이 있다. 『수당가화』(隋唐嘉話)는 후대 사람이 집록한 것으로 도합 3권이며, 수당(隋唐) 때 인물들의 이야기를 많이 기록하고 있다.

9) 초연수(焦延壽). 자는 공(贛; 일설에는 이름이 공贛이라 함)이고, 량(梁; 소재지는 지금의 허난성 상추商丘) 사람이며, 한대(漢代) 역학가(易學家)이다. 소제(昭帝) 때 벼슬은 소황령(小黃令)이었다.
『역림』(易林). 일설에는 최전(崔篆)이 지었다고 하며, 『역경』(易經)을 이용하여 괘점(卦占)을 치고, 매 괘(卦)의 계사(繫辭)를 사언(四言)으로 된 운문으로 쓰고 있다. 곤지박(坤之剝)은 『역림』 권1에 나오는 괘명(卦名)이다.

10) 장화(張華, 232~300). 자는 무선(茂先)이고 판양(範陽) 팡청(方城; 지금의 허베이성 구안固安) 사람으로 서진(西晉)의 문학가이며, 벼슬은 사공(司空)에 이르렀다.
『박물지』(博物志). 필기집(筆記集)이며 장화가 지었다고 적혀 있다. 신괴기물(神怪奇物)·이문잡사(異聞雜事)를 기술하고 있다. 원서는 이미 없어졌고, 오늘날 본은 10권으로 후대 사람이 집록한 것이다.

11) 『당인설회』(唐人說薈). 소설필기(小說筆記) 총서(叢書)이며 예전에 명대 도원거사(桃源居士)의 집록본이 있어 모두 144종이었다. 청대 진세희(陳世熙; 연당거사蓮塘居士)는 다시 『설부』(說郛) 등의 책에서 20종을 찾아내서 보충·집록하여 164종으로 합쳤는데, 그 속에는 삭제된 부분과 오류가 많다.
이필(李泌, 722~789). 자는 장원(長源)이고, 당대 징자오(京兆; 지금의 산시성 시안西安) 사람이다. 벼슬은 재상(宰相)에 이르렀고, 업후(鄴侯)에 봉해졌다.

12) 심기제(沈旣濟, 약 750~약 800). 쑤저우우(蘇州吳; 지금의 장쑤성 쑤저우蘇州) 사람이며, 당대 문학가이다. 우싱(吳興)은 당나라 때 군(郡) 이름이며 소재지는 지금의 저장성 후저우(湖州)이다. 우캉(武康)은 옛 현(縣) 이름이며, 지금은 저장성 더칭(德淸)에 속한다.

13) 양염(楊炎, 727~781). 자는 공남(公南)이고 평샹(鳳翔) 톈싱(天興; 지금의 산시성 평샹鳳翔) 사람이며, 당(唐) 덕종(德宗) 때 벼슬이 상서좌복사(尙書左僕射)에 이르렀다. 후에 죄를 지어 야저우(崖州)로 폄적되었다.

14) 『건중실록』(建中實錄). 당(唐) 덕종(德宗) 건중(建中) 연간의 대사(大事)를 기록한 역사서이며 10권이다. 심기제가 사관(史官)에서 파면될 때인 건중 2년(781) 12월까지 다루고 있다.

15) 이조(李肇). 당 헌종(憲宗) 원화(元和) 연간에 벼슬이 한림학사(翰林學士)·중서사인(中書舍人)이었다.
한유(韓愈, 768~824). 자는 퇴지(退之)이고 허난(河南) 허양(河陽; 지금의 허난성 멍셴孟縣) 사람으로서 당대 문학가이며, 벼슬은 이부시랑(吏部侍郎)에 이르렀다. 「모영전」(毛穎傳)은 한유가 쓴 우언(寓言)이며, 모영(毛穎)은 글 속에 나오는 붓을 가리킨다.

『국사보』(國史補). 3권이며 당 현종(玄宗)의 개원(開元) 연간에서 목종(穆宗)의 장경(長慶) 연간까지의 일을 기록하고 있다.

16) 간보(幹寶). 자는 영승(令升)이고 동진(東晉) 때 신차이(新蔡; 지금은 허난성에 속함) 사람으로 벼슬은 저작랑(著作郞)이었다.

『수신기』(搜神記). 지괴소설집(志怪小說集)이다. 원서는 이미 없어졌고, 오늘날 본(本)은 후대 사람이 집록한 것으로 도합 20권이다.

17) 오증(吳曾). 자는 호성(虎城)이고, 충런(崇仁; 지금은 장시성에 속함) 사람이며, 남송(南宋) 고종(高宗) 때 벼슬이 공부낭중(工部郞中)이었고, 옌저우(嚴州)의 주지(州知)로 나갔다.

『능개재만록』(能改齋漫錄). 필기집(筆記集)으로 원서는 20권이나 이미 없어졌다. 오늘날의 본(本)은 명대 사람이 집록한 것으로 도합 18권이다.

18) 조여시(趙與峕, 1175~1231). 자는 행지(行之)이고 송조(宋朝)의 종실(宗室)이다.

『빈퇴록』(賓退錄). 필기집(筆記集)으로서 도합 10권이다.

제2부분

이길보[1]의 「편차정흠설변대동고명론」編次鄭欽說辨大同古銘論에 대해 청대 조월과 노격이 지은 『당어사대정사제명고』(권3)[2]에서는 『문원영화』에 보인다고 말했다. 나는 이전에 필사해 두지 않았고 때마침 『문원영화』도 빌릴 수 없어 『태평광기』 권391에 근거하여 그 문장을 채록하였고, 원제목이 「정흠설」鄭欽說이지만 다시 조월·노격의 설에 따라 고쳐 놓았다. 문장은 원래 전기傳奇가 아니지만 『태평광기』에서 "『이문기』異聞記에 나온다"라고 주해하고 있으니, 대개 그 이야기가 신비하고 기이해서 당송대 사람들이 이미 그것을 소설로 보았으므로 본집에 편입하였다. 이길보는 자가 홍헌弘憲이고, 자오군趙郡 사람이며 정원貞元 초에 태상박사太常博士가 되었고, 벼슬을 거듭하여 한림학사·중서사인에 이르렀다. 원화元和 2년에 중서시랑 겸 중서문하평장사中書門下平章事의 직함으로 화이난淮南 절도사로 나갔고, 오래지 않아 다시 조정으로 들어와 재상이 되었다. 9년 10월 갑작스런 병으로 세상을 떴으니 나이 57세였다. 사공司空으로 추증되고 충의忠懿라는 시호를 받았다. 양『당서』(『구당서』권148, 『신당서』권146)에 다 전傳이 있다. 「정흠설」은 『신당서』(권200)의 『유학』儒學 「조동희전」趙冬曦傳 속에 곁들여 나온다. 여기서, 그는 개원 초년에 신진현新津縣 승丞으로서 오경五經 시험[당시의 명경과明經科를 가리킴]에 응시하여 합격, 공현위鞏縣尉에 제수되었고, 이후 집현원교리集賢院校理, 우보궐右補闕, 내공봉內供奉 등을 거쳤다라고 하였다. 이림보[3]로부터 대단한 미움을 받았다. 위견[4]이 죽자 정흠설은 이때 전중시어사殿中侍禦史 자리에 있었으나 일찍이 위견의 판관判官[당송 시대에 절도사나 관찰사의 공무 처리를 돕던 관리]이었으니 예랑현夜郎縣의 현위縣尉로 좌천되었고, 거기서 죽었다.

「유씨전」柳氏傳은 『태평광기』권485에 나오며, 제목 아래에 "허요좌許堯佐가 지었다"라고 주해하고 있다. 『신당서』(권200)의 『유학』儒學 「허강좌전」許康佐傳에서 이렇게 말했다. "정원貞元 연간에 진사과進士科와 굉사과宏辭科에 응시하여 연거푸 합격하였다. …… 그의 여러 동생들도 모두 진사에 합격하였는데, 허요좌가 가장 먼저 진사가 되었으며, 또 굉사과에 응시하여 태자교서랑太子校書郎이 되었다. 8년에 강좌康佐가 그 직위를 이었다. 요좌堯佐는 간의대부諫議大夫의 자리에 있었다." 유씨 이야기는 맹계의 『본사시』(「정감」情感 기일其一)[5]에 보이며, 맹계는 스스로 "개성開成 연간에 우저우梧州에 있을 때 다량大梁의 숙장夙將인 조유趙唯로부터 그 이야기를 들었는데, 조유는 그것을 목격하였다"라고 하였다. 기록된 내용은 요좌의 전기와 서로 같으니 아마 그것은 사실일 것이다. 그리고 맹계는, 한굉⁶⁾이 다시 유씨를 얻은 이후의 이야기를 비교적 상세하게 서술하고 있어 여기에 기록하여 둔다.

나중에 관직에서 물러나 한거閑居하면서 10년을 보냈다. 재상 이면李勉은 이문夷門⁷⁾을 친히 지키고 있을 때 다시 그를 막료로 임명했다. 이때 한굉은 이미 노년이었고 동료들은 모두 신진의 젊은이들이어서 한굉을 이해할 수 없었다. 그들은 눈을 치켜뜨며 "형편없는 시를 짓는 사람"惡詩이라고 했다. 한굉은 뜻대로 되지 않아 우울하여 자주 아프다는 핑계로 집에 있었다. 다만 말직의 위순관韋巡官이 있어 명사名士를 알아보고 그만이 한굉과 사이가 좋았다. 어느 날 한밤에 위순관이 급하게 문을 두드렸다. 한굉이 나가 보니, 그는 축하하며 "어르신員外⁸⁾께서 가부낭중駕部郎中과 지제고知制誥에 임명되었습니다"라고 말했다. 한굉은 크게 놀라면서 "이런 일은 있을 수 없어. 틀림없이 착오일 거야"라고 말했다. 위순관은 들어와 앉으며 이렇게 말했다. "징청의 관보에 제고制誥[임금을 대신해서 조서를 쓰는 벼슬] 자리에 사람이 부족하다고 보도되었습니다. 중서성中書省에서 두 차례 임금에게 이름을 올렸는데, 임금은 친히 낙점하지 않으셨습니다. 중서성에서 다시 요청하면서 누구에게 줄지 임금의 뜻을 물었습니다. 덕종德宗은 '한굉에게 주어라'라고 지시했습니다. 그때 장후이江淮의 자사로 있던, 이름이 같은 한굉이 또 한 사람이 있었습니다. 다시 두 사람을 동시에 올렸습니다. 임금은 친히 다시 이렇게 지시했습니다. '봄이 찾아온 징청에 꽃 날리지 않은 데 없고, 한식날 동풍은 왕실 정원의 버드나무 가지를 어루만지네. 저녁이 찾아와 궁궐漢宮에 촛불이 차례로 밝아지고, 밥 짓는 연기 모락모락 피어올라 다섯 제후⁹⁾의 집으로 흩어져 들어가네.' 또 이렇게 지시했습니다. '이 시를 지은 한굉에게 주어라.'"

위순관은 또 축하하며 "이 시는 어르신의 시가 아닙니까?"라고 말했다. 한굉은 "그렇지. 착오가 아님을 알겠구나"라고 말했다. 날이 밝자 이면과 막료들이 모두 와서 축하하였다. 이때가 건중建中 초년이었다.

후에 이 이야기를 취해 희곡의 극본으로 만든 사람이 있는데, 명대에는 오장유吳長孺의 『연낭기』練囊記가 있고, 청대에는 장국수張國壽의 『장대유』章臺柳가 있다.

「유의전」柳毅傳은 『태평광기』 권419에 보이며, 주에서 "『이문집』에 나온다"라고 하였다. 원제목에 '전'傳이라는 글자가 없지만 지금 더해 놓았다. 본문에 근거해 룽시隴西의 이조위李朝威가 지은 것임을 알겠지만, 작자의 생평을 고증할 수는 없다. 유의 이야기는 후대 사람들이 상당히 많이 채용하였는데, 금대 사람이 이미 그 이야기를 취해서 잡극을 지었고(이 내용은 동해원董解元의 『현색서상』弦索西廂에 보임), 원대에는 상중현尙仲賢이 『유의전서』柳毅傳書를 지었고, 또 번안翻案하여 『장생자해』張生煮海를 지었고, 이호고李好古 역시 『장생자해』를 지었고, 명대에는 황설중黃說仲이 『용소기』龍簫記¹⁰⁾를 지었다. 시편詩篇에 사용한 경우도 종종 있었다. 호응린은 이를 대단히 싫어하여 이렇게 말한 적이 있다. "당대 사람의 소설, 예를 들어 『유의전서』의 둥팅洞庭에 관한 이야기는 지극히 비루하고 황당하여 근거가 없으니 문사文士들은 조속히 내버려야 마땅하나 시인들이 종종 그 이야기를 즐겨 사용하고 있다. 시에 이야기를 사용하는 데 있어 본래 허실虛

實에 구애받을 필요는 없지만 이 이야기는 특히 황당하고 사리에 맞지 않는다. 헛소문을 만들어 내는 사람造言者들이 이 지경에까지 이르렀으니 제멋대로 말하는 것은 징벌을 받아야 할 것이다. 하중묵何仲黙은 사람들에게 늘 당송대 이야기를 사용하지 말라고 훈계하였으나 '오래된 우물에 물이 깊으니 유의의 사당이로다'舊井潮深柳毅祠라는 시구를 지었으니 역시 크게 경솔하다. 지금 특별히 지적하여 시를 배우는 데 거울로 삼는다."(『필총』筆叢 권36) 호응린이 이 말을 진술한 것은, 무릇 한진대漢晉代 사람들은 만약 사리에 맞는 경우라면, 비록 황당한 것이라 해도 사용했다는 것을 말하기 위함이다. 옛사람들은 그런 방법으로 남들을 속였고 사람들은 분명히 알면서도 그것을 즐겨 받아들였으니, 빈틈없이 치밀한 논의篤論라고 할 수는 없다.

「이장무전」李章武傳은 『태평광기』 권340에 나온다. 원제목에는 '전'傳 자가 없으며 편말篇末에서 "이경량李景亮이 이장무를 위해 전을 지었다"라고 주해하고 있어 지금 이에 근거하여 전 자를 더하였다. 이경량은 정원 10년에 상명정술가이리인과詳明政術可以理人科에 합격하였는데, 『당회요』[11]에 보이며, 그 나머지는 알 수 없다.

「곽소옥전」霍小玉傳은 『태평광기』 권487에 나오며, 제목 아래에 "장방蔣防이 지었다"라고 주해하고 있다. 장방은 자가 자징子徵(『전당문』[12]에는 '미'微로 되어 있음)이고, 이싱義興[지금의 장쑤성 이싱宜興] 사람이며, 장징蔣澄의 후손이다. 나이 18세 때 그의 부친이 권고하여 「추하부」秋河賦를 짓도록 하였는데, 붓을 들자 곧 완성하였다. 우간于簡이 마침내 딸을 그에게 시집보냈다. 이신[13]이 즉석에서 명하여 「구상응」韝上鷹이라는 시를 짓게 하였다. 후에 한림학사, 중서사인을 역임하였다(명대 능적지의 『고금만성통보』[14] 권86 참고). 장경長慶 연간에 이신이 죄를 지었으므로 장방 역시 상서사봉 원외랑尚書司封員外郎, 지제고에서 팅저우汀州의 자사로 좌천되었고(『구당 서』「경종기」敬宗紀 참고), 얼마 후 롄저우連州의 자사로 전임하였다. 이익李 益은 자가 군우君虞이고, 가계系가 룽시 출신이며 벼슬을 거듭하여 우산기 상시右散騎常侍에 이르렀다. 태화太和 연간에 예부상서의 직함으로 사직하 였다. 당시에 또 이익이 한 사람 더 있어 관직은 태자서자太子庶子였는데, 세상에서는 이 때문에 군우君虞를 "문장을 잘하는 이익"文章李益이라 불러 그와 구별하였다. 『신당서』(권203)의 「이화전」李華傳에 보인다. 이익은 당 시에 시명詩名이 크게 높았으나 남아 있는 작품은 드문드문 있을 뿐이다. 청대 장주증張澍曾이 한데 모아 한 권으로 만들어 『이유당총서』二酉堂叢書 속 에 넣고 앞에 사적事跡을 집록하여 놓았는데, 이익의 사적을 망라하고 있 어 매우 완비되어 있다. 「곽소옥전」은 비록 소설이지만 기록하고 있는 내 용이 상당히 근거가 있어 두보杜甫의 「소년행」少年行에 "누런 적삼의 젊은 이 마땅히 자주 와야 하리, 그래야 집 앞에서 동으로 가는 물결을 보지 않 을 것이리라"黃衫年少宜來數, 不見堂前東逝波라는 구절이 있어 바로 이 이야기 [「곽소옥전」에 나오는 '누런 적삼'黃衫을 입은 호사豪士에 관한 이야기]를 가리킨다. 이 당 시 두보는 촉蜀 지역에 있었으니 아마 소문으로 「곽소옥전」 이야기를 들 었을 것이다. 이익의 친구 위하경韋夏卿은 자가 운객雲客이고, 경조京兆[서 울이라는 뜻]의 완녠萬年 사람이며, 역시 『당서』(『구당서』 권165, 『신당서』 권 162)에 모두 전傳이 있다. 이조李肇는 (『국사보』에서) "산기상시인 이익은 어려서부터 의심병이 있었다"라고 하였는데, 「곽소옥전」에서 소옥小玉이 죽은 후 이익은 곧 의심병이 생겼다고 한 것은 아마 억지로 끌어다 붙여 기이한 이야기로 만들기 위한 것이었을 것이다. 명대 탕해약[15]은 이 이야기를 취해서『자소기』紫簫記를 지었다.

주)_____

1) 이길보(李吉甫, 758~814). 당대 자오(趙; 지금의 허베이성 자오셴趙縣) 사람이다.

2) 조월(趙鉞, 1778~1849). 자는 우문(雩門)이고, 청대 런허(仁和) 사람이다. 가경 연간에 진사가 되었고, 벼슬은 타이저우(泰州) 지주(知州)에 이르렀다.『당랑관석주제명고』(唐郎官石柱題名考),『당어사대정사제명고』(唐禦史臺精舍題名考)를 지었으나 나이가 들어 완성하지 못하고 노격(勞格)에게 부탁하여 계속 완성하도록 하였다.

노격(1820~1864). 자는 보문(保文), 호는 계언(季言)이며, 청대 런허(仁和) 사람이다.『당어사대정사제명고』(唐禦史臺精舍題名考). 3권이며, 당(唐) 현종(玄宗)의 개원(開元) 연간에 세워진『대당어사대정사비명』(大唐禦史臺精舍碑銘)에 새겨진 어사(禦史)의 이름자에 근거하여 산견(散見)되는 사지(史志)·유서(類書)의 자료를 수집하고 순서대로 그들의 간단한 이력을 고증하여 배열하고 있다.

3) 이림보(李林甫, ?~752). 당조(唐朝)의 종실(宗室)이다. 현종(玄宗) 때 재상(宰相)을 역임하였고, 사람들은 그를 두고 "입에는 꿀이 있고, 배에는 칼이 있다"(口有蜜, 腹有劍)라고 불렀다.

4) 위견(韋堅, ?~746). 자는 자전(子全)이고, 경조(京兆) 완녠(萬年; 지금의 산시성 창안長安) 사람이다. 당 현종 때 벼슬은 산군태수(陝郡太守)·수륙전운사(水陸轉運使)였다. 천보(天寶) 5년(746)에 그가 태자(太子)를 옹립하려고 꾸미고 있다고 이림보가 모함하여 그는 링난(嶺南)으로 쫓겨났고, 피살되었다.

5) 맹계(孟棨). 맹계(孟啓)라고도 하며, 자는 초중(初中)이고 당말(唐末) 사람으로 벼슬은 사훈낭중(司勛郎中)에 이르렀다.『본사시』(本事詩). 1권으로「정감」(情感) 등 7류(類)로 나누어져 있고, 당대 사람들의 시가(詩歌)와 관련된 본사(本事; 출전과 일사에 관한 것)를 기술하고 있다.

6) 한굉(韓翃). 자는 군평(君平)이고 난양(南陽; 지금은 허난성에 속함) 사람으로 중당(中唐) 때의 시인이다. 벼슬은 중서사인(中書舍人)에 이르렀다.『한군평집』(韓君平集)이 있다. 그의 사적은『신당서』(新唐書)「노륜전」(盧綸傳)에 덧붙어 있다.「유씨전」에 나오는 한익(韓翊)은 바로 한굉(韓翃)을 가리킨다.

7) 이문(夷門)은 전국 시기 위(魏)나라의 도성인 다량(大梁)의 동문(東門) 이름이었는데, 후

대에 다량(大梁; 지금의 카이펑開封)의 대칭으로 사용되었다.

8) 원외랑(員外郎)이라고도 하며 당대(唐代)의 편제외(編制外) 관원을 뜻하지만 여기서는 한펑에 대한 존칭으로 쓰이고 있다.

9) 한나라 성제(成帝)가 그의 외숙 왕담(王譚), 왕상(王商), 왕입(王立), 왕근(王根), 왕봉시(王逢時) 등 다섯 명을 같은 날 제후로 봉하였는데, 이들을 다섯 제후(五侯)라고 한다.

10) "소"(簫)는 마땅히 "초"(綃)라고 해야 옳다.

11) 『당회요』(唐會要). 역사서로서 100권이며, 송대 왕부(王溥)가 지었다. 당대의 제도(制度)의 연혁을 기술하고 있으며, 정사에 실리지 않은 자료들을 많이 보존하고 있다. 이 경량(李景亮)에 관한 사료는 이 책 권76에 보인다.

12) 『전당문』(全唐文). 당대 산문의 총집(總集)으로 1,000권이며, 청대 가경 때 동고(董誥) 등이 엮었다. 당(唐)·오대(五代)의 작자 3,000여 명의 문장을 수록하고 작자의 소전(小傳)을 덧붙이고 있다.

13) 이신(李紳, 772~846). 자는 공수(公垂)이고, 우시(無錫; 지금은 장쑤성에 속함) 사람이며, 당대 시인이다. 목종(穆宗)의 장경(長慶) 3년(823)에 어사중승(禦史中丞)에서 호부시랑(戶部侍郎)으로 좌천되었고, 이듬해 또 돤저우(端州)의 사마(司馬)로 좌천되었다. 무종(武宗) 때 벼슬이 재상(宰相)에 이르렀다. 저작으로는 『추석유집』(追昔遊集)이 있다.

14) 능적지(淩迪知). 자는 치철(稚哲), 호는 역천(繹泉)이고, 명대 우청(烏程; 지금의 저장성 우싱吳興) 사람이며, 세종(世宗) 때 벼슬이 병부원외랑(兵部員外郎)에 이르렀다. 『고금만성통보』(古今萬姓統譜). 성씨 보록(譜錄)으로 146권이며, 성씨에 의거하여 운(韻)을 부여하여 순서대로 배열하고, 각 성의 유명한 인물들의 적관(籍貫)·사적을 기록하고 있다.

15) 탕해약(湯海若). 탕현조(湯顯祖)를 가리킨다.

제3부분

이공좌가 지은 소설은 현재 4편이 『태평광기』에 있으며, 후대에 끼친 그 영향력은 대단히 컸지만 작자의 생평은 자세히 알기 어렵다. 그의 문장에 나오는 자술自述 내용으로부터 고증할 수 있는 것은 다음과 같다.

정원 13년에 배를 타고 샤오수이瀟水·샹수이湘水·창우蒼梧를 유람하였다(「고악독경」古嶽瀆經). 18년 가을에 오吳 지역에서 뤄양洛陽으로 가는 도중에 잠시 화이허淮河 가에 정박하였다(「남가태수전」南柯太守傳).

원화 6년 5월 장화이 종사江淮從事로 파견되어 징청京城에 갔으며 돌아올 때 한수이漢水의 남쪽에 머물렀다(「풍온전」馮媼傳). 8년 봄에 장시 종사江西從事에서 면직되어 작은 배를 타고 동쪽으로 내려가서 젠예建業에서 오랫동안 머물렀다(「사소아전」謝小娥傳). 겨울에 창저우常州에 있었다(「고악독경」). 9년 봄에 동오東吳의 유적지를 방문하였고, 둥팅호洞庭湖에서 배를 띄워 포산包山을 올랐다(「고악독경」). 13년 여름에 비로소 창안長安으로 돌아왔는데, 쓰수이泗水 가를 지났다(「사소아전」).

『전당시』 말권에 이공좌의 하인의 시詩가 실려 있다.[1] 그 '본사'本事[출전과 일사逸事에 관한 것]에서 간략히 이렇게 말하고 있다. "이공좌는 진사에 합격한 이후 중링 종사鐘陵從事가 되었다. 하인은 이공좌를 위해 열심히 일을 도맡아 하여 30년에 이르렀다. 어느 날 시 1편을 남겨 놓고 뛰어올라 하늘로 날아가 버렸다." 그 시에 "전몽사가친"顚夢事可親이라는 말이 있는데, 주에서 "공좌는 자가 전몽이다"라고 하였으니 바로 이공좌를 가리키는 것이 아닐까 한다. 그렇지만 『전당시』가 어느 책에서 채록하였는지는 알 수 없지만, 틀림없이 당대 사람의 잡설雜說에서 뽑았을 것으로 여겨지나 찾아 검증하지는 못했다. 『당서』(권70)의 「종실세계표」宗室世系表에는 천우비신千牛備身이라는 관직에 있던 공좌가 나오는데, 그는 허둥河東 절도사 이설李說의 아들이고 링옌靈鹽·쉬팡朔方 절도사 이탁李度의 동생이니, 그렇다면 이는 다른 사람이다. 『당서』 「선종기」宣宗紀에는 이공좌 한 명이 기록되어 있으며, 그는 회창會昌 초년에 양저우楊州 대도독부大都督府의 녹사錄事로 벼슬하였고, 대중大中 2년에 어떤 일에 연루되어 두 차례 임관任官의 기회를 박탈당했으니, 오히려 전몽顚夢에 가깝다. 그렇지만 이공좌는 대종代宗 시기에 태어났으니 선종宣宗 초까지도 살아 있었다면 나이가 거의 80세이다. 살펴본 것은 단지 단편적인 문장에서 개별적으로 고증한 것이니 역시 서둘러 확정할 수는 없다.

「고악독경古嶽瀆經은 『태평광기』 권467에 나오며, 제목은 「이탕李湯으로 되어 있고 주에서 "『융막한담戎幕閑談에 나온다"라고 하였다. 『융막한담』은 위현2)이 지었지만, 이 작품은 이공좌의 필치가 매우 분명하다. 원대 도종의陶宗儀의 『철경록輟耕錄(권29)에서 이렇게 말했다. "소동파의 「호주도산濠州塗山이라는 시 '川鎭支祁水尙渾'(수신水神인 무지기巫支祁를 쇠사슬로 묶어 놓았으나 강물이 아직도 혼탁하네)에 대해 주에서 '정연程演이 이르되, 『이문집』에 실려 있는 「고악독경」에는 우禹임금이 치수하다 동백산桐柏山에 이르러 회와淮渦의 수신水神을 잡아서 무지기라 이름하였다'라고 하였다." 작품의 출처와 편명이 모두 갖추어져 있으니, 지금 이에 근거하여 제목을 고치고 또 『태평광기』에 있는 주의 잘못을 바로잡는다. 「고악독경」은 대개 이공좌가 모작한 것이지만 당시 사람들은 이미 갈피를 잡을 수 없었다. 이조李肇의 『국사보國史補(상)에서는 곧 이렇게 말했다. "초주楚州에 한 어부가 있어 우연히 화이허에서 쇠사슬을 낚았는데, 당겼으나 끝이 없었다. 이를 관가에 알렸다. 자사 이탕이 인력을 크게 동원하여 그것을 끌어당겼다. 쇠사슬이 다 당겨지자 푸른 원숭이가 물 밖으로 뛰어올랐고, 다시 물속에 잠기더니 사라졌다. 후에 누군가가 『산해경山海經을 조사하여 보았더니, 물속의 짐승은 매우 해로우며 우임금이 군산軍山 아래서 쇠사슬로 묶어 놓고 그 이름을 무지기라 하였다는 것이다." 지금 전해지는『산해경』을 조사하여 보면 이 내용이 없고, 또 일문일 것 같지는 않다. 이조는 아마 이공좌의 이 작품에 속았고, 또 서명을 잘못 기록했을 것이다. 게다가 이공좌가『산해경』의 일문에 근거하여「고악독경」을 창작한 것도 아니다. 명대에 이르러 드디어 누군가가 그것을『고일서』[3)에 수록하였다. 호응린(『필총』권32) 역시 이 일에 대해 언급하였는데, 이렇게 생각했다. "그것은 대개 육조시대 사람들이『산해경』의 문체를 답습하여 위작한 것이다. 또는 당대 사람들이 우스개로 세상을 놀리려는 문장으로「악독」嶽瀆이라 명명했음을 알 수 있다. 작품의 내용이 상당히 괴이하기 때문에 후세에 이에 대해 말하기 좋아하는 사람이 있었다. 태사太史인 송경렴宋景濂 역시 약간 윤색하여 문집 속에 넣었는데, 요컨대 그것을 문자의 유희로 보았을 따름이다. 나필羅泌은『노사』路史에서 무지기를 논증하였고, 또 사람들은 우임금이 무지기를 쇠사슬로 묶었다는 이야기를 쓰저우泗州의 대성大聖이 한 것으로 와전하고 있으니, 모두 가소롭다."『필총』에서 인용하고 있는 문장도『태평광기』와 크게 다르다. 우이수禹理水를 우치회수禹治淮水라고 하고, 주뢰走雷를 신뢰迅雷라 하고, 석호石號를 수호水號라 하고, 오백五伯을 토백土伯이라 하고, 수명搜命을 수명授命이라 하고, 천千을 등산等山이라 하고, 백수白首를 백면白面이라 하고, 분경奔軽 두 글자는 없고, 문聞이라는 글자가 없고, 장률章律을 동률童律이라 하고 그 다음에 동률童律 두 글자를 중복하고, 조목유鳥木由를 오목유烏木由라 하고 그 다음에 역시 세 글자를 중복하고, 경진庚辰 다음에 역시 경진庚辰이라는 글자를 중복하고, 환桓 다음에 호胡라는 글자가 있고, 취聚를 총叢이라 하고, 이수천재以數千載

를 이천수以千數라 하고, 대색大素을 대계大概라 하고, 마지막 네 글자는 없다. 낭송하며 읽기에 상당히 순조롭다. 그렇지만 원서元瑞[호응린]가 의거하고 있는 책이 믿을 만한 판본인지 아니면 임의로 고쳐 놓았는지 분명하지 않으므로 그것에 근거하여 고치지는 않았다.

주희朱熹는 『초사변증』楚辭辨證(하)에서 이렇게 말했다. "「천문」天問에는 곤鯀[우임금의 아버지]이 천제天帝의 식양息壤을 훔쳐서 홍수를 막았다는 기록이 있는데, 이는 전국戰國 시기 민간에서 전해지던 전설로서 오늘날 세속에서 전해지는 '승가가 무지기를 굴복시키다'僧伽降無之祁, '허손이 요물이무기를 베다'許遜斬蛟蜃精와 같은 부류이다. 전혀 근거가 없으며 호사가들이 가탁하여 꾸며 내어 사실인 것처럼 만든 것이다." 송대에 벌써 우임금이 승가로 와전되고 있는 것이다. 왕상지는 『여지기승』[4](권44 「회남동로淮南東路 · 우이군盱眙軍」)에서 "수모水母[수신의 일종]는 구산사龜山寺에 구멍을 파고 들어가 있는데, 민간에서는 쓰저우의 승가가 수모를 여기에서 굴복시켰다고 전하고 있다"라고 하였다. 그렇다면 다시 무지기는 수모로 와전되고 있는 것이다. 저인획은 『견호속집』[5](권2)에서 이렇게 말했다. "『수경』에는 이렇게 기록되어 있다. 우임금이 치수를 하다 화이허에 이르자 화이허의 수신이 나타났다. 큰 원숭이 형상으로 손톱으로 땅을 긁자 물로 변하였다. 우임금은 경진庚辰에게 명하여 그를 잡도록 하였다. 드디어 구산龜山 아래에 쇠사슬로 묶어 두니 화이허의 물이 이에 평온해졌다. 명대에 이르러 고황제高皇帝[명 태조 주원장]는 구산을 지나다 역사力士들에게 명하여 꺼내어 보도록 하였다. 그리하여 쇠사슬을 잡아끄니 두 대의 배에 가득 찼고, 천 명이 당겨서 꺼낼 수 있었다. 다만 늙은 원숭이 한 마리가 나타났는데, 털이 길고 온몸을 뒤덮고 있었으며 큰소리로 한 마디 울부짖고 돌연히 물

바닥으로 들어갔다. 고황제는 얼른 양과 돼지로 제사를 올리게 했고, 역시 다른 변고는 없었다." 이는 또 「고악독경」을 『수경』으로 와전하고 있고, 게다가 이탕에 관한 이야기를 명 태조에게 억지로 전가하고 있는 것이다.

「남가태수전」南柯太守傳은 『태평광기』 권475에 나오며, 제목은 「순우분」淳于棼이고, "『이문록』에 나온다"라고 주해하고 있다. 「남가태수전」은 정원 18년에 지은 것으로 이조가 이에 대한 찬贊을 써서 편말에 끼워 넣었다. 그리고 원화 연간에 이조는 『국사보』를 지었는데, 이렇게 말했다. "근래에 날조하고 비방하는 것으로 유명한 것은 「계안」鷄眼과 「묘등」苗登 두 문장이 있다. 개미굴 이야기를 전하여 이름을 날리고 있는 것은 이공좌의 「남가태수」이다. 기생을 즐기면서 시문을 잘 짓는 사람은 청두成都의 설도薛濤이고, 남의 집 어린 종으로서 문장을 잘 짓는 사람은 곽씨郭氏의 노비 (이름을 적지 않음)이다. 이들은 모두 문단文에서 요사한 일이다."(권하下) 같은 이조이지만 약 10년이 지나서 결국 이 정도로까지 비방하고 있으니 역시 괴이한 일이다. 순우분에 관한 이야기 역시 상당히 유전流傳되고 있었고, 송대에 이르러 양저우揚州에 이미 남가태수의 무덤이 생겼는데, 『여지기승』輿地紀勝(권37 「회남동로」淮南東路)에서 『광릉행록』廣陵行錄을 인용한 부분에 보인다. 명대 탕현조는 이에 근거하여 『남가기』南柯記를 지었고, 마침내 더욱 널리 유전되어 오늘날에 이르고 있다.

「여강풍온전」廬江馮媼傳은 『태평광기』 권343에 나오며, "『이문전』에 나온다"라고 주해하고 있다. 이야기가 지극히 간략하여 이공좌의 다른 문장과 비슷하지 않다. 그러나 이에 의거하여 작자의 종적을 고증해 볼 수 있으므로 잠시 다시 보존하여 둔다.『태평광기』의 옛 제목에는 전傳자가 없지만 지금 더해 놓았다.

「사소아전」謝小娥傳은『태평광기』권491에 나오며, 이공좌가 지었다고 씌어 있다. 어디서 뽑았는지 밝히지 않고 있어 아마 단독으로 간행되었을 것이지만 역사서史志에 전혀 기록되어 있지 않다. 당대 이복언이 지은『속현괴록』[6]에는 이 이야기가 상세히 기록되어 있는데, 당시에 이미 사람들로부터 격찬을 받고 있었을 것이다. 송대에 이르러 드디어 다소 와전되어 달라졌으니,『여지기승』(권34 「강남서로」江南西路)에 린장쥔臨江軍[치소治所는 지금의 장시성江西省 칭장淸江]의 인물이 기록되어 있는데, 그중에 사소아를 이렇게 말하고 있다. "그녀의 부친이 광저우廣州로부터 금은괴를 운반하면서 가족을 데리고 징청으로 들어오는데, 배가 바탄霸灘[지금의 장시성 칭장 샤오수이蕭水의 강가]을 지나다 강도를 만나 전 가족이 피살되었다. 소아는 물에 빠졌으나 죽지 않았고 저잣거리에서 구걸하게 되었다. 후에 소금상인 이씨李氏의 집에서 일하게 되었고, 그 집에서 사용하던 주기酒器를 보니 모두 자기 부친의 것이었으므로 비로소 지난번 강도가 바로 이씨라는 것을 깨닫게 되었다. 그것을 마음에 간직하고 칼을 준비해 감추어 두었다. 어느 날 저녁 이생李生이 술자리를 마련하여 온 집안이 모두 한껏 취했다. 소아는 그 가족을 모두 살해하고 관가에 알렸다. 이 사건이 조정에 알려지자 특명으로 그녀에게 관직을 내렸다. 소아는 원하지 않는다며 이렇게 말했다. '이미 아버지의 원수를 갚았으니 달리 할 일은 없고 작은 암자에서 수도를 하고 싶습니다.' 조정은 이에 비구니 절을 짓고 그녀에게 기거하도록 하였는데, 오늘날 금지방金池坊 비구니 절이 그것이다." 사적事跡은 본 전기

傳奇와 같은 듯하지만 다르고, 또 그녀를 이막과 부방[7] 두 사람 사이에 열거하고 있어 아마 이미 소아를 북송 말엽 사람으로 여기고 있었던 것이다. 명대 능몽초가 통속소설(『박안경기』 권19[8])을 지었는데, 바로 『태평광기』에 의거한 것이다.

정원 11년 타이위안太原의 백행간[9]은 이공좌의 명을 받들어 「이왜전」李娃傳을 지었다. 이공좌는 스스로 전기를 창작하였을 뿐 아니라 동료들에게도 그것을 짓도록 독려했다. 「이왜전」은 오늘날 『태평광기』 권484에 있으며, "『이문집』에 나온다"라고 주해하고 있다. 원대 석군보[10]가 지은 『이아선화주곡강지』李亞仙花酒曲江池, 명대 설근연[11]이 지은 『수유기』繡襦記는 모두 이 이야기에 뿌리를 두고 있다. 호응린(『필총』 권41)은 이에 대해 이렇게 논했다. "이왜李娃는 마지막에 이생李生을 거두어 주어 이생을 저버린 죄를 속죄할 수 있었다라고 하여 작자는 누차 그녀의 어짊을 칭찬하였으니 정말 우스운 일이다." 호응린은 『춘추』에 의거하여 전기의 옳고 그름을 판단하였으니 이는 잘못이다. 백행간의 자는 지퇴知退(『신당서』의 「재상세계표」宰相世系表에서는 자가 퇴지退之라 하였음)이며, 백거이白居易의 동생이다. 정원 말년에 진사에 급제하였다. 원화 15년에 좌습유左拾遺에 제수되었고, 점차 사문원외랑과 주객랑중主客郎中에 승진되었다. 보력寶曆 2년 겨울에 병으로 죽었다. 양 『당서』 모두 그의 사적을 「거이전」居易傳(『구당서』 권166, 『신당서』 권119)에 붙여 놓았다. 문집 20권이 있었으나 지금은 남아 있지 않다. 전기로는 「삼몽기」三夢記 1편이 더 있는데, 원본 『설부』 권4에 보인다. 그중에서 유유구劉幽求에 관한 이야기[그의 아내의 꿈속으로 달려든다는 이야기]가 특히 널리 퍼졌고, 호응린(『필총』 권36)은 또 이렇게 말했다. "『태평광기』에 나오는 꿈에 관한 여러 가지 이야기는 모두 이와 비슷하다. 이 이야기는 대개 사실을 기록한 것으로 그 나머지는 모두 이에 근거하여 가탁한 것이다." 글쓴이 설명 : 청대 포송령의 『요재지이』[12]에 나오는 「봉양사인」鳳陽士人 역시 대체로 이 이야기에 뿌리를 두고 있다.

『설부』에는 「삼몽기」三夢記 뒤에 또 「기몽」紀夢 1편이 수록되어 있는데, 역시 백행간이 지은 것이라 하였다. 그런데 연월이 회창會昌 2년 6월이라 기록되어 있지만 이때 백행간은 죽은 지 이미 17년이 지났다. 위작이거나 아니면 이름을 잘못 기록했을 것이다. 「기몽」을 여기에 덧붙여 살펴볼 수 있도록 한다.

행간은 이런 이야기를 했다. 창안長安의 서시西市에 비단을 파는 상점들이 있어 장사로 이익을 추구하면서도 공정하게 판매하는 사람이 있었는데, 성은 장張이고 이름은 알 수 없었다. 집안에는 재물이 많았고 광덕리光德裏에 살고 있었다. 그의 딸은 나라에서 가장 아름다웠다國色. 낮잠을 자다가 꿈에서 어느 곳에 이르렀는데, 붉은 대문의 큰집이 보였고 경비가 삼엄하였다. 문으로 들어서니 대청中堂이 바라보였고, 연회를 베풀고 음악을 연주하고 있는 것 같았으며, 좌우의 회랑에는 모두 장막이 드리워져 있었다. 자주색 옷을 입은 관리가 장씨張氏를 서쪽 회랑의 장막 가로 데려가니 장씨와 같은 또래의 아가씨 10여 명이 있어 맵시 있고 아리따운 용모에 화려한 장식을 하고 있었다. 거기에 이르니 관리는 장씨에게 화장하고 꾸미도록 재촉하였고, 여러 아가씨들이 번갈아 윤을 내고 분을 바르도록 도와주었다. 잠시 후 바깥에서 "시랑侍郎이 오셨다!"라는 소리가 들려 왔고, 틈으로 훔쳐보니 자색 술紫綬을 단 고관대작 한 사람이 보였다. 장씨는 자기 오빠가 이 사람의 부하 관리로 있었기 때문에 그를 알아보았고, 이에 "이부吏部의 심沈 나으리이시구나"라고 중얼거렸다. 금세 또 "상서尚書가 오셨다"라는 소리가 들렸다. 역시 아는 사람이었는데, 빙저우幷州의 주수主帥인 왕王 나으리였다. 잠시 후 다시 연이어 "누가 왔다", "누가 왔다"라는 소리가 들렸다. 모두 낭관郞官[중랑, 원외랑] 이상의 벼슬이었고, 6~7명이 대청 앞에 앉았다. 자주색 옷을 입은 관리가 "나가도 된다"라고 말했다. 여러 아가씨들이 차례로 나아가니 금석金石[타악기]과 사죽絲竹[현악기]의 악기 소리가 맑게 울려 퍼지며 관청을 진동시켰다. 술이 얼근하게 취하자 빙저우의 주수가 장씨를 발견하고 쳐다보며 특히 마음에 들어 했다. 주수가 장씨에게 "자네는 어떤 예능을 익혔느냐?" 하고 물었다. "저는 음악을 배운 적이 없습니다"라고 대답했다. 그녀에게 금琴을 안겨주었으나 연주할 수 없다고 사양했다. 주수는 "한번 다루어 보기나 하거라"라고 말했다. 이에 금을 어루만지니 곡이 되었다. 그녀에게 쟁箏을 주니 역시 그러하였고, 비파를 주니 역시 그러하였다. 모두 여태껏 익힌 적이 없던 것이었다. 왕 나으리는 "자네는 나를 잊어버릴지도 모르겠구나"라고 말했다. 이에 그녀에게 시를 따라 외우도록 하였다. "쪽머리 빗으며 궁중의 화장 배우고, 홀로 적막한 뜰에서 차가운 밤 견디네. 손에 옥비녀 쥐고 섬돌 옆 대나무를 두드리며, 맑은 노래 한 곡조 부르니 달은 서리처럼 차가워라." 장씨는 "잠시 돌아가서 부모에게 작별 인사를 드리고 다른 날에 다시 오겠습니다"라고 말했다. 갑자기 놀라 울부짖으며 깨어났고 손으로 옷섶을 만지며 어머니에게 "상서의 시를 잊어버리겠습니다"라고 말하며 붓을 찾아 그것을 기록하였다. 그 까닭을 물으니 흐느끼며 꿈에서 본 것을 이야기하였고, 또 "아마 곧 죽을 것 같습니다"라고 말했다. 어머니는 노하며 "너는 악몽을

꾼 거야. 어찌 그런 말을 하느냐? 이토록 불길한 말을 내뱉다니"라고 말했다. 곧 장씨는 여러 날 병으로 누워 있었다. 친척 중에 술과 안주를 가져오는 사람도 있었고 맛있는 음식을 가져오는 사람도 있었다. 딸은 "아무래도 목욕도 하고 화장도 해야겠습니다"라고 말했다. 어머니는 그녀의 말을 들어주었고 한참 뒤 아름답고 화려하게 화장한 모습으로 나타났다. 식사가 끝나자 부모와 손님들에게 일일이 인사하며 "시간이 다 되어 더 머무를 수가 없습니다. 저는 오늘 가야 합니다"라고 말했다. 스스로 이불을 덮고 잠을 잤다. 부모가 둘러앉아 지켜보는 가운데 금세 죽었다. 이때가 회창會昌 2년 6월 15일이었다.

20년 전에 다소 활달한 독서인 집안에서는 가끔 아이들에게 백거이白居易의 「장한가」長恨歌를 외어 읽도록 가르쳤다. 진홍陳鴻이 지은 「장한전」長恨傳도 「장한가」와 연관이 있어 명성이 있었고, 『당시삼백수』唐詩三百首 속에도 그것이 있었던 것으로 기억한다. 그런데 진홍의 사적은 분명하지 않아 『신당서』「예문지」 '소설류'에 진홍의 「개원승평원」開元升平源 1권이 실려 있어 거기서 "자는 대량大亮이고 정원 연간에 주객랑중이었다"라고 주해하고 있다. 또 『당문수』[13](권95)에 진홍의 「대통기서」大統紀序가 실려 있어 거기서 이렇게 말했다. "젊어서 역사가로부터 배웠고, 편년사編年史를 편찬하는 데 뜻을 두었다. 정원 정유丁酉(글쓴이 설명 : 마땅히 을유乙酉라고 해야 함)년에 태상太常[예부禮部가 주관하던 진사과]에 급제하였고, 비로소 한가롭게 지내면서 뜻을 이루어 『대통기』大統紀 30권을 편찬하였다.…… 7년이 지나 책이 비로소 완성되었으므로 원화元和 6년 신묘辛卯 해에 절필하였다." 『문원영화』(권392)에 원진元稹이 지은 「수구서진홍원외랑제」授丘紓

陳鴻員外郎制가 실려 있어 거기서 이렇게 말했다. "조의랑朝議郎 겸 태상박사 太常博士이며 주국柱國에 봉해진 진홍은 사리를 따지고 논하는 데 확고하여 일을 맡길 수 있으니 우부원외랑虞部員外郎을 맡을 수 있다." 이로써 그의 임관 경력을 대략 알 수 있다. 「장한전」은 세 가지 본이 있다. 하나는 『문 원영화』 권794에 보인다. 명대 사람이 또 그 뒤에 1편을 덧붙여 놓고 『여 정집』麗情集 및 『경본대곡』京本大曲에서 뽑았다고 말하고 있는데, 문구가 심 히 달라서 장군방張君房 등이 더하고 고쳤을 것으로 여겨지며 보기에는 편 하지만 의거하기에는 부족하다. 하나는 『태평광기』 권486에 실려 있으며, 명대 사람들이 그들의 총서 속에 선정하여 넣은 것은 모두 이 본이며 가 장 널리 유전된 것이다. 그러나 『문원영화』 본과는 상당히 다른 데가 있으 며, 특히 심한 경우는 다음과 같다. "그 해 여름 사월"其年夏四月에서 편말까 지 172글자가 『태평광기』에서는 다만 "헌종憲宗 원화 원년에 이르러 주즈 현盩厔縣 현위인 백거이가 노래를 지어 그 이야기를 하였다. 그리고 이전의 수재 진홍이 전傳을 지어 노래 앞에 덧붙여 놓고 제목을 「장한가전」이라 하였다"라고 되어 있을 따름이다. 자칭 "이전의 수재 진홍"이라고 말한 것 은 『문원영화』 본에는 없으며, 후대 사람들도 터무니없이 날조하기는 어 려울 것이다. 당시에 원래 상세한 것과 간략한 것 두 본이 있지 않았을까 하며, 자세히는 알 수 없다. 지금 『문원영화』는 쉽게 볼 수 있는 것이 아니 므로 이에 의거하여 수록한다. 그런데 시는 없으니 『백씨장경집』白氏長慶集 에 실려 있는 것을 가져다 보충하여 놓는다. 『오색선』五色線(하)에는 진홍 의 「장한전」을 인용하여 이렇게 말하였다. "양귀비가 임금의 하사로 화청 지에서 목욕을 하는데, 세 척 깊이의 맑은 물 속에서, 명옥 같은 몸을 씻고, 물 밖으로 나오자, 힘이 없어 비단옷을 이기지 못하네."貴妃賜浴華清池, 清瀾三

尺, 中洗明玉, 旣出水, 力微不勝羅綺 오늘날 전해지는 세 가지 본에는 모두 제2·3 어구가 없다. 다만 『청쇄고의』[14](권7)의 「조비연별전」趙飛燕別傳에는 이런 말이 있다. "향기로운 욕탕에 물이 넘치고, 소의昭儀[조귀비趙貴妃]가 그 속에 앉아 있는데, 세 척 깊이의 맑은 샘물에 명옥이 잠겨 있는 듯하네."蘭湯灩灩, 昭儀坐其中, 若三尺寒泉浸明玉 이것은 송대 진순秦醇이 지은 것이다. 아마 인용한 사람이 우연히 잘못을 범했을 것이며, 「장한전」의 일문은 아닐 것이다.

이 「장한전」에 근거하여 희곡 전기로 지어진 것으로는 청대 홍방사洪昉思의 『장생전』長生殿이 있으며, 지금도 널리 통행되고 있다. 와기거사蝸寄居士도 『장생전보궐』長生殿補闕이라는 잡극을 지었지만, 아직 보지 못했다.

「동성노부전」東城老父傳은 『태평광기』권485에 나온다. 『송사』「예문지」의 '사부전기류'史部傳記類에 진홍의 「동성노부전」1권이 실려 있고, 단독으로 간행되었다. 전의 말미에 가창賈昌이 개원 때의 난리를 평정한 내용을 기술하고 있는데, "당시에 선비를 뽑을 때, 효제孝悌·이인理人 과科뿐이었고, 진사進士·굉사宏詞·발췌撥萃 과로 인재를 뽑았다는 이야기는 들어보지 못했다"[15]라고 하였다. "개원 때 태평성세의 근원"開元升平源의 의미를 잘 서술해 주고 있다. 또 당시 사람들의 말을 이렇게 기록하고 있다. "아이를 낳으면 글자를 익히게 할 필요가 없으니, 닭싸움, 말달리기가 책을 읽는 것보다 낫다. 가賈씨 집안의 아이는 나이 13세에 부귀영화가 당시 누구보다도 좋았다." 동일하게 진홍이 지은 전기에 뿌리를 두고 있지만, 「장한전」에 나오는 "딸을 낳아도 슬퍼하지 말고, 아들을 낳아도 기뻐하지 말라"라는 말이 세상에 널리 전송傳誦된 것과는 크게 다르다. 이는 바로 이 전을 위해 노래를 지은 백거이와 같은 사람이 없었기 때문이다.

『자치통감고이』[16] 권12에는 「승평원」升平源 1편이 인용되어 있고, 여기서 사람들은 오긍吳兢이 지은 것으로 여기고 있다라고 하였는데, 요원숭姚元崇이 사냥놀이를 빌려 은총을 입고 10조목條의 의견을 바쳐 비로소 임금의 부름을 받아 재상이 된다는 이야기를 기록하고 있다. 사마광司馬光은 이에 대해 반박하며 이렇게 말했다. "만약 「승평원」에서 말한 내용 그대로라면 원숭은 출세의 방법이 옳지 않다. 또 당시 천하대사가 다만 10조목뿐이라 하더라도 반드시 사리에 맞게 계도하고 보좌해야지 어찌 하루아침에 은총을 입을 수 있단 말인가. 이 작품은 호사가들이 써서 오긍의 이름을 가탁한 것 같으니 전부 믿기는 어렵다." 글쓴이 설명: 오긍은 변저우汴州 쥔이浚儀 사람이며 젊어서 뜻을 세워 분발하여 경사經史에 정통하였다. 위원충魏元忠이 그의 재능이 논찬論撰[평가하고 저술하는 일]을 담당할 수 있다고 추천하여 그는 임금의 명으로 사관史館에 배치되어 국사國史를 편찬하였다. 그는 개인적으로 『당서』와 『당춘추』唐春秋를 저술하였는데, 서사敍事가 간결하고 핵심을 찌르는 것이어서 사람들은 그를 동호董狐[고대 중국의 훌륭한 역사가]로 간주하였다. 『당서』(『구당서』 권102, 『신당서』 권132)에 그의 전이 있다. 「개원승평원」에 대해 『신당서』 「예문지」에서는 본래 진홍이 지은 것이라 말하였고, 『송사』 「예문지」 '사부고사류'史部故事類에서 비로소 오긍의 『정관정요』[17] 10권과 「개원승평원」 1권을 싣고 있다. 이 책은 원래 지은 작자의 이름을 기록하지 않았는데, 진홍·오긍은 모두 후대 사람들이 기록해 넣은 것이 아닐까 한다. 이 두 사람은 역사편찬史 면에서 모두 이름이 있어 이들의 이름을 빌려 무게를 더하고자 하였을 것이다. 지금 잠시 「동성노부전」 뒤에 실어 두며 『자치통감고이』에서 옮겨 왔기 때문에 여전히 오긍의 이름을 기록하여 둔다.

1) 『전당시』(全唐詩). 당대 시가 총집(總集)으로 900권이며, 청대 강희(康熙) 때 팽정구(彭定求) 등이 명을 받들어 엮었으며, 당(唐)·오대(五代)의 작자 2,200여 명의 시가를 수록하고 있다. 이공좌의 하인의 시는 이 책의 권862에 보이며, 제목은 「유시」(留詩)이다. 이 시는 원래 오대(五代) 촉(蜀)나라의 두광정(杜光庭)의 『신선감우전』(神仙感遇傳) 권3에 나온다.

2) 『융막한담』(戎幕閑談). 필기집(筆記集)으로 1권이며, 당대 위현(韋絢)이 지었다. 이덕유(李德裕)가 시촨(西川) 절도사로 있을 때 진술한 고금(古今)의 이문(異聞)을 기록하고 있다. 위현은 자는 문명(文明)이고, 당대 징자오(京兆; 지금의 산시성 시안西安) 사람이며, 의종(懿宗) 함통(鹹通) 연간에 벼슬은 의무군(義武軍) 절도사에 이르렀다.

3) 『고일서』(古逸書). 명대 반기경(潘基慶)은 『고일서』 30권을 엮었는데, 진(秦)나라에서 송대(宋代)까지의 문장을 선록(選錄)하고 있으며, 그 속에는 「고악독경」(古嶽瀆經)이 수록되어 있지 않다.

4) 왕상지(王象之). 남송 때 진화(金華; 지금은 저장성에 속함) 사람이다.
   『여지기승』(輿地紀勝). 지리에 관한 총지(總志)로서 200권이다. 당시 각 행정구역의 연혁 및 풍속·인물·명승지 등을 기록하고 있다.

5) 저인획(褚人獲). 자는 석농(石農)이고, 청대 창저우(長洲) 사람이다. 저작으로는 『견호집』(堅瓠集), 『수당연의』(隋唐演義) 등이 있다.
   『견호속집』(堅瓠續集). 필기집(筆記集)으로 4권이다.

6) 이복언(李復言). 당대 룽시(隴西; 지금의 간쑤성 둥부東部) 사람이며 현종(玄宗) 때 벼슬은 펑청령(彭城令)이었다. 그가 지은 『속현괴록』(續玄怪錄)은 송대에 와서 『속유괴록』(續幽怪錄)이라고 고쳐졌고, 필기소설집으로서 원본은 이미 없어졌다. 지금은 후대 사람들의 집록본 4권이 있다.

7) 이막(李邈). 자는 언사(彥思)이며, 북송(北宋) 말 칭장(淸江; 지금은 장시성에 속함) 사람이다. 전딩부(眞定府)의 지주(知州)로서 금(金)나라 군대가 침범하였을 때 40일을 지키다 성이 함락되어 피살되었다.
   부방(傅雱). 북송 말 푸장(浦江; 지금은 저장성에 속함) 사람으로 남송의 고종(高宗) 초년에 금나라에 사절로 갔다.

8) 능몽초(凌濛初, 1580~1644). 자는 현방(玄房), 호는 초성(初成), 별호는 즉공관주인(卽空觀主人)이고, 우청(烏程; 지금의 저장성 우싱吳興) 사람으로 명대 작가이며, 숭정(崇禎) 때 벼슬은 쉬저우(徐州) 통판(通判)이었다. 화본소설집(話本小說集) 『박안경기』(拍案驚奇) 초(初)·이각(二刻) 각각 40권을 지었다.

9) 백행간(白行簡, 776~826). 하규(下邽; 지금의 산시성 웨이난渭南) 사람이며, 당대 문학가이다. 『백행간집』(白行簡集)이 있었으나 이미 없어졌다.

10) 석군보(石君寶). 핑양(平陽; 소재지는 지금의 산시성 린펀臨汾) 사람, 원대 희곡 작가이다.

11) 설근연(薛近兗). 명대 희곡전기(戲曲傳奇) 작가이며, 만력(萬曆) 연간 사람이다.

12) 포송령(蒲松齡, 1640~1715). 자는 유선(留仙) 또는 검신(劍臣), 별호는 유천거사(柳泉居士)이며, 산둥(山東) 쯔촨(淄川; 지금은 산둥성 쯔보淄博) 사람으로 청대 소설가이다. 『요재지이』(聊齋志異)를 지었다.

13) 『당문수』(唐文粹). 당대 시문 선집으로 100권이며, 북송 때 요현(姚鉉)이 엮었다.

14) 『청쇄고의』(靑瑣高議). 전기(傳奇)·필기집(筆記集)으로 전·후집 각 10권이고 별집이 7권이며, 북송 때 유부(劉斧)가 편저하였다.

15) 당시에 인재를 뽑을 때 '효제염결'(孝悌廉潔), '상명정술'(詳明政術), '가이리인'(可以理人) 등의 과(科)를 중시하였고, 문사(文詞) 시험을 위주로 하는 '진사'(進士), '굉사'(宏詞), '발췌'(拔萃) 등의 과로는 진정한 인재를 뽑지 않았다는 뜻이다.

16) 『자치통감고이』(資治通鑑考異). 30권으로 북송 때 사마광(司馬光)이 지었다. 『자치통감』(資治通鑑)에 실려 있는 사실(史實)과 관련된 다른 자료를 고증하여 열거하고 그 취사선택의 이유를 설명하고 있다.

17) 『정관정요』(貞觀政要). 역사서로서 10권이다. 당 태종(太宗)과 대신들의 문답, 대신들의 간언(諫言)·주소(奏疏) 및 정관(貞觀) 연간의 정치적인 조치를 분류하여 집록하고 있다.

제4부분

원진元稹은 자가 미지微之이고, 허난 허네이 사람이며, 교서랑으로 시작하여 벼슬을 거듭하여 중서사인, 승지학사承旨學士에 이르렀다. 공부시랑에서 재상이 되었고, 얼마 후 퉁저우同州의 자사刺史로 나갔으며, 다시 웨저우越州의 자사 겸 저둥浙東의 관찰사觀察使를 역임하였다. 태화太和 초년에 입궐하여 상서좌승尙書左丞, 검교호부상서檢校戶部尙書가 되었고, 어저우鄂州 자사·우창군武昌軍 절도사를 겸임하였다. 5년 7월에 우창전武昌鎭에서 죽었으며 나이 53세였다. 양 『당서』(『구당서』 권16, 『신당서』 권174)에 모두 전傳이 있다. 문장文章 면에서 크게 이름을 떨쳤으며, 젊었을 때부터 백거이와 시로써 서로 화창和唱하였다. 당시 시를 논하는 사람들로부터 "원백"元白으로 불렸고, 그들의 시체는 "원화체"元和體[원화는 당 헌종의 연회]라 불렸다. 원진은 『원씨장경집』元氏長慶集 100권, 『소집』小集 10권이 있었지만 지금은 단지 『장경집』長慶集 60권만이 남아 있다. 「앵앵전」鶯鶯傳은 『태평광기』권488에 보인다. 이 이야기가 문림文林을 진동시킨 위력은 대단히 컸다. 당시에 이미 양거원楊巨源, 이신李紳 등이 시를 지어 그것을 확대하였고, 송대에 이르면 조령치趙令畤가 그것을 가져다 「상조접련화」商調蝶戀花(『후청록』侯鯖錄에 수록)를 만들었다. 금대金代에는 동해원의 『현색서상』이 있고, 원대元代에는 왕실보王實甫의 『서상기』西廂記가 있고, 관한경關漢卿의 『속서상기』續西廂記가 있고, 명대에는 이일화李日華의 『남서상기』南西廂記가 있다. 육채陸采 역시 『남서상기』를 만들었고, 주공노周公魯는 『번서상기』翻西廂記를 만들었고, 청대에 이르면 사계좌査繼佐도 『속서상』續西廂 잡극을 만들었다.

「앵앵전」에 근거하여 지은 잡극과 전기는 예전에는 다만 왕실보와 관한경의 본이 구하기 쉬웠다. 지금은 유씨劉氏[유세형劉世珩을 가리킴]의 난홍실暖紅室에서 이미 『현색서상』을 간행하였고, 또 조령치의 「상조접련화」 등 비교적 유명한 작품 10종을 모아서 『서상기십칙』西廂記十則으로 만들었다. 시중의 서점에서도 종종 볼 수 있으니 구하기 어렵지 않다.

「앵앵전」에 홍양紅孃 및 환랑歡郎 등의 이름은 이미 있지만 장생張生만이 이름이 없다. 왕무의 『야객총서』(권29)에서는 이렇게 말했다. "당대에 장군서張君瑞라는 사람이 있어 푸저우蒲州에서 최씨崔氏라는 여자를 만났다. 최씨는 어릴 때 이름이 앵앵鶯鶯이었다. 원진은 이신에게 이 이야기를 해주고 「앵앵가」를 지었다." 나는 객지에 있기에 조령치의 『후청록』이 없어 「상조접련화」 속의 장생은 이름을 이미 가지고 있는지 그렇지 않는지 알 길이 없다[실제로 이 작품 속에는 장생의 이름이 없음]. 거기에 장생의 이름이 없다면 송대에 틀림없이 소설小說이나 곡자曲子가 있어 여기서 장생을 군서君瑞라고 불렀을 것이다. 편한 대로 여기에 기술해 두고 책을 볼 수 있을 때를 기다려 고증하기로 한다.

「주진행기」周秦行紀는 내가 본 것이 대체로 세 가지 본이다. 하나는 『태평광기』 권489에 있다. 하나는 고씨顧氏의 『문방소설』에 있으며, 마지막 한 행行에 "송대 본을 교감하여 간행하였다"宋本校行라고 씌어 있다. 하나는 『이위공외집』李衛公外集 속에 덧붙어 있으며 명대 간행본이다. 뒤의 두 본이 비교적 훌륭하여 이에 근거하여 서로 대조하며 옮겨 실었고, 또 『태평광기』로부터 몇 글자를 보충하고 바로잡았다. 세 본 모두 우승유牛僧孺가 지은 것이라고 기록되어 있다. 승유는 자가 사암思黯이고, 원래 룽시 디다오狄道 사람이며, 완현宛縣 · 예현葉縣 일대에 살았다. 원화 초에 현량방정賢良方正 시험의 대책對策[임금의 책문策問에 답하는 것]에서 장원으로 급제하였고, 당시의 실정失政을 조목조목 지적하고 권세와 지위를 가리지 않고 바른 말을 했으며, 그래서 뜻을 얻지 못했다. 후에 점차 어사중승 벼슬에 이르렀고, 호부시랑으로서 중서문하평장사를 겸하였다. 또 여러 차례 좌천되어 쉰저우循州의 장사長史가 되었다. 선종宣宗이 즉위하자 부름을 받고 돌아와 태자소사太子少師가 되었다. 대중大中 2년에 나이 69세로 죽었으며, 태위太尉로 추증되고 문간文簡이라는 시호를 받았다. 양 『당서』(『구당서』 권172, 『신당서』 권174)에 모두 전이 있다. 승유는 성격이 굳고 괴벽하여 이덕유와 사이가 나빴고 각자 파벌을 지어 죽을 때까지 화해하지 않았다. 또 지괴

소설志怪小說을 좋아하여 『현괴록』 10권이 있었으며, 지금은 모두 없어지고 다만 다른 사람의 집록본에 1권이 남아 있다. 그런데 「주진행기」는 진짜 승유의 손에서 나온 것은 아니다. 조공무(『군재독서지』 권13)는 "가황중賈黃中은 위관韋瓘이 지은 것이라고 생각했다. 위관은 이덕유의 문하생으로 이를 빌려 승유를 모함하려는 것이었다"라고 말하였다. 글쓴이 설명: 이 당시에 두 명의 위관이 있었는데, 모두 중서사인을 역임한 적이 있다. 한 사람은 나이 19세에 관중關中[산시성陝西省 웨이허渭河 유역 일대]으로 들어가 진사 시험에 응시하였고, 21세 때 진사에 장원으로 급제하여 좌습유左拾遺에 제수되는 방榜이 붙었고, 대중 초년에 구이린桂林을 감찰하는 일을 맡았고, 얼마 후 주객분사主客分司에 제수되었다. 이 내용은 막휴부의 『구이린 풍토기』[1]에 보인다. 다른 한 사람은 자가 무굉茂宏이고 경조京兆 완녠萬年 사람이며, 위하경韋夏卿의 동생 위정경韋正卿의 아들이다. "진사에 급제하고 벼슬을 거듭하여 중서사인이 되었다. 이덕유와 사이가 좋았다.…… 이종민李宗閔이 그를 싫어하여 이덕유가 파면되자 그를 밍저우明州의 장사長史로 좌천시켰다." 이 내용은 『신당서』(권162)의 「하경전夏卿傳에 보이는데, 바로 「주진행기」를 지은 사람이다. 호응린(『필총』 권32)은 이렇게 말했다. "「주진행기」 속에 '심 노파의 아들은 천자입니다'沈婆兒作天子 등의 말이 나오는데, 그 저의가 깊다.[2] 다만 사암思黯[우승유]이 이처럼 거대한 비방을 당하였음에도 즉각 스스로 해명하지 않았음이 기인한 일인데, 무엇 때문일까? 우승유·이덕유 두 붕당의 곡직曲直은 대체로 춘추시대 노魯나라·위衛나라와 마찬가지로 차이가 거의 없다. 우승유는 『현괴록』 등을 지었으나 이덕유를 모함하는 말은 한마디도 없지만 이덕유 무리들은 그러나 이 「주진행기」를 지어 그를 위태롭게 하였다. 아, 두 사람의 속셈의 차이를 알 수 있겠다! 우승유는 줄곧 공명을 이루며 죽음을 맞이했고 게다가 자손들도 대대로 부귀영화를 누렸다. 이덕유는 세속을 초월한 재능과 시대를 진동시킨 공적을 가지고 있었지만 결국 해도海島에서 죽었으니 시기하고 위해하려는 데 대한 보답이 아니겠는가? 곧 이 책을 빌려 무릇 세상에서 모함을 잘하는 사람들에게 널리 알린다." 호응린은 인과응보에 호소하고 있지만 아무래도 설득력이 부족하다. 그렇지만 이덕유가 지은 「주진행기론」周秦行紀論을 살펴볼 때, 이 한 편의 문장을 가지고 우승유를 족멸族滅로 몰아가려 하니 그의 음험함과 잔인함은 실로 두렵다. 그를 저버린 사람이 많음은 진정 마땅하다. 이덕유의 논문이 그의 문집(『외집』外集 4)에 있어 다음에 옮겨 싣는다.

말言은 마음中에서 나오고 감정情은 글辭에서 드러난다. 그렇다면 말과 글은 사람의 지기志氣에서 나온 것이다. 그러므로 그 사람의 말을 살펴보면 그 사람의 내심을 알 수 있고, 그 사람의 글을 음미해 보면 그 사람의 의도가 보인다. 나는 일찍이 태뢰씨太牢氏(양국공涼國公인 이공은 우승유를 태뢰太牢라고 불렀다. 양국공의 이름은 밝히기 곤란하므로 그래서 적지 않는다)는 기괴한 모습과 음험한 행동을 좋아한다고 들었다. 자기 성이 천명을 받아 나라를 다스리는 것에 부합한다는 참언讖言을 이렇게 풀이했다. "머리와 꼬리 달린 세 마리 기린이 나타나 60년을 보내고, 뿔이 둘인 송아지가 제멋대로 미친 듯이 뒤집고, 용과 뱀이 서로 싸우며 피를 흘려 내를 이루네."3) 그리고 『현괴록』에서 분명하게 드러나는데, 은어隱語를 많이 사용하고 있으므로 사람들은 이해하지 못할 것이다. 그중에 이해할 수 있는 것이 한둘 있다 해도 반드시 부회附會해 보아야 한다. 우승유는 사마司馬씨가 위나라를 찬탈하던 절차를 내버려 두고 전상田常이 제나라를 차지할 때의 방법을 이용하려 한다. 그래서 낮은 벼슬에서 재상에 이르면 그의 붕당은 산과 같아서 흔들어 움직일 수 없게 된다. 고의로 그를 뒤흔들려는 사람이 있으면 모두 모함과 처벌을 당하며, 사람들은 똑바로 보지 못하고 혀를 묶어 두지 않을 수 없으니 이에 관한 사실은 사관史官인 유가劉軻의 「일력」日歷에 자세히 나와 있다. 나는 태뢰의 「주진행기」를 구해서 반복해서 보았는데, 태뢰 자신이 제왕의 후비後妃와 저승에서 만나고 있으니 이는 자신이 신하가 아니라 장차 "미친 듯이 뒤집음狂顚[역성혁명을 가리킴]"에 뜻이 있음을 증명하는 것이다. 그리고 덕종德宗을 "심沈 노파의 아들"이라 희롱하고 대종代宗의 황후를 "심 노파"라 희롱하는 데 이르면 사람들은 모골이 송연함을 느낀다. 임금에 대한 무례함이 대단히 심하다고 말할 수 있다. 그는 도참圖讖대로 다른 뜻을 품고 있음이 분명하다. 나는 젊었을 때 장문중臧文仲의 다음과 같은 말에 탄복하였다. "임금에게 예의가 없는 사람에 대해서는 매가 참새를 몰아내듯 해야 한다." 그래서 나는 태뢰를 지켜본 지 이미 오래되었다. 이전에 내가 정사政事를 주관하고 있을 때 법률로 바로잡으려 했으나 힘이 부족하여 오히려 파직되고 말았다. 나는 국사國史를 읽으면서, 개원 연간에 루난汝南 사람인 어사 주자량周子諒이 우선객牛僊客을 탄핵한 것은 그의 성이 도참과 부합하였기 때문이라는 사실을 알았다. 유사한 듯하지만 "세 마리 기린이 60년을 보내다"三麟六十의 숫자는 합치되지 않는다. 진국공晉國公 배도裴度와 나의 양국공(이름을 밝히기 곤란함)에서부터 팽원공彭原公 이정李程, 조군공趙郡公 이신李紳에 이르기까지 여러 사람들이 태뢰를 원수처럼 질시하니 나의 뜻과 상당히 비슷하였다. 사사로운 분노를 품고 있어서가 아니라 그가 도참에 부합하는 것이 싫어서이다. 태뢰가 샹저우襄州를 친히 지키고 있을 때 푸저우復州의 자사 낙곤樂坤의 「하무종감국상」賀武宗監國狀에 대해 "대수롭지 않은 일閑事은 축하할 만한 것이 못 된다"고 비평하였다. 자기 성姓을 믿고 감히 이런 지경에 이르게 되었도다! 얼마 후 나는 다시 정사政事를 주관하게 되었을 때 발각하려고 했지만 빌미가 없었다. 마침 소의진昭義鎭의 반란을 평정하였을 때 우승유가 유종간劉從諫과 교제한 편지를 발견하여 그를 몰아내었다. 아아, 신하된 자로서 역모를 몰래 품고 있으면 사람들은 그를 죽여야 할 뿐 아니라 귀신도 그를 죽여야 한다. 무릇 태뢰와 공고한 관계를 가진 사람들은 경박하고 무뢰한 놈들로 표리관계로 연결되어 있다. 그들은 태뢰가 희망이 있어 천명을 보좌해야 한다고 생각하고 있는데, 이 역시 천명에 부합한다는 것을 믿은 결과이다. 태뢰에 대한 사사로운 애증 때문이라고 조정의 안팎에서 나를 비난하는 사람들이 있으니, 그래서 이런 글을 써서 해명하니 나의 뜻을 알아주기 바란다. 한스러운 것은 그의 집안을 멸하지도 못하고 도리어 내가 또 파직되었다는 점이다. 이 어찌 임금이 될 사람은 죽지 않는다는 것이 아니겠는가? 나라의 화근을 내버려 두는 것 역시 나의 큰 죄이다. 만약 나와 뜻을 같이하는 사람들이 계속 정사를 담당한다면 마땅히 임금을 위해 화를 제거해야 한다. 시대의 흐름은 운수가 있는 법이니 생각건대 우연이 아니며, 만약 자기 당대에서 해내지 못하면 반드시 자손의 시대에서 해낼 것이다. 반드시 태뢰 집안의 노소를 가리지 않고 모두 법에 따라 다스려야 하며, 그렇게 되면 형벌은 공정하고 사직은 안전하여 개국 이후 240년 뒤까지 화가 없을 것이다. 아아, 나는 임금의 도道를 추구하고 있는데, 밝은 세상에서 멀리 떨어져 있구

나. 사악한 마음을 미워하고 있으니 이전부터 가졌던 생각을 감히 저버릴 수 있겠는가? 이 때문에 붓을 들어 묵은 분노를 드러내었다. 또한 「주진행기」의 사적도 뒤에 써 놓았다.

이 글에서 거론되고 있는 유가劉軻 역시 이덕유의 붕당이다. 그가 지은 「일력」은 완전한 제목이 「우양일력」牛羊日歷인데, 우양은 우승유牛僧孺·양우경羊虞卿을 가리키며, 이 두 사람을 심히 비방하고 있다. 이 책은 오래전에 없어졌고, 지금은 집록본이 있어 먀오취안쑨이 『우향령습』⁴⁾ 속에 그것을 실어 놓았다. 또 황보송皇甫松이라는 사람은 「속우양일력」續牛羊日歷을 저술하였으나, 역시 오래전에 없어졌다. 『자치통감고이』(권20)에 한 조목則이 인용되어 있는데, 「주진행기」 이외에서 또다시 우승유의 가세家世를 통렬하게 비방하고 있으니, 지금 그것을 절록節錄하여 둔다.

태뢰는 일찍 고아가 되었다. 어머니 주씨周氏는 방탕하여 몸가짐이 신중하지 않았다. 향리에서는 "우승유 형제들이 부끄러워서 그녀에게 재가하도록 하였다"는 말이 있다. 주씨는 이미 이전의 남편과 의절하였으나 우승유가 높은 자리에 오르자 개가한 어머니에게 추증追贈하도록 임금에게 청하였다. 『예기』禮記에서는 이렇게 말했다. "서씨庶氏에게 재가한 어머니가 죽었는데, 무엇 때문에 공씨孔氏의 사당에서 그녀에 대해 곡하겠는가?"⁵⁾ 또 이렇게 말했다. "공급孔伋의 아내가 아니니, 역시 공백孔白의 어머니가 아니다."⁶⁾ 그렇다면 이청심李淸心에게 재가한 아내가 다시 우유간牛幼簡[우승유의 부친]의 배우자가 된다면, 이는 하후명夏侯銘이 말한 바와 같이 "혼령이 있어 이 사실을 안다면 이전의 남편은 저승에서 받아들이지 않을 것이며, 죽은 후에도 몸을 일으킬 수 있다면 나중의 남편은 반드시 하늘에 호소할 것이다." 우승유는 자기 어머니를 덕행을 잃고 의지할 데 없는 귀신으로 만들어 위로는 조정을 속이고 아래로는 신친을 기만하였으니 충효에 대한 의식이 있는 사람이라 할 수 있겠는가? 「주진행기」를 지어 덕종을 "심 노파의 아들"이라 불렀고, 예진睿眞 황태후를 "심 노파"라 하였다. 이는 바로 임금에 대한 무례함이 대단히 심각한 것이다.

대개 이덕유가 우승유를 공격한 요점은, 우승유의 성姓이 도참에 부응하고 마음이 신하가 되는 데 있지 않으며, 또 「주진행기」에서 덕종을 "심 노파의 아들"이라 부르는 것은 더욱더 그의 죄를 실증하는 것이라는 데 있다. 그래서 이덕유는 자기 글 뒤에 「주진행기」를 덧붙였고, 황보송은 「속우양일력」에서 역시 이에 대해 더욱 엄하게 꾸짖고 있다. 오늘날 이덕유의 「궁수지」窮愁志는 아직 남아 있지만(『이문요외집』李文饒外集 권1에서 권4까지가 바로 이것이다) 읽는 사람이 많지 않고, 우승유의 『현괴록』역시 일찍 없어져 겨우 후대 사람들이 그를 위해 집록하여 둔 것이 남아 있을 뿐이다. 다만 이 「주진행기」는 총서에 거듭 실리게 되어 세간에서는 이로 말미암아 우승유의 이름을 더욱 잘 알게 되었다. 시세가 바뀌고 미움과 사랑이 모두 사라진 다음 후대의 결과는 종종 당시에는 미처 생각하지 못한 것이 된다.

이하의 『가시편』[7](권1)에는 「송심아지가」送沈亞之歌가 있으며, 그 서序에서 원화 7년 심아지[8]는 과거에 낙방하고 우장吳江으로 돌아갔다라고 말했고, 그래서 시에서 이렇게 읊었다. "우성의 재인才人이 봄바람에 원한을 품고,[9] 복사꽃은 길 가득 피어 온 세상이 붉다네. 자줏빛 말채찍은 끊어 지고 총이말은 여위었는데, 집은 첸탕이라 동쪽으로 다시 동쪽으로 멀다 네." 여기서 다시 이렇게 읊었다. "시험관이 대낮에 인재를 뽑는데, 황금을 내버리고 용마를 놓아주는구나. 책 상자를 끼고 우장으로 돌아와 다시 문 을 들어서는데, 오랫동안 고생한 그대 누가 가엾게 여겨줄까." 그렇지만 『당서』에서 이미 심아지의 행적을 자세히 기록하지 못하고 있고, 겨우 『문 원전서』文苑傳序에서 그의 이름을 한 번 들고 있을 뿐이다. 다행히도 『심하 현집』沈下賢集이 지금까지 남아 있고, 또 송대 계유공의 『당시기사』[10]와 원 대 신문방의 『당재자전』[11]을 조사해 보면 그래도 그에 대한 개략적인 것 을 알 수 있다. 심아지는 자가 하현下賢이고 우싱 사람이다. 원화 10년 진사 에 급제하였고 전중시어사殿中侍禦史·내공봉內供奉을 역임하였다. 태화 초 년에 더저우德州의 행영사자行營使者인 백기柏耆의 판관判官이 되었다. 백기 가 좌천되자 심아지 역시 난캉현南康縣의 현위로 폄적되었고, 최후에는 잉 저우郢州의 속관屬官이 되었다. 그의 문집은 원래 9권이었는데, 지금은 12 권이 있으니 대개 후대 사람들이 더 보탠 것이다. 그중에 전기가 세 편이 있다. 역시 모두 『태평광기』에 보이고, 모두 "『이문집』에 나온다"라고 주 해하고 있으며, 자구는 종종 그의 문집의 그것과 다르다. 이제 원래의 문 집에 의거하여 수록한다.

「상중원사」湘中怨辭는 『심하현집』 권2에 나온다. 『태평광기』에는 권 298에 실려 있으며, 제목은 「태학정생」太學鄭生이라 되어 있고 서序 및 편말 의 "元和十三年"(원화 13년) 이하 서른여섯 글자가 없다. 문구 역시 크게 다른데, 아마도 진한陳翰이 『이문집』을 엮을 때 삭제하고 고쳤을 것이다. 그렇지만 대체로 원래 문집의 것이 낫다. "遂我"를 "逐我"로 한 것은 『태평광기』가 훌륭하다. 다만 심아지는 매끄럽지 않은 문체澀體를 좋아하였으니 지금은 확정하기 어렵다. 그래서 이동異同이 비록 많지만 더 이상 일일이 언급하지는 않는다.

「이몽록」異夢錄은 본집 권4에 나온다. 당대 곡신자穀神子가 이미 그것을 『박이지』[12]에 수록하였다. 『태평광기』에는 권282에 실려 있으며, 제목이 「형봉」邢鳳으로 되어 있고 문집본과 비교하여 20여 글자가 적고 왕염王炎을 왕생王生이라 하였다. 왕염은 왕파王播의 동생으로서 역시 시를 지을 수 있었는데, 『이문집』에는 어째서 그의 이름이 없는지 추측할 수 없다. 『심하현집』은 지금 창사의 섭씨의 관고당[13] 간행본 및 상하이의 함분루[14] 영인본이 있다. 20년 전에는 매우 희귀한 것이었다. 내가 본 것은 소초재小草齋의 모사본인데, 그것은 전기 세 편을 수록하고 있을 뿐 아니라 정씨丁氏의 팔천권루[15]의 초본에 의거하여 몇 글자를 교감하여 고쳐 놓았다. 동시에 12권본 『심하현집』과는 자구가 상당히 다른데, 어느 것이 옳은지 알 길이 없다. 예를 들어 왕염의 시 「택수장금채」擇水葬金釵의 경우, 오직 소초재[16] 본만이 이렇게 되어 있고, 다른 본에는 모두 "택토"擇土라고 되어 있다. 하지만 "택수"擇水가 잘못이라고 즉각 확정하기는 어렵다. 이런 경우는 대단히 많아서 지금 전부 열거하지는 않는다. 간행본이 점점 널리 통행되고 있어 입수하기 쉬우니 자세히 알고자 하는 사람은 스스로 원서와 대비하며 교감해 볼 수 있을 것이다.

허리를 활처럼 휘어 추는 춤을 꿈에서 본다는 것은 당대의 다른 소설에서도 볼 수 있다. 단성식은 『유양잡조』[17](권14)에서 이렇게 말했다. "원화 초년에 한 선비가 있어 그의 성명은 알지 못하며 술에 취해 대청에서 잠을 자고 있었다. 깨어 보니 옛 병풍에 그려진 부인들이 모두 침대 앞에서 발을 구르며 노래하고 있었다. 노래는 이러하였다. '장안의 아가씨들 봄볕 아래서 춤을 추니, 어디서든 봄볕은 애간장을 끊네. 소매 휘두르고 허리 구부려 춤을 추며 모든 것을 잊어버리고, 아리따운 눈썹은 공연히 9월의 가을 찬 서리 같은 수심을 띠고 있네.' 그중에서 양쪽으로 쪽을 찐 여인이 물어 가로되, '허리 구부려 춤을 추다弓腰 함은 어떤 것이오?'라고 하였다. 노래하던 사람이 웃으며 가로되, '그대는 내가 허리를 구부려 춤추는 것을 보지 못했소?'라고 하였다. 이에 머리를 뒤로 젖히고 쪽이 땅에 닿자 허리 자세가 컴퍼스規와 같았다. 선비는 깜짝 놀라 곧 이를 나무랐다. 갑자기 여인들이 병풍으로 들어갔고, 역시 아무 일 없었다." 이 노래는 「이몽록」의 그것과 대략 비슷하며, 「이몽록」의 것은 바로 여기에서 변화되어 나왔을 것이다. 송대 악사樂史가 지은 『양태진외전』楊太眞外傳의 상권 주에서 양국충楊國忠이 누워서 병풍에 그려진 여러 여인들이 침상으로 내려와 자기 이름을 밝히며 노래하고 춤을 추는 것을 보았다고 기록하고 있다. 그중에는 '초궁궁요'楚宮弓腰 춤을 춘 사람도 있는데, 이 또한 『유양잡조』에 기록되어 있는 것으로부터 와전되어 나온 것이다. 무릇 소설은 유전되면서 대체로 점차 넓어지고 변화하는데, 그 시원을 추적해 가면 사실은 하나이다.

「진몽기」秦夢記는 본집 권2 및 『태평광기』 권282에 보이며, 제목은 「심아지」沈亞之로 되어 있고 서로 다른 데가 많지 않다. "격체무"擊體舞는 마땅

히 "격박무"擊髆舞라 해야 하고, "추주"追酒는 마땅히 "치주"置酒라 해야 하
는데, 두 책에서 모두 잘못되어 있다. "여금일"如今日의 "금"今자는 필요 없
이 더 들어간 글자 같으며, 소초재 본에는 있고 다른 본에는 모두 없다.

「무쌍전」無雙傳은 『태평광기』 권486에 나오며, "설조薛調가 지었다"라
고 주해하고 있다. 설조는 허중河中 바오딩寶鼎 사람이며, 외모가 아름다워
사람들은 그를 "살아 있는 보살"이라 불렀다. 함통鹹通 11년 호부원외랑에
다 가부낭중의 직함이 더해졌고, 한림승지학사를 맡았으며 이듬해 지제
고의 직함이 더해졌다. 곽비郭妃가 그의 외모를 좋아하여 의종懿宗에게 "부
마駙馬[공주의 남편]는 어찌하여 설조와 같은 사람이 아니오"라고 말했다. 설
조는 얼마 지나지 않아 갑자기 죽으니 나이 43세로 그때가 함통 13년 2월
26일이었다. 사람들은 그가 독살되었다고 생각했다(『신당서』의 「재상세
계표」宰相世系表, 『한원군서』 및 『당어림』[18] 권4에 보임). 호응린(『필총』 권41)
은 이렇게 말했다. "왕선객王仙客[「무쌍전」에 나오는 등장인물]은 …… 사적이 무
척 괴이하고 사리에 맞지 않은데, 대체로 지나치게 윤식潤飾하였기 때문
일 것이다. 혹은 오유선생烏有先生·무시공無是公[이 둘은 사마상여의 「자허부」에 나
오는 가공적인 인물임]과 같은 인물이었을지도 모를 일이다." 글쓴이 설명: 범
터範攄는 『운계우의』[19](상)에서 이렇게 기록하고 있다. "수재인 최교崔郊라
는 사람은 한수이漢水에서 우거寓居하였다. 문예에 조예가 깊었지만 재산
이 아무것도 없었다. 얼마 지나지 않아 고모의 하녀와 내통하면서 늘 완
함阮咸[20]이 했던 것처럼 하녀를 뒤쫓았다. 하녀는 단정하고 아름답고 음악
적인 재능으로 한수이 남쪽에서 최고였다. 고모는 그녀를 절도사에게 팔
았다. 절도사는 그녀를 사랑하여 무쌍無雙[둘도 없다는 뜻이지만 여기서는 사람 이

름]처럼 여기고 40만 냥을 주며 깊이 총애하였다. 최교는 그리움이 그치지 않아 곧 몰래 부서府署[부가 있는 관청]에 접근하여 한번 만나 보고 싶어 했다. 그 하녀는 한식절寒食節이라 성묘하고 돌아오다 버드나무 그늘 아래에 서 있는 최교를 만났고, 곧바로 연신 울먹이며 사랑의 변함없음이 산하山河와 같다고 맹세했다. 최생崔生은 다음과 같은 시를 주었다. '귀공자·왕손王孫들이 그대의 뒤꽁무니를 쫓고, 녹옥綠玉같이 변함없는 그대 사랑은 눈물 흘려 비단수건을 적시는구나. 귀족가문으로 한 번 들어가면 바다처럼 깊으니, 이제부터 그대의 낭군은 낯선 사람 행인이로다.'" 시가 절도사의 귀에 들어가자 마침내 그녀를 최교에게 돌려보냈다. "무쌍"無雙이라는 말 다음에는 "설태보薛太保의 애첩으로서 지금 그림에서 볼 수 있다"라고 주해하고 있다. 그렇다면 무쌍은 실제로 그런 사람이 있었을 뿐 아니라 당시에 이미 아름다움으로 널리 알려져 있었던 것이다. 「무쌍전」 이야기의 전반부는 아마 최교와 고모의 하녀 이야기와 서로 비슷하며, 설조薛調는 다만 설태위[21]의 집안을 궁궐로 바꿈으로써 그 이야기를 은은하게 만들었던 것이 아닌가 여겨진다. 후반부는 상당히 수식을 가하여 다소 사리에 어긋난다. 명대 육채陸采는 여기서 제재를 취해 「명주기」明珠記를 지었다.

유정柳珵의 「상청전」上淸傳은 『자치통감고이』 권19에 보인다. 사마광은 이에 대해 반박하며 이렇게 말했다. "이 이야기가 사실이라면 두참竇參이 남으로부터 위협을 당했을 때 덕종은 어떻게 도리어 그가 '협객과 자객을 기른다'고 말했겠는가. 하물며 육지陸贄는 훌륭한 재상이니 어찌 이런 일을 하려 했겠는가. 설령 그가 두참을 위험에 빠뜨리려 했다 하더라도 방법은 참으로 많으니 어찌 어린애 장난 같은 이런 일을 하려 했겠는

가. 전부 인정人情에 맞지 않다." 「상청전」 역시 『태평광기』 권275에 보이며, 제목은 「상청」으로 되어 있고 『이문집』에 나온다"라고 주해하고 있다. "상국 두공"相國寶公이 "승상 두참"丞相寶參으로 되어 있고, 그 뒤의 "두공"寶公은 모두 "두"寶 한 글자로만 쓰고 있다. "예명액정"隷名掖庭 다음에 "차구"且久 두 글자가 더 있고, "노육지"怒陸贄 앞에는 "지시대오인"至是大悟因 다섯 글자가 더 있고, "노"老는 "저"這로 되어 있고, "자행모얼"恣行媒孽 다음에 "승간공지"乘間攻之 네 글자가 더 있고, "특칙"特敕 다음에 "삭"削 한 자가 더 있다. 그 외에도 세세한 차이가 있지만 지금 일일이 열거하지는 않는다. 이 이야기는 본래 「유유구전」劉幽求傳과 함께 『상시언지』常侍言旨 뒤에 붙어 있다. 『상시언지』 역시 유정이 지었는데, 『군재독서지』(권3)에서 "그의 백부伯父 유방柳芳이 들려준 이야기를 기록한 것이다"라고 하였다. 유방은 푸저우 허둥河東 사람이며, 그의 아들로는 유등柳登, 유면柳冕이 있고, 유등의 아들 유경柳璟은 『신당서』(권132)에 보인다. 유정은 대개 유경의 종형제 항렬이다.

「양창전」楊娼傳은 『태평광기』 권491에 나오며, 원래 방천리房千裏가 지은 것이다라고 기록되어 있다. 방천리는 자가 곡거鵠擧이고, 허난 사람이며, 『신당서』의 「재상세계표」에 보인다. 『예문지』에는 방천리의 「남방이물지」南方異物志 1권과 「투황잡록」投荒雜錄 1권이 실려 있으며, "태화 초년에 진사에 급제하였고, 가오저우高州의 자사가 되었다"라고 주해하고 있으니, 이는 그의 마지막 관직이다. 이 작품은 서술이 간략하고 꾸밈이 없어 의도적으로 전기傳奇를 지은 것 같지는 않다. 『운계우의』(상)에는 또 「남해비」南海非라는 1편이 있는데, 그 내용은 이렇다. 박사博士인 방천리는 처음

급제하였을 때 링난嶺南의 변경을 유람하였다. 진사인 위방韋滂이라는 사람이 난하이南海로부터 조씨趙氏라는 여자를 데리고 와서 방천리의 첩이 되게 했다. 방천리는 유람이 싫증나서 경도京都로 돌아가려 하니 잠시 조씨와 남북으로 떨어지는 이별이 있었다. 샹저우襄州를 지나다 허혼許渾을 만나 그에게 조씨를 부탁했다. 허혼이 당도하여 땔감과 양식을 주려고 하였는데, 조씨는 이미 위수재韋秀才를 따라가고 없었다. 이에 시로써 방천리에게 이렇게 알렸다. "그대 봄바람 부는 날 자줏빛 비단실 고삐 잡고 백마 타고 돌아가고, 때마침 누에가 잠자고 있어 뽕잎을 따지 않는 계절이라네. 오경의 깊은 밤 그대 그리운 마음 간절하겠지만, 오랜 세월 가을 찬 서리 견딜 절개는 없구나. 수놓은 허리띠[애정을 표시하는 물건]를 다시 찾았지만 붉은 넝쿨처럼 엉켜 있고, 오히려 비단 치마에 푸른 풀이 길게 자랐음을 알았다네. 서쪽으로 떠난 그대에게 알리노니 이별의 한을 줄이게나, 완랑이 떠나자 유랑22)에게 시집갔다네." 방천리는 이 말을 듣고 애통해하며 거의 절명의 지경이었다는 내용이다. 이 전기는 아마 소식을 받은 다음 즉시 지은 것으로 잠시나마 자신의 감개를 깃들이고 있는 것이리라. 그런데 위곡은 『재조집』23)(권10)에서 또 허혼의 시를 무명씨가 지은 것으로 여기고 이렇게 기록했다. "어떤 나그네가 신평新豊의 역관사驛館舍에 이별의 아픔을 담은 글귀를 적어 놓았기에 내가 역리驛吏에게 물어보았고, 그 내막을 알게 되자 우연히 사운시四韻詩[율시를 가리킴]를 지어 그를 조롱하였다."

「비연전」飛煙傳은 『설부』 권33에 수록된 『삼수소독』三水小牘에 나오며, 황보매皇甫枚가 지었다. 역시 『태평광기』 권491에 보이며, "비연"飛煙이 "비연"非煙으로 되어 있다. 『삼수소독』은 원래 3권이며, 『송사』「예문지」 및

『직재서록해제』에 보인다. 지금은 2권만이 남아 있는데, 노씨盧氏[노문초]의 『포경당총서』및 먀오씨繆氏[먀오취안쑨]의 『운자재감총서』[24]에 실려 있다. 그런데 이 책을 통해 고증할 수 있는 것은, 황보매의 자가 준미遵美이고 안 딩安定 사람이라는 점이다. 싼수이三水는 안딩의 속읍屬邑이다. 함통 말년에 그는 루저우汝州의 루산魯山 현령縣令이었고, 광계光啓 연간에 희종僖宗이 량 저우梁州에 있을 때, 임금이 있던 행소行所로 전임되어 갔다. 명대 요자발姚 咨跋은 "천우天祐 경오庚午 해에 황보매는 펀저우汾州·진저우晉州 등 객지에 머물면서 이 책을 지었다"라고 말했다. 지금의 책에는 이에 대한 언급이 없는데, 아마 황보매의 자서自序에 나오는 말이겠으나 지금은 그것이 없어 졌다. 먀오씨의 간행본에는 일문 1권이 있어 「비연전」을 수록하고 있지만, 『태평광기』에 의거하여 인용한 것이므로 『설부』의 본과는 약간 다른 데가 있고, 또 편말에 100여 글자가 없다. 『태평광기』에는 어느 책에 나오는지 말하지 않고 있으니 아마 단독으로 간행되었을 것이며, 그래서 그것을 그 대로 수록한다.

　　「규염객전」虯髯客傳은 명대 고씨顧氏의 『문방소설』에 의거하여 수록하 고 『태평광기』권193에 인용된 「규염전」으로 교감하였는데, 각기 상세한 점과 간략한 점 및 같고 다른 점이 있어 지금 20여 글자를 보정한다. 두광 정杜光庭은 자가 빈지賓至이고 추저우處州 진원縉雲 사람이다. 먼저 천태산天 台山에서 도道를 배웠고, 당조唐朝에서 벼슬하여 내공봉內供奉이 되었다. 난 리를 피해 촉蜀 땅으로 들어갔으며, 왕건王建을 섬기면서 금자광록대부· 간의대부가 되었고, 광성선생廣成先生이라는 호를 하사받았다. 후주後主[왕 건의 아들 왕연王衍]가 즉위하자 그를 전진천사傳眞天師·숭진관대학사崇眞館大學

±로 삼았다. 후에 벼슬에서 물러나 청성산靑城山에 은거하며 동영자東瀛子라 불렸다. 나이 85세에 죽었다. 저서는 대단히 많아서, 『간서』諫書 100권, 『역대충간서』歷代忠諫書 5권, 『도덕경광성의소』道德經廣聖義疏 30권, 『녹이기』錄異記 10권, 『광성집』廣成集 100권, 『호중집』壺中集 3권이 있었다. 이밖에 도교의 의칙儀則, 효험應驗 그리고 선인仙人, 영경靈境을 언급한 것 20여 종, 80여 권이 더 있었다. 오늘날에는 『녹이기』만 유전되고 있다. 두광정은 일찍이 「왕씨신선전」王氏神仙傳 1권을 지어 촉의 임금을 기쁘게 했다. 그런데 이 작품은 제위를 엿보는 것[왕위찬탈을 가리킴]을 가장 경계할 일로 여기고 있으니 아무래도 당조에서 벼슬할 때 지었을 것이다. 『송사』 「예문지」 '소설류'의 기록에는 "「규염객전」 1권"이라 하였다. 송대 정대창程大昌의 『고고편』[25](권9)에도 역시 「규수전」이라 기록되어 있는 한 조목이 있는데, 이렇게 말했다. "이정李靖은 수隋나라에서 벼슬할 때 항상 고조高祖[이연李淵]는 결국에는 남의 신하가 되지는 않을 것이다라고 말했다. 그래서 고조가 경사京師에 입성하자 이정을 붙잡아 그를 죽이려 하였다. 태종太宗[이세민李世民]이 구출하여 죽음을 면하게 해주었다. 고조가 이정을 붙잡은 사실에 대해 역사서는 그 까닭을 말하지 않고 있는데, 대개 이에 대한 언급을 기피했기 때문이다. 「규수전」은 이정이 규수객虯鬚傳[규수란 곱슬곱슬한 턱수염을 가리킨다]의 도움을 얻어 마침내 집안의 모든 힘을 바쳐 태종의 기의起義를 보좌하였다는 이야기이다. 이는 문인의 익살이지만 사람들은 그것을 깨닫지 못할 뿐이다. 또 두보杜甫의 시에서도 "곱슬 수염虯鬚은 태종을 닮았다"라고 하였다. 소설小說[당시 강창講唱 문학의 일종]에서도 사람들이 태종은 곱슬 수염으로 그 수염은 각궁角弓에 걸 수 있네라고 말하는 것을 밝히고 있다. 이 규수가 바로 태종이다. 그런데 규수가 이정에게 도움을 주어 그로 하여금 태

종을 보좌케 하고 있으니 익살스런 이야기임을 알 수 있다." 염髯자가 모두 수鬚자로 되어 있다. 오늘날 규염虯髯이라 한 것은 모두 후대에 고친 것이다. 그러나 고조가 이정을 붙잡은 까닭에 대해서 당시의 사서史書에서는 언급을 기피하지 않았다. 『자치통감고이』(권8)에서는 이렇게 말했다. "유방柳芳의 『당력』唐曆 및 『당서』「정전」靖傳에는 이렇게 씌어 있다. "고조가 변방塞外에서 돌궐突厥을 공격하였다. 이정은 고조를 살펴보고 그가 세상을 통일할 뜻이 있음을 알았다. 이에 스스로 포박하고 변고가 있음을 아뢰려고 장두江都로 가서 임금을 배알하려 하는데, 창안長安에 이르러 길이 막혀 버리자 그만두었다." 글쓴이 설명: 태종이 기병起兵을 도모하고 있을 때 고조는 아직 모르고 있었으며, 알았으면 동의하지 않았을 것이다. 돌궐을 공격할 때 아직 다른 뜻은 없었으니 이정이 어떻게 그것을 알아차렸겠는가? 또 변고를 아뢰려면 당연히 역참驛站을 이용하면 더욱 빠를 텐데, 어찌하여 스스로 포박하였단 말인가? 오늘날 『정행장』靖行狀에 의거하면 이렇다. "옛날 수조隋朝에서 벼슬할 때 고조의 명을 거절한 적이 있었다. 징청京城이 함락되자 고조는 지난 일을 추궁하였고 이정은 격앙된 어조로 솔직하게 변론하자 특별히 용서받아 방면되었다." 유방은 당대 사람으로서 변고가 있음을 아뢴 혐의를 기록하고 있는데, 이로써 곧 징청이 함락된 후에 이정이 붙잡힌 원인을 알 수 있다. 그렇지만 역사적 사실에 대해서는 항상 잘 모르고 소설은 곧바로 유전되니 「규염객전」 역시 이런 예에 해당하며, 여전히 사람들이 좋아하고 심지어 그림으로 그려져 "삼협"三俠으로 불렸다. 이 이야기를 취해 희곡으로 만든 것으로는 명대 장봉익張鳳翼, 장태화張太和 각자의 「홍불기」紅拂記가 있고, 능초성凌初成의 「규염옹」虯髯翁이 있다.

주)_____

1) 막휴부(莫休符). 당말 사람이며, 벼슬은 룽저우(融州) 자사를 지냈다.
『구이린 풍토기』(桂林風土記). 원서는 3권으로 현재는 1권이 남아 있다. 풍토·인정·물산을 서술하는 이외에 다른 책에서 볼 수 없는 당시(唐詩)를 수록하고 있다.

2) 박태후(薄太後)와 우승유(牛僧孺)의 대화에서 나오는 말로서 천자에 대한 우승유의 불경함을 모함하기 위한 것이다.

3) 송아지가 제멋대로 미친 듯이 뒤흔든다는 것은 성이 우(牛)씨인 사람이 나타난다는 것을 암시하고, 용과 뱀이 싸우며 피를 흘려 내를 이룬다는 것은 제위를 쟁탈하기 위한 싸움이 격렬하다는 것을 뜻한다.

4) 『우향령습』(藕香零拾). 총서(叢書)로서 청대 마오취안쑨이 집록하였으며, 도합 39종을 수록하고 있고 102권이다. 청대 광서(光緒) 말년에 간행되었다. 이 책에 수록된 것은 「속우양일력」(續牛羊日歷)이다. 「우양일력」(牛羊日歷)은 송대 조재지(晁載之)의 『속담조』(續談助) 권3에 수록되어 있다.

5) 공자(孔子)의 아들 공리(孔鯉)의 아내는 서씨(庶氏)에게 재가하였는데, 공리의 아들 공급(孔伋)은 공씨 집안의 사당에서 그의 어머니에 대해 곡할 필요가 없다는 뜻이다.

6) 공급의 아내도 역시 재가하였는데, 그녀는 이미 재가하였으므로 공급의 아들 공백(孔白)의 어머니가 아니라는 뜻이다.

7) 이하(李賀, 791~816). 자는 장길(長吉)이고, 허난 푸창(福昌; 지금의 허난성 이양宜陽) 사람이며, 중당(中唐) 때 시인이다. 『가시편』(歌詩編)은 『이하가시편』(李賀歌詩編)을 가리키며, 4권이고, 외집(外集)이 1권이다.

8) 심아지(沈亞之, 781~832). 우싱(吳興; 지금은 저장성에 속함) 사람이며, 중당(中唐) 때 작가이다. 그가 지은 『심하현집』(沈下賢集)은 도합 12권이며, 시부(詩賦) 1권, 문(文) 11권으로 되어 있다.

9) "우싱의 재인"은 심아지를 가리키며, 당대에 과거시험은 봄에 합격자를 발표하였다.

10) 계유공(計有功). 자는 민부(敏夫)이고, 송대 린충(臨邛; 지금의 쓰촨성 충라이邛崍) 사람이다. 그가 지은 『당시기사』(唐詩紀事)는 81권이다. 당대 1,150명의 시인들의 작품과 관련된 일(本事) 및 관련 시편을 싣고 있다.

11) 신문방(辛文房). 자는 양사(良史)이며, 원대 시위(西域; 지금은 신장新疆 일대) 사람이다. 그가 지은 『당재자전』(唐才子傳)은 10권이며, 당대 시인 398명의 평전(評傳)을 수록하고 있다.

12) 곡신자(穀神子). 정환고(鄭還古)를 가리키며, 당대 싱양(榮陽; 지금은 허난성에 속함) 사람이다. 헌종(憲宗) 원화(元和) 연간에 진사(進士)가 되었고, 벼슬은 허베이(河北) 종사였으며, 후에 지저우(吉州) 위안(掾)으로 좌천되었다. 『박이지』(博異志)는 『박이기』(博異記)라고도 하며 필기소설집(筆記小說集)으로 1권이다.

13) 섭씨(葉氏) 관고당(觀古堂). 섭덕휘(葉德輝, 1864~1927)는 자가 환빈(奐彬)이고, 후난성 창사(長沙) 사람이다. 관고당은 그의 서실(書室) 이름이며, 여러 종의 책을 번각하였다.

14) 함분루(涵芬樓). 상하이 상우인서관의 장서루(藏書樓)이며, 청대 광서 말년에 설립되어 귀중한 책(善本秘籍) 여러 종을 소장하고 있었다. 1924년에 동방도서관(東方圖書館)으로 옮겼다. 1932년 '1·28' 상하이사변 때 일본 침략군에 의해 소실되었다.

15) 정씨(丁氏)의 팔천권루(八千卷樓). 청대 첸탕(錢塘)의 정신(丁申)·정병(丁丙) 형제의 장서루는 세 부분으로 나누어져 있었는데, 팔천권루에는 사고전서(四庫全書)에 기록되어 있는 책을 소장하고 있었고, 소팔천권루(小八千卷樓)에는 귀중한 책이 소장되어 있었고, 후팔천권루(後八千卷樓)에는 사고전서에 수록되지 않은 책을 소장하고 있었다.

16) 소초재(小草齋). 명대 문학가 사조제(謝肇淛)의 서실 이름이다. 사조제의 저작으로는 『오잡조』(五雜組) 등이 있다.

17) 단성식(段成式, ?~863). 자는 가고(柯古)이고, 치저우(齊州) 린쯔(臨淄; 지금의 산둥성 쯔보淄博) 사람이며, 당대 문학가이다. 벼슬은 비서성교서랑(秘書省校書郎)·태상소경(太常少卿) 등이었다. 『유양잡조』(酉陽雜組)는 필기소설집으로 20권이며, 또 속집(續集) 10권이 있다.

18) 『한원군서』(翰苑群書). 12권이며 송대 홍준(洪遵)이 엮었다. 당대 이조(李肇)의 『한림지』(翰林志), 송대 이방(李昉)의 『금림연회집』(禁林宴會集) 및 홍준 본인의 『한원유사』(翰苑遺事) 등, 당·송 양대의 한림학사의 성명 및 한림원 장고(掌故)를 기술하고 있는 사적 12종을 수록하고 있다.

『당어림』(唐語林). 필기집(筆記集)으로 송대 왕당(王讜)이 지었다. 원서는 오래전에 없어졌고, 오늘날 본은 『영락대전』에서 집록한 것으로 8권이다.

19) 범터(範攄). 자호(自號)가 오운계인(五雲溪人)이며, 당(唐) 의종(懿宗) 때 사람이다. 『운계우의』(雲溪友議). 필기집으로 3권이다. 중·만당(中晩唐) 때의 시인 및 시가와 관련된 자료가 많이 실려 있다.

20) 자는 중용(仲容)이며, 삼국시대 위(魏)나라 사람으로 죽림칠현(竹林七賢)의 한 사람이다. 완적(阮籍)의 조카로서 음률에 능하고 비파를 잘 탔다.

21) 설태위(薛太尉). 위에 나오는 "설태보"(薛太保)의 잘못인 듯하다.

22) 『태평어람』 권41에서 유의경(劉義慶)의 「유명록」(幽明錄)을 인용하여 완랑(阮郎; 즉 완조阮肇)과 유랑(劉郎; 즉 유신劉晨)이 천태산(天臺山)에 들어가 약초를 캐다가 길을 잃고 두 선녀를 만난다는 이야기를 기록하고 있다. 여기서 완랑은 방천리(房千裏)를 가리키고, 유랑은 위수재(韋秀才)를 가리킨다.

23) 위곡(韋縠). 오대(五代)의 전촉(前蜀) 때 사람이며 벼슬은 감찰어사(監察禦史)에 이르렀다. 그가 엮은 『재조집』(才調集)은 당시(唐詩) 선집으로 도합 10권이다.

24) 노문초(盧文弨, 1717~1796). 자는 소궁(紹弓), 호는 포경(抱經)이며, 청대 저장 항저우

사람이다. 그가 번각한 『포경당총서』(抱經堂叢書)는 도합 17종이다.

『운자재감총서』(雲自在龕叢書). 청대 광서 연간에 먀오취안쑨이 엮어 번각한 것으로 도합 36종이다.

25) 정대창(程大昌, 1123~1195). 자는 태지(泰之)이고, 남송(南宋) 슈닝(休寧; 지금은 안후이 성에 속함) 사람이며 벼슬은 이부상서(吏部尙書)였다. 저작으로는 『역원』(易原), 『옹록』(翁錄) 등이 있다. 그가 지은 『고고편』(考古編)은 10권으로 경의(經義)의 차이를 여러 가지로 논하고 역사적 사실(史事)을 고증하고 있다.

제5부분

「명음록」冥音錄은 『태평광기』 권489에 나온다. 본문 속에서 이덕유李德裕를 "고상"故相[이전의 재상이라는 뜻]이라 부르고 있으니 대중大中 또는 함통鹹通 연간 이후에 지은 것이다. 『당인설회』에는 "주경여朱慶餘가 지었다"라고 기록하고 있으나 옳지 않다.

「동양야괴록」東陽夜怪錄은 『태평광기』 권490에 나온다. 내용은 성자허成自虛가 밤중에 요괴를 만나 은어로 서로 응답했다는 이야기를 그로부터 왕수王洙가 듣고 서술한 것이다. 『당인설회』는 곧 "왕수가 지었다"라고 기록하고 있지만 옳지 않다. 정전둬鄭振鐸(『중국단편소설집』中國短篇小說集)는 이렇게 말했다. "서술하고 있는 줄거리가 우승유牛僧孺의 「원무유」元無有와 비슷한데, 아마 이 두 편은 동일한 근원에서 나왔을 것이다." 글쓴이 설명: 「원무유」는 본래 『현괴록』에 실려 있었지만 책 전체가 이미 없어졌다. 다음 조목條은 『태평광기』 권369에서 인용하였다.

보응寶應 연간에 원무유元無有라는 사람이 있어 늘 중춘仲春[음력 2월] 말에 홀로 웨이양維揚 교외의 들판을 걸었다. 때마침 날이 저물고 비바람이 크게 몰아쳤다. 그때는 병란이 휩쓸고 간 뒤라 사람들이 대부분 달아나고 없었다. 마침내 길가의 빈집에 들게 되었다. 순식간에 비가 그치며 날이 개었고, 비스듬히 달이 바야흐로 나타났다. 무유는 북쪽 창가에 앉았는데, 갑자기 서쪽 회랑에서 사람의 발자국 소리가 들려왔다. 잠시 후 달빛 아래서 네 사람이 보였고 의관이 모두 각기 달랐으며, 유쾌하게 서로 이야기를 주고받고 시를 읊었다. 곧 누군가가 "오늘 저녁은 가을처럼 이토록 바람이 맑고 달이 밝으니, 우리들이 한 마디씩 평생의 사적을 펼쳐 보이는 것이 어떨까?"라고 말했다. 그중 한 사람이 이러저러하게 말했다. 시를 읊는 소리가 낭랑하여 무유는 모두 분명하게 들을 수 있었다. 그중에서 의관을 갖춘 키가 큰 한 사람이 먼저 이렇게 읊었다. "제나라·노나라의 하얀 비단은 서리와 눈처럼 새하얗고, 그 맑고 높은 소리는 내가 낸 것이라네." 검은 의관을 갖춘 키가 작고 못생긴 두번째 사람이 이렇게 시를 읊었다. "귀한 손님들 성대한 잔치에 모인 이 맑은 밤에, 밝게 빛나는 등촉은 내가 들 수 있다네." 낡은 누런 의관을 갖추고 역시 키가 작고 못생긴 세번째 사람이 이렇게 시를 읊었다. "맑고 차가운 샘물은 아침에 물 긷기를 기다리고, 뽕나무 껍질로 만든 두레박줄은 나를 끌며 늘 나고 드네." 낡고 검은 의관을 갖춘 네번째 사람이 이렇게 시를 읊었다. "땔감을 때고 물을 담아 지지고 삶아서, 사람들을 배부르게 해주는 것은 나의 공로다." 무유 역시 네 사람을 이상하게 여기지 않았고, 네 사람 역시 무유가 대청에 있음을 개의치 않고 돌아가며 서로 칭찬하였다. 그들의 자부심을 보아하니 비록 완사종阮嗣宗의 「영회」詠懷시라 하더라도 그들을 능가할 수 없을 것 같았다. 네 사람은 날이 밝아 오자 바야흐로 자기가 있던 곳으로 되돌아갔다. 무유는 곧 그들을 찾았지만 집안에는 다만 낡은 다듬이 방망이, 등대燈臺, 물통, 부서진 납작한 솥만이 있었다. 비로소 네 사람은 바로 이런 것들이 변한 것임을 알았다.

「영응전」靈應傳은 『태평광기』 권492에 나오며, 지은이의 이름이 없다. 『당인설회』에서는 우적[1]이 지은 것이라 하였으나 역시 옳지 않다. 「전」傳은 용녀龍女의 정숙貞淑함, 정승부鄭承符의 지혜와 용기를 기술하고 있는데, 역시 이조위의 「유의전」에 나오는 이야기를 채용하고 있어 그 영향을 받았고, 다시 그것을 약간 고쳐 놓았다. 징위안涇原 절도사 주보周寶는 자가 상규上珪이고, 핑저우平州 루룽盧龍 사람이다. 전鎭[징위안전涇原鎭을 가리킴]에서 농사에 주력하여 식량 20만 석을 모았으며, 양장良將이라 불렀다. 황소[2]가 쉬안시宣歙를 점거하자 조정에서는 주보를 전하이쥔鎭海軍 절도사 겸 난몐南面 초토사招討使로 전임시켰다. 후에 전유[3]에 의해 살해되었다. 『신당서』(권186)에 그의 전傳이 있다.

주)_____

1) 우적(于逖). 당대 천보(天寶) 연간 사람이며, 생평과 사적은 미상이다.
2) 황소(黃巢, ?~884). 차오저우(曹州) 위안쥐(冤句; 지금의 산둥성 허쩌菏澤) 사람이며, 당말(唐末)에 농민기의군의 지도자였다. 건부(建符) 6년에 쉬안(宣)·시(歙)(지금의 안후이성 쉬안청宣城·시셴歙縣 일대)를 점거하였다.
3) 전유(錢鏐, 852~932). 자는 구미(具美)이고, 린안(臨安; 지금은 저장성에 속함) 사람이다. 당(唐) 희종(僖宗) 건부(建符) 연간에 벼슬은 항저우 자사였고, 전하이쥔(鎭海軍) 절도사의 통제를 받았다. 오대(五代) 때 그는 오월국(吳越國)을 세웠고, 재위 기간은 907년에서 932년까지이다. 희종 광계(光啓) 3년(887)에 윤주아장(潤州牙將)인 유호(劉浩) 등이

주보(周寶)를 축출하자 전유(錢鏐)는 주보를 항저우까지 가서 맞이하였다. 역사서에서는 주보가 전유에 의해 피살되었다고도 하고, 또는 주보의 죽음과 전유는 무관하다고도 한다(『자치통감』 권257 '고이'考異 참고).

제6부분

「수유록」隋遺錄 상·하권은 원본 『설부』 권78에 의거하여 수록하였으며, 『백천학해』[1]로 그것을 교감하였다. 앞에는 "당대 안사고顔師古가 지었다"라고 기록되어 있다. 말미에는 무명씨의 발문이 있어 "회창會昌 연간에 스님 지철志徹이 와관사瓦棺寺 건물 남쪽 쌍각雙閣의 순필筍筆 무더기에서 발견했다. 제목은 「남부연화록」南部煙花錄으로 되어 있고, 안사고의 유고遺稿이다. 『수서』隋書에서 취하여 그것을 교감하였으며, 애매한 문장隱文이 많다. 후에 다시 「대업습유기」大業拾遺記로 엮었다. 원본은 열 중에 일고여덟은 결락缺落되어 있어 모두 『수서』로부터 그것을 보충하였다"라고 하였다. 이 책은 원래 제목이 「남부연화록」이며 다시 엮은 다음에는 「대업습유기」라고 하였던 것이다. 지금은 또 「수유록」이라 하는데, 발문에서 언급하고 있지 않으니 아마 다시 후대에 전각傳刻한 사람이 고쳤기 때문일 것이다. 이 책은 송원대宋元代 시기에 이미 상당히 유행하여 『군재독서지』 및 『문헌통고』에서 모두 「남부연화록」을 기록하고 있고, 『통지』[정초 지음]에서 「대업습유록」을 기록하고 있다. 『송사』 「예문지」 '사부전기류'史部傳記類에도 역시 안사고의 「대업습유」 1권이 있고, 자부소설류子部小說類에는 또 안사고의 「수유록」 1권이 있는데, 대개 같은 책이지만 이름이 다른 것은 다른 두 본本에 의거하고 있기 때문일 것이다. 본문과 발문은 문구와 내용詞意이

거칠고 조잡한데, 한 사람의 손에 의해 씌어진 것 같다. 안사고의 이름에
가탁하고 있는 것은, 그 방법이 갈홍의 『서경잡기』²⁾가 유흠劉歆의 『한서』漢
書 유고遺稿에서 채록하였다고 말하는 것과 마찬가지이다. 그러나 그의 재
능과 식견이 갈홍에 훨씬 미치지 못하기 때문에 빈틈이 너무 많아 일일이
트집 잡을 필요 없이 그것이 위작임을 금방 알 수 있다. 청대『사고전서총
목』(권143)에서 이렇게 말했다. "왕득신王得臣은 『주사』麈史에서 그것은 '지
극히 조잡하여 의심스럽다'라고 하였다. 요관姚寬은 『서계총어』西溪叢語에
서 역시 이렇게 말했다. 「남부연화록」의 문장은 지극히 저속하다. 또 진陳
나라 후주後主의 시라 하여, 석양이 고의로 그러는 듯, 한쪽으로 치우친 작
은 창문을 밝게 비추네, 라는 시를 싣고 있다. 이것은 곧 당대 사람 방역方
域의 시이며 육조六朝의 시구는 이렇지 않다. 『당서』「예문지」에 수록된
「연화록」은 수나라 양제煬帝가 광릉廣陵으로 순시하던 일을 기록하고 있는
데, 이것의 원본은 이미 없어졌으니 세속에서 이를 가탁하여 이 책을 지었
던 것이다.' 그렇다면 이것 역시 위작본이다. 지금 하권을 살펴보면 수나
라 양제가 월관月觀을 순시할 때 소후蕭後와 밤에 대화를 나누는 장면이 기
록되어 있는데, '우리 집안의 일은 일체 이미 양소楊素에게 맡겼소'라는 말
이 나온다. 이때 양소는 죽은 지 오래되었다. 안사고는 어찌 이렇게까지
부주의하고 잘못할 수 있을까? 그 속에는 수나라 양제의 여러 작품 및 우
세남虞世南이 원보아袁寶兒에게 보낸 작품이 실려 있는데, 명대에 육조六朝
의 시를 집록하던 사람들이 종종 거기서 뽑았으니 모두 고증하지 않은 잘
못이다."

「양제해산기」煬帝海山記 상·하권은 『청쇄고의』후집後集 권5에 나오며,

우선 명대 장몽석張夢錫의 간행본에 의거하여 수록하고 둥씨董氏[둥캉董康을 가리킴]가 간행한 사례거 본³⁾으로 교감하였다. 명대 필사본 원본『설부』32 권 중에도 역시 발췌본節本 1권이 있어 그것을 취해 참고하며 교감하였다. 작품의 제목 다음에 원래 짧은 주注가 있어 상권에는 "양제 궁중의 꽃과 나무에 관한 이야기"說煬帝宮中花木라 기록되어 있고, 하권에는 "양제 후원의 새와 짐승에 대한 기록"記煬帝後苑鳥獸이라 기록되어 있는데, 모두 엮은 이가 덧붙인 것으로 지금은 삭제한다. 이 책은 대개 양제煬帝의 사치스럽고 화려한 행적을 과장되게 서술하려고 하여 곽씨郭氏의「동명」洞冥, 소악蘇鄂의「두양」杜陽과 같은 부류이지만, 역량이 미치지 못하고 있다. 본문 속에「망강남」望江南이라는 사詞 8수가 있는데, 청대『사고전서총목』에서 그것은 이덕유가 창작한 것이라고 하였고, 단안절段安節은『악부잡록』樂府雜錄에서 그 기원을 대단히 상세하게 기술하고 있으나 역시 대업大業[수나라 양제의 연회] 연간 이전에 그것이 생겨났을 수 없다.

「양제미루기」煬帝迷樓記는 원본『설부』권32로부터 수록하였다. 명대 초굉焦竑은『국사』「경적지」를 지었고 거기에「양제미루기」와「해산기」海山記를 모두 수록하고 있는데, 그것은 단독으로 간행되었을 것이다. 청대『사고전서총목』(권143)에서는 "역시『청쇄고의』에 보이며,…… 뜻밖에도 미루迷樓가 창안長安에 있는 것으로 여기고 있으니 정말 터무니없는 일이다"라고 하였다. 그렇지만『청쇄고의』속에는 실제로 그것이 없으니 아마 기윤 등의 잘못일 것이다. 주중부周中孚(『정당독서기』鄭堂讀書記)는 이 평어評語를 더욱 밀고 나가 밝히면서 이렇게 여겼다. "글 뒤에서 '대업 9년에 임금이 다시 장두江都를 순시하였을 때 미루가 있었다'라고 하였고, 마지막에는 또 '임금이 장두를 순시하였을 때 당제唐帝[당나라 고조 이연李淵을 가리킴]가 군대를 동원하여 징청京城에 입성하였는데, 미루를 보고 태종은 이것은 모두 백성의 고혈을 짜내어 만든 것이다!라고 하였다. 이에 그것을 불태우도록 명하였다. 한 달이 지나도록 불이 꺼지지 않았다'라고 하였다. 그렇다면 결국 미루가 창안에 있다고 여긴 것은 항우가 아방궁阿房宮을 불태우는 이야기와 닮아서 모두 터무니없음의 극치에 이르고 있다."

「양제개하기」煬帝開河記는 원본『설부』권44로부터 집록하였다.『송사』「예문지」의 사부지리류에 1권이 기록되어 있으며, "작자를 모른다"라고 주해하고 있다. 청대『사고전서총목』에서는 "말이 매우 저속하여 모두 길거리에서 전해지던 기이한 이야기傳奇에 가깝고 마찬가지로 가탁에 의해 나온 것으로 언급할 것이 못 된다"라고 하였다. 글쓴이 설명: 당대 이광문李匡文의『자가집』資暇集(하)에서 이렇게 말했다. "민간에서 아이들을 어를 때 '도깨비 온다'麻胡來[반인반수半人半獸의 도깨비를 가리키는데, 아이들에게 겁을 줄 때 이렇게 말한다]라고 말한다. 이 말의 기원을 모르는 사람들은 수염이 많은 도깨비神가 영험하게 나타나는 것으로 여겼는데, 옳지 않다. 수대의 장군 마호麻祜는 성격이 잔혹하고 포학하였다. 양제煬帝가 그에게 명하여 볜허汴河를 뚫도록 하였는데, 그의 위세가 등등하여 어린아이들이 그의 이름만 들어도 무서워하며 서로 놀라 '마호가 온다'라고 말하기에 이르렀다. 어린아이들은 말이 정확하지 않아 호祜가 호胡로 바뀌었다."[4] 말미에서 스스로 주를 붙여 "마호의 사당은 쑤이양睢陽에 있다. 푸펑鄜方 절도사 이비李丕는 그의 후손이다. 이비는 그를 위해 비석을 새로 세웠다"라고 하였다. 그렇다면 마숙모麻叔謀의 포학한 기세는 또한 사실적인 면이 있으며, 이 작품에 기록된 이야기는 원래 입으로 귀로 전해지던 것에서 유래되어 전부 억측하여 만들어 낸 것은 아니다. 아쉽게도 이비가 세웠던 비문은 지금 볼 수 없으며, 그렇지 않다면 당연히 참고할 만한 내용이 담겨 있을 것이다. 작품에 나오는 무덤에서 생긴 여러 가지 기이한 이야기는『서경잡기』西京雜記에 서술된 광릉왕廣陵王 유거질劉去疾이 무덤을 발견한 이야기에 뿌리를 두고 있는 듯한데, 부회하여 늘려서 지은 것이다.

이상 네 편은 모두『고금일사』[5]에 수록되어 있다. 뒤의 세 편은 또『고금설해』[6]에 보이며 지은이는 기록되어 있지 않다.『당인설회』에 이르면, 모두 한악韓偓이 지은 것이라고 하였다. 치요致堯[한악의 자]는 당말에 태어나 우선 만당晚唐의 어지러운 시대에서 고생하며 지냈고, 후에는 남쪽 변방으로 떠돌아다녔고, 비록 염정시艷情詩를 지었으나 전기傳奇와 같은 이야기稗史는 짓지 않았다. 지은 것은『금란밀기』金鑾密記 1권, 시 2권,『향렴집』香奩集 1권뿐이다. 그리고 역사적 사실에 대해 그는 이 정도로까지 생소하게 모르지는 않았다. 이것은 아마 민간에서 글자를 좀 아는 사람들이 지은 것으로 진정 이른바 가담항의街談巷議[거리나 항간에 떠도는 이야기라는 뜻] 그것이다. 그렇지만 풍유룡馮猶龍이 그것을『수양염사』[7]에 편입하면서 마침내 좀 더 보충되고 분식되어 세상에 유전되었다. 오늘날까지 일반 사람들의 심중에 있는 수나라 양제는 대체로 낮에는 서원西苑에서 놀고 밤에는 미루迷樓에 머무르는 사람이다.

명대 필사본 원본『설부』100권은 비록 탈자와 오자가 많지만「미루기」迷樓記는 실로 훌륭하다. 이는 통속적인 글자, 예를 들어 "니"你와 같은 글자가 여전히 남아 있기 때문인데, 각복刻本의 경우는 대부분 "이"爾 또는 "여"汝로 고쳐 놓았다. 세상의 고아한 사람들은 구어를 싫어하여 편집하여 간행할 때마다 비록 옛 책이 고아하게 기술되어 있더라도 간혹 더 수정을 가하여 그것을 더욱더 아정雅正하게 만들었다. 송대에 편찬된 『당서』는 당시에 사용하던 일상적인 말에 대해 간결하고 예스럽게 고치려고 애를 썼는데, 종종 기풍과 맛을 크게 감소시켜 놓았고 심지어 본래의 의미를 알 수 없게 만들어 버렸다. 그렇지만 이는 저술撰述과 같은 것이다. 옛 글舊文을 중간重刊한 경우에는 더욱 용서받을 수 없으니, 이를테면 본집本集[즉 『당송전기집』]에 수록된 글자에 대해 말하자면, 송본宋本 『자치통감고이』에 인용된 「상청전」上淸傳에 나오는 "저료노"這獠奴는 명청대의 각본 『태평광기』에 인용될 때에는 모두 "노료노"老獠奴로 고쳐졌고, 고씨顧氏가 교감한 송대 본 「주진행기」周秦行紀에 나오는 "굴양개낭자"屈兩箇娘子 및 "불의부타"不宜負他는 『태평광기』에 인용될 때는 "굴이낭자"屈二娘子 및 "불의부야"不宜負也로 고쳐졌다. 무단으로 옛사람들이 전혀 속자俗字로 글을 쓰지 않았다고 단정하고 필사적으로 옛날로 돌아가려復古 하였지만 옛 의미古意는 도리어 점차 잃게 되었다.

주)_____

1) 『백천학해』(百川學海). 총서(叢書)로서 남송(南宋)의 좌규(左圭)가 집록하였고, 도합 10집이며, 100종이다. 당송대의 필기(筆記), 잡설(雜說), 전기(傳奇) 등을 수록하고 있다.
2) 갈홍(葛洪, 약 283~363). 자는 치천(稚川)이고, 동진(東晉) 때 단양(丹陽) 쥐룽(句容) 사람이다. 저작으로는 『포박자』(抱樸子) 등이 있다.
   『서경잡기』(西京雜記). 필기소설집(筆記小說集)으로서 갈홍이 서한(西漢)의 유흠(劉歆)의 이름을 빌려 지었으며, 원본은 상하 두 권이고 후대에 6권으로 나누어졌다.
3) 둥캉(董康)이 청대 황비열(黃丕烈) 사례거(士禮居)가 소장하고 있던 초본(鈔本)에 의거

하여 번각한 각본이며, 별집(別集) 7권이 덧붙어 있다.

둥캉(1867~1946). 자는 수경(綬經)이고, 장쑤 우진(武進) 사람이며, 청대 광서 연간에 진사였다.

4) 오늘날 중국어 '마후'(麻祜)와 '마후'(麻胡)는 발음이 같고, '祜'와 '胡'의 성조가 다를 뿐이다.

5) 『고금일사』(古今逸史). 총서(叢書)로서 명대 오관(吳琯)이 엮었다. 도합 55종을 수록하고 있으며, 일지(逸志)·일기(逸記) 2문(門)으로 나누어 놓았는데, 그 속에 일부 소설자료가 들어 있다.

6) 『고금설해』(古今說海). 총서로서 명대 육즙(陸楫) 등이 엮었다. 도합 135종이며 대부분 명대 이전의 소설(小說)·잡기(雜記)로 되어 있고, 설선(說選)·설연(說淵)·설략(說略)·설찬(說纂) 4부로 나누어져 있다.

7) 풍유룡(馮猶龍, 1574~1646). 이름은 몽룡(夢龍)이고, 창저우(長洲; 지금의 장쑤성 우셴吳縣) 사람이며, 명대 문학가이다. 화본소설(話本小說) '삼언'(三言)을 편저(編著)하였다. 『수양염사』(隋煬艷史). 명대 소설로서 40회이다. 작자는 서제동야인(署齊東野人)이며, 그가 풍몽룡인지는 알 수 없다.

제7부분

「녹주전」錄珠傳 1권은 『임랑비실총서』琳琅秘室叢書에 나온다. 이것은 구초본에 의거하였고, 다시 다른 본別本으로 교감하였다. 말미에 호정의 발문이 있어 이렇게 말하였다. "구본舊本에는 지은이의 이름이 없다. 글쓴이 설명: 마씨馬氏의 『경적고』經籍考에는 '송대 사관史官인 악사樂史가 지었다'라고 기록되어 있다. 송대 사람의 『속담조』續談助에도 역시 이 전傳이 실려 있는데, 하지만 절반이 생략되어 있다. 뒤에는 서루북재西樓北齋의 발문이 있어 '직사관直史館의 악사는 특히 지리학地理學에 정통하였는데, 그래서 이 전은 산수山水를 상세하게 미루어 고증하고 있으며, 또 모두 지지잡서地志雜書에서 뽑은 것이다'라고 하였다. 나는 녹주綠珠는 하녀일 뿐이지만 주인의 은혜에 감사할 줄 알고 헌신적으로 노력하였으니 마땅히 그녀의 사적을 간행하여 세상을 교화해야 한다고 생각한다. 함풍 3년 8월에 인화仁和 호정胡珽이 쓰다." 지금 다시 『설부』 권38에 집록된 것으로 교감하였는데, 크게 다른 점은 없었다. 이른바 구초본과 다른 본別本 둘 다 『설부』에서 나온 것이 아닐까 한다. 옛 교감舊校은 다소 번거롭게도 꼭 "월"越을 "월"粵로 고치고 있는데, 이런 것들은 스스로 고생을 사서 하는 것에 가까우니 지금 전부 취하지 않았다.

「양태진외전」楊太眞外傳 2권은 고씨顧氏의 『문방소설』에서 취했다. 사관인 악사가 지은 것이라 서명되어 있고, 『당인설회』에서 그것을 수록하고 있으나 오류가 대단히 많다. 그런데 그 잘못은 도종의의 『설부』에서 악사는 당대 사람이다라고 기록한 데서 비롯되었다. 이 두 본 이외에도 경사도서관에 소장되어 있는 정씨丁氏의 팔천권루 구초본을 본 적이 있는데, "선본"善本이라 부르고 있지만 실제로는 평범한 것이며 훌륭한 데가 거의 없다. 『송사』 「예문지」의 '사부전기류'에서 "증치요曾致堯는 『광중대기』廣中臺記 80권이 있고, 또 「녹주전」綠珠傳 1권이 있다"라고 밝히고 있으니 「전」傳 역시 증치요가 지은 것 같다. 또 "「양비외전」楊妃外傳 1권"이 있다고 밝히고 주注에서 "작자를 알 수 없다"라고 하였다. 또 "악사의 「등왕외전」滕王外傳 1권이 있고, 「이백외전」李白外傳 1권, 「동선집」洞仙集 1권, 「허매전」許邁傳 1권, 「양귀비유사」楊貴妃遺事 2권이 있다"고 밝히고, 주에서 "제민산수상"題岷山叟上이라 하였다. 글이 모호하여 거의 이해할 수 없다. 그러나 「속담조」續談助라는 발문 이외에 또 『군재독서지』(권9, 전기류傳記類)에서도 "「녹주전」 1권이 있으며, 이상은 본조本朝의 악사가 지었다"라고 하였다. 또 "양귀비외전」2권이 있으며, 이상은 본조의 악사가 지었다. 당대 양귀비의 사적事跡을 서술하고 이명李明[당 현종]이 죽는 데서 끝난다"라고 하였다. 그리고 『직재서록해제』(권7, 전기류)에서도 "「양비외전」은 직사관直史館의 린촨臨川 사람 자정子正[악사의 자] 악사가 지었다"라고 하였다. 그렇다면 「녹주전」·「양귀비외전」 두 전은 모두 악사가 지은 것이 매우 분명하다. 「양비전」楊妃傳의 권수는 송대에 이미 나누어지기도 하고 합쳐지기도 하여 한결같지 않았으며, 지금 전해지고 있는 것은 조씨晁氏가 보았던 2권본일 것이다. 하지만 제목書名은 약간 변화가 있다.

악사樂史는 푸저우撫州 이황宜黃 사람이며, 남당南唐에서 송대宋代로 넘어오면서 저작좌랑이 되었고, 링저우陵州의 지주知州로 나갔다. 부賦를 바쳐 부름을 받고 삼관편수三館編修가 되었으며,[1] 저작랑으로 승진하고, 사관史館에서 일하였다. 「녹주전」·「태진전」太眞傳 두 전에 나오는 마지막 직함을 볼 때, 이들은 모두 이 당시에 지은 것이다. 후에 태상박사로 전임하였고, 수저우舒州·황저우黃州·상저우商州 등 세 주州의 지주로 나갔으며, 다시 문관文館으로 들어왔고, 서경 감마사[2]를 주관하였으며, 임금이 금자金紫[금인자수金印紫綬]를 하사하였다. 경덕 4년에 죽으니 나이 78세였다. 그의 사적은 『송사』宋史(권306)의 「악황목전」樂黃目傳의 첫머리에 상세하게 기술되어 있다. 악사는 저술이 많아서 삼관에 있을 때 420여 권에 이르는 책을 바쳤으며, 모두 과제科第·효제孝悌·신선神仙에 관한 이야기이다. 또 『태평환우기』 200권이 있어 100여 종에 이르는 온갖 책들을 증거로 인용하고 있으며, 지금도 남아 있다. 악사는 널리 책을 읽었고 또 지리地理에 밝았다. 그래서 지지地志를 수집하고 기술하였는데, 채록采錄이 지나치게 흘러넘쳐 도리어 번잡하게 되었다. 그리고 「녹주전」, 「태진전」과 같은 전기傳奇를 지었으며, 또 『어림』語林, 『세설신어』世說新語, 『진서』晉書, 『명황잡록』明皇雜錄, 『개천전신기』開天傳信記, 『장한전』長恨傳, 『유양잡조』酉陽雜組, 『안록산사적』安綠山事跡 등과 같은 구문舊文의 수집에 전념하여 다소나마 잘 배치해 놓았다. 더욱이 늘 산수山水에 미련을 두었다.

주)_____

1) 악사(樂史)는 송(宋) 태종(太宗)에게 「금명지부」(金明池賦)를 바쳐 삼관편수(三館編修)로 부름을 받았다. 삼관(三館)은 사관(史館), 소문관(昭文館), 집현원(集賢院)을 가리키며, 송대에 도서를 관장하고 국사를 편찬하던 기구이다.

2) 서경(西京) 감마사(勘磨司)는 서경(西京) 마감사(磨勘司)라 하여야 한다. 북송(北宋)은 볜(汴; 지금의 허난성 카이펑開封)을 경성(京城)으로 삼았고, 뤄양(洛陽; 지금은 허난성에 속함)을 서경(西京)으로 삼았다. 마감사(磨勘司)는 관리들의 시험, 승진, 전임을 주관하던 관서이다.

제8부분

송대 유부劉斧라는 수재는 『한부명담』翰府名談 25권을 지었고, 또 『척유』撫遺 20권, 『청쇄고의』18권을 지었는데, 『송사』「예문지」의 '자부소설류'子部小說類에 보인다. 지금은 『청쇄고의』만 남아 있다. 명대 장몽석張夢錫의 간행본이 있는데 전·후집 각각 10권씩으로 되어 있고 구하기가 매우 어렵다. 근대에 둥캉이 교감하여 간행한 사례거士禮居 필사본 역시 20권으로 되어 있으며, 또 별집別集 7권이 있는데 『송사』「예문지」에는 없는 것이다. 그런데 송대 사람 중에 때때로 『청쇄척유』青瑣撫遺를 인용한 사람이 있어 아마 이것이 바로 지금의 이른바 별집이 아닐까 한다. 『송사』「예문지」에서는 그것을 『한부명담』翰府名談의 『척유』라고 보았는데, 아마 잘못일 것이다. 그 책은 그 당시 사람들의 지괴志怪 및 전기傳奇를 모은 것으로 산만하여 조리가 없고 간혹 의론議도 있으나 역시 대단히 조잡하다. 앞에는 손孫 부추副樞[추밀원樞密院 부사副使]의 서序가 있는데, 이름을 부르지 않고 관직명을 부르고 있으니 매우 이상하며, 지금은 어떤 사람인지 알 수 없다. 여기서는 다만 그중에서 비교적 조리가 있고 이야기의 변화가 많은 것 5편을 선록選錄하였다. 작자는 세 사람으로 하나는 웨이링魏陵 사람인 장실張實 자경子京[장실의 자]이고, 하나는 차오촨誰川 사람인 진순秦醇 자복子復[진순의 자](혹은 자이子履라고도 함)이고, 하나는 치상淇上 사람인 유사윤柳師尹이다. 모두 언제 태어나 언제 죽었는지 고증할 수 없다. 1편은 지은이의 이름이 없다.

「유홍기」流紅記는 전집前集 권5에 나오며, 제목 아래에는 원래 "단풍잎에 시를 적어 한씨를 아내로 맞이하다"紅葉題詩取韓氏라고 주해하고 있으나 지금 삭제하였다. 당대 맹계孟棨의 『본사시』本事詩(「정감」情感 제1)에는 고황顧況이 낙승문洛乘門의 원수苑水[임금의 정원에 흐르는 물]에서 큰 오동나무 잎을 얻었는데 그 위에 시가 씌어 있고 고황이 그에 화답하는 이야기가 있다. "궁궐은 물이 동으로 흐르는 것을 금하지 않으니 잎에 시를 적어 누구에게 부치려는가"帝城不禁東流水,葉上題詩欲寄誰라는 구절은 고황이 화답한 시이다. 범터의 『운계우의』(하)에는 또 「제홍원」題紅怨이 있는데, 노악盧渥이 과거에 응시한 그 해에 궁궐에 흐르는 물禦溝[1]에서 단풍잎을 얻었고 그 위에 절구시絶句詩가 있어 수건 상자에 넣어 두었다라고 하였다. 또한 선종宣宗이 궁녀들을 방출할 때 노악은 그중 한 사람을 아내로 맞이하였다라고 하였다. "단풍잎을 바라보고 한참 동안 탄식하며 '그때는 우연히 시를 적어

물에 띄웠는데, 뜻하지 않게 낭군이 주어 수건 상자에 보관하셨군요'라고 하였다. 그녀의 필치를 조사해 보고 놀라지 않을 수 없었다. 시는 이렇다. '물은 이토록 빠르게 흐르고, 깊은 궁궐은 하루 종일 한가롭네. 정성스레 단풍잎에게 알리노니, 속세에 잘 도착하기를.'" 송대 사람들은 전기를 지을 때 처음에는 당시의 이야기는 피하고 구문舊聞을 모아서 억지로 짜맞추어 1편으로 만들었는데, 문사와 내용이 모두 초췌하다. 「유홍기」가 바로 그중 하나이다.

「조비연별전」趙飛燕別傳은 전집前集 권7에 나오며, 역시 원본『설부』권33에도 보이며, 지금 이를 참고·대조하여 집록하였다. 호응린(『필총』권29)은 이렇게 말했다. "무진戊辰년에 내가 우연히 연燕 지방의 서점을 지나다가 결손된 각본刻本 십수 쪽을 얻었는데, 제목이 「조비연별집」趙飛燕別集이라 되어 있었다. 읽어 보니 바로『설부』에서 도씨陶氏가 삭제한 본임을 알겠더라. 그 문장은 동한東漢 사람의 것과 상당히 비슷하고, 말미에는 양梁나라 무제武帝가 조소의趙昭儀가 죽은 뒤 큰 자라로 변하였다고 대답하는 이야기를 기록하고 있다. 육조六朝 사람이 지은 것이며 송대의 진순 자복이 보완·수정하여 유전되어 온 것이다. 그러나 마단림의『문헌통고』와 어중漁仲의『통지』에는 모두 이 항목이 없다. 더욱이 문장은 송대 사람들이 지을 수 있는 것이 아니다. 그중에 이야기의 서술은 몇 가지뿐이지만 빼어난 말이 많아 영현伶玄보다 뛰어나고 순후질박淳質하고 고건古健함은 어느 것보다 낫다. 전질全帙을 볼 수 없음이 아쉽다." 또 그중에 "향기로운 욕탕에 물이 넘치고"蘭湯灩灩 등 세 가지 어구를 특별히 감상하면서 "백세 이후에 읽어도 크게 감동을 받을 것이다"라고 여겼다. 그런데 지금

볼 수 있는 본은 모두 별전別傳이라 하고 집集이라 하지 않았다. 『설부』본
도 삭제한 부분이 없는데, 다만 『청쇄고의』에 비하여 50여 글자가 적으니
아마 필사하던 사람이 빠뜨렸을 것이다. 『청쇄고의』에는 진순이 지은 것
을 특별히 많이 싣고 있는데, 이 작품 및 「담의가전」譚意歌傳 이외에도 「여
산기」驪山記 및 「온천기」溫泉記가 있다. 이들의 문장은 난잡하지만 간혹 빼
어난 말이 있다. 만약 정성을 들여 짓는다면 이런 작품은 능히 지을 수 있
을 것이다. 원서元瑞[호응린]는 비록 감별에 정통하여 『사부정와』2)를 지을
수 있었지만 종종 기이함을 좋아하는 병폐가 있고 자기 글이 사람들의 혼
을 움직일 수 있기를 좋아하여 읽는 사람들에게 크게 감동하도록 하였는
데, 그것이 진짜 고서古書에 성가聲價를 더해 주는 것이기를 기대한다. 오늘
날 사람들 중에 영현3)의 「비연외전」飛燕外傳 및 「한잡사비신」漢雜事秘辛이 위
서僞書임을 듣고서 정색하며 기뻐하지 않는 사람도 있다.

「담의가전」譚意歌傳은 별집 권2에 나오며, 본래 "전"傳이라는 글자가
없지만 지금 더하였다. "영노英奴의 재화才華와 미모美貌를 기록하다"라는
주注가 있지만 지금 삭제하였다. 의가意歌는 본문에 의가意哥로 되어 있는
데, 어느 것이 옳은지 알 수 없다. 당대에 담의가譚意歌가 있지만 설도薛濤·
이야李冶와 같은 부류이며, 신문방의 『당재자전』에 그 이름이 언급되어 있
지만 사적事跡은 없다. 진순이 이 전을 쓸 때 달리 의거한 것이 없었던 듯하
며, 아마 「앵앵전」·「곽소옥전」 등에서 절취하여 전반부로 삼고 대단원으
로 끝을 맺었을 것이다.

「왕유옥기」王幼玉記는 전집 권10에 나오며, 제목 다음에 "유옥幼玉이 유

부유柳富를 그리워하다 죽다"라는 주가 있는데, 지금 삭제하였다.

「왕사」王㪬는 별집 권4에 나오며, "풍랑이 오의국烏衣國에 밀려오다"라는 주가 있는데, 지금 삭제하였고, 제목 다음에 "전" 자를 더하였다. 유우석[4]의 「오의항」烏衣巷이라는 시는 본래 다음과 같다. "주작교 가에 들풀과 들꽃이 피어 있고, 오의항 어귀에 석양이 비끼어 있네. 예전에 왕씨王氏·사씨謝氏[대귀족 집안을 가리킴] 집을 드나들던 제비는, 보통의 여염집을 날아드누나." 이 작품은 사謝자를 사㪬자로 고쳐 사람의 이름을 가리키는 것으로 보았고, 또 오의烏衣[검은 옷이라는 뜻으로 제비를 가리킴]를 제비나라의 국호로 보고 있으니 정말 시적인 맛意趣이 결핍되어 있다. 그런데 송대 장돈이의 『육조사적편류』[5]에서는 이를 벌써 전고典故로 인용하고 있으니, 진정 이른바 "근거 없는 속어俗語가 역사서에 흘러들어간다"라는 말이다. 그래서 이를 실어서 이런 말을 하기 위한 자료로 삼는다.

「매비전」梅妃傳은 『설부』 권38에 나오고, 고씨顧氏의 『문방소설』에도 보이는데, 이들을 가져다 서로 교감하였고, 『설부』의 본이 낫다. 이 두 본은 모두 누가 지은 것인지 말하지 않았는데, 『당인설회』는 이를 집록하여 조업曹鄴이 지은 것이라 써 놓았으니 잘못이다. 『당서』 「예문지」와 『송사』 「예문지」에도 기록이 보이지 않는다. 뒤에 무명씨의 발문이 있어 "만권萬卷 주준도[6]의 집에서 얻었고, 대중 2년 7월에 쓴 것이다"라고 하였다. 또 "오직 섭소온葉少蘊과 나만이 얻었다"라고 하였다. 글쓴이 설명 : 주준도는 책읽기를 좋아하여 사람들은 그를 "주만권"朱萬卷이라 불렀다. 그의 아들 주앙朱昻은 "소만권"小萬卷이라 불렸는데, 오대五代의 주조周朝에서 송대로 넘어가는 시기에 헝저우衡州의 녹사참군錄事參軍이었고, 벼슬을 거듭하여 수부낭중水部郎中에 이르렀다. 경덕景德 4년에 죽으니 나이 83세였다. 『송사』(권439)의 『문원』文苑에 전傳이 있다. 소온少蘊은 바로 섭몽득의 자이다. 몽득은 소성紹聖 4년에 진사가 되었고, 고종高宗 때 푸저우福州의 지주로서 세상을 떴으며, 남송·북송 사이의 사람이다. 연대가 너무나 다른데, 어떻게 동시에 주준도의 집에서 책을 얻었겠는가. 대체로 발문도 역시 위작이며, 진정으로 석림石林을 안다는 사람[섭몽득을 가리킴]이 지은 것이 아니다. 지금 송대 사람이 지은 작품 속에 그것을 배치하여 둔다.

「이사사외전」李師師外傳은 『임랑비실총서』에 나오며, 구초본에 의거한 것이라고 하였다. 뒤에는 황정감⁷⁾의 발문이 있어 이렇게 말하였다. "『독서민구기』讀書敏求記에서 오군吳郡 사람인 전공보錢功甫의 귀중한 책 중에 「이사사소전」李師師小傳이 있는데, 이는 목옹牧翁[청대 초의 전겸익錢謙益]이 일백 냥의 돈을 내걸고 구입하려고 했으나 얻지 못했다고 말한 책이라고 하였다. 우연히 읍내에 소씨蕭氏가 이 책을 가지고 있다는 소문을 듣고 얼른 빌려서 1책冊을 초록하였다. 문장이 매우 전아하고 간결하여 소설가小說家의 말과 같지 않았다. 사사師師는 미모뿐만 아니라 예능이 당시 으뜸이었고, 후반부에서 그녀가 아낌없이 자신을 바치는 대목을 보노라면 강직한 장부의 기개가 가득하다. 불행하게도 비천한 창기의 신세로 전락하였으니, 정절을 지키기 위해 절벽에 떨어지거나 팔을 자르는 여인들과 나란히 동사形史[부녀자의 역사]에서 빛을 다툴 수는 없다. 장단의張端義의 『귀이집』⁸⁾에 사사의 일사 두 가지가 실려 있는데, 전기의 문장은 긴 것을 에거하는 것이 보통이었으므로 그것을 싣지 않았으나 지금 그 둘 모두를 뒤에 부록한다. 또 『선화유사』宣和遺事에도 사사 이야기가 실려 있으며, 역시 이 전과 완전히 합치하지 않아 함께 참고하며 읽을 수 있다. 금육거사琴六居士가 쓰다." 『귀이집』의 두 가지 일사를 지금 여전히 뒤에 옮겨 싣는다. 그렇지만 이 작품이 꼭 장단의가 보았던 본이라 할 수는 없다.

　도군道君[송 휘종徽宗을 가리킴]이 북쪽으로[금나라로] 포로로 잡혀가서 오국성五國城이나 한저우韓州에 있을 때, 사소한 길흉吉凶·상제喪祭·절서節序가 있으면 북쪽 사람은 반드시 하사품을 내렸다. 하사가 있을 때마다 반드시 감사의 글을 올려야 했다. 북쪽 사람은 그것을 모아 책으로 만들어 관영官營 시장에서 간행하였다. 4, 50년 동안 전하며 필사하여 사대부들은 모두 그것을 가지고 있었고, 나는 그 책을 한 번 본 적이 있다. 「이사사소전」도 있어 그때 동시에 통행되고 있었다.

　도군이 이사사 집을 찾았는데, 우연히 주방언周邦彦이 먼저 거기에 있었다. 도군이 도착하였다는 사실을 알고 주방언은 곧 침상 아래에 숨었다. 도군은 친히 싱싱한 귤을 하나 들고 와서 "이것은 강남에서 갓 보내온 것이네"라고 말했다. 곧 사사와 농을 주고받았다. 주방언이 그것을 다 듣고 윤색하여 「소년유」少年遊를 지어 이렇게 읊었다. "빙저우幷州의 칼은 물처럼 빛나고, 오吳 지역의 소금은 눈보다 희고, 가냘픈 손은 신선한 귤을 가르네." 후반부에서 이렇게 읊었다. "성루에서 이미 삼경을 알렸고, 말은 꾀를 부리고 서리는 짙게 깔렸는데, 길에 다니는 사람도 적으니, 돌아가지 않는 것이 나으리." 이사사는 후에 이 가사를 노래 불렀다. 도군이 누가 지었는지 물었다. 이사사는 "주방언의 사詞입니다"라고 아뢰었다. 도군은 크게 화가 나서 조회할 때 채경蔡京에게 명을 내려 이렇게 말했다. "카이펑부開封府에 감세관監稅官인 주방언이라는 자가 있는데, 듣자 하니 징수해야 할 액수를 채우지 않았다는데 어찌하여 경윤京尹[당시 카이펑부의 부윤府尹을 가리킴]은 조사하여 보고하지 않는가?" 채경은 그 까닭을 알지 못하고 "청컨대 신이 퇴조退朝한 다음 경윤을 불러 물어보고 다시 아뢰겠나이다"라고 하였다. 경윤이 도착하자 채경은 임금의 명을 그에게 알렸다. 경윤은 "오직 주방언만이 징수해야 할 액수를 초과하였습니다"라고 말했다. 채경은 "임금의 뜻이 이러하니 그렇게 말하는 수밖에 없습니다"라 말했다. 말을 아뢰려는 참에 임금의 명이 떨어졌다. "주방언은 직무를 태만히 했기 때문에 당장에 그를 국문國門 밖으로 압송하라." 며칠 지나서 도군이 이사사의 집을 찾았으나 이사사는 보이지 않았다. 그녀의 식구들에게 물어보고 감세관 주방언에게 갔음을 알았다. 도군은 주방언이 국문 밖으로 압송되었기 때문에 기쁜 마음으로 그녀의 집에 이르렀으나 오히려 만나지 못하였다. 한참을 앉아 기다리다 초경初更이 되어서야 이사사는 비로소 돌아왔고, 근심으로 눈썹을 찌푸리고 눈에는 눈물을 머금고 초췌한 얼굴에 수심이 가득하였다. 도군이 크게 노하며 "너는 어디 갔었더냐?"라고 물었다. 이사사는 이렇게 아뢰었다. "신첩은 만 번 죽어도 마땅하나이다. 주방언이 죄를 지어 국문 밖으로 압송되었다는 사실을 알고 이별주를 한 잔 드렸나이다. 임금이 오셨다는 사실을 모르고 있었나이다." 도군은 "사詞가 있었더냐"라고 물었다. 이사사는 「난릉왕」蘭陵王이라는 사가 있었습니다"라고 말했다. 이것은 오늘날 '유음직'柳陰直이라고 하는 그것이다. 도군은 "노래를 한번 불러 보거라"라고 말했다. 이사사는 "청컨대 신첩은 술을 한 잔 올리고, 임금께서 장수하시길 바라며 이 사를 노래 부르겠나이다"라고 말했다. 곡이 끝나자 도군은 크게 기뻐하며 다시 주방언을 불러들여 대성악정大晟樂正으로 삼았다. 나중에는 관직이 대성악大晟樂 악부대제樂府待制에 이르렀다. 주방언은 사詞로써 널리 알려졌으니 당시에 모두 주미성周美成의 사를 칭찬하였다. 주미성은 문장도 크게 볼만하여 「변도부」汴都賦를 지었는데, 사람들은 전혀 모르고 있다. 전주箋奏와 잡저雜著들도 모두 걸작이나 아쉽게도 사가 여타의 문장을 가려 버렸다. 당시에 이사사의 집에는 두 명의 방언邦彦이 있었으니, 한 사람은 주미성이고 한 사람은 이사미李士美였으며, 모두 도군을 모시던 놀이꾼이었다. 이사미는 이 때문에 재상이 되었다. 아아, 임금과 신하가 비천한 기녀나 배우의 집에서 만나 의기투합하였으니 나라의 안위安危와 치란治亂은 가히 짐작할 수 있을 것이다.

주)_____

1) 당(唐)나라 때 종남산(終南山)의 물을 끌어서 궁궐 내로 흐르게 하였는데, 그것을 '어구'(禦溝)라고 하였다.

2) 『사부정와』(四部正訛). 호응린(胡應麟)이 지은 『소실산방필총』(少室山房筆叢)의 1종이며, 이 책의 권30에서 32까지이다. 내용은 경사자집(經史子集) 중의 위서(僞書)를 고증하여 밝히고 있다.

3) 영현(伶玄). 자는 자우(子于)이며, 한대(漢代) 루수이(潞水; 지금의 베이징 퉁셴通縣) 사람이다.

4) 유우석(劉禹錫, 772~842). 자는 몽득(夢得)이고, 뤄양(洛陽) 사람이며, 중당(中唐) 때의 시인이다. 벼슬은 태자빈객(太子賓客) 겸 검교이부상서(檢校吏部尙書)에 이르렀다. 『유빈객집』(劉賓客集)이 있다.

5) 장돈이(張敦頤). 자는 양정(養正)이고, 송대 우위안(婺源; 지금은 장시성에 속함) 사람이다. 벼슬은 난젠저우(南劍州)의 교수(敎授), 수저우(舒州)·헝저우(衡州)의 지주(知州)였다. 『육조사적편류』(六朝事跡編類)는 2권으로 육조(六朝) 이외에 당송대의 사적도 아울러 기록하고 있다.

6) 주준도(朱遵度). 남당(南唐) 때 칭저우(靑州; 소재지는 지금의 산둥성 이두益都) 사람이다.
   은거하며 벼슬하지 않았고, 성격이 책 소장을 좋아하여 그 당시 '주만권'(朱萬卷)이라
   불렸다. 저작으로는 『군서려조목록』(群書麗藻目錄)이 있다.

7) 황정감(黃廷鑑, 1752~?). 자는 금육(琴六)이고, 청대 장쑤 창수(常熟) 사람이다. 고증학에
   종사하였고 저작으로는 『제육현계문초』(第六絃溪文鈔) 등이 있다.

8) 『귀이집』(貴耳集). 3권이며, 송대 장단의(張端義)가 지었다. 내용을 보면 대부분 남북 송
   조(宋朝)의 야사(野事)·일사(佚事)를 기록하고 있으며, 시화(詩話)·고증(考證) 등을 아
   우르고 있다.

『소설구문초』재판 서언¹⁾

『소설구문초』는 실은 10여 년 전에 베이징대학에서 『중국소설사』를 강의할 때 모은 사료의 일부이다. 그때는 마침 곤궁하여 책을 살 여력이 없어 중앙도서관中央圖書館, 통속도서관通俗圖書館, 교육부도서실教育部圖書室 등에서 빌렸는데, 침식을 잊으며 마음을 단단히 먹고 샅샅이 뒤져 때로 소득이 있으면 놀란 듯이 기뻐하였다. 수집한 것들이 비록 특별한 책은 아니지만 그래도 얻기 어려운 것들이라 자못 아꼈다. 『중국소설사략』이 인쇄되어 나온 이즈음에 또 젊은 친구들의 요청이 있고 해서 이른바 통속소설俗文小說의 구문舊聞과 관련되고 옛 사가史家들이 말하기 꺼려했던 것들을 모아 다소 차례를 정하여 인쇄에 부친 것이다. 다만 내 견문이 좁다 하나 어쨌든 그대로 옮겨 기록하지는 않았으니 학생들은 이 책이 있으면 아마 중복해서 찾고 조사하는 노고를 줄일 수 있을 것이다. 그런데 상하이의 망령된 자들은 드디어 함부로 떠들며 이런 작업은 여유 있음有閑의 증거라 하고 또 돈이 있음有錢의 증거라 하니,²⁾ 그렇다면 허리를 드러내며 부드럽게 춤을 추고 침을 튀기며 멋대로 지껄이는 자라야 고상한 것이다. 그렇지만 이 책은 그다지 유행하지 않아 여태껏 10년 동안 재판되지 않았는데, 하지만 구하고자 하나 구할 수 없는 사람들이 간혹 있어서 복인復印하여 다소나마 관심이 같은 사람들에게 보답하려는 것이다. 다만 이 분야에 대해 오랫동안 관심을 두지 않았고 고서古書를 얻을 기회가 점점 적어져서 『계신잡식』, 『곡률』, 『도기산장집』[3] 세 책에서 집록한 것 이외에는 더하거나 보충하지 못했다. 최근 10년 동안 소설을 연구하는 사람들이 날로 많아져 새로운 지식과 탁견으로 애매한 부분들이 명백하게 밝혀졌으니, 예를 들어 『삼언』[4]의 체계, 『금병매』의 원본이 그것인데 모두 그동안 막혔던 것이 하루아침에 훤히 뚫리게 되었다. 『속녹귀부』[5]가 등장하면서 나관중의 수수께끼는 이전에 많은 사람들의 논쟁거리였지만 마침내 얼음이 녹듯 풀렸으니, 이 어찌 전인前人들이 심정이나 억측으로 할 수 있는 일이겠는가! 그렇지만 이런 내용은 여기에 기록하지 않는다. 그렇게 하는 까닭은, 바로 어떤 것은 원래 전문적인 저술이어서 정기간행물에 게재되었고, 어떤 것은 원서原書를 아직 보지 못해 그대로 옮겨 쓰고 싶지 않았기 때문인데, 그 자세한 내용은 마롄, 정전둬 두 사람의 글에 실려 있다.[6]

1935년 1월 24일 밤, 루쉰이 교감을 마치고 기록하다

주)_____

1) 이 글은 1935년 7월 상하이 롄화서국(聯華書局)에서 재판된 『소설구문초』(小說舊聞鈔)에 처음 인쇄되어 실렸다.

2) 청팡우(成仿吾) 등이 루쉰이 엮어 인쇄한 『소설구문초』에 대한 평론을 가리킨다. 청팡우는 『홍수』(洪水) 제3권 제25기(1927년 1월)에 발표한 「우리들의 문학혁명을 완성하

자」(完成我們的文學革命)라는 글에서 이렇게 말했다. "취미를 중심으로 삼고 있는 이러한 생활기조의 경우, 그것이 암시하고 있는 것은 소천지(小天地)에서 스스로가 스스로를 속이는 일종의 자족이며, 그것이 긍지로 삼고 있는 것은 한가(閑暇), 한가, 세번째도 한가이다." 또 이렇게 말했다. "이때 우리의 루쉰 선생은 화개(華蓋) 아래에 앉아서 그의 '소설구문'(小說舊聞)을 베끼고 있다." 또 리추리(李初梨)는 『문화비판』(文化批判) 제2호(1928년 2월)에 발표한 「어떻게 혁명문학을 건설할 것인가」(怎樣地建設革命文學)라는 글에서 청팡우의 말을 인용한 다음 이렇게 말했다. "현대의 자본주의 사회에서 유한계급(有閑階級)은 바로 돈이 있는 계급(有錢階級)이다."

3) 『계신잡식』(癸辛雜識). 필기집(筆記集)으로 도합 6권이며 남송(南宋)의 주밀(周密)이 지었다.

  『곡률』(曲律). 희곡(戱曲) 논저(論著)로 4권이며, 명대 왕기덕(王驥德)이 지었다.

  『도기산장집』(賭棋山莊集). 『도기산장문집』(賭棋山莊文集)을 가리키며, 7권으로 청대 사장정(謝章鋌)이 지었다.

4) 『삼언』(三言). 『유세명언』(喩世明言), 『경세통언』(警世通言), 『성세항언』(醒世恒言) 세 책을 가리킨다.

5) 『속녹귀부』(續錄鬼簿). 1권이며, 원대(元代) 종사성(鍾嗣成)의 『녹귀부』(錄鬼簿)를 속작(續作)한 것으로 원명대(元明代)의 잡극(雜劇) 작자의 소전(小傳) 및 작품 목록을 싣고 있다. 작자의 이름은 기록되어 있지 않으나, 일반적으로 명대 가중명(賈仲明)이 지은 것으로 알려져 있다.

6) 마롄(馬廉, 1893~1935). 자는 우경(隅卿)이고, 저장성 인셴(鄞縣) 사람이며, 베이징쿵더학교(北京孔德學校) 총무장(總務長)을 역임하였고, 아울러 베이징사범대학·베이징대학에서 가르쳤다. 1926년 10, 11월 베이징의 『쿵더월간』(孔德月刊) 제1·2기에 그가 역술(譯述)한, 시오노야 온이 일본의 도쿄제국대학에서 강연한 원고 「명대의 통속단편소설」(明代之通俗短篇小說)이 실려 있다. 그는 또 「녹귀부신교주」(錄鬼簿新校注)를 지었고 그 속에 「녹귀부속편」(錄鬼簿續編)을 포함하고 있는데, 나중에 1936년 1월에서 10월까지 『국립베이핑도서관관간』(國立北平圖書館館刊) 제10권 제1기에서 제5기까지에 발표하였다.

  정전둬(鄭振鐸)는 1933년 7·8월에 『소설월보』(小說月報) 제22권 제7·8호에 「명청 이대의 평화집」(明淸二代의平話集)이라는 글을 발표하여 『삼언』의 발견 상황을 소개하였다. 또 같은 해 7월에 귀위안신(郭源新)이라는 필명으로 『문학』(文學) 월간 제1권 제1호에 「금병매사화」(金甁梅詞話)라는 글을 발표하였는데, 새로 발견된 『금병매사화』(金甁梅詞話)는 "원본의 본래 면모를 갖추고 있다"라고 하였으며, 또한 그것의 작자·시대 등의 문제를 고증하였다.

역문서발집 譯文序跋集

『역문서발집』(譯文序跋集)은 루쉰이 혼자 번역했거나 다른 사람과 공역했던 책들을 위해 쓴 '서발'(序跋), 각 번역문이 신문·잡지에 게재될 때 쓴 '역자 부기' 등을 포함해 도합 120편을 수록했다. '서발'(잡식雜識과 부록 등 포함)은 해당 번역서의 출판 시기 혹은 서발이 처음 발표된 시기 순으로 편집했으며, '역자 부기'는 처음 발표된 시기 순으로 편집했다. 『역총보』(譯叢補) 중의 '역자 부기' 등은 1938년판 루쉰전집의 『역총보』의 체례에 따라 논문, 잡문, 소설, 시가의 네 종류로 나누고 발표순으로 편집했다.

『달나라 여행』[1)]

변언[2)]

인지人智가 열리지 않았던 고대에는 자연이 맹위를 떨쳤고 높은 산과 넓은 강[3)]은 장애물이었다. 그 사이에 배를 만드는[4)] 지智가 생겨 왕래가 시작되었다. 그리고 상앗대檝에서 돛으로 날마다 진보했다. 하지만 대해大海의 먼 저편에 바다와 하늘이 서로 맞닿은 것을 바라보자 마음도 몸도 떨리고 불민不敏이 수치스러웠다. 뒤에 철과 증기를 사용하게 되어서는 군함이 질주하고 사람의 힘이 미치는 바가 날로 넓어져서 대자연의 맹위[5)]는 수그러들고 오대륙은 하나가 되고 문명이 교류하여 오늘날의 세계가 만들어졌다. 하지만 대자연은 불인不仁하며 억압하기를 즐기고 있다. 산수山水의 위험은 그 힘을 잃었다고는 하나, 그래도 인력引力과 대기는 모든 생물을 속박하며, 레이츠雷池[6)]에서 한걸음 내딛었으나 많은 인간들 간의 교류를 어렵게 하고 있다. 캄캄한 지옥에 빠져서 귀는 막히고 눈은 멀고 경쟁하며 서로 기만하면서[7)] 날마다 지덕至德을 칭찬한다.──이러한 모습을 조물주가 즐기고 있다 하더라도 인류는 수치라고 생각해야 하는 것이다. 그러나 인류는 희망과 진보를 가진 생물이다. 그런 까닭에 그중 일부가 조금이라도 광명을 얻자 거칠 것 없이 커다란 희망을 발하고, 인력引力을 거부하고, 대기를 이기고 가볍게[8] 부상해서는 가로막는 것이 없기를 바란다. 베른과 같은 이들도 실은 이 상무의 정신을 갖고 희망의 진화를 쓴 것이다. 모든 일은 상상력을 원인으로 하고 실행을 결과로 삼는다. 씨를 뿌리고 나면 수확의 가을이 오는 것이다. 오늘날 이후 우주에 식민植民하고 달나라를 여행하는 것을 소상인이나 어린아이는 필시 이를 담담하게 바라보고 습관이 되어서는 놀라지도 않을 것이다. 이것도 논리적으로 생각해 보면 당연한 것이다. 이렇게 되면 지구의 대동大同은 기대할 수 있지만 혹성 간의 전쟁이 일어날 것이다. 아아, 존슨[9]의 「행복의 땅」, 밀턴[10]의 『낙원』은 널리 작은 지구를 찾았지만 결국 환상이 되었다. 몽매한 황족[11]도 분기해야 할 터이다.

베른은 이름이 쥘Jules이고 미국의 대학자이다.[12] 학식이 깊고 상상력도 풍부했다. 묵묵히 미래세계의 진보를 추측하고 기이한 상상을 묘사해서 이것을 소설에 기탁했다. 과학을 경經으로 하고 인정人情을 위緯로 하여 이합비환離合悲歡, 강담講談과 모험을 모두 그 속에 뒤섞어 놓았다. 때때로 풍자를 집어넣었는데, 이 또한 완곡하면서 급소를 찌르고 있다. 19세기에 달나라를 묘사한 것으로서 진정 이것이 최고 걸작이라고 할 것이다. 하지만 각종 사실을 수집해서 구성하는 경우 반드시 과학이론과 일치하지 않으면 안 되고, 산천의 동식물을 모아내는 것만으로 크게 기론奇論을 토로하는 유類가 되어서는 안 된다. 그런 의미에서 이 책은 일직선으로 대의론[13]을 전개했을 때 그만 둔사遁辭를 드러내기도 했는데, 인지에는 한계가 있고 우주의 원리는 너무 깊기 때문에 어쩔 수 없었을 것이다. 소설가의 습관 중에 종종 여성의 마력魔力을 빌려 독자의 미감을 증대시키는 바가 있는데, 이 책은 세 사람의 영웅[14]으로만 구성되고 있으며, 그 중간에 여성은 한 사람도 끼어들지 않았다. 그래서 파란만장하여 적막을 느끼지 못하게 하며 특히 속俗되지는 않았다.

무릇 과학을 나열적으로 기술한다면 일반인들은 쉽게 싫증내고 전편을 끝까지 읽지 못하고 졸리게 되는데 사람들에게 무리하게 강요하면 이렇게 되고 마는 것이다. 하지만 소설의 힘을 빌려서 우맹[15]의 의관을 입힌다면 심오한 이론을 해설하더라도 머리에 쏙쏙 들어가게 할 수 있으며, 싫증내는 일도 없다. 어린아이[16]와 속인이 『산해경』山海經, 『삼국지』三國志 등의 책을 꿈에도 본 적이 없다 하더라도 큰 발과 외팔이[17]의 나라에 깊은 흥미를 느끼고, 주유周郎, 갈량葛亮[18]의 이름을 입에 담는 것은 사실 『경화연』鏡花緣과 『삼국연의』三國演義 덕분이다. 그런 까닭에 학리學理를 받아들이고 딱딱함을 없애 재미있게 만들고 독자의 눈에 들어 이해하게 한다면 사색을 하지 않더라도 반드시 부지불각不知不覺에 일반적인 지식을 얻고 전래되는 미신을 타파하고 사상을 개량하여 문명을 보충할 수 있을 것이다. 그 힘의 크기는 이처럼 대단하다! 우리나라의 소설에는 애정, 강담, 풍자, 괴기志怪 등은 한우충동汗牛充棟[19]일 정도로 많지만, 과학소설만은 아주 드물다. 지식의 혼란한 일단은 실로 여기에 있는 것이다. 그런 의미에서 현대 번역계의 결점을 보완하고 중국의 군중을 이끌어 나아가게 하려면 반드시 과학소설에서 시작하지 않으면 안 된다.

『달나라 여행』의 원본은 일본 이노우에 쓰토무[20] 씨의 번역서로 모두 28장인데, 예를 들어 잡기雜記와 같은 것이다. 여기서는 긴 것은 자르고, 짧은 것은 보충하여 14회로 구성했다. 처음에는 속어로 번역해서 약간 독자들이 이해하기 쉽게 할 생각이었지만, 속어만을 사용하면 번잡해지기 때문에 문어文語도 병용해서 지폭을 줄였다. 무미無味하고 우리나라 사람들에게 맞지 않는 말은 다소 잘라내어 고쳤다. 문장이 번잡하다는 비판을 피하기는 어려울 것으로 생각한다. 원서명은 '지구에서 달까지 97시간 20분'이라는 의미지만, 여기서는 간략하게 『달나라 여행』으로 했다.

계묘癸卯 신추新秋, 일본 에도古江戶[21] 여관旅舍에서 역자 씀

주)_____

1) 『달나라 여행』(月界旅行)은 프랑스의 소설가 쥘 베른(Jules Verne, 1828~1905)의 공상과학소설로 1865년에 출판되었고, 『지구에서 달까지 97시간 20분』(De la Terre à la Lune, trajet direct en 97 heures 20 minutes)이라는 제목이었다. 루쉰은 일본의 이노우에 쓰토무(井上勤)의 번역에 의거해 중역한 것으로 1903년 10월 일본 도쿄 신카샤(進化社)에서 출판되었다. '중국교육보급사 역인(譯印)'이라고 기록되어 있다.

2) 이 글은 『달나라 여행』에 처음 실렸다.

3) 원문은 '積山長波'.

4) 원문은 '刳木剡木'. 『주역』(周易) 「계사(繫辭) 하」의 "나무를 파고 깎아 배와 노를 만들고, 이것을 이용해 물자를 서로 통하게 하여"(刳木爲舟, 剡木爲楫, 舟楫之利, 以濟不通)에 나온다.

5) 원문은 '天行自邇'. 천행은 천체의 운행, 또는 '천도'(天道)를 가리킨다. 『순자』(荀子) 「천론」(天論)에 관련 구절이 있다. "대자연에는 정해진 운행 법칙이 있지만, 이것은 요임금이 현군이기 때문에 존재하는 것이 아니며, 걸임금이 폭군이기 때문에 사라지는 것도 아니다."(天行有常, 不爲堯存, 不爲桀亡)

6) 레이츠(雷池). 안후이성 왕장(望江)현 남쪽에 있으며, 츠수이(池水)가 동쪽으로 흘러 창장(長江)으로 들어간다. 『진서』(晋書) 「유량전」(庾亮傳) '온교(溫嶠)에게 알리는 글'에 다음과 같은 말이 있다. "다리 아래 레이츠를 한걸음에 건너서는 안 된다." 온교에게 레이츠를 건너서 도읍(지금의 난징南京)으로 가지 말라는 뜻이다. 훗날 '한계'라는 의미로 전용되었다.

7) 원문은 '蔓以相欺'. 뜻은 도깨비가 뿜어내는(蜩蜽噴霧) 것처럼 사람들을 어지럽게 한다는 말이다. 『국어』(國語) 「노어(魯語) 하」에 "목석(木石)의 괴(怪)는 기(蔓), 망양(蜩蜽)이라고 부른다"라고 했다. 송대 나필(羅泌)의 『노사』(路史) 「후기사」(後紀四)에 "치우(蚩

尤)는 망양(罔兩)을 몰고, 운무를 일으키며, 바람과 비를 내려서 제후들을 마음대로 했다"라고 했다. '罔兩'은 '蝄蜽'과 같다.

8) 원문은 '冷然'. 경묘한 모양.『장자』「소요유」에 "그런데 열자는 바람을 타고 다니는 일을 가볍게 잘하여"(夫列子御風而行, 冷然善也)에 나온다.

9) 존슨(Samuel Johnson, 1709~1784). 영국 작가, 문예비평가.「행복의 땅」(福地)은 그의 소설『아비시니아의 왕자 라셀라스 이야기』(The History of Rasselas, Prince of Abissinia) 중 한 편이다. 소설에서 이곳은 암하라왕국에 위치하고 사방이 숲으로 둘러싸여 있는 곳으로, 한 동굴을 파야만 도달할 수 있는 아비시니아(오늘날 에티오피아)의 낙원이다.

10) 밀턴(John Milton, 1608~1674). 영국의 시인, 정론가. 17세기 영국 부르주아혁명에 참가했다. 대표작으로『성서』(聖書)에서 소재를 취한『실낙원』(失樂園, Paradise Lost),『복낙원』(復樂園, Paradise Regained) 등의 장편시가 있다. '낙원'은 그의 소설 속의 '에덴동산'을 일컫는다.

11) 황족(黃族). 황제(黃帝)의 후예 즉 중국인을 뜻한다. 황제 헌원씨(軒轅氏)는 전설 속에 나오는 중원 각 종족의 공동조상이다.

12) 당시 일본어 역자는『달나라 여행』의 작가를 '미국의 찰스 베른'이라고 오기했다.

13) 원문은 '舡舡大談'. 사리가 곧고 기세가 등등하게 고담준론을 펼친다는 뜻이다. 꿍꿍(舡舡)은 강직한 모습을 가리킨다. 동한(東漢) 곽헌(郭憲)은 "관동(關東) 꿍꿍 곽자횡"이란 호칭이 있었다.『후한서』「곽헌전」참조.

14) 원문은 '三雄'.『달나라 여행』속에 포탄에 올라타 달로 발사되는 3명의 탐험대이다. 이 3명은 미셸, 바비케인, 니콜이다.

15) 우맹(優孟). 춘추시대 초나라의 관리. 초의 재상 손숙오(孫叔敖)가 죽은 뒤 그는 손숙오의 의관을 입고 그 용모와 행동거지를 따라해 초왕에게 간했다. 여기서 "우맹의 의관을 입힌다"는 말은 소설의 체제를 빌려서 과학지식을 보급하는 것을 일컫는다.

16) 원문은 '繊兒'. 어린아이로 경멸의 뜻이 있다.『진서』(晋書)「육납전」(陸納傳)에 나온다.

17) 원문은 '長股奇肱'. 장고(長股)는 긴 발, 기굉(奇肱)은 외팔이다.『산해경』과 장편소설『경화연』(鏡花緣)에 이런 기괴한 모습을 한 해외(海外) 여러 나라의 기록이 있다.

18) 주랑은 주유(周瑜), 갈량은 제갈량(諸葛亮). 모두 삼국시대 중요한 군사가이자 정치가.『삼국지』와 장편소설『삼국연의』에 모두 두 사람의 사적이 기록되어 있다.

19) 유종원(柳宗元)의『육문통선생묘표』(陸文通先生墓表)에 나오는 말로, 수레에 실어 운반하면 소가 땀을 흘리게 되고, 쌓아올리면 들보에 닿을 정도의 양이라는 뜻으로 장서가 많음을 이르는 표현이다.

20) 이노우에 쓰토무(井上勤, 1850~1928). 일본 번역가.『아라비안나이트』,『로빈슨 크루소』와 베른의 공상과학소설을 번역했다.

21) 에도(江戶). 일본 도쿄의 옛 이름.

『역외소설집』[1]

서언[2]

『역외소설집』이란 책은 문사는 박눌朴訥하고 현대의 명인[3]에 의한 역본에 미치지 못한다. 하지만 작품의 선택은 신중을 기하고 번역도 원문의 의미를 잃지 않도록 힘썼다. 이역異域의 문학신유파는 이로써 처음 중화의 땅에 전해지게 되었다. 만약 세속에 구애되지 않는 탁월한 인물이 있다면 반드시 확실하고 분명하게 사람들의 마음을 율연慄然하게 할 것이다.[4] 그 마음으로 조국의 시대를 생각하고 그 심성을 읽으며 상상력의 소재를 미루어 짐작하게 될 것이다. 천재[5]의 사유는 바로 여기에 담겨 있다. 중국의 번역계 역시 이것으로 시대에 뒤처졌다는 느낌도 사라지게 될 것이다.

주)_____

1) 『역외소설집』(域外小說集). 루쉰과 저우쭤런(周作人)이 공역한 외국 단편소설집이다. 모두 2권으로 1909년 3월과 7월 일본 도쿄에서 출판되었고, '콰이지(會稽) 저우(周)씨 형제 찬역(纂譯)'이라고 표기되어 있다. 발행인은 저우수런(周樹人; 곧 루쉰), 위탁판매는 상하이 광창융주장(廣昌隆綢莊)으로, 제1권에는 원래 소설 7편이 수록되어 있는데, 이

중에 안드레예프의 「거짓말」과 「침묵」은 수런이 번역했다고 기록되어 있다. 제2권에는 소설 9편이 수록되었는데, 가르신의 「4일간」 한 편만 수런이 번역한 것으로 되어 있다. 1921년에 증보 개정하여 1권으로 묶었고 상하이 췬이서사(群益書社)에서 출판했다.

2) 이것과 다음의 「약례」는 처음에 모두 『역외소설집』 초판의 제1권에 실렸다.

3) 현대의 명인은 린수(林紓)를 가리킨다. 루쉰은 1932년 1월 16일 마스다 와타루(增田涉)에게 보낸 편지에서 "『역외소설집』은 1907년인가 1908년에 저우쭤런과 내가 일본 도쿄에서 살 때 출판했네. 당시 중국에서는 린친난(林琴南=린수)의 고문투로 번역한 외국소설이 유행했는데 문장은 대단히 좋으나 오역이 아주 많아서 우리들은 이 점에 대해 불만을 느끼고 교정해야겠다고 마음을 먹고 번역을 시작하게 되었다네"라고 적었다.

4) 원문은 '慄然有當于心'. 『장자』 「산목」(山木)의 "두드리는 나무소리와 그의 목소리는 잘 어울려 사람의 마음을 울렸다"(木聲與人聲慄然有當於人之心)라는 대목이 있다. 율연(慄然)은 당대 육덕명(陸德明)의 『경전석문』(經典釋文)에서 사마표(司馬彪)가 "猶慄然"이라고 한 말을 인용했는데, 확실하고 분명하다는 뜻이다.

5) 원문은 '性解'. 영어 Genius의 음역으로 곧 천재다.

약례

1. 소설집에는 최근의 소품[1]을 주로 수록했는데, 다음에는 19세기 이전의 명작도 수록할 예정이다. 또 최근에는 북유럽의 문학이 가장 왕성하기 때문에 작품을 선별하는 데 있어서 자연스럽게 편향이 있다. 하지만 권수가 늘어난다면 차례로 남유럽과 동양[2]의 여러 나라로도 확대해 '역외'라는 명칭에 부합케 할 것이다.

2. 제본은 모두 신식으로 했고, 책 안의 위, 아래, 옆 삼면은 그대로 남기고 재단하지 않았다. 그런 까닭에 몇 번인가 반복해서 읽어도 결코 훼손되는 일은 없다. 앞뒤 작품의 시작과 끝이 이어지지 않는데, 앞으로 국가별 시대별로 다시 분류해 새롭게 한 권으로 만들 수 있을 것이다. 게다가 종이의 주위가 대단히 넓어서 제본할 때 꿰맬 여백의 협소함에 불편을 느낄 일도 없다.

3. 인명, 지명은 모두 원음에 따랐고, 생략하지 않았던 것은 음역이라면 무

엇보다 이국의 언어로 바꾸더라도 같은 음을 남겨야 하는 것으로, 마음 내키는 대로 단축, 변경한다면 부정확하게 되기 때문이다. 그런 이유로 당시의 풍조에는 맞지 않는다 하더라도 전부를 번역한 것이다. 지명은 특별히 복잡한 문제는 없다. 인명의 경우 독일, 프랑스, 이탈리아, 영국, 미국에서는 대체로 두 마디 말로 이름이 먼저고 성이 다음이다. 러시아는 세 마디 말로 처음에는 본명, 다음에는 그 아들이라는 의미를 지닌 아버지 이름, 그 다음에 성이다.[3] 두 사람을 합쳐 부를 때는 대부분은 처음의 두 이름을 사용하고 누구의 아들 누구라고 하며 성을 사용하지 않는다. 헝가리만 성을 먼저하고 이름을 뒤로 해서 중국과 대체로 비슷하지만 최근에는 다른 나라를 좇아서 간혹 거꾸로 하기도 한다.

4. !는 대성大聲을 표시하고, ?는 의문을 표시한다는 것은 최근에 이미 잘 알려져 있어서 상세히 설명할 필요는 없을 듯하다. 이밖에 점선은 말이 끝나지 않은 것, 혹은 말이 중단된 것을 표시한다. 직선은 일시적 정지를 나타내고 혹 어떤 한 구의 상하上下에 있다면, 괄호와 같은 작용을 한다. 예를 들어, "명문가의 소년 ─ 나이는 14, 5 ─ 도 왔다"라는 것은 명문가의 소년도 왔다 그리고 소년의 나이는 열네다섯 살이라는 말이다.

5. 문장 중의 전고典故는 괄호를 붙여서 주注를 달았다. 이외에 본문과 관련이 없는 것 즉 작가의 소전小傳, 번역하지 않은 원문 등은 모아서 권말의 잡식에 수록했다. 본서를 읽을 때 참조하기 바란다.

1) 소품(小品). 여기서는 편폭이 작은 소설을 일컫는다.

2) 원문은 태동(泰東). 옛날 서양 각국을 태서(泰西)라고 했고, 동양 각국을 이렇게 불렀다.

3) 러시아인들의 이름은 3개 부분으로 구성되는데, 처음에는 자신의 이름, 다음은 아버지의 이름에 '그 아들' 혹은 '그 딸'이라는 뜻의 어미를 붙이고, 마지막이 성이다.

잡식(이칙)¹⁾

안드레예프²⁾

1871년에 태어났다. 처음 「침묵」^默을 발표하여 이름을 알리게 되었다. 러시아의 현대 지식인 작가이다. 그의 작품은 신비적이며 깊은 함의를 담고 있고 스스로 일가를 이루었다. 작품은 단편이 많고, 장편은 러일전쟁을 묘사한 『붉은 웃음』^{赤映} 한 권이 있다. 여러 나라에서 이것을 앞다투어 번역하고 있다.

가르신³⁾

1855년에 태어났다. 러시아-투르크 전쟁⁴⁾ 때 군대에 지원했다가 부상을 입고 귀환했다. 「4일간」과 「병사 이바노프 회고록」을 썼다. 그는 세상을 대단히 비관하여 결국에는 발광했고 꽤 긴 시간이 지나서야 치유되었다. 「붉은 꽃」은 그런 모습을 스스로 쓴 것이다. 말년의 문장은 비애가 농후하다. 여기에 번역한 작품은 문체도 분위기도 다르고, 일반적인 작품과는 거리가 아주 멀다. 1885년에 돌연 계단에서 뛰어내려 자살했다. 나이는 겨우 서른[5]이었다.

"記誦" 아래 프랑스어는 '오디세우스가 떠난 후 칼립소는 자신을 위로할
수가 없었다'[6]는 의미다. (원래 그리스 호메로스의 서사시에 근거한다.)
"膩目視我" 아래 독일어는 '그대는 나의 사랑, 나의 가장 진실한 사랑'이
라는 의미다.
那閣는 那及什陀의 친근한 호칭이다.

「4일간」은 러시아와 투르크 간의 전쟁 중에 가르신이 종군하여 부상
을 당해 귀환한 것을 당시의 실정 그대로 쓴 것이다. 그는 전쟁을 대단히
증오했지만 어떻게 할 수가 없어 스스로 그것에 가담했다. 「겁쟁이」라는
작품을 보면 그의 진의를 알 수 있다. '후로'는 투르크인이 이집트의 농부
를 가리켜 부른 말이며, 어원은 아라비아어에 있고, 땅을 경작하는 자라는
의미다. '파샤'는 투르크의 관명官名으로 우리의 총독에 해당한다. 이때 영
국이 투르크에 가담했기 때문에 문장 중에 "영국 특제의 피벗 혹은 마티
니[7] 총에 대해서도"라고 말한 것이다.

주)_____

1) 『잡식』(雜識) 이칙(二則)'. 안드레예프에 관한 1칙과 가르신에 관한 1칙의 제1절은 처음
에 『역외소설집』 초판 제1권에 실렸고, 가르신에 관한 제2절은 초판 제2권에 실렸는데,
문장 앞에 원래 "소전은 제1권을 보시오"(小傳見第一冊)라는 한 줄이 있었다.

2) 안드레예프(Леонид Николаевич Андреев, 1871~1919). 러시아 작가. 10월혁명 뒤 해
외로 망명했다. 작품으로 소설 『붉은 웃음』(Красный смех)과 『일곱 사형수 이야기』
(Рассказ о семи повешенных), 극본 『별을 향해』(К звёздам) 등이 있다.

3) 가르신(Всеволод Михайлович Гаршин, 1855~1888). 러시아 작가. 주요 작품으로는 단
   편소설 「4일간」(Четыре дня), 「붉은 꽃」(Красный цветок), 「겁쟁이」(Трус) 등이 있다.
4) 1877년에서 1878년 사이의 차르 러시아와 투르크(터키) 간의 전쟁을 말한다. 여기서는
   "러시아와 돌궐 간의 전쟁"이라고도 부른다. 돌궐은 투르크의 옛 이름이다.
5) 33세는 되어야 한다. 앞의 1885년은 1888년의 오기이다.
6) 원어는 Calipso ne pouvait se Consoler du départ d'Ulysse이다.
7) '피벗 총'은 회전포(回轉砲, Pivot gun)를 가리킨다. '마티니 총'은 마티니-헨리 라이플
   (Martini-Henry rifle)로, 1871년부터 1889년까지 영국 군대가 사용했다.

[부附] 저자사략(이칙)[1]

가르신(Vsevolod Garshin, 1855~1888)

가르신과 톨스토이는 동향으로 서로 깊은 감화를 받았다. 러시아와 투르 크 간의 전쟁에 자원하여 세상의 고통을 맛보고 그러한 정서를 그려 『나부』儒夫라는 소설을 발표했다. 뒤에 부상을 입고 돌아와 그 이력을 기록하고 「4일간」이라는 소설을 썼는데, 이는 러시아의 반전反戰문학 중에 명작이 되었다. 가르신은 세상에 대해 대단히 비관적이어서 마음의 병이 되었고, 1888년에 갑자기 계단에서 뛰어내려 자살했다. 말년의 저작은 그 비관을 많이 기록했고 극히 우울했는데 「해후」邂逅도 그중 하나이다. 설정한 인물은 모두 몹시 고달프고, 과실이 많고 인정에 얽매여 더욱 연민을 불러일으킨다. 문체는 기사記事와 2인의 자서自敍 사이에서 그 불평불만을 토로했는데 중국소설에는 일찍이 없는 것이다.

안드레예프(Leonide Andrejev, 1871~1919)

안드레예프는 어려서 고학苦學을 하고 졸업 후 변호사가 되었다. 1898년 처녀작으로 「침묵」을 발표하며 세상에 알려졌고, 문장에 전력을 다했다. 그 저작은 상징성이 강하고 인생 전체를 표시하여 어느 한쪽에 그치지 않았다. 『희극』과 『인간의 삶』은 대표작이다. 장편소설에는 『붉은 웃음』이 있는데, 1904년 러일전쟁을 기록하고 몸소 전장에서 경험하지는 못했지만, 상상력을 빌려 전쟁의 참상을 써내어 암시의 힘은 분명하게 말하는 것보다 더 크다. 또 『일곱 사형수 이야기』는 사형을 반대하는 글로서 톨스토이에게 바친 것이다. 상징적이고 신비한 문장은 의미가 매번 분명하지 않지만, 독자의 주관에 맡겨 독자에게 하나의 인상을 일으키고 스스로 해석하게 할 따름이다. 지금 개인적인 의견으로 추측건대 「거짓말」譠은 광인의 심정을 서술하고 스스로 살인에 대해서 의심하고 마침내 미묘함을 극대화하여 인생이 큰 사기인 것처럼 말하지만, 아무래도 저자의 당시의 의도는 알 수가 없다. 「침묵」은 유모의 힘이 성언警言에 비해 크고 신비교파神秘敎派가 말한 것과 대체로 같은데, 산 사람의 침묵이 또 죽은 자의 고요寂와 다른 것처럼 대단히 두려워할 바다.

주)_____

1) '저자사략(著者事略) 이칙(二則)'은 췬이(群益)판 『역외소설집』(이 판본에는 '잡식'雜識이 없다)에 처음 실렸는데, 그 내용은 기유(己酉)판의 '잡식'과 달랐다. 췬이판의 교열작업은 저우쭤런이 책임을 맡았고, 원래 '저자사략' 14칙이 붙어 있었다.

역외소설집 서¹⁾

일본 유학 시절 우리는 문예가 성정^{性情}을 바꿀 수 있고, 사회를 개조할 수 있다는 막연한 희망을 가졌었다. 이런 생각은 자연스럽게 외국의 신문학을 소개해야겠다는 마음을 갖게 했다. 그런데 이 일을 하기 위해서는 첫째 학문이 있어야 했고, 둘째 동지가 있어야 했으며, 셋째 시간, 넷째 자본, 다섯째 독자가 필요했다. 마지막은 할 수 없었고, 앞의 네 가지는 우리에게 거의 전무했다. 그래서 자연히 적은 자본으로 경영을 잠시 해보는 수밖에 없었고, 그 결과가 바로 『역외소설집』을 번역 출판한 것이다.

애초의 계획은 연이어 두 권을 낼 수 있는 자금을 마련하고, 그것을 팔아서 원금이 회수되면 다시 제3, 제4권에 이어서 제X권을 내는 것이었다. 이렇게 계속 해나갈 수 있으면 먼지도 쌓여 산이 되는 것처럼 각국의 여러 작가들의 작품을 대략 소개할 수 있을 듯했다. 이렇게 준비를 해서 1909년 2월 제1권을 출판하고 6월에는 다시 제2권을 내놓았다. 판매를 위탁한 곳은 상하이와 도쿄였다.

반년이 지난 뒤 먼저 가장 가까운 도쿄의 위탁판매처에서 정산을 했다. 제1권은 21권이, 제2권은 20권이 팔렸으며 그 뒤로는 산 사람이 없었다. 그런데 제1권은 왜 한 권이 더 팔렸을까? 그것은 아주 친한 친구가 위탁처가 정가대로 팔지 않고 높은 가격을 매겨서 그런 게 아닐까 하는 생각에 자신이 1권을 시험 삼아 사본 것으로, 정가대로여서 안심하고 제2권은 더는 시험 삼아 사보지 않았기 때문이었다. 이렇게 본다면 20명의 독자가 출판되면 반드시 읽어 주는 이들이며, 한 사람도 도중에 그만두지 않은 것이니 우리들은 지금 깊이 감사드리는 바이다.

상하이의 경우는 지금 상세하게 알 수 없다. 대략 20권 전후 팔린 뒤로는 더 사는 사람이 없었다고 한다. 이리하여 제3권은 발행을 중지할 수밖에 없었으며, 제작된 책은 상하이의 위탁판매처[2]의 재고용 방에 쌓아 두었다. 4, 5년 뒤 불행하게도 이 위탁처에 화재가 나서 우리들의 책과 지형紙型이 전부 재로 돌아왔다. 이 우리들의 과거의 환영과 같은 덧없는 노력은 중국에서도 완전히 사라지고 만 것이다.

최근에 2, 3명의 저술가가 돌연 『역외소설집』를 거론했고, 그래서 사람들로부터 『역외소설집』에 관해 질문을 받는다. 하지만 『역외소설집』은 일찍이 타버리고 말았으니 가르침을 받을 방법이 없다. 몇몇 친구들[3]이 이 때문에 중인重印할 것을 열심히 권했고 뭔가 도움을 주기도 했다. 그래서 이참에 나도 오랫동안 개봉하지 않던 종이꾸러미에서 개인용으로 남겨 둔 두 권의 책을 찾아냈다.

나는 이 책의 역문을 읽어 보고 문장이 난삽하고[4] 생경할 뿐만 아니라 부적당한 곳도 있어서 사실 재판을 내기에는 곤란하다고 느꼈다. 다만 그 내용은 지금도 존재할 가치가 있고, 앞으로도 존재가치가 있을 것이다. 그 많은 작품은 대체로 구어로 번역했으니 특별히 보급될 가치는 있다. 안타깝게도 내게는 정리할 시간이 없고——「추장」⁵⁾이라는 작품만은 일찍이 구어체로 번역하고, 『신청년』에 게재된 적이 있다——, 우선 문어체의 구역을 재판해서 잠시 비난을 면하고자 한다. 그래도 다른 한편으로 생각한다면, 이 책의 재등장은 무의미하지는 않을 듯하다.

당초의 번역은 2권뿐이었고, 각국의 작가라 하더라도 편향이 있어 불완전하다. 이번에 편집을 다시 했지만 또 너무 편향된 폐단이 드러날지도 모르겠다. 나는 귀국한 뒤 궁벽한 농촌의 신문과 잡지에 가끔 몇 가지 단편을 번역했으나, 초고가 남아 있는 것은 그것도 이참에 덧붙였다. 전 37편이며, 나의 문어체 번역의 단편은 모두 수록했다고 할 수 있다. 단지 그 가운데 가르신의 「4일간」, 안드레예프의 「거짓말」과 「침묵」 3편은 나의 형이 번역한 것이다.

애초의 역문에는 몇 개의 편벽된 글자를 사용했는데, 지금은 모두 고쳐서 인쇄소가 특별히 활자를 만드는 단계를 생략하게 되었다. 알기 어려운 곳은 이전과 같이 주를 붙였고, 간단히 설명을 가했다. 작가의 약전略傳은 권말에 넣었다.——번역한 단편에 대해서 내가 품은 감상도 약전⁶⁾ 속에 기술했다.

『역외소설집』이 처음 출판되었을 때, 이것을 읽은 사람들이 가끔 머리를 흔들면서 "시작했다고 생각하자 바로 끝나 버렸다"라고 말했다. 당시 단편소설은 아직 적었고, 독서인은 백 회, 이백 회의 장회물을 읽는 습관이 있어서 단편 등은 없는 것과 같았다. 지금은 당시와는 달라서 걱정할 필요는 없다. 내게 잊지 못할 일이지만, 모 잡지⁷⁾가 시엔키에비치⁸⁾의 「음악사 야곱」을 게재한 것을 보았는데, 그것은 나의 번역과 숫자도 다르지 않은데 제명題名 위에 '골계소설'이라고 메모를 달고 있었다. 이것은 지금도 내게 고통을 동반한 허무함을 느끼게 한다. 그러나 사람의 마음이 세상에서 정말로 이 정도로 다를 거라고는 믿지 않는다.

이 30여 편의 단편 속에 묘사된 사물은 중국에서는 거의 멀게 느껴질 것이다. 가르신의 작품 속의 인물에 이르러서는 필시 완전히 없을 것이며, 더욱이 이해하기는 대단히 어려울 것이다. 같은 인류라면 본래 결코 서로 이해할 수 없는 것으로는 되지 않을 터이다. 다만 시대, 국가, 습관, 고정관념이 사람의 마음을 가리고 있기 때문에 종종 거울처럼 분명하게 다른 사람의 마음을 비추지는 않을 것이다. 다행히 지금은 이미 그러한 때가 아니고, 이 일절도 다분 불필요한 염려일 것이다.

만약 이 『역외소설집』이 나의 번역 때문이 아니라, 그 본래의 내용에 의해 독자에게 다소간이라도 무언가를 전해 주었다면 나는 스스로 큰 행복이라고 생각한다.

1920년 3월 20일, 베이징에서 저우쭤런 씀

주)_____

1) 원제는 '域外小說集序'. 이 글은 1921년 상하이 췬이서사(群益書社)가 합정(合訂)하여 출판한 『역외소설집』 초판본에 처음 실렸고, 저우쭤런이라는 서명이 붙어 있다. 뒤에 저우쭤런은 『과두집』(瓜豆集) 「루쉰에 대해 2」에서 이것에 대해 "11년 뒤에 상하이 췬이서사가 재판을 희망해서 서문을 새로 쓰고 내 이름을 명의로 했지만, 역시 예재(豫才)가 쓴 것이다"라고 설명했다.

2) 장이즈(蔣抑卮)가 상하이에 개설한 광창융주장(廣昌隆綢庄)을 가리킨다.

3) 천두슈(陳獨秀) 등을 말한다. 그는 1920년 3월 11일 저우쭤런에게 보낸 편지에서 『역외소설집』을 췬이서사와 재판하는 조건 등에 대해 이야기한 바 있다.

4) 원문은 '詰誳聱牙'로 한유(韓愈)의 「진학해」(進學解)에 "주대(周代)의 대고(大誥), 강고(康告)와 반경(盤庚) 등 난해한 문장"(周誥殷盤, 佶屈聱牙)이라는 구절에 나온다.

5) 「추장」(酋長). 폴란드의 시엔키에비치가 지은 단편소설. 저우쭤런이 백화로 번역해 월
   간 『신청년』 제5권 제4호(1918년 10월 15일)에 실었다.
6) 이 판본에 수록된 14칙 "저자사략"을 가리킨다.
7) 『소설총보』(小說叢報)를 가리킨다. 추옹(秋翁; 즉 펑진야平襟亞)이 「추재잡감」(秋齋雜感;
   1942년 1월 『만상』萬象 제1년 제7기에 수록)의 '문초공'(文抄公)이란 절에서 일찍이 "20년
   전"의 이 "공안"(公案)에 대해 당시 주위안추(朱鴛雛)가 "홀연 새로 나온 『소설총보』 안
   에 이 특재(特載) 소설 「음악사 야곱」이 실린 것을 발견했는데, 『역외소설집』에서 한 글
   자도 바꾸지 않고 베끼고는 단지 역자의 서명을 리딩이(李定夷) 세 글자로 고쳤다"고
   말했다.
8) 헨리크 시엔키에비치(Henryk Sienkiewicz, 1846~1916). 폴란드 작가. 그의 초기 작품
   은 폴란드 농민의 고통스러운 생활과 이민족의 침략에 반대하는 폴란드 인민의 투쟁
   을 주로 묘사했다. 뒤에 『불과 검』(Ogniem i mieczem), 『쿼바디스』(Quo Vadis), 『십자
   군 기사』(Krzyżacy) 등의 역사소설을 많이 썼다.

『노동자 셰빌로프』[1]

『노동자 셰빌로프』를 번역하고[2]

아르치바셰프(M. Artsybashev)[3]는 1878년 남러시아의 소도시에서 태어났다. 계보와 성명에 의하면 타타르인[4]이지만, 그의 혈관에는 러시아, 프랑스, 조지아(Georgia),[5] 폴란드의 피가 흐르고 있다. 그의 아버지는 퇴역군인이었다. 그의 어머니는 유명한 폴란드 혁명가 코시치우슈코(Kosciusko)[6]의 증손녀였는데, 그가 세 살 때 죽었고 폐결핵만이 그에게 유산으로 남았다. 그는 이 때문에 종종 발병을 했고, 1905년에는 결국 이 병이 결정적인 문제가 되어 완전히 회복할 수 있을 것이라는 바람은 사라지고 말았다.

아르치바셰프는 소년 시절에 지방의 한 중학에 입학하여 5학년까지 다녔다. 그런데 거기서 무엇을 했는지 아무것도 모른다고 말했다. 그는 유소년 시절부터 그림을 좋아해서 하리코프(Kharkov)[7]회화학교에 진학하기로 결심했다. 16살 때였다. 당시 그는 가난해서 더러운 방에 살면서 배고팠고 게다가 화구畵具와 화포畵布 등 그림 그리기에 없어서는 안 되는 물건을 살 돈도 없었다. 그는 생계를 도모하기 위해 작은 신문에 만화를 그리고, 단편과 골계소설을 썼는데, 이것이 그가 무언가를 써낸 시작이었다. 회화학교를 1년 다닌 후 아르치바셰프는 페테르부르크로 가서 처음 2년 은 한 지방사무관의 서기로 일했다. 1901년에 그의 첫번째 작품인 소설 「파샤 투마노프」(Pasha Tumarov)[8]를 썼다. 이것은 러시아 중학교의 어 두운 면을 폭로하였다. 이외에 두 편의 단편소설을 썼다. 이때 그는 미롤 류보프(Miroljubov)[9]의 눈에 들어 그가 내는 잡지의 부편집장을 맡아 달 라는 요청을 받았는데, 이 일은 그의 생애에 커다란 변화를 초래했다. 그 는 마침내 문인으로 성장했다.

1904년 아르치바셰프는 또 「기수旗手 고로로포프」, 「광인」, 「아내」, 「란데의 죽음」 등의 단편소설을 발표했고, 맨 마지막 한 편은 그를 유명하 게 만들었다. 1905년 혁명이 일어났지만, 그는 많은 시간 자신의 일 즉 무 정부적 개인주의(Anarchistische Individualismus)의 설교에 집중하고 있 었던 듯하다. 그는 소설을 좀 쓰고 있었는데, 모두 그 혁명의 심리와 전형 典型을 구사해서 제재로 삼은 것이었다. 그는 스스로 『아침의 그림자』朝影, 『혈흔』이 잘 되었다고 생각했다. 이때 필화사건이 일어나서 사형 판결을 받았는데, 러시아의 관헌은 유럽 문명국과 비교해서 보면 암흑이었지만, 아시아의 문명국보다는 크게 문명이 전진하고 있어서 오래지 않아 그들 은 자신들의 잘못을 깨달았고 아르치바셰프는 무죄가 되었다.

그 후 그는 센세이션을 일으킨 유명한 『사닌』(Sanin)[10]을 출판했다. 이 소설의 완성은 『혁명 이야기』 이전이었지만, 그때가 되어서야 한 권의 책으로 인쇄되었던 것이다. 이 책의 중심적인 사상도 물론 무정부적 개인 주의다. 혹은 개인적 무정부주의라고도 할 수 있다. 사닌의 언동은 모두 인생의 목적은 개인의 행복과 환락을 얻는 데만 있고, 그 외의 생활상의 욕구는 모두 허위라고 표방했다. 그는 자신의 친구에게 다음과 같이 말했다.

> 그대는 자신의 생활의 의미와 흥미에 관해 번뇌하기보다 입헌정치에 관해서 많이 번뇌한다고 말하고 있소. 그런데 나는 그것을 믿을 수 없소. 그대의 번뇌는 입헌정치에 있는 것이 아니라, 그대 자신의 생활이 그대를 즐겁게 하지 않는 데 있소이다. 나는 이렇게 생각하고 있소. 만약 그렇지 않다고 말한다면, 그것은 거짓이오. 또 그대에게 말하지만, 그대의 번뇌는 생활의 불만족에서 온 것이 아니라, 단지 나의 여동생 리타가 그대를 사랑하지 않기 때문이오. 그것이 진실이오.

그의 번뇌가 정치에 있는 것이 아니라면 어떻게 해야 하나? 사닌은 말한다.

> 나는 단지 한 가지 일을 알고 있다. 나는 생활이 내게 고통이기를 원하지 않는다. 그래서 자연의 욕구를 만족시키지 않으면 안 된다.

여기서 말한 자연의 욕구란 물론 육욕肉慾을 가리키며, 이것에 의해 아르치바셰프는 성욕묘사 작가라는 칭호를 얻게 되었고, 많은 비평가가 한목소리로 공격을 시작했던 것이다.

비평가가 공격했던 것은 그의 이 책이 청년을 유혹한다고 생각했기 때문이다. 하지만 아르치바셰프는 설명하기를 "이런 유의 전형은 순수한 형태상에서는 아직 신선하고 희귀하지만, 이 정신은 새로운 러시아의 각각 새롭고 용감하고 강인한 대표자 안에 깃들어 있다"고 했다.

비평가는 한 권의 『사닌』이 러시아의 청년을 타락으로 이끌 수 있다고 생각했지만, 이것은 실제 무단武斷하다. 시인의 감각은 원래 일반인보다 한층 예민하며, 그 때문에 아르치바셰프는 일찍이 사회에서 이러한 경향을 감지하고, 『사닌』을 창작했던 것이다. 주지하듯이 19세기 말의 러시아는 사조가 최고로 발흥했고 그 중심은 개인주의였다. 이 사조가 점차 사회운동을 배양하고 마침내 1905년의 혁명을 출현시켰던 것이다. 1년 정도 이 운동은 천천히 진정되었는데, 러시아 청년들의 성욕운동은 오히려 두드러지게 되었다. 다만 성욕이라는 것은 본래 생물의 본능이기 때문에 사회운동의 시기에도 물론 그 속에 뒤섞이게 되었지만, 좌절하여 사회운동이 종식되자 그것은 특히 뚜렷하게 노출되게 되었던 것이다. 아르치바셰프는 시인이기 때문에 1905년 이전에 이미 성욕을 첫째로 꼽는 전형인물을 묘사했던 것이다.

이런 경향은 인성의 추세라고 말할 수 있지만, 결국은 퇴폐라고 말하지 않을 수 없다. 사닌의 의론 역시 패배하고 퇴폐한 강자에 의한 일면적인 설명에 지나지 않는다. 아르치바셰프도 사닌이 현대인의 한 측면에 지나지 않음을 알고 있었고, 그래서 또 다른 하나의 측면인 셰빌로프[11]를 묘사하여 재차 문제를 제기했던 것이다. 그는 독일인 빌라르트(A. Billard)에게 보낸 편지에서 이렇게 말했다.

이 이야기는 나의 세계관의 요소와 나의 가장 중요한 관념을 명시하고 있는 것입니다.

아르치바셰프는 주관적 작가이기 때문에 사닌과 셰빌로프의 의견은 그대로 그 자신의 의견이다. 이러한 견해는 본서의 제1, 4, 5, 9, 10, 14장에서 극히 분명하게 말하고 있다.

인간은 생물이며, 생명이야말로 첫째인데, 개혁가는 많은 불행한 이들을 위해 "생애 가운데 가장 귀한 것을 희생하고" "공동사업을 위해 죽음을 향해 돌진하는" 한 명의 셰빌로프를 남길 뿐이었다. 그러나 셰빌로프도 추적追跡 속에서 헛되이 살아갈 뿐이며, 멸망에 포위되고 있을 따름이다. 이 고통은 행복한 이와 전혀 통하지 않을 뿐만 아니라, 소위 '불행한 자들'과도 전혀 통하지 않는 것이다. 그렇기는커녕 오히려 그들은 추적자에 가세하여 박해를 가하고, 그의 죽음을 즐기고 있으며, "행복한 자와 똑같이 다른 방면에서는 타락한 생활을 지속하고 있다".

셰빌로프는 이 나아갈 길 없는 처지에서 나아갈 수 있는 하나의 길을 찾지 않을 수 없었다. 그는 생각했다. 다른 사람에 대한 성명聲明은 제1장의 아라제프와의 대화이며, 자신과의 싸움은 제10장의 환상적인 검은 단야장鍛冶匠과의 논의이다.[12] 그는 '경험'에 기초해서 톨스토이의 무저항주의에 대해 반항하고, 게다가 불행한 자들에 대해서 또 행복한 자에 대해서도 똑같이 선전宣戰하지 않을 수 없게 되었다.

이리하여 셰빌로프의 사회에 대한 복수가 완성되었다.

아르치바셰프는 러시아 신흥문학의 전형적인 대표작가 가운데 한 사람이며, 그 유파는 사실주의이고, 표현의 깊이는 멤버들 중에서 극한에 도달했다고 할 수 있다. 하지만 우리들은 이 책에서 다소 낭만파적 색채를 보았다. 이것은 그가 빌라르트에게 보낸 편지를 보더라도 분명하다.

정말로 나의 장발^{長髮}은 톨스토이의 영향을 아주 강하게 받은 것이다. 나는 그의 무저항주의에는 찬동하지 않지만, 그의 예술가라는 일면만은 나를 감복시키고 있으며, 게다가 나는 내 작품의 외관에서도 그의 영향에서 벗어날 수 없었다. 도스토예프스키(Dostojevski)와 체호프(Tshekhov)도 거의 동일하다. 위고(Victor Hugo)와 괴테(Goethe)도 항상 나의 눈앞에 있었다. 이 다섯 사람의 이름이야말로 나의 선생과 나의 문학상의 스승의 이름이다.

우리들 중에는 가끔 내가 니체의 영향을 받았다고 말하는 사람이 있다. 이것은 내게 대단히 불가사의하다. 이유는 지극히 간단한데, 나는 니체를 읽은 적이 없기 때문이다.──내가 보다 익숙하고 보다 깊이 이해하고 있는 이는 슈티르너(Max Stirner)¹³⁾이다.

하지만 셰빌로프는 분명히 니체식의 강자의 색채를 드러내고 있다. 그는 힘과 의지의 모든 것을 사용해 일생을 바쳐 싸웠다. 결국 폭탄과 총을 갖고 반항하며, 그리고 몰락(Untergehen)했던 것이다.

아르치바셰프는 염세주의적 작가이며, 사상이 암담한 시기에 이 한 권의 절망에 휩싸인 책을 썼다. 아라제프가 말한 것은 "분격"으로, 이것을 인정하려 하지 않았다. 하지만 이 책 속의 인물을 보면 셰빌로프와 아라제프──그들은 무저항주의를 고수할 수 없었는데, 최후에는 사랑을 위해 희생하게 되었다──가 위대한 것은 말할 것도 없다. 그밖에 소인물의 경우에도 그들을 통해 구원할 수 없는 사회를 부조하면서 또 여전히 종종 인성을 드러내게 했는데, 이 현상이야말로 무의식 속에서도 러시아 인민의 위대함을 더욱 분명하게 나타내는 것이다. 우리들이 시험 삼아 자국에서 찾아보아도 필시 커튼 뒤의 늙은 남녀와 소상인을 제외하고는 다른 인물을 발견해 내는 것이 아주 어렵다. 그것이 러시아에는 존재하는 것이며, 게다가 아르치바셰프까지도 느끼고 있다고 한다면, 이것은 결국 한 권의 "분격"의 책일 것이다.

이 작품은 부고프와 빌라르트(S. Bugow und A. Billard) 공역의 『혁명 이야기』(*Revolution-geschichten*)[14]에서 뽑아 번역한 것으로, 부득이하게 몇 군데를 빼고 거의 축자역逐字譯을 했다. 본래 나는 아직 이 책을 번역할 능력이 없었지만, 다행히 나의 친구 치쭝이[15]가 많은 점을 지적해서 수정해 주었기 때문에 마침내 탈고할 수 있었다. 감사드린다.

1921년 4월 15일 씀

주)_____

1) 아르치바셰프의 중편소설. 루쉰이 독일어 번역본을 중역한 것으로 1921년 7월부터 12월에 걸쳐 『소설월보』(小說月報) 제12권 제7호에서 제12호까지 처음 연재했다. 단행본은 1922년 상하이 상우인서관(商務印書館)에서 '문학연구회총서'(文學硏究會叢書)의 하나로 초판이 나왔다. 개정본은 1927년 6월에 인쇄되어 '웨이밍총간'(未名叢刊)의 하나로 상하이 베이신서국(北新書局)에서 발행했다.

2) 이 글은 『소설월보』 제12권 호외(號外; 원래 명칭은 '아르치바셰프'. 1921년 9월)에 처음 발표되었는데, 원래 마지막 글자는 없었다. 뒤에 『노동자 셰빌로프』 초판본 권두에 실렸다.

3) 아르치바셰프(Михаил Петрович Арцыбашев, 1878~1927). 러시아 작가. 저서에 『사닌』(Санин), 『노동자 셰빌로프』 등이 있다. 10월혁명 뒤 국외로 망명하여 폴란드 바르샤바에서 죽었다.

4) 러시아 민족의 하나로 타타르공화국에 주로 거주한다.

5) 유럽과 아시아 사이의 캅카스 산맥 남쪽과 흑해 동쪽에 있는 공화국.

6) 코시치우슈코(Tadeusz Kościuszko, 1746~1817). 폴란드의 애국자. 1794년 폴란드에서 무장봉기를 일으켜 러시아와 프러시아에 반대했다.

7) 하리코프(하르키우Xapkib)는 우크라이나 제2의 대도시.

8) 원제는 '투마노프 장군'(Паша Туманов).

9) 미롤류보프(Виктор Сергеевич Миролюбов, 1860~1939). 러시아 작가, 출판가. 당시 『대중잡지』의 주편 겸 발행인.

10) 1907년에 발표한 장편소설.

11) 『노동자 셰빌로프』의 주인공.

12) 아라제프는 『노동자 셰빌로프』의 등장인물. 이 책의 제1장에서 셰빌로프가 아라제프에게 자신은 인간이 "천성적으로 악하다"고 생각하며, "나는 사실 인류를 증오한다"는 식의 시각을 갖고 있다고 이야기한다. 제10장에서는 셰빌로프와 꿈속의 단야장(대장장이)의 대화를 통해 내심의 '애'(愛)와 '증'(憎)의 모순을 표현했다.

13) 슈티르너(Max Stirner, 1806~1856). 본명은 요한 슈미트(Johann Kaspar Schmidt), 독일 유심주의 철학가. 저작에는 『유일자와 그 소유』(Der Einzige und sein Eigentum) 등이 있다.

14) 부고프(S. Bugow)와 빌라르트(A. Billard)가 독일어로 공역한 아르치바셰프의 중단편소설집으로, 이 속에 『노동자 셰빌로프』, 『혈흔』, 「새벽 그림자」, 「투마노프 장군」, 「의사」 등이 수록되어 있다.

15) 치쭝이(齊宗頤, 1881~1965). 자는 서우산(壽山), 허베이(河北) 가오양(高陽) 사람. 독일 베를린대학을 졸업하고 베이양(北洋)정부 교육부 첨사(僉事)와 시학(視學)을 역임했다. 1926년 7월에는 루쉰과 함께 독일어 번역본으로 네덜란드인 반 에덴의 장편동화 『작은 요하네스』를 번역했다.

「행복」역자 부기[2]

아르치바셰프의 경력과 관련해 간결하게 기술한 자서전이 있다.

1878년에 태어났다. 태어난 곳은 미상이다. 오흐티르카에 있는 중학교에 입학해 5학년까지 다녔지만, 무엇을 배웠는지 전혀 모른다. 미술가가 되기로 결심하여 하리코프회화학교에 들어갔다. 거기서 1주일 모자란 1년을 공부하고 그리고 페테르부르크로 가서 처음 2년 동안 지방사무관의 서기로 일했다. 무언가를 쓴 것은 16세 때 지방신문에 게재한 것이다. 신문의 이름을 밝히려고 하니 조금 부끄럽다. 처녀작은 「V Sljozh」[3]이고, 『Ruskoje Bagastvo』[4]에 실렸다. 이후 지금까지 계속해서 소설을 쓰고 있다.

아르치바셰프는 톨스토이(Tolstoi)와 고리키(Gorkij) 같은 위대함은 없지만, 러시아 신흥문학의 전형적인 대표작가 가운데 한 사람이다. 그의 작품은 물론 사실파는 아니지만, 표현의 깊이는 그에게서 절정에 도달했다고 할 수 있다. 그의 출세작은 『란데의 죽음』(Smert Lande)이며, 그를 더욱 유명하게 하고 종종 비난을 받게 했던 소설은 『사닌』(Sanin)이다.

아르치바셰프의 작품은 염세적이고 개인주의적이다. 그리고 종종 육체의 냄새를 갖고 있다. 하지만 우리는 다음과 같은 것을 알지 않으면 안 된다. 즉 그는 있는 그대로 묘사했을 뿐이며, 주관성을 벗어나지 못했지만, 무언가를 주장하거나 선동하지는 않았다는 것. 그의 작풍作風도 "사실주의가 융성한 뒤였기에 개인주의로 나아간" 것이 아니고, 시대의 초상肖像에 지나지 않았다는 것. 그리고 우리는 그가 현대의 세태를 묘사한 작가라는 것을 잊어서는 안 된다. 『사닌』에 대한 비난과 관련해서 그는 빌라르트에게 보낸 편지에서 이렇게 말했다. 예전의 투르게네프(Turgenev)의 『아버지와 아들』과 비교해서 나는 낫다고 생각한다. 비난하는 무리는 환상과 신비만을 제창하고 있다. 고아高雅라고 한다면 물론 고아지만, 현실 그 자체가 막연한데 아직도 환상과 신비 등을 제창하고 있는가?

아르치바셰프의 본령은 소품小品에 있다. 이 한 편 역시 뛰어난 순수예술품이며, 필묵을 조금도 낭비하지 않았고, "애증이 서로 떨어지지 않고, 떨어지지 않을 뿐 아니라 서로 다투는 무의식의 본능"[5]을 혼연히 써내고 있지만, 나의 번역이 이것을 전달하지 못해서 안타깝다.

이 작품은 눈 속에 영락零落한 매춘부와 색정광色情狂인 하인을 묘사하고 있는데, 거의 미추美醜와 함께 소멸하여 마치 로댕(Rodin)의 조각을 보는 것 같다. 사실에 근거해 논한다면 "소위 행복한 자들만이 일생 소란을 피우는 것이 아니라, 불행한 자들 역시 다른 방면에서 각자 타락한 생활을 계속한다"는 점을 묘사하였다. 사쉬카[6]는 자태가 좋을 때는 몸을 타인의 쾌락에 바치고, 코가 썩어 들어가도 여전히 타인의 잔혹한 쾌락에 바

처지지 않으면 안 되었으며, 게다가 길 가는 행인들 역시 행복하지 않으니 따로 그녀를 쾌락의 재료로 삼으려는 자가 있었다. 무릇 포식한 자와 굶은 자는 살아야 하기 때문에 이러한 쾌락을 향수했던가, 생판 모르는 타인에게 쾌락을 주었던 적이 있는가를 적어도 정신적으로 스스로 생각해 본다면, 두뇌가 명석한 사람이라면 반드시 전율을 느낄 것이다!

현재 몇몇 비평가들이 사실주의를 증오해야 한다고 역설하고 있지만, 사실을 증오하지 않고서 그 묘사를 증오하는 것은 사실 참으로 기묘한 것이다. 사람들은 매번 "밤에 술집의 등이 눈앞에 휘황한" 것을 보고는 눈 위의 낭자狼藉를 잊고 말지만,[7] 이것이야말로 바로 피가 통하는 교양인을 염세적 에고로 향하게 하는 한 원인이다.

1920년 10월 30일 씀

주)_____

1) 『현대소설역총』(現代小說譯叢). 루쉰, 저우쭤런, 저우젠런(周建人)이 공역한 외국 단편 소설집. 제1집만 나왔으며, 저우쭤런 역으로 서명되어 있으며, 상하이 상우인서관에서 '세계총서'(世界叢書)의 하나로 출판했다. 8개국 18명의 작가가 지은 소설 30편을 수록했으며, 그 가운데 루쉰은 3개국 6명의 작가의 소설 9편을 번역했다.
2) 이 글은 「행복」의 번역문과 같이 1920년 12월 월간 『신청년』 제8권 제4호에 처음 실렸으며, 뒤에 『현대소설역총』 제1집에 수록되었다.
3) 아르치바셰프가 1901년에 지은 소설로 중국어 번역은 '스리위에즈에서'(在斯里約之)라고 한다.
4) '러시아의 부'라는 의미로, 1876년 페테르부르크에서 창간된 월간이다. 1918년에 정간했다. 1890년대 초기부터 자유주의적 나로드니키파의 출판물이 되었다.
5) 이 문장과 아래에 인용된 '행복한 자', '불행한 자' 등의 말은 모두 『노동자 셰빌로프』 제10장에 나온다. 주인공 셰빌로프는 한밤중에 자기 방에서 환각에 빠져 자신의 분신을 본다. 이때 셰빌로프가 분신을 향해 한 말이다.
6) 「행복」의 주인공으로 가난하고 초라한 기녀다.
7) 「행복」 말미 부분의 묘사이다.

「아메리카에 간 아버지」 역자 부기[1]

이제까지 핀란드는 우리에게 먼 곳이었다. 그런데 이 나라는 러시아와 스웨덴의 세력에서 벗어난 이래 안정되고 진보적인 국가가 되었으며, 문학과 예술도 잘 발전하고 있다. 그 문학가들은 스웨덴어로 쓰는 이도 있고 핀란드어로 쓰는 이도 있지만 최근에는 후자가 늘어났으며, 이 알키오(Arkio)도 그중 한 사람이다.

알키오는 그의 가명이며, 본명은 필란더(Alexander Filander)이다.[2] 그는 어느 지방의 상인으로 학교 교육을 받은 적이 없지만, 독학하여 높은 단계까지 도달했으며, 향촌에서는 많은 존중을 받았고, 또 청년교육에도 큰 공을 세웠다.

그의 소설은 성격과 심리의 묘사에서 아주 뛰어났다. 이것은 한 편의 소품(Skizze)에 지나지 않는데, 브라우스베터[3]가 편한 『시와 시인의 그림자 속의 핀란드』에서 번역했다. 편자는 다음과 같이 비평했다. 알키오에게는 아름다운 풍자적인 해학이 있고, 심오한 미소로 사물을 감싸며, 그리고 이 빛 속에서 자연스럽게 비참을 이해시킨다. 예를 들어 소설 「아메리카에 간 아버지」가 증명하고 있는 것이 바로 그것이다.

주)_____

1) 「아메리카에 간 아버지」(父親在亞美利加)의 번역은 베이징『천바오』(晨報) 1921년 7월
   17일 제7판, 18일 제5판에 처음 연재되었다. 이 글은 원래 문장 마지막에 붙어 있었고,
   뒤에『현대소설역총』제1집에 수록되었다.

2) 필란더(Aleksander Filander, 1862~1930)는 핀란드의 작가이자 언론인, 정치가. 알키오
   (Santeri Alkio)로 알려져 있다.

3) 브라우스베터(Ernst Brausewetter, 1863~1904)는 독일의 작가이자 출판인.『시와 시인
   의 그림자 속의 핀란드』(Finnland im bilde seiner dichtung und seine dichter)는 1899
   년에 출판했다.

「의사」역자 부기[1]

1905년부터 1906년에 걸쳐 러시아의 파멸은 이미 분명해졌다. 권력자는 국민의 마음을 바꾸고자 유태인 및 다른 민족을 공격하도록 선동했다. 이 것을 일반적으로 포그롬이라고 부른다. Pogrom이라는 말은 Po(점점)와 Gromit(파멸)를 합성한 것으로, 유태인학살이라고도 번역한다. 이러한 폭거는 당시 각지에서 종종 일어났으며, 대단히 잔혹해서 완전히 비인간 적인 것이며, 올해에도 쿠룬에서 운게른[2]의 유태인에 대한 학살이 있었 다. 제정 러시아의 당시 '묘모'[3]는 바로 "독이 사해에 퍼진다"[4]고 말할 수 있을 것이다.

당시의 선동은 사실 아주 강력한 것으로, 관료가 있는 힘껏 인간 내면 의 야수성을 일깨우는 한편, 이것을 발휘하도록 그들에게 큰 힘을 주었다. 교육을 받지 못한 러시아인들 가운데는 유태인 섬멸을 인생의 목적으로 삼은 이도 많았다. 그 원인은 대단히 복잡하지만, 그 주된 이유는 단지 그 들이 이민족이라는 데 있었다.

아르치바셰프의 「의사」(Doktor)라는 이 작품은 1910년에 간행된 습작 가운데 한 편으로, 이것이 쓰여진 시기는 당연히 그 앞일 것인데, 그를 움직이게 한 것은 바로 포그롬 사건이었다. 걸작이라고 할 수는 없으나, 그 동포의 비인간적 행위에 대해 대단히 격렬하게 저항한 것이다.

이 단편에는 늘 그렇듯이 작가의 세밀한 성욕 묘사와 심리 해부가 보일 뿐만 아니라, 무저항주의에 대한 저항과 뒤얽힌 애증이 간단명료하게 묘사되어 있다. 무저항은 작가의 반항이다. 왜냐하면 인간은 천성적으로 증오 없이는 살 수 없고, 그리고 이 증오는 또 더욱 광대한 사랑에 뿌리박고 있기 때문이다. 이 때문에 아르치바셰프는 여전히 톨스토이의 사도使徒에서 벗어나지 못한 것이며, 톨스토이주의적 반항자에서도 탈피하지 못한 것이다.──절충적으로 말하면 톨스토이주의의 조정자인 셈이다.

러시아인은 이상한 잔인성과 이상한 자비심을 갖고 있다고 한다. 이 기괴함은 국민성을 연구하는 학자에게 해석을 맡기지 않으면 안 되겠다. 내가 생각하는 것은, 우리 중국에서 치우를 살해한[5] 이래 이민족을 정복한 것에 득의한 시기 또한 적지 않지만, "평정 무슨 방략"[6] 따위들 외에 이처럼 약소민족을 위해 정의를 주장한 문장을 한 편도 찾을 수 없는지 모르겠다는 것이다.

1921년 4월 28일, 역자 부기

주)_____

1) 이 글은 「의사」(醫生)의 번역과 함께 1921년 9월 『소설월보』 제12권 호외 「러시아문학연구」에 처음 발표되었고, 뒤에 『현대소설역총』 제1집에 수록되었다.
2) 쿠룬(庫倫). 당시 중국의 도시명으로 지금의 울란바토르이며, 몽골인민공화국 수도다. 운게른(운게른슈테른베르크, Роман Фёдорович фон Унгерн-Штернберг, 1886~1921). 원

래 차르 황군의 대위로 10월혁명 뒤 일본제국주의와 결탁하여 원동백위군(遠東白衛軍) 우두머리 가운데 한 명이 되었다. 쿠룬을 점령한 뒤 비무장의 시민에 대한 대량 약탈과 총살을 명령했다. 1921년 8월 홍군(紅軍)에 붙잡혀 교수형에 처해졌다.

3) '묘모'(廟謨). 묘는 묘당으로 조정을 가리키고, 모는 책략이란 의미다. 봉건왕조기의 국정에 대한 책략을 일컫는다.

4) 『상서』(尙書) 「태서(泰誓) 하(下)」에 "위압하고 죽임으로써 온 세상에 해독을 끼치고 괴롭혔으며"(作威殺戮, 毒痛四海)에 나오는 말이다. 해독이 먼 곳에 미치는 것을 말한다. 부(痛)는 병해(病害).

5) 치우(蚩尤). 전설 속 구려족(九黎族)의 우두머리로 한족의 조상인 황제(黃帝)와 싸웠으나 패해 살해되었다.

6) 원문은 "平定什摩方略". 통치자의 '평반'(平叛), '정변'(定邊) 등 군대의 공적을 기록한 역사문헌을 가리킨다. 예를 들어 청대에는 『평정금주방략』(平定金川方略), 『평정준갈이방략』(平定准噶爾方略) 등이 있었다.

「미친 처녀」 역자 부기[1]

브라우스베터(Ernst Brausewetter)의 『시와 시인의 그림자 속의 핀란드』 (*Finnland im Bilde Seiner Dichtung und Seine Dichter*)는 핀란드의 문학가를 스웨덴어로 쓴 이들과 핀란드어로 쓴 이들 두 그룹으로 나누고, 후자 그룹을 또 국민적 작가와 예술적 작가로 나누고 있다. 예술적 작가 중에서 그는 미나 칸트[2]를 첫번째로 꼽고 다음과 같이 논했다.

……그녀는 1844년 탐페레(Tammerfors)[3]에서 태어났고, 방직공장의 직공장 요한슨(Gust. Wilh. Johnsson)의 딸이었다. 겨우 다섯 살 때 이미 책을 읽고 노래를 할 수 있었을 뿐만 아니라 아코디언과 합주할 수도 있는 그녀의 '신동'적 기질을 그는 일찍부터 자랑했다. 그녀가 여덟 살 때 아버지는 쿠오피오(Kuopio)에서 털실공장을 열었고, 그녀를 이곳의 3급제 스웨덴어 여학교에 입학시켰다. 1863년 그녀는 이위베스퀼레(Jyväskylä), 바로 그해에 남녀공학의 사범학교가 설립된 곳에 갔다. 그런데 다음해 이 '모범적인 여학생'은 교사이자 작가인 칸트(Joh. Ferd.

Canth)와 결혼했다. 이 결혼은 그녀를 불행하게 만들었다. 왜냐하면 그녀의 정신력이 대단한 의지에 위반하여 적응하기에는 그녀는 자립적 천성이 너무 풍부했다. 하지만 그녀는 남편에 의해 저작의 일로 인도되었는데, 남편이 한 신문을 편집하고 있었고 그녀도 남편에게 '도움'을 주지 않으면 안 되었기 때문이다. 하지만 그녀의 필봉이 아주 예리했기에 남편은 주필의 지위를 잃게 되었다.

2, 3년 뒤 다음 주필의 지위를 찾자, 그녀는 다시 문필과 가까워질 기회를 얻었다. 그녀가 거주하고 있던 지역의 핀란드 극장의 의뢰를 받고 비로소 희곡을 쓰고 싶은 충동이 일었다. 그녀가 『도난』을 반쯤 썼을 때 남편이 사망했고, 그녀와 7명의 자녀가 남았다. 하지만 그래도 그녀는 희곡을 완성하고 핀란드극장에 보냈다. 어려운 생활과의 싸움에서 그녀가 정신적으로 육체적으로 거의 지쳐 갔을 때, 그녀는 그 희곡으로 핀란드문학회로부터 상을 받고, 또 상연의 통지를 접했다. 상연은 대성공을 거두었고, 레퍼토리에 더해졌다. 그러나 그녀는 문필에만 의지해 살아갈 수 없었고, 그녀의 아버지가 그랬던 것처럼 사업을 시작했다. 한편으로 그녀는 문학활동도 전개했다. 그녀의 문학적 성장에 분명한 영향을 주었던 것은 브란데스[4]의 저작으로, 이것을 통해 그녀는 텐, 스펜서, 스튜어트, 밀 그리고 버클[5]의 사상을 알게 되었다. 그녀는 현재 현대의 경향시인이며 사회개혁가로서 핀란드문학계에 자리를 잡고 있다. 그녀는 유럽문명의 사상과 상황을 변호하고, 그것을 자신의 고향으로 옮겨왔고, 게다가 극히 급진적인 견해를 취했다. 그녀는 또한 억압받는 인민을 위한 정의에 가담하고, 고통받는 사람들을 위해서는 권력자 및 부자와 대립하며, 여성과 그녀 자신의 권리를 위해서는 현재의 제도와 싸우

고, 박애의 진정한 기독교를 위해서는 위선적인 말로 포장한 관제 기독교와 대립하고 있다. 그녀의 작품에는 냉정하고 명백한 판단, 분명한 전투정신과 감성에 대한 예민하고 정밀한 관찰이 분명하게 드러난다. 그녀의 왕성한 구성력은 특히 희곡 속의 조형에 드러나고, 또 그녀의 소설에도 종종 희곡적 기색이 들어 있다. 하지만 그녀의 심미관은 진솔함을 결여하고 있기 때문에, 일체의 사물에 대해서 완고한 선입관에 의한 비평을 가하고 있다. 그녀는 웅변가·풍자가이지, 단순한 인생의 관찰자는 아니다. 그녀의 시각은 좁다. 그것은 그녀가 협소한 환경에서 자라 아직 그 밖으로 나가 본 적이 없기 때문만은 아니고, 사실은 그녀의 냉정한 이성이 감정이라는 것을 근소하게밖에 알지 못하기 때문이다. 그녀는 감정의 따스함을 잃고 있지만, 뛰어난 점은 그 식견으로, 이 때문에 그녀가 묘사한 것은 소시민의 범위 내에서 하나의 작은 비평이다.……

이번에 번역한 이 작품은 브라우스베터가 선한 표본이다. 칸트는 이 사회와 자신의 허영에 의해 잘못된 일생의 경로를 묘사함에 있어서 아주 세밀하고, 작품은 너무 심각해서 구원할 수 없는 절망이 되어 버렸다. 베인(R. N. Bain)⁰도 말했다. "그녀의 동성同性에 대한 원망은 진실이든 상상이든 그녀 소설의 변하지 않는 주제이다. 그녀는 저 애절하고 연약한 여성이 그녀의 자연의 폭군과 억압자의 손아귀에서 받은 고통을 지치지 않고 길게 말하고 있다. 과장과 희망 없는 비관, 그것은 이만큼 위력을 가졌던 것이지만, 그러나 비참하고 즐겁지 않은 소설의 특색이다." 대체로 비통하고 열렬한 마음의 소리心聲는 순예술의 눈으로 본다면 이러한 결점이 종종 있을 수 있다. 예를 들어 도스토예프스키의 저작도 오락으로서 읽는 독자는 항상 그 전편을 읽을 수 없는 것이다.

1921년 8월 18일 씀

주)_____

1) 이 글은 「미친 처녀」(瘋姑娘)의 번역과 함께 1921년 10월 『소설월보』 제12권 제10호 '피압박민족문학 특집'에 처음 발표되었고, 뒤에 『현대소설역총』 제1집에 수록되었다.

2) 미나 칸트(Minna Canth, 1844~1897). 핀란드의 여류작가. 작품에는 자본주의 사회의 모순을 폭로한 극본 「노동자의 아내」 등이 있다.

3) 현재 핀란드 남서부의 도시로 핀란드어로 탐페레(Tampere), 스웨덴어로 Tammerfors 이다.

4) 브란데스(Georg Brandes, 1842~1927). 덴마크의 문예비평가. 저작에 『19세기 문학 주류』(Hovedstrømninger i det 19de aarhundredes litteratur, 1872~90; 十九世紀文學主流), 『러시아 인상기』 등이 있다.

5) 텐(Hippolyte Taine, 1828~1893). 프랑스의 문예이론가, 사학자. 저서에 『영국문학사』, 『예술철학』 등이 있다.

스펜서(Herbert Spencer, 1820~1903). 영국 철학자, 사회학자. 주요 저작에 『종합철학 체계』 10권, 『사회학 연구법』 등이 있다.

스튜어트(James Steuart, 1712~1780). 영국의 경제학자, 주요 저서에 『정치경제학원리 연구』가 있다.

밀(John Stuart Mill, 1806~1873). 영국 철학자, 경제학자. 저서에 『논리학체계』, 『자유론』(옌푸가 중국어로 각각 『목근명학』穆勒名學, 『군기권계론』群己權界論으로 번역했다) 등이 있다.

버클(Henry Thomas Buckle, 1821~1862). 영국의 역사학자로 저서에 『영국문명사론』 등이 있다.

6) 베인(Robert Nisbet Bain, 1854~1909). 영국의 역사학자, 언어학자. 20여 종의 언어에 능통했다. 북유럽, 러시아 역사에 관한 저작이 여러 권 있으며, 헝가리, 북유럽과 러시아의 동화를 번역했다.

「전쟁 중의 벨코」 역자 부기[1]

불가리아 문예의 서광은 19세기에 시작되었다. 하지만 이 나라는 이전부터 두 가지 큰 장애를 짊어지고 있었다. 하나는 투르크에 의한 흉폭한 통치이며, 다른 하나는 그리스정교의 인습이다. 러시아 투르크 전쟁[2] 뒤에 이 나라는 드디어 신속한 진보를 이룰 수 있었다. 하지만 그 문학은 역사적 관계로 인해 종국적으로는 애국주의 선양을 전문적으로 하는 경향을 띠고 있었고, 이것은 시가에서 더욱 심했는데 그래서 불가리아에서는 지금도 위대한 시인이 아직 나타나지 않고 있다. 산문 분야는 이미 많은 작가들이 있고, 가장 주목을 끄는 이는 이반 바조프(Ivan Vazov)[3]이다.

바조프는 1850년 소포트(Sopot)에서 태어났다. 아버지는 상인이며, 어머니는 당시로서는 드물게 교육을 받은 여성이었다. 그는 15세 때 칼로프(동루마니아에 있다)[4]에 있는 학교에 들어갔고, 20세 때는 상업을 배우러 루마니아에 갔다. 하지만 이 시기에는 불가리아의 독립운동이 이미 활발해지고 있었고, 그는 혁명사업에 전력을 기울이고 있었다. 그는 또 많은 애국적인 열렬한 시를 발표했다.

바조프는 1872년에 고향으로 돌아왔다. 그의 직업은 아주 특이했는데, 학교의 교사가 되었다가, 갑자기 철도원이 되었다가, 마지막에는 투르크 정부에게 쫓겨 도망을 쳤다. 혁명 때[5]에 그는 군사재판장이 되었다. 이후 그는 또 시인 벨리치코프(Velishkov)[6]와 함께 『과학』이라는 월간지를 편집하고, 마지막에는 러시아의 오데사(Odessa)[7]로 가 유명한 소설 『멍에 아래서』를 썼다. 이것은 대(對) 투르크 전쟁을 묘사한 것으로 귀국한 뒤에 교육부가 출판한 『문학총서』에 발표되었고, 오래지 않아 유럽문명국의 거의 모든 나라에서 번역되었다.

그는 또 단편소설과 희곡을 다수 창작했으며, 발칸의 아름다움과 소박함을 독자의 눈앞에 생생하게 묘사해 내었다. 불가리아인은 그를 자국의 가장 위대한 문학가라고 생각한다. 1895년 소피아[8]에서 그의 문학활동 25주년을 축하하는 행사가 개최되었다. 올해도 성대한 축하연이 열리고, 기념우표가 7종 발행되었다. 그가 정확히 만 70세가 되었기 때문이다.

바조프는 혁명적 문학가일 뿐만 아니라, 구문학의 궤도를 파괴한 사람이기도 하며, 문장가(Stilist)이기도 했다. 불가리아의 공문서는 이전 그리스교회가 지은 문체를 사용했고, 구어를 경시했기 때문에 구어는 아주 불완전했지만, 바조프는 구어문을 고취한 데다 구어문을 훌륭하게 구사한 사람이었다. 톨스토이와 러시아 문학은 그의 모범이었다. 그는 자신의 고향을 사랑했고, 일생 생각했다. 이전에 이탈리아에 갔을 때 올리브나무 아래를 걷고 있는데 영국인이 "여기는 진정한 낙원이다!"라고 소리치는 것을 듣고 그는 대답했다. "선생님(Sire), 나는 더 아름다운 낙원을 알고 있습니다!"──그는 한시라도 발칸의 장미정원을 잊은 적이 없었던 것이다. 그는 자국민을 사랑하고, 특히 불가리아와 세르비아 형제국의 전쟁[9]

에 마음이 아팠는데, 이 작품 「전쟁 중의 벨코」도 이것에 대한 비분의 울부짖음이다.

이 작품은 샤탄스카 여사(Marya Tonas Von Szatánskà)의 독일어 번역본 『불가리아 여인과 기타 소설』(*Bolgarin und andere Novelleu*)[10]에 포함되었다. 주는 제4, 제6, 제9 이외에는 모두 독일어 번역본에 있던 원주原注이다.

1921년 8월 22일 씀

주)_____

1) 이 글은 「전쟁 중의 벨코」(戰爭中的威爾珂)의 번역과 함께 1921년 10월 『소설월보』 제12권 제10호 '피압박민족문학 특집'에 처음 발표되었고, 뒤에 『현대소설역총』 제1집에 수록되었다.

2) 19세기 70년대 불가리아를 포함한 발칸 인민들이 투르크의 통치에 저항하고, 이에 러시아가 1877년에 발칸의 슬라브 민족을 원조한다는 명목으로 투르크에 대해 선전포고를 한다. 영국과 오스트리아-헝가리제국이 러시아에 경고를 하자, 러시아와 투르크 간에 1878년 3월 화해 협정을 체결, 전쟁은 끝나고 불가리아는 독립국가가 되었다.

3) 바조프(Ivan Vazov, Иван Минчов Вазов, 1850~1921). 불가리아 작가. 1874년부터 민족독립투쟁에 참가하여 여러 차례 국외로 망명했다. 저서에는 장편소설 『멍에(軛) 아래서』(Под иготo)와 풍자극 『승관도』(昇官圖) 등이 있다.

4) 불가리아 중부지방의 도시. 바조프는 이 도시의 동부 20킬로미터 밖의 지방에서 태어났다. 1878년에 체결된 베를린조약에 의해 동루마니아는 투르크의 성(省)이 되었다가 1885년에 불가리아에 편입되었다.

5) 1875년 불가리아가 투르크의 지배에 저항한 민족혁명의 시기를 가리킨다.

6) 벨리치코프(Константин Величков, 1855~1907). 불가리아 작가, 민족혁명운동 참가자. 저서로는 서정시 『사랑하는 조국』, 소설 『감옥에서』 등이 있다.

7) 흑해 북쪽 해안의 우크라이나 남부 도시.

8) 불가리아의 수도.

9) 1885년 11월 세르비아의 불가리아에 대한 선전포고.

10) 정확한 서지정보는 다음과 같다. Iwan Wasow, Marya Jonas von Szatánska, *Die Bulgarin und andere Novellen*, Leipzig : Reclam, 1908.

「안개 속에서」 역자 부기[1]

안드레예프(Leonid Andrejev)는 1871년 오룔[2]에서 태어났고, 뒤에 모스크바에 가서 법률을 공부했지만, 그의 생애는 인고로 가득 찬 것이었다. 그는 글도 지어서 고리키(Gorky)의 칭찬을 받고 점차 이름을 알리기 시작해, 마침내 20세기 초 러시아의 저명한 작가가 되었다. 1919년 대동란[3] 때에 그는 조국을 떠나 아메리카로 가고자 했지만, 여의치 않자 춥고 배고 픔 속에서 죽었다.[4]

그는 다수의 단편과 여러 편의 희곡을 썼는데, 19세기 말 러시아인의 마음속 번뇌와 암담한 사회를 묘사했다. 특히 유명한 것으로는 전쟁에 반대한 『붉은 웃음』과, 사형에 반대한 『일곱 사형수 이야기』가 있다. 제1차 세계대전 때 그는 유명한 장편 『대시대 소인물의 고백』을 썼다.

안드레예프의 작품에는 엄숙한 현실성 및 깊이와 섬세함이 항상 들어 있고, 상징적 인상주의와 사실주의를 조화시키고 있다. 러시아 작가 가운데 그의 작품처럼 내면의 세계와 외면의 표현의 차이를 융합하고 영육 靈肉일치의 경지를 드러낼 수 있는 이는 한 사람도 없다. 그의 저작은 상징적·인상적 분위기가 흘러넘치고 있지만, 그래도 그 현실성은 잃지 않고 있다.

　이 「안개 속에서」라는 작품은 1900년에 지었다. 카라세크[5]는 "이 작품의 주인공은 혁명파일 것이다. 분명한 말로 설명하자면, 러시아에서는 검열을 통과하지 못할 것이다. 이 이야기의 가치는 많은 장면에서 교묘하게 러시아의 혁명파를 묘사하고 있는 데 있다"라고 말했다. 하지만 이 러시아의 혁명파는 그 단단하고 맹렬하고 냉정한 태도로 인해 우리 중국인의 눈에는 이상하게 느껴지고 있다.

1921년 9월 8일, 역자 씀

주)_____

1) 이 글은 「안개 속에서」(黯澹的煙靄里)의 번역과 함께 『현대소설역총』 제1집에 실렸다.

2) 오룔(Орёл). 모스크바 남서쪽에 위치한 도시.

3) 10월혁명 뒤 소련이 국제적 무력간섭에 저항하고, 국내의 반동파와 투쟁했던 것을 가리킨다.

4) 1919년 안드레예프는 국외로 망명하여 같은 해 9월 미국으로 건너가던 도중 심장마비가 와 핀란드 헬싱키로 돌아왔다.

5) 카라세크(Jiří Karásek ze Lvovic, 1871~1951). 체코 시인이자 비평가. 저서로는 『죽음의 대화』, 『유랑자의 섬』 등이 있고, 『슬라브문학사』(Slavische Literaturgeschichte) 등을 편했다.

「서적」 역자 부기[1]

이 작품은 1901년에 쓴 것이다. 내용은 아주 분명하고, 암담한 납색과 같은 희극이다. 20년 뒤에야 드디어 중국어로 번역되었는데, 안드레예프가 죽은 지 벌써 3년이 지났다.

1921년 9월 11일, 역자 씀

주)_____

1) 이 글은 「서적」(書物)의 번역과 함께 『현대소설역총』 제1집에 수록되었다.

「개나리」 역자 부기[1]

치리코프[2]라는 이름은 우리에게는 생소하지만, 러시아에서는 일찍부터 체호프 이후의 지식인을 대표하는 작가로 간주되며, 도합 17권의 전집은 이미 수차례 판을 거듭하고 있다.

치리코프는 1864년 카잔[3]에서 태어났다. 어릴 적부터 향촌에서 살았기 때문에 친구들은 모두 농부와 가난한 사람들의 아이들뿐이었다. 뒤에 고향을 떠나 중학에 들어갔고, 졸업할 때에는 이미 혁명사상을 갖게 되었다. 그 때문에 그의 작품은 향촌의 암흑을 곧잘 묘사했고, 또 배경에 자주 혁명을 사용했다. 그는 가난했으며, 처음에는 지방신문[4]에 기고했다. 1886년에 드디어 큰 신문에 발표할 수 있게 되었고, 이것이 자신의 문필 활동의 시작이라고 말했다.

그는 희곡에 가장 뛰어났으며, 그것은 아주 자연스럽고 변화가 풍부하며, 긴장도에 있어서 체호프에 뒤지지 않는다. 종군기자로서도 유명하며, 단행본으로 정리된 것으로 『발칸전기戰記』와 이 유럽전쟁에서 소재를 취한 단편소설 「전쟁의 반향」이 있다.

그의 작품은 깊은 사상은 다소 부족하다고 하지만 솔직하고, 생기 있으며, 신선하다. 그는 심리묘사에 탁월하다고 하는데, 다른 작가의 복잡함에 미치지 못하지만 대체로 실생활에서 소재를 취하고 있고 풍자와 익살이 풍부하다. 이「개나리」라는 작품 역시 그 작은 표본이다.

그는 예술가이자 또 혁명가다. 그리고 또 민중교화자이다. 이것은 대체로 러시아 문학가의 공통점이니 더 말할 필요가 없겠다.

1921년 11월 2일, 역자 씀

주)_____

1) 이 글은「개나리」(連翹)의 번역과 함께『현대소설역총』제1집에 수록되었다.
2) 치리코프(Евгений Николаевич Чириков, 1864~1932). 러시아 작가. 1917년 파리로 이주하고 뒤에 체코의 프라하에서 죽었다. 저서로는 자전체소설『타르하노프의 일생』(Жизнь Тарханова)과 희곡『여러 사람들』(Мужики) 등이 있다.
3) 현재 러시아 타타르자치공화국의 수도.
4) 원문에는 중국어로 신문이란 의미의 '報紙'가 아니라 '뉴스'라는 의미로 사용되는 '新聞'으로 표기되어 있다. 일본어에서 온 표현이다.

『한 청년의 꿈』[1)]

후기[2)]

내가 이 희곡을 읽은 것은 『신청년』[3)]에 소개되었기 때문이며, 이 희곡을 번역하기 시작한 것은 1919년 8월 2일이고, 이후 베이징의 『국민공보』[4)]에 연재되었다. 10월 25일이 되어 『국민공보』가 갑자기 발행이 금지되었기 때문에 나도 번역작업을 중단했다. 이것은 바로 제3막 제2장에서 두 명의 군사軍使가 회담을 하는 도중이었다.

같은 해 11월 중에 『신청년』 기자의 요청으로 나는 옛 번역을 한 차례 교정하고 또 제4막까지 번역을 마치고 매월 『신청년』에 연재했다. 7권 2호부터 전부 4기로 분재했다. 그런데 제4호는 '인구문제특집호'로 누군가에게 대부분 몰수당했기 때문에 아마도 보지 못한 사람도 많을 것이다.

저우쭤런 선생이 무샤노코지[5)] 선생과 편지를 주고받을 때 이미 번역과 관련해 언급했었고, 중국에 사는 인류에게 무언가 말하고 싶은 것이 있을까 하고 그에게 물었다. 저자는 이 때문에 한 편을 써서 베이징으로 부쳐 주었지만, 나는 때마침 다른 곳에 나가 있었기 때문에 저우쭤런 선생이 번역했다. 본서 서두의 「지나의 미지의 친구들에게」[6)]가 그것이다. 원역자는 해설 속에서 다음과 같이 말했다. "『한 청년의 꿈』의 서명에 관해서 무샤노코지 선생은 『A와 전쟁』으로 개제改題하고자 했다고 말했던 적이 있고, 그의 이 문장 속에서도 이 새로운 제명題名을 사용하고 있지만, 우리들은 옛 제목으로 번역했기 때문에 나도 번역문에서는 일률적으로 『한 청년의 꿈』이라고 썼다."

단행본으로 정리되고 있는 지금은 세번째 출판을 앞두고 있다. 나는 이 기회에 저자가 이전에 보내 준 정오표에 기초해 다시 수정을 가하고, 또 몇 군데의 오자를 정정하고 게다가 옛일을 다시 기록해서, 이 2년간 본서가 중국에서 어떻게 지엽말단으로 취급받았으며 급기야 1권의 책으로 정리된 작은 역사를 독자에게 보고하고자 한다.

1921년 12월 19일, 베이징에서 루쉰 씀

주)_____

1) 『한 청년의 꿈』(一個青年的夢). 일본의 무샤노코지 사네아쓰(武者小路實篤)가 지은 4막의 반전(反戰)희곡이다. 중국어 번역은 완성하자마자 바로 베이징 『국민공보』(國民公報) 부간에 실렸는데, 이 잡지가 발행금지가 될 때까지 계속 발표했다(1919년 8월 15일에서 10월 25일까지). 뒤에 전편이 월간 『신청년』으로 옮겨서 제7권 제2호부터 제5호(1920년 1월부터 4월까지)에 걸쳐서 게재되었다. 단행본은 1922년 7월 상하이 상우인서관에서 '문학연구회총서'의 하나로 출판되었고, 1927년 9월 상하이 베이신서국에서 재판을 '웨이밍총간'의 하나로 발행했다.

2) 이 글은 1922년 7월 상하이 상우인서관에서 출판한 『한 청년의 꿈』 단행본에 처음 실렸으며, 따로 신문이나 잡지에 실린 적이 없다.

3) 『신청년』(新青年). 종합성 월간으로 '5·4'시기 신문화운동을 제창하고 맑스주의를 전파한 중요한 간행물이다. 1915년 9월 상하이에서 창간되었고, 천두슈(陳獨秀)가 주편이었다. 제1권의 명칭은 『청년잡지』였고, 제2권부터 『신청년』으로 개칭했다. 1916년

말 베이징으로 옮겨 1918년 1월부터 리다자오(李大釗) 등이 편집작업에 참가하였다. 1922년 7월 휴간했는데, 모두 9권을 출판했고 각 권마다 6기를 내었다. 루쉰은 '5·4'시기 이 간행물과 밀접한 관계를 맺고 있었고, 중요한 필자로서 잡지의 편집회의에도 참가했다. 『신청년』 제4권 제5호(1918년 5월)에 저우쭤런이 이 희곡에 대한 간략한 소개글인 「무샤노코지의 『한 청년의 꿈』을 읽고」를 실었다.

4) 『국민공보』(國民公報). 1910년 10월 개량파가 입헌운동을 고취하기 위해 베이징에서 창간한 신문으로 쉬푸쑤(徐佛蘇)가 주편인데, 1919년 10월 25일 돤치루이(段祺瑞) 정부의 내정을 폭로하는 기사를 실었다가 발행을 금지당했다.

5) 무샤노코지 사네아쓰(武者小路実篤, 1885~1976). 일본작가. 잡지 『시라카바』(白樺) 창간인 중 한 사람. 작품에는 『무골 호인』(お目出たき人), 희곡 『그의 누이』 등이 있다. 당시 공상사회주의 '신촌운동'(新村運動)의 제창자였으나, 훗날에는 일본제국주의 침략정책에 영합했다.

6) 이 편지는 1919년 12월 9일에 썼는데, 1920년 2월 『신청년』 제7권 제3호에 저우쭤런의 번역으로 처음 실렸다. 번역문 뒤에 저우쭤런, 차이위안페이(蔡元培), 천두슈가 쓴 부기가 있다. '미지의 친구'는 중국 청년을 가리킨다.

역자 서[1]

『신청년』4권 5호에서 저우치밍[2]이 『한 청년의 꿈』에 대해 언급했기 때문에 나도 한 권을 사서 읽고 많은 감동을 받았다. 사상은 철저하고 신념은 단단하고 그 소리는 진실하다고 생각했기 때문이다.

"국가의 입장에서 보지 않고 인류의 입장에서 보고, 비로소 영원한 평화를 얻게 되었습니다. 하지만 민중으로부터 각성하지 않는다면 아무 소용 없습니다." 나는 이 말이 지당하다고 생각한다. 또 장래 곧 이렇게 되지 않으면 안 된다고 믿고 있다. 현재 국가라는 것이 예전처럼 존재하지 않지만, 진정한 인성은 날을 거듭할수록 더 분명하게 그 모습을 드러내고 있다. 유럽대전의 종결 이전에도 외국의 신문에서 때때로 양측의 군대가 정전停戰 중에 왕래한 미담과 교전 후의 우애의 정을 볼 수 있다. 그들이 아직 국가라는 것에 눈이 가려 있지만, 마치 달리기 경주를 하는 것처럼 달릴 때는 경쟁자이나 달리기가 끝나고 나서는 친구다.

중국에서 경기가 열리면 매번 우승을 놓고 소란이 일어난다. 시간이 지나도 양측은 서로 반목한다. 사회에서도 서로 이유도 없이 반목하는데,

남과 북에서, 성省·도道·부府·현縣에서 손을 쓸 수도 없이 모두가 고통스러운 얼굴을 하고 있다. 이 때문에 나는 중국인이 평화를 사랑한다는 의견에 대해서는 깊은 의심을 품고 공포를 느끼고 있다. 만약 중국이 전전戰前 독일의 반만이라도 강하다면 국민성은 어떤 모습으로 되었을지 모를 거라고 생각한다. 오늘날 세계에서 이름난 약소국가이고, 남과 북은 화의가 성립되지 않으며,[3] 전쟁은 유럽대전보다도 길게 계속되고 있다.

지금은 밤중에 높은 누각에 올라서 경종을 울릴 만큼 소리를 지르는 이도 거의 없다. 하지만 일본에서는 일찍부터 소리를 지르는 자가 있었다. 그들은 뭐라고 해도 행복하다.

그런데 중국에서도 많은 사람들이 깨닫고 있는 듯하다. 다만 나는 여전히 두렵다. 두려운 것은 그것이 구식의 깨달음이고, 장래에도 역시 시대에 뒤처짐을 벗어나지 못할 것이기 때문이다.

어제 오후 쑨푸위안[4]이 내게 "뭔가를 좀 써 주시면 안 될까요"라고 말했다. "문장은 안 되겠네. 하지만『한 청년의 꿈』이라면 번역할 수 있겠네. 하지만 이런 때는 그다지 적절치 않겠네. 쌍방이 서로 증오하고 있으니[5] 아마도 기쁘게 읽을 사람은 거의 없을 것이니 말이야"라고 나는 대답했다. 밤에 등불을 켜고 책등의 금색 글자를 보면서 낮에 한 말을 생각하니, 문득 자신의 근성이 의심스러워지고 두려우면서 부끄러움을 느꼈다. 사람이 이래서는 안 된다 ── 이리하여 나는 번역에 착수했던 것이다.

무샤노코지 씨는『신촌잡감』[6]에서 "집안에 불을 가진 사람이여, 불을 어둡고 외진 곳에 두지 말고, 우리에게 보이는 곳에 두어서 '여기에도 당신들의 형제가 있다'고 알려 주기 바란다"라고 기술했다. 그들은 폭풍과 폭우의 한가운데서 횃불을 들려고 하는데, 나는 오히려 그것을 어두운 장막으로 가리고 잠자고 있는 사람에게 비위를 맞추려고 하는 것인가?

본서의 이야기 가운데 물론 내가 의견을 달리하는 곳도 있지만, 지금은 자세하게 말하지 않고 각자가 자신의 기분에 따라서 생각하도록 맡기고 싶다.

1919년 8월 2일, 루쉰

주)_____

1) 이 글과 다음의 「역자 서 2」(譯者 序 2)는 희곡 제1막의 번역문과 함께 1920년 1월의 월간 『신청년』 제7권 제2호에 발표되었지만, 단행본에는 수록되지 않았다.

2) 치밍(起明)은 저우쭤런으로 치밍(起孟), 치밍(啓明)이라고도 부른다. 루쉰의 바로 아래 동생이다. 본문의 "국가의 입장에서 보지 않고 인류의 입장에서 보고,……"라는 말은 그의 「무샤노코지의 『한 청년의 꿈』을 읽고」에서 인용했다.

3) 남과 북은 광저우의 남방군정부와 베이징의 베이양정부를 가리킨다. 1917년 환계군벌(皖系軍閥) 돤치루이는 국회를 해산하고 리위안훙(黎元洪) 총통을 쫓아냈다. 쑨중산(孫中山)은 광저우에서 국회를 비상소집하고 호법군 군정부(護法軍政府)를 조직하여 이로 인해 남북 두 개의 대립 정권이 출현했다. 1919년 1월 쌍방 각파의 대표가 상하이에서 평화회의를 개최했지만 돤치루이에 의해 저지되어 교섭은 결렬되었다.

4) 쑨푸위안(孫伏園, 1894~1966). 본명은 푸위안(福源)이고 저장성 사오싱 사람이다. 루쉰이 사오싱사범학교 교장을 맡고 있을 때의 학생이다. 뒤에 베이징대학을 졸업하고 신조사(新潮社)와 위쓰사(語絲社)에 참가하여, 차례로 『천바오 부간』(晨報副刊), 『징바오 부간』(京報副刊), 『국민공보』 부간을 편집했다. 저서로는 『푸위안유기』(伏園游記), 『루쉰 선생에 관한 두세 가지 일』 등이 있다.

5) 쌍방은 중국과 일본을 가리킨다. 1919년 1월 중국은 파리강화회의에서 일본이 강제한 불평등조약과 각종 이권의 취소를 요구했다. 하지만 부결되고 이에 중국 인민의 분노를 일으켜 각지에서 자발적 반일운동이 출현했다.

6) 『신촌잡감』(新村雜感). 1918년 겨울 무샤노코지 사네아쓰가 일본 미야자키(宮崎)현 히유가(日向)지방에 신촌을 건설하고, '경독주의'(耕讀主義)를 실천할 때 쓴 문장이다.

역자서 2

나는 8월 초부터 이 희곡의 번역에 착수하여 『국민공보』에 매일 연재했다. 10월 25일에 『국민공보』가 갑자기 발행금지를 당했는데, 이 희곡은 바로 제3막 제2장의 두 군사軍使의 대화 중에 있었다. 지금 『신청년』 편집자의 요청에 의해 번역원고를 다시 손보고 이 잡지에 게재했다.

전체가 4막이며, 제3막은 3장으로 나뉘고, 한 청년을 축으로 하고 있다. 하지만 4막 중 어느 막 어느 장 할 것 없이 각기 하나의 얘기로서 정리되어 있어 독립적으로도 한 편의 완전한 작품이 될 수 있다. 그래서 각각 따로 읽든지 통독하든지 아무 상관이 없다.

전편의 주제는 자서에서 이미 기술한 것처럼 전쟁에 반대하는 데 있고, 역자가 덧붙일 필요는 없다. 하지만 나는 일부의 독자가 일본은 호전적인 국가이고, 그 국민이야말로 본서를 숙독해야 한다, 중국에서 왜 이런 것이 필요한가라고 생각하지 않을까 염려된다. 내 개인적인 생각으로는 완전히 반대다. 중국인 자신은 분명 전쟁을 잘 못하지만, 결코 전쟁을 저주하지는 않는다. 자신은 분명 전쟁에 나가는 것을 원하지 않지만, 전쟁에 나가는 것을 원하지 않는 다른 사람들을 결코 동정하지 않는다. 자신은 걱정하지만 타인까지는 걱정하지 않는다. 예를 들어, 지금 일본이 조선을 병합한 것[1]에 대해 논하고 있는데, 자주 "조선은 본래 우리의 속국이다"라는 말이 나온다. 이와 같은 말은 듣는 것만으로도 사람들에게 충분히 공포를 느끼게 한다.

그래서 나는 이 희곡이 많은 중국 구舊사상의 고질병을 치료할 수 있고, 그런 의미에서 중국어로 번역하는 의미가 크다고 생각한다.

11월 24일, 쉰

주)_____

1) 1910년 8월 일본정부가 강제로 조선정부에게 병합조약을 체결케 하고 조선을 일본의 식민지로 전락시킨 일을 가리킨다.

『예로센코 동화집』[1]
서[2]

예로센코[3] 선생의 동화가 지금 한 권으로 묶여서 중국에 사는 독자의 눈앞에 등장했다. 이것은 예전부터 내가 바라던 것이기에 나는 너무 고맙고 기쁘다.

이 문집 12편의 작품 가운데 「자서전」과 「무너뜨리기 위해 세운 탑」은 후위즈[4] 선생이 번역한 것이고, 「무지개의 나라」는 푸취안[5] 선생이 번역한 것이며 나머지는 내가 번역했다.

내가 번역한 것에 관해 말하자면, 가장 먼저 입수한 그의 첫번째 창작집 『동트기 전의 노래』에서 번역한 것은 앞의 6편[6]이며, 뒤에 입수한 두번째 창작집 『최후의 탄식』[7]에서 번역한 것이 「두 작은 죽음」이다. 또 잡지 『현대』[8]에서 「인류를 위해」를 번역하고, 원고상에서 「세계의 화재」[9]를 번역했다.

내가 주관적으로 번역한 것은 「좁은 바구니」, 「연못가」, 「독수리의 마음」, 「봄밤의 꿈」이며, 그밖에는 작가의 희망에 따라 번역한 것이다. 그런 까닭에 내 생각에는 작가가 세상을 향해 소리치고 싶은 것은 사랑하지 않는 것이 없는데 사랑하는 바를 얻지 못하는 비애이다. 그리고 내가 그로부터 추려 낸 것은 동심의 아름다운, 그렇지만 진실성을 가진 꿈이었다. 이 꿈은 혹 작가의 비애의 베일일까? 그렇다면 나도 꿈을 꾸는 수밖에 없는데, 하지만 나는 작가가 이 동심의 아름다운 꿈에서 벗어나지 말며 또 사람들에게 이 꿈을 향해 나아가서, 진실의 무지개를 판별하도록 더욱 호소하기를 희망한다. 우리가 몽유병환자(Somnambulist)가 되는 것은 아니기 때문에.

1922년 1월 28일, 루쉰 씀

주)_____

1) 『예로센코 동화집』(愛羅先珂童話集). 1922년 7월 상하이 상우인서관에서 '문학연구회 총서'의 하나로 출판했다. 그 가운데 루쉰이 번역한 것은 아홉 편으로 「이상한 고양이」가 잡지상에 발표된 적이 없었던 것을 제외하고 나머지는 단행본에 수록되기 전에 월간 『신청년』, 『부녀잡지』, 『동방잡지』, 『소설월보』, 『천바오 부간』 등에 발표되었다.
『루쉰역문집』에 수록된 『예로센코 동화집』의 마지막 네 편(「사랑이란 글자의 상처」, 「병아리의 비극」, 「붉은 꽃」, 「시간의 할아버지」)은 바진(巴金)이 편한 예로센코의 제2동화집 『행복의 배』(1931년 3월 상하이 카이밍開明서점에서 출판)에 수록되었다.

2) 이 '서'(序)는 『예로센코 동화집』에 처음 실렸다.

3) 예로센코(Василий Яковлевич Ерошенко, 1889~1952). 러시아 시인, 동화작가. 어릴 때 병으로 두 눈을 실명했다. 일찍이 일본, 태국, 버마, 인도에 차례로 간 적이 있다. 1921년 일본에서 '메이데이' 데모대열에 참가하여 국외로 추방당하고 뒤에 우여곡절 끝에 중국에 왔다. 1922년 상하이에서 베이징으로 가 베이징대학, 베이징에스페란토어전문학교에서 가르쳤다. 1923년 귀국했다. 그는 에스페란토어와 일본어를 사용해 글을 썼는데, 주요 작품으로는 동화극 『연분홍 구름』(Облако Персикового Цвета)과 동화집, 회고록 등이 있다.

4) 후위즈(胡愈之, 1896~1986). 저장성 상위(上虞) 사람. 작가, 정치평론가. 당시 상우인서관의 편집자로 『동방잡지』의 편집장을 맡고 있었다. 저서로는 『모스크바 인상기』 등이 있다.

5) 푸취안(馥泉). 곧 왕푸취안(汪馥泉, 1899~1959). 저장성 항셴(杭縣; 지금의 위항余杭) 사람. 당시 번역가로 활동했다.

6) 『동트기 전의 노래』(夜明前之歌). 1921년 7월 일본 도쿄 소분카쿠(叢文閣)에서 출판했다. 앞의 6편은 「좁은 바구니」, 「물고기의 비애」, 「연못가」, 「독수리의 마음」, 「봄밤의 꿈」, 「이상한 고양이」를 가리킨다.

7) 『최후의 탄식』(最後之歎息). 1921년 12월 일본 도쿄 소분카쿠에서 출판했다.

8) 『현대』(現代). 도쿄에서 발행된 일본잡지로 월간이며 대일본웅변회(大日本雄辯會) 고단샤(講談社)가 편집했다. 1920년 10월 창간하여 1946년 2월에 종간했다.

9) 「세계의 화재」(世界的火災). 1921년 가을 상하이에서 지었다. 뒤에 예로센코의 세번째 창작집 『인류를 위해』에 수록되었다.

「좁은 바구니」 역자 부기[1]

1921년 5월 28일 일본이 한 러시아 맹인을 추방한 이래 현지의 신문에서는 많은 논평이 나왔고, 나도 비로소 이 표류하는 실명失明한 시인 바실리 예로센코에 주목하게 되었다.

하지만 예로센코는 세계적으로 유명한 시인이 아니라서 나도 그의 경력을 상세히 알지는 못한다. 내가 아는 것은 그가 서른 살이 넘었을 것이라는 점, 이전에 인도에 갔었지만 아나키즘적 경향이 있다는 이유로 영국의 관리에게 추방당했고 그래서 일본에 갔다는 점, 그곳의 맹인학교에 입학한 적이 있지만 지금은 일본의 관리에게 추방당했고 그 이유는 위험한 사상을 선전한 혐의라는 것 정도다.

일본과 영국은 동맹국이고,[2] 형제와 같은 감정을 갖고 있으므로, 영국에서 추방당했으니 당연히 일본에서도 추방당한 것이다. 그런데 이번에는 매도와 구타가 덧붙여 있다. 두들겨 맞은 사람이 종종 흔적을 남기거나 선혈을 흘리는 것처럼 예로센코도 선물을 남겼는데, 그것이 그의 창작집으로 하나는 『동트기 전의 노래』이고, 또 하나는 『최후의 탄식』이다.

현재 이미 출판된 것은 전자로 모두 14편이며, 그가 타향에 있는 동안 일본인들이 읽도록 쓴 동화풍의 작품이다. 전체를 통관해 보면 그는 정치, 경제에 대해서는 관심이 없고, 무슨 위험한 사상과 같은 느낌도 없다. 그는 단지 유치하지만 아름답고 순수한 마음을 가진 사람에 지나지 않았다. 인간 세상의 경계도 그의 몽상을 구속할 수는 없다. 그래서 일본에 대해 항상 내 일처럼 감정적인 언사를 내뱉었던 것이다. 그의 이 러시아식 대평원의 정신은 일본에는 부합하지 않았고, 당연하게도 구타와 매도라는 답례를 받았지만, 그것은 그가 예상하지 못했던 것이었다. 이것으로도 그가 유치하지만 순수한 마음의 소유자임을 알 수 있다. 나는 읽고 난 뒤 인류에 이러한 아이의 마음을 잃지 않고 있는 사람과 작품이 있다는 것에 깊은 고마움을 느꼈다.

이 「좁은 바구니」는 『동트기 전의 노래』의 제1편으로 아마도 인도를 유랑할 때의 감상과 분노를 적었을 것이다. 그 자신은 이 작품을 피와 눈물로 썼다고 말했다. 인도에 국한해서 말한다면, 그들은 자신들이 인간답게 살아가고자 노력하지 않는 것에 슬퍼하지 않고, 오히려 다른 사람에게 '사티'[3]를 금지당하는 것에 분격하니 그래서 적이 없다고 해도 결국 바구니 속의 '하등한 노예'인 것이다.

광대한 시인의 눈물, 나는 이 타국의 '사티'를 공격한 유치한 러시아의 맹인 예로센코를 사랑한다. 사실 자국의 '사티'를 찬미하고 노벨상을 받은 인도의 시성 타고르[4]보다 더 깊이 사랑한다. 나는 아름답지만 독을 지닌 흰독말풀 꽃[5]을 저주한다.

1921년 8월 16일, 역자 씀[6]

주)_____

1) 이 글은 「좁은 바구니」(狹的籠)의 번역과 함께 1921년 8월 월간 『신청년』 제9권 제4호에 처음 발표되었다. 단행본에는 수록되지 않았다.

2) 1902년 영국과 일본 양국은 중국 침략을 위해 그리고 중국 동북부와 조선에서의 권익을 러시아와의 사이에서 쟁탈하기 위해 반러시아 군사동맹을 체결했다.

3) 범어 'Sati'로 원래는 '정절의 부녀자'를 일컫는다. 지아비가 죽은 뒤 그 아내를 지아비의 사체와 함께 불태웠다.

4) 타고르(Rabindranath Tagore, 1861~1941). 인도 시인, 작가. 그의 작품은 주로 영국통치하의 인도 인민의 비참한 생활을 묘사했지만, 또 범신론자의 신비한 색채와 종교적 분위기를 갖고 있다. 1913년 시집 『기탄잘리』로 노벨문학상을 받았다. 작품으로 『신월』(新月), 『정원사』(園丁), 『비조』(飛鳥) 등의 시집과 『고라』(Gorā)와 『난파』(難破) 등의 소설이 있다.

5) '흰독말풀 꽃'(曼陀罗華). 독초의 이름으로, 가을에 꽃이 핀다. '華'는 '花'다.

6) 여기 서명된 시간 표시에 착오가 있다. 루쉰은 같은 해 9월 11일 저우쭤런에게 보낸 편지에서 "연못가」는 이미 번역을 끝냈다", "이 다음에 「좁은 바구니」를 번역하여 중보(仲甫)에게 보낼 것이다", 17일 저우쭤런에게 보낸 편지에서 또 "나는 『신청년』을 위해 「좁은 바구니」를 번역하여 이미 완성했다"라고 했다. 따라서 본문의 '8월'은 '9월'이 되어야 한다. 그리고 「좁은 바구니」가 실린 『신청년』 8월호가 실제로 발간된 것은 9월 27일 이후였다.

「연못가」 역자 부기[1)]

핀란드의 문학가 파이바린타(P. Päivärinta)[2)]는 이런 뜻의 말을 했다. 즉 인생은 유성流星과 같다. 반짝 하며 빛나 사람들의 주의를 끌지만 흘러 떨어져 사라진다면 사람들도 잊어버리고 만다.

하지만 이것은 아직 사람들이 볼 수 있는 유성에 관한 것이고, 눈에 보이지 않는 유성도 많을 것이다.

5월 초,[3)] 치안을 위해 일본은 한 러시아 맹인을 국경에서 추방하고 블라디보스토크[4)]로 보냈다.

이 사람이 시인 바실리 예로셴코이다.

그가 추방당했을 때 상심한 일도 있었던 듯한데, 신문지상에 그의 친구들이 불만스러운 문장[5)]을 많이 발표했지만, 이상하게도 그는 아름다운 선물을 일본에 남겨 두었던 것이다. 그 하나는 『동트기 전의 노래』이고, 다른 하나는 『최후의 탄식』이다.

이것은 시인의 동화집으로, 아름다운 감성과 순수한 마음이 담겨 있다. 그의 작품은 아이들에게는 아주 진지하고, 성인들에게는 너무 진지하지 않다고 말하는 사람도 있는데, 이 말은 아마도 정확할 것이다.

하지만 나는 그의 동화에 대해 너무 진지하지 않다고 생각하지도 않고, 무슨 위험한 사상이라고 하는 것도 볼 수 없다. 그가 선전가, 선동가라고도 생각지 않는다. 그는 단지 몽상하고, 순수하고 큰 마음⁶⁾을 갖고 있는 것뿐이며, 그리고 그의 종족도 아닌 불행한 사람들을 위해 탄식한 것이다. ──필시 이 때문에 추방을 당했던 것이리라.

그가 빛을 쏘았다. 나 역시 이미 잊어버렸던 것이지만, 불행하게도 오늘 그의 『동트기 전의 노래』가 다시 눈에 들어왔고, 그래서 그의 마음을 중국인들에게 보여 주고 소개하지 않으면 안 되게 되었다. 안타깝게도 중국어 문장은 거친 문장이며, 말도 거친 말로서, 동화의 번역으로는 전혀 적합하지 않다. 게다가 나는 능력이 모자라 적어도 원작의 차분함과 아름다움을 조금 반감시키고 말았다.

9월 10일, 역자 부기

주)_____

1) 이 글은 1921년 9월 24일 『천바오』 제7판에 처음 발표되었고, 단행본에는 실리지 않았다. 「연못가」(池邊)의 번역은 바로 24일부터 26일까지의 『천바오』 제7판에 발표되었다.
2) 파이바린타(Pietari Päivärinta, 1827~1913). 핀란드 소설가. 농민 가정 출신으로 그의 작품은 주로 농민의 생활을 묘사했으며, 핀란드어로 창작을 한 초기 작가 가운데 한 사람이다. 저서에는 『인생도록』(人生圖錄), 『서리의 아침』 등이 있다.
3) 일본 당국의 추방령은 5월 28일에 떨어졌고, 예로센코가 '호잔마루'(鳳山丸)를 타고 떠난 것은 6월 3일이다.
4) 원래 중국 동북부의 중요한 항구였는데, 청나라 함풍(咸豊) 10년(1860) 러시아에 점령당해 블라디보스토크(동방을 제어한다라는 뜻)로 이름이 바뀌었다. 1921년 6월 6일 예로센코가 도착했을 당시 이미 일본군대가 점령하고 있었다(이에 대해 일본의 연구자는

1920년 이후 소비에트 공산당이 주도권을 잡은 극동공화국의 지배하에 들어갔으나, 예로센코가 이곳에 도착하기 직전에 극우파에 의한 쿠데타가 일어나는 등 당시 블라디보스토크의 정세는 혼란했다고 보는 것이 정확하다고 지적했다).

5) 예로센코가 일본정부에 의해 추방을 당한 뒤 일본의 『요미우리신문』은 차례로 에구치 간(江口渙)의 「예로센코 바실리 군을 추억하며」(1921년 6월 15일)와 나카네 히로시(中根 弘)의 「맹인 시인의 최근 종적」(1921년 10월 9일) 등의 글을 실어 불만을 표시했다.

6) 원문은 '大心', 즉 '大慈悲心'. 동정심과 박애의 의미.

「봄밤의 꿈」 역자 부기[1]

예로센코의 작품은 지난 달 『천바오』[2]에 내가 이미 「연못가」 한 편을 소개했다. 이것도 『동트기 전의 노래』에 수록된 것이며, 앞의 1편과 함께 시적 정취가 매우 풍부한 작품이다. 그 자신 "이것은 나의 미소로서 쓴 것이다. 비애의 미소이지만 이 시대 이 나라에서 쾌활한 미소는 나올 수 없다"[3]라고 말했다.

　작품의 의미는 대단히 분명한데, 미美를 독점하는 죄와 봄의 꿈(이것은 중국의 소위 일장춘몽과는 완전히 다르다는 데 주의할 필요가 있다)이 장차 깨어나려고 하는 모습을 말하고 있을 뿐이다. 그리고 그의 미래의 이상은 결말의 1절에 있다.

　작가는 위험한 사상을 지녔다고 언급되지만, 이 한 편을 읽고 나면 사실 그는 대단히 평화롭고 관대하고 조화에 가까운 사상을 갖고 있음을 알 수 있다. 하지만 인류는 아직 우둔하기 때문에 이 정도를 두려워하는 것이다. 실제로 이 정도였다고 하면 여전히 사람들의 행복이며, 두려운 것은 위험한 사상 이외의 결말이 되지 않을 수 없다는 것이다.

나는 이전에 작가의 성을 '涘羅先珂'라고 번역했는데, 뒤에『민국일보』의 '각오'[4]란에 전재轉載하면서 첫 글자를 '愛'로 고쳤는데, 잘된 것이어서 이번에도 그렇게 했다. 로초露草는 중국에서는 압척초鴨蹠草라고 하지만, 직역하자면 문장의 아름다움을 훼손하기 때문에 원명을 그대로 사용했다.

21. 10. 14, 역자 부기

주)＿＿＿＿

1) 이 글은「봄밤의 꿈」(春夜的夢)의 번역과 함께 1921년 10월 22일『천바오 부전』(晨報副鎸)에 처음 발표되었다. 단행본에는 수록되지 않았다.

2) 『천바오』. 연구계(량치차오梁啓超, 탕화룽湯化龍 등이 조직한 정치단체)의 기관지. 이것은 정치적으로는 베이양정부를 지지했다. 부간(副刊) 즉『천바오 부전』은 원래『천바오』의 제7면으로, 1919년 2월부터 리다자오(李大釗)가 주편을 맡았다. 1921년 10월 12일부터 별쇄로 찍었는데 제명(題名)을『천바오 부전』이라고 했으며『천바오』와 함께 부록으로 배송되었고, 쑨푸위안(孫伏園)이 주편으로 신문화운동을 지원하는 중요한 간행물의 하나가 되었다. 1924년 10월 쑨푸위안이 사직한 뒤 1925년 이후부터는 쉬즈모(徐志摩)가 편집을 맡았고 1928년에 정간되었다.

3) 이 말은『동트기 전의 노래』자서(自序)에 보인다.

4) 『민국일보』(民國日報). 1916년 1월 상하이에서 창간되었는데 원래 위안스카이(袁世凱)를 반대하기 위해 만들어졌다. 주편은 사오리쯔(邵力子). 1924년 국민당 제1차 전국대표대회 이후 이 당의 기관지가 되었다. 1925년 말 이것은 시산회의파(西山會議派)에 의해 장악되어 국민당우파의 신문이 되었다.「각오」(覺悟)는 이것의 종합성 부간으로, 1919년 창간되어 1925년 '5·30'운동 전까지 신문화운동을 적극적으로 선전하여 그 영향력이 컸다.

「물고기의 비애」 역자 부기[1]

예로셴코는 『동트기 전의 노래』의 자서에서 이 책 가운데 「물고기의 비애」와 「독수리의 마음」은 예술가의 비애로서 쓴 것이라고 말했다. 나는 이전에 전자도 번역하고자 마음먹었으나 결국 붓을 거두고 「독수리의 마음」만 번역했다.

최근 후위즈 선생이 내게 편지를 보내 저자 자신이 「물고기의 비애」가 만족스러우니 내가 이것을 되도록 빨리 번역해 주면 좋겠다는 말을 전해 왔기에 열심히 번역했다. 하지만 이 작품은 특별히 천진난만한 말투로 번역해야만 하는 작품인데, 중국어로는 천진난만한 말투로 문장을 쓰는 것이 가장 어렵고, 내가 이전에 붓을 거두었던 이유도 여기에 있었다. 지금 번역을 끝내고 보니 원래의 재미와 아름다움은 이미 적지 않게 손상을 입었으니, 이것은 사실 저자와 독자에게 죄송한 일이다.

내 개인적인 생각으로는 이 작품의 일체에 대한 동정은 네덜란드인 반 에덴(F. Van Eeden)[2]의 『작은 요하네스』(*Der Kleine Johannes*)와 아주 유사하다. "다른 사람이 체포되고 살해되는 것을 보는 것은 내게 자신이 죽임을 당하는 것보다 고통스러운 일이다"[3]라고 말한 데서는 우리들이 러시아 작가의 작품에서 종종 만날 수 있는, 그 땅의 위대한 정신을 엿볼 수 있다.

1921년 11월 10일, 역자 부지[附識]

주)_____

1) 이 글은 「물고기의 비애」(魚的悲哀)의 번역과 함께 1922년 1월 『부녀잡지』 제8권 제1호에 처음 발표되었다. 단행본에는 수록되지 않았다.
2) 반 에덴(Frederik van Eeden, 1860~1932). 네덜란드 작가이자 의사. 『작은 요하네스』(*De kleine Johannes*)는 1885년에 발표했다. 1927년에 루쉰이 중국어로 번역하여 1928년 웨이밍사(未名社)에서 출판했다.
3) 이 말은 「물고기의 비애」 제5절에 보인다.

「두 작은 죽음」 역자 부기[1]

예로센코 선생의 두번째 창작집 『최후의 탄식』은 이달 10일에 도쿄에서 발행된 것으로, 내용은 동화극 한 편과 동화 두 편[2]인데, 이 작품은 그 책의 마지막 한 편으로 작가 자신이 정해 준 것을 번역한 것이다.

1921년 12월 30일, 역자 부기

주)_____

1) 이 글은 「두 작은 죽음」(兩個小小的死)의 번역과 함께 1922년 1월 25일 『동방잡지』 제19 권 제2호에 처음 실렸다. 단행본에는 수록되지 않았다.
2) 동화극은 『연분홍 구름』을 가리킨다. 두 편의 동화는 「바다의 공주와 어부」 그리고 「두 작은 죽음」이다.

「인류를 위해」 역자 부기[1]

이 작품은 원래 올해 7월 『현대』[2]에 실린 것으로, 작가 자신이 정해 준 것을 번역한 것이다.

1921년 12월 29일, 역자 씀

주)_____

1) 이 글은 「인류를 위해」(爲人類)의 번역과 함께 1922년 2월 10일 반월간 『동방잡지』 제19권 제2호에 처음 실렸다. 단행본에는 수록되지 않았다.
2) 일본 도쿄에서 발행된 잡지.

「병아리의 비극」 역자 부기[1]

이 소품은 작가가 6월 말에 쓴 것으로 가장 새로운 창작이라고 할 수 있다. 원고는 일본어이다.

일본어로는 연戀도 리鯉도 모두 Koi이기 때문에 두번째 단락 두 구의 대화[2]는 농담으로, 중국어로는 번역하기 어렵다. 작가는 다른 말로 바꿔도 좋다고 했지만, 나는 '롄'戀과 '리'鯉 두 글자 또한 음이 비슷하다고 생각해 굳이 바꾸지 않았다.

1922년 7월 5일, 부기

주)_____

1) 이 글은 「병아리의 비극」(小鷄的悲劇)의 번역과 함께 1922년 9월 『부녀잡지』 제8권 제9호에 처음 발표되었다. 단행본에는 모두 수록되지 않았다.

2) 이 대화는 원문에 이렇다. (병아리가 집오리에게 묻는다.) "너는 연애를 해본 적이 있니?" (집오리가 병아리에게 대답한다.) "연애를 해본 적은 없지만 잉어를 먹어 본 적은 있어."

『연분홍 구름』[1]
연분홍 구름 서[2]

예로센코 선생의 창작집 제2권은 작년 12월 초에 일본 도쿄의 소분카쿠叢
文閣에서 출판된 『최후의 탄식』이며, 그 내용은 이 동화극 『연분홍 구름』과
두 편의 짧은 동화, 하나는 「바다의 공주와 어부」, 또 하나는 「두 작은 죽
음」이다. 마지막 작품은 내가 이미 번역해서 올해 1월 중국에 소개했다.

하지만 저자는 내가 보다 빨리 『연분홍 구름』을 번역하기를 바라고
있다. 왜냐하면 그 스스로 이 작품이 이전의 것보다 더 뛰어나다고 생각하
며 게다가 중국의 젊은이들에게 좀 빨리 바치고 싶기 때문이었다. 하지만
이것은 내게는 번잡한 일이었다. 원래 일본어라는 것이 차분한 말인 데다
저자가 그 미질美質과 특장特長을 교묘하게 낚아채서 이 때문에 나는 전달
의 능력을 크게 잃고 말았다. 하지만 4월까지 연기하고 계약위반으로 인
한 고통에서 구원받기 위해 마침내 번역할 마음을 먹었지만, 역시 예상대
로 원작이 지닌 아름다움의 절반은 손상을 입었으니, 이 작업은 실패한 일
이 되고 말았다. 변명을 하자면, "없는 것보다는 나은" 정도이다. 다만 그
내용은 그래도 남기고 있으니 그것으로 독자의 마음을 조금은 위로했을

듯하다.

주제에 관해서는 상세하게 기술할 필요는 없겠다. 왜냐하면 누구라도 바람과 눈의 외침에서, 꽃과 풀의 의론에서, 벌레와 새의 노래와 춤에서 반드시 보다 낭랑한 자연모自然母의 말을 듣거나,[3] 보다 예리하게 두더지와 춘자春子의 운명[4]을 보아 낼 수 있다고 생각하기 때문이다. 원래 세상에는 시인이 말과 문자로 자신의 마음과 꿈을 묘사하는 것보다 더 확실히 전달할 수 있는 말은 따로 없다.

번역을 하기 전에 S.F.군[5]이 상세한 교정을 가한 재판再版용으로 준비한 저본을 빌려 주어, 구판 중의 많은 착오를 고칠 수 있었다. 번역 중에 SH군[6]이 늘 지적해서는 많은 난해한 부분을 가르쳐 주었다. 초고가 『천바오 부전』에 발표되었을 때에는 쑨푸위안 군이 세심하게 교정을 해주었다. 번역이 끝나 갈 무렵에 저자가 4구의 백조의 노래[7]를 가필하여 이 판을 가장 완전한 것으로 만들어 주었다. 나는 깊이 감사드린다.

동식물의 이름에 관해서는 내가 꽤 난삽하게 번역했는데, 권말에 소기小記를 따로 붙여 두었다. 독자들이 참고해 주길 바란다.

1922년 7월 2일, 재교를 마치고 씀

주)_____

1) 『연분홍 구름』(桃色的雲). 예로센코가 일본어로 지은 3막의 동화극으로 루쉰의 번역은 1922년 5월 15일부터 6월 25일까지 『천바오 부전』에 연속해서 발표되었다. 단행본은 1923년 7월 베이징 신조사에서 '문예총서'의 하나로 출판했다. 1926년부터 다시 베이신서국에서 출판했고, 1934년부터는 다시 상하이생활서점에서 출판했다.

2) 이 글은 신조사에서 출판한 『연분홍 구름』의 초판본에 처음 실렸는데, 「『연분홍 구름』을 번역하기에 앞서 몇 마디」와 「『연분홍 구름』 제2막 제3절 중의 역자 부언」 두 글을 보완하고 교정한 것이다. 바뀐 부분이 상당히 많아서 근거가 되었던 두 글 역시 여기에 수록했다.

3) 극본 중의 자연모(自然母)는 "강자는 생존하고 약자는 멸망한다"가 자연의 "제일의 법칙"이지만, "제일등의 강자"는 마땅히 "모든 것에 동정심을 갖고, 모든 것을 사랑하는" 사람이어야 하고 비폭력자여야 한다고 생각한다.

4) 극본 중에 두더지와 춘자는 모두 '강자의 세상'에 의해 박해를 받고 죽임을 당했다.

5) 일본인 후쿠오카 세이이치(福岡誠一, Fukuoka Seiichi)의 이니셜. 그는 에스페란토어 학자이며, 예로센코의 친구로서 예로센코의 일문(日文) 저작을 편집했다.

6) 당시 저우쭤런의 일본인 처 하부토 노부코(羽太信子)의 남동생 하부토 시게히사(羽太重久, Habuto Shigehisa)의 영문 이니셜로 추정된다.

7) 이것은 "꿈은 사라지고……이 밤에, 나의 혼도 사라지고 말았네. 친구의 마음이 변한 그날, 나의 혼은 세상과 작별했네"이다.

『연분홍 구름』을 번역하기에 앞서 몇 마디¹⁾

예로센코 선생의 창작집 제2권은 『최후의 탄식』으로, 작년 12월 초 일본 도쿄의 소분카쿠에서 출판했는데, 내용은 한 편의 동화극 『연분홍 구름』과 두 편의 동화, 하나는 「바다의 공주와 어부」, 또 하나는 「두 작은 죽음」이다. 그 제3편은 이미 내가 번역하여 올해 1월에 『동방잡지』²⁾에 실었다.

그런데 저자의 생각은 내가 『연분홍 구름』을 빨리 번역해 주는 것이었다. 왜냐하면 그는 이 작품이 가장 잘된 거라고 생각하고, 또 빨리 중국의 독자와 만나고 싶기 때문이었다. 하지만 이것은 내게 번잡한 일이었다. 내가 보건대 일본어는 사실 중국어에 비해 보다 차분하다. 게다가 저자가 또 그 미점美點과 특장을 잘 파악하고 있어서 나는 내 전달 능력이 떨어진다는 생각이 들지 않을 수 없었다. 그래서 내버려 두었는데 순식간에 4개월이 지났다.

하지만 위약違約 또한 고통스러운 일이니 이리하여 나는 결국 번역할 결심을 하지 않을 수 없었다. 내 스스로 이 일이 적어도 원작의 좋은 점을 절반 정도 훼손시켰고, 확실히 실패한 작업임을 분명히 알고 있다. 변명을 좀 하자면, "없는 것보다 나은" 정도이다. 다만 그 내용은 그래도 남기고 있을 터이니 그것으로 독자의 마음을 조금은 위로했을 듯하다.

1922년 4월 30일, 역자 씀

주)_____

1) 이 글은 아키타 우자쿠(秋田雨雀)의 「동화극 『연분홍 구름』을 읽고」라는 글의 번역과 함께 1922년 5월 13일 『천바오 부전』 '극본'란에 처음 발표되었고, 『연분홍 구름』으로 전체 제목을 달았다. 단행본에는 수록되지 않았다.
2) 『동방잡지』(東方雜誌). 종합성 간행물로 1904년 3월 상하이에서 창간되었고, 상우인서관에서 발행했는데, 처음에는 월간이었으나 뒤에 반월간으로 바뀌었고, 1948년 12월에 정간되었다.

등장인물의 번역명에 관해[1]

나는 어떻게도 할 수가 없어 식물의 이름에 대해서는 부득이하게 일률적이지 않은 표기법을 채택했다. 그 요지는 다음과 같다.

1. 책에 보이는 중국명을 사용한 것. 예를 들어 포공영蒲公英(Taraxacum officinale), 자지정紫地丁(Viola patrinü var. chinensis), 귀등경鬼燈檠(Rodgersia podophylla), 호지자胡枝子(Lespedeza sieboldi), 연자화燕子花(Iris laevigata), 옥선화玉蟬花(Iris sibirica var. orientalis) 등. 이외에도 아주 많다.

2. 책에 보이지 않는 중국명을 사용한 것. 예를 들어 월하향月下香(Oenothera biennis var. Lamarkiana)은 일본에서 월견초月見草[쓰키미소]라고 불리는데, 우리의 다수 번역서에서 모두 따라서 사용하고 있지만, 현재는 베이징의 명칭에 의거했다.

3. 중국에도 명칭이 있지만 일본명을 사용한 것. 이것은 미추美醜의 차이가 커서 번역을 하자 작품의 아름다움이 손상되었기 때문이다. 예를 들어, 여랑화女郞花[오미나에시](Patrinia scabiosaefolia)는 패장敗醬이고, 영

란鈴蘭[스즈란](Convallaria majalis)은 녹제초鹿蹄草지만, 모두 번역하지 않았다. 이외에도 조안朝顔[아사가오](Pharbitis hederacea)은 아침에 꽃이 피고, 주안晝顔[히루가오](Calystegia sepium)은 낮에 꽃이 피고, 석안夕顔[유가오](Lagenaria vulgaris)은 밤에 꽃이 피는데, 견우화牽牛花, 선화旋花, 포匏라고 번역하자 아주 무미해서 역시 번역하지 않았다. 복수초福壽草(Adonis opennina var. dahurica)는 측금잔화側金盞花 혹은 원일초元日草, 앵초櫻草(Primula cortusoides)는 연형화蓮馨花에 해당하는데, 본래 번역할 수도 있지만, 너무 번잡하고 똑같이 너무 특수해서 이것도 번역하지 않았다.

4. 중국명이 없고, 일본명을 답습한 것. 쓰리가네소釣鐘草(Clematis heracleifolia var. stans), 히나기쿠雛菊(Bellis perennis)가 그것이다. 그러나 의역意譯한 것이 하나 있는데, 파설초破雪草는 원래 설할초雪割草(Primula Fauriae)였다. 새롭게 번역한 것도 하나 있는데, 백위白葦는 일본의 소위 가루카야刈萱(Themeda Forskalli var. japonica)이다.

5. 서양 명칭의 의미를 번역한 것. 예를 들어 물망초勿忘草(Myosotis palustris)가 그것이다.

6. 서양 명칭의 음을 번역한 것. 예를 들어 風信子(Hyacinthus orientalis), 珂斯摩(Cosmos bipinnatus)가 그것이다. 達理亞(Dahlia variabilis)는 중국의 남방에서도 大理菊이라고 부르고 있지만, 여기서는 윈난성雲南省 다리현大理縣 산의 국화로 오인할까 걱정되어 음역했다.

동물의 이름과 관련해서는 비교적 문제가 없지만, 하나만 일본명을 사용했다. 그것은 우와雨蛙[아마가에루](Hyla arborea)이다. 우와는 작은 신체에 녹색 혹은 회색, 회갈색으로도 변하고, 발끝에 흑포黑泡가 있어서 그것을 사용해 나무에 오를 수 있고, 비가 올 것 같으면 반드시 운다. 중국의 책에서는 우합雨蛤 또는 수합樹蛤으로 불리고 있지만, 그다지 일반적이지 않아서 우와가 알기 쉽고 좋을 듯하다.

토발서土撥鼠(Talpa europaea)가 중국의 고적에서 말하는 "강물을 마신다 해도 작은 배를 채우는 데 지나지 않는"[2] 언서鼹鼠인지 아닌지 나는 모른다. 베이징에서 '창신倉神'이라고 존경받고 있는 전서田鼠라고도 하지만, 그것은 맞지 않다. 요약하면 이것은 쥐과에 속하고 몸은 넓고 크며 담홍색의 입과 담홍색의 다리를 갖고 있으며 앞다리는 짧고 뒷다리는 긴데, 땅을 파면서 앞으로 나가고 밭 부근의 땅 속에 살며 지렁이를 먹지만 초목의 뿌리에도 해를 입히며, 햇빛을 받으면 아무것도 보이지 않아서 몸을 움직일 수 없게 된다. 작가는 『동트기 전의 노래』의 서문에서 『연분홍 구름』의 등장인물 가운데 가장 애정이 가는 인물은 토발서라고 말했던 데서도 이것이 이 책에서 중요한 역할을 맡았음을 엿볼 수 있다.

칠초七草는 일본에서는 두 종류가 있는데, 봄의 것과 가을 것이 있다. 봄의 칠초는 근芹, 제薺, 서국초鼠麴草, 번루繁縷, 계장초鷄腸草, 숭菘, 나복蘿蔔이고, 모두 먹을 수 있다. 가을의 칠초는 『만엽집』[3]의 노래에 근거한 것으로, 호지자胡枝子, 망모芒茅, 갈葛, 구맥瞿麥, 여랑화女郞花, 난초蘭草, 조안朝顔인데, 근래 조안은 길경桔梗으로 바뀐 적도 있지만, 전부 관상용 식물이다. 그들은 옛날 봄의 칠초로 죽을 끓이고 이것을 마시면 병을 피할 수 있다고 생각했는데, 당시에는 몇 개의 별명이 있었다. 서국초는 어행御行이라고 불리고, 계장초는 불좌佛座라고 하며, 나복은 청백淸白이라고 불렸다. 하지만 이 책에서는 한 무리의 봄 식물로서 사용했을 뿐, 이런 고사와는 관계가 없다. 가을의 칠초 또한 마찬가지다.

이른바 배달부는 신문, 우편, 전보, 우유 등을 각 집에 배달하는 일을 하는 사람으로 대략 젊은이들, 그 가운데 불량한 소년이 나오는 것도 적지 않지만 중국에는 아직 이런 사람들은 없다.

1922년 5월 4일 씀

7월 1일 개정

주)_____

1) 이 글은 『연분홍 구름』 인물표의 번역과 함께 1922년 5월 15일 『천바오 부전』 '극본' 란에 처음 발표되었고, 원제는 「역자 부기」(譯者附記)이다. 뒤에 저자의 증보를 거쳐 「극중인물의 번역명을 기록함」(記劇中人物的譯名)이라는 제목으로 바꿔 단행본에 수록되었다.

2) 『장자』(莊子) 「소요유」(逍遙游)에 "두더지가 강물을 마시지만 작은 배만 채우면 되네"(偃鼠飮河, 不過滿腹)라는 말이 있다.

3) 『만엽집』(萬葉集). 일본에서 가장 오래된 시가 총집으로, 전체 20권이며, 8세기경에 편찬되었는데, 안에는 313년부터 781년까지의 시가 4,500여 수를 수록하고 있으며, '잡가'(雜歌), '만가'(挽歌), '상문가'(相聞歌), '사계잡가'(四季雜歌), '사계상문'(四季相聞), '비유가'(譬喩歌)의 여섯 가지로 분류되어 있다. 일본고대사와 일본고대어문을 연구하는 데 중요한 자료다.

『연분홍 구름』 제2막 제3절 중의 역자 부언[1]

본서 서두의 등장인물표 가운데 백조의 무리를 잘못해서 갈매기의 무리라고 했다. 제1막에도 몇 개의 틀린 글자가 있지만, 대체적인 의미는 통해서 이번에 열거하지 않았다.

또 전체를 통해서 인물과 말에 단행본과 일치하지 않는 곳이 간혹 있는데, 그것은 단행본의 잘못으로 이번에는 SF군이 교정해서 재판용으로 준비하고 있는 저본에 의거해서 교정했다. 다만 제3막 마지막 절에 '백조의 노래' 4구는 저자 자신이 최근에 덧붙인 것으로 앞으로 출판될 재판에도 없는 것이다.

5월 3일 씀

주)_____

1) 이 글은 1922년 6월 7일 『천바오 부전』에 처음 발표되었고, 원제는 「역자 부백」(譯者附白)이다. 단행본에는 실리지 않았다.

『**현대일본소설집**』[1]

[부록] 작가에 관한 설명[2]

나쓰메 소세키(**夏目漱石**)[3]

나쓰메 소세키(Natsume Sōseki, 1867~1917)는 이름이 긴노스케金之助, 처음 도쿄대학 교수였지만, 그 뒤 사퇴하고 아사히신문사[4]에 들어가 전적으로 저술에 종사했다. 그가 주장한 것은 소위 "세속을 잊고 인생을 관조하는"[5] 것이며, 또 '여유의 문학'이라고도 불렸다. 1908년 다카하마 교시[6]의 소설집 『계두』鷄頭가 출판되자, 나쓰메는 서문을 부쳐 그들 일파의 태도에 관해 이렇게 설명했다.

> 여유의 소설이라는 것은 글자 그대로 급박하지 않은 소설이다. 비상非常이란 글자를 피한 소설이다. 근래 유행하는 말을 빌린다면 어떤 사람이 사회현실을 반영하는지 안 하는지 말하는 사이에 반영하지 않는 소설이다.…… 어떤 사람은 사회현실을 반영하지 않는다면 소설이 아니라고 생각한다. 하지만 나는 사회현실을 반영하지 않는 소설도 반영하는 소설과 마찬가지로 존재할 권리가 있을 뿐만 아니라, 동등한 성공을 이

룰 수 있는 것이라고 본다.…… 세상은 넓다. 넓은 세상에서 살아가는 방식도 다양하다. 그 살아가는 다양한 방식을 수연임기隨緣臨機하게 즐기는 것도 여유이고, 관찰하는 것도 여유이며, 음미하는 것도 여유다. 이러한 여유를 갖고서 비로소 발생한 사건이나 사건에 대한 정서 등은 역시 의연하게 인생이다. 활발한 인생이다.

나쓰메의 저작은 상상력이 풍부하고 문사가 아름답다고 알려져 있다. 초기에 쓰여진 것으로 하이카이[7] 잡지 『호토토기스』(Hototogisu)[8]에 실린 『도련님』(Bocchan), 『나는 고양이로소이다』(Wagahaiwa neko de aru)의 몇 편은 경쾌쇄탈輕快灑脫하며 기지가 풍부하여 메이지明治 문단에서 신新에도예술[9]의 주류이며, 당시에는 견줄 자가 없었다.

「가케모노」(Kakemono)와 「크레이그 선생」(Craig Sensei)은 모두 『소세키의 최근 14편』(1910) 중에 보이고, 『영일소품』의 2편[10]이다.

모리 오가이(森鷗外)[11]

모리 오가이(Mori Ogai, 1860~)는 이름이 린타로林太郎로, 의학박사이며 문학박사이기도 하다. 일찍이 군의총감軍醫總監을 역임했고, 지금은 도쿄박물관장이다. 그와 쓰보우치 쇼요,[12] 우에다 빈[13] 등은 유럽문예를 처음 소개하는 데 커다란 공을 세웠다. 그 뒤 또 창작에 종사하여 저서에 소설, 희곡이 대단히 많다. 그의 작품에 대해 비평가는 투명한 이지理智의 산물로 그 태도에는 '열'熱이 없다고 한다. 이러한 말에 대한 그의 반대의 변은 「유희」遊戲라는 소설에서 사실 분명하게 밝히고 있고, 그는 또 「잔」杯 (Sakazuki)[14]에서 그의 창작태도를 이렇게 밝혔다. 7명의 처녀가 각자 '자연'이란 두 글자가 새겨진 은잔에 샘물을 담아 마시고 있다. 제8의 처녀는 차가운 용암熔岩과 같은 색의 작은 잔을 꺼내서 샘물을 마신다. 7명의 처녀는 대단히 의아하게 생각했다. 모멸에서 동정으로 바뀌며, 한 처녀가 말했다. "내 것을 너에게 빌려줄까?"

제8의 처녀의 닫혔던 입술이 이때 처음 열렸다.

"Mon verre n'est pas grand, mais je bois dans mon verre."

이것은 소침하지만 예리한 소리였다.

"내 잔은 크지는 않습니다. 그렇지만 나는 내 잔으로 마시겠습니다." 라고 말했던 것이다.

「유희」(Asobi)는 소설집 『연적』涓滴[15] 가운데 수록되어 있다.

「침묵의 탑」(Chinmoku no to)은 원래 「역본 『차라투스트라』의 서에 대신해」이며, 이쿠타 조코[16]의 역본(1911)의 권두에 실렸다.

아리시마 다케오(有島武郞)[17]

아리시마 다케오(Arishima Takeo)는 1877년에 태어났다, 원래 농학을 배웠는데, 영국과 미국에서 유학하고 삿포로농학교札幌農學校 교수가 되었다. 1910년경 잡지 『시라카바』[18]가 창간되자 아리시마도 기고를 하고 점차 이름을 알리게 되었다. 과거 몇 년간의 작품을 편집한 『아리시마 다케오 저작집』은 현재 이미 제14집까지 출판되고 있다. 그의 창작방침과 태도는 『저작집』 제11집의 「네 가지 사건」에서 다음과 같이 말하고 있다.

첫째, 나는 적막하기 때문에 창작합니다. 내 주위는 습관, 전설, 시간과 공간이 십중 이십중으로 담을 치고 있고, 어느 때는 거의 질식할 것 같은 생각이 듭니다. 그 단단하고 높은 담의 틈새에서 때때로 심장이 뛰고 혼을 깨우는 생활과 자연이 보이다가 사라졌다가 합니다. 그것을 볼 수 있을 때의 경희驚喜, 그리고 그것을 보지 못할 때의 적막, 그리고 이 보이지 않는 것이 다시 자신 앞에 나타나지 않을 것을 분명히 의식할 때의 적막! 이때 보이지 않는 것을 내게 확실하게 회복시켜 준 것, 분명하게 순수하게 회복시켜 준 것은 예술밖에 없습니다. 나는 어릴 때부터 부지불식간에 이 경지에서 살아왔습니다. 그것이 문학이라는 형태를 갖게 된 것입니다.

둘째, 나는 또 사랑하기 때문에 창작합니다. 이것은 혹 고만高慢한 말로 들릴지도 모르겠습니다. 하지만 인간으로서 사랑하지 않는 이는 한 사람도 없습니다. 사랑으로 인해 자신 속에 담겨진 다소간의 생활을 갖지 않는 사람은 한 사람도 없습니다. 이 생활은 항상 한 사람의 가슴에서 가능한 한 많은 사람의 가슴으로 확장해 갑니다. 나는 그 확충성에 감복했습니다. 사랑하는 이는 잉태하지 않으면 안 됩니다. 잉태한 이는 낳지 않으면 안 됩니다. 어떤 때는 건강한 아이를, 어떤 때는 사아死兒를, 어떤 때는 쌍둥이를, 어떤 때는 열 달을 다 채우지 못한 아이, 그리고 어떤 때는 산모의 죽음을.

셋째, 나는 사랑하고 싶기 때문에 창작을 합니다. 나의 사랑은 담장 저쪽에 은현隱現하는 생활과 자연을 여실히 파악하고 싶은 충동에 구사驅使되고 있습니다. 그래서 나는 가능한 한 나의 깃발을 높이 내걸고, 있는 힘껏 나의 손수건을 강하게 흔듭니다. 이 신호가 사람들에게 받아들여질 기회는 물론 많지 않습니다. 특히 나의 이런 고독한 성격으로는 당연히 많지 않습니다. 하지만 두 번이든 한 번이든 나의 신호가 잘못되지 않은 신호로 받아들여지는 것을 발견할 수 있다면 나의 생활은 행복의 절정에 도달할 것입니다. 그 희열을 만나고 싶기 때문에 창작을 하는 것입니다.

넷째, 나는 또 나 자신의 생활을 편책鞭策하기 위해 창작을 합니다. 뭔가 멍청하고 또 향상성이 결여된 나의 생활이여! 나는 그것이 싫습니다. 내게는 벗어던져야 할 껍데기가 몇 개 있습니다. 나의 작품이 채찍이 되어 엄중하게 내게 그 완고한 껍데기를 깨주고 있습니다. 나는 나의 생활이 작품에 의해 개조되기를 희망합니다!

「어린 자에게」(Chisaki mono e)는 『저작집』 제7집에 보이고, 로마자의 일본소설집[19] 가운데도 수록되어 있다.

「하녀의 죽음」(Osue no shi)은 『저작집』 제1집에 실려 있다.

에구치 간(江口渙)[20]

에구치 간(Eguchi Kan)[21]은 1887년에 태어났고, 도쿄대학 영문과 출신으로 일찍이 사회주의자동맹[22]에 가입했다.

「협곡의 밤」(Kyokoku no yoru)은 『붉은 삼각돛』[23](1919)에 수록되어 있다.

기쿠치 간(菊池寬)[24]

기쿠치 간(Kikuchi Kan)은 1889년에 태어났고, 도쿄대학 영문과 출신이다. 자신의 말에 의하면 고등학교 때 문학을 연구하고자 했지만, 작가가 될 마음은 없었다. 다만 뒤에 우연히 소설을 써 보게 되었고, 의외로 친구와 평단의 칭찬을 받게 되어 계속 쓰게 되었다고 한다. 그의 창작은 온힘을 다해 인성의 진실을 파헤치고자 했다. 하지만 한 차례 진실을 얻게 되자 그는 실의한 채로 한숨을 쉬고, 이리하여 그의 사상은 염세적으로 되었지만, 한편으로는 항상 멀리 여명을 응시했으며, 그런 점에서는 또 분투자로서의 자세를 잃지 않았다. 난부 슈타로[25]는 「기쿠치 간 론論」(『신초』[26] 174호)에서 이렇게 말했다.

Here is also a man[27] ── 이것이야말로 기쿠치의 작품에 보이는 모든 인물을 다 말한 말이다.…… 그들은 모두 가장 인간다운 인간상을 갖고, 가장 인간다운 인간의 세계에 살기를 바라고 있다. 그들은 때로 냉혹한 에고이즘의 화신이고, 때로는 암담한 배덕자背德者다. 또 때로는 잔인한 살해 행위를 범하는 사람들이다. 하지만 그들 중에 누구를 내 눈앞에 세운다고 해도 나는 혼자서 그들을 증오할 수 없고, 혼자서 그들을 욕할 수도 없다. 그들의 나쁜 성격 혹은 추악한 감정이 더욱 깊고 예리하게 드러날 때, 그 배후에 보다 깊고 보다 예리하게 움직이는 그들의 꾸밈없고 사랑스러운 인간성이 나를 움직이게 하기 때문이고, 나를 친근하게 깊이 끌어당기기 때문이다. 바꿔 말하면 기쿠치 간의 작품을 감상하면 할수록 나는 인간에 대한 사랑의 감정을 환기하게 된다. 그리고 항상 그와 함께 Here is also a man이란 말을 내뱉지 않을 수 없게 된다.

「미우라 우에몬의 최후」(Miura Uemon no Saigo)는 『무명작가의 일기』[28](1918)에 실려 있다.

「어느 복수의 말」(Aru Katakiuchi no hanashi)은 『보은의 고사』[29](1918)에 수록되어 있다.

아쿠타가와 류노스케(芥川龍之介)[30]

아쿠타가와 류노스케(Akutagawa Riunosuke)는 1892년에 태어났고, 역시 도쿄대학 영문과 출신이다. 다나카 준[31]은 평하기를 "아쿠타가와의 작품은 작가의 성격 전체를 이용해 재료를 완전히 지배하는 모습이 보인다. 이 같은 사실은 이 작품이 항상 완성되고 있다는 느낌을 준다"라고 했다. 그의 작품에 사용된 주제 가운데 가장 많은 것이 희망이 이루어진 뒤의 불안, 혹은 바로 불안할 때의 심정이다. 그는 또 옛 재료를 많이 사용해 가끔은 고사故事의 번역에 가깝기도 하다. 하지만 옛것을 반복하는 것은 단순한 호기심에서만이 아니라, 보다 깊은 근거가 있다. 그는 그 재료에 포함된 옛사람들의 생활에서 자신의 심정과 딱 맞으며 그것을 건드리는 무언가를 찾아내려고 한다. 이리하여 옛 이야기는 그에게 다시 쓰여져 새로운 생명이 주입되고 현대인과의 관계가 생겨난다. 그는 소설집『담배와 악마』[32](1917)의 서문에서 자신의 창작태도에 대해 이렇게 설명했다.

"재료는 종래 자주 낡은 것에서 취했다.…… 하지만 재료는 있어도 자신이 그 재료 속으로 들어가지 못한다면, ──재료와 자신의 마음이 딱 하나로 합해지지 않는다면, 소설은 쓸 수 없다. 무리하게 쓴다면 지리멸렬하게 되고 만다."

"글을 쓸 때의 마음을 말한다면, 창작자의 기분보다 양육자의 기분이라는 편이 더 적합하다. 사람이든 사건이든 그 본래의 움직이는 방법은 하나다. 나는 그 하나를 여기저기서 찾으며 써나간다. 만약 그것을 찾지 못했을 때는 더 이상 나아갈 수 없다. 다시 전진한다면 반드시 무리가 따른다."

「코」(Hana)는 소설집『코』[33](1918)에 실렸고, 또 로마자소설집에도 수록되어 있다. 내도량內道場의 공봉供奉 젠치禪智 화상和尚의 긴 코 이야기는 일본의 옛 전설이다.

「라쇼몽」羅生門(Rashomon)도 앞의 책에 실려 있는데, 원서의 출전은 헤이안조[34]의 고사집『곤자쿠 모노가타리』[35]이다.

주)_____

1) 『현대일본소설집』(現代日本小說集). 루쉰과 저우쭤런이 공역한 현대 일본의 단편소설집으로 작가 15명의 소설 30편(루쉰이 번역한 것은 작가 6명의 소설 11편)을 수록했으며, 1923년 6월 상하이 상우인서관에서 '세계총서'(世界叢書)의 하나로 출판했다.

2) 이 글은『현대일본소설집』에 처음 수록되었다.

3) 이 나쓰메 소세키의 소개글에서 '도쿄대학 교수'는 '도쿄제일고등학교 강사 겸 도쿄제국대학 영문과 강사'로 고쳐야 한다.

4) 『아사히신문』(朝日新聞). 일본의 신문으로 1879년 도쿄에서 창간되었다.

5) 원문은 '低徊趣味'. 이 용어는 나쓰메 소세키가 1908년에 발표한「독보씨 작품의 저회취미」(獨步氏之作的低徊趣味)에 처음 보인다.

6) 다카하마 교시(高浜虛子, 1874~1959). 본명은 다카하마 기요시(高浜清), 일본 시인, 저작에는『계두』(鶏頭),『하이카이시』(俳諧師) 등이 있다.『계두』는 소설집으로 1908년 일본 슌요도(春陽堂)에서 출판했다.

7) 하이카이(俳諧). 일본 시체(詩體)의 하나로 일반적으로 '5언, 7언, 5언'의 3구, 총 17음으로 구성되어 17음시(音詩)라고도 불렸다.

8) 『호토토기스』(子規). 일본 잡지 이름. 일본시인 마사오카 시키(正岡子規, 1867~1902)가 1897년 1월에 창간했다.

9) 에도시대(1603~1867)의 풍격을 갖춘 메이지 시기의 문예를 가리킨다. 당시 오마치 게이게쓰(大町桂月)는 나쓰메 소세키의 작품 풍격을 논하며 경쾌사탈(輕快洒脱), 간취상쾌(幹脆爽快), 신랄자격(辛辣刺激) 등 '에도취미'를 갖고 있다고 평했다. 하세가와 덴케이(長谷川天渓)는 1906년 5월호『태양』(太陽)에 발표한「반동적 현상」이라는 문장에서 이런 '에도취미의 부활'에 대해 경하(敬賀)를 표했다.

10) 『소세키의 최근 14편』(漱石近什四篇)은 1910년 5월 15일 슌요도에서 출판했다.『영일

소품』(永日小品)은 원래 1909년 1월 14일부터 2월 14일까지 『아사히신문』에 연재되었고, 이 책에 한 편으로 수록되었다.

11) 모리 오가이(森鴎外, 1862~1922). 일본 작가, 번역가. 저서에는 소설 『무희』(舞姫), 『아베 일족』(阿部一族) 등이 있고, 또 괴테, 레싱, 입센 등의 작품을 번역했다.

12) 쓰보우치 쇼요(坪內逍遙, 1859~1935). 일본 작가, 평론가, 번역가. 저서에는 문학평론 『소설신수』(小說神髓), 장편소설 『당세서생기질』(當世書生氣質) 등이 있고, 『셰익스피어 전집』을 번역했다.

13) 우에다 빈(上田敏, 1874~1916). 일본 작가, 번역가. 영국, 프랑스문학의 소개와 문예창작에 종사했다.

14) 「잔」(杯). 1910년 1월 『중앙공론』(中央公論) 잡지에 처음 실렸다. 아래 인용문의 프랑스어는 일본어판에서 모두 큰 자모(字母)로 조판하여 인쇄했고 글자마다 뒤에 검은 원점(圓點)을 붙였다.

15) 『연적』(涓滴). 1910년 10월 도쿄 신초샤(新潮社)에서 출판했다.

16) 이쿠타 조코(生田長江, 1882~1936). 일본 문예평론가, 번역가. 『니체전집』과 단테의 『신곡』 등을 번역했다. 번역한 『차라투스트라는 이렇게 말했다』는 1911년 1월 3일 도쿄 신초샤에서 출판했다.

17) 아리시마 다케오(有島武郎, 1878~1923). 일본 작가. 사상적 모순을 극복하지 못하고 자살했다. 저서에는 장편소설 『어떤 여자』, 중편소설 『카인의 후예』 등이 있다.

18) 『시라카바』(白樺). 일본의 잡지로 1910년에 창간되었고 1923년에 정간되었다. 아리시마 다케오가 발기인의 한 사람이다.

19) 1921년 7월 28일 도쿄 신초샤가 출판한 『로마자단편소설집』(羅馬字短篇小說集)을 가리킨다. 일본 로마자운동의 원로 도키 젠마로(土岐善麿)가 편했다.

20) 에구치 간(江口渙, 1887~1975). 일본 작가. 도쿄 『니치니치신문』(日日新聞) 기자를 지냈고 『제국문학』(帝國文學)을 편집했으며, 1929년 일본프롤레타리아계급작가동맹에 가입했다. 저서에는 소설집 『연애와 감옥』 등이 있다.

21) 에구치 간은 자신의 이름 표기를 기요시(Kiyoshi)에서 간(Kan)으로 바꿨다.

22) 일본의 노동자와 지식인들이 소련의 10월혁명에 영향을 받아 조직한 단체로 1920년 도쿄에서 설립되었고, 뒤에 내부적으로 사상이 통일되지 않아 분열되었다.

23) 1919년 6월 23일 도쿄 신초샤에서 '신진작가총서'(新進作家叢書) 제17편으로 출판했는데, 모두 6편의 단편을 수록했다.

24) 기쿠치 간(菊池寛, 1888~1948). 일본 작가. 신사조파의 잡지 『신사조』(新思潮)를 편집하고, 제2차 세계대전 기간에 일본군국주의를 찬성했다. 저서에는 소설 『다나오교교조키』(忠直卿行狀記), 『진주부인』(眞珠夫人) 등이 있다.

25) 난부 슈타로(南部修太郎, 1892~1936). 일본 작가. 잡지 『미타문학』(三田文學)을 편집했

고, 저서에는 『수도원의 가을』(修道院の秋) 등이 있다.

26) 『신초』(新潮). 일본의 잡지. 1904년에 창간되었고, 유럽문학을 많이 번역해서 소개했다. 난부 슈타로의 「기쿠치 간 론」(菊池寬論)은 이 잡지 제30권 제3호(1919년 3월)에 실렸다.

27) 이 말은 기쿠치 간의 소설 「미우라 우에몬의 최후」(三浦右衛門的最後)에 나온다.

28) 『무명작가의 일기』(無名作家の日記). '신진작가총서' 제15편으로 1918년 11월 20일 도쿄 신초샤에서 출판했다. 모두 7편의 단편을 수록했다.

29) 『보은의 고사』(恩を返す話). '신흥문예총서'(新興文藝叢書) 제11편으로 1918년 8월 슌요도에서 출판했다. 모두 10편의 단편을 수록했다.

30) 아쿠타가와 류노스케(芥川龍之介, 1892~1927). 일본 작가. 신사조파에 참가했고 뒤에 정신적 고뇌로 자살했다.

31) 다나카 준(田中純, 1890~1966). 일본작가. 잡지 『인간』의 주편을 맡았으며, 저서로는 『어두운 밤의 울음소리』(黑夜の哭泣) 등이 있다. 아래의 인용은 그가 1919년 1월 월간 『신초』에 발표한 「문단신인론」(文壇新人論)에 나온다.

32) 『담배와 악마』(煙草と悪魔). '신진작가총서' 제8편으로 1917년 11월 10일 도쿄 신초샤에서 출판했다. 모두 11편의 단편을 수록했다.

33) 『코』(鼻). '신흥문예총서' 제8편으로 1918년 7월 8일 슌요도에서 출판했다. 모두 13편의 단편을 수록했다.

34) 헤이안조(平安朝, 794~1192). 일본역사의 왕조명(王朝名)으로 일본 간무천황(桓武天皇)이 794년 교토(즉 서경西京)로 천도한 뒤 헤이안성(平安城)이라고 이름을 고쳤다.

35) 『곤자쿠 모노가타리』(今昔物語). 일본 헤이안조 말기의 민간전설고사집으로 이전에는 『우지슈이 모노가타리』(宇治拾遺物語)라고 불렀으며, 편자는 미나모토노 다카쿠니(源隆国)라고 전해지는데 모두 31권이다. 고사 천여 편을 수록하고 있으며, '불법'(佛法), '세속'(世俗), '악행'(惡行), '잡사'(雜事) 등으로 나뉘었고, 교훈적 의미가 풍부한 불교 평화(評話)가 많다.

「침묵의 탑」 역자 부기[1]

모리森씨는 호號가 오가이鷗外로 의학자이며, 또 문단의 선배이다. 하지만 몇몇 비평가는 그렇게 생각하지 않는다. 이것은 대체로 그의 저작이 너무 분방하고 또 아주 "낡은데도 의기가 풍부한"老氣橫秋 바가 있기 때문일 것이다. 이 작품은 『차라투스트라는 이렇게 말했다』의 번역본 서로서, 풍자가 엄중한 가운데 유머러스한 것이 있고, 경묘한 동시에 심각한 것이 그의 특색을 꽤 볼 수 있다. 문장 가운데 배화교拜火敎[2]의 신자를 사용한 것은 불과 태양이 동류이기 때문에 그것에 기탁하여 그의 조국을 비춘 것이라고 생각된다. 하지만 우리가 이것을 빌려 중국에 비춰 본다면, 한바탕 크게 웃지 않을 수 없다. 다만 중국에서 사용하는 것은 과격주의라는 부첩[3] 뿐으로, 위험의 의미도 파르시족처럼 분명하지 않을 따름이다.

1921. 4. 12.

주)_____

1) 이 글은 1921년 4월 24일 『천바오』 제7면에 처음 발표되었고, 단행본에는 수록되지 않았다. 「침묵의 탑」(沈默之塔)의 번역은 21일부터 24일 사이에 『천바오』 제7면에 발표되었다.

2) 조로아스터교, 요교(祆敎), 페르시아교라고도 부른다. 고대 페르시아인 조로아스터(즉 차라투스트라)가 창시했다고 전해진다. 교의는 『아베스타 교전(敎典)』에 보존되어 있는데, 불이 태양을 나타내고, 선(善)과 광명의 화신이라고 생각해 '성화'(聖火)에 예배하는 것을 주요한 의식으로 삼았다.

3) 부첩(符牒)은 일본식 한자로 은어(黑話), 직업적 은어(行話)의 의미이며 상투어(套語)라고도 해석할 수 있다. 「침묵의 탑」에서 이렇게 말하고 있다. 즉 혁명당운동이 다소 "무정부주의자의 그것"과 섞이자 파르시(Parsi; 곧 조로아스터교도)는 "앞으로 사회주의, 공산주의, 무정부주의 등과 관련이 있고, 또 대체로 연관이 있는 출판물은 모두 사회주의 서적이란 이 부첩 아래 귀속시켜 질서를 어지럽히는 것으로서 금지해야 한다". 이 말은 중국에서 진보문화를 금지하는 상투어가 '과격주의'에 있다고 하는 것과 같은 의미다.

「코」 역자 부기[1]

아쿠타가와 씨는 일본 신흥문단에서 유명한 작가이다. 다나카 준은 그를 평하기를 "아쿠타가와 씨의 작품은 작가의 성격 전체를 이용해 재료를 완전히 지배하는 모습을 보여 준다. 이 같은 사실은 이 작품이 항상 완성되고 있다는 느낌을 준다"고 했다. 그의 작품에 사용된 주제 가운데 가장 많은 것이 희망이 이루어진 뒤의 불안, 혹은 바로 불안할 때의 심정이다. 그런 의미에서 이 작품은 아주 적절한 표본이다.

아쿠타가와 씨에 대한 불만은 대체로 다음 두 가지 때문이다. 첫째, 낡은 재료를 많이 사용하고, 때로는 고사의 번역에 가깝다는 점이다. 둘째, 익숙한 느낌이 너무 강해서 독자가 쉽게 재미있다고 느끼지 못한다는 점이다. 이런 의미에서도 이 작품은 적절한 표본이라고 할 수 있다.

내도량의 공봉[2] 젠치 화상의 긴 코 이야기는 일본의 옛 전설로서 작가가 이것에 새로운 옷을 입힌 것에 지나지 않는다.[3] 작품 속의 골계미는 재기가 넘치는 점이 있는데, 중국의 소위 골계소설과 비교해 봐도 사실 훌륭하다. 그래서 나는 먼저 이 한 편을 소개한다.

4월 30일, 역자 씀

주)_____

1) 이 글은 1921년 5월 21일 『천바오』 제7면에 처음 발표되었고 단행본에는 수록되지 않았다. 『코』(鼻子)의 번역은 11일에서 13일까지 『천바오』 제7면에 발표되었다.

2) 내도량(內道場)은 궁궐에 있는 도량으로 궁중에 불상을 배치하고 염불, 독경을 하는 장소다. 공봉(供奉)이란 곧 내공봉으로 '나이구'(內供)라고 약칭하며 내도량에 공봉하는 승관(僧官)이다.

3) 나이구인 젠치(禪智) 스님이 큰 코를 치료하여 정상으로 돌아온 뒤에도 여전히 비정상으로 비웃음을 당하는 내용을 적었는데, 불행한 자가 불행을 벗어났을 때 그를 동정하던 자들이 종종 불만을 느낄 수 있음을 나타내어, 인성 속의 '이기주의'를 폭로했다.

「라쇼몽」 역자 부기[1]

아쿠타가와 씨의 작품은 내가 이전에 소개한 적이 있다. 이 역사적 소설 (결코 역사소설이 아니다)도 그의 걸작이라고 간주되는데, 고대의 사실을 취해 새로운 생명을 불어넣었기 때문에 현대인과 관계가 생겼다. 시대는 헤이안조平安朝(곧 서력 794년 교토로 수도를 옮기고 헤이안이라고 이름을 바꾼 뒤 4백년간)로, 출전은 『곤자쿠 모노가타리』이다.

21년 6월 8일 씀

주)_____

1) 이 글은 1921년 6월 14일 『천바오』 제7면에 처음 발표되었고, 단행본에는 실리지 않았다. 『라쇼몽』(羅生門)의 번역은 14일부터 17일까지 『천바오』 제7면에 실렸다. 라쇼몽은 교토의 성문(城門) 이름이다.

「미우라 우에몬의 최후」역자 부기[1]

기쿠치 간 씨는 『신초』파[2]의 작가다. 그의 말에 의하면 고등학교 시절에는 문학을 연구하고자 했지만 작가가 될 마음은 없었다. 하지만 뒤에 갑자기 마음이 바뀌어 소설을 써 보았는데 의외로 친구와 평단의 칭찬을 받게 되어 계속 쓰게 되었다고 한다. 다만 작품은 비교적 적은 편인데, 내가 본 것은 『무명작가의 일기』, 『보은의 고사』, 『마음의 왕국』[3] 세 종뿐으로, 모두 단편소설집이다.

기쿠치 간 씨의 창작은 인간성의 진실을 극력 파헤치고자 한다. 그런데 한 차례 진실을 파악하고 나자 그는 실의한 채로 한숨을 쉬고 이리하여 그의 사상은 염세적으로 되었지만, 한편으로는 항상 멀리 여명을 응시했으며, 그런 점에서는 또 분투자로서의 자세를 잃지 않았다. 난부 슈타로는 이렇게 말했다. "Here is also a man——이것이야말로 기쿠치의 작품에 보이는 모든 인물을 다 말한 말이다.…… 그들은 모두 가장 인간다운 인간상을 갖고, 가장 인간다운 인간의 세계에 살기를 바라고 있다. 그들은 때로 냉혹한 에고이즘의 화신이고, 때로는 암담한 배덕자다. 또 때로는 잔인한 살해 행위를 범하는 사람들이다. 하지만 그들 중에 누구를 내 눈앞에 세운다고 해도 나는 혼자서 그들을 증오할 수 없고, 혼자서 그들을 욕할 수도 없다. 그들의 나쁜 성격 혹은 추악한 감정이 더욱 깊고 예리하게 드러날 때, 그 배후에 보다 깊고 보다 예리하게 움직이는 그들의 꾸밈없고 사랑스러운 인간성이 나를 움직이게 하기 때문이고, 나를 친근하게 깊이 끌어당기기 때문이다. 바꿔 말하면 기쿠치 간의 작품을 감상하면 할수록 나는 인간에 대한 사랑의 감정을 환기하게 된다. 그리고 항상 그와 함께 Here is also a man이란 말을 내뱉지 않을 수 없게 된다."(『신초』제30권 제3호 「기쿠치 간 론」)

이뿐만이 아니다. 일본에서 무사도[4]는 그 힘이 우리나라의 명교[5] 이상이고, 단지 인간성을 회복하기 위해서 이 소설에서는 과감히 도끼斧鉞를 휘두르고 있다.[6] 이 점에서도 작가의 용맹함을 볼 수 있다. 다만 그들의 고대 무사는 먼저 자신의 목숨을 가벼이 여기기 때문에 다른 사람의 목숨도 가벼이 보아서, 자신은 생을 탐하면서 다른 사람을 살해하는 사람들과는 분명히 약간의 차이가 있다. 그런데 우리들의 살해자는 예를 들어 장헌충[7]과 같이 사람들을 함부로 죽이면서 한번 만주인에게 화살을 맞자 가시가 있는 잡목 속으로 숨어 들어간 것은 무슨 연고인가? 양태진[8]의 말로는 이 우에몬과 비슷한데, 그때부터 지금까지 이 고사를 묘사한 작품은 많지만, 이 소설과 유사한 취지를 가진 것은 보지 못했는데 이 또한 무슨 연고인가? 나 역시 진실을 발굴하고 싶지만, 여명이 보이지 않기에 망연하게 있지 않을 수 없다. 이 점 작가에게 마음으로부터 칭찬을 보내고 싶다.

그런데 이 소설 가운데에도 때로 부주의한 곳이 있다. 우에몬이 묶인 채로——묶는 방식이 고대의 것이기에 반드시 뒤로 손이 묶였을 것이다

── 살려 달라고 할 때 양손을 땅에 붙였다는 것은 분명히 그때까지의 서술과 모순된다. 머리를 숙이는 것 등은 그때까지의 사건과 정확히 일치한다. 하지만 이것은 작은 흠일 뿐, 소설 전체에 손상을 입히는 것은 아니다.

1921년 6월 30일 씀

주)_____

1) 이 글은 「미우라 우에몬의 최후」(三浦右衛門的最後)의 번역과 함께 1921년 7월 월간 『신청년』 제9권 제3호에 처음 발표되었다. 단행본에는 수록되지 않았다.

2) 신초파(新潮派). 신사조파이다. 『신사조』는 일본의 잡지로 1907년 10월 도쿄에서 창간되었는데, 이후 몇 번의 정간과 복간을 거듭했다. 신사조파의 구성원은 모두 도쿄제국대학 문과 출신으로, 아쿠타가와 류노스케, 기쿠치 간과 구메 마사오(久米正雄)는 이 잡지가 제3, 4차 복간 때(1914년 2월부터 9월, 1916년 2월에서 다음 해 3월)에 활약한 핵심 인물이다.

3) 『마음의 왕국』(心之王國). 단편소설과 희극 모음집으로, 1919년 1월 일본 신초샤에서 출판했다.

4) 무사도(武士道). 일본 무사가 받드는 봉건도덕이다. 가마쿠라(鎌倉)막부 시대에 흥기했다. 메이지유신 이후 무사등급제도가 법률상 폐지되었으나, 그 충군(忠君), 독무(黷武), 효사(效死) 등 무사도의 신조는 줄곧 계승되었다.

5) 명교(名教). 명분과 규범을 준칙으로 삼은 봉건 예교로 삼강오상(三綱五常) 등이 예가 된다.

6) 여기서는 폭로하고 견책하는 것을 가리킨다. 소설 속에서 주인의 총애를 받는 근시(近侍) 미우라 우메몬이 주인을 따라 순난(殉難)하지 않은 것으로 인해 '불충불의'(不忠不義)의 죄명으로 처형을 당한다. 작가는 이와 같은 줄거리를 통해 무사도의 생명에 대한 천시를 비판했다.

7) 장헌충(張獻忠, 1606~1646). 옌안(延安) 류수잔(柳樹澗; 지금의 산시陝西 딩볜定邊의 동쪽) 사람으로 명말 농민봉기의 우두머리다. 숭정(崇禎) 3년(1630)에 기의(起義)하여 산시, 허난(河南) 등지를 전전하다 숭정 17년(1644) 쓰촨(四川)으로 들어가 청두(成都)에서 대서국(大西國)을 세웠다. 옛 사서에는 그의 살육에 관한 과장된 기록이 실려 있다. 『명사』

(明史)「장헌충전」에는 "순치(順治) 3년(1646) 헌충은 청두의 궁전, 가옥에 불을 질러 온 도시를 불태우고 무리를 이끌고 쓰촨 북부로 갔다.…… 옌팅(塩亭)의 경계에까지 이르자 짙은 안개 속에서 헌충은 새벽에 행군을 하는 가운데 불의에 아군(我軍)과 봉황파(鳳凰坡)에서 마주하게 되었고, 여기서 화살을 맞고 말에서 떨어져 쌓아 둔 땔감 아래에 간신히 몸을 숨기고 있었다. 이에 아군이 헌충을 잡아 참수했다"라고 적혀 있다.

8) 양태진(楊太眞, 719~756). 양귀비(楊貴妃)로 이름은 옥환(玉環), 법호(法號)가 태진이다. 푸저우(蒲州) 융러(永樂; 지금의 산시山西 융지永濟) 사람. 처음에 당(唐) 현종(玄宗)의 아들 수왕(壽王)의 비(妃)였으나, 뒤에 후궁(後宮)에 들어가 현종의 총애를 받았다. 그녀의 종형(從兄) 양국충(楊國忠)은 그녀가 총애를 받는 것을 빌미로 권력을 탐하고 조정을 타락케 했다. 천보(天寶) 14년(755) 안록산(安祿山)은 국충을 주살하는 것을 구실로 판양(範陽)에서 군사를 일으켜 당에 반란을 기하고 창안(長安)으로 쳐들어왔다. 현종은 황급히 촉(蜀; 즉 쓰촨)으로 도망을 갔지만 마웨이(馬嵬)의 역(驛)에 이르자 장병(將兵)들이 모든 죄는 양(楊)씨 일족에게 있다고 하여 국충을 살해하고 또 군대를 안정시키기 위해 양귀비를 목졸라 죽게 했다.

『고민의 상징』[1]

서언[2]

작년 일본의 대지진[3]으로 손실이 대단히 컸던 것은 말할 것도 없다. 구리야가와 박사의 조난도 그 하나다.

구리야가와 박사는 이름이 다쓰오辰夫, 호는 하쿠손白村이다. 나는 그의 생애를 잘 알지 못하고, 정리된 전기를 읽은 적도 없다. 단지 단편적으로 쓰여진 것을 모아 보고, 그가 오사카부립제일중학교 출신[4]이며 도쿄제국대학을 졸업하고 문학사의 학위를 받았으며, 그 뒤 구마모토熊本와 도쿄에서 3년간 살았고 결국 교토에 정착하여 제3고등학교 교수를 지냈다는 것을 알았다. 대체로 큰 병이 있었던 듯하고, 일찍이 한쪽 다리를 절단했지만 그래도 미국, 조선을 유람했다. 날마다 학문에 진력하였고 저서도 꽤 많다. 듣기로는 그가 성격이 대단히 정열적이며 일찍이 "약을 먹은 뒤 머리가 어지럽지 않다면 중병도 치유할 수 없다"[5]라고 생각하고 이 때문에 자국의 결함을 통절히 비판했다고 한다. 논문의 대부분은 『고이즈미 선생과 기타』, 『상아탑을 나와서』 그리고 사후에 출판된 『십자가두를 향해 가며』에 수록되어 있다. 그 외에 내가 아는 것을 열거해 본다면 『북미 인상기』,『근대문학 10강』,『문예사조론』,『근대 연애관』,『영시선석』[6] 등이 있다.

하지만 이런 것은 그가 온축蘊蓄한 것의 일부에 지나지 않으며, 나머지는 그의 생명과 함께 사라지고 말았다.

이『고민의 상징』도 사후에 출판된 유고이며 정본定本은 아니지만 대체로 이미 준비되어 있었다. 제1부 「창작론」이 본론이다. 제2부 「감상론」은 사실 비평을 논한 것으로 뒤의 2부[7] 모두 「창작론」에서 나아가 필연적으로 파생된 논論에 불과하다. 주지도 명쾌한데 저자 자신의 말로 한다면 "생명력이 억압을 받는 데서 생겨나는 고민과 번뇌가 문예의 근원이다. 그리고 그 표현법이 광의의 상징주의이다." 하지만 "상징주의는 결코 전 세기 말에 프랑스 시단의 일파가 표방했던 주의만이 아니라, 모든 문예는 예부터 지금까지 이런 의미에서 상징주의의 표현법을 사용하고 있다." (「창작론」제4장과 제6장)

저자는 베르그송류의 철학에 기초하여 쉼없이 나아가는 생명력을 인류생활의 근본이라고 하고, 또 프로이트류의 과학에 기초하여 생명력의 근원을 탐구하며 예술——특히 문학을 해석했다. 하지만 구설舊說과는 약간 차이가 있는바, 베르그송은 미래를 예측할 수 없다고 했지만, 저자는 시인을 선각자로 보고 있고, 프로이트는 생명력의 근원을 성욕에서 찾는 데 반해 저자는 예술 즉 그 힘의 돌진과 도약이라고 했다. 이것이 현재 같은 종류의 여러 서적 가운데 과학자와 같은 독단, 철학자와 같은 현허玄虛와도 다르면서 아울러 또 일반 문학론자와 같은 번잡함도 없다고 할 수 있는 점이다. 저자 자신은 독창력을 많이 갖고 있고 그로 인해 본서도 하나의 창작이며, 또 예술에 대한 독창적인 견지와 깊은 이해가 풍부하다.

천마행공[8])과 같은 대정신이 없다면 위대한 예술은 탄생할 수 없다. 하지만 중국의 현재의 정신은 또 어찌 위축되고 고갈되어 버린 것인가? 이 번역문은 졸렬하지만, 다행히 내용이 뛰어나기 때문에 만약 독자가 참고 두 번 세 번 반복해서 읽어 본다면 반드시 많은 유의미한 점을 발견하게 될 것이다. 이것이 내가 무모하지만 번역을 시도한 이유이다.——물론 너무 과분한 바람이지만.

문장은 대체로 직역으로, 힘을 다해 원문의 어조를 그대로 살리고자 노력했다. 하지만 나는 국어문법에 관해서는 문외한이라, 궤범에 맞지 않는 문장이 많이 있을 거라고 생각한다. 그 가운데 특히 밝혀 두지 않으면 안 되는 것은 몇 군데인가 '적'(的)자를 사용하지 않고 특히 '저'(底)자를 사용한 까닭이다. 즉 대체로 형용사와 명사가 서로 연결되어 하나의 명사를 형성할 경우에는 모두 그 사이에 '저'자를 사용했다. 예를 들어, social being은 사회적(底) 존재물로, Psychische Trauma는 정신적(底) 상해라고 하는 등. 또 형용사에서 다른 품사로부터 전용한 어미가 -tive, -tic류인 경우는 어미에 '저'자를 사용했다. 예를 들어, speculative, romantic은 사색적(底), 로만적(底)으로 했다.

여기서 나는 친구들의 많은 도움이 있었음을 밝혀야겠는데, 특히 영어에 있어서 쉬지푸[9]) 군, 프랑스어에 있어서 창웨이쥔[10]) 군에게 다시 한 번 감사의 마음을 전한다. 창웨이쥔 군은 또 원문에서 「목걸이」[11]) 한 편을 번역하고 권말에 수록하여 독자들이 참고할 수 있도록 해주었다. 또 타오쉬안칭[12]) 군은 특별히 삽화 한 폭을 그려서 본서에 요염한 장정을 입혀 주었다.

1924년 11월 22일 밤, 베이징에서 루쉰 씀

주)_____

1) 『고민의 상징』(苦悶的象徵). 일본의 문예비평가 구리야가와 하쿠손(厨川白村)이 지은 문예논문집. 저자가 죽은 뒤 야마모토 슈지(山本修二)가 정리하여 출판했는데, 일본어 원래 판본은 1924년 2월 가이조샤(改造社)에서 발행했다. 루쉰은 이 책의 제1, 제2 두 부분을 번역하고 번역문을 1924년 10월 1일부터 31일까지 『천바오 부전』에 연속해서 발표했다. 1925년 3월에 '웨이밍총간'의 하나로서 단행본으로 출판하고 베이징대학 신조사(新潮社)에 위탁판매를 맡겼다. 뒤에 다시 베이신서국(北新書局)에서 출판했다.

구리야가와 하쿠손(厨川白村, 1880~1923). 일본 문예이론가. 일찍이 미국 유학을 했고, 귀국 후에 대학교수를 지냈다. 저서에는 『근대문학 10강』(近代文學十講), 『문예사조론』(文藝思潮論), 『상아탑을 나와서』(象牙の塔を出て) 등 다수의 문예론 저서가 있는데, 주로 19세기 말~20세기 초의 구미문학과 문예사조를 소개했다.

2) 이 글은 『고민의 상징』 권두에 처음 실렸고, 다른 지면에 발표하지 않았다.

3) 1923년 9월 일본 간토(關東) 지역에 발생한 대지진을 가리킨다. 구리야가와 하쿠손은 가마쿠라에 새로 지은 별장 '백촌사'(白村舍)가 지진으로 파괴되어 피신하는 도중에 화를 입었다.

4) 오사카부립제일중학(大阪府立第一中學). 원래 명칭은 오사카부제일심상중학(大阪府第一尋常中學)인데, 구리야가와는 1892년 4월에 이 학교에 입학해 1897년 4월 교토부립제일심상중학(京都府立第一尋常中學)으로 전학하고 다음해 4월 9일에 졸업했다.

5) 『상서』(尙書) 「설명(說命) 상」에 나오는 말이다. 사카쿠라 아쓰타로(阪倉篤太郞)는 『십자가두를 향해 가며』(十字街頭を往く)를 위해 쓴 '대발'(代跋)에서 이 말을 빌려 구리야가와의 성정(性情)을 표현했다.

6) 『고이즈미 선생과 기타』(小泉先生そのほか)는 1919년 2월 20일 일본 세키젠칸(積善館)에서 출판했다. 『북미 인상기』(北美印象記)는 1917년에 쓴 미국여행 잡기로 1919년 2월 20일 일본 세키젠칸에서 출판되었고, 선돤셴(沈端先)의 중역본이 1929년 상하이 진우(金屋)서점에서 출판되었다. 『문예사조론』은 1914년 4월 대일본도서주식회사(大日本圖書株式會社)에서 나왔다. 『근대 연애관』은 1922년 10월 29일 일본 가이조샤에서 출판되었다. 『영시선석』(英詩選釈) 두 권은 각각 1922년 3월, 1924년 3월에 일본 아르스사(アルス社)에서 출판되었다. 이 가운데 『근대문학 10강』과 『근대 연애관』(근대 일본의 연애관)은 한국어 번역본이 있다.

7) 『고민의 상징』 제3부 「문예의 근본문제에 대한 고찰」, 제4부 「문학의 기원」을 가리킨다.

8) 천마(天馬)는 신령한 말을 말하며, 행공(行空)은 하늘에서 빠르게 달린다는 뜻으로, 사람의 재주가 뛰어남을 비유한 말이다.

9) 쉬지푸(許季黻, 1883~1948). 쉬서우창(許壽裳)으로 저장(浙江) 사오싱(紹興) 사람, 교육가. 1902년부터 1908년까지 일본에서 유학하고 귀국 후에 차례로 저장양급사범학당

(浙江兩級師範學堂) 교무장, 베이징여자고등사범학교 교장, 중산(中山)대학 교수를 역임했다. 항일전쟁 승리 후 타이완대학에서 교편을 잡았으나 1948년 2월에 암살당했다. 저서에는 『망우 루쉰 인상기』(亡友魯迅印象記), 『내가 아는 루쉰』(我所認識的魯迅) 등이 있다.

10) 창웨이쥔(常維鈞, 1894~1985). 이름은 후이(惠), 자는 웨이쥔(維鈞), 허베이(河北) 완핑(宛平; 지금의 베이징 펑타이[豊台]) 사람. 베이징대학 불문과 졸업, 베이징대학 주간 『가요』(歌謠)의 편집을 담당했다.

11) 「목걸이」(項鏈). 장편소설, 프랑스 소설가 모파상(Guy de Maupassant)의 작품. 『고민의 상징』 제3부의 제3절의 제목을 "단편 「목걸이」"로 했는데, 이것은 저자가 이 소설을 모파상이 "무의식적 심리 속의 고민이 꿈처럼 상징화된 것을 받아서" 쓴 "뛰어난 살아 있는 예술품"이라고 생각했기 때문이다.

12) 타오쉬안칭(陶璇卿, 1893~1929). 타오위안칭(陶元慶), 저장 사오싱 사람, 화가. 저장 타이저우(台州) 제6중학과 상하이 리다(立達)학원의 교원을 지냈다. 루쉰의 초기 저작과 번역서를 위해 표지 그림을 많이 그려 주었다.

『고민의 상징』 번역 3일 뒤의 서[1]

이 책의 저자 구리야가와 하쿠손 씨는 일본 대지진 때 불행하게도 조난을 당했다. 이것은 가마쿠라의 별장[2] 폐허에서 발굴된 그의 미정고未定稿이다. 미정고인 까닭에 편자——야마모토 슈지[3] 씨——도 공표하는 것은 저자의 본의가 아닐지도 모른다고 생각해 꽤 고민했던 듯하다. 하지만 결국 출판하게 되었는데, 원래 서명이 없었지만 편자에 의해 『고민의 상징』[4]이라고 명명되었다. 하지만 사실은 문학론이다.

이것은 전체 4부로 이루어졌다. 제1부는 창작론이고, 제2부는 감상론, 제3부는 문예의 근본문제에 대한 고찰, 제4부는 문학의 기원이다. 그 주지는 저자 자신이 제1부 제4장에서 분명하게 밝힌 대로, 생명력이 억압을 받을 때 생기는 고민과 번뇌가 문예의 근저이고, 또 그 표현법이 광의의 상징주의라는 것이다.

이것은 번역할 필요가 있다고 생각하여 그제부터 시작했다. 간단할 거라고 생각했지만 번역을 시작하니 어려웠다. 하지만 번역해 나갈 수밖에 없었고, 또 계속 발표했다. 그리고 다른 어떤 필요에 따라 이후에 인용

등은 생략할 수도 있을 것이다.⁵⁾

생략한 인용은 향후 다시 인쇄될 기회가 있다면 반드시 덧붙여 완정한 책으로 만들 것이다. 번역문이 나쁜 것은 어쩔 도리가 없으니 비판을 기다릴 따름이다.

1924년 9월 26일, 루쉰

주)_____

1) 이 글은 『고민의 상징』 번역과 함께 1924년 10월 1일 『천바오 부전』에 처음 발표되었다. 단행본에는 수록되지 않았다.
2) 가마쿠라초(鎌倉町) 미다레하시(亂橋) 자이모쿠자(材木座)에 있었던 '백촌사'(白村舍)이다. 구리야가와 하쿠손은 1923년 8월에 이 별장에 입주했는데, 지진이 발생했다. 지은 지 얼마 안 된 때였다.
3) 야마모토 슈지(山本修二, 1894~1976). 일본 희극이론가. 교토제국대학을 졸업하고 같은 학교 교수를 역임했다. 저서에는 『영미현대극의 동향』, 『연극과 문화』 등이 있다.
4) 『고민의 상징』의 서명에 관해서는 야마모토 슈지가 이 책 「후기」에서 "선생의 생애가 셸리의 시의 'They learn in suffering what they teach in son'이라는 이 구절로 다 말하고 있기 때문에" 그래서 이런 의미로 책의 이름을 삼았다고 했다. 위의 영시 구절 또한 이 책의 제사(題詞)로서, 그들이 고통 속에서 노래의 의미를 깨닫는다는 뜻이다.
5) 여기서 말한 생략할 수 있는 인용은 「문예 감상의 4단계」 중의 3예(例) 하이쿠(俳句)로 뒤에는 생략하지 않았다. 뒤의 「「문예 감상의 4단계」 역자 부기」 참조.

「자기 발견의 환희」 역자 부기[1]

보들레르[2]의 산문시는 원서에 일본어 번역이 실려 있다. 그런데 내가 막스 브루노(Max Bruno)의 독일어 번역본과 비교해 보니 다른 곳이 몇 군데 있었다. 지금 우선 두 가지 번역을 참조하면서 중국어로 번역했다. 만약 누군가가 원문에 근거해 졸역을 철저하게 정정해 준다면 진실로 바라는 바이자 감사할 일이다. 그렇지 않다면 장차 프랑스어를 아는 친구를 찾아서 수정을 받을 생각이지만, 지금은 이러한 형태로 적당히 얼버무려 놓는다.

10월 1일, 역자 부기

주)——

1) 이 글은 「자기 발견의 환희」(自己發見的歡喜; 원서 제2부 '감상론'의 제2장)의 번역과 함께 1924년 10월 26일 『천바오 부전』에 처음 발표되었다. 단행본에는 수록되지 않았다.

2) 보들레르(Charles Baudelaire, 1821~1867). 프랑스의 퇴폐파 시인. 저서로는 『악의 꽃』(Les Fleurs du mal) 등이 있다. 여기서 말한 '산문시'는 「창」이라는 제목의 시를 가리킨다. 구리야가와 하쿠손은 이 장에서 이 산문시를 인용하여 상징을 통해 탄생하는 '생명의 공명 공감' 즉 예술감상의 기초를 설명하였다.

「유한 속의 무한」 역자 부기[1]

나는 프랑스어를 한 자도 몰라서 반 레르베르그(Van Lerberghe)[2]의 노래는 어떻게 할 수가 없었다. 이번에 창웨이쥔 군이 내게 번역을 해주어 정말 고맙게 생각하고 있다. 그렇지만 나는 보들레르의 산문시를 개역해야 하는 짐을 회피할 생각이 없다. 세간에 다른 사람의 일을 도와주려는 제공諸公들이 이것을 들으면 또 함께 한숨을 쉴 거라고 생각할 따름이다.

10월 17일, 역자 부기

주)_____

1) 이 글은 「유한 속의 무한」(有限中的無限; 원서 제2부의 제4장)의 번역과 함께 1924년 10월 28일 『천바오 부전』에 처음 발표되었다. 단행본에는 수록되지 않았다.
2) 반 레르베르그(Charles van Lerberghe, 1861~1907). 벨기에 시인, 극작가. 저서로는 시집 『이브의 노래』(*La chanson d'Ève*), 풍자희극 『소용돌이』 등이 있다. 구리야가와는 이 장에서 『이브의 노래』를 인용하여 "진정한 예술 감상"은 "유한에서 무한을 보는 것, '사물'(物)에서 '마음'(心)을 보는 것", "대상에서 자신을 발견하는 것"이라고 설명했다.

「문예 감상의 4단계」역자 부기[1]

이전에 내가 생략하려 했던 것이 이 1장 중의 몇 군데이다. 이번에는 완전히 번역하였다. 그래서 서문에 쓴 "다른 어떤 필요"는 실행하지 않았다. 왜냐하면 여기까지 번역한다면 그 필요는 이미 필요가 되지 않기 때문이다.

10월 4일, 역자 부기

주)_____

1) 이 글은 「문예 감상의 4단계」(文藝鑑賞的四段階; 원서 제2부의 제5장)의 번역과 함께 1924년 10월 30일 『천바오 부전』에 처음 발표되었다. 단행본에는 수록되지 않았다. 구리야가와 하쿠손은 이 장에서 문예 감상의 심리과정을 "이지의 작용", "감각의 작용", "감각의 심상(心象)"과 "정서, 사상, 정신, 심기(心氣)의 심도 공명" 네 단계로 나누었다.

『상아탑을 나와서』[1]

후기[2]

내가 구리야가와 하쿠손 씨의『고민의 상징』을 번역해서 출판한 것은 정확히 1년 전의 일이다. 그의 약력은 그 책의 '서언'에서 이미 기술했기 때문에 다시 특별히 말해야 할 것은 없다. 나는 그때 또『상아탑을 나와서』에서 그의 논문을 뽑아 계속 번역하여 잡지 몇 군데에 발표했다. 지금 그 논문들을 모은 것이 이 책이다. 다만 이 가운데 몇 편은 새롭게 번역한 것이며, 또 그 주지와 관계없는 것, 예를 들어「유회론」,「19세기 문학의 주조」[3] 등도 몇 편인가 있지만 전자는『고민의 상징』의 한 장과 관련이 있고,[4] 후자는 발표된 것이기 때문에 모두 수록했다. 다만 원서에는「노동문제를 묘사한 문학」뒤에 또 한 편의 단문이 있는데, 와세다문학사[5]의 질문에 대답한 것으로 제목은「문학가와 정치가」이다. 대체적인 의미는 문학과 정치는 모두 민중의 깊고 엄숙한 내적 생활에 근거를 둔 활동이고 그래서 문학가는 결국 실생활의 지반 위에 발 딛고 있어야 하고, 위정자는 마땅히 문예를 깊이 이해하여 문학가에 가까이 다가가지 않으면 안 된다고 말한 것이다. 나는 이것이 진정 이치가 있다고 생각하지만, 현재 중국의 정객과 관료들에게 이 일을 강론하더라도 쇠귀에 경 읽기이다. 곧 두 방면의 접근은 베이징에서는 오히려 항상 있었으나 거의 대부분 추태와 악행으로 모두 이 새롭고도 어두운 음영陰影 속에서 연기를 하는 것인데, 다만 작가들이 그럴듯한 좋은 간판을 아직 고안해 내지 못하고――또 우리 문사들의 사상 역시 아주 조잡할 따름이다. 자신의 편협한 증오로 인해 더이상 번역할 필요가 없다고 생각해서 본서 중에 이 한 편만 빠졌다. 다행히 이것은 원래 소년, 소녀들에게 읽히고자 한 것이며, 게다가 원래 각 편 또한 관련성이 있는 것도 아니라서 한 편을 빼더라도 지장은 없다.

'상아탑' 전고典故는 자서自序와 본문 속에서 엿볼 수 있어[6] 다시 말할 필요는 없다. 하지만 나온 뒤에는 어떻게 되는가? 그의 이 다음의 논문집 『십자가두를 향해 가며』[7]의 서문에 그 설명이 있는데, 다행히 길지 않아서 전문을 인용한다.

동인가 서인가 북인가 남인가? 나아가 새롭게 될 것인가, 물러나 낡은데 안주할 것인가? 영혼이 가리키는 길로 나갈 것인가, 육체가 추구하는 바로 갈 것인가? 좌고우면하며 십자가두에서 방황하는 것이 바로 현대인의 마음이다. "To be or not to be, that is the question."[8] 내 나이 마흔을 넘어가지만 아직도 인생의 행로에서 헤매고 있다. 내 몸 또한 곧 십자가두에 서 있는 것이다. 잠시 상아탑을 나와서 서재를 떠나 시끄러운 골목에 서서 생각한 바를 적어 본다. 모두 이러한 의미를 담아서 이 만필漫筆에 십자가두로 제목을 붙인다.

인류로서의 생활과 예술, 이것이 지금까지 두 가지 길이었다. 나는 두 길이 서로 만나서 하나의 광장을 이루는 곳에 서서 사색해 본다. 내게 친숙한 영문학에서 셸리, 바이런이든 스윈번[9]이든 또 메러디스, 하디[10]든 모두 사회개조의 이상을 가진 문명비평가였다. 상아탑에서만 안주하지 않았다. 이 점이 불문학 등과 다르다. 모리스[11]는 사실 글자 그대로 거리에 나가서 의론을 펼쳤다. 어떤 사람은 현대의 사상계가 꽉 막혔다고 말한다. 그러나 조금도 막히지 않았다. 다만 십자가두에 서 있을 뿐이다. 길은 많다.

하지만 이 책의 출판은 저자가 지진으로 죽고 난 뒤에 이루어졌고,[12] 내용은 앞의 것(즉 『상아탑을 나와서』)과 비교해서 조금 조잡하다. 서문은 잘 썼지만 직접 취사선택하지 않은 것일지도 모른다.

조물주가 인류에 부여한 부조화는 사실 아직 많이 있다. 그것은 육체적인 면만이 아니다. 사람은 원대하고 아름다운 이상을 가질 수 있지만, 인간 세상은 그 만분의 일도 현실이 될 수는 없다. 나이가 들어 감에 따라 그 충돌이 날로 분명해진다. 그래서 용기 있게 사색하는 이들은 50년이라는 인생의 절반이 되면 후회할 일도 많아지고 그래서 급전하여 고뇌하고 방황한다. 그렇지만 혹은 단지 십자가두로 가서 스스로 그 만년이 다하도록 맡겨 둘지도 모른다. 당연히 사람들 중에는 어디까지나 피곤한 일 없이 둥글둥글 8, 90세까지 살면서 천하태평, 고민이 없는 사람도 있다. 하지만 그것은 오로지 중국 내무부로부터 찬양을 받으며 살아온 인물로서 따로 논하지 않으면 안 된다.

만약 저자가 지진으로 피해를 입지 않았다면 탑 외의 많은 길 가운데 바로 그 하나를 선택하여 용감하게 매진해 갔을 것이다. 허나 지금은 안타깝게도 그것을 상상할 수도 없다. 그러나 이 책의 특히 가장 중요한 앞의 세 편¹³⁾을 보면, 전사戰士의 모습으로 세상에 나와서 모국의 미온, 중도,¹⁴⁾ 타협, 허위, 비굴, 자대自大, 보수 등의 세태에 하나씩 하나씩 신랄한 공격과 가차 없는 비평을 가하고 있다. 진실로 우리 외국인의 눈으로 보더라도 종종 '쾌도난마를 자르는' 듯한 통쾌함을 느끼고, 쾌재를 부르게 한다.

그러나 한쪽에서 누군가가 쾌재를 부른다면 다른 쪽에서는 부끄러워서 얼굴에 땀을 흘리는 이가 있다. 얼굴에 땀을 흘리는 것 자체는 나쁜 것이 아니다. 왜냐하면 얼굴에 땀을 흘리지 않는 자가 많기 때문이다. 하지만 신랄한 문명비평가는 반드시 적이 많다. 나는 이전에 저자의 학생이었던 이를 만난 적이 있었는데, 그의 말에 따르면 저자는 생전 보통 사람들이 좋아하지 않았는데, 다분히 그의 태도가 그의 문사文辭처럼 상당히 오만했기 때문이라고 했다. 내게는 그것이 사실인지 아닌지 판단이 서지 않았으나, 어쩌면 저자가 오만했던 것이 아니라 보통 사람들이 오히려 더 겸손했을지도 모른다. 왜냐하면 실제보다 더 낮게 가장한 겸손과 더 높게 행동하는 고아高雅는 같은 허위이지만, 지금은 겸손한 쪽이 미덕이라고 간주되고 있기 때문이다. 그러나 저자가 죽은 뒤 전집 제6권이 이미 출판되어 있는 것¹⁵⁾을 보면, 일본에서는 아직 편집을 하고 있는 사람들과 읽고자 하는 많은 사람들, 그리고 이러한 비평을 받아들일 수 있는 도량이 있는 듯하다. 이것과 이러한 자기성찰과 공격, 편달을 과감히 행하는 비평가는 중국에서는 존재하기 어려울 것이다.

내가 이 책을 번역한 것은 결코 이웃 사람의 결점을 들추어내어 약간이나마 우리나라 사람들을 만족시키고자 한 것이 아니다. 중국에서는 지금 "어지러운 짓을 하는 자는 잡고, 망할 짓을 하는 자는 모욕을 주는"¹⁶⁾

웅대한 마음이 없고, 나도 다른 나라의 약점을 염탐해야 한다는 사명을 지고 있다고 생각하지 않기 때문에 거기에 힘을 쏟을 필요도 없다. 다만 나는 그가 자신을 채찍질하고 있는 것을 옆에서 보고 마치 내 몸이 고통받고 있다는 생각이 들었고, 그 뒤에 오히려 마치 한 첩의 해열제를 마신 것처럼 싹 나았다. 진부한 노국老國에서 살고 있는 사람들은 만약 커다란 복운을 갖고 있어서 장차 내무부의 상찬을 받는 사람이 아닌 한, 대체로 아직 터지지 않은 종기가 생긴 것처럼 욱신욱신한 고통을 느끼고 있다. 아직 종기가 생긴 적이 없거나 절개치료를 한 적이 없는 이들은 대체로 알 수 없다. 즉 절개할 때의 고통이 아직 절개하지 않았을 때의 고통에 비해 더 상쾌하다는 것을 말이다. 이것이 곧 소위 '통쾌'라는 것이 아닐까? 나는 결국 이 문장을 빌려서 먼저 이 욱신욱신한 통증을 느끼게 하고, 그런 뒤 이 '통쾌'를 동병同病의 사람들에게 나눠 주고 싶다.

저자는 그의 모국에 독창적인 문명이 없고, 탁월한 인물이 없다고 가책하고 있는데, 그것은 맞다. 그들의 문화는 먼저 중국을 배우고 뒤에 유럽을 배웠다. 인물로는 공자, 묵자가 없을 뿐인가, 승려도 현장[17]에 비할 자가 없다. 난학[18]이 성행한 뒤 린네,[19] 뉴턴, 다윈 등과 어깨를 나란히 할 학자는 나타나지 않았다. 다만 식물학, 지진학, 의학 방면에서는 그들은 이미 상당한 공적을 세웠다. 아마도 저자는 '자대병'自大病을 고치기 위해 고의로 이것을 말살했을지도 모른다. 하지만 종합해서 본다면 역시 고유의 문명과 위대한 세계적인 인물은 없다는 것이다. 양국의 관계가 아주 나쁠 때에는 우리의 논자들도 자주 이 점을 공략해 조소하고 잠시 사람들의 기분을 통쾌하게 했다. 그렇지만 나는 바로 이 점이 일본이 지금 존재하는 이유라고 생각한다. 왜냐하면 옛것이 적고, 집착도 깊지 않기 때문에 시세가 변하면 탈피도 사실 쉽고, 언제 어느 때에도 생존에 적응할 수 있기 때문이다. 다행히도 살아남은 노국처럼 고유하고 진부한 문명에 의지하고 그 결과 모든 것을 경화硬化시키고, 결국 멸망의 길로 달려가게 하는 것과는 다르다. 중국에서 개혁이 불철저했다면 운명은 역시 일본 쪽이 장구하다고 나는 확신한다. 또 나는 구가舊家의 자제로서 쇠퇴하고 멸망하는 것이 새로 발호하여 생존하고 발전하는 것에 비해 명예로운 것이 아니라고 생각한다.

중국의 개혁에 관해서 말한다면, 그 첫번째는 물론 폐물을 일소하고 신생명을 탄생시킬 수 있는 기운을 일으키는 것이다. 5·4운동도 원래는 이 기운의 시작이었지만, 안타깝게도 그것을 좌절시킨 것이 적지 않다. 사후事後의 비평은, 중국인들은 대체로 차지도 뜨겁지도 않은 태도로 혹은 엉터리로 한바탕 말해 버리고 마는 반면에, 외국인들은 오히려 처음에는 상당히 의의가 있다고 생각했으나 그중에는 공격적인 것도 있었는데 듣자 하니 국민성과 역사를 되돌아보지 않아서 무가치하다는 것이었다. 이것은 중국의 많은 엉터리설과 대체로 비슷하다. 왜냐하면 그들 자신이 모두 개혁가가 아니기 때문이다. 어째서 개혁이 아닌가? 역사는 과거의 흔적이며 국민성은 미래에 개조될 수 있다. 그래서 개혁가의 눈에는 과거와 현재의 것은 전혀 없는 것과 마찬가지다. 본서 중에 이러한 의미의 말이 있다.

마치 일본이 옛날에 '견당사'[20]를 파견한 것처럼, 중국도 많은 유학생을 유럽, 미국, 일본에 파견했다. 현재 문장 속에 자주 '셰익스피어'의 다섯 글자가 보이는데, 필시 멀리 저쪽의 이역에서 가지고 왔던 것일 터이다.

그런데 서양요리는 먹어도 좋지만, 정치는 말해서는 안 된다는 분위기에서 다행히 어빙, 디킨스, 도쿠토미 로카[21]의 저작은 이미 린수[22]에 의해 번역되었다. 무기를 사고파는 상인의 중개인이 되고 외유하는 관리의 통역관이 되어서, 오토바이의 안장을 자신의 엉덩이 밑에 가지고 왔다는 것으로,[23] 이런 문화는 분명 최근 새로 온 것이다.

그들의 견당사가 좀 다른 것은 우리와 상당히 다른 취향을 선택했다는 점이다. 그래서 일본은 많은 중국문명을 수용했지만, 형법상에 능지陵遲를 채용하지 않았고, 궁정에 환관을 두지도 않았으며, 여자들은 끝내 전족을 하지 않았다.

하지만 그들은 결국 상당히 많은 것을 채용했는데, 저자가 지적한 미온, 중도, 타협, 허위, 비굴, 자대, 보수 등의 세태는 바로 중국의 것을 말하고 있는 것이 아닐까라는 의심이 들 정도이다. 특히 모든 일이 적당히 일어나서 저력底力이 없고, 모두가 정신보다 육체로 유령의 생활을 하고 있다는 말이 그러하다. 대체로 그것들은 우리 중국에서 전염된 것이 아니라고 한다면, 동방문명 속에서 유영하고 있는 사람들은 모두 그러하며, 정말로 소위 "아름다운 꽃을 미인에 비유하는 것은 중국인만이 그렇게 생각하는 것이 아니라, 서양인, 인도인도 똑같이 생각하는" 것이다. 하지만 우리가 이러한 연원을 토론할 필요는 없다. 저자가 이미 이것이 중병이라고 생각하고, 진단을 내린 뒤에 하나의 처방약을 만들고 있기 때문에 같은 병을 앓는 중국도 바로 이것을 빌려서 소년, 소녀들의 참고로 제공하고 또 이것을 복용케 한다면, 키니네[24]가 일본인의 질환을 치료한 것처럼 중국인도 치료해 줄 것이다.

나는 '거란'[25] 때庚子, 대부분의 외국인이 중국이 나쁘다고 말했음을 알고 있지만, 지금은 그들이 중국의 고대문명을 감상하고 있음을 자주 듣고 있다. 중국이 그들의 자의적인 향락의 낙토가 될 때가 거의 다다른 듯하다. 나는 이러한 상찬을 깊이 증오한다. 하지만 가장 행복한 일은 실제로 여행객이 되는 것이 최고다. 내가 예전에 일본에 살았을 때 봄에 우에노[26]의 벚꽃을 보고 겨울에는 마쓰시마[27]로 소나무와 눈을 보러 간 적이 있었는데, 일찍이 저자가 말하고 있는 것처럼 싫은 느낌을 받은 적은 없었다. 그렇지만 느꼈다고 하더라도 대개 그 정도의 분만憤懣에는 이르지 않았을 것이다. 다만 안타깝게도 귀국한 이래 그런 초연한 심경은 완전히 잃어버리고 말았다.

본서에서 들었던 서양의 인명, 서명 등은 지금 모두 원문을 붙여 독자의 참고로 제공했다. 그러나 이것은 내게는 어려운 일이었다. 왜냐하면 저자의 전공은 영문학으로 인용된 것도 당연히 영미의 인물과 작품이 대단히 많은데, 나는 영어에 관해서 아무런 지식이 없었기 때문이다. 무릇 이러한 일은 웨이쑤위안韋素園, 웨이충우韋叢蕪, 리지예李霽野,[28] 쉬지푸 네 명이 나를 도와주었다. 또 그들은 전체의 교열도 해주었다. 나는 그들의 후의에 깊이 감사한다.

문장은 변함없이 직역을 했다. 나의 이제까지의 방식과 같다. 힘껏 원문의 어조를 담아내고자 했기 때문에 전체적으로 어구의 전후 순서도 심각하게 전도시키지는 않았다. 몇 군데 '적'的자를 사용하지 않고 '저'底자를 사용한 이유는 『고민의 상징』을 번역한 때와 같은 것이기 때문에, 지금 그 '서언' 가운데 이것에 관한 설명을 아래에 인용해 둔다.

대체로 형용사와 명사가 서로 연결되어 하나의 명사를 형성할 경우에는 모두 그 사이에 '저'底자를 사용했다. 예를 들어, social being은 사회적底 존재물로, Psychische Trauma는 정신적底 상해라고 하는 등. 또 형용사에서 다른 품사로부터 전용한 어미가 -tive, -tic류인 경우는 어미에 '저' 자를 사용했다. 예를 들어, speculative, romantic은 사색적底, 로만적底 으로 했다.

1925년 12월 30일 밤, 루쉰

주)_____

1) 『상아탑을 나와서』(出了象牙之塔). 구리야가와 하쿠손의 문예평론집으로, 제1편에 수록된 문장의 제목으로 서명을 삼았다. 1920년 6월 20일 일본 후쿠나가쇼텐(福永書店)에서 출판되었다. 루쉰은 1924년과 1925년 사이에 번역했는데, 번역하는 동안 대부분을 당시의 『징바오 부간』(京報副刊), 『민중문예주간』(民衆文藝週刊) 등에 발표했다. 1925년 12월 베이징 웨이밍사(未名社)에서 '웨이밍총간'의 하나로 단행본으로 출판했다.

2) 이 글은 1925년 12월 14일 주간 『위쓰』(語絲) 제57기(발표 시 마지막 두 절은 없었다)에 처음 발표되었고, 뒤에 『상아탑을 나와서』 단행본 권말에 수록되었다.

3) 원문은 「十九世紀文學的主潮」, 「현대문학의 주조」라고 해야 한다. 루쉰의 번역본 『상아탑을 나와서』의 제8편이다.

4) 『고민의 상징』의 제1 「창작론」의 제3장 「강제억압의 힘」을 가리킨다.

5) 와세다문학사(早稻田文學社). 일본 도쿄전문학교(와세다대학) 잡지 『와세다문학』을 발행하는 출판사. 『와세다문학』은 1891년 10월에 창간되었고, 쓰보우치 쇼요가 주편이었는데, 1898년 10월에 정간되었다. 1906년 1월에 복간되었고, 시마무라 호게쓰(島村抱月), 혼마 히사오(本間久雄)가 주편이었는데, 1927년 12월 또 정간되었다. 1934년 6월 다시 복간되었고, 다니자키 세이지(谷崎精二), 헨미 히로시(逸見広)가 주편이었으며, 1949년 3월 다시 정간되었다. 이후 몇 번의 복간과 정간을 반복했다.

6) 구리야가와 하쿠손이 『상아탑을 나와서』의 「제권단」(題卷端)에서 옛 저작 『근대문학 10 강』 중의 한 단락을 인용하며 '상아탑'(tour d'ivoire)은 원래 19세기 프랑스 문예비평

가 생트-뵈브(Charles Augustin Sainte-Beuve, 1804~1869)가 동시대의 낭만주의 시인 알프레드 드 비니(Alfred de Vigny, 1797~1863)를 비평할 때 쓴 용어이며, 또 영국 시인 테니슨이 동경한 '예술의 궁전'(the Palace of Art)이라고 설명했다. 그 "주장의 일단", "곧 소위 '예술을 위한 예술'(art for art's sake)"이다.

7) 『십자가두를 향해 가며』(十字街頭を往く). 구리야가와 하쿠손의 문예논문집으로 논문 19편을 수록했는데, 뤼차오(綠蕉)와 다제(大杰)의 중국어 번역본이 있으며 1928년 8월 상하이 치즈서국(啓智書局)에서 출판했다.

8) "사느냐 죽느냐 그것이 문제로다"이다. 셰익스피어의 『햄릿』제3막 제1장에 나오는 말로서 원래 극중 주인공 햄릿의 대사이다.

9) 셸리(P. B. Shelley, 1792~1822). 영국 시인, 전제정치에 반대했고, 일찍이 『무신론의 필연성』(*The Necessity of Atheism*)이라는 글을 지어 퇴학당했다. 뒤에 아일랜드 민족해방운동에 참가했기 때문에 영국을 떠나게 되었다. 영국 저서에는 장편시 『이슬람의 기의(起義)』(*The Revolt of Islam*), 시극 『해방된 프로메테우스』(*Prometheus Unbound*) 등이 있다.

바이런(G. G. Byron, 1788~1824). 영국 시인. 전제통치에 반대하는 작가로서 두 번에 걸쳐 국외로 망명을 했으며, 일찍이 이탈리아 민주혁명활동과 그리스 민족독립전쟁에 참가했다. 저서에는 장편시 『차일드 해럴드의 편력』(*Childe Harold's Pilgrimage*), 『돈 후안』(*Don Juan*) 등이 있다.

스윈번(Algernon Charles Swinburne, 1837~1909). 영국 시인. 그의 초기 창작은 자유주의 사상을 표현했는데, 뒤에는 식민정책을 찬양하는 경향을 띠었다. 저서에는 시극 『애틀란타』(*Atalanta in Calydon*)와 시집 『시가와 민요』(*Poems and Ballads*) 등이 있다.

10) 메러디스(George Meredith, 1828~1909). 영국 작가. 작품에서 귀족, 자산계급의 죄악을 폭로하고, 프티부르주아계급의 급진주의를 동정했다. 저서에는 장편소설 『리처드 페버럴의 시련』(*The Ordeal of Richard Feverel*), 『이기주의자』(*The Egoist*), 장편시 『현대의 애정』(*Modern Love*) 등이 있다.

하디(Thomas Hardy, 1840~1928). 영국 작가. 자본주의 문명의 허위를 폭로하고 종법제도의 농촌생활을 동경했다. 저서에는 장편소설 『귀향』(*The Return of the Native*), 『테스』(*Tess of the d'Urbervilles*)와 시가집 등이 있다.

11) 모리스(William Morris, 1834~1896). 영국 작가, 사회활동가. 작품에서 사람들에게 지배자와 투쟁할 것을 호소하고, 적극적으로 영국 노동자운동에 참가했다. 저서에는 장편시 『지상의 낙원』(*The Earthly Paradise*), 소설 『유토피아에서 온 소식』(*News from Nowhere*), 『존 볼의 꿈』(*A dream of John Ball*) 등이 있다. 루쉰이 번역한 『상아탑을 나와서』의 제9편 「예술에서 사회개조로」는 부제가 '윌리엄 모리스 연구'이다.

12) 『십자가두를 향해 가며』는 1923년 12월 10일 일본 후쿠나가쇼텐에서 출판했고, 때는

저자가 죽기 3개월 8일 전이었다.

13) 『상아탑을 나와서』의 처음 세 편은 「상아탑을 나와서」, 「향락을 관조하는 생활」과 「영혼에서 육체로, 육체에서 영혼으로」이다.

14) 중도(中道). 일본어로 중화지도(中和之道)의 뜻이다. 중화는 『중용』(中庸)의 "희로애락이 아직 발현되지 않는 상태를 중(中)이라 일컫고, 그것이 발현되어 상황의 절도에 들어맞는 것을 화(和)라고 일컫는다"에 나온다.

15) 『구리야가와 하쿠손 전집』(廚川白村全集) 제6권은 1925년 10월 10일 가이조샤에서 출판했다.

16) 원문은 '取亂侮亡'. 『상서』 「중훼지고」(仲虺之誥)의 "약한 자는 아우르고 어리석은 자는 치시며, 어지러운 자는 잡고 망할 짓을 하는 자는 모욕을 주시어"(兼弱攻昧, 取亂侮亡)에 나오는 말이다.

17) 현장(玄奘, 602~664). 당대 승려, 불교학자. 당 태종(太宗) 때 인도로 건너가 불경을 갖고 와서 대량의 불교 경전을 번역했다.

18) 일본인들이 근대 초기 네덜란드에서 수입한 서구의 문화와 과학을 '난학'(蘭学)이라고 불렀다.

19) 린네(Carl von Linné, 1707~1778). 스웨덴의 생물학자로 동식물 분류의 선구자. 저서에는 『자연의 체계』(Systema Naturae), 『식물종』(Species Plantarum) 등이 있다.

20) 당나라 때 일본이 중국에 파견한 사절단을 가리킨다. 630년부터 894년까지 중국으로 파견된 견당사는 12차례로, 일행들 가운데에는 승려, 의사, 음양사, 화가, 음악가, 학생 등이 있었고, 매번 사절단에 참가한 인원수는 수백 명을 넘었다.

21) 어빙(Washington Irving, 1783~1859). 미국 작가. 작품은 주로 미국의 사회모순을 묘사하고, 식민주의자의 잔인함을 폭로했다. 저서에는 『스케치북』(The Sketch Book of Geoffrey Crayon, Gent), 『워싱턴전』(The Life of George Washington) 등이 있다.

디킨스(Charles Dickens, 1812~1870). 영국 작가. 부르주아계급의 여러 가지 죄악을 폭로하고, 하층민들의 고통스러운 생활을 묘사했다. 저서에는 장편소설 『데이비드 코퍼필드』(David Copperfield), 『어려운 시대』(Hard Times: For These Times), 『두 도시 이야기』(A Tale of Two Cities) 등이 있다.

도쿠토미 로카(德富蘆花, 1868~1927). 일본 작가. 종법제 아래 농민의 입장에서 자본주의 사회를 비판했다. 저서에는 장편소설 『불여귀』(不如歸), 『흑조』(黑潮) 등이 있다.

22) 린수(林紓, 1852~1924). 자는 친난(琴南), 푸젠(福建)성 민허우(閩侯; 지금의 푸저우福州) 사람. 번역가. 일찍이 다른 사람의 구술에 의거해 문언으로 구미 문학작품 백여 종을 번역하여 당시 영향력이 컸는데, 뒤에 『린역소설』(林譯小說)로 묶어 출판했다. 이 안에 어빙의 『스케치북』, 『알람브라 궁전』, 『대평원 여행』, 디킨스의 『데이비드 코퍼필드』, 『골동품 가게 이야기』, 『올리버 트위스트』, 『니콜라스 니클비』 등이 들어 있다.

23) 이 말은 남의 것을 마치 자신의 것인 양 하는 행위를 가리킨다.

24) 원문은 금계납상(金鷄納霜)으로, 키니네의 옛 번역명.

25) 거란(擧亂). 의화단(義和團) 운동을 가리킴. 의화단은 19세기 말 중국 북방의 농민과 수공업자 그리고 도시 빈민의 대중적 조직으로, 이들은 장단(掌壇)을 설치하여 권봉(拳棒)을 연마하고 기타 미신적 방식으로 대중을 조직하여 처음에는 '반청멸양'(反淸滅洋)이란 구호를 제창했다가 뒤에 '부청멸양'(扶淸滅洋)으로 바뀌었는데, 청조 통치자들에게 이용당해 외국의 공관을 공격하고, 교회를 불태웠다. 1900년 여덟 개 국가의 연합군과 청정부에 의해 진압되었다.

26) 우에노(上野). 일본 도쿄에 있는 공원, 도쿄 다이토구(台東區)에 위치하고 있다. 벚꽃으로 유명하다.

27) 마쓰시마(松島). 일본의 지명으로 미야기현(宮城縣)에 있다. 섬 여러 곳에 소나무를 심어 유명한 관광지가 되었고, '일본 삼경(三景)'의 하나로 불린다.

28) 웨이쑤위안(韋素園, 1902~1932). 안후이(安徽) 훠추(霍丘) 사람. 웨이밍사의 성원으로 고골의 중편소설 『외투』와 러시아 단편소설집 『최후의 빛』, 북유럽 시가소품집 『황화집』(黃化集) 등을 번역했다.
웨이충우(韋叢蕪, 1905~1978). 안후이 훠추 사람, 웨이밍사의 성원이며 저서에는 장편시 『쥔산』(君山) 등이 있고, 역서로는 도스토예프스키의 장편소설 『가난한 사람들』, 『죄와 벌』 등이 있다.
리지예(李霽野, 1904~1997). 안후이 훠추 사람. 웨이밍사의 성원이다. 저서에 단편소설집 『그림자』(影), 『루쉰 선생을 기억하며』(回憶魯迅先生), 『루쉰 선생과 웨이밍사』(魯迅先生與未名社) 등이 있고, 역서로는 브론테의 『제인 에어』와 안드레예프의 극본 『검은 가면을 쓴 사람』(黑假面人), 『별을 향해』(往星中) 등이 있다.

「향락을 관조하는 생활」역자 부기[1]

모국의 결점에 대한 작가의 맹렬한 공격법은 정말로 한 명의 수완가[2] 같다. 하지만 대체로 같은 아시아의 동쪽에 위치하고 상황이 대략 비슷한 탓인지, 그가 노려서 치는 급소[3]는 종종 그대로 중국의 병통病痛의 급소라는 생각이 든다. 이 점은 우리가 깊이 생각하고 반성해야 할 것이다.

12월 5일, 역자

주)_____

1) 이 글은 「觀照享樂的生活」(『상아탑을 나와서』의 제2편, 모두 5절)의 번역과 함께 1924년 12월 13일 『징바오 부간』에 처음 발표되었다. 단행본에는 수록되지 않았다.

2) 원문은 '霹靂手'. 예리하고 대담하게 처리하는 사람을 일컫는다. 『신당서』(新唐書) 「배최전」(裴漼傳)에 나오는 말인데, 배염(裴琰)의 안건처리가 신속함을 말한다. "수백 건의 안건을 …… 하루만에 처리하고, 상벌을 공정하게 내리고 게다가 문장이 교묘하여 힘이 있었다. …… 그래서 이름이 주(州) 전체에 알려져 벽력수(霹靂手)라고 칭했다."

3) 이 문장에서 구리야가와 하쿠손은 예술은 인생에 깊이 들어가 공리를 초월하는 정신향락인데, 그러나 일본인의 빈곤하고 공허한 물질과 정신 생활은 '진정한 문예'의 생산에 불리하다고 생각했다.

「영혼에서 육체로, 육체에서 영혼으로」역자 부기[1]

이것도 『상아탑을 나와서』중의 한 편이다. 주지는 오로지 그가 가장 사랑하는 모국——일본——의 결함을 지적한 데 있다. 하지만 내가 보기에 서두의 여관제도를 비판한 한 절과 제3절의 증답贈答의 의례[2]를 비판한 점이 중국과 그다지 관계가 없는 것을 제외하고는, 그 밖의 대부분이 현재 우리 모두가 은폐하고 있는 고질병으로서, 특히 모두가 자부하고 있는 이른바 정신문명을 정확히 찌르고 있는 것처럼 생각된다. 그래서 지금 나는 한 차례 수입해 외국의 약국에서 사온 한 첩의 설사약下劑으로 삼는다.

1924년 12월 14일, 역자 씀

주)_____

1) 이 글은 「從靈向肉和從肉向靈」(『상아탑을 나와서』의 제3편, 모두 5절)의 번역과 함께 1925년 1월 9일 『징바오 부간』에 처음 발표되었다. 단행본에는 수록되지 않았다.
2) 구리야가와 하쿠손은 제1절에서 일본의 구식여관이 "가정식의 온정"으로 상업적 타산을 가리는 작풍을 비판했다. 제3절에서는 일본인이 축(조)의금을 낼 때 "겸공"(謙恭)을 표시하기 위해 채용한 "헛되이 낭비하는"(虛耗)의 의절(儀節)을 비판했다.

「현대문학의 주조」역자 부기[1]

이것도 『상아탑을 나와서』 중의 한 편으로, 역시 1919년 1월 작품이다. 지금으로 보면 세계는 저자가 예측하고 있는 만큼 낙관할 수 있는 것이 아니지만, 몇 가지 부분은 맞다. 또 "정신의 모험"[2]에 대한 간명한 해석, 말미의 문학에 대한 견해[3] 등은 많은 사람들의 참고가 될 수 있다고 생각해서 번역했다.

1월 16일

주)_____

1) 이 글은 「現代文學之主潮」(루쉰의 번역본 『상아탑을 나와서』 제8편, 모두 3절)의 번역과 함께 1925년 1월 20일 『민중문예주간』(民衆文藝週刊) 제6호에 처음 발표되었다. 단행본에는 실리지 않았다.

2) '영혼의 모험'이라고 번역할 수 있다. 프랑스 소설가이자 비평가인 아나톨 프랑스가 그의 문예평론집 『문학생활』에서 문예비평을 "걸작 속에서의 영혼의 모험"이라고 불렀는데, 구리야가와 하쿠손은 본문 제1절에서 불만 그래서 "과거"를 파괴하고, 동경 그래서 "새로운 사물"을 추구하고, "이 심기, 심정을 잡고, 이 직감, 이 표현을 반영해 낸 것

이 바로 문예다. 즉 하나의 '정신의 모험'(spritual adventure)이다"라고 적었다.

3) 구리야가와 하쿠손은 본문의 마지막 1절에서 "문예의 본래 직무는 문명비평과 사회비
평으로서 그것을 통해 한 시대를 향도(嚮導)하는 데 있다"고 말했다. 그래서 "전후의 서
양문학은 대체로……'인생의 비평'으로서 사회와의 밀접한 관계를 증대시키려고 한
다. 그런데 일본의 문단만은 여전히 문화의 지도자이거나 비평가로서의 역할을 하려고
하지 않는가?"라고 했다.

『작은 요하네스』[1]
서문[2]

나의 「즉흥일기」[3]에 이런 단락이 있다.

중앙공원에 도착하자 약속했던 장소인 조용하고 외진 곳으로 바로 향해 갔다. 서우산壽山은 먼저 와 있었다. 잠시 쉰 다음 『작은 요하네스』교열을 보기 시작했다. 이 책은 우연히 입수하게 된 괜찮은 책이었다. 대략 20년 전에 나는 일본 도쿄의 헌책방에서 몇십 권의 독일어 중고 문학잡지를 샀는데 그 속에 이 책에 대한 소개와 작가 평전이 수록되어 있었다. 그즈음에 막 독일어로 번역되었기 때문이었다. 나는 흥미를 느껴서 마루젠서점[4]에 부탁하여 구입했는데 번역하고 싶었으나 그럴 여력이 없었다. 그러다가 지난해 여름방학에 이 책을 번역할 마음을 먹고 광고까지 냈는데 예상과는 달리 그 해 여름방학[5]은 다른 때보다 더 힘겹게 보냈다. 올해 또 기억이 나서 한번 살펴보았는데 어려운 대목이 적지 않았고 여전히 이 일을 할 여력이 남아 있지 않았다. 서우산에게 같이 번역하겠느냐고 물었더니 그가 승낙하여 드디어 착수한 것이다. 게다가 반드시 이번 여름방학 동안 번역을 마치자고 약속까지 했다.

이것은 작년 즉 1926년 7월 6일의 일이다. 그렇다면 20년 전은 자연히 1906년이다. 이른바 문학잡지가『작은 요하네스』를 소개한 것은 1899년 8월 1일 출판된『문학의 반향』[6]이고, 지금은 대략 구파문학의 기관지가 되었지만, 이 호는 아직 제1권의 제21기였다. 원작은 1887년에 발표되었고 작가는 28세였다. 13년 뒤에 독일어판이 나왔는데 번역이 완성된 것은 그보다 전이고, 중국어 번역은 원작의 발표로부터 정확히 40년 뒤이니 작가는 이미 68세이다.

일기상의 기록은 극히 간단하지만, 자질구레한 일은 많이 담겨 있다. 유학 시절에는 교과서의 수업을 받고, 교과서와 같은 강의를 필기하는 것 외에 또 약간의 즐거움이 있었는데, 나의 경우는 간다神田구 일대의 고서점을 돌아다니는 것이 그 하나였다. 일본은 대지진 이후 모습이 많이 바뀌었을 거라고 생각하지만, 당시 그 일대는 서점이 적지 않았고 여름 저녁에는 찢어진 옷에 낡은 모자를 쓴 학생들이 늘 무리지어 있었다. 서점의 좌우 벽과 중앙의 커다란 테이블 위에는 모두 책으로 가득했으며, 안쪽 구석에는 대개 수완이 좋은 주인이 무릎을 꿇고 앉아서 두 눈을 빛내고 있었는데, 내게는 마치 조용히 거미줄에 앉아서 줄에 가까이 다가오는 이들의 부족한 학비를 기다리는 거미처럼 보였다. 하지만 나 역시 다른 사람과 똑같이 한번 쓱 보려고 망설임 없이 들어가서는 결국 몇 권을 사고 말았으며, 그 덕분에 마음이 다소 가벼워지는 기분을 느꼈다. 그 너덜너덜한 반월간지『문학의 반향』도 이런 곳에서 손에 넣은 것이다.

나는 지금도 기억하고 있다. 그 당시 이것을 산 목적이 아주 웃기는

데, 2주일마다 출판되는 책이름과 각국 문단의 동정을 들여다보고 싶었던 것뿐으로 역시 도문屠門을 지나고 대작大嚼하는[7] 쪽이 도문을 지나지 않고 공인空嚥하는 것보다는 나으며, 게다가 대량의 서적을 구입해서 읽고자 하는 야심 따위는 꿈에도 가져 본 적이 없었다. 그러나 우연히 그 속에 실린 『작은 요하네스』 번역서의 발췌 즉 본서의 제5장을 보고서 나는 크게 마음이 흔들렸다. 며칠 뒤에 이 책을 사러 난코도[8]에 갔으나 없었고, 또 마루젠서점으로 갔으나 역시 없었다. 이에 멈추지 않고 독일에 주문해 달라고 하였다. 대략 3개월 뒤에 어떻게 이 책은 나의 수중에 있게 되었다. 플레스(Anna Fles) 여사의 번역으로 권두에는 라헤(Dr. Paul Rache) 박사의 서문이 있고, '내외국문학총서'(Bibliothek die Gesamt-Litteratur des In-und-Auslandes, verlag von Otto Hendel, Halle a. d. S.)[9]의 하나로, 가격은 겨우 75페니히[10] 즉 우리 돈 40전에 포장도 되어 있다!

이것은 바로 서문에서 말한 대로 한 편의 '상징과 사실의 동화시'이다. 무운無韻의 시, 성인의 동화다. 작가의 박식과 예민한 감수성으로 인해 일반 성인의 동화를 이미 초월하고 있는 듯하다. 그 속에는 황금충의 생평, 균菌류의 언행, 개똥벌레의 이상, 개미의 평화론, 이것들은 모두 현실과 환상의 융합이다. 생물계의 현상에 그다지 관심이 없는 사람이라면 이 때문에 다소 흥미를 잃지 않을까 조금 염려가 된다. 하지만 나는 인간의 사랑이 있고, 아이와 같은 마음을 잃지 않았다면 어디든 '인류와 그 고뇌가 존재하는 대도시'의 사람들이 있음을 느낄 수 있다고 예감하고 있다.

이 또한 실제 인성의 모순이며, 화복禍福이 뒤얽힌 비환悲歡이다. 인간은 어릴 때 '잠자리'蜻蛉를 쫓아서 대자연과 친구가 된다. 복이든 화든 조금 성장해서는 지知를 추구한다. 어떻게 무엇을 왜? 이리하여 지식욕의 구상화——작은 요정 'Wistik'(장지將知)를 부르게 된다. 나아가서는 과학연구의 냉정한 정령 —— 'Pleuzer'(천착穿鑿)과 만난다. 유년기의 꿈은 가루가 되어 사라진다. 과학적 연구라고 해도 "학습의 모든 것의 시작은 좋은 것이다.…… 그러나 연찬硏鑽을 쌓으면 쌓는 만큼 그 모든 것은 점점 처량하고 암담해진다."…… 다만 '숫자박사'만은 행복하다. 모든 결과가 종이 위의 숫자가 되어 드러나기만 하면, 그는 만족하고 광명을 본 것으로 간주한다. 누가 더 앞으로 나아가 고뇌를 얻기를 바라겠는가. 왜인가? 그 이유는 사람은 조금은 알 수 있어도 일체를 알 수는 없어서 결국 '인류'의 한 사람으로 자연과 합체를 이루어 천지의 마음을 자신의 마음으로 할 수 없기 때문이다. 요하네스는 그것을 읽으면 모든 것을 알 수 있는 그런 책을 구했지만, 그 때문에 오히려 '장지'를 만나고 '천착'을 만나고 마지막에는 '숫자박사'를 스승으로 모실 수밖에 없게 되어 그 고통은 더욱 심해졌다. 그가 자신 안에 신을 인정하고 '인성과 그 고뇌(비통)가 존재하는 대도시'를 직시하게 되었을 때 비로소 이런 책은 세상에 존재하지 않으며 단지 두 곳에서만 손에 넣을 수 있다는 것을 알게 된다. 하나는 '잠자리'로 이미 잃어버린 시원始源에서 자연과 일체였던 혼돈, 하나는 '영원의 끝'永終 ——죽음, 아직 오지 않은 다시 자연과 일체가 되는 혼돈이다. 게다가 이들 둘은 원래 동주同舟였던 것도 분명하게 파악했던 것이다.……

　　만약 우리가 이방異邦의 땅에서 강연한다면 말이 다르기 때문에 통역이 붙는데, 이것은 어쩔 수 없는 일이다. 기껏해야 통역이 빠트리거나 틀리는 곳이 있어 주지가 전달되지 않을까 걱정하는 정도다. 그러나 만약 통역이 따로 자신의 해석과 설명 및 요약을 덧붙이고 더욱이 논의까지 시작한다면, 생각건대 필시 말하는 쪽도 듣는 쪽도 불쾌하게 느낄 것이다. 그래서 나도 내용과 관련된 말은 이것으로 그만하려고 한다.

나도 다른 사람이 자기가 좋아하는 것을 먹으러 가자고 권유받는 것은 바라지 않으면서, 자신이 좋아하는 것이라고 종종 다른 사람에게 권유하는 경우가 있다. 읽는 것도 똑같은데, 『작은 요하네스』가 그 하나이다. 자신이 애독하게 되자 다른 사람들이 읽으면 좋겠다고 생각하게 되고 그 때문에 부지불식간에 중국어로 번역할 마음이 생겼던 것이다. 이 기분의 발생은 대체로 꽤 이른 것이었는데, 나는 이미 오랫동안 마치 작가와 독자에 대해 커다란 책무를 지고 있는 듯이 느꼈던 것이다.

하지만 왜 더 빨리 착수하지 못했는가? '다망'多忙은 구실이고, 주된 원인은 역시 모르는 곳이 너무 많았던 것이다. 읽을 때는 알았는데 막상 펜을 들고 번역하게 되자 또 의문이 생기는 것이, 한마디로 외국어 실력이 부족했던 것이다. 재작년 나는 여름휴가 시간을 이용해 한 권의 사전辭典을 믿고 이 길로 가고자 굳게 결심했지만, 의외로 시간 따위는 없고 나의 적어도 2, 3개월의 생명은 '정인군자'와 '학자'들의 포위공격[11] 속에서 사라지고 말았다. 작년 여름에 베이징을 떠나려고 마음먹자, 먼저 이 책이 떠올라서 오랫동안 함께 일해 온 친구, 이전에 나의 『노동자 셰빌로프』의 번역을 도와준 치쭝이와 중앙공원의 한 붉은 벽의 작은 방에 틀어박혀서 먼저 초고를 완성했다.

우리의 번역은 매일 오후 주위에는 상품의 잎으로 끓인 차가 있고, 그리고 몸에는 흠뻑 땀을 흘리지 않은 적 없이 진행되었다. 때로는 속도가 나기도 하고 때로는 격하게 언쟁하고 때로는 상의하고 때로는 둘 다 적당한 번역 방법이 생각나지 않았다. 번역하면서 머리가 어지러울 때는 작은 창밖의 햇빛과 녹음을 바라보자 기분이 점차 안정이 되고 천천히 큰 나무에 붙어 있는 매미 소리가 들렸다. 이렇게 약 한 달을 보냈다. 얼마 뒤에 나는 초고를 들고 샤먼대학에 가서 거기서 짬을 내어 정리하고자 생각했지만, 시간이 없었다. 또 이곳에 오래 있을 수도 없었다. 역시 '학자'가 있었다. 그래서 다시 광저우의 중산대학까지 가져갔고 그곳에서 짬을 내어 정리하고자 했으나 역시 시간이 없었다. 게다가 역시 오래 머물 수도 없었다. 그곳에도 역시 '학자'가 있었다. 끝내는 초고를 들고 자신의 우거寓居——빌린 지 한 달도 되지 않아 넓지만 더운 집——바이윈루白雲樓로 도 망쳤다.

네덜란드 해안의 모래언덕 풍경은 본서의 묘사만으로도 사람의 마음을 매료시키기에 충분하다. 나의 바이윈루 밖은 다르다. 하늘 가득 작열하는 태양, 이따금 실처럼 내리는 폭우, 앞의 작은 항구에는 십여 척의 단민[12]의 배, 한 척이 한 가정, 한 가정이 하나의 세계, 그 담소곡매談笑哭罵는 대도시 속의 비환을 담고 있다. 또 마치 어디서 청춘의 생명이 소멸되고 혹은 지금 살육당하고 있으며, 혹은 신음하고 있고 혹은 "부란腐爛의 사업이 운영"[13]되고 이 사업의 재료가 되고 있는 것도 아랑곳하지 않는 듯하다. 하지만 나는 침묵의 도시 속에 있어도 나의 생명은 아직 존재하고 있으며 조금씩 패퇴하더라도 나는 실로 아직 소멸하지 않았음을 점차 깨닫게 되었다. 단지 '화운'火雲[14]은 보이지 않고, 종종 내리는 것도 아니고 그치는 것도 아닌 장마에 괴롭지만 역시 이 번역원고를 정리하는 시기가 된 듯하다. 그래서 5월 2일에 착수하여 조금씩 수정을 가해 청서淸書를 하고 월말에 완성했으니, 또 한 달이 걸렸다.

애석하게도 나의 오랜 동료 치군은 어디서 만유漫遊하고 있는지 작년에 헤어진 이후 지금까지 아무 소식도 없어서 의문스러운 점이 있어도 상의하거나 논쟁할 방법이 없다. 오역이 있다면 당연히 나의 책임이다. 게다가 침묵의 도시라고 하더라도 때로는 스파이의 눈이 빛나고 연극조의 편지가 날아들고, 베이징식의 유언[15]이 날아와서 이목을 어지럽히기 때문에 집필도 종종 거칠어지게 된다. 힘껏 직역하고자 하니 문장이 난해해진다. 유럽 문장으로는 명료하지만 나의 역량으로는 이것을 전하기에 부족하다. 『작은 요하네스』에서 사용하고 있는 것은 폴 데 몬트[16]가 말한 것처럼 '어린아이들이 사용하는 간단한 말'이지만, 번역해서 보면 어려움을 통감하게 되고, 역시 본의 아닌 결과를 맞게 된다. 예를 들어 말미의 중요해서 공을 들인 구절, ── "Und mit seinem Begleiter ging er den frostigen Nachtwinde entgegen, den schweren Weg nach der grossen, finstern Stadt, wo die Menschheit war und ihr Weh."의 후반을 나는 다음과 같이 졸렬하게 번역했다. "저 크고 어두운 도시 곧 인성人性과 고뇌가 사는 가시밭길로 발을 들여놓았다." 장황하고 알기 어렵지만, 나는 이보다 좋게 번역할 수가 없다. 왜냐하면 분할하면 주지와 긴장감이 완전히 다르게 되기 때문이다. 하지만 본래의 번역은 아주 명쾌하다.──가시밭길에 발을 들여놓았다, 그 길은 크고 어두운 도시로 이어지고 그리고 이 도시야말로 인성과 그들의 그 비통이 사는 곳이다.

동식물의 명칭에 관해서도 많은 어려움을 겪었다. 내 손에는 『신독화사서』[17] 한 권이 있을 뿐으로, 여기서 일본명을 조사해서 다시 『사림』[18]에서 중국명을 조사했다. 그래도 나오지 않는 것이 20여 개가 되었는데, 이것의 번역은 저우젠런[19]이 상하이에서 보다 상세한 사전과 대조해 준 것에 감사를 표한다. 하지만 우리는 자연과 이제까지 상당히 소원했고 책에 실린 명칭을 조사한다고 해도 실물이 어떤 것인지 알 수 없었다. 국화나 소나무는 우리도 알지만 자화지정紫花地丁[제비꽃과]이라고 하자 조금 기이하고 연형화蓮馨花(Primel)[플리뮬러]에 이르러서는 역자조차도 도대체 어떤 색과 형체를 하고 있는지 알지 못한다. 이미 사전을 그대로 베껴 봤지만. 많은 것이 네덜란드의 모래땅에서 자라는 것이기 때문에 우리에게 익숙하지 않은 것도 무리는 아닌데, 예를 들어 곤충류의 쥐며느리鼠婦(Kellerassel)와 딱정벌레馬陸(Lauferkäfer) 등은 나의 고향에서 습지에 굴러다니고 있는 연와煉瓦와 돌멩이를 뒤집어 보면 볼 수 있었던 거라고 기억하고 있다. 우리는 후자를 '취파낭'臭婆娘이라고 불렀는데, 그것이 온몸에서 악취를 풍기기 때문이었다. 전자에 관해서는 사람들이 그 이름을 부르는 것을 들은 적이 없다. 나의 고향 사람들은 이것에 이름을 붙이지 않은 것이다. 광저우에서는 '지저'地猪라는 이름이 있다.

문장은 직역에 가깝게 하려고 마음먹은 것과는 반대로 인명은 의역을 했다. 그것은 상징이기 때문이다. 작은 요정 Wistik은 작년에 상의해서 '개연'蓋然으로 정했지만, '개'는 추량의 말이고, 지금 부적절해서 이번에는 독단적으로 '장지'將知라고 고쳤다. 과학연구의 냉혹한 정령精靈 Pleuzer 즉 독일어역의 Klauber는 본래 '도척자'挑剔者라고 번역하는 것이 가장 낫다. '도'는 택한다는 의미, '척'은 도려낸다는 의미이다. 다만 천위안 교수가 '소동을 도척한다'는 진귀한 말을 창조해 낸 이후[20] 나는 멀리하여 사용하지 않고 있다. '한담'閑話의 교화력敎化力이 아주 위대해서 이런 번역명도 돌연 '도발'挑發의 의미로 풀지도 모르기 때문이다. 이것을 학자의 별명으로 삼는다면, 도필[21]과 같게 되어 또 중죄를 범하게 되고, 단도직입적으로 '천착'穿鑿이라고 번역하는 것만 못하다. 하물며 중국의 소위 "날마다 하나씩 구멍을 뚫어서 '혼돈'을 죽게 한다"[22]라는 것은 그가 요하네스를 자연으로부터 떼어 놓은 것과 아주 비슷하다. 소녀 Robinetta는 내가 오랫동안 그 의미를 알지 못해서 음역하는 것도 생각했다. 이달 중순에 장사오위안[23]에게 무언가 최후의 조사를 해줄 것을 의뢰한바 며칠 뒤에 회신이 있었다.

ROBINETTA라는 이름은 웹스터대사전 인명록[24]에도 없습니다. 그녀와 ROBIN은 각각 여성과 남성이 아닌가 하는 생각이 들어 ROBIN을 찾아본바 다음과 같은 설명이 있었습니다. ROBINE은 ROBERT의 애칭, ROBERT의 원래 뜻은 '令名赫赫'(!)

그렇다면 좋다, '영아'榮兒라고 번역하자.

영국의 민간전설에 Robin good fellow[25]라고 부르는 나쁜 장난을 즐기는 요정이 있다. 만약 네덜란드에도 이 전설이 있다면 소녀가 Robinetta라고 불리는 것과 이것은 대체로 관계가 있을 것이다. 그녀는 실제 작은 요하네스에게 무서운 농담을 걸었기 때문이다.

「요하네스 빅토르」, 일명 「사랑의 책」은 『작은 요하네스』의 총편이고, 완결편이기도 하다. 다른 나라에 번역이 있는지는 잘 모르겠다. 다만 그와 같은 나라인 폴 데 몬트의 설에 의하면 "이것은 한 편의 상징적인 산문시이며, 그 속에 서술과 묘사는 없고, 호곡號哭과 환호가 있다." 게다가 그도 "대체로 이해하기 어렵다"고 한다.

원래 번역본에 있는 라헤 박사의 서문은 본서에 관해서 많이 서술하고 있지 않지만, 19세기 80년대의 네덜란드 문학의 개요를 알 수 있어서 번역하였다. 이밖에 나는 두 편의 문장을 부록으로 덧붙였는데, 하나는 본서의 필자 프레데리크 반 에덴의 평전으로『문학의 반향』1권 21기에 실렸던 것이다. 평전의 저자 폴 데 몬트는 당시 네덜란드의 유명한 시인이며, 라헤도 서문에서 그를 언급하고 있지만, 그 시에 관해서는 불만을 드러내고 있다. 그의 문장 또한 기묘하여 나 자신 번역하는 것이 걱정스러워 그만둘까도 생각했지만, 역시 반 에덴의 당시까지의 경력과 작품을 알 수 있기 때문에 겨우 번역을 완성하였다. 아무래도 헛수고한 건 아닌지 모르겠다. 마지막 한 편은 동식물명의 번역에 관한 나의 소기小記이며 그다지 관련은 없다.

평전이 기술하고 있는 것 외에 그리고 그 뒤의 작자의 사정에 대해서는 나는 전혀 알지 못한다. 다만 어렴풋하게나마 유럽대전 때 정신적 노동자들이 전쟁에 반대하는 선언 한 편[26]을 낸 적이 있고, 중국에서도『신청년』에 번역해서 실린 적이 있는데, 그 속에 분명히 그의 서명이 있었다는 것을 알고 있다.

1927년 5월 30일
광저우 동제東堤의 우루寓樓 서쪽 창문 아래서 루쉰 적다

주)_____

1)『작은 요하네스』(小約翰). 상징과 사실의 장편 동화시. 네덜란드 작가 반 에덴의 작품이다. 원작은 1887년에 발표되었고, 루쉰은 1926년 7월에 치쭝이(齊宗; 즉 서우산壽山)의 도움 아래 번역을 시작하여 8월 중에 번역을 마쳤다. 1928년 1월 베이징 웨이밍사에서 '웨이밍총간'의 하나로 출판했다.
반 에덴(Frederik van Eeden, 1860~1932). 네덜란드 작가이자 의사. 그는 잡지『새로운 안내자』(De Nieuwe Gids)의 주요 구성원 가운데 한 사람이며,『작은 요하네스』(De

kleine Johannes)는 처음 이 잡지에 발표되었다. 다른 주요 작품은 장시 「엘렌」, 시극 『형제』, 장편소설 『죽음의 심연』 등이 있다.

2) 이 글은 「『작은 요하네스』 서」(『小約翰』序)라는 제목으로 1927년 6월 26일 주간 『위쓰』 제137기에 처음 발표되었고, 뒤에 단행본으로 출판되었다.

3) 『화개집속편』(華蓋集續編)에 실려 있다.

4) 마루젠서점(丸善書店). 일본 도쿄의 외국도서 전문서점으로 지금 일본의 지요다(千代田)구에 있었다.

5) 1925년 여름휴가를 가리킨다. 당시 돤치루이(段祺瑞) 정부는 베이징여자사범대학의 학생운동에 대한 진압과 루쉰에 대한 박해를 강화하고 있었고, 루쉰과 현대평론파의 논전 또한 과열되고 있었다.

6) 『문학의 반향』(*Das litterarische Echo*). 문예평론에 관한 독일어 잡지로, 20세기 30년대에도 여전히 발행되고 있었다.

7) 원문은 '過屠門而大嚼'(푸줏간 앞을 지나면서 크게 입을 벌리고 씹는 시늉을 하다). 이 말은 『문선』(文選), 조식(曹植)의 「오계중(吳季重)에게 보내는 책」에 나온다.

8) 난코도(南江堂). 당시 일본 도쿄의 한 서점으로 1879년에 창립되었고, 혼고구(本鄉區)에 있었다.

9) '내외국문학총서'(內外國文學叢書)는 오토렌델출판사에서 나왔고, 이 출판사는 독일 잘레 강가의 할레시에 있다.

10) 페니히(Pfennig). 독일의 화폐명으로 100페니히가 1마르크다.

11) 루쉰은 1926년 8월 베이징을 떠나 샤먼(廈門)대학에 가서 교편을 잡았다. 여기서 '정인군자'(正人君子), '학자'는 천위안(陳源; 즉 시잉西瀅), 구제강(顧頡剛) 등을 가리킨다. 루쉰은 샤먼대학에 불만을 갖고 사직한 뒤 1927년 1월 광저우 중산(中山)대학으로 옮겼는데 오래지 않아 구제강도 샤먼대학에서 중산대학으로 왔다.

12) 원문은 '蜑戶'. 즉 단호(蜑戶), 단민(蜑民)이라고도 하는데, 옛날 광둥, 푸젠(福建), 광시(廣西) 연해의 항만과 내하(內河)에서 어업과 수상운송업에 종사하던 수상(水上) 주민을 가리키는데, 모두 배를 집으로 삼아 살았다.

13) 원래 『작은 요하네스』의 번역본 '부록' 폴 데 몬트(Pol de Mont)가 쓴 작가평전 「프레데리크 반 에덴」(Frederik van Eeden)에 나오는 말인데, 즉 "가련하고 어린 요하네스를 무덤 사이, 시체 사이, 구더기 사이에 데리고 와서, 그것은 썩은 사업을 운영하는데……"이다.

14) 『작은 요하네스』 전권에서 마무리를 지을 때 요하네스가 '화운'(火雲)을 바라보는 대목이 있다. "그는 도로의 먼 저쪽 끝을 언뜻 바라보았다. 대화운(大火雲; 노을)으로 둘러싸인 밝은 공간에서 또 한 작은 검은색의 형상을 보았다."

15) '스파이의 눈'. 1927년 루쉰이 중산대학에 교직을 맡고 있을 때 '4·12'반공(反共)정변

전후라서 정치환경이 복잡했다. 이 해 9월 3일 루쉰은 리샤오펑(李小峰)에게 보낸 편지에서 광저우로 온 뒤의 상황에 대해서 이렇게 말했다. "방문하러 오는 이, 연구하러 오는 이, 문학을 얘기하는 자, 사상을 정탐하는 자, 서문과 서명을 받으러 오는 이, 강연을 청하러 오는 이, 이 소란스러움도 즐겁지가 않다."(『이이집』 『통신』通信)
'연극조의 편지'. 중산대학이 막 보낸 루쉰의 사직에 대한 위로 편지를 가리킨다.
'베이징식의 유언(流言)'. 베이징의 현대평론파와 비슷한 언론을 말한다.

16) 폴 데 몬트(Pol de Mont, 1857~1931). 벨기에 시인, 평론가. 저서에는 『로렐라이』 (*Loreley*), 『나비』, 『여름의 불꽃』 등의 시집이 있다. 그는 「프레데리크 반 에덴」에서 『작은 요하네스』 "전체적 표현"은 "아이의 간단한 언어에 가깝다"라고 말했다.

17) 『신독화사서』(新獨和辭書). 『신독일사전』(新德日辭書)이다. 일본어로 독일어(중국어는 德語)를 독어(獨語)라고 한다. 화(和)는 일본의 다른 이름.

18) 『사림』(辭林). 일본어 사전, 가나자와 쇼자부로(金沢庄三郎)가 편하여 1907년 일본 도쿄 산세이도(三省堂)서점에서 출판했다. 1924년 제12판까지 나왔는데, 루쉰은 그 해 11월 28일 베이징 동아공사(東亞公司)에서 한 권을 구입했다.

19) 저우젠런(周建人, 1888~1984). 자는 교봉(喬峰), 루쉰의 둘째 동생, 생물학자. 당시 상하이 상우인서관 편집실에서 일했다.

20) 천위안(陳源, 1896~1970). 자는 퉁보(通伯), 필명 시잉(西瀅), 장쑤(江蘇) 우시(無錫) 사람. 현대평론파의 중요 멤버. 당시 베이징대학 교수. "소동을 도척한다"(挑剔風潮)는 천위안이 『현대평론』(現代評論) 제1권 제25기(1925년 5월 30일) 「한담」(閑話)에서 베이징여사대학생운동을 지지하던 루쉰 등을 질책하면서 한 말이다. 루쉰은 『화개집』 (華蓋集) 「나의 '본적'과 '계파'」(我的'籍'和'系')라는 글에서 천위안의 "도척"이란 말의 오용에 대해서 언급하며, "내가 항상 글자를 '도척'하(꼼꼼히 따지)려고 한 것은 분명하다. 하지만 '도척풍조'라는 이 연속된 글자의 표면적 의미도 통하지 않는 음모에 대해 나는 아직도 어떤 수작인지 알지 못한다"라고 적었다.

21) 원문은 '刀筆', '도필리'(刀筆吏)라는 의미다. 고대에 문서를 다루는 관리를 도필리라고 불렀고, 뒤에 또 일반적으로 법조문을 왜곡하여 부정을 저지르는 변호사를 칭하는 말로 사용되었다. 천위안은 「즈모(志摩)에게」라는 공개 서신(1926년 1월 30일 『천바오 부간』)에서 루쉰은 "십여 년 동안 관청에서 일한 재판소 서기와 도필리였다"라고 매도했다.

22) 원문은 '日鑿一竅而混沌死'. 이 말은 『장자』(莊子) 「응제왕」(應帝王)편 "남해(南海)의 제(帝)는 숙(儵)이요, 북해(北海)의 제는 홀(忽)이며, 중앙의 제는 혼돈(混沌)이었다. 숙과 홀이 때때로 혼돈의 땅에서 함께 만났는데, 혼돈이 그들을 극진히 대접하였으므로 숙과 홀이 그 은덕에 보답하고자 상의하여 이렇게 말하였다. '사람은 얼굴에 일곱 구멍을 가지고 있어 그것으로 보고 듣고 먹고 숨을 쉬는데, 혼돈은 이를 가지고 있지 않으

니 우리가 그에게 구멍을 뚫어 주도록 합시다.' 그리하여 하루에 하나씩 구멍을 뚫었더니 칠일 만에 혼돈이 죽고 말았다"라는 구절에 나온다.

23) 장사오위안(江紹原, 1898~1983). 안후이 징더(旌德) 사람. 일찍이 베이징대학 강사를 지냈고, 1927년 루쉰과 함께 중산대학에서 학생들을 가르쳤다. 저서에는 『발수조』(髮鬚爪)가 있다.

24) 미국의 웹스터(N. Webster, 1758~1843)가 편한 『영어대사전』(英語大辭典) 권말 부록의 인명사전을 가리킨다. 『웹스터대사전』은 1828년에 처음 완성되었고, 뒤에 증보판이 나왔다.

25) 'Robin good fellow'는 장난꾸러기이다. 사람들에게 장난치는 것을 아주 좋아한다고 전해지고 있는 작은 요정이다.

26) '전쟁에 반대하는 선언'. 프랑스 작가 로맹 롤랑이 1919년 3월에 쓴 「정신독립선언」을 가리킨다. 이것은 같은 해 6월 29일 파리의 『휴머니티』(人道報)에 발표되었으며, 각국의 작가들 가운데 서명에 참여한 이들이 대단히 많았다. 이 선언은 장쑹녠(張崧年)이 번역하여 월간 『신청년』 제7권 제1호(1919년 12월)에 실렸다.

동식물 역명 소기[1]

동식물의 역명에 관해 나는 이미 어느 글에서 그 몇 개를 설명한 적이 있는데, 뜻이 미진한 곳이 있어서 좀더 적고자 한다.

지금 생각이 나는 것은 베이징에 남아 있는 동식물에 관한 몇 권의 책이다. 이 '시적'詩赤[2] 때에 저것이 무사할까? 아직 금지를 위반할 정도는 아니라고 생각하고 있지만. 그러나 '혁명의 책원지'[3] 광저우에 있다고 할지라도 나 역시 느긋하게 있어서는 안 된다. 한 가지 신경이 쓰이는 것을 빨리 정리하기 위해서 다소 편의적인 방법으로 편지를 써서 상하이의 저우젠런에게 물었다. 우리의 편지 왕복은 일곱 차례이며 그래도 다행히 겉봉투에 각종 무슨 검사 완료의 인장이 찍혀 있었지만 별 탈 없이 전해졌다. 다만 좀 늦었다. 그러나 이 편지에서 상담한 결과도 별 도움이 안 됐다. 왜냐하면 그가 조사한 독일어 책이라는 것도 단지 Hertwig[4]의 동물학과 Strassburger[5]의 식물학뿐으로, 그래서 학명學名을 조사하고 그 뒤에 다시 중국명을 찾게 되었다. 그는 또 중국의 유일한 『식물학대사전』[6]도 몇 번인가 인용했다.

그러나 그 대사전에 나오는 명사는 모두 한자이지만, 실은 일본명인 것이 많이 있었다. 일본의 책에도 분명히 자주 중국의 옛 명칭이 사용되었는데, 대다수는 역시 그들의 말을 한자로 쓴 것에 불과했다. 만약 그대로 인용한다면 그것은 안 한 것과 같아서 나는 그다지 적절하지 않다고 생각한다.

다만 중국의 옛 명칭도 대단히 어렵다. 내가 알지 못하는 글자, 음조차도 분명하게 읽을 수 없는 글자도 아주 많았다. 그 형상을 알고 싶어서 서적을 조사해 보아도 요령부득인 것이 종종 있었다. 경학가의 『모시』毛詩[7]의 조수초목충어鳥獸草木蟲魚에 관한 것, 소학가의 『이아』[8]의 석초釋草·석목釋木류, 의학자의 『본초』本草[9]의 많은 동식물에 관한 것 등 모두 여럿이 합세하여 많은 책을 쓰고 있지만, 지금까지 결국은 확실한 주석은 해내지 못했다. 내 생각에 장래 만약 이 길에 매진하는 생물학자가 나와서 단지 명칭에 관해서만이라도 옛 명칭 가운데 사용할 수 있는 것을 채용하는 것 외에 각지의 속칭을 한층 널리 조사해서 다소 소통하기에 괜찮은 것, 적절한 것을 선택하여 정식명칭을 결정하고, 그래도 부족한 것은 새롭게 지어서 덧붙인다면 다른 것은 잠시 제쳐 두더라도 번역에 관한 것만으로도 쭉 편리하게 될 것이다.

다음은 내가 설명을 요하는 것을 본서의 장에 따라 임의로 적어 본다.

제1장 첫머리에 바로 나오는 식물 Kerbel은 어찌할 수가 없다. 이것은 산형과繖形科에 속하고 학명을 Anthriscus라고 한다. 하지만 중국의 역명을 찾을 수 없어 나는 그 의미를 알지 못해 카이바이진凱白新[10]이라고 음역할 수밖에 없었다. 다행히 그것은 한 차례 나왔을 뿐으로 그 뒤에는 나

오지 않았다. 일본에서는 자쿠[11]라고 한다.

제2장에도 몇 가지 있다.——

Buche는 유럽에서 아주 일반적인 나무로 잎은 난원형卵圓形으로 엷고, 안은 털이 들어 있다. 나무껍질은 갈색, 목재로는 여러 용도가 있고, 과실은 먹을 수 있다. 일본에서는 부나橅(Buna)라고 부르고, 그들은 또 중국에서는 산모거山毛欅라 부르는 거라고 결론 내렸다. 『본초별록』[12]에서 "거欅라는 나무는 산 곳곳에 있는데, 껍질은 단향檀香에 가깝고, 잎은 역櫟과 같다"라고 했다. 사실 아주 비슷하다. 『식물학대사전』에서는 국欅이라고도 한다. 국은 백柏으로 이번에는 사용하지 않았다.

요하네스가 한 마리 남색의 물잠자리(Libelle)를 봤을 때, '이것은 나방蛾이 아닐까'라고 생각했다. 나방은 원문이 Feuerschmetterling으로 의미는 불의 나방蝶이다. 중국명은 조사해 보지 않았지만, 필시 나방은 아닐 것이다. 나는 처음에 붉은 잠자리가 아닐까 생각했지만, 문장에서 분명하게 남색이라고 해서 그렇게 하지도 못했다. 지금은 잠시 나방이라고 번역해서 독자의 가르침을 기다린다.

선화旋花(Winde)는 일명 고자화鼓子花라고도 하는데, 중국에도 도처에 살고 있다. 들판에 자생하고 잎은 창戟 모양 또는 화살 모양이고, 꽃은 나팔꽃처럼 색은 담홍색이거나 백색으로 오전중에 꽃이 펴서 오후에 진다. 그래서 일본에서는 이것을 메꽃晝顔이라고 부른다.

윈데킨트旋兒는 손에 늘 꽃을 들고 있는 것을 좋아했다. 그는 앞에 제비붓꽃(Iris)을 갖고 있다. 제3장에서는 Maiglöckchen(오월종아五月鐘兒)

즉 Maiblume(오월화)로 바꾸었다. 중국에서는 최근 두 가지 번역명이 있다. 군영초君影草와 영난鈴蘭이다. 모두 일본 이름이다. 여기서는 후자를 취했다. 비교적 알기 쉽기 때문이다.

제4장에서는 세 종류의 새가 나오는데, 모두 연작류燕雀類에 속한다.

1. pirol. 일본인은 중국에서 '부위'鵏葦라고 부른다고 하고, 그들은 '위절'葦切이라고 했다. 형태는 휘파람새鶯에 가까운데 배는 희고 꼬리는 길다. 여름에 위원葦原에 둥지를 틀고, 잘 울고 떠든다.[13] 나는 여기서 초료鷦鷯라고 번역했는데, 맞을지 어떨지는 모르겠다.

2. Meise. 몸이 작으며, 주둥이는 작고 뾰족하며 잘 운다. 머리에 우근羽根이 까맣고 두 뺨이 희다. 그래서 중국에서는 백협조白頰鳥라고 불렀다. 어릴 적 고향에 있을 때 농촌 사람들이 '장비조'張飛鳥라고 부르는 것을 들은 적이 있다.

3. Amsel. 등은 푸른 빛을 띤 회색이며 가슴과 배는 회색을 띤 청색이다. 까만 반점이 있다. 민첩하고 잘 난다. 일본의 『사림』에서는 중국의 백두조白頭鳥라고 한다.

제5장에서는 또 두 종류의 연작류 새가 나온다. Rohrdrossel und Drossel. 조사할 수가 없어 잠시 위작葦雀, 익작嗌雀으로 직역해 두었다. 다만 소설에서 사용하고 있으니 과학적으로 그렇게 엄밀할 이유는 없는데, 아마도 둘은 같은 것일지도 모른다.

열심히 교담交談한 두 종류의 독균毒菌은, 까맣고 큰 귀균鬼菌(Teufelsschwamm)과 가늘고 긴 붉은 반점이 있는 포승균捕蠅菌(Fliegenschwamm)은 모두 직역으로, 단지 '포'자만 붙였다. 포승균이 스스로를 비유하고 있는 조매鳥莓(Vogelbeere)도 직역이다. 다만 우리들은 매莓자에서 또 이 과실이 붉은 열매에 하얀 점이 있는 마치 뽕나무의 열매같은 것이라고 유추할 수 있다. 『식물학대사전』에서 칠도조七度竈라고 부르는 것은 일본명 Nanakamado의 직역에 '도'자를 붙인 것이다.

종자種子를 굴에서 뿜어내고 스스로 아주 행복해하는 작은 균은 내 기억으로는 중국에서 산장균酸漿菌이라고 했던 듯하다. 왜냐하면 그것의 모습이 산장초酸漿草의 과실과 아주 비슷하기 때문이다. 하지만 전거를 잊어버렸으니 사용할 수 없고, 차라리 독일어 Erdstern을 직역해서 지성地星이라고 했다. 『식물학대사전』에서는 토성균土星菌이라고 한다. 하지만 생각해 보니 이것은 대략 영어 Earthstar의 번역인데, 다만 이 Earth가 '지'地라고 번역하는 것보다 나은 것은 없다고 생각해서 천체의 토성土星과 혼동하지 않도록 했다.

제6장에 나오는 곽포초霍布草(Hopfen)는 음역으로 『화학위생론』[14]에 근거했다.

홍소조紅膆鳥(Rotkehlchen)는 의역한 것이다. 이 새도 연작류에 속하고 주둥이가 크고 뾰족하며, 배가 희고 머리와 등은 적갈색이며 우는 소리가 귀엽다. 중국에서는 지경작知更雀이라고 부른다.

제7장의 취국翠菊은 Aster의 음역, 신니아莘尼亞는 Zinnia의 음역으로 일본에서는 백일초百日草라고 한다.

제8장 서두에 나오는 봄의 선구는 송설초松雪草(Schneeglöckchen), 독일어로는 눈의 종鐘이라고 부른다. 이어서 개화하는 것은 자화지정紫花地丁(Veilchen), 열매는 반드시 자색紫色인 것은 아닌데, 사람에 따라서는 근초菫草라고도 번역한다. 마지막에 피는 것이 연형화蓮馨花(Primel od. Schlüsselblume), 일본에서는 앵초櫻草라고 부르고, 『사림』에서는 "영초과에 속하는 풀로 산과 들에 자생한다. 잎은 난상심형卵狀心形을 이루고 화경花莖은 길고 정단頂端에는 산상繖狀의 화서花序가 자란다. 꽃은 홍자색紅紫色 또는 백색으로 그 모양은 앵화櫻花와 비슷해서 이 이름이 붙었다"라고 했다.

여기서 창밖에서 자주 봄에 등藤나무에서 지저귀며 떠드는 백두옹조白頭翁鳥는 Star의 번역으로, 제4장에서 말한 백두조白頭鳥가 아니다. 다만 역시 연작류에 속하고 모습은 비둘기鳩에 가깝고 작으며 전체가 회흑색灰黑色으로 정수리가 하얗다. 야외에 서식하며 나무에 둥지를 틀고 무리를 이루어 난다. 백두발白頭髮이라고도 부른다.

요하네스가 말하고 있는 연못 속의 동물도 우리는 상세하게 알아 둘 필요가 있다. 하지만 수갑충水甲蟲은 Wasserkäfer의 직역으로 자세한 것은 모른다. 수지주水蜘蛛(Wasserläufer)도 사실 거미蜘蛛가 아니고 모습만 비슷할 뿐이다. 길이가 단지 오육 분分이고 전신이 담흑색淡黑色이며 광택이 있고 수면에서 곧잘 무리를 이루고 있다. 『사림』에서는 중국명 수민水黽[15]이라고 하지만, 대단히 고아古雅해서 잘 사용하지 않는다. 예어鯢魚(Salamander)는 양서류 동물로 형태는 도마뱀蜥蜴과 비슷하고 회흑색으로 연못과 계곡에 산다. 중국의 어느 지방에서는 심지어 식용으로도 사용한다. 자어刺魚의 원역原譯은 Stichling이지만, 나는 이것은 맞지 않다고 생각한다. 왜냐하면 그것은 깊은 바다 속에 있는 물고기이기 때문이다. Stachelfisch야말로 담수淡水의 작은 물고기이며 등과 배에 단단한 가시가 있고 길이는 약 1척尺으로 수저水底의 수초의 가지와 잎 또는 뿌리 사이에 둥지를 만들고 거기에 알을 낳는다. 일본에서는 전자를 경기어硬鰭魚, 속칭 사어絲魚라고 하고 후자를 극기어棘鰭魚라고 한다.

Massliebchen[16]는 중국에서 뭐라고 부르는지 몰라서 잠시 일본명을 빌려 데이지雛菊라고 했다.

작은 요하네스는 윈데킨트를 잃고 나서 다음에 로비세타를 잃은 뒤 꽃과 풀, 곤충과 새들과도 소원해졌다. 하지만 제9장에서는 아직 그가 우연히 만났던 두 종류의 고아高傲하고 황색의 여름꽃이 나온다. 그 Nachtkerze und Königskerze는 직역하면 야촉夜燭과 왕촉王燭으로 학명은 Oenother biennis et Verbascum thapsus이다. 두 종류 모두 유럽의 식물로 중국에는 명칭이 없다. 앞의 종류는 근래 많이 수입되고 있다. 많은 번역본은 모두 일본명을 따르고 있다. 월견초月見草, 월견月見은 달을 즐기는 것玩月으로 밤에 피기 때문이다. 하지만 베이징의 꽃집이 이전에 다른 이름을 붙인 적이 있는데, 이름하야 월하향月下香이다. 나는 일찍이 『연분홍 구름』에서 그것을 사용한 적이 있어서 지금도 그것을 따랐다. 뒤의 종류는 상세하게 알지 못하기 때문에 어쩔 수 없이 독일어명을 직역했다.

제11장은 묘지를 유랑하는 처참한 장면으로 당연히 이제 재미있는 생물과 만나는 일은 없다. 억지로 끌어 붙이는 것 같지만 암흑을 움직이는 주문을 외자 초빙되는 벌레들로는 요하네스가 알고 있는 것이 다섯 종

류가 있다. 지렁이蚯蚓와 지네蜈蚣는 우리들도 모두 요하네스와 같은 정도로는 알고 있다. 쥐며느리와 딱정벌레는 다소 생소한데, 서문에서 이미 설명했다. 다만 한 가지 그들을 위해 제등提燈이 된 Ohrwurm은 나의 『신독화사서』에서 구수蠼螋라고 했다. 분명히 한자로 번역되어 있고, 게다가 분명히 중국명인데 역시 Ohrwurm과 마찬가지로 모르겠다. 왜냐하면 나도 결국 이것이 어떤 것인지 모르기 때문이다. '학자'의 본령을 발휘하여 고서古書를 찾아보니 있었다. 『옥편』[17]에서는 "구수蚨螋: 곤충명, 구수蠼螋라고도 한다". 또 『박아』[18]에서는 "구수蚨螋: 蠷蛷다"라고 했다. 모두 요령부득이다. 나도 숫자박사에게 사숙私淑하여 중국식의 숫자를 보면 만족한다. 마지막 수단으로서 일본의 『사림』이 그 형상을 설명하고 있는 부분을 번역해 본다. "직시류直翅類 중 구수과蠼螋科에 속하는 곤충, 몸의 길이는 1촌寸 정도, 전신이 흑갈색이고 황색의 다리를 갖고 있다. 날개가 없고 촉각觸角 스무 마디가 있으며, 꼬리 끝이 갈래를 만들어 작은 곤충 등을 끼운다."

제14장의 Sandäuglein을 사모자沙眸子로 한 것은 직역으로 본문에 따른다면 작은 나비다.

또 지금 한 가지 münze는 나의 『신독화사전』에서는 화폐로, 다른 번역은 없다. 차오펑喬峰이 편지를 보내서 "독일어의 분류학에서는 어디에도 이 이름은 보이지 않습니다. 그 뒤 한 독일어자전에서 münze를 조사해보니 minze로서 해석할 수 있다고 했습니다. minze는 박하薄荷입니다. 대체로 틀리지 않을 거라고 생각합니다"라고 했다. 그래서 박하라고 번역했다.

1927년 6월 14일 씀, 루쉰

주)_____

1) 이 글은 1928년 1월 베이징 웨이밍사에서 출판한 『작은 요하네스』에 처음 실렸다.

2) 시적(詩赤). 원래 베이양군벌이 자주 사용한 정치구호. 그들은 종종 모든 공산주의적, 혁명적, 다소 진보적 색채를 가진 것, 나아가 그들이 적대시하고 있는 각종 사물을 '적화'(赤化)라고 하고, 그들이 이것에 대해 취한 전쟁행동과 진압조치를 '토적'이라고 불렀다. 루쉰이 이 글을 썼던 것은 바로 펑톈계(奉天系)군벌이 베이징에 웅거하고 '토적'이라는 이름으로 대대적인 백색테러를 발동한 때였다.

3) 광둥은 제1차 국내 혁명전쟁 시기 최초의 혁명근거지로서 당시 '혁명의 책원지(策源地)'라고 불렸다. 루쉰이 이 글을 썼을 때 이미 1927년 '4·12'정변 이후였고, 그래서 "느긋하게 있어서는 안 된다"라고 말했던 것이다.

4) 헤르트비히(Richard von Hertwig, 1850~1937). 독일 동물학자.

5) 슈트라스부르거(Eduard Strasburger, 1844~1912). 독일 식물학자.

6) 『식물학대사전』(植物學大辭典). 두야취안(杜亞泉) 등이 편집하고 1918년 2월 상하이 상우인서관(商務印書館)에서 출판했다.

7) 경학가(經學家). 유가 경전을 연구하는 학자.
『모시』(毛詩). 고문경학파가 전한 『시경』(詩經)으로 서한(西漢) 초 모형(毛亨), 모장(毛萇)에 의해 세상에 전해졌다고 한다. 삼국시대 오육기(吳陸璣)의 저서 『모시초목조수충어소』(毛詩草木鳥獸蟲魚疏)는 『모시』 속의 동식물을 주해(注解)한 전문적인 책이다.

8) 소학가(小學家). 언어문자를 연구하는 학자. 한(漢)대에 문자학을 소학이라고 불렀다.
『이아』(爾雅). 중국 최초로 말의 의미를 해석한 연구서이다. 저자는 미상이다. 전체 19편으로, 앞의 세 편이 일반적인 말, 그 이하의 각 편이 각종 사물의 해석이다.

9) 『본초』(本草). 한방의 약재를 기록한 연구서. 『본초』로 총칭되는 것에 『신농본초경』(神農本草經), 『본초강목』(本草綱目) 등이 있다. 약재는 금속, 돌, 동식물 등을 포함한다.

10) 카이바이진(凱白靳). 네덜란드어로 Nachtegalskruid로, 의미는 '야앵초'(夜鶯草)다. Anthriscus는 전호속(前胡屬; 중국에서는 아삼속峨參屬)이다.

11) 자쿠(シャク, 杓). 홋카이도(北海道)에서 규슈(九州)까지 산지에서 자라는 다년생 초목 식물이다.

12) 『본초별록』(本草別錄). 『명의별록』(名醫別錄)이라고도 한다. 남조(南朝) 양(梁) 도홍경(陶弘景)이 지었다. 원서는 이미 실전되었고, 그 내용은 『중수정화경사증류비용본초』(重修政和經史證類備用本草; 약칭 『증류본초』證類本草)에 수록되어 있다. 루쉰이 인용한 문장은 이 책 14권에 보인다.

13) pirol은 유럽꾀꼬리(黃鳥)이다. 연작목황조과(燕雀目黃鳥科), 황조속(黃鳥屬). 산지와 평야에 서식하고, 물 위에서 목욕하는 것을 좋아한다.

14) 『화학위생론』(化學衛生論). 영양학에 관한 책으로 영국의 존스턴이 지었고, 루이스가

증보했다. 푸란야(傅蘭雅)가 번역했는데 전체 4권 33장이다. 1879년 상하이 광학회(廣學會)에서 출판했다. 곽포(霍布)는 이 책 제16장 「홀포(홉) 등의 취성의 질을 논함」(論忽布花等醉性之質)에 나온다.

15) 수민(水黽). 소금쟁이. 수마(水馬)라고도 부른다.

16) Massliebchen. 데이지(추국雛菊)이다. 학명은 Bellis perennis. 당시 『식물학대사전』의 번역명은 연명국(延命菊)이다.

17) 『옥편』(玉篇). 중국 고대의 사전으로 남조(南朝) 양(梁)의 고야왕(顧野王)이 편했고, 당(唐)의 손강(孫强)이 증보하고 송(宋)의 진팽년(陳彭年) 등이 개정했다. 30권으로 체례는 『설문해자』(說文解字)를 따랐다.

18) 『박아』(博雅). 고대의 사서로, 삼국 위(魏)의 장읍(張揖)이 편했고, 편목의 순서는 『이아』에 의거하고 모두 10권이다. 원제는 『광아』(廣雅)로, 수(隋)의 양제(煬帝; 즉 양광煬廣)의 위(諱)를 피해서 『박아』(博雅)라고 고쳤다.

『사상·산수·인물』[1]
제기[2]

2, 3년 전 내가 이 잡문집 가운데서 「베이징의 매력」[3]을 번역했을 때 번역을 계속하여 그것이 한 권의 책이 될 거라고는 생각하지 못했다. 글을 쓸 생각도 없고, 또 쓸 수도 없는데 쓰지 않으면 안 될 때에는 나는 이제까지 약간의 번역으로 책임을 대신하고, 아울러 역자나 독자에게도 까다롭지 않은 문장을 주로 골랐다. 이 한 편은 여기에 딱 맞는 것이다. 경쾌하게 쓰여져 있고 조금도 난해하지 않은데, 하지만 분명하게 중국의 그림자를 볼 수 있다. 나의 서적이 극히 적어서 뒤에도 여기서 몇 편을 뽑아 번역했는데, 그것은 대체로 사상과 문예에 관한 것이다.

저자의 전문 분야는 법학으로 이 책의 취지는 정치에 귀착하고, 제창하고 있는 것은 자유주의다. 나는 이것에 관해서는 아무것도 모른다. 다만 그 가운데 영미의 현재 정세와 국민성에 관한 관찰, 아널드, 윌슨, 몰리[4] 등의 평론은 모두 명쾌하고 타당한 바가 많고 병의 물을 기울인 것처럼 도도(滔滔)한 것이 어느새 끝까지 다 읽게 된다. 청년들 가운데도 이러한 문장을 읽고 싶어 하는 이들이 많이 있다고 한다. 스스로 옛 번역을 조사해 보니 장단長短 이미 열두 편이 있고, 오히려 상하이의 '혁명문학'의 술렁거림 속에서 유리창 아래[5) 다시 여덟 편을 추가하여 번역하고 한 권으로 묶어서 인쇄했다.

원서는 전부 31편이다. 저자가 자서에서 기술한 대로 "제2편에서 제22편까지는 수상隨想이며, 제23편 이하는 여행기와 여행에 관한 감상"이다. 나는 제1부에서 열다섯 편을 뽑아서 번역하고, 제2부부터는 네 편밖에 번역하지 않았다. 그것은 내가 보기에 저자의 여행기는 경묘한데 종종 너무 경묘하여 신문상의 잡보雜報를 사람들에게 읽히는 것 같아 번역 의욕을 감소시켰기 때문이다. 저 「자유주의에 관해」 또한 내가 주목한 글은 아니다. 오히려 나 자신은 괴테가 말한 자유와 평등은 함께 추구할 수 없으며 또 함께 획득할 수 없다는 말이 더 식견이 있다고 생각하는데, 따라서 사람들은 먼저 이 중에 하나를 선택할 수밖에 없다고 생각한다. 하지만 이것은 바로 저자가 연구하고 이상으로 삼고 있는 것이며, 이 책의 특색을 살리기 위해서 특별히 이 한 편을 번역한 것이다.

여기서 몇 마디 성명을 덧붙여야겠다. 나의 번역과 소개는 원래 일부의 독자에게 옛날 혹은 지금, 이러한 일 또는 이러한 사람, 사상, 언론이 있다는 것을 알려 주고 싶은 것뿐이지 모든 사람들에게 언행의 지침으로 삼게 하기 위한 것은 결코 아니다. 역시 세상에는 전적으로 만족할 수 있는 문장은 없다. 그래서 나는 단지 그중에 유용 혹은 유익한 것이 약간이라도 있다는 생각이 들면, 앞에서 기술한 부득이한 때에 번역에 착수하게 된다. 하지만 일단 번역하게 되면 전체 중에 자신의 뜻에 맞지 않는 곳이 있더라도 삭제하거나 하지는 않았다. 왜냐하면 내 생각에는 본래의 모습을 바꾸는 것은 저자만이 아니라 독자에게도 실례라고 생각하기 때문이다.

이전에 내가 구리야가와 하쿠손의 『상아탑을 나와서』를 번역하여 출판했을 때도 똑같은 방식을 취했다. 동시에 후기에서 저자의 요절을 애도했다. 왜냐하면 나는 저자의 의견이 당시의 일본에서는 급진적이라고 할 수 있다고 깊이 믿고 있었기 때문이다. 그 뒤에 상하이의 『혁명의 부녀』⁶⁾에 실린 위안파元法 선생의 논문을 읽고서 비로소 안 것인데, 그는 저자의 『북미 인상기』라는 다른 책에서 양처현모주의를 찬미한 말을 한 것을 보았고 그래서 나의 실언을 신랄하게 비판하였으며 아울러 저자가 더 빨리 죽지 않은 것이 유감이라고 적었다. 이것은 사실 나를 당황스럽게 했다. 나는 자질구레한 것에 집착하지 않기에 번역을 선택하는 데도 이제까지 그만큼 엄밀하지는 않았고, 만약 완전한 책을 추구한다면 읽을 만한 책은 세상에 아마도 거의 없을 것이며, 완전한 사람을 추구한다면 살아갈 가치가 있는 인물도 세상에 몇 명 안 될 거라고 생각해 왔다. 어떤 책이라도 개개인의 사람들에서 보면 장점도 있고 단점도 있는바, 이것은 지금도 어떻게 피할 도리가 없다. 이 책의 독자가 내가 이상에서 서술한 점을 예리하게 파악해 주기를 희망한다.

예를 들어 본서 중의 「집무법에 관해서」는 아주 평범한 짧은 문장이지만, 나는 유익한 점이 아주 많다고 생각한다. 나는 전부터 일을 하는 경우 한 가지가 정리되지 않으면 결국엔 늘 그것이 신경이 쓰여 그 때문에 종종 피곤해진다. 여기에는 이러한 기질은 좋지 않고, 어떤 일을 마음속에 담아 두지 않도록 해야만 한다고 지적하고 있다. 나는 무슨 일을 하더라도 이것은 본받아야 할 거라고 생각한다. 하지만 중국 전래의 '일을 일로 보지 않는' 즉 '불성실'과는 절대로 혼동해서는 안 된다.

원서에는 삽화가 세 폭 있었는데, 본문과 잘 맞지 않는다고 생각해 모두 바꾸고 또 문장 중에 나오는 사물과 장소를 드러내어 독자의 흥미를 끌기 위해 원서에서 몇 매를 추가했다.[7] 그림을 모으는 일에 도움을 준 몇몇 친구들, 또 원문의 알지 못하는 곳을 가르쳐 준 제군들에게도 이 자리를 빌려 사의를 표하고 싶다.

1928년 3월 31일, 루쉰

상하이의 우거寓居에서 번역을 끝마치고 씀

주)_____

1) 『사상·산수·인물』(思想·山水·人物). 일본 쓰루미 유스케(鶴見祐輔)의 수필집. 원서는 1924년 12월 15일 일본 도쿄의 대일본웅변회(大日本雄辯會)에서 출판했고, 모두 31편의 잡문을 실었다. 루쉰은 1925년 4월부터 1928년 3월까지 차례로 20편을 선별, 번역하여 1권으로 묶어 1928년 5월 베이신서국(北新書局)에서 출판했다. 그 가운데 13편(원서原序를 포함해)은 단행본에 수록되기 전에 당시의 신문(『징바오 부간』, 『민중문예주간』, 『망위안』莽原 반월간, 『베이신』 주간, 『베이신』 반월간, 『위쓰』 주간)에 발표되었다.

쓰루미 유스케(鶴見祐輔, 1885~1972). 일본평론가. 일찍이 미국 유학을 했다. 주요 저작은 『사상·산수·인물』 외에 『남양유기』(南洋遊記), 『구미명사인상기』(歐美名士印象記), 『바이런전』 등이 있다.

2) 이 글은 「關于思想山川人物」이란 제목으로 『사상·산수·인물』 서언의 번역과 함께 1928년 5월 28일 주간 『위쓰』 제4권 제22기에 처음 발표되었고, 뒤에 단행본 『사상·산수·인물』에 실렸다.

3) 「베이징의 매력」(北京の魅力). 번역은 일찍이 『민중문예주간』 제26기부터 29기(1925년 6월 30일부터 7월 21일까지)에 연재되었다. 아래에 나오는 「자유주의에 관해」, 「집무법에 관해」는 루쉰이 번역한 뒤 따로 발표하지 않았다.

4) 아널드(Matthew Arnold, 1822~1888). 영국 문예비평가, 시인. 저서에는 『문학비평 논문집』 등이 있다.

윌슨(Woodrow Wilson, 1856~1924). 미국의 제28대 대통령.

몰리(John Morley, 1838~1923). 영국 역사학자, 정론가. 자유당 내각의 대신을 지냈다.

『사상·산수·인물』 속의 「단상」(斷想)은 모두 27절로, 그 가운데 제9에서 18절은 윌슨, 아널드, 몰리 그리고 영국과 미국의 민족성의 이동(異同)에 대한 의론이 많다.

5) 1928년 초 창조사(創造社) 등의 문학단체가 발기한 혁명문학운동과 루쉰에 대한 '비판'을 가리킨다. 펑나이차오(馮乃超)는 그 해 1월 『문화비판』 창간호에 「예술과 사회생활」이란 글을 발표하여 루쉰을 "취한 눈으로 편안하게 창밖을 바라보는 인생"이라고 비판했고, 그래서 여기서 말한 "유리창 아래"라는 말은 반어적 의미를 담고 있다.

6) 『혁명의 부녀』(革命的婦女). 국민당 상하이시당부부녀부(上海市黨部婦女部)가 주관했던 간행물. 루윈장(呂雲章)이 편집했다.

7) 삽화 세 폭은 '깊이 생각하는 윌슨', '네덜란드의 처녀', '미국 토착민 아이'를 가리킨다. 루쉰의 번역본이 수정해서 첨가한 삽도(揷圖)는 모두 아홉 폭이다. 미국 허드슨강가에서의 저자, 윌슨 사진, 페이웨더(互勒泰 培約德) 자화상, 아널드 자화상, 클레멘자(克里曼沙), 루하오 조지(魯豪 喬治)와 윌슨, 미국 미시시피강의 풍경, 아나톨 프랑스 사진, 벨기에 워털루의 기념탑, 중국 베이징성과 낙타를 수록했다.

「유머를 말하다」 역자 부기[1]

humour라는 말을 '유묵'幽默으로 음역한 것은 위탕語堂이 최초다.[2] 이 두 글자는 의미를 담아서 '침묵'이라든지 '정숙' 등의 의미로 오해되기 쉬워서 나는 그다지 찬성하지 않고 지금까지 사용하지 않았다. 하지만 여러 번 생각해 보았는데도 끝내 다른 적당한 역어가 떠오르지 않아 결국 이미 만들어진 말을 사용하기로 했다.

1926. 12. 7. 역자, 샤먼에서 적다

주)_____

1) 이 글은 「유머를 말하다」(說幽默)의 번역과 함께 1927년 1월 10일 반월간 『망위안』(莽原) 제2권 제1기에 처음 발표되었고, 뒤에 모두 단행본에 수록되었다.

2) 린위탕(林語堂, 1895~1976). 푸젠(福建) 룽시(龍溪) 사람, 작가. 일찍이 미국, 독일에서 유학했고, 귀국 후 베이징대학, 샤먼대학 교수를 지냈다. 1930년대 상하이에서 『논어』(論語), 『인간세』(人間世) 등의 잡지를 편집하고 '성령유머문학'(性靈幽默文學)을 제창했다. 저서에는 잡문집 『전불집』(剪拂集) 등이 있다. 그는 1924년 5월 23일, 6월 9일 차례로 『천바오 부전』에 발표한 「산문번역의 모집과 '유머'제창」과 「유머 잡담」이라는 글에서 처음으로 영어 humour를 '幽默'으로 번역했고 이렇게 번역한 이유를 설명했다.

「서재생활과 그 위험」역자 부기[1]

이것은 『사상·산수·인물』 중의 한 편으로 언제 썼는지는 기록이 없지만, 대체로 사정이 있어 발표한 것일 터이다. 저자는 법학자이지만, 또 정치에 대해 얘기하는 것을 좋아하고 그래서 의견도 이와 같다.

몇 년 전 중국의 학자들[2] 사이에 하나의 운동이 일어났다. 그것은 청년들에게 서재로 들어가게 한다는 것이었다. 나는 당시 약간의 이견異見[3]을 제시했는데, 그 뜻은 청년들이 서재로 들어간다면 실사회 실생활과 거리가 있게 되어 바보 ─ 용감한 바보가 아니라, 영문을 모르는 바보로 되지는 않을까 하는 생각 때문이었다. 뜻밖에도 지금에 와서는 또 '사상과 격'이라는 죄명을 뒤집어쓰고 게다가 실사회 실생활에 대해서 다소간 발언하고 행동하고 있는 청년이 하필이면 의외의 재앙을 당하고 있다. 이 글의 번역을 마치며 멀리 일본의 언론의 자유를 생각할 때 정말 '감개가 무량하다!'

저자가 서재생활자를 사회와 가깝게 하려는 의도는 '세평'世評을 알리고 그들의 독선적이며 도리에 어긋난 사상을 교정하려는 데 있다. 그러나 나는 그러한 의도만으로는 불충분하다고 생각한다. 첫째, 우선 어떠한 '세평'인가를 볼 필요가 있다. 만약 부패한 사회라면 거기서 탄생한 것은 물론 부패한 여론일 수밖에 없고, 그것을 거울로 삼아 자신을 교정하고자 한다면, 그 결과는 함께 악에 물들지 않는다고 하더라도 또 반드시 둥글둥글하게 변할 것이다. 내 생각에는 공정한 세평은 사람을 겸손하게 하지만, 공정치 않거나 또는 유언식의 세평은 사람을 오만 혹은 냉소로 이끈다. 그렇지 않다면 분명 그 사람은 분사憤死하든지 아니면 죽음으로 내몰릴 것이다.

1927년 6월 1일, 역자 부기

주)_____

1) 이 글은 「서재생활과 그 위험」(書齋生活與其危險)의 번역과 함께 1927년 6월 25일 반월간 『망위안』 제2권 제12기에 처음 발표되었다. 단행본에는 수록되지 않았다.

2) 후스(胡適) 등을 가리킨다. 후스는 1922년 『노력주보』(努力週報)를 창간하고, 그 부간 『독서잡지』(讀書雜誌)에 "연구실로 들어가라", "국고정리" 등을 사람들에게 권하고, 5·30운동 뒤 『현대평론』 제2권 제39기(1925년 9월 5일)에 「애국운동과 구학(求學)」이라는 글을 발표하여 구국(救國)은 반드시 구학이 선행되어야 한다고 주장했다.

3) 루쉰은 1925년 3월 29일 쉬빙창(徐炳昶)에게 보낸 편지(『화개집』 「통신」)에서 "3, 4년 전한 유파의 사조가 있었는데 적잖이 사태를 악화시켰습니다. 학자의 다수가 사람들에게 연구실로 들어가라고 권했습니다. …… 결국 이것은 그들이 공공연하게 설정한 교묘한 계략으로 정신의 족쇄이며, …… 뜻하지 않게도 많은 사람들이 스스로 무슨 방과 무슨 궁 안에 갇히게 되었으니 어찌 안타깝지 않겠습니까?"라고 말했다. 또 『화개집』 「자질구레한 이야기」(碎話)에서도 "연구실로 들어가라"는 주장에 대해 비판했다.

『벽하역총』[1]

소인[2]

이것은 3, 4년 동안 번역해 온 문예에 관한 논설을 잡다하게 모은 책이며, 지인의 재촉 때문에 번역으로 그 책임을 다하고자 한 것도 있고, 하는 일도 없이 스스로 시간이 나서 번역한 것도 있다. 이번에 그것들을 모아서 책으로 만들게 되었는데, 내용 또한 선택은 가하지 않았다. 이전에 신문에 게재되었으나 여기에 들어 있지 않는 것이 있다면, 그것은 나 자신이 원고 또는 게재지를 잃어버렸기 때문이다.

여기에 수록된 각 논문은 따로 각 시대의 명작이라고 불릴 만한 것은 아니다. 외국의 작품을 조금 번역하고자 마음먹더라도 제약받는 일이 극히 많다. 먼저 책이다. 대도시에 살고 있지만 새로운 책을 손에 넣기 매우 어려운 곳이어서 견문을 넓힐 수가 없다. 다음으로 시간이다. 많은 잡무로 인해 매일 독서에 약간의 시간만 할애할 수밖에 없다. 이것에 덧붙여 스스로 항상 이런저런 난을 피해서 손쉬운 길로 가려는 마음이 있고, 일이 번거로워서 번역하는 데 고생스럽다든지 독자 쪽에서도 대체로 난해해 싫어하지는 않을까 하는 생각이 들면 바로 내버려 두게 된다.

이번에 편집을 마치고 읽어 보니 25편뿐인데, 이전에 각종 잡지에 발표한 것이 3분의 2이다. 저자 10명은 러시아의 케벨[3]를 빼고, 모두 일본인이다. 여기서 그들의 사적을 하나하나 열거할 여유는 없지만, 이 가운데 시마자키 도손,[4] 아리시마 다케오, 무샤노코지 사네아쓰 세 사람은 창작도 겸하고 있음을 일러 둔다.

배열에 대해서 얘기하면 처음 3분의 2 ── 서양 문예사조를 소개한 문장은 포함하지 않고 ── 는 모두 비교적 오래된 논거에 기초한 주장을 기술한 문장이다. 「신시대와 문예」[5]라는 이 새로운 제목 역시 이 부류에 속한다. 최근 1년간 중국에서 '혁명문학'의 호소에 응해서 쓰여진 많은 논문도 아직 이 낡은 틀을 돌파하지 못하고 심지어 '문예는 선전'[6]이라는 사다리를 밟고 유심론의 성벽으로 들어가 버리고 말았다. 이러한 문장을 읽으면 크게 거울로서 유용할 것이다.

뒤의 3분의 1은 신흥문예와 관련이 있다고 할 수 있다. 가타가미 노부루[7] 교수는 사후에 비난하는 사람도 늘었지만 나는 그의 견실하고 열렬한 주장을 좋아한다. 여기에는 아리시마 다케오와의 논쟁[8]도 조금 수록했지만, 자신의 계급을 고집하는 사람과 그렇지 않은 사람 두 부류의 사고방식의 소재를 볼 수 있다. 마지막 한 편[9]은 소개에 불과하지만, 당시 3, 4종의 번역이 차례로 발표되어서 번역한 대로 내버려 두었는데 지금 역시 권말에 붙여 두었다.

한 번에 번역한 것이 아니고, 또 지금은 원서의 태반이 이미 수중에 없어서 편집할 때 하나하나 대조해 볼 수 없었다. 그러나 만약 잘못이 있다면 당연히 역자의 책임이며, 기꺼이 지탄을 받고 결코 불평을 말하지 않을 것이다. 또 작년에 '혁명문학가'[10]가 빠짐없이 나의 개인적인 쇄사를

'선전'하는 데 힘썼을 때 내가 논문을 하나 번역하려고 한다고 말했다. 공교롭게도 진실한 것으로 그것이 바로 이 책이다. 하지만 전부가 새로운 번역이 아니라 역시 일찍이 '여기저기 마구 발표했던 것'이 대부분이어서, 자신이 보기에도 무슨 정채로운 책이라고 말할 수는 없다. 그러나 나는 세계적으로 이미 정평이 있는 걸작을 번역함으로써 영원히 이름을 남기고자 하는 생각은 원래 없었다. 만약 독자가 이 잡스러운 책 가운데 소개의 문장에서는 무언가 참고가 될 만한 것을, 주장의 문장에서는 무언가 가슴에 남는 바를 얻는다면 나의 바람은 충족되고도 남는다.

표지의 그림은 책 속의 문장과 똑같이 일본의 '선구예술총서'先驅藝術叢書에서 산 것[11]인데, 원래 표지에 서명이 없어 누구의 작품인지 모르지만 기록해서 사의를 표하는 바이다.

1929년 4월 20일, 상하이에서 교정 뒤 루쉰 씀

주)_____

1) 『벽하역총』(壁下譯叢). 루쉰이 1924년부터 28년 사이에 번역한 문예논문과 수필 모음집으로 1929년 4월 상하이 베이신서국에서 출판했다. 논문 25편을 수록했는데, 그 가운데 17편은 편집 전에 당시 잡지 『망위안』 주간, 『위쓰』 주간, 『망위안』 반월간, 『소설월보』, 『분류』(奔流) 월간, 『다장 월간』(大江月刊), 『국민신보』에 따로 발표되었다.

2) 이 글은 『벽하역총』 단행본에 처음 수록되었다.

3) 케벨(Raphael von Koeber, 1848~1923). 독일 작가. 원적은 러시아. 모스크바에서 음악을 배운 뒤 독일에서 유학하고, 졸업한 뒤 일본 도쿄제국대학에서 교수로 지냈다. 1914년에 퇴직하고 글쓰기에 매진했다.

4) 시마자키 도손(島崎藤村, 1872~1943). 일본 작가. 원명은 시마자키 하루키(島崎春樹). 작품은 자연주의 경향을 띠었는데, 처음에는 시를 썼고, 뒤에 소설을 지었다. 저서에는 시

집 『눈엽집』(嫩葉集), 소설 『파계』(破戒) 등이 있다.

5) 「신시대와 문예」(新時代與文藝). 『벽하역총』 중의 한 편으로 일본 문예평론가 가네코 지쿠스이(金子筑水)가 지었다. 원래 『예술의 본질』(1925년 1월 도쿄도서점東京堂書店에서 출판했다)에 수록되었다. 루쉰의 번역은 주간 『망위안』 제14기(1925년 7월 24일)에 발표되었다.

6) 미국 작가 싱클레어(Upton Sinclair)의 『배금예술』(拜金藝術)에 나오는 말이다. 루쉰은 『삼한집』(三閑集) 「문예와 혁명」(둥펀冬芬에게 보낸 답신)에서 "미국의 싱클레어는 모든 문예는 선전이다. 우리의 혁명적 문학가는 이를 보물로 삼고 큰 글자로 인쇄하고 있다"라고 말했다.

7) 가타가미 노부루(片上伸, 1884~1928). 일본 문예평론가. 러시아문학 연구자. 일본 와세다대학을 졸업하고 러시아에 유학한 뒤 1924년에 또 러시아를 방문했다. 저서에는 『러시아문학 연구』(露西亜文学研究), 『러시아의 현실』(ロシヤの現實) 등이 있다.

8) 여기서 말한 가타가미 노부루와 아리시마 다케오의 논쟁은 가타가미의 「계급예술의 문제」(원래 1926년 11월 도쿄 신초사에서 출판된 『문학평론』文學評論에 실려 있다)와 아리시마의 「선언 한 편」(1922년 1월 일본 월간 『가이조』 제4권 제1호에 처음 발표되었고, 뒤에 같은 해 9월 소분카쿠에서 출판한 『아리시마 다케오 저작집』有島武郎著作集 제15집 『예술과 생활』에 수록되었다)에 보인다. 아리시마는 "어떤 위대한 작가 혹은 사상가, 혹은 운동가, 혹은 두령이라도 만약 제4계급의 노동자가 아니라면 무엇을 제4계급에게 주려고 하는 것은 분명히 망령된 일이다", 왜냐하면 그 자신은 "절대적으로 신흥계급이 될 수 없기" 때문이라고 하였고, 가타가미는 그가 "자신이 부르주아임을 알고 오히려 만족하며 스스로 이를 즐긴다"고 비판했다.

9) 이것은 노보리 쇼무(昇曙夢)의 「최근의 고리키」(원래 1928년 6월 일본 월간 『가이조』 제10권 제6호에 실렸다)를 가리킨다.

10) 당시 창조사와 태양사의 몇 사람을 가리킨다.

11) '선구예술총서'(先驅藝術叢書). 일본 도쿄 긴세이도(金星堂)에서 출판한 해외문학역총(海外文學譯叢)으로 모두 12책이다. 1924년부터 1926년 사이에 차례로 발행되었다. 수록된 것은 대다수가 미래파와 표현파에 속하는 구미 작가의 희곡작품이며, 총서 표지는 모두 간바라 다이(神原泰)가 그렸다.

「스페인 극단의 장성」 역자 부기[1]

『소설월보』[2] 제14권에 베나벤테[3]의 「열정의 꽃」이 실리고 있는 것이 생각나서 『십자가두를 향해 가며』에서 이것을 번역하고 독자의 참고로 제공한다.

1924년 10월 31일, 역자 씀

주)_____

1) 이 글은 「스페인 극단의 장성」(西班牙劇壇的將星; 구리야가와 하쿠손 작)의 번역과 함께 1925년 1월 『소설월보』 제16권 1호에 처음 발표되었다. 단행본에는 수록되지 않았다.

2) 『소설월보』(小說月報). 1910년(청 선통宣統 2년) 8월 상하이에서 창간되었고, 상우인서관에서 출판했다. 원앙호접파(鴛鴦胡蝶派)의 주요한 간행물 가운데 하나였으나, 1921년 1월 제12권 제1호부터 선옌빙(沈雁冰), 정전둬(鄭振鐸)가 차례로 편집을 맡고서 내용을 개혁하고 신문학 창작과 외국문학 소개에 집중하여 문학연구회의 간행물이 되었다. 1931년 12월 제22권 제12호를 마지막으로 정간했다.

3) 베나벤테(Jacinto Benavente, 1866~1954). 스페인 희곡가. 처음에는 시와 소설을 썼으나, 뒤에 희곡 활동에 종사하며 극본 100여 편을 썼기 때문에 구리야가와 하쿠손은 그를 '장성'(將星)이라고 칭찬했다. 「열정의 꽃」은 그가 1913년에 창작한 비극으로, 『소설월보』 제14권 제7, 8, 12호(1923년 7, 8, 12월)에 장원톈(張聞天)의 번역으로 연재되었다.

「소설 둘러보기와 선택」 역자 부기[1]

케벨 박사(Dr. Raphael Koeber)는 러시아 국적의 게르만인이지만, 그는 저작 속에서 스스로 독일인이라고 인정했다. 일본의 도쿄제국대학에서 오랫동안 강사를 했고 퇴직할 때 학생들이 그를 위해 한 권의 책을 출판하여 기념했는데 『소품』小品(Kleine Schriften)이라고 명명했다. 그 가운데 「문間과 답答」[2]은 몇 사람의 각종 질문에 답한 것이다. 이것도 그 가운데 한 절이며, 소제목은 '소설 둘러보기瀏覽에 관해', '내가 최고라고 생각하는 소설'이다. 그의 의견의 근거는 고전적·염세적이지만, 대단히 적절한 부분도 있어서 스스로 새롭다고 여기는 중국의 학자들보다 더 새롭다. 지금 후카다, 구보 두 사람[3]의 번역본을 토대로 번역하여 청년들의 참고용으로 제공한다.

1925년 10월 12일, 역자 부기

주)_____

1) 이 글은 「소설 둘러보기와 선택」(小說的瀏覽和選擇)의 번역과 함께 1925년 10월 19일 주간 『위쓰』 제49기에 처음 발표되었고 뒤에 『벽하역총』에 수록되었다.

2) 「문과 답」(問和答). 원문은 「答問者」이며 일본어 번역본 『케벨 박사 소품집』(ケーベル博士小品集) 제4편의 전체 제목이다.

3) 케벨의 학생 후카다 야스카즈(深田康算, 1878~1927), 구보 마사루(久保勉, 1883~1972) 두 사람을 가리킨다. 그들이 묶어 출간한 독일어판 『소품집』(*Kleine Schriften*)은 1918년에 출판되었고, 그 다음 해에 일본어판 『케벨 박사 소품집』이 일본 이와나미쇼텐(岩波書店)에서 출판되었다.

「루베크와 이리네의 그 뒤」 역자 부기[1]

1920년 1월 『문장세계』[2]에 실린 것으로 뒤에 『작은 등燈』[3]에 수록되었다.
1927년은 바로 입센[4] 탄생 100년, 사후 22년이다. 상하이에서 번역했다.

주)_____

1) 이 글은 「루베크와 이리네의 그 뒤」(盧勃克和伊里納的後來)의 번역과 함께 1928년 1월
『소설월보』 제19권 제1호에 처음 발표되었다. 단행본에는 실리지 않았다.
   루베크와 이리네는 입센의 마지막 극본 『우리 죽은 사람이 다시 태어났을 때』(Når vi
døde vaagner, 1900) 속의 두 주요 인물이다.
2) 『문장세계』(文章世界). 일본의 문예잡지. 월간이며, 1906년 3월에 창간되었고, 1921년 1
월부터 『신문학』으로 명칭을 바꿨다. 다야마 가타이(田山花袋)가 편집했고, 자연주의를
제창했다. 아리시마 다케오의 「루베크와 이리네의 그 뒤」는 1920년 1월 1일 이 잡지 제
15권 제1호에 실렸다.
3) 『작은 등』(小小的燈). 아리시마 다케오의 문예논문집으로, 『아리시마 다케오 저작집』의
제13집으로 편집되었고, 1921년 4월 일본 소분카쿠에서 출판했다.
4) 입센(Henrik Ibsen, 1828~1906). 노르웨이 희곡가. 청년 시절 노르웨이 민족독립운동
에 참가했고, 1848년에 창작을 시작했다. 주요 작품으로 『사회의 기둥』(Samfundets
Støtter), 『인형의 집』(Et Dukkehjem), 『민중의 적』(En Folkefiende) 등이 있다.

「북유럽문학의 원리」 역자 부기[1]

이것은 6년 전 가타가미 선생[2]이 러시아 유학을 위해 가던 중 베이징에 들러 베이징대학에서 행했던 강연이다. 당시 역자도 이것을 들으러 갔었다. 뒤에 기록을 해서 잡지에 실었는데 기억이 나지 않는다. 올해 3월 저자가 서거하고 논문이 한 권 유작으로 간행되었는데,[3] 이것이 거기에 수록되었다. 아마도 저자 자신이 써놓은 것일 거라는 생각이 들었고 번역하여 『벽하역총』에 실어서 기념으로 삼았다.

강연 중에 때때로 아주 곡절하고 난삽한 데가 있으며 여러 군데 통하지 않는 곳도 있었다. 이것은 당시 그럴 수밖에 없었기 때문으로 자세히 읽으면 의미가 저절로 분명해진다. 이 중에 거론한 몇 작품은 「우리들」[4] 한 편을 제외하고 현재 중국에도 모두 번역본이 있어서 쉽게 참고할 수 있다. 지금 아래에 그것을 적어둔다.—

『인형의 집』, 판자쥔[5] 역, 『입센집』권1에 수록. '세계총서'[6]의 한 권으로 상하이 상우인서관에서 발행했다.

『바다의 부인』[7](문장 안에서 '바다의 여인'으로 고침), 양시추楊熙初 역,

'공학사총서'[8]의 한 권으로 발행한 곳은 위와 같다.

「바보 이반」, 겅지즈[9] 등 역, 『톨스토이 단편집』에 수록. 발행한 곳은
위와 같다.

『열둘』, 후샤오[10] 역. '웨이밍총간'[11]의 한 권으로 베이징 베이신서국
에서 발행했다.

1928년 10월 9일, 역자 부기

주)_____

1) 이 글은 「북유럽문학의 원리」(北歐文學的原理) 번역과 함께 『벽하역총』에 처음 실렸다.

2) 가타가미 노부루(片上伸)를 가리킨다.

3) 가타가미 노부루의 유작 즉 『러시아문학 연구』는 1928년 4월에 일본 다이이치쇼보(第
一書房)에서 출판했다.

4) 「우리들」(我們). 소련 초기 문학단체 '대장간'(鍛冶場; 쿠즈니차)파 시인 게라시모프
(Михаил Прокофьевич Герасимов, 1889~1939)가 지은 단시로 화스(畵室; 즉 펑쉐펑馮雪
峰)의 번역이 그의 역시집 『유수』(流冰)에 수록되었으며, 1929년 2월 상하이 수이모(水
沫)서점에서 출판했다.

5) 『인형의 집』(傀儡家庭). 입센이 1879년에 지은 희곡.
판자쉰(潘家洵). 자가 제취안(介泉)이고, 장쑤 우센(吳縣) 사람이다. 신조사의 사원이며,
일찍이 베이징대학에서 교편을 잡았다. 『입센집』 제1, 2집의 번역이 있는데, 여기에 극
본 5종이 수록되어 있다.

6) '세계총서'(世界叢書). 상하이 상우인서관이 1920년대에 신문화운동을 제창한 총서의
하나로, 그 가운데 『현대소설역총』, 『현대일본소설집』 등이 있다.

7) 『바다의 부인』(海上夫人). 입센이 1888년에 지은 극본.

8) '공학사총서'(共學社叢書). 상하이 상우인서관이 1920년대에 신문화운동을 제창한 총
서의 하나로, 주편은 장바이리(蔣百里)이고, 그 가운데 정전둬(鄭振鐸)가 편한 러시아
소설의 번역 여러 편과 『러시아희곡집』의 번역 10편이 있다.

9) 「바보 이반」. 톨스토이가 민간고사에 근거해 지은 작품으로, 중국어 번역은 '공학사총
서'의 하나인 『톨스토이 단편소설집』에 수록되었다. 취추바이(瞿秋白)와 겅지즈(耿濟
之)의 공역이다. 겅지즈(1898~1947)는 상하이 사람, 문학연구회 발기인의 한 사람이며,

번역가다. 일찍이 베이징러시아어전수관(北京俄文專修館)에서 공부하고, 뒤에 소련 주재 중국영사관에서 일했다. 톨스토이와 도스토예프스키, 고골, 투르게네프 등의 소설을 여러 종 번역했다.

10) 『열둘』(十二個). 장편시, 러시아 시인 블로크(Александр Александрович Блок, 1880~1921)의 작품으로 후샤오가 번역하고 루쉰이 교정을 했다. 1926년 8월 베이징 베이신서국에서 '웨이밍총간'의 하나로 출판했다.

후샤오(胡斅, 1901~1943). 자는 청차이(成才), 저장성 룽유(龍游) 사람. 1924년 베이징대학 러시아문학과를 졸업하고 소련에 유학했다.

11) '웨이밍총간'(未名叢刊). 루쉰이 편집한 총서로 번역작품만 수록했는데, 처음에 베이신서국에서 출판했으나 뒤에 베이징 웨이밍사에서 다시 출판했다.

「북유럽문학의 원리」 역자 부기 2¹⁾

가타가미 교수가 베이징에 들러 베이징대学에서 공개 강연을 할 때 나도 방청했는데, 그 강연의 번역문이 당시 신문에 실렸는지 아닌지 벌써 기억이 나지 않는다. 올해 그가 서거한 뒤 『러시아문학 연구』라는 책이 출판되었는데, 그중에 이 한 편이 수록되어 있고 삼한三闋²⁾하는 김에 번역하여 『벽하역총』에 수록했다. 현재 『역총』이 인쇄될 때까지는 아직 시간이 있고, 게다가 『다장 월간』 제1기에서 천왕다오³⁾ 선생이 마침 이 강연을 거론하고 있으니 얼른 뽑아서 먼저 발표하였다. 시의에 부합하는 것도 되고 게으름도 피우고, 실로 일거양득이 아닌가!

이 강연은 내용이 그다지 난해한 것은 아니고, 당시에는 무슨 커다란 영향을 주었던 것도 아닌 듯하다. 당시는 그러한 때로서, '혁명문학'의 사령관 청팡우조차도 아직 '예술의 궁전'⁴⁾을 지키고 있었고, 궈모뤄도 '공중제비'⁵⁾를 하지 못하고 있었으니 그런 '유한계급'⁶⁾은 말할 필요도 없다.

그 가운데 제기했던 몇 권의 작품은 「우리들」을 제외하고 현재 중국에 이미 모두 번역본이 있다.──

『인형의 집』. 판자선 역, 『입센집』 권1에 수록. '세계총서'의 한 권으로 상하이 상우인서관에서 발행했다.

『바다의 부인』(문장 안에서 '바다의 여인'으로 고침). 양시추 역, '공학사총서'의 한 권으로 발행한 곳은 위와 같다.

「바보 이반」. 겅지즈 등 역, 『톨스토이 단편집』에 수록. 발행한 곳은 위와 같다.

『열둘』. 후샤오 역, '웨이밍총간'의 한 권으로 베이징 베이신서국에서 발행했다.

자세한 것을 알고 싶은 사람은 아주 쉽게 구할 수 있다. 그런데 올해는 '모순'矛盾을 크게 싫어하는 듯해서, 톨스토이의 '모순'[7]에 몇 마디 욕을 하지 않고는 유행에 뒤처지게 되니, 한편으로는 '프롤레타리아 이데올로기'를 빠른 말로 설명하면서, 다른 한편으로는 『젊은 베르테르의 슬픔』과 『루바이야트』[8]를 잇달아 팔려고 하여, "지배계급의 의식을 반영하여 지배계급을 위해 그 지배의 역할을 담당하는"[9] 것을 벌벌 떨며 혁명으로 달려갔던 예의 '혁명적 인텔리겐차'에 집중해서, 그들이 '낙오'[10]하게 되면 그래서 "그들을 몰아내자"[11]라고 한다. 이것이야말로 모순 없이 계속 혁명을 하는 것이다. "루쉰은 유물사관을 모른다",[12] 하지만 '동지'에게 독약을 마시게 하는 것처럼 '방관'[13]하기 시작했다고 말한다. 이것도 신문예가의 '전략'인 듯하다.

지난 달 『다장 월간』에서 불평불만을 하지 말라고 막 썼는데도 옛날 병이 재발하여 뜻하지 않게 약간 부질없는 것을 쓰고 말았다. "오는 이는 오히려 쫓을 수 있다"[14]로, 이렇게 일단 매듭짓는 것으로 한다.

1928년 11월 1일 밤,

상하이의 조계로부터 백여 걸음 떨어진 곳[15]에서 역자 씀

주)_____

1) 이 글은 「북유럽문학의 원리」(北歐文學的原理)의 번역과 함께 1928년 11월호 『다장 월 간』에 처음 발표되었다. 단행본에는 수록되지 않았다.

2) 삼한(三閑). 청팡우는 「우리의 문학혁명을 완성시키자」(1927년 1월 16일 반월간 『홍수』洪 水 제3권 제25기)에서 "취미문학"에 대해 논하며 말하기를, "우리는 현재 그러한 취미를 중심으로 한 문예로부터 이 뒤에는 반드시 취미를 중심으로 생활하는 기조가 있음을 알 수 있고,…… 그것이 자랑으로 삼는 것은 한가(閑暇), 한가, 세번째도 한가이다." "삼 한"은 여기서 나온 말이다.

3) 『다장 월간』(大江月刊). 천왕다오 주편의 종합성 잡지. 1928년 10월 창간하여 12월 제3 기로 정간했다.

천왕다오(陳望道, 1890~1977). 저장 이우(義烏) 사람. 일본에서 유학하고 사회과학과 언 어학을 공부했다. 저서로는 『수사학발범』(修辭學發凡)이 있고, 역서로는 『소련문학이 론』 등이 있다.

4) 청팡우(成仿吾, 1897~1984). 후난 신화(新化) 사람, 문학비평가. 창조사의 주요 성원. 일 찍이 문예의 '자아표현'을 주장하고, '순문예'를 추구했으며, 1927년 이후 혁명문학을 제창했다. '예술의 궁전'(藝術之宮)은 그의 '예술을 위한 예술'의 경향을 가리킨다.

5) 궈모뤄(郭沫若, 1892~1978). 쓰촨 러산(樂山) 사람, 문학가, 역사학자, 사회활동가. 창조 사의 주요 성원. '공중제비'(跟鬥)는 당시 자신이 말한 "방향전환"(1928년 3월 『문화비 판』 제3호에 실린 그의 「유성기기留聲機器의 회음回音」을 보시오)을 실행하지 못한 것을 가 리킨다.

6) '유한계급'(有閑階級). 리추리(李初梨)는 「어떻게 혁명문학을 건설할 것인가」(1928년 2 월 15일 월간 『문화비판』 제2기)에서 청팡우가 말한 "세 가지 한가(閑暇)"를 인용하며 "현 대의 자본주의 사회에서, 유한계급은 바로 유전(有錢)계급이다"라고 말했다.

7) 펑나이차오(馮乃超)는 「예술과 사회생활」(1928년 1월 15일 월간 『문화비판』 창간호) 등의 문장에서 "톨스토이 견해의 모순"이라고 비판했다.

8) 『젊은 베르테르의 슬픔』. 독일 작가 괴테의 소설. 여기서 가리키는 것은 궈모뤄의 번역 본으로 1921년 상하이 타이둥(泰東)도서국에서 출판했다.

『루바이야트』(*Rubáiyát*). 페르시아의 시인 오마르 하이얌(Omar Khayyam, 1048~

1123)의 4행 시집으로 종교와 승려에 반대하고 향락과 자유를 선양하는 내용이다. 여기서 가리키는 것은 궈모뤄의 번역본으로 1922년 상하이 타이둥도서국에서 출판했다.

9) 이 말은 커싱(克興)의 「간런(卄人)의 '납잡(拉雜) 1편'을 비평함」(1928년 9월 10일 『창조월간』創造月刊 제2권 제2기)에 나오는 말로, "어떤 계급의 작가라도 그가 과학적 방법을 활용하여 역사적·사회적 일반 현상을 구체적으로 분석하여 사회의 현실적 운동을 해석하기 전에는 필연적으로 모든 지배계급적 이데올로기를 극복할 수 없고, 그의 작품은 반드시 지배계급의 의식을 반영하며 지배계급을 위해 그의 통치적 공작을 견고하게 한다"라고 했다.

10) '낙오'는 스허우성(石厚生; 즉 청팡우)이 「결국 취한 눈에 거나할 따름」(畢竟是"醉眼陶然"罷了; 1928년 5월 1일 『창조월간』 제1권 제11기)에서 말한 것으로, 루쉰의 "취한 눈"에서 "시대에 낙오한 인텔리겐차의 자포자기를 볼 수 있다"고 했다.

11) 청팡우의 「그들을 몰아내자」(打發他們去; 1928년 2월 15일 월간 『문화비판』 제2기)에서 "이데올로기상 일체의 봉건사상, 부르주아적 근성과 그것들의 대변자를 철저히 조사하여 그들에게 정확한 평가를 가하고, 그것을 싸서 몰아내자"라고 했다.

12) 두취안(杜荃; 궈모뤄)은 「문예전선상의 봉건 잔재」(文藝戰線上的封建餘孽; 1928년 8월 10일 『창조월간』 제2권 제1기)에서 루쉰은 "근본적으로 변증법적 유물론을 이해하지 못한다"라고 했다.

13) 아잉(阿英; 쳰싱춘錢杏邨)의 「'몽롱' 이후」(1928년 5월 20일 월간 『우리』我們 창간호)에서 "지금의 루쉰은 사실 너무 가련하고, ……이것은 혁명의 방관자적 태도이다. 이것은 또 루쉰이 출로를 찾을 수 없는 근원이다"라고 했다.

14) 이 말은 『논어』(論語) 「미자」(微子)의 "지나간 일은 탓할 수 없지만, 오는 일은 오히려 쫓을 수 있으니"(往者不可諫, 來者猶可追)에 나오는 말이다.

15) 『창조월간』(創造月刊) 제2권 제1기(1928년 8월 10일)에 량쯔창(梁自强)이라고 서명한 「문예계의 반동세력」이란 글이 실렸는데, 이 안에 루쉰의 "공관(公館)은 조계의 입구에 있어, 비록 중국의 거리지만 만일 위험할 때는 아주 쉽게 조계 안으로 도피할 수 있네"라고 적혀 있다. 여기서 루쉰은 의도적으로 이를 비꼬고 있다.

『현대신흥문학의 제문제』[1)]

소인[2)]

저자는 일본에서 북유럽문학 연구로 널리 명성을 떨친 사람이며, 이런 부류의 학자들 가운데 주장 또한 가장 열렬하다. 이것은 1926년 1월에 쓴 것으로 뒤에 『문학평론』[3)]에 수록되었다. 그 주지는 말미에 쓰여진 것처럼, 독자가 현재 신흥문학의 "여러 문제의 성질과 방향 및 시대와의 교섭 등"을 해석하기 위해 "약간의 단서를 제공"[4)]하고 싶다는 것이다.

그러나 저자의 문체가 극히 번잡곡절하여, 번역할 때도 세 가지 곡절이 있다면 두 가지로 줄이고 두 가지 곡절한 곳을 하나로 고친 경우[5)]처럼 이따금 곡절을 줄였지만 여전히 번역문이 졸렬하고, 또 원래의 어기語氣를 크게 바꾸고 싶지 않았기 때문에 결국 고통이 심하여 중언부언한 곳이 많다. 이 점 독자들의 양해를 바라는 바이다. 다만 의심스러운 곳이 있더라도 매일 한 절이라도 읽어 준다면 좋겠다. 왜냐하면 본문의 내용은 필시 독자가 읽고 난 뒤 전혀 얻을 바가 없다고 느끼는 그런 것은 우선 없다고 나는 믿고 있기 때문이다.

이밖에 본문에는 고친 곳이 없다. 몇몇 복자伏字가 있는 것도 원본이 그런 것으로, 채우지 않음으로써 그 나라 관청의 신경쇠약증의 흔적을 남겨 두고자 했다. 하지만 표제는 몇 가지 글자를 바꾸었다. 그것은 이 나라의 나 혹은 다른 사람의 신경쇠약증의 흔적을 남기기 위한 것이다.

이것을 번역한 의도는 극히 단순하다. 새로운 사조가 중국에 들어오는 경우 그것은 종종 몇 가지 명사뿐일 경우가 많다. 그것을 주장하는 자는 적을 저주^{咀咒}하여 죽일 수 있다고 생각하고, 적대자도 저주받아 죽임을 당할 수 있다고 생각해 일 년인가 반년 소동이 일어나지만 결국 불도 꺼지고 연기도 사라지고 만다. 예를 들어 낭만주의, 자연주의, 표현주의, 미래주의……, 모두 이미 지나간 것처럼 보이지만, 실제 그러한 것은 일찍이 출현하지 않았다. 현재 이 글을 빌려서 이론과 사실을 본다면 반드시 그렇게 될 수 있는 흐름이며, 너무 당연한 것이어서 함부로 마구 떠들어대는 것도, 힘으로 금지하는 것도 모두 쓸데없음을 알 수 있다. 반드시 먼저 중국에서 외국의 신흥문학을 '주문'^{呪文}에서 벗어나게 하지 않는다면, 그것에 따르는 중국문학에는 신흥의 희망은 생기지 않는다는 것 —— 그것뿐이다.

1929년 2월 14일, 역자 씀

주)_____

1) 『현대신흥문학의 제문제』(現代新興文學的諸問題). 일본 문예비평가 가타가미 노부루(片上伸)가 쓴 논문집으로, 원제는 『무산계급 문학의 이론과 실황』(無産階級文學的理論與實況)이다. 루쉰은 도쿄 신초샤에서 나온 1926년판을 저본으로 번역했다. 1929년 4월 상하이 다장서포(大江書鋪)에서 출판한 '문예이론소총서'(文藝理論小叢書)의 하나로 나왔다. 같은 총서의 하나인 『문학의 사회학적 연구』(文學之社會學的研究; 1928년 다장서포판) 권말의 광고에는 이 책이 『최근 신문학의 제문제』(最近新文學之諸問題)라는 서명으

로 되어 있다. 또 『삼한집』의 권말 부록 「루쉰 저서 및 번역서 목록」(魯迅著譯書目)에는
본서의 제목이 『무산계급 문학의 이론과 실제』(無産階級文學的理論與實際)로 되어 있다.

2) 이 글은 『현대신흥문학의 제문제』 단행본 권두에 처음 실렸고, 신문이나 잡지에는 발
표되지 않았다.

3) 『문학평론』(文學評論). 가타가미 노부루가 쓴 문학비평 논문집으로 1926년 일본 도쿄
신초사에서 출판했다.

4) 원문은 이 책 제14절에 보인다. 즉 "이상의 조잡한 논술 속의 평론과 사실이 이 문제의
성격과 방향, 시대와의 교섭 등을 해석하기에 족하고 약간의 단서를 제공할 수 있다면,
이 글의 효용은 아주 클 것이다."

5) 「『문예와 비평』 역자 부기」에서 번역의 어려움에 대해 이렇게 말했다. "번역을 하고 난
뒤 한번 읽어 보니 난삽하고, 심지어 난해한 곳도 아주 많다. 구문을 짧게 나누면 원래
의 간결하고 날카로운 어기(語氣)가 사라지고 만다." "구문을 짧게 나눈다"는 "세 가지
곡절한 곳이 있다면 두 가지로 줄이고 두 가지 곡절한 곳은 하나로 고친다"는 번역방법
상의 구체적인 설명이다.

『예술론』(루나차르스키)[1]
소서[2]

이 작은 책은 일본의 노보리 쇼무[3]의 번역을 중역한 것이다. 이 책의 특색과 저자가 현재 지고 있는 임무는 서문原序의 네번째 단락에서 아주 간명하게 말하고 있으므로[4] 내가 더 이상 덧붙일 것은 없다.

저자의 어린 시절의 경우는 그다지 알려져 있지 않다. 아버지는 러시아인이고 어머니는 폴란드인이라는 설이 있고, 또 1878년 키예프의 가난한 가정에서 태어났다는 설도 있다. 그런데 1876년 폴타바에서 태어났고 아버지 집안은 대지주였다는 설도 있다. 요컨대 키예프중학을 졸업했지만 진학을 할 수 없었던 것은 사상이 진보적이었기 때문이다. 뒤에 독일, 프랑스에서 유학하고 중도에 귀국하여 한 차례 유형流刑을 받았지만, 다시 해외로 나갔다.[5] 3월혁명[6]으로 마침내 자유를 획득하고 모국으로 돌아와 현재는 인민교육위원장을 맡고 있다.

그는 혁명가이며, 또 예술가, 비평가이다. 저작 가운데 『문학적 영상影像』, 『생활의 반향』, 『예술과 혁명』 등이 가장 유명하고, 또 적지 않은 희곡이 있다. 또 『실증미학의 기초』 한 권이 있는데 모두 5편으로 1903년에 이미 출판되었으나 중요한 책이다. 왜냐하면 이것은 저자가 자서에 기술한 대로 "가장 압축된 형태로 결론을 가진 모든 미학의 대강을 전달하고" 있으며 더욱이 지금까지 그의 사상과 행동의 근저를 이루고 있기 때문이다.

이 『예술론』은 출판은 새로운 것이지만, 신편新編에 지나지 않는다. 제 1장과 제3장 두 장은 내가 알지 못하지만, 제2장은 원래 『예술과 혁명』에 있었던 것이며, 마지막 두 장은 『실증미학의 기초』의 거의 전부를 포함하고 있는데, 지금 비교해 보면 다음과 같다.

『실증미학의 기초』	『예술론』
1. 생활과 이상	5. 예술과 생활(1)
2. 미학은 무엇인가?	
3. 미는 무엇인가?	4. 미와 그 종류(1)
4. 가장 중요한 미의 종류	4. 동同(2)
5. 예술	5. 예술과 생활(2)

곧 한쪽에 있지만, 다른 쪽에 없는 것은 한 편뿐으로, 나는 지금 그것을 번역해서 마지막에 넣고, 바로 『예술론』의 일부로 삼고 『실증미학의 기초』의 전부를 포함시켰는데, 만약 위의 순서대로 읽는다면, 그것을 읽는 것과 같다. 각 장의 말미에는 약간의 차이가 있지만, 전체적으로는 대동소이하다. 또 서문에는 「생활과 이상」이라는 빛나는 글로 기록되어 있지만, 책 속에 이 제목은 없어서 비교해 보니 그것이 『예술과 생활』의 제1장임을 알았다.

내가 보기에는 이번의 배열과 편목이 분명히 정연하고 당당하지만, 독자한테는 『실증미학의 기초』의 배열에 따라서 순서대로 읽는 편이 아마 이해하기 쉽다고 생각한다. 처음 3장은 앞에 읽든 뒤에 읽든 상관없다.

원본은 압축해서 정수로 삼은 그런 책이고, 또 생물학적 사회학에 의거하여, 그중에는 생물, 생리, 심리, 물리, 과학, 철학 등과 관련되며, 학문의 범위는 상당히 넓다. 미학 및 과학적 사회주의에 관해서는 더 말할 것도 없다. 이런 것에 관해서 역자도 소양이 없기 때문에 붓이 나가지 않고, 모르는 부분이 나올 때마다 시게모리 다다시의 『신예술론』[7](「예술과 산업」을 수록함) 및 『실증미학의 기초』의 소토무라 시로의 번역, 즉 바바 데쓰야의 번역[8]을 참조했다. 하지만 난해한 곳은 종종 어떤 번역도 공통적으로 의미가 통하지 않아서 고생하고 상당한 시간을 들였지만, 역시 난삽한 책이 되고 말았다. 오류는 없을 리가 없다. 열중하여 연구해 보고자 하는 사람이 있어서, 원래 문장의 구성을 분리하여 술어를 알기 쉬운 것으로 바꾸고 해석에 가까운 의역을 한다면 좋겠지만. 혹은 원서를 보고 번역한다면 더욱 좋다.

사실 저자의 주장을 알기 위해서는 『실증미학의 기초』를 읽는 것만으로 충분하다. 그러나 이 서명으로는 현재의 독자들이 머뭇거리지 않을까 생각해 나는 이 제목으로 했다. 하지만 결국에는 역부족으로 그다지 좋은 문장으로 번역하지 못해서, 단지 독자가 참고 읽어서 대의를 이해하고 납득할 수 있는 점이 있기를 바랄 따름이다. 여기서 논하고 있는 예술과 산업의 결합, 이성과 감정의 결합, 진선미의 결합, 투쟁의 필요, 현실적인 이상의 필요, 현실에 집착할 필요, 더욱이 군주를 고답자高踏者보다도 현명하다고 하는 등 모두 아주 예리하다. 전부 뒤에 쓰여져 있으니 여기서는 하나하나 열거하지 않겠다.

1929년 4월 22일, 상하이에서 번역하고 씀. 루쉰

주)_____

1) 『예술론』(藝術論). 예술에 관한 루나차르스키의 논문집으로 루쉰은 1928년 도쿄 하쿠요샤(白楊社)에서 출판한 노보리 쇼무(昇曙夢)의 일본어 번역본을 저본으로 했다. 중국어 번역은 1929년 4월에 완성되어 같은 해 6월 상하이 다장서포에서 '예술이론총서'의 하나로 출판됐으며, 안에는 논문 5편과 부록 1편이 수록되어 있다.

2) 이 글은 단행본 『예술론』 권두에 처음 실렸고, 신문이나 잡지에는 발표되지 않았다.

3) 노보리 쇼무(昇曙夢, 1878~1958). 일본 번역가, 러시아문학 연구자. 저서에 『러시아 근대문예사상사』, 『러시아 현대사조와 문학』 등이 있다.

4) 노보리 쇼무는 서문의 네번째 단락에서 "본서의 초점은 예술 자체와 그 발달의 역정이다. 이 가운데 예술적 창작의 역정에서 특히 그 해부가 정치하다. 여기서 분명하게 알 수 있는 것은 무언가 예술에 대한 계급적 관점을 줄 수 있는 이는 프롤레타리아계급을 향해서 분명하게 자신의 소속성을 인식하는 예술가라는 사실이다.……우리는 루나차르스키의 일반 미학에 관한 많은 저술 가운데 예술적 창조 그 역정상에서 의식화를 가하려는 시도를 분명하게 알 수 있다. 루나차르스키가 형식적 방법을 기술할 때, 또 예술적 내용의 가치를 말할 때 독자는 대체로 도처에서 자신 앞에 각 유파의 개별적인 예술학자뿐만 아니라 일정한 경향을 가진 실제적인 지도자를 볼 수 있다. 이 완전히 살아 있는 예술적 경험의 결정(結晶)이 바로 본서의 가치와 의의이다"라고 했다.

5) 루나차르스키(Анатолий Васильевич Луначарский, 1875~1933). 소련의 문예평론가. 폴타바의 사상이 개명한 관료 가정에서 태어났다. 1895년 스위스 취리히대학에 진학했고 1년 뒤 파리에 갔다가 1898년 귀국했다. 이듬해 '반정부' 죄명으로 체포, 유형에 처해졌다. 1904년 석방 후 국외에서 혁명활동에 종사했다. 저서에 『예술의 사회적 기초』, 『예술과 맑스주의』, 극본 『파우스트와 도시』(浮士德與城), 『해방된 돈키호테』 등이 있다.

6) 3월혁명(三月革命). 1917년 3월 12일 러시아 페테르부르크에서 노동자와 군인이 볼셰비키의 지도하에 봉기를 일으키고 차르 정부를 타도했다. 이날은 러시아 달력으로 2월 27일이고 그래서 역사적으로는 '2월혁명'이라고 부른다.

7) 시게모리 다다시(茂森唯士, 1895~1973). 일본의 소련문제연구자로 『일본평론』사 총편집, 세계동태연구사(世界動態研究社) 사장을 지냈다. 저서에는 『소련현상독본』, 『일본과 소련』 등이 있다. 『신예술론』(新芸術論)은 그가 번역한 루나차르스키의 저작으로 1925년 12월 일본 시조사(至上社)에서 출판했다.

8) 소토무라 시로(外村史郎). 원명은 바바 데쓰야(馬場哲哉, 1891~1951). 일본 번역가, 러시아문학 연구자. 주요 번역으로 맑스·엥겔스의 『예술론』과 플레하노프의 『예술론』 등이 소토무라 시로라는 이름으로 번역한 『예술의 사회적 기초』(芸術の社会的基礎)는 1928년 11월 소분카쿠(叢文閣)에서 출판했고, 바바 데쓰야로 번역한 『실증미학의 기초』(実証美学の基礎)는 1926년 4월 인문회출판부(人文会出版部)에서 출판했다.

『문예와 비평』[1]

역자 부기[2]

한 권의 책의 처음에 서문이 있고, 저자의 생애, 사상, 주장 또는 그 책의 요지가 기술되어 있다면, 독자에게 편리한 것은 분명하다. 하지만 그러한 일은 내게 역부족이다. 왜냐하면 이 저자가 쓴 것의 극히 일부만 읽었기 때문이다. 지금 오세 게이시의 『혁명 러시아의 예술』[3]에서 짧은 문장[4]을 하나 번역해서 앞에 두었는데 사실 이것도 따로 신뢰할 수 있는 것은 아니지만——아마도 오세가 의거한 것은 『탐구』[5]뿐이라고 생각한다——단지 대강을 알 수 있으니 잠시 없는 것보다 나을 듯하다.

제1편은 가네다 쓰네사부로金田常三郎가 번역한 『톨스토이와 맑스』의 부록을 중역한 것으로,[6] 그가 원래 에스페란토 텍스트에서 번역한 것이니 이 번역은 중역의 중역이다. 예술이 어떻게 탄생되는지는 본래 중대한 문제지만, 안타깝게도 이 문장은 길지 않아서 마지막까지 읽어도 무언가 부족하다고 느끼게 된다. 하지만 그의 예술관의 근본개념, 예를 들어 『실증미학의 기초』에서 상술하고 있는 것은, 이 속에 거의 모두 구체적인 동시에 함축적으로 얘기하고 있으며, 이해할 수 있다면 하나의 대강이라고 할

지라도 그것을 알 수 있다. 어조로 본다면 강연과 같지만, 언제 말한 것인지는 모른다.

제2편은 톨스토이가 죽은 다음 해(1911년) 2월, 『신시대』[7]에 게재되고 뒤에 『문학의 영상』[8]에 실린 것이다. 올해 1월 나는 일본에서 편한 『맑스주의자가 본 톨스토이』에서 스기모토 료키치의 번역[9]을 중역하고 월간 『춘조』[10] 1권 3기에 실었다. 말미에 짧은 발跋을 붙이고 이 문장을 중역한 의도를 약술했다. 지금 그것을 여기에 재록한다.

1) 톨스토이가 죽었을 때 중국인은 그다지 잘 모르고 있었는데, 지금 되돌아보니 이 문장에서 당시의 유럽문학계의 저명한 사람들 ——프랑스의 아나톨 프랑스,[11] 독일의 게르하르트 하웁트만,[12] 이탈리아의 조반니 파피니,[13] 또 청년작가 데안젤리스(D'Ancelis)[14] 등 ——의 견해 그리고 한 명의 과학적 사회주의자——본 논문의 저자——의 이러한 견해에 대한 비평을 보면, 스스로 하나하나 수집한 것과 비교해서 더 분명하고 수월함을 알 수 있다.

2) 이를 빌려 시국이 다르니 입론이 종종 변하지 않을 수 없고, 그것을 예견하는 일은 대단히 어렵다는 것을 알 수 있다. 이 글에서 저자는 톨스토이를 친구도 적도 아닌 아무 상관없는 사람일 뿐이라고 판단하고 있다. 그러나 1924년의 강연은 오히려 비록 적의 첫번째 진영은 아니지만, '아주 골치 아픈 상대'라고 간주했는데, 이것은 대체로 다수파[15]가 이미 정권을 장악하고 톨스토이파가 많은 것에 점차 통치상 불편하다고 느끼게 되었기 때문일 것이다. 작년 톨스토이 탄생 100주년 때 저자는 또 「톨스토이기념회의 의미」[16]라는 글을 썼고, 표현 또한 강연과 같이 그렇게 준

열하지는 않았는데, 만약 이것이 결코 세계를 향해 소련이 본래 특이하지 않다는 것을 드러내고자 하는 것 때문이 아니라면, 내부가 차츰 견고해지고 입론 역시 평정해지고 있을 따름이다. 그것은 물론 좋은 일이다.

번역본에서 보면 루나차르스키의 논설은 이미 대단히 분명하고 통쾌하다. 하지만 역자의 능력부족과 중국문장에서 오는 결점으로 인해 번역한 뒤 읽어 보면, 난삽하고 심지어 난해한 곳까지 정말 많다. 만약 늑구(仂句)[17]를 나누면 원래의 정한(精悍)한 어기는 사라진다. 나로서는 역시 이러한 경역(硬譯) 이외에 '팔장을 끼고 있을'——즉 소위 '출로가 없을'——수밖에 없다. 남은 유일한 희망은 역시 독자가 계속 읽어 주는 것뿐이다.

거의 같은 시기에 웨이쑤위안(韋素園) 군이 원문에서 직접 번역한 것도 반월간 『웨이밍』[18] 2권 2기에 발표되었다. 그가 몇 년간 병상에 있으면서 여전히 이러한 논문을 번역한 것에 나는 정말 크게 고무되고 감동을 받았다. 번역문에서 때로 난삽한 곳이 있는 것이 나와 비슷하고, 말이 다소 늘어나고 정확한 곳도 보다 많은데, 지금 나는 아직 이것에 근거해 본 번역문을 고칠 마음은 없지만, 뜻있는 독자는 직접 참조해 보기 바란다.

제3편은 위에서 언급한 1924년 모스크바에서의 강연이며, 가네다 쓰네사부로의 일본어역에 의해 중역한 것으로 작년의 『분류』[19] 7, 8기에 분재했다. 원본에는 몇 가지 소제목은 없는데, 역자가 붙인 것이다. 독자가 읽기 쉽도록 한 것이지만, 지금 그대로 따르고 바꾸지 않았다. 따로 짧은 서(序)가 붙어 있고, 이 두 종류의 세계관의 차이와 충돌을 간명하게 말하고 있다. 그것도 여기에 초역해 둔다.

현대 세계 인류의 사상계를 떠도는 대척적인 2대 조류는, 하나는 유물적 사상이고, 다른 하나는 유심적 사상이다. 이 두 대표적인 사상은 그 사이에 이 두 사상에서 발아하고, 변형된 다른 사상이 끼어 있으며 항상 상극하며 현대 인류의 사상생활을 형성하고 있다.

루나차르스키는 이 두 대표적인 이데올로기를 표현함에 있어 전자의 비非부르주아적 유물주의를 맑스주의라고 부르고, 후자의 비부르주아적 정신주의를 톨스토이주의라고 명명했다.

러시아의 톨스토이주의는 프롤레타리아독재의 오늘날, 농민과 인텔리겐차 사이에 또한 강고한 사상적 근거를 갖고 있다.…… 이것은 프롤레타리아의 맑스주의적 국가통제상 대단히 불편한 것이다. 따라서 노농 러시아인민교화의 높은 지위[20]에 있는 루나차르스키가 러시아에서 볼셰비즘(다수주의)의 사상적 장애물인 톨스토이주의의 불식을 목적으로 하여 이 연설을 한 것은 당연한 일이라고 할 수 있다.

그러나 루나차르스키는 결코 톨스토이주의를 정면의 적으로 생각하지 않았다. 이것은 톨스토이주의가 자본주의를 부정하고, 동포주의를 고창高唱하며, 인류의 평등을 주장한 점에서 어느 정도 동반자가 될 수 있기 때문이다. 그렇다면 그의 이 연설의 희곡화라고 간주할 수 있는 『해방된 돈키호테』[21]에서 저자는 인도주의자 톨스토이의 화신, 돈키호테를 야유하고 있지만, 결코 악의를 갖고 있지 않은 것이다. 저자는 가련한 인도주의의 기사(협객) 돈키호테가 혁명의 악마지만, 결코 그를 혁명의 제물로 내세우지 않았다. 여기서 우리들은 루나차르스키의 풍부한 인간성과 관대함을 볼 수 있다.

제4와 제5 두 편은 모두 시게모리 다다시의 『신예술론』에서 번역한 것으로, 원문은 1924년 모스크바에서 출판한 『예술과 혁명』[22]에 수록되었다. 3회의 연설을 합해서 두 편으로 만든 것으로, 후자의 전반에 "1919년 말 씀"이라고 주가 달렸을 뿐, 나머지는 연대 미상인데, 다만 그 어기語氣를 보면 역시 10월혁명 뒤 얼마 지나지 않은 아주 고통스러운 때일 것으로 보인다. 그 가운데 예술은 사회주의 사회에서 반드시 완전한 자유를 획득하지만, 계급사회에서는 잠시 제약을 받지 않을 수 없다는 점, 특히 러시아의 당시 예술이 쇠퇴하는 상황에서 보존, 계발, 장려에 힘쓰는 지도자의 노력이 극히 간명하고 정확하게 얘기되고 있다. 그 사려의 깊음은 심지어 경제 때문에 농민 특유의 행동방식을 보존하는 것도 고려하고 있을 정도다. 이것은 올해 갑자기 자유주의를 고창했던 '정인군자'[23]와 작년에 한때 '그들을 내쫓자'라고 큰소리로 외쳤던 '혁명문학가'[24]에게 마시면 땀이 나는 쓴 좋은 약이 될 것임에 틀림없다. 그러나 러시아 문예에 대한 그의 주장은 원래 때와 장소가 다르기 때문에 다른 사람의 명성을 빌려서 옛 것을 보존한다고 하지만 실제로는 자기보존을 도모하는 중국의 보수파가 구실로 삼을 수 있는 것은 아니다.

마지막의 한 편은 1928년 7월 『신세계』[25] 잡지에 발표된 최신의 문장으로 같은 해 9월 일본의 구라하라 고레히토[26]가 번역해서 『전기』[27]에 실었고, 지금 그것을 중역했다. 원 역자가 서문에서 "이것은 저자가 맑스주의 문예비평의 기준을 나타낸 중요한 논문이다. 우리는 소비에트연방과 일본의 사회적 발전단계의 차이를 충분히 염두에 두고서 여기서 대단히 많은 것을 배울 수 있다. 나는 예술운동에 관심을 갖고 있는 동인同人들이 정당한 해결을 위한 많은 계발을 이 논문에서 섭취하기를 바라 마지않

는다"라고 썼다. 이것은 중국의 독자들에게 그대로 증정해도 무방할 것이
다. 또한 이전에 우리에게도 맑스주의 문예비평을 자임한 비평가가 있었
는데, 하지만 그들이 쓴 판결문에서 동시에 자신들도 함께 고발당했다. 이
테제에 의해 최근 중국의 동종의 '비평'을 비평할 수 있을 것이다. 반드시
더 진실한 비평이 있어야 진정 새로운 문예, 진정 새로운 비평이 탄생할
희망이 있다.

본서의 내용과 출처는 이상과 같다. 비록 잡다하게 뽑은 몇 개의 꽃과
열매의 가지에 지나지 않지만, 그러나 혹 여기서 약간의 꽃과 열매의 가지
를 낳은 근저를 어느 정도 파악할 수 있을지도 모른다. 다만 나는 또 완전
히 후련하게 알고 싶다면 역시 사회과학이라는 근본의 원천에 힘을 쏟지
않으면 안 된다고 생각한다. 천만 자의 논문은 학설에 깊이 통하고, 더욱
이 전 세계의 기존 학술사를 이해한 뒤에 환경에 따라 우여곡절을 겪어 온
지류支流이기 때문이다.

6편 가운데 두 편 반[28]은 일찍이 잡지에 발표한 것이며, 그 나머지는
모두 새로 번역한 것이다.

내가 가장 중요하다고 생각하는 것은 특히 마지막의 한 편[29]으로, 무
릇 새로운 것을 개략적으로 알려고 하는 비평가는 모두 이것을 잘 읽지 않
으면 안 된다. 애석하게도 번역하고 나서 일독해 보니 역시 아주 난삽한
데, 이것은 나의 역량상 정말 어찌할 수가 없는 일이다. 원번역문에는 오
자가 상당히 많은데, 알 수 있는 것은 모두 고쳤지만, 그밖에는 한 사람의
힘으로 살필 수가 없어서 그대로 답습하는 수밖에 없었다. 그러나 독자가
만약 발견했을 때는 그것을 지적하여 장래에 고칠 기회가 주어지기를 희
망한다.

나의 번역문은 총망하고 소홀하며 게다가 체력이 온전하지 못해 오류와 누락도 꽤 있다. 이것은 우선 쉐핑³⁰⁾ 군에게 감사해야겠는데, 그는 교정할 즈음에 먼저 적지 않은 오자와 탈자를 수정해 주었다.

1929년 8월 16일 밤,

상하이의 폭풍우, 울음소리, 노랫소리, 웃음소리 속에서, 루쉰 쓰다

주)_____

1) 『문예와 비평』(文藝與批評). 루쉰이 편역한 루나차르스키의 문예평론집으로 모두 논문 6편이 실려 있다. 그 가운데 3편은 신문이나 잡지에서 발표된 적이 없다. 이 책은 1929년 10월 상하이 수이모서점(水沫書店)에서 출판했고 '과학적 예술론 총서'(科學的藝術論叢書)의 하나이다.

2) 이 글은 『문예와 비평』 마지막에 처음 실렸고, 신문이나 잡지에 발표된 적은 없다.

3) 오세 게이시(尾瀬敬止, 1889~1952). 일본 번역가. 10월혁명 뒤 두 차례 소련을 여행했다. 저서에는 『러시아 10대 혁명가』, 『혁명 러시아의 예술』 등이 있고, 또 『노농러시아시집』(勞農ロシヤ詩集) 등을 번역했다. 『혁명 러시아의 예술』(革命ロシヤの芸術)은 1925년 5월 지쓰교노니혼샤(實業之日本社)에서 출판했다.

4) 「비평가 루나차르스키」를 가리킨다.

5) 『탐구』(硏求). 루나차르스키가 초기에 쓴 철학수필.

6) '제1편'은 이 책에 수록된 「예술은 어떻게 탄생되는가」를 가리킨다.
  『톨스토이와 맑스』(トルストイとマルクス). 루나차르스키 저작의 일본어 번역본의 하나로, 1927년 6월 겐시샤(原始社)에서 출판했다. 아래 문장 가운데 '제2편'은 「톨스토이의 죽음과 소년 구라파」를 말하고, '제3편'은 「톨스토이와 맑스」, '제4와 제5 두 편'은 「오늘의 예술과 내일의 예술」과 「소비에트국가와 예술」를 일컫고, '마지막 1편'은 「맑스주의 문예비평의 임무에 대한 제요(提要)」를 말한다.

7) 『신시대』(新時代). 『신생활』(新生活)이어야 한다. 1910년 페테르부르크에서 창간되어 1915년까지 나왔다. 「톨스토이의 죽음과 소년 구라파」는 『신생활』 1911년 제2기에 처음 발표되었다.

8) 『문학의 영상』(文藝底影像). 루나차르스키의 문학평론집으로 1923년에 출판되었다.

9) 『맑스주의자가 본 톨스토이』. 일본국제문화연구회가 편한 것으로 1928년 12월 소분카쿠에서 출판했다.
   쓰기모토 료키치(杉本良吉, 1907~1939). 원명은 요시다 요시마사(吉田好正), 일본 좌익 희곡가. 저서에는 『현대연극론』(다카하시 겐지高橋健二와 공저), 번역에는 『노농러시아희곡집』(勞農ロシヤ戱曲集), 『순양함 자리야』(巡洋艦ザリャー) 등이 있다.

10) 월간 『춘조』(春潮). 문예간행물, 샤캉눙(夏康農), 장유쑹(張友松)이 편집하고, 상하이 춘조서국(春潮書局)에서 발행했다. 1928년 11월에 창간했고 1929년 9월에 정간되었다.

11) 아나톨 프랑스(Anatole France, 1844~1924). 프랑스 작가. 저서에는 장편소설 『실베스트르 보나르의 죄』(Le Crime de Sylvestre Bonnard, 1881), 『타이스』(Thaïs, 1890)와 문학평론집 『문학생활』(La vie littéraire) 등이 있다.

12) 하웁트만(Gerhart Hauptmann, 1862~1946). 독일 극작가. 청년 시절 노동인민을 동정하고 당시의 사회민주당원들과 접촉했다. 하지만 제1차 세계대전 때 그는 독일의 침략전쟁을 변호했고, 히틀러가 집정한 뒤에는 또 나치즘에 타협하였다. 1892년에 출판한 극본 『직조공들』(Die Weber)은 1844년 슐레지엔방직노동자들의 봉기를 소재로 하였다. 이밖에도 극본 『해 뜨기 전』(Vor Sonnenaufgang, 1889) 등이 있다.

13) 파피니(Giovanni Papini, 1881~1956). 이탈리아 작가, 철학자. 일찍이 신문 제작에 종사했다. 원래 무신론자였으나 뒤에 천주교를 믿었다. 저서에는 『철학자의 서광』(Il Crepuscolo dei Filosofi), 『그리스도전』(Storia di Cristo) 등이 있다.

14) 데안젤리스(De Angelis, 丹契理斯). 이탈리아 작가. 논문 「톨스토이의 죽음과 삶에 대한 대답」(對於托爾斯泰之死的生命的回答)의 저자.

15) 볼셰비키를 가리킨다.

16) 「톨스토이기념회의 의미」. 이 글의 일본어 번역은 『맑스주의자가 본 톨스토이』에 실려 있다.

17) 늑구(仂句)는 문법용어로 현재는 통상 '주술연어'(主述連語)라고 부른다.

18) 『웨이밍』(未名). 반월간, 베이징 웨이밍사에서 편집한 문예간행물로 1928년 1월 10일 창간되었고, 1930년 4월 30일 종간했다. 주로 러시아와 기타 외국문학을 소개했다.

19) 『분류』(奔流). 루쉰과 위다푸(郁達夫)가 편집한 문예월간으로 1928년 6월 상하이에서 창간했고, 1929년 12월 제2권 제5기를 내고 정간했다. 루쉰은 일찍이 관련이 있는 「편집 후기」(編校後記) 12편을 썼는데, 현재 『집외집』(集外集)에 실려 있다.

20) 10월혁명 뒤 소련교육인민위원의 직무를 맡은 것을 가리킨다.

21) 루나차르스키가 1922년에 쓴 희곡으로 이자(易嘉; 곧 취추바이瞿秋白)의 번역이 있고, 1934년 상하이 롄화서국(聯華書局)에서 '문예연총'(文藝連叢)의 하나로 출판되었다.

22) 『예술과 혁명』(藝術與革命). 루나차르스키의 문예이론 저작.

23) '정인군자'(正人君子). 신월파(新月派) 문인들을 가리킨다. 1929년 그들은 정치적으로

강력하게 '영국식 민주'를 주장하고, '사상 자유'와 '언론출판의 자유'를 강조하며 동시에 또 혁명문학을 반대했다.

24) 여기서 "혁명문학가"와 아래 문장의 "맑스주의 문예비평을 자임한 비평가"는 모두 당시 창조사, 태양사의 일부 멤버를 가리킨다.

25) 『신세계』(新世界). 소련의 문예, 사회, 정치의 종합성 월간으로 1925년 1월 모스크바에서 창간되었고, 뒤에 소련작가협회의 기관지가 되었다.

26) 구라하라 고레히토(藏原惟人, 1902~1991). 일본 문예평론가, 번역가.

27) 『전기』(戰旗). 전일본프롤레타리아예술연맹의 기관지로 1928년 5월에 창간되어 1930년 6월에 정간되었다. 기고자는 고바야시 다키지(小林多喜二), 도쿠나가 스나오(德永直) 등이다. 구라하라 고레히토가 번역한 「맑스주의 문예비평의 임무에 대한 제요」는 원래 이 잡지 제1권 제5호(1928년 9월)에 실렸다.

28) 여기서 말한 "두 편 반"은 「톨스토이와 맑스」(원래 1928년 12월 30일, 1929년 1월 30일 월간 『분류』 제1권 제7, 8기 수록)와 「톨스토이의 죽음과 소년 구라파」(원래 1929년 2월 15일 월간 『춘조』 제1권 제3기 수록) 그리고 「소비에트국가와 예술」의 상편(원래 1929년 5월 20일 월간 『분류』 제2권 제1기 수록)이다. 후자의 하편은 1929년 12월 30일 월간 『분류』 제2권 제5기에 발표되었고, 그때 『문예와 비평』 단행본은 이미 출판되었다.

29) 「맑스주의 문예비평의 임무에 대한 제요」를 가리킨다. 1930년 3월 『문예와 비평』 재판(再版)에서 이 글 제목의 "맑스주의"를 '과학적'으로 수정했다.

30) 펑쉐펑(馮雪峰, 1903~1976). 저장성 이우(義烏) 사람. 작가, 문예이론가. '좌련'(左聯) 지도부의 한 사람으로, 당시 루쉰과 공동으로 '과학적 예술론 총서'를 편집·출판했다.

「톨스토이의 죽음과 소년 구라파」 번역 후기[1]

이 논문은 톨스토이가 죽은 다음 해(1911년) 2월 『*Novaia Zhizni*』[2]에 실린 것으로, 뒤에 『문학의 영상』에 수록되었다. 지금 『맑스주의자가 본 톨스토이』에서 스기모토 료키치의 번역을 중역했다. 이 문장을 중역한 의도는 아주 간단하다.—

첫째, 톨스토이가 죽었을 때 중국인은 그다지 잘 모르고 있었는데, 지금 되돌아보니 이 문장에서 당시의 유럽문학계의 저명한 사람들 ——프랑스의 아나톨 프랑스, 독일의 게르하르트 하웁트만, 이탈리아의 조반니 파피니, 또 청년작가 데안젤리스 등——의 견해 그리고 과학적 사회주의자 ——본 논문의 저자——의 이러한 견해에 대한 비평을 보면, 스스로 하나하나 수집한 것과 비교해서 더 분명하고 수월함을 알 수 있다.

둘째, 이를 빌려 시국이 다르니 입론이 종종 변하지 않을 수 없고, 그것을 예견하는 일은 대단히 어렵다는 것을 알 수 있다. 이 글에서 저자는 톨스토이를 친구도 적도 아닌 아무 상관없는 사람일 뿐이라고 판단하고 있다. 그러나 1924년의 강연(『분류』 7, 8권에 번역해 실렸다)은 오히려 비록 적의 첫번째 진영은 아니지만, '아주 골치 아픈 상대'라고 간주했는데, 이것은 대체로 다수파가 이미 정권을 장악하고 톨스토이파가 많은 것에 점차 통치상 불편하다고 느끼게 되었기 때문일 것이다. 작년 톨스토이 탄생 100주년 때 저자는 또 「톨스토이기념회의 의미」라는 글을 썼고, 표현 또한 강연과 같이 그렇게 준열하지는 않았는데, 만약 이것이 결코 세계를 향해 소련이 본래 특이하지 않다는 것을 드러내고자 하는 것 때문이 아니라면, 내부가 차츰 견고해지고 입론 역시 평정해지고 있을 따름이다. 그것은 물론 좋은 일이다.

번역본에서 보면 루나차르스키의 논설은 이미 대단히 분명하고 통쾌하다. 하지만 역자의 능력 부족과 중국 문장에서 오는 결점으로 인해 번역한 뒤 읽어 보면, 난삽하고 심지어 난해한 곳까지 정말 많다. 만약 늑구를 나누면 원래의 정한한 어기는 사라진다. 나로서는 역시 이러한 경역 이외에 '팔장을 끼고 있을'──즉 소위 '출로가 없을'──수밖에 없다. 남은 유일한 희망은 역시 독자가 계속 읽어 주는 것뿐이다.

1929년 1월 20일, 루쉰 번역 뒤 부기

주)_____

1) 이 글은 「톨스토이의 죽음과 소년 구라파」의 번역과 함께 1929년 2월 15일 월간 『춘조』 제1권 제3기에 처음 발표되었다. 단행본에는 수록되지 않았다.
2) Novaya Zhizn. 러시아어 Новая Жизнь의 음역으로 즉 『신생활』(新生活)이다.

『문예정책』[1]

후기[2]

이 책은 일본의 소토무라 시로와 구라하라 고레히토가 편집한 텍스트[3]를 저본으로 하고, 재작년(1928년) 5월에 번역을 시작하여 월간 『분류』에 연재한 것이다. 그 처음의 「편집 후기」[4]에서 아래와 같이 기록해 두었다.

러시아의 문예에 관한 논쟁은 이전 『소련의 문예논전』[5]에 소개된 적이 있는데, 이번의 『소련의 문예정책』은 사실 그 속편이라고 봐도 무방하다. 앞의 책을 읽은 사람은 이것을 읽으면 한층 잘 이해될 것이다. 서문에서는 입장에 세 가지 차이가 있다고 기술하고 있지만, 줄이면 두 가지에 불과하다. 즉 계급문예에 대해 보론스키[6] 등과 같이 문예에 중점을 두는 일파가 있고, 『나 포스투』[7]처럼 계급에 중점을 두는 일파가 있다. 부하린[8] 등은 물론 프롤레타리아 작가를 지지한다고 주장했지만, 가장 중요한 것은 창작의 성과를 거두는 것이라고 생각했다. 발언한 사람들 가운데 보론스키, 부하린, 야코블레프[9] 트로츠키[10] 루나차르스키 등 그 다수가 위원이며, 플레트네프[11] 등의 『대장간』[12]파도 있다. 가장 많은 것은 바르딘, 렐레비치,[13] 아베르바흐, 로도프, 베시멘스키[14] 등의 『나 포스투』 사람들이며, 『소련의 문예논전』에 번역되어 실린 「문학과 예술」 말미에 모두의 서명이 있다.

『나 포스투』파의 공격은 거의 『붉은 처녀지』[15]의 편집자인 보론스키에 집중되어 있다. 그가 쓴 「생활인식으로서의 예술」에 대해 렐레비치가 「생활조직으로서의 예술」에서 부하린의 정의를 인용하여 예술을 '감정의 보편화'의 방법이라고 하고, 또 보론스키의 예술론은 초계급적이라고 지적했다. 이 의견은 평의회의 논쟁[16]에서도 볼 수 있다. 하지만 뒤에 구라하라 고레히토는 「현대 러시아의 비평문학」[17]에서 서술하고 있듯이 두 사람 사이의 입장도 다소 접근하고 있는데, 보론스키는 예술의 계급성의 중요성을 인정하고 있고, 렐레비치의 공격도 이전과 비교해서 다소 느슨해지고 있다. 현재 트로츠키, 라데크[18] 두 사람이 이미 추방당하고 보론스키도 대체로 사직하여 상황도 많이 달라졌을 것이다.

이 기록에서 노동계급 문학의 대본영인 러시아에서 문학의 이론과 실제를 볼 수 있고, 그것은 현재의 중국에서도 필시 무익하지 않을 것이다. 그 속에 공백으로 남아 있는 몇몇 글자는 원번역본이 그러한 것으로, 다른 나라의 번역본이 없기 때문에 함부로 채워 넣을 수 없었다. 만약 이 원문을 갖고 있는 분이 편지로 가르쳐 주거나 착오를 지적해 준다면 언제라도 반드시 보충하고 수정할 것이다.

하지만 지금까지 딱 3년이 지났지만, 그러한 편지는 끝내 한 통도 받지 못했다. 따라서 이 가운데의 결함도 이전과 같이 그대로다. 거꾸로 역자 자신에 대한 조소와 매도가 꽤 많고, 지금도 끊이지 않는다. 나는 일찍이 「'경역'硬譯과 '문학의 계급성'」에서 그 대강을 거론하여 『맹아』[19] 제3기에 실었지만, 지금 아래에서 몇 단락을 뽑아 본다.

재작년 이래 나 개인에 대한 공격은 대단히 많아졌는데, 간행물마다 거의 모두 '루쉰'의 이름이 보일 지경이며, 작가의 말투는 언뜻 보기에 대체로 혁명문학처럼 보인다. 나는 몇 편을 읽어 보고서 쓸데없는 말이 너무 많다는 걸 차츰 깨달았다. 메스는 살결을 찌르지 못하고, 탄환도 비껴 나가고 말아 치명상은 입지 않았다. …… 그래서 나는 참고할 만한 이러한 이론이 너무 적기에 사람들이 흐리멍덩하다고 생각했다. 적에 대해 해부하고 깨물어 씹는 것은 지금으로서 피할 도리가 없지만, 해부학이나 조리법에 관한 책이 있어서 이에 따라 처리한다면 구조가 한결 분명해지고 맛도 좋아질 것이다. 사람들은 흔히 신화 속의 프로메테우스[20]를 혁명가에 비유하는데, 불을 훔쳐 사람에게 가져다준 바람에 제우스에게 모진 시달림을 받았으나 후회하지 않은 그의 박애와 인고의 정신이 같다고 생각하기 때문이다. 그렇지만 내가 외국에서 불을 훔쳐 온 것은 자신의 살을 삶기 위한 것이니, 맛이 더 좋아진다면 아마도 깨물어 씹는 자 역시 이로운 점이 더 많아질 것이고, 나 역시 육신의 수고를 허비하지 않은 셈이리라 여겼던 것이다. 출발점은 전적으로 개인주의적인 생각에서 비롯되었으며, 여기에 소시민의 허영심, 그리고 천천히 메스를 꺼내어 반대로 해부자의 심장 속을 찌르는 '복수'의 기분도 섞여 있었다. …… 그러나 나 역시 사회에서 쓸모가 있기를 바라니, 관객이 보는 결과는 여전히 불과 빛이었으면 한다. 이렇게 하여 맨 먼저 손을 댄 것이 『문예정책』인데, 이 안에 여러 파의 의견이 포함되어 있었기 때문이다.

정보치 씨는 …… 『문예생활』[21]에서 내가 이 책을 번역한 것에 대해 몰락이 내키지 않아서였지만 아쉽게도 남이 선수를 치고 말았다고 비웃었다. 책 한 권을 번역하기만 하면 뜰 수 있다니, 혁명문학가가 되는 건 참으로 쉬운 일인 모양이지만, 나는 절대로 그렇게 생각하지 않는다. 어느 타블로이드판 신문은 나의 『예술론』 번역을 '투항'[22]이라고 했다. 그렇다. 투항하는 일은 세상에 늘 있는 일이다. 그러나 당시 청팡우 원수께서는 이미 일본의 온천에서 기어 나와 파리의 여관에 묵고 계셨는데, 그렇다면 이곳에서 누구에게 투항해야 할꼬? 올해에는 논조가 또 바뀌었으니, …… '방향전환'이라고 말하고 있다. 일본의 몇몇 잡지에서 이 네 글자가 이전의 신감각파인 가타오카 뎃페이[23]에게 좋은 의미로 덧붙여져 있는 것을 보았다. 사실 이런 말 많고 어지러운 이야기는 명칭만을 볼 뿐 생각조차 하지 않으려는 낡은 병폐일 뿐이다. 프롤레타리아 문학에 관한 책을 한 권 번역했다고 해서 방향을 증명할 수는 없으며, 만약 곡역曲譯이 있다면 도리어 해가 될 수도 있다. 나의 역서 역시 속단하는 이들 프롤레타리아 문학비평가들에게 바치려 하니, 이들은 '상쾌'함을 탐하지 말고 참을성 있게 이러한 이론을 연구할 의무가 있으니까.

다만 나는 일부러 곡역한 적은 없다고 확신하는데, 내가 감복하지 않는 비평가의 상처를 찌를 때에는 씩 웃고 나의 상처를 찌를 때에는 꾹 참으면서 절대로 늘이거나 줄이려 하지 않았으니, 이 역시 시종 '경역'으로 일관한 이유이다. 물론 세상에는 '곡역'하지도 않을뿐더러 '딱딱'하거나 '죽'지 않는 글로 번역할 수 있는 꽤 괜찮은 번역가도 있을 터이니, 그때 나의 역본은 도태되어야 마땅하며, 나는 그저 이 '없음'에서 '꽤 괜찮은'의 공간만 메울 따름이다.

지금까지 보다 새로운 번역본은 아직 나타나지 않아서 결국 나는 옛원고를 정리하여 책의 형태로 인쇄하고 이 번역의 얼마간의 생존을 유지하고자 한다. 그러나 초고보다는 결함이 줄어들었다고 믿는다. 첫째, 편집할 때 쉐핑이 원번역과 대조하여 몇 군데의 착오를 수정해 주었다는 점. 둘째, 그는 또 자신이 번역한 오카자와 히데토라의 「이론을 중심으로 한 러시아 프롤레타리아문학 발달사」[24]를 권말에 부치고, 게다가 나의 번역예에 근거하여 많은 자구를 고쳐서, 전체를 읽으면 이 『문예정책』이 탄생된 연원과 앞으로의 길을 보다 분명하게 알게 해주었다는 점이다. 이 두 가지는 적어도 특별히 여기에 적어 둘 가치가 있다.

1930년 4월 12일 밤, 후베이의 작은 집[25]에서 루쉰 씀

주)_____

1) 『문예정책』(文藝政策). 즉 『소련의 문예정책』으로, 루쉰이 구라하라 고레히토와 소토무라 시로의 일본어 번역본에 기초하여 중역한 것이다. 내용은 1924년에서 1925년 사이에 러시아 공산당중앙 「문예에 대한 당의 정책에 관하여」(關於對文藝的黨的政策), 「문예영역에서의 당의 정책에 관하여」(關於文藝領域上的黨的政策) 두 문건과 전러시아아프롤레타리아계급작가협회 제1차대회의 결의 「이데올로기 전선과 문학」(觀念形態戰線和文學)이다. 권두에는 구라하라 고레히토의 '서언'이 있고, 권말에는 일본 오카자와 히데토라(岡沢秀虎)가 지은 「이론을 중심으로 한 러시아 프롤레타리아계급문학 발달사」가 부록으로 있다. 1930년 6월 상하이 수이모서점에서 '과학적 예술론 총서'의 하나로 출판했다. 본문 3편은 처음에 월간 『분류』(奔流) 제1권 제1기부터 제5기까지 또 제7기부터 제10기(1928년 6월에서 10월, 또 12월에서 1929년 4월)까지 각각 발표되었다.
2) 이 글은 『문예정책』 단행본에 처음 실렸고, 잡지와 신문에 발표된 적은 없다.
3) 소토무라 시로와 구라하라 고레히토가 번역한 텍스트의 원제목은 『러시아공산당의 문예정책』(露國共産黨の文藝政策)으로, 1927년 11월 일본 난소쇼인(南宋書院)에서 출판했

다. 1928년 5월 맑스서방(書房)에서 증보 출판했다.

4) 월간 『분류』 제1권 제1기(1928년 6월 20일)의 「편집 후기」(編校後記)를 가리킨다. 또 이 잡지 제1권 제3기(1928년 8월 20일)의 「편집 후기」에도 관련된 서술이 있다.

5) 『소련의 문예논전』(蘇俄的文藝論戰). 런궈전(任國楨)이 편역했다. 1923년에서 1924년까지 소련의 문예논쟁에 관한 논문 3편과 부록에 「플레하노프와 예술문제」(蒲力汗諾夫與藝術問題) 1편이 실려 있다. 루쉰이 「서문」(前記)을 써서 1925년 베이신서국에서 '웨이밍총간'의 하나로 출판했다. 내용은 추자크(褚沙克)의 「문학과 예술」, 아베르바흐 등 8명 공동의 「문학과 예술」, 보론스키의 「생활인식으로서의 예술」 3편을 수록하고, 또 볼프손(Мирон Борисович Вольфсон, 1880~1932)의 「플레하노프와 예술문제」 1편을 부록으로 실었다.

6) 보론스키(Александр Константинович Воронский, 1884~1937). 소련의 작가이자 문예비평가이다. 1921년부터 1927년까지 종합성 잡지인 『붉은 처녀지』(Красная новь)를 주편하였다. 저서에 논문집 『접점에서』(На стыке), 『문학전형』(Литературные типы), 『예술과 생활』(Искусство и жизнь) 등이 있다.

7) 원문은 『那巴斯圖』. 『나 포스투』(На посту)는 '초소에서'라는 뜻이며, 모스크바 프롤레타리아작가연맹의 기관지로서 1923년부터 1925년까지 모스크바에서 간행되었다.

8) 부하린(Николай Иванович Бухарин, 1888~1938). 젊을 때 러시아혁명운동에 참가하고 10월혁명 뒤 러시아공산당중앙정치국 위원이 되었다. 『프라우다』(Правда, 眞理報) 주편을 역임하였다. 1928년 경제건설문제에 대해 이의를 제기함으로써 비판을 받았으며, 1938년에 반란죄로 처형당했다.

9) 야코블레프(Яков Аркадьевич Яковлев, 1896~1938). 소련 문예평론가. 일찍이 소련공산당중앙 출판부장을 역임했다.

10) 트로츠키(Лев Давидович Троцкий, 1879~1940). 10월혁명을 주도하였으며, 혁명군사위원회 주석 등을 역임하였다. 레닌이 세상을 떠난 후 소련공산당 내의 반대파 영수가 되었다. 1927년에 당적을 박탈당하고 1929년에 강제출국당하였으며, 멕시코에서 죽었다.

11) 플레트네프(Валериан Федорович Плетнев, 1886~1942). 소련의 문화운동 단체 프롤렛쿨트(Пролеткульт, Proletkult)의 이론가 가운데 한 사람이다.

12) 원문은 『鍛冶廠』. '대장간', 즉 쿠즈니차(Кузница, Kuznitza)는 1920년에 프롤렛쿨트의 시인들이 분리되며 결성한 문학단체이며, 문예간행물 명칭에 따라 붙여졌다. 1928년 전소프롤레타리아작가연맹(VAPP)에 흡수되었다.

13) 바르딘(Илья Вардин, 본명 Илларион Виссарионович Мгеладзе, 1890~1941). 소련 문예평론가. VAPP의 지도자 가운데 한 사람이며, 『나 포스투』의 편집을 맡았다.
렐레비치(Г. Лелевич, 1901~1937). 『나 포스투』의 편집인, VAPP의 지도를 담당하기도 하였다. 저서에 『문학의 초소에서』(На литературном посту), 『프롤레타리아계급문학 창작의 길』(Творческие пути пролетарской революции) 등이 있다.

14) 아베르바흐(Леопольд Леонидович Авербах, 1903~1937). 소련 문예활동가, 『나 포스투』의 편집인.

로도프(Семён Абрамович Родов, 1893~1968). 소련 시인, 문학평론가. 원래 『쿠즈니차』 멤버였으나 1922년 10월 그만두고 뒤에 『나 포스투』의 지도자 중 한 사람이 되었다.

베시멘스키(Александр Ильич Безыменский, 1898~1973). 소련 시인. 『나 포스투』 기고 자. 저서에 『공청단원』(共靑團員), 『비극의 밤』 등이 있다.

15) 『붉은 처녀지』(Красная новь). 문예, 과학, 정론을 포괄한 대형 종합성 잡지로 소련국가 출판국에서 발행했는데, 1921년 6월에 창간, 1942년에 정간되었다.

16) 평의회는 1924년 5월 9일 소련공산당 중앙위원회 출판부에서 개최한, 당의 문예정책 에 관한 토론회를 가리킨다. 논쟁은 이 회의에 출석한 이들의 발언을 가리킨다.

17) 「현대 러시아의 비평문학」. 구라하라 고레히토가 1926년 9월 2일에 지은 것으로, 일 본 『신초』 잡지 1926년 12월호에 처음 실렸고, 뒤에 저자의 논문집 『신러시아 문화 연 구』(新ロシヤ文化の研究, 1928년 2월 난소쇼인에서 출판)에 실렸다.

18) 라데크(Карл Бернгардович Радек, 1885~1939). 소련 정론가. 젊을 때 프롤레타리아혁 명운동에 참가하였지만, 1927년에 트로츠키파에 가담하였기 때문에 볼셰비키 당적 을 박탈당하고 1937년에는 정부전복 음모죄로 법정에 서게 되었다.

19) 『맹아』(萌芽). 문예월간, 1930년 1월 상하이에서 창간되었고, 루쉰, 펑쉐펑이 편집했다. 1930년 3월 중국좌익작가연맹(좌련) 결성 후 기관지가 되었고, 제5기까지 내고 발매 금지를 당해 제6기부터 명칭을 『신지』(新地)로 바꾸었으나 바로 정간되었다.

20) 프로메테우스(Prometheus)는 그리스신화 속에 나오는 인간에게 행복을 주는 신이다. 그는 전능한 신 제우스로부터 불을 훔쳐 인간에게 주었다가 제우스에게 징벌을 받고 코카서스 산의 바위에 묶여 신의 매에게 간을 먹히게 되었다고 한다.

21) 정보치(鄭伯奇, 1895~1979). 산시(陝西) 창안(長安) 사람으로 작가, 창조사 성원, 당시 그는 상하이에서 문헌서방(文獻書房)을 개설했다.

『문예생활』(文藝生活). 창조사 후기의 문예주간이다. 정보치가 편집을 담당하여 1928 년 12월에 상하이에서 창간되었으며, 모두 4기를 출간하였다.

22) 루쉰은 두 종류의 『예술론』(藝術論)을 번역했는데, 곧 루나차르스키의 미학논문선집 과 플레하노프의 예술논문집이 그것이다. 여기서는 전자를 가리킨다. "투항"은 1928 년 8월 19일 상하이의 작은 신문 『전바오』(眞報)에 실린 상원(尙文)의 「루쉰과 베이신 서국의 결렬」에 보이는데, 거기에는 루쉰이 창조사로부터 "비판"을 받은 뒤 "올해도 붓을 들어 한 권의 혁명예술론을 번역하여 투항의 의지를 표현했다"고 적고 있다.

23) 가타오카 뎃페이(片岡鐵兵, 1894~1944). 일본 작가. 그는 1924년 『문예시대』(文藝時代)

잡지를 창간하여 '신감각파' 문예운동에 종사했으나, 1928년 이후에는 진보적 문예진 영으로 전향했다. 저서에는 장편소설 『여성찬』(女性贊), 『살아 있는 인형』(活偶像) 등이 있다.

24) 오카자와 히데토라(岡沢秀虎, 1902~1973). 일본 문예비평가, 러시아문학 연구자. 저서 에는 『소비에트·러시아문학이론』(蘇俄文学理論), 『집단주의의 문예』(集団主義の文芸) 등이 있다. 「이론을 중심으로 한 러시아 프롤레타리아문학 발달사」는 원래 1929년 11 월 일본 세카이샤(世界社)에서 출판한 『프롤레타리아 예술 교정』(プロレタリア芸術教 程)에 수록되었다.

25) 원문은 '湖北小閣'. 당시 루쉰은 바오산루(寶山路) 부근의 징윈리(景雲里) 18호에 살고 있었는데, 상하이 자베이구(閘北區)에 속한다.

『예술론』(플레하노프)[1]

「논문집『이십 년간』제3판 서문」 역자 부기[2]

플레하노프(Georg Valentinovitch Plekhanov, 1857~1918)는 러시아 사회주의의 전위로 사회주의노동당의 동인이다.[3] 일러전쟁 때부터 당은 다수파와 소수파 두 파로 분열되었는데 그는 소수파의 지도자가 되어 레닌에 대항하였다가 결국 실의와 비웃음 속에서 죽음을 맞이했다.[4] 그렇지만 그의 저작은 과학적 사회주의의 보고라고 불릴 정도로 적과 벗을 막론하고 독자가 많았다. 문예를 연구하는 사람은 특히 눈여겨봐야 한다. 그는 맑스주의라는 삽과 호미로 문예영역을 꿰뚫어 통하게 한 최초의 인물이기도 하다.

이 글은 구라하라 고레히토가 옮긴『계급사회의 예술』에서 중역한 것이다.[5] 글자 수는 1만 자가 안 되지만 내용이 충실하면서도 분명하다. 가령 서두에서는 유물론적 문예비평에 대한 견해와 그 임무를 서술하고 있다. 그 다음에는 이 방법이 잘못 쓰일 수도 있지만 그렇다고 이를 반대의 이유로 삼을 수는 없다는 점을 기술했다. 중간 부분에서는 서구 문예 역사에 근거하여서, 프티부르주아계급을 증오하는 사람의 다수가 여전히 뼛속 깊이 프티부르주아계급이라는 점을 설명했다. 이들을 '프롤레타리 아계급의 관념자'라는 명칭으로 참칭해서는 안 된다는 설명이다. 말미에서는 주의를 선전하려면 먼저 이 주의라는 것을 이해해야 하는데 문예가는 선전가의 임무에 어울리지 않는 면이 많다고 말했다. 모든 것이 간명하면서 적확하여 특히 현재 중국에 소개하는 데 마침맞다.

플레하노프를 평론한 책으로 최근 야코블레프의 저작이 일본에서 번역 출판되었다.[6] 중국에서는 이전에 꽤 잘 쓴 볼프손의 짧은 논문 하나가 있었는데 『소련의 문예논전』에 번역되어 실려 있다.[7]

1929년 6월 19일 밤. 역자가 덧붙이다

주)_____

1) 『예술론』은 플레하노프의 네 편의 논문 「예술을 논함」과 「원시민족의 예술」, 「원시민족의 예술을 다시 논함」, 「논문집 『이십 년간』 제3판 서문」을 포함한다. 루쉰은 소토무라 시로(外村史郎)의 일역본에 근거하여 번역하여 1930년 7월 '과학적 예술론 총서'의 한 권으로 상하이 광화서국(光華書局)에서 출판했다. 루쉰의 번역문에서 쓴 서문은 1930년 6월 1일 『신지월간』(新地月刊; 곧 『맹아월간』萌芽月刊 1권 6기)에 발표했고 나중에 『이심집』에 수록됐다. 소토무라 시로가 번역한 플레하노프의 『예술론』(藝術論)은 1928년 소분카쿠(叢文閣)에서 '맑스주의예술이론총서'(マルクス主義藝術理論叢書) 중의 한 권으로 출판됐다.

2) 원제는 「『論文集(二十年間)第三版序』譯者附記」이다. 이 글은 「논문집 『이십 년간』 제3판 서문」의 번역과 더불어 1929년 7월 5일 『춘조』(春潮) 월간 1권 7기에 발표됐다. 나중에 『예술론』 단행본에 수록되지 않았다.

3) 플레하노프(Георгий Валентинович Плеханов)는 1856년 12월 11일(율리우스력으로는 11월 29일)에 탐보프 주(Тамбовская область)에서 태어나 1918년 5월 30일(율리우스력으로는 5월 17일)에 세상을 떠났다. '사회주의노동당'은 러시아 사회민주노동당을 말한다. 1903년 레닌의 지도 하에 성립되어 1918년 7차 대표대회에서 레닌의 건의에 따라

'러시아 공산당'(볼셰비키)으로 개명하는 안을 통과시켰다.

4) 볼셰비키에 대항하여 플레하노프가 멘셰비키의 지도자가 된 것을 가리킨다.

5) 이 책은 1928년 10월 소분카쿠에서 출판했다. '맑스주의예술이론총서'의 두번째 권으로 기획됐다.

6) 야코블레프의 『플레하노프론』을 가리킨다. 일본에서는 이시다 기요시(石田喜與司, 1902~1986)가 1929년 5월 『플레하노프론─문학방법론가로서』(プレハーノフ論 : 文學方法論家としての)라는 제목으로 '맑스주의문예이론총서' 3편으로 하쿠요샤(白揚社)에서 출판했다. 중국어 역본은 '과학적 예술론 총서' 중의 한 권으로 기획되었으나 출간되지 않았다.

7) 볼프손(Мирон Борисович Вольфсон, 1880~1932)은 소련 작가이다. 저서로 『소비에트연방과 자본주의세계』(СССР и капиталистический мир), 『소비에트연방의 경제형상』(Экономические формы СССР) 등이 있다. '짧은 논문'이란 그가 쓴 「플레하노프와 예술문제」를 가리킨다.

『10월』[1]

후기[2]

작가의 성명은 다 쓴다면 Aleksandr Stepanovitch Yakovlev이다.[3] 첫 번째 글자는 이름이고 두번째 글자는 부모의 이름으로 뜻은 '스테판의 아들'이다. 세번째 글자가 성이다. 자전에서는 집필 연도를 기재하지 않았다. 그러나 1924년에 출판된 리딘(Vladimir Lidin)[4]이 엮은 『문학의 러시아』(*Literaturnaya Russiya*) 제1권에 최초로 게재되었기에 늦어도 이 해에 집필한 것이 된다.[5] 1928년 모스크바에서 간행된 『작가 전기』作家傳(*Pisateli*)의 야코블레프의 자전에도 이 소설이 나온다.[6] 여기에 저작 목록이 덧붙여 있는데 1923년에서 1928년 사이에 출간된 저작이 25종에 이른다.

전시 공산주의 시대 러시아는 물질적으로 부족하고 생활도 힘들었기 때문에 문예도 마찬가지로 수난 시대였다.[7] 1921년이 되어 신경제정책[8]이 시행되자 문예계도 활기를 띠기 시작했다. 이때 가장 눈에 띄는 성과는 보론스키[9]가 잡지 『붉은 처녀지』에서 지지를 표명했고 또 트로츠키가 특

별하게 이름을 붙인 '동반자'이다.[10]

'동반자'들이 출현한 표면적인 날짜는 '세라피온 형제들'[11]이 '레닌그라드 예술의 집'[12]에서 같이한 1921년 2월 1일 제1차 회의를 꼽을 수 있다. (중략) 본질적으로 이 단체는 직접적으로 어떠한 유파나 경향을 표방하지 않았다. '형제'들을 결합시킨 것은 자유로운 예술이라는 사상이었다. 어떤 것을 막론하고 일체의 계획을 그들은 반대했다. 만약 그들에게 강령이 있었다면 바로 일체의 강령에의 부정이라 해야 할 것이다. 이를 가장 분명하게 표현한 이는 조시첸코(Zoshchenko)이다.[13] "당원의 견지에서 보자면 나는 주의가 없는 사람이다. 그것도 괜찮다. 나 스스로가 자신에 대해서 이야기해 보면──나는 공산주의자가 아니며 사회혁명당원도 아니고 제정주의자도 아니다. 나는 러시아인일 따름이다. 게다가 정치적으로 부도덕한 사람이다. 큰 틀에서는 볼셰비키에 가장 가깝다. 나도 볼셰비키들과 함께 볼셰비키주의를 시행하는 것에 찬성한다. (중략) 나는 농민의 러시아를 사랑한다."

'형제들'의 일체의 강령은 본질적으로 이러한 것이다. 그들은 어떤 형식을 이용하여 혁명에 대해서 무정부적이거나 더 나아가 파르티잔(유격대)의 요소(Moment)에 대한 공감을 드러내고, 조직적이고 계획적이고 건설적인 혁명의 요소에 대해서 부정적인 태도를 표현한다.(P. S. Kogan 의 『위대한 10년의 문학』 제4장)[14]

『10월』의 작가 야코블레프는 이 '세라피온 형제들' 중 한 명이다. 그렇지만 이 단체의 명칭에서 드러나듯이 이름은 호프만의 소설에서 취했지만[15] 뜻은 세라피온을 모범으로 삼는 데 있지 않았다. 곧 그의 형제들처럼 각자가 서로 다른 태도를 갖고 있다. 그리하여 각자는 그 '무강령'이라는 강령 아래에 있으며 내용과 형식도 제각각이다. 예를 들면 원래 달랐고 지금은 더 달라진 이바노프(Vsevolod Ivanov)와 필냐크(Boris Pilniak)가 과거에 이 단체의 일원이었다.[16]

야코블레프로 말하자면 그의 예술적인 기조는 박애와 양심이다. 또한 매우 종교적인데 교회에 대해 감탄할 때도 있을 정도이다. 그는 농민을 인류 정의와 양심의 최고 소지자로 여겨서 오직 그들만이 전 세계를 우애의 정신에 연결시킬 수 있다고 생각한다. 이 견해를 구체화한 것이 단편소설 「농부」인데 '인류 양심'의 승리를 묘사하고 있다.[17] 나는 이 소설을 지난해 『대중문예』[18]에 번역하여 실은 적이 있다. 그런데 다른 것도 아니라 제목과 작가의 국적 때문에 광고하는 것조차 상하이의 신문사에 거절당하는 일을 겪었다. 작가의 드높은 공상은 최소한 중국의 모처에서 벽에 부딪힌 것이 확실하다.

『10월』은 1923년에 쓴 것으로 그의 대표작이라 할 수 있다. 게다가 일정 정도 진보적인 관념 형태를 표현했다. 그러나 여기에 나온 인물 가운데 강철 같은 의지를 가진 혁명가는 하나도 없다. 아킴이 그때 가입을 한 이유의 상당 부분은 재미있어서였다. 그러나 그 결과 후반부에서 그의 어머니는 낡은 집에서 돌이킬 수 없는 참담한 일을 겪게 됐다. 이런 처지는 안드레예프의 「구옥」을 생각나게 한다.[19] 의외로 비교적 조용하면서도 용감한 인물들은 무명의 수병과 병사들이었지만 그들도 십중팔구는 과거에 받은 훈련 때문이었다.

그렇지만 백군에 가입하여 결국 방황하게 되는 청년(이반과 바실리)

의 관점으로 10월혁명의 시가전 상황을 서술하는 대목은 영화적인 구성과 참신한 묘사를 드러내고 있다. 비록 마지막의 희망적인 언사 몇 마디가 전편을 아우르는 음울하고 절망적인 분위기를 덮기에 충분하지 않지만. 그런데 혁명 시기에 상황은 복잡했고 작가 자신의 사상과 감정 그리고 그가 소속된 계급 때문에 당연하게 여기보다 더 나아간 것을 써낼 수는 없게 만들었다. 또 시시각각 곳곳에서 변하는 혁명이니 이런 상황이 절대로 없다고도 말할 수 없을 것이다. 이 책에서 쓴 것은 대부분 모스크바의 프레스냐 거리의 사람들이다. 다른 환경에서는 어떠한 다른 사상과 감정이 생겨났는지를 알고 싶으면 당연히 파데예프의 『궤멸』을 별도로 봐야 한다고 생각한다.[20]

나는 그가 지금 어떻게 살고 있는지 모른다. 일본의 구로다 오토키치[21]는 그와 만난 다음에 짧은 '인상'기를 쓴 적이 있다. 여기에서 그의 사람 됨됨이를 엿볼 수 있다.

처음에 나와 그는 '게르첸의 집'[22]에서 만났다. 그러나 사람들이 많은 데다가 야코블레프도 나서는 성격이 아니어서 말을 많이 하지 않았다. 두 번째 만났을 때는 리딘의 집이었다. 이때부터 나는 그를 좋아하게 됐다.
그는 자전에서 다음과 같이 기술했다. 아버지는 염색공이었고 아버지 친척은 모두 농노였다. 어머니의 친척은 볼가의 뱃사공이었다. 아버지와 조부모는 책을 못 읽었고 글자를 쓸 줄도 몰랐다. 그래서인지 만나자마자 단번에 그가 대러시아의 '흑토'에서 태어났다는 인상을 받았다. '순박'이라는 두 글자가 그대로 그에게 새겨져 있었지만 투박하지 않고 고

요하고 차분했다. 그는 큰소리 한 번 치지 않는 전형적으로 '농노를 선조로 삼고 있는 새로운 현대 러시아의 지식인'이었다.

모스크바의 10월혁명을 소재로 한 소설 『10월』은 이렇게 말해도 무방하리라. 그의 모든 작품은 그가 나고 자란 볼가 강 하류지방의 생활, 특히 그 사회와 경제적인 특색을 서술하고 있다고.

야코블레프는 매일 아침 다섯 시 무렵에 일어나서 씻고 경문을 조용히 낭송한 다음에 글을 쓴다는 이야기를 들었다. 일찍 잠드는 것은 대대로 러시아의 지식계급, 특히 문학가의 자격으로 생각해 왔다. 그러나 그는 많은 것이 개조된 사람이다. 리딘의 집에서도 그는 술을 입에 대지 않았던 것으로 기억한다. (『신흥문학』[23] 5호, 1928)

그의 아버지의 직업에 관해서 내가 번역한 「자전」은 일본의 오세 게이시의 『문예전선』[24]에 근거하여 중역한 것으로 '페인트공'이라고 했는데 여기에서는 '염색공'이라고 한다. 원문은 로마자의 발음으로 표기되어 있는데 'Ochez-Mal'Yar'[25]이다. 나는 누구의 번역이 정확한지 모르겠다.

이 책의 저본은 일본의 이다 고헤이井田孝平의 번역이다. 재작년 도쿄 난소쇼인[26]에서 '세계사회주의문학총서'의 4편으로 출판했다. 다푸[27] 선생이 지난해 『대중문예』를 편집하면서 원고를 모으자 몇 장을 번역하여 그곳에 싣게 되었다. 그러다가 나중에 그가 편집 일을 그만두면서 나도 번역을 관뒀다. 올 여름의 끝 무렵이 되어서야 한 칸 유리문이 있는 집에서 이 책 번역을 마칠 수 있었다. 그 당시 차오징화[28] 군이 나에게 원문을 부쳐줬는데 『로맨스 잡지』(Roman Gazeta)[29] 중의 하나였다. 그러나 나는 비교하고 대조할 공력이 없어서 일역본에 없었던 매 장 표제를 더하는 정도에 그쳤다. 장을 나눈 곳도 원문에 따라 손을 보았더니 그제야 요점이 조금 더 분명해졌다.

사족을 좀 덧붙이려 한다.

첫째, 이 소설은 프롤레타리아적인 작품이 아니다.[30] 소련은 이전에도 이 소설을 판금하지 않았고 지금도 여전히 판매하고 있다. 그래서 우리네 대학교수는 러시아 교포[31]의 별 볼 일 없는 말을 주워 가라사대 거기에서는 맑스의 학설로 모든 것을 따진다고 한다. 넘쳐도 안 되고 모자라도 안 된다 하는데 이는 과장된 말이다. 사실은 그는 이를 구실로 삼아 자기가 나서서 따지려 하는 것이다. 일부 '상아탑' 안의 문학가도 굳이 이 말을 듣고 낯빛이 하얗게 되어 다시 이 선언을 멀리 퍼뜨리니 정말 억울한 일이다.

둘째, 러시아에는 『플레하노프론』을 쓴 또 다른 야코블레프가 있다. 그는 레닌그라드 국립예술대학 조교이며 맑스주의 문학이론가이다. 성씨는 같지만 『10월』을 쓴 이 작가가 아니다. 그 외에도 성이 야코블레프인 사람은 당연히 많다.

그렇지만 모든 '동반자'들이 어느 정도 길을 같이 걷다가 갑자기 전부 하늘로 영원히 날아간 것은 아니다. 사회주의 건설 중도에 이합집산이 발생하게 마련이다. 코간은 『위대한 10년의 문학』에서 다음과 같이 기술했다.

이른바 '동반자'들의 문학은 이(프롤레타리아문학)와는 다른 길을 성취했다. 그들은 문학에서 생활로 건너갔으며 자립적인 가치를 가진 기술技術에서 출발했다. 그들은 무엇보다도 첫째 혁명을 예술작품의 소재로 간주했다. 그들은 자신들이 모든 경향성의 적이라는 것을 선언했고 뿐만 아니라 이 경향의 여하와 상관없는 작가들의 자유로운 공화국을 상정하기까지 했다는 점을 분명히 했다. 사실상 이들 '순수'한 문학주의자들도 결국에는 일체의 전선에서 들끓는 투쟁 속으로 끌려 들어가서 투쟁에 참가하지 않을 수 없었다. 최초의 10년의 끝 무렵이 돼서야 혁명의 실생활에서 문학으로 나아간 프롤레타리아 작가는, 문학에서 혁명적인 실제 생활로 나아간 '동반자'들과 합류하게 된 것이다. 10년의 끝에 소비에트 작가동맹을 만들어 모든 단체들이 모두 같이 가입할 수 있게 하는 웅대한 포부로 기념을 삼으려 한 것은 조금도 이상하지 않은 일이다.

'동반자' 문학의 과거와 현재 전반적인 상황에 관하여 이것이 개괄적이면서도 잘 설명한 것이 아닐까 싶다.

1930년 8월 30일, 역자

주)_____

1) 『10월』(十月)은 소련 '동반자' 작가 야코플레프가 10월혁명 시기 모스크바봉기를 묘사한 중편소설로 1923년에 집필됐다. 루쉰은 1929년 초 번역을 시작하여 이듬해 늦여름에 마무리 지었다. 1933년 2월부터 상하이 신주국광사(神州國光社)에서 '현대문예총서'(루쉰 엮음) 중의 한 권으로 출판됐다. 이 책의 앞 4장의 번역문은 월간 『대중문예』 1권 5기(1929년 1월 20일)와 6기(2월 20일)에 각각 실렸다. 5장부터 마지막장까지는 번역 후에 신문잡지에 발표되지 않고 1933년에 출간된 단행본에 실렸다.

2) 원제는「後記」이다. 이 글은『10월』단행본에 처음 실렸다.

3) 야코블레프(Александр Степанович Яковлев, 1886~1953)의 영문표기명이다. 소련 소설가이다. 10월혁명 이전부터 문학창작을 시작했고 '세라피온 형제들'(Серапионовы братья) 문학 단체에 참가한 바 있다. 소설로 중편소설『자유인』, 『10월』(Октябрь)과 장편소설『사람과 사막』(Человек и пустыня) 등이 있다.

4) 블라디미르 리딘(Владимир Германович Лидин, 1894~1979)은 러시아의 문학가이다. 모스크바 출생. 모스크바대학 및 라자레프 동양어학원(Larazev Institute of Eastern Languages)에서 공부했다. 1915년부터 문학 활동을 시작하였고 제2차 세계대전 때에는『이즈베스티야』(Известия)의 특파원으로 종군하였다. 주요 작품으로『북방』(Северные дни), 『두 인생』(Две жизни) 등이 있다.

5) '문학의 러시아'는 리딘이 주편한 문예총서이다. 1집은 1924년에 출판됐는데 제목은『당대 러시아 산문집』으로 28명의 작가 자전과 작품을 골라 실었다.

6)『작가 전기』의 부제는 '당대 러시아 산문작가 자전 및 초상'이다. 1928년 모스크바에서 출판됐다.

7) 소련은 1918년부터 1920년까지 외국의 무장간섭과 국내전쟁 시기 실행한 정책으로 국내의 모든 자원을 동원하여 전선의 수요를 뒷받침했다. 구체적으로 국가가 전체 공업을 통제하고 대외무역독점제를 실행하고 양식 수집제를 시행하며 개인의 양식판매를 금지하는 등의 항목이 있었다.

8) 소련은 국내전쟁이 끝난 뒤 1921년 봄부터 신경제정책을 실행했는데 '전시공산주의' 정책과는 구별지어 이와 같이 명명했다. 이 정책은 전시공산주의 체제하의 식량징발제(食糧徵發制)를 중지하고 식량세제(食糧稅制)로 바꾸는 한편, 잉여농산물의 자유판매, 개인 소경영의 영리활동 허용, 국영기업의 부흥, 외국자본의 도입 등으로 이루어졌으며, 이 정책으로 말미암아 소련 경제는 1925년에 이르러 대체로 제1차 세계대전 이전의 수준을 회복할 수 있게 되었다.

9) 보론스키는『붉은 처녀지』(Красная новь)의 주편이었다. 앞의 글「『문예정책』후기」및 주6) 참조.

10) 1921년 전후 소련 문예평론계는 '세라피온 형제들' 그룹을 대표로 하는 작가를 '동반자'라고 불렀다. 이는 그들이 프롤레타리아혁명을 지지하며 프롤레타리아계급과 같이 길을 걸어갈 수 있다는 의미를 담고 있다.

11) 1921년부터 행해진 신경제정책(NEP)을 계기로 하여 소련 문단은 안정을 되찾고 제2의 발전 단계에 들어가 혁명 동반자의 이름으로 불려지는 중견 작가들이 활약한다. 그 대표적 작가로는 이바노프(Всеволод Вячеславович Иванов, 1895~1963)를 비롯한 이른바 '세라피온 형제들'(19세기 초 독일의 작가 E. T. A. 호프만의 낭만주의를 예찬하고 모방한 문학 그룹) 일원이 있다. '세라피온 형제들'은 1921년에 상트페테르부르크에서

결성되어 1924년에 해산되었다. 대표자로 룬츠와 조시첸코 등이 있다.

12) 10월혁명 이후 레닌그라드에서 만들어진 예술의 집(Дом искусств)과 문인의 집은 당시 문예가들의 집회와 낭송의 장소로 이용됐다.

13) 조시첸코(Михаил Михайлович Зощенко, 1895~1958)는 소련 작가이다. 우크라이나의 폴타바 출생. '세라피온 형제들' 발기인 중 하나다. 『시네브류코바 이야기』(Рассказы Назара Ильича господина Синебрюхова, 1922)로 데뷔하여 문명을 높였다. 그는 시네브류코바 하사의 입을 빌려 소시민근성이나 속물근성의 잔재를 통렬히 풍자하여 풍자작가로서의 명성을 떨쳤다. 소련 사회의 암흑상과 관료주의를 풍자하여 그로테스크와 유머로 가득 찬 작품을 많이 발표하였다.

14) 코간(Пётр Семёнович Коган, 1872~1932)은 소련 문학사가이다. 10월혁명 후 모스크바대학교수를 지냈다. 저서로 『서구문학사개론』, 『현대 러시아문학사 강의』 등이 있다. 『위대한 10년의 문학』은 그가 1927년에 쓴 문학논저이다. 1917년부터 1927년 사이의 소련 문학의 상황을 서술했다. 중국에서는 선돤셴(沈端先)의 번역본이 출판된 바 있다. 번역서의 제목은 『위대한 10년 동안의 문학』(偉大的十年間文學)이며 1930년 9월 상하이 난창서국(南强書局)에서 출간했다.

15) 호프만(Ernst Theodor Wilhelm Hoffmann, 1776~1822)은 독일 낭만주의 소설가이다. 대표작으로 『황금단지』, 『벼룩대왕』 등이 있다. 그의 단편소설집 『세라피온 형제들』은 퇴폐파문학에 깊은 영향을 미쳤다.

16) 이바노프(Всеволод Вячеславович Иванов, 1895~1963)는 소련 작가이다. 노동자 출신으로 1915년부터 소설을 발표했다. 고리키의 찬사를 받고 문학 창작에 전념하게 됐다. 대표작으로 『철갑열차 14-69』(Бронепоезд 14-69), 『파르티잔 이야기』 등이 있다. 필냐크(Борис Андреевич Пильняк, 1894~1938)는 혁명 초기의 '동반자' 작가이다. 1929년 그는 국외의 백러시아의 신문에 장편소설 『마호가니』(Красное дерево)를 발표하였는데, 소비에트의 현실을 왜곡하였다고 하여 비판을 받았다.

17) "야코블레프로 말하자면"에서 "승리를 묘사하고 있다"까지는 1928년 8월 일본 헤이본샤(平凡社)에서 발행한 『신흥문학』 5호에 수록된 오카자와 히데토라의 「세 명의 작가에 대하여」에 나온다.

18) 『대중문예』(大衆文藝)는 위다푸(郁達夫)와 샤라이디(夏萊蒂)가 주편하여 1928년 9월 상하이 현대서국에서 발행한 문예월간지이다. 후에 '좌익작가연합'의 기관지 중 하나가 되었고 1930년 6월 국민당 정부에 의해 판금됐다. 모두 12호를 출간했다.

19) 안드레예프의 「구옥」(舊屋)은 솔로구프(Сологуб Фёдор Кузьмич)의 「구옥」이어야 한다. 천후이모(陳煒謨)의 번역본이 1936년 3월 상하이 상우인서관에서 출판됐다. 솔로구프(1863~1927)는 러시아 작가로 대표작으로 『작은 악마』, 『구옥』 등이 있다.

20) 파데예프(Александр Александрович Фадеев, 1901~1956)는 소련작가이다. 『궤멸』은 장

편소설로 루쉰은 1931년 '삼한서옥'(三閑書屋)의 이름으로 번역본을 출간했다.

21) 구로다 오토키치(黑田乙吉, 1888~1971)는 일본 『오사카 마이니치』(大阪每日新聞) 기자로 소련에 유학한 바 있다. 저서로 『소비에트 조각상』(ソヴィェト塑像), 『북극해의 탐험』(北氷洋の探検) 등이 있다. 아래의 인용문은 그가 쓴 「두 작가에 대한 인상」에 나온다. 이 글은 『신흥문학』 5호에도 수록됐다.

22) 게르첸(Александр Иванович Герцен, 1812~1870)은 제정 러시아의 소설가이자 사상가이다. 혁명적 민주주의를 제창하고, 농노해방운동에 힘썼다. 특히, 러시아 농민사회주의의 이론을 창시하여 나로드니키 사상의 시조라 불린다. 작품에 소설 『누구의 죄인가』(Кто виноват)와 회고록 『과거와 사색』(Былое и думы) 등이 있다. 『누구의 죄인가』의 국내 번역본은 다음과 같이 출간되어 있다. 게르첸, 『누구의 죄인가』, 박현섭 옮김, 열린책들, 1991.

모스크바 문학 클럽이 게르첸의 고택에서 설립된 바 있다. '전러시아프롤레타리아작가협회'와 '러시아프롤레타리아작가협회' 등 문학단체도 여기에 사무실을 설치했다. 10월혁명 초기 작가들은 이곳에서 자신의 미발표 작품을 모여서 낭독하곤 했다.

23) 『신흥문학』은 '신흥문학전집'(新興文學全集)의 부록으로 발행한 소책자이다. '신흥문학전집'은 일본 헤이본샤(平凡社)에서 출판한 외국문학총서로 시모나카 야사부로(下中弥三郎)가 편집하여 1928년 3월부터 1931년 1월까지 모두 24권을 발행했다. 시모나카 야사부로(1878~1961)는 1914년 출판사 헤이본샤를 창업했다. 헤이본샤는 백과사전류를 주로 간행한 출판사이다. 1919년 일본 최초의 교원조합 '계명회'(啓明會)를 창시하기도 했다. 노동운동과 농민운동의 지도자였다.

24) 『문예전선』은 『예술전선』(芸術戦線)이다. 일본 오세 게이시(尾瀬敬止)가 편역한 소련 작가 작품집이다. 1926년 6월 1일 지쓰교노니혼샤(實業之日本社) 출판부가 도쿄에서 발행했다.

25) 'Ochez-Mal'Yar'는 러시아어를 음역한 것으로 '아버지-페인트공'이라는 뜻이다.

26) 이다 고헤이(井田孝平, 1879~1936)는 일본 번역자로 러시아어교수를 역임했다. 그가 번역한 『10월』 초판본은 1928년 6월에 발간되었다. 난소쇼인(南宋書院)은 일본 도쿄에 소재한 출판사 명칭이다.

27) 다푸는 위다푸(郁達夫, 1896~1945)를 말한다. 저장 푸양 출신으로 중국 작가이다. 중국현대문학 초기의 중요 문학단체였던 창조사의 주요 성원 중 한 명이었다. 1928년 루쉰과 함께 월간잡지 『분류』를 편집한 바 있다. 대표작으로 단편소설집 『타락』(沈淪), 중편소설 『길 잃은 양』(迷羊), 『그녀는 약한 여자다』(她是一個弱女子)와 여행 산문집인 『곳곳에 나막신자국』(屐痕處處) 등이 있다.

28) 차오징화(曹靖華, 1897~1987)는 허난 루스(盧氏) 출신이다. 웨이밍사 성원이자 번역가이다. 일찍이 소련에서 유학한 바 있으며 귀국 후에 베이핑대학(北平大學) 여자문리학

원(女子文理學院)과 둥베이대학(東北大學) 등에서 학생들을 가르쳤다. 역서로 『철의 흐름』(鐵流)과 『도시와 세월』(城與年) 등이 있다.

29) 『로맨스 잡지』는 『소설보』를 가리킨다. 1927년 창간되었으며 소련국가문학출판사에서 발행했다.

30) 원문은 '普羅列泰利亞'이다. 곧 영문 Proletariat의 음역이다.

31) 중국에 체류 중인 러시아교민을 가리킨다. 다수는 10월혁명 후 망명한 '백러시아인'과 관련된다.

『10월』 1 · 2절 역자 부기[1]

같은 작가의 '비혁명'적인 단편소설 「농부」는 제목이 문제가 되어서 신문 사에 광고를 싣는 것조차 거절당했다고 들었다. 이번에 다시 그의 중편소 설을 번역했다. 주장은 「농부」보다 더 진보적이지만 여전히 '비혁명'적이 다. 이 소설의 생명은 쓸 수 있는 것을 쓴 것에 있다는 생각이 든다. 그것은 바로 진실이다.

내가 이 중편을 번역한 의도는 스스로 몰락하려는 것도 아니요 다른 사람들에게 혁명을 고취하려는 것도 아니다. 다만 독자들에게 그때 그곳 의 상황을 보여 주려는 것일 따름이다. 한때의 패사稗史로 여기면 된다.[2] 이는 유산자 및 무산자 문학가 여러분을 안심시키는 것이다.

내가 사용한 저본은 일본의 이다 고헤이의 번역본이다.

1929년 1월 2일, 역자 씀

1) 원제는 「『十月』首二節譯者附記」. 이 글은 『10월』의 1절과 2절의 번역과 같이 실렸다. 1929년 1월 20일 『대중문예』 제1권 제5호에 발표되었다. 이후에 출간된 단행본에 수록되지 않았다.

2) 패사(稗史)는 "소설가 유파는 대개 패관에서 나왔다"(小說家者流, 盖出于稗官)라는 반고(班固)의 『한서』(漢書) 「예문지」(藝文志)에 나온다. 나중에 에피소드와 일화를 기록하는 소설과 필기류를 통칭하여 패관야사 혹은 줄여서 패사라고 했다.

『훼멸』[1]

후기[2]

삼백 쪽 안팎의 분량으로 일백오십여 명의 진정한 대중을 묘사한다는 것은 원래는 거의 불가능한 일이다. 『수호지』는 그렇게 두꺼운 분량으로도 일백여덟 명 호한을 다 묘사할 수 없었다. 이 책 작가의 간결하고 숙련된 방법은 그중에서 대표를 선출해 냈다.

　세 명의 소대장이 있다. 농민의 대표는 쿠브락Kubrak이고 탄광공의 대표는 두보프Dubov이고 방목공의 대표는 메텔리차Metelitsa이다.

　쿠브락의 결점이 당연히 제일 많다. 그가 주장하는 것은 지역의 이익이다. 목사를 잡은 다음 십자가 은사슬을 자기 허리에 차고 길을 떠날 때에는 고주망태로 취하여 대원에게 자기를 '돼지 같은 놈'이라고 함부로 말하기도 하는 인물이다. 농민 출신 척후인데도 적지에 근접하지 못해서 풀숲에 앉아 궐련을 피우다가 돌아갈 때를 기다리곤 했다. 탄광공 모로츠카Morozka는 이렇게 비판했다.

"그들은 나와 맞지 않는다. 그들 농민들, 그들과 같이 어울리기 힘들다 …… 쩨쩨하고 음울하며 소심하다. 한 사람도 예외가 없다.…… 다 이렇다! 스스로는 아무것도 없다. 정말이지 싹 청소한 것 같다!"(2부 5장)

그러나 두보프네는 완전히 달랐다. 기율이 엄하고 도망병도 매우 적었다. 그들은 농민처럼 땅에 뿌리내리고 살고 있지 않기 때문이다. 각지로 흩어져 자는 바람에 소집 때 가장 늦게 도착한 적은 있지만 나중에 "두보프의 소대만이 한달음에 완벽하게 집합하게 됐다".

중상자인 플로로프Florov는 죽을 때 자신의 생명이 인류와 상통한다는 것을 알고 벗에게 자식을 부탁하며 의연하게 독약을 마셨는데 그도 탄광공 중 한 사람이다. 농민을 경멸한 모로츠카만이 결점이 적지 않았다. 오이를 훔치고 술주정을 할 때는 건달 같았으나 고민하거나 괴로워할 때는 메치크Mechik와 비슷하기도 했다. 그렇다고 자각적이지는 않았다. 노동자병사 곤차렌코는 이렇게 말했다.

"우리들 중 누구를 막론하고 안으로 파고 들어가면 농민의 것을 누구에게나 발견할 수 있다. 요컨대, 여기에 속한 누군가는 기껏해야 짚신을 신지 않았을 따름이다.……"(2의 5)

그가 경멸한 다른 사람의 단점이 바로 자신의 단점을 가리키는 것이었다. 남을 거울 삼아 비정상을 밝히는 것은 사람을 반성하게 만드는 묘수이다. 적어도 농민과 노동자가 서로를 경시할 때 매우 의미가 있는 것이다. 그러나 모로츠카는 나중에 척후가 되어 결국 메치크와는 다르게 그의 직무를 수행하다가 순직했다.

　방목공 메텔리차에 대해서는 묘사한 것이 많지 않다. 있다면 그의 과감함과 승마술 및 임종 시의 영웅적인 행동 정도이다. 방목공 출신의 대원도 묘사한 것이 없다. 다만 넓은 옷소매의 큰 도포를 입은 가느다란 목을 가진 목동이 나오는데 그는 메텔리차의 유년시절과 그 목동의 성년 이후를 상상하게 만들었다.

　가장 깊이 해부한 것은 아마 외부에서 온 지식인에 대한 것이다. 우선적으로 당연히 고등학생 메치크이다. 그는 환자를 독살하는 것에 반대했지만 더 좋은 계책이 없었다. 양식을 약탈하는 데 반대했지만 그러면서도 약탈해 온 돼지고기를 먹었다(배가 고팠기 때문이다). 그는 다른 사람이 잘못하고 있다고 느꼈지만 스스로 방법이 없었고 자신도 글렀지만 다른 사람은 더 글렀다고 생각했다. 그리하여 쓸모없는 그는 고상하고 고독하게 됐다. 그 논리는 다음과 같았다.

　"…… 나는 내가 자격미달의 쓸모없는 대원이라는 것을 안다.……나는 정말이지 아무것도 모르고 아무것도 할 줄 모른다.……나는 여기의 누구와도 맞지 않으며 아무도 나를 도와주지 않는다. 그러나 이것이 나의 잘못인가? 나는 솔직한 마음으로 사람을 대했지만 내가 만난 이들은 모두 거칠고 상스러웠다. 나에게 농을 걸고 나를 조롱했다.……지금 나는 사람을 못 믿게 됐다. 나는 알고 있다. 만약 내가 좀더 강했다면 사람들이 내 말을 듣고 나를 두려워했을 것이다. 왜냐하면 여기에서는 누구도 이런 일만 쳐다보고 있고 이런 일만 생각한다. 이런 일들이 자기 뱃속을 가득 채우고 있는 것이다.……나는 자주 이런 생각까지 한다. 그들이 설사 내일 콜차크[3]의 지휘를 받게 되더라도 그들은 지금과 똑같이 복종할 것이라는. 그리고 지금과 똑같이 법을 어기며 흉악하게 사람을 대할 것이라는 것을. 그러나 나는 이렇게 할 수 없다. 정말이지 이렇게 할 수 없는 것이다.……" (2의 5)

사실 이는 메치크가 입대와 도주 즈음의 일로 앞에서 말한 바 있는 "어디에서, 무엇을 하든, 모두 마찬가지이다"의 논리이다. 그런데 이때에는 크게 잘못했다고 생각하고 다른 사람의 탓으로 돌리고 있다. 그밖에도 해부가 깊이 이뤄진 것은 여전히 많으며 소설 처음부터 마지막까지 수시로 나타난다. 그런데 종종 메치크는 이 결점을 느끼고 있다. 그가 바클라노프와 일본군을 정찰하러 가서 길에서 이야기를 나눈 이후인 다음 장면을 보라.

메치크는 갑자기 열심히 바클라노프가 고등학교에 진학하지 않은 것이 나쁜 일이 아니며 오히려 좋은 일일 수 있다고 설명하기 시작했다. 그는 무의식중에 바클라노프가 스스로를 교육받지 않았지만 얼마나 선량하고 일을 잘하는 사람인지 믿게 하려는 것 같았다. 그러나 바클라노프는 자신이 교육받지 않은 상황에서 이러한 가치를 발견할 수 없었다. 메치크는 그가 완전히 깨달을 수는 없을 것이라는 것을 복잡한 마음으로 인정했다. 그들 사이에는 결국 마음이 통하는 대화는 일어나지 않았다. 두 사람은 말을 채찍질하며 오랜 침묵 속에서 빠른 속도로 앞으로 나아갔다. (2의 2)

그런데 또 한 명 전문학교 학생 치지가 있다. 자기도 글렀고 다른 사람은 더 글렀다는 그의 논리는 메치크와 같았다.

"물론 나는 아프다. 부상당한 사람이다. 나는 성가시게도 이런 귀찮은 공작을 하고 있긴 하지만 어쨌든 나는 그 놈보다 더 나빠서는 안 될 일이다. 이건 허풍 떨며 말할 필요도 없다.……"(2의 1)

그런데 그는 메치크보다 작업을 더 잘 회피하고 여자 뒤를 더 잘 쫓으면서도 인물을 평가하는 데는 더 각박하다.

"오, 그런데 그(레빈손Levinson)도 대단할 것 없는 교양을 가진 사람이야. 다만 교활할 뿐이지. 우리를 페달 삼아 자신의 지위를 쟁취하려 해. 당연히 당신은 그가 매우 용기 있고 재능이 있는 대장이라고 생각하겠지. 쳇, 어떻게 그럴 수가 있어! 다 우리가 만든 환상이라고!……"(위와 같음)

이 두 사람을 비교해 보면 메치크에게는 그래도 순박純厚한 면이 있다는 것을 알게 된다. 프리체⁴⁾는 「서문을 대신하여」에서 작가가 메치크를 묘사할 때 그를 아끼는 마음을 느낄 수 있다고 말했는데 대략 이런 연유 때문이다.

메치크와 같은 인물에 대한 레빈손의 감상은 이와 같다.

"애오라지 우리가 있는 이곳에서, 우리의 땅에서, 수억 명의 사람들이 태고 이래로 느릿하고 게으른 태양 아래 산다. 오염되고 빈곤한 거주지에서 홍수 이전의 나무 쟁기로 밭을 갈고 악의에 가득 차고 어리석은 상제를 믿는다. 오직 이 땅에서만이 이렇게 가난하고 우매한 가운데 나태하고 의지가 없는 이러한 인물을 길러 낼 수 있고 열매를 맺지 못하는 이러한 꽃을 피울 수 있는 것이다."(2의 5)

그러나 레빈손 자신은 또한 지식인이었다. 습격대에서 가장 교양이 있는 사람이었던 것이다. 이 책에서는 다만 그가 이전에는 허약한 유대인 소년이었고 평생 부자 될 꿈에 젖어 있는 아버지를 도와 중고품을 판매했었고 유년시절에는 사진 찍을 때 그에게 카메라 렌즈를 응시하게 하여 사람들이 작은 새가 그 속에서 날아오를 거라고 거짓말을 했지만 결국에는 그런 일은 없어서 크게 실망하고 슬픔을 느끼게 되었다는 이야기만 나온다. 사람을 속이는 이런 이야기에서도 깨달음을 얻었던 것이다. 여기에도 많은 경험의 대가를 치렀던 것이다. 그러나 이제는 기억할 수 없으리라. 왜냐하면 개인의 사적인 일은 '선구자 레빈손의 레빈손'이라고 불리는 오랜 기간 대대로 누적돼 온 것에 덮여져서 흐릿하게 되었기 때문이다. 다만 그가 '선구자'가 된 유래만이 확실하게 드러날 수 있었다.

이런 일체의 결함의 곤궁함을 극복하는 중에 그 자신의 생활의 근본적인 의미가 있었다. 만약 그가 있는 곳에 강력한 것이 없고 다른 희망이란 것도 없고 그 새롭고 아름답고 강하고 선한 인류에 대한 갈망이 없었다면 레빈손은 다른 사람이 되었을 것이다. 그러나 수억 명이 이렇게 원시적이고 가련하며 의미 없는 빈곤한 삶에서 살아갈 수밖에 없는 상황에

서 어떻게 새롭고 아름다운 인류를 이야기할 수 있었겠는가. (위와 같음)

이는 레빈손이 필연적으로 빈곤한 대중과 연결되게 했고 그들의 선구가 되게 했다. 사람들도 그에게 대장보다 더 적당한 위치가 없다고 생각했다. 그러나 레빈손은 다음과 같은 것을 깊게 믿었다.

이런 사람들을 몰고 가는 것은 비단 자기 보존의 감정만이 아니라 여전히 다른 것이 있다. 이보다 더 못하지 않은, 중요한 본능이 그것이다. 이 힘을 빌려서 그들은 인내한 모든 것을 죽음을 불사하고 최후의 목적을 위해 팔았던 것이다.…… 그러나 이 본능적인 생활은 그들의 아주 세밀하고 일상적인 요구와 고려 아래에 숨겨져 있다. 이는 개개인이 먹고 자야 하기 때문이며 개개인은 허약하기 때문이다. 이들은 자신의 약함을 느끼면서 일상적이고 세밀한 잡무를 맡고 자신의 최대의 걱정은 상대적으로 강한 사람들에게 위탁하는 것 같다. (2의 3)

레빈손은 '상대적으로 강한' 자로 이들 대중을 전진시킨다. 그는 주도면밀하고 신중하면서도 스스로 계획을 세우고 감정을 숨기며 신뢰를 획득하여 심지어는 위기 시에 권력까지 행사했다. 왜냐하면, 그 당시는 다음과 같았기 때문이다.

모두 존경과 공포의 마음을 품고 그를 바라봤다. 그렇지만 공감하지는 않았다. 그 순간에 그는 스스로가 부대 위에 거하는 적대적인 힘이라고 느꼈다. 그러나 그는 그곳으로 가야 한다는 것을 알고 있었다. 그는 그의

힘이 정당하다고 확신했다. (위와 같음)

그러나 레빈손도 동요하고 어쩔 줄 모를 때가 있었으며 결국 부대도 일본군과 콜차크군에게 포위당해 공격받게 됐다. 일백오십 명 중 열아홉 명만 남게 됐으니 전멸이라고 할 수 있었다. 포위망을 뚫을 때에도 그는 여전히 바클라노프에게 묵시적인 지시를 받았다. 주인공의 능력이 탁월하고 사업도 순조롭게 이뤄지는 현재 세간에 유행하는 소설과 비교하면 정말 흥을 깨뜨리는 책이라 하지 않을 수 없다. 평화로운 개혁가가 신과 같은 선구자와 군자 같은 대중을 가만히 기다린다는 상상은 세상에 이러한 사실이 있다는 것을 경계하기 위한 것이다. 메치크가 처음 농민부대인 살디바의 부대로 내려갔을 때에도 이런 환멸을 느낀 바 있었다.

주위 사람들은 그의 자유분방한 상상에서 나온 이들과 완전히 다른 인물이었다.……(1의 2)

그러나 작가는 즉각 설명을 덧붙였다.

이 때문에 그들은 책 속의 인물이 아니라 진정으로 살아 있는 사람이다. (위와 같음)

그런데 같은 사람들이고 똑같이 신력神力이 없지만 또한 메치크가 말한 "모두 마찬가지이다"는 아니었다. 예를 들어 메치크도 희망이 있었고 힘을 내고 싶었다. 그러면서 조금씩 바뀌어 갔다. 갑자기 대단해졌다가 갑자기 풀이 죽기도 했다. 결국 어떻게 해야 할지 모르자 풀밭에 드러누워 숲속의 어두운 밤을 바라보며 자신의 고독을 곱씹을 수밖에 없는 사람이 되었다. 그러나 레빈손은 이렇지 않았다. 그도 간혹 이런 마음이 생길 때도 있었지만 이를 바로 떨쳐냈다. 작가는 레빈손이 자신을 메치크와 비교하는 장면에서 흥미로운 정보를 누설한 바 있다.

"그러나 나도 가끔 그러거나 비슷한 때가 있지 않나?"
아니다. 나는 견실한 청년이다. 그보다 훨씬 더 견실하다. 나는 많은 일에 희망을 갖고 있을 뿐만 아니라 또한 많은 일들을 했다. 이는 완전히 다르다. (2의 5)

이상은 번역을 마치고 재독한 뒤 남기는 인상이다. 물론, 빠뜨린 말도 여전히 많다. 문예와 실천에서 보물 같은 것이 도처에서 출현하기 때문이다. 타이가[5]의 경치뿐만 아니라 야간습격 상황도 직접 겪은 사람이 아니면 묘사할 수 없는 것이다. 심지어 사격과 말 조련술은 책에서 메치크가 궁지에 몰린 것을 부각시키는 것이긴 하지만 이것도 실제의 경험에서 나온 것이다. 공상에 빠진 문인이 쓸 수 있는 것이 아니다. 더 분명한 예는 일본군의 전술을 단 몇 마디로 평한 부분이다.

그들은 이 농촌마을에서 저 농촌마을로 나아갔다. 한 걸음 한 걸음 모두 적절하게 배치했다. 측면은 면밀하게 경비를 배치했으며 오랫동안 정지하면서 서서히 앞으로 갔다. 그들의 동작은 철과 같이 고집스러운 가운데 느렸지만 자신감을 느낄 수 있었다. 또 계산적이지만 또 맹목적인 역

량이 있었다. (2의 2)

그들과 대항한 레빈손의 전술은 그가 부대를 훈련시킬 때 서술된다.

그는 많은 말을 하지 않았다. 그러나 그는 무디면서도 단단한 못을 박아서 이를 영원히 사용하려는 사람처럼 집요하게 한 곳을 두드렸다.
(1의 9)

그리하여 그는 부대가 궤멸한 다음 삼림을 빠져나오자마자 멀리 탈곡장에 있는 사람을 봤고 그들에게 재빨리 그와 한데 섞이게 할 수 있었던 것이다.

작가 파데예프(Alexandr Alexandrovitch Fadeev)의 발자취는 「자전」에서 쓰여진 것 이외에 아는 것이 없다. 다만 영문 번역서 『훼멸』의 서문을 통해 그가 지금 프롤레타리아작가연맹의 판결단체 일원이라는 것만 알고 있다.[6]

덧붙이자면 그의 로맨스 소설 『최후의 우데게 족』[7]이 이미 완성되어 일본에서 번역본이 출간될 것이라 한다.

이 책의 원제는 『Razgrom』이다. 의미는 '파멸'破滅이거나 '궤산'潰散이다. 구라하라 고레이토가 일본어로 번역했을 때 제목은 『괴멸』壞滅이었다. 내가 초봄에 『맹아』지에 번역하여 실을 때 『궤멸』潰滅로 바꿨는데 그때 근거로 한 것이 이 책이다. 나중에 R. D. Charques의 영어 번역과 Verlag

Für Literatur und Politik[8]에서 출판한 독일어 번역본을 구해 한 차례 더 비교하며 교정을 봤다. 『맹아』지가 정간되었기 때문에 놔두고 번역 못 했던 3부를 보충하여 완성했다. 뒤에 구한 2종은 『열아홉 명』으로 제목이 바뀌었다. 그러나 내용이 독역본과 일역본은 거의 다르지 않았지만 영역본은 독특한 곳이 많았다. 3종 가운데 2종의 번역을 따랐기에 영역본에서는 많이 취하지 않았다.

　　앞의 세 편의 글 가운데 「자전」은 원래 『문학의 러시아』에 실린 것이다. 이환亦還 군[9]이 1928년에 번역본을 출간했다. 구라하라 고레히토의 글의 원제는 「파데예프의 소설 『훼멸』」이다. 이는 1928년 3월 『전위』에 실렸는데 뤄양洛楊 군이 중국어로 옮겼다.[10] 이 두 편 모두 『맹아』에서 전재했다. 프리체(V. Fritche)의 서문[11]은 3종의 번역에는 실려 있지 않은 것인데 주서얼朱射二 군이 특별히 『로맨스 잡지』에 실린 원문을 번역해 왔다. 그런데 음역자는 여기에서 일률적으로 바뀌었는데 인용문에서는 내가 번역한 본문에 따라서 바꾸었다. 이를 특별히 밝히면서 감사의 뜻을 표한다.

　　권두의 작가 초상은 라디노프(I. Radinov)가 그린 것으로 수작으로 정평이 나 있다. 비셰슬라브체프(N. N. Vuysheslavtsev)[12]의 삽화 여섯 점은 『로맨스 잡지』에서 가져왔다. 이는 중국의 '수상'[13]과 비슷한데 특별히 뛰어나지는 않다. 그러나 어쨌든 독자의 흥미를 북돋울 수 있어서 인쇄할 때 넣었다. 이 자리에서 징화 군이 멀리서 이 그림을 부쳐 준 후의에 감사 드린다.

1931년 1월 17일, 상하이, 역자

1) 『훼멸』(毀滅)은 소련 국내전쟁을 소재로 한 장편소설로 1925년부터 1926년 사이에 집필됐다. 루쉰은 1931년에 번역을 마쳤는데 두 종류의 번역본이 있다. 1931년 9월에 나온 상하이 다장서포(大江書鋪)판과 같은 해 10월에 발행한 상하이 삼한서옥(三閑書屋)판이 그것이다. 단행본으로 인쇄하기 전에 1부와 2부는 『궤멸』(潰滅)이라는 제목으로 각각 월간 『맹아』 1기에서 5기에 그리고 월간 『신지』(新地) 제1권에 발표한 바 있다.

파데예프(Александр Александрович Фадеев, 1901~1956)에 대해서는 본서에 수록된 「『10월』 후기」의 주) 20을 참고하라. 그는 소련작가동맹에서 지도자로 오랫동안 활동했다. 『훼멸』(Разгром, 1926), 『젊은 근위대』(Молодая гвардия, 1945)와 문학논문집 『30년간』 등의 작품이 유명하다. 1928년부터 1951년까지 여러 차례 『훼멸』을 수정했다.

2) 원제는 「後記」. 이 글은 1931년 10월 상하이 삼한서옥에서 출판한 『훼멸』(毀滅) 단행본에 처음 실렸다.

3) 콜차크(Александр Васильевич Колчак, 1873~1920)는 소련 국내전쟁 시기 차르 군대의 고위장군 중 한 명이다. 10월혁명 이후 무장반란을 일으켜 소속부대가 홍군에게 격퇴된 뒤 사형에 처해졌다.

4) 프리체(Владимир Максимович Фриче, 1870~1927)는 소련 문예평론가이자 문학사가이다. 저서로 『예술사회학』과 『20세기 유럽문학』 등이 있다. 그는 「서문을 대신하여」에서 다음과 같이 말했다. "작가는 대중들 가운데 이들 '영웅'을 선발하면서 특별한 애호를 드러냈다(이런 애호는 심지어 소년 메치카에 대한 간단한 서술 속에서도 느낄 수 있었다)."

5) 타이가는 유럽 대륙의 삼림을 가리키는데 소련 문학작품에서는 동시베리아의 원시림을 특정하게 지시하는 용어로 쓰인다. 『훼멸』 1부 1장에서 레빈손부대가 소재하는 산골짜기를 묘사할 때 다음과 같이 기술했다. "오래된 전나무에 이끼가 끼어 있었고 여기에서 장엄하게 작은 마을을 굽어보고 있었다. 회색빛 안개 짙은 새벽이면 타이가의 사슴이 기적소리와 경쟁하듯 내는 소리를 들을 수 있었다."

6) 프롤레타리아작가연맹의 판결단체는 곧 프롤레타리아작가협회 평의위원회를 가리킨다. 1926년부터 1932년까지 파데예프는 이 단체의 주요 지도자 중 한 명이었다.

7) 『최후의 우데게 족』(Последний из Удэге)은 파데예프가 쓴 미완성 장편소설이다. 여기에서 "이미 완성되었다"고 말한 것은 1929년 『10월』 잡지에 실린 1부에 한정된 것이다.

8) 샤르크(Richard Denis Charques)는 『훼멸』의 영역자이다. Verlag Fur Literature und Politik은 독일 출판사이다. 출판사 명칭은 '문학과정치출판사'로 번역할 수 있다.

9) 이환 군은 누구인지 알려지지 않았다. 그의 번역문의 원제는 「A. 파데예프의 자전」(A. 法兒耶夫底自傳)이다. 1930년 1월 『맹아』 1권 1기에 실렸다.

10) 구라하라 고레히토의 이 글은 『훼멸』 번역본 권두에 실린 「『훼멸』에 관하여」를 가리킨다. 『전위』는 일본 전위예술가동맹이 발행한 문예월간지이다. 1928년 1월 도쿄에

서 창간하여 그 해 4월에 종간됐다. 뤄양(洛揚)은 펑쉐펑(馮雪峰)의 필명이다. 그의 번역문 원제는 「파데예프의 소설 『궤멸』」(法兒耶夫底小說「潰滅」)로 1930년 2월 『맹아』 1권 2기에 게재됐다.

11) 프리체의 서문 원제는 「서문을 대신하여 — '신인'(新人)에 관한 이야기」이다.

12) 라디노프(Радинов, 1887~1967)는 소련미술가이자 시인이다. 비셰슬라브체프(Н. Вышеславцев)는 소련 미술가이다.

13) 수상(繡像)은 구시대의 통속소설에 실렸던 백묘법으로 그린 인물화를 말한다.

『궤멸』제2부 1~3장 역자 부기[1]

이 소설에 관해서는 본지 제2권에 번역·게재한 구라하라 고레히토의 해설이 꽤 잘 되어 있다.[2] 그러나 2부의 절반을 번역하자 번역하다가 수시로 떠오른 느낌을 몇 마디 쓰고 싶어졌다.

이 몇 장은 매우 중요하다. 보물 같은 글이라고 할 수 있다. 생명의 일부 혹은 전부와 바꾼 것으로 직접 전투를 겪은 전사가 아니면 쓸 수 없는 것이다.

예를 들어 우선 프티부르주아 지식인 ─메치크─의 해부이다. 그는 혁신적이지만 옛것을 그리워한다. 그는 전투에 참가하지만 안녕을 바란다. 그는 상상할 줄 모르지만 방법이 없는 가운데 수를 쓰는 것에는 반대한다. 그러면서도 여전히 방법이 없는 가운데에서 수를 써서 얻은 과실 ─조선인의 돼지고기─을 같이 먹는다. 왜 그런가. 그는 배고프기 때문이다! 바클라노프가 교육을 받지 않아 좋은 점에 대한 그의 생각은 정확하다고 생각한다. 그렇지만 이런 복잡한 뜻은 구식의 나쁜 교육을 직접 받지 않으면 알 수 없어서 바클라노프가 당연히 깨달을 수 없었다. 이와 같아서 그들은 결국 서로 이해할 수 없는 상태로 길을 같이 갔다. 독자가 이 책을 읽을 때 메치크를 많이 동정하고 그에 대해 너그럽다고 느낀다면 자기도 그와 같은 결점을 갖고 있는데 스스로 이 결점을 자각하지 못한 것이다. 그러면 다가올 혁명에 대해서도 진정으로 이해할 수 없다.

다음으로 습격단이 백군——일본군과 콜차크군——의 압박과 공격을 받아서 점차적으로 위기에 처한 상황에 관한 묘사이다. 이때 대원은 대장에 반항하거나 냉담한 태도를 보인다. 이는 해체의 전조이다. 그러나 혁명이 진행될 때 이런 상황은 있게 마련이다. 왜냐하면 모든 것이 평화롭고 파죽지세라면 혁명이라고 할 수 없으며 전투라 할 것도 없다. 대중이 먼저 혁명인이 되고 그리하여 팔을 한번 들어 외치자 군중들이 호응하고 한 명의 병사도 죽지 않고 한 발의 화살도 쏘지 않고 혁명 천하가 되는 것, 이는 옛사람이 고취한 예교이다. 또한 만백성을 정인군자로 만들고 저절로 '중화문물지국'으로 변하게 하는 것은 유토피아 사상이다. 혁명에는 핏기가 있으며 얼룩이 있다. 그러나 영아嬰兒도 있다. 이 '궤멸'은 새 삶이 있기 전에 떨어진 한 방울 피며 실제 전투가가 현대인에게 바치는 큰 교훈이다. 비록 냉정할 때도 있고 흔들리면서 심지어 의뢰심이나 본능 때문에 모두 여전히 목적을 향해 전진하지만——설령 앞길이 결국 '죽음'일지라도——이 '죽음'은 이미 궁극적으로 개인적인 의미가 사라지고 대중과 어우러진 것이다. 그리하여 새로 태어난 영아가 있기만 하면 '궤멸'은 '신생'의 일부이다. 중국의 혁명문학가와 비평가는 원만한 혁명과 완전한 혁명가를 묘사할 것을 요구하고 당연히 견해도 탁월하고 훌륭하기를 요구한다. 그렇지만 이런 까닭으로 그들은 결국 마찬가지로 유토피아주의자이다.

또 그 다음으로 그들이 위급할 때 플로로프Florov를 독살하는데 작가는 이를 감동적인 장면으로 묘사했다. 유럽의 일부 '문명인'은 야만족이 영아와 노인을 살해하는 것이 잔인하고 야만적이고 인심이 없는 탓이라고 여긴다. 그러나 요즈음 현지를 조사한 인류학자들은 이것이 오해라는 것을 이미 증명했다. 그들의 살해는 먹이食物 때문에 강제된 것이자 강적이 강제한 것으로 아무리 생각해도 방법이 없었기 때문이다. 그들을 호랑이와 이리에게 남겨 두고 적수의 손에 맡기는 것보다는 차라리 자기들이 죽이는 것이 더 타당하다고 양쪽을 비교한 까닭이다. 그리하여 이 살해에는 여전히 '사랑'이 존재한다. 책에서 이 단락은 그 상황을 매우 선명하게 묘사하고 있다(물론 이를 좀 '가볍게' 생각한 이기적인 대원이 포함되어 있긴 하지만). 서양 선교사는 중국인의 '여성 익사'와 '영아 익사'가 잔인성 때문이라고 말하곤 한다. 그런데 여기에서 이 말이 잘못됐다는 것을 추측할 수 있다. 사실 그들도 가난 때문에 부득이했던 것이다. 재작년 나는 한 학교에서 「늙어도 죽지 않는다에 대하여 논함」을 강연했는데 그 내용도 바로 이러한 의미였다.[3] 그러나 한 청년 혁명가[4]가 이를 멋대로 기록하면서 거기에 비웃음을 띤 머리말까지 덧붙였다. 원고가 신문에 투고되어 게재됐을 즈음 내 강연의 모습은 완전히 달라졌다.

이번 호에 실린 번역을 하며 떠오른 내 느낌은 대체로 이와 같다. 그러나 말을 너무 간략하게 했고 또 의미를 제대로 전달하지 못한 곳도 여전히 많다. 독자들의 도움을 바랄 따름이다. 만약 충분히 이해했다면 실제적인 혁명가가 안 될 수 없을 것이요, 최소한 혁명의 의미를 이해하고 사회에 대해 더 많이 알게 되었을 것이다. 그도 아니면 더 최소한으로 유물론적 문학사와 문예이론에 대해 탐구하지 않으면 안 될 것이다.

1930년 2월 8일, L

주)_____

1) 원제는 「『潰滅』第二部一至三章譯者附記」이다. 이 글은 『훼멸』 2부 1장에서 3장까지의 번역문과 함께 1930년 4월 1일 『맹아』 제1권 4기에 발표됐다. 단행본에는 수록하지 않았다.

2) 구라하라 고레히토의 「파데예프의 소설 『궤멸』」(뤄양 옮김)을 가리킨다.

3) 1928년 5월 15일 루쉰이 상하이의 장완 푸단실험중고등학교(江灣復旦實驗中學)에서 한 강연이다. 강연원고는 기록으로 남아 있지 않다.

4) 한 청년 혁명문학가는 천쯔인(陳紫茵)을 가리킨다. 그는 1928년 5월 30일 상하이 『선바오』(申報) 상하이 증간 부간인 『예술계』에 「루쉰과 창조사」(魯迅與創造社)라는 글을 발표했다. 그는 루쉰의 강연 내용을 글 속에 발췌 기록하면서 머리말(冒頭)에 조소를 덧붙이기까지 했다.

『하프』[1]

후기[2]

자먀친(Evgenii Zamiatin)은 1884년에 태어났다.[3] 그는 조선造船 전문가이다. 러시아 최대의 쇄빙선 '레닌'이 그의 노작이다. 문학적으로는 이미 혁명 전부터 유명하여서 대가의 대열에 들어가 있었다. 혁명 내전 시기에도 그는 '예술부'와 '문인부'[4] 연단을 발표기관으로 삼아 자신의 작품을 낭송했다. 뿐만 아니라 '세라피온 형제들'의 조직자이자 지도자여서 문학에도 진력을 다했다. 혁명 이전에 볼셰비키였으나 나중에 탈퇴했다. 작품들도 구 지식계급 특유의 회의와 냉소적인 태도에서 끝내 벗어나지 못했다. 지금은 반동작가로 간주되어 작품을 발표할 기회도 거의 없게 됐다.

「동굴」洞窟은 오세 게이시의 『예술전선』에 실린 번역을 참고하여[5] 요네카와 마사오의 『노동자농민 러시아소설집』에서 옮겼다.[6] 페테르부르크 일각에 사는, 기아에 시달리는 주민이 추위와 배고픔 때문에 생각할 능력을 잃어버려 한편으로 무능력하고 미약한 생물로 변하고, 다른 한편으로는 야만시대의 원시적인 상태를 드러내는 이야기를 그렸다. 아픈 아내를 위해 장작을 훔쳐 온 남자는 결국 독약을 아내에게 양보할 수밖에 없게 되고 아내가 약을 마시게 놔둔다. 이는 혁명 와중에 능력이 없는 이가 겪는 하나의 작은 비극이다. 글은 난해한 것같이 보이나 자세히 읽어 보면 매우 분명하다. 10월혁명 초기의 기아를 그린 작품이 중국에 이미 몇 편 번역된 바 있다. 그러나 이는 '추위'를 그린 괜찮은 작품이다.

조시첸코(Mihail Zoshchenko)도 초기 '세라피온 형제들'의 일원이 었다. 매우 짧은 자전이 하나 있는데 다음과 같다.

나는 1895년 폴타바에서 태어났다. 아버지는 미술가였고 귀족 출신이 었다. 1913년 고전중학교를 졸업하여 페테르부르크대학 법학과에 입학 하였으나 졸업하지 않았다. 1915년 의용군이 되어 전선으로 향했다. 부 상을 입고 독가스까지 마셔 심리적으로 이상이 있어서 참모 대위로 지 냈다. 1918년 의용병이 되어 적군에 가입했다. 1919년 1등의 성적으로 제대했다. 1921년 문학에 종사했다. 나의 처녀작은 1921년 『페테르부르 크 연보』에 실렸다.

그러나 그의 작품은 해학적인 것이 많았고 지나치게 경쾌하다는 느 낌을 주곤 했다. 구미에서도 좋아하는 이들이 있어서 번역출간된 것이 적지 않다. 이 「늙은 쥐」는 러우스[7]가 『러시아 단편소설 걸작집』(*Great Russian Short Stories*)에서 번역한 것인데[8] 원역자는 자린(Leonide Zarine)이다. 당시 『조화순간』을 위한 자료를 준비할 때여서 단편 중에서 짧은 글을 골랐다.[9] 그렇지만 이는 조시첸코 작품의 표본으로 부분을 보 고 전체를 미뤄 짐작할 수 있다.

룬츠(Lev Lunz)의 「사막에서」도 요네카와 마사오의 『노동자농민 러시아소설집』에서 고른 것이다.[10] 원역자는 권말에 다음과 같은 설명을 덧붙였다.

'세라피온 형제들'의 청년 가운데 가장 어리고 사랑스러운 작가인 레프 룬츠는 병마와 싸운 지 거의 일 년이 되던 1924년 5월에 함부르크의 병원에서 결국 세상을 떴다. 향년 이십이 세에 불과했다. 인생의 첫걸음을 방금 내딛고 창작에서도 이제 제대로 작업을 시작하려는 즈음이었다. 풍부하고 천부적인 자질을 지녔으나 과실을 얻을 겨를도 없이 세상을 떠났다. 러시아문학에게는 정말 적잖은 손실이라고 할 수 있다. 룬츠는 즐거움과 활발함으로 가득 찬 빛나는 소년이었다. 그는 종종 벗들의 우울과 피로와 침체를 쫓아내고 절망적인 순간에도 힘을 북돋아주고 희망을 불어넣고 새로운 용기를 주는 '기둥'이었다. 다른 '세라피온 형제들'이 그의 부고를 접하자마자 친형제를 잃은 듯 슬퍼운 것은 이유가 있다.

이와 같은 천성을 가진 그는 문학적으로 구시대 러시아문학 특유의 침중하고 우울하며 정적인 경향을 한껏 배제하고 현대생활의 방향에 어울리는 동적이고 돌진하는 태도를 펼쳐 보였다. 그가 뒤마와 스티븐슨에 몰두하고 그들의 전기적이고 모험적인 스타일의 진수를 깨닫고 새로운 시대정신과의 합일점을 발견하는 데 힘을 다한 것은 이 때문이다.[11] 그밖에 스페인의 기사소설, 프랑스의 멜로드라마도 그가 열심히 연구한 대상이었다.[12] '동'적인 것을 주장한 룬츠는 소설보다 희극을 더 많이 주목해야 한다고 생각했다. 소설은 원래 성격이 '정'적인데 희극은 이와 상반되기 때문이다.……

「사막에서」는 룬츠가 열아홉 살 때 쓴 작품이다. 이는 『구약』의 「출애굽기」에서 혁명 직후 러시아와 공통적인 의미를 찾아내어 성서의 말과 현대의 말을 솜씨 좋게 섞었다. 이를 유연하고 암시적인 문체로 표현했다. 여기에서 그의 비범한 재능을 엿볼 수 있다고 나는 생각한다.

그렇지만 이는 편애에서 비롯된 말일 수 있다. 코간 교수의 말에 따르면 룬츠는 "1921년 2월의 가장 위대한 법규제정기이자 등록기간이었으며 병영정리기간 때 '세라피온 형제들'의 자유로운 품으로 도망간 것"이라 한다.[13] 그렇다면 아직 살아 있다면 지금은 결코 그때의 룬츠일 수가 없다. 본편의 소재에 대해서 말하자면 전반부는 「출애굽기」에서 가져왔지만 후반부는 「민수기」에서 취한 것이다. 25장章에서 살해당한 여인은 미디안 족의 수령 수르의 딸 고스비였다.[14] 글의 마지막에 나온 신神은 아마 작가가 목격한 러시아의 초기 혁명 직후의 정신일 것이다. 그렇지만 우리는 이 관찰자가 '세라피온 형제들' 중의 한 청년이었으며 혁명 이후 얼마 지나지 않았을 때라는 사실을 잊어서는 안 된다. 현재 프롤레타리아 작가의 작품은 오로지 노동을 찬미하고 미래를 기대할 뿐이다. 수염이 많이 난 검은 빛의 진짜 신과는 완전히 다른 모습이다.

「과수원」은 1919년에서 1920년 사이에 쓴 것으로 출처는 앞과 동일하다. 여기에서도 마찬가지로 원역자의 말을 기록한다.

페딘(Konstantin Fedin)도 '세라피온 형제들'의 일원이다.[15] 1922년에 열린 '문인부'의 현상공모전에 단편을 투고하여 일등의 영광을 얻은 이래 일약 유명해진 영예로운 작가이다. 그의 경력 또한 대부분의 노동 작가들과 마찬가지로 변화무쌍한 편이다. 고향은 야코블레프와 같은 사라토프(Saratov)의 볼가(Volga) 강변이다. 부유하지 않은 상인 집안 출신이었다. 오래된 과수원과 작은 어부의 집과 배를 끄는 인부의 노랫소리 같은 시적인 환경에서 나고 자랐다. 그는 어릴 때부터 예술적인 경향을 드러냈지만 처음에 그 경향은 음악 방면에서 나타났다. 그는 바이올린을 잘 켰으며 노래도 뛰어나서 각 지역의 음악회에 출연하곤 했다. 이러한 예술적인 자질이 있었기에 상인 가문의 분위기에 적응하지 못하는 것은 당연한 일이었다. 열네 살 때(1904년) 즐겨 사용하는 악기를 저당 잡히고 집을 떠나 페테르부르크로 향했다. 나중에 아버지의 허락을 얻어서 상경하여 고학을 할 수 있었다. 세계대전 전에 어학을 공부하려고 독일로 갔다. 다행히 타고난 음악적인 재능이 있어서 무도회에서 바이올린 연주자와 같은 일을 하면서 유학생활을 지속했다.

'세계대전'이 발발하자[16] 페딘도 스파이 혐의를 받아서 감시 대상이 되었다. 이때 무료함을 덜려고 그림을 배웠고 시골 장터의 극장에 가서 오페라 합창단원이 되었다. 그의 삶은 물질적으로는 궁핍했지만 예술이라는 '상아탑' 안에 숨어서 실제 생활의 자극적이고 거친 세계에서 벗어날 수 있었다. 그러나 혁명 후 러시아에 귀국한 뒤 피와 불의 세례에 젖지 않을 수 없었다. 그는 공산당원이 되어 선동적인 연설을 하거나 신문 편집을 하거나 집행위원의 비서 일을 하거나 혹은 직접 적군을 이끌고 포연 속을 오갔다. 이는 당연히 그의 인간성을 형성하는 데 큰 공헌을 했다. 그 스스로 이 시기를 생애의 Pathos(열광)의 시기라고 칭하기까지 했다.

페딘은 아름답고 섬세한 작품 스타일을 갖고 있는 작가였다. 노동자 농민을 그린 러시아 작가들 속에서 가장 예술가다운 예술가였다(단 이 단어의 가장 일반적인 의미에서 그렇다). 그의 작품 가운데 가장 유명한 「과수원」만 봐도 이 특색이 드러난다. 이 소설은 '문인부' 현상공모 때 일등을 한 뛰어난 작품이다. 오래된 아름다운 전통이 점차적으로 사라지고 조야하고 새로운 사물이 이를 대신하는 삶의 영원한 비극을 묘사했다. 주제는 절망적이지만 수채화같이 아름답고 밝은 색채와 우아한 서정미(Lyricism)로 가득 차 있다. 게다가 모순과 흠결을 느끼지 못하게 하고 오히려 독특한 조화를 빚어내어서 독자들을 그 세계 속으로 끌고 들어가는 힘이 있다. 이 점만으로도 작가의 재능이 비범하다는 것을 알 수 있다.

그밖에 그의 작품으로 유명한 것은 중편 『안나 티모페예브나』(*Anna Timovna*)[17]이다.

2년 뒤 그는 또 장편소설 『도시와 세월』을 써서 일류 장인으로 불리게 된다.[18] 그러나 1928년 두번째 장편소설 『형제』를 출판했을 때에는 예술지상주의와 개인주의에 대한 찬사가 적잖게 있어서 다시 비평가의 비난을 받게 됐다. 이 단편소설이 지금 창작됐다면 절대로 인구에 회자될 수 없었을 것이다.

중국에는 이미 징화의 번역이 있다. 『담배쌈지』에 실려 있어서 원래는 재수록할 필요가 없다.[19] 그러나 첫째, 당시의 소련 문학의 상황을 알 수 있다는 점에서, 둘째, 내가 번역을 다하고 재차 '신흥문학전집' 23권에 실린 요코자와 요시토橫沢芳人의 번역을 참고하여 꼼꼼하게 교정했더니 글자 수가 좀더 많아진 것 같아, 그래서 버리기 아쉬워서 여전히 이 책에 실었다.

야코블레프(Aleksandr Yakovlev)는 1886년 칠 장인이 아버지인 집에서 태어났다. 일가가 모두 농부였다. 그가 전 가족을 통틀어 글자를 쓸 줄 아는 최초의 인물이었다. 그는 종교적인 분위기 속에서 자랐다. 그러나 결국 독립하여 생활하고 여행을 하고 감옥에 가고 대학에 진학했다. 10월혁명 이후 오랫동안 고민을 한 후 문학에서 구세주를 찾아서 '세라피온 형제들'의 일원이 되었다. 자전에서 "러시아와 인류, 인간성이 나의 새로운 종교가 되었다"라고 썼다.[20]

페테르부르크대학를 졸업했다는 점에서 그는 지식인이라 할 수 있다. 그러나 그의 본질은 순수하게 농민적이고 종교적이었다. 그의 예술 기조는 박애와 양심이다. 농민을 인류 정의와 양심의 보유자로 간주했고 농민만이 전 세계를 우애의 정신으로 연결할 수 있다고 생각했다. 이 「가난한 사람들」은 『근대단편소설집』에 실린 야스미 도시오八住利雄의 번역을 중역한 것이다.[21] 이야기는 당연하게 사람들의 상호 부조와 돌봄 정신에 대한 것인데 이것이 작가가 믿는 '휴머니티'이다. 그렇지만 여전히 환상의 산물이기도 하다. 다른 한편은 중편소설 『10월』로 진보적인 관념 형태를 드러낸 작품으로 칭해진다. 대부분을 동요와 후회에 대해 묘사했고 철과 같은 혁명가는 없다. 그렇지만 아마도 사실과 멀지 않은 까닭으로 지금도 읽는 사람들이 있다. 나도 재작년에 한 출판사에서 번역을 한 적이 있었는데 아직 출간되지는 않았다.

리딘(Vladimir Lidin)은 1894년 2월 3일에 모스크바에서 태어났다. 일곱 살 때 라자레프 동양어학원에 입학했다. 열네 살 때 아버지를 여의고 혼자 생활했다. 1911년 졸업한 뒤 몇 년 동안 여름과 가을 두 계절을 삼림에서 보냈다. 유럽대전 때 모스크바대학을 졸업했기 때문에 서부전선으로 갔다. 10월혁명 때는 적군으로 시베리아와 모스크바에 다다랐다. 나중에는 자주 외국 여행을 다녔다.[22]

그의 작품은 1915년에 정식으로 출판됐다. 대학을 졸업했기 때문에 지식계급 작가였고 또 '동반자'였지만 독자가 많았고 상당히 뛰어난 작가라고 할 수 있다. 이 소설은 원래 소설집 『지난날 이야기』 속의 한 편이다. 무라타 하루미村田春海의 번역을 중역했다.[23] 때는 10월혁명 후 이듬해 3월에서 약 반년 동안이다. 한 유대인이 고향의 압박과 학살을 견디지 못하여 모스크바로 가서 정의를 찾았지만 기아로 인하여 그만두게 된다. 고향으로 돌아오니 집은 이미 몰수되었고 자신도 감옥으로 가게 된 이야기이다. 이 인물을 중심으로 하여 간결하고 함축적인 문체로 러시아 혁명기 초기의 주변 생활을 그려 냈다.

원역본은 '신흥문학전집' 24권에 실린 것이다. 탈자가 몇 개 있었는데 지금 문맥을 보고 이를 보충해 넣었다. 내가 봐서는 잘못된 게 있는지 잘 모르겠다. 그리고 두 개의 x자는 원래 있던 글자이다. 아마 '시위'나 '학살'과 같은 글자였으리라. 따로 써넣지 않았다. 또 이해하기 쉽기를 바라는 의도에서 글자 몇 개를 더했는데 원역본에는 없는 글자여서 괄호로 표시했다. 검은 닭이 와서 쪼았다 등등은 장티푸스를 앓고 있을 때 열이 올라서 보게 된 환상이다. '지식계급'의 작가가 아니었다면 작품에서 이 같은 장난을 치지는 않았을 것이다. 자전에서 리딘은 젊었을 때 체호프의 영향을 많이 받았다고 쓴 바 있다.

　조줄랴(Efim Sosulia)는 1891년 모스크바의 소상인의 아들로 태어났다.[24] 그는 대부분의 소년시절을 공업도시 우치(Lodz)에서 지냈다. 1905년의 대폭동에서 지도자 몇 명을 개인적으로 알고 지냈다는 이유로 체포되어 감옥에 오랫동안 갇혀 있었다. 석방된 다음 아메리카로 가려고 '국제적인 수공기술'을 배웠는데 이것이 곧 간판화공과 칠공이었다. 열아홉 살 때 뛰어난 최초의 소설을 발표했다. 이후에 먼저 오데사Odessa에서 지냈고 나중에 레닌그라드에서 문예란 기자와 통신원, 편집자로 지냈다. 그의 장점은 간단하면서 그로테스크(Groteske)한 산문 작품이다.

　「아크와 인성」은 『새로운 러시아 신소설가 30인집』(Dreissigneue Erzabler des neuen Russland)에서 번역한 것으로 원역자는 호니그(Erwin Honig)이다.[25] 겉으로 봐서는 '괴상한' 작품인 것 같지만 속은 실망과 회의로 가득하다. 풍자의 옷을 껴입고 있지만 회의와 실망을 다 가리지는 못하고 있다. 이는 농민을 신뢰하는 야코블레프가 목격한 '인간성'과는 완전히 다른 것이다.

　이 소설은 중국에 이미 몇 종의 번역본이 있다고 들었다. 모두 영어와 프랑스어 번역을 옮긴 것이다. 이를 통해 서구의 여러 국가에서도 이를 작가의 대표 작품으로 여기고 있다는 것을 알 수 있다. 나는 『청년계』에 실린 한 편만 읽어 본 적이 있는데[26] 독일어 번역본과 많이 달랐다. 그래서 나는 이를 폐기하지 않고 실었다.

　라브레뇨프(Boris Lavrenev)는 1892년 남부 러시아의 작은 도시에서 태어났다.[27] 반쯤 몰락한 집안이어서 가정형편이 어려웠지만 그래도 그에게 양호한 교육을 받는 데 힘을 쏟을 수 있었다. 모스크바대학을 졸업했을 때는 유럽전쟁이 이미 시작했을 때였다. 그는 페테르부르크의 포병학교에 다시 입학하여 육 개월 동안 훈련을 받고 전선으로 향했다. 혁명 이후 철갑차 지휘관과 우크라이나 포병사령부 참모장을 지냈다. 1924년 퇴역하여 지금까지 레닌그라드에서 살고 있다.

그의 문학 활동은 1912년에 시작됐다. 중간에 전쟁으로 중단됐는데 그 기간이 2, 3년에 이르렀다. 그 후 다시 창작이 성했다. 소설은 영화화되고 희극은 극장에서 공연됐고 번역된 작품이 거의 열 개국어에 이를 정도였다. 중국에서는 징화가 번역한 『마흔한번째』(부록 「평범한 물건 이야기」)가 있는데 '웨이밍총간'에 속해 있다.

이 중편소설 『별꽃』星花도 징화가 번역했는데 직접 원문에서 옮겼다. 오랫동안 감금되어 있던 여성이 홍군 병사를 사랑했으나 결국 그녀의 아버지에게 살해당한다는 내용이다. 주민의 풍습과 성격, 땅의 풍경, 병사의 순박함과 성실함이 그려졌는데 감동적이어서 단숨에 읽고 책을 덮고 싶지 않게 만드는 책이다. 그렇지만 프롤레타리아 작가의 작품과는 완전히 다르다. 그리스도 교인과 홍군 병사는 모두 작품의 소재이다. 어느 한편에 치우치지 않고 똑같이 뛰어난 인물로 묘사됐다. '동반자'는 "의연히 혁명에 공감하고 혁명을 묘사한다. 세계를 뒤흔드는 혁명의 시대를 묘사하고 사회주의 건설의 혁명적인 날을 서술"(『마흔한번째』 권두 '작가의 전기')하지만, 끝까지 싸우는 일원은 아니다. 그래서 글에서 드러나는 대로 애오라지 세련된 기술로 승리를 만들어 낼 수밖에 없다. 이러한 '동반자'의 가장 뛰어난 작품을 프롤레타리아 작가의 작품과 비교하여 자세히 살펴보는 것은 독자들에게 적잖은 이점을 갖게 한다.

인베르(Vera Inber)는 1893년 오데사에서 태어났다.[28] 아홉 살 때 이미 시를 썼다. 여고 시절에는 여배우가 되고 싶었다. 졸업 이후 철학과 역사, 예술사를 공부하며 2년을 보냈고 몇 차례 여행을 떠나기도 했다. 그녀의 첫 저작은 시집으로 1912년에 파리에서 출판됐다. 1925년이 되어서야 산문을 쓰기 시작했고 "디킨스(Dickens), 키플링(Kipling), 뮈세(Musset), 톨스토이, 스탕달(Stendhal), 프랑스, 하트(Bret Harte) 등의 영향을 받았다".[29] 여러 권의 시집 외에 그녀는 또 몇 권의 소설집과 소년소설, 그리고 자서전 격인 장편소설 한 편을 출간했다. 『태양 아래서』라는 제목인데 독일에 이미 번역되어 나왔다.[30]

「라라의 이익」은 『새로운 러시아 신소설가 30인집』에 나오는데 원역자는 프랑크(Elena Frank)이다. 소품에 지나지 않고 좀 과장하는 단점이 있지만 신구 세대 ─ 곧 모녀와 부자 ─ 를 대조시킨 점은 꽤 절묘하다.

카타에프(Valentin Kataev)는 1897년에 태어났다.[31] 오데사의 교원의 아들이었다. 1915년 사범학생 시절에 이미 시를 발표했다. 유럽대전이 발발하자 의용군으로 서부전선으로 파견되었다가 두 차례 부상을 입었다. 러시아 내전 때는 우크라이나에서 홍군과 백군에게 여러 번 구금됐다. 1922년 이후 모스크바에서 거주하면서 소설을 많이 출간했다. 장편소설이 두 편 있고 풍자극이 또 한 편 있다.

「사물」도 러우스의 유고이다. 출처와 원역자는 모두 「늙은 쥐」의 경우와 같다.

이번에 모은 자료 가운데 '동반자'로는 원래 필냐크와 세이풀리나[32] 작품이 더 있었다. 그러나 지면 관계로 다음 책으로 넘기게 되었다. 그밖에, 세계적으로 유명한데 여기에 실리지 않은 이로 이바노프(Vsevelod Ivanov)와 예렌부르크(Ilia Ehrenburg), 바벨(Isack Babel) 그리고 베레사예프(V. Veresaev), 프리시빈(M. Prishvin), 톨스토이(Aleksei Tolstoi) 등과 같은 노작가들이 있다.[33]

1932년 9월 10일, 엮은이

주)_____

1) 원제는 『豎琴』. 루쉰이 편역한 소련 '동반자' 작가 단편소설집이다. 1933년 1월 상하이 량유도서인쇄공사(良友圖書印刷公司)에서 '량유문학총서' 중의 한 권으로 출간됐다.

2) 원제는 『『豎琴』後記』. 이 글은 『하프』 단행본에 처음 실렸다.

3) 자먀친(Евгений Иванович Замятин, 1884~1937)은 소련 '동반자' 작가로 문학단체 '세라피온 형제들'의 후원자였다. 10월혁명 전부터 소설을 썼으며 이후에 파리에서 여생을 마쳤다. 장편소설 『우리들』(Мы), 『성인이 된 아이들을 위한 우언』 등이 대표작이다.

4) '예술부'와 '문인부'는 '예술의 집'과 '문인의 집'을 가리킨다.

5) 『예술전선』(芸術戰線)은 오세 게이시의 번역문집으로 1926년 6월 지쓰교노니혼샤(實業之日本社) 출판부에서 나왔다.

6) 요네카와 마사오(米川正夫, 1891~1965)는 일본 번역가이자 러시아문학 연구자이다. 저서로 『러시아 문학사조』(ロシア文学思潮)와 『소비에트여행기』(ソヴェート紀行)가 있으며 『톨스토이 전집』과 『도스토예프스키 전집』 등의 번역작업에 참가했다. 『노동자농민 러시아소설집』(労農露西亜小説集)은 1925년 2월 도쿄의 긴세도(金星堂)에서 발행했다. 본 단락에서 기술한 「동굴」 내용의 일부와 본문에서 인용한 룬츠와 페딘에 관한 설명은 모두 이 책 말미에 수록된 「해설」에 나온다.

7) 러우스(柔石, 1902~1931)의 본명은 자오핑푸(趙平復)로 저장 닝하이(寧海) 출신이다. 좌익작가이다. 『위쓰』(語絲) 편집을 맡았으며 루쉰 등과 조화사(朝花社)를 창간하기도 했다. 대표작으로 중편소설 『2월』(二月), 단편소설 「노예의 어머니를 위하여」(爲奴隷的母親) 등이 있으며 외국문예를 번역·소개하는 데 힘썼다. 1931년 2월 7일 국민당 당국에

체포되어 상하이 룽화(龍華)에서 살해당했다.

8) 『러시아 단편소설 걸작집』(*Great Russian stories*)의 영어본은 그레이엄(Stephen Graham)이 편역하여 1929년 런던의 벤(Benn) 출판사에서 출간됐다.

9) 『조화순간』(朝花旬刊)은 상하이 조화사에서 발행한 문예간행물이다. 동부와 북부 유럽 등 약소민족의 작품을 중점적으로 소개했다. 루쉰과 러우스가 주편을 맡았으며 1929년 6월 창간하여 그 해 9월에 정간됐다.

10) 룬츠(Лев Натанович Лунц, 1901~1924)는 소련 '동반자' 작가로 '세라피온 형제들'의 중요 인물 중 한 명이다. 그는 서구문예를 숭배했는데 '조화할 수 없는 서구파'라고 자칭할 정도였다.

11) 뒤마(Alexandre Dumas, 1802~1870)는 프랑스 작가이다. 주요 작품으로 장편소설 『삼총사』(*Les Trois Mousquetaires*)와 『20년 후』(*Twenty Years After*) 및 『몽테크리스토 백작』(*Le Comte de Monte-Cristo*) 등이 있다.

스티븐슨(Robert Louis Stevenson, 1850~1894)은 영국 작가이다. 19세기 말 신낭만주의의 대표적인 인물로 소설 『보물섬』(*Treasure Island*)과 『지킬 박사와 하이드』(*Strange Case of Dr Jekyll and Mr Hyde*) 등이 그의 대표작이다.

12) 스페인의 기사소설. 서구 중세기 기사제도의 영향 아래 기사의 모험적인 생활과 무공을 다룬 소설이 대거 출현하여 프랑스와 스페인에 유행했다. 세르반테스의 장편소설 『돈키호테』는 기사소설의 형식을 차용하여 기사제도와 기사문학을 풍자한 작품이다. 프랑스의 멜로극은 통속적인 멜로드라마로 비교적 가벼운 내용을 다룬다. 프랑스에서 기원하여 18세기 후반 및 19세기에 영국과 미국 등지에서 유행했다.

13) 1921년 3월 러시아공산당(볼셰비키)이 신경제정책에 관한 결의와 당의 통일과 단결 실행에 관련된 결의를 통과 및 집행하고 당이 군대와 정부기관에서 일련의 정지작업을 진행한 시기를 가리킨다.

14) 「민수기」는 『구약』 제4권으로 모두 36장으로 구성되어 있다. 「민수기」는 「출애굽기」의 내용을 이어받아 이스라엘인이 시나이에서 시험을 견디지 못하고 하느님을 원망하고 모세에게 반항하여 그 결과 38년 동안 유랑의 벌을 받는 이야기를 다루고 있다.

15) 페딘(Константин Александрович Федин, 1892~1977)은 소련 작가이다. 장편소설 『도시와 세월』(Города и годы), 『최초의 기쁨』(Первые радости), 『이상한 여름』(Необыкновенное лето) 등이 대표작이다.

16) '세계대전'은 1914년부터 1918년 사이에 발발한 제1차 세계대전을 가리킨다.

17) 『안나 티모페예브나』(Анна Тимофеевна)는 페딘의 초기작으로 1923년에 발표했다.

18) 『도시와 세월』은 페딘이 1924년에 출판한 장편소설이다. 러시아 리얼리즘 문학의 전통에 서서, 혁명이라는 태풍 시대를 묘사한 소설로 10월혁명 후 소비에트 문학의 새 좌표를 제시했다는 평가를 받고 있다. 차오징화가 번역한 중국어 번역본은 1947년 9

월 상하이 낙타서점에서 출간됐다. 한국어 번역본 서지사항은 다음과 같다. 오재국 옮김, 『도시와 세월』, 중앙일보사, 1990.

19) 『담배쌈지』(煙袋)는 차오징화가 번역한 소련 단편소설집이다. 작가 일곱 명의 소설 11편을 싣고 있다. 1928년 12월 베이징의 웨이밍사에서 '웨이밍총간'의 한 권으로 출판됐다. 여기에서 차오징화가 「과수원」도 번역하여 "『담배쌈지』에 수록했다"고 말하나 이는 잘못이다. 1933년 8월 1일 루쉰은 뤼펑쭌(呂蓬尊)에게 보낸 편지에서 다음과 같이 썼다. "징화가 번역한 글은 「화원」(花園)이라는 제목으로 나는 인쇄된 것을 본 적이 있었던 기억밖에 나지 않습니다. 그리하여 『담배쌈지』에 들어갔다고 썼던 것인데 거기에 없다면 아마 『웨이밍』에 수록되어 있을 것입니다." 그러나 격주간지 『웨이밍』에도 이 소설은 수록되어 있지 않다.

20) 이 한 단락의 내용은 오세 게이시의 번역본 『예술전선』에 수록된 야코블레프 「자전」에 나온다.

21) 야스미 도시오(八住利雄, 1903~1991)는 일본 영화 극작가이자 번역가이다. 대표작으로 영화 대본 「전함 야마토호」(戰艦大和, 1953), 「일본해 대해전」(日本海大海戰, 1969) 등이 있다.

22) 이 단락에 소개된 리딘의 생애에 대한 내용은 『예술전선』에 수록된 리딘의 「자전」에 근거했다.

23) 무라타 하루미(村田春海, 1903~1937)의 『지난날 이야기』(ありし日の物語) 일역본은 1928년 8월 헤이본샤가 출판한 '신흥문학전집' 24권 『러시아편 III』에 수록되어 있다. 무라타 하루미는 러시아문학 연구자이자 시인이다. 1925년 『주조』(主潮)를 창간하여 시작활동을 전개했으며 쇼와기에 접어들어 러시아와 소련 문학 번역 소개에 주력하여 고리키의 『어머니』를 처음 일본에 번역하기도 했다. 구로다 다쓰오(黒田辰男, 1902~1992)가 엮은 『무라타 하루미 시집』(村田春海詩集) 등의 작품이 대표작이다.

24) 조줄라(Ефим Давидович Зозуля, 1891~1941)는 소련 작가이다. 청년 시절 혁명운동에 참가하여 여러 차례 체포·투옥됐다. 구국전쟁에서 희생됐다. 장편소설 『사람의 공장』, 『시대의 유성기』 등이 대표작이다. 본문에서 소개한 조줄라 생애에 대한 내용은 『새로운 러시아 신소설가 30인집』 상권 『대선풍』의 부록 「작가에 대한 기록」에 나온다.

25) 『새로운 러시아 신소설가 30인집』(新俄新小說家三十人集) 일역본 제목은 『현대 러시아 30인집』(現代ロシヤ三十人集)이다. 1929년 12월 기무라 도시미(木村利美)와 마토바 도루(的場透)가 번역하여 레이메이샤(黎明社)에서 출판됐다.

26) 『청년계』(青年界)는 종합잡지로 1931년 3월 10일 창간했다. 자오징선(趙景深), 리샤오펑(李小峰)이 주편하여 상하이 베이신서국에서 발간했다. 1937년 7월부터 발행하여 12권 1기까지 출판하고 정간당했다. 이 잡지의 1권 2기(1931년 4월 10일)에 윈성(雲生)이 번역한 조줄라의 소설 「아크와 인성」(關于亞克和人道的故事)이 실렸다.

27) 라브레뇨프(Борис Андреевич Лавренёв, 1891~1959)는 소련 작가이다. 10월혁명 후 적군(赤軍)에 참여했다. 『마흔한번째』는 그가 1924년에 발표한 중편소설이다. 중국에서는 차오징화가 번역하여 1929년 6월 베이핑의 웨이밍사에서 출판했다. 이후에 1936년 량유도서인쇄공사에서 출간한 『소련 작가 7인집』에 수록됐다.

28) 인베르(Вера Михайловна Инбер, 1890~1972)는 소련의 여성시인이다. 주요 작품으로 장시 『풀코보(Pulkovo) 자오선』(Пулковский меридиан)과 산문집 『레닌그라드 일기』(Ленинградский дневник) 등이 있다.

29) 키플링(Rudyard Kipling, 1865~1936)은 영국 작가이다. 인도에서 출생하여 영국식민 통치자의 일상생활을 다룬 작품이 많다. 장편소설 『킴』(Kim)과 아동소설 『정글북』 등이 대표작이다. 뮈세(Alfred de Musset, 1810~1857)는 프랑스 시인·극작가·소설가이다. '프랑스의 바이런'이라고도 한다. 작품은 『세기아(世紀兒)의 고백』, 『비애』, 『추억』 등이 있다. 4편으로 된 일련의 『밤』의 시는 프랑스 낭만파 시의 걸작으로 인정된다. 하트(Bret Harte, 1836~1902)는 미국 작가이다. 도금 노동자의 힘든 삶을 묘사한 작품이 많다. 대표작으로 『로링 캠프의 행운』(The Luck of Loaring Camp) 등이 있다.

30) 『태양 아래에서』는 인베르가 1918년부터 1922년 사이에 오데사에서의 생활에 근거하여 쓴 중편소설이다. 여기에서 소개한 인베르에 대한 내용은 『새로운 러시아 신소설가 30인집』의 상권 『대선풍』 부록에 나온다.

31) 카타에프(Валентин Петрович Катаев, 1897~1986)는 소련 작가이다. 장편소설 『시간아, 전진하라!』(Время, вперёд!), 『나는 노동인민의 아들이다』 등이 있다.

32) 세이풀리나(Лидия Николаевна Сейфуллина, 1889~1954)는 소련 여성 작가이다. 주요 작품으로 중편소설 『비리네야』(Виринея, 1924) 등이 있다.

33) 예렌부르크(Илья Григорьевич Эренбург, 1891~1967)는 소련 작가이다. 오랫동안 해외에서 거주했다. 장편소설 『폭풍우』(Буря)와 『파리 함락』(Падение Парижа) 및 회고록 『인간·세월·생활』(Люди, годы, жизнь) 등이 대표작이다. 바벨(Исаак Эммануилович Бабель, 1894~1940)은 소련 작가이다. 단편집 『기병대』(Конармия), 『오데사 이야기』 등의 저작이 있다. 베레사예프(Викентий Викентьевич Вересаев, 1867~1945)는 소련작가이다. 소설 『막다른 길』(В тупике) 등과 푸시킨, 도스토예프스키, 톨스토이 등을 연구한 저서가 있다. 프리시빈(Михаил Михайлович Пришвин, 1873~1954)은 소련 작가이다. 독일에 유학하여 농학을 공부하고, 귀국 후 농업기사·수렵가로서 러시아 각지를 편력하였으며, 러시아의 자연이나 동물과 인간의 교환(交歡)을 묘사한 작품이 많다. 소설 『베렌디의 샘』(1926), 『카시체이의 사슬』(1927), 『태양의 창고』(1945) 등의 작품을 썼다.

「사막에서」 역자 부기[1]

이 글은 일본의 요네카와 마사오가 편역한 『노동자농민 러시아소설집』에서 중역한 것이다. 원본의 권말에는 해설이 덧붙어 있는데 지금 아래에 발췌하여 번역하겠다.

'세라피온 형제들'의 청년 가운데 가장 어리고 사랑스러운 작가인 레프 룬츠는 병마와 싸운 지 거의 일 년이 되던 1924년 5월에 함부르크의 병원에서 결국 세상을 떠났다. 향년 이십이 세에 불과했다. 인생의 첫걸음을 방금 내딛고 창작에서도 이제 제대로 작업을 시작하려는 즈음이었다. 풍부하고 천부적인 자질을 지녔으나 과실을 거둘 겨를도 없이 세상을 떠났다. 러시아문학에게는 정말 적잖은 손실이라고 할 수 있다. 룬츠는 즐거움과 활발함으로 가득 찬 빛나는 소년이었다. 그는 종종 벗들의 우울과 피로와 침체를 쫓아내고 절망적인 순간에도 힘을 북돋아 주고 희망을 불어넣고 새로운 용기를 주는 '기둥'이었다. 다른 '세라피온 형제들'이 그의 부고를 접하자마자 친형제를 잃은 듯 슬퍼 운 것은 이유가 있다.

이와 같은 천성을 가진 그는 문학적으로 구시대 러시아문학 특유의 침중하고 우울하며 정적인 경향을 한껏 배제하고 현대생활의 방향에 어울리는 동적이고 돌진하는 태도를 펼쳐 보였다. 그가 뒤마와 스티븐슨에 몰두하고 그들의 전기적이고 모험적인 스타일의 진수를 깨닫고 새로운 시대정신과의 합일점을 발견하는 데 힘을 다한 것은 이 때문이다. 그 밖에 스페인의 기사소설, 프랑스의 멜로드라마(mélodrama)도 그가 열심히 연구한 대상이었다. '동'적인 것을 주장한 룬츠는 소설보다 희극을 더 많이 주목해야 한다고 생각했다. 소설은 원래 성격이 '정'적인데 희극은 이와 상반되기 때문이다.……

「사막에서」는 룬츠가 열아홉 살 때 쓴 작품이다. 이는 『구약』의 「출애굽기」에서 혁명 직후 러시아와 공통적인 의미를 찾아내어 성서의 말과 현대의 말을 솜씨 좋게 섞었다. 이를 유연하고 암시적인 문체로 표현했다. 여기에서 그의 비범한 재능을 엿볼 수 있다고 나는 생각한다.

나는 다시 몇 마디 군말을 덧붙이겠다. 이 글의 소재는 전반부는 「출애굽기」에서 취했지만 뒤에서 사용한 것은 「민수기」이다. 25장에 나오는 살해당한 여인은 미디안 족의 수령 수르의 딸 고스비이다. 『성경』 속 말을 현대어와 조정한 것에 대해서라면 몇 차례 번역을 거쳤기 때문에 당연히 알아볼 수가 없다. 마지막에 나온 신은 작가가 목격한 러시아의 초기 혁명 직후의 정신일 것이다. 그렇지만 우리는 이 관찰자가 '세라피온 형제들'——10월혁명과 밀접한 관계를 갖지 않은 문학가단체——중의 한 청년이었으며 혁명 이후 얼마 지나지 않았을 때라는 사실을 잊어서는 안 된다.

현재 프롤레타리아 작가의 작품은 오로지 노동을 찬미하고 미래를 기대할 뿐이다. 수염이 많이 난 검은 빛의 진짜 신과는 완전히 다른 모습이다.

1927년 11월 8일[2]

역자, 덧붙여 기록하다

주)_____

1) 원제는 「「在沙漠上」譯者附記」. 이 글은 「사막에서」의 번역문과 같이 1929년 1월 1일 「베이신」 3권 1기에 실렸다. 이후에 일부 수정을 거쳐 『하프』 단행본의 「후기」에 수록했다.
2) 1928년의 오기이다.

「하프」역자 부기[1]

작가 블라디미르 리딘(Vladimir Lidin)은 1894년 2월 3일에 모스크바에서 태어났다. 일곱 살 때 라자레프 동방어학원에 입학했다. 열네 살 때 아버지를 여의고 혼자 생활했다. 1911년 졸업한 뒤 몇 년 동안 여름과 가을 두 계절을 삼림에서 보냈다. 유럽대전 때 모스크바대학을 졸업했기 때문에 서부전선으로 갔다. 10월혁명 때 적군으로 시베리아와 모스크바에 다다랐다. 나중에는 자주 외국 여행을 다녔는데 곧 필냐크(B. Pilyniak)처럼 동방에 올지도 모르겠다.[2]

그의 작품이 정식으로 출판된 것은 1915년이었고 지난해까지 모두 12종이 나왔다. 대학을 졸업했기 때문에 지식계급 작가였고 또 '동반자'였지만 독자가 많았고 상당히 뛰어난 작가라고 할 수 있다. 이 소설은 원래 소설집 『지난날 이야기』 속의 한 편이다. 무라타 하루미의 번역을 중역했다. 때는 10월혁명 후 이듬해 3월에서 약 반년 동안이다. 한 유대인이 고향의 압박과 학살을 견디지 못하여 모스크바로 가서 정의를 찾았지만 기아로 인하여 그만두게 된다. 고향으로 돌아오니 집은 이미 몰수되었고 자신도 감옥으로 가게 되는 이야기이다. 이 인물을 중심으로 하여 간결하고 함축적인 문체로 러시아혁명기 초기의 주변 생활을 그려 냈다.

원역본은 '신흥문학전집' 24권에 실린 것이다. 탈자가 몇 개 있었는데 지금 문맥을 보고 이를 보충해 넣었다. 내가 봐서는 잘못된 게 있는지 잘 모르겠다. 그리고 두 개의 x자는 원래 있던 글자이다. 아마 '시위'나 '학살'과 같은 글자였으리라. 따로 써넣지 않았다. 또 이해하기 쉽기를 바라는 의도에서 글자 몇 개를 더했는데 원역본에는 없는 글자여서 괄호로 표시했다. 검은 닭이 와서 쪼았다 등등은 아직 장티푸스를 앓고 있을 때 열이 올라서 보게 된 환상이다. '지식계급'의 작가가 아니었다면 작품에서 이 같은 장난을 치지는 않았을 것이다. 자전에서 리딘은 젊었을 때 체호프의 영향을 많이 받았다고 쓴 바 있다.

또 몇 마디 귀에 거슬릴 말을 하려 한다. 이 소설에서 묘사된 혼란과 어둠은 철저하다고 할 수 있다. 비록 상당한 해학으로 분칠했지만 이 묘사는 확실했다. 아마도 우리 중국의 '프롤레타리아트 크리티컬'의 눈에는 여전히 '반혁명'으로 보여 배척하려 하겠지만 그래도 러시아 작가이기 때문에 '기념'할 만한 것이 있어서 아르치바셰프와 같은 반열로 대우한다. 그런데 그의 본국에서는 왜 '몰락'하지 않았는가? 이는 핏기가 있고 얼룩이 있지만 그래도 혁명이기 때문이다. 혁명이 있기에 피와 얼룩을 묘사한 작품도 두려워할 것이 없게 되었다. 이것이 바로 '새로운 생산'이라고 하는 것이다.

1928년 11월 15일, 루쉰이 부기하다

1) 원제는 「『豎琴』譯者附記」. 이 글은 「하프」의 번역문과 함께 1929년 1월 10일 『소설월보』 20권 1호에 실렸다. 나중에 작가는 이 글의 앞의 세 단락을 수정하여 단행본 『하프』의 「후기」에 수록했다.

2) 필냐크는 1926년 여름 중국 베이징과 상하이 등지를 방문한 바 있다.

「동굴」 역자 부기[1]

러시아 10월혁명 이후 기아 상태에 대한 묘사로 중국에 번역된 것도 이미 수십 편이 있다. 그러나 추위의 고통을 묘사한 소설은 아직 눈에 많이 띄지 않는다. 자먀친(Evgenii Samiatin)은 이미 혁명 전에 유명했던 작가로 이 소설은 인민이 배고픔과 추위로 원시생활 상태로 되돌아간 상황을 솜씨 좋게 그리고 있다. 장작 몇 토막 때문에 상류층 지식인은 인격 분열에까지 이르고 절도를 한다. 그렇지만 이것도 결국 일시적인 해결책일 뿐이었다. 결국에는 독약을 보물같이 여기면서 자살을 유일한 출구로 생각하게 된다. 그런데 온대지방에서 사는 독자는 그렇게 강한 인상이나 느낌을 가지지 않을 수도 있다.

1930년 7월 18일, 번역을 마치고 쓰다

주)_____

1) 원제는 「「洞窟」譯者附記」이다. 이 글은 「동굴」 번역문과 같이 1931년 1월 10일 『동방잡지』 28권 1호에 발표됐다. 서명은 수이뤄원(隋洛文)이다. 단행본에는 실리지 않았다.

『하루의 일』[1)]

앞에 쓰다[2)]

소련의 프롤레타리아 작가는 10월혁명 이후 창작에 힘썼다. 1918년에 프롤레타리아 교화단[3)]이 프롤레타리아 소설가와 시인의 총서를 발간하게 됐다. 1920년 여름에는 작가대회도 개최했는데[4)] 이는 문학가가 모인 최초의 대회였다. 이들 집단은 '쿠즈니차'로 명명되었다.

그런데 이 집단의 작가는 전통의 영향을 깊게 받아서 독창성이 떨어질 때가 잦았고 신경제정책이 시행된 후에는 혁명이 거의 실패했다고 오판하여 상상의 날개를 접어 버리고 노래를 거의 부를 수 없게 됐다. 그들에게 가장 먼저 선전포고한 것은 『나 포스투』('초소에서'라는 의미이다)파 비평가인 잉굴로프Ingulov였다. "우리의 현재에 대해 그들은 10월 당시처럼 찬란하지 않다는 이유로 태업을 하고 있다. 그들은 …… 영웅의 올림포스 산에서 내려가고 싶지 않은 것이다. 이는 너무 당연한 일이다. 이는 그들의 일이 아닌 것이다."[5)]

1922년 12월 프롤레타리아 작가의 일단이 『청년방위군』의 편집실에서 모여 '10월단'을 따로 조직할 것을 결의했다.[6)] '쿠즈니차'와 '청년방위군'의 단원에서 기존 조직을 떠나 가담한 이가 적잖았다. 이것이 '쿠즈니차' 분열의 발단이다. '10월단'의 주장은 렐레비치가 말한 것과 같다. "내란은 이미 끝났다. '폭풍우와 습격'의 시대도 지났다. 그러나 회색의 폭풍우 시대가 다시 와서 무료한 장막 뒤에서 몰래 새로운 '폭풍우'와 새로운 '습격'을 준비하고 있다." 따라서 서정시는 서사시와 소설로 대체되어야 한다. 서정시도 "피와 살이어야 하며 살아 있는 사람의 심정과 감정을 우리에게 보여 줘야 한다. 플라톤류의 환희를 표현해서는 안 된다."[7]

그렇지만 '청년방위군'의 주장은 알고 보면 '10월단'과 어느 정도 비슷하다.

혁명 직후의 프롤레타리아 문학은 당연하게도 시가 가장 많았는데 그중에서 내용과 기교가 뛰어난 시는 드물었다. 재능 있는 혁명가는 여전히 격전의 소용돌이 속에 휩싸여 있었다. 문단은 거의 좀 한갓진 '동반자'에게 독점되었다. 그래도 한걸음씩 사회 현실과 더불어 전진하여 추상적이고 주관적인 것에서 점차적으로 구체적이고 실제적으로 묘사하는 것으로 변하여서 기념비적인 장편 대작이 잇달아 발표되었다. 리베딘스키의 『일주일』,[8] 세라피모비치의 『철의 흐름』,[9] 글랏코프의 『시멘트』[10]는 모두 1923년에서 1924년 사이에 거둔 대수확이다. 이들은 이미 중국에 이식되어 있어서 우리에게 익숙하다.

새로운 입장에 서 있는 지식인 작가도 이미 배출되었다. 한편 일부 '동반자'도 현실에 다가가기 시작했다. 이바노프의 『하부』[11]와 페딘의 『도시와 세월』도 소련 문단의 중요한 수확으로 칭해진다. 이전에 물과 불 같이 대립하던 작가도 이제는 점차 어우러지는 것처럼 보인다. 그러나 이러한 문학적인 조우의 근원은 실제로는 아주 달랐다. 코간 교수가 쓴 『위대한 10년의 문학』에 다음과 같이 기술되어 있다.

프롤레타리아 문학은 여러 변천을 겪고 단체들 사이에 투쟁도 있지만 하나의 생각을 표지로 삼아 발전해 왔다. 이 생각은 문학을 계급의 표현으로 보며 프롤레타리아계급의 세계에 대한 감각이 예술적으로 형식화된 것이자 조직의식으로 본다. 이는 의지를 구체적인 행동으로 향하게 하는 요소로 최후의 전투 시기에는 이데올로기 무기가 된다. 각 단체 사이에 일치하지 않는 면이 다소 있긴 하지만 여태까지 우리는 초계급적이고 자족적이며 가치내재적이면서 생활과 아무런 관계도 없는 문학을 부흥시키려는 경우를 본 적은 없다.

프롤레타리아 문학은 삶에서 출발하는 것이다. 문학성에서 출발하는 것이 아니다. 작가들의 시야가 확대되고 직접적인 투쟁이라는 주제가 심리적인 문제, 윤리 문제와 감정, 정열, 마음의 세밀한 경험이라는 전 인류의 영원한 주제로 칭하는 문제들로 이동함에 따라서 '문학성'도 더한 영광의 지위를 차지했다. 이른바 예술적인 수법, 표현법과 기교 같은 것도 중요한 의미를 지닐 수 있다. 예술에 대해 배우고 연구하며 예술적인 기법을 탐구하는 것 등의 일이 급선무가 되었고 요긴한 구호로 인식되었다. 때로는 문학은 크게 에둘러서 원래의 자리로 되돌아온 것 같기도 하다.

이른바 '동반자' 문학은 다른 길을 개척했던 것이다. 그들은 문학에서 생활로 걸어 들어갔다. 그들은 가치내재적인 기교에서 출발했다. 그들은 무엇보다도 혁명을 예술작품의 소재로 간주했으며 작가 스스로가 경향성을 가진 모든 적에 대해서 경향성을 띠지 않는 작가의 자유로운 공화국을 꿈꾸고 있다고 이야기했다. 그렇지만 이러한 '순수한' 문학주의자들 ── 게다가 그들은 대다수 청년들이었다 ── 은 결국, 마찬가지로 끓어 넘치는 전쟁의 전선 속으로 끌려 들어가지 않을 수 없었다. 그들은 참전했다. 그리하여 혁명의 실제 삶에서 문학에 도달한 프롤레타리아 작가들은, 최초 10년의 마지막에 문학에서 출발하여 혁명의 실생활에 다다른 '동반자들'과 조우했다. 최초 10년의 마지막에 소련작가연맹을 조직한 것이다.[12] 이 연맹에서 그들은 서로 손잡고 나아가려 했다. 최초 10년의 끝에서 이러한 위대한 단련을 기념으로 삼는 것은 하나도 이상하지 않다.

여기에서 1927년경 소련의 '동반자'가 이미 현실에 영향을 받아서 혁명을 이해하기 시작했고 혁명가는 노력과 학습으로 문학을 얻어 냈다는 것을 알 수 있다. 그러나 단지 이 몇 년의 연마로 기존의 흔적을 깨끗이 지울 수는 없었다. 전자는 작품에서 혁명이나 건설에 대해 서술하고 있지만 곳곳에서 방관하는 기색을 드러내는 느낌을 주곤 한다. 또 후자는 펜을 들면 작가가 안에 있으면서 자기들 일처럼 쓰고 있지 않은 것이 없다.

아쉽게도 내가 읽은 프롤레타리아 작가 단편소설은 한계가 많았다. 이 열 편 가운데 앞의 두 편은 '동반자' 작가 것이다. 뒤의 여덟 편 중 두 편도 다른 사람이 번역한 것으로 역자와 상의 후 가져왔는데[13] 매우 믿을 만한 번역이다. 위대한 작가의 작품 중 빠진 작품이 여전히 많지만 다행히 대부분 장편이 따로 나와 있어서 읽어 볼 수 있다. 그래서 지금 더 기다리지 않고 번역한 작품을 모아 봤다.

작가의 짧은 전기와 번역이 근거한 판본에 대해서는 「후기」에 기술했는데 이는 『하프』와 동일하다.

　글을 마무리해야겠다. 나는 이 자리를 빌려 전기 자료를 수집하는 것을 도왔던 나의 친구에게 감사를 표한다.

1932년 9월 18일 밤, 루쉰 씀

주)_____

1) 원제는 『一天的工作』. 루쉰은 1932년에서 1933년 사이에 엮은 이 소련 단편소설집을 1933년 3월 상하이 량유도서인쇄공사에서 출판하여 '량유문학총서'에 넣었다. 책에는 「쑥」(苦蓬), 「비료」, 「철의 정적」, 「나는 살고 싶다」, 「노동자」, 「하루의 일」, 「전철수」, 「혁명의 영웅들」, 「아버지」, 「석탄과 사람, 내연벽돌」 등 작품 열 편이 실렸다. 그중 세라피모비치의 두 편은 원인(文尹; 양즈화楊之華)이 번역했다. 「쑥」과 「비료」, 「나는 살고 싶다」 세 편은 단행본에 수록되기 전에 각각 『동방잡지』, 『베이신』, 『문학월보』에 발표됐다.

2) 원제는 『『一天的工作』前期』. 이 글은 『하루의 일』 단행본에 처음 실렸다.

3) 프롤레타리아 교화단(프롤렛쿨트)은 곧 프롤레타리아 문화협회를 말한다. 소련 초기 문화조직이다. 그 전신은 1917년 9월에 성립된 러시아 사회민주노동당(볼셰비키) 페테르부르크 시 '문화공작센터'와 이후 성립된 '프롤레타리아 문화교육조직'으로 같은 해 11월 하순부터 '프롤레타리아 문화협회'라고 불렸다. 대표적인 인물은 보그다노프 등이다. 10월혁명 이후 전국 각 대도시에 분회를 설치하여 정기간행물 『프롤레타리아 문화』와 『기적』(汽笛) 등을 출판했다. 레닌은 이들이 문화유산을 부정하고 당의 지도를 부정하며 '실험실 방식'으로 '순수한 프롤레타리아 문화'를 건립하자는 주장을 제창했다고 신랄하게 비판한 바 있다. 이 조직은 1920년부터 쇠퇴하기 시작하여 1932년에 해산됐다.

4) '작가대회'는 1920년 5월 '전러시아 프롤레타리아계급 작가협회'가 모스크바에서 개최한 작가대회를 말한다. 출석자는 25개 도시를 대표하는 작가 150명이었다.

5) 잉굴로프(Сергей Борисович Ингулов)의 이 말은 그가 1923년 『나 포스투』 잡지 창간호에 발표한 「손실에 대하여」에 나온다. 루쉰은 일본 노보리 쇼무가 번역하여 1928년 4월 하쿠요샤(白楊社)에서 출판한 코간의 「프롤레타리아계급 문학론」에서 재인용했다.

6) 『청년방위군』(Октябрь)은 문학예술 및 통속과학 잡지로 러시아공산당청년단중앙 기관지이다. 1922년 모스크바에서 창간했으며 같은 해 10월에 성립한 문학단체 '청년근위대'(청년방위군)사와 밀접한 관계가 있다. 1941년 정간됐다. 1923년 3월 '청년근위대'

사와 '10월'사, '노동자의 봄'사는 함께 '모스크바 프롤레타리아계급 작가협회'에 참가했다.

'10월단'은 '10월'사를 말한다. 소련 초기 문학단체이다. 1922년 12월에 성립되어 1924년 월간 『10월』을 창간했다. 핵심인물은 '쿠즈니차'사에 소속됐던 말라시킨(Сергей Иванович Малашкин), '청년근위대'의 베지멘스키(Александр Ильич Безыменский), 단체에 참가한 적이 없는 리베딘스키 등이다.

7) 렐레비치의 이 말은 일본 야마우치 후스케(山內封介)가 번역한 코간의 『위대한 10년의 문학』(ソヴェート文学の十年)에 나온다. 이 책은 1930년 12월 하쿠요샤에서 출판됐다.

8) 리베딘스키(Юрий Николаевич Либединский, 1898~1959)는 소련 작가이다. 『일주일』(Неделя)은 내전 시기 투쟁을 묘사한 소설이다. 장광츠(蔣光慈)의 번역본이 1930년 1월 상하이 베이신서국에서 출간됐다.

9) 세라피모비치(Александр Серафимович Серафимович, 1863~1949)는 소련 작가이다. 초기 작품은 노동인민의 비참한 생활을 묘사했으며 1905년 혁명 이후 노동자혁명투쟁으로 주제를 전환했다. 『철의 흐름』(Железный поток)은 적군 유격대의 투쟁을 그린 장편소설로 1924년에 발표됐다. 1931년 11월 차오징화가 번역하여 상하이 삼한서옥에서 출판했다. 루쉰은 『편집 후기』를 썼는데 『집외집습유』에 수록되어 있다.

10) 글랏코프(Фёдор Васильевич Гладков, 1883~1958)는 소련 작가이다. 초기에 혁명에 참가하였으며 차르정부에 체포되어 유배되었다. 10월혁명 이후 국내전쟁과 방위전쟁에 참가한 바 있다. 『시멘트』(Цемент)는 국내전쟁이 끝난 뒤 노동자계급이 생산회복을 위해 투쟁하는 것을 그린 장편소설로 1925년에 발표됐다. 둥사오밍(董紹明)과 차이융창(蔡詠裳)이 공역하여 1932년 7월 상하이 신생명서국에서 출판됐다.

11) 『하부』(Хабу)는 이바노프가 1925년에 발표한 소설로 시베리아 여우사냥 이야기를 담고 있다.

12) 소련작가연맹은 '소비에트작가연합회연맹'을 가리킨다. 1925년 6월 러시아공산당중앙에서 문예정책결의를 통과한 후 성립을 선포했지만 1927년 1월에서야 성립대회가 개최됐다. 이듬해 모스크바에서 '전소련프롤레타리아작가협회연맹'도 성립하였는데 『청년근위대』와 『10월』이 모두 이 단체의 기관지이다. 1932년 소련공산당(볼셰비키) 중앙은 「문예예술단체 조직개편에 관한 결의」를 내린 다음 해산하여 '소련작가협회'를 성립시켰다.

13) 여기에서 말한 '앞의 두 편'은 「쑥」과 「비료」를 말한다. '뒤의 여덟 편 중에 두 편'은 「하루의 일」과 「전철수」를 가리킨다.

후기[1]

필냐크(Boris Pilniak)의 원래 성은 보가우(Wogau)로 1894년 볼가 강 연안에서 게르만, 유태인, 러시아, 타타르인의 피가 섞인 가정에서 태어났다. 아홉 살에 글을 쓰기 시작하여 산문을 출간했을 때가 열네 살이었다. '세라피온 형제들'이 성립한 뒤 그룹의 일원이 되었다. 1922년 소설 「벌거벗은 해」를 발표하여 문명을 얻었다. 이는 내전시대에 직접 겪은 신산하고 잔혹하며 추악하고 지리멸렬한 사건과 장면을 수필이나 잡감 형식으로 묘사한 것이다. 소설의 주인공은 없다. 굳이 꼽는다면 '혁명'이라고 할 수 있다. 필냐크가 쓴 혁명은 사실 폭동이자 반란이며 원시 자연의 힘의 창궐에 지나지 않는다. 혁명 뒤의 농촌도 혐오와 절망만이 가득하다. 그리하여 그는 점차적으로 반동 작가의 우두머리가 되었고 소련 비평계에서 비판을 받았다. 가장 심할 때가 1925년인데 그는 문단에서 거의 사라진 인물로 취급받았다. 그렇지만 1930년, 5개년 계획을 소재로 삼아 반혁명의 음모와 실패를 다룬 소설인 「볼가는 카스피해로 흐른다」를 발표한 뒤 명성을 일부 회복하여 예전처럼 '동반자' 작가로 간주되었다.

「쑥」은 '새로 고른 해외문학' 제36권에서 히라오카 마사히데平岡雅英
가 번역한 『그들이 생활한 일 년』에서 옮긴 것으로 마찬가지로 1919년의
작품이다.[2] 시간이 꽤 지난 오래된 소설이지만 이때 소련은 한창 어려움
에 처해 있을 때여서 작가의 태도도 유명해진 뒤와 비교해 보면 진지한 편
이다. 그렇지만 여전히 수필에 가까운 형식으로 전설과 미신, 연애, 전쟁
등의 소소한 작은 소재를 한 편으로 만들어서 촘촘하게 세공한 관점이 드
러난다. 그렇지만 여전히 눈을 즐겁게 하는 소설인 것 같다. 코간 교수는
필냐크의 소설이 사실은 모두 소설의 재료라고 판단하고 있는데(『위대한
10년의 문학』을 참고하시오) 이 소설에 적용해도 상당 부분 들어맞는 평가
이다.[3]

세이풀리나(Lidia Seifullina)는 1889년에 태어났다. 아버지는 예수를
믿는 타타르인이며 어머니는 농민의 딸이다. 고등학교 7학년을 마치고 초
등학교 교사가 되었고 지방에 가서 연극을 하기도 했다. 1917년 사회혁명
당에 가입했지만 1919년 이 당이 혁명에 반대하는 전쟁을 벌이자 탈당했
다. 1921년 그녀는 시베리아의 신문에 매우 짧은 소설을 한 편 발표했는
데 예상 외로 독자들에게 좋은 반응을 얻어서 창작을 계속하게 됐다.[4] 가
장 유명한 작품은 『비리네야』(중국에서는 무무톈의 번역본이 있다)[5]와 「범
인」(중국에는 차오징화의 번역본이 있는데 『담배쌈지』에 실려 있다)이다.

「비료」는 '신흥문학전집' 23권에 수록된 후지 다쓰마富士辰馬의 번역
본에서 옮겼는데 1923년에 쓰인 작품으로 짐작된다.[6] 소설이 묘사하는
것은 10월혁명 때 농촌의 빈농과 부농의 투쟁인데 결국 전자가 실패한다.
이러한 사건은 혁명 시대에 자주 일어났다. 비단 소련에서만 발생한 일은

아니다. 그러나 작가는 지주의 음험함과 농촌 혁명가의 진지함과 거칠음, 농민의 견결함을 눈앞에서 보는 듯 생생하게 묘사했다. 뿐만 아니라 '동반자'에게 일반적인, 혁명에 대한 냉담한 모습도 나오지 않았다. 그녀의 작품이 지금까지도 독서계에서 중시된다는 사실이 하나도 이상하지 않다.

그렇지만 그녀의 작품을 번역하는 것은 어려운 작업이었다. 원역자는 이 글의 말미에 다음과 같이 「부기」를 남겼다.

농민의 사투리로 쓰인 세이풀리나의 작품은 정말 이해하기 쉽지 않았다. 러시아에서도 농촌의 풍속과 방언에 정통하지 않은 사람이라면 여전히 읽기 힘들다고 들었다. 이 때문에 세이풀리나의 작품을 읽기 위해 만든 특별한 사전까지 있는 상황이다. 나에게는 이 사전이 없다. 이전에 이 글을 다른 간행물에 번역하여 실은 바 있었다. 이번에는 다시 새로 번역했다. 이해가 잘 안 가는 곳이 있으면 농민의 사정을 잘 아는 타타르 여성에게 가르침을 구했다. 세이풀리나도 타타르계이다. 그러나 가르침을 구한 다음에 이 글을 이해하기가 어렵다는 것을 더 알게 됐다. 이번의 번역문이 당연히 작가의 심정을 잘 전달했다고 말할 수 없지만 이전 번역보다는 꽤 좋아졌다고 스스로 생각한다. 탐보프[7]나 그곳의 시골에 가서 농민들 속에서 삼사 년 살아 봐야 완전하게 번역할 수 있을 것 같다.

그런데 역자는 가르침을 구한 다음에 자기가 터득한 사투리를 내가 이해하기 어려운 일본 시골의 사투리로 바꿔놓아 버렸다. 그래서 나도 마찬가지로 일본 시골에서 나고 자란 M군에게 가르침을 청할 수밖에 없었다.[8] 번역을 겨우 하고 보니 농민의 언어는 더 이상 특정 지역의 사투리를 사용하는 것이 아니라 마찬가지로 보통의 이른바 '백화문'으로 마무리되고 말았다. 내 번역문을 위해 사전을 만들어 줄 사람이 있을 리 없다는 사실을 나는 잘 알고 있기 때문이다.

라쉬코(Nikolei Liashko)는 1884년 하리코프의 작은 시에서 태어났다.[9] 부모는 군인과 농민이었다. 그는 처음에 커피점 종업원이었다가 피혁제조공장과 기계제조공장, 조선공장의 노동자가 되었다. 노동자로 일할 당시 노동자 야학교에서 강의를 들었다. 1901년 노동자 비밀단체에 가입했는데 이로 인해 거의 십 년 동안 체포, 투옥, 감시, 추방의 생활을 전전했다. 그렇지만 이러한 생활 속에서도 글을 쓰기 시작했다. 10월혁명 이후 프롤레타리아문학단체인 '쿠즈니차'의 일원이 되었다. 유명한 작품으로 『용광로』가 있는데 이는 내란시대에 파괴되고 궤멸된 공장을 노동자들 스스로 단결하고 협력하여 되살리는 내용을 담고 있다. 구성이 글랏코프의 『시멘트』와 유사하다.

「철의 정적」도 1919년 작품으로 지금은 『노동자농민 러시아단편집』에서 소토무라 시로外村史郞의 번역을 중역한 것이다.[10] 작품이 쓰인 연대를 보면 혁명 직후의 상황을 그리고 있다는 것을 알 수 있다. 적극적으로 재건에 나선 노동자와 혁명 시기에 드러난 소시민과 농민의 사욕이 모두 이 단편에 나온다. 그러나 작가는 전통과 어느 정도 연결되어 있는 사람이어서 비록 프롤레타리아 작가이지만 이데올로기 면에서 오히려 '동반자'와 비슷했다. 그렇지만 결국은 프롤레타리아 작가여서 노동자 쪽에 공감하고 있다는 점은 대략 봐도 알 수 있다. 농민에 대한 증오도 초기 프롤레타리아 문학에서 자주 눈에 띄는데 현재 작가들은 이미 다수 힘을 기울여 이를 바로잡았다. 가령 파데예프의 『훼멸』은 이를 위해 적잖은 분량을 사용했다.

네베로프(Aleksandr Neverov)의 원래 성은 스코벨레프(Skobelev)로 1886년 사마라(Samara) 주에서 농부의 아들로 태어났다.[11] 1905년 사범대학 2학년을 졸업한 뒤 시골학교의 교사가 되었다. 내전 시기[12] 사마라의 혁명적 군사위원회의 기관지인 『적위군』의 편집자가 되었다. 1920년에서 21년 사이의 대기아 시기, 그는 기민饑民들과 같이 볼가에서 타슈켄트로 도주했다. 그는 1922년 모스크바에 가서 '쿠즈니차'에 가입했고 1922년 겨울 심장마비로 사망했는데 그때 나이가 37세였다. 그가 쓴 최초의 소설은 1905년에 발표됐으며 이후 꽤 많은 소설을 창작했는데 가장 유명한 것은 『부유한 마을, 타슈켄트』이다. 이는 중국에서 무무톈의 번역본이 있다.

「나는 살고 싶다」는 아인슈타인(Maria Einstein)이 번역한 것으로 『인생의 면모』(Dar Antlitz des Lebens)라는 소설집에서 중역한 것이다.[13] 고생하다 돌아가신 어머니와 앞으로 마찬가지로 미래에 고생을 할 아이를 위해 그리고 이를 확대하여 고생을 하고 있는 모든 사람들을 위해 싸운다. 소설의 이데올로기는 혁명적 노동자의 것 같지 않다. 그런데도 작가는 마찬가지로 프롤레타리아문학 초기의 인물이다. 이도 결코 놀랍지 않다. 코간 교수는 『위대한 10년의 문학』에서 다음과 같이 말했다.

'쿠즈니차'파에서 나온 가장 천재적인 소설가는, 말할 것도 없이 붕괴 시대의 농촌생활을 걸출하게 묘사한 사람 중에 한 명인 알렉산드르 네베로프이다. 그는 혁명의 큰목소리에 흠뻑 젖었지만 동시에 또 삶을 사랑했다.…… 그는 시사時事적인 문제와 멀면서도 가까웠다. 멀다고 하는 것은 그가 탐욕적으로 삶을 사랑했기 때문이다. 가깝다고 하는 것은 그가 행복하고 충실한 삶으로 향하는 길에서의 힘을 보았고 해방의 힘을 느꼈기 때문이다.……

네베로프의 소설 중 하나인 「나는 살고 싶다」는 자원입대한 홍군 사병을 그리고 있지만 이 사람은 또한 네베로프가 묘사한 많은 주인공과 마찬가지로 기쁘고 유쾌하게 삶을 사랑한다. 그는 환한 봄날과 새벽빛과 노을, 높이 나는 학, 웅덩이에 흐르는 개울을 보면 기분이 좋아진다. 그의 집에는 아내와 두 아이가 있지만 그는 군이 전쟁터에 나섰다. 그는 죽으러 갔다. 이는 살기 위해서이다. 왜냐하면 의미 있는 인생관이란 의미 있는 생활을 위한 것이요 죽음을 요구하기 때문이다. 단지 살아지는 것만으로는 결코 인생이 아닌 까닭이다. 그는 어머니가 있던 세탁하는 곳에 밤마다 병사와 지게꾼, 화물차부와 건달들이 찾아와서 힘없는 말을 때리듯이 어머니를 구타하던 일, 분간을 못 할 정도로 술에 취하여 지각없고 하릴없이 어머니를 침대에 쓰러뜨리던 일을 기억하기 때문이다.

세르게이 말라시킨(Sergei Malashkin)은 툴라(Tula) 출신으로 그의 아버지는 빈농이었다.[14] 그는 자신의 첫번째 선생이 자기 아버지였다고 직접 말했다. 그런데 그의 아버지는 매우 보수적이어서 그에게 『성경』과 『사도행전』류의 책을 읽는 것만 허락했다.[15] 그가 '세속적인 책'을 몰래 읽으면 아버지는 그를 때리려고 했다. 그렇지만 그는 여덟 살에 고골과 푸시킨, 레르몬토프의 작품을 읽게 됐다.[16] "고리키의 작품은 나에게 큰 인상을 남겼다. 심지어 나는 그의 작품으로 꿈에서 자주 마귀와 갖가지 요괴를 보기까지 했다." 열한두 살 무렵 그는 장난이 심하여 가는 곳마다 말썽을 일으키곤 했다. 열세 살 때에는 부농의 집에서 일을 하고 말을 키우고 풀 베고 밭을 갈았다.…… 이 부농의 집에서 4개월을 지냈다. 나중에 탐보프 성의 점포에서 견습생이 되었다. 일은 많았지만 틈을 내서 책을 읽었고 '뒤죽박죽으로 만들고 장난치는 것'을 더 좋아했다.

1904년 그는 혼자 모스크바로 도망가서 우유작업장에서 일자리를 찾았다. 오래지 않아 그는 혁명당원을 만나서 그들의 소그룹에 가입했다. 1905년 혁명이 일어나자 그는 모스크바 12월 폭동에 가담하여 한 호텔을 공격했다. '로맨틱'이라는 이름의 그 호텔에는 40명의 헌병이 주둔하고 있었는데 한 차례 치열한 전투 끝에 그는 부상을 입었다. 1906년 볼셰비키에 가입하여 현재에 이르렀다. 1909년 이후부터 그는 러시아 도처를 유랑하며 쿨리와 점원과 목재공장의 작업반장을 지냈다. 유럽전쟁이 발발하자 그는 군인으로 참전했으며 '독일전선'에서 여러 차례 참혹한 전투를 치렀다. 그는 늘 책읽기를 좋아하고 혼자 매우 성실하게 공부했으며 굉장히 많은 희귀한 책을 수집했다(5천 권).

그가 32살이 되었을 때 "우연한 기회에 작품을 쓰기 시작했다".

5년 동안 쉼 없이 문학 습작을 하다가 작품들을 쓰게 됐다(그중 일부는 이미 출판됐다). 나는 여기에 실린 모든 작품이 불만스럽다. 특히 내가 읽은 허다한 위대한 산문 창작에 비한다면. 가령 푸시킨, 레르몬토프, 고골, 도스토예프스키와 부닌의 작품.[17] 그들의 창작을 보다 보면 나는 자주 고통에 빠진다. 내가 쓴 것은 그야말로 한 푼의 가치도 없다. 어떻게 해야 좋을지 모르겠다.

그러나 내 앞에는 포효하고 움직이는 위대한 시대가 있다. 나와 같은 계급의 사람들은 과거 수백 년 동안 침묵하고 온갖 고통을 겪었지만 현재 새로운 삶을 만들고 있고 자신의 언어를 사용하여 큰목소리로 자신의 계급을 표현하며 명쾌하게 말한다. '우리가 주인이다'라고.

예술가 중에서 누가 웅숭깊고 능숙하게 이 주인공을 자기 작품에 반영할 수 있을까. 그 사람이야말로 행복하다.

나는 잠시 이 행복을 느낄 수 없어서 고통스럽고 힘들다.

(말라시킨 자전)

그는 문학단체로 처음에 '쿠즈니차'에 속해 있었으나 나중에 탈퇴하여 '10월'에 가입했다. 1927년 혁명소녀의 도덕적인 파멸의 과정을 그린 소설을 출판했는데 제목이 『달은 오른쪽에서 뜬다』이다. 일명 『특별한 연애』라고도 불리는데 이 소설은 일대 폭풍을 일으키며 갖가지 비평을 출현시켰다. 어떤 사람은 그가 묘사한 것이 진실이며 현대 청년의 타락을 잘 드러내고 있다고 말했다. 어떤 이는 혁명 청년들에게 이런 현상은 절대 존재하지 않으며 따라서 작가는 청년들을 중상모략한 것이라고 비판했다. 또 이런 현상은 실재하지만 일부 청년에 불과하다고 여기는 절충파도 등장했다. 이 때문에 고등학교에서는 심리검사까지 시행했다. 그 결과 남녀 학생의 절대다수가 계속 같이 생활하면서 '영속적인 연애관계'를 원한다는 것이 드러났다. 코간 교수의 『위대한 10년의 문학』은 이런 종류의 문학에 대해서 상당한 불만의 말을 쏟아냈다.

그런데 이 책은 이미 일본에 오타 노부오의 번역으로 출간되어 있다.

제목은 『오른쪽 달』인데 단편 네댓 편을 덧붙였다.[18] 여기에 실린 「노동자」는 일본어본에서 중역한 것이다. 이는 성性에 관한 작품이 아니며 또 특별한 걸작도 아니지만 레닌을 묘사한 몇 부분에서 솜씨 좋은 화가가 그린 스케치 같은 기운이 서려 있다. 또 러시아어를 잘 할 줄 모르는 남자가 나오는데 아마 스탈린인 것 같다. 왜냐하면 그는 원래 조지아(Georgia)에서 태어났기 때문이다. 바로 『철의 흐름』에서 언급한 그 조지아이다.

세라피모비치(A. serafimovich)의 진짜 성은 포포프(Aleksandr Serafimovich Popov)로 10월혁명 이전부터 유명한 작가였다.[19] 그러나 『철의 흐름』을 발표한 후 이는 한 시대의 획을 긋는 기념비적인 작품이 되었고 작가도 위대한 프롤레타리아 문학 작가로 자리를 굳히게 되었다. 징화靖華가 번역한 『철의 흐름』의 권두에 작가의 자전이 실려 있으므로 종이와 먹을 아끼는 차원에서 여기에서는 따로 언급하지 않겠다.

「하루의 일」과 「전철수」는 모두 『세라피모비치 전집』 제1권에서 원인文尹이 직접 번역한 것으로 둘 다 10월혁명 이전의 작품이다.[20] 번역본에는 원래 앞 소설 전반부에 서문이 붙어 있었다. 이 서문이 알아보기 쉽게 잘 설명하고 있어서 아래에 전체를 다 옮긴다.

세라피모비치는 『철의 흐름』의 작가로 이는 달리 소개할 필요가 없다. 그러나 『철의 흐름』이 출판된 때는 10월 이후이므로 『철의 흐름』의 소재도 10월 이후의 소재가 되어 버렸다. 중국의 독자 특히 중국의 작가는 정말 알고 싶을 것이다. 이들이 10월 이전에 어떻게 썼는지. 그렇다! 그들은 반드시 알아야 하며 알 필요가 있다. 이 문제를 알 필요가 없다고 생각하는 중국 작가라면 이들을 생각할 만큼 시간이 남아돌지 않으니 그들은 알아서 이완용[21] 문집이나 키플링 소설집······을 찾아서 이들이 특별히 공들인 수사와 배치를 배우면 될 일이다. 남을 속이는 일, 특히 군중을 속이는 일은 확실히 능력이 좀 있어야 한다! 세라피모비치에 대해서라면 그는 남을 속이는 것을 싫어하는 사람이었다. 그는 군중을 위해 말하고자 했으며 더욱이 군중이 말하고자 하는 이야기를 잘 할 줄 아는 사람이었다. 그런데 그때는 10월 이전이었으니 마땅히 앞잡이들을 속일 줄 아는 능력이 있어야 했다. 그래서 당시 필화는 정말 잔혹했고 서적과 간행물 검열도 극심했는데도 그는 글을 쓸 수 있었다. 물론 '하고 싶은 말을 마음껏 할' 수는 없었지만 그래도 지속적으로 창작할 수 있었던 것이다. 그뿐만 아니라 사회생활을 폭로하는 강력한 작품을 써냈고 끊임없이 여러 가면들을 벗겨 냈다.

이 소설 「하루의 일」이 바로 이런 작품 중 하나이다. 출판된 시기는 1897년 10월 12일이고 『아조프연안 신문』[22]에 실렸다. 이 일간지는 돈 강변의 로스토프 지방[23]에서 발간된 평범한 자유주의 신문일 따름이다. 독자가 만약 이 소설을 자세히 읽었다면 어떤 인상을 받았을까? 그냥 그저 그런 구제도의 각종 죄악을 다룬 그림이 아닌가! 여기에 '영웅'도 없고 슬로건도 없으며 선동도 없고 '문명희'[24]의 연설도 없네. 그러나,······

이 소설의 소재는 진실한 사실에서 취한 것으로 노보체르카스크 시의 약방 견습생 시절의 생활을 다뤘다. 작가의 형제인 세르게이는 1890년대 이곳에서 약방 견습생을 지내면서 갖가지 착취를 직접 겪었다. 세르게이의 생활은 매우 힘들었다. 아버지가 돌아가신 뒤 그는 계속 공부를 할 수 없어서 중등과정도 마치지 못하고 여기저기 일하러 다녔다. 수십 종의 직업을 전전했는데 수병이 된 적도 있었다. 나중에 형(작가)의 도움을 받아서 시험을 통과하여 약방에 들어갈 수 있었고 또 제약사 조수 자격을 얻으려고 각고의 노력을 했다. 이후 세라피모비치의 도움을 받아서 그는 코텔니코보 역에서 농촌 약방을 열었다. 세라피모비치는 자주 이곳을 방문했다. 1908년 그는 여기에서 자료를 모아서 그의 첫번째 장편소설인 『광야 속의 도시』를 썼다.[25]

1932. 3. 30. 판이자[26] 씀

푸르마노프(Dmitriy Furmanov)의 자전에서는 자신이 어느 지방 사람인지 설명하지 않고 자신의 출신에 대해서도 언급하고 있지 않다.[27] 그는 여덟 살부터 소설을 쓰기 시작했으며 책도 굉장히 많이 읽었는데 모두 스코트, 레이드, 쥘 베른, 코난 도일 등의 번역소설이었다.[28] 그는 이바노보-보즈네센스크 지방에서 초등교육을 받아 상업학교에 들어갔으며 키네시마 실과학교를 졸업했다.[29] 이후 모스크바대학에 진학하여 1915년 문과를 졸업했지만 '국가고시'에 응시하지 않았다. 그 해 군대에서 간호사를 지냈으며 '터키전선'에 파견되어 카프카스와 페르시아 변경에 가고, 또 시베리아와 '서부전선' 및 '서남전선'에도 가본 바 있다.

1916년 이바노보로 돌아와서 노동자학교의 교원이 되었다. 1917년 혁명이 발발한 뒤 그는 혁명에 적극적으로 참가했다. 그 당시 그는 사회혁명당의 극좌파였는데 '극단주의자'(Maximalist)라고 불렸다.[30]

불꽃같은 열정만이 있고 정치적인 경험은 별로 없어서 처음에 나는 극단주의자가 되었으나 나중에 무정부파가 되었다. 당시 새로운 이상세계란 무치주의無治主義적인 폭탄으로 건설할 수 있다고 생각했으며 모두가 자유롭고 무엇이든 자유로운 세상이라고 생각했다!

그러나 실제 생활은 나를 노동자대표 소비에트에서 부주석으로 일하게 했다. 이후 1918년 6월 볼셰비키당에 가입했다. 나의 이러한 전환에 큰 역할을 한 것은 프룬제(Frunze는 트로츠키가 면직된 뒤 소련 군사인민위원장이었음. 지금은 사망함―원역자)[31]였다. 그와 나눈 몇 차례의 이야기가 무정부주의에 대한 마지막 남은 환상을 깨뜨렸다.(자전)

얼마 지나지 않아서 그는 성省의 당부문 서기가 되었고 현지 성 정부의 위원을 지냈는데 이 성은 중앙아시아에 위치했다. 뒷날 프룬제의 대오를 따라 국내전쟁에 참가했으며 차파예프[32] 25사의 당대표와 투르케스탄 전선의 정치부주임, 쿠반[33] 군의 정치부주임을 지냈다. 그는 비밀리에 쿠반의 백군 구역에 가서 사업을 진행하여 '붉은 상륙대'의 당대표를 맡았는데 바로 이 '상륙대'의 사령이 『철의 흐름』의 카주흐Kozhukh이다. 이곳에서 그는 다리에 총상을 입었다. 혁명전쟁의 공로로 홍기 훈장을 수여받았다.[34]

그는 1917년에서 1918년 무렵 글을 쓰기 시작하여 다른 지방 및 중앙의 간행물에 실었다. 1921년 국내전쟁이 끝난 뒤 그는 모스크바로 가서 소설을 쓰기 시작했다. 『붉은 상륙대』와 『차파예프』, 『1918년』을 출판했다. 1925년 그가 쓴 『반란』이 출판됐는데(중국어로는 『극복』이라는 제목으로 번역됐다)[35] 이는 1920년 여름 세미레치예 지방의 국내전쟁에 대해 쓴 것이다. 세미레치예 지방은 이리에서 서쪽으로 3, 4백 리 떨어져 있는데 중국의 옛 서적에서 '치허디'七河地라고 번역되기도 했다. 이는 제티슈

Zhetysu, 七條河 유역의 총칭이다.

1921년 이후부터 푸르마노프는 문학 집필에 전념했는데 불행히도 1926년 3월 15일 병으로 사망했다. 그의 묘비에는 검 하나와 책 한 권이 그림으로 새겨져 있다. 묘비명 내용은 아주 간단하다. 안드레예비치 푸르마노프, 공산주의자, 전사, 문인.

푸르마노프의 저작은 다음과 같다.

『차파예프』 1923년

『반란』 1925년

『1918년』 1923년

『슈타르크』 1925년

『7일』(『차파예프』의 축약본) 1926년

『투쟁의 길』 소설집

『해안』(카프카스의 '보고'에 대하여) 1926년

『최후의 며칠』 1926년

『잊지 못할 며칠』 '보고'와 소설집, 1926년

『앞 못 보는 시인』 소설집, 1927년

『푸르마노프 문집』 4권

『도시상인(시정잡배) 잡기雜記』 1927년

『비행가 사하노프』 소설집, 1927년

여기에 실린 글인 「영웅들」은 비덴스의 번역(D. Fourmanow: *Die roten Helden*, deutsch Von A. Videns, Verlag der Jugendinternationale,

Berlin 1928)을 중역한 것으로 『붉은 상륙대』일 것이다.[36] 일개 복병 부대가 백군의 대대를 패배시키는 이야기인데 여기에 전기傳奇적인 색채가 섞여 있는 듯하지만 많은 부분은 직접 겪고 깨달은 이야기이다. 예를 들어 출발에서 상륙에 이르는 단락은 고담준론하는 전문가와 불평불만주의자에게 큰 교훈을 던져 준다.

'헬덴'Helden을 '영웅들'로 번역한 것은 문제가 좀 있다. 이는 중국에서 말하는 이른바 '영웅스러움을 과시하다' 할 때의 '영웅'과 혼동되기 쉽기 때문이다. 여기에서는 사실 '사나이, 대장부'의 의미에 지나지 않는다. '별동대'로 번역한 것의 원문은 'Dessert'인데 프랑스어를 찾아보면 '추가'를 의미하여 식후의 간식이나 책의 부록으로 의미를 확대할 수 있다. 군대용어가 아닌 것이다. 여기에서 카주흐의 부대를 'rote Dessert'[37]라고 불렀는데 이는 별명일 것이다. '붉은 간식'으로 번역해야 한다. 정식군대가 아니라 이 부대가 앞에 나서서 적을 공격하는데 이는 간식을 맛보여 주는 것에 불과한 것으로 정찬으로 볼 수 없다는 의미일 것이다. 그러나 추측으로 확정할 수 없어서 여기에서 잠정적으로 중국인의 귀에 어느 정도 익숙하고 또 본 부대가 아니라는 의미에서 '별동대'로 옮겼다.

숄로호프(Michail Sholochov)는 1905년 돈 주에서 태어났다.[38] 아버지는 잡화와 가축 및 목재상이었다가 나중에 기계 방앗간 사장을 지냈다. 어머니는 터키 여성의 증손녀였다. 어머니의 고조할머니는 여섯 살 아이 —바로 숄로호프의 할아버지— 와 함께 포로가 되었다가 코사크[39]에서 돈 주로 이주해 온 것이다. 숄로호프가 모스크바에 있을 때 초등학교에 들어갔고 보로네슈[40]에 살 때 중학교에 진학했으나 독일군의 침입으로 돈 주 쪽으로 피난을 가는 바람에 졸업을 하지 못했다. 여기에서 아이는 시민전을 목격했다. 1922년 그는 돈 주를 불안에 떨게 한 마적과의 전투에 참가하기도 했다. 열여섯 살 때 그는 통계 전문가가 되었고 나중에 부양위원扶養委員이 되었다. 1923년이 되어서 그는 작품을 출판할 수 있었는데 그를 유명하게 한 것은 시민전을 소재로 한 대작『고요한 돈강』이다. 이 소설은 지금까지 모두 4권이 출간됐는데 1권은 중국에서 허페이賀非의 번역본으로 나와 있다.[41]

「아버지」는『새로운 러시아의 신진 작가 30인집』[42]에서 옮긴 것으로 원래 역자는 슈트라서(Nadja Strasser)이다. 마찬가지로 내전 시대를 그렸다. 코사크 노인이 처지가 매우 곤란한 와중에 어린 자녀를 위해서 건장한 두 명의 남자를 죽였지만 오히려 어린 자녀의 증오를 사게 되는 비극이다. 고골과 톨스토이가 묘사한 코사크와는 많이 다르다. 그렇지만 고리키의 초기 작품에 가끔 출현하는 인물을 보는 듯하다. 체호프가 농민에 대해 쓴 단편도 이와 비슷한 것이 있다.

판표로프(Fedor Panferov)는 1896년에 빈농의 아들로 태어났다.[43] 아홉 살 때 남의 집에서 양을 쳤으며 나중에 점원이 되었다. 그는 공산당원으로 10월혁명 이후 당과 정부를 위해 활동하는 한편 뛰어난 소설을 창작했다. 가장 우수한 작품은 빈농들이 농촌에서 사회주의를 건설하기 위해 투쟁하는 것을 묘사한『브루스키』*Brusski*이다. 이 작품은 1926년에 출판되어 지금 구미 등 여러 국가에 번역본이 거의 다 나와 있다.

일리코프(V. Ilienkov)에 대해서 나는 아는 바가 별로 없다. 독일어본『세계혁명의 문학』(*Literatur der Weltrevolution*)[44] 중 지난해 나온 제3권에서 그가 전全러시아 프롤레타리아작가동맹(라프)[45]의 일원이며 새로운 러시아인들의 생활, 특히 농민 생활을 묘사하는 데 뛰어나다는 설명을 본 적이 있을 뿐이다.

소련이 5개년 계획을 시행했을 때 혁명적인 노동자는 이를 위한 건설에 매진하고 돌격대를 조직하고 사회주의를 위한 경쟁에 돌입했다. 2년 반 만에 서구와 미국의 '문명국'에서 말도 안 되는 헛소리이고 환상이라고 치부했던 사업을 최소 열 개 공장에서 완수했다. 그 당시 작가들도 사회의 요구에 응하고 대작 예술작품으로 호응했다. 한편으로는 예술작품의 실질을 제고하고 다른 한편으로 보고문학과 단편소설, 스케치의 당대當代의 소품으로 승리를 얻고 있는 집단과 공장, 공동경영농장의 남성과 돌격대원의 요구를 드러냈다. 그리고 쿠즈바스, 바쿠, 스탈린그라드[46]와 다른 대大건설의 장소로 달려가서 최단 기간에 이들 예술작품을 창작해 냈다. 일본의 소비에트 사정 연구회가 편역한 '소련 사회주의 건설 총서'의 제1집 『돌격대』(1931년판)[47]에는 이러한 '보고문학'이 일곱 편 수록되어 있다.

「코크스, 사람들과 내화벽돌」은 여기에서 중역한 것이다. 땅 아래에 숨어 있는 늪의 형성 원인과 건설자들이 자연을 극복하는 의지력과 건조 석탄과 문화의 관계 그리고 건조 석탄 정련법 및 건조 석탄 용광로 건축 방법, 내화벽돌의 종류, 경쟁 상황, 감독과 지도의 중요한 방법에 대해 썼다.

각각의 정황이 짧은 단편 속에 다 들어가 있다. 이는 '보고문학'의 좋은 표본일 뿐만 아니라 실제적인 지식과 작업을 간략하고 핵심적으로 기술한 교과서가 되었다.

그러나 이는 중국의 일부 독자에게는 맞지 않을 것이다. 지질과 석탄

정련, 광산채굴의 대략적인 내용에 대해서 잘 알지 못한다면 읽을 때 재미가 없기 때문이다. 그렇지만 소련의 상황은 다르다. 소련에서는 사회주의 건설 과정에서 지식노동과 육체노동의 구분도 사라져 이러한 작품도 일반적인 읽을거리가 된다. 여기에서 사회가 다르다는 점이 드러난다. 곧 '지식인'이라고 불리는 이도 완전히 달라져서 소련의 새로운 지식인은 사람들이 가을 달에 왜 상심하고 낙화에 왜 눈물을 흘리는지 이해하지 못한다. 이는 우리 지식인이 쇠를 제련하는 용광로에 한약재인 밀타승[48]이 없는 것을 이해하지 못하는 것과 마찬가지이다.

『문학월보』[49] 제2권에 동일한 글이 실려 있는데 저우치잉周起應 군이 번역했다. 그런데 저우의 번역본은 여기에 실린 것보다 삼분의 일이 더 많다.[50] 대체로 지린稷林의 이야기에 해당하는 내용이다.[51] 이는 저우가 덧붙인 것이 아니라 원본이 원래 두 종이 있는 것 같다. 그는 영어본을 참고하여 번역했다. 나는 처음에 그의 번역본을 빌릴 요량이었지만 생각을 고쳐먹고 『돌격대』 판본을 다시 번역하기로 했다. 자세한 판본이기 때문에 흥미 있는 곳이 많겠지만 이 때문에 긴요한 부분이 도드라지지 않게 된다. 간단한 판본은 맥락이 분명하지만 읽을 때 아무래도 단조롭다는 느낌을 떨치기 어렵다. 그렇지만 각자에 맞는 독자층이 따로 있을 것이다. 세심한 독자나 작가가 양자를 비교 검토한다면 반드시 깨닫는 바가 있으리라. 중국에서 두 종의 상이한 번역본이 존재하는 것이 쓸모없는 일은 아니라고 생각한다.

그렇지만 저우의 번역본에도 얼마간 착오가 있는 것 같다. 가령 여기에서는 "그가 말하는 것은 손에 가는 밧줄이 있어서 이것과 연결되어 있는 것 같다"라고 번역했는데 저우는 "그는 늘 이렇게 말하는데 뭔가를 그의 이 사이에 끼워서 이걸 세게 꽉 물고 있는 것 같다"로 번역했다. 여기에서는 "그는 아침에 자주 남이 깨워서 탁자 아래에서 끌려 나오곤 한다"인데 저우는 "그는 자주 놀라 깨거나 더 정확하게 이야기하자면 탁자 위로 머리를 들이밀곤 한다"로 번역했다. 이치를 생각해 보면 후자의 번역이 맞는 것 같지만 난잡해 보여서 이런 연유로 고치지 않았다.

내전 시기를 묘사한 「아버지」에서 건설 시기의 「코코스, 사람들과 내화벽돌」로 훌쩍 건너뛰었는데 이 사이의 간격은 상당하다. 그렇지만 지금 다른 좋은 방법이 생각나지 않는다. 첫째, 내가 모은 자료 중에서 이 공백을 채워 줄 작품이 한정적이기 때문이다. 둘째, 몇 편이 있긴 하지만 소개할 수 없거나 소개하기에 적합하지 않기 때문이다. 다행히 중국에 이미 몇 종의 중편 혹은 장편 대작이 출간되어 있어서 이 결함을 얼마간 메워 줄 수 있게 되었다.

1932년 9월 19일, 엮은이

주)_____

1) 원제는 「『一天的工作』後記」. 이 글은 「하루의 일」 단행본에 처음 실렸다.
2) 「쑥」(苦蓬)의 번역문을 루쉰은 반월간 잡지 『동방잡지』 27권 3호(1930년 2월 10일)에 처음 실었다. '새로 고른 해외문학'(海外文學新選)은 외국문학을 소개하는 총서로 모두 39권이 출간되었다. 일본 도쿄의 신초샤가 1924년 3월부터 1926년에 걸쳐 출판한 총서이다.
3) 필냐크 소설에 대한 코간의 평가는 『소련러시아문학 전망』이라는 책에서 인용했다. 구로다 다쓰오의 일본어 번역본이 1930년 5월 소분카쿠(叢文閣)에서 출간됐고 루쉰은 같은 해 5월 30일 이 책을 구입했다.
4) 세이풀리나의 생애에 대한 이상의 소개는 오세 게이시가 번역한 『예술전선』의 「리디아 세이풀리나 자전」을 주로 참고했다.

5) 무무톈(穆木天, 1900~1971)은 지린 이퉁(伊通) 출신으로 번역가이다. '좌련' 성원이었다. 그가 번역한 『비리네야』는 1931년 6월 상하이 현대서국에서 출판됐다. 출간 당시 작가명을 기재하지 않았다.

6) 루쉰이 번역한 「비료」는 『북두』 창간호와 1권 2기(1931년 9월, 10월)에 실렸다. 서명은 수이뭐원이다. '신흥문학전집' 23권은 1929년 3월 일본 헤이본샤(平凡社)에서 출간되었다. 부제는 '러시아II'였다.

7) 러시아 탐보프주의 주도(州都). 유럽 러시아 중남부, 츠나강(江) 상류에 면하며 모스크바에서 남동쪽으로 약 400km 떨어진 흑토대에 있다. 철도의 교차지이며, 제조업의 중심지로서, 전동기·화학약품·자동차부품·농업기계·터빈·식품가공용 기계류 등의 공업이 발달해 있다.

8) M군은 마스다 와타루(增田涉, 1903~1977)를 가리킨다. 마스다에서 영어 알파벳 'M'을 가져왔다. 그는 일본의 중국문학 연구자이다. 1931년 상하이에 체류할 때 루쉰의 집에 자주 들러 『중국소설사략』 번역 일을 의논하곤 했다. 저서에 『루쉰의 인상』, 『중국문학사 연구』 등이 있다.

9) 랴쉬코(Николай Николаевич Ляшко, 1884~1953)는 소련 작가이다. '쿠즈니차'의 지도자 중 한 명이다. 저서로 『용광로』 등의 소설이 있다.

10) 『노동자농민 러시아단편집』의 전체 명칭은 『코뮨 전사의 길―노동자농민 러시아단편집』(세계사회주의문학총서 제2편)이다. 구라하라 고레히토가 편집하여 1928년 2월 일본 난소쇼인에서 출판했다.

11) 네베로프(Александр Сергеевич Неверов, 1886~1923)는 소련 작가다. '쿠즈니차'에 참가했다. 뒤에 나오는 『부유한 마을, 타슈켄트』는 그의 주요 작품으로 중역본의 제목은 『풍요로운 도시』(豊饒的城)였다. 중역본은 1930년 4월 상하이 베이신서국에서 출판됐다. 이하 네베로프의 생애에 대한 소개는 『새로운 러시아 신소설가 30인집』의 상권 『대선풍』 부록에 나온다.

12) 내전 시기란 1918~1920년 사이에 소련 민중이 제국주의 국가의 공격과 국내 적대세력의 폭동에 반대하여 소비에트 정권을 보위하기 위해 투쟁한 시기를 가리킨다.

13) 루쉰이 번역한 「나는 살고 싶다」는 『문학월보』 1권 3기(1932년 10월)에 실렸다. 아인슈타인은 독일의 번역자이다. 소련 작가 판텔레예프의 동화 『시계』와 네베로프의 『부유한 마을, 타슈켄트』, 세이풀리나의 『비리네야』 등을 독일어로 번역한 바 있다. 『인생의 면모』 독역본은 다음과 같이 1925년 빈에서 출판됐다. Aleksandr Neverov, Maria Einstein trans., *Das Antlitz des Lebens : Erzählungen*, Verlag für Literatur und Politik.

14) 세르게이 말라시킨(Сергей Иванович Малашкин, 1888~1988)은 소련의 작가이다. 빈농의 아들로 태어나서 10월혁명에 참가하였고 프롤렛쿨트의 시인으로 문단에 등장

했다. 1920년대 중간부터 산문(散文)에 전념하였다. 대표작『달은 오른쪽에서 뜬다』
(Луна с правой стороны, или Необыкновенная любовь, 1927)는 네프시대(NEP ; 신경제
정책)의 소련 청년들의 성(性) 윤리 문제 등을 제기하여 논란을 일으켰다.

15)『사도행전』은『신약성서』제5권으로 28장으로 이루어져 있다. 예수가 승천한 뒤 사도
(使徒)들이 성령의 인도로 널리 복음(福音)을 전한 행적을 기록한 책으로, 신약성서 가
운데 유일한 역사문서로 평가된다.

16) 푸시킨(Александр Сергеевич Пушкин, 1799~1837)은 러시아의 시인이자 소설가이다.
작품은 농노제도를 공격하고 귀족 상류사회를 비판하면서 자유와 진보를 노래했다.
대표작으로는 장시『예브게니 오네긴』(Евгений Онегин, 1823~32), 소설『대위의 딸』
(Капитанская дочка, 1836) 등이 있다.
레르몬토프(Михаил Юрьевич Лермонтов, 1814~1841)는 러시아 시인이다. 작품은 자
유에 대한 갈망과 차르 황제의 암흑 통치에 대한 반항정신으로 충만하다. 작품으로는
『악마』(Демон),『우리 시대의 영웅』(Герой нашего времени) 등이 있다.

17) 이반 알렉세예비치 부닌(Иван Алексеевич Бунин, 1870~1953)은 러시아의 작가이자
시인이다. 1909년 학사원 명예 회원이 되었으며, 1911년 중편『마을』(Деревня)을 발
표하였다. 1917년 러시아혁명 후에 망명하여 파리에서 살았다. 그의 작품은 농촌의
몰락한 지주 계급을 취급한 것이 많으며, 심리 묘사에 뛰어났고 퇴폐적인 색채가 짙
다. 1933년 노벨문학상을 받았다. 주요 작품에『메마른 골짜기』(Суходол),『샌프란시
스코에서 온 신사』(Господин из Сан-Франциско),「아르세니예프의 생애」 등이 있다.

18) 오타 노부오(太田信夫)의 번역본에는「오른쪽 달」,「충동」,「환자」,「노동자」,「문맹」의
다섯 편의 소설이 실려 있다.

19) 세라피모비치의 러시아 이름은 'Александр Серафимович Попов'로 곧 알렉산드로
세라피모비치 포포프이다.

20) 원인(文尹)은 취추바이(瞿秋白)의 부인 양즈화(楊之華)의 필명이다.

21) 이완용(李完用, 1868~1926)은 대한제국의 매국노로 '을사 5적'으로 불린다. 이완용의
악명이 중국에서도 대단했음을 알 수 있는 대목이다.

22)『아조프연안 신문』은 1891년부터 1919년까지 로스토프에서 발행된 신문이다. 아조
프해(Sea of Azov)는 우크라이나 남동부에 있는 얕은 내만으로 면적은 3만 8,000km^2
이고 동서 길이가 360km, 너비는 140km 정도 된다. 흑해의 북단이다.

23) 로스토프(Rostov)는 러시아 야로슬라블주(州)에 있는 도시이다.

24) 문명희(文明戲)는 중국 초기 연극의 별칭이다. 20세기 초 상하이 일대에서 유행한 대
사를 위주로 한 신식 연극이다. 공연할 때 극본을 사용하지 않고 즉흥적으로 연극을
하며 정극 전에 종종 시사적인 연설을 했다.

25)『광야 속의 도시』는 세라피모비치가 1909년에 집필한 장편소설이다.

26) 원문은 '範易嘉'. 취추바이의 필명 중 하나. 취추바이(瞿秋白, 1899~1935)는 중국의 정
치가, 문예평론가이다. 1922년 중국공산당에 입당하여 1927년 중국공산당 총서기로
취임하였다. 이듬해 개최된 중국공산당 제6차 전국대표대회에서 '좌경 모험주의자'
라는 비판을 받아 중앙총서기직을 박탈당하고 모스크바로 소환되었다. 1930년에 중
국으로 돌아와 당 지도부에서 활동하였으나, '조화주의자'(調和主義者)라는 비판을 받
고 물러났다. 이후 문예평론가로 활약하며 루쉰과 우정을 나누었다. 취추바이의 대표
적인 저서에 『아향기정』(餓鄕紀程, 1921), 『적도심사』(赤都心史, 1924), 『남은 이야기』(多
餘的話) 등이 있으며, 『루쉰잡감선집』을 편집하고 「서문」을 쓰기도 했다.

27) 푸르마노프(Дмитрий Андреевич Фурманов, 1891~1926)는 소련 작가이다. 내전 시기
에 정치위원을 지냈다. 저서로 『붉은 상륙대』(Красный десант), 『차파예프』(Чапаев) 등
이 있다.

28) 스코트(Walter Scott, 1771~1832)는 영국 작가이다. 영국의 낭만파 시인·작가. 일찍
이 잉글랜드와 스코틀랜드 국경지방의 민요·전설을 수집, 『스코틀랜드 국경의 노래』
(Minstrelsy of the Scottish Border)를 출판하였으며, 낭만적 서사시 『호상의 미인』(The
Lady of the Lake), 역사소설 『아이반호』(Ivanhoe) 등을 남겨 영국 낭만주의 문학을 대
표한다.
메인 레이드(Mayne Reid, 1818~1883)는 영국의 통속소설가이다. 『쿼드룬』(The
Quadroon) 등의 작품이 있다.

29) 푸르마노프는 1909년 키네시마실과중학교에 입학하였으나 이후에 교사의 독단과 횡
포에 항의하다 정학을 당했다.

30) 러시아의 사회혁명당은 1902년에 성립하여 1917년 분열되었다가 12월 '좌'파 독립
정당으로 재조직되었다. '극단주의자'는 러시아의 최고 강령주의파로 사회혁명당에
이탈한 당원이 만든 반무정부주의적인 성향을 지닌 공포정치집단이다. 1904년 성립
되어 10월혁명 이후 소비에트정권에 반대했고 1920년 자진해산했다.

31) 미하일 바실리예비치 프룬제(Михаил Васильевич Фрунзе, 1885~1925). 러시아 공산당
지도자 겸 전쟁 영웅. 1904년 볼셰비키에 가담하였고 1905년 혁명 때 대규모 파업을
이끌었다. 1917년 2월 벨라루스 농민 대의원 소비에트 의장으로 선출되었고, 1918년
군사인민위원이 되어 콜차크 제독의 백군을 패배시켰다. 서부전선에 이어 남부전선
사령관으로 임명된 후 크림반도를 탈환하고, 브랑겔 장군의 백군 세력을 러시아에서
축출시켰다. 1921년 중앙위원으로 선출되었고, 1925년 트로츠키의 뒤를 이어 혁명군
사위원회 수장에 취임하였지만, 스탈린이 명령한 불필요한 수술 중에 사망. 필냐크가
1926년 지은 단편 「소멸되지 않은 달 이야기」에서 이 사건을 다뤘다.

32) 차파예프(В. И. Чапаев, 1887~1919)는 소련 내전 시기 적군 지휘관으로 작전 중에 희
생됐다. 장편소설 『차파예프』는 바로 그의 행적에 근거하여 쓰인 소설이다.

33) 쿠반강 지역을 가리킨다.

34) 1918년 전러시아 중앙집행위원회와 1924년 소련중앙집행위원회 주석단이 제정한 군사공훈 훈장을 말한다.

35) 루쉰은 「『철의 흐름』 편집후기」에서 '현대문예총서' 출간 계획을 언급하면서 이 책이 총서 중의 한 권이며 원잉(文英; 곧 펑쉐펑)의 번역으로 나온다는 점을 밝혔으나 이후에 번역되지 않았다.『극복』으로 제목을 바꾸어 중국어로 출간된 소설은 취란(瞿然; 가오밍高明)이 번역했다. 이 책은 1930년 11월 상하이 심현서사(心弦書社)에서 출판됐다.

36) 루쉰이 번역한 「혁명의 영웅들」은 독역본 『붉은 영웅들』에 근거하여 번역한 것이다. 푸르마노프의 원작 제목은 『붉은 상륙대』이다.

37) 'rote Dessert'는 러시아어 Рота Десант의 음역이다. '육군연대'(陆战连)라는 뜻으로 별명이 아니다. 독일어 rot는 적색을 의미한다. 독일어와 프랑스어의 dessert는 모두 후식을 가리키는데 러시아어에서 주력군대와 구분되는 '별동대'라는 뜻으로 전환되어 사용되었다.

38) 숄로호프(Михаил Александрович Шолохов, 1905~1984)는 소련 작가이다. 작품으로 『고요한 돈강』(Тихий Дон), 『인간의 운명』(Судьба человека) 등이 있다. 문학적인 공로를 인정받아 레닌상을 받았고, 『고요한 돈강』은 스탈린상을 받았다. 1965년에는 노벨문학상을 수상했다. 돈 주는 돈강 유역의 지역을 가리킨다.

39) 코사크는 원래 돌궐어로 '자유인'이라는 의미를 갖고 있다. 15, 16세기에 러시아 일부 농노와 도시 빈민이 봉건적인 압박을 이기지 못하고 남부 초원과 돈강 유역까지 흘러들어갔는데 이곳을 '코사크'라고 명명했다.

40) 보로네슈는 구소련 유럽 지역 중부, 러시아의 남서부에 있는 도시이다.

41) 허페이(賀非, 1908~1934)는 곧 자오광샹(趙廣湘)을 말한다. 허베이 우칭(武淸) 출신으로 번역가이다. 그가 번역한 『고요한 돈강』 1권은 1931년 10월에 상하이 신주국광사(神州國光社)에서 출간됐다. 루쉰은 이를 교정보고 '작가 소전'을 번역하고 '후기'를 쓴 바 있다('후기'는 『집외집습유』에 수록되어 있다). 위와 같은 숄로호프 생애에 대한 소개는 『새로운 러시아 신소설가 30인집』 상권의 『대선풍』 부록을 참고했다.

42) 『새로운 러시아의 신진 작가 30인집』은 『새로운 러시아 신소설가 30인집』을 가리킨다.

43) 판표로프(Фёдор Иванович Панфёров, 1896~1960)는 소련 작가이다. 대표적인 소설로 『브루스키』(Бруски), 『어머니 같은 볼가 강』(Волга-матушка река) 등이 있다. '브루스키'는 '숫돌'을 의미한다. 린단추(林淡秋)는 이 책 1권을 중국어로 번역하면서 '브루스키'라는 제목을 붙였다. 1932년 상하이 정오서국(正午書局)에서 출간됐다.

44) 일리코프(Василий Павлович Ильенков, 1897~1967)는 소련 작가이다. 대표적인 소설로 『주축』(Ведущая ось)과 『태양의 도시』(Солнечный город) 등이 있다. 『세계혁명의 문학』은 모스크바에서 발행한 독일어 간행물이다.

45) 전(全)러시아 프롤레타리아작가동맹은 러시아 프롤레타리아계급작가연합회의 오기이다. 이 단체는 1925년 1월 1차 전소련프롤레타리아계급작가대회에서 정식으로 성립하였고 1932년에 해산했다. '라프'는 이 단체의 러시아어 명칭의 약칭이다.

46) 쿠즈바스는 쿠즈네츠크 탄전으로 시베리아 서부 톰강 유역에 위치한다. 바쿠는 아제르바이잔의 수도이다. 카스피해 서쪽에 뻗어 있는 야프셰론 반도에 위치하고, 시가지는 반도 남쪽의 바쿠 만에 접한 항구 도시이다. 카스피해의 최대항구이다. 아제르바이잔 최대의 도시인 점과 동시에 남캅카스 지역에서도 대도시이다. 대규모 유전 지대가 위치해 있고, 제정러시아시대부터 석유의 생산지로 발전해 왔다. 스탈린그라드의 원명은 차리친이다. 지금은 볼고그라드로 불린다. 러시아의 볼가 강 서안에 있는 도시로 볼고그라드 주의 주도이다.

47) 『돌격대』 일본어판는 1931년 11월 소분카쿠(叢文閣)에서 발행했다. 이 책에 「광산지역을 위한 투쟁」, 「코크스, 사람들과 내화벽돌」, 「돌격대원의 얼굴 모습」, 「공장의 하루」, 「20호 레닌 훈장」, 「결정의 날」 등과 같은 르포르타주가 실려 있다.

48) 밀타승(Lithargyrum)은 연광석 또는 은광석 등을 제련할 때 생기는 조산화납으로 105℃에서 2시간 건조한 것을 정량할 때 PbO 95.0% 이상을 함유한다. 노저 혹은 일산화납이라고도 불린다. 광물성 한약이다.

49) 『문학월보』(文學月報)는 '좌련' 기관지 중 하나이다. 1932년 6월에 창간됐다. 초기에 야오펑쯔(姚蓬子)가 편집을 맡았으나 1권 3기(1932년 9월)부터 저우치잉(周起應)이 편집을 담당했다. 상하이 광화서국에서 출판됐으며 1932년 12월 국민당 정부에 의해 출판금지를 당했다.

50) 저우치잉(周起應, 1908~1989)은 곧 저우양(周揚)을 가리킨다. 후난 이양(益陽) 출신으로 문예이론가이다. '좌련' 지도자 중 한 명이다. 그가 번역한 「코크스, 사람들과 내화벽돌」은 『문학월보』 1권 2호(1932년 7월 10일)에 실렸다.

51) 지린(稷林)은 소설에 나오는 벽돌공장 노동자 이름이다.

「쑥」역자 부기[1]

작가 Boris Pilniak는 중국에 온 적이 있다. 상하이의 문학가들이 연회를 열어 그를 대접하기까지 했다. 이를 알고 있는 사람이 따져 보면 지금까지도 적잖으므로 말을 덧붙일 필요가 없다 할 수 있다. 여기에서는 몇 마디 사족만 덧붙일까 한다. 첫째 그는 혁명의 소용돌이에서 성장했지만 무산작가가 아니라 '동반자작가'의 지위에 있어서 심한 공격을 받은 이 가운데 한 명이다. 『문예정책』을 봐도 이를 알 수 있는데 일본인 가운데에서도 그를 비난하는 사람이 많다. 둘째, 이 소설은 십 년 전에 쓴 것이다. 이른바 '전시공산시대'로 혁명이 일어난 초기, 상황은 매우 혼란스러웠고 당연히 명료하지 않은 부분이 없을 수 없는 시절이었다. 이런 문인이 그 당시에도 마찬가지로 많았다. 그들은 "혁명을 문명에 대한 자연의 반항이자 도시에 대한 촌락의 반항으로 여겼다. 오직 러시아의 평야와 삼림 깊은 곳에서 천년 전의 생활을 하는 농민이야말로 혁명의 성취자라고 생각했다".[2]

그렇지만 그의 기교는 탁월하다. 이 소설처럼 고고학과 전설, 촌락생활, 농민의 말에 그가 즐겨 사용하는 에로틱(Erotic)한 이야기까지 더해서 혁명 현상의 한 단락으로 엮어 냈다. 이 단락에서 유혈이 낭자하고 어지럽고 불안한 공기 속에서 어떻게 본능적인 생활로 복귀하고 있는지, 그렇지만 이와 동시에 새로운 생명이 약동하는지를 생생하게 그려 내고 있다. 다만 스스로 한 가지 불만스럽게 생각한 게 있었다. 곧 서술에서와 논평에서 냉정하게 평가하는 느낌을 줄 때가 있다는 것이 그것이다. 아마도 이것이 그가 비난을 받은 원인 중 하나일 것이다.

이 소설은 그의 단편집 『그들이 생활한 일 년』에서 중역한 것이다. 원래는 일본의 히라오카 마사히데가 번역한 것으로 도쿄 신초샤[3]에서 출판한 '새로 고른 해외문학'의 제36편이었다.

1929년 10월 2일, 번역을 마치며 쓰다

주)_____

1) 원제는 「『苦蓬』譯者附記」이다. 이 글은 「쑥」 번역문과 같이 수록됐다. 1930년 2월 10일 반월간 잡지 『동방잡지』 27권 3호에 게재됐다. 이후에 출판한 단행본 『하루의 일』에 이 역자 부기는 실리지 않았다.
2) 이 인용문과 아래의 「쑥」 내용과 그 스타일에 대한 평가는 모두 히라오카 마사히데(平岡雅英)가 『그들이 생활한 일 년』을 위해 쓴 「역자 서문」을 참고했다.
3) 1904년 일본 사토 기료(佐藤義亮, 1878~1951)가 창설한 출판사이다. 신초샤는 서양문학을 대거 번역소개하고 『신초』(新潮) 잡지를 발간했으며 '신초문학전집'과 '신초문고' 등의 총서를 출판하였다.

「비료」역자 부기[1]

이 소설의 작가는 현재 가장 빛나는 여성작가이다. 그녀의 작품이 중국에 소개된 것도 한두 번이 아니니 말을 더 보탤 필요가 없을 것이다. 그러나 역자가 가장 믿을 만하다고 생각하는 것은 차오징화 선생이 번역한 몇 편이다. 모두 단편소설집 『담배쌈지』에 수록되어 있는데 작가의 약전을 부록으로 싣고 있어 이 작가의 작품을 즐겨 읽는 독자는 이를 참고할 수 있다.

위에서 번역한 소설은 십여 년 전의 일을 묘사하고 있다. 러시아 변경의 작은 마을에서 일어난 혁명이 중도에 실패한 이야기이다. 내용과 기교는 모두 뛰어나다. 이는 역자가 읽은 이 작가의 십여 편의 소설 중에서 가장 좋다고 자신하는 소설이다. 그렇지만 번역문에 대해서는 자신하기 어렵다. 왜냐하면 이는 '신흥문학전집' 23권의 후지 다쓰마富土辰馬의 번역을 중역한 것이기 때문이다. 원역자도 이미 다음과 같이 부기에서 이야기하고 있다.

진짜 농민의 사투리로 쓰여진 세이풀리나의 작품은 정말 이해하기 어렵다. 러시아에서도 지방의 풍속과 방언에 정통하지 않은 사람이라면 마찬가지로 읽을 수 없다고 한다. 이 때문에 세이풀리나 작품을 읽기 위해 만든 특별한 사전까지 있다. 그렇지만 역자의 수중에 이 사전이 없다. …… 이해가 잘 안 가는 곳이 있으면 농민의 일에 정통한 타타르계 부인에게 가르침을 구했다. 세이풀리나가 바로 타타르계 출신이다. 가르침을 얻으면 얻을수록 오히려 이 소설을 이해하기가 어렵다는 것을 알게 됐다. …… 아마 탐보프나 그곳의 시골에 가서 농민들과 함께 삼사 년을 살아 보면 완전한 번역본을 얻을 수 있을 것 같다.

그러면서 번역문에서의 농민의 사투리를 다시 일본의 시골 사투리로 모조리 다 바꿔 놓았다. 일반 사전에는 전부 수록되어 있지 않고 또 특별한 사전도 아직 없다. 그래서 나도 그 지방 사투리를 아는 M군[2]에게 가르침을 청할 수밖에 없었다. 이런 부분이 전부 서른 곳이 넘는데 여기에 기록을 남기면서 이에 감사의 뜻을 표한다.

또 한 가지. 소설 속의 이른바 '교우'[3]는 기독교의 일파이다. 그들은 전쟁을 반대하여 당시 전제 정부의 박해를 받았다. 그러나 혁명 시기에 결국 진면목을 드러냈다. 이 점을 기억하지 않으면 본문에서 이해하기 어려운 대목이 자주 나올 수 있다.

1931년 8월 12일,
뤄원이 시후의 피서음시당[4]에서 쓰다

주)_____

1) 원제는 「「肥料」譯者附記」. 이 글은 「비료」 번역문과 같이 실렸다. 1931년 10월 월간지 『북두』 1권 2호에 게재됐다. 역자의 서명은 수이뤄원(隋洛文)이다. 단행본 『하루의 일』 에 관련 '후기'가 수록됐는데 이 후기는 자구(字句) 면에서 꽤 많은 차이가 있다.

2) 일본의 중국문학 연구자인 마스다 와타루를 가리킨다. 이에 대한 자세한 설명은 「『하루의 일』 후기」 주8)을 참고하시오.

3) 교우파 혹은 공의회(公誼會)라고도 한다. 17세기 중엽 영국인 폭스(G. Fox, 1624~1691) 가 창립한 기독교의 일파이다. 그들은 평화주의를 알리고 모든 전쟁과 폭력에 반대했다. 러시아 차르 황제에게 박해를 당했고 10월혁명 후에는 혁명의 반대자가 되었다.

4) 루쉰 연구자 쉬중칭(徐重慶)에 따르면 루쉰은 이 시기에 항저우의 시후(西湖)에 간 적이 없다. 이에 따라서 피서음시당(避暑吟詩堂)은 가상의 공간으로 추측된다. 이는 당시 논쟁 중이던 샹페이량(向培良)을 겨냥하여 만든 당호이다. 샹페이량은 광표사 주요 성원으로 루쉰의 학생이었다. 루쉰의 도움으로 『망위안』에 글을 여러 차례 발표했으며 '오합총서'를 엮을 때 그의 단편소설집 『희미한 꿈』(飄渺的夢)을 수록 출판했다. 그러나 샹페이량은 가오창홍과 같이 루쉰을 공격하는 글을 발표하기 시작했고 이후 '민족주의 문학'에 가담했다. 1931년 7월 21일 루쉰이 상하이과학연구회에서 「상하이 문예의 일별」(『이심집』에 수록)이라는 제목으로 강연을 했는데 이 자리에서 샹페이량을 비판했고 샹페이량은 이 강연에 대한 비판을 1931년 8월 『활약주보』(活躍週報)에 「루쉰에게 답하여」(答魯迅)라는 제목으로 실었다. 이 글 말미에 샹페이량은 "이곳은 맑으면 심하게 덥고 비 오면 심하게 습하다. 나는 비로 곧 쓰러질 것 같은 집에 살고 있는데 지금이 습하고 뜨거운 계절이어서 찜통에 앉아 있는 것 같다(이런 생활은 루쉰이 '사육'한 '개'만 못할 것이다. 오호라, 프티부르주아계급이여!)"라고 썼다. 이에 루쉰은 '시후에서 피서를 하며 시를 읊는 집'이라는 의미로 '피서음시당'(避暑吟詩堂)이라 자신의 거처를 지칭했는데 이는 샹페이량의 이 말을 겨냥하여 조소한 것이다. 피서음시당의 유래와 관련된 자세한 사항은 다음을 참고하시오. 徐重慶, 「魯迅室名"西湖之避暑吟詩堂"的由來」, 『杭州師範學院學報(社會科學版)』, 1980年 第1期.

『바스크 목가』[1]
「바스크 목가 서문」 역자 부기[2]

「바스크 목가 서문」은 일본의 가사이 시즈오[3]의 번역을 중역한 것이다. 원래는 책의 권두에 실렸다. 가벼운 소품이라고 할 수 있다.

작가인 바로하(Pío Baroja Y Nessi)는 1872년 12월 28일 스페인의 산 세바스티안에서 태어나서 마드리드 대학에서 Doctor 칭호를 얻었다.[4] 문학적인 명성으로는 이바녜스와 어깨를 나란히 한다.[5]

그렇지만 능력은 이바녜스보다 낫다고 말할 수 있을 것이다. 산에 사는 바스크(Vasco)족[6]의 성격을 유머러스하면서도 우울하다고 묘사한 것이 대표적이다. 번역된 글에서조차 작가의 비범한 재능을 알아차릴 수 있다. 이 서문은 당연히 소품이다. 그렇지만 웃음을 터뜨리는 속에 무거운 우울이 포함되어 있지 않은가?

1) 『바스크 목가』(山民牧唱)는 스페인의 소설가 바로하가 쓴 단편소설집으로 「서문」과 더불어 모두 일곱 편의 작품이 수록됐다. 그중 「방랑자 엘리사비데」가 『근대세계단편소설집』 2권 『사막에서 및 기타』(在沙漠上及其他; 1929년 9월 상하이 조화사)에 수록 출판된 것을 제외하고, 나머지 작품들은 번역 후 개별적으로 『분류』, 『역문』, 『문학』, 『신소설』 등의 월간잡지에 발표됐다.

바로하(Pío Baroja y Nessi, 1872~1956)는 스페인의 소설가이자 의사이다. 이른바 '98년 세대'의 한 사람. 대표작 『삶을 위한 투쟁』(*La lucha por la vida*)은 마드리드 빈민가의 빈곤과 비참을 그리고 있다. 확고한 반항자이자 비순응주의자였던 그는 떠돌이나 민중을 자세히 묘사했는데 『과학의 나무』(*El árbol de la ciencia*)는 바로 그러한 내용의 자전적 작품으로 알려져 있다. 19세기 초 스페인의 역사를 그린 대작 『어느 행동가의 비망록』(*Memorias de un Hombre de Acción*)은 한 폭도와 당시의 시대상을 다루고 있는 연작 소설로서, 14편의 장편소설과 8편의 단편소설로 이루어져 있다.

2) 원제는 「「山民牧唱·序文」譯者附記」. 이 글은 『바스크 목가』의 「서문」 번역문과 같이 1934년 10월 월간잡지 『역문』 제1권 2기에 발표됐다. 필명은 장뤼루(張綠如). 1938년 『바스크 목가』가 『루쉰전집』 18권에 수록됐을 때 본편은 실리지 않았다.

3) 가사이 시즈오(笠井鎭夫, 1895~1989). 일본의 스페인문학 연구자. 스페인에 유학한 바 있다. 저서로 『스페인어 입문』(西班牙語入門) 등이 있다.

4) 바로하는 21세 때 마드리드의 국립대학 콤플루텐세 대학교(Universidad Complutense de Madrid, UCM)에서 의학박사학위를 받았다.

5) 비센테 블라스코 이바녜스(Vicente Blasco Ibáñez, 1867~1928). 스페인 소설가이자 정치가. 발렌시아대학에서 법률을 공부하였다. 일찍부터 공화주의 혁명운동에 참가하였고, 1889~91년 파리·로마에 망명하였다가 귀국하여 공화주의 신문 『엘 푸에블로』(*El Pueblo*)를 창간하였고 공화당 국회의원을 지냈다. 여러 차례의 망명과 투옥을 경험하다가 1910년 아르헨티나로 건너가 개척사업을 일으켰으나 실패하고 프랑스에 거주하며 창작에 전념했다. 대표작으로 『오두막』(*La Barraca*), 『피와 모래』(*Sangre y arena*), 『묵시록의 네 기사』(*Los cuatro jinetes del Apocalipsis*) 등이 있다.

6) 최초로 스페인과 프랑스 변경의 피레네 산맥 양 측면에 흩어져 살고 있는 민족이다. 9세기에서 16세기에 왕국을 건립했다. 16세기 프랑스에 속했다가 1920년대에 스페인으로 귀속되었다.

「방랑자 엘리사비데」, 「바스크족 사람들」 역자 부기[1]

바로하(Pío Baroja y Nessi)는 1872년 12월 28일 프랑스 국경과 가까운 스페인의 산 세바스티안에서 태어났다. 처음에는 발렌시아대학에서 의학을 공부하다가 마드리드대학으로 옮겨서 의사 칭호를 얻었다. 나중에 바스크의 세스토나에서 2년 동안 의사로 지내다가 그의 형 리카르도(Ricardo)와 마드리드에서 6년 동안 빵집을 운영했다.

그는 사상적으로 무정부주의자를 자처했고 역동적인 행동(Dynamic action)을 열망했다. 문예 측면에서는 이바네스(Ibáñez)와 이름을 나란히 하는 스페인 문단의 실력자이자 철학자적인 풍모를 갖고 있는 아주 독창적인 작가이다. 작품은 벌써 사십 종이 넘는다. 거의 대부분 소설인데 장편이 많고 또 다수가 사회와 사상 문제 같은 큰 주제를 다루고 있다. 대작으로 『과거』와 『도시』, 『바다』 삼부작이 있다. 그리고 시리즈로 발표된 『어느 행동가의 비망록』이 있는데 지금 13편까지 출간됐다.[2] 걸작의 이름을 얻은 것은 거의 다 이런 부류이다. 그렇지만 단편들 가운데도 스타일이 독특한 괜찮은 작품이 많다.

바스크(Vasco)족은 오래전부터 스페인과 프랑스 사이에 위치한 피레네(Pyrenees)산맥 양 측면에 거주해 온 '세계의 수수께끼'로 여겨지는 인종이다. 바로하는 이 민족의 피를 이어받았다. 여기에 고른 작품도 바스크족의 성격과 생활을 묘사한 것이다. 일본의 '새로 고른 해외문학' 13편 『바스크 목가곡』에서 중역했다. 앞의 소설(Elizabideel vagabundo)[3]은 가사이 시즈오가 번역했고 뒤의 것은 나카타 히로사다[4]가 번역한 것이다. 원래는 단편집 『우울한 삶』(Vidas Sombrias)[5]에 실린 글이다. 그런데 모두 바스크족의 성정에 대해 서술하고 있어서 일역본의 제목을 바꾸지 않고 그대로 가져다 썼다.

주)_____

1) 원제는 「『放浪者伊利沙辟臺』和『跋司珂族的人們』譯者附記」. 이 글은 「방랑자 엘리사비데」와 「바스크족 사람들」 두 편의 번역과 같이 1929년 9월 조화사에서 출판한 『사막에서 및 기타』에 실렸다. 1938년 『바스크 목가』가 『루쉰전집』에 편입될 때 수록되지 않았다.

2) 1913년부터 1928년까지 창작한 연작 소설로 14편의 장편소설과 8편의 단편소설이 나왔다.

3) 「방랑자 엘리사비데」의 원어는 'Elizabide el vagabundo'이다.

4) 나카타 히로사다(永田寬定, 1885~1973)는 일본의 스페인문학 연구자로 도쿄외국어대학 교수를 역임했다. 저서로 『스페인 문학사』, 역서로 『돈키호테』 등이 있다.

5) 바로하의 단편소설집으로 1900년에 마드리드에서 출판됐다. 이 소설집의 서지사항은 다음과 같다. Vidas sombrías, Madrid, Impr. de Antonio Marzo, 1900.

「회우」 역자 부기[1]

「회우」는 이전 호에 서문이 실린 가사이 시즈오의 번역본 『바스크 목가』 중 한 편이다. 유머러스한 필치를 사용하여 명예의 전당에 오르지 못하는 산촌의 명인 이야기를 썼다. 전에 『문학』지의 번역 특집호[2]에서 『산 속의 피리 소리』[3]를 소개한 적이 있는데 이 소설의 음울하면서도 익살맞은 것 과는 천양지차이다. 그런데 이 바스크인이 사는 지역은 프랑스 속지이다. 속지의 인민은 대개 음울하거나 아니면 하하 웃고 다닌다. 여기에 쓴 '펠 라[4]의 학자와 철학자들'같이. 같은 주민이지만 겉으로는 상반된 두 성격 을 가질 수 있다. 그렇지만 이 상반된 성격 또한 종이의 양면같이 사실상 한 몸이다.

작가는 의사이다. 의사는 대체로 단명하는데 하물며 소설에서 서술 한 것이 강국의 억압을 받는 산민이니까 더 그렇다. 하하 웃고 다니지만 뼛속 깊은 곳에서는 당연히 즐거움 따위란 있을 수 없다. 그러나 내가 소 개하려는 것은 문학적인 즐거움이 아니라 작가의 기술技藝이다. 이러한 단 편에서 주인공 디톨비데는 말할 것도 없고 그의 아내 라 캉디다와 마차부마니슈까지도 매우 생동감 있게 우리에게 명확한 인상을 던져 주지 않는 가? 만약에 느낄 수 없다면 그것은 역자의 잘못이다.

주)_____

1) 원제는 「『會友』譯者附記」. 이 글은 「회우」의 번역과 함께 1934년 11월에 월간 『역문』 1 권 3호에 발표됐다. 서명은 장뤼루이다. 1938년 『바스크 목가곡』이 『루쉰전집』에 편입 될 때 본편은 수록되지 않았다. '회우'는 비밀결사의 성원을 가리킨다.
2) 1934년 3월에 출판된 『문학』 2권 3호를 가리킨다.
3) 『산 속의 피리 소리』(山中笛韵)는 『바스크 목가』의 발표 당시 제목이다.
4) 펠라(Pella)는 그리스 북동부에 있는 고대 마케도니아 왕국의 수도 유적지로 에게 해 북부의 테르메 만 근처에 위치한다. 아르켈라오스 왕(Archelaos) 시대에 아이가이에서 펠라로 천도했다. 1957년의 대규모 발굴로 1.5km^2 에 이르는 도시의 자취가 밝혀지고 후에 수복되었다. 많은 건물터에서 아름다운 모자이크가 많이 발견되었는데, 특히 「사 자 사냥의 집」 모자이크가 유명하다.

「젊은 날의 이별」 역자 부기[1]

「젊은 날의 이별」의 작가 P. 바로하는 독자에게 익숙한 이름이니 여기서 다시 소개할 필요는 없겠다. 이 작품도 일본의 가사이 시즈오가 편역한 『바스크 목가』 중 한 편이다. 희극戲劇과 유사한 형식으로 쓴 새로운 양식의 소설이다. 작가는 자주 응용하는 양식인데 무대에서 실연한 적도 있다. 이런 형식의 소설이 중국에 여전히 많이 보이지 않아서 번역해 보았다. 독자에게 바치는 참고품으로 봐 주시길 바란다.

Adios a La Bohemia가 원제이다. 성실하게 번역하면 「보헤미안의 이별」이 될 것이다. 그런데 이미 중역되어 있고 글도 원작과 얼마나 많이 차이가 있는지 몰라서 차라리 일역본의 제목을 따서 썼다. 그렇게 「젊은 날의 이별」이라고 붙이고 보니 중국의 시 제목과 많이 닮았다.

장소는 스페인의 수도 마드리드(Madrid)이다. 사건은 간단하여 앞부분에서는 환상으로 가득하고 뒷부분에서는 환멸하고 마는 문예 청년들의 종말에 대해 쓰고 있다. 그렇지만 새로운 이가 또 나타나서 그들은 커피숍에서 그들의 선배, 선생과 비슷한 내용의 토론을 벌이고 있다. 그렇다면,

미래가 어떨지도 예측 가능하다. 역자가 과문하여 전에는 파리에만 이런 문예가 그룹이 있다고 들었었다. 이 소설을 읽고 나니 스페인에도 원래 있었고 말과 행동도 파리와 비슷하다는 것을 알게 됐다.

주)_____

1) 원제는 「『少年別』譯者附記」. 이 글은 「젊은 날의 이별」의 번역문과 함께 1935년 2월 월간지 『역문』 1권 6기에 실렸다. 서명은 장뤼루. 1938년 『바스크 목가』가 『루쉰전집』에 수록될 때 이 글은 수록되지 않았다.

「쾌활한 레코찬데기」 역자 부기[1]

피오 바로하는 1872년 12월 스페인의 산 세바스티안에서 태어났다. 이곳은 프랑스 국경과 가깝다. 그는 의사이지만 또 작가이기도 하여 이바녜스와 이름을 나란히 한다. 작품은 이미 40종이 나와 있다. 대부분이 소설이며 게다가 장편이 많은데 걸작이라고 불리는 것은 대개 이 부류에 속한다. 그가 연속으로 발표한 『어느 행동가의 비망록』은 13편까지 출간됐다.

　여기에 실은 소설은 일본의 가사이 시즈오가 편역한 단편집 『바스크 목가』에서 중역한 것이다. 바스크(Vasco)란 고래로 스페인과 프랑스 사이의 피레네(Pyrenees) 산맥 양측에 거주하는 '세계의 수수께끼'로 여겨지는 민족이다. 작가가 말한 대로 그들의 성격은 "진지하고 과묵하고 거짓말하는 걸 좋아하지 않는다". 그러나 다른 한편 쓸데없는 말 하기를 좋아하고 오만하며 허세를 부리고 밉살스럽고 공상가이자 몽상가이다. 바로하는 이 민족의 피를 이어받았다.

　레코찬데기는 바로 후자의 성격을 대표한다. 소설을 다 읽으면 절묘한 만담에 지나지 않는 것 같다. 그러나 프랑스 치하의 황량하고 외딴 마을에서 이런 사람이 명인이요, 이런 일이 생활이라는 데 생각이 미치면, 작가의 슬픈 심사를 바로 느낄 수 있다. 중일전쟁(1894년) 때[2] 고향에서 하릴없이 빈둥거리는 명인이 매일 밤 찻집에서 돌아와서 여자와 아이들 앞에서 류 대장군(류융푸)[3]이 '야호진'夜壺陣을 친 괴상한 이야기를 늘어놓으면 사람들은 웃음 가득한 얼굴로 듣고 있는 장면을 자주 봤다. 그때 사람들은 바스크 사람들처럼 한목소리로 감탄했다. 그러나 우리의 강연자는 지엽적인 내용을 좀 첨가했을 뿐 멋대로 이야기를 짓지는 않았다. 그는 찻집에서 사온 뉴스를 풀어 설명했을 뿐이다. 이건 레코 선생이 사람을 놀리는 것보다는 낫다.

1934년 12월 30일 밤, 번역을 마치고 쓰다

주)_____

1) 원제는 「『促狹鬼萊哥姜臺奇』譯者附記」. 이 글은 「쾌활한 레코찬데기」의 번역과 같이 1935년 4월 『신소설』 1권 3호에 실렸다. 1938년 『바스크 목가』가 『루쉰전집』에 편입될 때 수록되지 않았다.

2) 여기에서 중일전쟁은 1894~1895년에 일어난 갑오전쟁을 가리킨다.

3) 류융푸(劉永福, 1837~1917)는 광시 상쓰(上思) 출신으로 청말의 장군이다. 갑오전쟁 때 타이완을 지키며 일본 침략에 항거했다.

역자의 말[2]

『시계』의 작가 판텔레예프(L. Panteleev)의 삶에 대해서 나는 알고 있지 못하다. 그는 원래 유랑아였는데 나중에 교육을 받아서 뛰어난 작가가 되고 또 세계적으로 유명한 작가가 되었다는 기록을 봤을 뿐이다. 그의 작품으로 독일에서 번역된 것이 세 종이 있다. 하나는 'Schkid'(러시아어의 '도스토예프스키학교'의 약어이다)인데 『유랑아 공화국』이라는 제목으로 번역되기도 했다. 이는 벨리치(G. Bjelych)와 같이 쓴 소설로 오백여 페이지나 된다.[3] 다른 하나는 「카를루시키의 술책」인데 나는 본 적이 없다. 나머지 하나가 이 중편 동화인 『시계』이다.

저본은 아인슈타인(Maria Einstein) 여사의 독일어 번역본이다. 1930년 베를린에서 출판됐다. 권말에 편집자 후기가 두 쪽 실려 있지만 독일 아이들에게 전하는 말이어서 어른인 중국 독자는 다 아는 것들인데 이 번역본 독자는 어른이 다수일 것이므로 이를 후기로 번역하여 싣지 않겠다.

번역할 때 나에게 가장 큰 도움을 준 것은 마키모토 구스오의 일역본 『금시계』이다.[4] 이 책은 재작년 12월 도쿄 라쿠로쇼인에서 출판됐다. 이 책에서 그가 저본으로 삼은 것이 원서인지 밝히고 있지 않다. 그러나 후지모리 세이키치의 말(『문학평론』 창간호를 보시오)을 보면 이것도 독일어본의 중역인 것 같다.[5] 이는 내게 많은 도움이 되었다. 직접 신경 쓸 일을 줄였고 자전을 들춰 볼 일도 덜 수 있었다. 그러나 두 책 사이에 다른 곳도 있었다. 이때는 전적으로 독일어 번역본을 따랐다.

『금시계』에는 역자 서문이 한 편 실려 있다. 일본 독자에게 하는 말이지만 중국 독자에게도 참고할 만한 데가 있다. 이를 여기에 옮긴다.

사람들은 간식과 아동도서가 많은 것이 일본의 국도國度이며 세계적으로 더 나은 곳이 있지 않을 것이라고 말한다. 그렇지만 많다는 것은 깜짝 놀랄 만큼 나쁜 간식과 작은 책자들이다. 자양분이 풍부하고 사람들에게 유익한 것은 실제로 아주 적다. 그래서 일반적으로 좋은 간식을 말하면 서양의 간식을 생각하게 되고 양서를 말하면 외국의 동화를 생각하게 되는 것이다.

그런데 일본에서 지금 읽고 있는 외국 동화도 거의 이전 작품이다. 곧 사라질 무지개요 오래 입은 옷 같다. 새로운 아름다움이란 없으며 새로운 즐거움도 없다. 왜 그러한가? 거의 대부분 성장한 오빠와 누이동생이 어린 시절에 본 책이고 심지어 부모도 태어나지 않은 7, 80년 전에 쓰인 아주 오래된 작품이기 때문이다.

오래된 작품을 읽는 것이 유익하지 않고 재미도 없다고 말하는 것은 당연히 아니다. 그러나 실제로 유심히 읽어 보면 오래된 작품에는 이전 시대의 '유익함'과 이전 시대의 '재미'만 있다. 이는 이전의 동요와 현재의 동요를 비교해 보기만 해도 알 수 있다. 요컨대 오래된 작품에는 이전

시대의 감각과 감정, 정서와 생활이 있지만 현대의 새로운 아이들처럼 새로운 눈과 새로운 귀로 동물과 식물, 인류의 세계를 관찰하는 이는 없는 것이다.

그래서 나는 새로운 아이들을 위하여 반드시 그에게 새로운 작품을 줘야겠다고 생각했다. 그에게 변화무쌍한 신세계를 향해 끊임없이 번영하고 자라나게 해야 한다.

이런 의미에서 이 책을 많은 사람들이 좋아했으면 좋겠다고 생각한다. 이렇게 내용이 참신하고 흥미 있을 뿐만 아니라 유명한 작품은 아직 일본에 소개된 적이 없다. 그런데 이는 원래 외국 작품이어서 아무리 뛰어나다 하더라도 외국적인 특색을 드러낼 수밖에 없다. 나는 독자들이 이국을 여행하는 것처럼 한편으로는 이 특색을 감상하고 다른 한편으로는 넓은 지식을 쌓고 고상한 정서를 품고서 이 책을 읽기를 바란다. 여러분의 견문은 더 넓어지고 더 깊어지며 이로 인하여 정신도 더 단련될 것이라고 나는 생각한다.

그리고 아키타 우자쿠의 발문이 한 편 더 있는데 그렇게 중요하지 않아서 번역하지 않았다.[6]

중국어로 옮기면서 자연스럽게 중국에 생각이 미쳤다. 10년 전에 예사오쥔 선생의 『허수아비』는 중국 동화창작의 길을 열었다.[7] 그러나 그 뒤에는 예상과 달리 변화한 것도 없었고 뒤를 따라 가는 이도 없었고 오히려 필사적으로 거꾸로 되돌아갔다. 지금 새로 출판되는 아동도서를 봐라. 여전히 사마온공의 물독 깨뜨리기[8]이고 여전히 악무목왕의 등에 글자 새기기이다.[9] 심지어 '신선이 장기를 둔다'[10]거나 '산속에 이레 있었는데 세상은 천 년의 시간이 흘렀다'[11]는 이야기까지 있다. 그리고『용문편영』이 야기의 백화번역이 있다.[12] 이런 이야기가 세상에 나올 때는 아동들의 부모는 고사하고 고조부모도 세상에 태어나지 않았을 때이니 '유익'과 '흥미'가 있을지 여부는 짐작할 수 있다.

번역을 시작하기 전에는 나 스스로 확실히 적잖은 야심을 품고 있었다. 첫째, 중국에 이런 참신한 동화를 소개하여 아이들의 부모와 선생 및 교육가, 동화작가들에게 참고하게 할 요량이었다. 둘째, 어려운 글자를 사용하지 않아서 열 살 남짓한 아이들도 이해할 수 있게 할 생각이었다. 그러나 번역에 착수하자마자 난관에 부딪혔다. 아이의 말을 내가 아는 것이 너무 적어서 원문의 의미를 충분히 전달할 수 없었다. 이 때문에 여전히 이도 저도 아닌 번역이 되고 말았다. 지금은 야심의 반쪼가리만 남았는데 나중에 어떻게 될지 모르겠다.

그리고 동화에 불과하지만 번역하다 보면 어떻게 옮겨야 할지 모르는 대목이 자주 등장했다. 가령 "자격이 충분하지 않다"로 번역한 것의 원문은 defekt로 '불완전하다', '결점이 있다'는 의미이다. 일역본에서는 이를 생략했다. 지금 '불량하다'로 옮기면 어감이 너무 무거워서 이렇게 막음할 수밖에 없다. 그런데 여전히 딱 맞지 않는다는 느낌이다. 또 여기에서 '사촌형제'로 옮긴 것은 Olle이고 '두령'은 Gannove이다.[13] 몇 종의 자전을 찾아봤어도 이 두 글자를 찾지 못했다. 어쩔 수 없이 앞의 것은 스페인어에 근거하여서, 두번째 단어는 일역본을 따라 이렇게 갈음할 수밖에 없으니 독자들의 가르침을 바랄 뿐이다. 나에게 수정할 수 있는 큰 행운이 있기를 희망한다.

삽화는 22점으로 독일어 번역본에서 복제했다. 화가 푸크(Bruno

Fuk)는 그렇게 유명하지는 않지만 2, 3년 전에도 새로운 작품에 그린 그림을 자주 본 적이 있다. 아마도 청년인 듯 싶다.

루쉰

주)_____

1) 원제는 『表』. 이 소설은 유랑아 교육을 소재로 한 소설로 판텔레예프가 1928년에 썼다. 루쉰은 1935년 1월 1일부터 12일까지 번역하여 같은 해 7월 상하이생활서점에서 단행본으로 출간했다.

판텔레예프(Леонид Иванович Пантелеев, 1908~1987)는 소련의 아동문학작가이다. 소년 시절에는 유랑아였으며 1921년 도스토예프스키에 의해 명명된 유랑아학교에 진학했고 1925년부터 작품을 발표하기 시작했다. 소설로 『스키드 공화국』(Республика Шкид; 벨리치와 공저, 1927), 『시계』(Часы), 『문건』 등이 있다.

2) 원제는 「譯者的話」. 이 글은 「시계」의 번역문과 같이 1935년 3월 『역문』 제2권 제1기에 실렸다.

3) 벨리치(Григорий Георгиевич Белых, 1906~1938)는 소련 영화감독 겸 작가이다. 그는 판텔레예프와 함께 중편소설 『스키드 공화국』(The Republic of ShKID; 스키드의 약어 ШКИД는 곧 '도스토예프스키에 의해 명명된 유랑아학교'Школа-коммуна имени Достоевского 이다)을 남겨 유랑아가 소비에트 정권 아래에서 성장하는 이야기를 묘사했다.

4) 마키모토 구스오(槙本楠郎, 1898~1956)는 일본 아동문학 작가이다. 일본 동화작가협회 상임이사를 역임했으며 저서로 『신아동문학이론』(新児童文學理論), 동요집 『적기』(赤い旗) 등이 있다. 그의 번역서 『금시계』(金時計)는 1934년 11월 25일 일본 라쿠로쇼인(楽浪書院)에서 출간됐다.

5) 후지모리 세이키치(藤森成吉, 1892~1977)는 소설가이자 극작가이다. 도쿄대학 독문과를 졸업했다. 소설 「젊은 날의 고뇌」로 문단에서의 지위를 확고히 했다. 2차대전 전후에 프롤레타리아 문학운동에 활발히 참여했다. 희곡으로 「왜 그녀는 그렇게 했던가」(何が彼女をさうさせたか), 역사소설 「와타나베 가잔」(渡辺崋山) 등이 있다. 『문학평론』(文学評論)은 일본 문예잡지이다. 월간지로 1934년 3월에 창간되었고 1936년 8월에 정간되었는데 모두 30기가 출간됐다.

6) 아키타 우자쿠(秋田雨雀, 1883~1962)는 일본의 극작가이자 동화작가이다. 와세다대학을 졸업했으며, 연극을 중심으로 사회주의 문화운동에서 광범위한 활동을 벌였다. 희

곡으로「묻힌 봄」(埋れた春)과「국경의 밤」(国境の夜) 등이 있다.

7) 예사오쥔(葉紹鈞, 1894~1988)의 자는 성타오(聖陶)로 장쑤 우현(吳縣; 현재 쑤저우蘇州 소속) 출신이다. 작가이며 문학연구회 동인이다. 장편소설『니환즈』(倪煥之) 등이 있다. 『허수아비』(稻草人)는 동화집으로 1921년부터 1922년 사이에 집필하여 상하이 카이밍서점(開明書店)에서 출판했다.

8) 사마온공(司馬溫公)은 곧 북송시대 사마광(司馬光, 1019~1086)을 가리킨다. 송대 대신이자 사학자로 사후에 온국공(溫國公)으로 봉해졌다. 물독을 깨뜨린 일은『송사』(宋史)의「사마광열전」(司馬光列傳)에 실려 있다. "광이 일곱 살이 되었는데 어른처럼 의젓했다.…… 아이들이 모여서 마당에서 놀고 있는데 한 아이가 물독에 올라갔다가 발을 헛디뎌 물속에 빠졌다. 모두 놔두고 도망갔는데 광은 돌을 들어 물독을 맞춰 깨뜨렸다. 물이 쏟아져 나오고 아이는 목숨을 구했다."

9) 악무목왕(岳武穆王)은 곧 악비(岳飛, 1103~1142)를 가리킨다. 악비는 남송시대 금나라에 저항한 대장으로 사후에 무목(武穆)의 시호가 내려졌다. '등에 글자를 새긴' 이야기는『설악전전』(說岳全傳)에 나온다. 악비의 모친은 악비가 어떤 유혹도 이겨 내고 송의 신하로서 절개를 지키기를 바라는 마음에 아들의 등에 '진충보국'(盡忠報國)이라는 글자를 새겨 넣었다는 민간 전설에서 유래했다. 훗날 민간에서는 '진충보국'을 '정충보국'(精忠報國)으로 칭하며 퍼뜨렸다.

10) 『술이기』(述異記) 상권에 나오는 이야기이다. "신안군(信安郡) 석실산(石室山)에 진(晉)대 왕질(王質)이라는 사람이 나무를 베러 왔다가 동자 몇 명이 바둑을 두며 노래 부르는 것을 봤다. 질이 이를 듣고 있었다. 동자가 대추씨 같은 물건 하나를 질에게 줬다. 질이 이를 머금으니 배고프지 않았다. 배고플 때 즈음 동자가 말했다. '왜 안 가시오?' 질이 일어나서 보니 도끼자루가 다 썩어 있었다."

11) 명초에 많이 읽힌『수동일기』(水東日記) 10권에 나오는 말이다. "산중에서 칠일을 보냈을 뿐인데 세상은 이미 천 년이 흘렀다."(山中方七日, 世上已千年)

12) 『용문편영』(龍文鞭影)은 명대 소량우(蕭良友)가 편낸 아동 독서물로 원제는 『몽양고사』(蒙養故事)이다. 이후에 양신쟁(楊臣諍)의 증보를 거쳐서 지금의 명칭으로 바뀌었다. 책은 4언의 운율로 씌어졌는데 구절마다 이야기가 하나 들어 있고 두 구절은 대구를 이루고 있다.

13) 루쉰이 1935년 9월 8일에 쓴「잡지『역문』편집자에게 정정을 부탁하는 편지」(『집외집습유보편』에 실려 있음)에 근거하면 이 '두령'(頭兒)으로 옮긴 글자는 유대어에서 나온 것으로 '도둑놈' 혹은 '나쁜 놈'으로 옮겨야 한다.

『러시아 동화』[1]

소인[2]

이는 내가 지난해 가을부터 계속 번역한 것으로 '덩당스'鄧當世라는 필명을 사용하여 『역문』에 투고한 것이다.[3]

제1회에 다음과 같은 몇 마디 말을 「후기」에 남겼다.

고리키와 그의 작품은 중국에 이미 널리 알려져 있어서 더 이야기할 필요는 없을 것이다.

이 『러시아 동화』는 모두 열여섯 편으로 매 편이 독립적이다. '동화'라고 하지만 사실 여러 방면에서 러시아 국민성의 갖가지 모습을 묘사하고 있어서 아이들에게 읽히려고 쓴 것은 아니다. 발표연대는 미상인데 10월혁명 전의 작품으로 추정된다. 일본 다카하시 반세이高橋晚成의 번역본에서 중역한 것으로 원래는 가이조샤 판본의 『고리키전집』14권에 실려 있다.[4]

제2회에서 제3편에 대해서도 다음과 같은 「후기」두 단락을 남겼다.

『러시아 동화』 가운데 이번 회가 가장 길다. 주인공들 가운데 이 시인도 비교적 좋은 사람 중 한 명이다. 왜냐하면 그는 결국 살아 있는 걸로 되어 있는 죽은 사람에 기대어 밥벌이를 하지 않았고 진짜 죽은 사람을 위해 힘을 쏟으려고 장례식장에 갔기 때문이다. 대개는 그의 아이들이 '비평가'와 같이 빨간 머리기 때문이었는지는 모르겠지만. 작가는 그에 대해서는 좀 너그러이 대했다고 생각한다. 그리고 그는 정말이지 관용을 베풀 만했다.

　지금의 일부 학자들은 문언과 백화는 역사가 있다고 말한다. 이 말은 틀리지 않았고 우리는 책에서 목격할 수 있다. 그렇지만 방언과 사투리도 마찬가지로 역사가 있다. 다만 아무도 기록하지 않았을 뿐이다. 제왕과 경상卿相은 족보가 있어서 확실히 그에게 조상이 있었다는 것을 증명한다. 그렇지만 가난한 자, 더 나아가 노예에게 족보가 없다는 것이 그에게 조상이 없다는 증거가 될 수는 없는 것이다. 붓은 일부 사람들 손에만 쥐여질 수 있었기에 기록되는 내용은 어딘가 늘 수상쩍었다. 이전의 문인과 철학자는 문헌상으로는 괴이할 정도로 고상했다. 고리키는 하류층 출신인데 책을 읽고 글자를 쓰고 글을 쓸 줄 알았을 뿐만 아니라 잘했다. 만나 본 상류층 인사도 많았으면서도 상류층 사람들의 높은 단 위에서 내려다보지 않아서 결국 허다한 내막들을 폭로했던 것이다. 만약 상류층 시인이 직접 썼다면 절대로 이런 모습일 수 없다. 우리는 이를 둘러보면서 참고로 삼으면 되겠다.

여기에서 제8편까지는 「후기」가 없었다.

그런데 9편 이후에도 계속 실리지 않았다. 「후기」를 쓴 적이 있었던

것으로 기억하지만 원고를 보관하지 않아서 내가 뭐라고 말했는지 기억
나지 않았다. 역문사(譯文社)에 편지를 써서 문의해 봤지만 대답은 늘 시원
찮았고 영문 모를 말만 늘어놓았다. 그렇지만 내 번역 원고는 초고가 있어
서 본문은 완전할 수 있었다.

　나는 이번의 중역이 마음에 들지 않는다. 다만 다른 번역본이 없기에
잠시나마 사람 없는 공터에서 군림하는 것이다. 원문을 번역하면 훨씬 더
좋을 것임에 틀림없다. 그러면 나는 기뻐하면서 사라지겠다.

　이는 겸손의 말이 아니라 진심으로 바라는 바이다.

1935년 8월 8일 저녁, 루쉰

주)_____

1) 원제는 『俄羅斯的童話』. 고리키가 1912년과 1918년에 단행본으로 출판한 동화집이다.
　 루쉰은 1934년 9월부터 1935년 4월까지 번역했다. 앞의 9편은 연속으로 『역문』 1권에
　 서 2권, 4권 및 제2권 2기(1934년 10월부터 12월, 1935년 4월)에 발표했다. 뒤의 7편은 "검
　 열관님이 의식의 정확함이 결여되어 있다고 비판함"에 따라서 계속 실리지 못했다. 이
　 후에 이미 발표된 9편과 같이 1935년 8월 상하이 문화생활출판사에서 단행본으로 출
　 판하였다. 이 동화집은 '문화생활총간' 중의 한 권이었다.
2) 원제는 「小引」이다. 이 글은 『러시아 동화』 단행본에 수록됐다. 글 속에서 '첫번째' 「후
　 기」는 1934년 10월 『역문』 1권 2기에 처음 실린 것을 가리킨다. '두번째'의 「후기」는 11
　 월 같은 잡지 1권 3기에 실린 것을 말한다.
3) 『역문』(譯文)은 루쉰과 마오둔(茅盾)이 창간한 외국문학을 번역하고 소개하는 월간지
　 이다. 1934년 9월에 창간하여 상하이생활서점에서 발행했다. 1935년 9월 한 차례 정간
　 됐다가 1936년 3월에 상하이잡지공사에서 복간호를 발행했다. 1937년 6월 다시 정간
　 됐다. 최초의 3기는 루쉰이 주편을 맡았고 4기부터 황위안(黃源)이 편집을 맡았다.
4) 가이조사(改造社)는 일본의 출판사로 종합월간지 『가이조』(改造) 잡지를 발행했다. 잡
　 지는 1919년 창간되었고 1955년 정간됐다. 이 출판사에서 출간한 『고리키전집』은 모
　 두 25권으로 1929년 9월에 1권이 발행됐다. 14권은 1930년 11월 3일에 발행됐는데 제
　 목은 『로맨틱 : 기타 10편』(ロマンチック : 他十篇)이었다. 전권을 다카하시 반세이(高橋晩
　 成)가 번역했다.

『나쁜 아이와 기타 이상한 이야기』[1]

앞에 쓰다[2]

스키탈레츠(Skitalez)는 「체호프를 기념하며」에서 다음과 같이 체호프의 말을 기록하고 있다.[3]

반드시 많이 써야 한다! 당신이 처음에 나이팅게일의 노래를 했는데 책 한 권을 쓰고 그만둬 버리면 까마귀 우는 소리가 되어 버리고 만다! 내 이야기를 해보자. 처음에 단편소설 몇 편을 쓰고 펜을 놓았다면 사람들은 절대로 나를 작가로 여기지 않았을 것이다. 체혼테! 소소한 우스개 이야기 모음집! 사람들은 나의 재주를 모두 여기에 뒀다고 생각한다. 근엄한 작가는 내가 다른 길을 간다고 말하겠지. 내가 웃을 줄만 알기 때문이라면서. 지금과 같은 시대에 어떻게 웃을 수 있는가? (경지즈 번역, 『역문』 2권 5호)

이는 1904년 1월 즈음의 일인데 체호프는 7월 초에 세상을 떠났다. 그는 죽음을 맞은 이 해에 자기 작품에 대해 불만스럽다고 하면서 '소소한 우스개 이야기'의 시대라고 지칭했는데 이는 1880년 그가 스무 살 때부터 1887년까지의 7년의 시간이다. 그 사이에 그는 '체혼테'(Antosha Chekhonte)라는 필명과 또 다른 필명을 사용하여 각종 간행물에 사백여 편의 단편소설과 소품, 스케치, 잡문, 법원통신문 류의 글을 발표했다.[4] 1886년이 되어서야 페테르부르크의 대형신문『신시대』에 투고했다.[5] 일부 비평가와 전기작가는 이때가 체호프가 본격적으로 창작하기 시작한 해로 간주한다. 작품은 점차 특색을 갖추었고 인생에 대한 요소도 많아지고 관찰도 점점 깊이를 더해 갔다. 이는 체호프 스스로가 한 말에 부합했다.

여기에 실린 여덟 편의 단편소설은 독일어 번역본을 참고했다. 전부 '체혼테' 시대의 작품이다. 아마 역자의 의도는 체호프의 작품을 본격적으로 소개하는 게 아니라 마슈틴(V. N. Massiutin)의 목판화 삽화 게재에 도움을 주려는 데 있는 것 같다.[6] 마슈틴은 원래 목판화로 유명한 작가이다. 10월혁명 이후 본국에서 블로크(A. Block)를 위해 『열둘』[7]의 삽화를 새기기도 했지만, 나중에 결국 독일로 도피한 것 같다. 이 책은 그가 외국에서 생계를 도모하는 수단이었다. 나의 번역도 목판화 소개에 의미를 두는 것으로, 소설에 주목한 것이 아니다.

이 단편은 작가 스스로 '소소한 우스개 이야기'라 생각했지만 중국에 보편적인 이른바 '재미있는 소식'과는 완전히 다르다. 이는 단순하게 웃음을 불러일으키지 않는다. 한번 읽으면 자연스럽게 웃음이 나오지만 웃음 뒤에 뭔가 ── 바로 문제 ── 가 남아 있곤 하다. 혹이 툭 튀어나온 분장이자 발을 절며 추는 춤이다. 이 모습에 사람들은 웃게 되지만 웃으면서도 알고 있다. 이 웃음은 그가 병이 있기 때문에 나왔다는 것을. 이 병은 고칠 수 있을까 없을까. 이 여덟 편 가운데 한 번 웃고 끝날 소설은 한 편도 없다

고 생각한다. 그러나 작가 스스로는 이 소설들을 '소소한 우스개 이야기'
라고 한다. 이건 그가 겸손하거나 아니면 나중에 더 넓어지고 더 진지해지
기 때문이라고 생각한다.

1935년 9월 14일, 역자

주)_____

1) 『나쁜 아이와 기타 이상한 이야기』(壞孩子和別的奇聞)는 러시아 소설가 체호프의 초기
단편소설집이다. 「나쁜 아이」와 「페르시아 훈장」 등 8편이 수록됐다. 루쉰은 독역본
『페르시아 훈장과 기타 이상한 이야기』에 근거하여 1934년과 1935년 사이에 번역하
여 『역문』 월간 제1권 4기와 6기 및 2권 2기(1934년 12월, 1935년 2월과 4월)에 7편을 발
표했다. 그러나 「페르시아 훈장」은 당시 출간되지 못했고 1년 뒤 『다궁바오』(大公報) 부
간 「문예」에 수록될 수 있었다. 단행본은 1936년 상하이 롄화서국(聯華書局)에서 출간
됐는데 '문예연총'(文藝連叢) 중에 하나로 기획됐다.

2) 원제는 「前記」. 이 글은 「페르시아 훈장」의 번역문과 같이 1936년 4월 8일 상하이 『다
궁바오』 부간 「문예」 124기에 발표됐다. 이후에 단행본 『나쁜 아이와 기타 이상한 이야
기』에 수록됐다.

3) 스키탈레츠(Степан Гаврилович Скиталец, 1868~1941)는 러시아 작가이다. 그의 초기
단편소설은 1905년 혁명 전의 러시아 농촌생활을 주로 서술했다. 10월혁명 때 국외로
망명했다가 1930년에 귀국했다. 저서로 장편소설 『체르노프 가족』과 톨스토이와 체호
프 등 작가의 회고록 등이 있다. 그의 「체호프를 기념하며」는 1904년 연간 『지식』지 3
기(1905년 1월)에 발표된 글이다. 겅지즈(耿濟之)가 중국어로 번역하여 『역문』 2권 5기
(1935년 10월 16일)에 실었다.

4) '안토샤 체혼테'(Антоша Чехонте)는 체호프의 초기 필명 가운데 하나이다.

5) 『신시대』(新時代)는 러시아 간행물로 1868년 창간됐다. 차르 통치 시기에는 자유파가
주도했으며 1917년 2월혁명 후에 임시정부 선전기관지가 되었다. 10월혁명 시기에는
페테르부르크 소비에트 군사혁명위원회에 의해 폐간됐다.

6) 마슈틴(Василий Николаевич Масютин, 1884~1955)은 소련의 판화가이다. 1920년 독
일로 망명하였다.

7) 블로크(Александр Александрович Блок, 1880~1921)는 러시아 시인이다. 『열둘』(The
Twelve, Двенадцать)은 10월혁명을 반영한 장시이다. 후샤오(胡斅)의 중역본이 '웨이밍
총간' 중 한 권으로 1926년 8월 베이징 베이신서국에서 번역출간됐다. 루쉰이 이를 위
해 쓴 「후기」가 현재 『집외집습유』에 수록되어 있다.

역자 후기[1]

체호프의 이 소설군群은 지난해 겨울 『역문』을 위해서 번역하기 시작한 것이다. 원역본의 순서대로 번역하지는 않았는데 그 해 12월에 2권 4호 지면에 세 편이 실렸다. 「가짜 환자」와 「부기簿記 수업의 조수 일기 초」와 「그건 그녀」이다. 『이상한 이야기 세 토막』이라고 전체 제목도 하나 달았고 몇 마디 후기도 덧붙였다.

상식적으로 논하면 한 작가가 다른 나라에서 전집이나 선집이 번역 출간되면 그 작품을 주목하는 사람이나 독자, 연구자가 그 나라에서 더 많아진다. 작가도 더 많은 사람들에게 알려지고 이해를 얻게 된다. 그렇지만 중국은 그렇지 않다. 작품집이 번역되면 작품집이 다 출간되지도 않고 또 다 나올 수도 없는 것이 작가가 일찌감치 압살되어 버리기 때문이다. 입센과 모파상, 싱클레어[2]가 이와 같았다. 체호프도 마찬가지이다.

그렇지만 이름만은 아직 잊히지 않은 것 같다. 체호프는 본국에서도 잊힌 이름이 아니었던 것이 1929년에 체호프 사후 25주년을 기념했고 현재에도 그의 선집이 나오고 있다. 그러나 여기에 무슨 말을 덧붙이고 싶지 않다.

『이상한 이야기 세 토막』은 엘리아스베르크(Alexander Eliasberg)의 독역본 『*Der Persische Orden und andere Grotesken*』(Welt-Verlag, Berlin, 1922)에서 고른 것이다.[3] 이 책은 모두 여덟 편인데 모두 초기에 쓴 수필이다. 나중의 작품들처럼 음울하지 않고 그 당시를 대표하는 명작도 아니지만 미국인이 쓴 『문학개론』류를 읽은 학자나 비평가 혹은 대학생은 틀림없이 이 작품을 '단편소설'로 받아들이지 않을 것이다. 나도 여기에서 좀 조심스럽게 다뤘다. '그로테스크'(Groteske)라는 글자에 근거하여 '이상한 이야기'라고 번역했다.

첫번째 이야기는 가난했다가 부자가 되고 후덕했다가 교활해진 귀족에 대한 이야기이다. 두번째는 이미 정상까지 올라갔으면서 더 올라갈 생각에 골몰하는 직원 이야기이다. 세번째는 약삭빠른 군인 출신의 노신사와 염문을 듣기 좋아하는 아가씨에 관한 이야기이다. 글자 수는 적지만 캐릭터 묘사는 모두 생생하다. 그런데 작가가 의사이긴 하지만 부기수업의 조수를 위해 쓴 일기를 곧이곧대로 믿으면 안 된다. 이 소설을 읽고 염화수은으로 위 카타르[4]를 치료하면 그날로 목숨을 잃을 것이라고 장담한다. 이렇게 공지하는 건 당연히 '기우'에 가깝겠지만 구소설에서 여우 귀신이 말한 약방을 베껴 쓴 정식 의학서를 본 적이 있다. 사람이란 때로는 괴상망측한 데가 있다.

이번에 번역할 생각을 한 것은 글보다 삽화 때문이다. 독일어 번역본도 삽화 때문에 출판된 것 같다. 삽화가 마슈틴(V. N. Massiutin)은 가장 일찍 목판화를 중국 독자에게 알린 사람으로 '웨이밍총서'에 수록된 『열둘』의 삽화가 그의 작품이다. 지금으로부터 십여 년 전의 일이다.

올해 2월 제6호에도 두 편을 실었다. 「성질 급한 사람」과 「나쁜 아이」이다. 후기를 다음과 같이 남겼다.

체호프의 이런 종류의 소설을 나는 이미 세 편 소개한 바 있다. 이런 종류의 가벼운 소품은 중국에서 벌써 번역됐을 것 같지만 나는 다른 목적을 위해서 번역했다. 보통 원본의 삽화는 작품의 장식품인데 내 번역은 삽화의 설명에 불과하다.
　작품에 대해 살펴보자. 「성질 급한 사람」은 1887년 작이다. 비평가의 말에 따르면 이때 작가의 경험이 더 풍부해지고 관찰력도 더 넓어졌지만 사상은 더 음울해지고 비관적으로 흐르던 때였다. 물론 「성질 급한 사람」은 이런 성격을 가진 사람이 사실은 화를 잘 내지 못한다는 것을 그려 내고 있지만 그것 외에도, 당시 규수들의 식견이 좁고 결혼이 쉽지 않으며 무료하다는 것을 분명하게 표현했다. 그렇지만 다들 해학적인 소품으로 알고 있는, 1883년에 쓴 「나쁜 아이」에서 비관적인 분위기는 더 짙다. 왜냐하면 결말의 서술에서 "복수의 즐거움이 연애를 능가한다"고 말하고 있기 때문이다.

이어서 나는 세 편을 더 송고했다. 「페르시아 훈장」과 「불가사의한 성격」과 「음모」陰謀가 그것이다. 이것으로 번역을 끝냈다고 할 수 있다. 그러나 『역문』 2권 2호에 실릴 때 「페르시아 훈장」은 사라졌고 후기에서도 이 작품에 대한 말은 삭제되고 '3편'은 '2편'으로 수정됐다.

목판화 삽화가 들어간 체호프의 단편소설은 모두 여덟 편인데 여기에 두 편을 더 번역했다.

「음모」는 셀레스토프의 성격과 당시 의학계의 부패에 대해 쓰고 있는 것 같다. 그러나 그 가운데에서도 인종적인 차이를 이용하여 '동업자의 질투'를 드러냈다. 예를 들어 성씨로 봐서 셀레스토프는 슬라브 인종이다. 그래서 그는 '모세교파의 존경하는 동료들'인 유대인을 배척했다.[5] 또 의사 프레히텔(Gustav Prechtel)과 폰 브론(Von Bronn), 약제사 그루머(Grummer) 이 세 사람은 모두 독일인 성씨이다. 유대인이거나 게르만 인종일 것이다. 이러한 관계는 작가의 본국 독자들에게는 일목요연한 것이다. 그러나 중국에 와서는 혼란스럽게 되어서 주석을 달아 줘야 했다. 그런데 나카무라 하쿠요中村白葉 씨의 일본어 번역판 『체호프전집』을 참고해 보니 유대인에 관해 좋지 않은 말을 한, 두 군데가 생략됐다.[6] 하나는 "모세교파의 동료들이 한데 모여 떠들고 있었다" 뒤의 한 행인 "와글와글, 와글와글, 와글와글…"이다. 두번째는 "모세교파의 존경하는 동료들이 다시 한데로 모였다" 아래의 한 구절인 "떠들고 있다"이다. 원래는 "예전과 마찬가지로 와글와글, 와글와글 하기 시작했다"이다. 그렇지만 원문이 원래 두 종류로 다르게 쓰인 것인지 아니면 독역본이 수정한 것인지 모르겠다. 일본어 번역본이 마음대로 늘리지는 않았을 것이라 생각한다.

냉정하게 말하자면 이 여덟 편이 체호프의 괜찮은 작품이라고 할 수는 없다. 마슈틴은 소설 때문에 목판화를 제작한 것은 아니지만 번역자인 Alexander Eliasberg는 목판화 때문에 소설을 번역한 것이리라. 그런데 목판화는 소설의 서술을 그대로 따르지 않았다. 가령 「불가사의한 성격」의 여자는 소설대로 하자면 부채에 술이 있어야 하고 콧등에 안경이 걸쳐져 있고 팔에도 팔찌를 끼고 있어야 하는데 삽화에는 아무것도 없다. 대략 쓱 살펴봐서 손을 대어 그린 것이다. 소설과 하나하나 맞출 필요까지 없다. 이는 서양 삽화가의 아주 일반적인 버릇이다. 비록 '신사'神似가 '형사'形似보다 더 좋은 것이라고 말하지만 나는 이것이 삽화의 정도正道라고 생각하지 않는다. 중국의 삽화가가 그들을 배울 필요는 없다는 생각이다. '형태와 정신을 다 유사하게' 그릴 수 있다면 '형사'만 추구하는 것보다 더 뛰어난 것이 아닌가?

그러나 '이 여덟 편'의 '여덟'이라는 글자는 바꾸지 않았다. 세 차례 게재에 소설은 일곱 편밖에 안 실렸다. 그러나 편집자와 번역자를 제외하고는 아무도 이를 알아차리지 못할 것이다. 올해 간행물에 새로 첨가된 한 줄의 "중선회 도서잡지 심사위원회 검열증 ……자字 제第……호號"라는 것이 '국민을 지키는 구호'의 표식일지 누가 알았겠는가.[7] 그런데 우리 같은 역자의 번역 작품은 이 기관에서 삭제되고 금지되고 몰수된다. 게다가 이를 밝히는 것도 허락되지 않아서 재갈 물리고 형장에 끌려가는 꼴이다. 이 「페르시아 훈장」도 이른바 '중선…… 심사위원회'의 암살 장부에 기재된 한 건인 것이다.

「페르시아 훈장」은 제정러시아시대 관료의 무료한 일단을 묘사한 것에 불과하다. 그 당시 작가의 본국에서는 발표할 수 있었는데 왜 지금의 중국에서 오히려 금지당한 것인가? 우리는 짐작할 길이 없다. 그저 '이상한 이야기' 한 토막으로 여길 수밖에. 그런데 서적·신문 검열은 6월에 『신생』 사건으로 연기처럼 사라지기 전까지 출판계에 정말이지 "지나간 곳은 다 파괴한" 듯한 느낌이다.[8] 어느 정도 중량감 있는 번역 가운데 온전하게 보전된 것이 드물었다.

당연히 토지와 경제와 촌락과 제방이 파괴되지 않은 곳이 없는 현재, 문예만이 홀로 완전할 수 없다. 하물며 내 손에서 나온 번역이니 위로 어용 문인이 위세를 부리고 아래로 식객 문인이 가혹한데 거들어 재앙을 만날 것이란 예측은 당연히 가능했다. 그렇지만 한편에서는 파괴자가 있고 다른 한편에서는 보존하고 구하고 전진하는 자가 있어서 세계는 황폐해지지 않는다. 나는 후자에 속하기를 원한다. 또한 후자에 속하는 것이 분명하다. 여기에서 마찬가지로 여덟 편을 취하여 한 권의 책으로 엮어서 이 모음집을 완전하게 복원시킨다. 이는 소소한 일이지만 올해의 문단에서 그들을 위해서 아시아식의 '이상한 이야기'를 하나 남기는 것이다. 뿐만 아니라 이것으로 우리의 작은 기념으로 삼고자 한다.

1935년 9월 15일 밤에 쓰다

주)_____

1) 원제는 「譯者後記」. 이 글은 『나쁜 아이와 기타 이상한 이야기』 단행본에 실렸다. 이 전에 신문과 잡지에 발표된 적이 없다.
2) 싱클레어(Upton Sinclair, 1878~1968)는 미국 작가이다. 장편소설 『정글』(*The Jungle*), 『석탄왕』(*King Coal*) 및 문예논문 『배금예술』(拜金藝術) 등이 있다.
3) 원문에 독일어로 기재되어 있다. 『페르시아 훈장과 기타 이상한 이야기』(세계출판사, 베를린, 1922)를 가리킨다.

4) 위염의 일본어 'いカタル'(胃カタル·胃加答児) 발음을 가져왔다. 이 발음은 위염을 가리키는 독일어 'Katarrh'에서 나왔다.

5) 모세는 유대민족의 지도자로 유대교의 교의, 법전 다수가 모세에게서 나왔기 때문에 유대교를 모세교파라고도 부른다.

6) 나카무라 하쿠요(中村白葉, 1890~1974)는 러시아문학 연구자 및 번역가이다. 도쿄 외국 어학교를 졸업했다. 『러시아문학』(露西亜文学)을 발간했다. 일본에서 『죄와 벌』을 최초로 원전에서 옮긴 번역가이다. 체호프, 톨스토이, 도스토예프스키, 고리키 등의 작품을 번역했다. 본문에서 언급된 『체호프전집』은 전체 30권으로 1935년 5월 10일부터 긴세이도(金星堂)에서 출판되기 시작했다.

7) 전체 명칭은 '국민당 중앙선전위원회 도서잡지심사위원회'이다. 1934년 6월 6일 상하이에서 설립되어 이듬해 5월에 폐지됐다. 관련 활동에 대해서 『차개정잡문 2집』의 「후기」를 참고하시오.

8) 『신생』(新生) 사건'은 1935년 5월 4일 상하이에서 발간되는 주간지 『신생』 2권 15기에 발표한 이수이(易水; 곧 아이한숭艾寒松)의 「황제에 대한 한담」(閑談皇帝)이 중서고금의 군주제도를 논하면서 일본 천황을 언급했는데 당시 상하이 주재 일본 영사가 '천황을 모욕하고 국교를 해친다'는 이유로 항의한 것을 가리킨다. 국민당 정부는 압력에 굴복하는 한편 이를 틈타 진보여론을 제압하여 즉각 해당 간행물을 폐간시키고 주편인 두충위안(杜重遠)에게 1년 2개월의 실형을 선고했다. 그리고 국민당 중앙선전위원회 도서잡지심사위원회도 '실책'을 이유로 폐지됐다.

『죽은 혼』[1]

제2부 제1장 역자 부기[2]

고골(N. Gogol)의 『죽은 혼』 제1부는 중국에 이미 번역되어 있어서 여기에서 많이 이야기를 할 필요가 없다. 사실 제1부만으로도 충분하다. 이후의 2부——「연옥」과 「천당」에서는 작가의 역량이 잘 발휘되지 못했다.[3] 아닌 게 아니라 2부를 완성한 이후에 그는 자기 자신도 믿지 못하여 임종 전에 원고를 불태워 버렸다. 세상에는 남은 다섯 장만 전해진다. 여기에서 묘사한 인물은 적극적인 자가 몰락한 자보다 훨씬 뒤떨어진다. 이것은 풍자작가 고골로서는 어떻게 할 수 없는 일이었다. 여기에서 사용한 저본은 마찬가지로 독일인 부에크(Otto Buek)가 편역한 전집이다. 제1장 시작 부분에서 작가는 치치코프[4]의 어린 시절의 상황을 빌려서 이상적으로 생각하는 교육법에 대해서 서술한다. 이는 교사가 무람없이 힘을 행사하고 오리를 강제 비육하듯이 학생에게 주입시키는 교육을 반대하는 것이다. 이는 당연히 좋다. 그러나 환경에 대해서는 개혁을 고려하지 않고 적응만을 요구한다. 이는 십여 년 전에 중국의 일부 교육가들이 학교에서 은화의 진위를 판별하고 공문을 쓰고 애도하는 대련과 춘련 종류를 짓는 것을 가르쳐야 한다고 주장했던 것과 별반 다를 바 없다.

주)——

1) 『죽은 혼』(死靈魂)은 러시아의 작가 고골이 1842년에 출판한 장편소설이다. 루쉰은 일역본을 참고하여 독역본에서 중역했다. 제1부는 상하이생활서점에서 발행한 '세계문고' 1책에서 6책까지 연속적으로 발표됐다(1935년 5월~10월). 1935년 11월 상하이 문화생활출판사에서 '역문총서' 중 하나로 단행본으로 출간했다. 제2부 원고는 작가가 불태워서 앞의 5장만 전해지는데 루쉰은 1936년 2월부터 번역에 착수하여 제1, 2장을 『역문』 1권 1기에서 3기까지 발표했다(1936년 3월~5월). 제3장은 2권 2기에서 발표했으나 미완성이다(1936년 10월). 1938년 문화생활출판사에서도 제2부의 남은 원고 3장을 제1부에 편입하여 수정본을 출판했다.

2) 원제는 「第二部第一章譯者附記」. 이 글은 『죽은 혼』 제2부 1장의 번역문과 같이 실렸다. 1936년 3월 『역문』 1권 1기에 발표됐고 이후 1938년판 『죽은 혼』 증정본에도 게재됐다.

3) 「연옥」과 「천당」은 이탈리아 시인 단테가 지은 장시 『신곡』의 제2부, 제3부이다(제1부는 「지옥」이다). 『신곡』은 몽환적인 이야기 형식과 은유와 상징의 수법으로 시인이 지옥과 연옥, 천당을 유람한 정경을 묘사했다. 고리키는 『죽은 혼』도 3부곡 구조의 역사시라고 말한 바 있다.

4) 『죽은 혼』 2부의 인물이다. 지주이다.

제2부 제2장 역자 부기[1]

『죽은 혼』 제2부는 1840년에 집필을 시작했지만 완성하지 못했다. 초고에는 1장만 있는데 바로 지금 뒤의 1장이 그것이다. 2년 뒤 고골은 초고 위에 새로 수정을 더했는데 이를 정서본淨書本이라고 칭했다. 이 책은 나중에 4장으로 잔존한 것 같은데 바로 여기의 제1장에서 제4장이 그것이다. 그리고 그 사이에 또 결본과 미완인 곳이 있다.

사실 이 책은 제1부만으로도 이미 충분하다. 고골의 운명이 한계를 지은, 그 자신이 속한 같은 부류의 인물을 풍자하고 있다. 그래서 몰락한 인물을 묘사하는 것은 하나같이 생생하다. 그런데 호인이라는 이를 창조하자마자 생기가 사라진다. 예를 들어 여기 2장의 장군 베트리셰프[2]는 악역이어서 치치코프와 만나면 지면 위에서 날아다니며 제1부에 못지않은 필력을 자랑한다. 그런데 우린카는 작가가 이상적으로 생각하는 여성이다. 작가는 그녀를 최대한 감동적으로 묘사하려고 하지만 오히려 활력이 떨어지고 진실같이 느껴지지 않는다. 심지어 너무 상냥하고 부드럽게 만들어서 앞에서 묘사한 아름다운 부인 둘과 비교해도 차이가 많이 난다.[3]

1) 원제는 「第二部第二章譯者附記」. 이 글은 『죽은 혼』 제2부 2장의 번역과 함께 1936년 5
   월 『역문』 신1권 3기에 게재됐다. 이후에 1938년판 『죽은 혼』 수정본에 실렸다.
2) 『죽은 혼』 제2부에 나오는 인물로 차르 황제 군대의 퇴역장군인 귀족이다. 아래의 우린
   카는 그의 외동딸이다.
3) 『죽은 혼』 제1부에 나오는 두 명의 유대인 부인을 가리킨다. 한 명은 '전체가 아름다운
   부인'이고 다른 한 명은 '더 아름다운 부인'으로 불렸다.

「페퇴피시론」 역자 부기[2]

과거에 쓴 「마라시력설」摩羅詩力說에서 헝가리의 페퇴피의 일을 간략하게
언급한 바 있다. 다만 문체가 안 좋고 딱딱한 것이 유감이다. 이국의 시를
옮겨서 중국말로 바꾸려 하니 그 작업에 어려움이 많았다. 지금도 능숙하
게 할 수 없다. 얼마 전에 그 나라 사람인 라이히(Reich E.)가 쓴 『헝가리
문학사』를 읽었다.[3] 그 가운데 「페퇴피시론」 1장이 있어서 여기에 번역한
다. 그 나라의 풍토와 경치 및 시인의 성정과 그 작품 취지의 일부를 고찰
할 수 있기를 바란다.

주)_____

1) 원제는 『譯叢補』. 루쉰이 생전에 신문과 잡지에 발표했으나 책으로 엮지 않은 번역문
   39편을 모은 것이다. 1938년 『루쉰전집』을 편집할 때 『벽하역총』(壁下譯叢)에 넣어서
   16권으로 편입시켰다. 1958년 『루쉰역문집』을 엮을 때에도 이후 발견된 번역문 32편
   을 보충하고 별도로 5편을 부록으로 넣어서 『역문집』 10권으로 배치했다.
2) 원제는 「『裴彖飛詩論』譯者附記」. 이 글은 「페퇴피시론」(裴彖飛詩論) 번역문과 같이 실려
   『허난』(河南) 7기(광서光緒 34년 7월, 곧 1908년 8월)에 발표했다. 서명은 링페이(令飛)였

다. 원문에는 구두점이 없었다.

페퇴피(Petőfi Sándor, 1823~1849)는 헝가리의 시인이자 혁명가이다. 1848년 오스트리아 통치에 저항하는 민족혁명전쟁에 참가한 바 있다. 작품에 서사시 『용사 야노시』 (*János Vitéz*), 「민족의 노래」(*Nemzeti Dal*) 등이 있다.

3) 라이히(Emil Reich, 1854~1910)는 헝가리 출신 사학자로 1884년에 미국으로 이민하여 백과사전 편집 업무에 종사했다. 1889년 이후 영국과 프랑스를 방문하고 1893년부터는 영국에 정주했다. 『헝가리 문학사』의 원제는 『헝가리 문학: 역사적·비판적 연구』 (*Hungarian literature : an historical & critical survey*, Jarrold & Sons, 1898/1906)이며, 「페퇴피시론」은 이 책 27장이다. 원제는 「페퇴피, 헝가리 시 정신의 화신」(Petőfi, the Incarnation of Hungary's Poetic Genius)이다.

「예술감상교육」역자 부기[1]

이 글의 필자를 삼가 조사해 보니 일본의 심리학 전문가이다. 보는 바가 진지하며 논의도 면밀하다. 근자에 우리나라 사람들이 미술 교육에서 행하려는 바가 있다. 그런즉 이 논의는 참고할 자료가 많다. 조심스럽게 글자를 따라서 번역했으니 원래의 뜻을 많이 훼손하지 않기를 바란다. 원문의 결론 후반부는 모두 그 나라에서 현재 사용하는 '신정화첩'[2]을 비평하는 말이다. 이 논의는 실제로 여기에서 촉발된 것이다. 그렇지만 이 번역의 용의用意는 학설을 통하게 하는 데 있어서 이 부분을 생략했다.

또 원래 주석의 참고서목을 여기에서는 한두 개 삭제했고 나머지는 그대로 뒀다.[3] (1) K. Groos : *Zum Problem der ästhetischen Erziehung*. (Zeitschrift für Aesthetik und Allgemeine Kunstwissenschaft Bd. I. 1906.) (2) H. Münsterberg : *Principles of Art Educaton, A Philosophical, Aesthetical and Psychological Discussion of Art Education*. 1904. (3) Müller-Freienfels : *Affekte und Trieb in Künstlerischen Geniessen*. (Archiv für die Gesamte Psy. XVIII. Bd.

1910.) (4) 野上·上野:『實驗心理學講義』. 1909. (5) *Kunsterziehungstages*

in Dresden am 28, und 29, Sept. 1901. 1902. (6) E. Meumann : *Vorl.*

zur Einführung in die experimentalle Pädagogik 2te Aufl. 1911.

주)_____

1) 원제는 『「藝術玩賞之敎育」譯者附記』. 이 글은 「예술감상교육」 번역과 같이 1913년 8월
   베이양정부 교육부가 펴낸 『교육부 편찬처 월간』(敎育部編纂處月刊) 1권 7호에 실렸다.
   서명은 없었다. 「예술감상교육」은 우에노 요이치(上野陽一)가 미술교육에 대해 쓴 논문
   이다. 번역은 두 차례로 나눠서 본 간행물의 4호(5월)와 7호에 발표됐다.
   우에노 요이치(1883~1957)는 일본의 심리학자이다. 『심리학건의』(心理學建議) 등의 저
   서가 있다.
2) '신정화첩'(新定畵帖)은 당시 일본에서 새로 낸 회화교재를 가리킨다.
3) '참고서목' 중에서 '신정화첩'과 관련 있는 (7)번과 (8)번 두 종의 일본 자료를 삭제했다.

「사회교육과 취미」 역자 부기[1]

원문에 의거하면 원래 학설은 아니다. 우리나라에 미술교육에 관한 논의를 돌아보면 바야흐로 넘쳐나고 있지만 기복이 있고 진실에 가닿고 있지 못하다. 심지어 아름다운 도리라고 오해하기도 한다. 이 글은 논의가 평이하고 오늘날 우리 상황에 적합하여 여기에 번역하여 참고로 제공한다. 그런데 잡지의 형식에 맞추려니 엮을 종류가 마땅치 않아서 '학설' 뒤에 붙였다. 독자들의 양해를 바란다.

주)_____

1) 원제는 「「社會敎育與趣味」譯者附記」. 이 글은 일본의 우에노 요이치가 쓴 「사회교육과 취미」 번역문과 같이 1913년 11월 베이양정부가 간행한 『교육부편찬처 월간』 10호에 발표됐다. 서명은 없었다. 번역은 두 차례로 나뉘어서 본 간행물의 9호(10월)와 10호에 실렸다. 「사회교육과 취미」 원문은 1912년 3월 일본 『심리연구』 잡지 1권 3호에 발표됐다.

「근대 체코문학 개관」 역자 부기[1]

체코인은 슬라브 민족 중에서 가장 오래된 인민이고[2] 가장 풍부한 문학적 성과를 갖고 있다. 그러나 20년대[3]에 보헤미아 언어로 된 책 한 권을 거의 보기 힘들었다.[4] 나중에 J. Kollár와 그 앞뒤로 문인들이 나타나서 문학에 새로운 생명을 얻게 되었다.[5] 지난 세기 말까지 그들은 이미 삼천 명 이상의 문학가가 있다!

이 풍성한 체코문학계에서 가장 도드라진 삼대 스타로 네루다(1834~91)와 체흐(1846~), 브르흘리츠키(1853~1912)가 있다.[6] 여기에 번역한 카라세크의 『슬라브문학사』 제2권 11절과 12절 두 절과 19절의 일부로 당시의 대략적인 상황을 알 수 있다.[7] 최신의 문학에 대해서는 아직 알려져 있지 않다. 이밖에 브르흘리츠키의 동인과 Ad. Černy, J. S. Machar, Anton Sova와 같은 분파가 있다.[8] 또 K. Rais와 K. Klostermann, Mrštik 형제, M. Šimáček, Alois Jirásek 등과 같은 산문가도 유명하다.[9] 마찬가지로 지금은 상세하게 설명하지 못해서 아쉽다.

21년 9월 5일 부기하다

주)＿＿＿＿

1) 원제는 「『近代捷克文學槪觀』譯者附記」. 이 글은 「근대 체코문학 개관」(近代捷克文學槪觀)의 번역문과 함께 1921년 10월 『소설월보』 12권 10호 '피압박민족 문학호'(被損害民族的文學號)에 실렸다. 서명은 탕쓰(唐俟)이다.

2) 슬라브 민족은 동슬라브인과 서슬라브인, 남슬라브인으로 나뉜다. 체코와 슬로바키아는 서슬라브 민족에 속한다.

3) 1820년대를 가리킨다.

4) 보헤미아 언어란 체코어를 가리킨다. 보헤미아는 체코 남부에 소재하는 체코민족 집단 거주지 이름이었다.

5) 얀 콜라르(Ján Kollár, 1793~1852)는 체코 시인이다. 민족어로 글을 쓴 체코문학 초기의 창립자 중 한 명으로, 주요 작품에 시집 『슬라브의 딸』(Slávy Dcera) 등이 있다.

6) 네루다(Jan Nepomuk Neruda, 1834~1891)는 체코의 시인이자 작가, 저널리스트이다. 체코 리얼리즘의 대표자이자 '마이 그룹'(Májovci; May school)의 성원이다. 시집으로 『묘지의 꽃』(Hřbitovní kvítí), 『우주의 노래』(Písně kosmické)와 소설 『말라스트라나 이야기』(Povídky malostranské) 등이 있다.

체흐(Svatopluk Čech, 1846~1908)는 체코 시인이자 소설가이다. 민족독립운동에 적극적으로 참가한 바 있다. 그의 작품은 체코 인민의 고통을 주로 반영했다. 주요 작품으로 시집 『여명의 노래』(Jitřní písně), 『노예의 노래』(Písně otroka) 등이 있다.

브르흘리츠키(Jaroslav Vrchlický, 1853~1912)의 본명은 프리다(Emil Bohuslav Frída)로 체코 시인이자 극작가, 번역가이다. 주요 작품으로 『서사시집』, 『세계의 정신』, 『신화집』 등의 시집이 있다.

7) 카라세크가 저술한 『슬라브문학사』(Slavische Literaturgeschichte) 2권(독일어원본)은 1906년에 출판됐다.

8) 체르니(Adolf Černý, 1864~1952)는 체코 시인이자 프라하의 슬라브학 교수이며 저널리스트이다. 막샤르(Josef Svatopluk Machar, 1864~1942)는 체코 시인이자 평론가이다. 체코 시의 리얼리즘 운동의 리더였으며 다수의 시들이 정치적이고 사회적인 상황에 대한 풍자였다. 주요 작품으로 『막달레나』(Magdalena) 등이 있다.

Anton Sova는 소바(Antonín Sova, 1864~1928). 체코 시인으로 문학운동 '모데르나'의 대표자이다. 공상적 사회주의자였으며 프랑스 상징주의에서 영향을 받았다. 대표작으로는 『사랑과 생활의 서정시』(Lyriky lásky a života), 『조국의 노래』 등이 있으며, 표현면에서 상징적 수법을 사용하여 상징주의의 대표자로 평가된다.

9) 라이스(Karel Václav Rais, 1859~1926)는 체코 리얼리즘 작가이자 이른바 '컨트리 산문'의 작가로 아동과 청소년을 위한 다수의 저서와 시집을 출간한 바 있다. 그의 소설은 농민과 산촌 주민의 고통스러운 삶을 반영하고 노동자의 삶을 위한 투쟁에 대해 공감하

고 있다.

칼 클로스터만(Kar(e)l Faustin Klostermann, 1848~1923)은 독일에서 태어난 체코 작가이다. 그의 작품은 서남 보헤미아 지역의 현실생활을 주로 묘사했다.

므르슈티크(Mrštik) 형제 가운데 형의 이름은 알로이스(Alois Mrštik, 1861~1924)로 저서에 『시골에서 보낸 일 년』 등이 있고, 동생의 이름은 빌렘(Vilem Mrštik, 1863~1912)으로 저서에 『오월 이야기』(Pohádka máje), 『산타루치아』(Santa Lucia) 등이 있다.

시마체크(Matěj Anastasia Šimáček, 1860~1913)는 체코 작가로 사탕무 공장에서 일한 바 있다. 저서로 『공장의 영혼』 등이 있다.

이라세크(Alois Jirásek, 1851~1930)는 체코의 소설가이자 극작가이다. 보헤미아 북동부 프로노프 출생. 프라하대학교에서 역사를 배웠다. 후에 고교 역사 교사가 되는 한편 작가활동도 하였는데, 역사소설로 유명해졌다. 조국의 역사, 특히 일반국민의 혁명봉기를 제재로 한 것이 많았다. 작품은 평이하면서도 소설적 허구 면에서 뛰어나 일반대중에게 널리 애독되어 체코 국민의 민족의식의 지주가 되었다. 17세기 서남 보헤미아의 민중봉기를 그린 대표작 『호도족(族)』(1884)과 체코의 고전 『고대 체코의 전설』(1894)이 유명하다.

「우크라이나 문학 약설」 역자 부기[1]

앞의 글은 카르펠레스(G. Karpeles)의 『문학통사』에서 번역한 것으로 발생부터 19세기 말까지의 우크라이나 문학에 대한 대략적인 상황을 서술하고 있다.[2] 그렇지만 그들의 근대에도 쟁쟁한 작가들이 많이 존재한다. 우리가 알아야 하는 이름들은 다음과 같다. 유럽 근세 정신조류에 정통한 드라고마노프(Michael Dragomarov),[3] 신궤도로 향해 가는 작가 프랑코(Ivan Franko, 1856~)와 스테파니크(Vasyl Stefanyk),[4] 또 여성으로는 여권의 전사 코빌란스카(Olag kobylanska, 1865~)와 여성운동의 지도자 코브린스카(Natalie Kobrynska, 1855~)가 있다.[5]

1921년 9월 9일, 역자 씀

주)____

1) 원제는 「『小俄羅斯文學略說』譯者附記」. 이 글은 「우크라이나 문학 약설」 번역문과 같이 1921년 10월 『소설월보』 12권 10호 '피압박민족 문학호'에 게재됐다. 서명은 탕쓰이다.
2) 카르펠레스(Gustav Karpeles, 1848~1909)는 오스트리아의 문학사가이다. 저서로 『유

대문학사』 2권과 하이네에 대한 평론집 등이 있다.

3) 드라고마노프(Михайло Петрович Драгоманов, 1841~1895)는 우크라이나 사학자이자 정론가, 문학평론가이다. 그는 19세기 러시아의 비판적 현실주의 작품과 혁명 민주주의 사상을 지지했다. 1875년 키예프대학에서 강의할 때 차르 황제 제도를 비판하여 해고되었다. 이듬해부터 국외에서 머물렀다.

4) 프랑코(Iван Якович Франко, 1856~1916)는 우크라이나 작가이자 사회활동가이다. 그는 평생 동안 우크라이나 민족해방을 위해 싸웠다. 1877년부터 1890년 사이에 출판한 간행물에서 오스트리아의 통치를 반대하여 세 차례 투옥됐다. 주요 작품으로 시집 『높은 봉우리와 낮은 땅』, 장시 「모세」와 중단편소설집 등이 있다.

스테파니크(Василь Семенович Стефаник, 1871~1936)는 우크라이나 작가이자 사회활동가이다. 대학 시절 진보조직 활동에 참가한 바 있다. 서우크라이나 농촌의 빈곤하고 힘든 생활을 반영하는 작품이 많았다.

5) 코빌란스카(Ольга Кобилянська, 1863~1942)는 우크라이나 작가이다. 그녀의 작품은 여성의 사회권리를 쟁취하기 위한 싸움을 표현했다. 1941년 독일의 파시스트 점령자를 비판하는 글을 발표한 바 있는데 병으로 사망하여 박해를 면할 수 있었다. 주요 작품으로 『사람』과 『그와 그녀』가 있다.

코브린스카(Наталия Ивановна Кобринская, 1851~1920)는 우크라이나 작가로 갈리시아여성운동의 창시자이자 조직자이다. 자본주의 사회의 농촌 여성의 고통을 반영한 소설을 쓴 바 있다. 『이사야와 카트루사』, 『결선대표』 등의 작품을 썼다.

「로맹 롤랑의 진짜용기주의」 역자 부기[1]

이는 『근대사상 16개의 강의』[2]의 마지막 한 편이다. 1915년에 출판되어
서 유럽전쟁 이후 작품은 언급되지 않았다. 그렇지만 서술이 매우 간명하
여 이를 번역했다.

26년 3월 16일, 역자 씀

주)_____

1) 원제는 「「羅漫羅蘭的眞勇主義」譯者附記」. 이는 「로맹 롤랑의 진짜용기주의」의 번역과
   같이 1926년 4월 25일 『망위안』(莽原) 7, 8호 합본호 '로맹 롤랑 특집호'에 실렸다. '진
   짜용기주의'는 '영웅주의'로 번역되기도 한다.
2) 일본 평론가 나카자와 린센(中沢臨川)과 이쿠타 조코(生田長江)가 공저한 문예평론집이
   다. 1915년 12월에 도쿄 신초사에서 출판됐다.
   나카자와 린센(1878~1920)은 문예평론가로, 문명사의 관점에서 서구 자연주의와 실용
   주의 등을 해설하고 소개했다. 저서로 『구문명보다 새로운 문명에』(旧き文明より新しき
   文明へ), 『정의와 자유』(正義と自由) 등이 있다. 이쿠타 조코(1882~1936)는 평론가이자
   번역가이다. 메이지 말에서 다이쇼기에 걸쳐 전투적인 자유사상가로서 문예와 사회평
   론, 니체 번역 등으로 활약했다. 평론집으로 『최근의 소설가』(最近の小説家) 등이 있다.

「세묘노프와 그의 대표작 『기아』」에 관한 역자 부기[1]

『기아』는 중국에 이미 두 종의 번역이 나와 있다. 하나는 베이신서국에서 간행했고[2] 다른 하나는 『동방잡지』에 실렸다. 뿐만 아니라 『소설월보』에도 꽤 긴 평론이 게재됐다.[3] 이 글은 일본의 '신흥문학전집'의 부록 제5호에 들어 있다. 글자 수는 많지 않지만 간결하고 분명하여 핵심을 파악할 수 있다. 마침 여가가 나서 이를 번역하니 『기아』를 읽은 적이 있는 독자들에게 드린다.

10월 2일, 역자 기록하다

주)_____

1) 원제는 「「關于綏蒙諾夫及其代表作「饑餓」」譯者附記」. 이 글은 일본의 구로다 다쓰오의 「세묘노프와 그의 대표작 「기아」에 대하여」 번역문과 같이 1928년 10월 16일 『베이신』 2권 23기에 실렸다.
세묘노프(Сергей Александрович Семёнов, 1893~1942)는 소련 작가이다. 『기아』(Голод)는 일기체 소설로 1922년에 출판됐다. 일본의 러시아문학 연구자인 구로다 다쓰오의 일역본이 1928년 8월 5일 헤이본샤에서 발행한 『신흥문학』 5호에 최초로 출판됐다. 중국에서는 당시 두 종의 번역본이 출판됐는데 장차이전(張采眞)의 번역본이 1928년 3월 상하이 베이신서국에서 발행됐으며 푸둥화(傅東華)의 번역본이 『동방잡지』 25권 1기에서 4기에 걸쳐 출간된 바 있다.

구로다 다쓰오(黑田辰男, 1902~1992)는 러시아문학 연구자로 와세다대학 교수를 역임했다. 저서로 『러시아문학사』가 있고 『도스토예프스키 전집 1권』과 이바노프의 『철갑열차 14-69』 등 다수의 번역서가 있다. 1930년에 『기아』를 세계프롤레타리아 걸작선집의 한 권으로 헤이본샤에서 출판하기도 했다.

2) 베이신서국(北新書局)은 1925년 베이징에서 설립되어 이듬해 상하이로 이전했다. 『위쓰』, 『베이신』, 『분류』 등의 잡지를 발행하고 루쉰의 저역서 수종을 출판한 바 있다.

3) 첸싱춘(錢杏村)이 쓴 「기아」를 가리킨다. 1928년 9월 『소설월보』 19권 9호에 실렸다.

「새로운 시대의 예감」 역자 부기[1]

이 글도 1924년 1월에 쓴 것인데 나중에 『문학평론』에 수록됐다.[2] 원래는 매우 간단하며 깊이가 있는 글은 아니다. 내가 번역한 의도는 다만 글 속에 열거한 세 명의 작가——발몬트,[3] 솔로구프, 고리키——가 중국에 비교적 알려져 있어서이다. 그래서 지금 이를 빌려서 그들의 시대적인 상황과 그들 각자의 차이 나는——작가에 의하면 이것도 결국은 공통적이다——정신을 알아보려 했다. 또한 이를 빌려서 초현실적인 유미주의가 러시아 문단에 이렇게 뿌리 깊다는 것을 알 수 있다. 루나차르스키 등과 같은 혁명적인 비평가가 실제로 힘껏 배격하지 않을 수 없었던 것이다. 또한 이에 의지하면 중국의 창조사 부류가 이전에 '예술을 위한 예술'을 고취했다가 지금 혁명문학을 큰목소리로 논하는 것은, 영원히 현실을 보지 못하고 스스로 이상理想도 없이 공연히 외치는 것이라는 것을 알 수 있다.

사실 초현실적인 문예가는 비록 현실을 회피하거나 현실을 증오하고 심지어 현실에 반항하긴 하지만 혁명적인 문학가와 크게 다르지 않다고 생각한다. 필자도 당연히 알고 있어서 공통의 정신이 있다고 일부러 말했던 것이다. 아마 다른 의도가 있었을 것인데 아마도 그 당시 각자의 국가 내에 있는 현실에 대한 불만이라는 점에서 함께 할 수 있는 것이라 여겼던 것 같다.

1929년 4월 25일, 번역을 마치고 쓰다

주)_____

1) 원제는 「「新時代的豫感」譯者附記」. 이 글은 일본의 가타가미 노부루의 「새로운 시대의 예감」 번역문과 같이 1929년 5월 『춘조』 월간 1권 6기에 실렸다.
2) 『문학평론』은 가타가미 노부루의 논문집으로 1926년 11월 도쿄 신초샤에서 출판됐다.
3) 발몬트(Константин Дмитриевич Бальмонт, 1867~1942)는 러시아 상징주의 시인이다. 10월혁명 이후 외국으로 망명했다. 작품으로 「상아탑」, 「우리는 태양과 같을 것이다」 등이 있다.

「인성의 천재─가르신」 역자 부기[1]

르보프-로가체프스키(Lvov-Rogachevski)의 『러시아문학사 개관』의 작법은 매 편마다 조금씩 다르다.[2] 그런데 이 편은 한 폭의 Sketch이지만 매우 간명하게 핵심을 찌르고 있다.

이번에 이 글을 먼저 번역한 것에 깊은 뜻은 없다. 다만 여기에서 언급한 가르신의 작품에서 일부는 20여 년 전에 이미 소개되어 있고(「4일간」, 「해후」) 일부는 오륙 년 전에 이미 소개되어서(「붉은 꽃」) 독자들이 이해하기가 더 쉽기 때문이다.[3] 그래서 평론만 있고 참고로 제공할 번역된 작품이 없어서 암중모색할 수밖에 없는 상황은 아니다.

그렇지만 가르신도 문학사에서 하나의 마디에 불과하다. 전체적인 국면을 보지 않으면 제대로 이해할 수 없다는 건 말할 필요도 없겠다. 이 결함은 장래에 다시 보완하도록 하겠다.

1929년 8월 30일, 역자 부기

주)_____

1) 원제는 「『人性的天才―迦爾洵』譯者附記」이다. 이 글은 「인성의 천재―가르신」의 번역 문과 같이 1929년 9월 『춘조』 월간 1권 9기에 발표됐다.

2) 르보프-로가체프스키(B. Львов-Рогачевский, 1874~1930)는 소련의 문학비평가이다. 『러시아문학사 개관』(俄國文學史梗概)은 『최근 러시아문학사략』을 말하는데 러시아에 서 1920년에 출판됐다. 일역본은 이다 고헤이(井田孝平)가 『최신 러시아문학 연구』라 는 제목으로 번역하여 1926년에 슈호카쿠(聚芳閣)에서 출판했다. 루쉰은 이 책의 2장 2 편을 번역했는데 저본의 원제는 「인성의 천재―B. M. 가르신(1855~1888)」이다.

3) 「4일간」(四日)과 「해후」(邂逅) 모두 단편소설로 전자는 루쉰이 번역했고 후자는 저우쮜 런(周作人)이 번역하여 1909년 일본 도쿄에서 출판한 『역외소설집』(域外小說集)에 수록 했다. 「붉은 꽃」(紅花)은 단편소설로 나중에 량위춘(梁遇春)의 번역본(영한대조본)이 상 하이 베이신서국에서 출판됐다. 루쉰은 1921년에 쓴 「『매우 짧은 전기』 역자 부기」(「一 篇很短的傳奇』譯者附記)에서 「붉은 꽃」을 소개한 바 있다.

「메링의『문학사에 대하여』」역자 부기[1]

이 글은 바린(Barin) 여사가 보낸 원고로 중국 독자에게도 유익하다. 전집의 출판지는 이미 본문의 첫번째 문단 주석에 나와 있어서 여기에서 따로 언급하지 않겠다.[2] 일본어 번역은『유물사관』이 있는 것으로 역자는 알고 있다. 이는 오카구치 소지岡口宗司가 번역했다.[3] 그리고 문학사에 관한 것으로 두 종류가 있는데『세계문학과 프롤레타리아계급』과『미학과 문학사론』이 그것이다. 가와구치 히로시川口浩가 번역했고 모두 도쿄의 소분카쿠叢文閣에서 출판했다. 중국에는 한 권만 나와 있다.[4]『문학평론』으로 쉐펑이 번역했다. 수이모서점에서 간행한 '과학적 예술론 총서' 중 하나이다.[5] 그러나 최근에는 눈에 잘 띄지 않는 것 같다.

1931년 12월 3일, 펑위豊瑜가 번역하고 부기하다

주)_____

1) 원제는「梅令格的「關于文學史」譯者附記」. 이 글은 독일의 바린(Barin)이 쓴「메링의『문학사에 대하여』」 번역문과 더불어 1931년 12월『북두』(北斗) 1권 4기에 실렸다. 서명은 펑위(豊瑜)이다. 메링(Franz Mehring, 1846~1919)은 독일 맑스주의자이자 역사학자, 문예비평가이다. 제국주의 전쟁에 반대했으며 독일공산당 창립자의 한 사람으로 활동하였다. 주요 저서로『레싱 전설』(*Die Lessing-Legende*),『독일 사회민주당사』(*Geschichte der deutschen Sozialdemokratie*) 등이 있다.

2) 번역문의 첫번째 단락에서 메링의『문학사에 대하여』는 모두 2권이며 출판처는 Soziologische Verlags-anstalt 곧 사회학출판사라는 것을 밝히고 있다.

3) 오카구치 소지(岡口宗司)는 오카다 소지(岡田宗司, 1902~1975)를 가리킨다. 일본의 정치가이자 경제학 박사로 농민협회 운동과 농업문제 연구에 종사했다. 그가 번역한 메링의『유물사관』(唯物史観)은 1929년 소분카쿠(叢文閣)에서 출판했다.

4) 가와구치 히로시(川口浩, 1905~1984)는 일본의 독일문학 연구자이자 문예이론가이다. 일본프롤레타리아작가동맹과 노농예술가연맹, 전위예술가동맹과 프롤레타리아계급 과학연구소 연구원 등을 역임했다. 메링의『세계문학과 프롤레타리아계급』(世界文学と無産階級)을 1928년 12월 소분카쿠에서 출판했고『미학과 문학사론』(美学及び文学史論)은 1931년 2월 소분카쿠에서 발행했다. 모두 '맑스주의예술이론총서'로 기획됐다.

5) '과학적 예술론 총서'는 맑스주의 문예이론 번역총서이다. 펑쉐펑(馮雪峰)이 편집하여 1929년에서 1931년 사이에 연속하여 출판됐다. 출판 알림에 따르면 원래는 16권으로 기획됐으나 국민당 당국의 금지로 8권만 출간됐다. 루쉰이 번역한『예술론』(플레하노프 지음)과『문예와 비평』(루나차르스키 지음),『문예정책』이 모두 이 총서에 편입됐다.

「하이네와 혁명」 역자 부기[1]

이 글은 하이네 사후 75주년인 1931년에 2월 21일자 독일어 일간지에 실린 것이다.[2] 이를 나중에 다카오키 요조가 일본어로 번역하여 『하이네 연구』에 수록했고 지금 이에 근거하여 여기에 중역했다.[3] 이렇게 간단한 글로는 당연히 시인의 생애에 대해서 깊이 알기에 충분하지 않다. 그러나 나는 최소한 다음과 같은 것을 알 수 있다고 생각한다. ①우리에게 늘 연애 시인으로 여겨진 하이네에게 혁명적인 일면이 있다. ②독일에서 문학에 대한 압박이 약했던 적은 없다. 쿨츠와 히틀러는 다만 말기의 더 악화된 이들일 따름이다.[4] ③그러나 하이네는 영원히 존재하며 뿐만 아니라 더 찬란하게 빛난다. 그 당시 정부가 허락했던 일군의 "작가"는 이름이 "기억도 되기 전에 이미 잊어버렸다".[5] 이는 독자들에게 어느 정도의 의미가 있다고 할 수 있다.

1933년 9월 10일, 번역을 마치고 쓰다

주)_____

1) 원제는 「『海納與革命』譯者附記」이다. 이 글은 독일의 O. 피하의 「하이네와 혁명」의 번역문과 더불어 1933년 11월 『현대』 4권 1기에 실렸다.

2) 『홍기』(紅旗) 신문을 가리킨다. 이 글이 발표될 때 원제는 「공산주의 「직공의 노래」와 「겨울 동화」의 시인 하인리히 하이네의 75년제」(共産主義「織工之歌」與「冬之童話」的詩人亨利希 · 海涅七十五年祭)였다.

3) 다카오키 요조(高沖陽造)는 일본 예술이론가이다. 저서로 『맑스 · 엥겔스의 예술론』(マルクスエンゲルス芸術論), 『유럽문예의 역사전망』(欧洲文芸の歴史的展望) 등이 있다. 『하이네 연구』(ハイネ研究)는 그가 엮은 논문집으로 그 자신과 하야시 후사오(林房雄), 후나키 시게노부(舟木重信) 등의 논문과 번역문 8편을 수록하여 1933년 6월 일본 류쇼카쿠(隆章閣)에서 출판했다.

4) 쿨츠(W. Kulz, 1875~1948)는 1920년대에서 1930년대 독일 사회민주당 국회의원이었다. 내무총장을 역임했다.

5) 여기에 인용한 구절은 「하이네와 혁명」의 2절에 나오는 말이다.

「고골 사견」 역자 부기¹⁾

다테노 노부유키는 원래 일본의 좌익작가인데 나중에 이탈했다.²⁾ 사람들은 그가 상반된 진영에 들어갔다고 말했지만 그는 이 말에 승복하지 않았다. 다만 정치적인 '패배'를 했다는 점은 인정했고 지금도 여전히 방황 중이다. 「고골 사견」은 올해 나온 『문학평론』 4월호에서 번역한 것이다. 심오한 글은 아니지만 설명이 평이하여서 이해하기 쉽다. 게다가 "문학은 대지의 동서와 시간의 고금을 막론하고 영원히 변하지 않는다"는 논리의 부실한 곳을 설명하고 있어서³⁾ 독자들에게 참고로 제공할 만하다.

주)_____

1) 원제는 「『果戈理私觀』譯者附記」. 이 글은 「고골 사견」의 번역문과 함께 1934년 9월 『역문』 1권 1기에 실렸다. 서명은 덩당스(鄧當世)이다.
2) 다테노 노부유키(立野信之, 1903~1971)는 일본 작가이다. 일본 프롤레타리아계급작가동맹에 참여한 바 있으나 후에 탈퇴했다. 단편소설집 『군대병』(軍隊病) 등이 있다.
3) 이 말은 「고골 사견」에 나온다. "러시아문학에 나오는 여러 인물은 일본인과 비슷하게 선명하다. 이는 단순하게 '문학은 나라의 동서, 시간의 고금을 막론하고 변하지 않는다'는 말로 해석될 수 없다. 이는 생활과 현실에서 더욱 절실하게 연결되어 있다."

「예술도시 파리」역자 부기[1]

그로스(George Grosz)는 중국에 꽤 알려진 화가이다.[2] 원래는 다다주의 일원이었으나 나중에 혁명 전사가 되었다. 그의 작품은 중국의 잡지 몇 군데에 이미 여러번 소개된 바 있다.[3] 「예술도시 파리」는 원문대로 번역하자면 「예술도시가 된 파리」(Paris als kunststadt)로 『예술은 타락하고 있다』(*Die Kunst ist in Gefahr*) 중 한 편이다. 표지에는 Wieland Herzfelde 와 공저라고 쓰여 있지만 사실은 그 혼자 쓴 것이다.[4] Herzfelde는 초기 출판에 힘써 준 그의 친구이다.

그의 글은 역자가 느끼기에 일부는 이해하기 어렵다. 요시테루[5]의 일본어 번역을 참고하여도 여전히 이해되지 않는 곳이 있었다. 그래서 번역에는 잘못과 불확실한 것이 있을 수밖에 없다는 말이 생각났다. 그러나 이제는 대략 파악하게 됐다. 파리가 예술의 중추가 된 것은 유럽대전 이전의 일이다. 이후에는 독일보다 약간 더 뛰어났던 것 같지만 이것은 승패가 갈렸기 때문이다. 승리자가 잠시 자위한 산물에 불과하다.

책은 1925년에 출판됐다. 지금으로부터 10년이 지났지만 많은 부분은 여전히 적용될 수 있다.

주)_____

1) 원제는 「「藝術都會的巴黎」譯者附記」이다. 이 글은 「예술도시 파리」의 번역문과 같이 1934년 9월 『역문』 1권 1기에 실렸다. 서명은 루춘(茹純)이다.

2) 그로스(George Grosz, 1893~1959)는 독일의 화가이다. 전후 독일미술을 대표하는 가장 전형적인 인물이며, 극적인 구성과 신랄한 풍자로 당대 독일의 사회상 및 인간 욕망의 추악성을 고발했다. 베를린 다다와 표현주의, 신즉물주의 운동에 가담했다. 주요 작품에는 「자살」(1916), 「메트로폴리스」(1916~17), 「장례식」(1918), 「사회의 기둥들」(1926), 「생존자」(1944) 등이 있다.

3) 1930년 2월 『맹아』 1권 2호와 같은 해 3월의 『대중문예』 2권 3호를 가리킨다.

4) 헤르츠펠테(Wieland Herzfelde)는 맑스주의 문예비평가로 잡지 『반항자』의 주편을 맡았다.

5) 요시테루 아소(麻生義輝, 1901~1938)를 가리킨다. 일본 미학과 철학사 연구자이다. 저서로 『근세일본철학사』(近世日本哲学史) 등이 있다. 그의 번역문은 1926년 도쿄 긴세이도(金星堂)에서 출판된 『예술의 위기』(곧 『예술은 타락하고 있다』로 '사회문예총서' 중 한 권으로 기획됐다)에 보인다.

「슬픈 세상」 역자 부기[1]

역자는 말한다. 이는 위고의 『수견록』隨見錄 중 한 편이다. 비천한 여자 팡틴의 일을 기록하고 있다. 씨는 『수부전』水夫傳에서 다음과 같이 이야기했다.[2] "종교와 사회, 천하 만물은 삶의 세 가지 적이다. 그리고 세 가지 중요한 것도 여기에 존재한다. 사람은 귀의하기를 바라므로 사원이 존재한다. 이루어 살기를 바라므로 도읍이 생겼다. 생활을 구하므로 토지를 갈고 바다를 항해한다. 세 가지 관건은 이와 같으므로 해가 됨이 극심하다. 대체로 인생은 힘들고 그 이치를 깨닫는 것도 어려운데 그것이 여기에서 생겨나지 않은 것이 없다. 옛사람은 자주 잘못에 집착했고 폐습에 괴로워했으며 풍화 수토에 힘겨워했다. 그리하여 종교 교의는 사람을 죽이기에 충분했고 사회 법률은 사람을 억압하기에 족했고 천하 만물은 사람의 힘으로 어떻게 할 수 없는 것이었다. 작가는 『노트르담』에서 첫번째에 대해 이야기한 바 있다. 『슬픈 역사』에서 두번째를 표현했고 지금 여기에서 세번째에 대해 드러내고 있다."[3] 팡틴은 『슬픈 역사』 속의 한 인물이다. 그는 태어나서 살다 보니 운명이 기구하게 된 비천한 여인이다. 불행한데도 딸을 키워서 어미됨의 슬픔을 겪고 사회의 함정에서 괴로워하며 전전하는 인물이다. "법률에 의거하여 당신은 이 6개월 동안 옥에 갇혀 있어야 하오." 아아, 그 법률은 오직 이 비천한 여인에게만 가해졌던 것이다! 비나야카[4]는 문명의 옷을 입고서 반짝반짝 빛나는 장엄한 세계를 뛰어다닌다. 그리고 이 비천한 여인은 여전히 오로지 비천한 여인을 위한 것만 구하지만 이것마저 얻을 수 없다. 누가 실제로 이를 행하고 이와 같이 명령하는가! 노씨의 말이 있다. "성인은 죽지 않고 대도大盜는 멈추지 않는다."[5] 이는 성인을 증오하는 것이 아니다. 가짜 성인의 지극한 도적질을 증오한다. 아, 사회의 함정이여, 망망한 세속은 아시아와 유럽이 같이 탄식하도다. 도도히 흐르는 물이여, 앞날은 아직 많이 남아 있도다! 위고가 이 세계에 태어났으니 남산의 대나무를 잘라서 이 죄상을 사라지게 할 날이 있을까.[6] 그래서 『슬픈 역사』를 마치는 것은 어느 날의 일일까.

주)_____

1) 원제는 「『哀塵』譯者附記」. 이 글은 「슬픈 세상」 번역과 함께 1903년 6월 15일 『저장의 조수』(浙江潮) 5기에 발표됐다. 서명은 경천(庚辰)이다. 원래 구두점이 찍혀 있었다.

2) 위고의 『수부전』(水夫傳)은 1866년에 쓰여졌다.

3) 『슬픈 역사』는 『레미제라블』을 말한다. 중국어로는 『비참한 세상』(悲慘世界)으로 번역되기도 했다. 위고는 이 소설을 1861년부터 1869년 사이에 집필했다.

4) 비나야카(Vinayaka, 毘奈夜迦)는 인도 신화 속 장해(障害)의 신이다.

5) 원문은 "聖人不死, 大盜不止"이다. 『장자』의 「거협」(胠篋)에 나오는 구절이다. 여기에서 말한 노씨(노자)는 오기이다.

6) 원문은 "罄南山之竹, 書罪無窮"으로 남산의 대나무를 다 베어서 죽간에 써도 죄상은 무궁무진하다는 의미이다. 『구당서』(舊唐書)의 「이밀전」(李密傳)에 나오는 말이다.

「차라투스트라의 서언」 역자 부기[1]

『차라투스트라는 이렇게 말했다』(*Also Sprach Zarathustra*)는 니체의 주요 저작 중 하나이다. 전체는 네 편으로 계획되었는데 「서언」(Zarathustra's Vorrede) 한 편을 제외하고 1883년부터 1886년까지 썼다. 3년 만에 썼기 때문에 이 책은 니체 사상의 전체를 포괄할 수 없다. 또한 3년이 걸렸기 때문에 그 이면에는 모순되는 곳과 들쭉날쭉한 면이 없을 수 없다.

서언은 모두 10절로 여기에서는 앞부분을 번역했다. 번역이 어색한 곳이 많아서 앞으로 계속 번역한 뒤 다시 되돌아와서 수정하려 한다. 니체의 글은 좋은데 본서에서는 잠언(Sprueche)으로 이루어져서 겉으로 보기에는 모순적인 곳이 자주 눈에 띄어 이해하기 쉽지 않다. 다만 여기에서 특별한 의미를 담고 있는 명사와 모호한 문구에 대해 다음과 같이 간단히 설명하고자 한다.

1절에서는 차라투스트라가 산에 들어간 뒤 다시 크게 깨닫고 산을 내려오는 것을 서술했다. 그런데 그의 하산(Untergang)이 바로 상산上山이다. 차라투스트라가 페르시아의 배화교 교주라는 것을 중국은 일찌감치 알고 있다. 이전부터 조로아스터교라고 번역한 것이 그것이다. 그러나 본서는 그의 이름만을 사용한 것이고 교의와 무관하다. 그런데 상산과 하산 및 매와 뱀만은 화교의 경전(Avesta)과 신화에 근거했다.[2]

2절에서는 인식하는 성자(Zarathustra)와 신앙하는 성자가 숲에서 만나는 것을 썼다.

3절에서 차라투스트라는 초인(Uebermensch)에 대해서 말한다. 줄타기하는 자는 곧 이전의 영웅이 모험으로 일을 벌이는 것을 가리킨다. 군중은 그를 무리지어 관람할 줄 알지만 일단 떨어지면 바로 흩어진다. 유령(Gespenst)은 일체의 환상적인 관념 곧 영혼과 신, 귀신과 영생 등을 가리킨다. 당신의 죄악이 아니다──오히려 그들이 자만하여 하늘을 향해 소리친 것이다……의 의미는 곧 당신들이 영원회귀하지 못하는 것은 당신들의 죄악 때문이 아니라 오히려 당신들의 자만 때문이요 당신들이 법을 어기는 것을 겁냈기 때문인 것이다. 이른바 법을 어기는 것에 대해서는 9절에 나온다.

4절에서 차라투스트라는 어떻게 초인의 출현을 준비하는가에 대해 말한다. 별의 저쪽은 현세 바깥을 가리킨다.

5절에서 차라투스트라는 최후의 인간(Der Letzte Mensch)을 말한다.

6절에서 차라투스트라는 산에서 나온 이후 한 구의 시체를 수습한다. 광대(Possenreisser)는 두 가지 의미를 갖고 있다. 하나는 유토피아 사상의 철학자로 그는 장래의 모든 것이 평등하고 자유롭다고 말하여 줄 타는 사람을 떨어지게 만들었다. 다른 하나는 니체 자신을 비유한 것이다. 왜냐하면 그 역시 이상주의자이기 때문이다(G. Naumann의 설명이다).

그런데 이는 확실하지 않다고 말하는 이도 있다(O. Gramzow). 페달로 너를 간지럽힌다는 것은 당신 앞에서 달리고 있다는 의미이다. 그의 머리를 잃었다는 것은 당황하여 어쩔 줄 모르는 것을 묘사한 것이다.

7절에서 차라투스트라는 자신을 군중과 아주 멀리 떨어지는 시험을 한다.

8절에서 차라투스트라는 광대에 의해 놀라고 무덤 파는 사람에게 조롱받으며 은사에게 원망을 산다. 무덤 파는 사람(Totengraeber)은 전문적으로 시체를 수습하는 사람으로 비열한 역사가를 가리킨다. 곧 옛 물건을 수습할 줄만 알고 장래를 보는 안목이 없다. 그는 차라투스트라를 싫어하고 꺼릴 뿐만 아니라 줄 타는 광대까지 싫어하지만 저주할 줄밖에 모른다. 노인도 일종의 신앙인이지만 숲 속의 성자와는 완전히 다르게 보시만을 알고 삶과 죽음은 나 몰라라 한다.

9절에서 차라투스트라는 새로운 진리를 얻고 살아 있는 동료를 찾고자 하며 시체를 묻어 버린다. 나(차라투스트라)의 행복은 창조를 말한다.

10절에서 매와 뱀은 차라투스트라에게 아래로 내려가라고 인도한다. 매와 뱀은 모두 표징이다. 뱀은 총명함을 표현하며 영원회귀(Ewige Wiederkunft)를 의미한다. 매는 고아함과 초인을 표현한다. 총명함과 고아함이 초인이다. 우매함과 자만은 군중이다. 그리고 이 우매한 자만은 교육(Bildung)의 결과이다.

주)_____

1) 원제는 「『察拉圖斯忒拉的序言』譯者附記」. 이 글은 「차라투스트라의 서언」 번역과 함께 1920년 9월 『신조』 2권 5기에 실렸다. 서명은 탕쓰이다.
2) 『아베스타』(*Avest*)는 조로아스터교의 경전으로 내용은 5개 부분으로 나누어져 있다.

「맹인 시인의 최근 종적」 역자 부기[1]

러시아의 맹인 시인 예로센코가 일본을 떠나서 본국으로 되돌아가려 했으나 입국을 거절당하고[2] 되돌아왔다. 하얼빈에 거주하다 지금은 톈진을 거쳐서 상하이에 도착해 있다. 이 글은 그가 하얼빈에 있을 때의 주인 나카네 히로시의 보고문이다. 10월 9일 『요미우리신문』에 실렸다.[3] 우리는 이를 통하여 이 시인의 종적과 사람됨 및 행실의 대강을 알 수 있다.

10월 16일, 역자 씀

주)————

1) 원제는 「『盲詩人最近時的蹤迹』譯者附記」. 이 글은 「맹인 시인의 최근 종적」의 번역문과 같이 1921년 10월 22일 『천바오 부전』에 실렸다. 서명은 펑성(風聲)이다.

2) 예로센코는 1921년 6월 일본 정부에 의해 국경 바깥으로 추방되어 블라디보스토크에 갔다가 치타(赤塔)로 옮겨 갔다. 그때는 소련 내전이 막 끝나고 기근이 발생하여 입국할 수 없어서 중국으로 되돌아와서 하얼빈에 있는 일본인 친구 나카네 히로시(中根弘, 1893~1951; 작가)의 집에 머물렀다. 같은 해 10월 1일 상하이에 왔다가 나중에 다시 베이징으로 갔다. 1923년 봄에 소련으로 되돌아갔다.

3) 『요미우리신문』에 실린 나카네 히로시의 글의 원제는 「그 후의 맹인 시인」(此後之盲詩人)이다. 글은 두 부분으로 나누어져 있는데 소제목은 각각 '영원한 유랑의 시작'과 '하얼빈을 떠나 상하이로'이다.

「예로센코 바실리 군을 추억하며」 역자 부기[1]

이 글은 지난해 6월 즈음 『요미우리신문』에 처음 실렸는데 3회로 나뉘어 게재됐다.[2] 그런데 『최후의 탄식』에서 권두의 글로 출판될 때는 여섯 곳이 삭제됐는데 다 합하면 26줄이었다.[3] 분위기가 어색해져서 읽기에 불편했는데 지금 『요미우리신문』에 근거해서 다시 보충해 넣었다. 글 속의 빈 곳 몇 개는 원래 공란이었다. 개인적으로 추측하기에 공란 두 칸은 아마 '자객'인 것 같고 한 칸은 '죽이다'殺인 것 같다. '모 나라'某國는 당연히 작가의 본국을 가리킨다.[4]

5월 1일

주)_____

1) 원제는 「「憶愛羅先珂華希理君」譯者附記」. 이 글은 일본소설가 에구치 간(江口渙)의 「예로센코 바실리 군을 추억하며」의 번역문과 함께 1922년 5월 14일 『천바오 부전』 '극본' 란에 실렸다. 앞에는 『연분홍 구름』(예로센코 지음)이라는 전체 제목이 붙어 있는데 실제로 본 글은 이 극본의 번역문의 서문을 대신하여 쓰여졌다.

2) 에구치 간은 이 글을 1921년 6월 17, 18, 19일자 『요미우리신문』에 실었다.

3) 『최후의 탄식』은 예로센코의 두번째 창작집이다. 첫번째 창작집은 『날이 밝기 전의 노래』였다. 출판할 때 에구치 간은 「예로센코 바실리 군을 추억하며」라는 글을 권두에 실어서 서문을 대신했다.

4) 에구치 간의 이 글에 대해서 루쉰은 이후에 「잡다한 기억」(잡문집 『무덤』에 실림)에서 설명을 한 바 있다.

「바시킨의 죽음」 역자 부기¹⁾

감상문 열 편이 『아르치바셰프 저작집』 3권에 수록됐다. 이는 그중 두번째 글로 일본의 바바 데쓰야의 『작가의 감상』에서 중역한 것이다.²⁾

1926년 8월, 부기하다

주)_____

1) 원제는 「巴甚庚之死」譯者附記」. 이 글은 「바시킨의 죽음」의 번역과 함께 1926년 9월 10일에 반월간지 『망위안』 17호에 실렸다. 바시킨(Василий Васильевич Башкин, 1880~1909)은 러시아 작가이다. 그를 추억하는 아르치바셰프의 글은 1909년 페테르부르크에서 쓰여졌고 1910년 『신대중』 15호에 실렸다.

2) 바바 데쓰야(馬場哲哉)는 소토무라 시로(外村史郎)를 가리킨다. 그가 번역한 아르치바셰프의 『작가의 감상』은 1924년 11월 23일 도쿄 수필사(隨筆社)에서 발행했다.

「신슈 잡기」 역자 부기[1]

우리는 러시아 10월혁명 이후에 문예가들은 대략 크게 두 부류로 나누어 진다는 것을 알고 있다. 하나는 다른 나라로 도망가서 귀족으로 지내는 이들이다. 다른 하나는 여전히 본국에 남아 있는 이들이다. 비록 일부는 죽고 일부는 중간에 다시 떠나갔지만, 그러나 대체로 이들은 새롭다고 할 수 있다.

필냐크(Boris Pilniak)는 후자에 속하는 문인이다. 우리는 또 그가 지난해 중국에 온 적이 있으며 일본에도 간 적이 있다는 것을 안다. 이후에 어떻게 되었는지 나는 몰랐다. 오늘 이다 고헤이와 슈이치 고지마가 함께 번역한 『일본 인상기』를 읽었는데 여기에서 비로소 그가 일본에서 2개월 간 거주했으며 지난해 10월 말에 모스크바에서 이 책을 썼다는 것을 알게 됐다.[2]

읽으면서 든 생각이다. 우리가 일본을 욕하고 러시아를 욕하고 영국을 욕하고,…… 를 욕하지만 이렇게 국가國度의 상황을 이야기하는 서적은 오히려 소수라는 것을. 정치와 경제, 군비와 외교 등을 이야기하는 것에 모두 흥미를 느끼지는 않겠지만 문예가가 다른 나라를 여행하며 쓴 인상기라면 흥미를 좀 느낄 수도 있을 것이다. 그래서 나는 먼저 이 필냐크의 책을 소개하고 싶었고 그날 밤 서문인 「신슈 잡기」를 번역했다.

이는 전체 책의 9분의 1에 불과하다. 이 아래에 「본론」과 「본론 이외」, 「결론」 세 편이 더 있다. 그런데 나는 귀찮아졌다. 그 이유로 첫째, '상'象은 일본의 상인데 '인쇄'印는 러시아인이 인쇄한 것이요 그걸 중국에서 번역하고 있으니 간극이 너무 크고 주석을 붙이기도 힘들었다. 둘째, 번역문은 너무 경쾌하고 아름다운데 나는 그걸 감당할 자신이 없었다. 게다가 곁에는 변변한 사전도 하나 없었다. 모르는 글자가 나오면 우여곡절을 거듭해야 했다. 셋째, 원역문 중에 빈칸과 빈 구절이 있는데 일본의 검열관이 삭제한 것이다. 어쨌든 이걸 보고 있으니 마음이 편치 않았다. 게다가 맞은편 부잣집의 라디오에서도 무슨 국수극[3]의 노랫가락이 흘러나오고 있다. '이이이' 소리와 비파의 '딩딩딩' 소리가 울려 퍼져 내 머리가 11장까지 어지러워졌다.[4] 아무래도 붓을 던지고 노는 것이 나을 것 같았다. 「신슈 잡기」가 독립적인 단편이어서 다행이었다. 지금 이걸로 시작을 삼고 또 동시에 끝을 맺어야겠다는 생각이 들었다.

이 책을 다 읽어 보니 여기에 서술과 풍자가 있긴 하지만 대체로 가볍고 아름다우며 충분하지는 않다는 생각이 들었다. 곧 깊이가 결여되었다. 내가 본 몇 명의 새로운 러시아 작가의 책에서는 자주 이런 느낌이 들었다. 그러나 나는 동시에 이른바 '깊이가 있다'는 것이 일종의 '세기말'의 시대적인 증후인 것은 아니겠지, 라는 생각도 들었다.[5] 만약 사회가 순박하고 인정이 두텁다면 당연히 말 못 할 사정이 있을 수 없고 심각할 것까지도 없다. 만약 내가 생각한 것이 틀리지 않았다면 이런 '유치'한 작품들은 아마 '신생'新生을 향한 정도正道의 첫걸음일 것이다.

우리는 전통적인 사상에 얽매여 있어서 '유치하다'는 평가를 받으면 기분이 좋지 않다. 그러나 '유치'한 것의 반대 면은 무엇인가? 좀 좋게 말하면 '노숙'한 것이고 나쁘게 말하면 '노회'한 것이다. 혁명의 선배들은 "낡은 것은 있으나 썩은 것은 아직 아니요, 용렬한 것은 있으나 분간을 못 하는 정도는 아직 아니다"라고 말했다. 그렇다고 '낡으면서 용렬한 것'으로 충분한 건 아니겠지?

나는 필냐크가 중국에 대해 쓴 저작이 있는지 모른다. 『일본 인상기』에서 그다지 많이 언급하지는 않았지만 언급한 부분이 없진 않다. 이참에 여기에 소개한다.

중국의 국경에서 장쭤린의 개가 나의 서적을 전부 몰수했다.[6] 1897년 출판된 플로베르(Flaubert)의 『살람보』(Salammbo)도 공산주의에 물들었다고 빼앗아 갔다.[7] 하얼빈에서 나는 강연회에서 말을 하자마자 중국 경찰이 다가와서 아래와 같은 말을 했다. 그가 말한 대로 쓰면 이렇다……
―― 말을 하면 안 된다. 노래를 조금, 좀 하는 건 괜찮다. 춤을 조금, 좀 추는 건 괜찮다. 읽는 건 안 된다!
나는 무슨 말인지 모르겠다. 나에게 통역해 준 말에 따르면 순경이 나의 강연과 낭독을 금지하고 춤과 노래는 가능하다고 했다는 것이다.
―― 사람들이 관공서에 전화하여 의혹과 불안해하는 모습을 보였다는 것이다. ―― 어떤 이는 나에게 말했다. 노랫가락으로 강연을 하는 것도 괜찮지 않느냐. 그렇지만 노래라면 나는 감당할 능력이 없어서 사양했다. 이렇게 정중한 중국이란, 꼿꼿이 서서 빙그레 웃으며 얄미울 정도로

공손하게 군다. 그러면서 아무것도 모르지만 반복해서 "말을 하면 안 된다. 노래를 조금, 좀 하는 건 괜찮다"라고 말한다. 그리하여 나는 중국과 깨끗하게 헤어지게 됐다. (「본론 이외」 2절)

1927년 11월 26일, 상하이에서 쓰다

주)_____

1) 원제는 『「信州雜記」譯者附記』이다. 이 글은 「신슈 잡기」 번역문과 함께 1927년 12월 24일 『위쓰』 4권 2기에 발표됐다.

2) 이다 고헤이(井田孝平)에 대해서는 이 문집의 『「10월」 후기』의 관련 각주를 참고하시오. 슈이치 고지마(小島修一)는 일본의 번역자이다. 그들이 번역한 필냐크의 『일본 인상기』(日本印象記)의 부제는 '일본 태양의 뿌리와 내력'(日本の太陽の根蔕)이다. 이 책은 1927년 11월 겐시샤(原始社)에서 출판됐다.

3) 원문은 '國粹戱'이다. 중국의 전통 희극인 경극이나 곤곡(崑曲) 등을 가리킨다.

4) "11장까지 어지러워졌다"(發昏章第十一)라는 구절은 김성탄(金聖嘆)의 평점본인 『수호전』 25회에 나온다.

5) '세기말'은 19세기 말 서구 국가에서 유행한 정신과 문화의 퇴폐적인 풍조를 가리킨다. 이런 퇴폐적인 풍조를 체현한 문학작품을 '세기말 문학'이라고 칭한다.

6) 장줘린(張作霖, 1875~1928)은 랴오닝 하이청(海城) 출신으로 베이양의 펑계(奉系) 군벌. 1916년부터 둥베이를 장기간 통치했으며 베이징의 베이양정부(北洋政府)를 통제하기도 했다. 나중에 일본 특무에 의해 선양(沈陽) 부근 황구툰(皇姑屯)에서 폭사당했다.

7) 플로베르(Gustave Flaubert, 1821~1880)의 『살람보』(Salammbo)는 역사소설이다. 소설은 지금은 사라진 고대 카르타고를 배경으로 용병들의 반란을 둘러싸고 전개되는 낭만적인 사랑과 전쟁에 대해 서술했다.

「『수탉과 어릿광대』초」역자 부기[1]

외국 책에 한정판이 있다는 이야기를 전에 들은 적이 있다. 이런 책은 출판부수도 적고 가격도 비싸다고 하는데 나는 지금까지 한 권도 가지고 있지 않았다. 올 봄에 Jean Cocteau[2]의 *Le Coq et L'arlequin*의 일역본을 봤는데 350부 중 한 권이었다.[3] 무척 사고 싶었지만 가격이 비싸서 책을 내려놓았다. 다만 그중 한 구절이 기억에 남았다. "청년은 안전한 주식을 사서는 안 된다"였다. 아무래도 불온한 말이 분명 더 있을 것이라는 의심이 들어서 다시 주판알을 튕겨 보고 결국에는 '프롤레타리아' 커피[4] 다섯 잔의 대가를 치르고 사들고 왔다.

사 와서 자세히 읽어 보니 아까운 마음이 들었다. 왜냐하면 내용은 거의 다 음악에 대한 것이어서 내게 너무 낯설었기 때문이었다. 그러나 기왕에 구입한 책이므로 그냥 두는 것도 달갑지 않았다. 그래서 손 가는 대로 내가 이해할 수 있는 몇 구절을 번역하여 중국에 매입해 들여왔다. 드디어 완전히 불'안전한 주식'을 산 것이 아니게 된 셈이어서 이것으로 스스로를 '청년'과 구별 짓게 되었다.

작가의 상황에 대해서는 나는 여기에서 소개하고 싶지 않다. 요컨대 현대 프랑스인이며 그림도 잘 그리고 글도 잘 쓰며 당연히 음악도 잘 알고 있는 이이다.

주)_____

1) 원제는 「『雄鷄和雜飯』抄』譯者附記」이다. 이 글은 프랑스 작가 장 콕토의 잡문 「『수탉과 어릿광대』 초」 번역과 함께 1928년 12월 27일 『조화』(朝花) 4기에 발표됐다.

2) 장 콕토(Jean Cocteau, 1889~1963)는 프랑스 작가이다. 입체주의 미래파의 시 창작에 주력한 바 있다. 저서로 소설 『무서운 아이들』(Les Enfants Terribles)과 시집 『포에지』 (Poésies) 등이 있다.

3) 일본의 오타구로 모토오(大田黑元雄)가 번역한 『수탉과 어릿광대』는 1928년 도쿄 다이이치쇼보(第一書房)에서 출판됐다. 350부란 250부의 오기인데 당시 이 책은 A류와 B류 두 종류로 나누어서 한정판으로 발행됐다. 고급지로 제작한 A류는 30부를 출판했는데 일본에서 가격은 5엔이었다. 네덜란드 목탄지로 제작한 B류는 220부를 발행했는데 가격은 3엔이었다. 루쉰은 1928년 8월 2일에 이 책을 구입했는데 당시 상하이에서 구입한 가격은 은위안(銀元) 5.2위안이었다.

4) '프롤레타리아' 커피란 창조사 등이 제창한 '프롤레타리아 계급문학'에 대한 풍자이다. 자세한 것은 『삼한집』의 「혁명 커피숍」을 참고하시오.

「빵집 시대」 역자 부기[1]

바로하는 이바녜스와 더불어 현대 스페인의 위대한 작가이다. 그러나 그가 중국인에게 알려져 있지 않은 것은 십중팔구 그의 작품이 미국 상인들에 의해 "백만달러로 변"하여 영화로 제작되어 상하이에서 상영되지 않아서라고 생각한다.[2] 물론 우리가 그를 몰라도 나쁠 건 없지만 좀 알아 두어도 괜찮다. 우주에 핼리혜성이 있다는 것을 아는 것처럼 이것도 일종의 지식인 것이다. 만약 기아 및 추위와 큰 관계가 있다고 생각한다면 너무 깊이 파고들어 구할 것이리라.

논문 전체를 번역하여 중국에 소개한 것은 『조화』가 처음이다.[3] 그 중에 이런 말이 있다. "그는 마드리드에서 그의 형제[4]와 연락했다. 이상하게도 그들은 빵집을 열었는데 이 빵집을 6년 동안 성공적으로 운영했다." 빵집을 연 것은 일부 사람들에게는 놀라움을 안겨준 듯 그는 『어느 혁명가의 인생과 사회관』에서 특별히 한 장을 할애하고 이에 대해 설명할 정도였다.[5] 지금 오카다 주이치岡田忠一의 일역본에 근거하여 여기에 옮기니 화젯거리가 될 것이다. 또 소설로도 볼 수 있다. 왜냐하면 그는 단편소설을 많이 썼으며 작법도 이와 같기 때문이다.

주)_____

1) 원제는 「『面包店時代』譯者附記」이다. 이 글은 「빵집 시대」(『어느 혁명가의 인생과 사회 관』의 11장의 일부) 번역문과 함께 1929년 4월 25일 『조화』 17기에 실렸다.
2) 이바녜스의 소설 『묵시록의 네 기사』에 근거하여 제작된 영화가 1924년 봄 상하이 칼 튼영화관에서 상영된 바 있다. "백만달러로 변하다"는 이 영화를 상영할 때 광고에서 쓴 말이다.
3) "논문 전체를 번역"했다는 것은 드레이크(W. A. Drake)가 쓰고 전우(眞吾)가 번역한 「바로하」를 가리킨다. 이 글은 『조화』 14기(1929년 4월 4일)에 실렸다.
4) 바로하의 형 리카도를 말한다.
5) 오카다 주이치(岡田忠一)가 번역한 『어느 혁명가의 인생과 사회관』의 일역본(『一革命家 の人生社会観』)은 1928년 5월 슈에이카쿠(聚英閣)에서 출판됐다. 모두 17장으로 구성되 어 있다. 그중 11장의 제목이 「빵집 시대」로 3절로 나누어져 있다. 각 절의 소제목은 '아 버지의 깨달음', '산업과 민주주의', '소상인의 나쁜 점'이다.

「Vl. G. 리딘 자전」역자 부기[1]

이 매우 짧은 「자전」은 1926년 일본의 오세 게이시^{尾瀬敬止}가 편역한 『문예전선』에서 옮긴 것이다. 그 근거는 작가인 리딘이 엮은 『문학의 러시아』였다. 그런데 지난해 출판된 『Pisateli』[2]에 실린 「자전」은 이 글보다 좀 상세했고 작품도 늘어났다. 나는 원문을 이해하지 못하는데 만약 억지로 번역해 내면 틀린 곳이 많을 것이다. 그리하여 「자전」은 어쩔 수 없이 여전히 이 글을 번역했다. 그러나 작품 목록은 두 벗의 도움을 받아서 새로운 판본을 따랐다.

1929년 11월 18일 밤, 역자가 부기하다

주)_____

1) 원제는 「『Vl. G. 理定自傳』譯者附記」. 이 글은 「Vl. G. 리딘 자전」의 번역문과 함께 1929년 12월 『분류』 2권 5기에 실렸다.

2) 『Pisateli』는 『작가들』 혹은 『작가전』(作家傳)으로 번역한다.

「자신을 묘사하다」와 「자신을 서술한 지드」 역자 부기[1]

지드는 중국에 이미 꽤 알려진 이름이다. 그러나 그의 저작과 평전은 거의 보이지 않는다.

세계적인 문학가에 대해서 중국의 현재 독자에게 그들의 많은 작품과 두꺼운 평전을 전부 봐야 한다고 요구한다면 이는 사실과 동떨어진 요구라고 생각한다. 그러므로 작가의 신뢰할 수 있는 자전 및 화가와 만화가가 그린 이해하기 쉬운 초상은 독자가 한 작가를 대략적으로 알고 싶어 할 때 이를 도와주는 이기利器이다.

「자신을 묘사하다」는 이런 의미에서 한번 번역해 봤다. 지드의 문장은 번역하기 어렵다고 들었는데 이는 소품에 불과하지만 작가를 모욕한 게 아닌지 모르겠다. 이 소품과 초상의 출전에 대해서 이시카와 유의 설명이 있어 여기에 덧붙이지 않겠다.[2]

글 속의 캐럽콩은 Ceratonia siliqua, L.의 번역어이다. 이 식물은 이탈리아에서 나지만 중국에는 없다. 펠릭스 발로통의 원어는 Félix Vallotton 이다.[3]

주)_____

1) 원제는 「「描寫自己」和「說述自己的紀德」譯者附記」. 이 글은 지드의 「자신을 묘사하다」
와 이시카와 유의 「자신을 서술한 지드」 두 편의 번역과 함께 1924년 10월 『역문』 제1
권 제2호에 실렸다. 서명은 러원(樂雯)이다.

지드(André Gide, 1869~1951)는 프랑스 소설가이다. 소설로 『좁은 문』(*La Porte*
Étroite), 『지상의 양식』(*Les nourritures terrestres*) 등이 있다. 이시카와 유(石川湧,
1906~1976)는 일본 도쿄대학 문학교수로 프랑스문학 연구자이다.

2) 발로통이 그린 지드 목판화상을 가리키는 것으로 본편과 함께 같은 호 『역문』에 게재
됐다.

3) 펠릭스 발로통(Félix Vallotton, 1865~1925)은 스위스 출신의 프랑스 화가, 판화가이다.
나비파의 한 사람으로서 전통을 지키면서도 상징성과 장식성이 강한 목판화를 제작하
여 20세기 목판화의 발전에 크게 이바지하였다. 나비파(Nabis)는 세기 말 폴 고갱의 영
향을 받은 젊은 반인상주의(反印象主義) 화가 그룹이다. 색채 분석에 의존하여 대상을
그대로 묘사하는 인상파의 작품에 싫증을 느끼고 있었던 만큼, 화면을 하나의 창조라
고 생각하고 종합적인 구성을 시도하여 자신의 사색을 전개하는 고갱의 작품 경향을
새로운 계시로 받아들였다. 나비파란 '예언자'를 뜻하는 헤브라이어(語)의 '나비'에서
따온 명칭으로, 시인 카잘리스(Henri Cazalis)가 붙였다.

「아주 짧은 전기」 역자 부기[1]

가르신(Vsevolod Michailovitch Garshin, 1855~1888)은 러시아 남부에서 갑기병단 군관의 아들로 태어났다. 젊은 시절 의학을 공부했으나 뇌에 병이 생겨 학업을 중단했다.[2] 그는 박애의 성정을 타고났으며 또 일찍부터 문학에 흥미가 있었다. 러시아-투르크 전쟁이 발발하자 자원입대했다.[3] 다른 사람이 겪는 고통을 느끼면서 경험과 생각을 소설로 발표한 바 있는데 「4일간」과 「겁쟁이」가 유명하다. 그는 이후에 페테르부르크로 갔다. 이곳의 대학에서 문학 강의를 들었고 많은 소설도 발표했는데 그중 하나가 「아주 짧은 전기」이다. 그러고 나서 그는 또 각지를 여행하면서 문인들을 많이 방문했는데 특히 톨스토이에게 영향을 받았다. 그 시절 작품 가운데 유명한 것이 「붉은 꽃」이다. 그렇지만 가르신의 병은 결국 악화되었다. 정신병원에 입원한 후 건물에서 투신하여 서른세 살의 한창 나이에 세상을 떠났다. 이 글은 가르신의 저작에서 익살이 풍부한 작품 중 하나이다. 그렇지만 여전히 쓰라린 익살이다. 그가 주장한 전쟁 반대와 자기희생의 사상도 매우 분명하게 묘사되어 있다. 그러나 의족을 한 영웅이 참전해도 하나도 다치지 않는다고 사람들에게 권하는 것도 다만 세상의 인지상 정일 따름이다. "세 사람이 불행한 것보다 한 사람──자신──이 불행한 것이 낫다"는 정신[4]도 슬라브 문인의 저작에서 유독 자주 눈에 띤다.[5] 이 민족의 위대함에 정말 놀라지 않을 수 없다.

1921년 11월 5일 부기하다

주)──────

1) 원제는 「『一篇很短的傳奇』譯者附記」. 이 글은 「아주 짧은 전기」의 번역과 같이 1922년 2월 『부녀잡지』(婦女雜誌) 8권 2호에 실렸다.
2) 일본의 러시아문학 연구자인 나카무라 도루(中村融, 1911~1990)가 번역한 『가르신 전집』(세이가쇼보靑娥書房, 1973)의 「가르신 생애」에 따르면 소년 시절에 의학을 공부할 뜻이 있었으나 1874년 뇌에 생긴 병으로 인해 광업전문학교에 적을 두게 됐다고 한다.
3) 1875년 투르크령 발칸에서 발생한 슬라브인의 반란을 계기로 1877년에 러시아가 투르크에 전쟁을 선포하고 승리한 전쟁. 당시의 러시아 차르 알렉산드르 2세(재위 1855~81)는 농노해방, 젬스트보(지방자치단체) 설치, 사법제도 개혁, 군제 개혁 등을 단행했지만 철저하지 못했기 때문에 민중의 불만이 증대되어 각지에서 반란이 일어나고 있었다. 그리하여 황제는 민중의 불만을 밖으로 돌리고자, 또한 러시아의 시장 개발을 노리고서 투르크와의 전쟁을 일으켰던 것이다.
4) 이는 소설의 주인공──의족을 한 청년 상이군인──이 한 말에 대한 해석이다. "그는 이전의 여자친구가 새로운 즐거움이 생겼다는 것을 알게 되자 그는 그녀의 곁을 떠나면서 말했다. 사람들은 '한 사람이 불행한 것보다는 세 사람이 불행한 것이 낫다고 생각한다'면 이것은 틀렸다."
5) 슬라브 문인은 러시아 작가를 가리킨다. 러시아인은 동슬라브민족에 속한다.

「아주 짧은 전기」 역자 부기(2)[1]

가르신(Vsevolod Michailovitch Garshin)은 1855년에 태어났다. 그는 차르 알렉산드르 3세 정부의 압박 아래 가장 먼저 절규하면서 온 몸으로 세상의 고통을 감당한 소설가이다.[2] 사람들에게 주목받은 그의 단편으로 러시아-투르크 전쟁에 종군했을 때의 인상에 기초하여 쓴 「4일간」이 있다. 이후 연속으로 「겁쟁이」, 「해후」, 「예술가」, 「병사 이바노프 회고록」 등의 작품을 발표했는데 모두 유명하다.

그렇지만 그의 예술적인 재능이 발휘될수록 병세는 심해졌다. 사람들을 가련하게 여기고 세상을 비관하다 결국 미치게 되었고 정신병원에 들어가게 되었다. 그러나 심리적인 발작은 멎지 않아서 결국 4층에서 뛰어내려 자살하기에 이르렀다. 때는 1888년으로 서른세 살의 나이였다. 그의 걸작 「붉은 꽃」은 반미치광이 인물을 묘사하고 있다. 붉은 꽃을 세상의 모든 악의 상징으로 여겨 병원에서 필사적으로 꺾다가 죽는 인물이다. 발광 상태에 빠진 자기 자신을 묘사한 것이라고 보는 논자도 있다.

「4일간」과 「해후」, 「붉은 꽃」은 중국에 모두 번역되어 있다. 「아주 짧은 전기」는 눈에 띄는 작품은 아니지만 작가의 박애와 인도주의적인 색채를 엿볼 수 있다. 이는 남부 러시아의 단눈치오(D'Annunzio)가 쓴 『죽음의 승리』와 같이 의심스러운 배우자를 살해함으로써 영원히 점유하는 이야기이나 그 사상은 완전히 다르다.[3]

주)_____

1) 원제는 「『一篇很短的傳奇』譯者附記(二)」. 이 글은 「아주 짧은 전기」의 번역문과 함께 1929년 4월 상하이 조화사에서 간행한 '근대세계단편소설집' 중 한 권인 『기이한 검과 기타』(奇劍及其他)에 실려 있다.

2) 알렉산드르 3세(1845~1894)는 러시아 차르 알렉산드르 2세의 아들로 1881년 알렉산드르 2세가 국수주의자에게 암살된 뒤 황제의 자리를 물려받았다.

3) 단눈치오(Gabriele D'Annunzio, 1863~1938)는 이탈리아의 시인 겸 소설가이자 극작가이다. 데카당스 문학의 대표자로 꼽힌다. 참전 후에는 애국시를 써서 남유럽의 정열적인 시인으로서의 면모를 보였고 『죽음의 승리』(Il Trionfo della Morte)를 비롯한 3부작 장편소설 및 『죽음의 도시』(La città morta) 등의 희곡과 시집을 썼다.

「귀족 출신 부녀」 역자 부기[1]

「귀족 출신 부녀」는 일본 오세 게이시尾瀬敬止가 편역한 『예술전선』에서 번역한 것이다. 이 저본은 러시아의 V. 리딘이 엮은 『문학의 러시아』이다. 안에는 현대소설가의 자전과 작품 목록, 대표 단편소설 등이 실려 있다. 이 작가는 유명한 대가라고 할 수 없고 경력도 간단하다. 지금 그의 자전을 아래에 번역하여 싣는다.

> 나는 1895년 폴타바에서 태어났다. 나의 아버지는 귀족 출신으로 미술가였다. 1913년 고전고등학교를 졸업하여 페테르부르크대학 법학과에 입학했으나 졸업하지 않았다. 1915년 의용군으로 전선에 나갔으나 부상을 입었고 독가스까지 마셨다. 정신이 좀 이상해졌다. 참모대위를 지내다 1918년 의용군으로 적군에 가담했다. 1919년 일등의 성적으로 제대했다. 1921년 문학에 종사했다. 나의 처녀작은 1921년에 『페테르부르크 연보』에 실렸다.

「폴란드 아가씨」는 일본 요네카와 마사오米川正夫가 편역한 『노동자농민 러시아소설집』에서 옮겼다.[2]

주)_____

1) 원제는 「『貴家婦女』譯者附記」. 이 글은 조시첸코가 쓴 「귀족 출신 부녀」 번역문과 같이 1928년 9월 『대중예술』 1권 1기에 실렸다. 나중에 '근대세계단편소설집' 중 한 권인 『기이한 검과 기타』에 수록됐다.
2) 이 구절은 『기이한 검과 기타』에 속할 때 첨가된 말이다. 『기이한 검과 기타』에 조시첸코의 「폴란드 아가씨」가 같이 수록됐기 때문이다.

「식인종의 말」 역자 부기[1]

샤를루이 필리프(Charles-Louis Philippe, 1874~1909)[2]는 나무신발공 아들로 태어났다. 다행히 교육 혜택을 좀 받게 되어서 파리 시청에서 말단직을 지내다 사망했다. 그의 문학 생애는 13, 4년에 불과하다.

그는 니체와 톨스토이, 도스토예프스키의 작품을 즐겨 읽었다. 자신의 방 벽에는 도스토예프스키의 글자 한 구절이 씌어져 있다.

많은 고뇌를 하는 자는 그만 한 고뇌를 감당할 수 있는 역량이 있기 때문이다.

그러나 자기가 다시 설명을 덧붙여 놓았다.

이 말은 사실 부정확하다. 부정확하다는 것을 알지만 이것으로 위로의 말을 삼을 수 있다.

이 일단은 그의 성격과 행동 및 생각이 매우 분명하다는 것을 설명해
준다.

이 글은 일본의 호리구치 다이가쿠[3]의 『필리프 단편집』에서 번역한
것으로 후기 원숙기의 작품이다. 그렇지만 내가 취한 것은 글 속의 깊은
풍유법이다. 서두와 말미의 교훈은 작가의 가톨릭교 사상에서 나온 것 같
은데 적확하다고 생각하지는 않는다.[4]

1928년 9월 20일

주)_____

1) 원제는 「『食人人種的話』譯者附記」. 이 글은 「식인종의 말」의 번역문과 함께 1928년 10
월 『대중문예』 1권 2기에 발표됐다. 이후 작가의 다른 소설인 「사자 잡기」와 더불어 『기
이한 검과 기타』에 수록됐다. 이 글은 마지막 한 단락을 다음과 같이 수정하여 두 편의
소설 앞에 재수록됐다. "「사자 잡기」와 「식인종의 말」은 모두 일본의 호리구치 다이가
쿠의 『필리프 단편집』에서 번역했다."

2) 샤를루이 필리프(Charles-Louis Philippe, 1874~1909)는 프랑스의 소설가이다. 가난한
사람들에 대한 애정을 바탕으로 소박한 글을 썼는데, 순진한 젊은 학생의 도움으로 매
음의 소굴에서 벗어나려던 여성이 다시 포주에게 끌려간다는 줄거리로 돈이 지배하
는 사회의 비정한 현실과 개인의 무력함을 그린 소설 『뷔뷔 드 몽파르나스』(Bubu de
Montparnasse)가 유명하다. 그밖에 『어머니와 아들』(La Mère et l'enfant), 『젊은날의
편지』(Lettres de jeunesse) 등의 작품이 있다.

3) 호리구치 다이가쿠(堀口大学, 1892~1981)는 일본 시인이자 프랑스문학 연구자이다. 일
본예술원 회원이기도 하다. 청년기에 '신시사'(新詩社)에서 활동했으며 나중에 대학교
수를 지냈다. 작품으로 시집 『황혼의 무지개』(夕の虹) 등이 있다. 그가 번역한 『필리프
단편집』(シャルル·ルヰ·フィリップ短篇集)은 1928년 도쿄 다이이치쇼보에서 출판됐다.

4) 「식인종의 말」은 식인종이 잡아온 한 명의 어머니를 요리하다가 그의 딸의 슬픈 사연
에 감동받아서 "국민 전체의 마음에 도덕에 대한 생각을 환기시키는" 사건을 서술하고
있다. 원작은 서두에 "아무리 패덕(敗德)한 사람일지라도 그 마음에 일말의 신성은 남
아 있게 마련이다"라고, 말미에 "우리는 영원히 잊어서는 안 된다. 인육의 연회는 비애
이고 조금도 즐거운 일을 가져다주지 않는다는 것을"이라고 기술했다.

「농부」 역자 부기[1]

이 글은 '신흥문학전집' 24권의 오카자와 히데토라의 번역을 중역한 것으로 전권에서 가장 좋은 작품은 아니다. 그렇지만 첫째, 분량이 비교적 짧아서 번역에 많은 시간이 들지 않고 둘째, 러시아의 이른바 '동반자'가 어떤 작품을 썼는지를 살펴볼 수 있어서 번역했다.

여기에서 서술한 것은 유럽대전 때의 일이다. 그러나 대략 러시아 10월혁명 이후에 발표한 것 같다. 원역자는 별도로 간단한 해설을 덧붙였는데[2] 아래에 모두 번역했다.

알렉산드르 야코블레프(Alexandr Iakovlev)는 소비에트 문단에서 '동반자'로 불리는 그룹의 한 명이다. 그가 '동반자'인 까닭은 여기에 번역한 「농부」에서 비교적 분명하게 이야기하고 있다.

페테르부르크대학을 졸업했다는 점에서 그는 지식인이다. 그러나 그의 본질은 순수하게 농민적이고 종교적이다. 그는 천부적으로 성실한 자질을 갖고 있는 작가이다. 그의 예술적인 기조는 박애와 양심이다. 그의 작품 속 농민이 필냐크 작품 속의 농민과 구별되는 점은 교회숭배까지 치닫는 종교정신이다. 그는 농민을 인류 정의와 양심의 보유자라 여길 뿐만 아니라 오직 농민만이 전세계를 우애의 정신으로 연결시킬 수 있다고 생각한다. 이런 견해를 구체화한 것이 「농부」이다. 여기에서 '인류 양심'의 승리를 서술하고 있다. 그러나 한 마디 덧붙여야 한다. 그의 다른 중편 『10월』에서는 비교적 진보적인 관념 형태를 드러낸다.

일본의 '세계사회주의 문학총서' 제4편이 곧 『10월』이다. 전에 한번 살펴봤는데 소설은 동요와 후회에 대해 쓰고 있으며 그 속에 철저한 혁명가는 없었다. 현재 중국에 유행하는 비평의 눈으로 보자면 여전히 옳지 않다. 이 소설 「농부」는 더 심각하다. 혁명적인 기운이 없을 뿐만 아니라 종교적이고 톨스토이적인 기운까지 띠고 있어서 나같이 '낙오'한 눈조차 소비에트정권이 이런 작가를 수용한 것이 신기하게 생각될 정도이다. 그러나 우리는 이 짧은 소설에서도 소련이 인도주의를 배척한 이유를 깨달을 수 있다. 이와 같은 관대함이란 혁명이든 반혁명이든 실패할 것이 틀림없다. 다른 사람은 이처럼 관대하지 않아서 당신이 깊게 잠들어 있으면 총검을 바치지 않기 때문이다. 그리하여 '비인도주의' 노래가 울려 퍼지는 것은 필연이다. 그런데 이 '비인도주의'란 대포와 마찬가지로 또한 모두 사용할 수 있는 것이다. 올해 상반기 '혁명革命문학'의 창조사와 '명령준수遵命 문학'의 신월사 모두 '천박한 인도주의'를 공격했다는 것이 이러한 사정의 진실을 분명하게 증명한다.[3] 다시 생각해 보면 꽤 흥미로운 데가 있다.

루나차르스키(A. Lunacharsky)도 이와 비슷한 말을 한 바 있다. 당신이 혁명문학을 하려면 우선 혁명의 혈관에서 2년 동안 지내야 한다. 그러나 마찬가지로 예외가 있다. '세라피온 형제들'은 혈관 속에서 지냈지만 여전히 백치의 미소를 띠고 있다. 이 '세라피온 형제들'은 10월혁명 후 모스크바 문학가 단체의 명칭이다. 작가는 바로 이 단체의 주요 인물 중의 한 명이다. 그가 쓴 빌리체호프를 한번 보라.[4] 그는 선량하고 단순하고 고집 세며 듬직하고 어리석다. 그렇지만 성실하기가 코끼리나 곰 같으며 사람들을 화나게 하지만 어떻게 할 수 없는 사람이다. 확실히 루나차르스키(Lunacharsky)가 읽고 머리 끝까지 화가 난 것도 무리가 아니다.[5] 그러나 이런 것들을 '극복'하려면 극복하려는 대상과 마찬가지로 곧 코끼리 같고 곰같이 성실하기만 하면 충분하다고 생각한다. 만약 '전략', '전략' 말만 하면서 이리처럼 잔머리만 쓰면 안 된다. 문예는 궁극적으로 정치와 다르기 때문이다. 정객의 수완은 무용한 것이다.

　예전에 한 방관자가 위다푸는 번역문 끝에 남 욕 쓰기를 좋아한다고 말한 적이 있었는데 이번에는 내가 이 병에 걸린 것 같다. 또다시 '혁명문학'가들에게 죄를 지었으니 말이다. 그러나 오해하지 마시기를. 중국에서는 '예리하게 된' 일가※ 따위를 결코 필요로 하지 않으니. 이는 신문지상의 갖가지 공지가 증명하고 있다.[6] 또 변호사와 경호원도 있는데 다들 '충실한 동지'요 '신문예'를 탐구하는 이들이다. 착하고 착하도다, 하반기에는 일률적으로 '명령준수 문학'이 되었고 중국이 글러먹은 것은 단지 루쉰이 여전히 "늙어서도 죽지 않았기" 때문인 것이다, 운운.[7]

10월 27일, 글을 맺다

주)⎯⎯⎯⎯

1) 원제는 「『農夫』譯者附記」. 이 글은 「농부」의 번역문과 함께 1928년 11월 『대중문예』 1
권 3기에 실렸다. 나중에 '근대세계단편소설집'의 두번째권 『사막에서 및 기타』에 수록
됐을 때 앞의 두 단락과 마지막 단락은 삭제됐다.

2) 이 해설은 일본의 러시아문학 연구자인 오카자와 히데토라(岡澤秀虎, 1902~1973)가 쓴
「세 작가에 관하여」를 말한다. 이는 『신흥문학』 5호(헤이본샤平凡社, 1928년 8월. '신흥문
학전집' 부록)에 실렸다.

3) 신월사(新月社)는 영미유학생을 중심으로 하는 문학 및 정치 단체로 1923년 베이징에
서 창설됐다. 이름은 타고르의 시집 『신월집』에서 취했다. 주요 성원으로 후스(胡適),
쉬즈모(徐志摩), 천위안(陳源), 량스추(梁實秋) 등이 있다. 1927년 성원들이 남하하여 상
하이에서 신월서점(新月書店)을 열고 월간잡지 『신월』을 발간하여 '영국식의 민주'를
고취했다. 여기에서 말한 그들과 창조사가 '모두 천박한 인도주의'를 공격했다는 것은
다음과 같은 사건과 관련된다. 창조사의 펑나이차오(馮乃超)는 「예술과 사회생활」(藝術
與社會生活. 1928년 1월 『문화비판』 1호 게재)에서 "톨스토이가 '인도주의자'이고 수치스
럽고 세계에서 가장 비열한 일 ― 종교의 설교자 ― 을 하는 것"이라 칭했다. 신월사
의 량스추는 「문학과 혁명」(文學與革命. 1928년 6월 『신월』 1권 4기 게재)에서 "근래의 감
상적인 혁명주의자와 천박한 인도주의자는 다수의 민중에게 무제한의 동정을 갖고 있
다. 이 무제한의 동정은 종종 문명이 갖춰야 할 모든 고려를 압도하곤 했다"라고 말한
바 있다.

4) 빌리체호프는 「농부」의 주인공으로 농민 출신의 러시아 병사이다.

5) 루나차르스키에 대해서는 이 문집에 실린 「『예술론』 소서」를 참고하시오.

6) 1928년 6월 15일 상하이의 류스팡(劉世芳) 변호사가 창조사와 창조사출판부를 대리하
여 상하이의 『신문보』(新聞報)에 알림 글을 게시한 일을 가리킨다. 알림 글에는 다음과
같은 내용이 있다. "본사는 순수 신문예와 관련되어 모였으며 본 출판부 또한 순수 문
예서와 잡지를 발행하는 기관이다. 어떠한 정치적인 단체와 여하한의 관계도 갖고 있
지 않다. …… 청천백일기 아래에서 문예단체는 법에 저촉될 우려가 없어야 한다. 이것
이 문예 사업에 종사하는 우리의 동지가 가장 신뢰하는 것이다. …… 차후에 본사와 본
출판부를 무고하는 자가 있으면 법에 의거하여 기소하여 법률의 보장을 정당하게 받
을 것이다. …… 차후에 본사의 명예를 훼손하는 자가 있으면 본 변호사는 법에 따라
이를 보장할 책임을 다할 것이다."

7) "늙어서도 죽지 않는다"(老而不死)는 『논어』의 「헌문」(憲問)편에 나오는 말이다. 두취안
(杜筌; 곧 궈모뤄郭沫若)이 『창조월간』 2권 1기(1928년 8월)에 실은 「문예전선상의 봉건
잔재」(文藝戰線上的封建餘藝)에서 "루쉰이 모든 무서운 청년들을 다 죽이자고 주장하여
'늙은이'는 죽지 않게 됐다"라고 말한 바 있다.

『악마』 역자 부기[1]

이 소설은 일본에서 번역한『고리키 전집』7권의 가와모토 마사요시川本正良가 옮긴 것을 중역한 것이다.[2] 자주 보는 번역문과 비교하면 필치가 좀 딱딱하다. 게다가 중역을 할 때 시간이 촉박하고 공을 들이지 못한 탓에 더 이상하게 됐다. 레클람 문고(Reclam's Universal-Bibliothek)의 같은 작가의 단편집에도 이 소설이 실려 있는 것으로 기억한다.[3] 이는「독수리의 노래」(웨이쑤위안 군의 번역으로『황화집』[4]에 실려 있다)와「둑」과 함께 한 표제에 포함되어 있어서 우언류라는 것을 알 수 있다. 그러나 이 작은 책자는 지금 곁에 없어서 다른 날 찾게 되면 다시 수정하여 급하게 번역한 잘못을 벌충하려 한다.

　　창작 연대는 알 수 없다. 중국에서 고리키의「창작 연표」가 하나 있는데 거기에도 기재되어 있으리라는 법이 없다.[5] 그러나 본문으로 짐작건대 20세기 초쯤인 것 같다.[6] 당연히 사회주의 신자였으며 또 니체적인 색채도 아직 매우 농후한 시절이었다. 우언의 자리는 처음과 끝 두 단락이라는 점을 작가 스스로 매우 분명하게 밝히고 있다.[7]

이번에는 지엽적인 이야기를 하겠다. 이 소설 번역을 마치면서 러시아인이 사람들에게 '곰'으로 비유되는 일이 하나도 이상하지 않고 작가는 죽어서까지 여전히 아둔한 귀신이라는 생각이 들었다. 여기의 우리 일부 작가들처럼, 자기가 출판사를 열고 자비로 출판을 하고 자기 돈으로 유행잡지를 만들고 자기가 유행잡지 판매자라면, 상인이 작가의 아내를 안는 것이 곧 작가가 자기의 아내를 안는 것이요 또 자본가가 '혁명문학가'의 아내를 안으면 또한 '혁명문학가'가 자본가의 아내를 안는 것이다. "주위가 어두워지고 비가 내리고 있다. 하늘에 무거운 구름이 뒤덮여 있다" 하더라도 고리키의 '악마'도 이런 놀음은 하지 않는다. 다만 체념하며 그의 '권태'를 참고 견디겠지.[8]

　　　　　　　　　　　　　1929년 12월 3일, 번역을 마치고 부기하다

주)――――

1) 원제는 「『惡魔』譯者附記」. 이 글은 「악마」 번역문과 같이 1930년 1월 『베이신』 4권 1, 2호 합본호에 실렸다.

2) 가와모토 마사요시(川本正良)는 일본 번역가이다. 1923년 도쿄대학 문학부를 졸업하고 마쓰야마(松山)고등학교 등에서 학생들을 가르쳤다.

3) 레클람 문고는 독일에서 발행한 세계문학총서이다. 1828년 라이프치히에 레클람 출판사를 창립하였던 레클람이 자기 아들과 함께 1867년에 출간하기 시작한 소형 문고판으로서, 원래 명칭은 '세계문고'이나, 일반적으로 출판사의 이름을 따서 '레클람 문고'라고 부른다. 독일을 비롯하여 세계 각국의 문학·철학·종교·미술·음악·정치·법학·경제·역사·지리·자연과학 등 전반적인 명작을 염가로 공급하는 출판 방침이 큰 인기를 얻어, 제2차 세계대전 이전에 이미 세계 최고 기록인 약 7,500종을 출간한 바 있다. 제2차 세계대전 이후 라이프치히에 있는 레클람 본사는 동독 정부 관리하에 들어갔고, 그 전에 설립되었던 슈투트가르트에서 계속 문고판이 간행되었으며, 현재까지 동서고금의 명저 9천 종 이상을 펴냈다.

4) 『황화집』(黃花集)은 북유럽 및 러시아 시가소품집이다. 웨이쑤위안(韋素園)이 번역하여 1929년 2월 베이핑 웨이밍사(未名社)에서 '웨이밍총서' 중 한 권으로 출판했다.

5) 여기에서 말하는 「창작 연표」는 쩌우다오홍(鄒道弘)이 엮은 『고리키 평전』(1929년 11월 상하이연합서점 출판)에서 부록으로 실은 「고리키 창작 연표」이다. 여기에 관련 항목이 "1899년 「악마에 관하여」(關于惡魔)"라고 기재되어 있다.

6) 고리키는 1899년 「악마에 관하여」(「악마」와 「다시 악마에 관하여」를 가리킨다)를 쓰고 같은 해 『생활』 잡지 1호, 2호에 연속하여 이 소설을 발표했다.

7) 「악마」의 첫 단락은 다음과 같다. "이 인생에서 절대로 무슨 불변하는 것이 있지 않다. 다만 생성과 사멸이 있으며 목적을 가진 영원한 추구에 대한 끊임없는 교체만이 있을 따름이다." 마지막 단락은 다음과 같다. "제군은 생전에 자기 앞에 걸려 있는 모든 것이 바로 제군 생전의 허위와 잘못이라는 것을 암암리에 알게 될 것이다."

8) 여기에서 인용한 말은 「악마」에 나온다. "주위는 어두워지고 비가 내리고 있다. 하늘에는 무거운 구름이 뒤덮여 있다. 작가는 껄껄 웃으며 골격을 흔들며 그의 무덤을 향해 돌진하기 시작했다." 이 소설은 악마가 '권태'를 느낄 때 무덤에 묻혀 있는 '작가'의 해골을 깨워 그에게 자기 아내가 어떻게 그의 유작으로 많은 돈을 버는지, 서적상은 또 어떻게 아내를 소유했는지를 보게 하는 일을 서술하고 있다. 작가는 자신이 생전에 한 일이 상인을 위해 일한 것이라는 것을 깨닫게 된다.

「코」역자 부기[1]

고골(Nikolai V. Gogol, 1809~1852)은 러시아 사실파의 시조라고 할 수 있다. 그는 처음에 우크라이나의 괴담을 묘사했지만 점차 사람의 일로 옮겨 갔고 점점 더 풍자적이 되었다.[2] 특이한 점은 괴상한 일들을 이야기하지만 오히려 사실적인 수법을 사용했다는 점이다. 지금 보면 형식은 좀 낡은 감이 있지만 여전히 현대인에게 애독되고 있다. 「코」는 「외투」와 더불어 널리 알려진 작품이다.[3]

그의 거작 『죽어 버린 농노』는 중국 이외에도 비교적 문명화된 나라에서는 번역본이 출간됐다.[4] 일본에서는 세 종류나 나왔고 지금 그의 전집까지 출간되고 있다. 이 소설은 일역본 전집 4권 『단편소설집』에서 중역한 것으로 원역자는 야스미 도시오이다.[5] 이상한 곳이 있으면 레클람 문고(Reclam's Universal-Bibliothek)의 빌헬름 랑게(Wilhelm Lange)의 독일어 번역본을 참고하여 번역했다.

1) 원제는 『「鼻子」譯者附記』. 이 글은 「코」 번역문과 함께 1934년 9월 『역문』 2권 1호에 발표했다. 서명은 쉬샤(許遐)이다.

2) 우크라이나 괴담을 다룬 대표작으로 1831년에 발표한 『디칸카 근교 야화(夜話)』를 들 수 있다. 이 작품은 문단에서 고골의 지위를 확고하게 만들었다.

3) 「외투」는 단편소설로 고골이 1835년에 썼다. 중국에서는 웨이쑤위안의 번역본이 있는데 1936년 9월 '웨이밍총서'의 한 권으로 베이징 웨이밍사에서 출판됐다.

4) 『죽어 버린 농노』는 『죽은 혼』을 말한다.

5) 일역본 『고골 전집』은 모두 6권으로 1934년 과학출판사에서 간행했다. 제4권이 『단편소설집』인데 「코」, 「외투」, 「광인일기」 등 일곱 편이 수록되어 있는데 야스미 도시오(八住利雄)와 나카야마 쇼자부로(中山省三郎) 등 네 명이 번역했다.

「기근」 역자 부기[1]

살티코프(Michail Saltykov, 1826~1889)[2]는 60년대 러시아 개혁기[3]의 이른바 '경향파 작가'(Tendenzios)[4] 중 한 명이다. 그의 작품은 사회비판적인 요소가 많고 주제도 그의 본국 사회와 너무 많이 밀착됐기 때문에 외국에 소개되는 경우가 드물었다. 그러나 우리가 러시아문학의 역사적인 논저를 볼 때 '시체드린'(Sichedrin)이라는 이름을 자주 보게 되는데 이것이 그의 필명이다.

그의 초기 작품에서 유명한 것으로 『현縣의 기록』이 있는데, 알렉산드르 2세의 개혁 전 러시아 사회의 결점에 대해 주로 서술하고 있다.[5] 이 작품 「기근」은 후기 작품 『어떤 도시의 역사』 가운데 한 편인데 개혁 이후의 상황에 대해서 묘사하고 있다. 일본 신초샤에서 펴낸 '새로 고른 해외문학' 20편, 야스기 사다토시가 번역한 『청원인』에서 중역했지만 작가의 예리한 필봉과 깊이 있는 관찰은 여전히 느낄 수 있다.[6] 나중에 나온 폴란드 작가 헨리크 시엔키에비치의 「석탄화」도 이 소설의 주제와 유사한 곳이 있다. 그리고 19세기 말 본국의 아르치바셰프의 단편소설 가운데 구성이

흡사한 것이 있지만 작품 속 백성은 더 이상 '글루보프' 시민과 같은 인물이 아니다.[7]

주)_____

1) 원제는 「『饑饉』譯者附記」. 이 글은 「기근」 번역문과 함께 1934년 10월 『역문』 1권 2기에 발표됐다. 서명은 쉬샤이다.

2) 미하일 예프그라포비치 살티코프-시체드린(Михаил Евграфович Салтыков-Щедрин, 1826~1889)은 러시아의 작가이다. 시체드린은 필명이며, 본명은 살티코프이다. 툴라 주의 유서 깊은 귀족 가문에서 태어났다. 공상적 사회주의의 영향 하에 쓴 중편 『모순』 (1847), 『얽힌 사건』(1848) 등으로 물의를 일으켜 최북단의 마을로 유배당했다. 그곳에 서 본 관헌의 횡포와 우매함을 폭로한 『현(縣)의 기록』(1856~57)을 남겼다. 장편 『골로 블료프가의 사람들』(1872~76), 『어떤 도시의 역사』(1869~70)는 귀족 가정의 퇴폐와 전제정치의 부패상을 통렬히 풍자, 비판한 그의 대표작이다. 국내에 『골로블료프가의 사람들』(김원한 옮김, 문학과지성사, 2010)이 번역되어 있다.

3) 1861년 2월 19일(양력 3월 3일)에 차르 알렉산드르 2세는 농민 반봉건 투쟁과 혁명 민 주주의 운동의 압력 하에서 법령을 반포했고 농노제 폐지를 선포했다.

4) 차르 전제와 농노제도를 반대하는 혁명적 민주주의 작가들을 가리킨다. 시체드린, 네 크라소프, 체르니셰프스키 등이 있다.

5) 알렉산드르 2세(1818~1881)는 러시아 차르로 1855년에 즉위했다. 1881년 페테르부르 크에서 나로드니키의 한 파인 '인민의지당'(民意黨) 당원이 던진 폭탄에 암살됐다.

6) 야스기 사다토시(八杉貞利, 1876~1966)는 일본의 러시아어학자이며 도쿄외국어대학 교수를 지냈다. 그가 번역한 『청원인』(請願人)은 1924년 신초샤에서 출간됐다.

7) 글루보프는 러시아어 'глупов'의 음역으로 '어리석은 사람'이라는 뜻을 갖고 있다. 소 설 『어떤 도시의 역사』는 '글루보프시(市)'의 역사를 빌려서 현실을 풍자하고 있다.

「연가」 역자 부기[1]

루마니아 문학의 발전은 본 세기의 초에 이루어진 것에 불과하다. 그러나 운문뿐만 아니라 산문에서도 큰 진전이 있었다. 본 편의 작가 사도베아누(Mihail Sadoveanu)는 부쿠레슈티(Bukharest)에서 거주하면서 산문을 쓰는 대가이다. 그의 작품에 아름답고 매혹적인 묘사가 등장하곤 하지만 바이캔트(G. Wieigand) 교수의 말에 따르면 환상에서 나온 것이 아니라 실제생활에서 취한 것이라 한다.[2] 예를 들어 이 소설 「연가」는 제목이 로맨틱한 것 같지만 실제로는 전 세기의 루마니아 대삼림의 경치와 지주와 농노의 생활환경을 또렷하게 묘사했다.

아쉽게도 나는 그의 생애와 행적에 대해서 알지 못한다. 다만 그가 파슈카니(Pascani)에서 태어났고 펄티체니와 이야시(Faliticene und Jassy)에서 학교를 다닌 바 있으며 20세기 초의 가장 훌륭한 작가 중 한 명이라는 것을 안다.[3] 그의 가장 성숙한 작품으로 몰도바(Moldavia)[4]의 시골 생활을 그린 『노인 페추의 선술집』(Crîşma Lui mos Precu, 1905)이 있으며 전쟁과 병사 및 수인생활을 묘사한 것으로 『카프라스 조지 회고록』

(*Amintirile caprarului Gheorghita*, 1906)과 『전쟁 이야기』(*Povestiri din razboi*, 1905)가 있다.[5] 이것도 장편소설이다. 그러나 다른 나라에 번역된 것은 소수인 것 같다.

지금 이 소설은 작가와 같은 국가 출신인 보르시아(Eleonora Borcia) 여사의 독역본 선집에서 중역한 것이다. 원래는 대작 『이야기집』 (*Povestiri*, 1904) 속의 한 편이었다. 이 선집의 이름은 『연가와 기타』(*Das Liebeslied und andere Erzählungen*)로 레클람 문고 제5044권이다.

주)_____

1) 원제는 「『戀歌』譯者附記」. 이 글은 「연가」(戀歌) 번역문과 함께 1935년 8월 『역문』 2권 6 기에 발표됐다.

미하일 사도베아누(Mihail Sadoveanu). 루마니아의 소설가로 문예지 『루마니아 생활』 의 편집자 및 민중파 문예지 『씨 뿌리는 사람』의 동인으로 있었다. 장편 역사소설 『독수리』(*Şoimii*)로 지위를 확립한 후, 수십 편에 달하는 단편소설과 역사소설을 써서 동유럽에서 대표적인 작가의 한 사람이 되었다.

2) 바이캔트(G. Wiegand, 1860~1930)는 독일 언어학자이자 발칸 문제 전문가이다. 라이히대학 교수를 역임했다. 저서로 루마니아어법과 불가리아어법 연구서 등이 있다.

3) Faliticene는 'Fălticeni'를 가리킨다. 루마니아 북동부 수체아바주(Suceava)의 주도 수체아바에서 25km 떨어진 곳에 위치해 있다. 이야시(Jassy)는 루마니아 동북부의 도시로 루마니아명(名)은 Iaşi이다.

4) 몰도바는 유럽 동부 루마니아의 북동쪽에 있는 나라이다. 1940년 베사라비아와 합쳐져 몰다비아 소비에트사회주의공화국이 되었고 1944년부터 소련을 구성하는 15개 공화국의 하나가 되었다. 소련의 해체와 함께 1991년 독립하였다.

5) 『노인 페추의 선술집』(*Crâşma lui Moş Petcu*)은 1904년에 출판됐다. 사도베아누가 문단에 등단한 1904년에 『노인 페추의 선술집』을 비롯하여 「연가」가 수록된 『이야기집』, 『독수리』, 『감춰진 고통』 등 네 권의 소설집을 출간한 바 있다. 『전쟁 이야기』는 이듬해인 1905년에 출판된 단편소설집이다. 1878년 러시아-투르크 전쟁에 참전한 루마니아 군인들의 삶을 다뤘다.

「시골 아낙네」 역자 부기[1]

발칸 제국의 작가 가운데 이반 바조프(Ivan Vazov, 1850~1921)는 중국 독자에게 아마 가장 낯익은 이름 중 하나일 것이다. 대략 10여 년 전에 그의 작품이 소개된 바 있는데[2] 1931년경 쑨융 선생이 그의 단편소설집 『고개 넘기』를 중화서국의 '신문예총서' 중 한 권으로 번역 출간한 적이 있다.[3] 여기에 「불가리아 문학에 관하여」와 「바조프에 관하여」 두 편의 글이 실렸으므로 이 자리에서 더 이야기할 필요는 없겠다.

「시골 아낙네」라는 이 단편소설은 원제가 「불가리아 여인」이다. 레클람 문고 제5059권으로 자탄스카(Marya Jonas von Szatanska) 여사가 번역한 선집에서 중역했다. 선집의 제목은 『불가리아 여인과 기타 소설』로 이는 첫번째 소설이었다. 그 나라 시골 여성의 전형 ── 미신을 믿고 고집 스럽지만 건장하고 용감하다 ── 과 민족을 위하고 신앙을 위하는 그녀의 눈에 비친 혁명을 그렸다. 따라서 이 소설 제목은 여전히 원제가 더 정확한데 지금 '익숙'하지만 '신뢰'가 떨어지는 제목으로 바꿨으니 사실 모범적이라 볼 수 없다.[4] 고심해 봤는데 그래도 이전 제목은 잘난 체하는 것 같다는 느낌이 들었다. 원작자는 결말부에서 '좋은 일'로 기도의 효험을 가격했는데 이는 본국 독자들에 대한 지적일 것이다.[5]

이 당시 불가리아는 터키의 압제 아래 있었다는 것을 다시 설명할 필요는 없을 것 같다.[6] 이 소설은 단순하지만 묘사가 분명하며 소설 속에 나오는 지방과 인물도 모두 실재한다. 60년 전의 일이지만 이 소설이 여전히 사람의 마음을 움직이는 힘을 갖고 있다고 생각한다.

주)_____

1) 원제는 「「農婦」譯者附記」. 이 글은 「시골 아낙네」 번역문과 함께 1935년 9월 『역문』 종간호에 발표됐다.

2) 1921년 루쉰은 바조프의 소설 「전쟁 중의 벨코」(戰爭中的威兒珂)를 번역하여 같은 해 10월 10일 『소설월보』 12권 10호 '피압박민족문학 특집호'에 실은 바 있다. 이 소설과 이반 바조프에 대해서는 이 문집에 수록된 「「전쟁 중의 벨코」 역자 부기」를 참조.

3) 쑨융(孫用, 1902~1983)은 저장 항저우 출신이다. 당시에 항저우 우체국 직원이면서 번역활동에 종사했다. 역서로 헝가리 페퇴피의 장시 『용사 야노시』 등이 있다.

4) 루쉰은 『이심집』의 「번역에 관한 통신」에서 자신은 외국소설을 번역할 때 설사 '익숙'한 중국문장 필법이 있다 하더라도 "반드시 채용하는 것은 아니다"라고 말한 바 있다.

5) 여기에서 루쉰은 '좋은 일에 좋은 보답이 있다'(好事好報)라는 설로 '기도는 효험이 있다'(禱告功效)는 설을 부정하고 있다. 「시골 아낙네」는 시골 아낙네 이리차가 중병을 앓고 있는 손자를 안고 수도원에 가서 병이 낫기를 기도하러 가는 일을 묘사하고 있다. 도중에 그녀는 터키인에게 저항하는 애국자를 숨겨 줘서 구하게 된다. 나중에 그녀의 손자가 병이 나아 어른이 되자 이리차는 손자의 쾌유가 "아무렇게나 기도해서 효과를 본 것"이 아니라 "그녀는 해낼 수 없었기 때문에 한마음으로 좋은 일을 하여 보답을 받은 것이 맞지 않나라는 생각이 들었다".

6) 여기서는 오스만투르크 제국(13세기 말~14세기 초에 건국, 1차대전 후 와해됨)을 가리킨다. 14세기 말부터 19세기까지 불가리아는 오스만투르크 제국의 통치와 유린 아래에 있었다.

「벼룩」 역자 부기[1]

아폴리네르(Guillaume Apollinaire)[2]는 1880년 10월 로마에서 사생아로 태어났고 얼마 후 어머니가 그를 데리고 프랑스로 이주했다. 어린 시절에 모나코 학교를 다녔는데 이때는 공상가였다. 세인트찰스 중학 시절에 이미 창작을 했고 나이 스무 살에 신문을 편집했다. 이 방탕한 술꾼은 문예를 치켜세우고 많은 시인과 교유했으며 입체파 대화가인 피카소(Pablo Picasso)에 대한 연구를 세계 최초로 발표한 바 있다.[3]

1911년 11월 루브르 박물관에서 명화를 도난당했을 때 혐의자로 체포되어 구금된 자가 바로 그였다. 그러나 결국 석방됐다. 유럽대전이 발발하자 그는 종군하였는데 참호에서 포탄의 파편이 그의 머리에 박혀서 입원하게 됐다. 치료 후 결혼했는데 가정은 화목했다. 그러다 1918년 11월 폐렴으로 인해 사망했는데 바로 휴전조약이 맺어지기 삼일 전이었다.[4]

그는 그림을 잘 그렸고 시도 잘 썼다. 여기에 옮긴 것은 '동물우화집'(Le Bestiaire, 『새와 벌레의 노래』) 또는 '오르페우스의 행렬'(Cortege d'Orphee, 『오르페우스의 호위대』)에 실린 시편이다.[5] 여기에 라울 뒤피

(Raoul Dufy)의 목판화도 실려 있다.[6]

주)_____

1) 원제는 「「跳蚤」譯者附記」. 이 글은 「벼룩」(跳蚤) 번역문과 함께 1928년 11월 『분류』 1권 6기에 실렸다. 서명은 펑위(封餘)이다.

2) 아폴리네르(Guillaume Apollinaire, 1880~1918)는 프랑스의 시인이자 소설가이다. 주요 작품으로 『썩어 가는 요술사』, 『동물우화집』 등이 있다. 20세기 새로운 예술 창조자의 한 사람이다. 평론 『입체파 화가』와 『신정신』은 모더니즘 예술의 출발에 큰 영향을 끼쳤다.

3) 입체파(Cubism)는 20세기 초 프랑스에서 형성된 예술 유파. 20세기에 가장 중요한 예술운동의 하나이다. 유럽 회화를 르네상스 이래의 사실주의적 전통에서 해방시킨 회화 혁명으로 지칭되고 있다. 이는 물체의 형체를 다면적으로 표현하는 것을 강조하고 기하학적 도형(입방체, 구체, 원주체 등)을 조형 예술의 기초로 삼아서 작품 구도를 기괴하게 표현했다. 대표자로 피카소(Pablo Picasso), 브라크(Georges Braque) 등이 있다.

4) 제1차 세계대전을 종결지은 콩피에뉴(Compiègne) 휴전협정을 가리킨다. 1918년 11월 11일 독일은 파리 동북쪽에 위치한 콩피에뉴의 숲에서 연합국에게 투항, 협정을 맺었다.

5) 『오르페우스의 행렬』은 아폴레네르가 1914년에 쓴 시집이다.

6) 라울 뒤피(Raoul Dufy, 1877~1953)는 프랑스 화가이다. 초기에는 인상파에 속했으나 이후에 '야수파'로 전환했다. 거리와 항구 등의 풍경화 및 정물화를 많이 그렸으며 장식 효과를 추구했다.

「탬버린의 노래」 역자 부기[1)]

작가는 원래 소년소녀 잡지의 삽화가였다.[2)] 그런데 그는 소년소녀 독자에 만족하지 못했는데 다음과 같은 말을 한 바 있다. "나는 아름다운 사물을 그리는 것을 좋아하는 화가이다. 성인 남녀를 그리는 것은 지금까지 많이 좋아하지 않았다. 이 때문에 나는 소녀 잡지에 그림을 많이 그렸다. 그것은 독자의 순진함 및 그림과 아름다움에 대한 이해력이 다른 잡지의 독자보다 더 예민하다고 생각했기 때문이다."[3)] 그러나 1925년이 되자 그는 그때까지의 세계에서 벗어나기 위해서 유럽으로 유학하러 떠났다. 이미 출판된 작품으로 『고지 화보』虹兒畵譜 5권과 『나의 화집』 2권, 『나의 시화집』 1권, 『꿈의 흔적』 1권이 있다.[4)] 이 그림은 곧 출판될 화보집인 『슬픈 미소』 제2집에 실려 있다.

탬버린(Tambourine)은 둥근 바퀴에 가죽이 씌워져 있고 주위에 방울 같은 것이 달린 물건이다. 치고 흔들 수 있는 악기로 스페인과 남프랑스에서 춤출 때 반주용으로 쓴다.

주)_____

1) 원제는 「『坦波林之歌』譯者附記」. 이 글은 「탬버린의 노래」 번역문과 함께 1928년 11월 『분류』(奔流) 1권 6기에 실렸다.

2) 후키야 고지(蕗谷虹兒, 1898~1979)를 가리킨다.

3) 이 말은 후키야 고지의 『나의 화집』(1925년 고란샤交蘭社판) 서문 「나의 서정판화」에 나온다.

4) 『꿈의 흔적』(夢迹)은 『두 개의 환영』(二つの幻影)이어야 한다. 이는 1923년 산토쿠샤(三德社)에서 출판했다.

『한문학사강요』에 대하여

『고적서발집』에 대하여

『역문서발집』에 대하여

『한문학사강요』에 대하여

『한문학사강요』는 전집의 일부로 자리 잡고 있지만 사실 꽤 문제적인 원고라 할 수 있다. 숨을 거두기 직전까지 "제대로 된 문학사를 쓰고 싶다"고 희망했음에도 불구하고, 루쉰이 결코 마침표를 찍지 못한(혹은 찍지 않은) 채 남긴 원고이기 때문이다. 하지만 1938년 『루쉰전집』 출판 이후 전집 기획은 마치 단행본으로 출간되었던 것인 양 『중국소설사략』과 함께 짝을 지어 루쉰의 문학사 연구의 하나로 자리매김을 했다. 물론 해당 권 앞에 작은 글씨로 다음과 같은 언급을 덧붙여 놓고 있지만 말이다.

> 본서는 루쉰이 1926년 샤먼대학에 부임하여 중국문학사 강의 때 썼던 원고로 『중국문학사략』中國文學史略이라고 제목이 되어 있다. 이듬해 광저우 중산대학에서 같은 과목을 강의할 때도 사용하였는데, 『고대한문학사강요』古代漢文學史綱要라고 제목을 바꾸었다. 저자가 생전에 정식출판하지 않았고, 1938년 『루쉰전집』을 편찬할 때 이 제목으로 바꾸었다. (1981년판)

2005년판 역시 1981년판과 마찬가지로 1938년『루쉰전집』의 편찬을 그대로 따르고 있는데, 결국 1938년『루쉰전집』이 기획될 때의 편집 의도가 이 미완의 원고의 복잡한 운명을 만든 셈이다. 편집의 의도는 알려지지 않았고 뒤이어 숱한 추측이 특히 이 원고의 제목을 둘러싸고 생겨났다. 본래 미완의 태어나지 못한 책이고 또한 루쉰이 붙인 완정한 제목이 없었던 터라 더욱 그러했다. 38년 전집본에 있는『한문학사강요』라는 제목은 중산대학 강의 원고인『고대한문학사강요』에서 '고대'가 빠진 것이고 또한 그것은『중국소설사략』이란 제목의 글자 수와 같아 편집과 인쇄의 차원에서 짝을 지어 같은 권에 넣기에 수월했을지도 모르겠다. 하지만 무엇보다도 이 제목은 훗날 도대체 이것은 한문학漢文學인가, 한족漢族의 문학인가, 한나라漢代의 문학인가라는 연구자들의 숱한 추측을 낳게 된다. 본래 샤먼대학과 중산대학에서 중국문학사를 강의할 때 사용했던 원고였고, 당시 등사본 강의록 표지에 있는 서명들을 모아 보면『한문학사강요』,『고대한문학사강요』가 있다. 하지만 쉬광핑이나 타이징눙 등에게 보낸 서신에서처럼 "만약 번거로운 일이 없다면『중국문학사략』을 시작해 볼까 싶소"라는 루쉰의 뜻을 기억해 보면 이 원고는 루쉰이 죽기 전까지 고민한 중국문학사의 저본일 수도 있다.『한문학사강요』,『고대한문학사강요』,『중국문학사략』. 텍스트 하나에 제목이 셋. 정작 저자는 생전에 끝내 출판하지 않고 고심했던 미완의 원고. 짧은 이 미완의 원고는 사실은 제대로 마주하기가 쉽지 않은 텍스트인 셈이다.

2005년판 전집은『한문학사강요』로 38년 전집본의 제목을 그대로 했지만, 이후 이 텍스트의 서명에 대해 연구자들은 최초 강의 원고였던 그

태생을 살려 중산대학 강의 때 사용한 『고대한문학사강요』라는 서명으로 논의의 가닥을 잡고 있는 중이다(한글 번역본은 2005년판의 『한문학사강요』라는 제목을 그대로 따르고 있지만 전집의 분권은 번역위원회의 사정상 2005년판과 달리했다). 하지만 서명을 통일한다고 해서 이 텍스트의 해석이 쉽게 이루어지지는 않는다. 『전집』이라는 기획은 저자의 모든 흔적을 그러모아 분류하는데, 이 과정에서 전집은 저자가 끝내 출판하지 않았고 고심했던 텍스트를 저자가 공들여 출판했던 『중국소설사략』과 더불어 문학사 연구의 하나로 자리매김을 했다. 루쉰의 의도와 상관없이 결과적으로 완결된 텍스트의 의미를 부여한 셈이다. 간혹 강의 원고였던 이 텍스트를 루쉰이 완결한 중국문학사처럼 파악하면서, 일본의 중국문학사의 표절이냐 아니면 일본의 중국문학사의 강력한 영향력의 증거이냐를 실증적 조사의 태도로 다루기도 하는데, 이러한 태도는 이 원고를 저자가 탄생시킨 완결된 텍스트로 다루는 대표적 연구 태도라 할 수 있다.

하지만 만약 누군가가 이 텍스트의 해석자를 자임할 경우, 오히려 이것이 루쉰의 미완의 기획이라는 점에 흥미를 느껴야 하는 게 아닐까 싶다. 한 편의 글 혹은 한 권의 책이 출판되어 나오기까지, 번역, 표지, 장정 등 출판의 전 과정에 상당히 신경을 쓰고 자신의 글에 대해 묘비명과 같은 글을 짓고 일기의 기록들도 첨삭을 하던 그의 글쓰기 습관과 자의식을 고려해 보자. 게다가 루쉰은 이 세계 속에서 독사가 자신의 영혼을 물어뜯는 것 같은 고통스런 마음의 상태일 때 고전 문헌을 뒤지며 문화기억들을 마주하며 나름의 기억의 전투를 했다. 이러한 점을 고려해 본다면, 죽기 전까지 공들여 쓰고자 했으나 쓰지 못한 채 남아 있다는 것, 텍스트가 미완인 채 남았다는 것은 루쉰의 사상을 다룰 때 꽤 흥미로운 지점이다.

따라서 이 원고를 루쉰의 생각이 완정하게 정리된 완결된 텍스트로 받아들이지 말고 저자의 손으로 태어나지는 못했으나 오랜 세월 저자의 고민의 흔적이 모아지고 있는 장소, 저자가 완결하지 않고 오히려 이 고민들을 자신의 현실로 매개할 독자를 초대하고 있는 장소로 보면 어떨까. 이 미완의 텍스트를 열린 텍스트로 본다면, 우리는 오히려 중국 문화와 문학에 대한 루쉰의 사상이 온양되고 있는 그 고민의 장소로 걸어 들어가 더불어 질문하고 고민해 보아야 하지 않을까. 샤먼대학과 중산대학에서 루쉰은 이 원고로 강의를 하고 얼마 되지 않아 교수직을 사임하고 잡문을 쓰기 시작했다. 그리고 잡문가를 자처하면서도 제대로 된 중국문학사와 중국 문자의 역사를 쓰고 싶어 했었다. 20년대 중반, 바로 이 시기 중국의 학술계를 보면, 그것이 세계문학의 일환이든(정전둬鄭振鐸), 20세기 가장 유행한 국민문학사이든(후스胡適) 간에, 어떠한 근대적 학술로 중국문학을 서술할 것인가를 둘러싸고 다양한 학술권력과 출판권력들이 경합하고 쟁투하면서 중국문화를 체계화할 인식을 찾고 있었다. 이러한 움직임에는 또한 일본의 동양학자들과의 긴장이 존재하기도 했다. 루쉰이 참고한 일본 제국대학 교수들의 다종의 중국문학사 서술에는 사실 중국은 자국의 문학을 스스로 근대적으로 체계화하지 못하므로 그것을 일본의 동양학이 한다는 논리가 암묵적으로 깔려 있기도 했다. 안과 밖으로 다양한 학술권력과 인식의 긴장이 존재하는 이 시기, 루쉰은 자국문학사 건설의 초조와 불안을 극복하고 제대로 된 문학사를 쓰고자 이 시기의 국내외 학술성과를 참조하고 고전 연구를 끊임없이 병행하면서 고민을 한다. 그러나 그것을 드러낼 서술 방식을 확정하지 않았다(당시 학술권력에 인정받을 수 있는 지름길을 알고 있었을 수 있음에도 불구하고 말이다). 이것은 어쩌면 '문학사는 무엇을 서술하는 것이어야 하는가'라는 근본적 질문을 우리에게 던지는 것일지도 모른다.

꺼져가는 생, 육체의 한계 때문일 수도 있겠다. 루쉰의 중국문학사 서술은 미완의 기획으로 남았다. 그 흔적이 남은 이 미완의 텍스트를 열린 텍스트로 마주한다면 우리는 이 텍스트에서 중국문화와 관련된 질문들을 발견하게 될 것이다. 이 질문에 대해 구체적으로 생각하고 어떻게 서술할지 다시 고민하는 것은 연구자, 아니 독자의 몫일지도 모른다. 1장에서 시작하는 '문'文의 문제를 비롯하여, '문'이 있는 곳에 있는 다양한 사람들, 예를 들어 공자, 맹자, 노자에서 사마천, 사마상여 등에 이르는 문과 관련된 다양한 사람들의 열전이 존재한다. 이 세계의 다양한 사건 속에 있는 문과 인간의 문제(물론 한나라까지지만)와 아울러, 시인이란 무엇인가, 성인됨이란 무엇인가, '발분지작'發憤之作은 어떠한 것인가, 초 땅에서 흘러나오는 노래들, 궁정에서 흘러나오는 소리들을 누가 어떻게 다루는가 등 다양한 질문들이 짧은 원고의 행간 속에 숨어 있다. 아마도 근대적 문학을 정의하고 일국의 단선적 역사를 서술의 기준으로 삼는 20세기 국민문학사라는 장치와는 다른 시점들을 발견하게 될 것이다. 루쉰의 고민을 매개하여 다시 서술하는 자리는, 어쩌면 우리에게 가장 익숙한 문학사 서술 그 인식의 권력을 진지하게 성찰하고 고민하며 질문하고 소통할 때 생겨나는 것일지도 모르겠다.

옮긴이 천진

『고적서발집』에 대하여

루쉰은 문학가이면서도 평생 동안 중국고전을 연구하면서 옛 책의 교감과 집록 방면에 많은 업적을 이룩한 학자이기도 하다. 『고적서발집』^{古籍序}^{跋集}은 바로 루쉰이 옛 책을 교감·집록하며 썼던 여러 가지 서발문을 모아놓은 것이다. 이것은 루쉰의 중국고전 연구의 깊이와 폭을 가늠할 수 있는 중요한 자료이다. 루쉰은 "침식^{寢食}을 잊으며 마음을 단단히 먹고 샅샅이 뒤지는"(『『소설구문초』 재판 서언」) 철저한 실증적 태도로 옛 책의 일문을 수집하여 교감·집록하였는데, 이것은 결손되고 흩어진 옛 책의 원형을 온전하게 복원하여 "옛 책에 혼을 되돌려주기"^{歸魂故書}(『『고소설구침』 서」) 위한 것이었다.

루쉰은 1909년 일본 유학을 마치고 귀국한 후 항저우^{杭州}, 사오싱^{紹興}에서 중학교 교원으로 봉직하면서 유서^{類書}들을 통해 결손되고 흩어진 고소설을 정리하고(『고소설구침』), 고향인 콰이지^{會稽}(사오싱 일대) 지방의 역사와 지리에 관한 일서^{佚書}들을 집록하기 시작했다. 1912년에는 교육부 직원으로 베이징에 상경하여 당송^{唐宋}시대의 전기문^{傳奇文}, 사승^{謝承}의 『후

한서『後漢書』, 사심謝沈의 『후한서』後漢書, 우예虞預의 『진서』晉書를 집록하였고,
1913년에는 장호張澔의 『운곡잡기』雲谷雜記를 집록하고 혜강의 『혜강집』
稽康集을 교감·집록하기 시작했다. 1914년에는 『지림』志林, 『광림』廣林, 『범
자계연』范子計然, 『임자』任子, 『위자』魏子 및 『콰이지군 고서 잡집』會稽郡故書雜
集을 집록하였으며, 1916년에는 『환우정석도』寰宇貞石圖의 정리를 마쳤다.
또 1920년부터 베이징대학 등에서 중국소설사를 강의하면서 지속적으로
『소설구문초』小說舊聞鈔를 엮고 『당송전기집』唐宋傳奇集을 교감·집록하였다.
이밖에도 루쉰은 옛 책에 대한 교감·정리 작업을 간단없이 진행하였는
데, 『혜강집』의 경우는 1913년부터 1924년까지 무려 10여 년 동안 교감·
집록을 지속하여 완성하는 대단한 집착과 철저함을 보였다. "잘못되고 빠
진 부분을 발견하면 그것을 유서類書와 대조하여 고증하였고, 우연히 일문
逸文을 만나면 얼른 초록하여 두었다"(『『고소설구침』 서』)는 자신의 말처럼
루쉰은 일문을 초록하고 여러 유서와 믿을 만한 수많은 판본과 대조하여
가장 완벽한 정본正本을 완성해 나갔다. 말하자면 루쉰의 중국고전에 대한
교감·집록 및 연구 작업은 매우 지난한 과정을 거쳐 이루어졌다. 루쉰의
대표적 학술저작인 『중국소설사략』과 『한문학사강요』는 바로 이러한 자
료를 토대로 씌어졌다.

루쉰의 중국고전 연구와 문학사 기술은 그가 끊임없이 추구했던 전
통의 해체 작업과 병행하여 진행된 또 다른 측면의 전통의 재구성 작업과
관련되어 있다. 소설과 잡문을 창작한 문학가로서의 루쉰은 전통의 해체
를 목표로 하였다고 한다면, 중국의 옛 책을 교감·집록하고 문학사를 기
술한 루쉰은 전통의 재구성을 목표로 하였다고 말할 수 있다. 루쉰의 중국
고전 연구와 문학사 기술은 개인적인 기호와도 관련되어 평생 동안 진행

되었고, 그런 만큼 전통의 재구성 과제는 루쉰의 개인적인 내밀한 작업으로서 '루쉰학'魯迅學의 양대 줄기의 하나를 구성한다. 이 『고적서발집』은 바로 '루쉰학'의 한 줄기를 이해하는 데 매우 중요한 참고자료가 될 것이다.

옮긴이 홍석표

(『한문학사강요 · 고적서발집』[선학사, 2003] 「역자 서문」의
일부 내용을 새로 정리한 것임)

『역문서발집』에 대하여

『역문서발집』은 말 그대로 루쉰 자신이 일생 동안 번역한 문장을 발표(출판)하기 전에 쓴 서문이나 후기 등을 모은 것이다. 번역한 본문은 빼고 이 서문과 후기만을 모아서 엮은 문집이다. 이것은 루쉰이 생전에 직접 엮은 것은 아니다. 원래 여기에 수록된 이 서발들은 1938년판 『루쉰전집』[1]과 1958년판 『루쉰역문집』魯迅譯文集에 각각 번역문과 함께 수록되어 있었던 것이다. 이처럼 원래의 번역은 빼고 번역의 서발만을 추려서 『루쉰전집』의 한 권으로 수록해 출판하게 된 것은 1980년 인민문학출판사에서 발행한 『루쉰전집』(16권)이 처음이다. 이후 현재까지 출판된 『루쉰전집』은 80년판 『루쉰전집』을 표본으로 삼았기 때문에 번역과 관련해서는 번역문이 사라진 『역문서발집』의 체제를 따르고 있다. 번역 원문을 포함해 2008년에 루쉰박물관에서 편집한 신판 『루쉰역문전집』(푸젠교육출판사福建敎育出

---

1) 이것은 2015년 8월에 동심출판사(同心出版社)에서 새로 영인해서 출판하였고, 아울러 전자판도 발행했다.

版社)을 출판했는데, 이것이 가장 최신의 역문집이라고 하겠다. 이밖에 번역문 전체를 수록한 『루쉰전집』도 나왔는데, 리신유李新宇·저우하이잉周海嬰 주편主編의 『루쉰대전집』魯迅大全集(전33권, 창장문예출판사長江文藝出版社, 2011) 그리고 왕스자王世家·즈안止庵 주편의 『루쉰저역편년전집』魯迅著譯編年全集(전20권, 인민출판사人民出版社, 2009) 등이 있다.

사실 『루쉰전집』에 번역 원문을 포함한다면, 『루쉰전집』의 가장 많은 부분을 바로 번역이 차지할 것이다. 그것은 번역 원문이 실린 38년판 『루쉰전집』(전20권)의 절반이 번역이었던 데서, 58년판 『루쉰역문집』(전10권)의 경우 전집과 분리된 것으로 이 역시 38년판과 동일하게 절반이 번역이었던 데서 알 수 있다. 이후 81년판에는 저작 외에도 일기와 서신을 포함하여 58년판 전집보다 확대되었지만, 여전히 번역은 루쉰의 전체 작업 가운데 약 3분의 2를 점하고 있다. 번역은 신문이나 잡지에 발표된 뒤 혹은 처음부터 단행본으로 출판되었는데, 재판된 것을 제외하더라고 단행본 약 33권의 분량에 달한다.[2] 여기에는 『역문서발집』에 수록되지 못한, 즉 처음부터 서발을 붙이지 않고 번역한 것 역시 상당한 분량에 이른다. 또 『역문서발집』에 수록되어야 할 것이지만 독립된 문장으로서 다른 문집에 실린 것도 있다. 예를 들어, 『집외집』集外集에 실린 「『분류』奔流 편집 후기編校後記」가 그러하다. 『분류』는 루쉰이 위다푸郁達夫와 함께 편집한 잡지인데 번역을 위주로 한 것으로 전체 15호 가운데 열두 호에 루쉰이 장문의 「편집 후기」를 썼다.

---

2) 중국의 루쉰연구자 쑨위는 루쉰의 번역 단행본이 31권으로 300여만 자에 달한다고 한다. 孫郁, 『魯迅與現代中國』, 安徽大學出版社, 2013, 75쪽.

일생 루쉰이 수행한 많은 작업 가운데 이와 같이 번역이 가장 많은 분량을 차지하는 것은 그가 번역을 특별히 중시했기 때문이다. 루쉰이 번역을 중시한 것은 『분류』처럼 번역 전문잡지를 편집한 것이라든지 또 『분류』 뒤에 『역문』譯文이라는 번역 잡지도 발간한 것이라든지, 그리고 일찍이 '웨이밍총간'未名叢刊이라는 전문 번역총서를 출판했었던 데서 잘 알 수 있다. 이처럼 루쉰이 번역을 중시했던 점은 지금까지 루쉰을 소설가 즉 문학가로만 평가해 왔던 종래의 시각을 교정해야 함을 느끼게 한다. 루쉰은 문학가이기 전에 근대 중국의 대표적인 번역가였던 셈이다.

루쉰이 번역을 중시한 이유는 여러 가지가 있을 터인데, 우선 당시 청년 작가들을 양성하는 데 힘을 기울였던 루쉰이 젊은 작가들이 일천한 생활경험으로 인해 자신의 영감에만 의지하여 창작하는 것보다는 외국의 우수한 작품을 정확하게 번역하는 것이 더 의미가 있다고 생각했기 때문이다. 그가 신뢰한 청년 역시 이러한 청년들로서 웨이쑤위안韋素園, 차오징화曹靖華, 러우스柔石 등이 그런 이들이며, 펑쉐펑馮雪峰이나 취추바이瞿秋白 등 맑스주의자나 중국공산당원인 이들에 대한 믿음 앞에는 역시 실력 있는 양심적인 번역가라는 신뢰가 있었다고 할 수 있다.[3] 루쉰의 번역에 대한 강조는 심지어 30년대 그와 길을 달리하던 린위탕林語堂에게 영국 고전문학의 번역에 힘써 달라고 권유했던 데서도 드러난다.[4]

---

3) 이런 해석은 마루야마 노보루(丸山昇), 일본판 『루쉰전집』(1985) 「역문서발집」 해제 참조.
4) 이에 대해 린위탕은 불쾌하게 생각해 그런 일은 나이가 들어서 해도 된다고 대답했다고 하는데, 루쉰이 이렇게 말한 것은 린위탕이 『논어』(論語) 식의 문장을 쓰는 것이 너무 안타까워 좀더 생산적인 일을 했으면 하는 바람에서였다고 한다. 이처럼 루쉰은 서투른 창작보다 차라리 성실한 번역이 더 가치가 있다고 생각했을 만큼 번역을 중시했다고 볼 수 있다. 바진(巴金), 「루쉰선생은 이런 사람이다」(魯迅先生就是這樣的一個人), 上海文藝出版社 編, 『魯迅回憶錄』 1집, 1978.

루쉰이 번역을 중시한 또 다른 이유는 자신이 직접 밝힌 바대로 번역은 바로 다른 사람의 불로 자신의 살을 태우는 일이었기 때문이다. 여기서 자신의 살을 태운다는 것은 바로 과거의 자신을 되돌아보고 새로운 자신으로 탈바꿈하는 작업이며, 이 작업을 가능케 하는 데 가장 좋은 것이 바로 번역이라고 인식했던 것이다. 이것은 앞에서 말한 이유보다도 어떤 의미에서는 루쉰을 연구하는 데 있어 더 중요한 대목이라고 할 수 있는데, 그런 의미에서 루쉰에게 번역은 당시 중국의 독자에게 소개하는 것도 중요한 일이지만, 이보다 먼저 자신을 위한 일이었다고 할 수 있다. 곧 루쉰은 자신과 중국의 독자들을 위해서 번역을 한 셈이다. 그것은 먼저 자신의 고뇌에 유용한 것을 선정한 뒤 그것을 번역하는 과정에서 어떤 공감을 얻고 또 자신의 영혼을 살찌운 뒤 그러한 쾌감을 폐쇄적인 중국인에게 전염시켜 보다 더 많은 사람들이 향유하기를 바라는 식이었다. 우리는 『역문서발집』에 실린 그의 일부 서발에서 그와 같은 심사를 엿볼 수 있으며, 어떤 것은 자신에 대한 비판도 서슴없이 문장 속에 집어넣고 있는데 이것은 당시의 중국 번역가들에게서는 볼 수 없는 대목이다.

이외에도 루쉰의 입장에서 본다면 서양인의 책을 번역하는 것은 많은 함의를 지닌 일이었다. 이에 대해 베이징 루쉰박물관장을 역임했던 쑨위는 루쉰이 번역을 통해 첫째, 새로운 사상을 가져와서 국민들에게 세상에는 이와 같이 문제를 사고하고 표현하는 사람이 있다는 것을 보여 주려고 했다. 둘째, 신식문법을 수용하여 표현상에서 외국의 지혜를 빌려 중국어의 표현에 있어서 주밀하지 못한 결함을 보완하려고 했다. 셋째, 현실의 도전에 직면하여 사람들을 현혹시키는 이론의 본질이 무엇인지를 보고 오용하는 자의 사고를 교정하려고 했다. 넷째, 가장 본질적인 것으로, 자기 몸안의 피를 바꾸고 잡다한 것을 뽑아내고 신선한 것을 끌어들이는 것이다. 마지막의 것은 옌푸嚴復, 린수林紓, 저우쭤런周作人, 린위탕, 량스추梁實秋 등 당시 번역가들의 번역에 대한 사고와 대비해 보더라도 루쉰의 특별한 점을 알 수 있다고 말한다.[5]

그렇다면 루쉰은 무엇을 번역했는가. 『역문서발집』에 실린 서문과 후기를 토대로 그의 번역 목록을 살펴보면 그와 동시대 인물들의 번역 이력과 상당히 다른 면모를 볼 수 있다. 곧 그들의 번역 대다수가 셰익스피어, 톨스토이, 괴테 등과 같은 유명인들의 작품을 대상으로 선택했던 반면 루쉰은 이와 달리 번역한 작품 대부분이 그다지 유명하지 않은, 즉 예로센코, 아르치바셰프, 아리시마 다케오有島武郎, 가타가미 노부루片上伸와 같은 인물들의 작품으로, 문학사에서의 위치 또한 아주 제한적이었던 작가들이었다. 이것은 루쉰에게 번역은 독자 대중을 위한 소개라는 측면보다는 앞에서 말한 것처럼 루쉰 자신을 위한 것임을 확인시켜 준다. 그는 스스로 이러한 작품에 흥미를 느끼고 일종의 내면적 토로를 환기했던 것이다. 게다가 이와 같은 작품은 대체로 한 가지 목표에 대한 갈망이 아니라, 자아 갱신의 가능성에 대한 사색이었다. 그리고 이러한 외래의 작품은 일정하게 자민족의 병근病根에 대한 반성으로, 일본 작가든 러시아 작가든 대부분 그가 좋아했던 작가이자 사상계의 전사였다. 이들은 각자 정신의 고상함과 예술의 수준에서 확실히 범상치 않은 필력을 갖고 있었다. 결국 루쉰의 심미의식은 서방예술의 거장들로부터 영향을 받은 것이 아니라, 보통의 무명의 개성이 가득한 작가의 암시에서 온 것이다. 대체로 루쉰이 번역

---

5) 쑨위, 앞의 책.

한 작품은 다음의 몇 가지 부류로 나눌 수 있다. 첫째, 단편소설(동화와 공상과학소설을 포함해서), 둘째 수필, 셋째 미술사 저작, 넷째 미학 전문 저작, 다섯째 장편소설, 여섯째 극본이다.

루쉰이 처음 번역한 것은 『달나라 여행』月界旅行과 『지구 속 여행』地底旅行이다. 그리고 이어서 동생 저우쭤런과 함께 『역외소설집』域外小說集을 번역해서 출판했다. 일본 유학 시절 외국소설을 번역한 것은 다분히 당시 유행하던 량치차오梁啓超류의 소설과 정치의 견해 즉 계몽의 수단으로서 소설을 염두에 둔 것이겠지만, 단지 이런 식으로만 해석할 수 없는 부분이 있다. 그것은 소설의 정치적 효용성을 넘어서 소설이라는 문학 또는 예술적 가치에 대한 것이다. 시기가 별로 차이가 나지 않는 두 작품의 번역이 성격이 상이한 점은 이를 반영한다고 하겠는데, 즉 『달나라 여행』이 과학을 상상력과 결합해 표현함으로써 재미를 유발한 반면 『역외소설집』에서 루쉰이 번역한 러시아 작가의 작품은 전통에 저항하는 지식인의 고뇌를 드러내고 소설의 분위기도 어둡다. 게다가 이 작품을 번역하면서 번역문체에 꽤 많은 고민을 했다는 점도 부각되어야 할 듯하다. 이와 같이 루쉰의 번역 전체를 시대별로 그의 사유와 연관지어 살펴보는 연구가 앞으로 보다 활발히 이루어져야 할 듯하다.

루쉰의 일생을 되돌아보면 그는 줄곧 세 종류의 세력과 대화를 해왔다고 할 수 있다. 첫째, 옛 문명으로 한漢대의 화상畵像과 향촌鄉村 문헌을 정리한 것이 그것이다. 둘째, 당시의 중국과의 대화이다. 이는 많은 잡문이 그 예이다. 그리고 마지막으로 동시대 서양인과의 대화로서 바로 3백만 자에 달하는 번역이다. 따라서 번역가로서의 루쉰을 전체적으로 조망하는 과제가 남아 있을 듯한데, 이제까지 루쉰과 번역에 대한 연구는 주로 그의 번역관(론)에 대한 것이었다. 참고로 루쉰의 번역론과 관련해서 번역을 둘러싼 량스추 및 취추바이와의 논점을 대비해 보는 것도 좋을 듯하다. 그리고 루쉰의 번역론과 관련해서 대표적인 문장을 소개하면 1.「번역에 관한 통신」, 2.「'경역'과 '문학의 계급성'」, 3.「몇 가지 '순통'한 번역」, 4.「풍마우」, 5.「또 한 가지 '순통'한 번역」(이상『이심집』), 6.「번역에 관하여」(『남강북조집』), 7.「'제목을 짓지 못하고' 초고(1~3)」(『차개정잡문 2집』) 등이 있다. 위의 문장들은 이미 출판된 한글판『루쉰전집』에서 확인할 수 있으니 여기서는 자세히 거론할 필요는 없겠고, 간단히 루쉰의 말을 인용하는 것으로 대신한다.

나는 지금도 '숙달되지 않더라도 충실하기'를 주장하는 것입니다.…… 그러한 번역서는 새로운 내용을 수입하는 것에 그치지 않고, 새로운 표현법을 수입하는 것입니다. 중국의 문장과 말은 사실 규칙이 아주 조잡합니다.…… 이러한 문법의 조잡함은 사고의 조잡함을 드러내며, 다른 말로 하면 머리가 약간 멍청해지는 것입니다.…… 이 병을 치료하기 위해서는 당분간 노력을 기울여 낡은 것, 이웃집의 것, 외국의 것 등 다른 구법을 채워 넣는 수밖에 없고, 이윽고 그것을 자신의 것으로 만든다면 좋다고 나는 생각합니다. (「번역에 관한 통신」, 『이심집』)

옮긴이 서광덕
(『역문서발집』의 후반부, 즉 이 책 558쪽 이후는 박자영의 번역임)

옮긴이 천진(『한문학사강요』)

연세대학교 중어중문학과에서 『루쉰의 '시인지작'(詩人之作)의 의미 연구 : 문학사 연구를 중심으로』(석사), 『20세기 초 중국의 지·덕 담론과 文의 경계』(박사)로 학위를 받았다. 지은 책으로 『중국 근대의 풍경』(공저, 2008) 등이 있으며, 주요 논문으로 『식민지조선의 지나문학과(支那文學科)의 운명—경성제국대학의 지나문학과를 중심으로』, 「'행복'의 윤리학 : 1900년대 초 경제와 윤리 개념의 절합을 통해 본 중국 근대 개념어의 형성」, *The Camera in pain: memories of the Cold War in East Asian Independent Documentaries* 등이 있다.

옮긴이 홍석표(『고적서발집』)

서울대학교 중어중문학과를 졸업하고 동 대학원에서 『중국의 근대적 문학의식의 형성에 관한 연구』로 박사학위를 받았으며, 현재 이화여자대학교 중어중문학과에 재직 중이다. 지은 책으로는 『천상에서 심연을 보다 : 루쉰의 문학과 정신』(2005), 『현대중국, 단절과 연속』(2005), 『중국의 근대적 문학의식 탄생』(2007), 『중국현대문학사』(2009), 『중국 근대학문의 형성과 학술문화담론』(2012), 『근대 한중 교류의 기원』(2015) 등이 있고, 루쉰전집 1권에 수록된 『무덤』(2010), 5권에 수록된 『이이집』(2014) 등을 번역했다.

옮긴이 서광덕(『역문서발집』)

연세대학교 중어중문학과에서 『동아시아 근대성과 魯迅 : 일본의 魯迅 연구를 중심으로』로 박사학위를 받았고, 현재는 건국대학교 중어중문학과에서 강의하고 있다. 지은 책으로는 『중국 현대문학과의 만남』(공저, 2006) 등이 있고, 옮긴 책으로는 『루쉰』(2003), 『일본과 아시아』(공역, 2004), 『중국의 충격』(공역, 2009), 『수사라는 사상』(공역, 2013), 『방법으로서의 중국』(공역, 2016), 루쉰전집 2권에 수록된 『방황』(2010), 8권에 수록된 『차개정잡문 2집』(2015) 등이 있다.

옮긴이 박자영(『역문서발집』)

중국 화둥사범대학 중어중문학과에서 『공간의 구성과 이에 대한 상상 : 1920, 30년대 상하이 여성의 일상생활 연구』로 박사학위를 받았고, 현재 협성대학교 중어중문학과에 재직 중이다. 지은 책으로 『냉전 아시아의 문화풍경 2 : 1960~1070년대』(공저, 2009), 『동아시아 문화의 생산과 조절』(공저, 2011) 등이 있다. 옮긴 책으로는 『세상사는 연기와 같다』(2000), 『중국 소설사』(공역, 2004), 『나의 아버지 루쉰』(공역, 2008), 루쉰전집 4권에 수록된 『화개집속편』(2014), 8권에 수록된 『차개정잡문』(2015)을 번역했다.

루쉰전집번역위원회 명단(가나다 순)

공상철, 김영문, 김하림, 박자영, 서광덕, 유세종,
이보경, 이주노, 조관희, 천진, 한병곤, 홍석표

지은이 **루쉰**(魯迅, 1881.9.25~1936.10.19)

본명은 저우수런(周樹人), 자는 위차이(豫才)이며, 루쉰은 탕쓰(唐俟), 링페이(令飛), 펑즈위(豊之餘), 허자간(何家幹) 등 수많은 필명 중 하나이다.

저장성(浙江省) 사오싱(紹興)의 명문가에서 태어나 어린 시절 조부의 하옥(下獄), 아버지의 병사(病死) 등 잇따른 불행을 경험했고 청나라의 몰락과 함께 몰락해 가는 집안의 풍경을 목도했다. 1898년부터 난징의 강남수사학당(江南水師學堂)과 광무철로학당(礦務鐵路學堂)에서 서양의 신학문을 공부했고, 1902년 국비유학생 자격으로 일본으로 건너갔다. 고분학원(弘文學院)에서 일본어를 공부하고 센다이 의학전문학교(仙臺醫學專門學校)에서 의학을 공부했으나, 의학으로는 망해 가는 중국을 구할 수 없음을 깨닫고 문학으로 중국의 국민성을 개조하겠다는 뜻을 세우고 의대를 중퇴, 도쿄로 가 잡지 창간, 외국소설 번역 등의 일을 하다가 1909년 귀국했다. 귀국 이후 고향 등지에서 교원 생활을 하던 그는 신해혁명 직후 교육부 장관 차이위안페이(蔡元培)의 요청으로 난징 중화민국 임시정부의 교육부 관리를 지냈다. 그러나 불철저한 혁명과 여전히 낙후된 중국 정치·사회 상황에 절망하여 이후 10년 가까이 침묵의 시간을 보냈다.

1918년 「광인일기」를 발표하면서 본격적인 작품 활동을 시작한 그는 「아Q정전」, 「쿵이지」, 「고향」 등의 소설과 산문시집 『들풀』, 『아침 꽃 저녁에 줍다』 등의 산문집, 그리고 시평을 비롯한 숱한 잡문(雜文)을 발표했다. 또한 러시아의 예로셴코, 네덜란드의 반 에덴 등 수많은 외국 작가들의 작품을 번역하고, 웨이밍사(未名社), 위쓰사(語絲社) 등의 문학단체를 조직, 문학운동과 문학청년 지도에도 앞장섰다. 1926년 3·18 참사 이후 반정부 지식인에게 내린 국민당의 수배령을 피해 도피생활을 시작한 그는 샤먼(廈門), 광저우(廣州)를 거쳐 1927년 상하이에 정착했다. 이곳에서 잡문을 통한 논쟁과 강연 활동, 중국좌익작가연맹 참여와 판화운동 전개 등 왕성한 활동을 펼쳤으며, 55세를 일기로 세상을 등질 때까지 중국의 현실과 필사적인 싸움을 벌였다.